자평만세력
子平 萬歲曆

21세기 만세력의 표준

자평 子平 萬歲曆 만세력

春光 김기승 편저

[1901년~2070년 만세력 완벽 수록]

다산글방

자평 만세력을 펴내며

우주의 진리는 자연적이다. 봄이 오면 초목들이 잎을 피우고 여름에 우거졌다가 가을이면 울긋불긋 낙엽이 진다. 겨울 동안 꽁꽁 얼어붙어도 상록수는 푸르름을 지킨다. 이러한 기운이 움직이는 생태환경의 심오한 자연과학적 사이클을 이해하는 것이 역학의 진리이다.

인간은 이 역학의 진리를 응용하여 불안한 미래를 예측하며 살고 있다. 그것은 출생 연월일시라는 시간을 사주팔자의 공간으로 치환할 수 있기에 가능하였다.

인간의 운명과 관련된 역학, 명리, 풍수, 기학, 한의, 사상의학 등의 업과 취미를 갖게 되면 자연스레 기(氣)라는 에너지를 중심으로 음양(陰陽)과 오행(五行)을 연구한다. 또한, 개인의 고유성이 잘 드러나는 사주(四柱)를 가지고 논하게 된다.

음양과 오행을 다양하게 응용하고 논하면서도 인간의 운명을 예측하는 데 있어서는 사주팔자가 정확해야 한다. 즉, 출생 연월일시의 정보가 정확해야 하며, 쉽고 정확한 만세력(萬歲曆)이 필수적이다.

필자는 2002년 기존 만세력들의 단점을 보완하여 보기 쉽고 정확한 〈톱(TOP)만세력〉을 출간하였고, 현재까지 많은 독자가 애용하여 왔으나 아쉽게도 출판사의 폐업으로 절판하기에 이르렀다. 이를 안타깝게 생각한 다산글방에서 흔쾌히 출간을 결정하여 주셨다. 이를 전화위복의 기회로 삼아 기존의 만세력에서 나타난 사사로운 오류를 모두 수정하였다.

이 책 〈자평만세력〉은 누구나 한눈에 보기 쉽도록 획기적으로 구성되었다. 특히 양력 줄과 음력, 절입(節立)일을 명확하게 구분하여 착오가 없도록 하였다. 또한 절입(節立)에 맞추어 전(前) 월건(月建)을 표기함으로써, 월건(月建)을 설정하는 데 자주 착오를 일으켰던 절기의 전후(前後) 관계를 쉽게 구분할 수 있도록 하였다.

특히 이번에 1901년부터 2070년까지 170년간의 만세력을 수록하였고, 궁극적으로 천문대에서 발표한 정확한 자료 및 역사적 사료를 근거로, 기존의 여러 만세력 자료와 비교·검토하여 수록하였음을 밝힌다.

2026년 1월

춘광 김기승

차례

만세력

기초편

1. 월간지(月干支) 설정 조견표

월(月)	節入 \ 年干	甲己年	乙庚年	丙辛年	丁壬年	戊癸年
2月	입춘(立春)	丙寅	戊寅	庚寅	壬寅	甲寅
3月	경칩(驚蟄)	丁卯	己卯	辛卯	癸卯	乙卯
4月	청명(淸明)	戊辰	庚辰	壬辰	甲辰	丙辰
5月	입하(立夏)	己巳	辛巳	癸巳	乙巳	丁巳
6月	망종(芒種)	庚午	壬午	甲午	丙午	戊午
7月	소서(小暑)	辛未	癸未	乙未	丁未	己未
8月	입추(立秋)	壬申	甲申	丙申	戊申	庚申
9月	백로(白露)	癸酉	乙酉	丁酉	己酉	辛酉
10月	한로(寒露)	甲戌	丙戌	戊戌	庚戌	壬戌
11月	입동(立冬)	乙亥	丁亥	己亥	辛亥	癸亥
12月	대설(大雪)	丙子	戊子	庚子	壬子	甲子
1月	소한(小寒)	丁丑	己丑	辛丑	癸丑	乙丑

- 음력을 기준으로 하면 寅月을 正月이라 하나 음력도 달의 움직임에 따라 초하루가 시작되는 것이며 음력 윤달이 있는 경우 月의 배열이 틀어지므로 양력으로 기록함.

- 월주를 세울 때는 절기를 기준으로 한다. 즉 양력 4월 3일에 태어나면 4월의 절입 청명(淸明)이 4월 4~5일에 시작되므로 전달 3월 卯月을 월령으로 사용한다.

2. 시간지(時干支) 설정 조견표

[夜子時를 사용하지 않는 경우]

日干 / 生時		甲己日	乙庚日	丙辛日	丁壬日	戊癸日
23:30~01:30	子時	甲子	丙子	戊子	庚子	壬子
01:30~03:30	丑時	乙丑	丁丑	己丑	辛丑	癸丑
03:30~05:30	寅時	丙寅	戊寅	庚寅	壬寅	甲寅
05:30~07:30	卯時	丁卯	己卯	辛卯	癸卯	乙卯
07:30~09:30	辰時	戊辰	庚辰	壬辰	甲辰	丙辰
09:30~11:30	巳時	己巳	辛巳	癸巳	乙巳	丁巳
11:30~13:30	午時	庚午	壬午	甲午	丙午	戊午
13:30~15:30	未時	辛未	癸未	乙未	丁未	己未
15:30~17:30	申時	壬申	甲申	丙申	戊申	庚申
17:30~19:30	酉時	癸酉	乙酉	丁酉	己酉	辛酉
19:30~21:30	戌時	甲戌	丙戌	戊戌	庚戌	壬戌
21:30~23:30	亥時	乙亥	丁亥	己亥	辛亥	癸亥

[夜子時를 사용하는 경우]

日干 / 生時		甲己日	乙庚日	丙辛日	丁壬日	戊癸日
00:30~01:30	朝子時	甲子	丙子	戊子	庚子	壬子
01:30~03:30	丑時	乙丑	丁丑	己丑	辛丑	癸丑
03:30~05:30	寅時	丙寅	戊寅	庚寅	壬寅	甲寅
15:30~07:30	卯時	丁卯	己卯	辛卯	癸卯	乙卯
07:30~09:30	辰時	戊辰	庚辰	壬辰	甲辰	丙辰
09:30~11:30	巳時	己巳	辛巳	癸巳	乙巳	丁巳
11:30~13:30	午時	庚午	壬午	甲午	丙午	戊午
13:30~15:30	未時	辛未	癸未	乙未	丁未	己未
15:30~17:30	申時	壬申	甲申	丙申	戊申	庚申
17:30~19:30	酉時	癸酉	乙酉	丁酉	己酉	辛酉
19:30~21:30	戌時	甲戌	丙戌	戊戌	庚戌	壬戌
21:30~23:30	亥時	乙亥	丁亥	己亥	辛亥	癸亥
23:30~00:30	夜子時	丙子	戊子	庚子	壬子	甲子

3. 지장간(支藏干) 월률분야 일수

<table>
<tr><th colspan="2">地支</th><th>여기(餘氣)</th><th>중기(中氣)</th><th>정기(正氣)</th></tr>
<tr><td rowspan="4">생지
(生支)</td><td>寅</td><td>戊 7일</td><td>丙 7일</td><td>甲 16일</td></tr>
<tr><td>申</td><td>戊 7일</td><td>壬 7일</td><td>庚 16일</td></tr>
<tr><td>巳</td><td>戊 7일</td><td>庚 7일</td><td>丙 16일</td></tr>
<tr><td>亥</td><td>戊 7일</td><td>甲 7일</td><td>壬 16일</td></tr>
<tr><td rowspan="4">왕지
(旺支)</td><td>子</td><td>壬 10일</td><td></td><td>癸 20일</td></tr>
<tr><td>午</td><td>丙 10일</td><td>己 9일</td><td>丁 11일</td></tr>
<tr><td>卯</td><td>甲 10일</td><td></td><td>乙 20일</td></tr>
<tr><td>酉</td><td>庚 10일</td><td></td><td>辛 20일</td></tr>
<tr><td rowspan="4">묘지
(墓支)</td><td>辰</td><td>乙 9일</td><td>癸 3일</td><td>戊 18일</td></tr>
<tr><td>戌</td><td>辛 9일</td><td>丁 3일</td><td>戊 18일</td></tr>
<tr><td>丑</td><td>癸 9일</td><td>辛 3일</td><td>己 18일</td></tr>
<tr><td>未</td><td>丁 9일</td><td>乙 3일</td><td>己 18일</td></tr>
</table>

- 장남의 『명리정종』, 진소암의 『명리약언』에 기록된 월률분야 일수이다.
- 서승의 『연해자평』, 만민영의 『삼명통회』에 기록된 월률분야 일수는 조금 다르다.
- 1달을 기준으로 분할하여 소숫점까지 나뉘지만 편의상 30일 일수로만 기록한다.

4. 지장간(支藏干) 생시사령 분수

生時	시간대	생시사령		
子時	23:30 ~ 01:30	壬 40분		癸 80분
丑時	01:30 ~ 03:30	癸 36분	辛 12분	己 72분
寅時	03:30 ~ 05:30	戊 28분	丙 28분	甲 64분
卯時	05:30 ~ 07:30	甲 40분		乙 80분
辰時	07:30 ~ 09:30	乙 36분	癸 12분	戊 72분
巳時	09:30 ~ 11:30	戊 28분	庚 28분	丙 64분
午時	11:30 ~ 13:30	丙 40분	己 36분	丁 44분
未時	13:30 ~ 15:30	丁 36분	乙 12분	己 72분
申時	15:30 ~ 17:30	戊 28분	壬 28분	庚 64분
酉時	17:30 ~ 19:30	庚 40분		辛 80분
戌時	19:30 ~ 21:30	辛 36분	丁 12분	戊 72분
亥時	21:30 ~ 23:30	戊 28분	甲 28분	壬 64분

5. 동경 127도 30분 표준시 적용기간

표준기준경선	기간
동경 127도 30분	1908년 ~ 1910년 8월 29일
동경 135도 00분	1910년 8월 30일 ~ 1954년 3월 20일
동경 127도 30분	1954녀 3월 21일 ~ 1961년 8월 9일
동경 135도 00분	1961년 8월 10일 ~ 현재

6. 출생지별 표준 시간표

지방	경도	135도 기준표준시	127.5도 기준표준시
서울	126도 58분 46초	+ 32분 05초	+ 2분 05초
부산	129도 02분 53초	+ 23분 48초	- 6분 12초
대구	128도 37분 05초	+ 25분 32초	- 4분 28초
인천	126도 37분 07초	+ 33분 32초	+ 3분 32초
대전	127도 25분 23초	+ 32분 19초	+ 2분 19초
광주	126도 55분 39초	+ 32분 17초	+ 2분 17초
전주	127도 08분 55초	+ 31분 24초	+ 1분 24초
춘천	127도 44분 02초	+ 29분 04초	- 0분 56초
제주	126도 31분 56초	+ 33분 52초	+ 3분 52초
목포	126도 23분 27초	+ 34분 26초	+ 4분 26초
강릉	128도 54분 11초	+ 24분 23초	- 5분 37초
포항	129도 21분 42초	+ 22분 33초	- 7분 27초
경주	129도 13분 18초	+ 23분 07초	- 6분 53초

7. 서머타임(summer time) 적용 기간

년도	기간	적용법령
1948년	6월 1일 00시 ~ 9월 13일 00시	재조선이육군사령부
1949년	4월 3일 00시 ~ 9월 11일 00시	대통령령 제74호
1950년	4월 1일 00시 ~ 9월 10일 00시	대통령령 제182호
1951년	5월 6일 00시 ~ 9월 9일 00시	대통령령 제489호
1955년	5월 5일 00시 ~ 9월 9일 00시	-
1956년	5월 20일 00시 ~ 9월 30일 00시	-
1957년	5월 5일 00시 ~ 9월 22일 00시	-
1958년	5월 4일 00시 ~ 9월 21일 00시	-
1959년	5월 3일 00시 ~ 9월 20일 00시	-
1960년	5월 1일 00시 ~ 9월 18일 00시	-
1961년	서머타임 실시 폐지 (5월 1일)	국무원령 제250호
1987년	5월 10일 02시 ~ 10월 11일 03시	대통령령 제12136호
1988년	5월 8일 02시 ~ 10월 9일 03시	-
1989년	서머타임 실시 폐지 (5월 8일)	대통령령 제12703호

- 서머타임(일광절약제)의 실시방법은 시작하는 시각을 한 시간 앞당기고 끝나는 시각을 한 시간 늦추는 것이다. 예를 들어 시작 시각이 02시라면 02시를 03시로 앞당기고, 끝나는 시각이 03시라면 02시로 늦춘다.
- 이 책의 만세력에 표시된 절입시간은 서머타임을 적용하지 않은 시간이니, 서머타임이 적용된 출생시의 경우 원래 시간으로 변환하여 계산하여야 한다.

예) 서머타임 시간 : 1987년 8월 7일 17:10분 → 원래 시간 : 1987년 8월 7일 16:10분

8. 24절기(節氣) 도표

24절기(절기)		음력	양력	일출시각	일몰시각
춘(春)	입춘(立春) : 봄이 시작되는 철	정월절	2월 4, 5일	7:33	17:58
	우수(雨水) : 봄비가 내리는 철	정월중	2월 18, 19일	7:17	18:15
	경칩(驚蟄) : 동면하던 개구리가 깨어나는 철	2월절	3월 5, 6일	6:57	18:30
	춘분(春分) : 봄 태양의 분기로 밤낮이 같은 철	2월중	3월 20, 21일	6:35	18:44
	청명(淸明) : 날씨가 맑고 밝은 철	3월절	4월 4, 5일	6:13	18:58
	곡우(穀雨) : 곡식에 좋은 비가 내리는 철	3월중	4월 20, 21일	5:51	19:11
하(夏)	입하(立夏) : 여름이 시작되는 철	4월절	5월 5, 6일	5:32	19:26
	소만(小滿) : 보리 알이 굵어지는 철	4월중	5월 21, 22일	5:19	19:39
	망종(芒種) : 보리를 베는 철	5월절	6월 5, 6일	5:11	19:50
	하지(夏至) : 여름의 막바지 철	5월중	6월 21, 22일	5:11	19:56
	소서(小暑) : 본격적인 더위가 시작되는 철	6월절	7월 7, 8일	5:17	19:56
	대서(大暑) : 더위가 가장 심한 철	6월중	7월 22, 23일	5:28	19:48

24절기(절기)		음력	양력	일출시각	일몰시각
추(秋)	입추(立秋) : 가을이 시작되는 철	7월절	8월 7, 8일	5:41	19:33
	처서(處暑) : 더위가 물러나는 철	7월중	8월 23, 24일	5:55	19:14
	백로(白露) : 흰 이슬이 내려 가을이 드러나는 철	8월절	9월 7, 8일	6:07	18:52
	추분(秋分) : 가을 태양의 분기로 낮밤이 같은 철	8월중	9월 23, 24일	6:20	18:29
	한로(寒露) : 찬 이슬이 내리는 철	9월절	10월 8, 9일	6:33	18:06
	상강(霜降) : 서리가 내리기 시작하는 철	9월중	10월 23, 24일	6:48	17:44
동(冬)	입동(立冬) : 겨울이 시작되는 철	10월절	11월 7, 8일	7:03	17:28
	소설(小雪) : 눈이 조금씩 오기 시작하는 철	10월중	11월 22, 23일	7:18	17:17
	대설(大雪) : 눈이 많이 오는 철	11월절	12월 7, 8일	7:33	17:13
	동지(冬至) : 겨울의 막바지로 밤이 제일 긴 철	11월중	12월 21, 22일	7:43	17:17
	소한(小寒) : 본격적으로 추운 철	12월절	1월 5, 6일	7:47	17:28
	대한(大寒) : 겨울 중 가장 추운 철	12월중	1월 20, 21일	7:44	17:42

9. 오행(五行) 배속표

구분	木	火	土	金	水
십간	甲乙	丙丁	戊己	庚辛	壬癸
십이지	寅卯	巳午	辰戌丑未	申酉	亥子
속성	仁(인정)	禮(예의)	信(신용)	義(의리)	智(지혜)
색	청색	적색	황색	백색	흑색
계절	봄	여름	환절기	가을	겨울
하루	아침	점심	오후	저녁	한밤중
방위	동방	남방	중앙	서방	북방
신체	신경계	순환계	소화계	근골계	혈액계
오장	간장	심장	비장	폐장	신장
육부	쓸개	소장, 삼초	위	대장	방광
얼굴	눈	시력	입	코	귀
맛	신맛	쓴맛	단맛	매운맛	짠맛
직업	교육, 의학	연예, 예능	농공, 생산	군경, 금융	경제, 경영
인생	소년기	청년기	중년기	장년기	노년기
세계	극동	적도부근	중국, 인도	유럽, 미국	북구, 러시아
기운	풍(風)	열(熱)	습(濕)	조(燥)	한(寒)
오행성	곡직	염상	가색	종혁	윤하
발음	ㄱ,ㅋ	ㄴ,ㄷ,ㄹ,ㅌ	ㅇ,ㅎ	ㅅ,ㅈ,ㅊ	ㅁ,ㅂ,ㅍ
입속	맛보기	혀	입술	치아	침
오음	아음(牙音)	설음(舌音)	후음(喉音)	치음(齒音)	순음(脣音)
후천수	3, 8	2, 7	5, 10	4, 9	1, 6
오행수	1 ,2	3, 4	5, 6	7, 8	9, 10

10. 오행(五行) 인체 배속도

五行	木	火	土	金	水
인체질병	간장질환 쓸개질환 신경질환 두통질환 얼굴질환	심장질환 소장질환 눈병질환 편두질환 고혈압증	비장질환 위장질환 복부질환 피부근육 당뇨질환	폐장질환 대장질환 호흡질환 골격질환 사지질환	신장질환 방광질환 혈액피부 자궁질환 생식질환

- 陽干은 육부(六腑)에 배속되며 陰干은 오장(五臟)에 배속된다. 양간과 음간이 서로 合하고 化하는 것은 오장육부가 서로 연결되어 상호작용함이다. 예를 들어 丁은 심장이고 壬은 방광이니 丁壬合은 심장과 방광이 상호작용함을 의미하고 木으로 化하여 生氣를 상승시킨다.
- 인체의 질병은 오행이 부족할 때 해당 인체의 기능이 약하니 발병이 잦다. 특히, 특정 오행을 剋하는 神이 忌神일 때 극을 당하는 오행에 배속된 신체에 질병이 발생하기 쉽다.

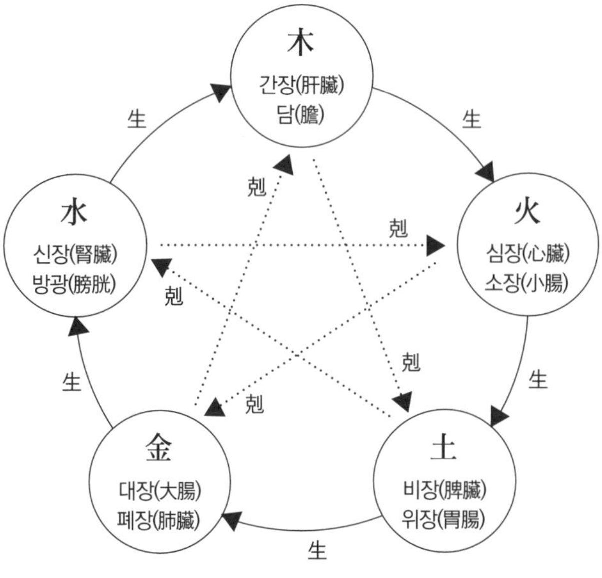

11. 십이지지(十二地支) 속성표

지지	음양오행	계절	월별	방위	장간	수리	질병	물체
子	水-陽	冬	12	北	癸	6	비뇨기(泌尿器)	소금물, 음료, 빙과
丑	土-陰	冬	1	北	己	10	위장(胃腸)	차고, 빙판, 무기
寅	木-陽	春	2	東	甲	3	심장(心臟)	발전기, 목재, 신문
卯	木-陰	春	3	東	乙	8	간장(肝臟)	가구, 의복, 책상
辰	土-陽	春	4	東	戊	5	망각증(忘却症)	골재, 장소, 농토
巳	火-陰	夏	5	南	丙	7	치통(齒痛)	휘발유, 전기, 폭발물
午	火-陽	夏	6	南	丁	2	정신병(精神病)	화장품, 안경, 전등
未	土-陰	夏	7	南	己	10	허로병(虛勞病)	골재, 식품, 시멘트
申	金-陽	秋	8	西	庚	9	대장염(大腸炎)	차량, 수도관, 은행
酉	金-陰	秋	9	西	辛	4	폐결핵(肺結核)	귀금속, 현금, 그릇
戌	土-陽	秋	10	西	戊	5	공포증(恐怖症)	골동품, 공장, 화로
亥	水-陰	冬	11	北	壬	1	방광염(膀胱炎)	바다, 생선, 주류

12. 십성(十星) 표출표

[天干 십성의 표출]

日主	比肩	劫財	食神	傷官	偏財	正財	偏官	正官	偏印	正印
甲	甲	乙	丙	丁	戊	己	庚	辛	壬	癸
乙	乙	甲	丁	丙	己	戊	辛	庚	癸	壬
丙	丙	丁	戊	己	庚	辛	壬	癸	甲	乙
丁	丁	丙	己	戊	辛	庚	癸	壬	乙	甲
戊	戊	己	庚	辛	壬	癸	甲	乙	丙	丁
己	己	戊	辛	庚	癸	壬	乙	甲	丁	丙
庚	庚	辛	壬	癸	甲	乙	丙	丁	戊	己
辛	辛	庚	癸	壬	乙	甲	丁	丙	己	戊
壬	壬	癸	甲	乙	丙	丁	戊	己	庚	辛
癸	癸	壬	乙	甲	丁	丙	己	戊	辛	庚

[地支 십성의 표출]

日主	比肩	劫財	食神	傷官	偏財	正財	偏官	正官	偏印	正印
甲	寅	卯	巳	午	辰戌	丑未	申	酉	亥	子
乙	卯	寅	午	巳	丑未	辰戌	酉	申	子	亥
丙	巳	午	辰戌	丑未	申	酉	亥	子	寅	卯
丁	午	巳	丑未	辰戌	酉	申	子	亥	卯	寅
戊	辰戌	丑未	申	酉	亥	子	寅	卯	巳	午
己	丑未	辰戌	酉	申	子	亥	卯	寅	午	巳
庚	申	酉	亥	子	寅	卯	巳	午	辰戌	丑未
辛	酉	申	子	亥	卯	寅	午	巳	丑未	辰戌
壬	亥	子	寅	卯	巳	午	辰戌	丑未	申	酉
癸	子	亥	卯	寅	午	巳	丑未	辰戌	酉	申

13. 십이운성(十二運星) 조견표

天干 / 宮	甲	乙	丙	丁	戊	己	庚	辛	壬	癸
長生	亥	午	寅	酉	寅	酉	巳	子	申	卯
沐浴	子	巳	卯	申	卯	申	午	亥	酉	寅
冠帶	丑	辰	辰	未	辰	未	未	戌	戌	丑
健祿	寅	卯	巳	午	巳	午	申	酉	亥	子
帝旺	卯	寅	午	巳	午	巳	酉	申	子	亥
衰	辰	丑	未	辰	未	辰	戌	未	丑	戌
病	巳	子	申	卯	申	卯	亥	午	寅	酉
死	午	亥	酉	寅	酉	寅	子	巳	卯	申
墓	未	戌	戌	丑	戌	丑	丑	辰	辰	未
絶	申	酉	亥	子	亥	子	寅	卯	巳	午
胎	酉	申	子	亥	子	亥	卯	寅	午	巳
養	戌	未	丑	戌	丑	戌	辰	丑	未	辰

14. 십이신살(十二神殺) 조견표

十二神殺 / 年支(日支)	지살 地殺	연살 年殺	월살 月殺	망신 亡身	장성 將星	반안 攀鞍	역마 驛馬	육해 六害	화개 華蓋	겁살 劫殺	재살 災殺	천살 天殺
寅·午·戌 (火氣)	寅	卯	辰	巳	午	未	申	酉	戌	亥	子	丑
巳·酉·丑 (金氣)	巳	午	未	申	酉	戌	亥	子	丑	寅	卯	辰
申·子·辰 (水氣)	申	酉	戌	亥	子	丑	寅	卯	辰	巳	午	未
亥·卯·未 (木氣)	亥	子	丑	寅	卯	辰	巳	午	未	申	酉	戌

15. 공망(空亡) 조견표

六十甲子	甲子	甲戌	甲申	甲午	甲辰	甲寅
	乙丑	乙亥	乙酉	乙未	乙巳	乙卯
	丙寅	丙子	丙戌	丙申	丙午	丙辰
	丁卯	丁丑	丁亥	丁酉	丁未	丁巳
	戊辰	戊寅	戊子	戊戌	戊申	戊午
	己巳	己卯	己丑	己亥	己酉	己未
	庚午	庚辰	庚寅	庚子	庚戌	庚申
	辛未	辛巳	辛卯	辛丑	辛亥	辛酉
	壬申	壬午	壬辰	壬寅	壬子	壬戌
	癸酉	癸未	癸巳	癸卯	癸丑	癸亥
空亡	○戌	○申	○午	○辰	○寅	○子
	○亥	○酉	○未	○巳	○卯	○丑

- 甲子 순(旬)에서 癸酉까지는 戌亥가 공망이다.
- 甲戌 순(旬)에서 癸未까지는 申酉가 공망이다.
- 甲申 순(旬)에서 癸巳까지는 午未가 공망이다.
- 甲午 순(旬)에서 癸卯까지는 辰巳가 공망이다.
- 甲辰 순(旬)에서 癸丑까지는 寅卯가 공망이다.
- 甲寅 순(旬)에서 癸亥까지는 子丑이 공망이다.

16. 만세력 보는 법

西紀 2000년 **庚辰** 檀紀 4333년

2월 (丁丑) 戊寅(입춘) 立春 4日 21:40 雨水 19日

		1	2	3	4	5	6	7	8	9	10	11	12	13	14	15	16	17	18	19	20	21	22	23	24	25	26	27	28	29		
陽歷		1	2	3	4	5	6	7	8	9	10	11	12	13	14	15	16	17	18	19	20	21	22	23	24	25	26	27	28	29		
요일		火	水	木	金	1	日	月	火	水	木	金	土	日	月	火	水	木	金	土	日	月	火	水	木	金	土	日	月	火		
陰歷		26	27	28	29	1	2	3	4	5	6	7	8	9	10	11	12	13	14	15	16	17	18	19	20	21	22	23	24	25		
日辰		己	庚	辛	壬	癸	甲	乙	丙	丁	戊	己	庚	辛	壬	癸	甲	乙	丙	丁	戊	己	庚	辛	壬	癸	甲	乙	丙	丁		
		丑	寅	卯	辰	巳	午	未	申	酉	戌	亥	子	丑	寅	卯	辰	巳	午	未	申	酉	戌	亥	子	丑	寅	卯	辰	巳		
大	男	9	9	9	立	10	9	9	9	8	8	8	7	7	7	6	6	6	5	5	5	4	4	4	3	3	3	2	2	2		
運	女	一	一	一	春	一	一	一	一	二	二	二	三	三	三	四	四	四	五	五	五	六	六	六	七	七	七	八	八	八		

❶ 양력월

❷ 전 월건

❸ 절기일

❹ 음력월

❺ 월건

❻ 절입일 시간

가. ❶은 매년 양력 월을 표시한 것이다.

나. ❷ 전 월건은 ❸ 입춘일 이전은 달이 바뀌었어도 전월 월건을 사용해야 하므로 착오를 일으키지 않도록 알아보기 쉽게 표기한 것이다.

예) 2000년 양력 2월 3일이라면 己卯년, 丁丑월, 辛卯일 임을 쉽게 알 수 있다.

다. ❹는 음력월을 표시한 것이다. 눈에 띄게 표기하였다.

라. ❺ 戊寅은 월건으로 음력절기를 기준으로 사용한다.

마. ❸ 절입일에 생일인 사람은 ❻ 절입시간을 보고 월건을 정한다.

예) 2000년 음력 12월 29일 오후 21시 30분 생

입춘일에 태어났으나 절입시간이 21시 40분으로 아직 입춘이 지나지 않았으므로 己卯년, 丁丑월, 壬辰일이 된다.

바. 절입일에 대운수는? 절입시간 이전은 전날 대운수를 적용하고 절입시간 이후는 다음날의 대운수를 적용한다.

자평만세력

1901년~2070년

1월 (戊子) 己丑(소한) 小寒 6日 08:53 大寒 21日

		1	2	3	4	5	6	7	8	9	10	11	12	13	14	15	16	17	18	19	20	21	22	23	24	25	26	27	28	29	30	31
陽曆		1	2	3	4	5	6	7	8	9	10	11	12	13	14	15	16	17	18	19	20	21	22	23	24	25	26	27	28	29	30	31
요일		火	水	木	金	土	日	月	火	水	木	金	土	日	月	火	水	木	金	土	12	月	火	水	木	金	土	日	月	火	水	木
陰曆		11	12	13	14	15	16	17	18	19	20	21	22	23	24	25	26	27	28	29	1	2	3	4	5	6	7	8	9	10	11	12
日辰		己	庚	辛	壬	癸	甲	乙	丙	丁	戊	己	庚	辛	壬	癸	甲	乙	丙	丁	戊	己	庚	辛	壬	癸	甲	乙	丙	丁	戊	己
		卯	辰	巳	午	未	申	酉	戌	亥	子	丑	寅	卯	辰	巳	午	未	申	酉	戌	亥	子	丑	寅	卯	辰	巳	午	未	申	酉
大	男	2	1	1	1	1	小	9	9	9	8	8	8	7	7	7	6	6	6	5	5	5	4	4	4	3	3	3	2	2	2	1
運	女	八	八	九	九	九	寒	一	一	一	一	二	二	二	三	三	三	四	四	四	五	五	五	六	六	六	七	七	七	八	八	八

2월 (己丑) 庚寅(입춘) 立春 4日 20:40 雨水 19日

		1	2	3	4	5	6	7	8	9	10	11	12	13	14	15	16	17	18	19	20	21	22	23	24	25	26	27	28			
陽曆		1	2	3	4	5	6	7	8	9	10	11	12	13	14	15	16	17	18	19	20	21	22	23	24	25	26	27	28			
요일		金	土	日	月	火	水	木	金	土	日	月	火	水	木	金	土	日	月	1	水	木	金	土	日	月	火	水	木			
陰曆		13	14	15	16	17	18	19	20	21	22	23	24	25	26	27	28	29	30	1	2	3	4	5	6	7	8	9	10			
日辰		庚	辛	壬	癸	甲	乙	丙	丁	戊	己	庚	辛	壬	癸	甲	乙	丙	丁	戊	己	庚	辛	壬	癸	甲	乙	丙	丁			
		戌	亥	子	丑	寅	卯	辰	巳	午	未	申	酉	戌	亥	子	丑	寅	卯	辰	巳	午	未	申	酉	戌	亥	子	丑			
大	男	1	1	1	立	1	1	1	1	2	2	2	3	3	3	4	4	4	5	5	5	6	6	6	7	7	7	8	8			
運	女	九	九	九	春	十	九	九	九	八	八	八	七	七	七	六	六	六	五	五	五	四	四	四	三	三	三	二	二			

3월 (庚寅) 辛卯(경칩) 驚蟄 6日 15:11 春分 21日

		1	2	3	4	5	6	7	8	9	10	11	12	13	14	15	16	17	18	19	20	21	22	23	24	25	26	27	28	29	30	31
陽曆		1	2	3	4	5	6	7	8	9	10	11	12	13	14	15	16	17	18	19	20	21	22	23	24	25	26	27	28	29	30	31
요일		金	土	日	月	火	水	木	金	土	日	月	火	水	木	金	土	日	月	火	2	木	金	土	日	月	火	水	木	金	土	日
陰曆		11	12	13	14	15	16	17	18	19	20	21	22	23	24	25	26	27	28	29	1	2	3	4	5	6	7	8	9	10	11	12
日辰		戊	己	庚	辛	壬	癸	甲	乙	丙	丁	戊	己	庚	辛	壬	癸	甲	乙	丙	丁	戊	己	庚	辛	壬	癸	甲	乙	丙	丁	戊
		寅	卯	辰	巳	午	未	申	酉	戌	亥	子	丑	寅	卯	辰	巳	午	未	申	酉	戌	亥	子	丑	寅	卯	辰	巳	午	未	申
大	男	8	9	9	9	10	驚	1	1	1	1	2	2	2	3	3	3	4	4	4	5	5	5	6	6	6	7	7	7	8	8	8
運	女	二	一	一	一	一	蟄	十	九	九	九	八	八	八	七	七	七	六	六	六	五	五	五	四	四	四	三	三	三	二	二	二

4월 (辛卯) 壬辰(청명) 清明 5日 20:44 穀雨 21日

		1	2	3	4	5	6	7	8	9	10	11	12	13	14	15	16	17	18	19	20	21	22	23	24	25	26	27	28	29	30	
陽曆		1	2	3	4	5	6	7	8	9	10	11	12	13	14	15	16	17	18	19	20	21	22	23	24	25	26	27	28	29	30	
요일		月	火	水	木	金	土	日	月	火	水	木	金	土	日	月	火	水	木	3	土	日	月	火	水	木	金	土	日	月	火	
陰曆		13	14	15	16	17	18	19	20	21	22	23	24	25	26	27	28	29	30	1	2	3	4	5	6	7	8	9	10	11	12	
日辰		己	庚	辛	壬	癸	甲	乙	丙	丁	戊	己	庚	辛	壬	癸	甲	乙	丙	丁	戊	己	庚	辛	壬	癸	甲	乙	丙	丁	戊	
		酉	戌	亥	子	丑	寅	卯	辰	巳	午	未	申	酉	戌	亥	子	丑	寅	卯	辰	巳	午	未	申	酉	戌	亥	子	丑	寅	
大	男	9	9	9	10	清	1	1	1	1	2	2	2	3	3	3	4	4	4	5	5	5	6	6	6	7	7	7	8	8	8	
運	女	一	一	一	一	明	十	十	九	九	九	八	八	八	七	七	七	六	六	六	五	五	五	四	四	四	三	三	三	二	二	

5월 (壬辰) 癸巳(입하) 立夏 6日 14:50 小滿 22日

		1	2	3	4	5	6	7	8	9	10	11	12	13	14	15	16	17	18	19	20	21	22	23	24	25	26	27	28	29	30	31
陽曆		1	2	3	4	5	6	7	8	9	10	11	12	13	14	15	16	17	18	19	20	21	22	23	24	25	26	27	28	29	30	31
요일		水	木	金	土	日	月	火	水	木	金	土	日	月	火	水	木	金	4	日	月	火	水	木	金	土	日	月	火	水	木	金
陰曆		13	14	15	16	17	18	19	20	21	22	23	24	25	26	27	28	29	1	2	3	4	5	6	7	8	9	10	11	12	13	14
日辰		己	庚	辛	壬	癸	甲	乙	丙	丁	戊	己	庚	辛	壬	癸	甲	乙	丙	丁	戊	己	庚	辛	壬	癸	甲	乙	丙	丁	戊	己
		卯	辰	巳	午	未	申	酉	戌	亥	子	丑	寅	卯	辰	巳	午	未	申	酉	戌	亥	子	丑	寅	卯	辰	巳	午	未	申	酉
大	男	9	9	9	10	10	立	1	1	1	1	2	2	2	3	3	3	4	4	4	5	5	5	6	6	6	7	7	7	8	8	8
運	女	二	一	一	一	一	夏	十	十	九	九	九	八	八	八	七	七	七	六	六	六	五	五	五	四	四	四	三	三	三	二	二

6월 (癸巳) 甲午(망종) 芒種 6日 19:37 夏至 22日

		1	2	3	4	5	6	7	8	9	10	11	12	13	14	15	16	17	18	19	20	21	22	23	24	25	26	27	28	29	30	
陽曆		1	2	3	4	5	6	7	8	9	10	11	12	13	14	15	16	17	18	19	20	21	22	23	24	25	26	27	28	29	30	
요일		土	日	月	火	水	木	金	土	日	月	火	水	木	金	土	5	月	火	水	木	金	土	日	月	火	水	木	金	土	日	
陰曆		15	16	17	18	19	20	21	22	23	24	25	26	27	28	29	1	2	3	4	5	6	7	8	9	10	11	12	13	14	15	
日辰		庚	辛	壬	癸	甲	乙	丙	丁	戊	己	庚	辛	壬	癸	甲	乙	丙	丁	戊	己	庚	辛	壬	癸	甲	乙	丙	丁	戊	己	
		戌	亥	子	丑	寅	卯	辰	巳	午	未	申	酉	戌	亥	子	丑	寅	卯	辰	巳	午	未	申	酉	戌	亥	子	丑	寅	卯	
大	男	9	9	9	10	10	芒	1	1	1	1	2	2	2	3	3	3	4	4	4	5	5	5	6	6	6	7	7	7	8	8	
運	女	二	一	一	一	一	種	十	十	十	九	九	九	八	八	八	七	七	七	六	六	六	五	五	五	四	四	四	三	三	三	

7월 (甲午) 乙未 (소서) 小署 8日 06:08 大署 23日

陽曆		1	2	3	4	5	6	7	8	9	10	11	12	13	14	15	16	17	18	19	20	21	22	23	24	25	26	27	28	29	30	31
요일		月	火	水	木	金	土	日	月	火	水	木	金	土	日	月	6/	水	木	金	土	日	月	火	水	木	金	土	日	月	火	水
陰曆		16	17	18	19	20	21	22	23	24	25	26	27	28	29	30	1	2	3	4	5	6	7	8	9	10	11	12	13	14	15	16
日辰		庚	辛	壬	癸	甲	乙	丙	丁	戊	己	庚	辛	壬	癸	甲	乙	丙	丁	戊	己	庚	辛	壬	癸	甲	乙	丙	丁	戊	己	庚
		辰	巳	午	未	申	酉	戌	亥	子	丑	寅	卯	辰	巳	午	未	申	酉	戌	亥	子	丑	寅	卯	辰	巳	午	未	申	酉	戌
大	男	8	9	9	9	10	10	10	小	1	1	1	1	2	2	2	3	3	3	4	4	4	5	5	5	6	6	6	7	7	7	8
運	女	二	二	二	一	一	一	一	署	十	十	十	九	九	九	八	八	八	七	七	七	六	六	六	五	五	五	四	四	四	三	三

8월 (乙未) 丙申 (입추) 立秋 8日 15:46 處署 24日

陽曆		1	2	3	4	5	6	7	8	9	10	11	12	13	14	15	16	17	18	19	20	21	22	23	24	25	26	27	28	29	30	31
요일		木	金	土	日	月	火	水	木	金	土	日	月	火	7/	木	金	土	日	月	火	水	木	金	土	日	月	火	水	木	金	土
陰曆		17	18	19	20	21	22	23	24	25	26	27	28	29	1	2	3	4	5	6	7	8	9	10	11	12	13	14	15	16	17	18
日辰		辛	壬	癸	甲	乙	丙	丁	戊	己	庚	辛	壬	癸	甲	乙	丙	丁	戊	己	庚	辛	壬	癸	甲	乙	丙	丁	戊	己	庚	辛
		亥	子	丑	寅	卯	辰	巳	午	未	申	酉	戌	亥	子	丑	寅	卯	辰	巳	午	未	申	酉	戌	亥	子	丑	寅	卯	辰	巳
大	男	8	8	9	9	9	10	10	立	1	1	1	1	2	2	2	3	3	3	4	4	4	5	5	5	6	6	6	7	7	7	8
運	女	三	二	二	二	一	一	一	秋	十	十	九	九	九	八	八	八	七	七	七	六	六	六	五	五	五	四	四	四	三	三	三

9월 (丙申) 丁酉 (백로) 白露 8日 18:10 秋分 24日

陽曆		1	2	3	4	5	6	7	8	9	10	11	12	13	14	15	16	17	18	19	20	21	22	23	24	25	26	27	28	29	30	
요일		日	月	火	水	木	金	土	日	月	火	水	木	8/	土	日	月	火	水	木	金	土	日	月	火	水	木	金	土	日	月	
陰曆		19	20	21	22	23	24	25	26	27	28	29	30	1	2	3	4	5	6	7	8	9	10	11	12	13	14	15	16	17	18	
日辰		壬	癸	甲	乙	丙	丁	戊	己	庚	辛	壬	癸	甲	乙	丙	丁	戊	己	庚	辛	壬	癸	甲	乙	丙	丁	戊	己	庚	辛	
		午	未	申	酉	戌	亥	子	丑	寅	卯	辰	巳	午	未	申	酉	戌	亥	子	丑	寅	卯	辰	巳	午	未	申	酉	戌	亥	
大	男	8	8	9	9	9	10	10	白	1	1	1	1	2	2	2	3	3	3	4	4	4	5	5	5	6	6	6	7	7	7	
運	女	二	二	二	一	一	一	一	露	十	十	九	九	九	八	八	八	七	七	七	六	六	六	五	五	五	四	四	四	三	三	

10월 (丁酉) 戊戌 (한로) 寒露 9日 09:07 霜降 24日

陽曆		1	2	3	4	5	6	7	8	9	10	11	12	13	14	15	16	17	18	19	20	21	22	23	24	25	26	27	28	29	30	31
요일		火	水	木	金	土	日	月	火	水	木	金	9/	日	月	火	水	木	金	土	日	月	火	水	木	金	土	日	月	火	水	木
陰曆		19	20	21	22	23	24	25	26	27	28	29	1	2	3	4	5	6	7	8	9	10	11	12	13	14	15	16	17	18	19	20
日辰		壬	癸	甲	乙	丙	丁	戊	己	庚	辛	壬	癸	甲	乙	丙	丁	戊	己	庚	辛	壬	癸	甲	乙	丙	丁	戊	己	庚	辛	壬
		子	丑	寅	卯	辰	巳	午	未	申	酉	戌	亥	子	丑	寅	卯	辰	巳	午	未	申	酉	戌	亥	子	丑	寅	卯	辰	巳	午
大	男	8	8	8	9	9	9	10	10	寒	1	1	1	1	2	2	2	3	3	3	4	4	4	5	5	5	6	6	6	7	7	7
運	女	三	二	二	二	一	一	一	一	露	十	九	九	九	八	八	八	七	七	七	六	六	六	五	五	五	四	四	四	三	三	三

11월 (戊戌) 己亥 (입동) 立冬 8日 11:35 小雪 23日

陽曆		1	2	3	4	5	6	7	8	9	10	11	12	13	14	15	16	17	18	19	20	21	22	23	24	25	26	27	28	29	30	
요일		金	土	日	月	火	水	木	金	土	日	10/	火	水	木	金	土	日	月	火	水	木	金	土	日	月	火	水	木	金	土	
陰曆		21	22	23	24	25	26	27	28	29	30	1	2	3	4	5	6	7	8	9	10	11	12	13	14	15	16	17	18	19	20	
日辰		癸	甲	乙	丙	丁	戊	己	庚	辛	壬	癸	甲	乙	丙	丁	戊	己	庚	辛	壬	癸	甲	乙	丙	丁	戊	己	庚	辛	壬	
		未	申	酉	戌	亥	子	丑	寅	卯	辰	巳	午	未	申	酉	戌	亥	子	丑	寅	卯	辰	巳	午	未	申	酉	戌	亥	子	
大	男	8	8	8	9	9	9	10	立	1	1	1	1	2	2	2	3	3	3	4	4	4	5	5	5	6	6	6	7	7	7	
運	女	二	二	二	一	一	一	一	冬	十	九	九	九	八	八	八	七	七	七	六	六	六	五	五	五	四	四	四	三	三	三	

12월 (己亥) 庚子 (대설) 大雪 8日 08:35 冬至 22日

陽曆		1	2	3	4	5	6	7	8	9	10	11	12	13	14	15	16	17	18	19	20	21	22	23	24	25	26	27	28	29	30	31
요일		日	月	火	水	木	金	土	日	月	火	11/	木	金	土	日	月	火	水	木	金	土	日	月	火	水	木	金	土	日	月	火
陰曆		21	22	23	24	25	26	27	28	29	30	1	2	3	4	5	6	7	8	9	10	11	12	13	14	15	16	17	18	19	20	21
日辰		癸	甲	乙	丙	丁	戊	己	庚	辛	壬	癸	甲	乙	丙	丁	戊	己	庚	辛	壬	癸	甲	乙	丙	丁	戊	己	庚	辛	壬	癸
		丑	寅	卯	辰	巳	午	未	申	酉	戌	亥	子	丑	寅	卯	辰	巳	午	未	申	酉	戌	亥	子	丑	寅	卯	辰	巳	午	未
大	男	8	8	8	9	9	9	10	大	1	1	1	1	2	2	2	3	3	3	4	4	4	5	5	5	6	6	6	7	7	7	8
運	女	二	二	二	一	一	一	一	雪	九	九	九	八	八	八	七	七	七	六	六	六	五	五	五	四	四	四	三	三	三	二	二

西紀 1902년 **壬寅** 檀紀 4235년

1월 (庚子) 辛丑 (소한) 小寒 6日 14:52 大寒 21日

陽曆		1	2	3	4	5	6	7	8	9	10	11	12	13	14	15	16	17	18	19	20	21	22	23	24	25	26	27	28	29	30	31
요일		水	木	金	土	日	月	火	水	木	12/	土	日	月	火	水	木	金	土	日	月	火	水	木	金	土	日	月	火	水	木	金
陰曆		22	23	24	25	26	27	28	29	30	1	2	3	4	5	6	7	8	9	10	11	12	13	14	15	16	17	18	19	20	21	22
日辰		甲	乙	丙	丁	戊	己	庚	辛	壬	癸	甲	乙	丙	丁	戊	己	庚	辛	壬	癸	甲	乙	丙	丁	戊	己	庚	辛	壬	癸	甲
		申	酉	戌	亥	子	丑	寅	卯	辰	巳	午	未	申	酉	戌	亥	子	丑	寅	卯	辰	巳	午	未	申	酉	戌	亥	子	丑	寅
大	男	8	8	9	9	9	小	1	1	1	1	2	2	2	3	3	3	4	4	4	5	5	5	6	6	6	7	7	7	8	8	8
運	女	二	一	一	一	一	寒	十	九	九	九	八	八	八	七	七	七	六	六	六	五	五	五	四	四	四	三	三	三	二	二	二

2월 (辛丑) 壬寅 (입춘) 立春 5日 02:38 雨水 19日

陽曆		1	2	3	4	5	6	7	8	9	10	11	12	13	14	15	16	17	18	19	20	21	22	23	24	25	26	27	28			
요일		土	日	月	火	水	木	金	1/	日	月	火	水	木	金	土	日	月	火	水	木	金	土	日	月	火	水	木	金			
陰曆		23	24	25	26	27	28	29	1	2	3	4	5	6	7	8	9	10	11	12	13	14	15	16	17	18	19	20	21			
日辰		乙	丙	丁	戊	己	庚	辛	壬	癸	甲	乙	丙	丁	戊	己	庚	辛	壬	癸	甲	乙	丙	丁	戊	己	庚	辛	壬			
		卯	辰	巳	午	未	申	酉	戌	亥	子	丑	寅	卯	辰	巳	午	未	申	酉	戌	亥	子	丑	寅	卯	辰	巳	午			
大	男	9	9	9	10	立	9	9	9	8	8	8	7	7	7	6	6	6	5	5	5	4	4	4	3	3	3	2	2			
運	女	一	一	一	一	春	一	一	一	一	二	二	二	三	三	三	四	四	四	五	五	五	六	六	六	七	七	七	八			

3월 (壬寅) 癸卯 (경칩) 驚蟄 6日 21:08 春分 21日

陽曆		1	2	3	4	5	6	7	8	9	10	11	12	13	14	15	16	17	18	19	20	21	22	23	24	25	26	27	28	29	30	31
요일		土	日	月	火	水	木	金	土	日	2/	火	水	木	金	土	日	月	火	水	木	金	土	日	月	火	水	木	金	土	日	月
陰曆		22	23	24	25	26	27	28	29	30	1	2	3	4	5	6	7	8	9	10	11	12	13	14	15	16	17	18	19	20	21	22
日辰		癸	甲	乙	丙	丁	戊	己	庚	辛	壬	癸	甲	乙	丙	丁	戊	己	庚	辛	壬	癸	甲	乙	丙	丁	戊	己	庚	辛	壬	癸
		未	申	酉	戌	亥	子	丑	寅	卯	辰	巳	午	未	申	酉	戌	亥	子	丑	寅	卯	辰	巳	午	未	申	酉	戌	亥	子	丑
大	男	2	1	1	1	1	驚	10	10	9	9	9	8	8	8	7	7	7	6	6	6	5	5	5	4	4	4	3	3	3	2	2
運	女	八	八	九	九	九	蟄	一	一	一	一	二	二	二	三	三	三	四	四	四	五	五	五	六	六	六	七	七	七	八	八	八

4월 (癸卯) 甲辰 (청명) 清明 6日 02:38 穀雨 21日

陽曆		1	2	3	4	5	6	7	8	9	10	11	12	13	14	15	16	17	18	19	20	21	22	23	24	25	26	27	28	29	30	
요일		火	水	木	金	土	日	月	3/	水	木	金	土	日	月	火	水	木	金	土	日	月	火	水	木	金	土	日	月	火	水	
陰曆		23	24	25	26	27	28	29	1	2	3	4	5	6	7	8	9	10	11	12	13	14	15	16	17	18	19	20	21	22	23	
日辰		甲	乙	丙	丁	戊	己	庚	辛	壬	癸	甲	乙	丙	丁	戊	己	庚	辛	壬	癸	甲	乙	丙	丁	戊	己	庚	辛	壬	癸	
		寅	卯	辰	巳	午	未	申	酉	戌	亥	子	丑	寅	卯	辰	巳	午	未	申	酉	戌	亥	子	丑	寅	卯	辰	巳	午	未	
大	男	2	1	1	1	1	淸	10	9	9	9	8	8	8	7	7	7	6	6	6	5	5	5	4	4	4	3	3	3	2	2	
運	女	九	九	九	十	十	明	一	一	一	一	二	二	二	三	三	三	四	四	四	五	五	五	六	六	六	七	七	七	八	八	

5월 (甲辰) 乙巳 (입하) 立夏 6日 20:39 小滿 22日

陽曆		1	2	3	4	5	6	7	8	9	10	11	12	13	14	15	16	17	18	19	20	21	22	23	24	25	26	27	28	29	30	31
요일		木	金	土	日	月	火	水	4/	金	土	日	月	火	水	木	金	土	日	月	火	水	木	金	土	日	月	火	水	木	金	土
陰曆		24	25	26	27	28	29	30	1	2	3	4	5	6	7	8	9	10	11	12	13	14	15	16	17	18	19	20	21	22	23	24
日辰		甲	乙	丙	丁	戊	己	庚	辛	壬	癸	甲	乙	丙	丁	戊	己	庚	辛	壬	癸	甲	乙	丙	丁	戊	己	庚	辛	壬	癸	甲
		申	酉	戌	亥	子	丑	寅	卯	辰	巳	午	未	申	酉	戌	亥	子	丑	寅	卯	辰	巳	午	未	申	酉	戌	亥	子	丑	寅
大	男	2	1	1	1	1	立	10	10	10	9	9	9	8	8	8	7	7	7	6	6	6	5	5	5	4	4	4	3	3	3	2
運	女	八	九	九	九	十	夏	一	一	一	一	二	二	二	三	三	三	四	四	四	五	五	五	六	六	六	七	七	七	八	八	八

6월 (乙巳) 丙午 (망종) 芒種 7日 01:20 夏至 22日

陽曆		1	2	3	4	5	6	7	8	9	10	11	12	13	14	15	16	17	18	19	20	21	22	23	24	25	26	27	28	29	30	
요일		日	月	火	水	木	5/	土	日	月	火	水	木	金	土	日	月	火	水	木	金	土	日	月	火	水	木	金	土	日	月	
陰曆		25	26	27	28	29	1	2	3	4	5	6	7	8	9	10	11	12	13	14	15	16	17	18	19	20	21	22	23	24	25	
日辰		乙	丙	丁	戊	己	庚	辛	壬	癸	甲	乙	丙	丁	戊	己	庚	辛	壬	癸	甲	乙	丙	丁	戊	己	庚	辛	壬	癸	甲	
		卯	辰	巳	午	未	申	酉	戌	亥	子	丑	寅	卯	辰	巳	午	未	申	酉	戌	亥	子	丑	寅	卯	辰	巳	午	未	申	
大	男	2	2	1	1	1	1	芒	10	10	9	9	9	8	8	8	7	7	7	6	6	6	5	5	5	4	4	4	3	3	3	
運	女	九	九	九	十	十	十	種	一	一	一	一	二	二	二	三	三	三	四	四	四	五	五	五	六	六	六	七	七	七	八	

7월 (丙午) 丁未 (소서) 小暑 8日 11:46 大暑 24日

陽曆	1	2	3	4	5	6	7	8	9	10	11	12	13	14	15	16	17	18	19	20	21	22	23	24	25	26	27	28	29	30	31
요일	火	水	木	金		日	月	火	水	木	金	土	日	月	火	水	木	金	土	日	月	火	水	木	金	土	日	月	火	水	木
陰曆	26	27	28	29	6/1	2	3	4	5	6	7	8	9	10	11	12	13	14	15	16	17	18	19	20	21	22	23	24	25	26	27
日辰	乙	丙	丁	戊	己	庚	辛	壬	癸	甲	乙	丙	丁	戊	己	庚	辛	壬	癸	甲	乙	丙	丁	戊	己	庚	辛	壬	癸	甲	乙
	酉	戌	亥	子	丑	寅	卯	辰	巳	午	未	申	酉	戌	亥	子	丑	寅	卯	辰	巳	午	未	申	酉	戌	亥	子	丑	寅	卯
大運 男	1	2	2	1	1	1	1	小	10	10	9	9	9	8	8	8	7	7	7	6	6	6	5	5	5	4	4	4	3	3	3
大運 女	八	八	九	九	九	十	十	署	一	一	一	一	二	二	二	三	三	三	四	四	四	五	五	五	六	六	六	七	七	七	八

8월 (丁未) 戊申 (입추) 立秋 8日 21:22 處暑 24日

陽曆	1	2	3	4	5	6	7	8	9	10	11	12	13	14	15	16	17	18	19	20	21	22	23	24	25	26	27	28	29	30	31
요일	金	土	日		火	水	木	金	土	日	月	火	水	木	金	土	日	月	火	水	木	金	土	日	月	火	水	木	金	土	日
陰曆	28	29	30	7/1	2	3	4	5	6	7	8	9	10	11	12	13	14	15	16	17	18	19	20	21	22	23	24	25	26	27	28
日辰	丙	丁	戊	己	庚	辛	壬	癸	甲	乙	丙	丁	戊	己	庚	辛	壬	癸	甲	乙	丙	丁	戊	己	庚	辛	壬	癸	甲	乙	丙
	辰	巳	午	未	申	酉	戌	亥	子	丑	寅	卯	辰	巳	午	未	申	酉	戌	亥	子	丑	寅	卯	辰	巳	午	未	申	酉	戌
大運 男	2	2	2	1	1	1	1	立	10	10	9	9	9	8	8	8	7	7	7	6	6	6	5	5	5	4	4	4	3	3	3
大運 女	八	八	九	九	九	十	十	秋	一	一	一	一	二	二	二	三	三	三	四	四	四	五	五	五	六	六	六	七	七	七	八

9월 (戊申) 己酉 (백로) 白露 8日 23:47 秋分 24日

陽曆	1	2	3	4	5	6	7	8	9	10	11	12	13	14	15	16	17	18	19	20	21	22	23	24	25	26	27	28	29	30	
요일	月		水	木	金	土	日	月	火	水	木	金	土	日	月	火	水	木	金	土	日	月	火	水	木	金	土	日	月	火	
陰曆	29	8/1	2	3	4	5	6	7	8	9	10	11	12	13	14	15	16	17	18	19	20	21	22	23	24	25	26	27	28	29	
日辰	丁	戊	己	庚	辛	壬	癸	甲	乙	丙	丁	戊	己	庚	辛	壬	癸	甲	乙	丙	丁	戊	己	庚	辛	壬	癸	甲	乙	丙	
	亥	子	丑	寅	卯	辰	巳	午	未	申	酉	戌	亥	子	丑	寅	卯	辰	巳	午	未	申	酉	戌	亥	子	丑	寅	卯	辰	
大運 男	2	2	2	1	1	1	1	白	10	10	9	9	9	8	8	8	7	7	7	6	6	6	5	5	5	4	4	4	3	3	
大運 女	八	八	九	九	九	十	十	露	一	一	一	一	二	二	二	三	三	三	四	四	四	五	五	五	六	六	六	七	七	七	

10월 (己酉) 庚戌 (한로) 寒露 9日 14:45 霜降 24日

陽曆	1	2	3	4	5	6	7	8	9	10	11	12	13	14	15	16	17	18	19	20	21	22	23	24	25	26	27	28	29	30	31
요일	水		金	土	日	月	火	水	木	金	土	日	月	火	水	木	金	土	日	月	火	水	木	金	土	日	月	火	水	木	
陰曆	30	9/1	2	3	4	5	6	7	8	9	10	11	12	13	14	15	16	17	18	19	20	21	22	23	24	25	26	27	28	29	10/1
日辰	丁	戊	己	庚	辛	壬	癸	甲	乙	丙	丁	戊	己	庚	辛	壬	癸	甲	乙	丙	丁	戊	己	庚	辛	壬	癸	甲	乙	丙	丁
	巳	午	未	申	酉	戌	亥	子	丑	寅	卯	辰	巳	午	未	申	酉	戌	亥	子	丑	寅	卯	辰	巳	午	未	申	酉	戌	亥
大運 男	3	2	2	2	1	1	1	1	寒	10	9	9	9	8	8	8	7	7	7	6	6	6	5	5	5	4	4	4	3	3	3
大運 女	八	八	八	九	九	九	十	十	露	一	一	一	一	二	二	二	三	三	三	四	四	四	五	五	五	六	六	六	七	七	七

11월 (庚戌) 辛亥 (입동) 立冬 8日 17:18 小雪 23日

陽曆	1	2	3	4	5	6	7	8	9	10	11	12	13	14	15	16	17	18	19	20	21	22	23	24	25	26	27	28	29	30	
요일	土	日	月	火	水	木	金	土	日	月	火	水	木	金	土	日	月	火	水	木	金	土	日	月	火	水	木	金	土		
陰曆	2	3	4	5	6	7	8	9	10	11	12	13	14	15	16	17	18	19	20	21	22	23	24	25	26	27	28	29	30	11/1	
日辰	戊	己	庚	辛	壬	癸	甲	乙	丙	丁	戊	己	庚	辛	壬	癸	甲	乙	丙	丁	戊	己	庚	辛	壬	癸	甲	乙	丙	丁	
	子	丑	寅	卯	辰	巳	午	未	申	酉	戌	亥	子	丑	寅	卯	辰	巳	午	未	申	酉	戌	亥	子	丑	寅	卯	辰	巳	
大運 男	2	2	2	1	1	1	1	立	10	9	9	9	8	8	8	7	7	7	6	6	6	5	5	5	4	4	4	3	3	3	
大運 女	八	八	八	九	九	九	十	冬	一	一	一	一	二	二	二	三	三	三	四	四	四	五	五	五	六	六	六	七	七	七	

12월 (辛亥) 壬子 (대설) 大雪 8日 09:41 冬至 23日

陽曆	1	2	3	4	5	6	7	8	9	10	11	12	13	14	15	16	17	18	19	20	21	22	23	24	25	26	27	28	29	30	31
요일	月	火	水	木	金	土	日	月	火	水	木	金	土	日	月	火	水	木	金	土	日	月	火	水	木	金	土	日	月		水
陰曆	2	3	4	5	6	7	8	9	10	11	12	13	14	15	16	17	18	19	20	21	22	23	24	25	26	27	28	29	30	12/1	2
日辰	戊	己	庚	辛	壬	癸	甲	乙	丙	丁	戊	己	庚	辛	壬	癸	甲	乙	丙	丁	戊	己	庚	辛	壬	癸	甲	乙	丙	丁	戊
	午	未	申	酉	戌	亥	子	丑	寅	卯	辰	巳	午	未	申	酉	戌	亥	子	丑	寅	卯	辰	巳	午	未	申	酉	戌	亥	子
大運 男	2	2	2	1	1	1	1	大	9	9	9	8	8	8	7	7	7	6	6	6	5	5	5	4	4	4	3	3	3	2	2
大運 女	八	八	八	九	九	九	十	雪	一	一	一	一	二	二	二	三	三	三	四	四	四	五	五	五	六	六	六	七	七	七	八

癸卯

1월 (壬子)　癸丑 (소한) 小寒 6日 20:44　大寒 21日

陽曆	1	2	3	4	5	6	7	8	9	10	11	12	13	14	15	16	17	18	19	20	21	22	23	24	25	26	27	28	29	30	31
요일	木	金	土	日	月	火	水	木	金	土	日	月	火	水	木	金	土	日	月	火	水	木	金	土	日	月	火	水	1/1	金	土
陰曆	3	4	5	6	7	8	9	10	11	12	13	14	15	16	17	18	19	20	21	22	23	24	25	26	27	28	29	30		2	3
日辰	己	庚	辛	壬	癸	甲	乙	丙	丁	戊	己	庚	辛	壬	癸	甲	乙	丙	丁	戊	己	庚	辛	壬	癸	甲	乙	丙	丁	戊	己
	丑	寅	卯	辰	巳	午	未	申	酉	戌	亥	子	丑	寅	卯	辰	巳	午	未	申	酉	戌	亥	子	丑	寅	卯	辰	巳	午	未
大運 男	2	1	1	1	1	小	10	9	9	9	8	8	8	7	7	7	6	6	6	5	5	5	4	4	4	3	3	3	2	2	2
大運 女	八	八	九	九	九	寒	一	一	一	一	二	二	二	三	三	三	四	四	四	五	五	五	六	六	六	七	七	七	八	八	八

2월 (癸丑)　甲寅 (입춘) 立春 5日 08:31　雨水 20日

陽曆	1	2	3	4	5	6	7	8	9	10	11	12	13	14	15	16	17	18	19	20	21	22	23	24	25	26	27	28
요일	日	月	火	水	木	金	土	日	月	火	水	木	金	土	日	月	火	水	木	金	土	日	月	火	水	木	2/1	土
陰曆	4	5	6	7	8	9	10	11	12	13	14	15	16	17	18	19	20	21	22	23	24	25	26	27	28	29		2
日辰	庚	辛	壬	癸	甲	乙	丙	丁	戊	己	庚	辛	壬	癸	甲	乙	丙	丁	戊	己	庚	辛	壬	癸	甲	乙	丙	丁
	申	酉	戌	亥	子	丑	寅	卯	辰	巳	午	未	申	酉	戌	亥	子	丑	寅	卯	辰	巳	午	未	申	酉	戌	亥
大運 男	1	1	1	1	立	1	1	1	1	2	2	2	3	3	3	4	4	4	5	5	5	6	6	6	7	7	7	8
大運 女	九	九	九	十	春	十	九	九	九	八	八	八	七	七	七	六	六	六	五	五	五	四	四	四	三	三	三	二

3월 (甲寅)　乙卯 (경칩) 驚蟄 7日 02:59　春分 22日

陽曆	1	2	3	4	5	6	7	8	9	10	11	12	13	14	15	16	17	18	19	20	21	22	23	24	25	26	27	28	29	30	31
요일	日	月	火	水	木	金	土	日	月	火	水	木	金	土	日	月	火	水	木	金	土	日	月	火	水	木	金	土	3/1	月	火
陰曆	3	4	5	6	7	8	9	10	11	12	13	14	15	16	17	18	19	20	21	22	23	24	25	26	27	28	29	30		2	3
日辰	戊	己	庚	辛	壬	癸	甲	乙	丙	丁	戊	己	庚	辛	壬	癸	甲	乙	丙	丁	戊	己	庚	辛	壬	癸	甲	乙	丙	丁	戊
	子	丑	寅	卯	辰	巳	午	未	申	酉	戌	亥	子	丑	寅	卯	辰	巳	午	未	申	酉	戌	亥	子	丑	寅	卯	辰	巳	午
大運 男	8	8	9	9	9	10	驚	1	1	1	1	2	2	2	3	3	3	4	4	4	5	5	5	6	6	6	7	7	7	8	8
大運 女	二	二	一	一	一	一	蟄	十	十	九	九	九	八	八	八	七	七	七	六	六	六	五	五	五	四	四	四	三	三	三	二

4월 (乙卯)　丙辰 (청명) 清明 6日 08:26　穀雨 21日

陽曆	1	2	3	4	5	6	7	8	9	10	11	12	13	14	15	16	17	18	19	20	21	22	23	24	25	26	27	28	29	30
요일	水	木	金	土	日	月	火	水	木	金	土	日	月	火	水	木	金	土	日	月	火	水	木	金	土	日	4/1	火	水	木
陰曆	4	5	6	7	8	9	10	11	12	13	14	15	16	17	18	19	20	21	22	23	24	25	26	27	28	29		2	3	4
日辰	己	庚	辛	壬	癸	甲	乙	丙	丁	戊	己	庚	辛	壬	癸	甲	乙	丙	丁	戊	己	庚	辛	壬	癸	甲	乙	丙	丁	戊
	未	申	酉	戌	亥	子	丑	寅	卯	辰	巳	午	未	申	酉	戌	亥	子	丑	寅	卯	辰	巳	午	未	申	酉	戌	亥	子
大運 男	8	9	9	9	10	清	1	1	1	1	2	2	2	3	3	3	4	4	4	5	5	5	6	6	6	7	7	7	8	8
大運 女	二	一	一	一	一	明	十	十	九	九	九	八	八	八	七	七	七	六	六	六	五	五	五	四	四	四	三	三	三	二

5월 (丙辰)　丁巳 (입하) 立夏 7日 02:25　小滿 22日

陽曆	1	2	3	4	5	6	7	8	9	10	11	12	13	14	15	16	17	18	19	20	21	22	23	24	25	26	27	28	29	30	31
요일	金	土	日	月	火	水	木	金	土	日	月	火	水	木	金	土	日	月	火	水	木	金	土	日	月	火	5/1	木	金	土	日
陰曆	5	6	7	8	9	10	11	12	13	14	15	16	17	18	19	20	21	22	23	24	25	26	27	28	29	30		2	3	4	5
日辰	己	庚	辛	壬	癸	甲	乙	丙	丁	戊	己	庚	辛	壬	癸	甲	乙	丙	丁	戊	己	庚	辛	壬	癸	甲	乙	丙	丁	戊	己
	丑	寅	卯	辰	巳	午	未	申	酉	戌	亥	子	丑	寅	卯	辰	巳	午	未	申	酉	戌	亥	子	丑	寅	卯	辰	巳	午	未
大運 男	8	9	9	9	10	10	立	1	1	1	1	2	2	2	3	3	3	4	4	4	5	5	5	6	6	6	7	7	7	8	8
大運 女	二	二	一	一	一	一	夏	十	十	九	九	九	八	八	八	七	七	七	六	六	六	五	五	五	四	四	四	三	三	三	二

6월 (丁巳)　戊午 (망종) 芒種 7日 07:07　夏至 23日

陽曆	1	2	3	4	5	6	7	8	9	10	11	12	13	14	15	16	17	18	19	20	21	22	23	24	25	26	27	28	29	30
요일	月	火	水	木	金	土	日	月	火	水	木	金	土	日	月	火	水	木	金	土	日	月	火	水	윤5/1	金	土	日	月	火
陰曆	6	7	8	9	10	11	12	13	14	15	16	17	18	19	20	21	22	23	24	25	26	27	28	29		2	3	4	5	6
日辰	庚	辛	壬	癸	甲	乙	丙	丁	戊	己	庚	辛	壬	癸	甲	乙	丙	丁	戊	己	庚	辛	壬	癸	甲	乙	丙	丁	戊	己
	申	酉	戌	亥	子	丑	寅	卯	辰	巳	午	未	申	酉	戌	亥	子	丑	寅	卯	辰	巳	午	未	申	酉	戌	亥	子	丑
大運 男	8	9	9	9	10	10	芒	1	1	1	1	2	2	2	3	3	3	4	4	4	5	5	5	6	6	6	7	7	7	8
大運 女	二	二	一	一	一	一	種	十	十	九	九	九	八	八	八	七	七	七	六	六	六	五	五	五	四	四	四	三	三	三

金箔金星	五日得辛	北大將	丑弔客	寒食(4월 07일)	初伏(7월 21일)
七赤金星	十二龍治水	巳喪門	酉三殺	中伏(7월 31일)	末伏(8월 10일)

7월 (戊午) 己未(소서) 小暑 8日 17:37 大暑 24日

陽曆	1	2	3	4	5	6	7	8	9	10	11	12	13	14	15	16	17	18	19	20	21	22	23	24	25	26	27	28	29	30	31
요일	水	木	金	土	日	月	火	水	木	金	土	日	月	火	水	木	金	土	日	月	火	水	木	6/	土	日	月	火	水	木	金
陰曆	7	8	9	10	11	12	13	14	15	16	17	18	19	20	21	22	23	24	25	26	27	28	29	1	2	3	4	5	6	7	8
日辰	庚	辛	壬	癸	甲	乙	丙	丁	戊	己	庚	辛	壬	癸	甲	乙	丙	丁	戊	己	庚	辛	壬	癸	甲	乙	丙	丁	戊	己	庚
	寅	卯	辰	巳	午	未	申	酉	戌	亥	子	丑	寅	卯	辰	巳	午	未	申	酉	戌	亥	子	丑	寅	卯	辰	巳	午	未	申
大運 男	8	8	9	9	9	10	10	小	1	1	1	1	2	2	2	3	3	3	4	4	4	5	5	5	6	6	6	7	7	7	8
大運 女	二	二	二	一	一	一	一	暑	十	十	十	九	九	九	八	八	八	七	七	七	六	六	六	五	五	五	四	四	四	三	三

8월 (己未) 庚申(입추) 立秋 9日 08:16 處暑 24日

陽曆	1	2	3	4	5	6	7	8	9	10	11	12	13	14	15	16	17	18	19	20	21	22	23	24	25	26	27	28	29	30	31
요일	土	日	月	火	水	木	金	土	日	月	火	水	木	金	土	日	月	火	水	木	金	土	7/	月	火	水	木	金	土	日	月
陰曆	9	10	11	12	13	14	15	16	17	18	19	20	21	22	23	24	25	26	27	28	29	30	1	2	3	4	5	6	7	8	9
日辰	辛	壬	癸	甲	乙	丙	丁	戊	己	庚	辛	壬	癸	甲	乙	丙	丁	戊	己	庚	辛	壬	癸	甲	乙	丙	丁	戊	己	庚	辛
	酉	戌	亥	子	丑	寅	卯	辰	巳	午	未	申	酉	戌	亥	子	丑	寅	卯	辰	巳	午	未	申	酉	戌	亥	子	丑	寅	卯
大運 男	8	8	9	9	9	10	10	10	立	1	1	1	1	2	2	2	3	3	3	4	4	4	5	5	5	6	6	6	7	7	7
大運 女	三	二	二	二	一	一	一	一	秋	十	十	九	九	九	八	八	八	七	七	七	六	六	六	五	五	五	四	四	四	三	三

9월 (庚申) 辛酉(백로) 白露 9日 05:42 秋分 24日

陽曆	1	2	3	4	5	6	7	8	9	10	11	12	13	14	15	16	17	18	19	20	21	22	23	24	25	26	27	28	29	30	
요일	火	水	木	金	土	日	月	火	水	木	金	土	日	月	火	水	木	金	土	日	8/	火	水	木	金	土	日	月	火	水	
陰曆	10	11	12	13	14	15	16	17	18	19	20	21	22	23	24	25	26	27	28	29	1	2	3	4	5	6	7	8	9	10	
日辰	壬	癸	甲	乙	丙	丁	戊	己	庚	辛	壬	癸	甲	乙	丙	丁	戊	己	庚	辛	壬	癸	甲	乙	丙	丁	戊	己	庚	辛	
	辰	巳	午	未	申	酉	戌	亥	子	丑	寅	卯	辰	巳	午	未	申	酉	戌	亥	子	丑	寅	卯	辰	巳	午	未	申	酉	
大運 男	8	8	8	9	9	9	10	10	白	1	1	1	1	2	2	2	3	3	3	4	4	4	5	5	5	6	6	6	7	7	
大運 女	三	二	二	二	一	一	一	一	露	十	九	九	九	八	八	八	七	七	七	六	六	六	五	五	五	四	四	四	三	三	

10월 (辛酉) 壬戌(한로) 寒露 9日 20:42 霜降 25日

陽曆	1	2	3	4	5	6	7	8	9	10	11	12	13	14	15	16	17	18	19	20	21	22	23	24	25	26	27	28	29	30	31
요일	木	金	土	日	月	火	水	木	金	土	日	月	火	水	木	金	土	日	月	9/	水	木	金	土	日	月	火	水	木	金	土
陰曆	11	12	13	14	15	16	17	18	19	20	21	22	23	24	25	26	27	28	29	1	2	3	4	5	6	7	8	9	10	11	12
日辰	壬	癸	甲	乙	丙	丁	戊	己	庚	辛	壬	癸	甲	乙	丙	丁	戊	己	庚	辛	壬	癸	甲	乙	丙	丁	戊	己	庚	辛	壬
	戌	亥	子	丑	寅	卯	辰	巳	午	未	申	酉	戌	亥	子	丑	寅	卯	辰	巳	午	未	申	酉	戌	亥	子	丑	寅	卯	辰
大運 男	7	8	8	8	9	9	9	10	寒	1	1	1	1	2	2	2	3	3	3	4	4	4	5	5	5	6	6	6	7	7	7
大運 女	三	二	二	二	一	一	一	一	露	十	九	九	九	八	八	八	七	七	七	六	六	六	五	五	五	四	四	四	三	三	三

11월 (壬戌) 癸亥(입동) 立冬 8日 23:13 小雪 23日

陽曆	1	2	3	4	5	6	7	8	9	10	11	12	13	14	15	16	17	18	19	20	21	22	23	24	25	26	27	28	29	30	
요일	日	月	火	水	木	金	土	日	月	火	水	木	金	土	日	月	火	水	10/	金	土	日	月	火	水	木	金	土	日	月	
陰曆	13	14	15	16	17	18	19	20	21	22	23	24	25	26	27	28	29	30	1	2	3	4	5	6	7	8	9	10	11	12	
日辰	癸	甲	乙	丙	丁	戊	己	庚	辛	壬	癸	甲	乙	丙	丁	戊	己	庚	辛	壬	癸	甲	乙	丙	丁	戊	己	庚	辛	壬	
	巳	午	未	申	酉	戌	亥	子	丑	寅	卯	辰	巳	午	未	申	酉	戌	亥	子	丑	寅	卯	辰	巳	午	未	申	酉	戌	
大運 男	8	8	8	9	9	9	10	立	1	1	1	1	2	2	2	3	3	3	4	4	4	5	5	5	6	6	6	7	7	7	
大運 女	二	二	二	一	一	一	一	冬	十	九	九	九	八	八	八	七	七	七	六	六	六	五	五	五	四	四	四	三	三	三	

12월 (癸亥) 甲子(대설) 大雪 8日 15:35 冬至 23日

陽曆	1	2	3	4	5	6	7	8	9	10	11	12	13	14	15	16	17	18	19	20	21	22	23	24	25	26	27	28	29	30	31
요일	火	水	木	金	土	日	月	火	水	木	金	土	日	月	火	水	木	金	11/	日	月	火	水	木	金	土	日	月	火	水	木
陰曆	13	14	15	16	17	18	19	20	21	22	23	24	25	26	27	28	29	30	1	2	3	4	5	6	7	8	9	10	11	12	13
日辰	癸	甲	乙	丙	丁	戊	己	庚	辛	壬	癸	甲	乙	丙	丁	戊	己	庚	辛	壬	癸	甲	乙	丙	丁	戊	己	庚	辛	壬	癸
	亥	子	丑	寅	卯	辰	巳	午	未	申	酉	戌	亥	子	丑	寅	卯	辰	巳	午	未	申	酉	戌	亥	子	丑	寅	卯	辰	巳
大運 男	8	8	8	9	9	9	10	大	1	1	1	1	2	2	2	3	3	3	4	4	4	5	5	5	6	6	6	7	7	7	8
大運 女	二	二	二	一	一	一	一	雪	十	九	九	九	八	八	八	七	七	七	六	六	六	五	五	五	四	四	四	三	三	三	二

甲辰

1월 (甲子)　乙丑 (소한) 小寒 7日 02:37　大寒 21日

陽曆	1	2	3	4	5	6	7	8	9	10	11	12	13	14	15	16	17	18	19	20	21	22	23	24	25	26	27	28	29	30	31
요일	金	土	日	月	火	水	木	金	土	日	月	火	水	木	金	土	12/	月	火	水	木	金	土	日	月	火	水	木	金	土	日
陰曆	14	15	16	17	18	19	20	21	22	23	24	25	26	27	28	29	1	2	3	4	5	6	7	8	9	10	11	12	13	14	15
日辰	甲	乙	丙	丁	戊	己	庚	辛	壬	癸	甲	乙	丙	丁	戊	己	庚	辛	壬	癸	甲	乙	丙	丁	戊	己	庚	辛	壬	癸	甲
	午	未	申	酉	戌	亥	子	丑	寅	卯	辰	巳	午	未	申	酉	戌	亥	子	丑	寅	卯	辰	巳	午	未	申	酉	戌	亥	子
大 男	8	8	9	9	9	10	小	1	1	1	1	2	2	2	3	3	3	4	4	4	5	5	5	6	6	6	7	7	7	8	8
運 女	二	二	一	一	一	一	寒	九	九	九	八	八	八	七	七	七	六	六	六	五	五	五	四	四	四	三	三	三	二	二	二

2월 (乙丑)　丙寅 (입춘) 立春 5日 14:24　雨水 20日

陽曆	1	2	3	4	5	6	7	8	9	10	11	12	13	14	15	16	17	18	19	20	21	22	23	24	25	26	27	28	29		
요일	月	火	水	木	金	土	日	月	火	水	木	金	土	日	月	1/	水	木	金	土	日	月	火	水	木	金	土	日	月		
陰曆	16	17	18	19	20	21	22	23	24	25	26	27	28	29	30	1	2	3	4	5	6	7	8	9	10	11	12	13	14		
日辰	乙	丙	丁	戊	己	庚	辛	壬	癸	甲	乙	丙	丁	戊	己	庚	辛	壬	癸	甲	乙	丙	丁	戊	己	庚	辛	壬	癸		
	丑	寅	卯	辰	巳	午	未	申	酉	戌	亥	子	丑	寅	卯	辰	巳	午	未	申	酉	戌	亥	子	丑	寅	卯	辰	巳		
大 男	8	9	9	9	立	10	9	9	9	8	8	8	7	7	7	6	6	6	5	5	5	4	4	4	3	3	3	2	2		
運 女	一	一	一	一	春	一	一	一	一	二	二	二	三	三	三	四	四	四	五	五	五	六	六	六	七	七	七	八	八		

3월 (丙寅)　丁卯 (경칩) 驚蟄 6日 08:52　春分 21日

陽曆	1	2	3	4	5	6	7	8	9	10	11	12	13	14	15	16	17	18	19	20	21	22	23	24	25	26	27	28	29	30	31
요일	火	水	木	金	土	日	月	火	水	木	金	土	日	月	火	水	2/	金	土	日	月	火	水	木	金	土	日	月	火	水	木
陰曆	15	16	17	18	19	20	21	22	23	24	25	26	27	28	29	30	1	2	3	4	5	6	7	8	9	10	11	12	13	14	15
日辰	甲	乙	丙	丁	戊	己	庚	辛	壬	癸	甲	乙	丙	丁	戊	己	庚	辛	壬	癸	甲	乙	丙	丁	戊	己	庚	辛	壬	癸	甲
	午	未	申	酉	戌	亥	子	丑	寅	卯	辰	巳	午	未	申	酉	戌	亥	子	丑	寅	卯	辰	巳	午	未	申	酉	戌	亥	子
大 男	2	1	1	1	1	驚	10	9	9	9	8	8	8	7	7	7	6	6	6	5	5	5	4	4	4	3	3	3	2	2	2
運 女	八	九	九	九	十	蟄	一	一	一	一	二	二	二	三	三	三	四	四	四	五	五	五	六	六	六	七	七	七	八	八	八

4월 (丁卯)　戊辰 (청명) 淸明 5日 14:19　穀雨 20日

陽曆	1	2	3	4	5	6	7	8	9	10	11	12	13	14	15	16	17	18	19	20	21	22	23	24	25	26	27	28	29	30	
요일	金	土	日	月	火	水	木	金	土	日	月	火	水	木	金	3/	日	月	火	水	木	金	土	日	月	火	水	木	金	土	
陰曆	16	17	18	19	20	21	22	23	24	25	26	27	28	29	30	1	2	3	4	5	6	7	8	9	10	11	12	13	14	15	
日辰	乙	丙	丁	戊	己	庚	辛	壬	癸	甲	乙	丙	丁	戊	己	庚	辛	壬	癸	甲	乙	丙	丁	戊	己	庚	辛	壬	癸	甲	
	丑	寅	卯	辰	巳	午	未	申	酉	戌	亥	子	丑	寅	卯	辰	巳	午	未	申	酉	戌	亥	子	丑	寅	卯	辰	巳	午	
大 男	1	1	1	1	淸	10	10	9	9	9	8	8	8	7	7	7	6	6	6	5	5	5	4	4	4	3	3	3	2	2	
運 女	九	九	九	十	明	一	一	一	一	二	二	二	三	三	三	四	四	四	五	五	五	六	六	六	七	七	七	八	八	八	

5월 (戊辰)　己巳 (입하) 立夏 6日 08:19　小滿 21日

陽曆	1	2	3	4	5	6	7	8	9	10	11	12	13	14	15	16	17	18	19	20	21	22	23	24	25	26	27	28	29	30	31
요일	日	月	火	水	木	金	土	日	月	火	水	木	金	土	4/	月	火	水	木	金	土	日	月	火	水	木	金	土	日	月	火
陰曆	16	17	18	19	20	21	22	23	24	25	26	27	28	29	1	2	3	4	5	6	7	8	9	10	11	12	13	14	15	16	17
日辰	乙	丙	丁	戊	己	庚	辛	壬	癸	甲	乙	丙	丁	戊	己	庚	辛	壬	癸	甲	乙	丙	丁	戊	己	庚	辛	壬	癸	甲	乙
	未	申	酉	戌	亥	子	丑	寅	卯	辰	巳	午	未	申	酉	戌	亥	子	丑	寅	卯	辰	巳	午	未	申	酉	戌	亥	子	丑
大 男	2	1	1	1	1	立	10	10	9	9	9	8	8	8	7	7	7	6	6	6	5	5	5	4	4	4	3	3	3	2	2
運 女	九	九	九	十	十	夏	一	一	一	一	二	二	二	三	三	三	四	四	四	五	五	五	六	六	六	七	七	七	八	八	八

6월 (己巳)　庚午 (망종) 芒種 6日 13:01　夏至 22日

陽曆	1	2	3	4	5	6	7	8	9	10	11	12	13	14	15	16	17	18	19	20	21	22	23	24	25	26	27	28	29	30	
요일	木	金	土	日	月	火	水	木	金	土	日	月	火	5/	木	金	土	日	月	火	水	木	金	土	日	月	火	水	木	金	
陰曆	18	19	20	21	22	23	24	25	26	27	28	29	30	1	2	3	4	5	6	7	8	9	10	11	12	13	14	15	16	17	
日辰	丙	丁	戊	己	庚	辛	壬	癸	甲	乙	丙	丁	戊	己	庚	辛	壬	癸	甲	乙	丙	丁	戊	己	庚	辛	壬	癸	甲	乙	
	寅	卯	辰	巳	午	未	申	酉	戌	亥	子	丑	寅	卯	辰	巳	午	未	申	酉	戌	亥	子	丑	寅	卯	辰	巳	午	未	
大 男	2	1	1	1	1	芒	10	10	9	9	9	8	8	8	7	7	7	6	6	6	5	5	5	4	4	4	3	3	3	2	
運 女	九	九	九	十	十	種	一	一	一	一	二	二	二	三	三	三	四	四	四	五	五	五	六	六	六	七	七	七	八	八	

7월 (庚午) 辛未(소서) 小署 7日 23:32 大署 23日

陽曆	1	2	3	4	5	6	7	8	9	10	11	12	13	14	15	16	17	18	19	20	21	22	23	24	25	26	27	28	29	30	31
요일	金	土	日	月	火	水	木	金	土	日	月	火	6/1	木	金	土	日	月	火	水	木	金	土	日	月	火	水	木	金	土	日
陰曆	18	19	20	21	22	23	24	25	26	27	28	29		2	3	4	5	6	7	8	9	10	11	12	13	14	15	16	17	18	19
日辰	丙	丁	戊	己	庚	辛	壬	癸	甲	乙	丙	丁	戊	己	庚	辛	壬	癸	甲	乙	丙	丁	戊	己	庚	辛	壬	癸	甲	乙	丙
	申	酉	戌	亥	子	丑	寅	卯	辰	巳	午	未	申	酉	戌	亥	子	丑	寅	卯	辰	巳	午	未	申	酉	戌	亥	子	丑	寅
大 男	2	2	1	1	1	1	小	10	10	10	9	9	9	8	8	8	7	7	7	6	6	6	5	5	5	4	4	4	3	3	3
運 女	八	九	九	九	十	十	署	一	一	一	一	二	二	二	三	三	三	四	四	四	五	五	五	六	六	六	七	七	七	八	八

8월 (辛未) 壬申(입추) 立秋 8日 09:12 處署 23日

陽曆	1	2	3	4	5	6	7	8	9	10	11	12	13	14	15	16	17	18	19	20	21	22	23	24	25	26	27	28	29	30	31
요일	月	火	水	木	金	土	日	月	火	水	7/1	金	土	日	月	火	水	木	金	土	日	月	火	水	木	金	土	日	月	火	水
陰曆	20	21	22	23	24	25	26	27	28	29		2	3	4	5	6	7	8	9	10	11	12	13	14	15	16	17	18	19	20	21
日辰	丁	戊	己	庚	辛	壬	癸	甲	乙	丙	丁	戊	己	庚	辛	壬	癸	甲	乙	丙	丁	戊	己	庚	辛	壬	癸	甲	乙	丙	丁
	卯	辰	巳	午	未	申	酉	戌	亥	子	丑	寅	卯	辰	巳	午	未	申	酉	戌	亥	子	丑	寅	卯	辰	巳	午	未	申	酉
大 男	2	2	2	1	1	1	1	立	10	10	9	9	9	8	8	8	7	7	7	6	6	6	5	5	5	4	4	4	3	3	3
運 女	八	九	九	九	十	十	十	秋	一	一	一	一	二	二	二	三	三	三	四	四	四	五	五	五	六	六	六	七	七	七	八

9월 (壬申) 癸酉(백로) 白露 8日 11:38 秋分 23日

陽曆	1	2	3	4	5	6	7	8	9	10	11	12	13	14	15	16	17	18	19	20	21	22	23	24	25	26	27	28	29	30	
요일	木	金	土	日	月	火	水	木	金	8/1	日	月	火	水	木	金	土	日	月	火	水	木	金	土	日	月	火	水	木	金	
陰曆	22	23	24	25	26	27	28	29	30		2	3	4	5	6	7	8	9	10	11	12	13	14	15	16	17	18	19	20	21	
日辰	戊	己	庚	辛	壬	癸	甲	乙	丙	丁	戊	己	庚	辛	壬	癸	甲	乙	丙	丁	戊	己	庚	辛	壬	癸	甲	乙	丙	丁	
	戌	亥	子	丑	寅	卯	辰	巳	午	未	申	酉	戌	亥	子	丑	寅	卯	辰	巳	午	未	申	酉	戌	亥	子	丑	寅	卯	
大 男	2	2	2	1	1	1	1	白	10	10	9	9	9	8	8	8	7	7	7	6	6	6	5	5	5	4	4	4	3	3	
運 女	八	八	八	九	九	九	十	露	一	一	一	一	二	二	二	三	三	三	四	四	四	五	五	五	六	六	六	七	七	七	

10월 (癸酉) 甲戌(한로) 寒露 9日 02:36 霜降 24日

陽曆	1	2	3	4	5	6	7	8	9	10	11	12	13	14	15	16	17	18	19	20	21	22	23	24	25	26	27	28	29	30	31
요일	土	日	月	火	水	木	金	土	9/1	月	火	水	木	金	土	日	月	火	水	木	金	土	日	月	火	水	木	金	土	日	月
陰曆	22	23	24	25	26	27	28	29		2	3	4	5	6	7	8	9	10	11	12	13	14	15	16	17	18	19	20	21	22	23
日辰	戊	己	庚	辛	壬	癸	甲	乙	丙	丁	戊	己	庚	辛	壬	癸	甲	乙	丙	丁	戊	己	庚	辛	壬	癸	甲	乙	丙	丁	戊
	辰	巳	午	未	申	酉	戌	亥	子	丑	寅	卯	辰	巳	午	未	申	酉	戌	亥	子	丑	寅	卯	辰	巳	午	未	申	酉	戌
大 男	3	2	2	2	1	1	1	1	寒	10	9	9	9	8	8	8	7	7	7	6	6	6	5	5	5	4	4	4	3	3	3
運 女	八	八	八	九	九	九	十	十	露	一	一	一	一	二	二	二	三	三	三	四	四	四	五	五	五	六	六	六	七	七	七

11월 (甲戌) 乙亥(입동) 立冬 8日 05:05 小雪 23日

陽曆	1	2	3	4	5	6	7	8	9	10	11	12	13	14	15	16	17	18	19	20	21	22	23	24	25	26	27	28	29	30	
요일	火	水	木	金	土	日	10/1	火	水	木	金	土	日	月	火	水	木	金	土	日	月	火	水	木	金	土	日	月	火	水	
陰曆	24	25	26	27	28	29		2	3	4	5	6	7	8	9	10	11	12	13	14	15	16	17	18	19	20	21	22	23	24	
日辰	己	庚	辛	壬	癸	甲	乙	丙	丁	戊	己	庚	辛	壬	癸	甲	乙	丙	丁	戊	己	庚	辛	壬	癸	甲	乙	丙	丁	戊	
	亥	子	丑	寅	卯	辰	巳	午	未	申	酉	戌	亥	子	丑	寅	卯	辰	巳	午	未	申	酉	戌	亥	子	丑	寅	卯	辰	
大 男	2	2	2	1	1	1	1	立	9	9	9	8	8	8	7	7	7	6	6	6	5	5	5	4	4	4	3	3	3	2	
運 女	八	八	八	九	九	九	十	冬	一	一	一	一	二	二	二	三	三	三	四	四	四	五	五	五	六	六	六	七	七	七	

12월 (乙亥) 丙子(대설) 大雪 7日 21:25 冬至 22日

陽曆	1	2	3	4	5	6	7	8	9	10	11	12	13	14	15	16	17	18	19	20	21	22	23	24	25	26	27	28	29	30	31
요일	木	金	土	日	月	火	11/1	木	金	土	日	月	火	水	木	金	土	日	月	火	水	木	金	土	日	月	火	水	木	金	土
陰曆	25	26	27	28	29	30		2	3	4	5	6	7	8	9	10	11	12	13	14	15	16	17	18	19	20	21	22	23	24	25
日辰	己	庚	辛	壬	癸	甲	乙	丙	丁	戊	己	庚	辛	壬	癸	甲	乙	丙	丁	戊	己	庚	辛	壬	癸	甲	乙	丙	丁	戊	己
	巳	午	未	申	酉	戌	亥	子	丑	寅	卯	辰	巳	午	未	申	酉	戌	亥	子	丑	寅	卯	辰	巳	午	未	申	酉	戌	亥
大 男	2	2	1	1	1	1	大	10	9	9	9	8	8	8	7	7	7	6	6	6	5	5	5	4	4	4	3	3	3	2	2
運 女	八	八	八	九	九	九	雪	一	一	一	一	二	二	二	三	三	三	四	四	四	五	五	五	六	六	六	七	七	七	八	八

1월 (丙子) 丁丑 (소한) 小寒 6日 08:27 大寒 21日

陽曆	1	2	3	4	5	6	7	8	9	10	11	12	13	14	15	16	17	18	19	20	21	22	23	24	25	26	27	28	29	30	31
요일	日	月	火	水	木	12	土	日	月	火	水	木	金	土	日	月	火	水	木	金	土	日	月	火	水	木	金	土	日	月	火
陰曆	26	27	28	29	30	1	2	3	4	5	6	7	8	9	10	11	12	13	14	15	16	17	18	19	20	21	22	23	24	25	26
日辰	庚	辛	壬	癸	甲	乙	丙	丁	戊	己	庚	辛	壬	癸	甲	乙	丙	丁	戊	己	庚	辛	壬	癸	甲	乙	丙	丁	戊	己	庚
	子	丑	寅	卯	辰	巳	午	未	申	酉	戌	亥	子	丑	寅	卯	辰	巳	午	未	申	酉	戌	亥	子	丑	寅	卯	辰	巳	午
大運 男	2	1	1	1	1	小	9	9	9	8	8	8	7	7	7	6	6	6	5	5	5	4	4	4	3	3	3	2	2	2	1
大運 女	八	九	九	九	十	寒	一	一	一	一	二	二	二	三	三	三	四	四	四	五	五	五	六	六	六	七	七	七	八	八	八

2월 (丁丑) 戊寅 (입춘) 立春 4日 20:16 雨水 19日

陽曆	1	2	3	4	5	6	7	8	9	10	11	12	13	14	15	16	17	18	19	20	21	22	23	24	25	26	27	28			
요일	水	木	金	1	日	月	火	水	木	金	土	日	月	火	水	木	金	土	日	月	火	水	木	金	土	日	月	火			
陰曆	27	28	29	1	2	3	4	5	6	7	8	9	10	11	12	13	14	15	16	17	18	19	20	21	22	23	24	25			
日辰	辛	壬	癸	甲	乙	丙	丁	戊	己	庚	辛	壬	癸	甲	乙	丙	丁	戊	己	庚	辛	壬	癸	甲	乙	丙	丁	戊			
	未	申	酉	戌	亥	子	丑	寅	卯	辰	巳	午	未	申	酉	戌	亥	子	丑	寅	卯	辰	巳	午	未	申	酉	戌			
大運 男	1	1	1	立	1	1	1	1	2	2	2	3	3	3	4	4	4	5	5	5	6	6	6	7	7	7	8	8			
大運 女	九	九	九	春	十	九	九	九	八	八	八	七	七	七	六	六	六	五	五	五	四	四	四	三	三	三	二	二			

3월 (戊寅) 己卯 (경칩) 驚蟄 6日 14:46 春分 21日

陽曆	1	2	3	4	5	6	7	8	9	10	11	12	13	14	15	16	17	18	19	20	21	22	23	24	25	26	27	28	29	30	31
요일	水	木	金	土	日	2	火	水	木	金	土	日	月	火	水	木	金	土	日	月	火	水	木	金	土	日	月	火	水	木	金
陰曆	26	27	28	29	30	1	2	3	4	5	6	7	8	9	10	11	12	13	14	15	16	17	18	19	20	21	22	23	24	25	26
日辰	己	庚	辛	壬	癸	甲	乙	丙	丁	戊	己	庚	辛	壬	癸	甲	乙	丙	丁	戊	己	庚	辛	壬	癸	甲	乙	丙	丁	戊	己
	亥	子	丑	寅	卯	辰	巳	午	未	申	酉	戌	亥	子	丑	寅	卯	辰	巳	午	未	申	酉	戌	亥	子	丑	寅	卯	辰	巳
大運 男	8	9	9	9	10	驚	1	1	1	1	2	2	2	3	3	3	4	4	4	5	5	5	6	6	6	7	7	7	8	8	8
大運 女	二	一	一	一	一	蟄	十	九	九	九	八	八	八	七	七	七	六	六	六	五	五	五	四	四	四	三	三	三	二	二	二

4월 (己卯) 庚辰 (청명) 清明 5日 20:15 穀雨 21日

陽曆	1	2	3	4	5	6	7	8	9	10	11	12	13	14	15	16	17	18	19	20	21	22	23	24	25	26	27	28	29	30	
요일	土	日	月	火	3	木	金	土	日	月	火	水	木	金	土	日	月	火	水	木	金	土	日	月	火	水	木	金	土	日	
陰曆	27	28	29	30	1	2	3	4	5	6	7	8	9	10	11	12	13	14	15	16	17	18	19	20	21	22	23	24	25	26	
日辰	庚	辛	壬	癸	甲	乙	丙	丁	戊	己	庚	辛	壬	癸	甲	乙	丙	丁	戊	己	庚	辛	壬	癸	甲	乙	丙	丁	戊	己	
	午	未	申	酉	戌	亥	子	丑	寅	卯	辰	巳	午	未	申	酉	戌	亥	子	丑	寅	卯	辰	巳	午	未	申	酉	戌	亥	
大運 男	9	9	9	10	清	1	1	1	1	2	2	2	3	3	3	4	4	4	5	5	5	6	6	6	7	7	7	8	8	8	
大運 女	一	一	一	一	明	十	十	九	九	九	八	八	八	七	七	七	六	六	六	五	五	五	四	四	四	三	三	三	二	二	

5월 (庚辰) 辛巳 (입하) 立夏 6日 14:14 小滿 22日

陽曆	1	2	3	4	5	6	7	8	9	10	11	12	13	14	15	16	17	18	19	20	21	22	23	24	25	26	27	28	29	30	31
요일	月	火	水	4	金	土	日	月	火	水	木	金	土	日	月	火	水	木	金	土	日	月	火	水	木	金	土	日	月	火	水
陰曆	27	28	29	1	2	3	4	5	6	7	8	9	10	11	12	13	14	15	16	17	18	19	20	21	22	23	24	25	26	27	28
日辰	庚	辛	壬	癸	甲	乙	丙	丁	戊	己	庚	辛	壬	癸	甲	乙	丙	丁	戊	己	庚	辛	壬	癸	甲	乙	丙	丁	戊	己	庚
	子	丑	寅	卯	辰	巳	午	未	申	酉	戌	亥	子	丑	寅	卯	辰	巳	午	未	申	酉	戌	亥	子	丑	寅	卯	辰	巳	午
大運 男	9	9	9	10	10	立	1	1	1	1	2	2	2	3	3	3	4	4	4	5	5	5	6	6	6	7	7	7	8	8	8
大運 女	二	一	一	一	一	夏	十	十	九	九	九	八	八	八	七	七	七	六	六	六	五	五	五	四	四	四	三	三	三	二	二

6월 (辛巳) 壬午 (망종) 芒種 6日 18:54 夏至 22日

陽曆	1	2	3	4	5	6	7	8	9	10	11	12	13	14	15	16	17	18	19	20	21	22	23	24	25	26	27	28	29	30	
요일	木	金	5	日	月	火	水	木	金	土	日	月	火	水	木	金	土	日	月	火	水	木	金	土	日	月	火	水	木	金	
陰曆	29	30	1	2	3	4	5	6	7	8	9	10	11	12	13	14	15	16	17	18	19	20	21	22	23	24	25	26	27	28	
日辰	辛	壬	癸	甲	乙	丙	丁	戊	己	庚	辛	壬	癸	甲	乙	丙	丁	戊	己	庚	辛	壬	癸	甲	乙	丙	丁	戊	己	庚	
	未	申	酉	戌	亥	子	丑	寅	卯	辰	巳	午	未	申	酉	戌	亥	子	丑	寅	卯	辰	巳	午	未	申	酉	戌	亥	子	
大運 男	9	9	9	10	10	芒	1	1	1	1	2	2	2	3	3	3	4	4	4	5	5	5	6	6	6	7	7	7	8	8	
大運 女	二	一	一	一	一	種	十	十	十	九	九	九	八	八	八	七	七	七	六	六	六	五	五	五	四	四	四	三	三	三	

覆燈火星	八日得辛	東大將	卯弔客	寒食(4월 06일)	初伏(7월 20일)
五黃土星	七龍治水	未喪門	東三殺	中伏(7월 30일)	末伏(8월 09일)

7월 (壬午) 癸未 (소서) 小署 8日 05:20 大署 23日

陽曆	1	2	3	4	5	6	7	8	9	10	11	12	13	14	15	16	17	18	19	20	21	22	23	24	25	26	27	28	29	30	31
요일	土	日	6	火	水	木	金	土	日	月	火	水	木	金	土	日	月	火	水	木	金	土	日	月	火	水	木	金	土	日	月
陰曆	29	30	1	2	3	4	5	6	7	8	9	10	11	12	13	14	15	16	17	18	19	20	21	22	23	24	25	26	27	28	29
日辰	辛	壬	癸	甲	乙	丙	丁	戊	己	庚	辛	壬	癸	甲	乙	丙	丁	戊	己	庚	辛	壬	癸	甲	乙	丙	丁	戊	己	庚	辛
	丑	寅	卯	辰	巳	午	未	申	酉	戌	亥	子	丑	寅	卯	辰	巳	午	未	申	酉	戌	亥	子	丑	寅	卯	辰	巳	午	未
大運 男	8	9	9	9	10	10	10	小	1	1	1	1	2	2	2	3	3	3	4	4	4	5	5	5	6	6	6	7	7	7	8
大運 女	二	二	二	一	一	一	一	暑	十	十	九	九	九	八	八	八	七	七	七	六	六	六	五	五	五	四	四	四	三	三	三

8월 (癸未) 甲申 (입추) 立秋 8日 14:57 處暑 24日

陽曆	1	2	3	4	5	6	7	8	9	10	11	12	13	14	15	16	17	18	19	20	21	22	23	24	25	26	27	28	29	30	31
요일	7	水	木	金	土	日	月	火	水	木	金	土	日	月	火	水	木	金	土	日	月	火	水	木	金	土	日	月	火	8	木
陰曆	1	2	3	4	5	6	7	8	9	10	11	12	13	14	15	16	17	18	19	20	21	22	23	24	25	26	27	28	29	1	2
日辰	壬	癸	甲	乙	丙	丁	戊	己	庚	辛	壬	癸	甲	乙	丙	丁	戊	己	庚	辛	壬	癸	甲	乙	丙	丁	戊	己	庚	辛	壬
	申	酉	戌	亥	子	丑	寅	卯	辰	巳	午	未	申	酉	戌	亥	子	丑	寅	卯	辰	巳	午	未	申	酉	戌	亥	子	丑	寅
大運 男	8	8	9	9	9	10	10	立	1	1	1	1	2	2	2	3	3	3	4	4	4	5	5	5	6	6	6	7	7	7	8
大運 女	二	二	二	一	一	一	一	秋	十	十	九	九	九	八	八	八	七	七	七	六	六	六	五	五	五	四	四	四	三	三	三

9월 (甲申) 乙酉 (백로) 白露 8日 17:22 秋分 24日

陽曆	1	2	3	4	5	6	7	8	9	10	11	12	13	14	15	16	17	18	19	20	21	22	23	24	25	26	27	28	29	30
요일	金	土	日	月	火	水	木	金	土	日	月	火	水	木	金	土	日	月	火	水	木	金	土	日	月	火	水	木	9	土
陰曆	3	4	5	6	7	8	9	10	11	12	13	14	15	16	17	18	19	20	21	22	23	24	25	26	27	28	29	30	1	2
日辰	癸	甲	乙	丙	丁	戊	己	庚	辛	壬	癸	甲	乙	丙	丁	戊	己	庚	辛	壬	癸	甲	乙	丙	丁	戊	己	庚	辛	壬
	卯	辰	巳	午	未	申	酉	戌	亥	子	丑	寅	卯	辰	巳	午	未	申	酉	戌	亥	子	丑	寅	卯	辰	巳	午	未	申
大運 男	8	8	9	9	9	10	10	白	1	1	1	1	2	2	2	3	3	3	4	4	4	5	5	5	6	6	6	7	7	7
大運 女	二	二	二	一	一	一	一	露	十	十	九	九	九	八	八	八	七	七	七	六	六	六	五	五	五	四	四	四	三	三

10월 (乙酉) 丙戌 (한로) 寒露 9日 08:20 霜降 24日

陽曆	1	2	3	4	5	6	7	8	9	10	11	12	13	14	15	16	17	18	19	20	21	22	23	24	25	26	27	28	29	30	31
요일	日	月	火	水	木	金	土	日	月	火	水	木	金	土	日	月	火	水	木	金	土	日	月	火	水	木	金	10	日	月	火
陰曆	3	4	5	6	7	8	9	10	11	12	13	14	15	16	17	18	19	20	21	22	23	24	25	26	27	28	29	1	2	3	4
日辰	癸	甲	乙	丙	丁	戊	己	庚	辛	壬	癸	甲	乙	丙	丁	戊	己	庚	辛	壬	癸	甲	乙	丙	丁	戊	己	庚	辛	壬	癸
	酉	戌	亥	子	丑	寅	卯	辰	巳	午	未	申	酉	戌	亥	子	丑	寅	卯	辰	巳	午	未	申	酉	戌	亥	子	丑	寅	卯
大運 男	8	8	8	9	9	9	10	10	寒	1	1	1	1	2	2	2	3	3	3	4	4	4	5	5	5	6	6	6	7	7	7
大運 女	三	二	二	二	一	一	一	一	露	十	九	九	九	八	八	八	七	七	七	六	六	六	五	五	五	四	四	四	三	三	三

11월 (丙戌) 丁亥 (입동) 立冬 8日 10:50 小雪 23日

陽曆	1	2	3	4	5	6	7	8	9	10	11	12	13	14	15	16	17	18	19	20	21	22	23	24	25	26	27	28	29	30
요일	水	木	金	土	日	月	火	水	木	金	土	日	月	火	水	木	金	土	日	月	火	水	木	金	土	日	11	火	水	木
陰曆	5	6	7	8	9	10	11	12	13	14	15	16	17	18	19	20	21	22	23	24	25	26	27	28	29	30	1	2	3	4
日辰	甲	乙	丙	丁	戊	己	庚	辛	壬	癸	甲	乙	丙	丁	戊	己	庚	辛	壬	癸	甲	乙	丙	丁	戊	己	庚	辛	壬	癸
	辰	巳	午	未	申	酉	戌	亥	子	丑	寅	卯	辰	巳	午	未	申	酉	戌	亥	子	丑	寅	卯	辰	巳	午	未	申	酉
大運 男	8	8	8	9	9	9	10	立	1	1	1	1	2	2	2	3	3	3	4	4	4	5	5	5	6	6	6	7	7	7
大運 女	二	二	二	一	一	一	一	冬	十	九	九	九	八	八	八	七	七	七	六	六	六	五	五	五	四	四	四	三	三	三

12월 (丁亥) 戊子 (대설) 大雪 8日 03:11 冬至 22日

陽曆	1	2	3	4	5	6	7	8	9	10	11	12	13	14	15	16	17	18	19	20	21	22	23	24	25	26	27	28	29	30	31
요일	金	土	日	月	火	水	木	金	土	日	月	火	水	木	金	土	日	月	火	水	木	金	土	日	月	12	水	木	金	土	日
陰曆	5	6	7	8	9	10	11	12	13	14	15	16	17	18	19	20	21	22	23	24	25	26	27	28	29	1	2	3	4	5	6
日辰	甲	乙	丙	丁	戊	己	庚	辛	壬	癸	甲	乙	丙	丁	戊	己	庚	辛	壬	癸	甲	乙	丙	丁	戊	己	庚	辛	壬	癸	甲
	戌	亥	子	丑	寅	卯	辰	巳	午	未	申	酉	戌	亥	子	丑	寅	卯	辰	巳	午	未	申	酉	戌	亥	子	丑	寅	卯	辰
大運 男	8	8	8	9	9	9	10	大	1	1	1	1	2	2	2	3	3	3	4	4	4	5	5	5	6	6	6	7	7	7	8
大運 女	二	二	二	一	一	一	一	雪	九	九	九	八	八	八	七	七	七	六	六	六	五	五	五	四	四	四	三	三	三	二	二

1월 (戊子)

己丑 (소한) 小寒 6日 14:14 大寒 21日

陽曆		1	2	3	4	5	6	7	8	9	10	11	12	13	14	15	16	17	18	19	20	21	22	23	24	25	26	27	28	29	30	31
요일		月	火	水	木	金	土	日	月	火	水	木	金	土	日	月	火	水	木	金	土	日	月	火	水	1	金	土	日	月	火	水
陰曆		7	8	9	10	11	12	13	14	15	16	17	18	19	20	21	22	23	24	25	26	27	28	29	30	1	2	3	4	5	6	7
日辰		乙	丙	丁	戊	己	庚	辛	壬	癸	甲	乙	丙	丁	戊	己	庚	辛	壬	癸	甲	乙	丙	丁	戊	己	庚	辛	壬	癸	甲	乙
		巳	午	未	申	酉	戌	亥	子	丑	寅	卯	辰	巳	午	未	申	酉	戌	亥	子	丑	寅	卯	辰	巳	午	未	申	酉	戌	亥
大	男	8	8	9	9	9	小	1	1	1	1	2	2	2	3	3	3	4	4	4	5	5	5	6	6	6	7	7	7	8	8	8
運	女	二	一	一	一	一	寒	十	九	九	九	八	八	八	七	七	七	六	六	六	五	五	五	四	四	四	三	三	三	二	二	二

2월 (己丑)

庚寅 (입춘) 立春 5日 02:04 雨水 19日

陽曆		1	2	3	4	5	6	7	8	9	10	11	12	13	14	15	16	17	18	19	20	21	22	23	24	25	26	27	28			
요일		木	金	土	日	月	火	水	木	金	土	日	月	火	水	木	金	土	日	月	火	水	木	2	土	日	月	火	水			
陰曆		8	9	10	11	12	13	14	15	16	17	18	19	20	21	22	23	24	25	26	27	28	29	1	2	3	4	5	6			
日辰		丙	丁	戊	己	庚	辛	壬	癸	甲	乙	丙	丁	戊	己	庚	辛	壬	癸	甲	乙	丙	丁	戊	己	庚	辛	壬	癸			
		子	丑	寅	卯	辰	巳	午	未	申	酉	戌	亥	子	丑	寅	卯	辰	巳	午	未	申	酉	戌	亥	子	丑	寅	卯			
大	男	9	9	9	10	立	9	9	9	8	8	8	7	7	7	6	6	6	5	5	5	4	4	4	3	3	3	2	2			
運	女	一	一	一	一	春	一	一	一	一	二	二	二	三	三	三	四	四	四	五	五	五	六	六	六	七	七	七	八			

3월 (庚寅)

辛卯 (경칩) 驚蟄 6日 20:36 春分 21日

陽曆		1	2	3	4	5	6	7	8	9	10	11	12	13	14	15	16	17	18	19	20	21	22	23	24	25	26	27	28	29	30	31
요일		木	金	土	日	月	火	水	木	金	土	日	月	火	水	木	金	土	日	月	火	水	木	金	土	3	月	火	水	木	金	土
陰曆		7	8	9	10	11	12	13	14	15	16	17	18	19	20	21	22	23	24	25	26	27	28	29	30	1	2	3	4	5	6	7
日辰		甲	乙	丙	丁	戊	己	庚	辛	壬	癸	甲	乙	丙	丁	戊	己	庚	辛	壬	癸	甲	乙	丙	丁	戊	己	庚	辛	壬	癸	甲
		辰	巳	午	未	申	酉	戌	亥	子	丑	寅	卯	辰	巳	午	未	申	酉	戌	亥	子	丑	寅	卯	辰	巳	午	未	申	酉	戌
大	男	2	1	1	1	1	驚	10	10	9	9	9	8	8	8	7	7	7	6	6	6	5	5	5	4	4	4	3	3	3	2	2
運	女	八	八	九	九	九	蟄	一	一	一	一	二	二	二	三	三	三	四	四	四	五	五	五	六	六	六	七	七	七	八	八	八

4월 (辛卯)

壬辰 (청명) 清明 6日 02:07 穀雨 21日

陽曆		1	2	3	4	5	6	7	8	9	10	11	12	13	14	15	16	17	18	19	20	21	22	23	24	25	26	27	28	29	30	
요일		日	月	火	水	木	金	土	日	月	火	水	木	金	土	日	月	火	水	木	金	土	日	月	4	水	木	金	土	日	月	
陰曆		8	9	10	11	12	13	14	15	16	17	18	19	20	21	22	23	24	25	26	27	28	29	30	1	2	3	4	5	6	7	
日辰		乙	丙	丁	戊	己	庚	辛	壬	癸	甲	乙	丙	丁	戊	己	庚	辛	壬	癸	甲	乙	丙	丁	戊	己	庚	辛	壬	癸	甲	
		亥	子	丑	寅	卯	辰	巳	午	未	申	酉	戌	亥	子	丑	寅	卯	辰	巳	午	未	申	酉	戌	亥	子	丑	寅	卯	辰	
大	男	2	1	1	1	1	清	10	9	9	9	8	8	8	7	7	7	6	6	6	5	5	5	4	4	4	3	3	3	2	2	
運	女	九	九	九	十	十	明	一	一	一	一	二	二	二	三	三	三	四	四	四	五	五	五	六	六	六	七	七	七	八	八	

5월 (壬辰)

癸巳 (입하) 立夏 6日 20:09 小滿 22日

陽曆		1	2	3	4	5	6	7	8	9	10	11	12	13	14	15	16	17	18	19	20	21	22	23	24	25	26	27	28	29	30	31
요일		火	水	木	金	土	日	月	火	水	木	金	土	日	月	火	水	木	金	土	日	月	火	윤4	木	金	土	日	月	火	水	木
陰曆		8	9	10	11	12	13	14	15	16	17	18	19	20	21	22	23	24	25	26	27	28	29	1	2	3	4	5	6	7	8	9
日辰		乙	丙	丁	戊	己	庚	辛	壬	癸	甲	乙	丙	丁	戊	己	庚	辛	壬	癸	甲	乙	丙	丁	戊	己	庚	辛	壬	癸	甲	乙
		巳	午	未	申	酉	戌	亥	子	丑	寅	卯	辰	巳	午	未	申	酉	戌	亥	子	丑	寅	卯	辰	巳	午	未	申	酉	戌	亥
大	男	2	1	1	1	1	立	10	10	10	9	9	9	8	8	8	7	7	7	6	6	6	5	5	5	4	4	4	3	3	3	2
運	女	八	九	九	九	十	夏	一	一	一	一	二	二	二	三	三	三	四	四	四	五	五	五	六	六	六	七	七	七	八	八	八

6월 (癸巳)

甲午 (망종) 芒種 7日 00:49 夏至 22日

陽曆		1	2	3	4	5	6	7	8	9	10	11	12	13	14	15	16	17	18	19	20	21	22	23	24	25	26	27	28	29	30	
요일		金	土	日	月	火	水	木	金	土	日	月	火	水	木	金	土	日	月	火	水	木	5	土	日	月	火	水	木	金	土	
陰曆		10	11	12	13	14	15	16	17	18	19	20	21	22	23	24	25	26	27	28	29	30	1	2	3	4	5	6	7	8	9	
日辰		丙	丁	戊	己	庚	辛	壬	癸	甲	乙	丙	丁	戊	己	庚	辛	壬	癸	甲	乙	丙	丁	戊	己	庚	辛	壬	癸	甲	乙	
		子	丑	寅	卯	辰	巳	午	未	申	酉	戌	亥	子	丑	寅	卯	辰	巳	午	未	申	酉	戌	亥	子	丑	寅	卯	辰	巳	
大	男	2	2	1	1	1	1	芒	10	10	9	9	9	8	8	8	7	7	7	6	6	6	5	5	5	4	4	4	3	3	3	
運	女	九	九	九	十	十	十	種	一	一	一	一	二	二	二	三	三	三	四	四	四	五	五	五	六	六	六	七	七	七	八	

7월 (甲午) 乙未(소서) 小暑 8日 11:15 大暑 24日

陽曆	1	2	3	4	5	6	7	8	9	10	11	12	13	14	15	16	17	18	19	20	21	22	23	24	25	26	27	28	29	30	31
요일	日	月	火	水	木	金	土	日	月	火	水	木	金	土	日	月	火	水	木	金	6	日	月	火	水	木	金	土	日	月	火
陰曆	10	11	12	13	14	15	16	17	18	19	20	21	22	23	24	25	26	27	28	29	1	2	3	4	5	6	7	8	9	10	11
日辰	丙	丁	戊	己	庚	辛	壬	癸	甲	乙	丙	丁	戊	己	庚	辛	壬	癸	甲	乙	丙	丁	戊	己	庚	辛	壬	癸	甲	乙	丙
	午	未	申	酉	戌	亥	子	丑	寅	卯	辰	巳	午	未	申	酉	戌	亥	子	丑	寅	卯	辰	巳	午	未	申	酉	戌	亥	子
大運 男	2	2	2	1	1	1	1	小	10	10	9	9	9	8	8	8	7	7	7	6	6	6	5	5	5	4	4	4	3	3	3
大運 女	八	八	九	九	九	十	十	暑	一	一	一	一	二	二	二	三	三	三	四	四	四	五	五	五	六	六	六	七	七	七	八

8월 (乙未) 丙申(입추) 立秋 8日 20:52 處暑 24日

陽曆	1	2	3	4	5	6	7	8	9	10	11	12	13	14	15	16	17	18	19	20	21	22	23	24	25	26	27	28	29	30	31
요일	水	木	金	土	日	月	火	水	木	金	土	日	月	火	水	木	金	土	日	7	火	水	木	金	土	日	月	火	水	木	金
陰曆	12	13	14	15	16	17	18	19	20	21	22	23	24	25	26	27	28	29	30	1	2	3	4	5	6	7	8	9	10	11	12
日辰	丁	戊	己	庚	辛	壬	癸	甲	乙	丙	丁	戊	己	庚	辛	壬	癸	甲	乙	丙	丁	戊	己	庚	辛	壬	癸	甲	乙	丙	丁
	丑	寅	卯	辰	巳	午	未	申	酉	戌	亥	子	丑	寅	卯	辰	巳	午	未	申	酉	戌	亥	子	丑	寅	卯	辰	巳	午	未
大運 男	2	2	2	1	1	1	1	立	10	10	9	9	9	8	8	8	7	7	7	6	6	6	5	5	5	4	4	4	3	3	3
大運 女	八	八	九	九	九	十	十	秋	一	一	一	一	二	二	二	三	三	三	四	四	四	五	五	五	六	六	六	七	七	七	八

9월 (丙申) 丁酉(백로) 白露 8日 23:16 秋分 24日

陽曆	1	2	3	4	5	6	7	8	9	10	11	12	13	14	15	16	17	18	19	20	21	22	23	24	25	26	27	28	29	30	
요일	土	日	月	火	水	木	金	土	日	月	火	水	木	金	土	日	月	8	水	木	金	土	日	月	火	水	木	金	土	日	
陰曆	13	14	15	16	17	18	19	20	21	22	23	24	25	26	27	28	29	1	2	3	4	5	6	7	8	9	10	11	12	13	
日辰	戊	己	庚	辛	壬	癸	甲	乙	丙	丁	戊	己	庚	辛	壬	癸	甲	乙	丙	丁	戊	己	庚	辛	壬	癸	甲	乙	丙	丁	
	申	酉	戌	亥	子	丑	寅	卯	辰	巳	午	未	申	酉	戌	亥	子	丑	寅	卯	辰	巳	午	未	申	酉	戌	亥	子	丑	
大運 男	2	2	2	1	1	1	1	白	10	10	9	9	9	8	8	8	7	7	7	6	6	6	5	5	5	4	4	4	3	3	
大運 女	八	八	九	九	九	十	十	露	一	一	一	一	二	二	二	三	三	三	四	四	四	五	五	五	六	六	六	七	七	七	

10월 (丁酉) 戊戌(한로) 寒露 9日 14:15 霜降 24日

陽曆	1	2	3	4	5	6	7	8	9	10	11	12	13	14	15	16	17	18	19	20	21	22	23	24	25	26	27	28	29	30	31
요일	月	火	水	木	金	土	日	月	火	水	木	金	土	日	月	火	水	9	金	土	日	月	火	水	木	金	土	日	月	火	水
陰曆	14	15	16	17	18	19	20	21	22	23	24	25	26	27	28	29	30	1	2	3	4	5	6	7	8	9	10	11	12	13	14
日辰	戊	己	庚	辛	壬	癸	甲	乙	丙	丁	戊	己	庚	辛	壬	癸	甲	乙	丙	丁	戊	己	庚	辛	壬	癸	甲	乙	丙	丁	戊
	寅	卯	辰	巳	午	未	申	酉	戌	亥	子	丑	寅	卯	辰	巳	午	未	申	酉	戌	亥	子	丑	寅	卯	辰	巳	午	未	申
大運 男	3	2	2	2	1	1	1	1	寒	10	9	9	9	8	8	8	7	7	7	6	6	6	5	5	5	4	4	4	3	3	3
大運 女	八	八	八	九	九	九	十	十	露	一	一	一	一	二	二	二	三	三	三	四	四	四	五	五	五	六	六	六	七	七	七

11월 (戊戌) 己亥(입동) 立冬 8日 16:47 小雪 23日

陽曆	1	2	3	4	5	6	7	8	9	10	11	12	13	14	15	16	17	18	19	20	21	22	23	24	25	26	27	28	29	30	
요일	木	金	土	日	月	火	水	木	金	土	日	月	火	水	木	10	土	日	月	火	水	木	金	土	日	月	火	水	木	金	
陰曆	15	16	17	18	19	20	21	22	23	24	25	26	27	28	29	1	2	3	4	5	6	7	8	9	10	11	12	13	14	15	
日辰	己	庚	辛	壬	癸	甲	乙	丙	丁	戊	己	庚	辛	壬	癸	甲	乙	丙	丁	戊	己	庚	辛	壬	癸	甲	乙	丙	丁	戊	
	酉	戌	亥	子	丑	寅	卯	辰	巳	午	未	申	酉	戌	亥	子	丑	寅	卯	辰	巳	午	未	申	酉	戌	亥	子	丑	寅	
大運 男	2	2	2	1	1	1	1	立	10	9	9	9	8	8	8	7	7	7	6	6	6	5	5	5	4	4	4	3	3	3	
大運 女	八	八	八	九	九	九	十	冬	一	一	一	一	二	二	二	三	三	三	四	四	四	五	五	五	六	六	六	七	七	七	

12월 (己亥) 庚子(대설) 大雪 8日 09:10 冬至 23日

陽曆	1	2	3	4	5	6	7	8	9	10	11	12	13	14	15	16	17	18	19	20	21	22	23	24	25	26	27	28	29	30	31
요일	土	日	月	火	水	木	金	土	日	月	火	水	木	金	土	11	月	火	水	木	金	土	日	月	火	水	木	金	土	日	月
陰曆	16	17	18	19	20	21	22	23	24	25	26	27	28	29	30	1	2	3	4	5	6	7	8	9	10	11	12	13	14	15	16
日辰	己	庚	辛	壬	癸	甲	乙	丙	丁	戊	己	庚	辛	壬	癸	甲	乙	丙	丁	戊	己	庚	辛	壬	癸	甲	乙	丙	丁	戊	己
	卯	辰	巳	午	未	申	酉	戌	亥	子	丑	寅	卯	辰	巳	午	未	申	酉	戌	亥	子	丑	寅	卯	辰	巳	午	未	申	酉
大運 男	2	2	2	1	1	1	1	大	9	9	9	8	8	8	7	7	7	6	6	6	5	5	5	4	4	4	3	3	3	2	2
大運 女	八	八	八	九	九	九	十	雪	一	一	一	一	二	二	二	三	三	三	四	四	四	五	五	五	六	六	六	七	七	七	八

1월 (庚子) 辛丑 (소한) 小寒 6日 20:11 大寒 21日

陽曆		1	2	3	4	5	6	7	8	9	10	11	12	13	14	15	16	17	18	19	20	21	22	23	24	25	26	27	28	29	30	31
요일		火	水	木	金	土	日	月	火	水	木	金	土	日	12	火	水	木	金	土	日	月	火	水	木	金	土	日	月	火	水	木
陰曆		17	18	19	20	21	22	23	24	25	26	27	28	29	1	2	3	4	5	6	7	8	9	10	11	12	13	14	15	16	17	18
日辰		庚	辛	壬	癸	甲	乙	丙	丁	戊	己	庚	辛	壬	癸	甲	乙	丙	丁	戊	己	庚	辛	壬	癸	甲	乙	丙	丁	戊	己	庚
		戌	亥	子	丑	寅	卯	辰	巳	午	未	申	酉	戌	亥	子	丑	寅	卯	辰	巳	午	未	申	酉	戌	亥	子	丑	寅	卯	辰
大	男	2	1	1	1	1	小	10	9	9	9	8	8	8	7	7	7	6	6	6	5	5	5	4	4	4	3	3	3	2	2	2
運	女	八	八	九	九	九	寒	一	一	一	一	二	二	二	三	三	三	四	四	四	五	五	五	六	六	六	七	七	七	八	八	八

2월 (辛丑) 壬寅 (입춘) 立春 5日 07:59 雨水 20日

陽曆		1	2	3	4	5	6	7	8	9	10	11	12	13	14	15	16	17	18	19	20	21	22	23	24	25	26	27	28			
요일		金	土	日	月	火	水	木	金	土	日	月	火	1	木	金	土	日	月	火	水	木	金	土	日	月	火	水	木			
陰曆		19	20	21	22	23	24	25	26	27	28	29	30	1	2	3	4	5	6	7	8	9	10	11	12	13	14	15	16			
日辰		辛	壬	癸	甲	乙	丙	丁	戊	己	庚	辛	壬	癸	甲	乙	丙	丁	戊	己	庚	辛	壬	癸	甲	乙	丙	丁	戊			
		巳	午	未	申	酉	戌	亥	子	丑	寅	卯	辰	巳	午	未	申	酉	戌	亥	子	丑	寅	卯	辰	巳	午	未	申			
大	男	1	1	1	1	立	1	1	1	1	2	2	2	3	3	3	4	4	4	5	5	5	6	6	6	7	7	7	8			
運	女	九	九	九	十	春	十	九	九	九	八	八	八	七	七	七	六	六	六	五	五	五	四	四	四	三	三	三	二			

3월 (壬寅) 癸卯 (경칩) 驚蟄 7日 02:27 春分 22日

陽曆		1	2	3	4	5	6	7	8	9	10	11	12	13	14	15	16	17	18	19	20	21	22	23	24	25	26	27	28	29	30	31
요일		金	土	日	月	火	水	木	金	土	日	月	火	水	2	金	土	日	月	火	水	木	金	土	日	月	火	水	木	金	土	日
陰曆		17	18	19	20	21	22	23	24	25	26	27	28	29	1	2	3	4	5	6	7	8	9	10	11	12	13	14	15	16	17	18
日辰		己	庚	辛	壬	癸	甲	乙	丙	丁	戊	己	庚	辛	壬	癸	甲	乙	丙	丁	戊	己	庚	辛	壬	癸	甲	乙	丙	丁	戊	己
		酉	戌	亥	子	丑	寅	卯	辰	巳	午	未	申	酉	戌	亥	子	丑	寅	卯	辰	巳	午	未	申	酉	戌	亥	子	丑	寅	卯
大	男	8	8	9	9	9	10	驚	1	1	1	1	2	2	2	3	3	3	4	4	4	5	5	5	6	6	6	7	7	7	8	8
運	女	二	二	一	一	一	一	蟄	十	九	九	九	八	八	八	七	七	七	六	六	六	五	五	五	四	四	四	三	三	三	二	二

4월 (癸卯) 甲辰 (청명) 清明 6日 07:55 穀雨 21日

陽曆		1	2	3	4	5	6	7	8	9	10	11	12	13	14	15	16	17	18	19	20	21	22	23	24	25	26	27	28	29	30	
요일		月	火	水	木	金	土	日	月	火	水	木	金	3	日	月	火	水	木	金	土	日	月	火	水	木	金	土	日	月	火	
陰曆		19	20	21	22	23	24	25	26	27	28	29	30	1	2	3	4	5	6	7	8	9	10	11	12	13	14	15	16	17	18	
日辰		庚	辛	壬	癸	甲	乙	丙	丁	戊	己	庚	辛	壬	癸	甲	乙	丙	丁	戊	己	庚	辛	壬	癸	甲	乙	丙	丁	戊	己	
		辰	巳	午	未	申	酉	戌	亥	子	丑	寅	卯	辰	巳	午	未	申	酉	戌	亥	子	丑	寅	卯	辰	巳	午	未	申	酉	
大	男	8	9	9	9	10	清	1	1	1	1	2	2	2	3	3	3	4	4	4	5	5	5	6	6	6	7	7	7	8	8	
運	女	二	一	一	一	一	明	十	十	九	九	九	八	八	八	七	七	七	六	六	六	五	五	五	四	四	四	三	三	三	二	

5월 (甲辰) 乙巳 (입하) 立夏 7日 01:54 小滿 22日

陽曆		1	2	3	4	5	6	7	8	9	10	11	12	13	14	15	16	17	18	19	20	21	22	23	24	25	26	27	28	29	30	31
요일		水	木	金	土	日	月	火	水	木	金	土	4	月	火	水	木	金	土	日	月	火	水	木	金	土	日	月	火	水	木	金
陰曆		19	20	21	22	23	24	25	26	27	28	29	1	2	3	4	5	6	7	8	9	10	11	12	13	14	15	16	17	18	19	20
日辰		庚	辛	壬	癸	甲	乙	丙	丁	戊	己	庚	辛	壬	癸	甲	乙	丙	丁	戊	己	庚	辛	壬	癸	甲	乙	丙	丁	戊	己	庚
		戌	亥	子	丑	寅	卯	辰	巳	午	未	申	酉	戌	亥	子	丑	寅	卯	辰	巳	午	未	申	酉	戌	亥	子	丑	寅	卯	辰
大	男	8	9	9	9	10	10	立	1	1	1	1	2	2	2	3	3	3	4	4	4	5	5	5	6	6	6	7	7	7	8	8
運	女	二	二	一	一	一	一	夏	十	十	九	九	九	八	八	八	七	七	七	六	六	六	五	五	五	四	四	四	三	三	三	二

6월 (乙巳) 丙午 (망종) 芒種 7日 06:33 夏至 22日

陽曆		1	2	3	4	5	6	7	8	9	10	11	12	13	14	15	16	17	18	19	20	21	22	23	24	25	26	27	28	29	30	
요일		土	日	月	火	水	木	金	土	日	月	5	水	木	金	土	日	月	火	水	木	金	土	日	月	火	水	木	金	土	日	
陰曆		21	22	23	24	25	26	27	28	29	30	1	2	3	4	5	6	7	8	9	10	11	12	13	14	15	16	17	18	19	20	
日辰		辛	壬	癸	甲	乙	丙	丁	戊	己	庚	辛	壬	癸	甲	乙	丙	丁	戊	己	庚	辛	壬	癸	甲	乙	丙	丁	戊	己	庚	
		巳	午	未	申	酉	戌	亥	子	丑	寅	卯	辰	巳	午	未	申	酉	戌	亥	子	丑	寅	卯	辰	巳	午	未	申	酉	戌	
大	男	8	9	9	9	10	10	芒	1	1	1	1	2	2	2	3	3	3	4	4	4	5	5	5	6	6	6	7	7	7	8	
運	女	二	二	一	一	一	一	種	十	十	九	九	九	八	八	八	七	七	七	六	六	六	五	五	五	四	四	四	三	三	三	

7월 (丙午) 丁未 (소서) 小暑 8日 16:59 大暑 24日

陽曆		1	2	3	4	5	6	7	8	9	10	11	12	13	14	15	16	17	18	19	20	21	22	23	24	25	26	27	28	29	30	31
요일		月	火	水	木	金	土	日	月	火	6/1	木	金	土	日	月	火	水	木	金	土	日	月	火	水	木	金	土	日	月	火	水
陰曆		21	22	23	24	25	26	27	28	29		2	3	4	5	6	7	8	9	10	11	12	13	14	15	16	17	18	19	20	21	22
日辰		辛	壬	癸	甲	乙	丙	丁	戊	己	庚	辛	壬	癸	甲	乙	丙	丁	戊	己	庚	辛	壬	癸	甲	乙	丙	丁	戊	己	庚	辛
		亥	子	丑	寅	卯	辰	巳	午	未	申	酉	戌	亥	子	丑	寅	卯	辰	巳	午	未	申	酉	戌	亥	子	丑	寅	卯	辰	巳
大	男	8	8	9	9	9	10	10	小	1	1	1	1	2	2	2	3	3	3	4	4	4	5	5	5	6	6	6	7	7	7	8
運	女	二	二	二	一	一	一	一	暑	十	十	十	九	九	九	八	八	八	七	七	七	六	六	六	五	五	五	四	四	四	三	三

8월 (丁未) 戊申 (입추) 立秋 9日 02:36 處暑 24日

陽曆		1	2	3	4	5	6	7	8	9	10	11	12	13	14	15	16	17	18	19	20	21	22	23	24	25	26	27	28	29	30	31
요일		木	金	土	日	月	火	水	木	7/1	土	日	月	火	水	木	金	土	日	月	火	水	木	金	土	日	月	火	水	木	金	土
陰曆		23	24	25	26	27	28	29	30		2	3	4	5	6	7	8	9	10	11	12	13	14	15	16	17	18	19	20	21	22	23
日辰		壬	癸	甲	乙	丙	丁	戊	己	庚	辛	壬	癸	甲	乙	丙	丁	戊	己	庚	辛	壬	癸	甲	乙	丙	丁	戊	己	庚	辛	壬
		午	未	申	酉	戌	亥	子	丑	寅	卯	辰	巳	午	未	申	酉	戌	亥	子	丑	寅	卯	辰	巳	午	未	申	酉	戌	亥	子
大	男	8	8	9	9	9	10	10	10	立	1	1	1	1	2	2	2	3	3	3	4	4	4	5	5	5	6	6	6	7	7	7
運	女	三	二	二	二	一	一	一	一	秋	十	十	九	九	九	八	八	八	七	七	七	六	六	六	五	五	五	四	四	四	三	三

9월 (戊申) 己酉 (백로) 白露 9日 05:02 秋分 24日

陽曆		1	2	3	4	5	6	7	8	9	10	11	12	13	14	15	16	17	18	19	20	21	22	23	24	25	26	27	28	29	30
요일		日	月	火	水	木	金	土	8/1	月	火	水	木	金	土	日	月	火	水	木	金	土	日	月	火	水	木	金	土	日	月
陰曆		24	25	26	27	28	29	30		2	3	4	5	6	7	8	9	10	11	12	13	14	15	16	17	18	19	20	21	22	23
日辰		癸	甲	乙	丙	丁	戊	己	庚	辛	壬	癸	甲	乙	丙	丁	戊	己	庚	辛	壬	癸	甲	乙	丙	丁	戊	己	庚	辛	壬
		丑	寅	卯	辰	巳	午	未	申	酉	戌	亥	子	丑	寅	卯	辰	巳	午	未	申	酉	戌	亥	子	丑	寅	卯	辰	巳	午
大	男	8	8	8	9	9	9	10	10	白	1	1	1	1	2	2	2	3	3	3	4	4	4	5	5	5	6	6	6	7	7
運	女	三	二	二	二	一	一	一	一	露	十	九	九	九	八	八	八	七	七	七	六	六	六	五	五	五	四	四	四	三	三

10월 (己酉) 庚戌 (한로) 寒露 9日 20:03 霜降 24日

陽曆		1	2	3	4	5	6	7	8	9	10	11	12	13	14	15	16	17	18	19	20	21	22	23	24	25	26	27	28	29	30	31
요일		火	水	木	金	土	日	9/1	火	水	木	金	土	日	月	火	水	木	金	土	日	月	火	水	木	金	土	日	月	火	水	木
陰曆		24	25	26	27	28	29		2	3	4	5	6	7	8	9	10	11	12	13	14	15	16	17	18	19	20	21	22	23	24	25
日辰		癸	甲	乙	丙	丁	戊	己	庚	辛	壬	癸	甲	乙	丙	丁	戊	己	庚	辛	壬	癸	甲	乙	丙	丁	戊	己	庚	辛	壬	癸
		未	申	酉	戌	亥	子	丑	寅	卯	辰	巳	午	未	申	酉	戌	亥	子	丑	寅	卯	辰	巳	午	未	申	酉	戌	亥	子	丑
大	男	7	8	8	8	9	9	9	10	寒	1	1	1	1	2	2	2	3	3	3	4	4	4	5	5	5	6	6	6	7	7	7
運	女	三	二	二	二	一	一	一	一	露	十	九	九	九	八	八	八	七	七	七	六	六	六	五	五	五	四	四	四	三	三	三

11월 (庚戌) 辛亥 (입동) 立冬 8日 22:36 小雪 23日

陽曆		1	2	3	4	5	6	7	8	9	10	11	12	13	14	15	16	17	18	19	20	21	22	23	24	25	26	27	28	29	30
요일		金	土	日	月	火	10/1	木	金	土	日	月	火	水	木	金	土	日	月	火	水	木	金	土	日	月	火	水	木	金	土
陰曆		26	27	28	29	30		2	3	4	5	6	7	8	9	10	11	12	13	14	15	16	17	18	19	20	21	22	23	24	25
日辰		甲	乙	丙	丁	戊	己	庚	辛	壬	癸	甲	乙	丙	丁	戊	己	庚	辛	壬	癸	甲	乙	丙	丁	戊	己	庚	辛	壬	癸
		寅	卯	辰	巳	午	未	申	酉	戌	亥	子	丑	寅	卯	辰	巳	午	未	申	酉	戌	亥	子	丑	寅	卯	辰	巳	午	未
大	男	8	8	8	9	9	9	10	立	1	1	1	1	2	2	2	3	3	3	4	4	4	5	5	5	6	6	6	7	7	7
運	女	二	二	二	一	一	一	一	冬	十	九	九	九	八	八	八	七	七	七	六	六	六	五	五	五	四	四	四	三	三	三

12월 (辛亥) 壬子 (대설) 大雪 8日 15:00 冬至 23日

陽曆		1	2	3	4	5	6	7	8	9	10	11	12	13	14	15	16	17	18	19	20	21	22	23	24	25	26	27	28	29	30	31
요일		日	月	火	水	11/1	金	土	日	月	火	水	木	金	土	日	月	火	水	木	金	土	日	月	火	水	木	金	土	日	月	火
陰曆		26	27	28	29		2	3	4	5	6	7	8	9	10	11	12	13	14	15	16	17	18	19	20	21	22	23	24	25	26	27
日辰		甲	乙	丙	丁	戊	己	庚	辛	壬	癸	甲	乙	丙	丁	戊	己	庚	辛	壬	癸	甲	乙	丙	丁	戊	己	庚	辛	壬	癸	甲
		申	酉	戌	亥	子	丑	寅	卯	辰	巳	午	未	申	酉	戌	亥	子	丑	寅	卯	辰	巳	午	未	申	酉	戌	亥	子	丑	寅
大	男	8	8	8	9	9	9	10	大	1	1	1	1	2	2	2	3	3	3	4	4	4	5	5	5	6	6	6	7	7	7	8
運	女	二	二	二	一	一	一	一	雪	十	九	九	九	八	八	八	七	七	七	六	六	六	五	五	五	四	四	四	三	三	三	二

1월 (壬子)

癸丑(소한) 小寒 7日 02:01 大寒 21日

陽曆	1	2	3	4	5	6	7	8	9	10	11	12	13	14	15	16	17	18	19	20	21	22	23	24	25	26	27	28	29	30	31
요일	水	木	金	12	日	月	火	水	木	金	土	日	月	火	水	木	金	土	日	月	火	水	木	金	土	日	月	火	水	木	金
陰曆	28	29	30	1	2	3	4	5	6	7	8	9	10	11	12	13	14	15	16	17	18	19	20	21	22	23	24	25	26	27	28
日辰	乙	丙	丁	戊	己	庚	辛	壬	癸	甲	乙	丙	丁	戊	己	庚	辛	壬	癸	甲	乙	丙	丁	戊	己	庚	辛	壬	癸	甲	乙
	卯	辰	巳	午	未	申	酉	戌	亥	子	丑	寅	卯	辰	巳	午	未	申	酉	戌	亥	子	丑	寅	卯	辰	巳	午	未	申	酉
大運 男	8	8	9	9	9	10	小	1	1	1	1	2	2	2	3	3	3	4	4	4	5	5	5	6	6	6	7	7	7	8	8
大運 女	二	二	一	一	一	一	寒	九	九	九	八	八	八	七	七	七	六	六	六	五	五	五	四	四	四	三	三	三	二	二	二

2월 (癸丑)

甲寅(입춘) 立春 5日 13:47 雨水 20日

陽曆	1	2	3	4	5	6	7	8	9	10	11	12	13	14	15	16	17	18	19	20	21	22	23	24	25	26	27	28	29		
요일	土	1	月	火	水	木	金	土	日	月	火	水	木	金	土	日	月	火	水	木	金	土	日	月	火	水	木	金	土		
陰曆	29	1	2	3	4	5	6	7	8	9	10	11	12	13	14	15	16	17	18	19	20	21	22	23	24	25	26	27	28		
日辰	丙	丁	戊	己	庚	辛	壬	癸	甲	乙	丙	丁	戊	己	庚	辛	壬	癸	甲	乙	丙	丁	戊	己	庚	辛	壬	癸	甲		
	戌	亥	子	丑	寅	卯	辰	巳	午	未	申	酉	戌	亥	子	丑	寅	卯	辰	巳	午	未	申	酉	戌	亥	子	丑	寅		
大運 男	8	9	9	9	立	10	9	9	9	8	8	8	7	7	7	6	6	6	5	5	5	4	4	4	3	3	3	2	2		
大運 女	一	一	一	一	春	一	一	一	一	二	二	二	三	三	三	四	四	四	五	五	五	六	六	六	七	七	七	八	八		

3월 (甲寅)

乙卯(경칩) 驚蟄 6日 08:14 春分 21日

陽曆	1	2	3	4	5	6	7	8	9	10	11	12	13	14	15	16	17	18	19	20	21	22	23	24	25	26	27	28	29	30	31
요일	日	月	2	水	木	金	土	日	月	火	水	木	金	土	日	月	火	水	木	金	土	日	月	火	水	木	金	土	日	月	火
陰曆	29	30	1	2	3	4	5	6	7	8	9	10	11	12	13	14	15	16	17	18	19	20	21	22	23	24	25	26	27	28	29
日辰	乙	丙	丁	戊	己	庚	辛	壬	癸	甲	乙	丙	丁	戊	己	庚	辛	壬	癸	甲	乙	丙	丁	戊	己	庚	辛	壬	癸	甲	乙
	卯	辰	巳	午	未	申	酉	戌	亥	子	丑	寅	卯	辰	巳	午	未	申	酉	戌	亥	子	丑	寅	卯	辰	巳	午	未	申	酉
大運 男	2	1	1	1	1	驚	10	9	9	9	8	8	8	7	7	7	6	6	6	5	5	5	4	4	4	3	3	3	2	2	2
大運 女	八	九	九	九	十	蟄	一	一	一	一	二	二	二	三	三	三	四	四	四	五	五	五	六	六	六	七	七	七	八	八	八

4월 (乙卯)

丙辰(청명) 清明 5日 13:40 穀雨 20日

陽曆	1	2	3	4	5	6	7	8	9	10	11	12	13	14	15	16	17	18	19	20	21	22	23	24	25	26	27	28	29	30	
요일	3	木	金	土	日	月	火	水	木	金	土	日	月	火	水	木	金	土	日	月	火	水	木	金	土	日	月	火	水	4	
陰曆	1	2	3	4	5	6	7	8	9	10	11	12	13	14	15	16	17	18	19	20	21	22	23	24	25	26	27	28	29	1	
日辰	丙	丁	戊	己	庚	辛	壬	癸	甲	乙	丙	丁	戊	己	庚	辛	壬	癸	甲	乙	丙	丁	戊	己	庚	辛	壬	癸	甲	乙	
	戌	亥	子	丑	寅	卯	辰	巳	午	未	申	酉	戌	亥	子	丑	寅	卯	辰	巳	午	未	申	酉	戌	亥	子	丑	寅	卯	
大運 男	1	1	1	1	清	10	10	9	9	9	8	8	8	7	7	7	6	6	6	5	5	5	4	4	4	3	3	3	2	2	
大運 女	九	九	九	十	明	一	一	一	一	二	二	二	三	三	三	四	四	四	五	五	五	六	六	六	七	七	七	八	八	八	

5월 (丙辰)

丁巳(입하) 立夏 6日 07:38 小滿 21日

陽曆	1	2	3	4	5	6	7	8	9	10	11	12	13	14	15	16	17	18	19	20	21	22	23	24	25	26	27	28	29	30	31
요일	金	土	日	月	火	水	木	金	土	日	月	火	水	木	金	土	日	月	火	水	木	金	土	日	月	火	水	木	金	5	日
陰曆	2	3	4	5	6	7	8	9	10	11	12	13	14	15	16	17	18	19	20	21	22	23	24	25	26	27	28	29	30	1	2
日辰	丙	丁	戊	己	庚	辛	壬	癸	甲	乙	丙	丁	戊	己	庚	辛	壬	癸	甲	乙	丙	丁	戊	己	庚	辛	壬	癸	甲	乙	丙
	辰	巳	午	未	申	酉	戌	亥	子	丑	寅	卯	辰	巳	午	未	申	酉	戌	亥	子	丑	寅	卯	辰	巳	午	未	申	酉	戌
大運 男	2	1	1	1	1	立	10	10	9	9	9	8	8	8	7	7	7	6	6	6	5	5	5	4	4	4	3	3	3	2	2
大運 女	九	九	九	十	十	夏	一	一	一	一	二	二	二	三	三	三	四	四	四	五	五	五	六	六	六	七	七	七	八	八	八

6월 (丁巳)

戊午(망종) 芒種 6日 12:19 夏至 22日

陽曆	1	2	3	4	5	6	7	8	9	10	11	12	13	14	15	16	17	18	19	20	21	22	23	24	25	26	27	28	29	30	
요일	月	火	水	木	金	土	日	月	火	水	木	金	土	日	月	火	水	木	金	土	日	月	火	水	木	金	土	日	6	火	
陰曆	3	4	5	6	7	8	9	10	11	12	13	14	15	16	17	18	19	20	21	22	23	24	25	26	27	28	29	30	1	2	
日辰	丁	戊	己	庚	辛	壬	癸	甲	乙	丙	丁	戊	己	庚	辛	壬	癸	甲	乙	丙	丁	戊	己	庚	辛	壬	癸	甲	乙	丙	
	亥	子	丑	寅	卯	辰	巳	午	未	申	酉	戌	亥	子	丑	寅	卯	辰	巳	午	未	申	酉	戌	亥	子	丑	寅	卯	辰	
大運 男	2	1	1	1	1	芒	10	10	9	9	9	8	8	8	7	7	7	6	6	6	5	5	5	4	4	4	3	3	3	2	
大運 女	九	九	九	十	十	種	一	一	一	一	二	二	二	三	三	三	四	四	四	五	五	五	六	六	六	七	七	七	八	八	

大驛土星	五日得辛	南大將	午弔客	寒食(4월 06일)	初伏(7월 14일)
二黑土星	六龍治水	戌喪門	南三殺	中伏(7월 24일)	末伏(8월 13일)

7월 (戊午) 己未 (소서) 小署 7日 22:48 大署 23日

陽曆	1	2	3	4	5	6	7	8	9	10	11	12	13	14	15	16	17	18	19	20	21	22	23	24	25	26	27	28	29	30	31
요일	水	木	金	土	日	月	火	水	木	金	土	日	月	火	水	木	金	土	日	月	火	水	木	金	土	日	月	7	水	木	金
陰曆	3	4	5	6	7	8	9	10	11	12	13	14	15	16	17	18	19	20	21	22	23	24	25	26	27	28	29	1	2	3	4
日辰	丁	戊	己	庚	辛	壬	癸	甲	乙	丙	丁	戊	己	庚	辛	壬	癸	甲	乙	丙	丁	戊	己	庚	辛	壬	癸	甲	乙	丙	丁
日辰	巳	午	未	申	酉	戌	亥	子	丑	寅	卯	辰	巳	午	未	申	酉	戌	亥	子	丑	寅	卯	辰	巳	午	未	申	酉	戌	亥
大運 男	2	2	1	1	1	1	小	10	10	10	9	9	9	8	8	8	7	7	7	6	6	6	5	5	5	4	4	4	3	3	3
大運 女	八	九	九	九	十	十	署	一	一	一	一	二	二	二	三	三	三	四	四	四	五	五	五	六	六	六	七	七	七	八	八

8월 (己未) 庚申 (입추) 立秋 8日 08:27 處署 23日

陽曆	1	2	3	4	5	6	7	8	9	10	11	12	13	14	15	16	17	18	19	20	21	22	23	24	25	26	27	28	29	30	31
요일	土	日	月	火	水	木	金	土	日	月	火	水	木	金	土	日	月	火	水	木	金	土	日	月	火	水	8	金	土	日	月
陰曆	5	6	7	8	9	10	11	12	13	14	15	16	17	18	19	20	21	22	23	24	25	26	27	28	29	30	1	2	3	4	5
日辰	戊	己	庚	辛	壬	癸	甲	乙	丙	丁	戊	己	庚	辛	壬	癸	甲	乙	丙	丁	戊	己	庚	辛	壬	癸	甲	乙	丙	丁	戊
日辰	子	丑	寅	卯	辰	巳	午	未	申	酉	戌	亥	子	丑	寅	卯	辰	巳	午	未	申	酉	戌	亥	子	丑	寅	卯	辰	巳	午
大運 男	2	2	2	1	1	1	1	立	10	10	9	9	9	8	8	8	7	7	7	6	6	6	5	5	5	4	4	4	3	3	3
大運 女	八	九	九	九	十	十	十	秋	一	一	一	一	二	二	二	三	三	三	四	四	四	五	五	五	六	六	六	七	七	七	八

9월 (庚申) 辛酉 (백로) 白露 8日 10:52 秋分 23日

陽曆	1	2	3	4	5	6	7	8	9	10	11	12	13	14	15	16	17	18	19	20	21	22	23	24	25	26	27	28	29	30
요일	火	水	木	金	土	日	月	火	水	木	金	土	日	月	火	水	木	金	土	日	月	火	水	木	9	土	日	月	火	水
陰曆	6	7	8	9	10	11	12	13	14	15	16	17	18	19	20	21	22	23	24	25	26	27	28	29	1	2	3	4	5	6
日辰	己	庚	辛	壬	癸	甲	乙	丙	丁	戊	己	庚	辛	壬	癸	甲	乙	丙	丁	戊	己	庚	辛	壬	癸	甲	乙	丙	丁	戊
日辰	未	申	酉	戌	亥	子	丑	寅	卯	辰	巳	午	未	申	酉	戌	亥	子	丑	寅	卯	辰	巳	午	未	申	酉	戌	亥	子
大運 男	2	2	2	1	1	1	1	白	10	10	9	9	9	8	8	8	7	7	7	6	6	6	5	5	5	4	4	4	3	3
大運 女	八	八	九	九	九	十	十	露	一	一	一	一	二	二	二	三	三	三	四	四	四	五	五	五	六	六	六	七	七	七

10월 (辛酉) 壬戌 (한로) 寒露 9日 01:51 霜降 24日

陽曆	1	2	3	4	5	6	7	8	9	10	11	12	13	14	15	16	17	18	19	20	21	22	23	24	25	26	27	28	29	30	31
요일	木	金	土	日	月	火	水	木	金	土	日	月	火	水	木	金	土	日	月	火	水	木	金	土	10	月	火	水	木	金	土
陰曆	7	8	9	10	11	12	13	14	15	16	17	18	19	20	21	22	23	24	25	26	27	28	29	30	1	2	3	4	5	6	7
日辰	己	庚	辛	壬	癸	甲	乙	丙	丁	戊	己	庚	辛	壬	癸	甲	乙	丙	丁	戊	己	庚	辛	壬	癸	甲	乙	丙	丁	戊	己
日辰	丑	寅	卯	辰	巳	午	未	申	酉	戌	亥	子	丑	寅	卯	辰	巳	午	未	申	酉	戌	亥	子	丑	寅	卯	辰	巳	午	未
大運 男	3	2	2	2	1	1	1	1	寒	10	9	9	9	8	8	8	7	7	7	6	6	6	5	5	5	4	4	4	3	3	3
大運 女	八	八	八	九	九	九	十	十	露	一	一	一	一	二	二	二	三	三	三	四	四	四	五	五	五	六	六	六	七	七	七

11월 (壬戌) 癸亥 (입동) 立冬 8日 04:22 小雪 23日

陽曆	1	2	3	4	5	6	7	8	9	10	11	12	13	14	15	16	17	18	19	20	21	22	23	24	25	26	27	28	29	30
요일	日	月	火	水	木	金	土	日	月	火	水	木	金	土	日	月	火	水	木	金	土	日	月	11	水	木	金	土	日	月
陰曆	8	9	10	11	12	13	14	15	16	17	18	19	20	21	22	23	24	25	26	27	28	29	30	1	2	3	4	5	6	7
日辰	庚	辛	壬	癸	甲	乙	丙	丁	戊	己	庚	辛	壬	癸	甲	乙	丙	丁	戊	己	庚	辛	壬	癸	甲	乙	丙	丁	戊	己
日辰	申	酉	戌	亥	子	丑	寅	卯	辰	巳	午	未	申	酉	戌	亥	子	丑	寅	卯	辰	巳	午	未	申	酉	戌	亥	子	丑
大運 男	2	2	2	1	1	1	1	立	9	9	9	8	8	8	7	7	7	6	6	6	5	5	5	4	4	4	3	3	3	2
大運 女	八	八	八	九	九	九	十	冬	一	一	一	一	二	二	二	三	三	三	四	四	四	五	五	五	六	六	六	七	七	七

12월 (癸亥) 甲子 (대설) 大雪 7日 20:44 冬至 22日

陽曆	1	2	3	4	5	6	7	8	9	10	11	12	13	14	15	16	17	18	19	20	21	22	23	24	25	26	27	28	29	30	31
요일	火	水	木	金	土	日	月	火	水	木	金	土	日	月	火	水	木	金	土	日	月	火	12	木	金	土	日	月	火	水	木
陰曆	8	9	10	11	12	13	14	15	16	17	18	19	20	21	22	23	24	25	26	27	28	29	1	2	3	4	5	6	7	8	9
日辰	庚	辛	壬	癸	甲	乙	丙	丁	戊	己	庚	辛	壬	癸	甲	乙	丙	丁	戊	己	庚	辛	壬	癸	甲	乙	丙	丁	戊	己	庚
日辰	寅	卯	辰	巳	午	未	申	酉	戌	亥	子	丑	寅	卯	辰	巳	午	未	申	酉	戌	亥	子	丑	寅	卯	辰	巳	午	未	申
大運 男	2	2	1	1	1	1	大	10	9	9	9	8	8	8	7	7	7	6	6	6	5	5	5	4	4	4	3	3	3	2	2
大運 女	八	八	八	九	九	九	雪	一	一	一	一	二	二	二	三	三	三	四	四	四	五	五	五	六	六	六	七	七	七	八	八

己酉

1월 (甲子)　**乙丑** (소한) 小寒 6日 07:45　大寒 21日

陽曆	1	2	3	4	5	6	7	8	9	10	11	12	13	14	15	16	17	18	19	20	21	22	23	24	25	26	27	28	29	30	31
요일	金	土	日	月	火	水	木	金	土	日	月	火	水	木	金	土	日	月	火	水	木	1	土	日	月	火	水	木	金	土	日
陰曆	10	11	12	13	14	15	16	17	18	19	20	21	22	23	24	25	26	27	28	29	30	1	2	3	4	5	6	7	8	9	10
日辰	辛	壬	癸	甲	乙	丙	丁	戊	己	庚	辛	壬	癸	甲	乙	丙	丁	戊	己	庚	辛	壬	癸	甲	乙	丙	丁	戊	己	庚	辛
	酉	戌	亥	子	丑	寅	卯	辰	巳	午	未	申	酉	戌	亥	子	丑	寅	卯	辰	巳	午	未	申	酉	戌	亥	子	丑	寅	卯
大 男	2	1	1	1	1	小	9	9	9	8	8	8	7	7	7	6	6	6	5	5	5	4	4	4	3	3	3	2	2	2	1
運 女	八	九	九	九	十	寒	一	一	一	一	二	二	二	三	三	三	四	四	四	五	五	五	六	六	六	七	七	七	八	八	八

2월 (乙丑)　**丙寅** (입춘) 立春 4日 19:33　雨水 19日

陽曆	1	2	3	4	5	6	7	8	9	10	11	12	13	14	15	16	17	18	19	20	21	22	23	24	25	26	27	28			
요일	月	火	水	木	金	土	日	月	火	水	木	金	土	日	月	火	水	木	金	2	日	月	火	水	木	金	土	日			
陰曆	11	12	13	14	15	16	17	18	19	20	21	22	23	24	25	26	27	28	29	1	2	3	4	5	6	7	8	9			
日辰	壬	癸	甲	乙	丙	丁	戊	己	庚	辛	壬	癸	甲	乙	丙	丁	戊	己	庚	辛	壬	癸	甲	乙	丙	丁	戊	己			
	辰	巳	午	未	申	酉	戌	亥	子	丑	寅	卯	辰	巳	午	未	申	酉	戌	亥	子	丑	寅	卯	辰	巳	午	未			
大 男	1	1	1	立	1	1	1	1	2	2	2	3	3	3	4	4	4	5	5	5	6	6	6	7	7	7	8	8			
運 女	九	九	九	春	十	九	九	九	八	八	八	七	七	七	六	六	六	五	五	五	四	四	四	三	三	三	二	二			

3월 (丙寅)　**丁卯** (경칩) 驚蟄 6日 14:01　春分 21日

陽曆	1	2	3	4	5	6	7	8	9	10	11	12	13	14	15	16	17	18	19	20	21	22	23	24	25	26	27	28	29	30	31
요일	月	火	水	木	金	土	日	月	火	水	木	金	土	日	月	火	水	木	金	土	日	윤2	火	水	木	金	土	日	月	火	水
陰曆	10	11	12	13	14	15	16	17	18	19	20	21	22	23	24	25	26	27	28	29	30	1	2	3	4	5	6	7	8	9	10
日辰	庚	辛	壬	癸	甲	乙	丙	丁	戊	己	庚	辛	壬	癸	甲	乙	丙	丁	戊	己	庚	辛	壬	癸	甲	乙	丙	丁	戊	己	庚
	申	酉	戌	亥	子	丑	寅	卯	辰	巳	午	未	申	酉	戌	亥	子	丑	寅	卯	辰	巳	午	未	申	酉	戌	亥	子	丑	寅
大 男	8	9	9	9	10	驚	1	1	1	1	2	2	2	3	3	3	4	4	4	5	5	5	6	6	6	7	7	7	8	8	8
運 女	二	一	一	一	一	蟄	十	九	九	九	八	八	八	七	七	七	六	六	六	五	五	五	四	四	四	三	三	三	二	二	二

4월 (丁卯)　**戊辰** (청명) 清明 5日 19:30　穀雨 21日

陽曆	1	2	3	4	5	6	7	8	9	10	11	12	13	14	15	16	17	18	19	20	21	22	23	24	25	26	27	28	29	30	
요일	木	金	土	日	月	火	水	木	金	土	日	月	火	水	木	金	土	日	月	3	水	木	金	土	日	月	火	水	木	金	
陰曆	11	12	13	14	15	16	17	18	19	20	21	22	23	24	25	26	27	28	29	1	2	3	4	5	6	7	8	9	10	11	
日辰	辛	壬	癸	甲	乙	丙	丁	戊	己	庚	辛	壬	癸	甲	乙	丙	丁	戊	己	庚	辛	壬	癸	甲	乙	丙	丁	戊	己	庚	
	卯	辰	巳	午	未	申	酉	戌	亥	子	丑	寅	卯	辰	巳	午	未	申	酉	戌	亥	子	丑	寅	卯	辰	巳	午	未	申	
大 男	9	9	9	10	清	1	1	1	1	2	2	2	3	3	3	4	4	4	5	5	5	6	6	6	7	7	7	8	8	8	
運 女	一	一	一	一	明	十	十	九	九	九	八	八	八	七	七	七	六	六	六	五	五	五	四	四	四	三	三	三	二	二	

5월 (戊辰)　**己巳** (입하) 立夏 6日 13:31　小滿 22日

陽曆	1	2	3	4	5	6	7	8	9	10	11	12	13	14	15	16	17	18	19	20	21	22	23	24	25	26	27	28	29	30	31
요일	土	日	月	火	水	木	金	土	日	月	火	水	木	金	土	日	月	火	4	木	金	土	日	月	火	水	木	金	土	日	月
陰曆	12	13	14	15	16	17	18	19	20	21	22	23	24	25	26	27	28	29	1	2	3	4	5	6	7	8	9	10	11	12	13
日辰	辛	壬	癸	甲	乙	丙	丁	戊	己	庚	辛	壬	癸	甲	乙	丙	丁	戊	己	庚	辛	壬	癸	甲	乙	丙	丁	戊	己	庚	辛
	酉	戌	亥	子	丑	寅	卯	辰	巳	午	未	申	酉	戌	亥	子	丑	寅	卯	辰	巳	午	未	申	酉	戌	亥	子	丑	寅	卯
大 男	9	9	9	10	10	立	1	1	1	1	2	2	2	3	3	3	4	4	4	5	5	5	6	6	6	7	7	7	8	8	8
運 女	二	一	一	一	一	夏	十	十	九	九	九	八	八	八	七	七	七	六	六	六	五	五	五	四	四	四	三	三	三	二	二

6월 (己巳)　**庚午** (망종) 芒種 6日 18:14　夏至 22日

陽曆	1	2	3	4	5	6	7	8	9	10	11	12	13	14	15	16	17	18	19	20	21	22	23	24	25	26	27	28	29	30	
요일	火	水	木	金	土	日	月	火	水	木	金	土	日	月	火	水	木	5	土	日	月	火	水	木	金	土	日	月	火	水	
陰曆	14	15	16	17	18	19	20	21	22	23	24	25	26	27	28	29	30	1	2	3	4	5	6	7	8	9	10	11	12	13	
日辰	壬	癸	甲	乙	丙	丁	戊	己	庚	辛	壬	癸	甲	乙	丙	丁	戊	己	庚	辛	壬	癸	甲	乙	丙	丁	戊	己	庚	辛	
	辰	巳	午	未	申	酉	戌	亥	子	丑	寅	卯	辰	巳	午	未	申	酉	戌	亥	子	丑	寅	卯	辰	巳	午	未	申	酉	
大 男	9	9	9	10	10	芒	1	1	1	1	2	2	2	3	3	3	4	4	4	5	5	5	6	6	6	7	7	7	8	8	
運 女	二	一	一	一	一	種	十	十	十	九	九	九	八	八	八	七	七	七	六	六	六	五	五	五	四	四	四	三	三	三	

7월 (庚午) 辛未 (소서) 小暑 8日 04:44 大暑 23日

陽曆	1	2	3	4	5	6	7	8	9	10	11	12	13	14	15	16	17	18	19	20	21	22	23	24	25	26	27	28	29	30	31
요일	木	金	土	日	月	火	水	木	金	土	日	月	火	水	木	金	6	日	月	火	水	木	金	土	日	月	火	水	木	金	土
陰曆	14	15	16	17	18	19	20	21	22	23	24	25	26	27	28	29	1	2	3	4	5	6	7	8	9	10	11	12	13	14	15
日辰	壬	癸	甲	乙	丙	丁	戊	己	庚	辛	壬	癸	甲	乙	丙	丁	戊	己	庚	辛	壬	癸	甲	乙	丙	丁	戊	己	庚	辛	壬
	戌	亥	子	丑	寅	卯	辰	巳	午	未	申	酉	戌	亥	子	丑	寅	卯	辰	巳	午	未	申	酉	戌	亥	子	丑	寅	卯	辰
大 男	8	9	9	9	10	10	10	小	1	1	1	1	2	2	2	3	3	3	4	4	4	5	5	5	6	6	6	7	7	7	8
運 女	二	二	二	一	一	一	一	署	十	十	九	九	九	八	八	八	七	七	七	六	六	六	五	五	五	四	四	四	三	三	三

8월 (辛未) 壬申 (입추) 立秋 8日 14:23 處署 24日

陽曆	1	2	3	4	5	6	7	8	9	10	11	12	13	14	15	16	17	18	19	20	21	22	23	24	25	26	27	28	29	30	31
요일	日	月	火	水	木	金	土	日	月	火	水	木	金	土	日	7	火	水	木	金	土	日	月	火	水	木	金	土	日	月	火
陰曆	16	17	18	19	20	21	22	23	24	25	26	27	28	29	30	1	2	3	4	5	6	7	8	9	10	11	12	13	14	15	16
日辰	癸	甲	乙	丙	丁	戊	己	庚	辛	壬	癸	甲	乙	丙	丁	戊	己	庚	辛	壬	癸	甲	乙	丙	丁	戊	己	庚	辛	壬	癸
	巳	午	未	申	酉	戌	亥	子	丑	寅	卯	辰	巳	午	未	申	酉	戌	亥	子	丑	寅	卯	辰	巳	午	未	申	酉	戌	亥
大 男	8	8	9	9	9	10	10	立	1	1	1	1	2	2	2	3	3	3	4	4	4	5	5	5	6	6	6	7	7	7	8
運 女	二	二	二	一	一	一	一	秋	十	十	九	九	九	八	八	八	七	七	七	六	六	六	五	五	五	四	四	四	三	三	三

9월 (壬申) 癸酉 (백로) 白露 8日 16:47 秋分 24日

陽曆	1	2	3	4	5	6	7	8	9	10	11	12	13	14	15	16	17	18	19	20	21	22	23	24	25	26	27	28	29	30	
요일	水	木	金	土	日	月	火	水	木	金	土	日	月	8	水	木	金	土	日	月	火	水	木	金	土	日	月	火	水	木	
陰曆	17	18	19	20	21	22	23	24	25	26	27	28	29	1	2	3	4	5	6	7	8	9	10	11	12	13	14	15	16	17	
日辰	甲	乙	丙	丁	戊	己	庚	辛	壬	癸	甲	乙	丙	丁	戊	己	庚	辛	壬	癸	甲	乙	丙	丁	戊	己	庚	辛	壬	癸	
	子	丑	寅	卯	辰	巳	午	未	申	酉	戌	亥	子	丑	寅	卯	辰	巳	午	未	申	酉	戌	亥	子	丑	寅	卯	辰	巳	
大 男	8	8	9	9	9	10	10	白	1	1	1	1	2	2	2	3	3	3	4	4	4	5	5	5	6	6	6	7	7	7	
運 女	二	二	二	一	一	一	一	露	十	十	九	九	九	八	八	八	七	七	七	六	六	六	五	五	五	四	四	四	三	三	

10월 (癸酉) 甲戌 (한로) 寒露 9日 07:43 霜降 24日

陽曆	1	2	3	4	5	6	7	8	9	10	11	12	13	14	15	16	17	18	19	20	21	22	23	24	25	26	27	28	29	30	31
요일	金	土	日	月	火	水	木	金	土	日	月	火	水	9	金	土	日	月	火	水	木	金	土	日	月	火	水	木	金	土	日
陰曆	18	19	20	21	22	23	24	25	26	27	28	29	30	1	2	3	4	5	6	7	8	9	10	11	12	13	14	15	16	17	18
日辰	甲	乙	丙	丁	戊	己	庚	辛	壬	癸	甲	乙	丙	丁	戊	己	庚	辛	壬	癸	甲	乙	丙	丁	戊	己	庚	辛	壬	癸	甲
	午	未	申	酉	戌	亥	子	丑	寅	卯	辰	巳	午	未	申	酉	戌	亥	子	丑	寅	卯	辰	巳	午	未	申	酉	戌	亥	子
大 男	8	8	8	9	9	9	10	10	寒	1	1	1	1	2	2	2	3	3	3	4	4	4	5	5	5	6	6	6	7	7	7
運 女	三	二	二	二	一	一	一	一	露	十	九	九	九	八	八	八	七	七	七	六	六	六	五	五	五	四	四	四	三	三	三

11월 (甲戌) 乙亥 (입동) 立冬 8日 10:13 小雪 23日

陽曆	1	2	3	4	5	6	7	8	9	10	11	12	13	14	15	16	17	18	19	20	21	22	23	24	25	26	27	28	29	30	
요일	月	火	水	木	金	土	日	月	火	水	木	金	10	日	月	火	水	木	金	土	日	月	火	水	木	金	土	日	月	火	
陰曆	19	20	21	22	23	24	25	26	27	28	29	30	1	2	3	4	5	6	7	8	9	10	11	12	13	14	15	16	17	18	
日辰	乙	丙	丁	戊	己	庚	辛	壬	癸	甲	乙	丙	丁	戊	己	庚	辛	壬	癸	甲	乙	丙	丁	戊	己	庚	辛	壬	癸	甲	
	丑	寅	卯	辰	巳	午	未	申	酉	戌	亥	子	丑	寅	卯	辰	巳	午	未	申	酉	戌	亥	子	丑	寅	卯	辰	巳	午	
大 男	8	8	8	9	9	9	10	立	1	1	1	1	2	2	2	3	3	3	4	4	4	5	5	5	6	6	6	7	7	7	
運 女	二	二	二	一	一	一	一	冬	十	九	九	九	八	八	八	七	七	七	六	六	六	五	五	五	四	四	四	三	三	三	

12월 (乙亥) 丙子 (대설) 大雪 8日 02:35 冬至 22日

陽曆	1	2	3	4	5	6	7	8	9	10	11	12	13	14	15	16	17	18	19	20	21	22	23	24	25	26	27	28	29	30	31
요일	水	木	金	土	日	月	火	水	木	金	土	日	11	火	水	木	金	土	日	月	火	水	木	金	土	日	月	火	水	木	金
陰曆	19	20	21	22	23	24	25	26	27	28	29	30	1	2	3	4	5	6	7	8	9	10	11	12	13	14	15	16	17	18	19
日辰	乙	丙	丁	戊	己	庚	辛	壬	癸	甲	乙	丙	丁	戊	己	庚	辛	壬	癸	甲	乙	丙	丁	戊	己	庚	辛	壬	癸	甲	乙
	未	申	酉	戌	亥	子	丑	寅	卯	辰	巳	午	未	申	酉	戌	亥	子	丑	寅	卯	辰	巳	午	未	申	酉	戌	亥	子	丑
大 男	8	8	8	9	9	9	10	大	1	1	1	1	2	2	2	3	3	3	4	4	4	5	5	5	6	6	6	7	7	7	8
運 女	二	二	二	一	一	一	一	雪	九	九	九	八	八	八	七	七	七	六	六	六	五	五	五	四	四	四	三	三	三	二	二

1월 (丙子) 丁丑 (소한) 小寒 6日 13:38 大寒 21日

陽曆	1	2	3	4	5	6	7	8	9	10	11	12	13	14	15	16	17	18	19	20	21	22	23	24	25	26	27	28	29	30	31
요일	土	日	月	火	水	木	金	土	日	月	12	水	木	金	土	日	月	火	水	木	金	土	日	月	火	水	木	金	土	日	月
陰曆	20	21	22	23	24	25	26	27	28	29	1	2	3	4	5	6	7	8	9	10	11	12	13	14	15	16	17	18	19	20	21
日辰	丙	丁	戊	己	庚	辛	壬	癸	甲	乙	丙	丁	戊	己	庚	辛	壬	癸	甲	乙	丙	丁	戊	己	庚	辛	壬	癸	甲	乙	丙
	寅	卯	辰	巳	午	未	申	酉	戌	亥	子	丑	寅	卯	辰	巳	午	未	申	酉	戌	亥	子	丑	寅	卯	辰	巳	午	未	申
大運 男	8	8	9	9	9	小	1	1	1	1	2	2	2	3	3	3	4	4	4	5	5	5	6	6	6	7	7	7	8	8	8
大運 女	二	一	一	一	一	寒	十	九	九	九	八	八	八	七	七	七	六	六	六	五	五	五	四	四	四	三	三	三	二	二	二

2월 (丁丑) 戊寅 (입춘) 立春 5日 01:27 雨水 19日

陽曆	1	2	3	4	5	6	7	8	9	10	11	12	13	14	15	16	17	18	19	20	21	22	23	24	25	26	27	28			
요일	火	水	木	金	土	日	月	火	水	1	金	土	日	月	火	水	木	金	土	日	月	火	水	木	金	土	日	月			
陰曆	22	23	24	25	26	27	28	29	30	1	2	3	4	5	6	7	8	9	10	11	12	13	14	15	16	17	18	19			
日辰	丁	戊	己	庚	辛	壬	癸	甲	乙	丙	丁	戊	己	庚	辛	壬	癸	甲	乙	丙	丁	戊	己	庚	辛	壬	癸	甲			
	酉	戌	亥	子	丑	寅	卯	辰	巳	午	未	申	酉	戌	亥	子	丑	寅	卯	辰	巳	午	未	申	酉	戌	亥	子			
大運 男	9	9	9	10	立	9	9	9	8	8	8	7	7	7	6	6	6	5	5	5	4	4	4	3	3	3	2	2			
大運 女	一	一	一	一	春	一	一	一	一	二	二	二	三	三	三	四	四	四	五	五	五	六	六	六	七	七	七	八			

3월 (戊寅) 己卯 (경칩) 驚蟄 6日 19:57 春分 21日

陽曆	1	2	3	4	5	6	7	8	9	10	11	12	13	14	15	16	17	18	19	20	21	22	23	24	25	26	27	28	29	30	31
요일	火	水	木	金	土	日	月	火	水	木	2	土	日	月	火	水	木	金	土	日	月	火	水	木	金	土	日	月	火	水	木
陰曆	20	21	22	23	24	25	26	27	28	29	1	2	3	4	5	6	7	8	9	10	11	12	13	14	15	16	17	18	19	20	21
日辰	乙	丙	丁	戊	己	庚	辛	壬	癸	甲	乙	丙	丁	戊	己	庚	辛	壬	癸	甲	乙	丙	丁	戊	己	庚	辛	壬	癸	甲	乙
	丑	寅	卯	辰	巳	午	未	申	酉	戌	亥	子	丑	寅	卯	辰	巳	午	未	申	酉	戌	亥	子	丑	寅	卯	辰	巳	午	未
大運 男	2	1	1	1	1	驚	10	10	9	9	9	8	8	8	7	7	7	6	6	6	5	5	5	4	4	4	3	3	3	2	2
大運 女	八	八	九	九	九	蟄	一	一	一	一	二	二	二	三	三	三	四	四	四	五	五	五	六	六	六	七	七	七	八	八	八

4월 (己卯) 庚辰 (청명) 清明 6日 01:23 穀雨 21日

陽曆	1	2	3	4	5	6	7	8	9	10	11	12	13	14	15	16	17	18	19	20	21	22	23	24	25	26	27	28	29	30	
요일	金	土	日	月	火	水	木	金	土	3	月	火	水	木	金	土	日	月	火	水	木	金	土	日	月	火	水	木	金	土	
陰曆	22	23	24	25	26	27	28	29	30	1	2	3	4	5	6	7	8	9	10	11	12	13	14	15	16	17	18	19	20	21	
日辰	丙	丁	戊	己	庚	辛	壬	癸	甲	乙	丙	丁	戊	己	庚	辛	壬	癸	甲	乙	丙	丁	戊	己	庚	辛	壬	癸	甲	乙	
	申	酉	戌	亥	子	丑	寅	卯	辰	巳	午	未	申	酉	戌	亥	子	丑	寅	卯	辰	巳	午	未	申	酉	戌	亥	子	丑	
大運 男	2	1	1	1	1	清	10	9	9	9	8	8	8	7	7	7	6	6	6	5	5	5	4	4	4	3	3	3	2	2	
大運 女	九	九	九	十	十	明	一	一	一	一	二	二	二	三	三	三	四	四	四	五	五	五	六	六	六	七	七	七	八	八	

5월 (庚辰) 辛巳 (입하) 立夏 6日 19:19 小滿 22日

陽曆	1	2	3	4	5	6	7	8	9	10	11	12	13	14	15	16	17	18	19	20	21	22	23	24	25	26	27	28	29	30	31
요일	日	月	火	水	木	金	土	日	4	火	水	木	金	土	日	月	火	水	木	金	土	日	月	火	水	木	金	土	日	月	火
陰曆	22	23	24	25	26	27	28	29	1	2	3	4	5	6	7	8	9	10	11	12	13	14	15	16	17	18	19	20	21	22	23
日辰	丙	丁	戊	己	庚	辛	壬	癸	甲	乙	丙	丁	戊	己	庚	辛	壬	癸	甲	乙	丙	丁	戊	己	庚	辛	壬	癸	甲	乙	丙
	寅	卯	辰	巳	午	未	申	酉	戌	亥	子	丑	寅	卯	辰	巳	午	未	申	酉	戌	亥	子	丑	寅	卯	辰	巳	午	未	申
大運 男	2	1	1	1	1	立	10	10	9	9	9	8	8	8	7	7	7	6	6	6	5	5	5	4	4	4	3	3	3	2	2
大運 女	八	九	九	九	十	夏	一	一	一	一	二	二	二	三	三	三	四	四	四	五	五	五	六	六	六	七	七	七	八	八	八

6월 (辛巳) 壬午 (망종) 芒種 6日 23:56 夏至 22日

陽曆	1	2	3	4	5	6	7	8	9	10	11	12	13	14	15	16	17	18	19	20	21	22	23	24	25	26	27	28	29	30	
요일	水	木	金	土	日	月	5	水	木	金	土	日	月	火	水	木	金	土	日	月	火	水	木	金	土	日	月	火	水	木	
陰曆	24	25	26	27	28	29	1	2	3	4	5	6	7	8	9	10	11	12	13	14	15	16	17	18	19	20	21	22	23	24	
日辰	丁	戊	己	庚	辛	壬	癸	甲	乙	丙	丁	戊	己	庚	辛	壬	癸	甲	乙	丙	丁	戊	己	庚	辛	壬	癸	甲	乙	丙	
	酉	戌	亥	子	丑	寅	卯	辰	巳	午	未	申	酉	戌	亥	子	丑	寅	卯	辰	巳	午	未	申	酉	戌	亥	子	丑	寅	
大運 男	2	1	1	1	1	芒	10	10	10	9	9	9	8	8	8	7	7	7	6	6	6	5	5	5	4	4	4	3	3	3	
大運 女	九	九	九	十	十	種	一	一	一	一	二	二	二	三	三	三	四	四	四	五	五	五	六	六	六	七	七	七	八	八	

7월 (壬午) 癸未 (소서) 小署 8日 10:21 大暑 24日

陽曆	1	2	3	4	5	6	7	8	9	10	11	12	13	14	15	16	17	18	19	20	21	22	23	24	25	26	27	28	29	30	31
요일	金	土	日	月	火	水	6/	金	土	日	月	火	水	木	金	土	日	月	火	水	木	金	土	日	月	火	水	木	金	土	日
陰曆	25	26	27	28	29	30	1	2	3	4	5	6	7	8	9	10	11	12	13	14	15	16	17	18	19	20	21	22	23	24	25
日辰	丁	戊	己	庚	辛	壬	癸	甲	乙	丙	丁	戊	己	庚	辛	壬	癸	甲	乙	丙	丁	戊	己	庚	辛	壬	癸	甲	乙	丙	丁
	卯	辰	巳	午	未	申	酉	戌	亥	子	丑	寅	卯	辰	巳	午	未	申	酉	戌	亥	子	丑	寅	卯	辰	巳	午	未	申	酉
大運 男	2	2	2	1	1	1	1	小	10	10	9	9	9	8	8	8	7	7	7	6	6	6	5	5	5	4	4	4	3	3	3
大運 女	八	九	九	九	十	十	十	署	一	一	一	一	二	二	二	三	三	三	四	四	四	五	五	五	六	六	六	七	七	七	八

8월 (癸未) 甲申 (입추) 立秋 8日 19:57 處暑 24日

陽曆	1	2	3	4	5	6	7	8	9	10	11	12	13	14	15	16	17	18	19	20	21	22	23	24	25	26	27	28	29	30	31
요일	月	火	水	木	7/	土	日	月	火	水	木	金	土	日	月	火	水	木	金	土	日	月	火	水	木	金	土	日	月	火	水
陰曆	26	27	28	29	1	2	3	4	5	6	7	8	9	10	11	12	13	14	15	16	17	18	19	20	21	22	23	24	25	26	27
日辰	戊	己	庚	辛	壬	癸	甲	乙	丙	丁	戊	己	庚	辛	壬	癸	甲	乙	丙	丁	戊	己	庚	辛	壬	癸	甲	乙	丙	丁	戊
	戌	亥	子	丑	寅	卯	辰	巳	午	未	申	酉	戌	亥	子	丑	寅	卯	辰	巳	午	未	申	酉	戌	亥	子	丑	寅	卯	辰
大運 男	2	2	2	1	1	1	1	立	10	10	9	9	9	8	8	8	7	7	7	6	6	6	5	5	5	4	4	4	3	3	3
大運 女	八	八	九	九	九	十	十	秋	一	一	一	一	二	二	二	三	三	三	四	四	四	五	五	五	六	六	六	七	七	七	八

9월 (甲申) 乙酉 (백로) 白露 8日 22:22 秋分 24日

陽曆	1	2	3	4	5	6	7	8	9	10	11	12	13	14	15	16	17	18	19	20	21	22	23	24	25	26	27	28	29	30
요일	木	金	土	8/	月	火	水	木	金	土	日	月	火	水	木	金	土	日	月	火	水	木	金	土	日	月	火	水	木	金
陰曆	28	29	30	1	2	3	4	5	6	7	8	9	10	11	12	13	14	15	16	17	18	19	20	21	22	23	24	25	26	27
日辰	己	庚	辛	壬	癸	甲	乙	丙	丁	戊	己	庚	辛	壬	癸	甲	乙	丙	丁	戊	己	庚	辛	壬	癸	甲	乙	丙	丁	戊
	巳	午	未	申	酉	戌	亥	子	丑	寅	卯	辰	巳	午	未	申	酉	戌	亥	子	丑	寅	卯	辰	巳	午	未	申	酉	戌
大運 男	2	2	2	1	1	1	1	白	10	10	9	9	9	8	8	8	7	7	7	6	6	6	5	5	5	4	4	4	3	3
大運 女	八	八	九	九	九	十	十	露	一	一	一	一	二	二	二	三	三	三	四	四	四	五	五	五	六	六	六	七	七	七

10월 (乙酉) 丙戌 (한로) 寒露 9日 13:21 霜降 24日

陽曆	1	2	3	4	5	6	7	8	9	10	11	12	13	14	15	16	17	18	19	20	21	22	23	24	25	26	27	28	29	30	31
요일	土	日	9/	火	水	木	金	土	日	月	火	水	木	金	土	日	月	火	水	木	金	土	日	月	火	水	木	金	土	日	月
陰曆	28	29	1	2	3	4	5	6	7	8	9	10	11	12	13	14	15	16	17	18	19	20	21	22	23	24	25	26	27	28	29
日辰	己	庚	辛	壬	癸	甲	乙	丙	丁	戊	己	庚	辛	壬	癸	甲	乙	丙	丁	戊	己	庚	辛	壬	癸	甲	乙	丙	丁	戊	己
	亥	子	丑	寅	卯	辰	巳	午	未	申	酉	戌	亥	子	丑	寅	卯	辰	巳	午	未	申	酉	戌	亥	子	丑	寅	卯	辰	巳
大運 男	3	2	2	2	1	1	1	1	寒	10	9	9	9	8	8	8	7	7	7	6	6	6	5	5	5	4	4	4	3	3	3
大運 女	八	八	八	九	九	九	十	十	露	一	一	一	一	二	二	二	三	三	三	四	四	四	五	五	五	六	六	六	七	七	七

11월 (丙戌) 丁亥 (입동) 立冬 8日 15:54 小雪 23日

陽曆	1	2	3	4	5	6	7	8	9	10	11	12	13	14	15	16	17	18	19	20	21	22	23	24	25	26	27	28	29	30
요일	火	10/	木	金	土	日	月	火	水	木	金	土	日	月	火	水	木	金	土	日	月	火	水	木	金	土	日	月	火	水
陰曆	30	1	2	3	4	5	6	7	8	9	10	11	12	13	14	15	16	17	18	19	20	21	22	23	24	25	26	27	28	29
日辰	庚	辛	壬	癸	甲	乙	丙	丁	戊	己	庚	辛	壬	癸	甲	乙	丙	丁	戊	己	庚	辛	壬	癸	甲	乙	丙	丁	戊	己
	午	未	申	酉	戌	亥	子	丑	寅	卯	辰	巳	午	未	申	酉	戌	亥	子	丑	寅	卯	辰	巳	午	未	申	酉	戌	亥
大運 男	2	2	2	1	1	1	1	立	10	9	9	9	8	8	8	7	7	7	6	6	6	5	5	5	4	4	4	3	3	3
大運 女	八	八	八	九	九	九	十	冬	一	一	一	一	二	二	二	三	三	三	四	四	四	五	五	五	六	六	六	七	七	七

12월 (丁亥) 戊子 (대설) 大雪 8日 08:17 冬至 23日

陽曆	1	2	3	4	5	6	7	8	9	10	11	12	13	14	15	16	17	18	19	20	21	22	23	24	25	26	27	28	29	30	31
요일	木	11/	土	日	月	火	水	木	金	土	日	月	火	水	木	金	土	日	月	火	水	木	金	土	日	月	火	水	木	金	土
陰曆	30	1	2	3	4	5	6	7	8	9	10	11	12	13	14	15	16	17	18	19	20	21	22	23	24	25	26	27	28	29	30
日辰	庚	辛	壬	癸	甲	乙	丙	丁	戊	己	庚	辛	壬	癸	甲	乙	丙	丁	戊	己	庚	辛	壬	癸	甲	乙	丙	丁	戊	己	庚
	子	丑	寅	卯	辰	巳	午	未	申	酉	戌	亥	子	丑	寅	卯	辰	巳	午	未	申	酉	戌	亥	子	丑	寅	卯	辰	巳	午
大運 男	2	2	2	1	1	1	1	大	9	9	9	8	8	8	7	7	7	6	6	6	5	5	5	4	4	4	3	3	3	2	2
大運 女	八	八	八	九	九	九	十	雪	一	一	一	一	二	二	二	三	三	三	四	四	四	五	五	五	六	六	六	七	七	七	八

辛亥

1월 (戊子) 己丑 (소한) 小寒 6日 19:21 大寒 21日

陽曆		1	2	3	4	5	6	7	8	9	10	11	12	13	14	15	16	17	18	19	20	21	22	23	24	25	26	27	28	29	30	31
요일		12	月	火	水	木	金	土	日	月	火	水	木	金	土	日	月	火	水	木	金	土	日	月	火	水	木	金	土	日	1	火
陰曆		1	2	3	4	5	6	7	8	9	10	11	12	13	14	15	16	17	18	19	20	21	22	23	24	25	26	27	28	29	1	2
日辰		辛	壬	癸	甲	乙	丙	丁	戊	己	庚	辛	壬	癸	甲	乙	丙	丁	戊	己	庚	辛	壬	癸	甲	乙	丙	丁	戊	己	庚	辛
		未	申	酉	戌	亥	子	丑	寅	卯	辰	巳	午	未	申	酉	戌	亥	子	丑	寅	卯	辰	巳	午	未	申	酉	戌	亥	子	丑
大	男	2	1	1	1	1	小	10	9	9	9	8	8	8	7	7	7	6	6	6	5	5	5	4	4	4	3	3	3	2	2	2
運	女	八	八	九	九	九	寒	一	一	一	一	二	二	二	三	三	三	四	四	四	五	五	五	六	六	六	七	七	七	八	八	八

2월 (己丑) 庚寅 (입춘) 立春 5日 07:10 雨水 20日

陽曆		1	2	3	4	5	6	7	8	9	10	11	12	13	14	15	16	17	18	19	20	21	22	23	24	25	26	27	28			
요일		水	木	金	土	日	月	火	水	木	金	土	日	月	火	水	木	金	土	日	月	火	水	木	金	土	日	月	火			
陰曆		3	4	5	6	7	8	9	10	11	12	13	14	15	16	17	18	19	20	21	22	23	24	25	26	27	28	29	30			
日辰		壬	癸	甲	乙	丙	丁	戊	己	庚	辛	壬	癸	甲	乙	丙	丁	戊	己	庚	辛	壬	癸	甲	乙	丙	丁	戊	己			
		寅	卯	辰	巳	午	未	申	酉	戌	亥	子	丑	寅	卯	辰	巳	午	未	申	酉	戌	亥	子	丑	寅	卯	辰	巳			
大	男	1	1	1	1	立	1	1	1	1	2	2	2	3	3	3	4	4	4	5	5	5	6	6	6	7	7	7	8			
運	女	九	九	九	十	春	十	九	九	九	八	八	八	七	七	七	六	六	六	五	五	五	四	四	四	三	三	三	二			

3월 (庚寅) 辛卯 (경칩) 驚蟄 7日 01:39 春分 22日

陽曆		1	2	3	4	5	6	7	8	9	10	11	12	13	14	15	16	17	18	19	20	21	22	23	24	25	26	27	28	29	30	31
요일		2	木	金	土	日	月	火	水	木	金	土	日	月	火	水	木	金	土	日	月	火	水	木	金	土	日	月	火	水	3	金
陰曆		1	2	3	4	5	6	7	8	9	10	11	12	13	14	15	16	17	18	19	20	21	22	23	24	25	26	27	28	29	1	2
日辰		庚	辛	壬	癸	甲	乙	丙	丁	戊	己	庚	辛	壬	癸	甲	乙	丙	丁	戊	己	庚	辛	壬	癸	甲	乙	丙	丁	戊	己	庚
		午	未	申	酉	戌	亥	子	丑	寅	卯	辰	巳	午	未	申	酉	戌	亥	子	丑	寅	卯	辰	巳	午	未	申	酉	戌	亥	子
大	男	8	8	9	9	9	10	驚	1	1	1	1	2	2	2	3	3	3	4	4	4	5	5	5	6	6	6	7	7	7	8	8
運	女	二	二	一	一	一	一	蟄	十	九	九	九	八	八	八	七	七	七	六	六	六	五	五	五	四	四	四	三	三	三	二	二

4월 (辛卯) 壬辰 (청명) 清明 6日 07:05 穀雨 21日

陽曆		1	2	3	4	5	6	7	8	9	10	11	12	13	14	15	16	17	18	19	20	21	22	23	24	25	26	27	28	29	30	
요일		土	日	月	火	水	木	金	土	日	月	火	水	木	金	土	日	月	火	水	木	金	土	日	月	火	水	木	金	4	日	
陰曆		3	4	5	6	7	8	9	10	11	12	13	14	15	16	17	18	19	20	21	22	23	24	25	26	27	28	29	30	1	2	
日辰		辛	壬	癸	甲	乙	丙	丁	戊	己	庚	辛	壬	癸	甲	乙	丙	丁	戊	己	庚	辛	壬	癸	甲	乙	丙	丁	戊	己	庚	
		丑	寅	卯	辰	巳	午	未	申	酉	戌	亥	子	丑	寅	卯	辰	巳	午	未	申	酉	戌	亥	子	丑	寅	卯	辰	巳	午	
大	男	8	9	9	9	10	清	1	1	1	1	2	2	2	3	3	3	4	4	4	5	5	5	6	6	6	7	7	7	8	8	
運	女	二	一	一	一	一	明	十	十	九	九	九	八	八	八	七	七	七	六	六	六	五	五	五	四	四	四	三	三	三	二	

5월 (壬辰) 癸巳 (입하) 立夏 7日 01:00 小滿 22日

陽曆		1	2	3	4	5	6	7	8	9	10	11	12	13	14	15	16	17	18	19	20	21	22	23	24	25	26	27	28	29	30	31
요일		月	火	水	木	金	土	日	月	火	水	木	金	土	日	月	火	水	木	金	土	日	月	火	水	木	金	土	5	月	火	水
陰曆		3	4	5	6	7	8	9	10	11	12	13	14	15	16	17	18	19	20	21	22	23	24	25	26	27	28	29	1	2	3	4
日辰		辛	壬	癸	甲	乙	丙	丁	戊	己	庚	辛	壬	癸	甲	乙	丙	丁	戊	己	庚	辛	壬	癸	甲	乙	丙	丁	戊	己	庚	辛
		未	申	酉	戌	亥	子	丑	寅	卯	辰	巳	午	未	申	酉	戌	亥	子	丑	寅	卯	辰	巳	午	未	申	酉	戌	亥	子	丑
大	男	8	9	9	9	10	10	立	1	1	1	1	2	2	2	3	3	3	4	4	4	5	5	5	6	6	6	7	7	7	8	8
運	女	二	二	一	一	一	一	夏	十	十	九	九	九	八	八	八	七	七	七	六	六	六	五	五	五	四	四	四	三	三	三	二

6월 (癸巳) 甲午 (망종) 芒種 7日 05:38 夏至 22日

陽曆		1	2	3	4	5	6	7	8	9	10	11	12	13	14	15	16	17	18	19	20	21	22	23	24	25	26	27	28	29	30	
요일		木	金	土	日	月	火	水	木	金	土	日	月	火	水	木	金	土	日	月	火	水	木	金	土	日	6	火	水	木	金	
陰曆		5	6	7	8	9	10	11	12	13	14	15	16	17	18	19	20	21	22	23	24	25	26	27	28	29	1	2	3	4	5	
日辰		壬	癸	甲	乙	丙	丁	戊	己	庚	辛	壬	癸	甲	乙	丙	丁	戊	己	庚	辛	壬	癸	甲	乙	丙	丁	戊	己	庚	辛	
		寅	卯	辰	巳	午	未	申	酉	戌	亥	子	丑	寅	卯	辰	巳	午	未	申	酉	戌	亥	子	丑	寅	卯	辰	巳	午	未	
大	男	8	9	9	9	10	10	芒	1	1	1	1	2	2	2	3	3	3	4	4	4	5	5	5	6	6	6	7	7	7	8	
運	女	二	二	一	一	一	一	種	十	十	九	九	九	八	八	八	七	七	七	六	六	六	五	五	五	四	四	四	三	三	三	

7월 (甲午) 乙未 (소서) 小暑 8日 16:05 大暑 24日

陽曆	1	2	3	4	5	6	7	8	9	10	11	12	13	14	15	16	17	18	19	20	21	22	23	24	25	26	27	28	29	30	31
요일	土	日	月	火	水	木	金	土	日	月	火	水	木	金	土	日	月	火	水	木	金	土	日	月	火	윤6	木	金	土	日	月
陰曆	6	7	8	9	10	11	12	13	14	15	16	17	18	19	20	21	22	23	24	25	26	27	28	29	30	1	2	3	4	5	6
日辰	壬	癸	甲	乙	丙	丁	戊	己	庚	辛	壬	癸	甲	乙	丙	丁	戊	己	庚	辛	壬	癸	甲	乙	丙	丁	戊	己	庚	辛	壬
	申	酉	戌	亥	子	丑	寅	卯	辰	巳	午	未	申	酉	戌	亥	子	丑	寅	卯	辰	巳	午	未	申	酉	戌	亥	子	丑	寅
大運 男	8	8	9	9	9	10	10	小	1	1	1	1	2	2	2	3	3	3	4	4	4	5	5	5	6	6	6	7	7	7	8
大運 女	二	二	二	一	一	一	一	暑	十	十	十	九	九	九	八	八	八	七	七	七	六	六	六	五	五	五	四	四	四	三	三

8월 (乙未) 丙申 (입추) 立秋 9日 01:44 處暑 24日

陽曆	1	2	3	4	5	6	7	8	9	10	11	12	13	14	15	16	17	18	19	20	21	22	23	24	25	26	27	28	29	30	31
요일	火	水	木	金	土	日	月	火	水	木	金	土	日	月	火	水	木	金	土	日	月	火	水	7	金	土	日	月	火	水	木
陰曆	7	8	9	10	11	12	13	14	15	16	17	18	19	20	21	22	23	24	25	26	27	28	29	1	2	3	4	5	6	7	8
日辰	癸	甲	乙	丙	丁	戊	己	庚	辛	壬	癸	甲	乙	丙	丁	戊	己	庚	辛	壬	癸	甲	乙	丙	丁	戊	己	庚	辛	壬	癸
	卯	辰	巳	午	未	申	酉	戌	亥	子	丑	寅	卯	辰	巳	午	未	申	酉	戌	亥	子	丑	寅	卯	辰	巳	午	未	申	酉
大運 男	8	8	9	9	9	10	10	10	立	1	1	1	1	2	2	2	3	3	3	4	4	4	5	5	5	6	6	6	7	7	7
大運 女	三	二	二	二	一	一	一	一	秋	十	十	九	九	九	八	八	八	七	七	七	六	六	六	五	五	五	四	四	四	三	三

9월 (丙申) 丁酉 (백로) 白露 9日 04:13 秋分 24日

陽曆	1	2	3	4	5	6	7	8	9	10	11	12	13	14	15	16	17	18	19	20	21	22	23	24	25	26	27	28	29	30	
요일	金	土	日	月	火	水	木	金	土	日	月	火	水	木	金	土	日	月	火	水	木	8	土	日	月	火	水	木	金	土	
陰曆	9	10	11	12	13	14	15	16	17	18	19	20	21	22	23	24	25	26	27	28	29	1	2	3	4	5	6	7	8	9	
日辰	甲	乙	丙	丁	戊	己	庚	辛	壬	癸	甲	乙	丙	丁	戊	己	庚	辛	壬	癸	甲	乙	丙	丁	戊	己	庚	辛	壬	癸	
	戌	亥	子	丑	寅	卯	辰	巳	午	未	申	酉	戌	亥	子	丑	寅	卯	辰	巳	午	未	申	酉	戌	亥	子	丑	寅	卯	
大運 男	8	8	8	9	9	9	10	10	白	1	1	1	1	2	2	2	3	3	3	4	4	4	5	5	5	6	6	6	7	7	
大運 女	三	二	二	二	一	一	一	一	露	十	九	九	九	八	八	八	七	七	七	六	六	六	五	五	五	四	四	四	三	三	

10월 (丁酉) 戊戌 (한로) 寒露 9日 19:15 霜降 24日

陽曆	1	2	3	4	5	6	7	8	9	10	11	12	13	14	15	16	17	18	19	20	21	22	23	24	25	26	27	28	29	30	31
요일	日	月	火	水	木	金	土	日	月	火	水	木	金	土	日	月	火	水	木	金	土	9	月	火	水	木	金	土	日	月	火
陰曆	10	11	12	13	14	15	16	17	18	19	20	21	22	23	24	25	26	27	28	29	30	1	2	3	4	5	6	7	8	9	10
日辰	甲	乙	丙	丁	戊	己	庚	辛	壬	癸	甲	乙	丙	丁	戊	己	庚	辛	壬	癸	甲	乙	丙	丁	戊	己	庚	辛	壬	癸	甲
	辰	巳	午	未	申	酉	戌	亥	子	丑	寅	卯	辰	巳	午	未	申	酉	戌	亥	子	丑	寅	卯	辰	巳	午	未	申	酉	戌
大運 男	7	8	8	8	9	9	9	10	寒	1	1	1	1	2	2	2	3	3	3	4	4	4	5	5	5	6	6	6	7	7	7
大運 女	三	二	二	二	一	一	一	一	露	十	九	九	九	八	八	八	七	七	七	六	六	六	五	五	五	四	四	四	三	三	三

11월 (戊戌) 己亥 (입동) 立冬 8日 21:47 小雪 23日

陽曆	1	2	3	4	5	6	7	8	9	10	11	12	13	14	15	16	17	18	19	20	21	22	23	24	25	26	27	28	29	30	
요일	水	木	金	土	日	月	火	水	木	金	土	日	月	火	水	木	金	土	日	月	10	水	木	金	土	日	月	火	水	木	
陰曆	11	12	13	14	15	16	17	18	19	20	21	22	23	24	25	26	27	28	29	30	1	2	3	4	5	6	7	8	9	10	
日辰	乙	丙	丁	戊	己	庚	辛	壬	癸	甲	乙	丙	丁	戊	己	庚	辛	壬	癸	甲	乙	丙	丁	戊	己	庚	辛	壬	癸	甲	
	亥	子	丑	寅	卯	辰	巳	午	未	申	酉	戌	亥	子	丑	寅	卯	辰	巳	午	未	申	酉	戌	亥	子	丑	寅	卯	辰	
大運 男	8	8	8	9	9	9	10	立	1	1	1	1	2	2	2	3	3	3	4	4	4	5	5	5	6	6	6	7	7	7	
大運 女	二	二	二	一	一	一	一	冬	十	九	九	九	八	八	八	七	七	七	六	六	六	五	五	五	四	四	四	三	三	三	

12월 (己亥) 庚子 (대설) 大雪 8日 14:08 冬至 23日

陽曆	1	2	3	4	5	6	7	8	9	10	11	12	13	14	15	16	17	18	19	20	21	22	23	24	25	26	27	28	29	30	31
요일	金	土	日	月	火	水	木	金	土	日	月	火	水	木	金	土	日	月	火	11	木	金	土	日	月	火	水	木	金	土	日
陰曆	11	12	13	14	15	16	17	18	19	20	21	22	23	24	25	26	27	28	29	1	2	3	4	5	6	7	8	9	10	11	12
日辰	乙	丙	丁	戊	己	庚	辛	壬	癸	甲	乙	丙	丁	戊	己	庚	辛	壬	癸	甲	乙	丙	丁	戊	己	庚	辛	壬	癸	甲	乙
	巳	午	未	申	酉	戌	亥	子	丑	寅	卯	辰	巳	午	未	申	酉	戌	亥	子	丑	寅	卯	辰	巳	午	未	申	酉	戌	亥
大運 男	8	8	8	9	9	9	10	大	1	1	1	1	2	2	2	3	3	3	4	4	4	5	5	5	6	6	6	7	7	7	8
大運 女	二	二	二	一	一	一	一	雪	十	九	九	九	八	八	八	七	七	七	六	六	六	五	五	五	四	四	四	三	三	三	二

1월 (庚子) 　 辛丑 (소한) 小寒 7日 01:08 　 大寒 21日

陽曆	1	2	3	4	5	6	7	8	9	10	11	12	13	14	15	16	17	18	19	20	21	22	23	24	25	26	27	28	29	30	31
요일	月	火	水	木	金	土	日	月	火	水	木	金	土	日	月	火	水	木	12	土	日	月	火	水	木	金	土	日	月	火	水
陰曆	13	14	15	16	17	18	19	20	21	22	23	24	25	26	27	28	29	30	1	2	3	4	5	6	7	8	9	10	11	12	13
日辰	丙	丁	戊	己	庚	辛	壬	癸	甲	乙	丙	丁	戊	己	庚	辛	壬	癸	甲	乙	丙	丁	戊	己	庚	辛	壬	癸	甲	乙	丙
	子	丑	寅	卯	辰	巳	午	未	申	酉	戌	亥	子	丑	寅	卯	辰	巳	午	未	申	酉	戌	亥	子	丑	寅	卯	辰	巳	午
大運 男	8	8	9	9	9	10	小	1	1	1	1	2	2	2	3	3	3	4	4	4	5	5	5	6	6	6	7	7	7	8	8
大運 女	二	二	一	一	一	一	寒	九	九	九	八	八	八	七	七	七	六	六	六	五	五	五	四	四	四	三	三	三	二	二	二

2월 (辛丑) 　 壬寅 (입춘) 立春 5日 12:54 　 雨水 20日

陽曆	1	2	3	4	5	6	7	8	9	10	11	12	13	14	15	16	17	18	19	20	21	22	23	24	25	26	27	28	29
요일	木	金	土	日	月	火	水	木	金	土	日	月	火	水	木	金	土	1	月	火	水	木	金	土	日	月	火	水	木
陰曆	14	15	16	17	18	19	20	21	22	23	24	25	26	27	28	29	30	1	2	3	4	5	6	7	8	9	10	11	12
日辰	丁	戊	己	庚	辛	壬	癸	甲	乙	丙	丁	戊	己	庚	辛	壬	癸	甲	乙	丙	丁	戊	己	庚	辛	壬	癸	甲	乙
	未	申	酉	戌	亥	子	丑	寅	卯	辰	巳	午	未	申	酉	戌	亥	子	丑	寅	卯	辰	巳	午	未	申	酉	戌	亥
大運 男	8	9	9	9	立	10	9	9	9	8	8	8	7	7	7	6	6	6	5	5	5	4	4	4	3	3	3	2	2
大運 女	一	一	一	一	春	一	一	一	一	二	二	二	三	三	三	四	四	四	五	五	五	六	六	六	七	七	七	八	八

3월 (壬寅) 　 癸卯 (경칩) 驚蟄 6日 07:21 　 春分 21日

陽曆	1	2	3	4	5	6	7	8	9	10	11	12	13	14	15	16	17	18	19	20	21	22	23	24	25	26	27	28	29	30	31
요일	金	土	日	月	火	水	木	金	土	日	月	火	水	木	金	土	日	月	2	水	木	金	土	日	月	火	水	木	金	土	日
陰曆	13	14	15	16	17	18	19	20	21	22	23	24	25	26	27	28	29	30	1	2	3	4	5	6	7	8	9	10	11	12	13
日辰	丙	丁	戊	己	庚	辛	壬	癸	甲	乙	丙	丁	戊	己	庚	辛	壬	癸	甲	乙	丙	丁	戊	己	庚	辛	壬	癸	甲	乙	丙
	子	丑	寅	卯	辰	巳	午	未	申	酉	戌	亥	子	丑	寅	卯	辰	巳	午	未	申	酉	戌	亥	子	丑	寅	卯	辰	巳	午
大運 男	2	1	1	1	1	驚	10	9	9	9	8	8	8	7	7	7	6	6	6	5	5	5	4	4	4	3	3	3	2	2	2
大運 女	八	九	九	九	十	蟄	一	一	一	一	二	二	二	三	三	三	四	四	四	五	五	五	六	六	六	七	七	七	八	八	八

4월 (癸卯) 　 甲辰 (청명) 清明 5日 12:48 　 穀雨 20日

陽曆	1	2	3	4	5	6	7	8	9	10	11	12	13	14	15	16	17	18	19	20	21	22	23	24	25	26	27	28	29	30
요일	月	火	水	木	金	土	日	月	火	水	木	金	土	日	月	火	3	木	金	土	日	月	火	水	木	金	土	日	月	火
陰曆	14	15	16	17	18	19	20	21	22	23	24	25	26	27	28	29	1	2	3	4	5	6	7	8	9	10	11	12	13	14
日辰	丁	戊	己	庚	辛	壬	癸	甲	乙	丙	丁	戊	己	庚	辛	壬	癸	甲	乙	丙	丁	戊	己	庚	辛	壬	癸	甲	乙	丙
	未	申	酉	戌	亥	子	丑	寅	卯	辰	巳	午	未	申	酉	戌	亥	子	丑	寅	卯	辰	巳	午	未	申	酉	戌	亥	子
大運 男	1	1	1	1	清	10	10	9	9	9	8	8	8	7	7	7	6	6	6	5	5	5	4	4	4	3	3	3	2	2
大運 女	九	九	九	十	明	一	一	一	一	二	二	二	三	三	三	四	四	四	五	五	五	六	六	六	七	七	七	八	八	八

5월 (甲辰) 　 乙巳 (입하) 立夏 6日 06:47 　 小滿 21日

陽曆	1	2	3	4	5	6	7	8	9	10	11	12	13	14	15	16	17	18	19	20	21	22	23	24	25	26	27	28	29	30	31
요일	水	木	金	土	日	月	火	水	木	金	土	日	月	火	水	木	4	土	日	月	火	水	木	金	土	日	月	火	水	木	金
陰曆	15	16	17	18	19	20	21	22	23	24	25	26	27	28	29	30	1	2	3	4	5	6	7	8	9	10	11	12	13	14	15
日辰	丁	戊	己	庚	辛	壬	癸	甲	乙	丙	丁	戊	己	庚	辛	壬	癸	甲	乙	丙	丁	戊	己	庚	辛	壬	癸	甲	乙	丙	丁
	丑	寅	卯	辰	巳	午	未	申	酉	戌	亥	子	丑	寅	卯	辰	巳	午	未	申	酉	戌	亥	子	丑	寅	卯	辰	巳	午	未
大運 男	2	1	1	1	1	立	10	10	9	9	9	8	8	8	7	7	7	6	6	6	5	5	5	4	4	4	3	3	3	2	2
大運 女	九	九	九	十	十	夏	一	一	一	一	二	二	二	三	三	三	四	四	四	五	五	五	六	六	六	七	七	七	八	八	八

6월 (乙巳) 　 丙午 (망종) 芒種 6日 11:28 　 夏至 22日

陽曆	1	2	3	4	5	6	7	8	9	10	11	12	13	14	15	16	17	18	19	20	21	22	23	24	25	26	27	28	29	30
요일	土	日	月	火	水	木	金	土	日	月	火	水	木	金	5	日	月	火	水	木	金	土	日	月	火	水	木	金	土	日
陰曆	16	17	18	19	20	21	22	23	24	25	26	27	28	29	1	2	3	4	5	6	7	8	9	10	11	12	13	14	15	16
日辰	戊	己	庚	辛	壬	癸	甲	乙	丙	丁	戊	己	庚	辛	壬	癸	甲	乙	丙	丁	戊	己	庚	辛	壬	癸	甲	乙	丙	丁
	申	酉	戌	亥	子	丑	寅	卯	辰	巳	午	未	申	酉	戌	亥	子	丑	寅	卯	辰	巳	午	未	申	酉	戌	亥	子	丑
大運 男	2	1	1	1	1	芒	10	10	9	9	9	8	8	8	7	7	7	6	6	6	5	5	5	4	4	4	3	3	3	2
大運 女	九	九	九	十	十	種	一	一	一	一	二	二	二	三	三	三	四	四	四	五	五	五	六	六	六	七	七	七	八	八

桑柘木星　八日得辛　西大將　戌弔客　寒食(4월 06일)　初伏(7월 13일)
七赤金星　五龍治水　寅喪門　南三殺　中伏(7월 23일)　末伏(8월 12일)

7월 (丙午)　丁未 (소서) 小暑 7日 21:57　大暑 23日

陽曆	1	2	3	4	5	6	7	8	9	10	11	12	13	14	15	16	17	18	19	20	21	22	23	24	25	26	27	28	29	30	31
요일	月	火	水	木	金	土	日	月	火	水	木	金	土	6	月	火	水	木	金	土	日	月	火	水	木	金	土	日	月	火	水
陰曆	17	18	19	20	21	22	23	24	25	26	27	28	29	1	2	3	4	5	6	7	8	9	10	11	12	13	14	15	16	17	18
日辰	戊	己	庚	辛	壬	癸	甲	乙	丙	丁	戊	己	庚	辛	壬	癸	甲	乙	丙	丁	戊	己	庚	辛	壬	癸	甲	乙	丙	丁	戊
	寅	卯	辰	巳	午	未	申	酉	戌	亥	子	丑	寅	卯	辰	巳	午	未	申	酉	戌	亥	子	丑	寅	卯	辰	巳	午	未	申
大運 男	2	2	1	1	1	1	小	10	10	10	9	9	9	8	8	8	7	7	7	6	6	6	5	5	5	4	4	4	3	3	3
大運 女	八	九	九	九	十	十	署	一	一	一	一	二	二	二	三	三	三	四	四	四	五	五	五	六	六	六	七	七	七	八	八

8월 (丁未)　戊申 (입추) 立秋 8日 07:37　處暑 23日

陽曆	1	2	3	4	5	6	7	8	9	10	11	12	13	14	15	16	17	18	19	20	21	22	23	24	25	26	27	28	29	30	31
요일	木	金	土	日	月	火	水	木	金	土	日	月	7	水	木	金	土	日	月	火	水	木	金	土	日	月	火	水	木	金	土
陰曆	19	20	21	22	23	24	25	26	27	28	29	30	1	2	3	4	5	6	7	8	9	10	11	12	13	14	15	16	17	18	19
日辰	己	庚	辛	壬	癸	甲	乙	丙	丁	戊	己	庚	辛	壬	癸	甲	乙	丙	丁	戊	己	庚	辛	壬	癸	甲	乙	丙	丁	戊	己
	酉	戌	亥	子	丑	寅	卯	辰	巳	午	未	申	酉	戌	亥	子	丑	寅	卯	辰	巳	午	未	申	酉	戌	亥	子	丑	寅	卯
大運 男	2	2	2	1	1	1	1	立	10	10	9	9	9	8	8	8	7	7	7	6	6	6	5	5	5	4	4	4	3	3	3
大運 女	八	九	九	九	十	十	十	秋	一	一	一	一	二	二	二	三	三	三	四	四	四	五	五	五	六	六	六	七	七	七	八

9월 (戊申)　己酉 (백로) 白露 8日 10:06　秋分 23日

陽曆	1	2	3	4	5	6	7	8	9	10	11	12	13	14	15	16	17	18	19	20	21	22	23	24	25	26	27	28	29	30	
요일	日	月	火	水	木	金	土	日	月	火	8	木	金	土	日	月	火	水	木	金	土	日	月	火	水	木	金	土	日	月	
陰曆	20	21	22	23	24	25	26	27	28	29	1	2	3	4	5	6	7	8	9	10	11	12	13	14	15	16	17	18	19	20	
日辰	庚	辛	壬	癸	甲	乙	丙	丁	戊	己	庚	辛	壬	癸	甲	乙	丙	丁	戊	己	庚	辛	壬	癸	甲	乙	丙	丁	戊	己	
	辰	巳	午	未	申	酉	戌	亥	子	丑	寅	卯	辰	巳	午	未	申	酉	戌	亥	子	丑	寅	卯	辰	巳	午	未	申	酉	
大運 男	2	2	2	1	1	1	1	白	10	10	9	9	9	8	8	8	7	7	7	6	6	6	5	5	5	4	4	4	3	3	
大運 女	八	八	九	九	九	十	十	露	一	一	一	一	二	二	二	三	三	三	四	四	四	五	五	五	六	六	六	七	七	七	

10월 (己酉)　庚戌 (한로) 寒露 9日 01:07　霜降 24日

陽曆	1	2	3	4	5	6	7	8	9	10	11	12	13	14	15	16	17	18	19	20	21	22	23	24	25	26	27	28	29	30	31
요일	火	水	木	金	土	日	月	火	水	9	金	土	日	月	火	水	木	金	土	日	月	火	水	木	金	土	日	月	火	水	木
陰曆	21	22	23	24	25	26	27	28	29	1	2	3	4	5	6	7	8	9	10	11	12	13	14	15	16	17	18	19	20	21	22
日辰	庚	辛	壬	癸	甲	乙	丙	丁	戊	己	庚	辛	壬	癸	甲	乙	丙	丁	戊	己	庚	辛	壬	癸	甲	乙	丙	丁	戊	己	庚
	戌	亥	子	丑	寅	卯	辰	巳	午	未	申	酉	戌	亥	子	丑	寅	卯	辰	巳	午	未	申	酉	戌	亥	子	丑	寅	卯	辰
大運 男	3	2	2	2	1	1	1	1	寒	10	9	9	9	8	8	8	7	7	7	6	6	6	5	5	5	4	4	4	3	3	3
大運 女	八	八	八	九	九	九	十	十	露	一	一	一	一	二	二	二	三	三	三	四	四	四	五	五	五	六	六	六	七	七	七

11월 (庚戌)　辛亥 (입동) 立冬 8日 03:39　小雪 23日

陽曆	1	2	3	4	5	6	7	8	9	10	11	12	13	14	15	16	17	18	19	20	21	22	23	24	25	26	27	28	29	30	
요일	金	土	日	月	火	水	木	金	10	日	月	火	水	木	金	土	日	月	火	水	木	金	土	日	月	火	水	木	金	土	
陰曆	23	24	25	26	27	28	29	30	1	2	3	4	5	6	7	8	9	10	11	12	13	14	15	16	17	18	19	20	21	22	
日辰	辛	壬	癸	甲	乙	丙	丁	戊	己	庚	辛	壬	癸	甲	乙	丙	丁	戊	己	庚	辛	壬	癸	甲	乙	丙	丁	戊	己	庚	
	巳	午	未	申	酉	戌	亥	子	丑	寅	卯	辰	巳	午	未	申	酉	戌	亥	子	丑	寅	卯	辰	巳	午	未	申	酉	戌	
大運 男	2	2	2	1	1	1	1	立	9	9	9	8	8	8	7	7	7	6	6	6	5	5	5	4	4	4	3	3	3	2	
大運 女	八	八	八	九	九	九	十	冬	一	一	一	一	二	二	二	三	三	三	四	四	四	五	五	五	六	六	六	七	七	七	

12월 (辛亥)　壬子 (대설) 大雪 7日 19:59　冬至 22日

陽曆	1	2	3	4	5	6	7	8	9	10	11	12	13	14	15	16	17	18	19	20	21	22	23	24	25	26	27	28	29	30	31
요일	日	月	火	水	木	金	土	日	11	火	水	木	金	土	日	月	火	水	木	金	土	日	月	火	水	木	金	土	日	月	火
陰曆	23	24	25	26	27	28	29	30	1	2	3	4	5	6	7	8	9	10	11	12	13	14	15	16	17	18	19	20	21	22	23
日辰	辛	壬	癸	甲	乙	丙	丁	戊	己	庚	辛	壬	癸	甲	乙	丙	丁	戊	己	庚	辛	壬	癸	甲	乙	丙	丁	戊	己	庚	辛
	亥	子	丑	寅	卯	辰	巳	午	未	申	酉	戌	亥	子	丑	寅	卯	辰	巳	午	未	申	酉	戌	亥	子	丑	寅	卯	辰	巳
大運 男	2	2	1	1	1	1	大	10	9	9	9	8	8	8	7	7	7	6	6	6	5	5	5	4	4	4	3	3	3	2	2
大運 女	八	八	八	九	九	九	雪	一	一	一	一	二	二	二	三	三	三	四	四	四	五	五	五	六	六	六	七	七	七	八	八

1월 (壬子) 癸丑 (소한) 小寒 6日 06:58 大寒 21日

陽曆		1	2	3	4	5	6	7	8	9	10	11	12	13	14	15	16	17	18	19	20	21	22	23	24	25	26	27	28	29	30	31
요일		水	木	金	土	日	月	12/	水	木	金	土	日	月	火	水	木	金	土	日	月	火	水	木	金	土	日	月	火	水	木	金
陰曆		24	25	26	27	28	29	1	2	3	4	5	6	7	8	9	10	11	12	13	14	15	16	17	18	19	20	21	22	23	24	25
日辰		壬	癸	甲	乙	丙	丁	戊	己	庚	辛	壬	癸	甲	乙	丙	丁	戊	己	庚	辛	壬	癸	甲	乙	丙	丁	戊	己	庚	辛	壬
		午	未	申	酉	戌	亥	子	丑	寅	卯	辰	巳	午	未	申	酉	戌	亥	子	丑	寅	卯	辰	巳	午	未	申	酉	戌	亥	子
大	男	2	1	1	1	1	小	9	9	9	8	8	8	7	7	7	6	6	6	5	5	5	4	4	4	3	3	3	2	2	2	1
運	女	八	九	九	九	十	寒	一	一	一	一	二	二	二	三	三	三	四	四	四	五	五	五	六	六	六	七	七	七	八	八	八

2월 (癸丑) 甲寅 (입춘) 立春 4日 18:43 雨水 19日

陽曆		1	2	3	4	5	6	7	8	9	10	11	12	13	14	15	16	17	18	19	20	21	22	23	24	25	26	27	28			
요일		土	日	月	火	水	1/	金	土	日	月	火	水	木	金	土	日	月	火	水	木	金	土	日	月	火	水	木	金			
陰曆		26	27	28	29	30	1	2	3	4	5	6	7	8	9	10	11	12	13	14	15	16	17	18	19	20	21	22	23			
日辰		癸	甲	乙	丙	丁	戊	己	庚	辛	壬	癸	甲	乙	丙	丁	戊	己	庚	辛	壬	癸	甲	乙	丙	丁	戊	己	庚			
		丑	寅	卯	辰	巳	午	未	申	酉	戌	亥	子	丑	寅	卯	辰	巳	午	未	申	酉	戌	亥	子	丑	寅	卯	辰			
大	男	1	1	1	立	1	1	1	1	2	2	2	3	3	3	4	4	4	5	5	5	6	6	6	7	7	7	8	8			
運	女	九	九	九	春	十	九	九	九	八	八	八	七	七	七	六	六	六	五	五	五	四	四	四	三	三	三	二	二			

3월 (甲寅) 乙卯 (경칩) 驚蟄 6日 13:09 春分 21日

陽曆		1	2	3	4	5	6	7	8	9	10	11	12	13	14	15	16	17	18	19	20	21	22	23	24	25	26	27	28	29	30	31
요일		土	日	月	火	水	木	金	2/	日	月	火	水	木	金	土	日	月	火	水	木	金	土	日	月	火	水	木	金	土	日	月
陰曆		24	25	26	27	28	29	30	1	2	3	4	5	6	7	8	9	10	11	12	13	14	15	16	17	18	19	20	21	22	23	24
日辰		辛	壬	癸	甲	乙	丙	丁	戊	己	庚	辛	壬	癸	甲	乙	丙	丁	戊	己	庚	辛	壬	癸	甲	乙	丙	丁	戊	己	庚	辛
		巳	午	未	申	酉	戌	亥	子	丑	寅	卯	辰	巳	午	未	申	酉	戌	亥	子	丑	寅	卯	辰	巳	午	未	申	酉	戌	亥
大	男	8	9	9	9	10	驚	1	1	1	1	2	2	2	3	3	3	4	4	4	5	5	5	6	6	6	7	7	7	8	8	8
運	女	二	一	一	一	一	蟄	十	九	九	九	八	八	八	七	七	七	六	六	六	五	五	五	四	四	四	三	三	三	二	二	二

4월 (乙卯) 丙辰 (청명) 清明 5日 18:36 穀雨 21日

陽曆		1	2	3	4	5	6	7	8	9	10	11	12	13	14	15	16	17	18	19	20	21	22	23	24	25	26	27	28	29	30	
요일		火	水	木	金	土	日	3/	火	水	木	金	土	日	月	火	水	木	金	土	日	月	火	水	木	金	土	日	月	火	水	
陰曆		25	26	27	28	29	30	1	2	3	4	5	6	7	8	9	10	11	12	13	14	15	16	17	18	19	20	21	22	23	24	
日辰		壬	癸	甲	乙	丙	丁	戊	己	庚	辛	壬	癸	甲	乙	丙	丁	戊	己	庚	辛	壬	癸	甲	乙	丙	丁	戊	己	庚	辛	
		子	丑	寅	卯	辰	巳	午	未	申	酉	戌	亥	子	丑	寅	卯	辰	巳	午	未	申	酉	戌	亥	子	丑	寅	卯	辰	巳	
大	男	9	9	9	10	清	1	1	1	1	2	2	2	3	3	3	4	4	4	5	5	5	6	6	6	7	7	7	8	8	8	
運	女	一	一	一	一	明	十	十	九	九	九	八	八	八	七	七	七	六	六	六	五	五	五	四	四	四	三	三	三	二	二	

5월 (丙辰) 丁巳 (입하) 立夏 6日 12:35 小滿 22日

陽曆		1	2	3	4	5	6	7	8	9	10	11	12	13	14	15	16	17	18	19	20	21	22	23	24	25	26	27	28	29	30	31
요일		木	金	土	日	月	4/	水	木	金	土	日	月	火	水	木	金	土	日	月	火	水	木	金	土	日	月	火	水	木	金	土
陰曆		25	26	27	28	29	1	2	3	4	5	6	7	8	9	10	11	12	13	14	15	16	17	18	19	20	21	22	23	24	25	26
日辰		壬	癸	甲	乙	丙	丁	戊	己	庚	辛	壬	癸	甲	乙	丙	丁	戊	己	庚	辛	壬	癸	甲	乙	丙	丁	戊	己	庚	辛	壬
		午	未	申	酉	戌	亥	子	丑	寅	卯	辰	巳	午	未	申	酉	戌	亥	子	丑	寅	卯	辰	巳	午	未	申	酉	戌	亥	子
大	男	9	9	9	10	10	立	1	1	1	1	2	2	2	3	3	3	4	4	4	5	5	5	6	6	6	7	7	7	8	8	8
運	女	二	一	一	一	一	夏	十	十	九	九	九	八	八	八	七	七	七	六	六	六	五	五	五	四	四	四	三	三	三	二	二

6월 (丁巳) 戊午 (망종) 芒種 6日 17:14 夏至 22日

陽曆		1	2	3	4	5	6	7	8	9	10	11	12	13	14	15	16	17	18	19	20	21	22	23	24	25	26	27	28	29	30	
요일		日	月	火	水	5/	金	土	日	月	火	水	木	金	土	日	月	火	水	木	金	土	日	月	火	水	木	金	土	日	月	
陰曆		27	28	29	30	1	2	3	4	5	6	7	8	9	10	11	12	13	14	15	16	17	18	19	20	21	22	23	24	25	26	
日辰		癸	甲	乙	丙	丁	戊	己	庚	辛	壬	癸	甲	乙	丙	丁	戊	己	庚	辛	壬	癸	甲	乙	丙	丁	戊	己	庚	辛	壬	
		丑	寅	卯	辰	巳	午	未	申	酉	戌	亥	子	丑	寅	卯	辰	巳	午	未	申	酉	戌	亥	子	丑	寅	卯	辰	巳	午	
大	男	9	9	9	10	10	芒	1	1	1	1	2	2	2	3	3	3	4	4	4	5	5	5	6	6	6	7	7	7	8	8	
運	女	二	一	一	一	一	種	十	十	十	九	九	九	八	八	八	七	七	七	六	六	六	五	五	五	四	四	四	三	三	三	

桑柘木星 四日得辛 西大將 亥弔客 寒食(4월 06일) 初伏(7월 18일)
六白金星 十一龍治水 卯喪門 東三殺 中伏(7월 28일) 末伏(8월 17일)

7월 (戊午) 己未 (소서) 小暑 8日 03:39 大暑 23日

陽曆		1	2	3	4	5	6	7	8	9	10	11	12	13	14	15	16	17	18	19	20	21	22	23	24	25	26	27	28	29	30	31
요일		火	水	木	6	土	日	月	火	水	木	金	土	日	月	火	水	木	金	土	日	月	火	水	木	金	土	日	月	火	水	木
陰曆		27	28	29	1	2	3	4	5	6	7	8	9	10	11	12	13	14	15	16	17	18	19	20	21	22	23	24	25	26	27	28
日辰		癸	甲	乙	丙	丁	戊	己	庚	辛	壬	癸	甲	乙	丙	丁	戊	己	庚	辛	壬	癸	甲	乙	丙	丁	戊	己	庚	辛	壬	癸
		未	申	酉	戌	亥	子	丑	寅	卯	辰	巳	午	未	申	酉	戌	亥	子	丑	寅	卯	辰	巳	午	未	申	酉	戌	亥	子	丑
大	男	8	9	9	9	10	10	10	小	1	1	1	1	2	2	2	3	3	3	4	4	4	5	5	5	6	6	6	7	7	7	8
運	女	二	二	二	一	一	一	一	署	十	十	九	九	九	八	八	八	七	七	七	六	六	六	五	五	五	四	四	四	三	三	三

8월 (己未) 庚申 (입추) 立秋 8日 13:16 處署 24日

陽曆		1	2	3	4	5	6	7	8	9	10	11	12	13	14	15	16	17	18	19	20	21	22	23	24	25	26	27	28	29	30	31
요일		金	7	日	月	火	水	木	金	土	日	月	火	水	木	金	土	日	月	火	水	木	金	土	日	月	火	水	木	金	土	日
陰曆		29	1	2	3	4	5	6	7	8	9	10	11	12	13	14	15	16	17	18	19	20	21	22	23	24	25	26	27	28	29	30
日辰		甲	乙	丙	丁	戊	己	庚	辛	壬	癸	甲	乙	丙	丁	戊	己	庚	辛	壬	癸	甲	乙	丙	丁	戊	己	庚	辛	壬	癸	甲
		寅	卯	辰	巳	午	未	申	酉	戌	亥	子	丑	寅	卯	辰	巳	午	未	申	酉	戌	亥	子	丑	寅	卯	辰	巳	午	未	申
大	男	8	8	9	9	9	10	10	立	1	1	1	1	2	2	2	3	3	3	4	4	4	5	5	5	6	6	6	7	7	7	8
運	女	二	二	二	一	一	一	一	秋	十	十	九	九	九	八	八	八	七	七	七	六	六	六	五	五	五	四	四	四	三	三	三

9월 (庚申) 辛酉 (백로) 白露 8日 15:42 秋分 24日

陽曆		1	2	3	4	5	6	7	8	9	10	11	12	13	14	15	16	17	18	19	20	21	22	23	24	25	26	27	28	29	30	
요일		8	火	水	木	金	土	日	月	火	水	木	金	土	日	月	火	水	木	金	土	日	月	火	水	木	金	土	日	月	9	
陰曆		1	2	3	4	5	6	7	8	9	10	11	12	13	14	15	16	17	18	19	20	21	22	23	24	25	26	27	28	29	1	
日辰		乙	丙	丁	戊	己	庚	辛	壬	癸	甲	乙	丙	丁	戊	己	庚	辛	壬	癸	甲	乙	丙	丁	戊	己	庚	辛	壬	癸	甲	
		酉	戌	亥	子	丑	寅	卯	辰	巳	午	未	申	酉	戌	亥	子	丑	寅	卯	辰	巳	午	未	申	酉	戌	亥	子	丑	寅	
大	男	8	8	9	9	9	10	10	白	1	1	1	1	2	2	2	3	3	3	4	4	4	5	5	5	6	6	6	7	7	7	
運	女	二	二	二	一	一	一	一	露	十	十	九	九	九	八	八	八	七	七	七	六	六	六	五	五	五	四	四	四	三	三	

10월 (辛酉) 壬戌 (한로) 寒露 9日 06:44 霜降 24日

陽曆		1	2	3	4	5	6	7	8	9	10	11	12	13	14	15	16	17	18	19	20	21	22	23	24	25	26	27	28	29	30	31
요일		水	木	金	土	日	月	火	水	木	金	土	日	月	火	水	木	金	土	日	月	火	水	木	金	土	日	月	火	10	木	金
陰曆		2	3	4	5	6	7	8	9	10	11	12	13	14	15	16	17	18	19	20	21	22	23	24	25	26	27	28	29	1	2	3
日辰		乙	丙	丁	戊	己	庚	辛	壬	癸	甲	乙	丙	丁	戊	己	庚	辛	壬	癸	甲	乙	丙	丁	戊	己	庚	辛	壬	癸	甲	乙
		卯	辰	巳	午	未	申	酉	戌	亥	子	丑	寅	卯	辰	巳	午	未	申	酉	戌	亥	子	丑	寅	卯	辰	巳	午	未	申	酉
大	男	8	8	8	9	9	9	10	10	寒	1	1	1	1	2	2	2	3	3	3	4	4	4	5	5	5	6	6	6	7	7	7
運	女	三	二	二	二	一	一	一	一	露	十	九	九	九	八	八	八	七	七	七	六	六	六	五	五	五	四	四	四	三	三	三

11월 (壬戌) 癸亥 (입동) 立冬 8日 09:18 小雪 23日

陽曆		1	2	3	4	5	6	7	8	9	10	11	12	13	14	15	16	17	18	19	20	21	22	23	24	25	26	27	28	29	30	
요일		土	日	月	火	水	木	金	土	日	月	火	水	木	金	土	日	月	火	水	木	金	土	日	月	火	水	木	11	土	日	
陰曆		4	5	6	7	8	9	10	11	12	13	14	15	16	17	18	19	20	21	22	23	24	25	26	27	28	29	30	1	2	3	
日辰		丙	丁	戊	己	庚	辛	壬	癸	甲	乙	丙	丁	戊	己	庚	辛	壬	癸	甲	乙	丙	丁	戊	己	庚	辛	壬	癸	甲	乙	
		戌	亥	子	丑	寅	卯	辰	巳	午	未	申	酉	戌	亥	子	丑	寅	卯	辰	巳	午	未	申	酉	戌	亥	子	丑	寅	卯	
大	男	8	8	8	9	9	9	10	立	1	1	1	1	2	2	2	3	3	3	4	4	4	5	5	5	6	6	6	7	7	7	
運	女	二	二	二	一	一	一	一	冬	十	九	九	九	八	八	八	七	七	七	六	六	六	五	五	五	四	四	四	三	三	三	

12월 (癸亥) 甲子 (대설) 大雪 8日 01:41 冬至 22日

陽曆		1	2	3	4	5	6	7	8	9	10	11	12	13	14	15	16	17	18	19	20	21	22	23	24	25	26	27	28	29	30	31
요일		月	火	水	木	金	土	日	月	火	水	木	金	土	日	月	火	水	木	金	土	日	月	火	水	木	金	12	日	月	火	水
陰曆		4	5	6	7	8	9	10	11	12	13	14	15	16	17	18	19	20	21	22	23	24	25	26	27	28	29	1	2	3	4	5
日辰		丙	丁	戊	己	庚	辛	壬	癸	甲	乙	丙	丁	戊	己	庚	辛	壬	癸	甲	乙	丙	丁	戊	己	庚	辛	壬	癸	甲	乙	丙
		辰	巳	午	未	申	酉	戌	亥	子	丑	寅	卯	辰	巳	午	未	申	酉	戌	亥	子	丑	寅	卯	辰	巳	午	未	申	酉	戌
大	男	8	8	8	9	9	9	10	大	1	1	1	1	2	2	2	3	3	3	4	4	4	5	5	5	6	6	6	7	7	7	8
運	女	二	二	二	一	一	一	一	雪	九	九	九	八	八	八	七	七	七	六	六	六	五	五	五	四	四	四	三	三	三	二	二

1월 (甲子) 乙丑 (소한) 小寒 6日 12:43 大寒 21日

陽曆		1	2	3	4	5	6	7	8	9	10	11	12	13	14	15	16	17	18	19	20	21	22	23	24	25	26	27	28	29	30	31
요일		木	金	土	日	月	火	水	木	金	土	日	月	火	水	木	金	土	日	月	火	水	木	金	土	日	1	火	水	木	金	土
陰曆		6	7	8	9	10	11	12	13	14	15	16	17	18	19	20	21	22	23	24	25	26	27	28	29	30	1	2	3	4	5	6
日辰		丁	戊	己	庚	辛	壬	癸	甲	乙	丙	丁	戊	己	庚	辛	壬	癸	甲	乙	丙	丁	戊	己	庚	辛	壬	癸	甲	乙	丙	丁
		亥	子	丑	寅	卯	辰	巳	午	未	申	酉	戌	亥	子	丑	寅	卯	辰	巳	午	未	申	酉	戌	亥	子	丑	寅	卯	辰	巳
大	男	8	8	9	9	9	小	1	1	1	1	2	2	2	3	3	3	4	4	4	5	5	5	6	6	6	7	7	7	8	8	8
運	女	二	一	一	一	一	寒	十	九	九	九	八	八	八	七	七	七	六	六	六	五	五	五	四	四	四	三	三	三	二	二	二

2월 (乙丑) 丙寅 (입춘) 立春 5日 00:29 雨水 19日

陽曆		1	2	3	4	5	6	7	8	9	10	11	12	13	14	15	16	17	18	19	20	21	22	23	24	25	26	27	28			
요일		日	月	火	水	木	金	土	日	月	火	水	木	金	土	日	月	火	水	木	金	土	日	月	火	2	木	金	土			
陰曆		7	8	9	10	11	12	13	14	15	16	17	18	19	20	21	22	23	24	25	26	27	28	29	30	1	2	3	4			
日辰		戊	己	庚	辛	壬	癸	甲	乙	丙	丁	戊	己	庚	辛	壬	癸	甲	乙	丙	丁	戊	己	庚	辛	壬	癸	甲	乙			
		午	未	申	酉	戌	亥	子	丑	寅	卯	辰	巳	午	未	申	酉	戌	亥	子	丑	寅	卯	辰	巳	午	未	申	酉			
大	男	9	9	9	10	立	9	9	9	8	8	8	7	7	7	6	6	6	5	5	5	4	4	4	3	3	3	2	2			
運	女	一	一	一	一	春	一	一	一	一	二	二	二	三	三	三	四	四	四	五	五	五	六	六	六	七	七	七	八			

3월 (丙寅) 丁卯 (경칩) 驚蟄 6日 18:56 春分 21日

陽曆		1	2	3	4	5	6	7	8	9	10	11	12	13	14	15	16	17	18	19	20	21	22	23	24	25	26	27	28	29	30	31
요일		日	月	火	水	木	金	土	日	月	火	水	木	金	土	日	月	火	水	木	金	土	日	月	火	水	木	3	土	日	月	火
陰曆		5	6	7	8	9	10	11	12	13	14	15	16	17	18	19	20	21	22	23	24	25	26	27	28	29	30	1	2	3	4	5
日辰		丙	丁	戊	己	庚	辛	壬	癸	甲	乙	丙	丁	戊	己	庚	辛	壬	癸	甲	乙	丙	丁	戊	己	庚	辛	壬	癸	甲	乙	丙
		戌	亥	子	丑	寅	卯	辰	巳	午	未	申	酉	戌	亥	子	丑	寅	卯	辰	巳	午	未	申	酉	戌	亥	子	丑	寅	卯	辰
大	男	2	1	1	1	1	驚	10	10	9	9	9	8	8	8	7	7	7	6	6	6	5	5	5	4	4	4	3	3	3	2	2
運	女	八	八	九	九	九	蟄	一	一	一	一	二	二	二	三	三	三	四	四	四	五	五	五	六	六	六	七	七	七	八	八	八

4월 (丁卯) 戊辰 (청명) 清明 6日 00:22 穀雨 21日

陽曆		1	2	3	4	5	6	7	8	9	10	11	12	13	14	15	16	17	18	19	20	21	22	23	24	25	26	27	28	29	30	
요일		水	木	金	土	日	月	火	水	木	金	土	日	月	火	水	木	金	土	日	月	火	水	木	金	4	日	月	火	水	木	
陰曆		6	7	8	9	10	11	12	13	14	15	16	17	18	19	20	21	22	23	24	25	26	27	28	29	1	2	3	4	5	6	
日辰		丁	戊	己	庚	辛	壬	癸	甲	乙	丙	丁	戊	己	庚	辛	壬	癸	甲	乙	丙	丁	戊	己	庚	辛	壬	癸	甲	乙	丙	
		巳	午	未	申	酉	戌	亥	子	丑	寅	卯	辰	巳	午	未	申	酉	戌	亥	子	丑	寅	卯	辰	巳	午	未	申	酉	戌	
大	男	2	1	1	1	1	清	10	9	9	9	8	8	8	7	7	7	6	6	6	5	5	5	4	4	4	3	3	3	2	2	
運	女	九	九	九	十	十	明	一	一	一	一	二	二	二	三	三	三	四	四	四	五	五	五	六	六	六	七	七	七	八	八	

5월 (戊辰) 己巳 (입하) 立夏 6日 18:20 小滿 22日

陽曆		1	2	3	4	5	6	7	8	9	10	11	12	13	14	15	16	17	18	19	20	21	22	23	24	25	26	27	28	29	30	31
요일		金	土	日	月	火	水	木	金	土	日	月	火	水	木	金	土	日	月	火	水	木	金	土	日	5	火	水	木	金	土	日
陰曆		7	8	9	10	11	12	13	14	15	16	17	18	19	20	21	22	23	24	25	26	27	28	29	30	1	2	3	4	5	6	7
日辰		丁	戊	己	庚	辛	壬	癸	甲	乙	丙	丁	戊	己	庚	辛	壬	癸	甲	乙	丙	丁	戊	己	庚	辛	壬	癸	甲	乙	丙	丁
		亥	子	丑	寅	卯	辰	巳	午	未	申	酉	戌	亥	子	丑	寅	卯	辰	巳	午	未	申	酉	戌	亥	子	丑	寅	卯	辰	巳
大	男	2	1	1	1	1	立	10	10	9	9	9	8	8	8	7	7	7	6	6	6	5	5	5	4	4	4	3	3	3	2	2
運	女	八	九	九	九	十	夏	一	一	一	一	二	二	二	三	三	三	四	四	四	五	五	五	六	六	六	七	七	七	八	八	八

6월 (己巳) 庚午 (망종) 芒種 6日 23:00 夏至 22日

陽曆		1	2	3	4	5	6	7	8	9	10	11	12	13	14	15	16	17	18	19	20	21	22	23	24	25	26	27	28	29	30	
요일		月	火	水	木	金	土	日	月	火	水	木	金	土	日	月	火	水	木	金	土	日	月	火	윤5	木	金	土	日	月	火	
陰曆		8	9	10	11	12	13	14	15	16	17	18	19	20	21	22	23	24	25	26	27	28	29	30	1	2	3	4	5	6	7	
日辰		戊	己	庚	辛	壬	癸	甲	乙	丙	丁	戊	己	庚	辛	壬	癸	甲	乙	丙	丁	戊	己	庚	辛	壬	癸	甲	乙	丙	丁	
		午	未	申	酉	戌	亥	子	丑	寅	卯	辰	巳	午	未	申	酉	戌	亥	子	丑	寅	卯	辰	巳	午	未	申	酉	戌	亥	
大	男	2	1	1	1	1	芒	10	10	10	9	9	9	8	8	8	7	7	7	6	6	6	5	5	5	4	4	4	3	3	3	
運	女	九	九	九	十	十	種	一	一	一	一	二	二	二	三	三	三	四	四	四	五	五	五	六	六	六	七	七	七	八	八	

7월 (庚午)　辛未 (소서) 小署 8日 09:27　大署 24日

陽曆	1	2	3	4	5	6	7	8	9	10	11	12	13	14	15	16	17	18	19	20	21	22	23	24	25	26	27	28	29	30	31
요일	水	木	金	土	日	月	火	水	木	金	土	日	月	火	水	木	金	土	日	月	火	水	6/1	金	土	日	月	火	水	木	金
陰曆	8	9	10	11	12	13	14	15	16	17	18	19	20	21	22	23	24	25	26	27	28	29		2	3	4	5	6	7	8	9
日辰	戊	己	庚	辛	壬	癸	甲	乙	丙	丁	戊	己	庚	辛	壬	癸	甲	乙	丙	丁	戊	己	庚	辛	壬	癸	甲	乙	丙	丁	戊
	子	丑	寅	卯	辰	巳	午	未	申	酉	戌	亥	子	丑	寅	卯	辰	巳	午	未	申	酉	戌	亥	子	丑	寅	卯	辰	巳	午
大運 男	2	2	2	1	1	1	1	小	10	10	9	9	9	8	8	8	7	7	7	6	6	6	5	5	5	4	4	4	3	3	3
大運 女	八	九	九	九	十	十	十	署	一	一	一	一	二	二	二	三	三	三	四	四	四	五	五	五	六	六	六	七	七	七	八

8월 (辛未)　壬申 (입추) 立秋 8日 19:05　處署 24日

陽曆	1	2	3	4	5	6	7	8	9	10	11	12	13	14	15	16	17	18	19	20	21	22	23	24	25	26	27	28	29	30	31
요일	土	日	月	火	水	木	金	土	日	月	火	水	木	金	土	日	月	火	水	木	7/1	土	日	月	火	水	木	金	土	日	月
陰曆	10	11	12	13	14	15	16	17	18	19	20	21	22	23	24	25	26	27	28	29		2	3	4	5	6	7	8	9	10	11
日辰	己	庚	辛	壬	癸	甲	乙	丙	丁	戊	己	庚	辛	壬	癸	甲	乙	丙	丁	戊	己	庚	辛	壬	癸	甲	乙	丙	丁	戊	己
	未	申	酉	戌	亥	子	丑	寅	卯	辰	巳	午	未	申	酉	戌	亥	子	丑	寅	卯	辰	巳	午	未	申	酉	戌	亥	子	丑
大運 男	2	2	2	1	1	1	1	立	10	10	9	9	9	8	8	8	7	7	7	6	6	6	5	5	5	4	4	4	3	3	3
大運 女	八	八	九	九	九	十	十	秋	一	一	一	一	二	二	二	三	三	三	四	四	四	五	五	五	六	六	六	七	七	七	八

9월 (壬申)　癸酉 (백로) 白露 8日 21:30　秋分 24日

陽曆	1	2	3	4	5	6	7	8	9	10	11	12	13	14	15	16	17	18	19	20	21	22	23	24	25	26	27	28	29	30	
요일	火	水	木	金	土	日	月	火	水	木	金	土	日	月	火	水	木	金	土	8/1	月	火	水	木	金	土	日	月	火	水	
陰曆	12	13	14	15	16	17	18	19	20	21	22	23	24	25	26	27	28	29	30		2	3	4	5	6	7	8	9	10	11	
日辰	庚	辛	壬	癸	甲	乙	丙	丁	戊	己	庚	辛	壬	癸	甲	乙	丙	丁	戊	己	庚	辛	壬	癸	甲	乙	丙	丁	戊	己	
	寅	卯	辰	巳	午	未	申	酉	戌	亥	子	丑	寅	卯	辰	巳	午	未	申	酉	戌	亥	子	丑	寅	卯	辰	巳	午	未	
大運 男	2	2	2	1	1	1	1	白	10	10	9	9	9	8	8	8	7	7	7	6	6	6	5	5	5	4	4	4	3	3	
大運 女	八	八	九	九	九	十	十	露	一	一	一	一	二	二	二	三	三	三	四	四	四	五	五	五	六	六	六	七	七	七	

10월 (癸酉)　甲戌 (한로) 寒露 9日 12:35　霜降 24日

陽曆	1	2	3	4	5	6	7	8	9	10	11	12	13	14	15	16	17	18	19	20	21	22	23	24	25	26	27	28	29	30	31
요일	木	金	土	日	月	火	水	木	金	土	日	月	火	水	木	金	土	日	9/1	火	水	木	金	土	日	月	火	水	木	金	土
陰曆	12	13	14	15	16	17	18	19	20	21	22	23	24	25	26	27	28	29		2	3	4	5	6	7	8	9	10	11	12	13
日辰	庚	辛	壬	癸	甲	乙	丙	丁	戊	己	庚	辛	壬	癸	甲	乙	丙	丁	戊	己	庚	辛	壬	癸	甲	乙	丙	丁	戊	己	庚
	申	酉	戌	亥	子	丑	寅	卯	辰	巳	午	未	申	酉	戌	亥	子	丑	寅	卯	辰	巳	午	未	申	酉	戌	亥	子	丑	寅
大運 男	3	2	2	2	1	1	1	1	寒	10	9	9	9	8	8	8	7	7	7	6	6	6	5	5	5	4	4	4	3	3	3
大運 女	八	八	八	九	九	九	十	十	露	一	一	一	一	二	二	二	三	三	三	四	四	四	五	五	五	六	六	六	七	七	七

11월 (甲戌)　乙亥 (입동) 立冬 8日 15:11　小雪 23日

陽曆	1	2	3	4	5	6	7	8	9	10	11	12	13	14	15	16	17	18	19	20	21	22	23	24	25	26	27	28	29	30	
요일	日	月	火	水	木	金	土	日	月	火	水	木	金	土	日	月	火	10/1	木	金	土	日	月	火	水	木	金	土	日	月	
陰曆	14	15	16	17	18	19	20	21	22	23	24	25	26	27	28	29	30		2	3	4	5	6	7	8	9	10	11	12	13	
日辰	辛	壬	癸	甲	乙	丙	丁	戊	己	庚	辛	壬	癸	甲	乙	丙	丁	戊	己	庚	辛	壬	癸	甲	乙	丙	丁	戊	己	庚	
	卯	辰	巳	午	未	申	酉	戌	亥	子	丑	寅	卯	辰	巳	午	未	申	酉	戌	亥	子	丑	寅	卯	辰	巳	午	未	申	
大運 男	2	2	2	1	1	1	1	立	10	9	9	9	8	8	8	7	7	7	6	6	6	5	5	5	4	4	4	3	3	3	
大運 女	八	八	八	九	九	九	十	冬	一	一	一	一	二	二	二	三	三	三	四	四	四	五	五	五	六	六	六	七	七	七	

12월 (乙亥)　丙子 (대설) 大雪 8日 07:37　冬至 23日

陽曆	1	2	3	4	5	6	7	8	9	10	11	12	13	14	15	16	17	18	19	20	21	22	23	24	25	26	27	28	29	30	31
요일	火	水	木	金	土	日	月	火	水	木	金	土	日	月	火	水	11/1	金	土	日	月	火	水	木	金	土	日	月	火	水	木
陰曆	14	15	16	17	18	19	20	21	22	23	24	25	26	27	28	29		2	3	4	5	6	7	8	9	10	11	12	13	14	15
日辰	辛	壬	癸	甲	乙	丙	丁	戊	己	庚	辛	壬	癸	甲	乙	丙	丁	戊	己	庚	辛	壬	癸	甲	乙	丙	丁	戊	己	庚	辛
	酉	戌	亥	子	丑	寅	卯	辰	巳	午	未	申	酉	戌	亥	子	丑	寅	卯	辰	巳	午	未	申	酉	戌	亥	子	丑	寅	卯
大運 男	2	2	2	1	1	1	1	大	9	9	9	8	8	8	7	7	7	6	6	6	5	5	5	4	4	4	3	3	3	2	2
大運 女	八	八	八	九	九	九	十	雪	一	一	一	一	二	二	二	三	三	三	四	四	四	五	五	五	六	六	六	七	七	七	八

乙卯

1월 (丙子) 丁丑 (소한) 小寒 6日 18:40 大寒 21日

陽曆	1	2	3	4	5	6	7	8	9	10	11	12	13	14	15	16	17	18	19	20	21	22	23	24	25	26	27	28	29	30	31
요일	金	土	日	月	火	水	木	金	土	日	月	火	水	木	12	土	日	月	火	水	木	金	土	日	月	火	水	木	金	土	日
陰曆	16	17	18	19	20	21	22	23	24	25	26	27	28	29	1	2	3	4	5	6	7	8	9	10	11	12	13	14	15	16	17
日辰	壬	癸	甲	乙	丙	丁	戊	己	庚	辛	壬	癸	甲	乙	丙	丁	戊	己	庚	辛	壬	癸	甲	乙	丙	丁	戊	己	庚	辛	壬
	辰	巳	午	未	申	酉	戌	亥	子	丑	寅	卯	辰	巳	午	未	申	酉	戌	亥	子	丑	寅	卯	辰	巳	午	未	申	酉	戌
大運 男	2	1	1	1	1	小	10	9	9	9	8	8	8	7	7	7	6	6	6	5	5	5	4	4	4	3	3	3	2	2	2
大運 女	八	八	九	九	九	寒	一	一	一	一	二	二	二	三	三	三	四	四	四	五	五	五	六	六	六	七	七	七	八	八	八

2월 (丁丑) 戊寅 (입춘) 立春 5日 06:25 雨水 20日

陽曆	1	2	3	4	5	6	7	8	9	10	11	12	13	14	15	16	17	18	19	20	21	22	23	24	25	26	27	28			
요일	月	火	水	木	金	土	日	月	火	水	木	金	土	1	月	火	水	木	金	土	日	月	火	水	木	金	土	日			
陰曆	18	19	20	21	22	23	24	25	26	27	28	29	30	1	2	3	4	5	6	7	8	9	10	11	12	13	14	15			
日辰	癸	甲	乙	丙	丁	戊	己	庚	辛	壬	癸	甲	乙	丙	丁	戊	己	庚	辛	壬	癸	甲	乙	丙	丁	戊	己	庚			
	亥	子	丑	寅	卯	辰	巳	午	未	申	酉	戌	亥	子	丑	寅	卯	辰	巳	午	未	申	酉	戌	亥	子	丑	寅			
大運 男	1	1	1	1	立	1	1	1	1	2	2	2	3	3	3	4	4	4	5	5	5	6	6	6	7	7	7	8			
大運 女	九	九	九	十	春	十	九	九	九	八	八	八	七	七	七	六	六	六	五	五	五	四	四	四	三	三	三	二			

3월 (戊寅) 己卯 (경칩) 驚蟄 7日 00:48 春分 22日

陽曆	1	2	3	4	5	6	7	8	9	10	11	12	13	14	15	16	17	18	19	20	21	22	23	24	25	26	27	28	29	30	31
요일	月	火	水	木	金	土	日	月	火	水	木	金	土	日	月	2	水	木	金	土	日	月	火	水	木	金	土	日	月	火	水
陰曆	16	17	18	19	20	21	22	23	24	25	26	27	28	29	30	1	2	3	4	5	6	7	8	9	10	11	12	13	14	15	16
日辰	辛	壬	癸	甲	乙	丙	丁	戊	己	庚	辛	壬	癸	甲	乙	丙	丁	戊	己	庚	辛	壬	癸	甲	乙	丙	丁	戊	己	庚	辛
	卯	辰	巳	午	未	申	酉	戌	亥	子	丑	寅	卯	辰	巳	午	未	申	酉	戌	亥	子	丑	寅	卯	辰	巳	午	未	申	酉
大運 男	8	8	9	9	9	10	驚	1	1	1	1	2	2	2	3	3	3	4	4	4	5	5	5	6	6	6	7	7	7	8	8
大運 女	二	二	一	一	一	一	蟄	十	九	九	九	八	八	八	七	七	七	六	六	六	五	五	五	四	四	四	三	三	三	二	二

4월 (己卯) 庚辰 (청명) 清明 6日 06:09 穀雨 21日

陽曆	1	2	3	4	5	6	7	8	9	10	11	12	13	14	15	16	17	18	19	20	21	22	23	24	25	26	27	28	29	30	
요일	木	金	土	日	月	火	水	木	金	土	日	月	火	3	木	金	土	日	月	火	水	木	金	土	日	月	火	水	木	金	
陰曆	17	18	19	20	21	22	23	24	25	26	27	28	29	1	2	3	4	5	6	7	8	9	10	11	12	13	14	15	16	17	
日辰	壬	癸	甲	乙	丙	丁	戊	己	庚	辛	壬	癸	甲	乙	丙	丁	戊	己	庚	辛	壬	癸	甲	乙	丙	丁	戊	己	庚	辛	
	戌	亥	子	丑	寅	卯	辰	巳	午	未	申	酉	戌	亥	子	丑	寅	卯	辰	巳	午	未	申	酉	戌	亥	子	丑	寅	卯	
大運 男	8	9	9	9	10	清	1	1	1	1	2	2	2	3	3	3	4	4	4	5	5	5	6	6	6	7	7	7	8	8	
大運 女	二	一	一	一	一	明	十	十	九	九	九	八	八	八	七	七	七	六	六	六	五	五	五	四	四	四	三	三	三	二	

5월 (庚辰) 辛巳 (입하) 立夏 7日 00:03 小滿 22日

陽曆	1	2	3	4	5	6	7	8	9	10	11	12	13	14	15	16	17	18	19	20	21	22	23	24	25	26	27	28	29	30	31
요일	土	日	月	火	水	木	金	土	日	月	火	水	木	4	土	日	月	火	水	木	金	土	日	月	火	水	木	金	土	日	月
陰曆	18	19	20	21	22	23	24	25	26	27	28	29	30	1	2	3	4	5	6	7	8	9	10	11	12	13	14	15	16	17	18
日辰	壬	癸	甲	乙	丙	丁	戊	己	庚	辛	壬	癸	甲	乙	丙	丁	戊	己	庚	辛	壬	癸	甲	乙	丙	丁	戊	己	庚	辛	壬
	辰	巳	午	未	申	酉	戌	亥	子	丑	寅	卯	辰	巳	午	未	申	酉	戌	亥	子	丑	寅	卯	辰	巳	午	未	申	酉	戌
大運 男	8	9	9	9	10	10	立	1	1	1	1	2	2	2	3	3	3	4	4	4	5	5	5	6	6	6	7	7	7	8	8
大運 女	二	二	一	一	一	一	夏	十	十	九	九	九	八	八	八	七	七	七	六	六	六	五	五	五	四	四	四	三	三	三	二

6월 (辛巳) 壬午 (망종) 芒種 7日 04:40 夏至 22日

陽曆	1	2	3	4	5	6	7	8	9	10	11	12	13	14	15	16	17	18	19	20	21	22	23	24	25	26	27	28	29	30	
요일	火	水	木	金	土	日	月	火	水	木	金	土	5	月	火	水	木	金	土	日	月	火	水	木	金	土	日	月	火	水	
陰曆	19	20	21	22	23	24	25	26	27	28	29	30	1	2	3	4	5	6	7	8	9	10	11	12	13	14	15	16	17	18	
日辰	癸	甲	乙	丙	丁	戊	己	庚	辛	壬	癸	甲	乙	丙	丁	戊	己	庚	辛	壬	癸	甲	乙	丙	丁	戊	己	庚	辛	壬	
	亥	子	丑	寅	卯	辰	巳	午	未	申	酉	戌	亥	子	丑	寅	卯	辰	巳	午	未	申	酉	戌	亥	子	丑	寅	卯	辰	
大運 男	8	9	9	9	10	10	芒	1	1	1	1	2	2	2	3	3	3	4	4	4	5	5	5	6	6	6	7	7	7	8	
大運 女	二	二	一	一	一	一	種	十	十	九	九	九	八	八	八	七	七	七	六	六	六	五	五	五	四	四	四	三	三	三	

大溪水星	六日得辛	北大將	丑弔客	寒食(4월 07일)	初伏(7월 18일)
四綠木星	五龍治水	巳喪門	西三殺	中伏(7월 28일)	末伏(8월 17일)

7월 (壬午) 癸未 (소서) 小署 8日 15:08 大署 24日

陽曆	1	2	3	4	5	6	7	8	9	10	11	12	13	14	15	16	17	18	19	20	21	22	23	24	25	26	27	28	29	30	31
요일	木	金	土	日	月	火	水	木	金	土	日	6	火	水	木	金	土	日	月	火	水	木	金	土	日	月	火	水	木	金	土
陰曆	19	20	21	22	23	24	25	26	27	28	29	1	2	3	4	5	6	7	8	9	10	11	12	13	14	15	16	17	18	19	20
日辰	癸	甲	乙	丙	丁	戊	己	庚	辛	壬	癸	甲	乙	丙	丁	戊	己	庚	辛	壬	癸	甲	乙	丙	丁	戊	己	庚	辛	壬	癸
	巳	午	未	申	酉	戌	亥	子	丑	寅	卯	辰	巳	午	未	申	酉	戌	亥	子	丑	寅	卯	辰	巳	午	未	申	酉	戌	亥
大 男	8	8	9	9	9	10	10	小	1	1	1	1	2	2	2	3	3	3	4	4	4	5	5	5	6	6	6	7	7	7	8
運 女	二	二	二	一	一	一	一	暑	十	十	十	九	九	九	八	八	八	七	七	七	六	六	六	五	五	五	四	四	四	三	三

8월 (癸未) 甲申 (입추) 立秋 9日 00:48 處署 24日

陽曆	1	2	3	4	5	6	7	8	9	10	11	12	13	14	15	16	17	18	19	20	21	22	23	24	25	26	27	28	29	30	31
요일	日	月	火	水	木	金	土	日	月	火	7	木	金	土	日	月	火	水	木	金	土	日	月	火	水	木	金	土	日	月	火
陰曆	21	22	23	24	25	26	27	28	29	30	1	2	3	4	5	6	7	8	9	10	11	12	13	14	15	16	17	18	19	20	21
日辰	甲	乙	丙	丁	戊	己	庚	辛	壬	癸	甲	乙	丙	丁	戊	己	庚	辛	壬	癸	甲	乙	丙	丁	戊	己	庚	辛	壬	癸	甲
	子	丑	寅	卯	辰	巳	午	未	申	酉	戌	亥	子	丑	寅	卯	辰	巳	午	未	申	酉	戌	亥	子	丑	寅	卯	辰	巳	午
大 男	8	8	9	9	9	10	10	10	立	1	1	1	1	2	2	2	3	3	3	4	4	4	5	5	5	6	6	6	7	7	7
運 女	三	二	二	二	一	一	一	一	秋	十	十	九	九	九	八	八	八	七	七	七	六	六	六	五	五	五	四	四	四	三	三

9월 (甲申) 乙酉 (백로) 白露 9日 03:17 秋分 24日

陽曆	1	2	3	4	5	6	7	8	9	10	11	12	13	14	15	16	17	18	19	20	21	22	23	24	25	26	27	28	29	30
요일	水	木	金	土	日	月	火	水	8	金	土	日	月	火	水	木	金	土	日	月	火	水	木	金	土	日	月	火	水	木
陰曆	22	23	24	25	26	27	28	29	1	2	3	4	5	6	7	8	9	10	11	12	13	14	15	16	17	18	19	20	21	22
日辰	乙	丙	丁	戊	己	庚	辛	壬	癸	甲	乙	丙	丁	戊	己	庚	辛	壬	癸	甲	乙	丙	丁	戊	己	庚	辛	壬	癸	甲
	未	申	酉	戌	亥	子	丑	寅	卯	辰	巳	午	未	申	酉	戌	亥	子	丑	寅	卯	辰	巳	午	未	申	酉	戌	亥	子
大 男	8	8	8	9	9	9	10	10	白	1	1	1	1	2	2	2	3	3	3	4	4	4	5	5	5	6	6	6	7	7
運 女	三	二	二	二	一	一	一	一	露	十	九	九	九	八	八	八	七	七	七	六	六	六	五	五	五	四	四	四	三	三

10월 (乙酉) 丙戌 (한로) 寒露 9日 18:21 霜降 24日

陽曆	1	2	3	4	5	6	7	8	9	10	11	12	13	14	15	16	17	18	19	20	21	22	23	24	25	26	27	28	29	30	31
요일	金	土	日	月	火	水	木	金	9	日	月	火	水	木	金	土	日	月	火	水	木	金	土	日	月	火	水	木	金	土	日
陰曆	23	24	25	26	27	28	29	30	1	2	3	4	5	6	7	8	9	10	11	12	13	14	15	16	17	18	19	20	21	22	23
日辰	乙	丙	丁	戊	己	庚	辛	壬	癸	甲	乙	丙	丁	戊	己	庚	辛	壬	癸	甲	乙	丙	丁	戊	己	庚	辛	壬	癸	甲	乙
	丑	寅	卯	辰	巳	午	未	申	酉	戌	亥	子	丑	寅	卯	辰	巳	午	未	申	酉	戌	亥	子	丑	寅	卯	辰	巳	午	未
大 男	7	8	8	8	9	9	9	10	寒	1	1	1	1	2	2	2	3	3	3	4	4	4	5	5	5	6	6	6	7	7	7
運 女	三	二	二	二	一	一	一	一	露	十	九	九	九	八	八	八	七	七	七	六	六	六	五	五	五	四	四	四	三	三	三

11월 (丙戌) 丁亥 (입동) 立冬 8日 20:58 小雪 23日

陽曆	1	2	3	4	5	6	7	8	9	10	11	12	13	14	15	16	17	18	19	20	21	22	23	24	25	26	27	28	29	30
요일	月	火	水	木	金	土	10	月	火	水	木	金	土	日	月	火	水	木	金	土	日	月	火	水	木	金	土	日	月	火
陰曆	24	25	26	27	28	29	1	2	3	4	5	6	7	8	9	10	11	12	13	14	15	16	17	18	19	20	21	22	23	24
日辰	丙	丁	戊	己	庚	辛	壬	癸	甲	乙	丙	丁	戊	己	庚	辛	壬	癸	甲	乙	丙	丁	戊	己	庚	辛	壬	癸	甲	乙
	申	酉	戌	亥	子	丑	寅	卯	辰	巳	午	未	申	酉	戌	亥	子	丑	寅	卯	辰	巳	午	未	申	酉	戌	亥	子	丑
大 男	8	8	8	9	9	9	10	立	1	1	1	1	2	2	2	3	3	3	4	4	4	5	5	5	6	6	6	7	7	7
運 女	二	二	二	一	一	一	一	冬	十	九	九	九	八	八	八	七	七	七	六	六	六	五	五	五	四	四	四	三	三	三

12월 (丁亥) 戊子 (대설) 大雪 8日 13:24 冬至 23日

陽曆	1	2	3	4	5	6	7	8	9	10	11	12	13	14	15	16	17	18	19	20	21	22	23	24	25	26	27	28	29	30	31
요일	水	木	金	土	日	月	11	水	木	金	土	日	月	火	水	木	金	土	日	月	火	水	木	金	土	日	月	火	水	木	金
陰曆	25	26	27	28	29	30	1	2	3	4	5	6	7	8	9	10	11	12	13	14	15	16	17	18	19	20	21	22	23	24	25
日辰	丙	丁	戊	己	庚	辛	壬	癸	甲	乙	丙	丁	戊	己	庚	辛	壬	癸	甲	乙	丙	丁	戊	己	庚	辛	壬	癸	甲	乙	丙
	寅	卯	辰	巳	午	未	申	酉	戌	亥	子	丑	寅	卯	辰	巳	午	未	申	酉	戌	亥	子	丑	寅	卯	辰	巳	午	未	申
大 男	8	8	8	9	9	9	10	大	1	1	1	1	2	2	2	3	3	3	4	4	4	5	5	5	6	6	6	7	7	7	8
運 女	二	二	二	一	一	一	一	雪	十	九	九	九	八	八	八	七	七	七	六	六	六	五	五	五	四	四	四	三	三	三	二

1월 (戊子) 己丑 (소한) 小寒 7日 00:28 大寒 21日

陽曆	1	2	3	4	5	6	7	8	9	10	11	12	13	14	15	16	17	18	19	20	21	22	23	24	25	26	27	28	29	30	31
요일	土	日	月	火	12/	木	金	土	日	月	火	水	木	金	土	日	月	火	水	木	金	土	日	月	火	水	木	金	土	日	月
陰曆	26	27	28	29	1	2	3	4	5	6	7	8	9	10	11	12	13	14	15	16	17	18	19	20	21	22	23	24	25	26	27
日辰	丁	戊	己	庚	辛	壬	癸	甲	乙	丙	丁	戊	己	庚	辛	壬	癸	甲	乙	丙	丁	戊	己	庚	辛	壬	癸	甲	乙	丙	丁
	酉	戌	亥	子	丑	寅	卯	辰	巳	午	未	申	酉	戌	亥	子	丑	寅	卯	辰	巳	午	未	申	酉	戌	亥	子	丑	寅	卯
大運 男	8	8	9	9	9	10	小	1	1	1	1	2	2	2	3	3	3	4	4	4	5	5	5	6	6	6	7	7	7	8	8
大運 女	二	二	一	一	一	一	寒	九	九	九	八	八	八	七	七	七	六	六	六	五	五	五	四	四	四	三	三	三	二	二	二

2월 (己丑) 庚寅 (입춘) 立春 5日 12:14 雨水 20日

陽曆	1	2	3	4	5	6	7	8	9	10	11	12	13	14	15	16	17	18	19	20	21	22	23	24	25	26	27	28	29		
요일	火	水	木	1/	土	日	月	火	水	木	金	土	日	月	火	水	木	金	土	日	月	火	水	木	金	土	日	月	火		
陰曆	28	29	30	1	2	3	4	5	6	7	8	9	10	11	12	13	14	15	16	17	18	19	20	21	22	23	24	25	26		
日辰	戊	己	庚	辛	壬	癸	甲	乙	丙	丁	戊	己	庚	辛	壬	癸	甲	乙	丙	丁	戊	己	庚	辛	壬	癸	甲	乙	丙		
	辰	巳	午	未	申	酉	戌	亥	子	丑	寅	卯	辰	巳	午	未	申	酉	戌	亥	子	丑	寅	卯	辰	巳	午	未	申		
大運 男	8	9	9	9	立	10	9	9	9	8	8	8	7	7	7	6	6	6	5	5	5	4	4	4	3	3	3	2	2		
大運 女	一	一	一	一	春	一	一	一	一	二	二	二	三	三	三	四	四	四	五	五	五	六	六	六	七	七	七	八	八		

3월 (庚寅) 辛卯 (경칩) 驚蟄 6日 06:37 春分 21日

陽曆	1	2	3	4	5	6	7	8	9	10	11	12	13	14	15	16	17	18	19	20	21	22	23	24	25	26	27	28	29	30	31
요일	水	木	金	2/	日	月	火	水	木	金	土	日	月	火	水	木	金	土	日	月	火	水	木	金	土	日	月	火	水	木	金
陰曆	27	28	29	1	2	3	4	5	6	7	8	9	10	11	12	13	14	15	16	17	18	19	20	21	22	23	24	25	26	27	28
日辰	丁	戊	己	庚	辛	壬	癸	甲	乙	丙	丁	戊	己	庚	辛	壬	癸	甲	乙	丙	丁	戊	己	庚	辛	壬	癸	甲	乙	丙	丁
	酉	戌	亥	子	丑	寅	卯	辰	巳	午	未	申	酉	戌	亥	子	丑	寅	卯	辰	巳	午	未	申	酉	戌	亥	子	丑	寅	卯
大運 男	2	1	1	1	1	驚	10	9	9	9	8	8	8	7	7	7	6	6	6	5	5	5	4	4	4	3	3	3	2	2	2
大運 女	八	九	九	九	十	蟄	一	一	一	一	二	二	二	三	三	三	四	四	四	五	五	五	六	六	六	七	七	七	八	八	八

4월 (辛卯) 壬辰 (청명) 清明 5日 11:58 穀雨 20日

陽曆	1	2	3	4	5	6	7	8	9	10	11	12	13	14	15	16	17	18	19	20	21	22	23	24	25	26	27	28	29	30	
요일	土	日	3/	火	水	木	金	土	日	月	火	水	木	金	土	日	月	火	水	木	金	土	日	月	火	水	木	金	土	日	
陰曆	29	30	1	2	3	4	5	6	7	8	9	10	11	12	13	14	15	16	17	18	19	20	21	22	23	24	25	26	27	28	
日辰	戊	己	庚	辛	壬	癸	甲	乙	丙	丁	戊	己	庚	辛	壬	癸	甲	乙	丙	丁	戊	己	庚	辛	壬	癸	甲	乙	丙	丁	
	辰	巳	午	未	申	酉	戌	亥	子	丑	寅	卯	辰	巳	午	未	申	酉	戌	亥	子	丑	寅	卯	辰	巳	午	未	申	酉	
大運 男	1	1	1	1	清	10	10	9	9	9	8	8	8	7	7	7	6	6	6	5	5	5	4	4	4	3	3	3	2	2	
大運 女	九	九	九	十	明	一	一	一	一	二	二	二	三	三	三	四	四	四	五	五	五	六	六	六	七	七	七	八	八	八	

5월 (壬辰) 癸巳 (입하) 立夏 6日 05:50 小滿 21日

陽曆	1	2	3	4	5	6	7	8	9	10	11	12	13	14	15	16	17	18	19	20	21	22	23	24	25	26	27	28	29	30	31
요일	月	4/	水	木	金	土	日	月	火	水	木	金	土	日	月	火	水	木	金	土	日	月	火	水	木	金	土	日	月	火	水
陰曆	29	1	2	3	4	5	6	7	8	9	10	11	12	13	14	15	16	17	18	19	20	21	22	23	24	25	26	27	28	29	30
日辰	戊	己	庚	辛	壬	癸	甲	乙	丙	丁	戊	己	庚	辛	壬	癸	甲	乙	丙	丁	戊	己	庚	辛	壬	癸	甲	乙	丙	丁	戊
	戌	亥	子	丑	寅	卯	辰	巳	午	未	申	酉	戌	亥	子	丑	寅	卯	辰	巳	午	未	申	酉	戌	亥	子	丑	寅	卯	辰
大運 男	2	1	1	1	1	立	10	10	9	9	9	8	8	8	7	7	7	6	6	6	5	5	5	4	4	4	3	3	3	2	2
大運 女	九	九	九	十	十	夏	一	一	一	一	二	二	二	三	三	三	四	四	四	五	五	五	六	六	六	七	七	七	八	八	八

6월 (癸巳) 甲午 (망종) 芒種 6日 10:26 夏至 22日

陽曆	1	2	3	4	5	6	7	8	9	10	11	12	13	14	15	16	17	18	19	20	21	22	23	24	25	26	27	28	29	30	
요일	5/	金	土	日	月	火	水	木	金	土	日	月	火	水	木	金	土	日	月	火	水	木	金	土	日	月	火	水	木	6/	
陰曆	1	2	3	4	5	6	7	8	9	10	11	12	13	14	15	16	17	18	19	20	21	22	23	24	25	26	27	28	29	1	
日辰	己	庚	辛	壬	癸	甲	乙	丙	丁	戊	己	庚	辛	壬	癸	甲	乙	丙	丁	戊	己	庚	辛	壬	癸	甲	乙	丙	丁	戊	
	巳	午	未	申	酉	戌	亥	子	丑	寅	卯	辰	巳	午	未	申	酉	戌	亥	子	丑	寅	卯	辰	巳	午	未	申	酉	戌	
大運 男	2	1	1	1	1	芒	10	10	9	9	9	8	8	8	7	7	7	6	6	6	5	5	5	4	4	4	3	3	3	2	
大運 女	九	九	九	十	十	種	一	一	一	一	二	二	二	三	三	三	四	四	四	五	五	五	六	六	六	七	七	七	八	八	

沙中土星	一日得辛	北大將	寅弔客	寒食(4월 06일)	初伏(7월 12일)
三碧木星	十龍治水	午喪門	南三殺	中伏(7월 22일)	末伏(8월 11일)

7월 (甲午) 乙未 (소서) 小暑 7日 20:54 大暑 23日

陽曆	1	2	3	4	5	6	7	8	9	10	11	12	13	14	15	16	17	18	19	20	21	22	23	24	25	26	27	28	29	30	31
요일	土	日	月	火	水	木	金	土	日	月	火	水	木	金	土	日	月	火	水	木	金	土	日	月	火	水	木	金	土		月
陰曆	2	3	4	5	6	7	8	9	10	11	12	13	14	15	16	17	18	19	20	21	22	23	24	25	26	27	28	29	30	7/1	2
日辰	己	庚	辛	壬	癸	甲	乙	丙	丁	戊	己	庚	辛	壬	癸	甲	乙	丙	丁	戊	己	庚	辛	壬	癸	甲	乙	丙	丁	戊	己
	亥	子	丑	寅	卯	辰	巳	午	未	申	酉	戌	亥	子	丑	寅	卯	辰	巳	午	未	申	酉	戌	亥	子	丑	寅	卯	辰	巳
大運 男	2	2	1	1	1	1	小	10	10	10	9	9	9	8	8	8	7	7	7	6	6	6	5	5	5	4	4	4	3	3	3
大運 女	八	九	九	九	十	十	暑	一	一	一	一	二	二	二	三	三	三	四	四	四	五	五	五	六	六	六	七	七	七	八	八

8월 (乙未) 丙申 (입추) 立秋 8日 06:35 處暑 23日

陽曆	1	2	3	4	5	6	7	8	9	10	11	12	13	14	15	16	17	18	19	20	21	22	23	24	25	26	27	28	29	30	31
요일	火	水	木	金	土	日	月	火	水	木	金	土	日	月	火	水	木	金	土	日	月	火	水	木	金	土	日	月		水	木
陰曆	3	4	5	6	7	8	9	10	11	12	13	14	15	16	17	18	19	20	21	22	23	24	25	26	27	28	29	30	8/1	2	3
日辰	庚	辛	壬	癸	甲	乙	丙	丁	戊	己	庚	辛	壬	癸	甲	乙	丙	丁	戊	己	庚	辛	壬	癸	甲	乙	丙	丁	戊	己	庚
	午	未	申	酉	戌	亥	子	丑	寅	卯	辰	巳	午	未	申	酉	戌	亥	子	丑	寅	卯	辰	巳	午	未	申	酉	戌	亥	子
大運 男	2	2	2	1	1	1	1	立	10	10	9	9	9	8	8	8	7	7	7	6	6	6	5	5	5	4	4	4	3	3	3
大運 女	八	九	九	九	十	十	十	秋	一	一	一	一	二	二	二	三	三	三	四	四	四	五	五	五	六	六	六	七	七	七	八

9월 (丙申) 丁酉 (백로) 白露 8日 09:05 秋分 23日

陽曆	1	2	3	4	5	6	7	8	9	10	11	12	13	14	15	16	17	18	19	20	21	22	23	24	25	26	27	28	29	30	
요일	金	土	日	月	火	水	木	金	土	日	月	火	水	木	金	土	日	月	火	水	木	金	土	日	月	火		木	金	土	
陰曆	4	5	6	7	8	9	10	11	12	13	14	15	16	17	18	19	20	21	22	23	24	25	26	27	28	29	9/1	2	3	4	
日辰	辛	壬	癸	甲	乙	丙	丁	戊	己	庚	辛	壬	癸	甲	乙	丙	丁	戊	己	庚	辛	壬	癸	甲	乙	丙	丁	戊	己	庚	
	丑	寅	卯	辰	巳	午	未	申	酉	戌	亥	子	丑	寅	卯	辰	巳	午	未	申	酉	戌	亥	子	丑	寅	卯	辰	巳	午	
大運 男	2	2	2	1	1	1	1	白	10	10	9	9	9	8	8	8	7	7	7	6	6	6	5	5	5	4	4	4	3	3	
大運 女	八	八	九	九	九	十	十	露	一	一	一	一	二	二	二	三	三	三	四	四	四	五	五	五	六	六	六	七	七	七	

10월 (丁酉) 戊戌 (한로) 寒露 9日 00:08 霜降 24日

陽曆	1	2	3	4	5	6	7	8	9	10	11	12	13	14	15	16	17	18	19	20	21	22	23	24	25	26	27	28	29	30	31
요일	日	月	火	水	木	金	土	日	月	火	水	木	金	土	日	月	火	水	木	金	土	日	月	火	水	木		土	日	月	火
陰曆	5	6	7	8	9	10	11	12	13	14	15	16	17	18	19	20	21	22	23	24	25	26	27	28	29	30	10/1	2	3	4	5
日辰	辛	壬	癸	甲	乙	丙	丁	戊	己	庚	辛	壬	癸	甲	乙	丙	丁	戊	己	庚	辛	壬	癸	甲	乙	丙	丁	戊	己	庚	辛
	未	申	酉	戌	亥	子	丑	寅	卯	辰	巳	午	未	申	酉	戌	亥	子	丑	寅	卯	辰	巳	午	未	申	酉	戌	亥	子	丑
大運 男	3	2	2	2	1	1	1	1	寒	10	9	9	9	8	8	8	7	7	7	6	6	6	5	5	5	4	4	4	3	3	3
大運 女	八	八	八	九	九	九	十	十	露	一	一	一	一	二	二	二	三	三	三	四	四	四	五	五	五	六	六	六	七	七	七

11월 (戊戌) 己亥 (입동) 立冬 8日 02:42 小雪 22日

陽曆	1	2	3	4	5	6	7	8	9	10	11	12	13	14	15	16	17	18	19	20	21	22	23	24	25	26	27	28	29	30	
요일	水	木	金	土	日	月	火	水	木	金	土	日	月	火	水	木	金	土	日	月	火	水	木	金		日	月	火	水	木	
陰曆	6	7	8	9	10	11	12	13	14	15	16	17	18	19	20	21	22	23	24	25	26	27	28	29	11/1	2	3	4	5	6	
日辰	壬	癸	甲	乙	丙	丁	戊	己	庚	辛	壬	癸	甲	乙	丙	丁	戊	己	庚	辛	壬	癸	甲	乙	丙	丁	戊	己	庚	辛	
	寅	卯	辰	巳	午	未	申	酉	戌	亥	子	丑	寅	卯	辰	巳	午	未	申	酉	戌	亥	子	丑	寅	卯	辰	巳	午	未	
大運 男	2	2	2	1	1	1	1	立	9	9	9	8	8	8	7	7	7	6	6	6	5	5	5	4	4	4	3	3	3	2	
大運 女	八	八	八	九	九	九	十	冬	一	一	一	一	二	二	二	三	三	三	四	四	四	五	五	五	六	六	六	七	七	七	

12월 (己亥) 庚子 (대설) 大雪 7日 19:06 冬至 22日

陽曆	1	2	3	4	5	6	7	8	9	10	11	12	13	14	15	16	17	18	19	20	21	22	23	24	25	26	27	28	29	30	31
요일	金	土	日	月	火	水	木	金	土	日	月	火	水	木	金	土	日	月	火	水	木	金	土	日		火	水	木	金	土	日
陰曆	7	8	9	10	11	12	13	14	15	16	17	18	19	20	21	22	23	24	25	26	27	28	29	30	12/1	2	3	4	5	6	7
日辰	壬	癸	甲	乙	丙	丁	戊	己	庚	辛	壬	癸	甲	乙	丙	丁	戊	己	庚	辛	壬	癸	甲	乙	丙	丁	戊	己	庚	辛	壬
	申	酉	戌	亥	子	丑	寅	卯	辰	巳	午	未	申	酉	戌	亥	子	丑	寅	卯	辰	巳	午	未	申	酉	戌	亥	子	丑	寅
大運 男	2	2	1	1	1	1	大	10	9	9	9	8	8	8	7	7	7	6	6	6	5	5	5	4	4	4	3	3	3	2	2
大運 女	八	八	八	九	九	九	雪	一	一	一	一	二	二	二	三	三	三	四	四	四	五	五	五	六	六	六	七	七	七	八	八

丁巳

1월 (庚子) 辛丑 (소한) 小寒 6日 06:10 大寒 20日

陽曆	1	2	3	4	5	6	7	8	9	10	11	12	13	14	15	16	17	18	19	20	21	22	23	24	25	26	27	28	29	30	31
요일	月	火	水	木	金	土	日	月	火	水	木	金	土	日	月	火	水	木	金	土	日	月	1/	水	木	金	土	日	月	火	水
陰曆	8	9	10	11	12	13	14	15	16	17	18	19	20	21	22	23	24	25	26	27	28	29	1	2	3	4	5	6	7	8	9
日辰	癸	甲	乙	丙	丁	戊	己	庚	辛	壬	癸	甲	乙	丙	丁	戊	己	庚	辛	壬	癸	甲	乙	丙	丁	戊	己	庚	辛	壬	癸
	卯	辰	巳	午	未	申	酉	戌	亥	子	丑	寅	卯	辰	巳	午	未	申	酉	戌	亥	子	丑	寅	卯	辰	巳	午	未	申	酉
大 男	2	1	1	1	1	小	9	9	9	8	8	8	7	7	7	6	6	6	5	5	5	4	4	4	3	3	3	2	2	2	1
運 女	八	九	九	九	十	寒	一	一	一	一	二	二	二	三	三	三	四	四	四	五	五	五	六	六	六	七	七	七	八	八	八

2월 (辛丑) 壬寅 (입춘) 立春 4日 17:58 雨水 19日

陽曆	1	2	3	4	5	6	7	8	9	10	11	12	13	14	15	16	17	18	19	20	21	22	23	24	25	26	27	28			
요일	木	金	土	日	月	火	水	木	金	土	日	月	火	水	木	金	土	日	月	火	水	2/	金	土	日	月	火	水			
陰曆	10	11	12	13	14	15	16	17	18	19	20	21	22	23	24	25	26	27	28	29	30	1	2	3	4	5	6	7			
日辰	甲	乙	丙	丁	戊	己	庚	辛	壬	癸	甲	乙	丙	丁	戊	己	庚	辛	壬	癸	甲	乙	丙	丁	戊	己	庚	辛			
	戌	亥	子	丑	寅	卯	辰	巳	午	未	申	酉	戌	亥	子	丑	寅	卯	辰	巳	午	未	申	酉	戌	亥	子	丑			
大 男	1	1	1	立	1	1	1	1	2	2	2	3	3	3	4	4	4	5	5	5	6	6	6	7	7	7	8	8			
運 女	九	九	九	春	十	九	九	九	八	八	八	七	七	七	六	六	六	五	五	五	四	四	四	三	三	三	二	二			

3월 (壬寅) 癸卯 (경칩) 驚蟄 6日 12:25 春分 21日

陽曆	1	2	3	4	5	6	7	8	9	10	11	12	13	14	15	16	17	18	19	20	21	22	23	24	25	26	27	28	29	30	31
요일	木	金	土	日	月	火	水	木	金	土	日	月	火	水	木	金	土	日	月	火	水	木	윤2/	土	日	月	火	水	木	金	土
陰曆	8	9	10	11	12	13	14	15	16	17	18	19	20	21	22	23	24	25	26	27	28	29	1	2	3	4	5	6	7	8	9
日辰	壬	癸	甲	乙	丙	丁	戊	己	庚	辛	壬	癸	甲	乙	丙	丁	戊	己	庚	辛	壬	癸	甲	乙	丙	丁	戊	己	庚	辛	壬
	寅	卯	辰	巳	午	未	申	酉	戌	亥	子	丑	寅	卯	辰	巳	午	未	申	酉	戌	亥	子	丑	寅	卯	辰	巳	午	未	申
大 男	8	9	9	9	10	驚	1	1	1	1	2	2	2	3	3	3	4	4	4	5	5	5	6	6	6	7	7	7	8	8	8
運 女	二	一	一	一	一	蟄	十	九	九	九	八	八	八	七	七	七	六	六	六	五	五	五	四	四	四	三	三	三	二	二	二

4월 (癸卯) 甲辰 (청명) 清明 5日 17:50 穀雨 21日

陽曆	1	2	3	4	5	6	7	8	9	10	11	12	13	14	15	16	17	18	19	20	21	22	23	24	25	26	27	28	29	30	
요일	日	月	火	水	木	金	土	日	月	火	水	木	金	土	日	月	火	水	木	金	3/	日	月	火	水	木	金	土	日	月	
陰曆	10	11	12	13	14	15	16	17	18	19	20	21	22	23	24	25	26	27	28	29	1	2	3	4	5	6	7	8	9	10	
日辰	癸	甲	乙	丙	丁	戊	己	庚	辛	壬	癸	甲	乙	丙	丁	戊	己	庚	辛	壬	癸	甲	乙	丙	丁	戊	己	庚	辛	壬	
	酉	戌	亥	子	丑	寅	卯	辰	巳	午	未	申	酉	戌	亥	子	丑	寅	卯	辰	巳	午	未	申	酉	戌	亥	子	丑	寅	
大 男	9	9	9	10	清	1	1	1	1	2	2	2	3	3	3	4	4	4	5	5	5	6	6	6	7	7	7	8	8	8	
運 女	一	一	一	一	明	十	十	九	九	九	八	八	八	七	七	七	六	六	六	五	五	五	四	四	四	三	三	三	二	二	

5월 (甲辰) 乙巳 (입하) 立夏 6日 11:46 小滿 22日

陽曆	1	2	3	4	5	6	7	8	9	10	11	12	13	14	15	16	17	18	19	20	21	22	23	24	25	26	27	28	29	30	31
요일	火	水	木	金	土	日	月	火	水	木	金	土	日	月	火	水	木	金	土	日	4/	火	水	木	金	土	日	月	火	水	木
陰曆	11	12	13	14	15	16	17	18	19	20	21	22	23	24	25	26	27	28	29	30	1	2	3	4	5	6	7	8	9	10	11
日辰	癸	甲	乙	丙	丁	戊	己	庚	辛	壬	癸	甲	乙	丙	丁	戊	己	庚	辛	壬	癸	甲	乙	丙	丁	戊	己	庚	辛	壬	癸
	卯	辰	巳	午	未	申	酉	戌	亥	子	丑	寅	卯	辰	巳	午	未	申	酉	戌	亥	子	丑	寅	卯	辰	巳	午	未	申	酉
大 男	9	9	9	10	10	立	1	1	1	1	2	2	2	3	3	3	4	4	4	5	5	5	6	6	6	7	7	7	8	8	8
運 女	二	一	一	一	一	夏	十	十	九	九	九	八	八	八	七	七	七	六	六	六	五	五	五	四	四	四	三	三	三	二	二

6월 (乙巳) 丙午 (망종) 芒種 6日 16:23 夏至 22日

陽曆	1	2	3	4	5	6	7	8	9	10	11	12	13	14	15	16	17	18	19	20	21	22	23	24	25	26	27	28	29	30	
요일	金	土	日	月	火	水	木	金	土	日	月	火	水	木	金	土	日	月	5/	水	木	金	土	日	月	火	水	木	金	土	
陰曆	12	13	14	15	16	17	18	19	20	21	22	23	24	25	26	27	28	29	1	2	3	4	5	6	7	8	9	10	11	12	
日辰	甲	乙	丙	丁	戊	己	庚	辛	壬	癸	甲	乙	丙	丁	戊	己	庚	辛	壬	癸	甲	乙	丙	丁	戊	己	庚	辛	壬	癸	
	戌	亥	子	丑	寅	卯	辰	巳	午	未	申	酉	戌	亥	子	丑	寅	卯	辰	巳	午	未	申	酉	戌	亥	子	丑	寅	卯	
大 男	9	9	9	10	10	芒	1	1	1	1	2	2	2	3	3	3	4	4	4	5	5	5	6	6	6	7	7	7	8	8	
運 女	二	一	一	一	一	種	十	十	十	九	九	九	八	八	八	七	七	七	六	六	六	五	五	五	四	四	四	三	三	三	

沙中土星	七日得辛	東大將	卯弔客	寒食(4월 06일)	初伏(7월 17일)
二黑土星	四龍治水	未喪門	東三殺	中伏(7월 27일)	末伏(8월 16일)

7월 (丙午) 丁未 (소서) 小暑 8日 02:50 大暑 23日

陽曆		1	2	3	4	5	6	7	8	9	10	11	12	13	14	15	16	17	18	19	20	21	22	23	24	25	26	27	28	29	30	31
요일		日	月	火	水	木	金	土	日	月	火	水	木	金	土	日	月	火	水		金	土	日	月	火	水	木	金	土	日	月	火
陰曆		13	14	15	16	17	18	19	20	21	22	23	24	25	26	27	28	29	30	6/1	2	3	4	5	6	7	8	9	10	11	12	13
日辰		甲	乙	丙	丁	戊	己	庚	辛	壬	癸	甲	乙	丙	丁	戊	己	庚	辛	壬	癸	甲	乙	丙	丁	戊	己	庚	辛	壬	癸	甲
		辰	巳	午	未	申	酉	戌	亥	子	丑	寅	卯	辰	巳	午	未	申	酉	戌	亥	子	丑	寅	卯	辰	巳	午	未	申	酉	戌
大	男	8	9	9	9	10	10	10	小	1	1	1	1	2	2	2	3	3	3	4	4	4	5	5	5	6	6	6	7	7	7	8
運	女	二	二	二	一	一	一	一	暑	十	十	九	九	九	八	八	八	七	七	七	六	六	六	五	五	五	四	四	四	三	三	三

8월 (丁未) 戊申 (입추) 立秋 8日 12:30 處暑 24日

陽曆		1	2	3	4	5	6	7	8	9	10	11	12	13	14	15	16	17	18	19	20	21	22	23	24	25	26	27	28	29	30	31
요일		水	木	金	土	日	月	火	水	木	金	土	日	月	火	水	木	金		日	月	火	水	木	金	土	日	月	火	水	木	金
陰曆		14	15	16	17	18	19	20	21	22	23	24	25	26	27	28	29	30	7/1	2	3	4	5	6	7	8	9	10	11	12	13	14
日辰		乙	丙	丁	戊	己	庚	辛	壬	癸	甲	乙	丙	丁	戊	己	庚	辛	壬	癸	甲	乙	丙	丁	戊	己	庚	辛	壬	癸	甲	乙
		亥	子	丑	寅	卯	辰	巳	午	未	申	酉	戌	亥	子	丑	寅	卯	辰	巳	午	未	申	酉	戌	亥	子	丑	寅	卯	辰	巳
大	男	8	8	9	9	9	10	10	立	1	1	1	1	2	2	2	3	3	3	4	4	4	5	5	5	6	6	6	7	7	7	8
運	女	二	二	二	一	一	一	一	秋	十	十	九	九	九	八	八	八	七	七	七	六	六	六	五	五	五	四	四	四	三	三	三

9월 (戊申) 己酉 (백로) 白露 8日 14:59 秋分 24日

陽曆		1	2	3	4	5	6	7	8	9	10	11	12	13	14	15	16	17	18	19	20	21	22	23	24	25	26	27	28	29	30	
요일		土	日	月	火	水	木	金	土	日	月	火	水	木	金	土		月	火	水	木	金	土	日	月	火	水	木	金	土	日	
陰曆		15	16	17	18	19	20	21	22	23	24	25	26	27	28	29	8/1	2	3	4	5	6	7	8	9	10	11	12	13	14	15	
日辰		丙	丁	戊	己	庚	辛	壬	癸	甲	乙	丙	丁	戊	己	庚	辛	壬	癸	甲	乙	丙	丁	戊	己	庚	辛	壬	癸	甲	乙	
		午	未	申	酉	戌	亥	子	丑	寅	卯	辰	巳	午	未	申	酉	戌	亥	子	丑	寅	卯	辰	巳	午	未	申	酉	戌	亥	
大	男	8	8	9	9	9	10	10	白	1	1	1	1	2	2	2	3	3	3	4	4	4	5	5	5	6	6	6	7	7	7	
運	女	二	二	二	一	一	一	一	露	十	十	九	九	九	八	八	八	七	七	七	六	六	六	五	五	五	四	四	四	三	三	

10월 (己酉) 庚戌 (한로) 寒露 9日 06:02 霜降 24日

陽曆		1	2	3	4	5	6	7	8	9	10	11	12	13	14	15	16	17	18	19	20	21	22	23	24	25	26	27	28	29	30	31
요일		月	火	水	木	金	土	日	月	火	水	木	金	土	日	月		水	木	金	土	日	月	火	水	木	金	土	日	月	火	水
陰曆		16	17	18	19	20	21	22	23	24	25	26	27	28	29	30	9/1	2	3	4	5	6	7	8	9	10	11	12	13	14	15	16
日辰		丙	丁	戊	己	庚	辛	壬	癸	甲	乙	丙	丁	戊	己	庚	辛	壬	癸	甲	乙	丙	丁	戊	己	庚	辛	壬	癸	甲	乙	丙
		子	丑	寅	卯	辰	巳	午	未	申	酉	戌	亥	子	丑	寅	卯	辰	巳	午	未	申	酉	戌	亥	子	丑	寅	卯	辰	巳	午
大	男	8	8	8	9	9	9	10	10	寒	1	1	1	1	2	2	2	3	3	3	4	4	4	5	5	5	6	6	6	7	7	7
運	女	三	二	二	二	一	一	一	一	露	十	九	九	九	八	八	八	七	七	七	六	六	六	五	五	五	四	四	四	三	三	三

11월 (庚戌) 辛亥 (입동) 立冬 8日 08:37 小雪 23日

陽曆		1	2	3	4	5	6	7	8	9	10	11	12	13	14	15	16	17	18	19	20	21	22	23	24	25	26	27	28	29	30	
요일		木	金	土	日	月	火	水	木	金	土	日	月	火	水		金	土	日	月	火	水	木	金	土	日	月	火	水	木	金	
陰曆		17	18	19	20	21	22	23	24	25	26	27	28	29	30	10/1	2	3	4	5	6	7	8	9	10	11	12	13	14	15	16	
日辰		丁	戊	己	庚	辛	壬	癸	甲	乙	丙	丁	戊	己	庚	辛	壬	癸	甲	乙	丙	丁	戊	己	庚	辛	壬	癸	甲	乙	丙	
		未	申	酉	戌	亥	子	丑	寅	卯	辰	巳	午	未	申	酉	戌	亥	子	丑	寅	卯	辰	巳	午	未	申	酉	戌	亥	子	
大	男	8	8	8	9	9	9	10	立	1	1	1	1	2	2	2	3	3	3	4	4	4	5	5	5	6	6	6	7	7	7	
運	女	二	二	二	一	一	一	一	冬	十	九	九	九	八	八	八	七	七	七	六	六	六	五	五	五	四	四	四	三	三	三	

12월 (辛亥) 壬子 (대설) 大雪 8日 01:01 冬至 22日

陽曆		1	2	3	4	5	6	7	8	9	10	11	12	13	14	15	16	17	18	19	20	21	22	23	24	25	26	27	28	29	30	31
요일		土	日	月	火	水	木	金	土	日	月	火	水	木		土	日	月	火	水	木	金	土	日	月	火	水	木	金	土	日	月
陰曆		17	18	19	20	21	22	23	24	25	26	27	28	29	11/1	2	3	4	5	6	7	8	9	10	11	12	13	14	15	16	17	18
日辰		丁	戊	己	庚	辛	壬	癸	甲	乙	丙	丁	戊	己	庚	辛	壬	癸	甲	乙	丙	丁	戊	己	庚	辛	壬	癸	甲	乙	丙	丁
		丑	寅	卯	辰	巳	午	未	申	酉	戌	亥	子	丑	寅	卯	辰	巳	午	未	申	酉	戌	亥	子	丑	寅	卯	辰	巳	午	未
大	男	8	8	8	9	9	9	10	大	1	1	1	1	2	2	2	3	3	3	4	4	4	5	5	5	6	6	6	7	7	7	8
運	女	二	二	二	一	一	一	一	雪	九	九	九	八	八	八	七	七	七	六	六	六	五	五	五	四	四	四	三	三	三	二	二

戊午

1월 (壬子) 癸丑 (소한) 小寒 6日 12:04 大寒 21日

陽曆	1	2	3	4	5	6	7	8	9	10	11	12	13	14	15	16	17	18	19	20	21	22	23	24	25	26	27	28	29	30	31
요일	火	水	木	金	土	日	月	火	水	木	金	土	12	月	火	水	木	金	土	日	月	火	水	木	金	土	日	月	火	水	木
陰曆	19	20	21	22	23	24	25	26	27	28	29	30	1	2	3	4	5	6	7	8	9	10	11	12	13	14	15	16	17	18	19
日辰	戊	己	庚	辛	壬	癸	甲	乙	丙	丁	戊	己	庚	辛	壬	癸	甲	乙	丙	丁	戊	己	庚	辛	壬	癸	甲	乙	丙	丁	戊
	申	酉	戌	亥	子	丑	寅	卯	辰	巳	午	未	申	酉	戌	亥	子	丑	寅	卯	辰	巳	午	未	申	酉	戌	亥	子	丑	寅
大運 男	8	8	9	9	9	小	1	1	1	1	2	2	2	3	3	3	4	4	4	5	5	5	6	6	6	7	7	7	8	8	8
女	二	一	一	一	一	寒	九	九	九	八	八	八	七	七	七	六	六	六	五	五	五	四	四	四	三	三	三	二	二	二	一

2월 (癸丑) 甲寅 (입춘) 立春 4日 23:53 雨水 19日

陽曆	1	2	3	4	5	6	7	8	9	10	11	12	13	14	15	16	17	18	19	20	21	22	23	24	25	26	27	28			
요일	金	土	日	月	火	水	木	金	土	日	1	火	水	木	金	土	日	月	火	水	木	金	土	日	月	火	水	木			
陰曆	20	21	22	23	24	25	26	27	28	29	1	2	3	4	5	6	7	8	9	10	11	12	13	14	15	16	17	18			
日辰	己	庚	辛	壬	癸	甲	乙	丙	丁	戊	己	庚	辛	壬	癸	甲	乙	丙	丁	戊	己	庚	辛	壬	癸	甲	乙	丙			
	卯	辰	巳	午	未	申	酉	戌	亥	子	丑	寅	卯	辰	巳	午	未	申	酉	戌	亥	子	丑	寅	卯	辰	巳	午			
大運 男	9	9	9	立	10	9	9	9	8	8	8	7	7	7	6	6	6	5	5	5	4	4	4	3	3	3	2	2			
女	一	一	一	春	一	一	一	一	二	二	二	三	三	三	四	四	四	五	五	五	六	六	六	七	七	七	八	八			

3월 (甲寅) 乙卯 (경칩) 驚蟄 6日 18:21 春分 21日

陽曆	1	2	3	4	5	6	7	8	9	10	11	12	13	14	15	16	17	18	19	20	21	22	23	24	25	26	27	28	29	30	31
요일	金	土	日	月	火	水	木	金	土	日	月	火	2	木	金	土	日	月	火	水	木	金	土	日	月	火	水	木	金	土	日
陰曆	19	20	21	22	23	24	25	26	27	28	29	30	1	2	3	4	5	6	7	8	9	10	11	12	13	14	15	16	17	18	19
日辰	丁	戊	己	庚	辛	壬	癸	甲	乙	丙	丁	戊	己	庚	辛	壬	癸	甲	乙	丙	丁	戊	己	庚	辛	壬	癸	甲	乙	丙	丁
	未	申	酉	戌	亥	子	丑	寅	卯	辰	巳	午	未	申	酉	戌	亥	子	丑	寅	卯	辰	巳	午	未	申	酉	戌	亥	子	丑
大運 男	2	1	1	1	1	驚	10	9	9	9	8	8	8	7	7	7	6	6	6	5	5	5	4	4	4	3	3	3	2	2	2
女	八	九	九	九	十	蟄	一	一	一	一	二	二	二	三	三	三	四	四	四	五	五	五	六	六	六	七	七	七	八	八	八

4월 (乙卯) 丙辰 (청명) 清明 5日 23:45 穀雨 21日

陽曆	1	2	3	4	5	6	7	8	9	10	11	12	13	14	15	16	17	18	19	20	21	22	23	24	25	26	27	28	29	30	
요일	月	火	水	木	金	土	日	月	火	水	3	金	土	日	月	火	水	木	金	土	日	月	火	水	木	金	土	日	月	火	
陰曆	20	21	22	23	24	25	26	27	28	29	1	2	3	4	5	6	7	8	9	10	11	12	13	14	15	16	17	18	19	20	
日辰	戊	己	庚	辛	壬	癸	甲	乙	丙	丁	戊	己	庚	辛	壬	癸	甲	乙	丙	丁	戊	己	庚	辛	壬	癸	甲	乙	丙	丁	
	寅	卯	辰	巳	午	未	申	酉	戌	亥	子	丑	寅	卯	辰	巳	午	未	申	酉	戌	亥	子	丑	寅	卯	辰	巳	午	未	
大運 男	1	1	1	1	清	10	10	9	9	9	8	8	8	7	7	7	6	6	6	5	5	5	4	4	4	3	3	3	2	2	
女	九	九	九	十	明	一	一	一	一	二	二	二	三	三	三	四	四	四	五	五	五	六	六	六	七	七	七	八	八	八	

5월 (丙辰) 丁巳 (입하) 立夏 6日 17:38 小滿 22日

陽曆	1	2	3	4	5	6	7	8	9	10	11	12	13	14	15	16	17	18	19	20	21	22	23	24	25	26	27	28	29	30	31
요일	水	木	金	土	日	月	火	水	木	4	土	日	月	火	水	木	金	土	日	月	火	水	木	金	土	日	月	火	水	木	金
陰曆	21	22	23	24	25	26	27	28	29	1	2	3	4	5	6	7	8	9	10	11	12	13	14	15	16	17	18	19	20	21	22
日辰	戊	己	庚	辛	壬	癸	甲	乙	丙	丁	戊	己	庚	辛	壬	癸	甲	乙	丙	丁	戊	己	庚	辛	壬	癸	甲	乙	丙	丁	戊
	申	酉	戌	亥	子	丑	寅	卯	辰	巳	午	未	申	酉	戌	亥	子	丑	寅	卯	辰	巳	午	未	申	酉	戌	亥	子	丑	寅
大運 男	2	1	1	1	1	立	10	10	9	9	9	8	8	8	7	7	7	6	6	6	5	5	5	4	4	4	3	3	3	2	2
女	九	九	九	十	十	夏	一	一	一	一	二	二	二	三	三	三	四	四	四	五	五	五	六	六	六	七	七	七	八	八	八

6월 (丁巳) 戊午 (망종) 芒種 6日 22:11 夏至 22日

陽曆	1	2	3	4	5	6	7	8	9	10	11	12	13	14	15	16	17	18	19	20	21	22	23	24	25	26	27	28	29	30	
요일	土	日	月	火	水	木	金	土	5	月	火	水	木	金	土	日	月	火	水	木	金	土	日	月	火	水	木	金	土	日	
陰曆	23	24	25	26	27	28	29	30	1	2	3	4	5	6	7	8	9	10	11	12	13	14	15	16	17	18	19	20	21	22	
日辰	己	庚	辛	壬	癸	甲	乙	丙	丁	戊	己	庚	辛	壬	癸	甲	乙	丙	丁	戊	己	庚	辛	壬	癸	甲	乙	丙	丁	戊	
	卯	辰	巳	午	未	申	酉	戌	亥	子	丑	寅	卯	辰	巳	午	未	申	酉	戌	亥	子	丑	寅	卯	辰	巳	午	未	申	
大運 男	2	1	1	1	1	芒	10	10	10	9	9	9	8	8	8	7	7	7	6	6	6	5	5	5	4	4	4	3	3	3	
女	九	九	九	十	十	種	一	一	一	一	二	二	二	三	三	三	四	四	四	五	五	五	六	六	六	七	七	七	八	八	

天上火星	三日得辛	東大將	辰弔客	寒食(4월 06일)	初伏(7월 12일)
一白水星	四龍治水	申喪門	北三殺	中伏(7월 22일)	末伏(8월 11일)

7월 (戊午) 己未 (소서) 小暑 8日 08:32 大暑 24日

陽曆	1	2	3	4	5	6	7	8	9	10	11	12	13	14	15	16	17	18	19	20	21	22	23	24	25	26	27	28	29	30	31
요일	月	火	水	木	金	土	日	6	火	水	木	金	土	日	月	火	水	木	金	土	日	月	火	水	木	金	土	日	月	火	水
陰曆	23	24	25	26	27	28	29	1	2	3	4	5	6	7	8	9	10	11	12	13	14	15	16	17	18	19	20	21	22	23	24
日辰	己	庚	辛	壬	癸	甲	乙	丙	丁	戊	己	庚	辛	壬	癸	甲	乙	丙	丁	戊	己	庚	辛	壬	癸	甲	乙	丙	丁	戊	己
	酉	戌	亥	子	丑	寅	卯	辰	巳	午	未	申	酉	戌	亥	子	丑	寅	卯	辰	巳	午	未	申	酉	戌	亥	子	丑	寅	卯
大 男	2	2	2	1	1	1	1	小	10	10	9	9	9	8	8	8	7	7	7	6	6	6	5	5	5	4	4	4	3	3	3
運 女	八	九	九	九	十	十	十	暑	一	一	一	一	二	二	二	三	三	三	四	四	四	五	五	五	六	六	六	七	七	七	八

8월 (己未) 庚申 (입추) 立秋 8日 18:08 處暑 24日

陽曆	1	2	3	4	5	6	7	8	9	10	11	12	13	14	15	16	17	18	19	20	21	22	23	24	25	26	27	28	29	30	31
요일	木	金	土	日	月	火	7	木	金	土	日	月	火	水	木	金	土	日	月	火	水	木	金	土	日	月	火	水	木	金	土
陰曆	25	26	27	28	29	30	1	2	3	4	5	6	7	8	9	10	11	12	13	14	15	16	17	18	19	20	21	22	23	24	25
日辰	庚	辛	壬	癸	甲	乙	丙	丁	戊	己	庚	辛	壬	癸	甲	乙	丙	丁	戊	己	庚	辛	壬	癸	甲	乙	丙	丁	戊	己	庚
	辰	巳	午	未	申	酉	戌	亥	子	丑	寅	卯	辰	巳	午	未	申	酉	戌	亥	子	丑	寅	卯	辰	巳	午	未	申	酉	戌
大 男	2	2	2	1	1	1	1	立	10	10	9	9	9	8	8	8	7	7	7	6	6	6	5	5	5	4	4	4	3	3	3
運 女	八	八	九	九	九	十	十	秋	一	一	一	一	二	二	二	三	三	三	四	四	四	五	五	五	六	六	六	七	七	七	八

9월 (庚申) 辛酉 (백로) 白露 8日 20:36 秋分 24日

陽曆	1	2	3	4	5	6	7	8	9	10	11	12	13	14	15	16	17	18	19	20	21	22	23	24	25	26	27	28	29	30	
요일	日	月	火	水	8	金	土	日	月	火	水	木	金	土	日	月	火	水	木	金	土	日	月	火	水	木	金	土	日	月	
陰曆	26	27	28	29	1	2	3	4	5	6	7	8	9	10	11	12	13	14	15	16	17	18	19	20	21	22	23	24	25	26	
日辰	辛	壬	癸	甲	乙	丙	丁	戊	己	庚	辛	壬	癸	甲	乙	丙	丁	戊	己	庚	辛	壬	癸	甲	乙	丙	丁	戊	己	庚	
	亥	子	丑	寅	卯	辰	巳	午	未	申	酉	戌	亥	子	丑	寅	卯	辰	巳	午	未	申	酉	戌	亥	子	丑	寅	卯	辰	
大 男	2	2	2	1	1	1	1	白	10	10	9	9	9	8	8	8	7	7	7	6	6	6	5	5	5	4	4	4	3	3	
運 女	八	八	九	九	九	十	十	露	一	一	一	一	二	二	二	三	三	三	四	四	四	五	五	五	六	六	六	七	七	七	

10월 (辛酉) 壬戌 (한로) 寒露 9日 11:40 霜降 24日

陽曆	1	2	3	4	5	6	7	8	9	10	11	12	13	14	15	16	17	18	19	20	21	22	23	24	25	26	27	28	29	30	31
요일	火	水	木	金	9	日	月	火	水	木	金	土	日	月	火	水	木	金	土	日	月	火	水	木	金	土	日	月	火	水	木
陰曆	27	28	29	30	1	2	3	4	5	6	7	8	9	10	11	12	13	14	15	16	17	18	19	20	21	22	23	24	25	26	27
日辰	辛	壬	癸	甲	乙	丙	丁	戊	己	庚	辛	壬	癸	甲	乙	丙	丁	戊	己	庚	辛	壬	癸	甲	乙	丙	丁	戊	己	庚	辛
	巳	午	未	申	酉	戌	亥	子	丑	寅	卯	辰	巳	午	未	申	酉	戌	亥	子	丑	寅	卯	辰	巳	午	未	申	酉	戌	亥
大 男	3	2	2	2	1	1	1	1	寒	10	9	9	9	8	8	8	7	7	7	6	6	6	5	5	5	4	4	4	3	3	3
運 女	八	八	八	九	九	九	十	十	露	一	一	一	一	二	二	二	三	三	三	四	四	四	五	五	五	六	六	六	七	七	七

11월 (壬戌) 癸亥 (입동) 立冬 8日 14:19 小雪 23日

陽曆	1	2	3	4	5	6	7	8	9	10	11	12	13	14	15	16	17	18	19	20	21	22	23	24	25	26	27	28	29	30	
요일	金	土	日	10	火	水	木	金	土	日	月	火	水	木	金	土	日	月	火	水	木	金	土	日	月	火	水	木	金	土	
陰曆	28	29	30	1	2	3	4	5	6	7	8	9	10	11	12	13	14	15	16	17	18	19	20	21	22	23	24	25	26	27	
日辰	壬	癸	甲	乙	丙	丁	戊	己	庚	辛	壬	癸	甲	乙	丙	丁	戊	己	庚	辛	壬	癸	甲	乙	丙	丁	戊	己	庚	辛	
	子	丑	寅	卯	辰	巳	午	未	申	酉	戌	亥	子	丑	寅	卯	辰	巳	午	未	申	酉	戌	亥	子	丑	寅	卯	辰	巳	
大 男	2	2	2	1	1	1	1	立	10	9	9	9	8	8	8	7	7	7	6	6	6	5	5	5	4	4	4	3	3	3	
運 女	八	八	八	九	九	九	十	冬	一	一	一	一	二	二	二	三	三	三	四	四	四	五	五	五	六	六	六	七	七	七	

12월 (癸亥) 甲子 (대설) 大雪 8日 06:47 冬至 23日

陽曆	1	2	3	4	5	6	7	8	9	10	11	12	13	14	15	16	17	18	19	20	21	22	23	24	25	26	27	28	29	30	31
요일	日	月	火	11	木	金	土	日	月	火	水	木	金	土	日	月	火	水	木	金	土	日	月	火	水	木	金	土	日	月	火
陰曆	28	29	30	1	2	3	4	5	6	7	8	9	10	11	12	13	14	15	16	17	18	19	20	21	22	23	24	25	26	27	28
日辰	壬	癸	甲	乙	丙	丁	戊	己	庚	辛	壬	癸	甲	乙	丙	丁	戊	己	庚	辛	壬	癸	甲	乙	丙	丁	戊	己	庚	辛	壬
	午	未	申	酉	戌	亥	子	丑	寅	卯	辰	巳	午	未	申	酉	戌	亥	子	丑	寅	卯	辰	巳	午	未	申	酉	戌	亥	子
大 男	2	2	2	1	1	1	1	大	9	9	9	8	8	8	7	7	7	6	6	6	5	5	5	4	4	4	3	3	3	2	2
運 女	八	八	八	九	九	九	十	雪	一	一	一	一	二	二	二	三	三	三	四	四	四	五	五	五	六	六	六	七	七	七	八

己未

1월 (甲子)

乙丑 (소한) 小寒 6日 17:52　大寒 21日

陽曆	1	2	3	4	5	6	7	8	9	10	11	12	13	14	15	16	17	18	19	20	21	22	23	24	25	26	27	28	29	30	31
요일	水		金	土	日	月	火	水	木	金	土	日	月	火	水	木	金	土	日	月	火	水	木	金	土	日	月	火	水	木	金
陰曆	29	12/1	2	3	4	5	6	7	8	9	10	11	12	13	14	15	16	17	18	19	20	21	22	23	24	25	26	27	28	29	30
日辰	癸	甲	乙	丙	丁	戊	己	庚	辛	壬	癸	甲	乙	丙	丁	戊	己	庚	辛	壬	癸	甲	乙	丙	丁	戊	己	庚	辛	壬	癸
	丑	寅	卯	辰	巳	午	未	申	酉	戌	亥	子	丑	寅	卯	辰	巳	午	未	申	酉	戌	亥	子	丑	寅	卯	辰	巳	午	未
大運 男	2	1	1	1	1	小	10	9	9	9	8	8	8	7	7	7	6	6	6	5	5	5	4	4	4	3	3	3	2	2	2
大運 女	八	八	九	九	九	寒	一	一	一	一	二	二	二	三	三	三	四	四	四	五	五	五	六	六	六	七	七	七	八	八	八

2월 (乙丑)

丙寅 (입춘) 立春 5日 05:39　雨水 20日

陽曆	1	2	3	4	5	6	7	8	9	10	11	12	13	14	15	16	17	18	19	20	21	22	23	24	25	26	27	28			
요일		日	月	火	水	木	金	土	日	月	火	水	木	金	土	日	月	火	水	木	金	土	日	月	火	水	木	金			
陰曆	1/1	2	3	4	5	6	7	8	9	10	11	12	13	14	15	16	17	18	19	20	21	22	23	24	25	26	27	28			
日辰	甲	乙	丙	丁	戊	己	庚	辛	壬	癸	甲	乙	丙	丁	戊	己	庚	辛	壬	癸	甲	乙	丙	丁	戊	己	庚	辛			
	申	酉	戌	亥	子	丑	寅	卯	辰	巳	午	未	申	酉	戌	亥	子	丑	寅	卯	辰	巳	午	未	申	酉	戌	亥			
大運 男	1	1	1	1	立	1	1	1	1	2	2	2	3	3	3	4	4	4	5	5	5	6	6	6	7	7	7	8			
大運 女	九	九	九	十	春	十	九	九	九	八	八	八	七	七	七	六	六	六	五	五	五	四	四	四	三	三	三	二			

3월 (丙寅)

丁卯 (경칩) 驚蟄 7日 00:06　春分 22日

陽曆	1	2	3	4	5	6	7	8	9	10	11	12	13	14	15	16	17	18	19	20	21	22	23	24	25	26	27	28	29	30	31
요일	土		月	火	水	木	金	土	日	月	火	水	木	金	土	日	月	火	水	木	金	土	日	月	火	水	木	金	土	日	月
陰曆	29	2/1	2	3	4	5	6	7	8	9	10	11	12	13	14	15	16	17	18	19	20	21	22	23	24	25	26	27	28	29	30
日辰	壬	癸	甲	乙	丙	丁	戊	己	庚	辛	壬	癸	甲	乙	丙	丁	戊	己	庚	辛	壬	癸	甲	乙	丙	丁	戊	己	庚	辛	壬
	子	丑	寅	卯	辰	巳	午	未	申	酉	戌	亥	子	丑	寅	卯	辰	巳	午	未	申	酉	戌	亥	子	丑	寅	卯	辰	巳	午
大運 男	8	8	9	9	9	10	驚	1	1	1	1	2	2	2	3	3	3	4	4	4	5	5	5	6	6	6	7	7	7	8	8
大運 女	二	二	一	一	一	一	蟄	十	九	九	九	八	八	八	七	七	七	六	六	六	五	五	五	四	四	四	三	三	三	二	二

4월 (丁卯)

戊辰 (청명) 清明 6日 05:29　穀雨 21日

陽曆	1	2	3	4	5	6	7	8	9	10	11	12	13	14	15	16	17	18	19	20	21	22	23	24	25	26	27	28	29	30	
요일		水	木	金	土	日	月	火	水	木	金	土	日	月	火	水	木	金	土	日	月	火	水	木	金	土	日	月	火		
陰曆	3/1	2	3	4	5	6	7	8	9	10	11	12	13	14	15	16	17	18	19	20	21	22	23	24	25	26	27	28	29	4/1	
日辰	癸	甲	乙	丙	丁	戊	己	庚	辛	壬	癸	甲	乙	丙	丁	戊	己	庚	辛	壬	癸	甲	乙	丙	丁	戊	己	庚	辛	壬	
	未	申	酉	戌	亥	子	丑	寅	卯	辰	巳	午	未	申	酉	戌	亥	子	丑	寅	卯	辰	巳	午	未	申	酉	戌	亥	子	
大運 男	8	9	9	9	10	清	1	1	1	1	2	2	2	3	3	3	4	4	4	5	5	5	6	6	6	7	7	7	8	8	
大運 女	二	一	一	一	一	明	十	九	九	九	八	八	八	七	七	七	六	六	六	五	五	五	四	四	四	三	三	三	二	二	

5월 (戊辰)

己巳 (입하) 立夏 6日 23:22　小滿 22日

陽曆	1	2	3	4	5	6	7	8	9	10	11	12	13	14	15	16	17	18	19	20	21	22	23	24	25	26	27	28	29	30	31
요일	木	金	土	日	月	火	水	木	金	土	日	月	火	水	木	金	土	日	月	火	水	木	金	土	日	月	火	水		金	土
陰曆	2	3	4	5	6	7	8	9	10	11	12	13	14	15	16	17	18	19	20	21	22	23	24	25	26	27	28	29	5/1	2	3
日辰	癸	甲	乙	丙	丁	戊	己	庚	辛	壬	癸	甲	乙	丙	丁	戊	己	庚	辛	壬	癸	甲	乙	丙	丁	戊	己	庚	辛	壬	癸
	丑	寅	卯	辰	巳	午	未	申	酉	戌	亥	子	丑	寅	卯	辰	巳	午	未	申	酉	戌	亥	子	丑	寅	卯	辰	巳	午	未
大運 男	8	9	9	9	10	立	1	1	1	1	2	2	2	3	3	3	4	4	4	5	5	5	6	6	6	7	7	7	8	8	8
大運 女	二	一	一	一	一	夏	十	十	十	九	九	九	八	八	八	七	七	七	六	六	六	五	五	五	四	四	四	三	三	三	二

6월 (己巳)

庚午 (망종) 芒種 7日 03:57　夏至 22日

陽曆	1	2	3	4	5	6	7	8	9	10	11	12	13	14	15	16	17	18	19	20	21	22	23	24	25	26	27	28	29	30	
요일	日	月	火	水	木	金	土	日	月	火	水	木	金	土	日	月	火	水	木	金	土	日	月	火	水	木	金		日	月	
陰曆	4	5	6	7	8	9	10	11	12	13	14	15	16	17	18	19	20	21	22	23	24	25	26	27	28	29	30	6/1	2	3	
日辰	甲	乙	丙	丁	戊	己	庚	辛	壬	癸	甲	乙	丙	丁	戊	己	庚	辛	壬	癸	甲	乙	丙	丁	戊	己	庚	辛	壬	癸	
	申	酉	戌	亥	子	丑	寅	卯	辰	巳	午	未	申	酉	戌	亥	子	丑	寅	卯	辰	巳	午	未	申	酉	戌	亥	子	丑	
大運 男	9	9	9	10	10	10	芒	1	1	1	1	2	2	2	3	3	3	4	4	4	5	5	5	6	6	6	7	7	7	8	
大運 女	二	二	一	一	一	一	種	十	十	九	九	九	八	八	八	七	七	七	六	六	六	五	五	五	四	四	四	三	三	三	

7월 (庚午) 辛未 (소서) 小暑 8日 14:21 大暑 24日

陽曆	1	2	3	4	5	6	7	8	9	10	11	12	13	14	15	16	17	18	19	20	21	22	23	24	25	26	27	28	29	30	31
요일	火	水	木	金	土	日	月	火	水	木	金	土	日	月	火	水	木	金	土	日	月	火	水	木	金	土	7	月	火	水	木
陰曆	4	5	6	7	8	9	10	11	12	13	14	15	16	17	18	19	20	21	22	23	24	25	26	27	28	29	1	2	3	4	5
日辰	甲	乙	丙	丁	戊	己	庚	辛	壬	癸	甲	乙	丙	丁	戊	己	庚	辛	壬	癸	甲	乙	丙	丁	戊	己	庚	辛	壬	癸	甲
	寅	卯	辰	巳	午	未	申	酉	戌	亥	子	丑	寅	卯	辰	巳	午	未	申	酉	戌	亥	子	丑	寅	卯	辰	巳	午	未	申
大 男	8	8	9	9	9	10	10	小	1	1	1	1	2	2	2	3	3	3	4	4	4	5	5	5	6	6	6	7	7	7	8
運 女	二	二	二	一	一	一	一	署	十	十	九	九	九	八	八	八	七	七	七	六	六	六	五	五	五	四	四	四	三	三	三

8월 (辛未) 壬申 (입추) 立秋 8日 23:58 處署 24日

陽曆	1	2	3	4	5	6	7	8	9	10	11	12	13	14	15	16	17	18	19	20	21	22	23	24	25	26	27	28	29	30	31
요일	金	土	日	月	火	水	木	金	土	日	月	火	水	木	金	土	日	月	火	水	木	金	土	日	月	윤7	水	木	金	土	日
陰曆	6	7	8	9	10	11	12	13	14	15	16	17	18	19	20	21	22	23	24	25	26	27	28	29	30	1	2	3	4	5	6
日辰	乙	丙	丁	戊	己	庚	辛	壬	癸	甲	乙	丙	丁	戊	己	庚	辛	壬	癸	甲	乙	丙	丁	戊	己	庚	辛	壬	癸	甲	乙
	酉	戌	亥	子	丑	寅	卯	辰	巳	午	未	申	酉	戌	亥	子	丑	寅	卯	辰	巳	午	未	申	酉	戌	亥	子	丑	寅	卯
大 男	8	8	9	9	9	10	10	立	1	1	1	1	2	2	2	3	3	3	4	4	4	5	5	5	6	6	6	7	7	7	8
運 女	二	二	二	一	一	一	一	秋	十	十	十	九	九	九	八	八	八	七	七	七	六	六	六	五	五	五	四	四	四	三	三

9월 (壬申) 癸酉 (백로) 白露 9日 02:28 秋分 24日

陽曆	1	2	3	4	5	6	7	8	9	10	11	12	13	14	15	16	17	18	19	20	21	22	23	24	25	26	27	28	29	30	
요일	月	火	水	木	金	土	日	月	火	水	木	金	土	日	月	火	水	木	金	土	日	月	火	8	木	金	土	日	月	火	
陰曆	7	8	9	10	11	12	13	14	15	16	17	18	19	20	21	22	23	24	25	26	27	28	29	1	2	3	4	5	6	7	
日辰	丙	丁	戊	己	庚	辛	壬	癸	甲	乙	丙	丁	戊	己	庚	辛	壬	癸	甲	乙	丙	丁	戊	己	庚	辛	壬	癸	甲	乙	
	辰	巳	午	未	申	酉	戌	亥	子	丑	寅	卯	辰	巳	午	未	申	酉	戌	亥	子	丑	寅	卯	辰	巳	午	未	申	酉	
大 男	8	8	9	9	9	10	10	10	白	1	1	1	1	2	2	2	3	3	3	4	4	4	5	5	5	6	6	6	7	7	
運 女	三	二	二	二	一	一	一	一	露	十	九	九	九	八	八	八	七	七	七	六	六	六	五	五	五	四	四	四	三	三	

10월 (癸酉) 甲戌 (한로) 寒露 9日 17:33 霜降 24日

陽曆	1	2	3	4	5	6	7	8	9	10	11	12	13	14	15	16	17	18	19	20	21	22	23	24	25	26	27	28	29	30	31
요일	水	木	金	土	日	月	火	水	木	金	土	日	月	火	水	木	金	土	日	月	火	水	木	9	土	日	月	火	水	木	金
陰曆	8	9	10	11	12	13	14	15	16	17	18	19	20	21	22	23	24	25	26	27	28	29	30	1	2	3	4	5	6	7	8
日辰	丙	丁	戊	己	庚	辛	壬	癸	甲	乙	丙	丁	戊	己	庚	辛	壬	癸	甲	乙	丙	丁	戊	己	庚	辛	壬	癸	甲	乙	丙
	戌	亥	子	丑	寅	卯	辰	巳	午	未	申	酉	戌	亥	子	丑	寅	卯	辰	巳	午	未	申	酉	戌	亥	子	丑	寅	卯	辰
大 男	7	8	8	8	9	9	9	10	寒	1	1	1	1	2	2	2	3	3	3	4	4	4	5	5	5	6	6	6	7	7	7
運 女	三	二	二	二	一	一	一	一	露	十	九	九	九	八	八	八	七	七	七	六	六	六	五	五	五	四	四	四	三	三	三

11월 (甲戌) 乙亥 (입동) 立冬 8日 20:12 小雪 23日

陽曆	1	2	3	4	5	6	7	8	9	10	11	12	13	14	15	16	17	18	19	20	21	22	23	24	25	26	27	28	29	30	
요일	土	日	月	火	水	木	金	土	日	月	火	水	木	金	土	日	月	火	水	木	金	土	10	月	火	水	木	金	土	日	
陰曆	9	10	11	12	13	14	15	16	17	18	19	20	21	22	23	24	25	26	27	28	29	30	1	2	3	4	5	6	7	8	
日辰	丁	戊	己	庚	辛	壬	癸	甲	乙	丙	丁	戊	己	庚	辛	壬	癸	甲	乙	丙	丁	戊	己	庚	辛	壬	癸	甲	乙	丙	
	巳	午	未	申	酉	戌	亥	子	丑	寅	卯	辰	巳	午	未	申	酉	戌	亥	子	丑	寅	卯	辰	巳	午	未	申	酉	戌	
大 男	8	8	8	9	9	9	10	立	1	1	1	1	2	2	2	3	3	3	4	4	4	5	5	5	6	6	6	7	7	7	
運 女	二	二	二	一	一	一	一	冬	十	九	九	九	八	八	八	七	七	七	六	六	六	五	五	五	四	四	四	三	三	三	

12월 (乙亥) 丙子 (대설) 大雪 8日 12:38 冬至 23日

陽曆	1	2	3	4	5	6	7	8	9	10	11	12	13	14	15	16	17	18	19	20	21	22	23	24	25	26	27	28	29	30	31
요일	月	火	水	木	金	土	日	月	火	水	木	金	土	日	月	火	水	木	金	土	日	11	火	水	木	金	土	日	月	火	水
陰曆	9	10	11	12	13	14	15	16	17	18	19	20	21	22	23	24	25	26	27	28	29	1	2	3	4	5	6	7	8	9	10
日辰	丁	戊	己	庚	辛	壬	癸	甲	乙	丙	丁	戊	己	庚	辛	壬	癸	甲	乙	丙	丁	戊	己	庚	辛	壬	癸	甲	乙	丙	丁
	亥	子	丑	寅	卯	辰	巳	午	未	申	酉	戌	亥	子	丑	寅	卯	辰	巳	午	未	申	酉	戌	亥	子	丑	寅	卯	辰	巳
大 男	8	8	8	9	9	9	10	大	1	1	1	1	2	2	2	3	3	3	4	4	4	5	5	5	6	6	6	7	7	7	8
運 女	二	二	二	一	一	一	一	雪	九	九	九	八	八	八	七	七	七	六	六	六	五	五	五	四	四	四	三	三	三	二	二

1월 (丙子) 丁丑 (소한) 小寒 6日 23:41 大寒 21日

陽曆		1	2	3	4	5	6	7	8	9	10	11	12	13	14	15	16	17	18	19	20	21	22	23	24	25	26	27	28	29	30	31
요일		木	金	土	日	月	火	水	木	金	土	日	月	火	水	木	金	土	日	月	火	12	木	金	土	日	月	火	水	木	金	土
陰曆		11	12	13	14	15	16	17	18	19	20	21	22	23	24	25	26	27	28	29	30	1	2	3	4	5	6	7	8	9	10	11
日辰		戊	己	庚	辛	壬	癸	甲	乙	丙	丁	戊	己	庚	辛	壬	癸	甲	乙	丙	丁	戊	己	庚	辛	壬	癸	甲	乙	丙	丁	戊
		午	未	申	酉	戌	亥	子	丑	寅	卯	辰	巳	午	未	申	酉	戌	亥	子	丑	寅	卯	辰	巳	午	未	申	酉	戌	亥	子
大	男	8	8	9	9	9	小	1	1	1	1	2	2	2	3	3	3	4	4	4	5	5	5	6	6	6	7	7	7	8	8	8
運	女	二	一	一	一	一	寒	十	九	九	九	八	八	八	七	七	七	六	六	六	五	五	五	四	四	四	三	三	三	二	二	二

2월 (丁丑) 戊寅 (입춘) 立春 5日 11:27 雨水 20日

陽曆		1	2	3	4	5	6	7	8	9	10	11	12	13	14	15	16	17	18	19	20	21	22	23	24	25	26	27	28	29		
요일		日	月	火	水	木	金	土	日	月	火	水	木	金	土	日	月	火	水	木	1	土	日	月	火	水	木	金	土	日		
陰曆		12	13	14	15	16	17	18	19	20	21	22	23	24	25	26	27	28	29	30	1	2	3	4	5	6	7	8	9	10		
日辰		己	庚	辛	壬	癸	甲	乙	丙	丁	戊	己	庚	辛	壬	癸	甲	乙	丙	丁	戊	己	庚	辛	壬	癸	甲	乙	丙	丁		
		丑	寅	卯	辰	巳	午	未	申	酉	戌	亥	子	丑	寅	卯	辰	巳	午	未	申	酉	戌	亥	子	丑	寅	卯	辰	巳		
大	男	9	9	9	10	立	10	9	9	9	8	8	8	7	7	7	6	6	6	5	5	5	4	4	4	3	3	3	2	2		
運	女	一	一	一	一	春	一	一	一	一	二	二	二	三	三	三	四	四	四	五	五	五	六	六	六	七	七	七	八	八		

3월 (戊寅) 己卯 (경칩) 驚蟄 6日 05:51 春分 21日

陽曆		1	2	3	4	5	6	7	8	9	10	11	12	13	14	15	16	17	18	19	20	21	22	23	24	25	26	27	28	29	30	31
요일		月	火	水	木	金	土	日	月	火	水	木	金	土	日	月	火	水	木	金	2	日	月	火	水	木	金	土	日	月	火	水
陰曆		11	12	13	14	15	16	17	18	19	20	21	22	23	24	25	26	27	28	29	1	2	3	4	5	6	7	8	9	10	11	12
日辰		戊	己	庚	辛	壬	癸	甲	乙	丙	丁	戊	己	庚	辛	壬	癸	甲	乙	丙	丁	戊	己	庚	辛	壬	癸	甲	乙	丙	丁	戊
		午	未	申	酉	戌	亥	子	丑	寅	卯	辰	巳	午	未	申	酉	戌	亥	子	丑	寅	卯	辰	巳	午	未	申	酉	戌	亥	子
大	男	2	1	1	1	1	驚	10	9	9	9	8	8	8	7	7	7	6	6	6	5	5	5	4	4	4	3	3	3	2	2	2
運	女	八	九	九	九	十	蟄	一	一	一	一	二	二	二	三	三	三	四	四	四	五	五	五	六	六	六	七	七	七	八	八	八

4월 (己卯) 庚辰 (청명) 淸明 5日 11:15 穀雨 20日

陽曆		1	2	3	4	5	6	7	8	9	10	11	12	13	14	15	16	17	18	19	20	21	22	23	24	25	26	27	28	29	30	
요일		木	金	土	日	月	火	水	木	金	土	日	月	火	水	木	金	土	日	3	火	水	木	金	土	日	月	火	水	木	金	
陰曆		13	14	15	16	17	18	19	20	21	22	23	24	25	26	27	28	29	30	1	2	3	4	5	6	7	8	9	10	11	12	
日辰		己	庚	辛	壬	癸	甲	乙	丙	丁	戊	己	庚	辛	壬	癸	甲	乙	丙	丁	戊	己	庚	辛	壬	癸	甲	乙	丙	丁	戊	
		丑	寅	卯	辰	巳	午	未	申	酉	戌	亥	子	丑	寅	卯	辰	巳	午	未	申	酉	戌	亥	子	丑	寅	卯	辰	巳	午	
大	男	1	1	1	1	淸	10	10	9	9	9	8	8	8	7	7	7	6	6	6	5	5	5	4	4	4	3	3	3	2	2	
運	女	九	九	九	十	明	一	一	一	一	二	二	二	三	三	三	四	四	四	五	五	五	六	六	六	七	七	七	八	八	八	

5월 (庚辰) 辛巳 (입하) 立夏 6日 05:11 小滿 21日

陽曆		1	2	3	4	5	6	7	8	9	10	11	12	13	14	15	16	17	18	19	20	21	22	23	24	25	26	27	28	29	30	31
요일		土	日	月	火	水	木	金	土	日	月	火	水	木	金	土	日	月	4	水	木	金	土	日	月	火	水	木	金	土	日	月
陰曆		13	14	15	16	17	18	19	20	21	22	23	24	25	26	27	28	29	1	2	3	4	5	6	7	8	9	10	11	12	13	14
日辰		己	庚	辛	壬	癸	甲	乙	丙	丁	戊	己	庚	辛	壬	癸	甲	乙	丙	丁	戊	己	庚	辛	壬	癸	甲	乙	丙	丁	戊	己
		未	申	酉	戌	亥	子	丑	寅	卯	辰	巳	午	未	申	酉	戌	亥	子	丑	寅	卯	辰	巳	午	未	申	酉	戌	亥	子	丑
大	男	2	1	1	1	1	立	10	10	9	9	9	8	8	8	7	7	7	6	6	6	5	5	5	4	4	4	3	3	3	2	2
運	女	九	九	九	十	十	夏	一	一	一	一	二	二	二	三	三	三	四	四	四	五	五	五	六	六	六	七	七	七	八	八	八

6월 (辛巳) 壬午 (망종) 芒種 6日 09:50 夏至 22日

陽曆		1	2	3	4	5	6	7	8	9	10	11	12	13	14	15	16	17	18	19	20	21	22	23	24	25	26	27	28	29	30	
요일		火	水	木	金	土	日	月	火	水	木	金	土	日	月	火	5	木	金	土	日	月	火	水	木	金	土	日	月	火	水	
陰曆		15	16	17	18	19	20	21	22	23	24	25	26	27	28	29	1	2	3	4	5	6	7	8	9	10	11	12	13	14	15	
日辰		庚	辛	壬	癸	甲	乙	丙	丁	戊	己	庚	辛	壬	癸	甲	乙	丙	丁	戊	己	庚	辛	壬	癸	甲	乙	丙	丁	戊	己	
		寅	卯	辰	巳	午	未	申	酉	戌	亥	子	丑	寅	卯	辰	巳	午	未	申	酉	戌	亥	子	丑	寅	卯	辰	巳	午	未	
大	男	2	1	1	1	1	芒	10	10	9	9	9	8	8	8	7	7	7	6	6	6	5	5	5	4	4	4	3	3	3	2	
運	女	九	九	九	十	十	種	一	一	一	一	二	二	二	三	三	三	四	四	四	五	五	五	六	六	六	七	七	七	八	八	

7월 (壬午) 癸未 (소서) 小暑 7日 20:19 大暑 23日

陽曆		1	2	3	4	5	6	7	8	9	10	11	12	13	14	15	16	17	18	19	20	21	22	23	24	25	26	27	28	29	30	31
요일		木	金	土	日	月	火	水	木	金	土	日	月	火	水	木	6/1	土	日	月	火	水	木	金	土	日	月	火	水	木	金	土
陰曆		16	17	18	19	20	21	22	23	24	25	26	27	28	29	30	6/1	2	3	4	5	6	7	8	9	10	11	12	13	14	15	16
日辰		庚	辛	壬	癸	甲	乙	丙	丁	戊	己	庚	辛	壬	癸	甲	乙	丙	丁	戊	己	庚	辛	壬	癸	甲	乙	丙	丁	戊	己	庚
		申	酉	戌	亥	子	丑	寅	卯	辰	巳	午	未	申	酉	戌	亥	子	丑	寅	卯	辰	巳	午	未	申	酉	戌	亥	子	丑	寅
大	男	2	2	1	1	1	1	小	10	10	10	9	9	9	8	8	8	7	7	7	6	6	6	5	5	5	4	4	4	3	3	3
運	女	八	九	九	九	十	十	暑	一	一	一	一	二	二	二	三	三	三	四	四	四	五	五	五	六	六	六	七	七	七	八	八

8월 (癸未) 甲申 (입추) 立秋 8日 05:58 處暑 23日

陽曆		1	2	3	4	5	6	7	8	9	10	11	12	13	14	15	16	17	18	19	20	21	22	23	24	25	26	27	28	29	30	31
요일		日	月	火	水	木	金	土	日	月	火	水	木	金	7/1	日	月	火	水	木	金	土	日	月	火	水	木	金	土	日	月	火
陰曆		17	18	19	20	21	22	23	24	25	26	27	28	29	7/1	2	3	4	5	6	7	8	9	10	11	12	13	14	15	16	17	18
日辰		辛	壬	癸	甲	乙	丙	丁	戊	己	庚	辛	壬	癸	甲	乙	丙	丁	戊	己	庚	辛	壬	癸	甲	乙	丙	丁	戊	己	庚	辛
		卯	辰	巳	午	未	申	酉	戌	亥	子	丑	寅	卯	辰	巳	午	未	申	酉	戌	亥	子	丑	寅	卯	辰	巳	午	未	申	酉
大	男	2	2	2	1	1	1	1	立	10	10	9	9	9	8	8	8	7	7	7	6	6	6	5	5	5	4	4	4	3	3	3
運	女	八	九	九	九	十	十	十	秋	一	一	一	一	二	二	二	三	三	三	四	四	四	五	五	五	六	六	六	七	七	七	八

9월 (甲申) 乙酉 (백로) 白露 8日 08:27 秋分 23日

陽曆		1	2	3	4	5	6	7	8	9	10	11	12	13	14	15	16	17	18	19	20	21	22	23	24	25	26	27	28	29	30	
요일		水	木	金	土	日	月	火	水	木	金	土	8/1	月	火	水	木	金	土	日	月	火	水	木	金	土	日	月	火	水	木	
陰曆		19	20	21	22	23	24	25	26	27	28	29	8/1	2	3	4	5	6	7	8	9	10	11	12	13	14	15	16	17	18	19	
日辰		壬	癸	甲	乙	丙	丁	戊	己	庚	辛	壬	癸	甲	乙	丙	丁	戊	己	庚	辛	壬	癸	甲	乙	丙	丁	戊	己	庚	辛	
		戌	亥	子	丑	寅	卯	辰	巳	午	未	申	酉	戌	亥	子	丑	寅	卯	辰	巳	午	未	申	酉	戌	亥	子	丑	寅	卯	
大	男	2	2	2	1	1	1	1	白	10	9	9	9	8	8	8	7	7	7	6	6	6	5	5	5	4	4	4	3	3	3	
運	女	八	八	九	九	九	十	十	露	一	一	一	一	二	二	二	三	三	三	四	四	四	五	五	五	六	六	六	七	七	七	

10월 (乙酉) 丙戌 (한로) 寒露 8日 23:29 霜降 24日

陽曆		1	2	3	4	5	6	7	8	9	10	11	12	13	14	15	16	17	18	19	20	21	22	23	24	25	26	27	28	29	30	31
요일		金	土	日	月	火	水	木	金	土	日	月	9/1	水	木	金	土	日	月	火	水	木	金	土	日	月	火	水	木	金	土	日
陰曆		20	21	22	23	24	25	26	27	28	29	30	9/1	2	3	4	5	6	7	8	9	10	11	12	13	14	15	16	17	18	19	20
日辰		壬	癸	甲	乙	丙	丁	戊	己	庚	辛	壬	癸	甲	乙	丙	丁	戊	己	庚	辛	壬	癸	甲	乙	丙	丁	戊	己	庚	辛	壬
		辰	巳	午	未	申	酉	戌	亥	子	丑	寅	卯	辰	巳	午	未	申	酉	戌	亥	子	丑	寅	卯	辰	巳	午	未	申	酉	戌
大	男	2	2	2	1	1	1	1	寒	10	10	9	9	9	8	8	8	7	7	7	6	6	6	5	5	5	4	4	4	3	3	3
運	女	八	八	八	九	九	九	十	露	一	一	一	一	二	二	二	三	三	三	四	四	四	五	五	五	六	六	六	七	七	七	八

11월 (丙戌) 丁亥 (입동) 立冬 8日 02:05 小雪 22日

陽曆		1	2	3	4	5	6	7	8	9	10	11	12	13	14	15	16	17	18	19	20	21	22	23	24	25	26	27	28	29	30	
요일		月	火	水	木	金	土	日	月	火	水	10/1	金	土	日	月	火	水	木	金	土	日	月	火	水	木	金	土	日	月	火	
陰曆		21	22	23	24	25	26	27	28	29	30	10/1	2	3	4	5	6	7	8	9	10	11	12	13	14	15	16	17	18	19	20	
日辰		癸	甲	乙	丙	丁	戊	己	庚	辛	壬	癸	甲	乙	丙	丁	戊	己	庚	辛	壬	癸	甲	乙	丙	丁	戊	己	庚	辛	壬	
		亥	子	丑	寅	卯	辰	巳	午	未	申	酉	戌	亥	子	丑	寅	卯	辰	巳	午	未	申	酉	戌	亥	子	丑	寅	卯	辰	
大	男	2	2	2	1	1	1	1	立	9	9	9	8	8	8	7	7	7	6	6	6	5	5	5	4	4	4	3	3	3	2	
運	女	八	八	九	九	九	十	十	冬	一	一	一	一	二	二	二	三	三	三	四	四	四	五	五	五	六	六	六	七	七	七	

12월 (丁亥) 戊子 (대설) 大雪 7日 18:30 冬至 22日

陽曆		1	2	3	4	5	6	7	8	9	10	11	12	13	14	15	16	17	18	19	20	21	22	23	24	25	26	27	28	29	30	31
요일		水	木	金	土	日	月	火	水	木	11/1	土	日	月	火	水	木	金	土	日	月	火	水	木	金	土	日	月	火	水	木	金
陰曆		21	22	23	24	25	26	27	28	29	11/1	2	3	4	5	6	7	8	9	10	11	12	13	14	15	16	17	18	19	20	21	22
日辰		癸	甲	乙	丙	丁	戊	己	庚	辛	壬	癸	甲	乙	丙	丁	戊	己	庚	辛	壬	癸	甲	乙	丙	丁	戊	己	庚	辛	壬	癸
		巳	午	未	申	酉	戌	亥	子	丑	寅	卯	辰	巳	午	未	申	酉	戌	亥	子	丑	寅	卯	辰	巳	午	未	申	酉	戌	亥
大	男	2	2	1	1	1	1	大	10	9	9	9	8	8	8	7	7	7	6	6	6	5	5	5	4	4	4	3	3	3	2	2
運	女	八	八	八	九	九	九	雪	一	一	一	一	二	二	二	三	三	三	四	四	四	五	五	五	六	六	六	七	七	七	八	八

1월 (戊子) 己丑 (소한) 小寒 6日 05:34 大寒 20日

陽曆		1	2	3	4	5	6	7	8	9	10	11	12	13	14	15	16	17	18	19	20	21	22	23	24	25	26	27	28	29	30	31
요일		土	日	月	火	水	木	金	土	12	月	火	水	木	金	土	日	月	火	水	木	金	土	日	月	火	水	木	金	土	日	月
陰曆		23	24	25	26	27	28	29	30	1	2	3	4	5	6	7	8	9	10	11	12	13	14	15	16	17	18	19	20	21	22	23
日辰		甲	乙	丙	丁	戊	己	庚	辛	壬	癸	甲	乙	丙	丁	戊	己	庚	辛	壬	癸	甲	乙	丙	丁	戊	己	庚	辛	壬	癸	甲
		子	丑	寅	卯	辰	巳	午	未	申	酉	戌	亥	子	丑	寅	卯	辰	巳	午	未	申	酉	戌	亥	子	丑	寅	卯	辰	巳	午
大運	男	2	1	1	1	1	小	10	9	9	9	8	8	8	7	7	7	6	6	6	5	5	5	4	4	4	3	3	3	2	2	2
	女	八	九	九	九	十	寒	一	一	一	一	二	二	二	三	三	三	四	四	四	五	五	五	六	六	六	七	七	七	八	八	八

2월 (己丑) 庚寅 (입춘) 立春 4日 17:21 雨水 19日

陽曆		1	2	3	4	5	6	7	8	9	10	11	12	13	14	15	16	17	18	19	20	21	22	23	24	25	26	27	28
요일		火	水	木	金	土	日	月	1	水	木	金	土	日	月	火	水	木	金	土	日	月	火	水	木	金	土	日	月
陰曆		24	25	26	27	28	29	30	1	2	3	4	5	6	7	8	9	10	11	12	13	14	15	16	17	18	19	20	21
日辰		乙	丙	丁	戊	己	庚	辛	壬	癸	甲	乙	丙	丁	戊	己	庚	辛	壬	癸	甲	乙	丙	丁	戊	己	庚	辛	壬
		未	申	酉	戌	亥	子	丑	寅	卯	辰	巳	午	未	申	酉	戌	亥	子	丑	寅	卯	辰	巳	午	未	申	酉	戌
大運	男	1	1	1	立	1	1	1	1	2	2	2	3	3	3	4	4	4	5	5	5	6	6	6	7	7	7	8	8
	女	九	九	九	春	十	九	九	九	八	八	八	七	七	七	六	六	六	五	五	五	四	四	四	三	三	三	二	二

3월 (庚寅) 辛卯 (경칩) 驚蟄 6日 11:46 春分 21日

陽曆		1	2	3	4	5	6	7	8	9	10	11	12	13	14	15	16	17	18	19	20	21	22	23	24	25	26	27	28	29	30	31
요일		火	水	木	金	土	日	月	火	水	2	金	土	日	月	火	水	木	金	土	日	月	火	水	木	金	土	日	月	火	水	木
陰曆		22	23	24	25	26	27	28	29	30	1	2	3	4	5	6	7	8	9	10	11	12	13	14	15	16	17	18	19	20	21	22
日辰		癸	甲	乙	丙	丁	戊	己	庚	辛	壬	癸	甲	乙	丙	丁	戊	己	庚	辛	壬	癸	甲	乙	丙	丁	戊	己	庚	辛	壬	癸
		亥	子	丑	寅	卯	辰	巳	午	未	申	酉	戌	亥	子	丑	寅	卯	辰	巳	午	未	申	酉	戌	亥	子	丑	寅	卯	辰	巳
大運	男	8	9	9	9	10	驚	1	1	1	1	2	2	2	3	3	3	4	4	4	5	5	5	6	6	6	7	7	7	8	8	8
	女	二	一	一	一	一	蟄	十	九	九	九	八	八	八	七	七	七	六	六	六	五	五	五	四	四	四	三	三	三	二	二	二

4월 (辛卯) 壬辰 (청명) 清明 5日 17:09 穀雨 21日

陽曆		1	2	3	4	5	6	7	8	9	10	11	12	13	14	15	16	17	18	19	20	21	22	23	24	25	26	27	28	29	30
요일		金	土	日	月	火	水	木	3	土	日	月	火	水	木	金	土	日	月	火	水	木	金	土	日	月	火	水	木	金	土
陰曆		23	24	25	26	27	28	29	1	2	3	4	5	6	7	8	9	10	11	12	13	14	15	16	17	18	19	20	21	22	23
日辰		甲	乙	丙	丁	戊	己	庚	辛	壬	癸	甲	乙	丙	丁	戊	己	庚	辛	壬	癸	甲	乙	丙	丁	戊	己	庚	辛	壬	癸
		午	未	申	酉	戌	亥	子	丑	寅	卯	辰	巳	午	未	申	酉	戌	亥	子	丑	寅	卯	辰	巳	午	未	申	酉	戌	亥
大運	男	9	9	9	10	清	1	1	1	1	2	2	2	3	3	3	4	4	4	5	5	5	6	6	6	7	7	7	8	8	8
	女	一	一	一	一	明	十	十	九	九	九	八	八	八	七	七	七	六	六	六	五	五	五	四	四	四	三	三	三	二	二

5월 (壬辰) 癸巳 (입하) 立夏 6日 11:04 小滿 22日

陽曆		1	2	3	4	5	6	7	8	9	10	11	12	13	14	15	16	17	18	19	20	21	22	23	24	25	26	27	28	29	30	31
요일		日	月	火	水	木	金	土	4	月	火	水	木	金	土	日	月	火	水	木	金	土	日	月	火	水	木	金	土	日	月	火
陰曆		24	25	26	27	28	29	30	1	2	3	4	5	6	7	8	9	10	11	12	13	14	15	16	17	18	19	20	21	22	23	24
日辰		甲	乙	丙	丁	戊	己	庚	辛	壬	癸	甲	乙	丙	丁	戊	己	庚	辛	壬	癸	甲	乙	丙	丁	戊	己	庚	辛	壬	癸	甲
		子	丑	寅	卯	辰	巳	午	未	申	酉	戌	亥	子	丑	寅	卯	辰	巳	午	未	申	酉	戌	亥	子	丑	寅	卯	辰	巳	午
大運	男	9	9	9	10	10	立	1	1	1	1	2	2	2	3	3	3	4	4	4	5	5	5	6	6	6	7	7	7	8	8	8
	女	二	一	一	一	一	夏	十	十	九	九	九	八	八	八	七	七	七	六	六	六	五	五	五	四	四	四	三	三	三	二	二

6월 (癸巳) 甲午 (망종) 芒種 6日 15:42 夏至 22日

陽曆		1	2	3	4	5	6	7	8	9	10	11	12	13	14	15	16	17	18	19	20	21	22	23	24	25	26	27	28	29	30
요일		水	木	金	土	日	5	火	水	木	金	土	日	月	火	水	木	金	土	日	月	火	水	木	金	土	日	月	火	水	木
陰曆		25	26	27	28	29	1	2	3	4	5	6	7	8	9	10	11	12	13	14	15	16	17	18	19	20	21	22	23	24	25
日辰		乙	丙	丁	戊	己	庚	辛	壬	癸	甲	乙	丙	丁	戊	己	庚	辛	壬	癸	甲	乙	丙	丁	戊	己	庚	辛	壬	癸	甲
		未	申	酉	戌	亥	子	丑	寅	卯	辰	巳	午	未	申	酉	戌	亥	子	丑	寅	卯	辰	巳	午	未	申	酉	戌	亥	子
大運	男	9	9	9	10	10	芒	1	1	1	1	2	2	2	3	3	3	4	4	4	5	5	5	6	6	6	7	7	7	8	8
	女	二	一	一	一	一	種	十	十	十	九	九	九	八	八	八	七	七	七	六	六	六	五	五	五	四	四	四	三	三	三

石榴木星　　十日得辛　　南大將　　未弔客　　寒食(4월 06일)　　初伏(7월 16일)
七赤金星　　三龍治水　　亥喪門　　南三殺　　中伏(7월 26일)　　末伏(8월 15일)

7월 (甲午)　　乙未 (소서) 小暑 8日 02:07　　大暑 23日

陽曆	1	2	3	4	5	6	7	8	9	10	11	12	13	14	15	16	17	18	19	20	21	22	23	24	25	26	27	28	29	30	31
요일	金	土	日	月	6	水	木	金	土	日	月	火	水	木	金	土	日	月	火	水	木	金	土	日	月	火	水	木	金	土	日
陰曆	26	27	28	29	1	2	3	4	5	6	7	8	9	10	11	12	13	14	15	16	17	18	19	20	21	22	23	24	25	26	27
日辰	乙	丙	丁	戊	己	庚	辛	壬	癸	甲	乙	丙	丁	戊	己	庚	辛	壬	癸	甲	乙	丙	丁	戊	己	庚	辛	壬	癸	甲	乙
	丑	寅	卯	辰	巳	午	未	申	酉	戌	亥	子	丑	寅	卯	辰	巳	午	未	申	酉	戌	亥	子	丑	寅	卯	辰	巳	午	未
大運 男	8	9	9	9	10	10	10	小	1	1	1	1	2	2	2	3	3	3	4	4	4	5	5	5	6	6	6	7	7	7	8
大運 女	二	二	二	一	一	一	一	暑	十	十	九	九	九	八	八	八	七	七	七	六	六	六	五	五	五	四	四	四	三	三	三

8월 (乙未)　　丙申 (입추) 立秋 8日 11:44　　處暑 24日

陽曆	1	2	3	4	5	6	7	8	9	10	11	12	13	14	15	16	17	18	19	20	21	22	23	24	25	26	27	28	29	30	31
요일	月	火	水	7	金	土	日	月	火	水	木	金	土	日	月	火	水	木	金	土	日	月	火	水	木	金	土	日	月	火	水
陰曆	28	29	30	1	2	3	4	5	6	7	8	9	10	11	12	13	14	15	16	17	18	19	20	21	22	23	24	25	26	27	28
日辰	丙	丁	戊	己	庚	辛	壬	癸	甲	乙	丙	丁	戊	己	庚	辛	壬	癸	甲	乙	丙	丁	戊	己	庚	辛	壬	癸	甲	乙	丙
	申	酉	戌	亥	子	丑	寅	卯	辰	巳	午	未	申	酉	戌	亥	子	丑	寅	卯	辰	巳	午	未	申	酉	戌	亥	子	丑	寅
大運 男	8	8	9	9	9	10	10	立	1	1	1	1	2	2	2	3	3	3	4	4	4	5	5	5	6	6	6	7	7	7	8
大運 女	二	二	二	一	一	一	一	秋	十	十	九	九	九	八	八	八	七	七	七	六	六	六	五	五	五	四	四	四	三	三	三

9월 (丙申)　　丁酉 (백로) 白露 8日 14:10　　秋分 23日

陽曆	1	2	3	4	5	6	7	8	9	10	11	12	13	14	15	16	17	18	19	20	21	22	23	24	25	26	27	28	29	30	
요일	木	8	土	日	月	火	水	木	金	土	日	月	火	水	木	金	土	日	月	火	水	木	金	土	日	月	火	水	木	金	
陰曆	29	1	2	3	4	5	6	7	8	9	10	11	12	13	14	15	16	17	18	19	20	21	22	23	24	25	26	27	28	29	
日辰	丁	戊	己	庚	辛	壬	癸	甲	乙	丙	丁	戊	己	庚	辛	壬	癸	甲	乙	丙	丁	戊	己	庚	辛	壬	癸	甲	乙	丙	
	卯	辰	巳	午	未	申	酉	戌	亥	子	丑	寅	卯	辰	巳	午	未	申	酉	戌	亥	子	丑	寅	卯	辰	巳	午	未	申	
大運 男	8	8	9	9	9	10	10	白	1	1	1	1	2	2	2	3	3	3	4	4	4	5	5	5	6	6	6	7	7	7	
大運 女	二	二	二	一	一	一	一	露	十	十	九	九	九	八	八	八	七	七	七	六	六	六	五	五	五	四	四	四	三	三	

10월 (丁酉)　　戊戌 (한로) 寒露 9日 05:11　　霜降 24日

陽曆	1	2	3	4	5	6	7	8	9	10	11	12	13	14	15	16	17	18	19	20	21	22	23	24	25	26	27	28	29	30	31
요일	9	日	月	火	水	木	金	土	日	月	火	水	木	金	土	日	月	火	水	木	金	土	日	月	火	水	木	金	土	日	10
陰曆	1	2	3	4	5	6	7	8	9	10	11	12	13	14	15	16	17	18	19	20	21	22	23	24	25	26	27	28	29	30	1
日辰	丁	戊	己	庚	辛	壬	癸	甲	乙	丙	丁	戊	己	庚	辛	壬	癸	甲	乙	丙	丁	戊	己	庚	辛	壬	癸	甲	乙	丙	丁
	酉	戌	亥	子	丑	寅	卯	辰	巳	午	未	申	酉	戌	亥	子	丑	寅	卯	辰	巳	午	未	申	酉	戌	亥	子	丑	寅	卯
大運 男	8	8	8	9	9	9	10	10	寒	1	1	1	1	2	2	2	3	3	3	4	4	4	5	5	5	6	6	6	7	7	7
大運 女	三	二	二	二	一	一	一	一	露	十	九	九	九	八	八	八	七	七	七	六	六	六	五	五	五	四	四	四	三	三	三

11월 (戊戌)　　己亥 (입동) 立冬 8日 07:46　　小雪 23日

陽曆	1	2	3	4	5	6	7	8	9	10	11	12	13	14	15	16	17	18	19	20	21	22	23	24	25	26	27	28	29	30
요일	火	水	木	金	土	日	月	火	水	木	金	土	日	月	火	水	木	金	土	日	月	火	水	木	金	土	日	月	11	水
陰曆	2	3	4	5	6	7	8	9	10	11	12	13	14	15	16	17	18	19	20	21	22	23	24	25	26	27	28	29	1	2
日辰	戊	己	庚	辛	壬	癸	甲	乙	丙	丁	戊	己	庚	辛	壬	癸	甲	乙	丙	丁	戊	己	庚	辛	壬	癸	甲	乙	丙	丁
	辰	巳	午	未	申	酉	戌	亥	子	丑	寅	卯	辰	巳	午	未	申	酉	戌	亥	子	丑	寅	卯	辰	巳	午	未	申	酉
大運 男	8	8	8	9	9	9	10	立	1	1	1	1	2	2	2	3	3	3	4	4	4	5	5	5	6	6	6	7	7	7
大運 女	二	二	二	一	一	一	一	冬	十	九	九	九	八	八	八	七	七	七	六	六	六	五	五	五	四	四	四	三	三	三

12월 (己亥)　　庚子 (대설) 大雪 8日 00:12　　冬至 22日

陽曆	1	2	3	4	5	6	7	8	9	10	11	12	13	14	15	16	17	18	19	20	21	22	23	24	25	26	27	28	29	30	31
요일	木	金	土	日	月	火	水	木	金	土	日	月	火	水	木	金	土	日	月	火	水	木	金	土	日	月	火	水	12	金	土
陰曆	3	4	5	6	7	8	9	10	11	12	13	14	15	16	17	18	19	20	21	22	23	24	25	26	27	28	29	30	1	2	3
日辰	戊	己	庚	辛	壬	癸	甲	乙	丙	丁	戊	己	庚	辛	壬	癸	甲	乙	丙	丁	戊	己	庚	辛	壬	癸	甲	乙	丙	丁	戊
	戌	亥	子	丑	寅	卯	辰	巳	午	未	申	酉	戌	亥	子	丑	寅	卯	辰	巳	午	未	申	酉	戌	亥	子	丑	寅	卯	辰
大運 男	8	8	8	9	9	9	10	大	1	1	1	1	2	2	2	3	3	3	4	4	4	5	5	5	6	6	6	7	7	7	8
大運 女	二	二	二	一	一	一	一	雪	九	九	九	八	八	八	七	七	七	六	六	六	五	五	五	四	四	四	三	三	三	二	二

1월 (庚子) 辛丑 (소한) 小寒 6日 11:17 大寒 21日

陽曆	1	2	3	4	5	6	7	8	9	10	11	12	13	14	15	16	17	18	19	20	21	22	23	24	25	26	27	28	29	30	31
요일	日	月	火	水	木	金	土	日	月	火	水	木	金	土	日	月	火	水	木	金	土	日	月	火	水	木	金		日	月	火
陰曆	4	5	6	7	8	9	10	11	12	13	14	15	16	17	18	19	20	21	22	23	24	25	26	27	28	29	30	1/1	2	3	4
日辰	己	庚	辛	壬	癸	甲	乙	丙	丁	戊	己	庚	辛	壬	癸	甲	乙	丙	丁	戊	己	庚	辛	壬	癸	甲	乙	丙	丁	戊	己
	巳	午	未	申	酉	戌	亥	子	丑	寅	卯	辰	巳	午	未	申	酉	戌	亥	子	丑	寅	卯	辰	巳	午	未	申	酉	戌	亥
大運 男	8	8	9	9	9	小	1	1	1	1	2	2	2	3	3	3	4	4	4	5	5	5	6	6	6	7	7	7	8	8	8
大運 女	二	一	一	一	一	寒	九	九	九	八	八	八	七	七	七	六	六	六	五	五	五	四	四	四	三	三	三	二	二	二	一

2월 (辛丑) 壬寅 (입춘) 立春 4日 23:06 雨水 19日

陽曆	1	2	3	4	5	6	7	8	9	10	11	12	13	14	15	16	17	18	19	20	21	22	23	24	25	26	27	28			
요일	水	木	金	土	日	月	火	水	木	金	土	日	月	火	水	木	金	土	日	月	火	水	木	金	土	日		火			
陰曆	5	6	7	8	9	10	11	12	13	14	15	16	17	18	19	20	21	22	23	24	25	26	27	28	29	30	2/1	2			
日辰	庚	辛	壬	癸	甲	乙	丙	丁	戊	己	庚	辛	壬	癸	甲	乙	丙	丁	戊	己	庚	辛	壬	癸	甲	乙	丙	丁			
	子	丑	寅	卯	辰	巳	午	未	申	酉	戌	亥	子	丑	寅	卯	辰	巳	午	未	申	酉	戌	亥	子	丑	寅	卯			
大運 男	9	9	9	立	10	9	9	9	8	8	8	7	7	7	6	6	6	5	5	5	4	4	4	3	3	3	2	2			
大運 女	一	一	一	春	一	一	一	一	二	二	二	三	三	三	四	四	四	五	五	五	六	六	六	七	七	七	八	八			

3월 (壬寅) 癸卯 (경칩) 驚蟄 6日 17:34 春分 21日

陽曆	1	2	3	4	5	6	7	8	9	10	11	12	13	14	15	16	17	18	19	20	21	22	23	24	25	26	27	28	29	30	31
요일	水	木	金	土	日	月	火	水	木	金	土	日	月	火	水	木	金	土	日	月	火	水	木	金	土	日	月		水	木	金
陰曆	3	4	5	6	7	8	9	10	11	12	13	14	15	16	17	18	19	20	21	22	23	24	25	26	27	28	29	3/1	2	3	4
日辰	戊	己	庚	辛	壬	癸	甲	乙	丙	丁	戊	己	庚	辛	壬	癸	甲	乙	丙	丁	戊	己	庚	辛	壬	癸	甲	乙	丙	丁	戊
	辰	巳	午	未	申	酉	戌	亥	子	丑	寅	卯	辰	巳	午	未	申	酉	戌	亥	子	丑	寅	卯	辰	巳	午	未	申	酉	戌
大運 男	2	1	1	1	1	驚	10	9	9	9	8	8	8	7	7	7	6	6	6	5	5	5	4	4	4	3	3	3	2	2	2
大運 女	八	九	九	九	十	蟄	一	一	一	一	二	二	二	三	三	三	四	四	四	五	五	五	六	六	六	七	七	七	八	八	八

4월 (癸卯) 甲辰 (청명) 清明 5日 22:58 穀雨 21日

陽曆	1	2	3	4	5	6	7	8	9	10	11	12	13	14	15	16	17	18	19	20	21	22	23	24	25	26	27	28	29	30	
요일	土	日	月	火	水	木	金	土	日	月	火	水	木	金	土	日	月	火	水	木	金	土	日	月	火	水		金	土	日	
陰曆	5	6	7	8	9	10	11	12	13	14	15	16	17	18	19	20	21	22	23	24	25	26	27	28	29	30	4/1	2	3	4	
日辰	己	庚	辛	壬	癸	甲	乙	丙	丁	戊	己	庚	辛	壬	癸	甲	乙	丙	丁	戊	己	庚	辛	壬	癸	甲	乙	丙	丁	戊	
	亥	子	丑	寅	卯	辰	巳	午	未	申	酉	戌	亥	子	丑	寅	卯	辰	巳	午	未	申	酉	戌	亥	子	丑	寅	卯	辰	
大運 男	1	1	1	1	清	10	10	9	9	9	8	8	8	7	7	7	6	6	6	5	5	5	4	4	4	3	3	3	2	2	
大運 女	九	九	九	十	明	一	一	一	一	二	二	二	三	三	三	四	四	四	五	五	五	六	六	六	七	七	七	八	八	八	

5월 (甲辰) 乙巳 (입하) 立夏 6日 16:53 小滿 22日

陽曆	1	2	3	4	5	6	7	8	9	10	11	12	13	14	15	16	17	18	19	20	21	22	23	24	25	26	27	28	29	30	31
요일	月	火	水	木	金	土	日	月	火	水	木	金	土	日	月	火	水	木	金	土	日	月	火	水	木	金		日	月	火	水
陰曆	5	6	7	8	9	10	11	12	13	14	15	16	17	18	19	20	21	22	23	24	25	26	27	28	29	30	5/1	2	3	4	5
日辰	己	庚	辛	壬	癸	甲	乙	丙	丁	戊	己	庚	辛	壬	癸	甲	乙	丙	丁	戊	己	庚	辛	壬	癸	甲	乙	丙	丁	戊	己
	巳	午	未	申	酉	戌	亥	子	丑	寅	卯	辰	巳	午	未	申	酉	戌	亥	子	丑	寅	卯	辰	巳	午	未	申	酉	戌	亥
大運 男	2	1	1	1	1	立	10	10	9	9	9	8	8	8	7	7	7	6	6	6	5	5	5	4	4	4	3	3	3	2	2
大運 女	九	九	九	十	十	夏	一	一	一	一	二	二	二	三	三	三	四	四	四	五	五	五	六	六	六	七	七	七	八	八	八

6월 (乙巳) 丙午 (망종) 芒種 6日 21:30 夏至 22日

陽曆	1	2	3	4	5	6	7	8	9	10	11	12	13	14	15	16	17	18	19	20	21	22	23	24	25	26	27	28	29	30	
요일	木	金	土	日	月	火	水	木	金	土	日	月	火	水	木	金	土	日	月	火	水	木	金	土		月	火	水	木	金	
陰曆	6	7	8	9	10	11	12	13	14	15	16	17	18	19	20	21	22	23	24	25	26	27	28	29	윤5/1	2	3	4	5	6	
日辰	庚	辛	壬	癸	甲	乙	丙	丁	戊	己	庚	辛	壬	癸	甲	乙	丙	丁	戊	己	庚	辛	壬	癸	甲	乙	丙	丁	戊	己	
	子	丑	寅	卯	辰	巳	午	未	申	酉	戌	亥	子	丑	寅	卯	辰	巳	午	未	申	酉	戌	亥	子	丑	寅	卯	辰	巳	
大運 男	2	1	1	1	1	芒	10	10	10	9	9	9	8	8	8	7	7	7	6	6	6	5	5	5	4	4	4	3	3	3	
大運 女	九	九	九	十	十	種	一	一	一	一	二	二	二	三	三	三	四	四	四	五	五	五	六	六	六	七	七	七	八	八	

7월 (丙午) 丁未 (소서) 小暑 8日 07:58 大暑 24日

陽曆		1	2	3	4	5	6	7	8	9	10	11	12	13	14	15	16	17	18	19	20	21	22	23	24	25	26	27	28	29	30	31
요일		土	日	月	火	水	木	金	土	日	月	火	水	木	金	土	日	月	火	水	木	金	土	日	6/	火	水	木	金	土	日	月
陰曆		7	8	9	10	11	12	13	14	15	16	17	18	19	20	21	22	23	24	25	26	27	28	29	1	2	3	4	5	6	7	8
日辰		庚	辛	壬	癸	甲	乙	丙	丁	戊	己	庚	辛	壬	癸	甲	乙	丙	丁	戊	己	庚	辛	壬	癸	甲	乙	丙	丁	戊	己	庚
		午	未	申	酉	戌	亥	子	丑	寅	卯	辰	巳	午	未	申	酉	戌	亥	子	丑	寅	卯	辰	巳	午	未	申	酉	戌	亥	子
大	男	2	2	2	1	1	1	1	小	10	10	9	9	9	8	8	8	7	7	7	6	6	6	5	5	5	4	4	4	3	3	3
運	女	八	九	九	九	十	十	十	暑	一	一	一	一	二	二	二	三	三	三	四	四	四	五	五	五	六	六	六	七	七	七	八

8월 (丁未) 戊申 (입추) 立秋 8日 17:37 處暑 24日

陽曆		1	2	3	4	5	6	7	8	9	10	11	12	13	14	15	16	17	18	19	20	21	22	23	24	25	26	27	28	29	30	31
요일		火	水	木	金	土	日	月	火	水	木	金	土	日	月	火	水	木	金	土	日	月	火	7/	木	金	土	日	月	火	水	木
陰曆		9	10	11	12	13	14	15	16	17	18	19	20	21	22	23	24	25	26	27	28	29	30	1	2	3	4	5	6	7	8	9
日辰		辛	壬	癸	甲	乙	丙	丁	戊	己	庚	辛	壬	癸	甲	乙	丙	丁	戊	己	庚	辛	壬	癸	甲	乙	丙	丁	戊	己	庚	辛
		丑	寅	卯	辰	巳	午	未	申	酉	戌	亥	子	丑	寅	卯	辰	巳	午	未	申	酉	戌	亥	子	丑	寅	卯	辰	巳	午	未
大	男	2	2	2	1	1	1	1	立	10	10	9	9	9	8	8	8	7	7	7	6	6	6	5	5	5	4	4	4	3	3	3
運	女	八	八	九	九	九	十	十	秋	一	一	一	一	二	二	二	三	三	三	四	四	四	五	五	五	六	六	六	七	七	七	八

9월 (戊申) 己酉 (백로) 白露 8日 20:06 秋分 24日

陽曆		1	2	3	4	5	6	7	8	9	10	11	12	13	14	15	16	17	18	19	20	21	22	23	24	25	26	27	28	29	30	
요일		金	土	日	月	火	水	木	金	土	日	月	火	水	木	金	土	日	月	火	水	8/	金	土	日	月	火	水	木	金	土	
陰曆		10	11	12	13	14	15	16	17	18	19	20	21	22	23	24	25	26	27	28	29	1	2	3	4	5	6	7	8	9	10	
日辰		壬	癸	甲	乙	丙	丁	戊	己	庚	辛	壬	癸	甲	乙	丙	丁	戊	己	庚	辛	壬	癸	甲	乙	丙	丁	戊	己	庚	辛	
		申	酉	戌	亥	子	丑	寅	卯	辰	巳	午	未	申	酉	戌	亥	子	丑	寅	卯	辰	巳	午	未	申	酉	戌	亥	子	丑	
大	男	2	2	2	1	1	1	1	白	10	10	9	9	9	8	8	8	7	7	7	6	6	6	5	5	5	4	4	4	3	3	
運	女	八	八	九	九	九	十	十	露	一	一	一	一	二	二	二	三	三	三	四	四	四	五	五	五	六	六	六	七	七	七	

10월 (己酉) 庚戌 (한로) 寒露 9日 11:09 霜降 24日

陽曆		1	2	3	4	5	6	7	8	9	10	11	12	13	14	15	16	17	18	19	20	21	22	23	24	25	26	27	28	29	30	31
요일		日	月	火	水	木	金	土	日	月	火	水	木	金	土	日	月	火	水	木	9/	土	日	月	火	水	木	金	土	日	月	火
陰曆		11	12	13	14	15	16	17	18	19	20	21	22	23	24	25	26	27	28	29	1	2	3	4	5	6	7	8	9	10	11	12
日辰		壬	癸	甲	乙	丙	丁	戊	己	庚	辛	壬	癸	甲	乙	丙	丁	戊	己	庚	辛	壬	癸	甲	乙	丙	丁	戊	己	庚	辛	壬
		寅	卯	辰	巳	午	未	申	酉	戌	亥	子	丑	寅	卯	辰	巳	午	未	申	酉	戌	亥	子	丑	寅	卯	辰	巳	午	未	申
大	男	3	2	2	2	1	1	1	1	寒	10	9	9	9	8	8	8	7	7	7	6	6	6	5	5	5	4	4	4	3	3	3
運	女	八	八	八	九	九	九	十	十	露	一	一	一	一	二	二	二	三	三	三	四	四	四	五	五	五	六	六	六	七	七	七

11월 (庚戌) 辛亥 (입동) 立冬 8日 13:45 小雪 23日

陽曆		1	2	3	4	5	6	7	8	9	10	11	12	13	14	15	16	17	18	19	20	21	22	23	24	25	26	27	28	29	30	
요일		水	木	金	土	日	月	火	水	木	金	土	日	月	火	水	木	金	土	10/	月	火	水	木	金	土	日	月	火	水	木	
陰曆		13	14	15	16	17	18	19	20	21	22	23	24	25	26	27	28	29	30	1	2	3	4	5	6	7	8	9	10	11	12	
日辰		癸	甲	乙	丙	丁	戊	己	庚	辛	壬	癸	甲	乙	丙	丁	戊	己	庚	辛	壬	癸	甲	乙	丙	丁	戊	己	庚	辛	壬	
		酉	戌	亥	子	丑	寅	卯	辰	巳	午	未	申	酉	戌	亥	子	丑	寅	卯	辰	巳	午	未	申	酉	戌	亥	子	丑	寅	
大	男	2	2	2	1	1	1	1	立	10	9	9	9	8	8	8	7	7	7	6	6	6	5	5	5	4	4	4	3	3	3	
運	女	八	八	八	九	九	九	十	冬	一	一	一	一	二	二	二	三	三	三	四	四	四	五	五	五	六	六	六	七	七	七	

12월 (辛亥) 壬子 (대설) 大雪 8日 06:11 冬至 22日

陽曆		1	2	3	4	5	6	7	8	9	10	11	12	13	14	15	16	17	18	19	20	21	22	23	24	25	26	27	28	29	30	31
요일		金	土	日	月	火	水	木	金	土	日	月	火	水	木	金	土	日	11/	火	水	木	金	土	日	月	火	水	木	金	土	日
陰曆		13	14	15	16	17	18	19	20	21	22	23	24	25	26	27	28	29	1	2	3	4	5	6	7	8	9	10	11	12	13	14
日辰		癸	甲	乙	丙	丁	戊	己	庚	辛	壬	癸	甲	乙	丙	丁	戊	己	庚	辛	壬	癸	甲	乙	丙	丁	戊	己	庚	辛	壬	癸
		卯	辰	巳	午	未	申	酉	戌	亥	子	丑	寅	卯	辰	巳	午	未	申	酉	戌	亥	子	丑	寅	卯	辰	巳	午	未	申	酉
大	男	2	2	2	1	1	1	1	大	9	9	9	8	8	8	7	7	7	6	6	6	5	5	5	4	4	4	3	3	3	2	2
運	女	八	八	八	九	九	九	十	雪	一	一	一	一	二	二	二	三	三	三	四	四	四	五	五	五	六	六	六	七	七	七	八

癸亥

1월 (壬子) 癸丑 (소한) 小寒 6日 17:14 大寒 21日

陽曆	1	2	3	4	5	6	7	8	9	10	11	12	13	14	15	16	17	18	19	20	21	22	23	24	25	26	27	28	29	30	31
요일	月	火	水	木	金	土	日	月	火	水	木	金	土	日	月	火	12	木	金	土	日	月	火	水	木	金	土	日	月	火	水
陰曆	15	16	17	18	19	20	21	22	23	24	25	26	27	28	29	30	1	2	3	4	5	6	7	8	9	10	11	12	13	14	15
日辰	甲	乙	丙	丁	戊	己	庚	辛	壬	癸	甲	乙	丙	丁	戊	己	庚	辛	壬	癸	甲	乙	丙	丁	戊	己	庚	辛	壬	癸	甲
	戌	亥	子	丑	寅	卯	辰	巳	午	未	申	酉	戌	亥	子	丑	寅	卯	辰	巳	午	未	申	酉	戌	亥	子	丑	寅	卯	辰
大運 男	2	1	1	1	1	小	10	9	9	9	8	8	8	7	7	7	6	6	6	5	5	5	4	4	4	3	3	3	2	2	2
大運 女	八	八	九	九	九	寒	一	一	一	一	二	二	二	三	三	三	四	四	四	五	五	五	六	六	六	七	七	七	八	八	八

2월 (癸丑) 甲寅 (입춘) 立春 5日 05:00 雨水 20日

陽曆	1	2	3	4	5	6	7	8	9	10	11	12	13	14	15	16	17	18	19	20	21	22	23	24	25	26	27	28			
요일	木	金	土	日	月	火	水	木	金	土	日	月	火	水	木	1	土	日	月	火	水	木	金	土	日	月	火	水			
陰曆	16	17	18	19	20	21	22	23	24	25	26	27	28	29	30	1	2	3	4	5	6	7	8	9	10	11	12	13			
日辰	乙	丙	丁	戊	己	庚	辛	壬	癸	甲	乙	丙	丁	戊	己	庚	辛	壬	癸	甲	乙	丙	丁	戊	己	庚	辛	壬			
	巳	午	未	申	酉	戌	亥	子	丑	寅	卯	辰	巳	午	未	申	酉	戌	亥	子	丑	寅	卯	辰	巳	午	未	申			
大運 男	1	1	1	1	立	1	1	1	1	2	2	2	3	3	3	4	4	4	5	5	5	6	6	6	7	7	7	8			
大運 女	九	九	九	十	春	九	九	九	八	八	八	七	七	七	六	六	六	五	五	五	四	四	四	三	三	三	二	二			

3월 (甲寅) 乙卯 (경칩) 驚蟄 6日 23:25 春分 22日

陽曆	1	2	3	4	5	6	7	8	9	10	11	12	13	14	15	16	17	18	19	20	21	22	23	24	25	26	27	28	29	30	31
요일	木	金	土	日	月	火	水	木	金	土	日	月	火	水	木	金	2	日	月	火	水	木	金	土	日	月	火	水	木	金	土
陰曆	14	15	16	17	18	19	20	21	22	23	24	25	26	27	28	29	1	2	3	4	5	6	7	8	9	10	11	12	13	14	15
日辰	癸	甲	乙	丙	丁	戊	己	庚	辛	壬	癸	甲	乙	丙	丁	戊	己	庚	辛	壬	癸	甲	乙	丙	丁	戊	己	庚	辛	壬	癸
	酉	戌	亥	子	丑	寅	卯	辰	巳	午	未	申	酉	戌	亥	子	丑	寅	卯	辰	巳	午	未	申	酉	戌	亥	子	丑	寅	卯
大運 男	8	8	9	9	9	驚	1	1	1	1	2	2	2	3	3	3	4	4	4	5	5	5	6	6	6	7	7	7	8	8	8
大運 女	二	一	一	一	一	蟄	十	十	九	九	九	八	八	八	七	七	七	六	六	六	五	五	五	四	四	四	三	三	三	二	二

4월 (乙卯) 丙辰 (청명) 清明 6日 04:46 穀雨 21日

陽曆	1	2	3	4	5	6	7	8	9	10	11	12	13	14	15	16	17	18	19	20	21	22	23	24	25	26	27	28	29	30	
요일	日	月	火	水	木	金	土	日	月	火	水	木	金	土	日	3	火	水	木	金	土	日	月	火	水	木	金	土	日	月	
陰曆	16	17	18	19	20	21	22	23	24	25	26	27	28	29	30	1	2	3	4	5	6	7	8	9	10	11	12	13	14	15	
日辰	甲	乙	丙	丁	戊	己	庚	辛	壬	癸	甲	乙	丙	丁	戊	己	庚	辛	壬	癸	甲	乙	丙	丁	戊	己	庚	辛	壬	癸	
	辰	巳	午	未	申	酉	戌	亥	子	丑	寅	卯	辰	巳	午	未	申	酉	戌	亥	子	丑	寅	卯	辰	巳	午	未	申	酉	
大運 男	9	9	9	10	10	清	1	1	1	1	2	2	2	3	3	3	4	4	4	5	5	5	6	6	6	7	7	7	8	8	
大運 女	二	一	一	一	一	明	十	九	九	九	八	八	八	七	七	七	六	六	六	五	五	五	四	四	四	三	三	三	二	二	

5월 (丙辰) 丁巳 (입하) 立夏 6日 22:38 小滿 22日

陽曆	1	2	3	4	5	6	7	8	9	10	11	12	13	14	15	16	17	18	19	20	21	22	23	24	25	26	27	28	29	30	31
요일	火	水	木	金	土	日	月	火	水	木	金	土	日	月	火	4	木	金	土	日	月	火	水	木	金	土	日	月	火	水	木
陰曆	16	17	18	19	20	21	22	23	24	25	26	27	28	29	30	1	2	3	4	5	6	7	8	9	10	11	12	13	14	15	16
日辰	甲	乙	丙	丁	戊	己	庚	辛	壬	癸	甲	乙	丙	丁	戊	己	庚	辛	壬	癸	甲	乙	丙	丁	戊	己	庚	辛	壬	癸	甲
	戌	亥	子	丑	寅	卯	辰	巳	午	未	申	酉	戌	亥	子	丑	寅	卯	辰	巳	午	未	申	酉	戌	亥	子	丑	寅	卯	辰
大運 男	8	9	9	9	10	立	1	1	1	1	2	2	2	3	3	3	4	4	4	5	5	5	6	6	6	7	7	7	8	8	8
大運 女	二	一	一	一	一	夏	十	十	十	九	九	九	八	八	八	七	七	七	六	六	六	五	五	五	四	四	四	三	三	三	二

6월 (丁巳) 戊午 (망종) 芒種 7日 03:14 夏至 22日

陽曆	1	2	3	4	5	6	7	8	9	10	11	12	13	14	15	16	17	18	19	20	21	22	23	24	25	26	27	28	29	30	
요일	金	土	日	月	火	水	木	金	土	日	月	火	水	5	金	土	日	月	火	水	木	金	土	日	月	火	水	木	金	土	
陰曆	17	18	19	20	21	22	23	24	25	26	27	28	29	1	2	3	4	5	6	7	8	9	10	11	12	13	14	15	16	17	
日辰	乙	丙	丁	戊	己	庚	辛	壬	癸	甲	乙	丙	丁	戊	己	庚	辛	壬	癸	甲	乙	丙	丁	戊	己	庚	辛	壬	癸	甲	
	巳	午	未	申	酉	戌	亥	子	丑	寅	卯	辰	巳	午	未	申	酉	戌	亥	子	丑	寅	卯	辰	巳	午	未	申	酉	戌	
大運 男	9	9	9	10	10	10	芒	1	1	1	1	2	2	2	3	3	3	4	4	4	5	5	5	6	6	6	7	7	7	8	
大運 女	二	二	一	一	一	一	種	十	十	九	九	九	八	八	八	七	七	七	六	六	六	五	五	五	四	四	四	三	三	三	

大海水星 二日得辛 西大將 酉弔客 寒食(4월 06일) 初伏(7월 16일)
五黃土星 九龍治水 丑喪門 西三殺 中伏(7월 26일) 末伏(8월 15일)

7월 (戊午) 己未 (소서) 小暑 8日 13:42 大暑 24日

陽曆		1	2	3	4	5	6	7	8	9	10	11	12	13	14	15	16	17	18	19	20	21	22	23	24	25	26	27	28	29	30	31
요일		日	月	火	水	木	金	土	日	月	火	水	木	金	6/1	日	月	火	水	木	金	土	日	月	火	水	木	金	土	日	月	火
陰曆		18	19	20	21	22	23	24	25	26	27	28	29	30		2	3	4	5	6	7	8	9	10	11	12	13	14	15	16	17	18
日辰		乙	丙	丁	戊	己	庚	辛	壬	癸	甲	乙	丙	丁	戊	己	庚	辛	壬	癸	甲	乙	丙	丁	戊	己	庚	辛	壬	癸	甲	乙
		亥	子	丑	寅	卯	辰	巳	午	未	申	酉	戌	亥	子	丑	寅	卯	辰	巳	午	未	申	酉	戌	亥	子	丑	寅	卯	辰	巳
大	男	8	8	9	9	9	10	10	小	1	1	1	1	2	2	2	3	3	3	4	4	4	5	5	5	6	6	6	7	7	7	8
運	女	二	二	二	一	一	一	一	暑	十	十	九	九	九	八	八	八	七	七	七	六	六	六	五	五	五	四	四	四	三	三	三

8월 (己未) 庚申 (입추) 立秋 8日 23:25 處暑 24日

陽曆		1	2	3	4	5	6	7	8	9	10	11	12	13	14	15	16	17	18	19	20	21	22	23	24	25	26	27	28	29	30	31
요일		水	木	金	土	日	月	火	水	木	金	土	7/1	月	火	水	木	金	土	日	月	火	水	木	金	土	日	月	火	水	木	金
陰曆		19	20	21	22	23	24	25	26	27	28	29		2	3	4	5	6	7	8	9	10	11	12	13	14	15	16	17	18	19	20
日辰		丙	丁	戊	己	庚	辛	壬	癸	甲	乙	丙	丁	戊	己	庚	辛	壬	癸	甲	乙	丙	丁	戊	己	庚	辛	壬	癸	甲	乙	丙
		午	未	申	酉	戌	亥	子	丑	寅	卯	辰	巳	午	未	申	酉	戌	亥	子	丑	寅	卯	辰	巳	午	未	申	酉	戌	亥	子
大	男	8	8	9	9	9	10	10	立	1	1	1	1	2	2	2	3	3	3	4	4	4	5	5	5	6	6	6	7	7	7	8
運	女	二	二	二	一	一	一	一	秋	十	十	十	九	九	九	八	八	八	七	七	七	六	六	六	五	五	五	四	四	四	三	三

9월 (庚申) 辛酉 (백로) 白露 9日 01:57 秋分 24日

陽曆		1	2	3	4	5	6	7	8	9	10	11	12	13	14	15	16	17	18	19	20	21	22	23	24	25	26	27	28	29	30	
요일		土	日	月	火	水	木	金	土	日	月	8/1	水	木	金	土	日	月	火	水	木	金	土	日	月	火	水	木	金	土	日	
陰曆		21	22	23	24	25	26	27	28	29	30		2	3	4	5	6	7	8	9	10	11	12	13	14	15	16	17	18	19	20	
日辰		丁	戊	己	庚	辛	壬	癸	甲	乙	丙	丁	戊	己	庚	辛	壬	癸	甲	乙	丙	丁	戊	己	庚	辛	壬	癸	甲	乙	丙	
		丑	寅	卯	辰	巳	午	未	申	酉	戌	亥	子	丑	寅	卯	辰	巳	午	未	申	酉	戌	亥	子	丑	寅	卯	辰	巳	午	
大	男	8	8	9	9	9	10	10	10	白	1	1	1	1	2	2	2	3	3	3	4	4	4	5	5	5	6	6	6	7	7	
運	女	三	二	二	二	一	一	一	一	露	十	九	九	九	八	八	八	七	七	七	六	六	六	五	五	五	四	四	四	三	三	

10월 (辛酉) 壬戌 (한로) 寒露 9日 17:03 霜降 24日

陽曆		1	2	3	4	5	6	7	8	9	10	11	12	13	14	15	16	17	18	19	20	21	22	23	24	25	26	27	28	29	30	31
요일		月	火	水	木	金	土	日	月	火	9/1	木	金	土	日	月	火	水	木	金	土	日	月	火	水	木	金	土	日	月	火	水
陰曆		21	22	23	24	25	26	27	28	29		2	3	4	5	6	7	8	9	10	11	12	13	14	15	16	17	18	19	20	21	22
日辰		丁	戊	己	庚	辛	壬	癸	甲	乙	丙	丁	戊	己	庚	辛	壬	癸	甲	乙	丙	丁	戊	己	庚	辛	壬	癸	甲	乙	丙	丁
		未	申	酉	戌	亥	子	丑	寅	卯	辰	巳	午	未	申	酉	戌	亥	子	丑	寅	卯	辰	巳	午	未	申	酉	戌	亥	子	丑
大	男	7	8	8	8	9	9	9	10	寒	1	1	1	1	2	2	2	3	3	3	4	4	4	5	5	5	6	6	6	7	7	7
運	女	三	二	二	二	一	一	一	一	露	十	九	九	九	八	八	八	七	七	七	六	六	六	五	五	五	四	四	四	三	三	三

11월 (壬戌) 癸亥 (입동) 立冬 8日 19:40 小雪 23日

陽曆		1	2	3	4	5	6	7	8	9	10	11	12	13	14	15	16	17	18	19	20	21	22	23	24	25	26	27	28	29	30	
요일		木	金	土	日	月	火	水	木	10/1	土	日	月	火	水	木	金	土	日	月	火	水	木	金	土	日	月	火	水	木	金	
陰曆		23	24	25	26	27	28	29	30		2	3	4	5	6	7	8	9	10	11	12	13	14	15	16	17	18	19	20	21	22	
日辰		戊	己	庚	辛	壬	癸	甲	乙	丙	丁	戊	己	庚	辛	壬	癸	甲	乙	丙	丁	戊	己	庚	辛	壬	癸	甲	乙	丙	丁	
		寅	卯	辰	巳	午	未	申	酉	戌	亥	子	丑	寅	卯	辰	巳	午	未	申	酉	戌	亥	子	丑	寅	卯	辰	巳	午	未	
大	男	8	8	8	9	9	9	10	立	1	1	1	1	2	2	2	3	3	3	4	4	4	5	5	5	6	6	6	7	7	7	
運	女	二	二	二	一	一	一	一	冬	十	九	九	九	八	八	八	七	七	七	六	六	六	五	五	五	四	四	四	三	三	三	

12월 (癸亥) 甲子 (대설) 大雪 8日 12:05 冬至 23日

陽曆		1	2	3	4	5	6	7	8	9	10	11	12	13	14	15	16	17	18	19	20	21	22	23	24	25	26	27	28	29	30	31
요일		土	日	月	火	水	木	金	11/1	日	月	火	水	木	金	土	日	月	火	水	木	金	土	日	月	火	水	木	金	土	日	月
陰曆		23	24	25	26	27	28	29		2	3	4	5	6	7	8	9	10	11	12	13	14	15	16	17	18	19	20	21	22	23	24
日辰		戊	己	庚	辛	壬	癸	甲	乙	丙	丁	戊	己	庚	辛	壬	癸	甲	乙	丙	丁	戊	己	庚	辛	壬	癸	甲	乙	丙	丁	戊
		申	酉	戌	亥	子	丑	寅	卯	辰	巳	午	未	申	酉	戌	亥	子	丑	寅	卯	辰	巳	午	未	申	酉	戌	亥	子	丑	寅
大	男	8	8	8	9	9	9	10	大	1	1	1	1	2	2	2	3	3	3	4	4	4	5	5	5	6	6	6	7	7	7	8
運	女	二	二	二	一	一	一	一	雪	九	九	九	八	八	八	七	七	七	六	六	六	五	五	五	四	四	四	三	三	三	二	二

1월 (甲子) 乙丑 (소한) 小寒 6日 23:06 大寒 21日

陽曆		1	2	3	4	5	6	7	8	9	10	11	12	13	14	15	16	17	18	19	20	21	22	23	24	25	26	27	28	29	30	31
요일		火	水	木	金	土	12	月	火	水	木	金	土	日	月	火	水	木	金	土	日	月	火	水	木	金	土	日	月	火	水	木
陰曆		25	26	27	28	29	1	2	3	4	5	6	7	8	9	10	11	12	13	14	15	16	17	18	19	20	21	22	23	24	25	26
日辰		己	庚	辛	壬	癸	甲	乙	丙	丁	戊	己	庚	辛	壬	癸	甲	乙	丙	丁	戊	己	庚	辛	壬	癸	甲	乙	丙	丁	戊	己
		卯	辰	巳	午	未	申	酉	戌	亥	子	丑	寅	卯	辰	巳	午	未	申	酉	戌	亥	子	丑	寅	卯	辰	巳	午	未	申	酉
大	男	8	8	9	9	9	小	1	1	1	1	2	2	2	3	3	3	4	4	4	5	5	5	6	6	6	7	7	7	8	8	8
運	女	二	一	一	一	一	寒	十	九	九	九	八	八	八	七	七	七	六	六	六	五	五	五	四	四	四	三	三	三	二	二	二

2월 (乙丑) 丙寅 (입춘) 立春 5日 10:50 雨水 20日

陽曆		1	2	3	4	5	6	7	8	9	10	11	12	13	14	15	16	17	18	19	20	21	22	23	24	25	26	27	28	29		
요일		金	土	日	月	1	水	木	金	土	日	月	火	水	木	金	土	日	月	火	水	木	金	土	日	月	火	水	木	金		
陰曆		27	28	29	30	1	2	3	4	5	6	7	8	9	10	11	12	13	14	15	16	17	18	19	20	21	22	23	24	25		
日辰		庚	辛	壬	癸	甲	乙	丙	丁	戊	己	庚	辛	壬	癸	甲	乙	丙	丁	戊	己	庚	辛	壬	癸	甲	乙	丙	丁	戊		
		戌	亥	子	丑	寅	卯	辰	巳	午	未	申	酉	戌	亥	子	丑	寅	卯	辰	巳	午	未	申	酉	戌	亥	子	丑	寅		
大	男	9	9	9	10	立	10	9	9	9	8	8	8	7	7	7	6	6	6	5	5	5	4	4	4	3	3	3	2	2		
運	女	一	一	一	一	春	一	一	一	一	二	二	二	三	三	三	四	四	四	五	五	五	六	六	六	七	七	七	八	八		

3월 (丙寅) 丁卯 (경칩) 驚蟄 6日 05:13 春分 21日

陽曆		1	2	3	4	5	6	7	8	9	10	11	12	13	14	15	16	17	18	19	20	21	22	23	24	25	26	27	28	29	30	31
요일		土	日	月	火	水	2	金	土	日	月	火	水	木	金	土	日	月	火	水	木	金	土	日	月	火	水	木	金	土	日	月
陰曆		26	27	28	29	30	1	2	3	4	5	6	7	8	9	10	11	12	13	14	15	16	17	18	19	20	21	22	23	24	25	26
日辰		己	庚	辛	壬	癸	甲	乙	丙	丁	戊	己	庚	辛	壬	癸	甲	乙	丙	丁	戊	己	庚	辛	壬	癸	甲	乙	丙	丁	戊	己
		卯	辰	巳	午	未	申	酉	戌	亥	子	丑	寅	卯	辰	巳	午	未	申	酉	戌	亥	子	丑	寅	卯	辰	巳	午	未	申	酉
大	男	2	1	1	1	1	驚	10	9	9	9	8	8	8	7	7	7	6	6	6	5	5	5	4	4	4	3	3	3	2	2	2
運	女	八	九	九	九	十	蟄	一	一	一	一	二	二	二	三	三	三	四	四	四	五	五	五	六	六	六	七	七	七	八	八	八

4월 (丁卯) 戊辰 (청명) 清明 5日 10:33 穀雨 20日

陽曆		1	2	3	4	5	6	7	8	9	10	11	12	13	14	15	16	17	18	19	20	21	22	23	24	25	26	27	28	29	30	
요일		火	水	木	3	土	日	月	火	水	木	金	土	日	月	火	水	木	金	土	日	月	火	水	木	金	土	日	月	火	水	
陰曆		27	28	29	1	2	3	4	5	6	7	8	9	10	11	12	13	14	15	16	17	18	19	20	21	22	23	24	25	26	27	
日辰		庚	辛	壬	癸	甲	乙	丙	丁	戊	己	庚	辛	壬	癸	甲	乙	丙	丁	戊	己	庚	辛	壬	癸	甲	乙	丙	丁	戊	己	
		戌	亥	子	丑	寅	卯	辰	巳	午	未	申	酉	戌	亥	子	丑	寅	卯	辰	巳	午	未	申	酉	戌	亥	子	丑	寅	卯	
大	男	1	1	1	1	清	10	10	9	9	9	8	8	8	7	7	7	6	6	6	5	5	5	4	4	4	3	3	3	2	2	
運	女	九	九	九	十	明	一	一	一	一	二	二	二	三	三	三	四	四	四	五	五	五	六	六	六	七	七	七	八	八	八	

5월 (戊辰) 己巳 (입하) 立夏 6日 04:26 小滿 21日

陽曆		1	2	3	4	5	6	7	8	9	10	11	12	13	14	15	16	17	18	19	20	21	22	23	24	25	26	27	28	29	30	31
요일		木	金	土	4	月	火	水	木	金	土	日	月	火	水	木	金	土	日	月	火	水	木	金	土	日	月	火	水	木	金	土
陰曆		28	29	30	1	2	3	4	5	6	7	8	9	10	11	12	13	14	15	16	17	18	19	20	21	22	23	24	25	26	27	28
日辰		庚	辛	壬	癸	甲	乙	丙	丁	戊	己	庚	辛	壬	癸	甲	乙	丙	丁	戊	己	庚	辛	壬	癸	甲	乙	丙	丁	戊	己	庚
		辰	巳	午	未	申	酉	戌	亥	子	丑	寅	卯	辰	巳	午	未	申	酉	戌	亥	子	丑	寅	卯	辰	巳	午	未	申	酉	戌
大	男	2	1	1	1	1	立	10	10	9	9	9	8	8	8	7	7	7	6	6	6	5	5	5	4	4	4	3	3	3	2	2
運	女	九	九	九	十	十	夏	一	一	一	一	二	二	二	三	三	三	四	四	四	五	五	五	六	六	六	七	七	七	八	八	八

6월 (己巳) 庚午 (망종) 芒種 6日 09:02 夏至 22日

陽曆		1	2	3	4	5	6	7	8	9	10	11	12	13	14	15	16	17	18	19	20	21	22	23	24	25	26	27	28	29	30	
요일		日	5	火	水	木	金	土	日	月	火	水	木	金	土	日	月	火	水	木	金	土	日	月	火	水	木	金	土	日	月	
陰曆		29	1	2	3	4	5	6	7	8	9	10	11	12	13	14	15	16	17	18	19	20	21	22	23	24	25	26	27	28	29	
日辰		辛	壬	癸	甲	乙	丙	丁	戊	己	庚	辛	壬	癸	甲	乙	丙	丁	戊	己	庚	辛	壬	癸	甲	乙	丙	丁	戊	己	庚	
		亥	子	丑	寅	卯	辰	巳	午	未	申	酉	戌	亥	子	丑	寅	卯	辰	巳	午	未	申	酉	戌	亥	子	丑	寅	卯	辰	
大	男	2	1	1	1	1	芒	10	10	9	9	9	8	8	8	7	7	7	6	6	6	5	5	5	4	4	4	3	3	3	2	
運	女	九	九	九	十	十	種	一	一	一	一	二	二	二	三	三	三	四	四	四	五	五	五	六	六	六	七	七	七	八	八	

7월 (庚午) 辛未 (소서) 小暑 7日 19:30 大暑 23日

陽曆	1	2	3	4	5	6	7	8	9	10	11	12	13	14	15	16	17	18	19	20	21	22	23	24	25	26	27	28	29	30	31
요일	火	6/1	木	金	土	日	月	火	水	木	金	土	日	月	火	水	木	金	土	日	月	火	水	木	金	土	日	月	火	水	木
陰曆	30		2	3	4	5	6	7	8	9	10	11	12	13	14	15	16	17	18	19	20	21	22	23	24	25	26	27	28	29	30
日辰	辛	壬	癸	甲	乙	丙	丁	戊	己	庚	辛	壬	癸	甲	乙	丙	丁	戊	己	庚	辛	壬	癸	甲	乙	丙	丁	戊	己	庚	辛
	巳	午	未	申	酉	戌	亥	子	丑	寅	卯	辰	巳	午	未	申	酉	戌	亥	子	丑	寅	卯	辰	巳	午	未	申	酉	戌	亥
大運 男	2	2	1	1	1	1	小	10	10	10	9	9	9	8	8	8	7	7	7	6	6	6	5	5	5	4	4	4	3	3	3
大運 女	八	九	九	九	十	十	暑	一	一	一	一	二	二	二	三	三	三	四	四	四	五	五	五	六	六	六	七	七	七	八	八

8월 (辛未) 壬申 (입추) 立秋 8日 05:12 處署 23日

陽曆	1	2	3	4	5	6	7	8	9	10	11	12	13	14	15	16	17	18	19	20	21	22	23	24	25	26	27	28	29	30	31
요일	7/1	土	日	月	火	水	木	金	土	日	月	火	水	木	金	土	日	月	火	水	木	金	土	日	月	火	水	木	金	8/1	日
陰曆		2	3	4	5	6	7	8	9	10	11	12	13	14	15	16	17	18	19	20	21	22	23	24	25	26	27	28	29		2
日辰	壬	癸	甲	乙	丙	丁	戊	己	庚	辛	壬	癸	甲	乙	丙	丁	戊	己	庚	辛	壬	癸	甲	乙	丙	丁	戊	己	庚	辛	壬
	子	丑	寅	卯	辰	巳	午	未	申	酉	戌	亥	子	丑	寅	卯	辰	巳	午	未	申	酉	戌	亥	子	丑	寅	卯	辰	巳	午
大運 男	2	2	2	1	1	1	1	立	10	10	9	9	9	8	8	8	7	7	7	6	6	6	5	5	5	4	4	4	3	3	3
大運 女	八	九	九	九	十	十	十	秋	一	一	一	一	二	二	二	三	三	三	四	四	四	五	五	五	六	六	六	七	七	七	八

9월 (壬申) 癸酉 (백로) 白露 8日 07:46 秋分 23日

陽曆	1	2	3	4	5	6	7	8	9	10	11	12	13	14	15	16	17	18	19	20	21	22	23	24	25	26	27	28	29	30	
요일	月	火	水	木	金	土	日	月	火	水	木	金	土	日	月	火	水	木	金	土	日	月	火	水	木	金	土	日	9/1	火	
陰曆	3	4	5	6	7	8	9	10	11	12	13	14	15	16	17	18	19	20	21	22	23	24	25	26	27	28	29	30		2	
日辰	癸	甲	乙	丙	丁	戊	己	庚	辛	壬	癸	甲	乙	丙	丁	戊	己	庚	辛	壬	癸	甲	乙	丙	丁	戊	己	庚	辛	壬	
	未	申	酉	戌	亥	子	丑	寅	卯	辰	巳	午	未	申	酉	戌	亥	子	丑	寅	卯	辰	巳	午	未	申	酉	戌	亥	子	
大運 男	2	2	2	1	1	1	1	白	10	9	9	9	8	8	8	7	7	7	6	6	6	5	5	5	4	4	4	3	3	3	
大運 女	八	八	九	九	九	十	十	露	一	一	一	一	二	二	二	三	三	三	四	四	四	五	五	五	六	六	六	七	七	七	

10월 (癸酉) 甲戌 (한로) 寒露 8日 22:52 霜降 24日

陽曆	1	2	3	4	5	6	7	8	9	10	11	12	13	14	15	16	17	18	19	20	21	22	23	24	25	26	27	28	29	30	31
요일	水	木	金	土	日	月	火	水	木	金	土	日	月	火	水	木	金	土	日	月	火	水	木	金	土	日	月	10/1	水	木	金
陰曆	3	4	5	6	7	8	9	10	11	12	13	14	15	16	17	18	19	20	21	22	23	24	25	26	27	28	29		2	3	4
日辰	癸	甲	乙	丙	丁	戊	己	庚	辛	壬	癸	甲	乙	丙	丁	戊	己	庚	辛	壬	癸	甲	乙	丙	丁	戊	己	庚	辛	壬	癸
	丑	寅	卯	辰	巳	午	未	申	酉	戌	亥	子	丑	寅	卯	辰	巳	午	未	申	酉	戌	亥	子	丑	寅	卯	辰	巳	午	未
大運 男	2	2	2	1	1	1	1	寒	10	10	9	9	9	8	8	8	7	7	7	6	6	6	5	5	5	4	4	4	3	3	3
大運 女	八	八	八	九	九	九	十	露	一	一	一	一	二	二	二	三	三	三	四	四	四	五	五	五	六	六	六	七	七	七	八

11월 (甲戌) 乙亥 (입동) 立冬 8日 01:29 小雪 22日

陽曆	1	2	3	4	5	6	7	8	9	10	11	12	13	14	15	16	17	18	19	20	21	22	23	24	25	26	27	28	29	30	
요일	土	日	月	火	水	木	金	土	日	月	火	水	木	金	土	日	月	火	水	木	金	土	日	月	火	水	11/1	金	土	日	
陰曆	5	6	7	8	9	10	11	12	13	14	15	16	17	18	19	20	21	22	23	24	25	26	27	28	29	30		2	3	4	
日辰	甲	乙	丙	丁	戊	己	庚	辛	壬	癸	甲	乙	丙	丁	戊	己	庚	辛	壬	癸	甲	乙	丙	丁	戊	己	庚	辛	壬	癸	
	申	酉	戌	亥	子	丑	寅	卯	辰	巳	午	未	申	酉	戌	亥	子	丑	寅	卯	辰	巳	午	未	申	酉	戌	亥	子	丑	
大運 男	2	2	2	1	1	1	1	立	9	9	9	8	8	8	7	7	7	6	6	6	5	5	5	4	4	4	3	3	3	2	
大運 女	八	八	九	九	九	十	十	冬	一	一	一	一	二	二	二	三	三	三	四	四	四	五	五	五	六	六	六	七	七	七	

12월 (乙亥) 丙子 (대설) 大雪 7日 17:53 冬至 22日

陽曆	1	2	3	4	5	6	7	8	9	10	11	12	13	14	15	16	17	18	19	20	21	22	23	24	25	26	27	28	29	30	31
요일	月	火	水	木	金	土	日	月	火	水	木	金	土	日	月	火	水	木	金	土	日	月	火	水	木	12/1	土	日	月	火	水
陰曆	5	6	7	8	9	10	11	12	13	14	15	16	17	18	19	20	21	22	23	24	25	26	27	28	29		2	3	4	5	6
日辰	甲	乙	丙	丁	戊	己	庚	辛	壬	癸	甲	乙	丙	丁	戊	己	庚	辛	壬	癸	甲	乙	丙	丁	戊	己	庚	辛	壬	癸	甲
	寅	卯	辰	巳	午	未	申	酉	戌	亥	子	丑	寅	卯	辰	巳	午	未	申	酉	戌	亥	子	丑	寅	卯	辰	巳	午	未	申
大運 男	2	2	2	1	1	1	大	10	9	9	9	8	8	8	7	7	7	6	6	6	5	5	5	4	4	4	3	3	3	2	2
大運 女	八	八	八	九	九	九	雪	一	一	一	一	二	二	二	三	三	三	四	四	四	五	五	五	六	六	六	七	七	七	八	八

西紀 1925년 # 乙丑 檀紀 4258년

1월 (丙子) 丁丑 (소한) 小寒 6日 04:53 大寒 20日

陽曆		1	2	3	4	5	6	7	8	9	10	11	12	13	14	15	16	17	18	19	20	21	22	23	24	25	26	27	28	29	30	31
요일		木	金	土	日	月	火	水	木	金	土	日	月	火	水	木	金	土	日	月	火	水	木	金	1/	日	月	火	水	木	金	土
陰曆		7	8	9	10	11	12	13	14	15	16	17	18	19	20	21	22	23	24	25	26	27	28	29	1	2	3	4	5	6	7	8
日辰		乙	丙	丁	戊	己	庚	辛	壬	癸	甲	乙	丙	丁	戊	己	庚	辛	壬	癸	甲	乙	丙	丁	戊	己	庚	辛	壬	癸	甲	乙
		酉	戌	亥	子	丑	寅	卯	辰	巳	午	未	申	酉	戌	亥	子	丑	寅	卯	辰	巳	午	未	申	酉	戌	亥	子	丑	寅	卯
大	男	2	1	1	1	1	小	9	9	9	8	8	8	7	7	7	6	6	6	5	5	5	4	4	4	3	3	3	2	2	2	1
運	女	八	九	九	九	十	寒	一	一	一	一	二	二	二	三	三	三	四	四	四	五	五	五	六	六	六	七	七	七	八	八	八

2월 (丁丑) 戊寅 (입춘) 立春 4日 16:37 雨水 19日

陽曆		1	2	3	4	5	6	7	8	9	10	11	12	13	14	15	16	17	18	19	20	21	22	23	24	25	26	27	28			
요일		日	月	火	水	木	金	土	日	月	火	水	木	金	土	日	月	火	水	木	金	土	日	2/	火	水	木	金	土			
陰曆		9	10	11	12	13	14	15	16	17	18	19	20	21	22	23	24	25	26	27	28	29	30	1	2	3	4	5	6			
日辰		丙	丁	戊	己	庚	辛	壬	癸	甲	乙	丙	丁	戊	己	庚	辛	壬	癸	甲	乙	丙	丁	戊	己	庚	辛	壬	癸			
		辰	巳	午	未	申	酉	戌	亥	子	丑	寅	卯	辰	巳	午	未	申	酉	戌	亥	子	丑	寅	卯	辰	巳	午	未			
大	男	1	1	1	立	1	1	1	1	2	2	2	3	3	3	4	4	4	5	5	5	6	6	6	7	7	7	8	8			
運	女	九	九	九	春	十	九	九	九	八	八	八	七	七	七	六	六	六	五	五	五	四	四	四	三	三	三	二	二			

3월 (戊寅) 己卯 (경칩) 驚蟄 6日 11:00 春分 21日

陽曆		1	2	3	4	5	6	7	8	9	10	11	12	13	14	15	16	17	18	19	20	21	22	23	24	25	26	27	28	29	30	31
요일		日	月	火	水	木	金	土	日	月	火	水	木	金	土	日	月	火	水	木	金	土	日	月	3/	水	木	金	土	日	月	火
陰曆		7	8	9	10	11	12	13	14	15	16	17	18	19	20	21	22	23	24	25	26	27	28	29	1	2	3	4	5	6	7	8
日辰		甲	乙	丙	丁	戊	己	庚	辛	壬	癸	甲	乙	丙	丁	戊	己	庚	辛	壬	癸	甲	乙	丙	丁	戊	己	庚	辛	壬	癸	甲
		申	酉	戌	亥	子	丑	寅	卯	辰	巳	午	未	申	酉	戌	亥	子	丑	寅	卯	辰	巳	午	未	申	酉	戌	亥	子	丑	寅
大	男	8	9	9	9	10	驚	1	1	1	1	2	2	2	3	3	3	4	4	4	5	5	5	6	6	6	7	7	7	8	8	8
運	女	二	一	一	一	一	蟄	十	九	九	九	八	八	八	七	七	七	六	六	六	五	五	五	四	四	四	三	三	三	二	二	二

4월 (己卯) 庚辰 (청명) 清明 5日 16:23 穀雨 20日

陽曆		1	2	3	4	5	6	7	8	9	10	11	12	13	14	15	16	17	18	19	20	21	22	23	24	25	26	27	28	29	30	
요일		水	木	金	土	日	月	火	水	木	金	土	日	月	火	水	木	金	土	日	月	火	水	4/	金	土	日	月	火	水	木	
陰曆		9	10	11	12	13	14	15	16	17	18	19	20	21	22	23	24	25	26	27	28	29	30	1	2	3	4	5	6	7	8	
日辰		乙	丙	丁	戊	己	庚	辛	壬	癸	甲	乙	丙	丁	戊	己	庚	辛	壬	癸	甲	乙	丙	丁	戊	己	庚	辛	壬	癸	甲	
		卯	辰	巳	午	未	申	酉	戌	亥	子	丑	寅	卯	辰	巳	午	未	申	酉	戌	亥	子	丑	寅	卯	辰	巳	午	未	申	
大	男	9	9	9	10	清	1	1	1	1	2	2	2	3	3	3	4	4	4	5	5	5	6	6	6	7	7	7	8	8	8	
運	女	一	一	一	一	明	十	十	九	九	九	八	八	八	七	七	七	六	六	六	五	五	五	四	四	四	三	三	三	二	二	

5월 (庚辰) 辛巳 (입하) 立夏 6日 10:18 小滿 21日

陽曆		1	2	3	4	5	6	7	8	9	10	11	12	13	14	15	16	17	18	19	20	21	22	23	24	25	26	27	28	29	30	31
요일		金	土	日	月	火	水	木	金	土	日	月	火	水	木	金	土	日	月	火	水	木	金	윤4/	日	月	火	水	木	金	土	日
陰曆		9	10	11	12	13	14	15	16	17	18	19	20	21	22	23	24	25	26	27	28	29	30	1	2	3	4	5	6	7	8	9
日辰		乙	丙	丁	戊	己	庚	辛	壬	癸	甲	乙	丙	丁	戊	己	庚	辛	壬	癸	甲	乙	丙	丁	戊	己	庚	辛	壬	癸	甲	乙
		酉	戌	亥	子	丑	寅	卯	辰	巳	午	未	申	酉	戌	亥	子	丑	寅	卯	辰	巳	午	未	申	酉	戌	亥	子	丑	寅	卯
大	男	9	9	9	10	10	立	1	1	1	1	2	2	2	3	3	3	4	4	4	5	5	5	6	6	6	7	7	7	8	8	8
運	女	二	一	一	一	一	夏	十	十	九	九	九	八	八	八	七	七	七	六	六	六	五	五	五	四	四	四	三	三	三	二	二

6월 (辛巳) 壬午 (망종) 芒種 6日 14:56 夏至 22日

陽曆		1	2	3	4	5	6	7	8	9	10	11	12	13	14	15	16	17	18	19	20	21	22	23	24	25	26	27	28	29	30	
요일		月	火	水	木	金	土	日	月	火	水	木	金	土	日	月	火	水	木	金	土	5/	月	火	水	木	金	土	日	月	火	
陰曆		10	11	12	13	14	15	16	17	18	19	20	21	22	23	24	25	26	27	28	29	1	2	3	4	5	6	7	8	9	10	
日辰		丙	丁	戊	己	庚	辛	壬	癸	甲	乙	丙	丁	戊	己	庚	辛	壬	癸	甲	乙	丙	丁	戊	己	庚	辛	壬	癸	甲	乙	
		辰	巳	午	未	申	酉	戌	亥	子	丑	寅	卯	辰	巳	午	未	申	酉	戌	亥	子	丑	寅	卯	辰	巳	午	未	申	酉	
大	男	9	9	9	10	10	芒	1	1	1	1	2	2	2	3	3	3	4	4	4	5	5	5	6	6	6	7	7	7	8	8	
運	女	二	一	一	一	一	種	十	十	十	九	九	九	八	八	八	七	七	七	六	六	六	五	五	五	四	四	四	三	三	三	

海中金星 四日得辛 西大將 亥喪門 寒食(4월 06일) 初伏(7월 14일)
三碧木星 九龍治水 卯喪門 東三殺 中伏(7월 24일) 末伏(8월 13일)

7월 (壬午) 癸未 (소서) 小署 8日 01:25 大署 23日

陽曆	1	2	3	4	5	6	7	8	9	10	11	12	13	14	15	16	17	18	19	20	21	22	23	24	25	26	27	28	29	30	31
요일	水	木	金	土	日	月	火	水	木	金	土	日	月	火	水	木	金	土	日	月	6/	水	木	金	土	日	月	火	水	木	金
陰曆	11	12	13	14	15	16	17	18	19	20	21	22	23	24	25	26	27	28	29	30	1	2	3	4	5	6	7	8	9	10	11
日辰	丙	丁	戊	己	庚	辛	壬	癸	甲	乙	丙	丁	戊	己	庚	辛	壬	癸	甲	乙	丙	丁	戊	己	庚	辛	壬	癸	甲	乙	丙
	戌	亥	子	丑	寅	卯	辰	巳	午	未	申	酉	戌	亥	子	丑	寅	卯	辰	巳	午	未	申	酉	戌	亥	子	丑	寅	卯	辰
大 男	8	9	9	9	10	10	10	小	1	1	1	1	2	2	2	3	3	3	4	4	4	5	5	5	6	6	6	7	7	7	8
運 女	二	二	二	一	一	一	一	署	十	十	九	九	九	八	八	八	七	七	七	六	六	六	五	五	五	四	四	四	三	三	三

8월 (癸未) 甲申 (입추) 立秋 8日 11:07 處署 24日

陽曆	1	2	3	4	5	6	7	8	9	10	11	12	13	14	15	16	17	18	19	20	21	22	23	24	25	26	27	28	29	30	31
요일	土	日	月	火	水	木	金	土	日	月	火	水	木	金	土	日	月	火	7/	木	金	土	日	月	火	水	木	金	土	日	月
陰曆	12	13	14	15	16	17	18	19	20	21	22	23	24	25	26	27	28	29	1	2	3	4	5	6	7	8	9	10	11	12	13
日辰	丁	戊	己	庚	辛	壬	癸	甲	乙	丙	丁	戊	己	庚	辛	壬	癸	甲	乙	丙	丁	戊	己	庚	辛	壬	癸	甲	乙	丙	丁
	巳	午	未	申	酉	戌	亥	子	丑	寅	卯	辰	巳	午	未	申	酉	戌	亥	子	丑	寅	卯	辰	巳	午	未	申	酉	戌	亥
大 男	8	8	9	9	9	10	10	立	1	1	1	1	2	2	2	3	3	3	4	4	4	5	5	5	6	6	6	7	7	7	8
運 女	二	二	二	一	一	一	一	秋	十	十	九	九	九	八	八	八	七	七	七	六	六	六	五	五	五	四	四	四	三	三	三

9월 (甲申) 乙酉 (백로) 白露 8日 13:40 秋分 23日

陽曆	1	2	3	4	5	6	7	8	9	10	11	12	13	14	15	16	17	18	19	20	21	22	23	24	25	26	27	28	29	30
요일	火	水	木	金	土	日	月	火	水	木	金	土	日	月	火	水	木	8/	土	日	月	火	水	木	金	土	日	月	火	水
陰曆	14	15	16	17	18	19	20	21	22	23	24	25	26	27	28	29	30	1	2	3	4	5	6	7	8	9	10	11	12	13
日辰	戊	己	庚	辛	壬	癸	甲	乙	丙	丁	戊	己	庚	辛	壬	癸	甲	乙	丙	丁	戊	己	庚	辛	壬	癸	甲	乙	丙	丁
	子	丑	寅	卯	辰	巳	午	未	申	酉	戌	亥	子	丑	寅	卯	辰	巳	午	未	申	酉	戌	亥	子	丑	寅	卯	辰	巳
大 男	8	8	9	9	9	10	10	白	1	1	1	1	2	2	2	3	3	3	4	4	4	5	5	5	6	6	6	7	7	7
運 女	二	二	二	一	一	一	一	露	十	十	九	九	九	八	八	八	七	七	七	六	六	六	五	五	五	四	四	四	三	三

10월 (乙酉) 丙戌 (한로) 寒露 9日 04:47 霜降 24日

陽曆	1	2	3	4	5	6	7	8	9	10	11	12	13	14	15	16	17	18	19	20	21	22	23	24	25	26	27	28	29	30	31
요일	木	金	土	日	月	火	水	木	金	土	日	月	火	水	木	金	土	9/	月	火	水	木	金	土	日	月	火	水	木	金	土
陰曆	14	15	16	17	18	19	20	21	22	23	24	25	26	27	28	29	30	1	2	3	4	5	6	7	8	9	10	11	12	13	14
日辰	戊	己	庚	辛	壬	癸	甲	乙	丙	丁	戊	己	庚	辛	壬	癸	甲	乙	丙	丁	戊	己	庚	辛	壬	癸	甲	乙	丙	丁	戊
	午	未	申	酉	戌	亥	子	丑	寅	卯	辰	巳	午	未	申	酉	戌	亥	子	丑	寅	卯	辰	巳	午	未	申	酉	戌	亥	子
大 男	8	8	8	9	9	9	10	10	寒	1	1	1	1	2	2	2	3	3	3	4	4	4	5	5	5	6	6	6	7	7	7
運 女	三	二	二	二	一	一	一	一	露	十	九	九	九	八	八	八	七	七	七	六	六	六	五	五	五	四	四	四	三	三	三

11월 (丙戌) 丁亥 (입동) 立冬 8日 07:26 小雪 23日

陽曆	1	2	3	4	5	6	7	8	9	10	11	12	13	14	15	16	17	18	19	20	21	22	23	24	25	26	27	28	29	30
요일	日	月	火	水	木	金	土	日	月	火	水	木	金	土	日	10/	火	水	木	金	土	日	月	火	水	木	金	土	日	月
陰曆	15	16	17	18	19	20	21	22	23	24	25	26	27	28	29	1	2	3	4	5	6	7	8	9	10	11	12	13	14	15
日辰	己	庚	辛	壬	癸	甲	乙	丙	丁	戊	己	庚	辛	壬	癸	甲	乙	丙	丁	戊	己	庚	辛	壬	癸	甲	乙	丙	丁	戊
	丑	寅	卯	辰	巳	午	未	申	酉	戌	亥	子	丑	寅	卯	辰	巳	午	未	申	酉	戌	亥	子	丑	寅	卯	辰	巳	午
大 男	8	8	8	9	9	9	10	立	1	1	1	1	2	2	2	3	3	3	4	4	4	5	5	5	6	6	6	7	7	7
運 女	二	二	二	一	一	一	一	冬	九	九	九	八	八	八	七	七	七	六	六	六	五	五	五	四	四	四	三	三	三	二

12월 (丁亥) 戊子 (대설) 大雪 7日 23:52 冬至 22日

陽曆	1	2	3	4	5	6	7	8	9	10	11	12	13	14	15	16	17	18	19	20	21	22	23	24	25	26	27	28	29	30	31
요일	火	水	木	金	土	日	月	火	水	木	金	土	日	月	火	11/	木	金	土	日	月	火	水	木	金	土	日	月	火	水	木
陰曆	16	17	18	19	20	21	22	23	24	25	26	27	28	29	30	1	2	3	4	5	6	7	8	9	10	11	12	13	14	15	16
日辰	己	庚	辛	壬	癸	甲	乙	丙	丁	戊	己	庚	辛	壬	癸	甲	乙	丙	丁	戊	己	庚	辛	壬	癸	甲	乙	丙	丁	戊	己
	未	申	酉	戌	亥	子	丑	寅	卯	辰	巳	午	未	申	酉	戌	亥	子	丑	寅	卯	辰	巳	午	未	申	酉	戌	亥	子	丑
大 男	8	8	8	9	9	9	大	1	1	1	1	2	2	2	3	3	3	4	4	4	5	5	5	6	6	6	7	7	7	8	8
運 女	二	二	一	一	一	一	雪	十	九	九	九	八	八	八	七	七	七	六	六	六	五	五	五	四	四	四	三	三	三	二	二

1월 (戊子) 　己丑 (소한) 小寒 6日 10:54 　大寒 21日

陽曆	1	2	3	4	5	6	7	8	9	10	11	12	13	14	15	16	17	18	19	20	21	22	23	24	25	26	27	28	29	30	31
요일	金	土	日	月	火	水	木	金	土	日	月	火	水	12	金	土	日	月	火	水	木	金	土	日	月	火	水	木	金	土	日
陰曆	17	18	19	20	21	22	23	24	25	26	27	28	29	1	2	3	4	5	6	7	8	9	10	11	12	13	14	15	16	17	18
日辰	庚	辛	壬	癸	甲	乙	丙	丁	戊	己	庚	辛	壬	癸	甲	乙	丙	丁	戊	己	庚	辛	壬	癸	甲	乙	丙	丁	戊	己	庚
	寅	卯	辰	巳	午	未	申	酉	戌	亥	子	丑	寅	卯	辰	巳	午	未	申	酉	戌	亥	子	丑	寅	卯	辰	巳	午	未	申
大運 男	8	9	9	9	10	小	1	1	1	1	2	2	2	3	3	3	4	4	4	5	5	5	6	6	6	7	7	7	8	8	8
大運 女	二	一	一	一	一	寒	九	九	九	八	八	八	七	七	七	六	六	六	五	五	五	四	四	四	三	三	三	二	二	二	一

2월 (己丑) 　庚寅 (입춘) 立春 4日 22:38 　雨水 19日

陽曆	1	2	3	4	5	6	7	8	9	10	11	12	13	14	15	16	17	18	19	20	21	22	23	24	25	26	27	28
요일	月	火	水	木	金	土	日	月	火	水	木	金	1	日	月	火	水	木	金	土	日	月	火	水	木	金	土	日
陰曆	19	20	21	22	23	24	25	26	27	28	29	30	1	2	3	4	5	6	7	8	9	10	11	12	13	14	15	16
日辰	辛	壬	癸	甲	乙	丙	丁	戊	己	庚	辛	壬	癸	甲	乙	丙	丁	戊	己	庚	辛	壬	癸	甲	乙	丙	丁	戊
	酉	戌	亥	子	丑	寅	卯	辰	巳	午	未	申	酉	戌	亥	子	丑	寅	卯	辰	巳	午	未	申	酉	戌	亥	子
大運 男	9	9	9	立	10	10	9	9	9	8	8	8	7	7	7	6	6	6	5	5	5	4	4	4	3	3	3	2
大運 女	一	一	一	春	一	一	一	一	二	二	二	三	三	三	四	四	四	五	五	五	六	六	六	七	七	七	八	八

3월 (庚寅) 　辛卯 (경칩) 驚蟄 6日 17:00 　春分 21日

陽曆	1	2	3	4	5	6	7	8	9	10	11	12	13	14	15	16	17	18	19	20	21	22	23	24	25	26	27	28	29	30	31
요일	月	火	水	木	金	土	日	月	火	水	木	金	土	2	月	火	水	木	金	土	日	月	火	水	木	金	土	日	月	火	水
陰曆	17	18	19	20	21	22	23	24	25	26	27	28	29	1	2	3	4	5	6	7	8	9	10	11	12	13	14	15	16	17	18
日辰	己	庚	辛	壬	癸	甲	乙	丙	丁	戊	己	庚	辛	壬	癸	甲	乙	丙	丁	戊	己	庚	辛	壬	癸	甲	乙	丙	丁	戊	己
	丑	寅	卯	辰	巳	午	未	申	酉	戌	亥	子	丑	寅	卯	辰	巳	午	未	申	酉	戌	亥	子	丑	寅	卯	辰	巳	午	未
大運 男	2	1	1	1	1	驚	10	9	9	9	8	8	8	7	7	7	6	6	6	5	5	5	4	4	4	3	3	3	2	2	2
大運 女	八	九	九	九	十	蟄	一	一	一	一	二	二	二	三	三	三	四	四	四	五	五	五	六	六	六	七	七	七	八	八	八

4월 (辛卯) 　壬辰 (청명) 清明 5日 22:18 　穀雨 21日

陽曆	1	2	3	4	5	6	7	8	9	10	11	12	13	14	15	16	17	18	19	20	21	22	23	24	25	26	27	28	29	30
요일	木	金	土	日	月	火	水	木	金	土	日	3	火	水	木	金	土	日	月	火	水	木	金	土	日	月	火	水	木	金
陰曆	19	20	21	22	23	24	25	26	27	28	29	1	2	3	4	5	6	7	8	9	10	11	12	13	14	15	16	17	18	19
日辰	庚	辛	壬	癸	甲	乙	丙	丁	戊	己	庚	辛	壬	癸	甲	乙	丙	丁	戊	己	庚	辛	壬	癸	甲	乙	丙	丁	戊	己
	申	酉	戌	亥	子	丑	寅	卯	辰	巳	午	未	申	酉	戌	亥	子	丑	寅	卯	辰	巳	午	未	申	酉	戌	亥	子	丑
大運 男	1	1	1	1	清	10	10	9	9	9	8	8	8	7	7	7	6	6	6	5	5	5	4	4	4	3	3	3	2	2
大運 女	九	九	九	十	明	一	一	一	一	二	二	二	三	三	三	四	四	四	五	五	五	六	六	六	七	七	七	八	八	八

5월 (壬辰) 　癸巳 (입하) 立夏 6日 16:08 　小滿 22日

陽曆	1	2	3	4	5	6	7	8	9	10	11	12	13	14	15	16	17	18	19	20	21	22	23	24	25	26	27	28	29	30	31
요일	土	日	月	火	水	木	金	土	日	月	火	4	木	金	土	日	月	火	水	木	金	土	日	月	火	水	木	金	土	日	月
陰曆	20	21	22	23	24	25	26	27	28	29	30	1	2	3	4	5	6	7	8	9	10	11	12	13	14	15	16	17	18	19	20
日辰	庚	辛	壬	癸	甲	乙	丙	丁	戊	己	庚	辛	壬	癸	甲	乙	丙	丁	戊	己	庚	辛	壬	癸	甲	乙	丙	丁	戊	己	庚
	寅	卯	辰	巳	午	未	申	酉	戌	亥	子	丑	寅	卯	辰	巳	午	未	申	酉	戌	亥	子	丑	寅	卯	辰	巳	午	未	申
大運 男	2	1	1	1	1	立	10	10	9	9	9	8	8	8	7	7	7	6	6	6	5	5	5	4	4	4	3	3	3	2	2
大運 女	九	九	九	十	十	夏	一	一	一	一	二	二	二	三	三	三	四	四	四	五	五	五	六	六	六	七	七	七	八	八	八

6월 (癸巳) 　甲午 (망종) 芒種 6日 20:42 　夏至 22日

陽曆	1	2	3	4	5	6	7	8	9	10	11	12	13	14	15	16	17	18	19	20	21	22	23	24	25	26	27	28	29	30
요일	火	水	木	金	土	日	月	火	水	5	金	土	日	月	火	水	木	金	土	日	月	火	水	木	金	土	日	月	火	水
陰曆	21	22	23	24	25	26	27	28	29	1	2	3	4	5	6	7	8	9	10	11	12	13	14	15	16	17	18	19	20	21
日辰	辛	壬	癸	甲	乙	丙	丁	戊	己	庚	辛	壬	癸	甲	乙	丙	丁	戊	己	庚	辛	壬	癸	甲	乙	丙	丁	戊	己	庚
	酉	戌	亥	子	丑	寅	卯	辰	巳	午	未	申	酉	戌	亥	子	丑	寅	卯	辰	巳	午	未	申	酉	戌	亥	子	丑	寅
大運 男	2	1	1	1	1	芒	10	10	10	9	9	9	8	8	8	7	7	7	6	6	6	5	5	5	4	4	4	3	3	3
大運 女	九	九	九	十	十	種	一	一	一	一	二	二	二	三	三	三	四	四	四	五	五	五	六	六	六	七	七	七	八	八

爐中火星	九日得辛	北大將	子弔客	寒食(4월 06일)	初伏(7월 20일)
二黑土星	八龍治水	辰喪門	北三殺	中伏(7월 30일)	末伏(8월 09일)

7월 (甲午) 乙未 (소서) 小署 8日 07:06 大署 24日

陽曆		1	2	3	4	5	6	7	8	9	10	11	12	13	14	15	16	17	18	19	20	21	22	23	24	25	26	27	28	29	30	31
요일		木	金	土	日	月	火	水	木	金	6/1	日	月	火	水	木	金	土	日	月	火	水	木	金	土	日	月	火	水	木	金	土
陰曆		22	23	24	25	26	27	28	29	30		2	3	4	5	6	7	8	9	10	11	12	13	14	15	16	17	18	19	20	21	22
日辰		辛	壬	癸	甲	乙	丙	丁	戊	己	庚	辛	壬	癸	甲	乙	丙	丁	戊	己	庚	辛	壬	癸	甲	乙	丙	丁	戊	己	庚	辛
		卯	辰	巳	午	未	申	酉	戌	亥	子	丑	寅	卯	辰	巳	午	未	申	酉	戌	亥	子	丑	寅	卯	辰	巳	午	未	申	酉
大	男	2	2	2	1	1	1	1	小	10	10	9	9	9	8	8	8	7	7	7	6	6	6	5	5	5	4	4	4	3	3	3
運	女	八	九	九	九	十	十	十	署	一	一	一	一	二	二	二	三	三	三	四	四	四	五	五	五	六	六	六	七	七	七	八

8월 (乙未) 丙申 (입추) 立秋 8日 16:44 處署 24日

陽曆		1	2	3	4	5	6	7	8	9	10	11	12	13	14	15	16	17	18	19	20	21	22	23	24	25	26	27	28	29	30	31
요일		日	月	火	水	木	金	土	7/1	月	火	水	木	金	土	日	月	火	水	木	金	土	日	月	火	水	木	金	土	日	月	火
陰曆		23	24	25	26	27	28	29		2	3	4	5	6	7	8	9	10	11	12	13	14	15	16	17	18	19	20	21	22	23	24
日辰		壬	癸	甲	乙	丙	丁	戊	己	庚	辛	壬	癸	甲	乙	丙	丁	戊	己	庚	辛	壬	癸	甲	乙	丙	丁	戊	己	庚	辛	壬
		戌	亥	子	丑	寅	卯	辰	巳	午	未	申	酉	戌	亥	子	丑	寅	卯	辰	巳	午	未	申	酉	戌	亥	子	丑	寅	卯	辰
大	男	2	2	2	1	1	1	1	立	10	10	9	9	9	8	8	8	7	7	7	6	6	6	5	5	5	4	4	4	3	3	3
運	女	八	八	九	九	九	十	十	秋	一	一	一	一	二	二	二	三	三	三	四	四	四	五	五	五	六	六	六	七	七	七	八

9월 (丙申) 丁酉 (백로) 白露 8日 19:16 秋分 24日

陽曆		1	2	3	4	5	6	7	8	9	10	11	12	13	14	15	16	17	18	19	20	21	22	23	24	25	26	27	28	29	30	
요일		水	木	金	土	日	月	8/1	水	木	金	土	日	月	火	水	木	金	土	日	月	火	水	木	金	土	日	月	火	水	木	
陰曆		25	26	27	28	29	30		2	3	4	5	6	7	8	9	10	11	12	13	14	15	16	17	18	19	20	21	22	23	24	
日辰		癸	甲	乙	丙	丁	戊	己	庚	辛	壬	癸	甲	乙	丙	丁	戊	己	庚	辛	壬	癸	甲	乙	丙	丁	戊	己	庚	辛	壬	
		巳	午	未	申	酉	戌	亥	子	丑	寅	卯	辰	巳	午	未	申	酉	戌	亥	子	丑	寅	卯	辰	巳	午	未	申	酉	戌	
大	男	2	2	2	1	1	1	1	白	10	10	9	9	9	8	8	8	7	7	7	6	6	6	5	5	5	4	4	4	3	3	
運	女	八	八	九	九	九	十	十	露	一	一	一	一	二	二	二	三	三	三	四	四	四	五	五	五	六	六	六	七	七	七	

10월 (丁酉) 戊戌 (한로) 寒露 9日 10:25 霜降 24日

陽曆		1	2	3	4	5	6	7	8	9	10	11	12	13	14	15	16	17	18	19	20	21	22	23	24	25	26	27	28	29	30	31
요일		金	土	日	月	火	水	9/1	金	土	日	月	火	水	木	金	土	日	月	火	水	木	金	土	日	月	火	水	木	金	土	日
陰曆		25	26	27	28	29	30		2	3	4	5	6	7	8	9	10	11	12	13	14	15	16	17	18	19	20	21	22	23	24	25
日辰		癸	甲	乙	丙	丁	戊	己	庚	辛	壬	癸	甲	乙	丙	丁	戊	己	庚	辛	壬	癸	甲	乙	丙	丁	戊	己	庚	辛	壬	癸
		亥	子	丑	寅	卯	辰	巳	午	未	申	酉	戌	亥	子	丑	寅	卯	辰	巳	午	未	申	酉	戌	亥	子	丑	寅	卯	辰	巳
大	男	3	2	2	2	1	1	1	1	寒	10	9	9	9	8	8	8	7	7	7	6	6	6	5	5	5	4	4	4	3	3	3
運	女	八	八	八	九	九	九	十	十	露	一	一	一	一	二	二	二	三	三	三	四	四	四	五	五	五	六	六	六	七	七	七

11월 (戊戌) 己亥 (입동) 立冬 8日 13:08 小雪 23日

陽曆		1	2	3	4	5	6	7	8	9	10	11	12	13	14	15	16	17	18	19	20	21	22	23	24	25	26	27	28	29	30	
요일		月	火	水	木	10/1	土	日	月	火	水	木	金	土	日	月	火	水	木	金	土	日	月	火	水	木	金	土	日	月	火	
陰曆		26	27	28	29		2	3	4	5	6	7	8	9	10	11	12	13	14	15	16	17	18	19	20	21	22	23	24	25	26	
日辰		甲	乙	丙	丁	戊	己	庚	辛	壬	癸	甲	乙	丙	丁	戊	己	庚	辛	壬	癸	甲	乙	丙	丁	戊	己	庚	辛	壬	癸	
		午	未	申	酉	戌	亥	子	丑	寅	卯	辰	巳	午	未	申	酉	戌	亥	子	丑	寅	卯	辰	巳	午	未	申	酉	戌	亥	
大	男	2	2	2	1	1	1	1	立	10	9	9	9	8	8	8	7	7	7	6	6	6	5	5	5	4	4	4	3	3	3	
運	女	八	八	八	九	九	九	十	冬	一	一	一	一	二	二	二	三	三	三	四	四	四	五	五	五	六	六	六	七	七	七	

12월 (己亥) 庚子 (대설) 大雪 8日 05:39 冬至 22日

陽曆		1	2	3	4	5	6	7	8	9	10	11	12	13	14	15	16	17	18	19	20	21	22	23	24	25	26	27	28	29	30	31
요일		水	木	金	土	11/1	月	火	水	木	金	土	日	月	火	水	木	金	土	日	月	火	水	木	金	土	日	月	火	水	木	金
陰曆		27	28	29	30		2	3	4	5	6	7	8	9	10	11	12	13	14	15	16	17	18	19	20	21	22	23	24	25	26	27
日辰		甲	乙	丙	丁	戊	己	庚	辛	壬	癸	甲	乙	丙	丁	戊	己	庚	辛	壬	癸	甲	乙	丙	丁	戊	己	庚	辛	壬	癸	甲
		子	丑	寅	卯	辰	巳	午	未	申	酉	戌	亥	子	丑	寅	卯	辰	巳	午	未	申	酉	戌	亥	子	丑	寅	卯	辰	巳	午
大	男	2	2	2	1	1	1	1	大	9	9	9	8	8	8	7	7	7	6	6	6	5	5	5	4	4	4	3	3	3	2	2
運	女	八	八	八	九	九	九	十	雪	一	一	一	一	二	二	二	三	三	三	四	四	四	五	五	五	六	六	六	七	七	七	八

1월 (庚子) 辛丑 (소한) 小寒 6日 16:45 大寒 21日

陽曆	1	2	3	4	5	6	7	8	9	10	11	12	13	14	15	16	17	18	19	20	21	22	23	24	25	26	27	28	29	30	31
요일	土	日	月	12/	水	木	金	土	日	月	火	水	木	金	土	日	月	火	水	木	金	土	日	月	火	水	木	金	土	日	月
陰曆	28	29	30	1	2	3	4	5	6	7	8	9	10	11	12	13	14	15	16	17	18	19	20	21	22	23	24	25	26	27	28
日辰	乙	丙	丁	戊	己	庚	辛	壬	癸	甲	乙	丙	丁	戊	己	庚	辛	壬	癸	甲	乙	丙	丁	戊	己	庚	辛	壬	癸	甲	乙
	未	申	酉	戌	亥	子	丑	寅	卯	辰	巳	午	未	申	酉	戌	亥	子	丑	寅	卯	辰	巳	午	未	申	酉	戌	亥	子	丑
大運 男	2	1	1	1	1	小	10	9	9	9	8	8	8	7	7	7	6	6	6	5	5	5	4	4	4	3	3	3	2	2	2
大運 女	八	八	九	九	九	寒	一	一	一	一	二	二	二	三	三	三	四	四	四	五	五	五	六	六	六	七	七	七	八	八	八

2월 (辛丑) 壬寅 (입춘) 立春 5日 04:30 雨水 20日

陽曆	1	2	3	4	5	6	7	8	9	10	11	12	13	14	15	16	17	18	19	20	21	22	23	24	25	26	27	28			
요일	火	1/	木	金	土	日	月	火	水	木	金	土	日	月	火	水	木	金	土	日	月	火	水	木	金	土	日	月			
陰曆	29	1	2	3	4	5	6	7	8	9	10	11	12	13	14	15	16	17	18	19	20	21	22	23	24	25	26	27			
日辰	丙	丁	戊	己	庚	辛	壬	癸	甲	乙	丙	丁	戊	己	庚	辛	壬	癸	甲	乙	丙	丁	戊	己	庚	辛	壬	癸			
	寅	卯	辰	巳	午	未	申	酉	戌	亥	子	丑	寅	卯	辰	巳	午	未	申	酉	戌	亥	子	丑	寅	卯	辰	巳			
大運 男	1	1	1	1	立	1	1	1	1	2	2	2	3	3	3	4	4	4	5	5	5	6	6	6	7	7	7	8			
大運 女	九	九	九	十	春	九	九	九	八	八	八	七	七	七	六	六	六	五	五	五	四	四	四	三	三	三	二	二			

3월 (壬寅) 癸卯 (경칩) 驚蟄 6日 22:50 春分 21日

陽曆	1	2	3	4	5	6	7	8	9	10	11	12	13	14	15	16	17	18	19	20	21	22	23	24	25	26	27	28	29	30	31
요일	火	水	木	2/	土	日	月	火	水	木	金	土	日	月	火	水	木	金	土	日	月	火	水	木	金	土	日	月	火	水	木
陰曆	28	29	30	1	2	3	4	5	6	7	8	9	10	11	12	13	14	15	16	17	18	19	20	21	22	23	24	25	26	27	28
日辰	甲	乙	丙	丁	戊	己	庚	辛	壬	癸	甲	乙	丙	丁	戊	己	庚	辛	壬	癸	甲	乙	丙	丁	戊	己	庚	辛	壬	癸	甲
	午	未	申	酉	戌	亥	子	丑	寅	卯	辰	巳	午	未	申	酉	戌	亥	子	丑	寅	卯	辰	巳	午	未	申	酉	戌	亥	子
大運 男	8	8	9	9	9	驚	1	1	1	1	2	2	2	3	3	3	4	4	4	5	5	5	6	6	6	7	7	7	8	8	8
大運 女	二	一	一	一	一	蟄	十	十	九	九	九	八	八	八	七	七	七	六	六	六	五	五	五	四	四	四	三	三	三	二	二

4월 (癸卯) 甲辰 (청명) 清明 6日 04:06 穀雨 21日

陽曆	1	2	3	4	5	6	7	8	9	10	11	12	13	14	15	16	17	18	19	20	21	22	23	24	25	26	27	28	29	30	
요일	金	3/	日	月	火	水	木	金	土	日	月	火	水	木	金	土	日	月	火	水	木	金	土	日	月	火	水	木	金	土	
陰曆	29	1	2	3	4	5	6	7	8	9	10	11	12	13	14	15	16	17	18	19	20	21	22	23	24	25	26	27	28	29	
日辰	乙	丙	丁	戊	己	庚	辛	壬	癸	甲	乙	丙	丁	戊	己	庚	辛	壬	癸	甲	乙	丙	丁	戊	己	庚	辛	壬	癸	甲	
	丑	寅	卯	辰	巳	午	未	申	酉	戌	亥	子	丑	寅	卯	辰	巳	午	未	申	酉	戌	亥	子	丑	寅	卯	辰	巳	午	
大運 男	9	9	9	10	10	清	1	1	1	1	2	2	2	3	3	3	4	4	4	5	5	5	6	6	6	7	7	7	8	8	
大運 女	二	一	一	一	一	明	十	九	九	九	八	八	八	七	七	七	六	六	六	五	五	五	四	四	四	三	三	三	二	二	

5월 (甲辰) 乙巳 (입하) 立夏 6日 21:53 小滿 22日

陽曆	1	2	3	4	5	6	7	8	9	10	11	12	13	14	15	16	17	18	19	20	21	22	23	24	25	26	27	28	29	30	31
요일	4/	月	火	水	木	金	土	日	月	火	水	木	金	土	日	月	火	水	木	金	土	日	月	火	水	木	金	土	日	月	5/
陰曆	1	2	3	4	5	6	7	8	9	10	11	12	13	14	15	16	17	18	19	20	21	22	23	24	25	26	27	28	29	30	1
日辰	乙	丙	丁	戊	己	庚	辛	壬	癸	甲	乙	丙	丁	戊	己	庚	辛	壬	癸	甲	乙	丙	丁	戊	己	庚	辛	壬	癸	甲	乙
	未	申	酉	戌	亥	子	丑	寅	卯	辰	巳	午	未	申	酉	戌	亥	子	丑	寅	卯	辰	巳	午	未	申	酉	戌	亥	子	丑
大運 男	8	9	9	9	10	立	1	1	1	1	2	2	2	3	3	3	4	4	4	5	5	5	6	6	6	7	7	7	8	8	8
大運 女	二	一	一	一	一	夏	十	十	十	九	九	九	八	八	八	七	七	七	六	六	六	五	五	五	四	四	四	三	三	三	二

6월 (乙巳) 丙午 (망종) 芒種 7日 02:25 夏至 22日

陽曆	1	2	3	4	5	6	7	8	9	10	11	12	13	14	15	16	17	18	19	20	21	22	23	24	25	26	27	28	29	30	
요일	水	木	金	土	日	月	火	水	木	金	土	日	月	火	水	木	金	土	日	月	火	水	木	金	土	日	月	火	6/	木	
陰曆	2	3	4	5	6	7	8	9	10	11	12	13	14	15	16	17	18	19	20	21	22	23	24	25	26	27	28	29	1	2	
日辰	丙	丁	戊	己	庚	辛	壬	癸	甲	乙	丙	丁	戊	己	庚	辛	壬	癸	甲	乙	丙	丁	戊	己	庚	辛	壬	癸	甲	乙	
	寅	卯	辰	巳	午	未	申	酉	戌	亥	子	丑	寅	卯	辰	巳	午	未	申	酉	戌	亥	子	丑	寅	卯	辰	巳	午	未	
大運 男	9	9	9	10	10	10	芒	1	1	1	1	2	2	2	3	3	3	4	4	4	5	5	5	6	6	6	7	7	7	8	
大運 女	二	二	一	一	一	一	種	十	十	九	九	九	八	八	八	七	七	七	六	六	六	五	五	五	四	四	四	三	三	三	

爐中火星 五日得辛 北大將 丑弔客 寒食(4월 06일) 初伏(7월 15일)
一白水星 二龍治水 巳喪門 西三殺 中伏(7월 25일) 末伏(8월 14일)

7월 (丙午) 丁未 (소서) 小署 8日 12:50 大署 24日

陽曆	1	2	3	4	5	6	7	8	9	10	11	12	13	14	15	16	17	18	19	20	21	22	23	24	25	26	27	28	29	30	31
요일	金	土	日	月	火	水	木	金	土	日	月	火	水	木	金	土	日	月	火	水	木	金	土	日	月	火	水	木	7	土	日
陰曆	3	4	5	6	7	8	9	10	11	12	13	14	15	16	17	18	19	20	21	22	23	24	25	26	27	28	29	30	1	2	3
日辰	丙	丁	戊	己	庚	辛	壬	癸	甲	乙	丙	丁	戊	己	庚	辛	壬	癸	甲	乙	丙	丁	戊	己	庚	辛	壬	癸	甲	乙	丙
	申	酉	戌	亥	子	丑	寅	卯	辰	巳	午	未	申	酉	戌	亥	子	丑	寅	卯	辰	巳	午	未	申	酉	戌	亥	子	丑	寅
大運 男	8	8	9	9	9	10	10	小	1	1	1	1	2	2	2	3	3	3	4	4	4	5	5	5	6	6	6	7	7	7	8
大運 女	二	二	二	一	一	一	一	署	十	十	九	九	九	八	八	八	七	七	七	六	六	六	五	五	五	四	四	四	三	三	三

8월 (丁未) 戊申 (입추) 立秋 8日 22:31 處署 24日

陽曆	1	2	3	4	5	6	7	8	9	10	11	12	13	14	15	16	17	18	19	20	21	22	23	24	25	26	27	28	29	30	31
요일	月	火	水	木	金	土	日	月	火	水	木	金	土	日	月	火	水	木	金	土	日	月	火	水	木	金	8	日	月	火	水
陰曆	4	5	6	7	8	9	10	11	12	13	14	15	16	17	18	19	20	21	22	23	24	25	26	27	28	29	1	2	3	4	5
日辰	丁	戊	己	庚	辛	壬	癸	甲	乙	丙	丁	戊	己	庚	辛	壬	癸	甲	乙	丙	丁	戊	己	庚	辛	壬	癸	甲	乙	丙	丁
	卯	辰	巳	午	未	申	酉	戌	亥	子	丑	寅	卯	辰	巳	午	未	申	酉	戌	亥	子	丑	寅	卯	辰	巳	午	未	申	酉
大運 男	8	8	9	9	9	10	10	立	1	1	1	1	2	2	2	3	3	3	4	4	4	5	5	5	6	6	6	7	7	7	8
大運 女	二	二	二	一	一	一	一	秋	十	十	十	九	九	九	八	八	八	七	七	七	六	六	六	五	五	五	四	四	四	三	三

9월 (戊申) 己酉 (백로) 白露 9日 01:06 秋分 24日

陽曆	1	2	3	4	5	6	7	8	9	10	11	12	13	14	15	16	17	18	19	20	21	22	23	24	25	26	27	28	29	30
요일	木	金	土	日	月	火	水	木	金	土	日	月	火	水	木	金	土	日	月	火	水	木	金	土	日	9	火	水	木	金
陰曆	6	7	8	9	10	11	12	13	14	15	16	17	18	19	20	21	22	23	24	25	26	27	28	29	30	1	2	3	4	5
日辰	戊	己	庚	辛	壬	癸	甲	乙	丙	丁	戊	己	庚	辛	壬	癸	甲	乙	丙	丁	戊	己	庚	辛	壬	癸	甲	乙	丙	丁
	戌	亥	子	丑	寅	卯	辰	巳	午	未	申	酉	戌	亥	子	丑	寅	卯	辰	巳	午	未	申	酉	戌	亥	子	丑	寅	卯
大運 男	8	8	9	9	9	10	10	10	白	1	1	1	1	2	2	2	3	3	3	4	4	4	5	5	5	6	6	6	7	7
大運 女	三	二	二	二	一	一	一	一	露	十	九	九	九	八	八	八	七	七	七	六	六	六	五	五	五	四	四	四	三	三

10월 (己酉) 庚戌 (한로) 寒露 9日 16:16 霜降 24日

陽曆	1	2	3	4	5	6	7	8	9	10	11	12	13	14	15	16	17	18	19	20	21	22	23	24	25	26	27	28	29	30	31
요일	土	日	月	火	水	木	金	土	日	月	火	水	木	金	土	日	月	火	水	木	金	土	日	月	火	10	木	金	土	日	月
陰曆	6	7	8	9	10	11	12	13	14	15	16	17	18	19	20	21	22	23	24	25	26	27	28	29	30	1	2	3	4	5	6
日辰	戊	己	庚	辛	壬	癸	甲	乙	丙	丁	戊	己	庚	辛	壬	癸	甲	乙	丙	丁	戊	己	庚	辛	壬	癸	甲	乙	丙	丁	戊
	辰	巳	午	未	申	酉	戌	亥	子	丑	寅	卯	辰	巳	午	未	申	酉	戌	亥	子	丑	寅	卯	辰	巳	午	未	申	酉	戌
大運 男	7	8	8	8	9	9	9	10	寒	1	1	1	1	2	2	2	3	3	3	4	4	4	5	5	5	6	6	6	7	7	7
大運 女	三	二	二	二	一	一	一	一	露	十	九	九	九	八	八	八	七	七	七	六	六	六	五	五	五	四	四	四	三	三	三

11월 (庚戌) 辛亥 (입동) 立冬 8日 18:57 小雪 23日

陽曆	1	2	3	4	5	6	7	8	9	10	11	12	13	14	15	16	17	18	19	20	21	22	23	24	25	26	27	28	29	30
요일	火	水	木	金	土	日	月	火	水	木	金	土	日	月	火	水	木	金	土	日	月	火	水	11	金	土	日	月	火	水
陰曆	7	8	9	10	11	12	13	14	15	16	17	18	19	20	21	22	23	24	25	26	27	28	29	1	2	3	4	5	6	7
日辰	己	庚	辛	壬	癸	甲	乙	丙	丁	戊	己	庚	辛	壬	癸	甲	乙	丙	丁	戊	己	庚	辛	壬	癸	甲	乙	丙	丁	戊
	亥	子	丑	寅	卯	辰	巳	午	未	申	酉	戌	亥	子	丑	寅	卯	辰	巳	午	未	申	酉	戌	亥	子	丑	寅	卯	辰
大運 男	8	8	8	9	9	9	10	立	1	1	1	1	2	2	2	3	3	3	4	4	4	5	5	5	6	6	6	7	7	7
大運 女	二	二	二	一	一	一	一	冬	十	九	九	九	八	八	八	七	七	七	六	六	六	五	五	五	四	四	四	三	三	三

12월 (辛亥) 壬子 (대설) 大雪 8日 11:26 冬至 23日

陽曆	1	2	3	4	5	6	7	8	9	10	11	12	13	14	15	16	17	18	19	20	21	22	23	24	25	26	27	28	29	30	31
요일	木	金	土	日	月	火	水	木	金	土	日	月	火	水	木	金	土	日	月	火	水	木	金	12	日	月	火	水	木	金	土
陰曆	8	9	10	11	12	13	14	15	16	17	18	19	20	21	22	23	24	25	26	27	28	29	30	1	2	3	4	5	6	7	8
日辰	己	庚	辛	壬	癸	甲	乙	丙	丁	戊	己	庚	辛	壬	癸	甲	乙	丙	丁	戊	己	庚	辛	壬	癸	甲	乙	丙	丁	戊	己
	巳	午	未	申	酉	戌	亥	子	丑	寅	卯	辰	巳	午	未	申	酉	戌	亥	子	丑	寅	卯	辰	巳	午	未	申	酉	戌	亥
大運 男	8	8	8	9	9	9	10	大	1	1	1	1	2	2	2	3	3	3	4	4	4	5	5	5	6	6	6	7	7	7	8
大運 女	二	二	二	一	一	一	一	雪	九	九	九	八	八	八	七	七	七	六	六	六	五	五	五	四	四	四	三	三	三	二	二

戊辰

1월 (壬子)　癸丑 (소한) 小寒 6日 22:31　大寒 21日

陽曆	1	2	3	4	5	6	7	8	9	10	11	12	13	14	15	16	17	18	19	20	21	22	23	24	25	26	27	28	29	30	31
요일	日	月	火	水	木	金	土	日	月	火	水	木	金	土	日	月	火	水	木	金	土	日		火	水	木	金	土	日	月	火
陰曆	9	10	11	12	13	14	15	16	17	18	19	20	21	22	23	24	25	26	27	28	29	30	1/1	2	3	4	5	6	7	8	9
日辰	庚	辛	壬	癸	甲	乙	丙	丁	戊	己	庚	辛	壬	癸	甲	乙	丙	丁	戊	己	庚	辛	壬	癸	甲	乙	丙	丁	戊	己	庚
	子	丑	寅	卯	辰	巳	午	未	申	酉	戌	亥	子	丑	寅	卯	辰	巳	午	未	申	酉	戌	亥	子	丑	寅	卯	辰	巳	午
大運 男	8	8	9	9	9	小	1	1	1	1	2	2	2	3	3	3	4	4	4	5	5	5	6	6	6	7	7	7	8	8	8
大運 女	二	一	一	一	一	寒	九	九	九	八	八	八	七	七	七	六	六	六	五	五	五	四	四	四	三	三	三	二	二	二	一

2월 (癸丑)　甲寅 (입춘) 立春 5日 10:16　雨水 20日

陽曆	1	2	3	4	5	6	7	8	9	10	11	12	13	14	15	16	17	18	19	20	21	22	23	24	25	26	27	28	29		
요일	水	木	金	土	日	月	火	水	木	金	土	日	月	火	水	木	金	土	日	月		水	木	金	土	日	月	火	水		
陰曆	10	11	12	13	14	15	16	17	18	19	20	21	22	23	24	25	26	27	28	29	2/1	2	3	4	5	6	7	8	9		
日辰	辛	壬	癸	甲	乙	丙	丁	戊	己	庚	辛	壬	癸	甲	乙	丙	丁	戊	己	庚	辛	壬	癸	甲	乙	丙	丁	戊	己		
	未	申	酉	戌	亥	子	丑	寅	卯	辰	巳	午	未	申	酉	戌	亥	子	丑	寅	卯	辰	巳	午	未	申	酉	戌	亥		
大運 男	9	9	9	10	立	10	9	9	9	8	8	8	7	7	7	6	6	6	5	5	5	4	4	4	3	3	3	2	2		
大運 女	一	一	一	一	春	一	一	一	一	二	二	二	三	三	三	四	四	四	五	五	五	六	六	六	七	七	七	八	八		

3월 (甲寅)　乙卯 (경칩) 驚蟄 6日 04:37　春分 21日

陽曆	1	2	3	4	5	6	7	8	9	10	11	12	13	14	15	16	17	18	19	20	21	22	23	24	25	26	27	28	29	30	31
요일	木	金	土	日	月	火	水	木	金	土	日	月	火	水	木	金	土	日	月	火	水		金	土	日	月	火	水	木	金	土
陰曆	10	11	12	13	14	15	16	17	18	19	20	21	22	23	24	25	26	27	28	29	30	윤2/1	2	3	4	5	6	7	8	9	10
日辰	庚	辛	壬	癸	甲	乙	丙	丁	戊	己	庚	辛	壬	癸	甲	乙	丙	丁	戊	己	庚	辛	壬	癸	甲	乙	丙	丁	戊	己	庚
	子	丑	寅	卯	辰	巳	午	未	申	酉	戌	亥	子	丑	寅	卯	辰	巳	午	未	申	酉	戌	亥	子	丑	寅	卯	辰	巳	午
大運 男	2	1	1	1	1	驚	10	9	9	9	8	8	8	7	7	7	6	6	6	5	5	5	4	4	4	3	3	3	2	2	2
大運 女	八	九	九	九	十	蟄	一	一	一	一	二	二	二	三	三	三	四	四	四	五	五	五	六	六	六	七	七	七	八	八	八

4월 (乙卯)　丙辰 (청명) 淸明 5日 09:55　穀雨 20日

陽曆	1	2	3	4	5	6	7	8	9	10	11	12	13	14	15	16	17	18	19	20	21	22	23	24	25	26	27	28	29	30	
요일	日	月	火	水	木	金	土	日	月	火	水	木	金	土	日	月	火	水	木		土	日	月	火	水	木	金	土	日	月	
陰曆	11	12	13	14	15	16	17	18	19	20	21	22	23	24	25	26	27	28	29	3/1	2	3	4	5	6	7	8	9	10	11	
日辰	辛	壬	癸	甲	乙	丙	丁	戊	己	庚	辛	壬	癸	甲	乙	丙	丁	戊	己	庚	辛	壬	癸	甲	乙	丙	丁	戊	己	庚	
	未	申	酉	戌	亥	子	丑	寅	卯	辰	巳	午	未	申	酉	戌	亥	子	丑	寅	卯	辰	巳	午	未	申	酉	戌	亥	子	
大運 男	1	1	1	1	淸	10	10	9	9	9	8	8	8	7	7	7	6	6	6	5	5	5	4	4	4	3	3	3	2	2	
大運 女	九	九	九	十	明	一	一	一	一	二	二	二	三	三	三	四	四	四	五	五	五	六	六	六	七	七	七	八	八	八	

5월 (丙辰)　丁巳 (입하) 立夏 6日 03:44　小滿 21日

陽曆	1	2	3	4	5	6	7	8	9	10	11	12	13	14	15	16	17	18	19	20	21	22	23	24	25	26	27	28	29	30	31
요일	火	水	木	金	土	日	月	火	水	木	金	土	日	月	火	水	木	金		日	月	火	水	木	金	土	日	月	火	水	木
陰曆	12	13	14	15	16	17	18	19	20	21	22	23	24	25	26	27	28	29	4/1	2	3	4	5	6	7	8	9	10	11	12	13
日辰	辛	壬	癸	甲	乙	丙	丁	戊	己	庚	辛	壬	癸	甲	乙	丙	丁	戊	己	庚	辛	壬	癸	甲	乙	丙	丁	戊	己	庚	辛
	丑	寅	卯	辰	巳	午	未	申	酉	戌	亥	子	丑	寅	卯	辰	巳	午	未	申	酉	戌	亥	子	丑	寅	卯	辰	巳	午	未
大運 男	2	1	1	1	1	立	10	10	9	9	9	8	8	8	7	7	7	6	6	6	5	5	5	4	4	4	3	3	3	2	2
大運 女	九	九	九	十	十	夏	一	一	一	一	二	二	二	三	三	三	四	四	四	五	五	五	六	六	六	七	七	七	八	八	八

6월 (丁巳)　戊午 (망종) 芒種 6日 08:17　夏至 22日

陽曆	1	2	3	4	5	6	7	8	9	10	11	12	13	14	15	16	17	18	19	20	21	22	23	24	25	26	27	28	29	30	
요일	金	土	日	月	火	水	木	金	土	日	月	火	水	木	金	土	日		火	水	木	金	土	日	月	火	水	木	金	土	
陰曆	14	15	16	17	18	19	20	21	22	23	24	25	26	27	28	29	30	5/1	2	3	4	5	6	7	8	9	10	11	12	13	
日辰	壬	癸	甲	乙	丙	丁	戊	己	庚	辛	壬	癸	甲	乙	丙	丁	戊	己	庚	辛	壬	癸	甲	乙	丙	丁	戊	己	庚	辛	
	申	酉	戌	亥	子	丑	寅	卯	辰	巳	午	未	申	酉	戌	亥	子	丑	寅	卯	辰	巳	午	未	申	酉	戌	亥	子	丑	
大運 男	2	1	1	1	1	芒	10	10	9	9	9	8	8	8	7	7	7	6	6	6	5	5	5	4	4	4	3	3	3	2	
大運 女	九	九	九	十	十	種	一	一	一	一	二	二	二	三	三	三	四	四	四	五	五	五	六	六	六	七	七	七	八	八	

大林木星	十日得辛	北大將	寅弔客	寒食(4월 06일)	初伏(7월 19일)
九紫火星	七龍治水	午喪門	南三殺	中伏(7월 29일)	末伏(8월 08일)

7월 (戊午) 己未 (소서) 小暑 7日 18:44 大暑 23日

陽曆		1	2	3	4	5	6	7	8	9	10	11	12	13	14	15	16	17	18	19	20	21	22	23	24	25	26	27	28	29	30	31
요일		日	月	火	水	木	金	土	日	月	火	水	木	金	土	日	月	6	水	木	金	土	日	月	火	水	木	金	土	日	月	火
陰曆		14	15	16	17	18	19	20	21	22	23	24	25	26	27	28	29	1	2	3	4	5	6	7	8	9	10	11	12	13	14	15
日辰		壬	癸	甲	乙	丙	丁	戊	己	庚	辛	壬	癸	甲	乙	丙	丁	戊	己	庚	辛	壬	癸	甲	乙	丙	丁	戊	己	庚	辛	壬
		寅	卯	辰	巳	午	未	申	酉	戌	亥	子	丑	寅	卯	辰	巳	午	未	申	酉	戌	亥	子	丑	寅	卯	辰	巳	午	未	申
大	男	2	2	1	1	1	1	小	10	10	10	9	9	9	8	8	8	7	7	7	6	6	6	5	5	5	4	4	4	3	3	3
運	女	八	九	九	九	十	十	暑	一	一	一	一	二	二	二	三	三	三	四	四	四	五	五	五	六	六	六	七	七	七	八	八

8월 (己未) 庚申 (입추) 立秋 8日 04:28 處暑 23日

陽曆		1	2	3	4	5	6	7	8	9	10	11	12	13	14	15	16	17	18	19	20	21	22	23	24	25	26	27	28	29	30	31
요일		水	木	金	土	日	月	火	水	木	金	土	日	月	火	7	木	金	土	日	月	火	水	木	金	土	日	月	火	水	木	金
陰曆		16	17	18	19	20	21	22	23	24	25	26	27	28	29	1	2	3	4	5	6	7	8	9	10	11	12	13	14	15	16	17
日辰		癸	甲	乙	丙	丁	戊	己	庚	辛	壬	癸	甲	乙	丙	丁	戊	己	庚	辛	壬	癸	甲	乙	丙	丁	戊	己	庚	辛	壬	癸
		酉	戌	亥	子	丑	寅	卯	辰	巳	午	未	申	酉	戌	亥	子	丑	寅	卯	辰	巳	午	未	申	酉	戌	亥	子	丑	寅	卯
大	男	2	2	2	1	1	1	1	立	10	10	9	9	9	8	8	8	7	7	7	6	6	6	5	5	5	4	4	4	3	3	3
運	女	八	九	九	九	十	十	十	秋	一	一	一	一	二	二	二	三	三	三	四	四	四	五	五	五	六	六	六	七	七	七	八

9월 (庚申) 辛酉 (백로) 白露 8日 07:02 秋分 23日

陽曆		1	2	3	4	5	6	7	8	9	10	11	12	13	14	15	16	17	18	19	20	21	22	23	24	25	26	27	28	29	30
요일		土	日	月	火	水	木	金	土	日	月	火	水	木	8	土	日	月	火	水	木	金	土	日	月	火	水	木	金	土	日
陰曆		18	19	20	21	22	23	24	25	26	27	28	29	30	1	2	3	4	5	6	7	8	9	10	11	12	13	14	15	16	17
日辰		甲	乙	丙	丁	戊	己	庚	辛	壬	癸	甲	乙	丙	丁	戊	己	庚	辛	壬	癸	甲	乙	丙	丁	戊	己	庚	辛	壬	癸
		辰	巳	午	未	申	酉	戌	亥	子	丑	寅	卯	辰	巳	午	未	申	酉	戌	亥	子	丑	寅	卯	辰	巳	午	未	申	酉
大	男	2	2	2	1	1	1	1	白	10	9	9	9	8	8	8	7	7	7	6	6	6	5	5	5	4	4	4	3	3	3
運	女	八	八	九	九	九	十	十	露	一	一	一	一	二	二	二	三	三	三	四	四	四	五	五	五	六	六	六	七	七	七

10월 (辛酉) 壬戌 (한로) 寒露 8日 22:10 霜降 24日

陽曆		1	2	3	4	5	6	7	8	9	10	11	12	13	14	15	16	17	18	19	20	21	22	23	24	25	26	27	28	29	30	31
요일		月	火	水	木	金	土	日	月	火	水	木	金	土	9	月	火	水	木	金	土	日	月	火	水	木	金	土	日	月	火	水
陰曆		18	19	20	21	22	23	24	25	26	27	28	29	30	1	2	3	4	5	6	7	8	9	10	11	12	13	14	15	16	17	18
日辰		甲	乙	丙	丁	戊	己	庚	辛	壬	癸	甲	乙	丙	丁	戊	己	庚	辛	壬	癸	甲	乙	丙	丁	戊	己	庚	辛	壬	癸	甲
		戌	亥	子	丑	寅	卯	辰	巳	午	未	申	酉	戌	亥	子	丑	寅	卯	辰	巳	午	未	申	酉	戌	亥	子	丑	寅	卯	辰
大	男	2	2	2	1	1	1	1	寒	10	10	9	9	9	8	8	8	7	7	7	6	6	6	5	5	5	4	4	4	3	3	3
運	女	八	八	八	九	九	九	十	露	一	一	一	一	二	二	二	三	三	三	四	四	四	五	五	五	六	六	六	七	七	七	八

11월 (壬戌) 癸亥 (입동) 立冬 8日 00:50 小雪 22日

陽曆		1	2	3	4	5	6	7	8	9	10	11	12	13	14	15	16	17	18	19	20	21	22	23	24	25	26	27	28	29	30
요일		木	金	土	日	月	火	水	木	金	土	日	10	火	水	木	金	土	日	月	火	水	木	金	土	日	月	火	水	木	金
陰曆		19	20	21	22	23	24	25	26	27	28	29	1	2	3	4	5	6	7	8	9	10	11	12	13	14	15	16	17	18	19
日辰		乙	丙	丁	戊	己	庚	辛	壬	癸	甲	乙	丙	丁	戊	己	庚	辛	壬	癸	甲	乙	丙	丁	戊	己	庚	辛	壬	癸	甲
		巳	午	未	申	酉	戌	亥	子	丑	寅	卯	辰	巳	午	未	申	酉	戌	亥	子	丑	寅	卯	辰	巳	午	未	申	酉	戌
大	男	2	2	2	1	1	1	1	立	9	9	9	8	8	8	7	7	7	6	6	6	5	5	5	4	4	4	3	3	3	2
運	女	八	八	九	九	九	十	十	冬	一	一	一	一	二	二	二	三	三	三	四	四	四	五	五	五	六	六	六	七	七	七

12월 (癸亥) 甲子 (대설) 大雪 7日 17:17 冬至 22日

陽曆		1	2	3	4	5	6	7	8	9	10	11	12	13	14	15	16	17	18	19	20	21	22	23	24	25	26	27	28	29	30	31
요일		土	日	月	火	水	木	金	土	日	月	火	11	木	金	土	日	月	火	水	木	金	土	日	月	火	水	木	金	土	日	月
陰曆		20	21	22	23	24	25	26	27	28	29	30	1	2	3	4	5	6	7	8	9	10	11	12	13	14	15	16	17	18	19	20
日辰		乙	丙	丁	戊	己	庚	辛	壬	癸	甲	乙	丙	丁	戊	己	庚	辛	壬	癸	甲	乙	丙	丁	戊	己	庚	辛	壬	癸	甲	乙
		亥	子	丑	寅	卯	辰	巳	午	未	申	酉	戌	亥	子	丑	寅	卯	辰	巳	午	未	申	酉	戌	亥	子	丑	寅	卯	辰	巳
大	男	2	2	1	1	1	1	大	10	9	9	9	8	8	8	7	7	7	6	6	6	5	5	5	4	4	4	3	3	3	2	2
運	女	八	八	八	九	九	九	雪	一	一	一	一	二	二	二	三	三	三	四	四	四	五	五	五	六	六	六	七	七	七	八	八

1월 (甲子) 乙丑 (소한) 小寒 6日 04:22 大寒 20日

陽曆	1	2	3	4	5	6	7	8	9	10	11	12	13	14	15	16	17	18	19	20	21	22	23	24	25	26	27	28	29	30	31
요일	火	水	木	金	土	日	月	火	水	木	12	土	日	月	火	水	木	金	土	日	月	火	水	木	金	土	日	月	火	水	木
陰曆	21	22	23	24	25	26	27	28	29	30	1	2	3	4	5	6	7	8	9	10	11	12	13	14	15	16	17	18	19	20	21
日辰	丙	丁	戊	己	庚	辛	壬	癸	甲	乙	丙	丁	戊	己	庚	辛	壬	癸	甲	乙	丙	丁	戊	己	庚	辛	壬	癸	甲	乙	丙
	午	未	申	酉	戌	亥	子	丑	寅	卯	辰	巳	午	未	申	酉	戌	亥	子	丑	寅	卯	辰	巳	午	未	申	酉	戌	亥	子
大 男	2	1	1	1	1	小	9	9	9	8	8	8	7	7	7	6	6	6	5	5	5	4	4	4	3	3	3	2	2	2	1
運 女	八	九	九	九	十	寒	一	一	一	一	二	二	二	三	三	三	四	四	四	五	五	五	六	六	六	七	七	七	八	八	八

2월 (乙丑) 丙寅 (입춘) 立春 4日 16:09 雨水 19日

陽曆	1	2	3	4	5	6	7	8	9	10	11	12	13	14	15	16	17	18	19	20	21	22	23	24	25	26	27	28			
요일	金	土	日	月	火	水	木	金	土	1	月	火	水	木	金	土	日	月	火	水	木	金	土	日	月	火	水	木			
陰曆	22	23	24	25	26	27	28	29	30	1	2	3	4	5	6	7	8	9	10	11	12	13	14	15	16	17	18	19			
日辰	丁	戊	己	庚	辛	壬	癸	甲	乙	丙	丁	戊	己	庚	辛	壬	癸	甲	乙	丙	丁	戊	己	庚	辛	壬	癸	甲			
	丑	寅	卯	辰	巳	午	未	申	酉	戌	亥	子	丑	寅	卯	辰	巳	午	未	申	酉	戌	亥	子	丑	寅	卯	辰			
大 男	1	1	1	立	1	1	1	1	2	2	2	3	3	3	4	4	4	5	5	5	6	6	6	7	7	7	8	8			
運 女	九	九	九	春	十	九	九	九	八	八	八	七	七	七	六	六	六	五	五	五	四	四	四	三	三	三	二	二			

3월 (丙寅) 丁卯 (경칩) 驚蟄 6日 10:32 春分 21日

陽曆	1	2	3	4	5	6	7	8	9	10	11	12	13	14	15	16	17	18	19	20	21	22	23	24	25	26	27	28	29	30	31
요일	金	土	日	月	火	水	木	金	土	日	2	火	水	木	金	土	日	月	火	水	木	金	土	日	月	火	水	木	金	土	日
陰曆	20	21	22	23	24	25	26	27	28	29	1	2	3	4	5	6	7	8	9	10	11	12	13	14	15	16	17	18	19	20	21
日辰	乙	丙	丁	戊	己	庚	辛	壬	癸	甲	乙	丙	丁	戊	己	庚	辛	壬	癸	甲	乙	丙	丁	戊	己	庚	辛	壬	癸	甲	乙
	巳	午	未	申	酉	戌	亥	子	丑	寅	卯	辰	巳	午	未	申	酉	戌	亥	子	丑	寅	卯	辰	巳	午	未	申	酉	戌	亥
大 男	8	9	9	9	10	驚	1	1	1	1	2	2	2	3	3	3	4	4	4	5	5	5	6	6	6	7	7	7	8	8	8
運 女	二	一	一	一	一	蟄	十	九	九	九	八	八	八	七	七	七	六	六	六	五	五	五	四	四	四	三	三	三	二	二	二

4월 (丁卯) 戊辰 (청명) 淸明 5日 15:51 穀雨 20日

陽曆	1	2	3	4	5	6	7	8	9	10	11	12	13	14	15	16	17	18	19	20	21	22	23	24	25	26	27	28	29	30	
요일	月	火	水	木	金	土	日	月	火	3	木	金	土	日	月	火	水	木	金	土	日	月	火	水	木	金	土	日	月	火	
陰曆	22	23	24	25	26	27	28	29	30	1	2	3	4	5	6	7	8	9	10	11	12	13	14	15	16	17	18	19	20	21	
日辰	丙	丁	戊	己	庚	辛	壬	癸	甲	乙	丙	丁	戊	己	庚	辛	壬	癸	甲	乙	丙	丁	戊	己	庚	辛	壬	癸	甲	乙	
	子	丑	寅	卯	辰	巳	午	未	申	酉	戌	亥	子	丑	寅	卯	辰	巳	午	未	申	酉	戌	亥	子	丑	寅	卯	辰	巳	
大 男	9	9	9	10	淸	1	1	1	1	2	2	2	3	3	3	4	4	4	5	5	5	6	6	6	7	7	7	8	8	8	
運 女	一	一	一	一	明	十	十	九	九	九	八	八	八	七	七	七	六	六	六	五	五	五	四	四	四	三	三	三	二	二	

5월 (戊辰) 己巳 (입하) 立夏 6日 09:40 小滿 21日

陽曆	1	2	3	4	5	6	7	8	9	10	11	12	13	14	15	16	17	18	19	20	21	22	23	24	25	26	27	28	29	30	31
요일	水	木	金	土	日	月	火	水	4	金	土	日	月	火	水	木	金	土	日	月	火	水	木	金	土	日	月	火	水	木	金
陰曆	22	23	24	25	26	27	28	29	1	2	3	4	5	6	7	8	9	10	11	12	13	14	15	16	17	18	19	20	21	22	23
日辰	丙	丁	戊	己	庚	辛	壬	癸	甲	乙	丙	丁	戊	己	庚	辛	壬	癸	甲	乙	丙	丁	戊	己	庚	辛	壬	癸	甲	乙	丙
	午	未	申	酉	戌	亥	子	丑	寅	卯	辰	巳	午	未	申	酉	戌	亥	子	丑	寅	卯	辰	巳	午	未	申	酉	戌	亥	子
大 男	9	9	9	10	10	立	1	1	1	1	2	2	2	3	3	3	4	4	4	5	5	5	6	6	6	7	7	7	8	8	8
運 女	二	一	一	一	一	夏	十	十	九	九	九	八	八	八	七	七	七	六	六	六	五	五	五	四	四	四	三	三	三	二	二

6월 (己巳) 庚午 (망종) 芒種 6日 14:11 夏至 22日

陽曆	1	2	3	4	5	6	7	8	9	10	11	12	13	14	15	16	17	18	19	20	21	22	23	24	25	26	27	28	29	30	
요일	土	日	月	火	水	木	5	土	日	月	火	水	木	金	土	日	月	火	水	木	金	土	日	月	火	水	木	金	土	日	
陰曆	24	25	26	27	28	29	1	2	3	4	5	6	7	8	9	10	11	12	13	14	15	16	17	18	19	20	21	22	23	24	
日辰	丁	戊	己	庚	辛	壬	癸	甲	乙	丙	丁	戊	己	庚	辛	壬	癸	甲	乙	丙	丁	戊	己	庚	辛	壬	癸	甲	乙	丙	
	丑	寅	卯	辰	巳	午	未	申	酉	戌	亥	子	丑	寅	卯	辰	巳	午	未	申	酉	戌	亥	子	丑	寅	卯	辰	巳	午	
大 男	9	9	9	10	10	芒	1	1	1	1	2	2	2	3	3	3	4	4	4	5	5	5	6	6	6	7	7	7	8	8	
運 女	二	一	一	一	一	種	十	十	十	九	九	九	八	八	八	七	七	七	六	六	六	五	五	五	四	四	四	三	三	三	

大林木星	六日得辛	東大將	卯弔客	寒食(4월 06일)	初伏(7월 14일)
八白土星	七龍治水	未喪門	東三殺	中伏(7월 24일)	末伏(8월 13일)

7월 (庚午) 辛未 (소서) 小暑 8日 00:32 大暑 23日

陽曆	1	2	3	4	5	6	7	8	9	10	11	12	13	14	15	16	17	18	19	20	21	22	23	24	25	26	27	28	29	30	31
요일	月	火	水	木	金	土	6	月	火	水	木	金	土	日	月	火	水	木	金	土	日	月	火	水	木	金	土	日	月	火	水
陰曆	25	26	27	28	29	30	1	2	3	4	5	6	7	8	9	10	11	12	13	14	15	16	17	18	19	20	21	22	23	24	25
日辰	丁	戊	己	庚	辛	壬	癸	甲	乙	丙	丁	戊	己	庚	辛	壬	癸	甲	乙	丙	丁	戊	己	庚	辛	壬	癸	甲	乙	丙	丁
	未	申	酉	戌	亥	子	丑	寅	卯	辰	巳	午	未	申	酉	戌	亥	子	丑	寅	卯	辰	巳	午	未	申	酉	戌	亥	子	丑
大運 男	8	9	9	9	10	10	10	小	1	1	1	1	2	2	2	3	3	3	4	4	4	5	5	5	6	6	6	7	7	7	8
大運 女	二	二	二	一	一	一	一	署	十	十	九	九	九	八	八	八	七	七	七	六	六	六	五	五	五	四	四	四	三	三	三

8월 (辛未) 壬申 (입추) 立秋 8日 10:09 處暑 24日

陽曆	1	2	3	4	5	6	7	8	9	10	11	12	13	14	15	16	17	18	19	20	21	22	23	24	25	26	27	28	29	30	31
요일	木	金	土	日	7	火	水	木	金	土	日	月	火	水	木	金	土	日	月	火	水	木	金	土	日	月	火	水	木	金	土
陰曆	26	27	28	29	1	2	3	4	5	6	7	8	9	10	11	12	13	14	15	16	17	18	19	20	21	22	23	24	25	26	27
日辰	戊	己	庚	辛	壬	癸	甲	乙	丙	丁	戊	己	庚	辛	壬	癸	甲	乙	丙	丁	戊	己	庚	辛	壬	癸	甲	乙	丙	丁	戊
	寅	卯	辰	巳	午	未	申	酉	戌	亥	子	丑	寅	卯	辰	巳	午	未	申	酉	戌	亥	子	丑	寅	卯	辰	巳	午	未	申
大運 男	8	8	9	9	9	10	10	立	1	1	1	1	2	2	2	3	3	3	4	4	4	5	5	5	6	6	6	7	7	7	8
大運 女	二	二	二	一	一	一	一	秋	十	十	九	九	九	八	八	八	七	七	七	六	六	六	五	五	五	四	四	四	三	三	三

9월 (壬申) 癸酉 (백로) 白露 8日 12:40 秋分 23日

陽曆	1	2	3	4	5	6	7	8	9	10	11	12	13	14	15	16	17	18	19	20	21	22	23	24	25	26	27	28	29	30	
요일	日	月	8	水	木	金	土	日	月	火	水	木	金	土	日	月	火	水	木	金	土	日	月	火	水	木	金	土	日	月	
陰曆	28	29	1	2	3	4	5	6	7	8	9	10	11	12	13	14	15	16	17	18	19	20	21	22	23	24	25	26	27	28	
日辰	己	庚	辛	壬	癸	甲	乙	丙	丁	戊	己	庚	辛	壬	癸	甲	乙	丙	丁	戊	己	庚	辛	壬	癸	甲	乙	丙	丁	戊	
	酉	戌	亥	子	丑	寅	卯	辰	巳	午	未	申	酉	戌	亥	子	丑	寅	卯	辰	巳	午	未	申	酉	戌	亥	子	丑	寅	
大運 男	8	8	9	9	9	10	10	白	1	1	1	1	2	2	2	3	3	3	4	4	4	5	5	5	6	6	6	7	7	7	
大運 女	二	二	二	一	一	一	一	露	十	十	九	九	九	八	八	八	七	七	七	六	六	六	五	五	五	四	四	四	三	三	

10월 (癸酉) 甲戌 (한로) 寒露 9日 03:47 霜降 24日

陽曆	1	2	3	4	5	6	7	8	9	10	11	12	13	14	15	16	17	18	19	20	21	22	23	24	25	26	27	28	29	30	31
요일	火	水	9	金	土	日	月	火	水	木	金	土	日	月	火	水	木	金	土	日	月	火	水	木	金	土	日	月	火	水	木
陰曆	29	30	1	2	3	4	5	6	7	8	9	10	11	12	13	14	15	16	17	18	19	20	21	22	23	24	25	26	27	28	29
日辰	己	庚	辛	壬	癸	甲	乙	丙	丁	戊	己	庚	辛	壬	癸	甲	乙	丙	丁	戊	己	庚	辛	壬	癸	甲	乙	丙	丁	戊	己
	卯	辰	巳	午	未	申	酉	戌	亥	子	丑	寅	卯	辰	巳	午	未	申	酉	戌	亥	子	丑	寅	卯	辰	巳	午	未	申	酉
大運 男	8	8	8	9	9	9	10	10	寒	1	1	1	1	2	2	2	3	3	3	4	4	4	5	5	5	6	6	6	7	7	7
大運 女	三	二	二	二	一	一	一	一	露	十	九	九	九	八	八	八	七	七	七	六	六	六	五	五	五	四	四	四	三	三	三

11월 (甲戌) 乙亥 (입동) 立冬 8日 06:28 小雪 23日

陽曆	1	2	3	4	5	6	7	8	9	10	11	12	13	14	15	16	17	18	19	20	21	22	23	24	25	26	27	28	29	30	
요일	10	土	日	月	火	水	木	金	土	日	月	火	水	木	金	土	日	月	火	水	木	金	土	日	月	火	水	木	金	土	
陰曆	1	2	3	4	5	6	7	8	9	10	11	12	13	14	15	16	17	18	19	20	21	22	23	24	25	26	27	28	29	30	
日辰	庚	辛	壬	癸	甲	乙	丙	丁	戊	己	庚	辛	壬	癸	甲	乙	丙	丁	戊	己	庚	辛	壬	癸	甲	乙	丙	丁	戊	己	
	戌	亥	子	丑	寅	卯	辰	巳	午	未	申	酉	戌	亥	子	丑	寅	卯	辰	巳	午	未	申	酉	戌	亥	子	丑	寅	卯	
大運 男	8	8	8	9	9	9	10	立	1	1	1	1	2	2	2	3	3	3	4	4	4	5	5	5	6	6	6	7	7	7	
大運 女	二	二	二	一	一	一	一	冬	九	九	九	八	八	八	七	七	七	六	六	六	五	五	五	四	四	四	三	三	三	二	

12월 (乙亥) 丙子 (대설) 大雪 7日 22:56 冬至 22日

陽曆	1	2	3	4	5	6	7	8	9	10	11	12	13	14	15	16	17	18	19	20	21	22	23	24	25	26	27	28	29	30	31
요일	11	月	火	水	木	金	土	日	月	火	水	木	金	土	日	月	火	水	木	金	土	日	月	火	水	木	金	土	日	月	12
陰曆	1	2	3	4	5	6	7	8	9	10	11	12	13	14	15	16	17	18	19	20	21	22	23	24	25	26	27	28	29	30	1
日辰	庚	辛	壬	癸	甲	乙	丙	丁	戊	己	庚	辛	壬	癸	甲	乙	丙	丁	戊	己	庚	辛	壬	癸	甲	乙	丙	丁	戊	己	庚
	辰	巳	午	未	申	酉	戌	亥	子	丑	寅	卯	辰	巳	午	未	申	酉	戌	亥	子	丑	寅	卯	辰	巳	午	未	申	酉	戌
大運 男	8	8	8	9	9	9	大	1	1	1	1	2	2	2	3	3	3	4	4	4	5	5	5	6	6	6	7	7	7	8	8
大運 女	二	二	一	一	一	一	雪	十	九	九	九	八	八	八	七	七	七	六	六	六	五	五	五	四	四	四	三	三	三	二	二

庚午

1월 (丙子) 丁丑 (소한) 小寒 6日 10:03 大寒 21日

陽曆	1	2	3	4	5	6	7	8	9	10	11	12	13	14	15	16	17	18	19	20	21	22	23	24	25	26	27	28	29	30	31
요일	水	木	金	土	日	月	火	水	木	金	土	日	月	火	水	木	金	土	日	月	火	水	木	金	土	日	月	火	水	1/1	金
陰曆	2	3	4	5	6	7	8	9	10	11	12	13	14	15	16	17	18	19	20	21	22	23	24	25	26	27	28	29	30		2
日辰	辛	壬	癸	甲	乙	丙	丁	戊	己	庚	辛	壬	癸	甲	乙	丙	丁	戊	己	庚	辛	壬	癸	甲	乙	丙	丁	戊	己	庚	辛
	亥	子	丑	寅	卯	辰	巳	午	未	申	酉	戌	亥	子	丑	寅	卯	辰	巳	午	未	申	酉	戌	亥	子	丑	寅	卯	辰	巳
大運 男	8	9	9	9	10	小	1	1	1	1	2	2	2	3	3	3	4	4	4	5	5	5	6	6	6	7	7	7	8	8	8
大運 女	二	一	一	一	一	寒	九	九	九	八	八	八	七	七	七	六	六	六	五	五	五	四	四	四	三	三	三	二	二	二	一

2월 (丁丑) 戊寅 (입춘) 立春 4日 21:51 雨水 19日

陽曆	1	2	3	4	5	6	7	8	9	10	11	12	13	14	15	16	17	18	19	20	21	22	23	24	25	26	27	28
요일	土	日	月	火	水	木	金	土	日	月	火	水	木	金	土	日	月	火	水	木	金	土	日	月	火	水	木	2/1
陰曆	3	4	5	6	7	8	9	10	11	12	13	14	15	16	17	18	19	20	21	22	23	24	25	26	27	28	29	
日辰	壬	癸	甲	乙	丙	丁	戊	己	庚	辛	壬	癸	甲	乙	丙	丁	戊	己	庚	辛	壬	癸	甲	乙	丙	丁	戊	己
	午	未	申	酉	戌	亥	子	丑	寅	卯	辰	巳	午	未	申	酉	戌	亥	子	丑	寅	卯	辰	巳	午	未	申	酉
大運 男	9	9	9	立	10	9	9	9	8	8	8	7	7	7	6	6	6	5	5	5	4	4	4	3	3	3	2	2
大運 女	一	一	一	春	一	一	一	一	二	二	二	三	三	三	四	四	四	五	五	五	六	六	六	七	七	七	八	八

3월 (戊寅) 己卯 (경칩) 驚蟄 6日 16:17 春分 21日

陽曆	1	2	3	4	5	6	7	8	9	10	11	12	13	14	15	16	17	18	19	20	21	22	23	24	25	26	27	28	29	30	31
요일	土	日	月	火	水	木	金	土	日	月	火	水	木	金	土	日	月	火	水	木	金	土	日	月	火	水	木	金	土	3/1	月
陰曆	2	3	4	5	6	7	8	9	10	11	12	13	14	15	16	17	18	19	20	21	22	23	24	25	26	27	28	29	30		2
日辰	庚	辛	壬	癸	甲	乙	丙	丁	戊	己	庚	辛	壬	癸	甲	乙	丙	丁	戊	己	庚	辛	壬	癸	甲	乙	丙	丁	戊	己	庚
	戌	亥	子	丑	寅	卯	辰	巳	午	未	申	酉	戌	亥	子	丑	寅	卯	辰	巳	午	未	申	酉	戌	亥	子	丑	寅	卯	辰
大運 男	2	1	1	1	1	驚	10	9	9	9	8	8	8	7	7	7	6	6	6	5	5	5	4	4	4	3	3	3	2	2	2
大運 女	八	九	九	九	十	蟄	一	一	一	一	二	二	二	三	三	三	四	四	四	五	五	五	六	六	六	七	七	七	八	八	八

4월 (己卯) 庚辰 (청명) 清明 5日 21:37 穀雨 21日

陽曆	1	2	3	4	5	6	7	8	9	10	11	12	13	14	15	16	17	18	19	20	21	22	23	24	25	26	27	28	29	30
요일	火	水	木	金	土	日	月	火	水	木	金	土	日	月	火	水	木	金	土	日	月	火	水	木	金	土	日	月	4/1	水
陰曆	3	4	5	6	7	8	9	10	11	12	13	14	15	16	17	18	19	20	21	22	23	24	25	26	27	28	29	30		2
日辰	辛	壬	癸	甲	乙	丙	丁	戊	己	庚	辛	壬	癸	甲	乙	丙	丁	戊	己	庚	辛	壬	癸	甲	乙	丙	丁	戊	己	庚
	巳	午	未	申	酉	戌	亥	子	丑	寅	卯	辰	巳	午	未	申	酉	戌	亥	子	丑	寅	卯	辰	巳	午	未	申	酉	戌
大運 男	1	1	1	1	清	10	10	9	9	9	8	8	8	7	7	7	6	6	6	5	5	5	4	4	4	3	3	3	2	2
大運 女	九	九	九	十	明	一	一	一	一	二	二	二	三	三	三	四	四	四	五	五	五	六	六	六	七	七	七	八	八	八

5월 (庚辰) 辛巳 (입하) 立夏 6日 15:27 小滿 22日

陽曆	1	2	3	4	5	6	7	8	9	10	11	12	13	14	15	16	17	18	19	20	21	22	23	24	25	26	27	28	29	30	31
요일	木	金	土	日	月	火	水	木	金	土	日	月	火	水	木	金	土	日	月	火	水	木	金	土	日	月	火	5/1	木	金	土
陰曆	3	4	5	6	7	8	9	10	11	12	13	14	15	16	17	18	19	20	21	22	23	24	25	26	27	28	29		2	3	4
日辰	辛	壬	癸	甲	乙	丙	丁	戊	己	庚	辛	壬	癸	甲	乙	丙	丁	戊	己	庚	辛	壬	癸	甲	乙	丙	丁	戊	己	庚	辛
	亥	子	丑	寅	卯	辰	巳	午	未	申	酉	戌	亥	子	丑	寅	卯	辰	巳	午	未	申	酉	戌	亥	子	丑	寅	卯	辰	巳
大運 男	2	1	1	1	1	立	10	10	9	9	9	8	8	8	7	7	7	6	6	6	5	5	5	4	4	4	3	3	3	2	2
大運 女	九	九	九	十	十	夏	一	一	一	一	二	二	二	三	三	三	四	四	四	五	五	五	六	六	六	七	七	七	八	八	八

6월 (辛巳) 壬午 (망종) 芒種 6日 19:58 夏至 22日

陽曆	1	2	3	4	5	6	7	8	9	10	11	12	13	14	15	16	17	18	19	20	21	22	23	24	25	26	27	28	29	30
요일	日	月	火	水	木	金	土	日	月	火	水	木	金	土	日	月	火	水	木	金	土	日	月	火	水	6/1	金	土	日	月
陰曆	5	6	7	8	9	10	11	12	13	14	15	16	17	18	19	20	21	22	23	24	25	26	27	28	29		2	3	4	5
日辰	壬	癸	甲	乙	丙	丁	戊	己	庚	辛	壬	癸	甲	乙	丙	丁	戊	己	庚	辛	壬	癸	甲	乙	丙	丁	戊	己	庚	辛
	午	未	申	酉	戌	亥	子	丑	寅	卯	辰	巳	午	未	申	酉	戌	亥	子	丑	寅	卯	辰	巳	午	未	申	酉	戌	亥
大運 男	2	1	1	1	1	芒	10	10	10	9	9	9	8	8	8	7	7	7	6	6	6	5	5	5	4	4	4	3	3	3
大運 女	九	九	九	十	十	種	一	一	一	一	二	二	二	三	三	三	四	四	四	五	五	五	六	六	六	七	七	七	八	八

路傍土星	二日得辛	東大將	辰弔客	寒食(4월 06일)	初伏(7월 19일)
七赤金星	一龍治水	申喪門	北三殺	中伏(7월 29일)	末伏(8월 08일)

7월 (壬午) 癸未 (소서) 小署 8日 06:20 大署 23日

陽曆	1	2	3	4	5	6	7	8	9	10	11	12	13	14	15	16	17	18	19	20	21	22	23	24	25	26	27	28	29	30	31
요일	火	水	木	金	土	日	月	火	水	木	金	土	日	月	火	水	木	金	土	日	月	火	水	木	金	윤6	日	月	火	水	木
陰曆	6	7	8	9	10	11	12	13	14	15	16	17	18	19	20	21	22	23	24	25	26	27	28	29	30	1	2	3	4	5	6
日辰	壬	癸	甲	乙	丙	丁	戊	己	庚	辛	壬	癸	甲	乙	丙	丁	戊	己	庚	辛	壬	癸	甲	乙	丙	丁	戊	己	庚	辛	壬
	子	丑	寅	卯	辰	巳	午	未	申	酉	戌	亥	子	丑	寅	卯	辰	巳	午	未	申	酉	戌	亥	子	丑	寅	卯	辰	巳	午
大 男	2	2	2	1	1	1	1	小	10	10	9	9	9	8	8	8	7	7	7	6	6	6	5	5	5	4	4	4	3	3	3
運 女	八	九	九	九	十	十	十	署	一	一	一	一	二	二	二	三	三	三	四	四	四	五	五	五	六	六	六	七	七	七	八

8월 (癸未) 甲申 (입추) 立秋 8日 15:57 處署 24日

陽曆	1	2	3	4	5	6	7	8	9	10	11	12	13	14	15	16	17	18	19	20	21	22	23	24	25	26	27	28	29	30	31
요일	金	土	日	月	火	水	木	金	土	日	月	火	水	木	金	土	日	月	火	水	木	金	土	1	月	火	水	木	金	土	日
陰曆	7	8	9	10	11	12	13	14	15	16	17	18	19	20	21	22	23	24	25	26	27	28	29	1	2	3	4	5	6	7	8
日辰	癸	甲	乙	丙	丁	戊	己	庚	辛	壬	癸	甲	乙	丙	丁	戊	己	庚	辛	壬	癸	甲	乙	丙	丁	戊	己	庚	辛	壬	癸
	未	申	酉	戌	亥	子	丑	寅	卯	辰	巳	午	未	申	酉	戌	亥	子	丑	寅	卯	辰	巳	午	未	申	酉	戌	亥	子	丑
大 男	2	2	2	1	1	1	1	立	10	10	9	9	9	8	8	8	7	7	7	6	6	6	5	5	5	4	4	4	3	3	3
運 女	八	八	九	九	九	十	十	秋	一	一	一	一	二	二	二	三	三	三	四	四	四	五	五	五	六	六	六	七	七	七	八

9월 (甲申) 乙酉 (백로) 白露 8日 18:28 秋分 24日

陽曆	1	2	3	4	5	6	7	8	9	10	11	12	13	14	15	16	17	18	19	20	21	22	23	24	25	26	27	28	29	30	
요일	月	火	水	木	金	土	日	月	火	水	木	金	土	日	月	火	水	木	金	土	日	1	火	水	木	金	土	日	月	火	
陰曆	9	10	11	12	13	14	15	16	17	18	19	20	21	22	23	24	25	26	27	28	29	1	2	3	4	5	6	7	8	9	
日辰	甲	乙	丙	丁	戊	己	庚	辛	壬	癸	甲	乙	丙	丁	戊	己	庚	辛	壬	癸	甲	乙	丙	丁	戊	己	庚	辛	壬	癸	
	寅	卯	辰	巳	午	未	申	酉	戌	亥	子	丑	寅	卯	辰	巳	午	未	申	酉	戌	亥	子	丑	寅	卯	辰	巳	午	未	
大 男	2	2	2	1	1	1	1	白	10	10	9	9	9	8	8	8	7	7	7	6	6	6	5	5	5	4	4	4	3	3	
運 女	八	八	九	九	九	十	十	露	一	一	一	一	二	二	二	三	三	三	四	四	四	五	五	五	六	六	六	七	七	七	

10월 (乙酉) 丙戌 (한로) 寒露 9日 09:38 霜降 24日

陽曆	1	2	3	4	5	6	7	8	9	10	11	12	13	14	15	16	17	18	19	20	21	22	23	24	25	26	27	28	29	30	31
요일	水	木	金	土	日	月	火	水	木	金	土	日	月	火	水	木	金	土	日	月	火	1	木	金	土	日	月	火	水	木	金
陰曆	10	11	12	13	14	15	16	17	18	19	20	21	22	23	24	25	26	27	28	29	30	1	2	3	4	5	6	7	8	9	10
日辰	甲	乙	丙	丁	戊	己	庚	辛	壬	癸	甲	乙	丙	丁	戊	己	庚	辛	壬	癸	甲	乙	丙	丁	戊	己	庚	辛	壬	癸	甲
	申	酉	戌	亥	子	丑	寅	卯	辰	巳	午	未	申	酉	戌	亥	子	丑	寅	卯	辰	巳	午	未	申	酉	戌	亥	子	丑	寅
大 男	3	2	2	2	1	1	1	1	寒	10	9	9	9	8	8	8	7	7	7	6	6	6	5	5	5	4	4	4	3	3	3
運 女	八	八	八	九	九	九	十	十	露	一	一	一	一	二	二	二	三	三	三	四	四	四	五	五	五	六	六	六	七	七	七

11월 (丙戌) 丁亥 (입동) 立冬 8日 12:20 小雪 23日

陽曆	1	2	3	4	5	6	7	8	9	10	11	12	13	14	15	16	17	18	19	20	21	22	23	24	25	26	27	28	29	30	
요일	土	日	月	火	水	木	金	土	日	月	火	水	木	金	土	日	月	火	水	10	金	土	日	月	火	水	木	金	土	日	
陰曆	11	12	13	14	15	16	17	18	19	20	21	22	23	24	25	26	27	28	29	1	2	3	4	5	6	7	8	9	10	11	
日辰	乙	丙	丁	戊	己	庚	辛	壬	癸	甲	乙	丙	丁	戊	己	庚	辛	壬	癸	甲	乙	丙	丁	戊	己	庚	辛	壬	癸	甲	
	卯	辰	巳	午	未	申	酉	戌	亥	子	丑	寅	卯	辰	巳	午	未	申	酉	戌	亥	子	丑	寅	卯	辰	巳	午	未	申	
大 男	2	2	2	1	1	1	1	立	10	9	9	9	8	8	8	7	7	7	6	6	6	5	5	5	4	4	4	3	3	3	
運 女	八	八	八	九	九	九	十	冬	一	一	一	一	二	二	二	三	三	三	四	四	四	五	五	五	六	六	六	七	七	七	

12월 (丁亥) 戊子 (대설) 大雪 8日 04:51 冬至 22日

陽曆	1	2	3	4	5	6	7	8	9	10	11	12	13	14	15	16	17	18	19	20	21	22	23	24	25	26	27	28	29	30	31
요일	月	火	水	木	金	土	日	月	火	水	木	金	土	日	月	火	水	木	金	11	日	月	火	水	木	金	土	日	月	火	水
陰曆	12	13	14	15	16	17	18	19	20	21	22	23	24	25	26	27	28	29	30	1	2	3	4	5	6	7	8	9	10	11	12
日辰	乙	丙	丁	戊	己	庚	辛	壬	癸	甲	乙	丙	丁	戊	己	庚	辛	壬	癸	甲	乙	丙	丁	戊	己	庚	辛	壬	癸	甲	乙
	酉	戌	亥	子	丑	寅	卯	辰	巳	午	未	申	酉	戌	亥	子	丑	寅	卯	辰	巳	午	未	申	酉	戌	亥	子	丑	寅	卯
大 男	2	2	2	1	1	1	1	大	9	9	9	8	8	8	7	7	7	6	6	6	5	5	5	4	4	4	3	3	3	2	2
運 女	八	八	八	九	九	九	九	雪	一	一	一	一	二	二	二	三	三	三	四	四	四	五	五	五	六	六	六	七	七	七	八

1월 (戊子) 己丑(소한) 小寒 6日 15:56 大寒 21日

陽曆	1	2	3	4	5	6	7	8	9	10	11	12	13	14	15	16	17	18	19	20	21	22	23	24	25	26	27	28	29	30	31
요일	木	金	土	日	月	火	水	木	金	土	日	月	火	水	木	金	土	日	12	火	水	木	金	土	日	月	火	水	木	金	土
陰曆	13	14	15	16	17	18	19	20	21	22	23	24	25	26	27	28	29	30	1	2	3	4	5	6	7	8	9	10	11	12	13
日辰	丙	丁	戊	己	庚	辛	壬	癸	甲	乙	丙	丁	戊	己	庚	辛	壬	癸	甲	乙	丙	丁	戊	己	庚	辛	壬	癸	甲	乙	丙
	辰	巳	午	未	申	酉	戌	亥	子	丑	寅	卯	辰	巳	午	未	申	酉	戌	亥	子	丑	寅	卯	辰	巳	午	未	申	酉	戌
大 男	2	1	1	1	1	小	10	9	9	9	8	8	8	7	7	7	6	6	6	5	5	5	4	4	4	3	3	3	2	2	2
運 女	八	八	九	九	九	寒	一	一	一	一	二	二	二	三	三	三	四	四	四	五	五	五	六	六	六	七	七	七	八	八	八

2월 (己丑) 庚寅(입춘) 立春 5日 03:41 雨水 19日

陽曆	1	2	3	4	5	6	7	8	9	10	11	12	13	14	15	16	17	18	19	20	21	22	23	24	25	26	27	28			
요일	日	月	火	水	木	金	土	日	月	火	水	木	金	土	日	月	1	水	木	金	土	日	月	火	水	木	金	土			
陰曆	14	15	16	17	18	19	20	21	22	23	24	25	26	27	28	29	1	2	3	4	5	6	7	8	9	10	11	12			
日辰	丁	戊	己	庚	辛	壬	癸	甲	乙	丙	丁	戊	己	庚	辛	壬	癸	甲	乙	丙	丁	戊	己	庚	辛	壬	癸	甲			
	亥	子	丑	寅	卯	辰	巳	午	未	申	酉	戌	亥	子	丑	寅	卯	辰	巳	午	未	申	酉	戌	亥	子	丑	寅			
大 男	1	1	1	1	立	1	1	1	1	2	2	2	3	3	3	4	4	4	5	5	5	6	6	6	7	7	7	8			
運 女	九	九	九	十	春	九	九	九	八	八	八	七	七	七	六	六	六	五	五	五	四	四	四	三	三	三	二	二			

3월 (庚寅) 辛卯(경칩) 驚蟄 6日 22:02 春分 21日

陽曆	1	2	3	4	5	6	7	8	9	10	11	12	13	14	15	16	17	18	19	20	21	22	23	24	25	26	27	28	29	30	31
요일	日	月	火	水	木	金	土	日	月	火	水	木	金	土	日	月	火	水	2	金	土	日	月	火	水	木	金	土	日	月	火
陰曆	13	14	15	16	17	18	19	20	21	22	23	24	25	26	27	28	29	30	1	2	3	4	5	6	7	8	9	10	11	12	13
日辰	乙	丙	丁	戊	己	庚	辛	壬	癸	甲	乙	丙	丁	戊	己	庚	辛	壬	癸	甲	乙	丙	丁	戊	己	庚	辛	壬	癸	甲	乙
	卯	辰	巳	午	未	申	酉	戌	亥	子	丑	寅	卯	辰	巳	午	未	申	酉	戌	亥	子	丑	寅	卯	辰	巳	午	未	申	酉
大 男	8	8	9	9	9	驚	1	1	1	1	2	2	2	3	3	3	4	4	4	5	5	5	6	6	6	7	7	7	8	8	8
運 女	二	一	一	一	一	蟄	十	十	九	九	九	八	八	八	七	七	七	六	六	六	五	五	五	四	四	四	三	三	三	二	二

4월 (辛卯) 壬辰(청명) 淸明 6日 03:20 穀雨 21日

陽曆	1	2	3	4	5	6	7	8	9	10	11	12	13	14	15	16	17	18	19	20	21	22	23	24	25	26	27	28	29	30	
요일	水	木	金	土	日	月	火	水	木	金	土	日	月	火	水	木	金	3	日	月	火	水	木	金	土	日	月	火	水	木	
陰曆	14	15	16	17	18	19	20	21	22	23	24	25	26	27	28	29	30	1	2	3	4	5	6	7	8	9	10	11	12	13	
日辰	丙	丁	戊	己	庚	辛	壬	癸	甲	乙	丙	丁	戊	己	庚	辛	壬	癸	甲	乙	丙	丁	戊	己	庚	辛	壬	癸	甲	乙	
	戌	亥	子	丑	寅	卯	辰	巳	午	未	申	酉	戌	亥	子	丑	寅	卯	辰	巳	午	未	申	酉	戌	亥	子	丑	寅	卯	
大 男	9	9	9	10	10	淸	1	1	1	1	2	2	2	3	3	3	4	4	4	5	5	5	6	6	6	7	7	7	8	8	
運 女	二	一	一	一	一	明	十	九	九	九	八	八	八	七	七	七	六	六	六	五	五	五	四	四	四	三	三	三	二	二	

5월 (壬辰) 癸巳(입하) 立夏 6日 21:10 小滿 22日

陽曆	1	2	3	4	5	6	7	8	9	10	11	12	13	14	15	16	17	18	19	20	21	22	23	24	25	26	27	28	29	30	31
요일	金	土	日	月	火	水	木	金	土	日	月	火	水	木	金	土	日	4	火	水	木	金	土	日	月	火	水	木	金	土	日
陰曆	14	15	16	17	18	19	20	21	22	23	24	25	26	27	28	29	30	1	2	3	4	5	6	7	8	9	10	11	12	13	14
日辰	丙	丁	戊	己	庚	辛	壬	癸	甲	乙	丙	丁	戊	己	庚	辛	壬	癸	甲	乙	丙	丁	戊	己	庚	辛	壬	癸	甲	乙	丙
	辰	巳	午	未	申	酉	戌	亥	子	丑	寅	卯	辰	巳	午	未	申	酉	戌	亥	子	丑	寅	卯	辰	巳	午	未	申	酉	戌
大 男	9	9	9	10	10	立	1	1	1	1	2	2	2	3	3	3	4	4	4	5	5	5	6	6	6	7	7	7	8	8	8
運 女	二	一	一	一	一	夏	十	十	十	九	九	九	八	八	八	七	七	七	六	六	六	五	五	五	四	四	四	三	三	三	二

6월 (癸巳) 甲午(망종) 芒種 7日 01:42 夏至 22日

陽曆	1	2	3	4	5	6	7	8	9	10	11	12	13	14	15	16	17	18	19	20	21	22	23	24	25	26	27	28	29	30	
요일	月	火	水	木	金	土	日	月	火	水	木	金	土	日	月	5	水	木	金	土	日	月	火	水	木	金	土	日	月	火	
陰曆	15	16	17	18	19	20	21	22	23	24	25	26	27	28	29	1	2	3	4	5	6	7	8	9	10	11	12	13	14	15	
日辰	丁	戊	己	庚	辛	壬	癸	甲	乙	丙	丁	戊	己	庚	辛	壬	癸	甲	乙	丙	丁	戊	己	庚	辛	壬	癸	甲	乙	丙	
	亥	子	丑	寅	卯	辰	巳	午	未	申	酉	戌	亥	子	丑	寅	卯	辰	巳	午	未	申	酉	戌	亥	子	丑	寅	卯	辰	
大 男	8	9	9	9	10	10	芒	1	1	1	1	2	2	2	3	3	3	4	4	4	5	5	5	6	6	6	7	7	7	8	
運 女	二	二	一	一	一	一	種	十	十	九	九	九	八	八	八	七	七	七	六	六	六	五	五	五	四	四	四	三	三	三	

7월 (甲午) 乙未 (소서) 小署 8日 12:06 大署 24日

陽曆	1	2	3	4	5	6	7	8	9	10	11	12	13	14	15	16	17	18	19	20	21	22	23	24	25	26	27	28	29	30	31
요일	水	木	金	土	日	月	火	水	木	金	土	日	月	火	6	木	金	土	日	月	火	水	木	金	土	日	月	火	水	木	金
陰曆	16	17	18	19	20	21	22	23	24	25	26	27	28	29	1	2	3	4	5	6	7	8	9	10	11	12	13	14	15	16	17
日辰	丁	戊	己	庚	辛	壬	癸	甲	乙	丙	丁	戊	己	庚	辛	壬	癸	甲	乙	丙	丁	戊	己	庚	辛	壬	癸	甲	乙	丙	丁
	巳	午	未	申	酉	戌	亥	子	丑	寅	卯	辰	巳	午	未	申	酉	戌	亥	子	丑	寅	卯	辰	巳	午	未	申	酉	戌	亥
大 男	8	8	9	9	9	10	10	小	1	1	1	1	2	2	2	3	3	3	4	4	4	5	5	5	6	6	6	7	7	7	8
運 女	二	二	二	一	一	一	一	署	十	十	九	九	九	八	八	八	七	七	七	六	六	六	五	五	五	四	四	四	三	三	三

8월 (乙未) 丙申 (입추) 立秋 8日 21:45 處署 24日

陽曆	1	2	3	4	5	6	7	8	9	10	11	12	13	14	15	16	17	18	19	20	21	22	23	24	25	26	27	28	29	30	31
요일	土	日	月	火	水	木	金	土	日	月	火	水	木	7	土	日	月	火	水	木	金	土	日	月	火	水	木	金	土	日	月
陰曆	18	19	20	21	22	23	24	25	26	27	28	29	30	1	2	3	4	5	6	7	8	9	10	11	12	13	14	15	16	17	18
日辰	戊	己	庚	辛	壬	癸	甲	乙	丙	丁	戊	己	庚	辛	壬	癸	甲	乙	丙	丁	戊	己	庚	辛	壬	癸	甲	乙	丙	丁	戊
	子	丑	寅	卯	辰	巳	午	未	申	酉	戌	亥	子	丑	寅	卯	辰	巳	午	未	申	酉	戌	亥	子	丑	寅	卯	辰	巳	午
大 男	8	8	9	9	9	10	10	立	1	1	1	1	2	2	2	3	3	3	4	4	4	5	5	5	6	6	6	7	7	7	8
運 女	二	二	二	一	一	一	一	秋	十	十	十	九	九	九	八	八	八	七	七	七	六	六	六	五	五	五	四	四	四	三	三

9월 (丙申) 丁酉 (백로) 白露 9日 00:07 秋分 24日

陽曆	1	2	3	4	5	6	7	8	9	10	11	12	13	14	15	16	17	18	19	20	21	22	23	24	25	26	27	28	29	30
요일	火	水	木	金	土	日	月	火	水	木	金	8	日	月	火	水	木	金	土	日	月	火	水	木	金	土	日	月	火	水
陰曆	19	20	21	22	23	24	25	26	27	28	29	1	2	3	4	5	6	7	8	9	10	11	12	13	14	15	16	17	18	19
日辰	己	庚	辛	壬	癸	甲	乙	丙	丁	戊	己	庚	辛	壬	癸	甲	乙	丙	丁	戊	己	庚	辛	壬	癸	甲	乙	丙	丁	戊
	未	申	酉	戌	亥	子	丑	寅	卯	辰	巳	午	未	申	酉	戌	亥	子	丑	寅	卯	辰	巳	午	未	申	酉	戌	亥	子
大 男	8	8	9	9	9	10	10	10	白	1	1	1	1	2	2	2	3	3	3	4	4	4	5	5	5	6	6	6	7	7
運 女	三	二	二	二	一	一	一	一	露	十	九	九	九	八	八	八	七	七	七	六	六	六	五	五	五	四	四	四	三	三

10월 (丁酉) 戊戌 (한로) 寒露 9日 15:27 霜降 24日

陽曆	1	2	3	4	5	6	7	8	9	10	11	12	13	14	15	16	17	18	19	20	21	22	23	24	25	26	27	28	29	30	31
요일	木	金	土	日	月	火	水	木	金	土	9	月	火	水	木	金	土	日	月	火	水	木	金	土	日	月	火	水	木	金	土
陰曆	20	21	22	23	24	25	26	27	28	29	1	2	3	4	5	6	7	8	9	10	11	12	13	14	15	16	17	18	19	20	21
日辰	己	庚	辛	壬	癸	甲	乙	丙	丁	戊	己	庚	辛	壬	癸	甲	乙	丙	丁	戊	己	庚	辛	壬	癸	甲	乙	丙	丁	戊	己
	丑	寅	卯	辰	巳	午	未	申	酉	戌	亥	子	丑	寅	卯	辰	巳	午	未	申	酉	戌	亥	子	丑	寅	卯	辰	巳	午	未
大 男	8	8	9	9	9	10	10	10	寒	1	1	1	1	2	2	2	3	3	3	4	4	4	5	5	5	6	6	6	7	7	7
運 女	三	二	二	二	一	一	一	一	露	十	九	九	九	八	八	八	七	七	七	六	六	六	五	五	五	四	四	四	三	三	三

11월 (戊戌) 己亥 (입동) 立冬 8日 18:10 小雪 23日

陽曆	1	2	3	4	5	6	7	8	9	10	11	12	13	14	15	16	17	18	19	20	21	22	23	24	25	26	27	28	29	30
요일	日	月	火	水	木	金	土	日	月	10	水	木	金	土	日	月	火	水	木	金	土	日	月	火	水	木	金	土	日	月
陰曆	22	23	24	25	26	27	28	29	30	1	2	3	4	5	6	7	8	9	10	11	12	13	14	15	16	17	18	19	20	21
日辰	庚	辛	壬	癸	甲	乙	丙	丁	戊	己	庚	辛	壬	癸	甲	乙	丙	丁	戊	己	庚	辛	壬	癸	甲	乙	丙	丁	戊	己
	申	酉	戌	亥	子	丑	寅	卯	辰	巳	午	未	申	酉	戌	亥	子	丑	寅	卯	辰	巳	午	未	申	酉	戌	亥	子	丑
大 男	8	8	8	9	9	9	10	立	1	1	1	1	2	2	2	3	3	3	4	4	4	5	5	5	6	6	6	7	7	7
運 女	二	二	二	一	一	一	一	冬	十	九	九	九	八	八	八	七	七	七	六	六	六	五	五	五	四	四	四	三	三	三

12월 (己亥) 庚子 (대설) 大雪 8日 10:40 冬至 23日

陽曆	1	2	3	4	5	6	7	8	9	10	11	12	13	14	15	16	17	18	19	20	21	22	23	24	25	26	27	28	29	30	31
요일	火	水	木	金	土	日	月	火	11	木	金	土	日	月	火	水	木	金	土	日	月	火	水	木	金	土	日	月	火	水	木
陰曆	22	23	24	25	26	27	28	29	1	2	3	4	5	6	7	8	9	10	11	12	13	14	15	16	17	18	19	20	21	22	23
日辰	庚	辛	壬	癸	甲	乙	丙	丁	戊	己	庚	辛	壬	癸	甲	乙	丙	丁	戊	己	庚	辛	壬	癸	甲	乙	丙	丁	戊	己	庚
	寅	卯	辰	巳	午	未	申	酉	戌	亥	子	丑	寅	卯	辰	巳	午	未	申	酉	戌	亥	子	丑	寅	卯	辰	巳	午	未	申
大 男	8	8	8	9	9	9	10	大	1	1	1	1	2	2	2	3	3	3	4	4	4	5	5	5	6	6	6	7	7	7	8
運 女	二	二	二	一	一	一	一	雪	九	九	九	八	八	八	七	七	七	六	六	六	五	五	五	四	四	四	三	三	三	二	二

1월 (庚子) 辛丑 (소한) 小寒 6日 21:45 大寒 21日

陽曆	1	2	3	4	5	6	7	8	9	10	11	12	13	14	15	16	17	18	19	20	21	22	23	24	25	26	27	28	29	30	31
요일	金	土	日	月	火	水	木	12	土	日	月	火	水	木	金	土	日	月	火	水	木	金	土	日	月	火	水	木	金	土	日
陰曆	24	25	26	27	28	29	30	1	2	3	4	5	6	7	8	9	10	11	12	13	14	15	16	17	18	19	20	21	22	23	24
日辰	辛	壬	癸	甲	乙	丙	丁	戊	己	庚	辛	壬	癸	甲	乙	丙	丁	戊	己	庚	辛	壬	癸	甲	乙	丙	丁	戊	己	庚	辛
	酉	戌	亥	子	丑	寅	卯	辰	巳	午	未	申	酉	戌	亥	子	丑	寅	卯	辰	巳	午	未	申	酉	戌	亥	子	丑	寅	卯
大運 男	8	8	9	9	9	小	1	1	1	1	2	2	2	3	3	3	4	4	4	5	5	5	6	6	6	7	7	7	8	8	8
大運 女	二	一	一	一	一	寒	十	九	九	九	八	八	八	七	七	七	六	六	六	五	五	五	四	四	四	三	三	三	二	二	二

2월 (辛丑) 壬寅 (입춘) 立春 5日 09:29 雨水 20日

陽曆	1	2	3	4	5	6	7	8	9	10	11	12	13	14	15	16	17	18	19	20	21	22	23	24	25	26	27	28	29		
요일	月	火	水	木	金	1	日	月	火	水	木	金	土	日	月	火	水	木	金	土	日	月	火	水	木	金	土	日	月		
陰曆	25	26	27	28	29	1	2	3	4	5	6	7	8	9	10	11	12	13	14	15	16	17	18	19	20	21	22	23	24		
日辰	壬	癸	甲	乙	丙	丁	戊	己	庚	辛	壬	癸	甲	乙	丙	丁	戊	己	庚	辛	壬	癸	甲	乙	丙	丁	戊	己	庚		
	辰	巳	午	未	申	酉	戌	亥	子	丑	寅	卯	辰	巳	午	未	申	酉	戌	亥	子	丑	寅	卯	辰	巳	午	未	申		
大運 男	9	9	9	10	立	10	9	9	9	8	8	8	7	7	7	6	6	6	5	5	5	4	4	4	3	3	3	2	2		
大運 女	一	一	一	一	春	一	一	一	一	二	二	二	三	三	三	四	四	四	五	五	五	六	六	六	七	七	七	八	八		

3월 (壬寅) 癸卯 (경칩) 驚蟄 6日 03:49 春分 21日

陽曆	1	2	3	4	5	6	7	8	9	10	11	12	13	14	15	16	17	18	19	20	21	22	23	24	25	26	27	28	29	30	31
요일	火	水	木	金	土	日	2	火	水	木	金	土	日	月	火	水	木	金	土	日	月	火	水	木	金	土	日	月	火	水	木
陰曆	25	26	27	28	29	30	1	2	3	4	5	6	7	8	9	10	11	12	13	14	15	16	17	18	19	20	21	22	23	24	25
日辰	辛	壬	癸	甲	乙	丙	丁	戊	己	庚	辛	壬	癸	甲	乙	丙	丁	戊	己	庚	辛	壬	癸	甲	乙	丙	丁	戊	己	庚	辛
	酉	戌	亥	子	丑	寅	卯	辰	巳	午	未	申	酉	戌	亥	子	丑	寅	卯	辰	巳	午	未	申	酉	戌	亥	子	丑	寅	卯
大運 男	2	1	1	1	1	驚	10	9	9	9	8	8	8	7	7	7	6	6	6	5	5	5	4	4	4	3	3	3	2	2	2
大運 女	八	九	九	九	十	蟄	一	一	一	一	二	二	二	三	三	三	四	四	四	五	五	五	六	六	六	七	七	七	八	八	八

4월 (癸卯) 甲辰 (청명) 清明 5日 09:06 穀雨 20日

陽曆	1	2	3	4	5	6	7	8	9	10	11	12	13	14	15	16	17	18	19	20	21	22	23	24	25	26	27	28	29	30	
요일	金	土	日	月	火	3	木	金	土	日	月	火	水	木	金	土	日	月	火	水	木	金	土	日	月	火	水	木	金	土	
陰曆	26	27	28	29	30	1	2	3	4	5	6	7	8	9	10	11	12	13	14	15	16	17	18	19	20	21	22	23	24	25	
日辰	壬	癸	甲	乙	丙	丁	戊	己	庚	辛	壬	癸	甲	乙	丙	丁	戊	己	庚	辛	壬	癸	甲	乙	丙	丁	戊	己	庚	辛	
	辰	巳	午	未	申	酉	戌	亥	子	丑	寅	卯	辰	巳	午	未	申	酉	戌	亥	子	丑	寅	卯	辰	巳	午	未	申	酉	
大運 男	1	1	1	1	清	10	10	9	9	9	8	8	8	7	7	7	6	6	6	5	5	5	4	4	4	3	3	3	2	2	
大運 女	九	九	九	十	明	一	一	一	一	二	二	二	三	三	三	四	四	四	五	五	五	六	六	六	七	七	七	八	八	八	

5월 (甲辰) 乙巳 (입하) 立夏 6日 02:55 小滿 21日

陽曆	1	2	3	4	5	6	7	8	9	10	11	12	13	14	15	16	17	18	19	20	21	22	23	24	25	26	27	28	29	30	31
요일	日	月	火	水	木	4	土	日	月	火	水	木	金	土	日	月	火	水	木	金	土	日	月	火	水	木	金	土	日	月	火
陰曆	26	27	28	29	30	1	2	3	4	5	6	7	8	9	10	11	12	13	14	15	16	17	18	19	20	21	22	23	24	25	26
日辰	壬	癸	甲	乙	丙	丁	戊	己	庚	辛	壬	癸	甲	乙	丙	丁	戊	己	庚	辛	壬	癸	甲	乙	丙	丁	戊	己	庚	辛	壬
	戌	亥	子	丑	寅	卯	辰	巳	午	未	申	酉	戌	亥	子	丑	寅	卯	辰	巳	午	未	申	酉	戌	亥	子	丑	寅	卯	辰
大運 男	2	1	1	1	1	立	10	10	9	9	9	8	8	8	7	7	7	6	6	6	5	5	5	4	4	4	3	3	3	2	2
大運 女	九	九	九	十	十	夏	一	一	一	一	二	二	二	三	三	三	四	四	四	五	五	五	六	六	六	七	七	七	八	八	八

6월 (乙巳) 丙午 (망종) 芒種 6日 07:28 夏至 22日

陽曆	1	2	3	4	5	6	7	8	9	10	11	12	13	14	15	16	17	18	19	20	21	22	23	24	25	26	27	28	29	30	
요일	水	木	金	5	日	月	火	水	木	金	土	日	月	火	水	木	金	土	日	月	火	水	木	金	土	日	月	火	水	木	
陰曆	27	28	29	1	2	3	4	5	6	7	8	9	10	11	12	13	14	15	16	17	18	19	20	21	22	23	24	25	26	27	
日辰	癸	甲	乙	丙	丁	戊	己	庚	辛	壬	癸	甲	乙	丙	丁	戊	己	庚	辛	壬	癸	甲	乙	丙	丁	戊	己	庚	辛	壬	
	巳	午	未	申	酉	戌	亥	子	丑	寅	卯	辰	巳	午	未	申	酉	戌	亥	子	丑	寅	卯	辰	巳	午	未	申	酉	戌	
大運 男	2	1	1	1	1	芒	10	10	9	9	9	8	8	8	7	7	7	6	6	6	5	5	5	4	4	4	3	3	3	2	
大運 女	九	九	九	十	十	種	一	一	一	一	二	二	二	三	三	三	四	四	四	五	五	五	六	六	六	七	七	七	八	八	

7월 (丙午) 丁未 (소서) 小暑 7日 17:52 大暑 23日

陽曆		1	2	3	4	5	6	7	8	9	10	11	12	13	14	15	16	17	18	19	20	21	22	23	24	25	26	27	28	29	30	31
요일		金	土	日	6	火	水	木	金	土	日	月	火	水	木	金	土	日	月	火	水	木	金	土	日	月	火	水	木	金	土	日
陰曆		28	29	30	1	2	3	4	5	6	7	8	9	10	11	12	13	14	15	16	17	18	19	20	21	22	23	24	25	26	27	28
日辰		癸	甲	乙	丙	丁	戊	己	庚	辛	壬	癸	甲	乙	丙	丁	戊	己	庚	辛	壬	癸	甲	乙	丙	丁	戊	己	庚	辛	壬	癸
		亥	子	丑	寅	卯	辰	巳	午	未	申	酉	戌	亥	子	丑	寅	卯	辰	巳	午	未	申	酉	戌	亥	子	丑	寅	卯	辰	巳
大	男	2	2	1	1	1	1	小	10	10	10	9	9	9	8	8	8	7	7	7	6	6	6	5	5	5	4	4	4	3	3	3
運	女	八	九	九	九	十	十	暑	一	一	一	一	二	二	二	三	三	三	四	四	四	五	五	五	六	六	六	七	七	七	八	八

8월 (丁未) 戊申 (입추) 立秋 8日 03:32 處暑 23日

陽曆		1	2	3	4	5	6	7	8	9	10	11	12	13	14	15	16	17	18	19	20	21	22	23	24	25	26	27	28	29	30	31
요일		月	7	水	木	金	土	日	月	火	水	木	金	土	日	月	火	水	木	金	土	日	月	火	水	木	金	土	日	月	火	水
陰曆		29	1	2	3	4	5	6	7	8	9	10	11	12	13	14	15	16	17	18	19	20	21	22	23	24	25	26	27	28	29	30
日辰		甲	乙	丙	丁	戊	己	庚	辛	壬	癸	甲	乙	丙	丁	戊	己	庚	辛	壬	癸	甲	乙	丙	丁	戊	己	庚	辛	壬	癸	甲
		午	未	申	酉	戌	亥	子	丑	寅	卯	辰	巳	午	未	申	酉	戌	亥	子	丑	寅	卯	辰	巳	午	未	申	酉	戌	亥	子
大	男	2	2	2	1	1	1	1	立	10	10	9	9	9	8	8	8	7	7	7	6	6	6	5	5	5	4	4	4	3	3	3
運	女	八	九	九	九	十	十	十	秋	一	一	一	一	二	二	二	三	三	三	四	四	四	五	五	五	六	六	六	七	七	七	八

9월 (戊申) 己酉 (백로) 白露 8日 06:03 秋分 23日

陽曆		1	2	3	4	5	6	7	8	9	10	11	12	13	14	15	16	17	18	19	20	21	22	23	24	25	26	27	28	29	30	
요일		8	金	土	日	月	火	水	木	金	土	日	月	火	水	木	金	土	日	月	火	水	木	金	土	日	月	火	水	木	9	
陰曆		1	2	3	4	5	6	7	8	9	10	11	12	13	14	15	16	17	18	19	20	21	22	23	24	25	26	27	28	29	1	
日辰		乙	丙	丁	戊	己	庚	辛	壬	癸	甲	乙	丙	丁	戊	己	庚	辛	壬	癸	甲	乙	丙	丁	戊	己	庚	辛	壬	癸	甲	
		丑	寅	卯	辰	巳	午	未	申	酉	戌	亥	子	丑	寅	卯	辰	巳	午	未	申	酉	戌	亥	子	丑	寅	卯	辰	巳	午	
大	男	2	2	2	1	1	1	1	白	10	9	9	9	8	8	8	7	7	7	6	6	6	5	5	5	4	4	4	3	3	3	
運	女	八	八	九	九	九	十	十	露	一	一	一	一	二	二	二	三	三	三	四	四	四	五	五	五	六	六	六	七	七	七	

10월 (己酉) 庚戌 (한로) 寒露 8日 21:10 霜降 24日

陽曆		1	2	3	4	5	6	7	8	9	10	11	12	13	14	15	16	17	18	19	20	21	22	23	24	25	26	27	28	29	30	31
요일		土	日	月	火	水	木	金	土	日	月	火	水	木	金	土	日	月	火	水	木	金	土	日	月	火	水	木	金	10	日	月
陰曆		2	3	4	5	6	7	8	9	10	11	12	13	14	15	16	17	18	19	20	21	22	23	24	25	26	27	28	29	1	2	3
日辰		乙	丙	丁	戊	己	庚	辛	壬	癸	甲	乙	丙	丁	戊	己	庚	辛	壬	癸	甲	乙	丙	丁	戊	己	庚	辛	壬	癸	甲	乙
		未	申	酉	戌	亥	子	丑	寅	卯	辰	巳	午	未	申	酉	戌	亥	子	丑	寅	卯	辰	巳	午	未	申	酉	戌	亥	子	丑
大	男	2	2	2	1	1	1	1	寒	10	9	9	9	8	8	8	7	7	7	6	6	6	5	5	5	4	4	4	3	3	3	2
運	女	八	八	八	九	九	九	十	露	一	一	一	一	二	二	二	三	三	三	四	四	四	五	五	五	六	六	六	七	七	七	八

11월 (庚戌) 辛亥 (입동) 立冬 7日 23:50 小雪 22日

陽曆		1	2	3	4	5	6	7	8	9	10	11	12	13	14	15	16	17	18	19	20	21	22	23	24	25	26	27	28	29	30	
요일		火	水	木	金	土	日	月	火	水	木	金	土	日	月	火	水	木	金	土	日	月	火	水	木	金	土	日	11	火	水	
陰曆		4	5	6	7	8	9	10	11	12	13	14	15	16	17	18	19	20	21	22	23	24	25	26	27	28	29	30	1	2	3	
日辰		丙	丁	戊	己	庚	辛	壬	癸	甲	乙	丙	丁	戊	己	庚	辛	壬	癸	甲	乙	丙	丁	戊	己	庚	辛	壬	癸	甲	乙	
		寅	卯	辰	巳	午	未	申	酉	戌	亥	子	丑	寅	卯	辰	巳	午	未	申	酉	戌	亥	子	丑	寅	卯	辰	巳	午	未	
大	男	2	2	1	1	1	1	立	10	9	9	9	8	8	8	7	7	7	6	6	6	5	5	5	4	4	4	3	3	3	2	
運	女	八	八	九	九	九	十	冬	一	一	一	一	二	二	二	三	三	三	四	四	四	五	五	五	六	六	六	七	七	七	八	

12월 (辛亥) 壬子 (대설) 大雪 7日 16:18 冬至 22日

陽曆		1	2	3	4	5	6	7	8	9	10	11	12	13	14	15	16	17	18	19	20	21	22	23	24	25	26	27	28	29	30	31
요일		木	金	土	日	月	火	水	木	金	土	日	月	火	水	木	金	土	日	月	火	水	木	金	土	日	月	12	水	木	金	土
陰曆		4	5	6	7	8	9	10	11	12	13	14	15	16	17	18	19	20	21	22	23	24	25	26	27	28	29	1	2	3	4	5
日辰		丙	丁	戊	己	庚	辛	壬	癸	甲	乙	丙	丁	戊	己	庚	辛	壬	癸	甲	乙	丙	丁	戊	己	庚	辛	壬	癸	甲	乙	丙
		申	酉	戌	亥	子	丑	寅	卯	辰	巳	午	未	申	酉	戌	亥	子	丑	寅	卯	辰	巳	午	未	申	酉	戌	亥	子	丑	寅
大	男	2	2	1	1	1	1	大	10	9	9	9	8	8	8	7	7	7	6	6	6	5	5	5	4	4	4	3	3	3	2	2
運	女	八	八	九	九	九	十	雪	一	一	一	一	二	二	二	三	三	三	四	四	四	五	五	五	六	六	六	七	七	七	八	八

1월 (壬子) 癸丑 (소한) 小寒 6日 03:23 大寒 20日

陽曆	1	2	3	4	5	6	7	8	9	10	11	12	13	14	15	16	17	18	19	20	21	22	23	24	25	26	27	28	29	30	31
요일	日	月	火	水	木	金	土	日	月	火	水	木	金	土	日	月	火	水	木	金	土	日	月	火	水	1	金	土	日	月	火
陰曆	6	7	8	9	10	11	12	13	14	15	16	17	18	19	20	21	22	23	24	25	26	27	28	29	30	1	2	3	4	5	6
日辰	丁	戊	己	庚	辛	壬	癸	甲	乙	丙	丁	戊	己	庚	辛	壬	癸	甲	乙	丙	丁	戊	己	庚	辛	壬	癸	甲	乙	丙	丁
	卯	辰	巳	午	未	申	酉	戌	亥	子	丑	寅	卯	辰	巳	午	未	申	酉	戌	亥	子	丑	寅	卯	辰	巳	午	未	申	酉
大 男	2	1	1	1	1	小	9	9	9	8	8	8	7	7	7	6	6	6	5	5	5	4	4	4	3	3	3	2	2	2	1
運 女	八	九	九	九	十	寒	一	一	一	一	二	二	二	三	三	三	四	四	四	五	五	五	六	六	六	七	七	七	八	八	八

2월 (癸丑) 甲寅 (입춘) 立春 4日 15:09 雨水 19日

陽曆	1	2	3	4	5	6	7	8	9	10	11	12	13	14	15	16	17	18	19	20	21	22	23	24	25	26	27	28			
요일	水	木	金	土	日	月	火	水	木	金	土	日	月	火	水	木	金	土	日	月	火	水	木	2	土	日	月	火			
陰曆	7	8	9	10	11	12	13	14	15	16	17	18	19	20	21	22	23	24	25	26	27	28	29	1	2	3	4	5			
日辰	戊	己	庚	辛	壬	癸	甲	乙	丙	丁	戊	己	庚	辛	壬	癸	甲	乙	丙	丁	戊	己	庚	辛	壬	癸	甲	乙			
	戌	亥	子	丑	寅	卯	辰	巳	午	未	申	酉	戌	亥	子	丑	寅	卯	辰	巳	午	未	申	酉	戌	亥	子	丑			
大 男	1	1	1	立	1	1	1	1	2	2	2	3	3	3	4	4	4	5	5	5	6	6	6	7	7	7	8	8			
運 女	九	九	九	春	十	九	九	九	八	八	八	七	七	七	六	六	六	五	五	五	四	四	四	三	三	三	二	二			

3월 (甲寅) 乙卯 (경칩) 驚蟄 6日 09:31 春分 21日

陽曆	1	2	3	4	5	6	7	8	9	10	11	12	13	14	15	16	17	18	19	20	21	22	23	24	25	26	27	28	29	30	31
요일	水	木	金	土	日	月	火	水	木	金	土	日	月	火	水	木	金	土	日	月	火	水	木	金	土	3	月	火	水	木	金
陰曆	6	7	8	9	10	11	12	13	14	15	16	17	18	19	20	21	22	23	24	25	26	27	28	29	30	1	2	3	4	5	6
日辰	丙	丁	戊	己	庚	辛	壬	癸	甲	乙	丙	丁	戊	己	庚	辛	壬	癸	甲	乙	丙	丁	戊	己	庚	辛	壬	癸	甲	乙	丙
	寅	卯	辰	巳	午	未	申	酉	戌	亥	子	丑	寅	卯	辰	巳	午	未	申	酉	戌	亥	子	丑	寅	卯	辰	巳	午	未	申
大 男	8	9	9	9	10	驚	1	1	1	1	2	2	2	3	3	3	4	4	4	5	5	5	6	6	6	7	7	7	8	8	8
運 女	二	一	一	一	一	蟄	十	九	九	九	八	八	八	七	七	七	六	六	六	五	五	五	四	四	四	三	三	三	二	二	二

4월 (乙卯) 丙辰 (청명) 清明 5日 14:51 穀雨 20日

陽曆	1	2	3	4	5	6	7	8	9	10	11	12	13	14	15	16	17	18	19	20	21	22	23	24	25	26	27	28	29	30	
요일	土	日	月	火	水	木	金	土	日	月	火	水	木	金	土	日	月	火	水	木	金	土	日	月	4	水	木	金	土	日	
陰曆	7	8	9	10	11	12	13	14	15	16	17	18	19	20	21	22	23	24	25	26	27	28	29	30	1	2	3	4	5	6	
日辰	丁	戊	己	庚	辛	壬	癸	甲	乙	丙	丁	戊	己	庚	辛	壬	癸	甲	乙	丙	丁	戊	己	庚	辛	壬	癸	甲	乙	丙	
	酉	戌	亥	子	丑	寅	卯	辰	巳	午	未	申	酉	戌	亥	子	丑	寅	卯	辰	巳	午	未	申	酉	戌	亥	子	丑	寅	
大 男	9	9	9	10	清	1	1	1	1	2	2	2	3	3	3	4	4	4	5	5	5	6	6	6	7	7	7	8	8	8	
運 女	一	一	一	一	明	十	十	九	九	九	八	八	八	七	七	七	六	六	六	五	五	五	四	四	四	三	三	三	二	二	

5월 (丙辰) 丁巳 (입하) 立夏 6日 08:42 小滿 21日

陽曆	1	2	3	4	5	6	7	8	9	10	11	12	13	14	15	16	17	18	19	20	21	22	23	24	25	26	27	28	29	30	31
요일	月	火	水	木	金	土	日	月	火	水	木	金	土	日	月	火	水	木	金	土	日	月	火	5	木	金	土	日	月	火	水
陰曆	7	8	9	10	11	12	13	14	15	16	17	18	19	20	21	22	23	24	25	26	27	28	29	1	2	3	4	5	6	7	8
日辰	丁	戊	己	庚	辛	壬	癸	甲	乙	丙	丁	戊	己	庚	辛	壬	癸	甲	乙	丙	丁	戊	己	庚	辛	壬	癸	甲	乙	丙	丁
	卯	辰	巳	午	未	申	酉	戌	亥	子	丑	寅	卯	辰	巳	午	未	申	酉	戌	亥	子	丑	寅	卯	辰	巳	午	未	申	酉
大 男	9	9	9	10	10	立	1	1	1	1	2	2	2	3	3	3	4	4	4	5	5	5	6	6	6	7	7	7	8	8	8
運 女	二	一	一	一	一	夏	十	十	九	九	九	八	八	八	七	七	七	六	六	六	五	五	五	四	四	四	三	三	三	二	二

6월 (丁巳) 戊午 (망종) 芒種 6日 13:17 夏至 22日

陽曆	1	2	3	4	5	6	7	8	9	10	11	12	13	14	15	16	17	18	19	20	21	22	23	24	25	26	27	28	29	30	
요일	木	金	土	日	月	火	水	木	金	土	日	月	火	水	木	金	土	日	月	火	水	木	윤5	土	日	月	火	水	木	金	
陰曆	9	10	11	12	13	14	15	16	17	18	19	20	21	22	23	24	25	26	27	28	29	30	1	2	3	4	5	6	7	8	
日辰	戊	己	庚	辛	壬	癸	甲	乙	丙	丁	戊	己	庚	辛	壬	癸	甲	乙	丙	丁	戊	己	庚	辛	壬	癸	甲	乙	丙	丁	
	戌	亥	子	丑	寅	卯	辰	巳	午	未	申	酉	戌	亥	子	丑	寅	卯	辰	巳	午	未	申	酉	戌	亥	子	丑	寅	卯	
大 男	9	9	9	10	10	芒	1	1	1	1	2	2	2	3	3	3	4	4	4	5	5	5	6	6	6	7	7	7	8	8	
運 女	二	一	一	一	一	種	十	十	九	九	九	八	八	八	七	七	七	六	六	六	五	五	五	四	四	四	三	三	三	二	

剣鋒金星 十日得辛 南大將 未弔客 寒食(4월 06일) 初伏(7월 13일)
四綠木星 一龍治水 亥喪門 東三殺 中伏(7월 23일) 末伏(8월 12일)

7월 (戊午) 己未 (소서) 小署 7日 23:44 大暑 23日

陽曆		1	2	3	4	5	6	7	8	9	10	11	12	13	14	15	16	17	18	19	20	21	22	23	24	25	26	27	28	29	30	31
요일		土	日	月	火	水	木	金	土	日	月	火	水	木	金	土	日	月	火	水	木	金	土	6/1	月	火	水	木	金	土	日	月
陰曆		9	10	11	12	13	14	15	16	17	18	19	20	21	22	23	24	25	26	27	28	29	30		2	3	4	5	6	7	8	9
日辰		戊	己	庚	辛	壬	癸	甲	乙	丙	丁	戊	己	庚	辛	壬	癸	甲	乙	丙	丁	戊	己	庚	辛	壬	癸	甲	乙	丙	丁	戊
		辰	巳	午	未	申	酉	戌	亥	子	丑	寅	卯	辰	巳	午	未	申	酉	戌	亥	子	丑	寅	卯	辰	巳	午	未	申	酉	戌
大	男	8	9	9	9	10	10	小	1	1	1	1	2	2	2	3	3	3	4	4	4	5	5	5	6	6	6	7	7	7	8	8
運	女	二	二	一	一	一	一	署	十	十	十	九	九	九	八	八	八	七	七	七	六	六	六	五	五	五	四	四	四	三	三	三

8월 (己未) 庚申 (입추) 立秋 8日 09:26 處暑 23日

陽曆		1	2	3	4	5	6	7	8	9	10	11	12	13	14	15	16	17	18	19	20	21	22	23	24	25	26	27	28	29	30	31
요일		火	水	木	金	土	日	月	火	水	木	金	土	日	月	火	水	木	金	土	日	7/1	火	水	木	金	土	日	月	火	水	木
陰曆		10	11	12	13	14	15	16	17	18	19	20	21	22	23	24	25	26	27	28	29		2	3	4	5	6	7	8	9	10	11
日辰		己	庚	辛	壬	癸	甲	乙	丙	丁	戊	己	庚	辛	壬	癸	甲	乙	丙	丁	戊	己	庚	辛	壬	癸	甲	乙	丙	丁	戊	己
		亥	子	丑	寅	卯	辰	巳	午	未	申	酉	戌	亥	子	丑	寅	卯	辰	巳	午	未	申	酉	戌	亥	子	丑	寅	卯	辰	巳
大	男	8	9	9	9	10	10	10	立	1	1	1	1	2	2	2	3	3	3	4	4	4	5	5	5	6	6	6	7	7	7	8
運	女	二	二	二	一	一	一	一	秋	十	十	九	九	九	八	八	八	七	七	七	六	六	六	五	五	五	四	四	四	三	三	三

9월 (庚申) 辛酉 (백로) 白露 8日 11:58 秋分 23日

陽曆		1	2	3	4	5	6	7	8	9	10	11	12	13	14	15	16	17	18	19	20	21	22	23	24	25	26	27	28	29	30	
요일		金	土	日	月	火	水	木	金	土	日	月	火	水	木	金	土	日	月	火	8/1	木	金	土	日	月	火	水	木	金	土	
陰曆		12	13	14	15	16	17	18	19	20	21	22	23	24	25	26	27	28	29	30		2	3	4	5	6	7	8	9	10	11	
日辰		庚	辛	壬	癸	甲	乙	丙	丁	戊	己	庚	辛	壬	癸	甲	乙	丙	丁	戊	己	庚	辛	壬	癸	甲	乙	丙	丁	戊	己	
		午	未	申	酉	戌	亥	子	丑	寅	卯	辰	巳	午	未	申	酉	戌	亥	子	丑	寅	卯	辰	巳	午	未	申	酉	戌	亥	
大	男	8	8	9	9	9	10	10	白	1	1	1	1	2	2	2	3	3	3	4	4	4	5	5	5	6	6	6	7	7	7	
運	女	二	二	二	一	一	一	一	露	十	十	九	九	九	八	八	八	七	七	七	六	六	六	五	五	五	四	四	四	三	三	

10월 (辛酉) 壬戌 (한로) 寒露 9日 03:04 霜降 24日

陽曆		1	2	3	4	5	6	7	8	9	10	11	12	13	14	15	16	17	18	19	20	21	22	23	24	25	26	27	28	29	30	31
요일		日	月	火	水	木	金	土	日	月	火	水	木	金	土	日	月	火	水	9/1	金	土	日	月	火	水	木	金	土	日	月	火
陰曆		12	13	14	15	16	17	18	19	20	21	22	23	24	25	26	27	28	29		2	3	4	5	6	7	8	9	10	11	12	13
日辰		庚	辛	壬	癸	甲	乙	丙	丁	戊	己	庚	辛	壬	癸	甲	乙	丙	丁	戊	己	庚	辛	壬	癸	甲	乙	丙	丁	戊	己	庚
		子	丑	寅	卯	辰	巳	午	未	申	酉	戌	亥	子	丑	寅	卯	辰	巳	午	未	申	酉	戌	亥	子	丑	寅	卯	辰	巳	午
大	男	8	8	8	9	9	9	10	10	寒	1	1	1	1	2	2	2	3	3	3	4	4	4	5	5	5	6	6	6	7	7	7
運	女	三	二	二	二	一	一	一	一	露	十	九	九	九	八	八	八	七	七	七	六	六	六	五	五	五	四	四	四	三	三	三

11월 (壬戌) 癸亥 (입동) 立冬 8日 05:43 小雪 23日

陽曆		1	2	3	4	5	6	7	8	9	10	11	12	13	14	15	16	17	18	19	20	21	22	23	24	25	26	27	28	29	30	
요일		水	木	金	土	日	月	火	水	木	金	土	日	月	火	水	木	金	10/1	日	月	火	水	木	金	土	日	月	火	水	木	
陰曆		14	15	16	17	18	19	20	21	22	23	24	25	26	27	28	29	30		2	3	4	5	6	7	8	9	10	11	12	13	
日辰		辛	壬	癸	甲	乙	丙	丁	戊	己	庚	辛	壬	癸	甲	乙	丙	丁	戊	己	庚	辛	壬	癸	甲	乙	丙	丁	戊	己	庚	
		未	申	酉	戌	亥	子	丑	寅	卯	辰	巳	午	未	申	酉	戌	亥	子	丑	寅	卯	辰	巳	午	未	申	酉	戌	亥	子	
大	男	8	8	8	9	9	9	10	立	1	1	1	1	2	2	2	3	3	3	4	4	4	5	5	5	6	6	6	7	7	7	
運	女	二	二	二	一	一	一	一	冬	九	九	九	八	八	八	七	七	七	六	六	六	五	五	五	四	四	四	三	三	三	二	

12월 (癸亥) 甲子 (대설) 大雪 7日 22:11 冬至 22日

陽曆		1	2	3	4	5	6	7	8	9	10	11	12	13	14	15	16	17	18	19	20	21	22	23	24	25	26	27	28	29	30	31
요일		金	土	日	月	火	水	木	金	土	日	月	火	水	木	金	土	11/1	月	火	水	木	金	土	日	月	火	水	木	金	土	日
陰曆		14	15	16	17	18	19	20	21	22	23	24	25	26	27	28	29		2	3	4	5	6	7	8	9	10	11	12	13	14	15
日辰		辛	壬	癸	甲	乙	丙	丁	戊	己	庚	辛	壬	癸	甲	乙	丙	丁	戊	己	庚	辛	壬	癸	甲	乙	丙	丁	戊	己	庚	辛
		丑	寅	卯	辰	巳	午	未	申	酉	戌	亥	子	丑	寅	卯	辰	巳	午	未	申	酉	戌	亥	子	丑	寅	卯	辰	巳	午	未
大	男	8	8	8	9	9	9	大	1	1	1	1	2	2	2	3	3	3	4	4	4	5	5	5	6	6	6	7	7	7	8	8
運	女	二	二	一	一	一	一	雪	十	九	九	九	八	八	八	七	七	七	六	六	六	五	五	五	四	四	四	三	三	三	二	二

1월 (甲子) 乙丑(소한) 小寒 6日 09:17 大寒 21日

陽曆	1	2	3	4	5	6	7	8	9	10	11	12	13	14	15	16	17	18	19	20	21	22	23	24	25	26	27	28	29	30	31
요일	月	火	水	木	金	土	日	月	火	水	木	金	土	日	12	火	水	木	金	土	日	月	火	水	木	金	土	日	月	火	水
陰曆	16	17	18	19	20	21	22	23	24	25	26	27	28	29	1	2	3	4	5	6	7	8	9	10	11	12	13	14	15	16	17
日辰	壬	癸	甲	乙	丙	丁	戊	己	庚	辛	壬	癸	甲	乙	丙	丁	戊	己	庚	辛	壬	癸	甲	乙	丙	丁	戊	己	庚	辛	壬
	申	酉	戌	亥	子	丑	寅	卯	辰	巳	午	未	申	酉	戌	亥	子	丑	寅	卯	辰	巳	午	未	申	酉	戌	亥	子	丑	寅
大運 男	8	9	9	9	10	小	1	1	1	1	2	2	2	3	3	3	4	4	4	5	5	5	6	6	6	7	7	7	8	8	8
大運 女	二	一	一	一	一	寒	十	九	九	九	八	八	八	七	七	七	六	六	六	五	五	五	四	四	四	三	三	三	二	二	二

2월 (乙丑) 丙寅(입춘) 立春 4日 21:04 雨水 19日

陽曆	1	2	3	4	5	6	7	8	9	10	11	12	13	14	15	16	17	18	19	20	21	22	23	24	25	26	27	28
요일	木	金	土	日	月	火	水	木	金	土	日	月	火	1	木	金	土	日	月	火	水	木	金	土	日	月	火	水
陰曆	18	19	20	21	22	23	24	25	26	27	28	29	30	1	2	3	4	5	6	7	8	9	10	11	12	13	14	15
日辰	癸	甲	乙	丙	丁	戊	己	庚	辛	壬	癸	甲	乙	丙	丁	戊	己	庚	辛	壬	癸	甲	乙	丙	丁	戊	己	庚
	卯	辰	巳	午	未	申	酉	戌	亥	子	丑	寅	卯	辰	巳	午	未	申	酉	戌	亥	子	丑	寅	卯	辰	巳	午
大運 男	9	9	9	立	10	9	9	9	8	8	8	7	7	7	6	6	6	5	5	5	4	4	4	3	3	3	2	2
大運 女	一	一	一	春	一	一	一	一	二	二	二	三	三	三	四	四	四	五	五	五	六	六	六	七	七	七	八	八

3월 (丙寅) 丁卯(경칩) 驚蟄 6日 15:26 春分 21日

陽曆	1	2	3	4	5	6	7	8	9	10	11	12	13	14	15	16	17	18	19	20	21	22	23	24	25	26	27	28	29	30	31
요일	木	金	土	日	月	火	水	木	金	土	日	月	火	水	2	金	土	日	月	火	水	木	金	土	日	月	火	水	木	金	土
陰曆	16	17	18	19	20	21	22	23	24	25	26	27	28	29	1	2	3	4	5	6	7	8	9	10	11	12	13	14	15	16	17
日辰	辛	壬	癸	甲	乙	丙	丁	戊	己	庚	辛	壬	癸	甲	乙	丙	丁	戊	己	庚	辛	壬	癸	甲	乙	丙	丁	戊	己	庚	辛
	未	申	酉	戌	亥	子	丑	寅	卯	辰	巳	午	未	申	酉	戌	亥	子	丑	寅	卯	辰	巳	午	未	申	酉	戌	亥	子	丑
大運 男	2	1	1	1	1	驚	10	9	9	9	8	8	8	7	7	7	6	6	6	5	5	5	4	4	4	3	3	3	2	2	2
大運 女	八	九	九	九	十	蟄	一	一	一	一	二	二	二	三	三	三	四	四	四	五	五	五	六	六	六	七	七	七	八	八	八

4월 (丁卯) 戊辰(청명) 清明 5日 20:44 穀雨 21日

陽曆	1	2	3	4	5	6	7	8	9	10	11	12	13	14	15	16	17	18	19	20	21	22	23	24	25	26	27	28	29	30
요일	日	月	火	水	木	金	土	日	月	火	水	木	金	3	日	月	火	水	木	金	土	日	月	火	水	木	金	土	日	月
陰曆	18	19	20	21	22	23	24	25	26	27	28	29	30	1	2	3	4	5	6	7	8	9	10	11	12	13	14	15	16	17
日辰	壬	癸	甲	乙	丙	丁	戊	己	庚	辛	壬	癸	甲	乙	丙	丁	戊	己	庚	辛	壬	癸	甲	乙	丙	丁	戊	己	庚	辛
	寅	卯	辰	巳	午	未	申	酉	戌	亥	子	丑	寅	卯	辰	巳	午	未	申	酉	戌	亥	子	丑	寅	卯	辰	巳	午	未
大運 男	1	1	1	1	清	10	10	9	9	9	8	8	8	7	7	7	6	6	6	5	5	5	4	4	4	3	3	3	2	2
大運 女	九	九	九	十	明	一	一	一	一	二	二	二	三	三	三	四	四	四	五	五	五	六	六	六	七	七	七	八	八	八

5월 (戊辰) 己巳(입하) 立夏 6日 14:31 小滿 22日

陽曆	1	2	3	4	5	6	7	8	9	10	11	12	13	14	15	16	17	18	19	20	21	22	23	24	25	26	27	28	29	30	31
요일	火	水	木	金	土	日	月	火	水	木	金	土	4	月	火	水	木	金	土	日	月	火	水	木	金	土	日	月	火	水	木
陰曆	18	19	20	21	22	23	24	25	26	27	28	29	1	2	3	4	5	6	7	8	9	10	11	12	13	14	15	16	17	18	19
日辰	壬	癸	甲	乙	丙	丁	戊	己	庚	辛	壬	癸	甲	乙	丙	丁	戊	己	庚	辛	壬	癸	甲	乙	丙	丁	戊	己	庚	辛	壬
	申	酉	戌	亥	子	丑	寅	卯	辰	巳	午	未	申	酉	戌	亥	子	丑	寅	卯	辰	巳	午	未	申	酉	戌	亥	子	丑	寅
大運 男	2	1	1	1	1	立	10	10	9	9	9	8	8	8	7	7	7	6	6	6	5	5	5	4	4	4	3	3	3	2	2
大運 女	九	九	九	十	十	夏	一	一	一	一	二	二	二	三	三	三	四	四	四	五	五	五	六	六	六	七	七	七	八	八	八

6월 (己巳) 庚午(망종) 芒種 6日 19:01 夏至 22日

陽曆	1	2	3	4	5	6	7	8	9	10	11	12	13	14	15	16	17	18	19	20	21	22	23	24	25	26	27	28	29	30
요일	金	土	日	月	火	水	木	金	土	日	月	5	水	木	金	土	日	月	火	水	木	金	土	日	月	火	水	木	金	土
陰曆	20	21	22	23	24	25	26	27	28	29	30	1	2	3	4	5	6	7	8	9	10	11	12	13	14	15	16	17	18	19
日辰	癸	甲	乙	丙	丁	戊	己	庚	辛	壬	癸	甲	乙	丙	丁	戊	己	庚	辛	壬	癸	甲	乙	丙	丁	戊	己	庚	辛	壬
	卯	辰	巳	午	未	申	酉	戌	亥	子	丑	寅	卯	辰	巳	午	未	申	酉	戌	亥	子	丑	寅	卯	辰	巳	午	未	申
大運 男	2	1	1	1	1	芒	10	10	10	9	9	9	8	8	8	7	7	7	6	6	6	5	5	5	4	4	4	3	3	3
大運 女	九	九	九	十	十	種	一	一	一	一	二	二	二	三	三	三	四	四	四	五	五	五	六	六	六	七	七	七	八	八

7월 (庚午) 辛未 (소서) 小署 8日 05:24 大署 23日

陽曆	1	2	3	4	5	6	7	8	9	10	11	12	13	14	15	16	17	18	19	20	21	22	23	24	25	26	27	28	29	30	31
요일	日	月	火	水	木	金	土	日	月	火	水	6	金	土	日	月	火	水	木	金	土	日	月	火	水	木	金	土	日	月	火
陰曆	20	21	22	23	24	25	26	27	28	29	30	1	2	3	4	5	6	7	8	9	10	11	12	13	14	15	16	17	18	19	20
日辰	癸	甲	乙	丙	丁	戊	己	庚	辛	壬	癸	甲	乙	丙	丁	戊	己	庚	辛	壬	癸	甲	乙	丙	丁	戊	己	庚	辛	壬	癸
	酉	戌	亥	子	丑	寅	卯	辰	巳	午	未	申	酉	戌	亥	子	丑	寅	卯	辰	巳	午	未	申	酉	戌	亥	子	丑	寅	卯
大運 男	2	2	2	1	1	1	1	小	10	10	9	9	9	8	8	8	7	7	7	6	6	6	5	5	5	4	4	4	3	3	3
大運 女	八	九	九	九	十	十	十	署	一	一	一	一	二	二	二	三	三	三	四	四	四	五	五	五	六	六	六	七	七	七	八

8월 (辛未) 壬申 (입추) 立秋 8日 15:04 處署 24日

陽曆	1	2	3	4	5	6	7	8	9	10	11	12	13	14	15	16	17	18	19	20	21	22	23	24	25	26	27	28	29	30	31
요일	水	木	金	土	日	月	火	水	木	7	土	日	月	火	水	木	金	土	日	月	火	水	木	金	土	日	月	火	水	木	金
陰曆	21	22	23	24	25	26	27	28	29	1	2	3	4	5	6	7	8	9	10	11	12	13	14	15	16	17	18	19	20	21	22
日辰	甲	乙	丙	丁	戊	己	庚	辛	壬	癸	甲	乙	丙	丁	戊	己	庚	辛	壬	癸	甲	乙	丙	丁	戊	己	庚	辛	壬	癸	甲
	辰	巳	午	未	申	酉	戌	亥	子	丑	寅	卯	辰	巳	午	未	申	酉	戌	亥	子	丑	寅	卯	辰	巳	午	未	申	酉	戌
大運 男	2	2	2	1	1	1	1	立	10	10	9	9	9	8	8	8	7	7	7	6	6	6	5	5	5	4	4	4	3	3	3
大運 女	八	八	九	九	九	十	十	秋	一	一	一	一	二	二	二	三	三	三	四	四	四	五	五	五	六	六	六	七	七	七	八

9월 (壬申) 癸酉 (백로) 白露 8日 17:36 秋分 24日

陽曆	1	2	3	4	5	6	7	8	9	10	11	12	13	14	15	16	17	18	19	20	21	22	23	24	25	26	27	28	29	30	
요일	土	日	月	火	水	木	金	土	8	月	火	水	木	金	土	日	月	火	水	木	金	土	日	月	火	水	木	金	土	日	
陰曆	23	24	25	26	27	28	29	30	1	2	3	4	5	6	7	8	9	10	11	12	13	14	15	16	17	18	19	20	21	22	
日辰	乙	丙	丁	戊	己	庚	辛	壬	癸	甲	乙	丙	丁	戊	己	庚	辛	壬	癸	甲	乙	丙	丁	戊	己	庚	辛	壬	癸	甲	
	亥	子	丑	寅	卯	辰	巳	午	未	申	酉	戌	亥	子	丑	寅	卯	辰	巳	午	未	申	酉	戌	亥	子	丑	寅	卯	辰	
大運 男	2	2	2	1	1	1	1	白	10	10	9	9	9	8	8	8	7	7	7	6	6	6	5	5	5	4	4	4	3	3	
大運 女	八	八	九	九	九	十	十	露	一	一	一	一	二	二	二	三	三	三	四	四	四	五	五	五	六	六	六	七	七	七	

10월 (癸酉) 甲戌 (한로) 寒露 9日 08:45 霜降 24日

陽曆	1	2	3	4	5	6	7	8	9	10	11	12	13	14	15	16	17	18	19	20	21	22	23	24	25	26	27	28	29	30	31
요일	月	火	水	木	金	土	日	月	9	水	木	金	土	日	月	火	水	木	金	土	日	月	火	水	木	金	土	日	月	火	水
陰曆	23	24	25	26	27	28	29	30	1	2	3	4	5	6	7	8	9	10	11	12	13	14	15	16	17	18	19	20	21	22	23
日辰	乙	丙	丁	戊	己	庚	辛	壬	癸	甲	乙	丙	丁	戊	己	庚	辛	壬	癸	甲	乙	丙	丁	戊	己	庚	辛	壬	癸	甲	乙
	巳	午	未	申	酉	戌	亥	子	丑	寅	卯	辰	巳	午	未	申	酉	戌	亥	子	丑	寅	卯	辰	巳	午	未	申	酉	戌	亥
大運 男	3	2	2	2	1	1	1	1	寒	10	9	9	9	8	8	8	7	7	7	6	6	6	5	5	5	4	4	4	3	3	3
大運 女	八	八	八	九	九	九	十	十	露	一	一	一	一	二	二	二	三	三	三	四	四	四	五	五	五	六	六	六	七	七	七

11월 (甲戌) 乙亥 (입동) 立冬 8日 11:27 小雪 23日

陽曆	1	2	3	4	5	6	7	8	9	10	11	12	13	14	15	16	17	18	19	20	21	22	23	24	25	26	27	28	29	30	
요일	木	金	土	日	月	火	10	木	金	土	日	月	火	水	木	金	土	日	月	火	水	木	金	土	日	月	火	水	木	金	
陰曆	24	25	26	27	28	29	1	2	3	4	5	6	7	8	9	10	11	12	13	14	15	16	17	18	19	20	21	22	23	24	
日辰	丙	丁	戊	己	庚	辛	壬	癸	甲	乙	丙	丁	戊	己	庚	辛	壬	癸	甲	乙	丙	丁	戊	己	庚	辛	壬	癸	甲	乙	
	子	丑	寅	卯	辰	巳	午	未	申	酉	戌	亥	子	丑	寅	卯	辰	巳	午	未	申	酉	戌	亥	子	丑	寅	卯	辰	巳	
大運 男	2	2	2	1	1	1	1	立	10	9	9	9	8	8	8	7	7	7	6	6	6	5	5	5	4	4	4	3	3	3	
大運 女	八	八	八	九	九	九	十	冬	一	一	一	一	二	二	二	三	三	三	四	四	四	五	五	五	六	六	六	七	七	七	

12월 (乙亥) 丙子 (대설) 大雪 8日 03:57 冬至 22日

陽曆	1	2	3	4	5	6	7	8	9	10	11	12	13	14	15	16	17	18	19	20	21	22	23	24	25	26	27	28	29	30	31
요일	土	日	月	火	水	木	11	土	日	月	火	水	木	金	土	日	月	火	水	木	金	土	日	月	火	水	木	金	土	日	月
陰曆	25	26	27	28	29	30	1	2	3	4	5	6	7	8	9	10	11	12	13	14	15	16	17	18	19	20	21	22	23	24	25
日辰	丙	丁	戊	己	庚	辛	壬	癸	甲	乙	丙	丁	戊	己	庚	辛	壬	癸	甲	乙	丙	丁	戊	己	庚	辛	壬	癸	甲	乙	丙
	午	未	申	酉	戌	亥	子	丑	寅	卯	辰	巳	午	未	申	酉	戌	亥	子	丑	寅	卯	辰	巳	午	未	申	酉	戌	亥	子
大運 男	2	2	2	1	1	1	1	大	9	9	9	8	8	8	7	7	7	6	6	6	5	5	5	4	4	4	3	3	3	2	2
大運 女	八	八	八	九	九	九	十	雪	一	一	一	一	二	二	二	三	三	三	四	四	四	五	五	五	六	六	六	七	七	七	八

1월 (丙子) 丁丑 (소한) 小寒 6日 15:02 大寒 21日

陽曆	1	2	3	4	5	6	7	8	9	10	11	12	13	14	15	16	17	18	19	20	21	22	23	24	25	26	27	28	29	30	31
요일	火	水	木	金	12	日	月	火	水	木	金	土	日	月	火	水	木	金	土	日	月	火	水	木	金	土	日	月	火	水	木
陰曆	26	27	28	29	1	2	3	4	5	6	7	8	9	10	11	12	13	14	15	16	17	18	19	20	21	22	23	24	25	26	27
日辰	丁	戊	己	庚	辛	壬	癸	甲	乙	丙	丁	戊	己	庚	辛	壬	癸	甲	乙	丙	丁	戊	己	庚	辛	壬	癸	甲	乙	丙	丁
	丑	寅	卯	辰	巳	午	未	申	酉	戌	亥	子	丑	寅	卯	辰	巳	午	未	申	酉	戌	亥	子	丑	寅	卯	辰	巳	午	未
大 男	2	1	1	1	1	小	10	9	9	9	8	8	8	7	7	7	6	6	6	5	5	5	4	4	4	3	3	3	2	2	2
運 女	八	八	九	九	九	寒	一	一	一	一	二	二	二	三	三	三	四	四	四	五	五	五	六	六	六	七	七	七	八	八	八

2월 (丁丑) 戊寅 (입춘) 立春 5日 02:49 雨水 19日

陽曆	1	2	3	4	5	6	7	8	9	10	11	12	13	14	15	16	17	18	19	20	21	22	23	24	25	26	27	28			
요일	金	土	日	1	火	水	木	金	土	日	月	火	水	木	金	土	日	月	火	水	木	金	土	日	月	火	水	木			
陰曆	28	29	30	1	2	3	4	5	6	7	8	9	10	11	12	13	14	15	16	17	18	19	20	21	22	23	24	25			
日辰	戊	己	庚	辛	壬	癸	甲	乙	丙	丁	戊	己	庚	辛	壬	癸	甲	乙	丙	丁	戊	己	庚	辛	壬	癸	甲	乙			
	申	酉	戌	亥	子	丑	寅	卯	辰	巳	午	未	申	酉	戌	亥	子	丑	寅	卯	辰	巳	午	未	申	酉	戌	亥			
大 男	1	1	1	1	立	1	1	1	1	2	2	2	3	3	3	4	4	4	5	5	5	6	6	6	7	7	7	8			
運 女	九	九	九	十	春	九	九	九	八	八	八	七	七	七	六	六	六	五	五	五	四	四	四	三	三	三	二	二			

3월 (戊寅) 己卯 (경칩) 驚蟄 6日 21:10 春分 21日

陽曆	1	2	3	4	5	6	7	8	9	10	11	12	13	14	15	16	17	18	19	20	21	22	23	24	25	26	27	28	29	30	31
요일	金	土	日	月	2	水	木	金	土	日	月	火	水	木	金	土	日	月	火	水	木	金	土	日	月	火	水	木	金	土	日
陰曆	26	27	28	29	1	2	3	4	5	6	7	8	9	10	11	12	13	14	15	16	17	18	19	20	21	22	23	24	25	26	27
日辰	丙	丁	戊	己	庚	辛	壬	癸	甲	乙	丙	丁	戊	己	庚	辛	壬	癸	甲	乙	丙	丁	戊	己	庚	辛	壬	癸	甲	乙	丙
	子	丑	寅	卯	辰	巳	午	未	申	酉	戌	亥	子	丑	寅	卯	辰	巳	午	未	申	酉	戌	亥	子	丑	寅	卯	辰	巳	午
大 男	8	8	9	9	9	驚	1	1	1	1	2	2	2	3	3	3	4	4	4	5	5	5	6	6	6	7	7	7	8	8	8
運 女	二	一	一	一	一	蟄	十	十	九	九	九	八	八	八	七	七	七	六	六	六	五	五	五	四	四	四	三	三	三	二	二

4월 (己卯) 庚辰 (청명) 清明 6日 02:26 穀雨 21日

陽曆	1	2	3	4	5	6	7	8	9	10	11	12	13	14	15	16	17	18	19	20	21	22	23	24	25	26	27	28	29	30	
요일	月	火	3	木	金	土	日	月	火	水	木	金	土	日	月	火	水	木	金	土	日	月	火	水	木	金	土	日	月	火	
陰曆	28	29	1	2	3	4	5	6	7	8	9	10	11	12	13	14	15	16	17	18	19	20	21	22	23	24	25	26	27	28	
日辰	丁	戊	己	庚	辛	壬	癸	甲	乙	丙	丁	戊	己	庚	辛	壬	癸	甲	乙	丙	丁	戊	己	庚	辛	壬	癸	甲	乙	丙	
	未	申	酉	戌	亥	子	丑	寅	卯	辰	巳	午	未	申	酉	戌	亥	子	丑	寅	卯	辰	巳	午	未	申	酉	戌	亥	子	
大 男	8	8	9	9	9	清	1	1	1	1	2	2	2	3	3	3	4	4	4	5	5	5	6	6	6	7	7	7	8	8	
運 女	二	一	一	一	一	明	十	九	九	九	八	八	八	七	七	七	六	六	六	五	五	五	四	四	四	三	三	三	二	二	

5월 (庚辰) 辛巳 (입하) 立夏 6日 20:12 小滿 22日

陽曆	1	2	3	4	5	6	7	8	9	10	11	12	13	14	15	16	17	18	19	20	21	22	23	24	25	26	27	28	29	30	31
요일	水	木	4	土	日	月	火	水	木	金	土	日	月	火	水	木	金	土	日	月	火	水	木	金	土	日	月	火	水	木	金
陰曆	29	30	1	2	3	4	5	6	7	8	9	10	11	12	13	14	15	16	17	18	19	20	21	22	23	24	25	26	27	28	29
日辰	丁	戊	己	庚	辛	壬	癸	甲	乙	丙	丁	戊	己	庚	辛	壬	癸	甲	乙	丙	丁	戊	己	庚	辛	壬	癸	甲	乙	丙	丁
	丑	寅	卯	辰	巳	午	未	申	酉	戌	亥	子	丑	寅	卯	辰	巳	午	未	申	酉	戌	亥	子	丑	寅	卯	辰	巳	午	未
大 男	8	9	9	9	10	立	1	1	1	1	2	2	2	3	3	3	4	4	4	5	5	5	6	6	6	7	7	7	8	8	8
運 女	二	一	一	一	一	夏	十	十	十	九	九	九	八	八	八	七	七	七	六	六	六	五	五	五	四	四	四	三	三	三	二

6월 (辛巳) 壬午 (망종) 芒種 7日 00:42 夏至 22日

陽曆	1	2	3	4	5	6	7	8	9	10	11	12	13	14	15	16	17	18	19	20	21	22	23	24	25	26	27	28	29	30	
요일	5	日	月	火	水	木	金	土	日	月	火	水	木	金	土	日	月	火	水	木	金	土	日	月	火	水	木	金	土	日	
陰曆	1	2	3	4	5	6	7	8	9	10	11	12	13	14	15	16	17	18	19	20	21	22	23	24	25	26	27	28	29	30	
日辰	戊	己	庚	辛	壬	癸	甲	乙	丙	丁	戊	己	庚	辛	壬	癸	甲	乙	丙	丁	戊	己	庚	辛	壬	癸	甲	乙	丙	丁	
	申	酉	戌	亥	子	丑	寅	卯	辰	巳	午	未	申	酉	戌	亥	子	丑	寅	卯	辰	巳	午	未	申	酉	戌	亥	子	丑	
大 男	9	9	9	10	10	10	芒	1	1	1	1	2	2	2	3	3	3	4	4	4	5	5	5	6	6	6	7	7	7	8	
運 女	二	二	一	一	一	一	種	十	十	九	九	九	八	八	八	七	七	七	六	六	六	五	五	五	四	四	四	三	三	三	

山頭火星　一日得辛　西大將　酉弔客　寒食(4월 06일)　初伏(7월 13일)
二黑土星　六龍治水　丑喪門　酉三殺　中伏(7월 23일)　末伏(8월 02일)

7월 (壬午)　癸未 (소서) 小暑 8日 11:06　大暑 24日

陽曆	1	2	3	4	5	6	7	8	9	10	11	12	13	14	15	16	17	18	19	20	21	22	23	24	25	26	27	28	29	30	31
요일	6	火	水	木	金	土	日	月	火	水	木	金	土	日	月	火	水	木	金	土	日	月	火	水	木	金	土	日	月	7	水
陰曆	1	2	3	4	5	6	7	8	9	10	11	12	13	14	15	16	17	18	19	20	21	22	23	24	25	26	27	28	29	1	2
日辰	戊	己	庚	辛	壬	癸	甲	乙	丙	丁	戊	己	庚	辛	壬	癸	甲	乙	丙	丁	戊	己	庚	辛	壬	癸	甲	乙	丙	丁	戊
	寅	卯	辰	巳	午	未	申	酉	戌	亥	子	丑	寅	卯	辰	巳	午	未	申	酉	戌	亥	子	丑	寅	卯	辰	巳	午	未	申
大運 男	8	8	9	9	9	10	10	小	1	1	1	1	2	2	2	3	3	3	4	4	4	5	5	5	6	6	6	7	7	7	8
大運 女	二	二	二	一	一	一	一	暑	十	十	九	九	九	八	八	八	七	七	七	六	六	六	五	五	五	四	四	四	三	三	三

8월 (癸未)　甲申 (입추) 立秋 8日 20:48　處暑 24日

陽曆	1	2	3	4	5	6	7	8	9	10	11	12	13	14	15	16	17	18	19	20	21	22	23	24	25	26	27	28	29	30	31
요일	木	金	土	日	月	火	水	木	金	土	日	月	火	水	木	金	土	日	月	火	水	木	金	土	日	月	火	水	8	金	土
陰曆	3	4	5	6	7	8	9	10	11	12	13	14	15	16	17	18	19	20	21	22	23	24	25	26	27	28	29	30	1	2	3
日辰	己	庚	辛	壬	癸	甲	乙	丙	丁	戊	己	庚	辛	壬	癸	甲	乙	丙	丁	戊	己	庚	辛	壬	癸	甲	乙	丙	丁	戊	己
	酉	戌	亥	子	丑	寅	卯	辰	巳	午	未	申	酉	戌	亥	子	丑	寅	卯	辰	巳	午	未	申	酉	戌	亥	子	丑	寅	卯
大運 男	8	8	9	9	9	10	10	立	1	1	1	1	2	2	2	3	3	3	4	4	4	5	5	5	6	6	6	7	7	7	8
大運 女	二	二	二	一	一	一	一	秋	十	十	九	九	九	八	八	八	七	七	七	六	六	六	五	五	五	四	四	四	三	三	三

9월 (甲申)　乙酉 (백로) 白露 8日 23:24　秋分 24日

陽曆	1	2	3	4	5	6	7	8	9	10	11	12	13	14	15	16	17	18	19	20	21	22	23	24	25	26	27	28	29	30	
요일	日	月	火	水	木	金	土	日	月	火	水	木	金	土	日	月	火	水	木	金	土	日	月	火	水	木	金	9	日	月	
陰曆	4	5	6	7	8	9	10	11	12	13	14	15	16	17	18	19	20	21	22	23	24	25	26	27	28	29	30	1	2	3	
日辰	庚	辛	壬	癸	甲	乙	丙	丁	戊	己	庚	辛	壬	癸	甲	乙	丙	丁	戊	己	庚	辛	壬	癸	甲	乙	丙	丁	戊	己	
	辰	巳	午	未	申	酉	戌	亥	子	丑	寅	卯	辰	巳	午	未	申	酉	戌	亥	子	丑	寅	卯	辰	巳	午	未	申	酉	
大運 男	8	8	9	9	9	10	10	白	1	1	1	1	2	2	2	3	3	3	4	4	4	5	5	5	6	6	6	7	7	7	
大運 女	二	二	二	一	一	一	一	露	十	十	九	九	九	八	八	八	七	七	七	六	六	六	五	五	五	四	四	四	三	三	

10월 (乙酉)　丙戌 (한로) 寒露 9日 14:36　霜降 24日

陽曆	1	2	3	4	5	6	7	8	9	10	11	12	13	14	15	16	17	18	19	20	21	22	23	24	25	26	27	28	29	30	31
요일	火	水	木	金	土	日	月	火	水	木	金	土	日	月	火	水	木	金	土	日	月	火	水	木	金	土	10	月	火	水	木
陰曆	4	5	6	7	8	9	10	11	12	13	14	15	16	17	18	19	20	21	22	23	24	25	26	27	28	29	1	2	3	4	5
日辰	庚	辛	壬	癸	甲	乙	丙	丁	戊	己	庚	辛	壬	癸	甲	乙	丙	丁	戊	己	庚	辛	壬	癸	甲	乙	丙	丁	戊	己	庚
	戌	亥	子	丑	寅	卯	辰	巳	午	未	申	酉	戌	亥	子	丑	寅	卯	辰	巳	午	未	申	酉	戌	亥	子	丑	寅	卯	辰
大運 男	8	8	8	9	9	9	10	10	寒	1	1	1	1	2	2	2	3	3	3	4	4	4	5	5	5	6	6	6	7	7	7
大運 女	三	二	二	二	一	一	一	一	露	十	九	九	九	八	八	八	七	七	七	六	六	六	五	五	五	四	四	四	三	三	三

11월 (丙戌)　丁亥 (입동) 立冬 8日 17:18　小雪 23日

陽曆	1	2	3	4	5	6	7	8	9	10	11	12	13	14	15	16	17	18	19	20	21	22	23	24	25	26	27	28	29	30	
요일	金	土	日	月	火	水	木	金	土	日	月	火	水	木	金	土	日	月	火	水	木	金	土	日	月	11	水	木	金	土	
陰曆	6	7	8	9	10	11	12	13	14	15	16	17	18	19	20	21	22	23	24	25	26	27	28	29	30	1	2	3	4	5	
日辰	辛	壬	癸	甲	乙	丙	丁	戊	己	庚	辛	壬	癸	甲	乙	丙	丁	戊	己	庚	辛	壬	癸	甲	乙	丙	丁	戊	己	庚	
	巳	午	未	申	酉	戌	亥	子	丑	寅	卯	辰	巳	午	未	申	酉	戌	亥	子	丑	寅	卯	辰	巳	午	未	申	酉	戌	
大運 男	8	8	8	9	9	9	10	立	1	1	1	1	2	2	2	3	3	3	4	4	4	5	5	5	6	6	6	7	7	7	
大運 女	二	二	二	一	一	一	一	冬	十	九	九	九	八	八	八	七	七	七	六	六	六	五	五	五	四	四	四	三	三	三	

12월 (丁亥)　戊子 (대설) 大雪 8日 09:45　冬至 23日

陽曆	1	2	3	4	5	6	7	8	9	10	11	12	13	14	15	16	17	18	19	20	21	22	23	24	25	26	27	28	29	30	31
요일	日	月	火	水	木	金	土	日	月	火	水	木	金	土	日	月	火	水	木	金	土	日	月	火	水	12	金	土	日	月	火
陰曆	6	7	8	9	10	11	12	13	14	15	16	17	18	19	20	21	22	23	24	25	26	27	28	29	30	1	2	3	4	5	6
日辰	辛	壬	癸	甲	乙	丙	丁	戊	己	庚	辛	壬	癸	甲	乙	丙	丁	戊	己	庚	辛	壬	癸	甲	乙	丙	丁	戊	己	庚	辛
	亥	子	丑	寅	卯	辰	巳	午	未	申	酉	戌	亥	子	丑	寅	卯	辰	巳	午	未	申	酉	戌	亥	子	丑	寅	卯	辰	巳
大運 男	8	8	8	9	9	9	10	大	1	1	1	1	2	2	2	3	3	3	4	4	4	5	5	5	6	6	6	7	7	7	8
大運 女	二	二	二	一	一	一	一	雪	九	九	九	八	八	八	七	七	七	六	六	六	五	五	五	四	四	四	三	三	三	二	二

1월 (戊子)

己丑 (소한) 小寒 6日 20:47 大寒 21日

陽曆		1	2	3	4	5	6	7	8	9	10	11	12	13	14	15	16	17	18	19	20	21	22	23	24	25	26	27	28	29	30	31
요일		水	木	金	土	日	月	火	水	木	金	土	日	月	火	水	木	金	土	日	月	火	水	木	1/1	土	日	月	火	水	木	金
陰曆		7	8	9	10	11	12	13	14	15	16	17	18	19	20	21	22	23	24	25	26	27	28	29		2	3	4	5	6	7	8
日辰		壬	癸	甲	乙	丙	丁	戊	己	庚	辛	壬	癸	甲	乙	丙	丁	戊	己	庚	辛	壬	癸	甲	乙	丙	丁	戊	己	庚	辛	壬
		午	未	申	酉	戌	亥	子	丑	寅	卯	辰	巳	午	未	申	酉	戌	亥	子	丑	寅	卯	辰	巳	午	未	申	酉	戌	亥	子
大運	男	8	8	9	9	9	小	1	1	1	1	2	2	2	3	3	3	4	4	4	5	5	5	6	6	6	7	7	7	8	8	8
	女	二	一	一	一	一	寒	十	九	九	九	八	八	八	七	七	七	六	六	六	五	五	五	四	四	四	三	三	三	二	二	二

2월 (己丑)

庚寅 (입춘) 立春 5日 08:29 雨水 20日

陽曆		1	2	3	4	5	6	7	8	9	10	11	12	13	14	15	16	17	18	19	20	21	22	23	24	25	26	27	28	29
요일		土	日	月	火	水	木	金	土	日	月	火	水	木	金	土	日	月	火	水	木	金	土	2/1	月	火	水	木	金	土
陰曆		9	10	11	12	13	14	15	16	17	18	19	20	21	22	23	24	25	26	27	28	29	30		2	3	4	5	6	7
日辰		癸	甲	乙	丙	丁	戊	己	庚	辛	壬	癸	甲	乙	丙	丁	戊	己	庚	辛	壬	癸	甲	乙	丙	丁	戊	己	庚	辛
		丑	寅	卯	辰	巳	午	未	申	酉	戌	亥	子	丑	寅	卯	辰	巳	午	未	申	酉	戌	亥	子	丑	寅	卯	辰	巳
大運	男	9	9	9	10	立	10	9	9	9	8	8	8	7	7	7	6	6	6	5	5	5	4	4	4	3	3	3	2	2
	女	一	一	一	一	春	一	一	一	一	二	二	二	三	三	三	四	四	四	五	五	五	六	六	六	七	七	七	八	八

3월 (庚寅)

辛卯 (경칩) 驚蟄 6日 02:49 春分 21日

陽曆		1	2	3	4	5	6	7	8	9	10	11	12	13	14	15	16	17	18	19	20	21	22	23	24	25	26	27	28	29	30	31
요일		日	月	火	水	木	金	土	日	月	火	水	木	金	土	日	月	火	水	木	金	土	日	3/1	火	水	木	金	土	日	月	火
陰曆		8	9	10	11	12	13	14	15	16	17	18	19	20	21	22	23	24	25	26	27	28	29		2	3	4	5	6	7	8	9
日辰		壬	癸	甲	乙	丙	丁	戊	己	庚	辛	壬	癸	甲	乙	丙	丁	戊	己	庚	辛	壬	癸	甲	乙	丙	丁	戊	己	庚	辛	壬
		午	未	申	酉	戌	亥	子	丑	寅	卯	辰	巳	午	未	申	酉	戌	亥	子	丑	寅	卯	辰	巳	午	未	申	酉	戌	亥	子
大運	男	2	1	1	1	1	驚	10	9	9	9	8	8	8	7	7	7	6	6	6	5	5	5	4	4	4	3	3	3	2	2	2
	女	八	九	九	九	十	蟄	一	一	一	一	二	二	二	三	三	三	四	四	四	五	五	五	六	六	六	七	七	七	八	八	八

4월 (辛卯)

壬辰 (청명) 清明 5日 08:07 穀雨 20日

陽曆		1	2	3	4	5	6	7	8	9	10	11	12	13	14	15	16	17	18	19	20	21	22	23	24	25	26	27	28	29	30
요일		水	木	金	土	日	月	火	水	木	金	土	日	月	火	水	木	金	土	日	月	윤3/1	水	木	金	土	日	月	火	水	木
陰曆		10	11	12	13	14	15	16	17	18	19	20	21	22	23	24	25	26	27	28	29		2	3	4	5	6	7	8	9	10
日辰		癸	甲	乙	丙	丁	戊	己	庚	辛	壬	癸	甲	乙	丙	丁	戊	己	庚	辛	壬	癸	甲	乙	丙	丁	戊	己	庚	辛	壬
		丑	寅	卯	辰	巳	午	未	申	酉	戌	亥	子	丑	寅	卯	辰	巳	午	未	申	酉	戌	亥	子	丑	寅	卯	辰	巳	午
大運	男	1	1	1	1	清	10	10	9	9	9	8	8	8	7	7	7	6	6	6	5	5	5	4	4	4	3	3	3	2	2
	女	九	九	九	十	明	一	一	一	一	二	二	二	三	三	三	四	四	四	五	五	五	六	六	六	七	七	七	八	八	八

5월 (壬辰)

癸巳 (입하) 立夏 6日 01:57 小滿 21日

陽曆		1	2	3	4	5	6	7	8	9	10	11	12	13	14	15	16	17	18	19	20	21	22	23	24	25	26	27	28	29	30	31
요일		金	土	日	月	火	水	木	金	土	日	月	火	水	木	金	土	日	月	火	水	4/1	金	土	日	月	火	水	木	金	土	日
陰曆		11	12	13	14	15	16	17	18	19	20	21	22	23	24	25	26	27	28	29	30		2	3	4	5	6	7	8	9	10	11
日辰		癸	甲	乙	丙	丁	戊	己	庚	辛	壬	癸	甲	乙	丙	丁	戊	己	庚	辛	壬	癸	甲	乙	丙	丁	戊	己	庚	辛	壬	癸
		未	申	酉	戌	亥	子	丑	寅	卯	辰	巳	午	未	申	酉	戌	亥	子	丑	寅	卯	辰	巳	午	未	申	酉	戌	亥	子	丑
大運	男	2	1	1	1	1	立	10	10	9	9	9	8	8	8	7	7	7	6	6	6	5	5	5	4	4	4	3	3	3	2	2
	女	九	九	九	十	十	夏	一	一	一	一	二	二	二	三	三	三	四	四	四	五	五	五	六	六	六	七	七	七	八	八	八

6월 (癸巳)

甲午 (망종) 芒種 6日 06:31 夏至 21日

陽曆		1	2	3	4	5	6	7	8	9	10	11	12	13	14	15	16	17	18	19	20	21	22	23	24	25	26	27	28	29	30
요일		月	火	水	木	金	土	日	月	火	水	木	金	土	日	月	火	水	木	5/1	土	日	月	火	水	木	金	土	日	月	火
陰曆		12	13	14	15	16	17	18	19	20	21	22	23	24	25	26	27	28	29		2	3	4	5	6	7	8	9	10	11	12
日辰		甲	乙	丙	丁	戊	己	庚	辛	壬	癸	甲	乙	丙	丁	戊	己	庚	辛	壬	癸	甲	乙	丙	丁	戊	己	庚	辛	壬	癸
		寅	卯	辰	巳	午	未	申	酉	戌	亥	子	丑	寅	卯	辰	巳	午	未	申	酉	戌	亥	子	丑	寅	卯	辰	巳	午	未
大運	男	2	1	1	1	1	芒	10	10	9	9	9	8	8	8	7	7	7	6	6	6	5	5	5	4	4	4	3	3	3	2
	女	九	九	九	十	十	種	一	一	一	一	二	二	二	三	三	三	四	四	四	五	五	五	六	六	六	七	七	七	八	八

7월 (甲午) 乙未 (소서) 小暑 7日 16:58 大暑 23日

陽曆		1	2	3	4	5	6	7	8	9	10	11	12	13	14	15	16	17	18	19	20	21	22	23	24	25	26	27	28	29	30	31
요일		水	木	金	土	日	月	火	水	木	金	土	日	月	火	水	木	金	土	6	月	火	水	木	金	土	日	月	火	水	木	金
陰曆		13	14	15	16	17	18	19	20	21	22	23	24	25	26	27	28	29	30	1	2	3	4	5	6	7	8	9	10	11	12	13
日辰		甲	乙	丙	丁	戊	己	庚	辛	壬	癸	甲	乙	丙	丁	戊	己	庚	辛	壬	癸	甲	乙	丙	丁	戊	己	庚	辛	壬	癸	甲
		申	酉	戌	亥	子	丑	寅	卯	辰	巳	午	未	申	酉	戌	亥	子	丑	寅	卯	辰	巳	午	未	申	酉	戌	亥	子	丑	寅
大	男	2	2	1	1	1	1	小	10	10	10	9	9	9	8	8	8	7	7	7	6	6	6	5	5	5	4	4	4	3	3	3
運	女	八	九	九	九	十	十	暑	一	一	一	一	二	二	二	三	三	三	四	四	四	五	五	五	六	六	六	七	七	七	八	八

8월 (乙未) 丙申 (입추) 立秋 8日 02:43 處暑 23日

陽曆		1	2	3	4	5	6	7	8	9	10	11	12	13	14	15	16	17	18	19	20	21	22	23	24	25	26	27	28	29	30	31
요일		土	日	月	火	水	木	金	土	日	月	火	水	木	金	土	日	7	火	水	木	金	土	日	月	火	水	木	金	土	日	月
陰曆		14	15	16	17	18	19	20	21	22	23	24	25	26	27	28	29	1	2	3	4	5	6	7	8	9	10	11	12	13	14	15
日辰		乙	丙	丁	戊	己	庚	辛	壬	癸	甲	乙	丙	丁	戊	己	庚	辛	壬	癸	甲	乙	丙	丁	戊	己	庚	辛	壬	癸	甲	乙
		卯	辰	巳	午	未	申	酉	戌	亥	子	丑	寅	卯	辰	巳	午	未	申	酉	戌	亥	子	丑	寅	卯	辰	巳	午	未	申	酉
大	男	2	2	2	1	1	1	1	立	10	10	9	9	9	8	8	8	7	7	7	6	6	6	5	5	5	4	4	4	3	3	3
運	女	八	九	九	九	十	十	十	秋	一	一	一	一	二	二	二	三	三	三	四	四	四	五	五	五	六	六	六	七	七	七	八

9월 (丙申) 丁酉 (백로) 白露 8日 05:21 秋分 23日

陽曆		1	2	3	4	5	6	7	8	9	10	11	12	13	14	15	16	17	18	19	20	21	22	23	24	25	26	27	28	29	30	
요일		火	水	木	金	土	日	月	火	水	木	金	土	日	月	火	8	木	金	土	日	月	火	水	木	金	土	日	月	火	水	
陰曆		16	17	18	19	20	21	22	23	24	25	26	27	28	29	30	1	2	3	4	5	6	7	8	9	10	11	12	13	14	15	
日辰		丙	丁	戊	己	庚	辛	壬	癸	甲	乙	丙	丁	戊	己	庚	辛	壬	癸	甲	乙	丙	丁	戊	己	庚	辛	壬	癸	甲	乙	
		戌	亥	子	丑	寅	卯	辰	巳	午	未	申	酉	戌	亥	子	丑	寅	卯	辰	巳	午	未	申	酉	戌	亥	子	丑	寅	卯	
大	男	2	2	2	1	1	1	1	白	10	9	9	9	8	8	8	7	7	7	6	6	6	5	5	5	4	4	4	3	3	3	
運	女	八	八	九	九	九	十	十	露	一	一	一	一	二	二	二	三	三	三	四	四	四	五	五	五	六	六	六	七	七	七	

10월 (丁酉) 戊戌 (한로) 寒露 8日 20:32 霜降 23日

陽曆		1	2	3	4	5	6	7	8	9	10	11	12	13	14	15	16	17	18	19	20	21	22	23	24	25	26	27	28	29	30	31
요일		木	金	土	日	月	火	水	木	金	土	日	月	火	水	9	金	土	日	月	火	水	木	金	土	日	月	火	水	木	金	土
陰曆		16	17	18	19	20	21	22	23	24	25	26	27	28	29	1	2	3	4	5	6	7	8	9	10	11	12	13	14	15	16	17
日辰		丙	丁	戊	己	庚	辛	壬	癸	甲	乙	丙	丁	戊	己	庚	辛	壬	癸	甲	乙	丙	丁	戊	己	庚	辛	壬	癸	甲	乙	丙
		辰	巳	午	未	申	酉	戌	亥	子	丑	寅	卯	辰	巳	午	未	申	酉	戌	亥	子	丑	寅	卯	辰	巳	午	未	申	酉	戌
大	男	2	2	2	1	1	1	1	寒	10	9	9	9	8	8	8	7	7	7	6	6	6	5	5	5	4	4	4	3	3	3	2
運	女	八	八	八	九	九	九	十	露	一	一	一	一	二	二	二	三	三	三	四	四	四	五	五	五	六	六	六	七	七	七	八

11월 (戊戌) 己亥 (입동) 立冬 7日 23:15 小雪 22日

陽曆		1	2	3	4	5	6	7	8	9	10	11	12	13	14	15	16	17	18	19	20	21	22	23	24	25	26	27	28	29	30	
요일		日	月	火	水	木	金	土	日	月	火	水	木	金	10	日	月	火	水	木	金	土	日	月	火	水	木	金	土	日	月	
陰曆		18	19	20	21	22	23	24	25	26	27	28	29	30	1	2	3	4	5	6	7	8	9	10	11	12	13	14	15	16	17	
日辰		丁	戊	己	庚	辛	壬	癸	甲	乙	丙	丁	戊	己	庚	辛	壬	癸	甲	乙	丙	丁	戊	己	庚	辛	壬	癸	甲	乙	丙	
		亥	子	丑	寅	卯	辰	巳	午	未	申	酉	戌	亥	子	丑	寅	卯	辰	巳	午	未	申	酉	戌	亥	子	丑	寅	卯	辰	
大	男	2	2	1	1	1	1	立	10	9	9	9	8	8	8	7	7	7	6	6	6	5	5	5	4	4	4	3	3	3	2	
運	女	八	八	九	九	九	十	冬	一	一	一	一	二	二	二	三	三	三	四	四	四	五	五	五	六	六	六	七	七	七	八	

12월 (己亥) 庚子 (대설) 大雪 7日 15:42 冬至 22日

陽曆		1	2	3	4	5	6	7	8	9	10	11	12	13	14	15	16	17	18	19	20	21	22	23	24	25	26	27	28	29	30	31
요일		火	水	木	金	土	日	月	火	水	木	金	土	日	11	火	水	木	金	土	日	月	火	水	木	金	土	日	月	火	水	木
陰曆		18	19	20	21	22	23	24	25	26	27	28	29	30	1	2	3	4	5	6	7	8	9	10	11	12	13	14	15	16	17	18
日辰		丁	戊	己	庚	辛	壬	癸	甲	乙	丙	丁	戊	己	庚	辛	壬	癸	甲	乙	丙	丁	戊	己	庚	辛	壬	癸	甲	乙	丙	丁
		巳	午	未	申	酉	戌	亥	子	丑	寅	卯	辰	巳	午	未	申	酉	戌	亥	子	丑	寅	卯	辰	巳	午	未	申	酉	戌	亥
大	男	2	2	1	1	1	1	大	10	9	9	9	8	8	8	7	7	7	6	6	6	5	5	5	4	4	4	3	3	3	2	2
運	女	八	八	九	九	九	十	雪	一	一	一	一	二	二	二	三	三	三	四	四	四	五	五	五	六	六	六	七	七	七	八	八

西紀 1937년 # 丁丑 檀紀 4270년

1월 (庚子) 辛丑 (소한) 小寒 6日 02:44 大寒 20日

陽曆	1	2	3	4	5	6	7	8	9	10	11	12	13	14	15	16	17	18	19	20	21	22	23	24	25	26	27	28	29	30	31
요일	金	土	日	月	火	水	木	金	土	日	月	火	12/1	木	金	土	日	月	火	水	木	金	土	日	月	火	水	木	金	土	日
陰曆	19	20	21	22	23	24	25	26	27	28	29	30		2	3	4	5	6	7	8	9	10	11	12	13	14	15	16	17	18	19
日辰	戊	己	庚	辛	壬	癸	甲	乙	丙	丁	戊	己	庚	辛	壬	癸	甲	乙	丙	丁	戊	己	庚	辛	壬	癸	甲	乙	丙	丁	戊
	子	丑	寅	卯	辰	巳	午	未	申	酉	戌	亥	子	丑	寅	卯	辰	巳	午	未	申	酉	戌	亥	子	丑	寅	卯	辰	巳	午
大運 男	2	1	1	1	1	小	9	9	9	8	8	8	7	7	7	6	6	6	5	5	5	4	4	4	3	3	3	2	2	2	1
大運 女	八	九	九	九	十	寒	一	一	一	一	二	二	二	三	三	三	四	四	四	五	五	五	六	六	六	七	七	七	八	八	八

2월 (辛丑) 壬寅 (입춘) 立春 4日 14:26 雨水 19日

陽曆	1	2	3	4	5	6	7	8	9	10	11	12	13	14	15	16	17	18	19	20	21	22	23	24	25	26	27	28			
요일	月	火	水	木	金	土	日	月	火	水	1/1	金	土	日	月	火	水	木	金	土	日	月	火	水	木	金	土	日			
陰曆	20	21	22	23	24	25	26	27	28	29		2	3	4	5	6	7	8	9	10	11	12	13	14	15	16	17	18			
日辰	己	庚	辛	壬	癸	甲	乙	丙	丁	戊	己	庚	辛	壬	癸	甲	乙	丙	丁	戊	己	庚	辛	壬	癸	甲	乙	丙			
	未	申	酉	戌	亥	子	丑	寅	卯	辰	巳	午	未	申	酉	戌	亥	子	丑	寅	卯	辰	巳	午	未	申	酉	戌			
大運 男	1	1	1	立	1	1	1	1	2	2	2	3	3	3	4	4	4	5	5	5	6	6	6	7	7	7	8	8			
大運 女	九	九	九	春	十	九	九	九	八	八	八	七	七	七	六	六	六	五	五	五	四	四	四	三	三	三	二	二			

3월 (壬寅) 癸卯 (경칩) 驚蟄 6日 08:44 春分 21日

陽曆	1	2	3	4	5	6	7	8	9	10	11	12	13	14	15	16	17	18	19	20	21	22	23	24	25	26	27	28	29	30	31
요일	月	火	水	木	金	土	日	月	火	水	木	金	2/1	日	月	火	水	木	金	土	日	月	火	水	木	金	土	日	月	火	水
陰曆	19	20	21	22	23	24	25	26	27	28	29	30		2	3	4	5	6	7	8	9	10	11	12	13	14	15	16	17	18	19
日辰	丁	戊	己	庚	辛	壬	癸	甲	乙	丙	丁	戊	己	庚	辛	壬	癸	甲	乙	丙	丁	戊	己	庚	辛	壬	癸	甲	乙	丙	丁
	亥	子	丑	寅	卯	辰	巳	午	未	申	酉	戌	亥	子	丑	寅	卯	辰	巳	午	未	申	酉	戌	亥	子	丑	寅	卯	辰	巳
大運 男	8	9	9	9	10	驚	1	1	1	1	2	2	2	3	3	3	4	4	4	5	5	5	6	6	6	7	7	7	8	8	8
大運 女	二	一	一	一	一	蟄	十	九	九	九	八	八	八	七	七	七	六	六	六	五	五	五	四	四	四	三	三	三	二	二	二

4월 (癸卯) 甲辰 (청명) 清明 5日 14:01 穀雨 20日

陽曆	1	2	3	4	5	6	7	8	9	10	11	12	13	14	15	16	17	18	19	20	21	22	23	24	25	26	27	28	29	30	
요일	木	金	土	日	月	火	水	木	金	土	3/1	月	火	水	木	金	土	日	月	火	水	木	金	土	日	月	火	水	木	金	
陰曆	20	21	22	23	24	25	26	27	28	29		2	3	4	5	6	7	8	9	10	11	12	13	14	15	16	17	18	19	20	
日辰	戊	己	庚	辛	壬	癸	甲	乙	丙	丁	戊	己	庚	辛	壬	癸	甲	乙	丙	丁	戊	己	庚	辛	壬	癸	甲	乙	丙	丁	
	午	未	申	酉	戌	亥	子	丑	寅	卯	辰	巳	午	未	申	酉	戌	亥	子	丑	寅	卯	辰	巳	午	未	申	酉	戌	亥	
大運 男	9	9	9	10	清	1	1	1	1	2	2	2	3	3	3	4	4	4	5	5	5	6	6	6	7	7	7	8	8	8	
大運 女	一	一	一	一	明	十	十	九	九	九	八	八	八	七	七	七	六	六	六	五	五	五	四	四	四	三	三	三	二	二	

5월 (甲辰) 乙巳 (입하) 立夏 6日 07:51 小滿 21日

陽曆	1	2	3	4	5	6	7	8	9	10	11	12	13	14	15	16	17	18	19	20	21	22	23	24	25	26	27	28	29	30	31
요일	土	日	月	火	水	木	金	土	日	4/1	火	水	木	金	土	日	月	火	水	木	金	土	日	月	火	水	木	金	土	日	月
陰曆	21	22	23	24	25	26	27	28	29		2	3	4	5	6	7	8	9	10	11	12	13	14	15	16	17	18	19	20	21	22
日辰	戊	己	庚	辛	壬	癸	甲	乙	丙	丁	戊	己	庚	辛	壬	癸	甲	乙	丙	丁	戊	己	庚	辛	壬	癸	甲	乙	丙	丁	戊
	子	丑	寅	卯	辰	巳	午	未	申	酉	戌	亥	子	丑	寅	卯	辰	巳	午	未	申	酉	戌	亥	子	丑	寅	卯	辰	巳	午
大運 男	9	9	9	10	10	立	1	1	1	1	2	2	2	3	3	3	4	4	4	5	5	5	6	6	6	7	7	7	8	8	8
大運 女	二	一	一	一	一	夏	十	十	九	九	九	八	八	八	七	七	七	六	六	六	五	五	五	四	四	四	三	三	三	二	二

6월 (乙巳) 丙午 (망종) 芒種 6日 12:23 夏至 22日

陽曆	1	2	3	4	5	6	7	8	9	10	11	12	13	14	15	16	17	18	19	20	21	22	23	24	25	26	27	28	29	30	
요일	火	水	木	金	土	日	月	火	5/1	木	金	土	日	月	火	水	木	金	土	日	月	火	水	木	金	土	日	月	火	水	
陰曆	23	24	25	26	27	28	29	30		2	3	4	5	6	7	8	9	10	11	12	13	14	15	16	17	18	19	20	21	22	
日辰	己	庚	辛	壬	癸	甲	乙	丙	丁	戊	己	庚	辛	壬	癸	甲	乙	丙	丁	戊	己	庚	辛	壬	癸	甲	乙	丙	丁	戊	
	未	申	酉	戌	亥	子	丑	寅	卯	辰	巳	午	未	申	酉	戌	亥	子	丑	寅	卯	辰	巳	午	未	申	酉	戌	亥	子	
大運 男	9	9	9	10	10	芒	1	1	1	1	2	2	2	3	3	3	4	4	4	5	5	5	6	6	6	7	7	7	8	8	
大運 女	二	一	一	一	一	種	十	十	九	九	九	八	八	八	七	七	七	六	六	六	五	五	五	四	四	四	三	三	三	二	

7월 (丙午) 丁未 (소서) 小暑 7日 22:46 大暑 23日

陽曆	1	2	3	4	5	6	7	8	9	10	11	12	13	14	15	16	17	18	19	20	21	22	23	24	25	26	27	28	29	30	31
요일	木	金	土	日	月	火	水	6/1	金	土	日	月	火	水	木	金	土	日	月	火	水	木	金	土	日	月	火	水	木	金	土
陰曆	23	24	25	26	27	28	29	1	2	3	4	5	6	7	8	9	10	11	12	13	14	15	16	17	18	19	20	21	22	23	24
日辰	己	庚	辛	壬	癸	甲	乙	丙	丁	戊	己	庚	辛	壬	癸	甲	乙	丙	丁	戊	己	庚	辛	壬	癸	甲	乙	丙	丁	戊	己
	丑	寅	卯	辰	巳	午	未	申	酉	戌	亥	子	丑	寅	卯	辰	巳	午	未	申	酉	戌	亥	子	丑	寅	卯	辰	巳	午	未
大運 男	8	9	9	9	10	10	小	1	1	1	1	2	2	2	3	3	3	4	4	4	5	5	5	6	6	6	7	7	7	8	8
大運 女	二	二	一	一	一	一	暑	十	十	十	九	九	九	八	八	八	七	七	七	六	六	六	五	五	五	四	四	四	三	三	三

8월 (丁未) 戊申 (입추) 立秋 8日 08:25 處署 23日

陽曆	1	2	3	4	5	6	7	8	9	10	11	12	13	14	15	16	17	18	19	20	21	22	23	24	25	26	27	28	29	30	31
요일	日	月	火	水	木	7/1	土	日	月	火	水	木	金	土	日	月	火	水	木	金	土	日	月	火	水	木	金	土	日	月	火
陰曆	25	26	27	28	29	1	2	3	4	5	6	7	8	9	10	11	12	13	14	15	16	17	18	19	20	21	22	23	24	25	26
日辰	庚	辛	壬	癸	甲	乙	丙	丁	戊	己	庚	辛	壬	癸	甲	乙	丙	丁	戊	己	庚	辛	壬	癸	甲	乙	丙	丁	戊	己	庚
	申	酉	戌	亥	子	丑	寅	卯	辰	巳	午	未	申	酉	戌	亥	子	丑	寅	卯	辰	巳	午	未	申	酉	戌	亥	子	丑	寅
大運 男	8	9	9	9	10	10	10	立	1	1	1	1	2	2	2	3	3	3	4	4	4	5	5	5	6	6	6	7	7	7	8
大運 女	二	二	二	一	一	一	一	秋	十	十	九	九	九	八	八	八	七	七	七	六	六	六	五	五	五	四	四	四	三	三	三

9월 (戊申) 己酉 (백로) 白露 8日 10:59 秋分 23日

陽曆	1	2	3	4	5	6	7	8	9	10	11	12	13	14	15	16	17	18	19	20	21	22	23	24	25	26	27	28	29	30	
요일	水	木	金	土	8/1	月	火	水	木	金	土	日	月	火	水	木	金	土	日	月	火	水	木	金	土	日	月	火	水	木	
陰曆	27	28	29	30	1	2	3	4	5	6	7	8	9	10	11	12	13	14	15	16	17	18	19	20	21	22	23	24	25	26	
日辰	辛	壬	癸	甲	乙	丙	丁	戊	己	庚	辛	壬	癸	甲	乙	丙	丁	戊	己	庚	辛	壬	癸	甲	乙	丙	丁	戊	己	庚	
	卯	辰	巳	午	未	申	酉	戌	亥	子	丑	寅	卯	辰	巳	午	未	申	酉	戌	亥	子	丑	寅	卯	辰	巳	午	未	申	
大運 男	8	8	9	9	9	10	10	白	1	1	1	1	2	2	2	3	3	3	4	4	4	5	5	5	6	6	6	7	7	7	
大運 女	二	二	二	一	一	一	一	露	十	十	九	九	九	八	八	八	七	七	七	六	六	六	五	五	五	四	四	四	三	三	

10월 (己酉) 庚戌 (한로) 寒露 9日 02:11 霜降 24日

陽曆	1	2	3	4	5	6	7	8	9	10	11	12	13	14	15	16	17	18	19	20	21	22	23	24	25	26	27	28	29	30	31
요일	金	土	日	9/1	火	水	木	金	土	日	月	火	水	木	金	土	日	月	火	水	木	金	土	日	月	火	水	木	金	土	日
陰曆	27	28	29	1	2	3	4	5	6	7	8	9	10	11	12	13	14	15	16	17	18	19	20	21	22	23	24	25	26	27	28
日辰	辛	壬	癸	甲	乙	丙	丁	戊	己	庚	辛	壬	癸	甲	乙	丙	丁	戊	己	庚	辛	壬	癸	甲	乙	丙	丁	戊	己	庚	辛
	酉	戌	亥	子	丑	寅	卯	辰	巳	午	未	申	酉	戌	亥	子	丑	寅	卯	辰	巳	午	未	申	酉	戌	亥	子	丑	寅	卯
大運 男	8	8	8	9	9	9	10	10	寒	1	1	1	1	2	2	2	3	3	3	4	4	4	5	5	5	6	6	6	7	7	7
大運 女	三	二	二	二	一	一	一	一	露	十	九	九	九	八	八	八	七	七	七	六	六	六	五	五	五	四	四	四	三	三	三

11월 (庚戌) 辛亥 (입동) 立冬 8日 04:55 小雪 23日

陽曆	1	2	3	4	5	6	7	8	9	10	11	12	13	14	15	16	17	18	19	20	21	22	23	24	25	26	27	28	29	30	
요일	月	火	10/1	木	金	土	日	月	火	水	木	金	土	日	月	火	水	木	金	土	日	月	火	水	木	金	土	日	月	火	
陰曆	29	30	1	2	3	4	5	6	7	8	9	10	11	12	13	14	15	16	17	18	19	20	21	22	23	24	25	26	27	28	
日辰	壬	癸	甲	乙	丙	丁	戊	己	庚	辛	壬	癸	甲	乙	丙	丁	戊	己	庚	辛	壬	癸	甲	乙	丙	丁	戊	己	庚	辛	
	辰	巳	午	未	申	酉	戌	亥	子	丑	寅	卯	辰	巳	午	未	申	酉	戌	亥	子	丑	寅	卯	辰	巳	午	未	申	酉	
大運 男	8	8	8	9	9	9	10	立	1	1	1	1	2	2	2	3	3	3	4	4	4	5	5	5	6	6	6	7	7	7	
大運 女	二	二	二	一	一	一	一	冬	九	九	九	八	八	八	七	七	七	六	六	六	五	五	五	四	四	四	三	三	三	二	

12월 (辛亥) 壬子 (대설) 大雪 7日 21:26 冬至 22日

陽曆	1	2	3	4	5	6	7	8	9	10	11	12	13	14	15	16	17	18	19	20	21	22	23	24	25	26	27	28	29	30	31
요일	水	木	11/1	土	日	月	火	水	木	金	土	日	月	火	水	木	金	土	日	月	火	水	木	金	土	日	月	火	水	木	金
陰曆	29	30	1	2	3	4	5	6	7	8	9	10	11	12	13	14	15	16	17	18	19	20	21	22	23	24	25	26	27	28	29
日辰	壬	癸	甲	乙	丙	丁	戊	己	庚	辛	壬	癸	甲	乙	丙	丁	戊	己	庚	辛	壬	癸	甲	乙	丙	丁	戊	己	庚	辛	壬
	戌	亥	子	丑	寅	卯	辰	巳	午	未	申	酉	戌	亥	子	丑	寅	卯	辰	巳	午	未	申	酉	戌	亥	子	丑	寅	卯	辰
大運 男	8	8	8	9	9	9	大	1	1	1	1	2	2	2	3	3	3	4	4	4	5	5	5	6	6	6	7	7	7	8	8
大運 女	二	二	一	一	一	一	雪	十	九	九	九	八	八	八	七	七	七	六	六	六	五	五	五	四	四	四	三	三	三	二	二

1월 (壬子) 癸丑 (소한) 小寒 6日 08:31 大寒 21日

陽曆		1	2	3	4	5	6	7	8	9	10	11	12	13	14	15	16	17	18	19	20	21	22	23	24	25	26	27	28	29	30	31
요일		土	12	月	火	水	木	金	土	日	月	火	水	木	金	土	日	月	火	水	木	金	土	日	月	火	水	木	金	土	日	1
陰曆		30	1	2	3	4	5	6	7	8	9	10	11	12	13	14	15	16	17	18	19	20	21	22	23	24	25	26	27	28	29	1
日辰		癸	甲	乙	丙	丁	戊	己	庚	辛	壬	癸	甲	乙	丙	丁	戊	己	庚	辛	壬	癸	甲	乙	丙	丁	戊	己	庚	辛	壬	癸
		巳	午	未	申	酉	戌	亥	子	丑	寅	卯	辰	巳	午	未	申	酉	戌	亥	子	丑	寅	卯	辰	巳	午	未	申	酉	戌	亥
大	男	8	9	9	9	10	小	1	1	1	1	2	2	2	3	3	3	4	4	4	5	5	5	6	6	6	7	7	7	8	8	8
運	女	二	一	一	一	一	寒	九	九	九	八	八	八	七	七	七	六	六	六	五	五	五	四	四	四	三	三	三	二	二	二	一

2월 (癸丑) 甲寅 (입춘) 立春 4日 20:15 雨水 19日

陽曆		1	2	3	4	5	6	7	8	9	10	11	12	13	14	15	16	17	18	19	20	21	22	23	24	25	26	27	28			
요일		火	水	木	金	土	日	月	火	水	木	金	土	日	月	火	水	木	金	土	日	月	火	水	木	金	土	日	月			
陰曆		2	3	4	5	6	7	8	9	10	11	12	13	14	15	16	17	18	19	20	21	22	23	24	25	26	27	28	29			
日辰		甲	乙	丙	丁	戊	己	庚	辛	壬	癸	甲	乙	丙	丁	戊	己	庚	辛	壬	癸	甲	乙	丙	丁	戊	己	庚	辛			
		子	丑	寅	卯	辰	巳	午	未	申	酉	戌	亥	子	丑	寅	卯	辰	巳	午	未	申	酉	戌	亥	子	丑	寅	卯			
大	男	9	9	9	立	10	9	9	9	8	8	8	7	7	7	6	6	6	5	5	5	4	4	4	3	3	3	2	2			
運	女	一	一	一	春	一	一	一	一	二	二	二	三	三	三	四	四	四	五	五	五	六	六	六	七	七	七	八	八			

3월 (甲寅) 乙卯 (경칩) 驚蟄 6日 14:34 春分 21日

陽曆		1	2	3	4	5	6	7	8	9	10	11	12	13	14	15	16	17	18	19	20	21	22	23	24	25	26	27	28	29	30	31
요일		火	2	木	金	土	日	月	火	水	木	金	土	日	月	火	水	木	金	土	日	月	火	水	木	金	土	日	月	火	水	木
陰曆		30	1	2	3	4	5	6	7	8	9	10	11	12	13	14	15	16	17	18	19	20	21	22	23	24	25	26	27	28	29	30
日辰		壬	癸	甲	乙	丙	丁	戊	己	庚	辛	壬	癸	甲	乙	丙	丁	戊	己	庚	辛	壬	癸	甲	乙	丙	丁	戊	己	庚	辛	壬
		辰	巳	午	未	申	酉	戌	亥	子	丑	寅	卯	辰	巳	午	未	申	酉	戌	亥	子	丑	寅	卯	辰	巳	午	未	申	酉	戌
大	男	2	1	1	1	1	驚	10	9	9	9	8	8	8	7	7	7	6	6	6	5	5	5	4	4	4	3	3	3	2	2	2
運	女	八	九	九	九	十	蟄	一	一	一	一	二	二	二	三	三	三	四	四	四	五	五	五	六	六	六	七	七	七	八	八	八

4월 (乙卯) 丙辰 (청명) 清明 5日 19:49 穀雨 21日

陽曆		1	2	3	4	5	6	7	8	9	10	11	12	13	14	15	16	17	18	19	20	21	22	23	24	25	26	27	28	29	30	
요일		3	土	日	月	火	水	木	金	土	日	月	火	水	木	金	土	日	月	火	水	木	金	土	日	月	火	水	木	金	4	
陰曆		1	2	3	4	5	6	7	8	9	10	11	12	13	14	15	16	17	18	19	20	21	22	23	24	25	26	27	28	29	1	
日辰		癸	甲	乙	丙	丁	戊	己	庚	辛	壬	癸	甲	乙	丙	丁	戊	己	庚	辛	壬	癸	甲	乙	丙	丁	戊	己	庚	辛	壬	
		亥	子	丑	寅	卯	辰	巳	午	未	申	酉	戌	亥	子	丑	寅	卯	辰	巳	午	未	申	酉	戌	亥	子	丑	寅	卯	辰	
大	男	1	1	1	1	清	10	10	9	9	9	8	8	8	7	7	7	6	6	6	5	5	5	4	4	4	3	3	3	2	2	
運	女	九	九	九	十	明	一	一	一	一	二	二	二	三	三	三	四	四	四	五	五	五	六	六	六	七	七	七	八	八	八	

5월 (丙辰) 丁巳 (입하) 立夏 6日 13:35 小滿 22日

陽曆		1	2	3	4	5	6	7	8	9	10	11	12	13	14	15	16	17	18	19	20	21	22	23	24	25	26	27	28	29	30	31
요일		日	月	火	水	木	金	土	日	月	火	水	木	金	土	日	月	火	水	木	金	土	日	月	火	水	木	金	土	5	月	火
陰曆		2	3	4	5	6	7	8	9	10	11	12	13	14	15	16	17	18	19	20	21	22	23	24	25	26	27	28	29	1	2	3
日辰		癸	甲	乙	丙	丁	戊	己	庚	辛	壬	癸	甲	乙	丙	丁	戊	己	庚	辛	壬	癸	甲	乙	丙	丁	戊	己	庚	辛	壬	癸
		巳	午	未	申	酉	戌	亥	子	丑	寅	卯	辰	巳	午	未	申	酉	戌	亥	子	丑	寅	卯	辰	巳	午	未	申	酉	戌	亥
大	男	2	1	1	1	1	立	10	10	9	9	9	8	8	8	7	7	7	6	6	6	5	5	5	4	4	4	3	3	3	2	2
運	女	九	九	九	十	十	夏	一	一	一	一	二	二	二	三	三	三	四	四	四	五	五	五	六	六	六	七	七	七	八	八	八

6월 (丁巳) 戊午 (망종) 芒種 6日 18:07 夏至 22日

陽曆		1	2	3	4	5	6	7	8	9	10	11	12	13	14	15	16	17	18	19	20	21	22	23	24	25	26	27	28	29	30	
요일		水	木	金	土	日	月	火	水	木	金	土	日	月	火	水	木	金	土	日	月	火	水	木	金	土	日	月	6	水	木	
陰曆		4	5	6	7	8	9	10	11	12	13	14	15	16	17	18	19	20	21	22	23	24	25	26	27	28	29	30	1	2	3	
日辰		甲	乙	丙	丁	戊	己	庚	辛	壬	癸	甲	乙	丙	丁	戊	己	庚	辛	壬	癸	甲	乙	丙	丁	戊	己	庚	辛	壬	癸	
		子	丑	寅	卯	辰	巳	午	未	申	酉	戌	亥	子	丑	寅	卯	辰	巳	午	未	申	酉	戌	亥	子	丑	寅	卯	辰	巳	
大	男	2	1	1	1	1	芒	10	10	10	9	9	9	8	8	8	7	7	7	6	6	6	5	5	5	4	4	4	3	3	3	
運	女	九	九	九	十	十	種	一	一	一	一	二	二	二	三	三	三	四	四	四	五	五	五	六	六	六	七	七	七	八	八	

城頭土星	九日得辛	北大將	子弔客	寒食(4월 06일)	初伏(7월 17일)
八白土星	六龍治水	辰喪門	北三殺	中伏(7월 27일)	末伏(8월 16일)

7월 (戊午) 己未 (소서) 小暑 8日 04:31 大暑 23日

陽曆	1	2	3	4	5	6	7	8	9	10	11	12	13	14	15	16	17	18	19	20	21	22	23	24	25	26	27	28	29	30	31
요일	金	土	日	月	火	水	木	金	土	日	月	火	水	木	金	土	日	月	火	水	木	金	土	日	月	火	7	木	金	土	日
陰曆	4	5	6	7	8	9	10	11	12	13	14	15	16	17	18	19	20	21	22	23	24	25	26	27	28	29	1	2	3	4	5
日辰	甲	乙	丙	丁	戊	己	庚	辛	壬	癸	甲	乙	丙	丁	戊	己	庚	辛	壬	癸	甲	乙	丙	丁	戊	己	庚	辛	壬	癸	甲
	午	未	申	酉	戌	亥	子	丑	寅	卯	辰	巳	午	未	申	酉	戌	亥	子	丑	寅	卯	辰	巳	午	未	申	酉	戌	亥	子
大運 男	2	2	2	1	1	1	1	小	10	10	9	9	9	8	8	8	7	7	7	6	6	6	5	5	5	4	4	4	3	3	3
大運 女	八	九	九	九	十	十	十	暑	一	一	一	一	二	二	二	三	三	三	四	四	四	五	五	五	六	六	六	七	七	七	八

8월 (己未) 庚申 (입추) 立秋 8日 14:13 處暑 24日

陽曆	1	2	3	4	5	6	7	8	9	10	11	12	13	14	15	16	17	18	19	20	21	22	23	24	25	26	27	28	29	30	31
요일	月	火	水	木	金	土	日	月	火	水	木	金	土	日	月	火	水	木	金	土	日	月	火	水	윤7	金	土	日	月	火	水
陰曆	6	7	8	9	10	11	12	13	14	15	16	17	18	19	20	21	22	23	24	25	26	27	28	29	1	2	3	4	5	6	7
日辰	乙	丙	丁	戊	己	庚	辛	壬	癸	甲	乙	丙	丁	戊	己	庚	辛	壬	癸	甲	乙	丙	丁	戊	己	庚	辛	壬	癸	甲	乙
	丑	寅	卯	辰	巳	午	未	申	酉	戌	亥	子	丑	寅	卯	辰	巳	午	未	申	酉	戌	亥	子	丑	寅	卯	辰	巳	午	未
大運 男	2	2	2	1	1	1	1	立	10	10	9	9	9	8	8	8	7	7	7	6	6	6	5	5	5	4	4	4	3	3	3
大運 女	八	八	九	九	九	十	十	秋	一	一	一	一	二	二	二	三	三	三	四	四	四	五	五	五	六	六	六	七	七	七	八

9월 (庚申) 辛酉 (백로) 白露 8日 16:48 秋分 24日

陽曆	1	2	3	4	5	6	7	8	9	10	11	12	13	14	15	16	17	18	19	20	21	22	23	24	25	26	27	28	29	30
요일	木	金	土	日	月	火	水	木	金	土	日	月	火	水	木	金	土	日	月	火	水	木	金	8	日	月	火	水	木	金
陰曆	8	9	10	11	12	13	14	15	16	17	18	19	20	21	22	23	24	25	26	27	28	29	30	1	2	3	4	5	6	7
日辰	丙	丁	戊	己	庚	辛	壬	癸	甲	乙	丙	丁	戊	己	庚	辛	壬	癸	甲	乙	丙	丁	戊	己	庚	辛	壬	癸	甲	乙
	申	酉	戌	亥	子	丑	寅	卯	辰	巳	午	未	申	酉	戌	亥	子	丑	寅	卯	辰	巳	午	未	申	酉	戌	亥	子	丑
大運 男	2	2	2	1	1	1	1	白	10	10	9	9	9	8	8	8	7	7	7	6	6	6	5	5	5	4	4	4	3	3
大運 女	八	八	九	九	九	十	十	露	一	一	一	一	二	二	二	三	三	三	四	四	四	五	五	五	六	六	六	七	七	七

10월 (辛酉) 壬戌 (한로) 寒露 9日 08:01 霜降 24日

陽曆	1	2	3	4	5	6	7	8	9	10	11	12	13	14	15	16	17	18	19	20	21	22	23	24	25	26	27	28	29	30	31
요일	土	日	月	火	水	木	金	土	日	月	火	水	木	金	土	日	月	火	水	木	金	土	9	月	火	水	木	金	土	日	月
陰曆	8	9	10	11	12	13	14	15	16	17	18	19	20	21	22	23	24	25	26	27	28	29	1	2	3	4	5	6	7	8	9
日辰	丙	丁	戊	己	庚	辛	壬	癸	甲	乙	丙	丁	戊	己	庚	辛	壬	癸	甲	乙	丙	丁	戊	己	庚	辛	壬	癸	甲	乙	丙
	寅	卯	辰	巳	午	未	申	酉	戌	亥	子	丑	寅	卯	辰	巳	午	未	申	酉	戌	亥	子	丑	寅	卯	辰	巳	午	未	申
大運 男	3	2	2	2	1	1	1	1	寒	10	9	9	9	8	8	8	7	7	7	6	6	6	5	5	5	4	4	4	3	3	3
大運 女	八	八	八	九	九	九	十	十	露	一	一	一	一	二	二	二	三	三	三	四	四	四	五	五	五	六	六	六	七	七	七

11월 (壬戌) 癸亥 (입동) 立冬 8日 10:48 小雪 23日

陽曆	1	2	3	4	5	6	7	8	9	10	11	12	13	14	15	16	17	18	19	20	21	22	23	24	25	26	27	28	29	30
요일	火	水	木	金	土	日	月	火	水	木	金	土	日	月	火	水	木	金	土	日	月	10	水	木	金	土	日	月	火	水
陰曆	10	11	12	13	14	15	16	17	18	19	20	21	22	23	24	25	26	27	28	29	30	1	2	3	4	5	6	7	8	9
日辰	丁	戊	己	庚	辛	壬	癸	甲	乙	丙	丁	戊	己	庚	辛	壬	癸	甲	乙	丙	丁	戊	己	庚	辛	壬	癸	甲	乙	丙
	酉	戌	亥	子	丑	寅	卯	辰	巳	午	未	申	酉	戌	亥	子	丑	寅	卯	辰	巳	午	未	申	酉	戌	亥	子	丑	寅
大運 男	2	2	2	1	1	1	1	立	10	9	9	9	8	8	8	7	7	7	6	6	6	5	5	5	4	4	4	3	3	3
大運 女	八	八	八	九	九	九	十	冬	一	一	一	一	二	二	二	三	三	三	四	四	四	五	五	五	六	六	六	七	七	七

12월 (癸亥) 甲子 (대설) 大雪 8日 03:22 冬至 22日

陽曆	1	2	3	4	5	6	7	8	9	10	11	12	13	14	15	16	17	18	19	20	21	22	23	24	25	26	27	28	29	30	31
요일	木	金	土	日	月	火	水	木	金	土	日	月	火	水	木	金	土	日	月	火	水	11	金	土	日	月	火	水	木	金	土
陰曆	10	11	12	13	14	15	16	17	18	19	20	21	22	23	24	25	26	27	28	29	30	1	2	3	4	5	6	7	8	9	10
日辰	丁	戊	己	庚	辛	壬	癸	甲	乙	丙	丁	戊	己	庚	辛	壬	癸	甲	乙	丙	丁	戊	己	庚	辛	壬	癸	甲	乙	丙	丁
	卯	辰	巳	午	未	申	酉	戌	亥	子	丑	寅	卯	辰	巳	午	未	申	酉	戌	亥	子	丑	寅	卯	辰	巳	午	未	申	酉
大運 男	2	2	2	1	1	1	1	大	9	9	9	8	8	8	7	7	7	6	6	6	5	5	5	4	4	4	3	3	3	2	2
大運 女	八	八	八	九	九	九	十	雪	一	一	一	一	二	二	二	三	三	三	四	四	四	五	五	五	六	六	六	七	七	七	八

西紀 1939년 **己卯** 檀紀 4272년

1월 (甲子) 乙丑(소한) 小寒 6日 14:28 大寒 21日

陽曆	1	2	3	4	5	6	7	8	9	10	11	12	13	14	15	16	17	18	19	20	21	22	23	24	25	26	27	28	29	30	31
요일	日	月	火	水	木	金	土	日	月	火	水	木	金	土	日	月	火	水	木	12	土	日	月	火	水	木	金	土	日	月	火
陰曆	11	12	13	14	15	16	17	18	19	20	21	22	23	24	25	26	27	28	29	1	2	3	4	5	6	7	8	9	10	11	12
日辰	戊	己	庚	辛	壬	癸	甲	乙	丙	丁	戊	己	庚	辛	壬	癸	甲	乙	丙	丁	戊	己	庚	辛	壬	癸	甲	乙	丙	丁	戊
	戌	亥	子	丑	寅	卯	辰	巳	午	未	申	酉	戌	亥	子	丑	寅	卯	辰	巳	午	未	申	酉	戌	亥	子	丑	寅	卯	辰
大 男	2	1	1	1	1	小	10	9	9	9	8	8	8	7	7	7	6	6	6	5	5	5	4	4	4	3	3	3	2	2	2
運 女	八	八	九	九	九	寒	一	一	一	一	二	二	二	三	三	三	四	四	四	五	五	五	六	六	六	七	七	七	八	八	八

2월 (乙丑) 丙寅(입춘) 立春 5日 02:10 雨水 19日

陽曆	1	2	3	4	5	6	7	8	9	10	11	12	13	14	15	16	17	18	19	20	21	22	23	24	25	26	27	28
요일	水	木	金	土	日	月	火	水	木	金	土	日	月	火	水	木	金	土	1	月	火	水	木	金	土	日	月	火
陰曆	13	14	15	16	17	18	19	20	21	22	23	24	25	26	27	28	29	30	1	2	3	4	5	6	7	8	9	10
日辰	己	庚	辛	壬	癸	甲	乙	丙	丁	戊	己	庚	辛	壬	癸	甲	乙	丙	丁	戊	己	庚	辛	壬	癸	甲	乙	丙
	巳	午	未	申	酉	戌	亥	子	丑	寅	卯	辰	巳	午	未	申	酉	戌	亥	子	丑	寅	卯	辰	巳	午	未	申
大 男	1	1	1	1	立	1	1	1	1	2	2	2	3	3	3	4	4	4	5	5	5	6	6	6	7	7	7	8
運 女	九	九	九	十	春	九	九	九	八	八	八	七	七	七	六	六	六	五	五	五	四	四	四	三	三	三	二	二

3월 (丙寅) 丁卯(경칩) 驚蟄 6日 20:26 春分 21日

陽曆	1	2	3	4	5	6	7	8	9	10	11	12	13	14	15	16	17	18	19	20	21	22	23	24	25	26	27	28	29	30	31
요일	水	木	金	土	日	月	火	水	木	金	土	日	月	火	水	木	金	土	日	月	2	水	木	金	土	日	月	火	水	木	金
陰曆	11	12	13	14	15	16	17	18	19	20	21	22	23	24	25	26	27	28	29	30	1	2	3	4	5	6	7	8	9	10	11
日辰	丁	戊	己	庚	辛	壬	癸	甲	乙	丙	丁	戊	己	庚	辛	壬	癸	甲	乙	丙	丁	戊	己	庚	辛	壬	癸	甲	乙	丙	丁
	酉	戌	亥	子	丑	寅	卯	辰	巳	午	未	申	酉	戌	亥	子	丑	寅	卯	辰	巳	午	未	申	酉	戌	亥	子	丑	寅	卯
大 男	8	9	9	9	10	驚	1	1	1	1	2	2	2	3	3	3	4	4	4	5	5	5	6	6	6	7	7	7	8	8	8
運 女	二	一	一	一	一	蟄	十	十	九	九	九	八	八	八	七	七	七	六	六	六	五	五	五	四	四	四	三	三	三	二	二

4월 (丁卯) 戊辰(청명) 淸明 6日 01:37 穀雨 21日

陽曆	1	2	3	4	5	6	7	8	9	10	11	12	13	14	15	16	17	18	19	20	21	22	23	24	25	26	27	28	29	30
요일	土	日	月	火	水	木	金	土	日	月	火	水	木	金	土	日	月	火	水	3	金	土	日	月	火	水	木	金	土	日
陰曆	12	13	14	15	16	17	18	19	20	21	22	23	24	25	26	27	28	29	30	1	2	3	4	5	6	7	8	9	10	11
日辰	戊	己	庚	辛	壬	癸	甲	乙	丙	丁	戊	己	庚	辛	壬	癸	甲	乙	丙	丁	戊	己	庚	辛	壬	癸	甲	乙	丙	丁
	辰	巳	午	未	申	酉	戌	亥	子	丑	寅	卯	辰	巳	午	未	申	酉	戌	亥	子	丑	寅	卯	辰	巳	午	未	申	酉
大 男	9	9	9	10	10	淸	1	1	1	1	2	2	2	3	3	3	4	4	4	5	5	5	6	6	6	7	7	7	8	8
運 女	二	一	一	一	一	明	十	九	九	九	八	八	八	七	七	七	六	六	六	五	五	五	四	四	四	三	三	三	二	二

5월 (戊辰) 己巳(입하) 立夏 6日 19:21 小滿 22日

陽曆	1	2	3	4	5	6	7	8	9	10	11	12	13	14	15	16	17	18	19	20	21	22	23	24	25	26	27	28	29	30	31
요일	月	火	水	木	金	土	日	月	火	水	木	金	土	日	月	火	水	木	4	土	日	月	火	水	木	金	土	日	月	火	水
陰曆	12	13	14	15	16	17	18	19	20	21	22	23	24	25	26	27	28	29	1	2	3	4	5	6	7	8	9	10	11	12	13
日辰	戊	己	庚	辛	壬	癸	甲	乙	丙	丁	戊	己	庚	辛	壬	癸	甲	乙	丙	丁	戊	己	庚	辛	壬	癸	甲	乙	丙	丁	戊
	戌	亥	子	丑	寅	卯	辰	巳	午	未	申	酉	戌	亥	子	丑	寅	卯	辰	巳	午	未	申	酉	戌	亥	子	丑	寅	卯	辰
大 男	9	9	9	10	10	立	1	1	1	1	2	2	2	3	3	3	4	4	4	5	5	5	6	6	6	7	7	7	8	8	8
運 女	二	一	一	一	一	夏	十	十	九	九	九	八	八	八	七	七	七	六	六	六	五	五	五	四	四	四	三	三	三	二	二

6월 (己巳) 庚午(망종) 芒種 6日 23:52 夏至 22日

陽曆	1	2	3	4	5	6	7	8	9	10	11	12	13	14	15	16	17	18	19	20	21	22	23	24	25	26	27	28	29	30
요일	木	金	土	日	月	火	水	木	金	土	日	月	火	水	木	金	5	日	月	火	水	木	金	土	日	月	火	水	木	金
陰曆	14	15	16	17	18	19	20	21	22	23	24	25	26	27	28	29	1	2	3	4	5	6	7	8	9	10	11	12	13	14
日辰	己	庚	辛	壬	癸	甲	乙	丙	丁	戊	己	庚	辛	壬	癸	甲	乙	丙	丁	戊	己	庚	辛	壬	癸	甲	乙	丙	丁	戊
	巳	午	未	申	酉	戌	亥	子	丑	寅	卯	辰	巳	午	未	申	酉	戌	亥	子	丑	寅	卯	辰	巳	午	未	申	酉	戌
大 男	9	9	9	10	10	芒	1	1	1	1	2	2	2	3	3	3	4	4	4	5	5	5	6	6	6	7	7	7	8	8
運 女	二	一	一	一	一	種	十	十	十	九	九	九	八	八	八	七	七	七	六	六	六	五	五	五	四	四	四	三	三	三

城頭土星	五日得辛	北大將	丑弔客	寒食(4월 06일)	初伏(7월 12일)
七赤金星	六龍治水	巳喪門	酉三殺	中伏(7월 22일)	末伏(8월 11일)

7월 (庚午) 辛未 (소서) 小署 8日 10:18 大署 24日

陽曆	1	2	3	4	5	6	7	8	9	10	11	12	13	14	15	16	17	18	19	20	21	22	23	24	25	26	27	28	29	30	31
요일	土	日	月	火	水	木	金	土	日	月	火	水	木	金	土	日	6	火	水	木	金	土	日	月	火	水	木	金	土	日	月
陰曆	15	16	17	18	19	20	21	22	23	24	25	26	27	28	29	30	1	2	3	4	5	6	7	8	9	10	11	12	13	14	15
日辰	己	庚	辛	壬	癸	甲	乙	丙	丁	戊	己	庚	辛	壬	癸	甲	乙	丙	丁	戊	己	庚	辛	壬	癸	甲	乙	丙	丁	戊	己
	亥	子	丑	寅	卯	辰	巳	午	未	申	酉	戌	亥	子	丑	寅	卯	辰	巳	午	未	申	酉	戌	亥	子	丑	寅	卯	辰	巳
大 男	8	9	9	9	10	10	10	小	1	1	1	1	2	2	2	3	3	3	4	4	4	5	5	5	6	6	6	7	7	7	8
運 女	二	二	二	一	一	一	一	署	十	十	九	九	九	八	八	八	七	七	七	六	六	六	五	五	五	四	四	四	三	三	三

8월 (辛未) 壬申 (입추) 立秋 8日 20:04 處暑 24日

陽曆	1	2	3	4	5	6	7	8	9	10	11	12	13	14	15	16	17	18	19	20	21	22	23	24	25	26	27	28	29	30	31
요일	火	水	木	金	土	日	月	火	水	木	金	土	日	月	7	水	木	金	土	日	月	火	水	木	金	土	日	月	火	水	木
陰曆	16	17	18	19	20	21	22	23	24	25	26	27	28	29	1	2	3	4	5	6	7	8	9	10	11	12	13	14	15	16	17
日辰	庚	辛	壬	癸	甲	乙	丙	丁	戊	己	庚	辛	壬	癸	甲	乙	丙	丁	戊	己	庚	辛	壬	癸	甲	乙	丙	丁	戊	己	庚
	午	未	申	酉	戌	亥	子	丑	寅	卯	辰	巳	午	未	申	酉	戌	亥	子	丑	寅	卯	辰	巳	午	未	申	酉	戌	亥	子
大 男	8	8	9	9	9	10	10	立	1	1	1	1	2	2	2	3	3	3	4	4	4	5	5	5	6	6	6	7	7	7	8
運 女	二	二	二	一	一	一	一	秋	十	十	九	九	九	八	八	八	七	七	七	六	六	六	五	五	五	四	四	四	三	三	三

9월 (壬申) 癸酉 (백로) 白露 8日 22:42 秋分 24日

陽曆	1	2	3	4	5	6	7	8	9	10	11	12	13	14	15	16	17	18	19	20	21	22	23	24	25	26	27	28	29	30	
요일	金	土	日	月	火	水	木	金	土	日	月	火	8	木	金	土	日	月	火	水	木	金	土	日	月	火	水	木	金	土	
陰曆	18	19	20	21	22	23	24	25	26	27	28	29	1	2	3	4	5	6	7	8	9	10	11	12	13	14	15	16	17	18	
日辰	辛	壬	癸	甲	乙	丙	丁	戊	己	庚	辛	壬	癸	甲	乙	丙	丁	戊	己	庚	辛	壬	癸	甲	乙	丙	丁	戊	己	庚	
	丑	寅	卯	辰	巳	午	未	申	酉	戌	亥	子	丑	寅	卯	辰	巳	午	未	申	酉	戌	亥	子	丑	寅	卯	辰	巳	午	
大 男	8	8	9	9	9	10	10	白	1	1	1	1	2	2	2	3	3	3	4	4	4	5	5	5	6	6	6	7	7	7	
運 女	二	二	二	一	一	一	一	露	十	十	九	九	九	八	八	八	七	七	七	六	六	六	五	五	五	四	四	四	三	三	

10월 (癸酉) 甲戌 (한로) 寒露 9日 13:57 霜降 24日

陽曆	1	2	3	4	5	6	7	8	9	10	11	12	13	14	15	16	17	18	19	20	21	22	23	24	25	26	27	28	29	30	31
요일	日	月	火	水	木	金	土	日	月	火	水	木	9	土	日	月	火	水	木	金	土	日	月	火	水	木	金	土	日	月	火
陰曆	19	20	21	22	23	24	25	26	27	28	29	30	1	2	3	4	5	6	7	8	9	10	11	12	13	14	15	16	17	18	19
日辰	辛	壬	癸	甲	乙	丙	丁	戊	己	庚	辛	壬	癸	甲	乙	丙	丁	戊	己	庚	辛	壬	癸	甲	乙	丙	丁	戊	己	庚	辛
	未	申	酉	戌	亥	子	丑	寅	卯	辰	巳	午	未	申	酉	戌	亥	子	丑	寅	卯	辰	巳	午	未	申	酉	戌	亥	子	丑
大 男	8	8	8	9	9	9	10	10	寒	1	1	1	1	2	2	2	3	3	3	4	4	4	5	5	5	6	6	6	7	7	7
運 女	三	二	二	二	一	一	一	一	露	十	九	九	九	八	八	八	七	七	七	六	六	六	五	五	五	四	四	四	三	三	三

11월 (甲戌) 乙亥 (입동) 立冬 8日 16:44 小雪 23日

陽曆	1	2	3	4	5	6	7	8	9	10	11	12	13	14	15	16	17	18	19	20	21	22	23	24	25	26	27	28	29	30	
요일	水	木	金	土	日	月	火	水	木	金	10	日	月	火	水	木	金	土	日	月	火	水	木	金	土	日	月	火	水	木	
陰曆	20	21	22	23	24	25	26	27	28	29	1	2	3	4	5	6	7	8	9	10	11	12	13	14	15	16	17	18	19	20	
日辰	壬	癸	甲	乙	丙	丁	戊	己	庚	辛	壬	癸	甲	乙	丙	丁	戊	己	庚	辛	壬	癸	甲	乙	丙	丁	戊	己	庚	辛	
	寅	卯	辰	巳	午	未	申	酉	戌	亥	子	丑	寅	卯	辰	巳	午	未	申	酉	戌	亥	子	丑	寅	卯	辰	巳	午	未	
大 男	8	8	8	9	9	9	10	立	1	1	1	1	2	2	2	3	3	3	4	4	4	5	5	5	6	6	6	7	7	7	
運 女	二	二	二	一	一	一	一	冬	十	九	九	九	八	八	八	七	七	七	六	六	六	五	五	五	四	四	四	三	三	三	

12월 (乙亥) 丙子 (대설) 大雪 8日 09:17 冬至 23日

陽曆	1	2	3	4	5	6	7	8	9	10	11	12	13	14	15	16	17	18	19	20	21	22	23	24	25	26	27	28	29	30	31
요일	金	土	日	月	火	水	木	金	土	日	11	火	水	木	金	土	日	月	火	水	木	金	土	日	月	火	水	木	金	土	日
陰曆	21	22	23	24	25	26	27	28	29	30	1	2	3	4	5	6	7	8	9	10	11	12	13	14	15	16	17	18	19	20	21
日辰	壬	癸	甲	乙	丙	丁	戊	己	庚	辛	壬	癸	甲	乙	丙	丁	戊	己	庚	辛	壬	癸	甲	乙	丙	丁	戊	己	庚	辛	壬
	申	酉	戌	亥	子	丑	寅	卯	辰	巳	午	未	申	酉	戌	亥	子	丑	寅	卯	辰	巳	午	未	申	酉	戌	亥	子	丑	寅
大 男	8	8	8	9	9	9	10	大	1	1	1	1	2	2	2	3	3	3	4	4	4	5	5	5	6	6	6	7	7	7	8
運 女	二	二	二	一	一	一	一	雪	九	九	九	八	八	八	七	七	七	六	六	六	五	五	五	四	四	四	三	三	三	二	二

1월 (丙子) 丁丑 (소한) 小寒 6日 20:24 大寒 21日

陽曆	1	2	3	4	5	6	7	8	9	10	11	12	13	14	15	16	17	18	19	20	21	22	23	24	25	26	27	28	29	30	31
요일	月	火	水	木	金	土	日	月	12	水	木	金	土	日	月	火	水	木	金	土	日	月	火	水	木	金	土	日	月	火	水
陰曆	22	23	24	25	26	27	28	29	1	2	3	4	5	6	7	8	9	10	11	12	13	14	15	16	17	18	19	20	21	22	23
日辰	癸	甲	乙	丙	丁	戊	己	庚	辛	壬	癸	甲	乙	丙	丁	戊	己	庚	辛	壬	癸	甲	乙	丙	丁	戊	己	庚	辛	壬	癸
	卯	辰	巳	午	未	申	酉	戌	亥	子	丑	寅	卯	辰	巳	午	未	申	酉	戌	亥	子	丑	寅	卯	辰	巳	午	未	申	酉
大運 男	8	8	9	9	9	小	1	1	1	1	2	2	2	3	3	3	4	4	4	5	5	5	6	6	6	7	7	7	8	8	8
大運 女	二	一	一	一	一	寒	十	九	九	九	八	八	八	七	七	七	六	六	六	五	五	五	四	四	四	三	三	三	二	二	二

2월 (丁丑) 戊寅 (입춘) 立春 5日 08:08 雨水 20日

陽曆	1	2	3	4	5	6	7	8	9	10	11	12	13	14	15	16	17	18	19	20	21	22	23	24	25	26	27	28	29		
요일	木	金	土	日	月	火	水	1	金	土	日	月	火	水	木	金	土	日	月	火	水	木	金	土	日	月	火	水	木		
陰曆	24	25	26	27	28	29	30	1	2	3	4	5	6	7	8	9	10	11	12	13	14	15	16	17	18	19	20	21	22		
日辰	甲	乙	丙	丁	戊	己	庚	辛	壬	癸	甲	乙	丙	丁	戊	己	庚	辛	壬	癸	甲	乙	丙	丁	戊	己	庚	辛	壬		
	戌	亥	子	丑	寅	卯	辰	巳	午	未	申	酉	戌	亥	子	丑	寅	卯	辰	巳	午	未	申	酉	戌	亥	子	丑	寅		
大運 男	9	9	9	10	立	10	9	9	9	8	8	8	7	7	7	6	6	6	5	5	5	4	4	4	3	3	3	2	2		
大運 女	一	一	一	一	春	一	一	一	一	二	二	二	三	三	三	四	四	四	五	五	五	六	六	六	七	七	七	八	八		

3월 (戊寅) 己卯 (경칩) 驚蟄 6日 02:24 春分 21日

陽曆	1	2	3	4	5	6	7	8	9	10	11	12	13	14	15	16	17	18	19	20	21	22	23	24	25	26	27	28	29	30	31
요일	金	土	日	月	火	水	木	金	2	日	月	火	水	木	金	土	日	月	火	水	木	金	土	日	月	火	水	木	金	土	日
陰曆	23	24	25	26	27	28	29	30	1	2	3	4	5	6	7	8	9	10	11	12	13	14	15	16	17	18	19	20	21	22	23
日辰	癸	甲	乙	丙	丁	戊	己	庚	辛	壬	癸	甲	乙	丙	丁	戊	己	庚	辛	壬	癸	甲	乙	丙	丁	戊	己	庚	辛	壬	癸
	卯	辰	巳	午	未	申	酉	戌	亥	子	丑	寅	卯	辰	巳	午	未	申	酉	戌	亥	子	丑	寅	卯	辰	巳	午	未	申	酉
大運 男	2	1	1	1	1	驚	10	9	9	9	8	8	8	7	7	7	6	6	6	5	5	5	4	4	4	3	3	3	2	2	2
大運 女	八	九	九	九	十	蟄	一	一	一	一	二	二	二	三	三	三	四	四	四	五	五	五	六	六	六	七	七	七	八	八	八

4월 (己卯) 庚辰 (청명) 清明 5日 07:35 穀雨 20日

陽曆	1	2	3	4	5	6	7	8	9	10	11	12	13	14	15	16	17	18	19	20	21	22	23	24	25	26	27	28	29	30	
요일	月	火	水	木	金	土	日	3	火	水	木	金	土	日	月	火	水	木	金	土	日	月	火	水	木	金	土	日	月	火	
陰曆	24	25	26	27	28	29	30	1	2	3	4	5	6	7	8	9	10	11	12	13	14	15	16	17	18	19	20	21	22	23	
日辰	甲	乙	丙	丁	戊	己	庚	辛	壬	癸	甲	乙	丙	丁	戊	己	庚	辛	壬	癸	甲	乙	丙	丁	戊	己	庚	辛	壬	癸	
	戌	亥	子	丑	寅	卯	辰	巳	午	未	申	酉	戌	亥	子	丑	寅	卯	辰	巳	午	未	申	酉	戌	亥	子	丑	寅	卯	
大運 男	1	1	1	1	清	10	10	9	9	9	8	8	8	7	7	7	6	6	6	5	5	5	4	4	4	3	3	3	2	2	
大運 女	九	九	九	十	明	一	一	一	一	二	二	二	三	三	三	四	四	四	五	五	五	六	六	六	七	七	七	八	八	八	

5월 (庚辰) 辛巳 (입하) 立夏 6日 01:16 小満 21日

陽曆	1	2	3	4	5	6	7	8	9	10	11	12	13	14	15	16	17	18	19	20	21	22	23	24	25	26	27	28	29	30	31
요일	水	木	金	土	日	月	4	水	木	金	土	日	月	火	水	木	金	土	日	月	火	水	木	金	土	日	月	火	水	木	金
陰曆	24	25	26	27	28	29	1	2	3	4	5	6	7	8	9	10	11	12	13	14	15	16	17	18	19	20	21	22	23	24	25
日辰	甲	乙	丙	丁	戊	己	庚	辛	壬	癸	甲	乙	丙	丁	戊	己	庚	辛	壬	癸	甲	乙	丙	丁	戊	己	庚	辛	壬	癸	甲
	辰	巳	午	未	申	酉	戌	亥	子	丑	寅	卯	辰	巳	午	未	申	酉	戌	亥	子	丑	寅	卯	辰	巳	午	未	申	酉	戌
大運 男	2	1	1	1	1	立	10	10	9	9	9	8	8	8	7	7	7	6	6	6	5	5	5	4	4	4	3	3	3	2	2
大運 女	九	九	九	十	十	夏	一	一	一	一	二	二	二	三	三	三	四	四	四	五	五	五	六	六	六	七	七	七	八	八	八

6월 (辛巳) 壬午 (망종) 芒種 6日 05:44 夏至 21日

陽曆	1	2	3	4	5	6	7	8	9	10	11	12	13	14	15	16	17	18	19	20	21	22	23	24	25	26	27	28	29	30	
요일	土	日	月	火	水	5	金	土	日	月	火	水	木	金	土	日	月	火	水	木	金	土	日	月	火	水	木	金	土	日	
陰曆	26	27	28	29	30	1	2	3	4	5	6	7	8	9	10	11	12	13	14	15	16	17	18	19	20	21	22	23	24	25	
日辰	乙	丙	丁	戊	己	庚	辛	壬	癸	甲	乙	丙	丁	戊	己	庚	辛	壬	癸	甲	乙	丙	丁	戊	己	庚	辛	壬	癸	甲	
	亥	子	丑	寅	卯	辰	巳	午	未	申	酉	戌	亥	子	丑	寅	卯	辰	巳	午	未	申	酉	戌	亥	子	丑	寅	卯	辰	
大運 男	2	1	1	1	1	芒	10	10	10	9	9	9	8	8	8	7	7	7	6	6	6	5	5	5	4	4	4	3	3	3	
大運 女	九	九	九	十	十	種	一	一	一	一	二	二	二	三	三	三	四	四	四	五	五	五	六	六	六	七	七	七	八	八	

白蠟金星	一日得辛	北大將	寅弔客	寒食(4월 06일)	初伏(7월 16일)
六白金星	十二龍治水	午喪門	南三殺	中伏(7월 26일)	末伏(8월 15일)

7월 (壬午) 癸未 (소서) 小署 7日 16:08 大署 23日

陽曆	1	2	3	4	5	6	7	8	9	10	11	12	13	14	15	16	17	18	19	20	21	22	23	24	25	26	27	28	29	30	31
요일	月	火	水	木	6/1	土	日	月	火	水	木	金	土	日	月	火	水	木	金	土	日	月	火	水	木	金	土	日	月	火	水
陰曆	26	27	28	29	1	2	3	4	5	6	7	8	9	10	11	12	13	14	15	16	17	18	19	20	21	22	23	24	25	26	27
日辰	乙	丙	丁	戊	己	庚	辛	壬	癸	甲	乙	丙	丁	戊	己	庚	辛	壬	癸	甲	乙	丙	丁	戊	己	庚	辛	壬	癸	甲	乙
	巳	午	未	申	酉	戌	亥	子	丑	寅	卯	辰	巳	午	未	申	酉	戌	亥	子	丑	寅	卯	辰	巳	午	未	申	酉	戌	亥
大運 男	2	2	1	1	1	1	小	10	10	10	9	9	9	8	8	8	7	7	7	6	6	6	5	5	5	4	4	4	3	3	3
大運 女	八	九	九	九	十	十	暑	一	一	一	一	二	二	二	三	三	三	四	四	四	五	五	五	六	六	六	七	七	七	八	八

8월 (癸未) 甲申 (입추) 立秋 8日 01:52 處署 23日

陽曆	1	2	3	4	5	6	7	8	9	10	11	12	13	14	15	16	17	18	19	20	21	22	23	24	25	26	27	28	29	30	31
요일	木	金	土	7/1	月	火	水	木	金	土	日	月	火	水	木	金	土	日	月	火	水	木	金	土	日	月	火	水	木	金	土
陰曆	28	29	30	1	2	3	4	5	6	7	8	9	10	11	12	13	14	15	16	17	18	19	20	21	22	23	24	25	26	27	28
日辰	丙	丁	戊	己	庚	辛	壬	癸	甲	乙	丙	丁	戊	己	庚	辛	壬	癸	甲	乙	丙	丁	戊	己	庚	辛	壬	癸	甲	乙	丙
	子	丑	寅	卯	辰	巳	午	未	申	酉	戌	亥	子	丑	寅	卯	辰	巳	午	未	申	酉	戌	亥	子	丑	寅	卯	辰	巳	午
大運 男	2	2	2	1	1	1	1	立	10	10	9	9	9	8	8	8	7	7	7	6	6	6	5	5	5	4	4	4	3	3	3
大運 女	八	九	九	九	十	十	十	秋	一	一	一	一	二	二	二	三	三	三	四	四	四	五	五	五	六	六	六	七	七	七	八

9월 (甲申) 乙酉 (백로) 白露 8日 04:29 秋分 23日

陽曆	1	2	3	4	5	6	7	8	9	10	11	12	13	14	15	16	17	18	19	20	21	22	23	24	25	26	27	28	29	30
요일	日	8/1	火	水	木	金	土	日	月	火	水	木	金	土	日	月	火	水	木	金	土	日	月	火	水	木	金	土	日	月
陰曆	29	1	2	3	4	5	6	7	8	9	10	11	12	13	14	15	16	17	18	19	20	21	22	23	24	25	26	27	28	29
日辰	丁	戊	己	庚	辛	壬	癸	甲	乙	丙	丁	戊	己	庚	辛	壬	癸	甲	乙	丙	丁	戊	己	庚	辛	壬	癸	甲	乙	丙
	未	申	酉	戌	亥	子	丑	寅	卯	辰	巳	午	未	申	酉	戌	亥	子	丑	寅	卯	辰	巳	午	未	申	酉	戌	亥	子
大運 男	2	2	2	1	1	1	1	白	10	9	9	9	8	8	8	7	7	7	6	6	6	5	5	5	4	4	4	3	3	3
大運 女	八	八	九	九	九	十	十	露	一	一	一	一	二	二	二	三	三	三	四	四	四	五	五	五	六	六	六	七	七	七

10월 (乙酉) 丙戌 (한로) 寒露 8日 19:42 霜降 23日

陽曆	1	2	3	4	5	6	7	8	9	10	11	12	13	14	15	16	17	18	19	20	21	22	23	24	25	26	27	28	29	30	31
요일	9/1	水	木	金	土	日	月	火	水	木	金	土	日	月	火	水	木	金	土	日	月	火	水	木	金	土	日	月	火	水	10/1
陰曆	1	2	3	4	5	6	7	8	9	10	11	12	13	14	15	16	17	18	19	20	21	22	23	24	25	26	27	28	29	30	1
日辰	丁	戊	己	庚	辛	壬	癸	甲	乙	丙	丁	戊	己	庚	辛	壬	癸	甲	乙	丙	丁	戊	己	庚	辛	壬	癸	甲	乙	丙	丁
	丑	寅	卯	辰	巳	午	未	申	酉	戌	亥	子	丑	寅	卯	辰	巳	午	未	申	酉	戌	亥	子	丑	寅	卯	辰	巳	午	未
大運 男	2	2	2	1	1	1	1	寒	10	9	9	9	8	8	8	7	7	7	6	6	6	5	5	5	4	4	4	3	3	3	2
大運 女	八	八	八	九	九	九	十	露	一	一	一	一	二	二	二	三	三	三	四	四	四	五	五	五	六	六	六	七	七	七	八

11월 (丙戌) 丁亥 (입동) 立冬 7日 22:27 小雪 22日

陽曆	1	2	3	4	5	6	7	8	9	10	11	12	13	14	15	16	17	18	19	20	21	22	23	24	25	26	27	28	29	30
요일	金	土	日	月	火	水	木	金	土	日	月	火	水	木	金	土	日	月	火	水	木	金	土	日	月	火	水	木	11/1	土
陰曆	2	3	4	5	6	7	8	9	10	11	12	13	14	15	16	17	18	19	20	21	22	23	24	25	26	27	28	29	1	2
日辰	戊	己	庚	辛	壬	癸	甲	乙	丙	丁	戊	己	庚	辛	壬	癸	甲	乙	丙	丁	戊	己	庚	辛	壬	癸	甲	乙	丙	丁
	申	酉	戌	亥	子	丑	寅	卯	辰	巳	午	未	申	酉	戌	亥	子	丑	寅	卯	辰	巳	午	未	申	酉	戌	亥	子	丑
大運 男	2	2	1	1	1	1	立	10	9	9	9	8	8	8	7	7	7	6	6	6	5	5	5	4	4	4	3	3	3	2
大運 女	八	八	九	九	九	十	冬	一	一	一	一	二	二	二	三	三	三	四	四	四	五	五	五	六	六	六	七	七	七	八

12월 (丁亥) 戊子 (대설) 大雪 7日 14:58 冬至 22日

陽曆	1	2	3	4	5	6	7	8	9	10	11	12	13	14	15	16	17	18	19	20	21	22	23	24	25	26	27	28	29	30	31
요일	日	月	火	水	木	金	土	日	月	火	水	木	金	土	日	月	火	水	木	金	土	日	月	火	水	木	金	土	12/1	月	火
陰曆	3	4	5	6	7	8	9	10	11	12	13	14	15	16	17	18	19	20	21	22	23	24	25	26	27	28	29	30	1	2	3
日辰	戊	己	庚	辛	壬	癸	甲	乙	丙	丁	戊	己	庚	辛	壬	癸	甲	乙	丙	丁	戊	己	庚	辛	壬	癸	甲	乙	丙	丁	戊
	寅	卯	辰	巳	午	未	申	酉	戌	亥	子	丑	寅	卯	辰	巳	午	未	申	酉	戌	亥	子	丑	寅	卯	辰	巳	午	未	申
大運 男	2	2	1	1	1	1	大	10	9	9	9	8	8	8	7	7	7	6	6	6	5	5	5	4	4	4	3	3	3	2	2
大運 女	八	八	九	九	九	十	雪	一	一	一	一	二	二	二	三	三	三	四	四	四	五	五	五	六	六	六	七	七	七	八	八

1월 (戊子) 己丑 (소한) 小寒 6日 02:04 大寒 20日

陽曆	1	2	3	4	5	6	7	8	9	10	11	12	13	14	15	16	17	18	19	20	21	22	23	24	25	26	27	28	29	30	31
요일	水	木	金	土	日	月	火	水	木	金	土	日	月	火	水	木	金	土	日	月	火	水	木	金	土	日	1/	火	水	木	金
陰曆	4	5	6	7	8	9	10	11	12	13	14	15	16	17	18	19	20	21	22	23	24	25	26	27	28	29	1	2	3	4	5
日辰	己	庚	辛	壬	癸	甲	乙	丙	丁	戊	己	庚	辛	壬	癸	甲	乙	丙	丁	戊	己	庚	辛	壬	癸	甲	乙	丙	丁	戊	己
	酉	戌	亥	子	丑	寅	卯	辰	巳	午	未	申	酉	戌	亥	子	丑	寅	卯	辰	巳	午	未	申	酉	戌	亥	子	丑	寅	卯
大運 男	2	1	1	1	1	小	9	9	9	8	8	8	7	7	7	6	6	6	5	5	5	4	4	4	3	3	3	2	2	2	2
大運 女	八	九	九	九	十	寒	一	一	一	一	二	二	二	三	三	三	四	四	四	五	五	五	六	六	六	七	七	七	八	八	八

2월 (己丑) 庚寅 (입춘) 立春 4日 13:50 雨水 19日

陽曆	1	2	3	4	5	6	7	8	9	10	11	12	13	14	15	16	17	18	19	20	21	22	23	24	25	26	27	28			
요일	土	日	月	火	水	木	金	土	日	月	火	水	木	金	土	日	月	火	水	木	金	土	日	月	火	2/	木	金			
陰曆	6	7	8	9	10	11	12	13	14	15	16	17	18	19	20	21	22	23	24	25	26	27	28	29	30	1	2	3			
日辰	庚	辛	壬	癸	甲	乙	丙	丁	戊	己	庚	辛	壬	癸	甲	乙	丙	丁	戊	己	庚	辛	壬	癸	甲	乙	丙	丁			
	辰	巳	午	未	申	酉	戌	亥	子	丑	寅	卯	辰	巳	午	未	申	酉	戌	亥	子	丑	寅	卯	辰	巳	午	未			
大運 男	1	1	1	立	1	1	1	1	2	2	2	3	3	3	4	4	4	5	5	5	6	6	6	7	7	7	8	8			
大運 女	九	九	九	春	十	九	九	九	八	八	八	七	七	七	六	六	六	五	五	五	四	四	四	三	三	三	二	二			

3월 (庚寅) 辛卯 (경칩) 驚蟄 6日 08:10 春分 21日

陽曆	1	2	3	4	5	6	7	8	9	10	11	12	13	14	15	16	17	18	19	20	21	22	23	24	25	26	27	28	29	30	31
요일	土	日	月	火	水	木	金	土	日	月	火	水	木	金	土	日	月	火	水	木	金	土	日	月	火	水	木	3/	土	日	月
陰曆	4	5	6	7	8	9	10	11	12	13	14	15	16	17	18	19	20	21	22	23	24	25	26	27	28	29	30	1	2	3	4
日辰	戊	己	庚	辛	壬	癸	甲	乙	丙	丁	戊	己	庚	辛	壬	癸	甲	乙	丙	丁	戊	己	庚	辛	壬	癸	甲	乙	丙	丁	戊
	申	酉	戌	亥	子	丑	寅	卯	辰	巳	午	未	申	酉	戌	亥	子	丑	寅	卯	辰	巳	午	未	申	酉	戌	亥	子	丑	寅
大運 男	8	9	9	9	10	驚	1	1	1	1	2	2	2	3	3	3	4	4	4	5	5	5	6	6	6	7	7	7	8	8	8
大運 女	二	一	一	一	一	蟄	十	九	九	九	八	八	八	七	七	七	六	六	六	五	五	五	四	四	四	三	三	三	二	二	二

4월 (辛卯) 壬辰 (청명) 清明 5日 13:25 穀雨 20日

陽曆	1	2	3	4	5	6	7	8	9	10	11	12	13	14	15	16	17	18	19	20	21	22	23	24	25	26	27	28	29	30	
요일	火	水	木	金	土	日	月	火	水	木	金	土	日	月	火	水	木	金	土	日	月	火	水	木	金	4/	日	月	火	水	
陰曆	5	6	7	8	9	10	11	12	13	14	15	16	17	18	19	20	21	22	23	24	25	26	27	28	29	1	2	3	4	5	
日辰	己	庚	辛	壬	癸	甲	乙	丙	丁	戊	己	庚	辛	壬	癸	甲	乙	丙	丁	戊	己	庚	辛	壬	癸	甲	乙	丙	丁	戊	
	卯	辰	巳	午	未	申	酉	戌	亥	子	丑	寅	卯	辰	巳	午	未	申	酉	戌	亥	子	丑	寅	卯	辰	巳	午	未	申	
大運 男	9	9	9	10	清	1	1	1	1	2	2	2	3	3	3	4	4	4	5	5	5	6	6	6	7	7	7	8	8	8	
大運 女	一	一	一	一	明	十	十	九	九	九	八	八	八	七	七	七	六	六	六	五	五	五	四	四	四	三	三	三	二	二	

5월 (壬辰) 癸巳 (입하) 立夏 6日 07:10 小滿 21日

陽曆	1	2	3	4	5	6	7	8	9	10	11	12	13	14	15	16	17	18	19	20	21	22	23	24	25	26	27	28	29	30	31
요일	木	金	土	日	月	火	水	木	金	土	日	月	火	水	木	金	土	日	月	火	水	木	金	土	日	5/	火	水	木	金	土
陰曆	6	7	8	9	10	11	12	13	14	15	16	17	18	19	20	21	22	23	24	25	26	27	28	29	30	1	2	3	4	5	6
日辰	己	庚	辛	壬	癸	甲	乙	丙	丁	戊	己	庚	辛	壬	癸	甲	乙	丙	丁	戊	己	庚	辛	壬	癸	甲	乙	丙	丁	戊	己
	酉	戌	亥	子	丑	寅	卯	辰	巳	午	未	申	酉	戌	亥	子	丑	寅	卯	辰	巳	午	未	申	酉	戌	亥	子	丑	寅	卯
大運 男	9	9	9	10	10	立	1	1	1	1	2	2	2	3	3	3	4	4	4	5	5	5	6	6	6	7	7	7	8	8	8
大運 女	二	一	一	一	一	夏	十	十	九	九	九	八	八	八	七	七	七	六	六	六	五	五	五	四	四	四	三	三	三	二	二

6월 (癸巳) 甲午 (망종) 芒種 6日 11:39 夏至 22日

陽曆	1	2	3	4	5	6	7	8	9	10	11	12	13	14	15	16	17	18	19	20	21	22	23	24	25	26	27	28	29	30	
요일	日	月	火	水	木	金	土	日	月	火	水	木	金	土	日	月	火	水	木	金	土	日	月	火	6/	木	金	土	日	月	
陰曆	7	8	9	10	11	12	13	14	15	16	17	18	19	20	21	22	23	24	25	26	27	28	29	30	1	2	3	4	5	6	
日辰	庚	辛	壬	癸	甲	乙	丙	丁	戊	己	庚	辛	壬	癸	甲	乙	丙	丁	戊	己	庚	辛	壬	癸	甲	乙	丙	丁	戊	己	
	辰	巳	午	未	申	酉	戌	亥	子	丑	寅	卯	辰	巳	午	未	申	酉	戌	亥	子	丑	寅	卯	辰	巳	午	未	申	酉	
大運 男	9	9	9	10	10	芒	1	1	1	1	2	2	2	3	3	3	4	4	4	5	5	5	6	6	6	7	7	7	8	8	
大運 女	二	一	一	一	一	種	十	十	九	九	九	八	八	八	七	七	七	六	六	六	五	五	五	四	四	四	三	三	三	二	

白蠟金星	七日得辛	東大將	卯弔客	寒食(4월 06일)	初伏(7월 21일)
五黃土星	六龍治水	未喪門	東三殺	中伏(7월 31일)	末伏(8월 10일)

7월 (甲午)　乙未 (소서) 小暑 7日 22:03　大暑 23日

陽曆		1	2	3	4	5	6	7	8	9	10	11	12	13	14	15	16	17	18	19	20	21	22	23	24	25	26	27	28	29	30	31
요일		火	水	木	金	土	日	月	火	水	木	金	土	日	月	火	水	木	金	土	日	月	火	水		金	土	日	月	火	水	木
陰曆		7	8	9	10	11	12	13	14	15	16	17	18	19	20	21	22	23	24	25	26	27	28	29	윤6/1	2	3	4	5	6	7	8
日辰		庚	辛	壬	癸	甲	乙	丙	丁	戊	己	庚	辛	壬	癸	甲	乙	丙	丁	戊	己	庚	辛	壬	癸	甲	乙	丙	丁	戊	己	庚
		戌	亥	子	丑	寅	卯	辰	巳	午	未	申	酉	戌	亥	子	丑	寅	卯	辰	巳	午	未	申	酉	戌	亥	子	丑	寅	卯	辰
大	男	8	9	9	9	10	10	小	1	1	1	1	2	2	2	3	3	3	4	4	4	5	5	5	6	6	6	7	7	7	8	8
運	女	二	二	一	一	一	一	暑	十	十	十	九	九	九	八	八	八	七	七	七	六	六	六	五	五	五	四	四	四	三	三	三

8월 (乙未)　丙申 (입추) 立秋 8日 07:46　處暑 23日

陽曆		1	2	3	4	5	6	7	8	9	10	11	12	13	14	15	16	17	18	19	20	21	22	23	24	25	26	27	28	29	30	31
요일		金	土	日	月	火	水	木	金	土	日	月	火	水	木	金	土	日	月	火	水	木	金		日	月	火	水	木	金	土	日
陰曆		9	10	11	12	13	14	15	16	17	18	19	20	21	22	23	24	25	26	27	28	29	30	7/1	2	3	4	5	6	7	8	9
日辰		辛	壬	癸	甲	乙	丙	丁	戊	己	庚	辛	壬	癸	甲	乙	丙	丁	戊	己	庚	辛	壬	癸	甲	乙	丙	丁	戊	己	庚	辛
		巳	午	未	申	酉	戌	亥	子	丑	寅	卯	辰	巳	午	未	申	酉	戌	亥	子	丑	寅	卯	辰	巳	午	未	申	酉	戌	亥
大	男	8	9	9	9	10	10	10	立	1	1	1	1	2	2	2	3	3	3	4	4	4	5	5	5	6	6	6	7	7	7	8
運	女	二	二	二	一	一	一	一	秋	十	十	九	九	九	八	八	八	七	七	七	六	六	六	五	五	五	四	四	四	三	三	三

9월 (丙申)　丁酉 (백로) 白露 8日 10:24　秋分 23日

陽曆		1	2	3	4	5	6	7	8	9	10	11	12	13	14	15	16	17	18	19	20	21	22	23	24	25	26	27	28	29	30
요일		月	火	水	木	金	土	日	月	火	水	木	金	土	日	月	火	水	木	金	土		月	火	水	木	金	土	日	月	火
陰曆		10	11	12	13	14	15	16	17	18	19	20	21	22	23	24	25	26	27	28	29	8/1	2	3	4	5	6	7	8	9	10
日辰		壬	癸	甲	乙	丙	丁	戊	己	庚	辛	壬	癸	甲	乙	丙	丁	戊	己	庚	辛	壬	癸	甲	乙	丙	丁	戊	己	庚	辛
		子	丑	寅	卯	辰	巳	午	未	申	酉	戌	亥	子	丑	寅	卯	辰	巳	午	未	申	酉	戌	亥	子	丑	寅	卯	辰	巳
大	男	8	8	9	9	9	10	10	白	1	1	1	1	2	2	2	3	3	3	4	4	4	5	5	5	6	6	6	7	7	7
運	女	二	二	二	一	一	一	一	露	十	十	九	九	九	八	八	八	七	七	七	六	六	六	五	五	五	四	四	四	三	三

10월 (丁酉)　戊戌 (한로) 寒露 9日 01:38　霜降 24日

陽曆		1	2	3	4	5	6	7	8	9	10	11	12	13	14	15	16	17	18	19	20	21	22	23	24	25	26	27	28	29	30	31
요일		水	木	金	土	日	月	火	水	木	金	土	日	月	火	水	木	金	土	日		火	水	木	金	土	日	月	火	水	木	金
陰曆		11	12	13	14	15	16	17	18	19	20	21	22	23	24	25	26	27	28	29	9/1	2	3	4	5	6	7	8	9	10	11	12
日辰		壬	癸	甲	乙	丙	丁	戊	己	庚	辛	壬	癸	甲	乙	丙	丁	戊	己	庚	辛	壬	癸	甲	乙	丙	丁	戊	己	庚	辛	壬
		午	未	申	酉	戌	亥	子	丑	寅	卯	辰	巳	午	未	申	酉	戌	亥	子	丑	寅	卯	辰	巳	午	未	申	酉	戌	亥	子
大	男	8	8	8	9	9	9	10	10	寒	1	1	1	1	2	2	2	3	3	3	4	4	4	5	5	5	6	6	6	7	7	7
運	女	三	二	二	二	一	一	一	一	露	十	九	九	九	八	八	八	七	七	七	六	六	六	五	五	五	四	四	四	三	三	三

11월 (戊戌)　己亥 (입동) 立冬 8日 04:24　小雪 23日

陽曆		1	2	3	4	5	6	7	8	9	10	11	12	13	14	15	16	17	18	19	20	21	22	23	24	25	26	27	28	29	30
요일		土	日	月	火	水	木	金	土	日	月	火	水	木	金	土	日	月	火		木	金	土	日	月	火	水	木	金	土	日
陰曆		13	14	15	16	17	18	19	20	21	22	23	24	25	26	27	28	29	30	10/1	2	3	4	5	6	7	8	9	10	11	12
日辰		癸	甲	乙	丙	丁	戊	己	庚	辛	壬	癸	甲	乙	丙	丁	戊	己	庚	辛	壬	癸	甲	乙	丙	丁	戊	己	庚	辛	壬
		丑	寅	卯	辰	巳	午	未	申	酉	戌	亥	子	丑	寅	卯	辰	巳	午	未	申	酉	戌	亥	子	丑	寅	卯	辰	巳	午
大	男	8	8	8	9	9	9	10	立	1	1	1	1	2	2	2	3	3	3	4	4	4	5	5	5	6	6	6	7	7	7
運	女	二	二	二	一	一	一	一	冬	九	九	九	八	八	八	七	七	七	六	六	六	五	五	五	四	四	四	三	三	三	二

12월 (己亥)　庚子 (대설) 大雪 7日 20:56　冬至 22日

陽曆		1	2	3	4	5	6	7	8	9	10	11	12	13	14	15	16	17	18	19	20	21	22	23	24	25	26	27	28	29	30	31
요일		月	火	水	木	金	土	日	月	火	水	木	金	土	日	月	火	水		金	土	日	月	火	水	木	金	土	日	月	火	水
陰曆		13	14	15	16	17	18	19	20	21	22	23	24	25	26	27	28	29	11/1	2	3	4	5	6	7	8	9	10	11	12	13	14
日辰		癸	甲	乙	丙	丁	戊	己	庚	辛	壬	癸	甲	乙	丙	丁	戊	己	庚	辛	壬	癸	甲	乙	丙	丁	戊	己	庚	辛	壬	癸
		未	申	酉	戌	亥	子	丑	寅	卯	辰	巳	午	未	申	酉	戌	亥	子	丑	寅	卯	辰	巳	午	未	申	酉	戌	亥	子	丑
大	男	8	8	9	9	9	10	大	1	1	1	1	2	2	2	3	3	3	4	4	4	5	5	5	6	6	6	7	7	7	8	8
運	女	二	二	一	一	一	一	雪	十	九	九	九	八	八	八	七	七	七	六	六	六	五	五	五	四	四	四	三	三	三	二	二

1월 (庚子) 辛丑 (소한) 小寒 6日 08:02 大寒 21日

陽曆		1	2	3	4	5	6	7	8	9	10	11	12	13	14	15	16	17	18	19	20	21	22	23	24	25	26	27	28	29	30	31
요일		木	金	土	日	月	火	水	木	金	土	日	月	火	水	木	金	12	日	月	火	水	木	金	土	日	月	火	水	木	金	土
陰曆		15	16	17	18	19	20	21	22	23	24	25	26	27	28	29	30	1	2	3	4	5	6	7	8	9	10	11	12	13	14	15
日辰		甲	乙	丙	丁	戊	己	庚	辛	壬	癸	甲	乙	丙	丁	戊	己	庚	辛	壬	癸	甲	乙	丙	丁	戊	己	庚	辛	壬	癸	甲
		寅	卯	辰	巳	午	未	申	酉	戌	亥	子	丑	寅	卯	辰	巳	午	未	申	酉	戌	亥	子	丑	寅	卯	辰	巳	午	未	申
大	男	8	9	9	9	10	小	1	1	1	1	2	2	2	3	3	3	4	4	4	5	5	5	6	6	6	7	7	7	8	8	8
運	女	二	一	一	一	一	寒	九	九	九	八	八	八	七	七	七	六	六	六	五	五	五	四	四	四	三	三	三	二	二	二	一

2월 (辛丑) 壬寅 (입춘) 立春 4日 19:49 雨水 19日

陽曆		1	2	3	4	5	6	7	8	9	10	11	12	13	14	15	16	17	18	19	20	21	22	23	24	25	26	27	28			
요일		日	月	火	水	木	金	土	日	月	火	水	木	金	土	1	月	火	水	木	金	土	日	月	火	水	木	金	土			
陰曆		16	17	18	19	20	21	22	23	24	25	26	27	28	29	1	2	3	4	5	6	7	8	9	10	11	12	13	14			
日辰		乙	丙	丁	戊	己	庚	辛	壬	癸	甲	乙	丙	丁	戊	己	庚	辛	壬	癸	甲	乙	丙	丁	戊	己	庚	辛	壬			
		酉	戌	亥	子	丑	寅	卯	辰	巳	午	未	申	酉	戌	亥	子	丑	寅	卯	辰	巳	午	未	申	酉	戌	亥	子			
大	男	9	9	9	立	10	9	9	9	8	8	8	7	7	7	6	6	6	5	5	5	4	4	4	3	3	3	2	2			
運	女	一	一	一	春	一	一	一	一	二	二	二	三	三	三	四	四	四	五	五	五	六	六	六	七	七	七	八	八			

3월 (壬寅) 癸卯 (경칩) 驚蟄 6日 14:09 春分 21日

陽曆		1	2	3	4	5	6	7	8	9	10	11	12	13	14	15	16	17	18	19	20	21	22	23	24	25	26	27	28	29	30	31
요일		日	月	火	水	木	金	土	日	月	火	水	木	金	土	日	月	2	水	木	金	土	日	月	火	水	木	金	土	日	月	火
陰曆		15	16	17	18	19	20	21	22	23	24	25	26	27	28	29	30	1	2	3	4	5	6	7	8	9	10	11	12	13	14	15
日辰		癸	甲	乙	丙	丁	戊	己	庚	辛	壬	癸	甲	乙	丙	丁	戊	己	庚	辛	壬	癸	甲	乙	丙	丁	戊	己	庚	辛	壬	癸
		丑	寅	卯	辰	巳	午	未	申	酉	戌	亥	子	丑	寅	卯	辰	巳	午	未	申	酉	戌	亥	子	丑	寅	卯	辰	巳	午	未
大	男	2	1	1	1	1	驚	10	9	9	9	8	8	8	7	7	7	6	6	6	5	5	5	4	4	4	3	3	3	2	2	2
運	女	八	九	九	九	十	蟄	一	一	一	一	二	二	二	三	三	三	四	四	四	五	五	五	六	六	六	七	七	七	八	八	八

4월 (癸卯) 甲辰 (청명) 淸明 5日 19:24 穀雨 21日

陽曆		1	2	3	4	5	6	7	8	9	10	11	12	13	14	15	16	17	18	19	20	21	22	23	24	25	26	27	28	29	30	
요일		水	木	金	土	日	月	火	水	木	金	土	日	月	火	3	木	金	土	日	月	火	水	木	金	土	日	月	火	水	木	
陰曆		16	17	18	19	20	21	22	23	24	25	26	27	28	29	1	2	3	4	5	6	7	8	9	10	11	12	13	14	15	16	
日辰		甲	乙	丙	丁	戊	己	庚	辛	壬	癸	甲	乙	丙	丁	戊	己	庚	辛	壬	癸	甲	乙	丙	丁	戊	己	庚	辛	壬	癸	
		申	酉	戌	亥	子	丑	寅	卯	辰	巳	午	未	申	酉	戌	亥	子	丑	寅	卯	辰	巳	午	未	申	酉	戌	亥	子	丑	
大	男	1	1	1	1	淸	10	10	9	9	9	8	8	8	7	7	7	6	6	6	5	5	5	4	4	4	3	3	3	2	2	
運	女	九	九	九	十	明	一	一	一	一	二	二	二	三	三	三	四	四	四	五	五	五	六	六	六	七	七	七	八	八	八	

5월 (甲辰) 乙巳 (입하) 立夏 6日 13:07 小滿 22日

陽曆		1	2	3	4	5	6	7	8	9	10	11	12	13	14	15	16	17	18	19	20	21	22	23	24	25	26	27	28	29	30	31
요일		金	土	日	月	火	水	木	金	土	日	月	火	水	木	4	土	日	月	火	水	木	金	土	日	月	火	水	木	金	土	日
陰曆		17	18	19	20	21	22	23	24	25	26	27	28	29	30	1	2	3	4	5	6	7	8	9	10	11	12	13	14	15	16	17
日辰		甲	乙	丙	丁	戊	己	庚	辛	壬	癸	甲	乙	丙	丁	戊	己	庚	辛	壬	癸	甲	乙	丙	丁	戊	己	庚	辛	壬	癸	甲
		寅	卯	辰	巳	午	未	申	酉	戌	亥	子	丑	寅	卯	辰	巳	午	未	申	酉	戌	亥	子	丑	寅	卯	辰	巳	午	未	申
大	男	2	1	1	1	1	立	10	10	9	9	9	8	8	8	7	7	7	6	6	6	5	5	5	4	4	4	3	3	3	2	2
運	女	九	九	九	十	十	夏	一	一	一	一	二	二	二	三	三	三	四	四	四	五	五	五	六	六	六	七	七	七	八	八	八

6월 (乙巳) 丙午 (망종) 芒種 6日 17:33 夏至 22日

陽曆		1	2	3	4	5	6	7	8	9	10	11	12	13	14	15	16	17	18	19	20	21	22	23	24	25	26	27	28	29	30	
요일		月	火	水	木	金	土	日	月	火	水	木	金	土	5	月	火	水	木	金	土	日	月	火	水	木	金	土	日	月	火	
陰曆		18	19	20	21	22	23	24	25	26	27	28	29	30	1	2	3	4	5	6	7	8	9	10	11	12	13	14	15	16	17	
日辰		乙	丙	丁	戊	己	庚	辛	壬	癸	甲	乙	丙	丁	戊	己	庚	辛	壬	癸	甲	乙	丙	丁	戊	己	庚	辛	壬	癸	甲	
		酉	戌	亥	子	丑	寅	卯	辰	巳	午	未	申	酉	戌	亥	子	丑	寅	卯	辰	巳	午	未	申	酉	戌	亥	子	丑	寅	
大	男	2	1	1	1	1	芒	10	10	10	9	9	9	8	8	8	7	7	7	6	6	6	5	5	5	4	4	4	3	3	3	
運	女	九	九	九	十	十	種	一	一	一	一	二	二	二	三	三	三	四	四	四	五	五	五	六	六	六	七	七	七	八	八	

楊柳木星	三日得辛	東大將	辰弔客	寒食(4월 06일)	初伏(7월 16일)
四綠木星	六龍治水	申喪門	北三殺	中伏(7월 26일)	末伏(8월 15일)

7월 (丙午) 丁未 (소서) 小署 8日 03:52 大署 23日

陽曆		1	2	3	4	5	6	7	8	9	10	11	12	13	14	15	16	17	18	19	20	21	22	23	24	25	26	27	28	29	30	31
요일		水	木	金	土	日	月	火	水	木	金	土	日	6/	火	水	木	金	土	日	月	火	水	木	金	土	日	月	火	水	木	金
陰曆		18	19	20	21	22	23	24	25	26	27	28	29	1	2	3	4	5	6	7	8	9	10	11	12	13	14	15	16	17	18	19
日辰		乙	丙	丁	戊	己	庚	辛	壬	癸	甲	乙	丙	丁	戊	己	庚	辛	壬	癸	甲	乙	丙	丁	戊	己	庚	辛	壬	癸	甲	乙
		卯	辰	巳	午	未	申	酉	戌	亥	子	丑	寅	卯	辰	巳	午	未	申	酉	戌	亥	子	丑	寅	卯	辰	巳	午	未	申	酉
大	男	2	2	2	1	1	1	1	小	10	10	9	9	9	8	8	8	7	7	7	6	6	6	5	5	5	4	4	4	3	3	3
運	女	八	九	九	九	十	十	十	署	一	一	一	一	二	二	二	三	三	三	四	四	四	五	五	五	六	六	六	七	七	七	八

8월 (丁未) 戊申 (입추) 立秋 8日 13:30 處署 24日

陽曆		1	2	3	4	5	6	7	8	9	10	11	12	13	14	15	16	17	18	19	20	21	22	23	24	25	26	27	28	29	30	31
요일		土	日	月	火	水	木	金	土	日	月	火	7/	木	金	土	日	月	火	水	木	金	土	日	月	火	水	木	金	土	日	月
陰曆		20	21	22	23	24	25	26	27	28	29	30	1	2	3	4	5	6	7	8	9	10	11	12	13	14	15	16	17	18	19	20
日辰		丙	丁	戊	己	庚	辛	壬	癸	甲	乙	丙	丁	戊	己	庚	辛	壬	癸	甲	乙	丙	丁	戊	己	庚	辛	壬	癸	甲	乙	丙
		戌	亥	子	丑	寅	卯	辰	巳	午	未	申	酉	戌	亥	子	丑	寅	卯	辰	巳	午	未	申	酉	戌	亥	子	丑	寅	卯	辰
大	男	2	2	2	1	1	1	1	立	10	10	9	9	9	8	8	8	7	7	7	6	6	6	5	5	5	4	4	4	3	3	3
運	女	八	八	九	九	九	十	十	秋	一	一	一	一	二	二	二	三	三	三	四	四	四	五	五	五	六	六	六	七	七	七	八

9월 (戊申) 己酉 (백로) 白露 8日 16:06 秋分 24日

陽曆		1	2	3	4	5	6	7	8	9	10	11	12	13	14	15	16	17	18	19	20	21	22	23	24	25	26	27	28	29	30	
요일		火	水	木	金	土	日	月	火	水	木	8/	土	日	月	火	水	木	金	土	日	月	火	水	木	金	土	日	月	火	水	
陰曆		21	22	23	24	25	26	27	28	29	30	1	2	3	4	5	6	7	8	9	10	11	12	13	14	15	16	17	18	19	20	
日辰		丁	戊	己	庚	辛	壬	癸	甲	乙	丙	丁	戊	己	庚	辛	壬	癸	甲	乙	丙	丁	戊	己	庚	辛	壬	癸	甲	乙	丙	
		巳	午	未	申	酉	戌	亥	子	丑	寅	卯	辰	巳	午	未	申	酉	戌	亥	子	丑	寅	卯	辰	巳	午	未	申	酉	戌	
大	男	2	2	2	1	1	1	1	白	10	10	9	9	9	8	8	8	7	7	7	6	6	6	5	5	5	4	4	4	3	3	
運	女	八	八	九	九	九	十	十	露	一	一	一	一	二	二	二	三	三	三	四	四	四	五	五	五	六	六	六	七	七	七	

10월 (己酉) 庚戌 (한로) 寒露 9日 07:22 霜降 24日

陽曆		1	2	3	4	5	6	7	8	9	10	11	12	13	14	15	16	17	18	19	20	21	22	23	24	25	26	27	28	29	30	31
요일		木	金	土	日	月	火	水	木	金	9/	日	月	火	水	木	金	土	日	月	火	水	木	金	土	日	月	火	水	木	金	土
陰曆		21	22	23	24	25	26	27	28	29	1	2	3	4	5	6	7	8	9	10	11	12	13	14	15	16	17	18	19	20	21	22
日辰		丁	戊	己	庚	辛	壬	癸	甲	乙	丙	丁	戊	己	庚	辛	壬	癸	甲	乙	丙	丁	戊	己	庚	辛	壬	癸	甲	乙	丙	丁
		亥	子	丑	寅	卯	辰	巳	午	未	申	酉	戌	亥	子	丑	寅	卯	辰	巳	午	未	申	酉	戌	亥	子	丑	寅	卯	辰	巳
大	男	3	2	2	2	1	1	1	1	寒	10	9	9	9	8	8	8	7	7	7	6	6	6	5	5	5	4	4	4	3	3	3
運	女	八	八	八	九	九	九	十	十	露	一	一	一	一	二	二	二	三	三	三	四	四	四	五	五	五	六	六	六	七	七	七

11월 (庚戌) 辛亥 (입동) 立冬 8日 10:11 小雪 23日

陽曆		1	2	3	4	5	6	7	8	9	10	11	12	13	14	15	16	17	18	19	20	21	22	23	24	25	26	27	28	29	30	
요일		日	月	火	水	木	金	土	日	10/	火	水	木	金	土	日	月	火	水	木	金	土	日	月	火	水	木	金	土	日	月	
陰曆		23	24	25	26	27	28	29	30	1	2	3	4	5	6	7	8	9	10	11	12	13	14	15	16	17	18	19	20	21	22	
日辰		戊	己	庚	辛	壬	癸	甲	乙	丙	丁	戊	己	庚	辛	壬	癸	甲	乙	丙	丁	戊	己	庚	辛	壬	癸	甲	乙	丙	丁	
		午	未	申	酉	戌	亥	子	丑	寅	卯	辰	巳	午	未	申	酉	戌	亥	子	丑	寅	卯	辰	巳	午	未	申	酉	戌	亥	
大	男	2	2	2	1	1	1	1	立	10	9	9	9	8	8	8	7	7	7	6	6	6	5	5	5	4	4	4	3	3	3	
運	女	八	八	八	九	九	九	十	冬	一	一	一	一	二	二	二	三	三	三	四	四	四	五	五	五	六	六	六	七	七	七	

12월 (辛亥) 壬子 (대설) 大雪 8日 02:47 冬至 22日

陽曆		1	2	3	4	5	6	7	8	9	10	11	12	13	14	15	16	17	18	19	20	21	22	23	24	25	26	27	28	29	30	31
요일		火	水	木	金	土	日	月	11/	水	木	金	土	日	月	火	水	木	金	土	日	月	火	水	木	金	土	日	月	火	水	木
陰曆		23	24	25	26	27	28	29	1	2	3	4	5	6	7	8	9	10	11	12	13	14	15	16	17	18	19	20	21	22	23	24
日辰		戊	己	庚	辛	壬	癸	甲	乙	丙	丁	戊	己	庚	辛	壬	癸	甲	乙	丙	丁	戊	己	庚	辛	壬	癸	甲	乙	丙	丁	戊
		子	丑	寅	卯	辰	巳	午	未	申	酉	戌	亥	子	丑	寅	卯	辰	巳	午	未	申	酉	戌	亥	子	丑	寅	卯	辰	巳	午
大	男	2	2	2	1	1	1	1	大	9	9	9	8	8	8	7	7	7	6	6	6	5	5	5	4	4	4	3	3	3	2	2
運	女	八	八	八	九	九	九	十	雪	一	一	一	一	二	二	二	三	三	三	四	四	四	五	五	五	六	六	六	七	七	七	八

1월 (壬子) 癸丑 (소한) 小寒 6日 13:55 大寒 21日

陽曆	1	2	3	4	5	6	7	8	9	10	11	12	13	14	15	16	17	18	19	20	21	22	23	24	25	26	27	28	29	30	31
요일	金	土	日	月	火	12	木	金	土	日	月	火	水	木	金	土	日	月	火	水	木	金	土	日	月	火	水	木	金	土	日
陰曆	25	26	27	28	29	1	2	3	4	5	6	7	8	9	10	11	12	13	14	15	16	17	18	19	20	21	22	23	24	25	26
日辰	己	庚	辛	壬	癸	甲	乙	丙	丁	戊	己	庚	辛	壬	癸	甲	乙	丙	丁	戊	己	庚	辛	壬	癸	甲	乙	丙	丁	戊	己
	未	申	酉	戌	亥	子	丑	寅	卯	辰	巳	午	未	申	酉	戌	亥	子	丑	寅	卯	辰	巳	午	未	申	酉	戌	亥	子	丑
大運 男	2	1	1	1	1	小	10	9	9	9	8	8	8	7	7	7	6	6	6	5	5	5	4	4	4	3	3	3	2	2	2
大運 女	八	八	九	九	九	寒	一	一	一	一	二	二	二	三	三	三	四	四	四	五	五	五	六	六	六	七	七	七	八	八	八

2월 (癸丑) 甲寅 (입춘) 立春 5日 01:40 雨水 21日

陽曆	1	2	3	4	5	6	7	8	9	10	11	12	13	14	15	16	17	18	19	20	21	22	23	24	25	26	27	28
요일	月	火	水	木	1	土	日	月	火	水	木	金	土	日	月	火	水	木	金	土	日	月	火	水	木	金	土	日
陰曆	27	28	29	30	1	2	3	4	5	6	7	8	9	10	11	12	13	14	15	16	17	18	19	20	21	22	23	24
日辰	庚	辛	壬	癸	甲	乙	丙	丁	戊	己	庚	辛	壬	癸	甲	乙	丙	丁	戊	己	庚	辛	壬	癸	甲	乙	丙	丁
	寅	卯	辰	巳	午	未	申	酉	戌	亥	子	丑	寅	卯	辰	巳	午	未	申	酉	戌	亥	子	丑	寅	卯	辰	巳
大運 男	1	1	1	1	立	1	1	1	1	2	2	2	3	3	3	4	4	4	5	5	5	6	6	6	7	7	7	8
大運 女	九	九	九	十	春	九	九	九	八	八	八	七	七	七	六	六	六	五	五	五	四	四	四	三	三	三	二	二

3월 (甲寅) 乙卯 (경칩) 驚蟄 6日 19:59 春分 21日

陽曆	1	2	3	4	5	6	7	8	9	10	11	12	13	14	15	16	17	18	19	20	21	22	23	24	25	26	27	28	29	30	31
요일	月	火	水	木	金	2	日	月	火	水	木	金	土	日	月	火	水	木	金	土	日	月	火	水	木	金	土	日	月	火	水
陰曆	25	26	27	28	29	1	2	3	4	5	6	7	8	9	10	11	12	13	14	15	16	17	18	19	20	21	22	23	24	25	26
日辰	戊	己	庚	辛	壬	癸	甲	乙	丙	丁	戊	己	庚	辛	壬	癸	甲	乙	丙	丁	戊	己	庚	辛	壬	癸	甲	乙	丙	丁	戊
	午	未	申	酉	戌	亥	子	丑	寅	卯	辰	巳	午	未	申	酉	戌	亥	子	丑	寅	卯	辰	巳	午	未	申	酉	戌	亥	子
大運 男	8	8	9	9	9	驚	1	1	1	1	2	2	2	3	3	3	4	4	4	5	5	5	6	6	6	7	7	7	8	8	8
大運 女	二	一	一	一	一	蟄	十	十	九	九	九	八	八	八	七	七	七	六	六	六	五	五	五	四	四	四	三	三	三	二	二

4월 (乙卯) 丙辰 (청명) 清明 6日 01:11 穀雨 21日

陽曆	1	2	3	4	5	6	7	8	9	10	11	12	13	14	15	16	17	18	19	20	21	22	23	24	25	26	27	28	29	30
요일	木	金	土	日	3	火	水	木	金	土	日	月	火	水	木	金	土	日	月	火	水	木	金	土	日	月	火	水	木	金
陰曆	27	28	29	30	1	2	3	4	5	6	7	8	9	10	11	12	13	14	15	16	17	18	19	20	21	22	23	24	25	26
日辰	己	庚	辛	壬	癸	甲	乙	丙	丁	戊	己	庚	辛	壬	癸	甲	乙	丙	丁	戊	己	庚	辛	壬	癸	甲	乙	丙	丁	戊
	丑	寅	卯	辰	巳	午	未	申	酉	戌	亥	子	丑	寅	卯	辰	巳	午	未	申	酉	戌	亥	子	丑	寅	卯	辰	巳	午
大運 男	9	9	9	10	10	清	1	1	1	1	2	2	2	3	3	3	4	4	4	5	5	5	6	6	6	7	7	7	8	8
大運 女	二	一	一	一	一	明	十	九	九	九	八	八	八	七	七	七	六	六	六	五	五	五	四	四	四	三	三	三	二	二

5월 (丙辰) 丁巳 (입하) 立夏 6日 18:53 小滿 21日

陽曆	1	2	3	4	5	6	7	8	9	10	11	12	13	14	15	16	17	18	19	20	21	22	23	24	25	26	27	28	29	30	31
요일	土	日	月	4	水	木	金	土	日	月	火	水	木	金	土	日	月	火	水	木	金	土	日	月	火	水	木	金	土	日	月
陰曆	27	28	29	1	2	3	4	5	6	7	8	9	10	11	12	13	14	15	16	17	18	19	20	21	22	23	24	25	26	27	28
日辰	己	庚	辛	壬	癸	甲	乙	丙	丁	戊	己	庚	辛	壬	癸	甲	乙	丙	丁	戊	己	庚	辛	壬	癸	甲	乙	丙	丁	戊	己
	未	申	酉	戌	亥	子	丑	寅	卯	辰	巳	午	未	申	酉	戌	亥	子	丑	寅	卯	辰	巳	午	未	申	酉	戌	亥	子	丑
大運 男	8	9	9	9	10	立	1	1	1	1	2	2	2	3	3	3	4	4	4	5	5	5	6	6	6	7	7	7	8	8	8
大運 女	二	一	一	一	一	夏	十	十	九	九	九	八	八	八	七	七	七	六	六	六	五	五	五	四	四	四	三	三	三	二	二

6월 (丁巳) 戊午 (망종) 芒種 6日 23:19 夏至 22日

陽曆	1	2	3	4	5	6	7	8	9	10	11	12	13	14	15	16	17	18	19	20	21	22	23	24	25	26	27	28	29	30
요일	火	水	5	金	土	日	月	火	水	木	金	土	日	月	火	水	木	金	土	日	月	火	水	木	金	土	日	月	火	水
陰曆	29	30	1	2	3	4	5	6	7	8	9	10	11	12	13	14	15	16	17	18	19	20	21	22	23	24	25	26	27	28
日辰	庚	辛	壬	癸	甲	乙	丙	丁	戊	己	庚	辛	壬	癸	甲	乙	丙	丁	戊	己	庚	辛	壬	癸	甲	乙	丙	丁	戊	己
	寅	卯	辰	巳	午	未	申	酉	戌	亥	子	丑	寅	卯	辰	巳	午	未	申	酉	戌	亥	子	丑	寅	卯	辰	巳	午	未
大運 男	9	9	9	10	10	芒	1	1	1	1	2	2	2	3	3	3	4	4	4	5	5	5	6	6	6	7	7	7	8	8
大運 女	二	一	一	一	一	種	十	十	十	九	九	九	八	八	八	七	七	七	六	六	六	五	五	五	四	四	四	三	三	三

7월 (戊午) 己未 (소서) 小暑 8日 09:39 大暑 24日

陽曆	1	2	3	4	5	6	7	8	9	10	11	12	13	14	15	16	17	18	19	20	21	22	23	24	25	26	27	28	29	30	31
요일	木	6/1	土	日	月	火	水	木	金	土	日	月	火	水	木	金	土	日	月	火	水	木	金	土	日	月	火	水	木	金	土
陰曆	29		2	3	4	5	6	7	8	9	10	11	12	13	14	15	16	17	18	19	20	21	22	23	24	25	26	27	28	29	30
日辰	庚	辛	壬	癸	甲	乙	丙	丁	戊	己	庚	辛	壬	癸	甲	乙	丙	丁	戊	己	庚	辛	壬	癸	甲	乙	丙	丁	戊	己	庚
	申	酉	戌	亥	子	丑	寅	卯	辰	巳	午	未	申	酉	戌	亥	子	丑	寅	卯	辰	巳	午	未	申	酉	戌	亥	子	丑	寅
大 男	8	9	9	9	10	10	10	小	1	1	1	1	2	2	2	3	3	3	4	4	4	5	5	5	6	6	6	7	7	7	8
運 女	二	二	二	一	一	一	一	暑	十	十	九	九	九	八	八	八	七	七	七	六	六	六	五	五	五	四	四	四	三	三	三

8월 (己未) 庚申 (입추) 立秋 8日 19:19 處暑 24日

陽曆	1	2	3	4	5	6	7	8	9	10	11	12	13	14	15	16	17	18	19	20	21	22	23	24	25	26	27	28	29	30	31
요일	7/1	月	火	水	木	金	土	日	月	火	水	木	金	土	日	月	火	水	木	金	土	日	月	火	水	木	金	土	日	月	8/1
陰曆		2	3	4	5	6	7	8	9	10	11	12	13	14	15	16	17	18	19	20	21	22	23	24	25	26	27	28	29	30	
日辰	辛	壬	癸	甲	乙	丙	丁	戊	己	庚	辛	壬	癸	甲	乙	丙	丁	戊	己	庚	辛	壬	癸	甲	乙	丙	丁	戊	己	庚	辛
	卯	辰	巳	午	未	申	酉	戌	亥	子	丑	寅	卯	辰	巳	午	未	申	酉	戌	亥	子	丑	寅	卯	辰	巳	午	未	申	酉
大 男	8	8	9	9	9	10	10	立	1	1	1	1	2	2	2	3	3	3	4	4	4	5	5	5	6	6	6	7	7	7	8
運 女	二	二	二	一	一	一	一	秋	十	十	九	九	九	八	八	八	七	七	七	六	六	六	五	五	五	四	四	四	三	三	三

9월 (庚申) 辛酉 (백로) 白露 8日 21:55 秋分 24日

陽曆	1	2	3	4	5	6	7	8	9	10	11	12	13	14	15	16	17	18	19	20	21	22	23	24	25	26	27	28	29	30	
요일	水	木	金	土	日	月	火	水	木	金	土	日	月	火	水	木	金	土	日	月	火	水	木	金	土	日	月	火	9/1	木	
陰曆	2	3	4	5	6	7	8	9	10	11	12	13	14	15	16	17	18	19	20	21	22	23	24	25	26	27	28	29		2	
日辰	壬	癸	甲	乙	丙	丁	戊	己	庚	辛	壬	癸	甲	乙	丙	丁	戊	己	庚	辛	壬	癸	甲	乙	丙	丁	戊	己	庚	辛	
	戌	亥	子	丑	寅	卯	辰	巳	午	未	申	酉	戌	亥	子	丑	寅	卯	辰	巳	午	未	申	酉	戌	亥	子	丑	寅	卯	
大 男	8	8	9	9	9	10	10	白	1	1	1	1	2	2	2	3	3	3	4	4	4	5	5	5	6	6	6	7	7	7	
運 女	二	二	二	一	一	一	一	露	十	十	九	九	九	八	八	八	七	七	七	六	六	六	五	五	五	四	四	四	三	三	

10월 (辛酉) 壬戌 (한로) 寒露 9日 13:11 霜降 24日

陽曆	1	2	3	4	5	6	7	8	9	10	11	12	13	14	15	16	17	18	19	20	21	22	23	24	25	26	27	28	29	30	31
요일	金	土	日	月	火	水	木	金	土	日	月	火	水	木	金	土	日	月	火	水	木	金	土	日	月	火	水	木	10/1	土	日
陰曆	3	4	5	6	7	8	9	10	11	12	13	14	15	16	17	18	19	20	21	22	23	24	25	26	27	28	29	30		2	3
日辰	壬	癸	甲	乙	丙	丁	戊	己	庚	辛	壬	癸	甲	乙	丙	丁	戊	己	庚	辛	壬	癸	甲	乙	丙	丁	戊	己	庚	辛	壬
	辰	巳	午	未	申	酉	戌	亥	子	丑	寅	卯	辰	巳	午	未	申	酉	戌	亥	子	丑	寅	卯	辰	巳	午	未	申	酉	戌
大 男	8	8	8	9	9	9	10	10	寒	1	1	1	1	2	2	2	3	3	3	4	4	4	5	5	5	6	6	6	7	7	7
運 女	三	二	二	二	一	一	一	一	露	十	九	九	九	八	八	八	七	七	七	六	六	六	五	五	五	四	四	四	三	三	三

11월 (壬戌) 癸亥 (입동) 立冬 8日 15:59 小雪 23日

陽曆	1	2	3	4	5	6	7	8	9	10	11	12	13	14	15	16	17	18	19	20	21	22	23	24	25	26	27	28	29	30	
요일	月	火	水	木	金	土	日	月	火	水	木	金	土	日	月	火	水	木	金	土	日	月	火	水	木	金	土	11/1	月	火	
陰曆	4	5	6	7	8	9	10	11	12	13	14	15	16	17	18	19	20	21	22	23	24	25	26	27	28	29	30		2	3	
日辰	癸	甲	乙	丙	丁	戊	己	庚	辛	壬	癸	甲	乙	丙	丁	戊	己	庚	辛	壬	癸	甲	乙	丙	丁	戊	己	庚	辛	壬	
	亥	子	丑	寅	卯	辰	巳	午	未	申	酉	戌	亥	子	丑	寅	卯	辰	巳	午	未	申	酉	戌	亥	子	丑	寅	卯	辰	
大 男	8	8	8	9	9	9	10	立	1	1	1	1	2	2	2	3	3	3	4	4	4	5	5	5	6	6	6	7	7	7	
運 女	三	二	二	二	一	一	一	冬	十	九	九	九	八	八	八	七	七	七	六	六	六	五	五	五	四	四	四	三	三	三	

12월 (癸亥) 甲子 (대설) 大雪 8日 08:33 冬至 23日

陽曆	1	2	3	4	5	6	7	8	9	10	11	12	13	14	15	16	17	18	19	20	21	22	23	24	25	26	27	28	29	30	31
요일	水	木	金	土	日	月	火	水	木	金	土	日	月	火	水	木	金	土	日	月	火	水	木	金	土	日	12/1	火	水	木	金
陰曆	4	5	6	7	8	9	10	11	12	13	14	15	16	17	18	19	20	21	22	23	24	25	26	27	28	29		2	3	4	5
日辰	癸	甲	乙	丙	丁	戊	己	庚	辛	壬	癸	甲	乙	丙	丁	戊	己	庚	辛	壬	癸	甲	乙	丙	丁	戊	己	庚	辛	壬	癸
	巳	午	未	申	酉	戌	亥	子	丑	寅	卯	辰	巳	午	未	申	酉	戌	亥	子	丑	寅	卯	辰	巳	午	未	申	酉	戌	亥
大 男	8	8	8	9	9	9	10	大	1	1	1	1	2	2	2	3	3	3	4	4	4	5	5	5	6	6	6	7	7	7	8
運 女	二	二	二	一	一	一	一	雪	九	九	九	八	八	八	七	七	七	六	六	六	五	五	五	四	四	四	三	三	三	二	二

1월 (甲子) 乙丑(소한) 小寒 6日 19:39 大寒 21日

陽曆		1	2	3	4	5	6	7	8	9	10	11	12	13	14	15	16	17	18	19	20	21	22	23	24	25	26	27	28	29	30	31
요일		土	日	月	火	水	木	金	土	日	月	火	水	木	金	土	日	月	火	水	木	金	土	日	月	火	1/	木	金	土	日	月
陰曆		6	7	8	9	10	11	12	13	14	15	16	17	18	19	20	21	22	23	24	25	26	27	28	29	30	1	2	3	4	5	6
日辰		甲	乙	丙	丁	戊	己	庚	辛	壬	癸	甲	乙	丙	丁	戊	己	庚	辛	壬	癸	甲	乙	丙	丁	戊	己	庚	辛	壬	癸	甲
		子	丑	寅	卯	辰	巳	午	未	申	酉	戌	亥	子	丑	寅	卯	辰	巳	午	未	申	酉	戌	亥	子	丑	寅	卯	辰	巳	午
大	男	8	8	9	9	9	小	1	1	1	1	2	2	2	3	3	3	4	4	4	5	5	5	6	6	6	7	7	7	8	8	8
運	女	二	一	一	一	一	寒	十	九	九	九	八	八	八	七	七	七	六	六	六	五	五	五	四	四	四	三	三	三	二	二	二

2월 (乙丑) 丙寅(입춘) 立春 5日 07:23 雨水 20日

陽曆		1	2	3	4	5	6	7	8	9	10	11	12	13	14	15	16	17	18	19	20	21	22	23	24	25	26	27	28	29		
요일		火	水	木	金	土	日	月	火	水	木	金	土	日	月	火	水	木	金	土	日	月	火	水	2/	金	土	日	月	火		
陰曆		7	8	9	10	11	12	13	14	15	16	17	18	19	20	21	22	23	24	25	26	27	28	29	1	2	3	4	5	6		
日辰		乙	丙	丁	戊	己	庚	辛	壬	癸	甲	乙	丙	丁	戊	己	庚	辛	壬	癸	甲	乙	丙	丁	戊	己	庚	辛	壬	癸		
		未	申	酉	戌	亥	子	丑	寅	卯	辰	巳	午	未	申	酉	戌	亥	子	丑	寅	卯	辰	巳	午	未	申	酉	戌	亥		
大	男	9	9	9	10	立	10	9	9	9	8	8	8	7	7	7	6	6	6	5	5	5	4	4	4	3	3	3	2	2		
運	女	一	一	一	一	春	一	一	一	一	二	二	二	三	三	三	四	四	四	五	五	五	六	六	六	七	七	七	八	八		

3월 (丙寅) 丁卯(경칩) 驚蟄 6日 01:40 春分 21日

陽曆		1	2	3	4	5	6	7	8	9	10	11	12	13	14	15	16	17	18	19	20	21	22	23	24	25	26	27	28	29	30	31
요일		水	木	金	土	日	月	火	水	木	金	土	日	月	火	水	木	金	土	日	月	火	水	木	3/	土	日	月	火	水	木	金
陰曆		7	8	9	10	11	12	13	14	15	16	17	18	19	20	21	22	23	24	25	26	27	28	29	1	2	3	4	5	6	7	8
日辰		甲	乙	丙	丁	戊	己	庚	辛	壬	癸	甲	乙	丙	丁	戊	己	庚	辛	壬	癸	甲	乙	丙	丁	戊	己	庚	辛	壬	癸	甲
		子	丑	寅	卯	辰	巳	午	未	申	酉	戌	亥	子	丑	寅	卯	辰	巳	午	未	申	酉	戌	亥	子	丑	寅	卯	辰	巳	午
大	男	2	1	1	1	1	驚	10	9	9	9	8	8	8	7	7	7	6	6	6	5	5	5	4	4	4	3	3	3	2	2	2
運	女	八	九	九	九	十	蟄	一	一	一	一	二	二	二	三	三	三	四	四	四	五	五	五	六	六	六	七	七	七	八	八	八

4월 (丁卯) 戊辰(청명) 清明 5日 06:54 穀雨 20日

陽曆		1	2	3	4	5	6	7	8	9	10	11	12	13	14	15	16	17	18	19	20	21	22	23	24	25	26	27	28	29	30	
요일		土	日	月	火	水	木	金	土	日	月	火	水	木	金	土	日	月	火	水	木	金	土	4/	月	火	水	木	金	土	日	
陰曆		9	10	11	12	13	14	15	16	17	18	19	20	21	22	23	24	25	26	27	28	29	30	1	2	3	4	5	6	7	8	
日辰		乙	丙	丁	戊	己	庚	辛	壬	癸	甲	乙	丙	丁	戊	己	庚	辛	壬	癸	甲	乙	丙	丁	戊	己	庚	辛	壬	癸	甲	
		未	申	酉	戌	亥	子	丑	寅	卯	辰	巳	午	未	申	酉	戌	亥	子	丑	寅	卯	辰	巳	午	未	申	酉	戌	亥	子	
大	男	1	1	1	1	清	10	10	9	9	9	8	8	8	7	7	7	6	6	6	5	5	5	4	4	4	3	3	3	2	2	
運	女	九	九	九	十	明	一	一	一	一	二	二	二	三	三	三	四	四	四	五	五	五	六	六	六	七	七	七	八	八	八	

5월 (戊辰) 己巳(입하) 立夏 6日 00:40 小滿 21日

陽曆		1	2	3	4	5	6	7	8	9	10	11	12	13	14	15	16	17	18	19	20	21	22	23	24	25	26	27	28	29	30	31
요일		月	火	水	木	金	土	日	月	火	水	木	金	土	日	月	火	水	木	金	土	日	윤4/	火	水	木	金	土	日	月	火	水
陰曆		9	10	11	12	13	14	15	16	17	18	19	20	21	22	23	24	25	26	27	28	29	1	2	3	4	5	6	7	8	9	10
日辰		乙	丙	丁	戊	己	庚	辛	壬	癸	甲	乙	丙	丁	戊	己	庚	辛	壬	癸	甲	乙	丙	丁	戊	己	庚	辛	壬	癸	甲	乙
		丑	寅	卯	辰	巳	午	未	申	酉	戌	亥	子	丑	寅	卯	辰	巳	午	未	申	酉	戌	亥	子	丑	寅	卯	辰	巳	午	未
大	男	2	1	1	1	1	立	10	10	9	9	9	8	8	8	7	7	7	6	6	6	5	5	5	4	4	4	3	3	3	2	2
運	女	九	九	九	十	十	夏	一	一	一	一	二	二	二	三	三	三	四	四	四	五	五	五	六	六	六	七	七	七	八	八	八

6월 (己巳) 庚午(망종) 芒種 6日 05:11 夏至 21日

陽曆		1	2	3	4	5	6	7	8	9	10	11	12	13	14	15	16	17	18	19	20	21	22	23	24	25	26	27	28	29	30	
요일		木	金	土	日	月	火	水	木	金	土	日	月	火	水	木	金	土	日	月	火	5/	木	金	土	日	月	火	水	木	金	
陰曆		11	12	13	14	15	16	17	18	19	20	21	22	23	24	25	26	27	28	29	30	1	2	3	4	5	6	7	8	9	10	
日辰		丙	丁	戊	己	庚	辛	壬	癸	甲	乙	丙	丁	戊	己	庚	辛	壬	癸	甲	乙	丙	丁	戊	己	庚	辛	壬	癸	甲	乙	
		申	酉	戌	亥	子	丑	寅	卯	辰	巳	午	未	申	酉	戌	亥	子	丑	寅	卯	辰	巳	午	未	申	酉	戌	亥	子	丑	
大	男	2	1	1	1	1	芒	10	10	9	9	9	8	8	8	7	7	7	6	6	6	5	5	5	4	4	4	3	3	3	2	
運	女	九	九	九	十	十	種	一	一	一	一	二	二	二	三	三	三	四	四	四	五	五	五	六	六	六	七	七	七	八	八	

7월 (庚午) 辛未 (소서) 小署 7日 15:36 大署 23日

陽曆		1	2	3	4	5	6	7	8	9	10	11	12	13	14	15	16	17	18	19	20	21	22	23	24	25	26	27	28	29	30	31
요일		土	日	月	火	水	木	金	土	日	月	火	水	木	金	土	日	月	火	水	6/1	金	土	日	月	火	水	木	金	土	日	月
陰曆		11	12	13	14	15	16	17	18	19	20	21	22	23	24	25	26	27	28	29		2	3	4	5	6	7	8	9	10	11	12
日辰		丙	丁	戊	己	庚	辛	壬	癸	甲	乙	丙	丁	戊	己	庚	辛	壬	癸	甲	乙	丙	丁	戊	己	庚	辛	壬	癸	甲	乙	丙
		寅	卯	辰	巳	午	未	申	酉	戌	亥	子	丑	寅	卯	辰	巳	午	未	申	酉	戌	亥	子	丑	寅	卯	辰	巳	午	未	申
大	男	2	2	1	1	1	1	小	10	10	10	9	9	9	8	8	8	7	7	7	6	6	6	5	5	5	4	4	4	3	3	3
運	女	八	九	九	九	十	十	署	一	一	一	一	二	二	二	三	三	三	四	四	四	五	五	五	六	六	六	七	七	七	八	八

8월 (辛未) 壬申 (입추) 立秋 8日 01:19 處署 23日

陽曆		1	2	3	4	5	6	7	8	9	10	11	12	13	14	15	16	17	18	19	20	21	22	23	24	25	26	27	28	29	30	31
요일		火	水	木	金	土	日	月	火	水	木	金	土	日	月	火	水	木	金	7/1	日	月	火	水	木	金	土	日	月	火	水	木
陰曆		13	14	15	16	17	18	19	20	21	22	23	24	25	26	27	28	29	30		2	3	4	5	6	7	8	9	10	11	12	13
日辰		丁	戊	己	庚	辛	壬	癸	甲	乙	丙	丁	戊	己	庚	辛	壬	癸	甲	乙	丙	丁	戊	己	庚	辛	壬	癸	甲	乙	丙	丁
		酉	戌	亥	子	丑	寅	卯	辰	巳	午	未	申	酉	戌	亥	子	丑	寅	卯	辰	巳	午	未	申	酉	戌	亥	子	丑	寅	卯
大	男	2	2	2	1	1	1	1	立	10	10	9	9	9	8	8	8	7	7	7	6	6	6	5	5	5	4	4	4	3	3	3
運	女	八	九	九	九	十	十	十	秋	一	一	一	一	二	二	二	三	三	三	四	四	四	五	五	五	六	六	六	七	七	七	八

9월 (壬申) 癸酉 (백로) 白露 8日 03:56 秋分 23日

陽曆		1	2	3	4	5	6	7	8	9	10	11	12	13	14	15	16	17	18	19	20	21	22	23	24	25	26	27	28	29	30	
요일		金	土	日	月	火	水	木	金	土	日	月	火	水	木	金	土	8/1	月	火	水	木	金	土	日	月	火	水	木	金	土	
陰曆		14	15	16	17	18	19	20	21	22	23	24	25	26	27	28	29		2	3	4	5	6	7	8	9	10	11	12	13	14	
日辰		戊	己	庚	辛	壬	癸	甲	乙	丙	丁	戊	己	庚	辛	壬	癸	甲	乙	丙	丁	戊	己	庚	辛	壬	癸	甲	乙	丙	丁	
		辰	巳	午	未	申	酉	戌	亥	子	丑	寅	卯	辰	巳	午	未	申	酉	戌	亥	子	丑	寅	卯	辰	巳	午	未	申	酉	
大	男	2	2	2	1	1	1	1	白	10	9	9	9	8	8	8	7	7	7	6	6	6	5	5	5	4	4	4	3	3	3	
運	女	八	八	九	九	九	十	十	露	一	一	一	一	二	二	二	三	三	三	四	四	四	五	五	五	六	六	六	七	七	七	

10월 (癸酉) 甲戌 (한로) 寒露 8日 19:09 霜降 23日

陽曆		1	2	3	4	5	6	7	8	9	10	11	12	13	14	15	16	17	18	19	20	21	22	23	24	25	26	27	28	29	30	31
요일		日	月	火	水	木	金	土	日	月	火	水	木	金	土	日	月	9/1	水	木	金	土	日	月	火	水	木	金	土	日	月	火
陰曆		15	16	17	18	19	20	21	22	23	24	25	26	27	28	29	30		2	3	4	5	6	7	8	9	10	11	12	13	14	15
日辰		戊	己	庚	辛	壬	癸	甲	乙	丙	丁	戊	己	庚	辛	壬	癸	甲	乙	丙	丁	戊	己	庚	辛	壬	癸	甲	乙	丙	丁	戊
		戌	亥	子	丑	寅	卯	辰	巳	午	未	申	酉	戌	亥	子	丑	寅	卯	辰	巳	午	未	申	酉	戌	亥	子	丑	寅	卯	辰
大	男	2	2	2	1	1	1	1	寒	10	9	9	9	8	8	8	7	7	7	6	6	6	5	5	5	4	4	4	3	3	3	2
運	女	八	八	八	九	九	九	十	露	一	一	一	一	二	二	二	三	三	三	四	四	四	五	五	五	六	六	六	七	七	七	八

11월 (甲戌) 乙亥 (입동) 立冬 7日 21:55 小雪 22日

陽曆		1	2	3	4	5	6	7	8	9	10	11	12	13	14	15	16	17	18	19	20	21	22	23	24	25	26	27	28	29	30	
요일		水	木	金	土	日	月	火	水	木	金	土	日	月	火	水	10/1	金	土	日	月	火	水	木	金	土	日	月	火	水	木	
陰曆		16	17	18	19	20	21	22	23	24	25	26	27	28	29	30		2	3	4	5	6	7	8	9	10	11	12	13	14	15	
日辰		己	庚	辛	壬	癸	甲	乙	丙	丁	戊	己	庚	辛	壬	癸	甲	乙	丙	丁	戊	己	庚	辛	壬	癸	甲	乙	丙	丁	戊	
		巳	午	未	申	酉	戌	亥	子	丑	寅	卯	辰	巳	午	未	申	酉	戌	亥	子	丑	寅	卯	辰	巳	午	未	申	酉	戌	
大	男	2	2	1	1	1	1	立	10	9	9	9	8	8	8	7	7	7	6	6	6	5	5	5	4	4	4	3	3	3	2	
運	女	八	八	九	九	九	十	冬	一	一	一	一	二	二	二	三	三	三	四	四	四	五	五	五	六	六	六	七	七	七	八	

12월 (乙亥) 丙子 (대설) 大雪 7日 14:28 冬至 22日

陽曆		1	2	3	4	5	6	7	8	9	10	11	12	13	14	15	16	17	18	19	20	21	22	23	24	25	26	27	28	29	30	31
요일		金	土	日	月	火	水	木	金	土	日	月	火	水	木	11/1	土	日	月	火	水	木	金	土	日	月	火	水	木	金	土	日
陰曆		16	17	18	19	20	21	22	23	24	25	26	27	28	29		2	3	4	5	6	7	8	9	10	11	12	13	14	15	16	17
日辰		己	庚	辛	壬	癸	甲	乙	丙	丁	戊	己	庚	辛	壬	癸	甲	乙	丙	丁	戊	己	庚	辛	壬	癸	甲	乙	丙	丁	戊	己
		亥	子	丑	寅	卯	辰	巳	午	未	申	酉	戌	亥	子	丑	寅	卯	辰	巳	午	未	申	酉	戌	亥	子	丑	寅	卯	辰	巳
大	男	2	2	1	1	1	1	大	10	9	9	9	8	8	8	7	7	7	6	6	6	5	5	5	4	4	4	3	3	3	2	2
運	女	八	八	九	九	九	十	雪	一	一	一	一	二	二	二	三	三	三	四	四	四	五	五	五	六	六	六	七	七	七	八	八

1월 (丙子) 丁丑 (소한) 小寒 6日 01:34 大寒 20日

陽曆	1	2	3	4	5	6	7	8	9	10	11	12	13	14	15	16	17	18	19	20	21	22	23	24	25	26	27	28	29	30	31
요일	月	火	水	木	金	土	日	月	火	水	木	金	土	12	月	火	水	木	金	土	日	月	火	水	木	金	土	日	月	火	水
陰曆	18	19	20	21	22	23	24	25	26	27	28	29	30	1	2	3	4	5	6	7	8	9	10	11	12	13	14	15	16	17	18
日辰	庚	辛	壬	癸	甲	乙	丙	丁	戊	己	庚	辛	壬	癸	甲	乙	丙	丁	戊	己	庚	辛	壬	癸	甲	乙	丙	丁	戊	己	庚
	午	未	申	酉	戌	亥	子	丑	寅	卯	辰	巳	午	未	申	酉	戌	亥	子	丑	寅	卯	辰	巳	午	未	申	酉	戌	亥	子
大 男	2	1	1	1	1	小	9	9	9	8	8	8	7	7	7	6	6	6	5	5	5	4	4	4	3	3	3	2	2	2	1
運 女	八	九	九	九	十	寒	一	一	一	一	二	二	二	三	三	三	四	四	四	五	五	五	六	六	六	七	七	七	八	八	八

2월 (丁丑) 戊寅 (입춘) 立春 4日 13:19 雨水 19日

陽曆	1	2	3	4	5	6	7	8	9	10	11	12	13	14	15	16	17	18	19	20	21	22	23	24	25	26	27	28
요일	木	金	土	日	月	火	水	木	金	土	日	月	1	水	木	金	土	日	月	火	水	木	金	土	日	月	火	水
陰曆	19	20	21	22	23	24	25	26	27	28	29	30	1	2	3	4	5	6	7	8	9	10	11	12	13	14	15	16
日辰	辛	壬	癸	甲	乙	丙	丁	戊	己	庚	辛	壬	癸	甲	乙	丙	丁	戊	己	庚	辛	壬	癸	甲	乙	丙	丁	戊
	丑	寅	卯	辰	巳	午	未	申	酉	戌	亥	子	丑	寅	卯	辰	巳	午	未	申	酉	戌	亥	子	丑	寅	卯	辰
大 男	1	1	1	立	1	1	1	1	2	2	2	3	3	3	4	4	4	5	5	5	6	6	6	7	7	7	8	8
運 女	九	九	九	春	十	九	九	九	八	八	八	七	七	七	六	六	六	五	五	五	四	四	四	三	三	三	二	二

3월 (戊寅) 己卯 (경칩) 驚蟄 6日 07:38 春分 21日

陽曆	1	2	3	4	5	6	7	8	9	10	11	12	13	14	15	16	17	18	19	20	21	22	23	24	25	26	27	28	29	30	31
요일	木	金	土	日	月	火	水	木	金	土	日	月	火	2	木	金	土	日	月	火	水	木	金	土	日	月	火	水	木	金	土
陰曆	17	18	19	20	21	22	23	24	25	26	27	28	29	1	2	3	4	5	6	7	8	9	10	11	12	13	14	15	16	17	18
日辰	己	庚	辛	壬	癸	甲	乙	丙	丁	戊	己	庚	辛	壬	癸	甲	乙	丙	丁	戊	己	庚	辛	壬	癸	甲	乙	丙	丁	戊	己
	巳	午	未	申	酉	戌	亥	子	丑	寅	卯	辰	巳	午	未	申	酉	戌	亥	子	丑	寅	卯	辰	巳	午	未	申	酉	戌	亥
大 男	8	9	9	9	10	驚	1	1	1	1	2	2	2	3	3	3	4	4	4	5	5	5	6	6	6	7	7	7	8	8	8
運 女	二	一	一	一	一	蟄	十	九	九	九	八	八	八	七	七	七	六	六	六	五	五	五	四	四	四	三	三	三	二	二	二

4월 (己卯) 庚辰 (청명) 淸明 5日 12:52 穀雨 20日

陽曆	1	2	3	4	5	6	7	8	9	10	11	12	13	14	15	16	17	18	19	20	21	22	23	24	25	26	27	28	29	30
요일	日	月	火	水	木	金	土	日	月	火	水	3	金	土	日	月	火	水	木	金	土	日	月	火	水	木	金	土	日	月
陰曆	19	20	21	22	23	24	25	26	27	28	29	1	2	3	4	5	6	7	8	9	10	11	12	13	14	15	16	17	18	19
日辰	庚	辛	壬	癸	甲	乙	丙	丁	戊	己	庚	辛	壬	癸	甲	乙	丙	丁	戊	己	庚	辛	壬	癸	甲	乙	丙	丁	戊	己
	子	丑	寅	卯	辰	巳	午	未	申	酉	戌	亥	子	丑	寅	卯	辰	巳	午	未	申	酉	戌	亥	子	丑	寅	卯	辰	巳
大 男	9	9	9	10	淸	1	1	1	1	2	2	2	3	3	3	4	4	4	5	5	5	6	6	6	7	7	7	8	8	8
運 女	一	一	一	一	明	十	十	九	九	九	八	八	八	七	七	七	六	六	六	五	五	五	四	四	四	三	三	三	二	二

5월 (庚辰) 辛巳 (입하) 立夏 6日 06:37 小滿 21日

陽曆	1	2	3	4	5	6	7	8	9	10	11	12	13	14	15	16	17	18	19	20	21	22	23	24	25	26	27	28	29	30	31
요일	火	水	木	金	土	日	月	火	水	木	金	4	日	月	火	水	木	金	土	日	月	火	水	木	金	土	日	月	火	水	木
陰曆	20	21	22	23	24	25	26	27	28	29	30	1	2	3	4	5	6	7	8	9	10	11	12	13	14	15	16	17	18	19	20
日辰	庚	辛	壬	癸	甲	乙	丙	丁	戊	己	庚	辛	壬	癸	甲	乙	丙	丁	戊	己	庚	辛	壬	癸	甲	乙	丙	丁	戊	己	庚
	午	未	申	酉	戌	亥	子	丑	寅	卯	辰	巳	午	未	申	酉	戌	亥	子	丑	寅	卯	辰	巳	午	未	申	酉	戌	亥	子
大 男	9	9	9	10	10	立	1	1	1	1	2	2	2	3	3	3	4	4	4	5	5	5	6	6	6	7	7	7	8	8	8
運 女	二	一	一	一	一	夏	十	十	九	九	九	八	八	八	七	七	七	六	六	六	五	五	五	四	四	四	三	三	三	二	二

6월 (辛巳) 壬午 (망종) 芒種 6日 11:05 夏至 22日

陽曆	1	2	3	4	5	6	7	8	9	10	11	12	13	14	15	16	17	18	19	20	21	22	23	24	25	26	27	28	29	30
요일	金	土	日	月	火	水	木	金	土	5	月	火	水	木	金	土	日	月	火	水	木	金	土	日	月	火	水	木	金	土
陰曆	21	22	23	24	25	26	27	28	29	1	2	3	4	5	6	7	8	9	10	11	12	13	14	15	16	17	18	19	20	21
日辰	辛	壬	癸	甲	乙	丙	丁	戊	己	庚	辛	壬	癸	甲	乙	丙	丁	戊	己	庚	辛	壬	癸	甲	乙	丙	丁	戊	己	庚
	丑	寅	卯	辰	巳	午	未	申	酉	戌	亥	子	丑	寅	卯	辰	巳	午	未	申	酉	戌	亥	子	丑	寅	卯	辰	巳	午
大 男	9	9	9	10	10	芒	1	1	1	1	2	2	2	3	3	3	4	4	4	5	5	5	6	6	6	7	7	7	8	8
運 女	二	一	一	一	一	種	十	十	九	九	九	八	八	八	七	七	七	六	六	六	五	五	五	四	四	四	三	三	三	二

泉中水星	九日得辛	南大將	未弔客	寒食(4월 06일)	初伏(7월 20일)
一白水星	四龍治水	亥喪門	東三殺	中伏(7월 30일)	末伏(8월 09일)

7월 (壬午)　癸未 (소서) 小暑 7日 21:27　大暑 23日

陽曆	1	2	3	4	5	6	7	8	9	10	11	12	13	14	15	16	17	18	19	20	21	22	23	24	25	26	27	28	29	30	31
요일	日	月	火	水	木	金	土	日	6/	火	水	木	金	土	日	月	火	水	木	金	土	日	月	火	水	木	金	土	日	月	火
陰曆	22	23	24	25	26	27	28	29	1	2	3	4	5	6	7	8	9	10	11	12	13	14	15	16	17	18	19	20	21	22	23
日辰	辛	壬	癸	甲	乙	丙	丁	戊	己	庚	辛	壬	癸	甲	乙	丙	丁	戊	己	庚	辛	壬	癸	甲	乙	丙	丁	戊	己	庚	辛
	未	申	酉	戌	亥	子	丑	寅	卯	辰	巳	午	未	申	酉	戌	亥	子	丑	寅	卯	辰	巳	午	未	申	酉	戌	亥	子	丑
大運 男	8	9	9	9	10	10	小	1	1	1	1	2	2	2	3	3	3	4	4	4	5	5	5	6	6	6	7	7	7	8	8
大運 女	二	二	一	一	一	一	署	十	十	十	九	九	九	八	八	八	七	七	七	六	六	六	五	五	五	四	四	四	三	三	三

8월 (癸未)　甲申 (입추) 立秋 8日 07:05　處署 23日

陽曆	1	2	3	4	5	6	7	8	9	10	11	12	13	14	15	16	17	18	19	20	21	22	23	24	25	26	27	28	29	30	31
요일	水	木	金	土	日	月	火	7/	木	金	土	日	月	火	水	木	金	土	日	月	火	水	木	金	土	日	月	火	水	木	金
陰曆	24	25	26	27	28	29	30	1	2	3	4	5	6	7	8	9	10	11	12	13	14	15	16	17	18	19	20	21	22	23	24
日辰	壬	癸	甲	乙	丙	丁	戊	己	庚	辛	壬	癸	甲	乙	丙	丁	戊	己	庚	辛	壬	癸	甲	乙	丙	丁	戊	己	庚	辛	壬
	寅	卯	辰	巳	午	未	申	酉	戌	亥	子	丑	寅	卯	辰	巳	午	未	申	酉	戌	亥	子	丑	寅	卯	辰	巳	午	未	申
大運 男	8	9	9	9	10	10	10	立	1	1	1	1	2	2	2	3	3	3	4	4	4	5	5	5	6	6	6	7	7	7	8
大運 女	二	二	二	一	一	一	一	秋	十	十	九	九	九	八	八	八	七	七	七	六	六	六	五	五	五	四	四	四	三	三	三

9월 (甲申)　乙酉 (백로) 白露 8日 09:38　秋分 23日

陽曆	1	2	3	4	5	6	7	8	9	10	11	12	13	14	15	16	17	18	19	20	21	22	23	24	25	26	27	28	29	30	
요일	土	日	月	火	水	8/	金	土	日	月	火	水	木	金	土	日	月	火	水	木	金	土	日	月	火	水	木	金	土	日	
陰曆	25	26	27	28	29	1	2	3	4	5	6	7	8	9	10	11	12	13	14	15	16	17	18	19	20	21	22	23	24	25	
日辰	癸	甲	乙	丙	丁	戊	己	庚	辛	壬	癸	甲	乙	丙	丁	戊	己	庚	辛	壬	癸	甲	乙	丙	丁	戊	己	庚	辛	壬	
	酉	戌	亥	子	丑	寅	卯	辰	巳	午	未	申	酉	戌	亥	子	丑	寅	卯	辰	巳	午	未	申	酉	戌	亥	子	丑	寅	
大運 男	8	8	9	9	9	10	10	白	1	1	1	1	2	2	2	3	3	3	4	4	4	5	5	5	6	6	6	7	7	7	
大運 女	二	二	二	一	一	一	一	露	十	十	九	九	九	八	八	八	七	七	七	六	六	六	五	五	五	四	四	四	三	三	

10월 (乙酉)　丙戌 (한로) 寒露 9日 00:49　霜降 24日

陽曆	1	2	3	4	5	6	7	8	9	10	11	12	13	14	15	16	17	18	19	20	21	22	23	24	25	26	27	28	29	30	31
요일	月	火	水	木	金	9/	日	月	火	水	木	金	土	日	月	火	水	木	金	土	日	月	火	水	木	金	土	日	月	火	水
陰曆	26	27	28	29	30	1	2	3	4	5	6	7	8	9	10	11	12	13	14	15	16	17	18	19	20	21	22	23	24	25	26
日辰	癸	甲	乙	丙	丁	戊	己	庚	辛	壬	癸	甲	乙	丙	丁	戊	己	庚	辛	壬	癸	甲	乙	丙	丁	戊	己	庚	辛	壬	癸
	卯	辰	巳	午	未	申	酉	戌	亥	子	丑	寅	卯	辰	巳	午	未	申	酉	戌	亥	子	丑	寅	卯	辰	巳	午	未	申	酉
大運 男	8	8	8	9	9	9	10	10	寒	1	1	1	1	2	2	2	3	3	3	4	4	4	5	5	5	6	6	6	7	7	7
大運 女	三	二	二	二	一	一	一	一	露	十	九	九	九	八	八	八	七	七	七	六	六	六	五	五	五	四	四	四	三	三	三

11월 (丙戌)　丁亥 (입동) 立冬 8日 03:34　小雪 23日

陽曆	1	2	3	4	5	6	7	8	9	10	11	12	13	14	15	16	17	18	19	20	21	22	23	24	25	26	27	28	29	30	
요일	木	金	土	日	10/	火	水	木	金	土	日	月	火	水	木	金	土	日	月	火	水	木	金	土	日	月	火	水	木	金	
陰曆	27	28	29	30	1	2	3	4	5	6	7	8	9	10	11	12	13	14	15	16	17	18	19	20	21	22	23	24	25	26	
日辰	甲	乙	丙	丁	戊	己	庚	辛	壬	癸	甲	乙	丙	丁	戊	己	庚	辛	壬	癸	甲	乙	丙	丁	戊	己	庚	辛	壬	癸	
	戌	亥	子	丑	寅	卯	辰	巳	午	未	申	酉	戌	亥	子	丑	寅	卯	辰	巳	午	未	申	酉	戌	亥	子	丑	寅	卯	
大運 男	8	8	8	9	9	9	10	立	1	1	1	1	2	2	2	3	3	3	4	4	4	5	5	5	6	6	6	7	7	7	
大運 女	二	二	二	一	一	一	一	冬	九	九	九	八	八	八	七	七	七	六	六	六	五	五	五	四	四	四	三	三	三	二	

12월 (丁亥)　戊子 (대설) 大雪 7日 20:08　冬至 22日

陽曆	1	2	3	4	5	6	7	8	9	10	11	12	13	14	15	16	17	18	19	20	21	22	23	24	25	26	27	28	29	30	31
요일	土	日	月	火	11/	木	金	土	日	月	火	水	木	金	土	日	月	火	水	木	金	土	日	月	火	水	木	金	土	日	月
陰曆	27	28	29	30	1	2	3	4	5	6	7	8	9	10	11	12	13	14	15	16	17	18	19	20	21	22	23	24	25	26	27
日辰	甲	乙	丙	丁	戊	己	庚	辛	壬	癸	甲	乙	丙	丁	戊	己	庚	辛	壬	癸	甲	乙	丙	丁	戊	己	庚	辛	壬	癸	甲
	辰	巳	午	未	申	酉	戌	亥	子	丑	寅	卯	辰	巳	午	未	申	酉	戌	亥	子	丑	寅	卯	辰	巳	午	未	申	酉	戌
大運 男	8	8	8	9	9	9	大	1	1	1	1	2	2	2	3	3	3	4	4	4	5	5	5	6	6	6	7	7	7	8	8
大運 女	二	二	一	一	一	一	雪	十	九	九	九	八	八	八	七	七	七	六	六	六	五	五	五	四	四	四	三	三	三	二	二

1월 (戊子) 己丑 (소한) 小寒 6日 07:16 大寒 21日

陽曆		1	2	3	4	5	6	7	8	9	10	11	12	13	14	15	16	17	18	19	20	21	22	23	24	25	26	27	28	29	30	31
요일		火	水	12	金	土	日	月	火	水	木	金	土	日	月	火	水	木	金	土	日	月	火	水	木	金	土	日	月	火	水	木
陰曆		28	29	1	2	3	4	5	6	7	8	9	10	11	12	13	14	15	16	17	18	19	20	21	22	23	24	25	26	27	28	29
日辰		乙	丙	丁	戊	己	庚	辛	壬	癸	甲	乙	丙	丁	戊	己	庚	辛	壬	癸	甲	乙	丙	丁	戊	己	庚	辛	壬	癸	甲	乙
		亥	子	丑	寅	卯	辰	巳	午	未	申	酉	戌	亥	子	丑	寅	卯	辰	巳	午	未	申	酉	戌	亥	子	丑	寅	卯	辰	巳
大	男	8	9	9	9	10	小	1	1	1	1	2	2	2	3	3	3	4	4	4	5	5	5	6	6	6	7	7	7	8	8	8
運	女	二	一	一	一	一	寒	九	九	九	八	八	八	七	七	七	六	六	六	五	五	五	四	四	四	三	三	三	二	二	二	一

2월 (己丑) 庚寅 (입춘) 立春 4日 19:04 雨水 19日

陽曆		1	2	3	4	5	6	7	8	9	10	11	12	13	14	15	16	17	18	19	20	21	22	23	24	25	26	27	28			
요일		金	1	日	月	火	水	木	金	土	日	月	火	水	木	金	土	日	月	火	水	木	金	土	日	月	火	水	木			
陰曆		30	1	2	3	4	5	6	7	8	9	10	11	12	13	14	15	16	17	18	19	20	21	22	23	24	25	26	27			
日辰		丙	丁	戊	己	庚	辛	壬	癸	甲	乙	丙	丁	戊	己	庚	辛	壬	癸	甲	乙	丙	丁	戊	己	庚	辛	壬	癸			
		午	未	申	酉	戌	亥	子	丑	寅	卯	辰	巳	午	未	申	酉	戌	亥	子	丑	寅	卯	辰	巳	午	未	申	酉			
大	男	9	9	9	立	10	9	9	9	8	8	8	7	7	7	6	6	6	5	5	5	4	4	4	3	3	3	2	2			
運	女	一	一	一	春	一	一	一	一	二	二	二	三	三	三	四	四	四	五	五	五	六	六	六	七	七	七	八	八			

3월 (庚寅) 辛卯 (경칩) 驚蟄 6日 13:25 春分 21日

陽曆		1	2	3	4	5	6	7	8	9	10	11	12	13	14	15	16	17	18	19	20	21	22	23	24	25	26	27	28	29	30	31
요일		金	土	日	2	火	水	木	金	土	日	月	火	水	木	金	土	日	月	火	水	木	金	土	日	月	火	水	木	金	土	日
陰曆		28	29	30	1	2	3	4	5	6	7	8	9	10	11	12	13	14	15	16	17	18	19	20	21	22	23	24	25	26	27	28
日辰		甲	乙	丙	丁	戊	己	庚	辛	壬	癸	甲	乙	丙	丁	戊	己	庚	辛	壬	癸	甲	乙	丙	丁	戊	己	庚	辛	壬	癸	甲
		戌	亥	子	丑	寅	卯	辰	巳	午	未	申	酉	戌	亥	子	丑	寅	卯	辰	巳	午	未	申	酉	戌	亥	子	丑	寅	卯	辰
大	男	2	1	1	1	1	驚	10	9	9	9	8	8	8	7	7	7	6	6	6	5	5	5	4	4	4	3	3	3	2	2	2
運	女	八	九	九	九	十	蟄	一	一	一	一	二	二	二	三	三	三	四	四	四	五	五	五	六	六	六	七	七	七	八	八	八

4월 (辛卯) 壬辰 (청명) 清明 5日 18:39 穀雨 21日

陽曆		1	2	3	4	5	6	7	8	9	10	11	12	13	14	15	16	17	18	19	20	21	22	23	24	25	26	27	28	29	30	
요일		月	3	水	木	金	土	日	月	火	水	木	金	土	日	月	火	水	木	金	土	日	月	火	水	木	金	土	日	月	火	
陰曆		29	1	2	3	4	5	6	7	8	9	10	11	12	13	14	15	16	17	18	19	20	21	22	23	24	25	26	27	28	29	
日辰		乙	丙	丁	戊	己	庚	辛	壬	癸	甲	乙	丙	丁	戊	己	庚	辛	壬	癸	甲	乙	丙	丁	戊	己	庚	辛	壬	癸	甲	
		巳	午	未	申	酉	戌	亥	子	丑	寅	卯	辰	巳	午	未	申	酉	戌	亥	子	丑	寅	卯	辰	巳	午	未	申	酉	戌	
大	男	1	1	1	1	清	10	10	9	9	9	8	8	8	7	7	7	6	6	6	5	5	5	4	4	4	3	3	3	2	2	
運	女	九	九	九	十	明	一	一	一	一	二	二	二	三	三	三	四	四	四	五	五	五	六	六	六	七	七	七	八	八	八	

5월 (壬辰) 癸巳 (입하) 立夏 6日 12:22 小滿 22日

陽曆		1	2	3	4	5	6	7	8	9	10	11	12	13	14	15	16	17	18	19	20	21	22	23	24	25	26	27	28	29	30	31
요일		4	木	金	土	日	月	火	水	木	金	土	日	月	火	水	木	金	土	日	月	火	水	木	金	土	日	月	火	水	木	5
陰曆		1	2	3	4	5	6	7	8	9	10	11	12	13	14	15	16	17	18	19	20	21	22	23	24	25	26	27	28	29	30	1
日辰		乙	丙	丁	戊	己	庚	辛	壬	癸	甲	乙	丙	丁	戊	己	庚	辛	壬	癸	甲	乙	丙	丁	戊	己	庚	辛	壬	癸	甲	乙
		亥	子	丑	寅	卯	辰	巳	午	未	申	酉	戌	亥	子	丑	寅	卯	辰	巳	午	未	申	酉	戌	亥	子	丑	寅	卯	辰	巳
大	男	2	1	1	1	1	立	10	10	9	9	9	8	8	8	7	7	7	6	6	6	5	5	5	4	4	4	3	3	3	2	2
運	女	九	九	九	十	十	夏	一	一	一	一	二	二	二	三	三	三	四	四	四	五	五	五	六	六	六	七	七	七	八	八	八

6월 (癸巳) 甲午 (망종) 芒種 6日 16:49 夏至 22日

陽曆		1	2	3	4	5	6	7	8	9	10	11	12	13	14	15	16	17	18	19	20	21	22	23	24	25	26	27	28	29	30	
요일		土	日	月	火	水	木	金	土	日	月	火	水	木	金	土	日	月	火	水	木	金	土	日	月	火	水	木	金	6	日	
陰曆		2	3	4	5	6	7	8	9	10	11	12	13	14	15	16	17	18	19	20	21	22	23	24	25	26	27	28	29	1	2	
日辰		丙	丁	戊	己	庚	辛	壬	癸	甲	乙	丙	丁	戊	己	庚	辛	壬	癸	甲	乙	丙	丁	戊	己	庚	辛	壬	癸	甲	乙	
		午	未	申	酉	戌	亥	子	丑	寅	卯	辰	巳	午	未	申	酉	戌	亥	子	丑	寅	卯	辰	巳	午	未	申	酉	戌	亥	
大	男	2	1	1	1	1	芒	10	10	10	9	9	9	8	8	8	7	7	7	6	6	6	5	5	5	4	4	4	3	3	3	
運	女	九	九	九	十	十	種	一	一	一	一	二	二	二	三	三	三	四	四	四	五	五	五	六	六	六	七	七	七	八	八	

屋上土星	五日得辛	南大將	申弔客	寒食(4월 06일)	初伏(7월 15일)
九紫火星	十龍治水	子喪門	北三殺	中伏(7월 25일)	末伏(8월 14일)

7월 (甲午) 乙未 (소서) 小暑 8日 03:11 大暑 23日

陽曆	1	2	3	4	5	6	7	8	9	10	11	12	13	14	15	16	17	18	19	20	21	22	23	24	25	26	27	28	29	30	31
요일	月	火	水	木	金	土	日	月	火	水	木	金	土	日	月	火	水	木	金	土	日	月	火	水	木	金	土	7/	月	火	水
陰曆	3	4	5	6	7	8	9	10	11	12	13	14	15	16	17	18	19	20	21	22	23	24	25	26	27	28	29	1	2	3	4
日辰	丙	丁	戊	己	庚	辛	壬	癸	甲	乙	丙	丁	戊	己	庚	辛	壬	癸	甲	乙	丙	丁	戊	己	庚	辛	壬	癸	甲	乙	丙
	子	丑	寅	卯	辰	巳	午	未	申	酉	戌	亥	子	丑	寅	卯	辰	巳	午	未	申	酉	戌	亥	子	丑	寅	卯	辰	巳	午
大 男	2	2	2	1	1	1	1	小	10	10	9	9	9	8	8	8	7	7	7	6	6	6	5	5	5	4	4	4	3	3	3
運 女	八	九	九	九	十	十	十	署	一	一	一	一	二	二	二	三	三	三	四	四	四	五	五	五	六	六	六	七	七	七	八

8월 (乙未) 丙申 (입추) 立秋 8日 12:52 處暑 24日

陽曆	1	2	3	4	5	6	7	8	9	10	11	12	13	14	15	16	17	18	19	20	21	22	23	24	25	26	27	28	29	30	31
요일	木	金	土	日	月	火	水	木	金	土	日	月	火	水	木	金	土	日	月	火	水	木	金	土	日	月	8/	水	木	金	土
陰曆	5	6	7	8	9	10	11	12	13	14	15	16	17	18	19	20	21	22	23	24	25	26	27	28	29	30	1	2	3	4	5
日辰	丁	戊	己	庚	辛	壬	癸	甲	乙	丙	丁	戊	己	庚	辛	壬	癸	甲	乙	丙	丁	戊	己	庚	辛	壬	癸	甲	乙	丙	丁
	未	申	酉	戌	亥	子	丑	寅	卯	辰	巳	午	未	申	酉	戌	亥	子	丑	寅	卯	辰	巳	午	未	申	酉	戌	亥	子	丑
大 男	2	2	2	1	1	1	1	立	10	10	9	9	9	8	8	8	7	7	7	6	6	6	5	5	5	4	4	4	3	3	3
運 女	八	八	九	九	九	十	十	秋	一	一	一	一	二	二	二	三	三	三	四	四	四	五	五	五	六	六	六	七	七	七	八

9월 (丙申) 丁酉 (백로) 白露 8日 15:27 秋分 24日

陽曆	1	2	3	4	5	6	7	8	9	10	11	12	13	14	15	16	17	18	19	20	21	22	23	24	25	26	27	28	29	30	
요일	日	月	火	水	木	金	土	日	月	火	水	木	金	土	日	月	火	水	木	金	土	日	月	火	9/	木	金	土	日	月	
陰曆	6	7	8	9	10	11	12	13	14	15	16	17	18	19	20	21	22	23	24	25	26	27	28	29	1	2	3	4	5	6	
日辰	戊	己	庚	辛	壬	癸	甲	乙	丙	丁	戊	己	庚	辛	壬	癸	甲	乙	丙	丁	戊	己	庚	辛	壬	癸	甲	乙	丙	丁	
	寅	卯	辰	巳	午	未	申	酉	戌	亥	子	丑	寅	卯	辰	巳	午	未	申	酉	戌	亥	子	丑	寅	卯	辰	巳	午	未	
大 男	2	2	2	1	1	1	1	白	10	10	9	9	9	8	8	8	7	7	7	6	6	6	5	5	5	4	4	4	3	3	
運 女	八	八	九	九	九	十	十	露	一	一	一	一	二	二	二	三	三	三	四	四	四	五	五	五	六	六	六	七	七	七	

10월 (丁酉) 戊戌 (한로) 寒露 9日 06:41 霜降 24日

陽曆	1	2	3	4	5	6	7	8	9	10	11	12	13	14	15	16	17	18	19	20	21	22	23	24	25	26	27	28	29	30	31
요일	火	水	木	金	土	日	月	火	水	木	金	土	日	月	火	水	木	金	土	日	月	火	水	木	10/	土	日	月	火	水	木
陰曆	7	8	9	10	11	12	13	14	15	16	17	18	19	20	21	22	23	24	25	26	27	28	29	30	1	2	3	4	5	6	7
日辰	戊	己	庚	辛	壬	癸	甲	乙	丙	丁	戊	己	庚	辛	壬	癸	甲	乙	丙	丁	戊	己	庚	辛	壬	癸	甲	乙	丙	丁	戊
	申	酉	戌	亥	子	丑	寅	卯	辰	巳	午	未	申	酉	戌	亥	子	丑	寅	卯	辰	巳	午	未	申	酉	戌	亥	子	丑	寅
大 男	3	2	2	2	1	1	1	1	寒	10	9	9	9	8	8	8	7	7	7	6	6	6	5	5	5	4	4	4	3	3	3
運 女	八	八	八	九	九	九	十	十	露	一	一	一	一	二	二	二	三	三	三	四	四	四	五	五	五	六	六	六	七	七	七

11월 (戊戌) 己亥 (입동) 立冬 8日 09:27 小雪 23日

陽曆	1	2	3	4	5	6	7	8	9	10	11	12	13	14	15	16	17	18	19	20	21	22	23	24	25	26	27	28	29	30	
요일	金	土	日	月	火	水	木	金	土	日	月	火	水	木	金	土	日	月	火	水	木	金	土	11/	月	火	水	木	金	土	
陰曆	8	9	10	11	12	13	14	15	16	17	18	19	20	21	22	23	24	25	26	27	28	29	30	1	2	3	4	5	6	7	
日辰	己	庚	辛	壬	癸	甲	乙	丙	丁	戊	己	庚	辛	壬	癸	甲	乙	丙	丁	戊	己	庚	辛	壬	癸	甲	乙	丙	丁	戊	
	卯	辰	巳	午	未	申	酉	戌	亥	子	丑	寅	卯	辰	巳	午	未	申	酉	戌	亥	子	丑	寅	卯	辰	巳	午	未	申	
大 男	2	2	2	1	1	1	1	立	10	9	9	9	8	8	8	7	7	7	6	6	6	5	5	5	4	4	4	3	3	3	
運 女	八	八	八	九	九	九	十	冬	一	一	一	一	二	二	二	三	三	三	四	四	四	五	五	五	六	六	六	七	七	七	

12월 (己亥) 庚子 (대설) 大雪 8日 02:00 冬至 22日

陽曆	1	2	3	4	5	6	7	8	9	10	11	12	13	14	15	16	17	18	19	20	21	22	23	24	25	26	27	28	29	30	31
요일	日	月	火	水	木	金	土	日	月	火	水	木	金	土	日	月	火	水	木	金	土	日	12/	火	水	木	金	土	日	月	火
陰曆	8	9	10	11	12	13	14	15	16	17	18	19	20	21	22	23	24	25	26	27	28	29	1	2	3	4	5	6	7	8	9
日辰	己	庚	辛	壬	癸	甲	乙	丙	丁	戊	己	庚	辛	壬	癸	甲	乙	丙	丁	戊	己	庚	辛	壬	癸	甲	乙	丙	丁	戊	己
	酉	戌	亥	子	丑	寅	卯	辰	巳	午	未	申	酉	戌	亥	子	丑	寅	卯	辰	巳	午	未	申	酉	戌	亥	子	丑	寅	卯
大 男	2	2	2	1	1	1	1	大	9	9	9	8	8	8	7	7	7	6	6	6	5	5	5	4	4	4	3	3	3	2	2
運 女	八	八	八	九	九	九	十	雪	一	一	一	一	二	二	二	三	三	三	四	四	四	五	五	五	六	六	六	七	七	七	八

1월 (庚子) 辛丑 (소한) 小寒 6日 13:06 大寒 21日

陽曆	1	2	3	4	5	6	7	8	9	10	11	12	13	14	15	16	17	18	19	20	21	22	23	24	25	26	27	28	29	30	31
요일	水	木	金	土	日	月	火	水	木	金	土	日	月	火	水	木	金	土	日	月	火	1/1	木	金	土	日	月	火	水	木	金
陰曆	10	11	12	13	14	15	16	17	18	19	20	21	22	23	24	25	26	27	28	29	30		2	3	4	5	6	7	8	9	10
日辰	庚	辛	壬	癸	甲	乙	丙	丁	戊	己	庚	辛	壬	癸	甲	乙	丙	丁	戊	己	庚	辛	壬	癸	甲	乙	丙	丁	戊	己	庚
	辰	巳	午	未	申	酉	戌	亥	子	丑	寅	卯	辰	巳	午	未	申	酉	戌	亥	子	丑	寅	卯	辰	巳	午	未	申	酉	戌
大 男	2	1	1	1	1	小	10	9	9	9	8	8	8	7	7	7	6	6	6	5	5	5	4	4	4	3	3	3	2	2	2
運 女	八	八	九	九	九	寒	一	一	一	一	二	二	二	三	三	三	四	四	四	五	五	五	六	六	六	七	七	七	八	八	八

2월 (辛丑) 壬寅 (입춘) 立春 5日 00:50 雨水 19日

陽曆	1	2	3	4	5	6	7	8	9	10	11	12	13	14	15	16	17	18	19	20	21	22	23	24	25	26	27	28			
요일	土	日	月	火	水	木	金	土	日	月	火	水	木	金	土	日	月	火	水	木	2/1	土	日	月	火	水	木	金			
陰曆	11	12	13	14	15	16	17	18	19	20	21	22	23	24	25	26	27	28	29	30		2	3	4	5	6	7	8			
日辰	辛	壬	癸	甲	乙	丙	丁	戊	己	庚	辛	壬	癸	甲	乙	丙	丁	戊	己	庚	辛	壬	癸	甲	乙	丙	丁	戊			
	亥	子	丑	寅	卯	辰	巳	午	未	申	酉	戌	亥	子	丑	寅	卯	辰	巳	午	未	申	酉	戌	亥	子	丑	寅			
大 男	1	1	1	1	立	1	1	1	1	2	2	2	3	3	3	4	4	4	5	5	5	6	6	6	7	7	7	8			
運 女	九	九	九	十	春	九	九	九	八	八	八	七	七	七	六	六	六	五	五	五	四	四	四	三	三	三	二	二			

3월 (壬寅) 癸卯 (경칩) 驚蟄 6日 19:08 春分 21日

陽曆	1	2	3	4	5	6	7	8	9	10	11	12	13	14	15	16	17	18	19	20	21	22	23	24	25	26	27	28	29	30	31
요일	土	日	月	火	水	木	金	土	日	月	火	水	木	金	土	日	月	火	水	木	金	土	윤2/1	月	火	水	木	金	土	日	月
陰曆	9	10	11	12	13	14	15	16	17	18	19	20	21	22	23	24	25	26	27	28	29	30		2	3	4	5	6	7	8	9
日辰	己	庚	辛	壬	癸	甲	乙	丙	丁	戊	己	庚	辛	壬	癸	甲	乙	丙	丁	戊	己	庚	辛	壬	癸	甲	乙	丙	丁	戊	己
	卯	辰	巳	午	未	申	酉	戌	亥	子	丑	寅	卯	辰	巳	午	未	申	酉	戌	亥	子	丑	寅	卯	辰	巳	午	未	申	酉
大 男	8	8	9	9	9	驚	1	1	1	1	2	2	2	3	3	3	4	4	4	5	5	5	6	6	6	7	7	7	8	8	8
運 女	二	一	一	一	一	蟄	十	十	九	九	九	八	八	八	七	七	七	六	六	六	五	五	五	四	四	四	三	三	三	二	二

4월 (癸卯) 甲辰 (청명) 清明 6日 00:20 穀雨 21日

陽曆	1	2	3	4	5	6	7	8	9	10	11	12	13	14	15	16	17	18	19	20	21	22	23	24	25	26	27	28	29	30	
요일	火	水	木	金	土	日	月	火	水	木	金	土	日	月	火	水	木	金	土	日	3/1	火	水	木	金	土	日	月	火	水	
陰曆	10	11	12	13	14	15	16	17	18	19	20	21	22	23	24	25	26	27	28	29		2	3	4	5	6	7	8	9	10	
日辰	庚	辛	壬	癸	甲	乙	丙	丁	戊	己	庚	辛	壬	癸	甲	乙	丙	丁	戊	己	庚	辛	壬	癸	甲	乙	丙	丁	戊	己	
	戌	亥	子	丑	寅	卯	辰	巳	午	未	申	酉	戌	亥	子	丑	寅	卯	辰	巳	午	未	申	酉	戌	亥	子	丑	寅	卯	
大 男	9	9	9	10	10	清	1	1	1	1	2	2	2	3	3	3	4	4	4	5	5	5	6	6	6	7	7	7	8	8	
運 女	二	一	一	一	一	明	十	九	九	九	八	八	八	七	七	七	六	六	六	五	五	五	四	四	四	三	三	三	二	二	

5월 (甲辰) 乙巳 (입하) 立夏 6日 18:03 小滿 22日

陽曆	1	2	3	4	5	6	7	8	9	10	11	12	13	14	15	16	17	18	19	20	21	22	23	24	25	26	27	28	29	30	31
요일	木	金	土	日	月	火	水	木	金	土	日	月	火	水	木	金	土	日	月	4/1	水	木	金	土	日	月	火	水	木	金	土
陰曆	11	12	13	14	15	16	17	18	19	20	21	22	23	24	25	26	27	28	29		2	3	4	5	6	7	8	9	10	11	12
日辰	庚	辛	壬	癸	甲	乙	丙	丁	戊	己	庚	辛	壬	癸	甲	乙	丙	丁	戊	己	庚	辛	壬	癸	甲	乙	丙	丁	戊	己	庚
	辰	巳	午	未	申	酉	戌	亥	子	丑	寅	卯	辰	巳	午	未	申	酉	戌	亥	子	丑	寅	卯	辰	巳	午	未	申	酉	戌
大 男	8	9	9	9	10	立	1	1	1	1	2	2	2	3	3	3	4	4	4	5	5	5	6	6	6	7	7	7	8	8	8
運 女	二	一	一	一	一	夏	十	十	九	九	九	八	八	八	七	七	七	六	六	六	五	五	五	四	四	四	三	三	三	二	二

6월 (乙巳) 丙午 (망종) 芒種 6日 22:31 夏至 22日

陽曆	1	2	3	4	5	6	7	8	9	10	11	12	13	14	15	16	17	18	19	20	21	22	23	24	25	26	27	28	29	30	
요일	日	月	火	水	木	金	土	日	月	火	水	木	金	土	日	月	火	水	5/1	金	土	日	月	火	水	木	金	土	日	月	
陰曆	13	14	15	16	17	18	19	20	21	22	23	24	25	26	27	28	29	30		2	3	4	5	6	7	8	9	10	11	12	
日辰	辛	壬	癸	甲	乙	丙	丁	戊	己	庚	辛	壬	癸	甲	乙	丙	丁	戊	己	庚	辛	壬	癸	甲	乙	丙	丁	戊	己	庚	
	亥	子	丑	寅	卯	辰	巳	午	未	申	酉	戌	亥	子	丑	寅	卯	辰	巳	午	未	申	酉	戌	亥	子	丑	寅	卯	辰	
大 男	9	9	9	10	10	芒	1	1	1	1	2	2	2	3	3	3	4	4	4	5	5	5	6	6	6	7	7	7	8	8	
運 女	二	一	一	一	一	種	十	十	十	九	九	九	八	八	八	七	七	七	六	六	六	五	五	五	四	四	四	三	三	三	

7월 (丙午) 丁未 (소서) 小暑 8日 08:56 大暑 24日

陽曆	1	2	3	4	5	6	7	8	9	10	11	12	13	14	15	16	17	18	19	20	21	22	23	24	25	26	27	28	29	30	31
요일	火	水	木	金	土	日	月	火	水	木	金	土	日	月	火	水	木	6/1	土	日	月	火	水	木	金	土	日	月	火	水	木
陰曆	13	14	15	16	17	18	19	20	21	22	23	24	25	26	27	28	29		2	3	4	5	6	7	8	9	10	11	12	13	14
日辰	辛	壬	癸	甲	乙	丙	丁	戊	己	庚	辛	壬	癸	甲	乙	丙	丁	戊	己	庚	辛	壬	癸	甲	乙	丙	丁	戊	己	庚	辛
	巳	午	未	申	酉	戌	亥	子	丑	寅	卯	辰	巳	午	未	申	酉	戌	亥	子	丑	寅	卯	辰	巳	午	未	申	酉	戌	亥
大運 男	8	9	9	9	10	10	10	小	1	1	1	1	2	2	2	3	3	3	4	4	4	5	5	5	6	6	6	7	7	7	8
大運 女	二	二	二	一	一	一	一	署	十	十	九	九	九	八	八	八	七	七	七	六	六	六	五	五	五	四	四	四	三	三	三

8월 (丁未) 戊申 (입추) 立秋 8日 18:41 處暑 24日

陽曆	1	2	3	4	5	6	7	8	9	10	11	12	13	14	15	16	17	18	19	20	21	22	23	24	25	26	27	28	29	30	31
요일	金	土	日	月	火	水	木	金	土	日	月	火	水	木	金	7/1	日	月	火	水	木	金	土	日	月	火	水	木	金	土	日
陰曆	15	16	17	18	19	20	21	22	23	24	25	26	27	28	29		2	3	4	5	6	7	8	9	10	11	12	13	14	15	16
日辰	壬	癸	甲	乙	丙	丁	戊	己	庚	辛	壬	癸	甲	乙	丙	丁	戊	己	庚	辛	壬	癸	甲	乙	丙	丁	戊	己	庚	辛	壬
	子	丑	寅	卯	辰	巳	午	未	申	酉	戌	亥	子	丑	寅	卯	辰	巳	午	未	申	酉	戌	亥	子	丑	寅	卯	辰	巳	午
大運 男	8	8	9	9	9	10	10	立	1	1	1	1	2	2	2	3	3	3	4	4	4	5	5	5	6	6	6	7	7	7	8
大運 女	二	二	二	一	一	一	一	秋	十	十	九	九	九	八	八	八	七	七	七	六	六	六	五	五	五	四	四	四	三	三	三

9월 (戊申) 己酉 (백로) 白露 8日 21:21 秋分 24日

陽曆	1	2	3	4	5	6	7	8	9	10	11	12	13	14	15	16	17	18	19	20	21	22	23	24	25	26	27	28	29	30	
요일	月	火	水	木	金	土	日	月	火	水	木	金	土	日	8/1	火	水	木	金	土	日	月	火	水	木	金	土	日	月	火	
陰曆	17	18	19	20	21	22	23	24	25	26	27	28	29	30		2	3	4	5	6	7	8	9	10	11	12	13	14	15	16	
日辰	癸	甲	乙	丙	丁	戊	己	庚	辛	壬	癸	甲	乙	丙	丁	戊	己	庚	辛	壬	癸	甲	乙	丙	丁	戊	己	庚	辛	壬	
	未	申	酉	戌	亥	子	丑	寅	卯	辰	巳	午	未	申	酉	戌	亥	子	丑	寅	卯	辰	巳	午	未	申	酉	戌	亥	子	
大運 男	8	8	9	9	9	10	10	白	1	1	1	1	2	2	2	3	3	3	4	4	4	5	5	5	6	6	6	7	7	7	
大運 女	三	二	二	二	一	一	一	露	十	十	九	九	九	八	八	八	七	七	七	六	六	六	五	五	五	四	四	四	三	三	

10월 (己酉) 庚戌 (한로) 寒露 9日 12:37 霜降 24日

陽曆	1	2	3	4	5	6	7	8	9	10	11	12	13	14	15	16	17	18	19	20	21	22	23	24	25	26	27	28	29	30	31
요일	水	木	金	土	日	月	火	水	木	金	土	日	月	9/1	水	木	金	土	日	月	火	水	木	金	土	日	月	火	水	木	金
陰曆	17	18	19	20	21	22	23	24	25	26	27	28	29		2	3	4	5	6	7	8	9	10	11	12	13	14	15	16	17	18
日辰	癸	甲	乙	丙	丁	戊	己	庚	辛	壬	癸	甲	乙	丙	丁	戊	己	庚	辛	壬	癸	甲	乙	丙	丁	戊	己	庚	辛	壬	癸
	丑	寅	卯	辰	巳	午	未	申	酉	戌	亥	子	丑	寅	卯	辰	巳	午	未	申	酉	戌	亥	子	丑	寅	卯	辰	巳	午	未
大運 男	8	8	8	9	9	9	10	10	寒	1	1	1	1	2	2	2	3	3	3	4	4	4	5	5	5	6	6	6	7	7	7
大運 女	三	二	二	二	一	一	一	一	露	十	九	九	九	八	八	八	七	七	七	六	六	六	五	五	五	四	四	四	三	三	三

11월 (庚戌) 辛亥 (입동) 立冬 8日 15:24 小雪 23日

陽曆	1	2	3	4	5	6	7	8	9	10	11	12	13	14	15	16	17	18	19	20	21	22	23	24	25	26	27	28	29	30	
요일	土	日	月	火	水	木	金	土	日	月	火	水	10/1	金	土	日	月	火	水	木	金	土	日	月	火	水	木	金	土	日	
陰曆	19	20	21	22	23	24	25	26	27	28	29	30		2	3	4	5	6	7	8	9	10	11	12	13	14	15	16	17	18	
日辰	甲	乙	丙	丁	戊	己	庚	辛	壬	癸	甲	乙	丙	丁	戊	己	庚	辛	壬	癸	甲	乙	丙	丁	戊	己	庚	辛	壬	癸	
	申	酉	戌	亥	子	丑	寅	卯	辰	巳	午	未	申	酉	戌	亥	子	丑	寅	卯	辰	巳	午	未	申	酉	戌	亥	子	丑	
大運 男	8	8	8	9	9	9	10	立	1	1	1	1	2	2	2	3	3	3	4	4	4	5	5	5	6	6	6	7	7	7	
大運 女	二	二	二	一	一	一	一	冬	十	九	九	九	八	八	八	七	七	七	六	六	六	五	五	五	四	四	四	三	三	三	

12월 (辛亥) 壬子 (대설) 大雪 8日 07:56 冬至 23日

陽曆	1	2	3	4	5	6	7	8	9	10	11	12	13	14	15	16	17	18	19	20	21	22	23	24	25	26	27	28	29	30	31
요일	月	火	水	木	金	土	日	月	火	水	木	11/1	土	日	月	火	水	木	金	土	日	月	火	水	木	金	土	日	月	火	水
陰曆	19	20	21	22	23	24	25	26	27	28	29		2	3	4	5	6	7	8	9	10	11	12	13	14	15	16	17	18	19	20
日辰	甲	乙	丙	丁	戊	己	庚	辛	壬	癸	甲	乙	丙	丁	戊	己	庚	辛	壬	癸	甲	乙	丙	丁	戊	己	庚	辛	壬	癸	甲
	寅	卯	辰	巳	午	未	申	酉	戌	亥	子	丑	寅	卯	辰	巳	午	未	申	酉	戌	亥	子	丑	寅	卯	辰	巳	午	未	申
大運 男	8	8	8	9	9	9	10	大	1	1	1	1	2	2	2	3	3	3	4	4	4	5	5	5	6	6	6	7	7	7	8
大運 女	二	二	二	一	一	一	一	雪	九	九	九	八	八	八	七	七	七	六	六	六	五	五	五	四	四	四	三	三	三	二	二

1월 (壬子)

癸丑 (소한) 小寒 6日 19:00 　　　　 大寒 21日

陽曆	1	2	3	4	5	6	7	8	9	10	11	12	13	14	15	16	17	18	19	20	21	22	23	24	25	26	27	28	29	30	31
요일	木	金	土	日	月	火	水	木	金	土	12	月	火	水	木	金	土	日	月	火	水	木	金	土	日	月	火	水	木	金	土
陰曆	21	22	23	24	25	26	27	28	29	30	1	2	3	4	5	6	7	8	9	10	11	12	13	14	15	16	17	18	19	20	21
日辰	乙	丙	丁	戊	己	庚	辛	壬	癸	甲	乙	丙	丁	戊	己	庚	辛	壬	癸	甲	乙	丙	丁	戊	己	庚	辛	壬	癸	甲	乙
	酉	戌	亥	子	丑	寅	卯	辰	巳	午	未	申	酉	戌	亥	子	丑	寅	卯	辰	巳	午	未	申	酉	戌	亥	子	丑	寅	卯
大 男	8	8	9	9	9	小	1	1	1	1	2	2	2	3	3	3	4	4	4	5	5	5	6	6	6	7	7	7	8	8	8
運 女	二	一	一	一	一	寒	十	九	九	九	八	八	八	七	七	七	六	六	六	五	五	五	四	四	四	三	三	三	二	二	二

2월 (癸丑)

甲寅 (입춘) 立春 5日 06:42 　　　　 雨水 20日

陽曆	1	2	3	4	5	6	7	8	9	10	11	12	13	14	15	16	17	18	19	20	21	22	23	24	25	26	27	28	29		
요일	日	月	火	水	木	金	土	日	月	1	水	木	金	土	日	月	火	水	木	金	土	日	月	火	水	木	金	土	日		
陰曆	22	23	24	25	26	27	28	29	30	1	2	3	4	5	6	7	8	9	10	11	12	13	14	15	16	17	18	19	20		
日辰	丙	丁	戊	己	庚	辛	壬	癸	甲	乙	丙	丁	戊	己	庚	辛	壬	癸	甲	乙	丙	丁	戊	己	庚	辛	壬	癸	甲		
	辰	巳	午	未	申	酉	戌	亥	子	丑	寅	卯	辰	巳	午	未	申	酉	戌	亥	子	丑	寅	卯	辰	巳	午	未	申		
大 男	9	9	9	10	立	10	9	9	9	8	8	8	7	7	7	6	6	6	5	5	5	4	4	4	3	3	3	2	2		
運 女	一	一	一	一	春	一	一	一	一	二	二	二	三	三	三	四	四	四	五	五	五	六	六	六	七	七	七	八	八		

3월 (甲寅)

乙卯 (경칩) 驚蟄 6日 00:58 　　　　 春分 21日

陽曆	1	2	3	4	5	6	7	8	9	10	11	12	13	14	15	16	17	18	19	20	21	22	23	24	25	26	27	28	29	30	31
요일	月	火	水	木	金	土	日	月	火	水	2	金	土	日	月	火	水	木	金	土	日	月	火	水	木	金	土	日	月	火	水
陰曆	21	22	23	24	25	26	27	28	29	30	1	2	3	4	5	6	7	8	9	10	11	12	13	14	15	16	17	18	19	20	21
日辰	乙	丙	丁	戊	己	庚	辛	壬	癸	甲	乙	丙	丁	戊	己	庚	辛	壬	癸	甲	乙	丙	丁	戊	己	庚	辛	壬	癸	甲	乙
	酉	戌	亥	子	丑	寅	卯	辰	巳	午	未	申	酉	戌	亥	子	丑	寅	卯	辰	巳	午	未	申	酉	戌	亥	子	丑	寅	卯
大 男	2	1	1	1	1	驚	10	9	9	9	8	8	8	7	7	7	6	6	6	5	5	5	4	4	4	3	3	3	2	2	2
運 女	八	九	九	九	十	蟄	一	一	一	一	二	二	二	三	三	三	四	四	四	五	五	五	六	六	六	七	七	七	八	八	八

4월 (乙卯)

丙辰 (청명) 淸明 5日 06:09 　　　　 穀雨 20日

陽曆	1	2	3	4	5	6	7	8	9	10	11	12	13	14	15	16	17	18	19	20	21	22	23	24	25	26	27	28	29	30	
요일	木	金	土	日	月	火	水	木	3	土	日	月	火	水	木	金	土	日	月	火	水	木	金	土	日	月	火	水	木	金	
陰曆	22	23	24	25	26	27	28	29	1	2	3	4	5	6	7	8	9	10	11	12	13	14	15	16	17	18	19	20	21	22	
日辰	丙	丁	戊	己	庚	辛	壬	癸	甲	乙	丙	丁	戊	己	庚	辛	壬	癸	甲	乙	丙	丁	戊	己	庚	辛	壬	癸	甲	乙	
	辰	巳	午	未	申	酉	戌	亥	子	丑	寅	卯	辰	巳	午	未	申	酉	戌	亥	子	丑	寅	卯	辰	巳	午	未	申	酉	
大 男	1	1	1	1	淸	10	9	9	9	8	8	8	7	7	7	6	6	6	5	5	5	4	4	4	3	3	3	2	2	2	
運 女	九	九	九	十	明	一	一	一	一	二	二	二	三	三	三	四	四	四	五	五	五	六	六	六	七	七	七	八	八	八	

5월 (丙辰)

丁巳 (입하) 立夏 5日 23:52 　　　　 小滿 21日

陽曆	1	2	3	4	5	6	7	8	9	10	11	12	13	14	15	16	17	18	19	20	21	22	23	24	25	26	27	28	29	30	31
요일	土	日	月	火	水	木	金	土	4	月	火	水	木	金	土	日	月	火	水	木	金	土	日	月	火	水	木	金	土	日	月
陰曆	23	24	25	26	27	28	29	30	1	2	3	4	5	6	7	8	9	10	11	12	13	14	15	16	17	18	19	20	21	22	23
日辰	丙	丁	戊	己	庚	辛	壬	癸	甲	乙	丙	丁	戊	己	庚	辛	壬	癸	甲	乙	丙	丁	戊	己	庚	辛	壬	癸	甲	乙	丙
	戌	亥	子	丑	寅	卯	辰	巳	午	未	申	酉	戌	亥	子	丑	寅	卯	辰	巳	午	未	申	酉	戌	亥	子	丑	寅	卯	辰
大 男	1	1	1	1	立	10	10	10	9	9	9	8	8	8	7	7	7	6	6	6	5	5	5	4	4	4	3	3	3	2	2
運 女	九	九	九	十	夏	一	一	一	一	二	二	二	三	三	三	四	四	四	五	五	五	六	六	六	七	七	七	八	八	八	九

6월 (丁巳)

戊午 (망종) 芒種 6日 04:20 　　　　 夏至 21日

陽曆	1	2	3	4	5	6	7	8	9	10	11	12	13	14	15	16	17	18	19	20	21	22	23	24	25	26	27	28	29	30	
요일	火	水	木	金	土	日	5	火	水	木	金	土	日	月	火	水	木	金	土	日	月	火	水	木	金	土	日	月	火	水	
陰曆	24	25	26	27	28	29	1	2	3	4	5	6	7	8	9	10	11	12	13	14	15	16	17	18	19	20	21	22	23	24	
日辰	丁	戊	己	庚	辛	壬	癸	甲	乙	丙	丁	戊	己	庚	辛	壬	癸	甲	乙	丙	丁	戊	己	庚	辛	壬	癸	甲	乙	丙	
	巳	午	未	申	酉	戌	亥	子	丑	寅	卯	辰	巳	午	未	申	酉	戌	亥	子	丑	寅	卯	辰	巳	午	未	申	酉	戌	
大 男	2	1	1	1	1	芒	10	10	9	9	9	8	8	8	7	7	7	6	6	6	5	5	5	4	4	4	3	3	3	2	
運 女	九	九	十	十	十	種	一	一	一	一	二	二	二	三	三	三	四	四	四	五	五	五	六	六	六	七	七	七	八	八	

[서머타임 : 6월 1일 00시 ~ 9월 13일 00시]

霹靂火星 七日得辛 西大將 戊弔客 寒食(4월 06일) 初伏(7월 14일)
七赤金星 四日得辛 寅喪門 南三殺 中伏(7월 24일) 末伏(8월 13일)

7월 (戊午) 己未 (소서) 小暑 7日 14:44 大暑 23日

陽曆	1	2	3	4	5	6	7	8	9	10	11	12	13	14	15	16	17	18	19	20	21	22	23	24	25	26	27	28	29	30	31
요일	木	金	土	日	月	火	6/	木	金	土	日	月	火	水	木	金	土	日	月	火	水	木	金	土	日	月	火	水	木	金	土
陰曆	25	26	27	28	29	30	1	2	3	4	5	6	7	8	9	10	11	12	13	14	15	16	17	18	19	20	21	22	23	24	25
日辰	丁	戊	己	庚	辛	壬	癸	甲	乙	丙	丁	戊	己	庚	辛	壬	癸	甲	乙	丙	丁	戊	己	庚	辛	壬	癸	甲	乙	丙	丁
	亥	子	丑	寅	卯	辰	巳	午	未	申	酉	戌	亥	子	丑	寅	卯	辰	巳	午	未	申	酉	戌	亥	子	丑	寅	卯	辰	巳
大 男	2	2	1	1	1	1	小	10	10	10	9	9	9	8	8	8	7	7	7	6	6	6	5	5	5	4	4	4	3	3	3
運 女	八	九	九	九	十	十	署	一	一	一	一	二	二	二	三	三	三	四	四	四	五	五	五	六	六	六	七	七	七	八	八

8월 (己未) 庚申 (입추) 立秋 8日 00:27 處暑 23日

陽曆	1	2	3	4	5	6	7	8	9	10	11	12	13	14	15	16	17	18	19	20	21	22	23	24	25	26	27	28	29	30	31
요일	日	月	火	水	7/	金	土	日	月	火	水	木	金	土	日	月	火	水	木	金	土	日	月	火	水	木	金	土	日	月	火
陰曆	26	27	28	29	1	2	3	4	5	6	7	8	9	10	11	12	13	14	15	16	17	18	19	20	21	22	23	24	25	26	27
日辰	戊	己	庚	辛	壬	癸	甲	乙	丙	丁	戊	己	庚	辛	壬	癸	甲	乙	丙	丁	戊	己	庚	辛	壬	癸	甲	乙	丙	丁	戊
	午	未	申	酉	戌	亥	子	丑	寅	卯	辰	巳	午	未	申	酉	戌	亥	子	丑	寅	卯	辰	巳	午	未	申	酉	戌	亥	子
大 男	2	2	2	1	1	1	1	立	10	10	9	9	9	8	8	8	7	7	7	6	6	6	5	5	5	4	4	4	3	3	3
運 女	八	九	九	九	十	十	十	秋	一	一	一	一	二	二	二	三	三	三	四	四	四	五	五	五	六	六	六	七	七	七	八

9월 (庚申) 辛酉 (백로) 白露 8日 03:05 秋分 23日

陽曆	1	2	3	4	5	6	7	8	9	10	11	12	13	14	15	16	17	18	19	20	21	22	23	24	25	26	27	28	29	30	
요일	水	木	8/	土	日	月	火	水	木	金	土	日	月	火	水	木	金	土	日	月	火	水	木	金	土	日	月	火	水	木	
陰曆	28	29	1	2	3	4	5	6	7	8	9	10	11	12	13	14	15	16	17	18	19	20	21	22	23	24	25	26	27	28	
日辰	己	庚	辛	壬	癸	甲	乙	丙	丁	戊	己	庚	辛	壬	癸	甲	乙	丙	丁	戊	己	庚	辛	壬	癸	甲	乙	丙	丁	戊	
	丑	寅	卯	辰	巳	午	未	申	酉	戌	亥	子	丑	寅	卯	辰	巳	午	未	申	酉	戌	亥	子	丑	寅	卯	辰	巳	午	
大 男	2	2	2	1	1	1	1	白	10	9	9	9	8	8	8	7	7	7	6	6	6	5	5	5	4	4	4	3	3	3	
運 女	八	八	九	九	九	十	十	露	一	一	一	一	二	二	二	三	三	三	四	四	四	五	五	五	六	六	六	七	七	七	

10월 (辛酉) 壬戌 (한로) 寒露 8日 18:20 霜降 23日

陽曆	1	2	3	4	5	6	7	8	9	10	11	12	13	14	15	16	17	18	19	20	21	22	23	24	25	26	27	28	29	30	31
요일	金	土	9/	月	火	水	木	金	土	日	月	火	水	木	金	土	日	月	火	水	木	金	土	日	月	火	水	木	金	土	日
陰曆	29	30	1	2	3	4	5	6	7	8	9	10	11	12	13	14	15	16	17	18	19	20	21	22	23	24	25	26	27	28	29
日辰	己	庚	辛	壬	癸	甲	乙	丙	丁	戊	己	庚	辛	壬	癸	甲	乙	丙	丁	戊	己	庚	辛	壬	癸	甲	乙	丙	丁	戊	己
	未	申	酉	戌	亥	子	丑	寅	卯	辰	巳	午	未	申	酉	戌	亥	子	丑	寅	卯	辰	巳	午	未	申	酉	戌	亥	子	丑
大 男	2	2	2	1	1	1	1	寒	10	9	9	9	8	8	8	7	7	7	6	6	6	5	5	5	4	4	4	3	3	3	2
運 女	八	八	八	九	九	九	十	露	一	一	一	一	二	二	二	三	三	三	四	四	四	五	五	五	六	六	六	七	七	七	八

11월 (壬戌) 癸亥 (입동) 立冬 7日 21:07 小雪 22日

陽曆	1	2	3	4	5	6	7	8	9	10	11	12	13	14	15	16	17	18	19	20	21	22	23	24	25	26	27	28	29	30	
요일	10/	火	水	木	金	土	日	月	火	水	木	金	土	日	月	火	水	木	金	土	日	月	火	水	木	金	土	日	月	火	
陰曆	1	2	3	4	5	6	7	8	9	10	11	12	13	14	15	16	17	18	19	20	21	22	23	24	25	26	27	28	29	30	
日辰	庚	辛	壬	癸	甲	乙	丙	丁	戊	己	庚	辛	壬	癸	甲	乙	丙	丁	戊	己	庚	辛	壬	癸	甲	乙	丙	丁	戊	己	
	寅	卯	辰	巳	午	未	申	酉	戌	亥	子	丑	寅	卯	辰	巳	午	未	申	酉	戌	亥	子	丑	寅	卯	辰	巳	午	未	
大 男	2	2	1	1	1	1	立	10	9	9	9	8	8	8	7	7	7	6	6	6	5	5	5	4	4	4	3	3	3	2	
運 女	八	八	九	九	九	十	冬	一	一	一	一	二	二	二	三	三	三	四	四	四	五	五	五	六	六	六	七	七	七	八	

12월 (癸亥) 甲子 (대설) 大雪 7日 13:38 冬至 22日

陽曆	1	2	3	4	5	6	7	8	9	10	11	12	13	14	15	16	17	18	19	20	21	22	23	24	25	26	27	28	29	30	31
요일	11/	木	金	土	日	月	火	水	木	金	土	日	月	火	水	木	金	土	日	月	火	水	木	金	土	日	月	火	水	12/	金
陰曆	1	2	3	4	5	6	7	8	9	10	11	12	13	14	15	16	17	18	19	20	21	22	23	24	25	26	27	28	29	1	2
日辰	庚	辛	壬	癸	甲	乙	丙	丁	戊	己	庚	辛	壬	癸	甲	乙	丙	丁	戊	己	庚	辛	壬	癸	甲	乙	丙	丁	戊	己	庚
	申	酉	戌	亥	子	丑	寅	卯	辰	巳	午	未	申	酉	戌	亥	子	丑	寅	卯	辰	巳	午	未	申	酉	戌	亥	子	丑	寅
大 男	2	2	1	1	1	1	大	10	9	9	9	8	8	8	7	7	7	6	6	6	5	5	5	4	4	4	3	3	3	2	2
運 女	八	八	九	九	九	十	雪	一	一	一	一	二	二	二	三	三	三	四	四	四	五	五	五	六	六	六	七	七	七	八	八

1월 (甲子) 乙丑 (소한) 小寒 6日 00:41 大寒 20日

陽曆		1	2	3	4	5	6	7	8	9	10	11	12	13	14	15	16	17	18	19	20	21	22	23	24	25	26	27	28	29	30	31
요일		土	日	月	火	水	木	金	土	日	月	火	水	木	金	土	日	月	火	水	木	金	土	日	月	火	水	木	金	1/	日	月
陰曆		3	4	5	6	7	8	9	10	11	12	13	14	15	16	17	18	19	20	21	22	23	24	25	26	27	28	29	30	1	2	3
日辰		辛	壬	癸	甲	乙	丙	丁	戊	己	庚	辛	壬	癸	甲	乙	丙	丁	戊	己	庚	辛	壬	癸	甲	乙	丙	丁	戊	己	庚	辛
		卯	辰	巳	午	未	申	酉	戌	亥	子	丑	寅	卯	辰	巳	午	未	申	酉	戌	亥	子	丑	寅	卯	辰	巳	午	未	申	酉
大	男	2	1	1	1	1	小	9	9	9	8	8	8	7	7	7	6	6	6	5	5	5	4	4	4	3	3	3	2	2	2	1
運	女	八	九	九	九	十	寒	一	一	一	一	二	二	二	三	三	三	四	四	四	五	五	五	六	六	六	七	七	七	八	八	八

2월 (乙丑) 丙寅 (입춘) 立春 4日 12:23 雨水 19日

陽曆		1	2	3	4	5	6	7	8	9	10	11	12	13	14	15	16	17	18	19	20	21	22	23	24	25	26	27	28			
요일		火	水	木	金	土	日	月	火	水	木	金	土	日	月	火	水	木	金	土	日	月	火	水	木	金	土	日	2/			
陰曆		4	5	6	7	8	9	10	11	12	13	14	15	16	17	18	19	20	21	22	23	24	25	26	27	28	29	30	1			
日辰		壬	癸	甲	乙	丙	丁	戊	己	庚	辛	壬	癸	甲	乙	丙	丁	戊	己	庚	辛	壬	癸	甲	乙	丙	丁	戊	己			
		戌	亥	子	丑	寅	卯	辰	巳	午	未	申	酉	戌	亥	子	丑	寅	卯	辰	巳	午	未	申	酉	戌	亥	子	丑			
大	男	1	1	1	立	1	1	1	1	2	2	2	3	3	3	4	4	4	5	5	5	6	6	6	7	7	7	8	8			
運	女	九	九	九	春	十	九	九	九	八	八	八	七	七	七	六	六	六	五	五	五	四	四	四	三	三	三	二	二			

3월 (丙寅) 丁卯 (경칩) 驚蟄 6日 06:39 春分 21日

陽曆		1	2	3	4	5	6	7	8	9	10	11	12	13	14	15	16	17	18	19	20	21	22	23	24	25	26	27	28	29	30	31
요일		火	水	木	金	土	日	月	火	水	木	金	土	日	月	火	水	木	金	土	日	月	火	水	木	金	土	日	月	火	3/	木
陰曆		2	3	4	5	6	7	8	9	10	11	12	13	14	15	16	17	18	19	20	21	22	23	24	25	26	27	28	29	30	1	2
日辰		庚	辛	壬	癸	甲	乙	丙	丁	戊	己	庚	辛	壬	癸	甲	乙	丙	丁	戊	己	庚	辛	壬	癸	甲	乙	丙	丁	戊	己	庚
		寅	卯	辰	巳	午	未	申	酉	戌	亥	子	丑	寅	卯	辰	巳	午	未	申	酉	戌	亥	子	丑	寅	卯	辰	巳	午	未	申
大	男	8	9	9	9	10	驚	1	1	1	1	2	2	2	3	3	3	4	4	4	5	5	5	6	6	6	7	7	7	8	8	8
運	女	二	一	一	一	一	蟄	十	九	九	九	八	八	八	七	七	七	六	六	六	五	五	五	四	四	四	三	三	三	二	二	二

4월 (丁卯) 戊辰 (청명) 清明 5日 11:52 穀雨 20日

陽曆		1	2	3	4	5	6	7	8	9	10	11	12	13	14	15	16	17	18	19	20	21	22	23	24	25	26	27	28	29	30	
요일		金	土	日	月	火	水	木	金	土	日	月	火	水	木	金	土	日	月	火	水	木	金	土	日	月	火	水	4/	金	土	
陰曆		3	4	5	6	7	8	9	10	11	12	13	14	15	16	17	18	19	20	21	22	23	24	25	26	27	28	29	1	2	3	
日辰		辛	壬	癸	甲	乙	丙	丁	戊	己	庚	辛	壬	癸	甲	乙	丙	丁	戊	己	庚	辛	壬	癸	甲	乙	丙	丁	戊	己	庚	
		酉	戌	亥	子	丑	寅	卯	辰	巳	午	未	申	酉	戌	亥	子	丑	寅	卯	辰	巳	午	未	申	酉	戌	亥	子	丑	寅	
大	男	9	9	9	10	清	1	1	1	1	2	2	2	3	3	3	4	4	4	5	5	5	6	6	6	7	7	7	8	8	8	
運	女	一	一	一	一	明	十	十	九	九	九	八	八	八	七	七	七	六	六	六	五	五	五	四	四	四	三	三	三	二	二	

5월 (戊辰) 己巳 (입하) 立夏 6日 05:37 小滿 21日

陽曆		1	2	3	4	5	6	7	8	9	10	11	12	13	14	15	16	17	18	19	20	21	22	23	24	25	26	27	28	29	30	31
요일		日	月	火	水	木	金	土	日	月	火	水	木	金	土	日	月	火	水	木	金	土	日	月	火	水	木	金	5/	日	月	火
陰曆		4	5	6	7	8	9	10	11	12	13	14	15	16	17	18	19	20	21	22	23	24	25	26	27	28	29	30	1	2	3	4
日辰		辛	壬	癸	甲	乙	丙	丁	戊	己	庚	辛	壬	癸	甲	乙	丙	丁	戊	己	庚	辛	壬	癸	甲	乙	丙	丁	戊	己	庚	辛
		卯	辰	巳	午	未	申	酉	戌	亥	子	丑	寅	卯	辰	巳	午	未	申	酉	戌	亥	子	丑	寅	卯	辰	巳	午	未	申	酉
大	男	9	9	9	10	10	立	1	1	1	1	2	2	2	3	3	3	4	4	4	5	5	5	6	6	6	7	7	7	8	8	8
運	女	二	一	一	一	一	夏	十	十	九	九	九	八	八	八	七	七	七	六	六	六	五	五	五	四	四	四	三	三	三	二	二

6월 (己巳) 庚午 (망종) 芒種 6日 10:07 夏至 22日

陽曆		1	2	3	4	5	6	7	8	9	10	11	12	13	14	15	16	17	18	19	20	21	22	23	24	25	26	27	28	29	30	
요일		水	木	金	土	日	月	火	水	木	金	土	日	月	火	水	木	金	土	日	月	火	水	木	金	土	6/	月	火	水	木	
陰曆		5	6	7	8	9	10	11	12	13	14	15	16	17	18	19	20	21	22	23	24	25	26	27	28	29	1	2	3	4	5	
日辰		壬	癸	甲	乙	丙	丁	戊	己	庚	辛	壬	癸	甲	乙	丙	丁	戊	己	庚	辛	壬	癸	甲	乙	丙	丁	戊	己	庚	辛	
		戌	亥	子	丑	寅	卯	辰	巳	午	未	申	酉	戌	亥	子	丑	寅	卯	辰	巳	午	未	申	酉	戌	亥	子	丑	寅	卯	
大	男	9	9	9	10	10	芒	1	1	1	1	2	2	2	3	3	3	4	4	4	5	5	5	6	6	6	7	7	7	8	8	
運	女	二	一	一	一	一	種	十	十	九	九	九	八	八	八	七	七	七	六	六	六	五	五	五	四	四	四	三	三	三	二	

[서머타임 : 4월 3일 00시 ~ 9월 11일 00시]

霹靂火星 六白金星 | 三日得辛 十龍治水 | 西大將 卯喪門 | 亥弔客 東三殺 | 寒食(4월 06일) 中伏(7월 29일) | 初伏(7월 19일) 末伏(8월 08일)

7월 (庚午) 辛未 (소서) 小署 7日 20:32 大署 23日

陽曆		1	2	3	4	5	6	7	8	9	10	11	12	13	14	15	16	17	18	19	20	21	22	23	24	25	26	27	28	29	30	31
요일		金	土	日	月	火	水	木	金	土	日	月	火	水	木	金	土	日	月	火	水	木	金	土	日	月	7	水	木	金	土	日
陰曆		6	7	8	9	10	11	12	13	14	15	16	17	18	19	20	21	22	23	24	25	26	27	28	29	30	1	2	3	4	5	6
日辰		壬	癸	甲	乙	丙	丁	戊	己	庚	辛	壬	癸	甲	乙	丙	丁	戊	己	庚	辛	壬	癸	甲	乙	丙	丁	戊	己	庚	辛	壬
		辰	巳	午	未	申	酉	戌	亥	子	丑	寅	卯	辰	巳	午	未	申	酉	戌	亥	子	丑	寅	卯	辰	巳	午	未	申	酉	戌
大	男	8	9	9	9	10	10	小	1	1	1	1	2	2	2	3	3	3	4	4	4	5	5	5	6	6	6	7	7	7	8	8
運	女	二	二	一	一	一	一	署	十	十	十	九	九	九	八	八	八	七	七	七	六	六	六	五	五	五	四	四	四	三	三	三

8월 (辛未) 壬申 (입추) 立秋 8日 06:16 處署 23日

陽曆		1	2	3	4	5	6	7	8	9	10	11	12	13	14	15	16	17	18	19	20	21	22	23	24	25	26	27	28	29	30	31
요일		月	火	水	木	金	土	日	月	火	水	木	金	土	日	月	火	水	木	金	土	日	月	火	윤7	木	金	土	日	月	火	水
陰曆		7	8	9	10	11	12	13	14	15	16	17	18	19	20	21	22	23	24	25	26	27	28	29	1	2	3	4	5	6	7	8
日辰		癸	甲	乙	丙	丁	戊	己	庚	辛	壬	癸	甲	乙	丙	丁	戊	己	庚	辛	壬	癸	甲	乙	丙	丁	戊	己	庚	辛	壬	癸
		亥	子	丑	寅	卯	辰	巳	午	未	申	酉	戌	亥	子	丑	寅	卯	辰	巳	午	未	申	酉	戌	亥	子	丑	寅	卯	辰	巳
大	男	8	9	9	9	10	10	10	立	1	1	1	1	2	2	2	3	3	3	4	4	4	5	5	5	6	6	6	7	7	7	8
運	女	二	二	二	一	一	一	一	秋	十	十	九	九	九	八	八	八	七	七	七	六	六	六	五	五	五	四	四	四	三	三	三

9월 (壬申) 癸酉 (백로) 白露 8日 08:55 秋分 23日

陽曆		1	2	3	4	5	6	7	8	9	10	11	12	13	14	15	16	17	18	19	20	21	22	23	24	25	26	27	28	29	30
요일		木	金	土	日	月	火	水	木	金	土	日	月	火	水	木	金	土	日	月	火	水	8	金	土	日	月	火	水	木	金
陰曆		9	10	11	12	13	14	15	16	17	18	19	20	21	22	23	24	25	26	27	28	29	1	2	3	4	5	6	7	8	9
日辰		甲	乙	丙	丁	戊	己	庚	辛	壬	癸	甲	乙	丙	丁	戊	己	庚	辛	壬	癸	甲	乙	丙	丁	戊	己	庚	辛	壬	癸
		午	未	申	酉	戌	亥	子	丑	寅	卯	辰	巳	午	未	申	酉	戌	亥	子	丑	寅	卯	辰	巳	午	未	申	酉	戌	亥
大	男	8	8	9	9	9	10	10	白	1	1	1	1	2	2	2	3	3	3	4	4	4	5	5	5	6	6	6	7	7	7
運	女	二	二	二	一	一	一	一	露	十	十	九	九	九	八	八	八	七	七	七	六	六	六	五	五	五	四	四	四	三	三

10월 (癸酉) 甲戌 (한로) 寒露 9日 00:11 霜降 24日

陽曆		1	2	3	4	5	6	7	8	9	10	11	12	13	14	15	16	17	18	19	20	21	22	23	24	25	26	27	28	29	30	31
요일		土	日	月	火	水	木	金	土	日	月	火	水	木	金	土	日	月	火	水	木	金	9	日	月	火	水	木	金	土	日	月
陰曆		10	11	12	13	14	15	16	17	18	19	20	21	22	23	24	25	26	27	28	29	30	1	2	3	4	5	6	7	8	9	10
日辰		甲	乙	丙	丁	戊	己	庚	辛	壬	癸	甲	乙	丙	丁	戊	己	庚	辛	壬	癸	甲	乙	丙	丁	戊	己	庚	辛	壬	癸	甲
		子	丑	寅	卯	辰	巳	午	未	申	酉	戌	亥	子	丑	寅	卯	辰	巳	午	未	申	酉	戌	亥	子	丑	寅	卯	辰	巳	午
大	男	8	8	8	9	9	9	10	10	寒	1	1	1	1	2	2	2	3	3	3	4	4	4	5	5	5	6	6	6	7	7	7
運	女	三	二	二	二	一	一	一	一	露	十	九	九	九	八	八	八	七	七	七	六	六	六	五	五	五	四	四	四	三	三	三

11월 (甲戌) 乙亥 (입동) 立冬 8日 03:00 小雪 23日

陽曆		1	2	3	4	5	6	7	8	9	10	11	12	13	14	15	16	17	18	19	20	21	22	23	24	25	26	27	28	29	30
요일		火	水	木	金	土	日	月	火	水	木	金	土	日	月	火	水	木	金	土	10	月	火	水	木	金	土	日	月	火	水
陰曆		11	12	13	14	15	16	17	18	19	20	21	22	23	24	25	26	27	28	29	1	2	3	4	5	6	7	8	9	10	11
日辰		乙	丙	丁	戊	己	庚	辛	壬	癸	甲	乙	丙	丁	戊	己	庚	辛	壬	癸	甲	乙	丙	丁	戊	己	庚	辛	壬	癸	甲
		未	申	酉	戌	亥	子	丑	寅	卯	辰	巳	午	未	申	酉	戌	亥	子	丑	寅	卯	辰	巳	午	未	申	酉	戌	亥	子
大	男	8	8	8	9	9	9	10	立	1	1	1	1	2	2	2	3	3	3	4	4	4	5	5	5	6	6	6	7	7	7
運	女	二	二	二	一	一	一	一	冬	九	九	九	八	八	八	七	七	七	六	六	六	五	五	五	四	四	四	三	三	三	二

12월 (乙亥) 丙子 (대설) 大雪 7日 19:33 冬至 22日

陽曆		1	2	3	4	5	6	7	8	9	10	11	12	13	14	15	16	17	18	19	20	21	22	23	24	25	26	27	28	29	30	31
요일		木	金	土	日	月	火	水	木	金	土	日	月	火	水	木	金	土	日	月	11	水	木	金	土	日	月	火	水	木	金	土
陰曆		12	13	14	15	16	17	18	19	20	21	22	23	24	25	26	27	28	29	30	1	2	3	4	5	6	7	8	9	10	11	12
日辰		乙	丙	丁	戊	己	庚	辛	壬	癸	甲	乙	丙	丁	戊	己	庚	辛	壬	癸	甲	乙	丙	丁	戊	己	庚	辛	壬	癸	甲	乙
		丑	寅	卯	辰	巳	午	未	申	酉	戌	亥	子	丑	寅	卯	辰	巳	午	未	申	酉	戌	亥	子	丑	寅	卯	辰	巳	午	未
大	男	8	8	8	9	9	9	大	1	1	1	1	2	2	2	3	3	3	4	4	4	5	5	5	6	6	6	7	7	7	8	8
運	女	二	二	一	一	一	一	雪	十	九	九	九	八	八	八	七	七	七	六	六	六	五	五	五	四	四	四	三	三	三	二	二

1월 (丙子) 丁丑 (소한) 小寒 6日 06:39 大寒 21日

陽曆	1	2	3	4	5	6	7	8	9	10	11	12	13	14	15	16	17	18	19	20	21	22	23	24	25	26	27	28	29	30	31
요일	日	月	火	水	木	金	土	日	月	火	水	木	金	土	日	月	火	12/	木	金	土	日	月	火	水	木	金	土	日	月	火
陰曆	13	14	15	16	17	18	19	20	21	22	23	24	25	26	27	28	29	1	2	3	4	5	6	7	8	9	10	11	12	13	14
日辰	丙	丁	戊	己	庚	辛	壬	癸	甲	乙	丙	丁	戊	己	庚	辛	壬	癸	甲	乙	丙	丁	戊	己	庚	辛	壬	癸	甲	乙	丙
	申	酉	戌	亥	子	丑	寅	卯	辰	巳	午	未	申	酉	戌	亥	子	丑	寅	卯	辰	巳	午	未	申	酉	戌	亥	子	丑	寅
大 男	8	9	9	9	10	小	1	1	1	1	2	2	2	3	3	3	4	4	4	5	5	5	6	6	6	7	7	7	8	8	8
運 女	二	一	一	一	一	寒	九	九	九	八	八	八	七	七	七	六	六	六	五	五	五	四	四	四	三	三	三	二	二	二	一

2월 (丁丑) 戊寅 (입춘) 立春 4日 18:21 雨水 19日

陽曆	1	2	3	4	5	6	7	8	9	10	11	12	13	14	15	16	17	18	19	20	21	22	23	24	25	26	27	28			
요일	水	木	金	土	日	月	火	水	木	金	土	日	月	火	水	木	1/	土	日	月	火	水	木	金	土	日	月	火			
陰曆	15	16	17	18	19	20	21	22	23	24	25	26	27	28	29	30	1	2	3	4	5	6	7	8	9	10	11	12			
日辰	丁	戊	己	庚	辛	壬	癸	甲	乙	丙	丁	戊	己	庚	辛	壬	癸	甲	乙	丙	丁	戊	己	庚	辛	壬	癸	甲			
	卯	辰	巳	午	未	申	酉	戌	亥	子	丑	寅	卯	辰	巳	午	未	申	酉	戌	亥	子	丑	寅	卯	辰	巳	午			
大 男	9	9	9	立	10	9	9	9	8	8	8	7	7	7	6	6	6	5	5	5	4	4	4	3	3	3	2	2			
運 女	一	一	一	春	一	一	一	一	二	二	二	三	三	三	四	四	四	五	五	五	六	六	六	七	七	七	八	八			

3월 (戊寅) 己卯 (경칩) 驚蟄 6日 12:35 春分 21日

陽曆	1	2	3	4	5	6	7	8	9	10	11	12	13	14	15	16	17	18	19	20	21	22	23	24	25	26	27	28	29	30	31
요일	水	木	金	土	日	月	火	水	木	金	土	日	月	火	水	木	金	土	2/	月	火	水	木	金	土	日	月	火	水	木	金
陰曆	13	14	15	16	17	18	19	20	21	22	23	24	25	26	27	28	29	30	1	2	3	4	5	6	7	8	9	10	11	12	13
日辰	乙	丙	丁	戊	己	庚	辛	壬	癸	甲	乙	丙	丁	戊	己	庚	辛	壬	癸	甲	乙	丙	丁	戊	己	庚	辛	壬	癸	甲	乙
	未	申	酉	戌	亥	子	丑	寅	卯	辰	巳	午	未	申	酉	戌	亥	子	丑	寅	卯	辰	巳	午	未	申	酉	戌	亥	子	丑
大 男	2	1	1	1	1	驚	10	9	9	9	8	8	8	7	7	7	6	6	6	5	5	5	4	4	4	3	3	3	2	2	2
運 女	八	九	九	九	十	蟄	一	一	一	一	二	二	二	三	三	三	四	四	四	五	五	五	六	六	六	七	七	七	八	八	八

4월 (己卯) 庚辰 (청명) 淸明 5日 17:45 穀雨 21日

陽曆	1	2	3	4	5	6	7	8	9	10	11	12	13	14	15	16	17	18	19	20	21	22	23	24	25	26	27	28	29	30	
요일	土	日	月	火	水	木	金	土	日	月	火	水	木	金	土	日	3/	火	水	木	金	土	日	月	火	水	木	金	土	日	
陰曆	14	15	16	17	18	19	20	21	22	23	24	25	26	27	28	29	1	2	3	4	5	6	7	8	9	10	11	12	13	14	
日辰	丙	丁	戊	己	庚	辛	壬	癸	甲	乙	丙	丁	戊	己	庚	辛	壬	癸	甲	乙	丙	丁	戊	己	庚	辛	壬	癸	甲	乙	
	寅	卯	辰	巳	午	未	申	酉	戌	亥	子	丑	寅	卯	辰	巳	午	未	申	酉	戌	亥	子	丑	寅	卯	辰	巳	午	未	
大 男	1	1	1	1	淸	10	10	9	9	9	8	8	8	7	7	7	6	6	6	5	5	5	4	4	4	3	3	3	2	2	
運 女	九	九	九	十	明	一	一	一	一	二	二	二	三	三	三	四	四	四	五	五	五	六	六	六	七	七	七	八	八	八	

5월 (庚辰) 辛巳 (입하) 立夏 6日 11:25 小滿 22日

陽曆	1	2	3	4	5	6	7	8	9	10	11	12	13	14	15	16	17	18	19	20	21	22	23	24	25	26	27	28	29	30	31
요일	月	火	水	木	金	土	日	月	火	水	木	金	土	日	月	火	4/	木	金	土	日	月	火	水	木	金	土	日	月	火	水
陰曆	15	16	17	18	19	20	21	22	23	24	25	26	27	28	29	30	1	2	3	4	5	6	7	8	9	10	11	12	13	14	15
日辰	丙	丁	戊	己	庚	辛	壬	癸	甲	乙	丙	丁	戊	己	庚	辛	壬	癸	甲	乙	丙	丁	戊	己	庚	辛	壬	癸	甲	乙	丙
	申	酉	戌	亥	子	丑	寅	卯	辰	巳	午	未	申	酉	戌	亥	子	丑	寅	卯	辰	巳	午	未	申	酉	戌	亥	子	丑	寅
大 男	2	1	1	1	1	立	10	10	9	9	9	8	8	8	7	7	7	6	6	6	5	5	5	4	4	4	3	3	3	2	2
運 女	九	九	九	十	十	夏	一	一	一	一	二	二	二	三	三	三	四	四	四	五	五	五	六	六	六	七	七	七	八	八	八

6월 (辛巳) 壬午 (망종) 芒種 6日 15:52 夏至 22日

陽曆	1	2	3	4	5	6	7	8	9	10	11	12	13	14	15	16	17	18	19	20	21	22	23	24	25	26	27	28	29	30	
요일	木	金	土	日	月	火	水	木	金	土	日	月	火	水	木	5/	土	日	月	火	水	木	金	土	日	月	火	水	木	金	
陰曆	16	17	18	19	20	21	22	23	24	25	26	27	28	29	30	1	2	3	4	5	6	7	8	9	10	11	12	13	14	15	
日辰	丁	戊	己	庚	辛	壬	癸	甲	乙	丙	丁	戊	己	庚	辛	壬	癸	甲	乙	丙	丁	戊	己	庚	辛	壬	癸	甲	乙	丙	
	卯	辰	巳	午	未	申	酉	戌	亥	子	丑	寅	卯	辰	巳	午	未	申	酉	戌	亥	子	丑	寅	卯	辰	巳	午	未	申	
大 男	2	1	1	1	1	芒	10	10	10	9	9	9	8	8	8	7	7	7	6	6	6	5	5	5	4	4	4	3	3	3	
運 女	九	九	九	十	十	種	一	一	一	一	二	二	二	三	三	三	四	四	四	五	五	五	六	六	六	七	七	七	八	八	

[서머타임 : 4월 1일 00시 ~ 9월 10일 00시]

松柏木星 五黃土星 | 九日得辛 十龍治水 | 北大將 辰喪門 | 子弔客 北三殺 | 寒食(4월 06일) 中伏(7월 24일) | 初伏(7월 14일) 末伏(8월 13일)

7월 (壬午) 癸未 (소서) 小署 8日 02:14 大署 23日

陽曆	1	2	3	4	5	6	7	8	9	10	11	12	13	14	15	16	17	18	19	20	21	22	23	24	25	26	27	28	29	30	31
요일	土	日	月	火	水	木	金	土	日	月	火	水	木	金	6	日	月	火	水	木	金	土	日	月	火	水	木	金	土	日	月
陰曆	16	17	18	19	20	21	22	23	24	25	26	27	28	29	1	2	3	4	5	6	7	8	9	10	11	12	13	14	15	16	17
日辰	丁	戊	己	庚	辛	壬	癸	甲	乙	丙	丁	戊	己	庚	辛	壬	癸	甲	乙	丙	丁	戊	己	庚	辛	壬	癸	甲	乙	丙	丁
	酉	戌	亥	子	丑	寅	卯	辰	巳	午	未	申	酉	戌	亥	子	丑	寅	卯	辰	巳	午	未	申	酉	戌	亥	子	丑	寅	卯
大 男	2	2	2	1	1	1	1	小	10	10	9	9	9	8	8	8	7	7	7	6	6	6	5	5	5	4	4	4	3	3	3
運 女	八	九	九	九	十	十	十	署	一	一	一	一	二	二	二	三	三	三	四	四	四	五	五	五	六	六	六	七	七	七	八

8월 (癸未) 甲申 (입추) 立秋 8日 11:56 處署 24日

陽曆	1	2	3	4	5	6	7	8	9	10	11	12	13	14	15	16	17	18	19	20	21	22	23	24	25	26	27	28	29	30	31
요일	火	水	木	金	土	日	月	火	水	木	金	土	日	7	火	水	木	金	土	日	月	火	水	木	金	土	日	月	火	水	木
陰曆	18	19	20	21	22	23	24	25	26	27	28	29	30	1	2	3	4	5	6	7	8	9	10	11	12	13	14	15	16	17	18
日辰	戊	己	庚	辛	壬	癸	甲	乙	丙	丁	戊	己	庚	辛	壬	癸	甲	乙	丙	丁	戊	己	庚	辛	壬	癸	甲	乙	丙	丁	戊
	辰	巳	午	未	申	酉	戌	亥	子	丑	寅	卯	辰	巳	午	未	申	酉	戌	亥	子	丑	寅	卯	辰	巳	午	未	申	酉	戌
大 男	2	2	2	1	1	1	1	立	10	10	9	9	9	8	8	8	7	7	7	6	6	6	5	5	5	4	4	4	3	3	3
運 女	八	八	九	九	九	十	十	秋	一	一	一	一	二	二	二	三	三	三	四	四	四	五	五	五	六	六	六	七	七	七	八

9월 (甲申) 乙酉 (백로) 白露 8日 14:34 秋分 23日

陽曆	1	2	3	4	5	6	7	8	9	10	11	12	13	14	15	16	17	18	19	20	21	22	23	24	25	26	27	28	29	30	
요일	金	土	日	月	火	水	木	金	土	日	月	8	水	木	金	土	日	月	火	水	木	金	土	日	月	火	水	木	金	土	
陰曆	19	20	21	22	23	24	25	26	27	28	29	1	2	3	4	5	6	7	8	9	10	11	12	13	14	15	16	17	18	19	
日辰	己	庚	辛	壬	癸	甲	乙	丙	丁	戊	己	庚	辛	壬	癸	甲	乙	丙	丁	戊	己	庚	辛	壬	癸	甲	乙	丙	丁	戊	
	亥	子	丑	寅	卯	辰	巳	午	未	申	酉	戌	亥	子	丑	寅	卯	辰	巳	午	未	申	酉	戌	亥	子	丑	寅	卯	辰	
大 男	2	2	2	1	1	1	1	白	10	10	9	9	9	8	8	8	7	7	7	6	6	6	5	5	5	4	4	4	3	3	
運 女	八	八	九	九	九	十	十	露	一	一	一	一	二	二	二	三	三	三	四	四	四	五	五	五	六	六	六	七	七	七	

10월 (乙酉) 丙戌 (한로) 寒露 9日 05:52 霜降 24日

陽曆	1	2	3	4	5	6	7	8	9	10	11	12	13	14	15	16	17	18	19	20	21	22	23	24	25	26	27	28	29	30	31
요일	日	月	火	水	木	金	土	日	月	火	9	木	金	土	日	月	火	水	木	金	土	日	月	火	水	木	金	土	日	月	火
陰曆	20	21	22	23	24	25	26	27	28	29	1	2	3	4	5	6	7	8	9	10	11	12	13	14	15	16	17	18	19	20	21
日辰	己	庚	辛	壬	癸	甲	乙	丙	丁	戊	己	庚	辛	壬	癸	甲	乙	丙	丁	戊	己	庚	辛	壬	癸	甲	乙	丙	丁	戊	己
	巳	午	未	申	酉	戌	亥	子	丑	寅	卯	辰	巳	午	未	申	酉	戌	亥	子	丑	寅	卯	辰	巳	午	未	申	酉	戌	亥
大 男	3	2	2	2	1	1	1	1	寒	10	9	9	9	8	8	8	7	7	7	6	6	6	5	5	5	4	4	4	3	3	3
運 女	八	八	八	九	九	九	十	十	露	一	一	一	一	二	二	二	三	三	三	四	四	四	五	五	五	六	六	六	七	七	七

11월 (丙戌) 丁亥 (입동) 立冬 8日 08:44 小雪 23日

陽曆	1	2	3	4	5	6	7	8	9	10	11	12	13	14	15	16	17	18	19	20	21	22	23	24	25	26	27	28	29	30	
요일	水	木	金	土	日	月	火	水	木	10	土	日	月	火	水	木	金	土	日	月	火	水	木	金	土	日	月	火	水	木	
陰曆	22	23	24	25	26	27	28	29	30	1	2	3	4	5	6	7	8	9	10	11	12	13	14	15	16	17	18	19	20	21	
日辰	庚	辛	壬	癸	甲	乙	丙	丁	戊	己	庚	辛	壬	癸	甲	乙	丙	丁	戊	己	庚	辛	壬	癸	甲	乙	丙	丁	戊	己	
	子	丑	寅	卯	辰	巳	午	未	申	酉	戌	亥	子	丑	寅	卯	辰	巳	午	未	申	酉	戌	亥	子	丑	寅	卯	辰	巳	
大 男	2	2	2	1	1	1	1	立	10	9	9	9	8	8	8	7	7	7	6	6	6	5	5	5	4	4	4	3	3	3	
運 女	八	八	八	九	九	九	十	冬	一	一	一	一	二	二	二	三	三	三	四	四	四	五	五	五	六	六	六	七	七	七	

12월 (丁亥) 戊子 (대설) 大雪 8日 01:22 冬至 22日

陽曆	1	2	3	4	5	6	7	8	9	10	11	12	13	14	15	16	17	18	19	20	21	22	23	24	25	26	27	28	29	30	31
요일	金	土	日	月	火	水	木	金	11	日	月	火	水	木	金	土	日	月	火	水	木	金	土	日	月	火	水	木	金	土	日
陰曆	22	23	24	25	26	27	28	29	1	2	3	4	5	6	7	8	9	10	11	12	13	14	15	16	17	18	19	20	21	22	23
日辰	庚	辛	壬	癸	甲	乙	丙	丁	戊	己	庚	辛	壬	癸	甲	乙	丙	丁	戊	己	庚	辛	壬	癸	甲	乙	丙	丁	戊	己	庚
	午	未	申	酉	戌	亥	子	丑	寅	卯	辰	巳	午	未	申	酉	戌	亥	子	丑	寅	卯	辰	巳	午	未	申	酉	戌	亥	子
大 男	2	2	2	1	1	1	1	大	9	9	9	8	8	8	7	7	7	6	6	6	5	5	5	4	4	4	3	3	3	2	2
運 女	八	八	八	九	九	九	十	雪	一	一	一	一	二	二	二	三	三	三	四	四	四	五	五	五	六	六	六	七	七	七	八

1월 (戊子)　己丑 (소한) 小寒 6日 12:30　大寒 21日

陽曆		1	2	3	4	5	6	7	8	9	10	11	12	13	14	15	16	17	18	19	20	21	22	23	24	25	26	27	28	29	30	31
요일		月	火	水	木	金	土	日	12	火	水	木	金	土	日	月	火	水	木	金	土	日	月	火	水	木	金	土	日	月	火	水
陰曆		24	25	26	27	28	29	30	1	2	3	4	5	6	7	8	9	10	11	12	13	14	15	16	17	18	19	20	21	22	23	24
日辰		辛	壬	癸	甲	乙	丙	丁	戊	己	庚	辛	壬	癸	甲	乙	丙	丁	戊	己	庚	辛	壬	癸	甲	乙	丙	丁	戊	己	庚	辛
		丑	寅	卯	辰	巳	午	未	申	酉	戌	亥	子	丑	寅	卯	辰	巳	午	未	申	酉	戌	亥	子	丑	寅	卯	辰	巳	午	未
大	男	2	1	1	1	1	小	10	9	9	9	8	8	8	7	7	7	6	6	6	5	5	5	4	4	4	3	3	3	2	2	2
運	女	八	八	九	九	九	寒	一	一	一	一	二	二	二	三	三	三	四	四	四	五	五	五	六	六	六	七	七	七	八	八	八

2월 (己丑)　庚寅 (입춘) 立春 5日 00:13　雨水 19日

陽曆		1	2	3	4	5	6	7	8	9	10	11	12	13	14	15	16	17	18	19	20	21	22	23	24	25	26	27	28			
요일		木	金	土	日	月	1	水	木	金	土	日	月	火	水	木	金	土	日	月	火	水	木	金	土	日	月	火	水			
陰曆		25	26	27	28	29	1	2	3	4	5	6	7	8	9	10	11	12	13	14	15	16	17	18	19	20	21	22	23			
日辰		壬	癸	甲	乙	丙	丁	戊	己	庚	辛	壬	癸	甲	乙	丙	丁	戊	己	庚	辛	壬	癸	甲	乙	丙	丁	戊	己			
		申	酉	戌	亥	子	丑	寅	卯	辰	巳	午	未	申	酉	戌	亥	子	丑	寅	卯	辰	巳	午	未	申	酉	戌	亥			
大	男	1	1	1	1	立	1	1	1	1	2	2	2	3	3	3	4	4	4	5	5	5	6	6	6	7	7	7	8			
運	女	九	九	九	十	春	九	九	九	八	八	八	七	七	七	六	六	六	五	五	五	四	四	四	三	三	三	二	二			

3월 (庚寅)　辛卯 (경칩) 驚蟄 6日 18:27　春分 21日

陽曆		1	2	3	4	5	6	7	8	9	10	11	12	13	14	15	16	17	18	19	20	21	22	23	24	25	26	27	28	29	30	31
요일		木	金	土	日	月	火	水	2	金	土	日	月	火	水	木	金	土	日	月	火	水	木	金	土	日	月	火	水	木	金	土
陰曆		24	25	26	27	28	29	30	1	2	3	4	5	6	7	8	9	10	11	12	13	14	15	16	17	18	19	20	21	22	23	24
日辰		庚	辛	壬	癸	甲	乙	丙	丁	戊	己	庚	辛	壬	癸	甲	乙	丙	丁	戊	己	庚	辛	壬	癸	甲	乙	丙	丁	戊	己	庚
		子	丑	寅	卯	辰	巳	午	未	申	酉	戌	亥	子	丑	寅	卯	辰	巳	午	未	申	酉	戌	亥	子	丑	寅	卯	辰	巳	午
大	男	8	8	9	9	9	驚	1	1	1	1	2	2	2	3	3	3	4	4	4	5	5	5	6	6	6	7	7	7	8	8	8
運	女	二	一	一	一	一	蟄	十	九	九	九	八	八	八	七	七	七	六	六	六	五	五	五	四	四	四	三	三	三	二	二	二

4월 (辛卯)　壬辰 (청명) 淸明 5日 23:33　穀雨 21日

陽曆		1	2	3	4	5	6	7	8	9	10	11	12	13	14	15	16	17	18	19	20	21	22	23	24	25	26	27	28	29	30	
요일		日	月	火	水	木	3	土	日	月	火	水	木	金	土	日	月	火	水	木	金	土	日	月	火	水	木	金	土	日	月	
陰曆		25	26	27	28	29	1	2	3	4	5	6	7	8	9	10	11	12	13	14	15	16	17	18	19	20	21	22	23	24	25	
日辰		辛	壬	癸	甲	乙	丙	丁	戊	己	庚	辛	壬	癸	甲	乙	丙	丁	戊	己	庚	辛	壬	癸	甲	乙	丙	丁	戊	己	庚	
		未	申	酉	戌	亥	子	丑	寅	卯	辰	巳	午	未	申	酉	戌	亥	子	丑	寅	卯	辰	巳	午	未	申	酉	戌	亥	子	
大	男	9	9	9	10	淸	1	1	1	1	2	2	2	3	3	3	4	4	4	5	5	5	6	6	6	7	7	7	8	8	8	
運	女	一	一	一	一	明	十	十	九	九	九	八	八	八	七	七	七	六	六	六	五	五	五	四	四	四	三	三	三	二	二	

5월 (壬辰)　癸巳 (입하) 立夏 6日 17:09　小滿 22日

陽曆		1	2	3	4	5	6	7	8	9	10	11	12	13	14	15	16	17	18	19	20	21	22	23	24	25	26	27	28	29	30	31
요일		火	水	木	金	土	4	月	火	水	木	金	土	日	月	火	水	木	金	土	日	月	火	水	木	金	土	日	月	火	水	木
陰曆		26	27	28	29	30	1	2	3	4	5	6	7	8	9	10	11	12	13	14	15	16	17	18	19	20	21	22	23	24	25	26
日辰		辛	壬	癸	甲	乙	丙	丁	戊	己	庚	辛	壬	癸	甲	乙	丙	丁	戊	己	庚	辛	壬	癸	甲	乙	丙	丁	戊	己	庚	辛
		丑	寅	卯	辰	巳	午	未	申	酉	戌	亥	子	丑	寅	卯	辰	巳	午	未	申	酉	戌	亥	子	丑	寅	卯	辰	巳	午	未
大	男	9	9	9	10	10	立	1	1	1	1	2	2	2	3	3	3	4	4	4	5	5	5	6	6	6	7	7	7	8	8	8
運	女	二	一	一	一	一	夏	十	十	九	九	九	八	八	八	七	七	七	六	六	六	五	五	五	四	四	四	三	三	三	二	二

6월 (癸巳)　甲午 (망종) 芒種 6日 21:33　夏至 22日

陽曆		1	2	3	4	5	6	7	8	9	10	11	12	13	14	15	16	17	18	19	20	21	22	23	24	25	26	27	28	29	30	
요일		金	土	日	月	5	水	木	金	土	日	月	火	水	木	金	土	日	月	火	水	木	金	土	日	月	火	水	木	金	土	
陰曆		27	28	29	30	1	2	3	4	5	6	7	8	9	10	11	12	13	14	15	16	17	18	19	20	21	22	23	24	25	26	
日辰		壬	癸	甲	乙	丙	丁	戊	己	庚	辛	壬	癸	甲	乙	丙	丁	戊	己	庚	辛	壬	癸	甲	乙	丙	丁	戊	己	庚	辛	
		申	酉	戌	亥	子	丑	寅	卯	辰	巳	午	未	申	酉	戌	亥	子	丑	寅	卯	辰	巳	午	未	申	酉	戌	亥	子	丑	
大	男	9	9	9	10	10	芒	1	1	1	1	2	2	2	3	3	3	4	4	4	5	5	5	6	6	6	7	7	7	8	8	
運	女	二	一	一	一	一	種	十	十	十	九	九	九	八	八	八	七	七	七	六	六	六	五	五	五	四	四	四	三	三	三	

[서머타임 : 5월 6일 00시 ~ 9월 9일 00시]

7월 (甲午) 乙未 (소서) 小暑 8日 07:54 大暑 24日

陽曆	1	2	3	4	5	6	7	8	9	10	11	12	13	14	15	16	17	18	19	20	21	22	23	24	25	26	27	28	29	30	31
요일	日	月	火	6	木	金	土	日	月	火	水	木	金	土	日	月	火	水	木	金	土	日	月	火	水	木	金	土	日	月	火
陰曆	27	28	29	1	2	3	4	5	6	7	8	9	10	11	12	13	14	15	16	17	18	19	20	21	22	23	24	25	26	27	28
日辰	壬	癸	甲	乙	丙	丁	戊	己	庚	辛	壬	癸	甲	乙	丙	丁	戊	己	庚	辛	壬	癸	甲	乙	丙	丁	戊	己	庚	辛	壬
	寅	卯	辰	巳	午	未	申	酉	戌	亥	子	丑	寅	卯	辰	巳	午	未	申	酉	戌	亥	子	丑	寅	卯	辰	巳	午	未	申
大 男	8	9	9	9	10	10	10	小	1	1	1	1	2	2	2	3	3	3	4	4	4	5	5	5	6	6	6	7	7	7	8
運 女	二	二	二	一	一	一	一	署	十	十	九	九	九	八	八	八	七	七	七	六	六	六	五	五	五	四	四	四	三	三	三

8월 (乙未) 丙申 (입추) 立秋 8日 17:37 處暑 24日

陽曆	1	2	3	4	5	6	7	8	9	10	11	12	13	14	15	16	17	18	19	20	21	22	23	24	25	26	27	28	29	30	31
요일	水	木	7	土	日	月	火	水	木	金	土	日	月	火	水	木	金	土	日	月	火	水	木	金	土	日	月	火	水	木	金
陰曆	29	30	1	2	3	4	5	6	7	8	9	10	11	12	13	14	15	16	17	18	19	20	21	22	23	24	25	26	27	28	29
日辰	癸	甲	乙	丙	丁	戊	己	庚	辛	壬	癸	甲	乙	丙	丁	戊	己	庚	辛	壬	癸	甲	乙	丙	丁	戊	己	庚	辛	壬	癸
	酉	戌	亥	子	丑	寅	卯	辰	巳	午	未	申	酉	戌	亥	子	丑	寅	卯	辰	巳	午	未	申	酉	戌	亥	子	丑	寅	卯
大 男	8	8	9	9	9	10	10	立	1	1	1	1	2	2	2	3	3	3	4	4	4	5	5	5	6	6	6	7	7	7	8
運 女	二	二	二	一	一	一	一	秋	十	十	九	九	九	八	八	八	七	七	七	六	六	六	五	五	五	四	四	四	三	三	三

9월 (丙申) 丁酉 (백로) 白露 8日 20:18 秋分 24日

陽曆	8	2	3	4	5	6	7	8	9	10	11	12	13	14	15	16	17	18	19	20	21	22	23	24	25	26	27	28	29	30	
요일	1	日	月	火	水	木	金	土	日	月	火	水	木	金	土	日	月	火	水	木	金	土	日	月	火	水	木	金	土	日	
陰曆	1	2	3	4	5	6	7	8	9	10	11	12	13	14	15	16	17	18	19	20	21	22	23	24	25	26	27	28	29	30	
日辰	甲	乙	丙	丁	戊	己	庚	辛	壬	癸	甲	乙	丙	丁	戊	己	庚	辛	壬	癸	甲	乙	丙	丁	戊	己	庚	辛	壬	癸	
	辰	巳	午	未	申	酉	戌	亥	子	丑	寅	卯	辰	巳	午	未	申	酉	戌	亥	子	丑	寅	卯	辰	巳	午	未	申	酉	
大 男	8	8	9	9	9	10	10	白	1	1	1	1	2	2	2	3	3	3	4	4	4	5	5	5	6	6	6	7	7	7	
運 女	二	二	二	一	一	一	一	露	十	十	九	九	九	八	八	八	七	七	七	六	六	六	五	五	五	四	四	四	三	三	

10월 (丁酉) 戊戌 (한로) 寒露 9日 11:36 霜降 24日

陽曆	1	2	3	4	5	6	7	8	9	10	11	12	13	14	15	16	17	18	19	20	21	22	23	24	25	26	27	28	29	30	31
요일	9	火	水	木	金	土	日	月	火	水	木	金	土	日	月	火	水	木	金	土	日	月	火	水	木	金	土	日	月	10	水
陰曆	1	2	3	4	5	6	7	8	9	10	11	12	13	14	15	16	17	18	19	20	21	22	23	24	25	26	27	28	29	1	2
日辰	甲	乙	丙	丁	戊	己	庚	辛	壬	癸	甲	乙	丙	丁	戊	己	庚	辛	壬	癸	甲	乙	丙	丁	戊	己	庚	辛	壬	癸	甲
	戌	亥	子	丑	寅	卯	辰	巳	午	未	申	酉	戌	亥	子	丑	寅	卯	辰	巳	午	未	申	酉	戌	亥	子	丑	寅	卯	辰
大 男	8	8	8	9	9	9	10	10	寒	1	1	1	1	2	2	2	3	3	3	4	4	4	5	5	5	6	6	6	7	7	7
運 女	三	二	二	二	一	一	一	一	露	十	九	九	九	八	八	八	七	七	七	六	六	六	五	五	五	四	四	四	三	三	三

11월 (戊戌) 己亥 (입동) 立冬 8日 14:27 小雪 23日

陽曆	1	2	3	4	5	6	7	8	9	10	11	12	13	14	15	16	17	18	19	20	21	22	23	24	25	26	27	28	29	30	
요일	木	金	土	日	月	火	水	木	金	土	日	月	火	水	木	金	土	日	月	火	水	木	金	土	日	月	火	水	11	金	
陰曆	3	4	5	6	7	8	9	10	11	12	13	14	15	16	17	18	19	20	21	22	23	24	25	26	27	28	29	30	1	2	
日辰	乙	丙	丁	戊	己	庚	辛	壬	癸	甲	乙	丙	丁	戊	己	庚	辛	壬	癸	甲	乙	丙	丁	戊	己	庚	辛	壬	癸	甲	
	巳	午	未	申	酉	戌	亥	子	丑	寅	卯	辰	巳	午	未	申	酉	戌	亥	子	丑	寅	卯	辰	巳	午	未	申	酉	戌	
大 男	8	8	8	9	9	9	10	立	1	1	1	1	2	2	2	3	3	3	4	4	4	5	5	5	6	6	6	7	7	7	
運 女	二	二	二	一	一	一	一	冬	十	九	九	九	八	八	八	七	七	七	六	六	六	五	五	五	四	四	四	三	三	三	

12월 (己亥) 庚子 (대설) 大雪 8日 07:02 冬至 23日

陽曆	1	2	3	4	5	6	7	8	9	10	11	12	13	14	15	16	17	18	19	20	21	22	23	24	25	26	27	28	29	30	31
요일	土	日	月	火	水	木	金	土	日	月	火	水	木	金	土	日	月	火	水	木	金	土	日	月	火	水	木	12	土	日	月
陰曆	3	4	5	6	7	8	9	10	11	12	13	14	15	16	17	18	19	20	21	22	23	24	25	26	27	28	29	1	2	3	4
日辰	乙	丙	丁	戊	己	庚	辛	壬	癸	甲	乙	丙	丁	戊	己	庚	辛	壬	癸	甲	乙	丙	丁	戊	己	庚	辛	壬	癸	甲	乙
	亥	子	丑	寅	卯	辰	巳	午	未	申	酉	戌	亥	子	丑	寅	卯	辰	巳	午	未	申	酉	戌	亥	子	丑	寅	卯	辰	巳
大 男	8	8	8	9	9	9	10	大	1	1	1	1	2	2	2	3	3	3	4	4	4	5	5	5	6	6	6	7	7	7	8
運 女	二	二	二	一	一	一	一	雪	九	九	九	八	八	八	七	七	七	六	六	六	五	五	五	四	四	四	三	三	三	二	二

壬辰

1월 (庚子) 辛丑 (소한) 小寒 6日 18:10 大寒 21日

陽曆	1	2	3	4	5	6	7	8	9	10	11	12	13	14	15	16	17	18	19	20	21	22	23	24	25	26	27	28	29	30	31
요일	火	水	木	金	土	日	月	火	水	木	金	土	日	月	火	水	木	金	土	日	月	火	水	木	金	土	1	月	火	水	木
陰曆	5	6	7	8	9	10	11	12	13	14	15	16	17	18	19	20	21	22	23	24	25	26	27	28	29	30	1	2	3	4	5
日辰	丙	丁	戊	己	庚	辛	壬	癸	甲	乙	丙	丁	戊	己	庚	辛	壬	癸	甲	乙	丙	丁	戊	己	庚	辛	壬	癸	甲	乙	丙
	午	未	申	酉	戌	亥	子	丑	寅	卯	辰	巳	午	未	申	酉	戌	亥	子	丑	寅	卯	辰	巳	午	未	申	酉	戌	亥	子
大 男	8	8	9	9	9	小	1	1	1	1	2	2	2	3	3	3	4	4	4	5	5	5	6	6	6	7	7	7	8	8	8
運 女	二	一	一	一	一	寒	十	九	九	九	八	八	八	七	七	七	六	六	六	五	五	五	四	四	四	三	三	三	二	二	二

2월 (辛丑) 壬寅 (입춘) 立春 5日 05:53 雨水 20日

陽曆	1	2	3	4	5	6	7	8	9	10	11	12	13	14	15	16	17	18	19	20	21	22	23	24	25	26	27	28	29		
요일	金	土	日	月	火	水	木	金	土	日	月	火	水	木	金	土	日	月	火	水	木	金	土	日	2	火	水	木	金		
陰曆	6	7	8	9	10	11	12	13	14	15	16	17	18	19	20	21	22	23	24	25	26	27	28	29	1	2	3	4	5		
日辰	丁	戊	己	庚	辛	壬	癸	甲	乙	丙	丁	戊	己	庚	辛	壬	癸	甲	乙	丙	丁	戊	己	庚	辛	壬	癸	甲	乙		
	丑	寅	卯	辰	巳	午	未	申	酉	戌	亥	子	丑	寅	卯	辰	巳	午	未	申	酉	戌	亥	子	丑	寅	卯	辰	巳		
大 男	9	9	9	10	立	10	9	9	9	8	8	8	7	7	7	6	6	6	5	5	5	4	4	4	3	3	3	2	2		
運 女	一	一	一	一	春	一	一	一	一	二	二	二	三	三	三	四	四	四	五	五	五	六	六	六	七	七	七	八	八		

3월 (壬寅) 癸卯 (경칩) 驚蟄 6日 00:07 春分 21日

陽曆	1	2	3	4	5	6	7	8	9	10	11	12	13	14	15	16	17	18	19	20	21	22	23	24	25	26	27	28	29	30	31
요일	土	日	月	火	水	木	金	土	日	月	火	水	木	金	土	日	月	火	水	木	金	土	日	月	火	3	木	金	土	日	月
陰曆	6	7	8	9	10	11	12	13	14	15	16	17	18	19	20	21	22	23	24	25	26	27	28	29	30	1	2	3	4	5	6
日辰	丙	丁	戊	己	庚	辛	壬	癸	甲	乙	丙	丁	戊	己	庚	辛	壬	癸	甲	乙	丙	丁	戊	己	庚	辛	壬	癸	甲	乙	丙
	午	未	申	酉	戌	亥	子	丑	寅	卯	辰	巳	午	未	申	酉	戌	亥	子	丑	寅	卯	辰	巳	午	未	申	酉	戌	亥	子
大 男	2	1	1	1	1	驚	10	9	9	9	8	8	8	7	7	7	6	6	6	5	5	5	4	4	4	3	3	3	2	2	2
運 女	八	九	九	九	十	蟄	一	一	一	一	二	二	二	三	三	三	四	四	四	五	五	五	六	六	六	七	七	七	八	八	八

4월 (癸卯) 甲辰 (청명) 清明 5日 05:15 穀雨 20日

陽曆	1	2	3	4	5	6	7	8	9	10	11	12	13	14	15	16	17	18	19	20	21	22	23	24	25	26	27	28	29	30	
요일	火	水	木	金	土	日	月	火	水	木	金	土	日	月	火	水	木	金	土	日	月	火	水	4	金	土	日	月	火	水	
陰曆	7	8	9	10	11	12	13	14	15	16	17	18	19	20	21	22	23	24	25	26	27	28	29	1	2	3	4	5	6	7	
日辰	丁	戊	己	庚	辛	壬	癸	甲	乙	丙	丁	戊	己	庚	辛	壬	癸	甲	乙	丙	丁	戊	己	庚	辛	壬	癸	甲	乙	丙	
	丑	寅	卯	辰	巳	午	未	申	酉	戌	亥	子	丑	寅	卯	辰	巳	午	未	申	酉	戌	亥	子	丑	寅	卯	辰	巳	午	
大 男	1	1	1	1	清	10	9	9	9	8	8	8	7	7	7	6	6	6	5	5	5	4	4	4	3	3	3	2	2	2	
運 女	九	九	九	十	明	一	一	一	一	二	二	二	三	三	三	四	四	四	五	五	五	六	六	六	七	七	七	八	八	八	

5월 (甲辰) 乙巳 (입하) 立夏 5日 22:54 小滿 21日

陽曆	1	2	3	4	5	6	7	8	9	10	11	12	13	14	15	16	17	18	19	20	21	22	23	24	25	26	27	28	29	30	31
요일	木	金	土	日	月	火	水	木	金	土	日	月	火	水	木	金	土	日	月	火	水	木	金	5	日	月	火	水	木	金	土
陰曆	8	9	10	11	12	13	14	15	16	17	18	19	20	21	22	23	24	25	26	27	28	29	30	1	2	3	4	5	6	7	8
日辰	丁	戊	己	庚	辛	壬	癸	甲	乙	丙	丁	戊	己	庚	辛	壬	癸	甲	乙	丙	丁	戊	己	庚	辛	壬	癸	甲	乙	丙	丁
	未	申	酉	戌	亥	子	丑	寅	卯	辰	巳	午	未	申	酉	戌	亥	子	丑	寅	卯	辰	巳	午	未	申	酉	戌	亥	子	丑
大 男	1	1	1	1	立	10	10	10	9	9	9	8	8	8	7	7	7	6	6	6	5	5	5	4	4	4	3	3	3	2	2
運 女	九	九	九	十	夏	一	一	一	一	二	二	二	三	三	三	四	四	四	五	五	五	六	六	六	七	七	七	八	八	八	九

6월 (乙巳) 丙午 (망종) 芒種 6日 03:20 夏至 21日

陽曆	1	2	3	4	5	6	7	8	9	10	11	12	13	14	15	16	17	18	19	20	21	22	23	24	25	26	27	28	29	30	
요일	日	月	火	水	木	金	土	日	月	火	水	木	金	土	日	月	火	水	木	金	土	윤5	月	火	水	木	金	土	日	月	
陰曆	9	10	11	12	13	14	15	16	17	18	19	20	21	22	23	24	25	26	27	28	29	1	2	3	4	5	6	7	8	9	
日辰	戊	己	庚	辛	壬	癸	甲	乙	丙	丁	戊	己	庚	辛	壬	癸	甲	乙	丙	丁	戊	己	庚	辛	壬	癸	甲	乙	丙	丁	
	寅	卯	辰	巳	午	未	申	酉	戌	亥	子	丑	寅	卯	辰	巳	午	未	申	酉	戌	亥	子	丑	寅	卯	辰	巳	午	未	
大 男	2	1	1	1	1	芒	10	10	9	9	9	8	8	8	7	7	7	6	6	6	5	5	5	4	4	4	3	3	3	2	
運 女	九	九	十	十	十	種	一	一	一	一	二	二	二	三	三	三	四	四	四	五	五	五	六	六	六	七	七	七	八	八	

長流水星	十日得辛	北大將	寅弔客	寒食(4월 06일)	初伏(7월 13일)
三碧木星	九龍治水	午喪門	南三殺	中伏(7월 23일)	末伏(8월 12일)

7월 (丙午) 丁未 (소서) 小署 7日 13:45 大署 23日

陽曆	1	2	3	4	5	6	7	8	9	10	11	12	13	14	15	16	17	18	19	20	21	22	23	24	25	26	27	28	29	30	31
요일	火	水	木	金	土	日	月	火	水	木	金	土	日	月	火	水	木	金	土	日	月	6/1	水	木	金	土	日	月	火	水	木
陰曆	10	11	12	13	14	15	16	17	18	19	20	21	22	23	24	25	26	27	28	29	30		2	3	4	5	6	7	8	9	10
日辰	戊	己	庚	辛	壬	癸	甲	乙	丙	丁	戊	己	庚	辛	壬	癸	甲	乙	丙	丁	戊	己	庚	辛	壬	癸	甲	乙	丙	丁	戊
	申	酉	戌	亥	子	丑	寅	卯	辰	巳	午	未	申	酉	戌	亥	子	丑	寅	卯	辰	巳	午	未	申	酉	戌	亥	子	丑	寅
大運 男	2	2	1	1	1	1	小	10	10	9	9	9	8	8	8	7	7	7	6	6	6	5	5	5	4	4	4	3	3	3	2
大運 女	八	九	九	九	十	十	署	一	一	一	一	二	二	二	三	三	三	四	四	四	五	五	五	六	六	六	七	七	七	八	八

8월 (丁未) 戊申 (입추) 立秋 7日 23:31 處署 23日

陽曆	1	2	3	4	5	6	7	8	9	10	11	12	13	14	15	16	17	18	19	20	21	22	23	24	25	26	27	28	29	30	31
요일	金	土	日	月	火	水	木	金	土	日	月	火	水	木	金	土	日	月	火	水	7/1	金	土	日	月	火	水	木	金	土	日
陰曆	11	12	13	14	15	16	17	18	19	20	21	22	23	24	25	26	27	28	29	30		2	3	4	5	6	7	8	9	10	11
日辰	己	庚	辛	壬	癸	甲	乙	丙	丁	戊	己	庚	辛	壬	癸	甲	乙	丙	丁	戊	己	庚	辛	壬	癸	甲	乙	丙	丁	戊	己
	卯	辰	巳	午	未	申	酉	戌	亥	子	丑	寅	卯	辰	巳	午	未	申	酉	戌	亥	子	丑	寅	卯	辰	巳	午	未	申	酉
大運 男	2	2	1	1	1	1	立	10	10	10	9	9	9	8	8	8	7	7	7	6	6	6	5	5	5	4	4	4	3	3	3
大運 女	八	九	九	九	十	十	秋	一	一	一	一	二	二	二	三	三	三	四	四	四	五	五	五	六	六	六	七	七	七	八	八

9월 (戊申) 己酉 (백로) 白露 8日 02:14 秋分 23日

陽曆	1	2	3	4	5	6	7	8	9	10	11	12	13	14	15	16	17	18	19	20	21	22	23	24	25	26	27	28	29	30	
요일	月	火	水	木	金	土	日	月	火	水	木	金	土	日	月	火	水	木	8/1	土	日	月	火	水	木	金	土	日	月	火	
陰曆	12	13	14	15	16	17	18	19	20	21	22	23	24	25	26	27	28	29		2	3	4	5	6	7	8	9	10	11	12	
日辰	庚	辛	壬	癸	甲	乙	丙	丁	戊	己	庚	辛	壬	癸	甲	乙	丙	丁	戊	己	庚	辛	壬	癸	甲	乙	丙	丁	戊	己	
	戌	亥	子	丑	寅	卯	辰	巳	午	未	申	酉	戌	亥	子	丑	寅	卯	辰	巳	午	未	申	酉	戌	亥	子	丑	寅	卯	
大運 男	2	2	2	1	1	1	1	白	10	9	9	9	8	8	8	7	7	7	6	6	6	5	5	5	4	4	4	3	3	3	
大運 女	八	九	九	九	十	十	十	露	一	一	一	一	二	二	二	三	三	三	四	四	四	五	五	五	六	六	六	七	七	七	

10월 (己酉) 庚戌 (한로) 寒露 8日 17:32 霜降 23日

陽曆	1	2	3	4	5	6	7	8	9	10	11	12	13	14	15	16	17	18	19	20	21	22	23	24	25	26	27	28	29	30	31
요일	水	木	金	土	日	月	火	水	木	金	土	日	月	火	水	木	金	土	9/1	月	火	水	木	金	土	日	月	火	水	木	金
陰曆	13	14	15	16	17	18	19	20	21	22	23	24	25	26	27	28	29	30		2	3	4	5	6	7	8	9	10	11	12	13
日辰	庚	辛	壬	癸	甲	乙	丙	丁	戊	己	庚	辛	壬	癸	甲	乙	丙	丁	戊	己	庚	辛	壬	癸	甲	乙	丙	丁	戊	己	庚
	辰	巳	午	未	申	酉	戌	亥	子	丑	寅	卯	辰	巳	午	未	申	酉	戌	亥	子	丑	寅	卯	辰	巳	午	未	申	酉	戌
大運 男	2	2	2	1	1	1	1	寒	10	9	9	9	8	8	8	7	7	7	6	6	6	5	5	5	4	4	4	3	3	3	2
大運 女	八	八	八	九	九	九	十	露	一	一	一	一	二	二	二	三	三	三	四	四	四	五	五	五	六	六	六	七	七	七	八

11월 (庚戌) 辛亥 (입동) 立冬 7日 20:22 小雪 22日

陽曆	1	2	3	4	5	6	7	8	9	10	11	12	13	14	15	16	17	18	19	20	21	22	23	24	25	26	27	28	29	30	
요일	土	日	月	火	水	木	金	土	日	月	火	水	木	金	土	日	10/1	火	水	木	金	土	日	月	火	水	木	金	土	日	
陰曆	14	15	16	17	18	19	20	21	22	23	24	25	26	27	28	29		2	3	4	5	6	7	8	9	10	11	12	13	14	
日辰	辛	壬	癸	甲	乙	丙	丁	戊	己	庚	辛	壬	癸	甲	乙	丙	丁	戊	己	庚	辛	壬	癸	甲	乙	丙	丁	戊	己	庚	
	亥	子	丑	寅	卯	辰	巳	午	未	申	酉	戌	亥	子	丑	寅	卯	辰	巳	午	未	申	酉	戌	亥	子	丑	寅	卯	辰	
大運 男	2	2	1	1	1	1	立	10	9	9	9	8	8	8	7	7	7	6	6	6	5	5	5	4	4	4	3	3	3	2	
大運 女	八	八	九	九	九	十	冬	一	一	一	一	二	二	二	三	三	三	四	四	四	五	五	五	六	六	六	七	七	七	八	

12월 (辛亥) 壬子 (대설) 大雪 7日 12:56 冬至 22日

陽曆	1	2	3	4	5	6	7	8	9	10	11	12	13	14	15	16	17	18	19	20	21	22	23	24	25	26	27	28	29	30	31
요일	月	火	水	木	金	土	日	月	火	水	木	金	土	日	月	火	11/1	木	金	土	日	月	火	水	木	金	土	日	月	火	水
陰曆	15	16	17	18	19	20	21	22	23	24	25	26	27	28	29	30		2	3	4	5	6	7	8	9	10	11	12	13	14	15
日辰	辛	壬	癸	甲	乙	丙	丁	戊	己	庚	辛	壬	癸	甲	乙	丙	丁	戊	己	庚	辛	壬	癸	甲	乙	丙	丁	戊	己	庚	辛
	巳	午	未	申	酉	戌	亥	子	丑	寅	卯	辰	巳	午	未	申	酉	戌	亥	子	丑	寅	卯	辰	巳	午	未	申	酉	戌	亥
大運 男	2	2	1	1	1	1	大	10	9	9	9	8	8	8	7	7	7	6	6	6	5	5	5	4	4	4	3	3	3	2	2
大運 女	八	八	九	九	九	十	雪	一	一	一	一	二	二	二	三	三	三	四	四	四	五	五	五	六	六	六	七	七	七	八	八

1월 (壬子) 癸丑 (소한) 小寒 6日 00:02 大寒 20日

陽曆	1	2	3	4	5	6	7	8	9	10	11	12	13	14	15	16	17	18	19	20	21	22	23	24	25	26	27	28	29	30	31
요일	木	金	土	日	月	火	水	木	金	土	日	月	火	水	12	金	土	日	月	火	水	木	金	土	日	月	火	水	木	金	土
陰曆	16	17	18	19	20	21	22	23	24	25	26	27	28	29	1	2	3	4	5	6	7	8	9	10	11	12	13	14	15	16	17
日辰	壬	癸	甲	乙	丙	丁	戊	己	庚	辛	壬	癸	甲	乙	丙	丁	戊	己	庚	辛	壬	癸	甲	乙	丙	丁	戊	己	庚	辛	壬
	子	丑	寅	卯	辰	巳	午	未	申	酉	戌	亥	子	丑	寅	卯	辰	巳	午	未	申	酉	戌	亥	子	丑	寅	卯	辰	巳	午
大運 男	2	1	1	1	1	小	9	9	9	8	8	8	7	7	7	6	6	6	5	5	5	4	4	4	3	3	3	2	2	2	1
大運 女	八	九	九	九	十	寒	一	一	一	一	二	二	二	三	三	三	四	四	四	五	五	五	六	六	六	七	七	七	八	八	八

2월 (癸丑) 甲寅 (입춘) 立春 4日 11:46 雨水 19日

陽曆	1	2	3	4	5	6	7	8	9	10	11	12	13	14	15	16	17	18	19	20	21	22	23	24	25	26	27	28			
요일	日	月	火	水	木	金	土	日	月	火	水	木	金	1	日	月	火	水	木	金	土	日	月	火	水	木	金	土			
陰曆	18	19	20	21	22	23	24	25	26	27	28	29	30	1	2	3	4	5	6	7	8	9	10	11	12	13	14	15			
日辰	癸	甲	乙	丙	丁	戊	己	庚	辛	壬	癸	甲	乙	丙	丁	戊	己	庚	辛	壬	癸	甲	乙	丙	丁	戊	己	庚			
	未	申	酉	戌	亥	子	丑	寅	卯	辰	巳	午	未	申	酉	戌	亥	子	丑	寅	卯	辰	巳	午	未	申	酉	戌			
大運 男	1	1	1	立	1	1	1	1	2	2	2	3	3	3	4	4	4	5	5	5	6	6	6	7	7	7	8	8			
大運 女	九	九	九	春	十	九	九	九	八	八	八	七	七	七	六	六	六	五	五	五	四	四	四	三	三	三	二	二			

3월 (甲寅) 乙卯 (경칩) 驚蟄 6日 06:02 春分 21日

陽曆	1	2	3	4	5	6	7	8	9	10	11	12	13	14	15	16	17	18	19	20	21	22	23	24	25	26	27	28	29	30	31
요일	日	月	火	水	木	金	土	日	月	火	水	木	金	土	2	月	火	水	木	金	土	日	月	火	水	木	金	土	日	月	火
陰曆	16	17	18	19	20	21	22	23	24	25	26	27	28	29	1	2	3	4	5	6	7	8	9	10	11	12	13	14	15	16	17
日辰	辛	壬	癸	甲	乙	丙	丁	戊	己	庚	辛	壬	癸	甲	乙	丙	丁	戊	己	庚	辛	壬	癸	甲	乙	丙	丁	戊	己	庚	辛
	亥	子	丑	寅	卯	辰	巳	午	未	申	酉	戌	亥	子	丑	寅	卯	辰	巳	午	未	申	酉	戌	亥	子	丑	寅	卯	辰	巳
大運 男	8	9	9	9	10	驚	1	1	1	1	2	2	2	3	3	3	4	4	4	5	5	5	6	6	6	7	7	7	8	8	8
大運 女	二	一	一	一	一	蟄	十	九	九	九	八	八	八	七	七	七	六	六	六	五	五	五	四	四	四	三	三	三	二	二	二

4월 (乙卯) 丙辰 (청명) 清明 5日 11:13 穀雨 20日

陽曆	1	2	3	4	5	6	7	8	9	10	11	12	13	14	15	16	17	18	19	20	21	22	23	24	25	26	27	28	29	30	
요일	水	木	金	土	日	月	火	水	木	金	土	日	月	3	水	木	金	土	日	月	火	水	木	金	土	日	月	火	水	木	
陰曆	18	19	20	21	22	23	24	25	26	27	28	29	30	1	2	3	4	5	6	7	8	9	10	11	12	13	14	15	16	17	
日辰	壬	癸	甲	乙	丙	丁	戊	己	庚	辛	壬	癸	甲	乙	丙	丁	戊	己	庚	辛	壬	癸	甲	乙	丙	丁	戊	己	庚	辛	
	午	未	申	酉	戌	亥	子	丑	寅	卯	辰	巳	午	未	申	酉	戌	亥	子	丑	寅	卯	辰	巳	午	未	申	酉	戌	亥	
大運 男	9	9	9	10	清	1	1	1	1	2	2	2	3	3	3	4	4	4	5	5	5	6	6	6	7	7	7	8	8	8	
大運 女	一	一	一	一	明	十	十	九	九	九	八	八	八	七	七	七	六	六	六	五	五	五	四	四	四	三	三	三	二	二	

5월 (丙辰) 丁巳 (입하) 立夏 6日 04:52 小滿 21日

陽曆	1	2	3	4	5	6	7	8	9	10	11	12	13	14	15	16	17	18	19	20	21	22	23	24	25	26	27	28	29	30	31
요일	金	土	日	月	火	水	木	金	土	日	月	火	4	木	金	土	日	月	火	水	木	金	土	日	月	火	水	木	金	土	日
陰曆	18	19	20	21	22	23	24	25	26	27	28	29	1	2	3	4	5	6	7	8	9	10	11	12	13	14	15	16	17	18	19
日辰	壬	癸	甲	乙	丙	丁	戊	己	庚	辛	壬	癸	甲	乙	丙	丁	戊	己	庚	辛	壬	癸	甲	乙	丙	丁	戊	己	庚	辛	壬
	子	丑	寅	卯	辰	巳	午	未	申	酉	戌	亥	子	丑	寅	卯	辰	巳	午	未	申	酉	戌	亥	子	丑	寅	卯	辰	巳	午
大運 男	9	9	9	10	10	立	1	1	1	1	2	2	2	3	3	3	4	4	4	5	5	5	6	6	6	7	7	7	8	8	8
大運 女	二	一	一	一	一	夏	十	十	九	九	九	八	八	八	七	七	七	六	六	六	五	五	五	四	四	四	三	三	三	二	二

6월 (丁巳) 戊午 (망종) 芒種 6日 09:16 夏至 22日

陽曆	1	2	3	4	5	6	7	8	9	10	11	12	13	14	15	16	17	18	19	20	21	22	23	24	25	26	27	28	29	30	
요일	月	火	水	木	金	土	日	月	火	水	5	金	土	日	月	火	水	木	金	土	日	月	火	水	木	金	土	日	月	火	
陰曆	20	21	22	23	24	25	26	27	28	29	1	2	3	4	5	6	7	8	9	10	11	12	13	14	15	16	17	18	19	20	
日辰	癸	甲	乙	丙	丁	戊	己	庚	辛	壬	癸	甲	乙	丙	丁	戊	己	庚	辛	壬	癸	甲	乙	丙	丁	戊	己	庚	辛	壬	
	未	申	酉	戌	亥	子	丑	寅	卯	辰	巳	午	未	申	酉	戌	亥	子	丑	寅	卯	辰	巳	午	未	申	酉	戌	亥	子	
大運 男	9	9	9	10	10	芒	1	1	1	1	2	2	2	3	3	3	4	4	4	5	5	5	6	6	6	7	7	7	8	8	
大運 女	二	一	一	一	一	種	十	十	九	九	九	八	八	八	七	七	七	六	六	六	五	五	五	四	四	四	三	三	三	二	

7월 (戊午) 己未 (소서) 小署 7日 19:35 大署 23日

陽曆	1	2	3	4	5	6	7	8	9	10	11	12	13	14	15	16	17	18	19	20	21	22	23	24	25	26	27	28	29	30	31
요일	水	木	金	土	日	月	火	水	木	金	6	日	月	火	水	木	金	土	日	月	火	水	木	金	土	日	月	火	水	木	金
陰曆	21	22	23	24	25	26	27	28	29	30	1	2	3	4	5	6	7	8	9	10	11	12	13	14	15	16	17	18	19	20	21
日辰	癸	甲	乙	丙	丁	戊	己	庚	辛	壬	癸	甲	乙	丙	丁	戊	己	庚	辛	壬	癸	甲	乙	丙	丁	戊	己	庚	辛	壬	癸
	丑	寅	卯	辰	巳	午	未	申	酉	戌	亥	子	丑	寅	卯	辰	巳	午	未	申	酉	戌	亥	子	丑	寅	卯	辰	巳	午	未
大 男	8	9	9	9	10	10	小	1	1	1	1	2	2	2	3	3	3	4	4	4	5	5	5	6	6	6	7	7	7	8	8
運 女	二	二	一	一	一	一	署	十	十	十	九	九	九	八	八	八	七	七	七	六	六	六	五	五	五	四	四	四	三	三	三

8월 (己未) 庚申 (입추) 立秋 8日 05:15 處署 23日

陽曆	1	2	3	4	5	6	7	8	9	10	11	12	13	14	15	16	17	18	19	20	21	22	23	24	25	26	27	28	29	30	31
요일	土	日	月	火	水	木	金	土	日	7	火	水	木	金	土	日	月	火	水	木	金	土	日	月	火	水	木	金	土	日	月
陰曆	22	23	24	25	26	27	28	29	30	1	2	3	4	5	6	7	8	9	10	11	12	13	14	15	16	17	18	19	20	21	22
日辰	甲	乙	丙	丁	戊	己	庚	辛	壬	癸	甲	乙	丙	丁	戊	己	庚	辛	壬	癸	甲	乙	丙	丁	戊	己	庚	辛	壬	癸	甲
	申	酉	戌	亥	子	丑	寅	卯	辰	巳	午	未	申	酉	戌	亥	子	丑	寅	卯	辰	巳	午	未	申	酉	戌	亥	子	丑	寅
大 男	8	9	9	9	10	10	10	立	1	1	1	1	2	2	2	3	3	3	4	4	4	5	5	5	6	6	6	7	7	7	8
運 女	二	二	二	一	一	一	一	秋	十	十	九	九	九	八	八	八	七	七	七	六	六	六	五	五	五	四	四	四	三	三	三

9월 (庚申) 辛酉 (백로) 白露 8日 07:53 秋分 23日

陽曆	1	2	3	4	5	6	7	8	9	10	11	12	13	14	15	16	17	18	19	20	21	22	23	24	25	26	27	28	29	30	
요일	火	水	木	金	土	日	月	8	水	木	金	土	日	月	火	水	木	金	土	日	月	火	水	木	金	土	日	月	火	水	
陰曆	23	24	25	26	27	28	29	1	2	3	4	5	6	7	8	9	10	11	12	13	14	15	16	17	18	19	20	21	22	23	
日辰	乙	丙	丁	戊	己	庚	辛	壬	癸	甲	乙	丙	丁	戊	己	庚	辛	壬	癸	甲	乙	丙	丁	戊	己	庚	辛	壬	癸	甲	
	卯	辰	巳	午	未	申	酉	戌	亥	子	丑	寅	卯	辰	巳	午	未	申	酉	戌	亥	子	丑	寅	卯	辰	巳	午	未	申	
大 男	8	8	9	9	9	10	10	白	1	1	1	1	2	2	2	3	3	3	4	4	4	5	5	5	6	6	6	7	7	7	
運 女	二	二	二	一	一	一	一	露	十	九	九	九	八	八	八	七	七	七	六	六	六	五	五	五	四	四	四	三	三	三	

10월 (辛酉) 壬戌 (한로) 寒露 8日 23:10 霜降 24日

陽曆	1	2	3	4	5	6	7	8	9	10	11	12	13	14	15	16	17	18	19	20	21	22	23	24	25	26	27	28	29	30	31
요일	木	金	土	日	月	火	水	9	金	土	日	月	火	水	木	金	土	日	月	火	水	木	金	土	日	月	火	水	木	金	土
陰曆	24	25	26	27	28	29	30	1	2	3	4	5	6	7	8	9	10	11	12	13	14	15	16	17	18	19	20	21	22	23	24
日辰	乙	丙	丁	戊	己	庚	辛	壬	癸	甲	乙	丙	丁	戊	己	庚	辛	壬	癸	甲	乙	丙	丁	戊	己	庚	辛	壬	癸	甲	乙
	酉	戌	亥	子	丑	寅	卯	辰	巳	午	未	申	酉	戌	亥	子	丑	寅	卯	辰	巳	午	未	申	酉	戌	亥	子	丑	寅	卯
大 男	8	8	8	9	9	9	10	寒	1	1	1	1	2	2	2	3	3	3	4	4	4	5	5	5	6	6	6	7	7	7	8
運 女	二	二	二	一	一	一	一	露	十	十	九	九	九	八	八	八	七	七	七	六	六	六	五	五	五	四	四	四	三	三	三

11월 (壬戌) 癸亥 (입동) 立冬 8日 02:01 小雪 22日

陽曆	1	2	3	4	5	6	7	8	9	10	11	12	13	14	15	16	17	18	19	20	21	22	23	24	25	26	27	28	29	30	
요일	日	月	火	水	木	金	10	日	月	火	水	木	金	土	日	月	火	水	木	金	土	日	月	火	水	木	金	土	日	月	
陰曆	25	26	27	28	29	30	1	2	3	4	5	6	7	8	9	10	11	12	13	14	15	16	17	18	19	20	21	22	23	24	
日辰	丙	丁	戊	己	庚	辛	壬	癸	甲	乙	丙	丁	戊	己	庚	辛	壬	癸	甲	乙	丙	丁	戊	己	庚	辛	壬	癸	甲	乙	
	辰	巳	午	未	申	酉	戌	亥	子	丑	寅	卯	辰	巳	午	未	申	酉	戌	亥	子	丑	寅	卯	辰	巳	午	未	申	酉	
大 男	8	8	9	9	9	10	10	立	1	1	1	1	2	2	2	3	3	3	4	4	4	5	5	5	6	6	6	7	7	7	
運 女	二	二	二	一	一	一	一	冬	九	九	九	八	八	八	七	七	七	六	六	六	五	五	五	四	四	四	三	三	三	二	

12월 (癸亥) 甲子 (대설) 大雪 7日 18:37 冬至 22日

陽曆	1	2	3	4	5	6	7	8	9	10	11	12	13	14	15	16	17	18	19	20	21	22	23	24	25	26	27	28	29	30	31
요일	火	水	木	金	土	11	月	火	水	木	金	土	日	月	火	水	木	金	土	日	月	火	水	木	金	土	日	月	火	水	木
陰曆	25	26	27	28	29	1	2	3	4	5	6	7	8	9	10	11	12	13	14	15	16	17	18	19	20	21	22	23	24	25	26
日辰	丙	丁	戊	己	庚	辛	壬	癸	甲	乙	丙	丁	戊	己	庚	辛	壬	癸	甲	乙	丙	丁	戊	己	庚	辛	壬	癸	甲	乙	丙
	戌	亥	子	丑	寅	卯	辰	巳	午	未	申	酉	戌	亥	子	丑	寅	卯	辰	巳	午	未	申	酉	戌	亥	子	丑	寅	卯	辰
大 男	8	8	8	9	9	9	大	1	1	1	1	2	2	2	3	3	3	4	4	4	5	5	5	6	6	6	7	7	7	8	8
運 女	二	二	一	一	一	一	雪	十	九	九	九	八	八	八	七	七	七	六	六	六	五	五	五	四	四	四	三	三	三	二	二

1월 (甲子) 乙丑 (소한) 小寒 6日 05:45 大寒 20日

陽曆	1	2	3	4	5	6	7	8	9	10	11	12	13	14	15	16	17	18	19	20	21	22	23	24	25	26	27	28	29	30	31
요일	金	土	日	月	12/1	水	木	金	土	日	月	火	水	木	金	土	日	月	火	水	木	金	土	日	月	火	水	木	金	土	日
陰曆	27	28	29	30	1	2	3	4	5	6	7	8	9	10	11	12	13	14	15	16	17	18	19	20	21	22	23	24	25	26	27
日辰	丁	戊	己	庚	辛	壬	癸	甲	乙	丙	丁	戊	己	庚	辛	壬	癸	甲	乙	丙	丁	戊	己	庚	辛	壬	癸	甲	乙	丙	丁
	巳	午	未	申	酉	戌	亥	子	丑	寅	卯	辰	巳	午	未	申	酉	戌	亥	子	丑	寅	卯	辰	巳	午	未	申	酉	戌	亥
大 男	8	9	9	9	10	小	1	1	1	1	2	2	2	3	3	3	4	4	4	5	5	5	6	6	6	7	7	7	8	8	8
運 女	二	一	一	一	一	寒	十	九	九	九	八	八	八	七	七	七	六	六	六	五	五	五	四	四	四	三	三	三	二	二	二

2월 (乙丑) 丙寅 (입춘) 立春 4日 17:31 雨水 19日

陽曆	1	2	3	4	5	6	7	8	9	10	11	12	13	14	15	16	17	18	19	20	21	22	23	24	25	26	27	28			
요일	月	火	水	1/1	金	土	日	月	火	水	木	金	土	日	月	火	水	木	金	土	日	月	火	水	木	金	土	日			
陰曆	28	29	30	1	2	3	4	5	6	7	8	9	10	11	12	13	14	15	16	17	18	19	20	21	22	23	24	25			
日辰	戊	己	庚	辛	壬	癸	甲	乙	丙	丁	戊	己	庚	辛	壬	癸	甲	乙	丙	丁	戊	己	庚	辛	壬	癸	甲	乙			
	子	丑	寅	卯	辰	巳	午	未	申	酉	戌	亥	子	丑	寅	卯	辰	巳	午	未	申	酉	戌	亥	子	丑	寅	卯			
大 男	9	9	9	立	10	9	9	9	8	8	8	7	7	7	6	6	6	5	5	5	4	4	4	3	3	3	2	2			
運 女	一	一	一	春	一	一	一	一	二	二	二	三	三	三	四	四	四	五	五	五	六	六	六	七	七	七	八	八			

3월 (丙寅) 丁卯 (경칩) 驚蟄 6日 11:49 春分 21日

陽曆	1	2	3	4	5	6	7	8	9	10	11	12	13	14	15	16	17	18	19	20	21	22	23	24	25	26	27	28	29	30	31
요일	月	火	水	木	2/1	土	日	月	火	水	木	金	土	日	月	火	水	木	金	土	日	月	火	水	木	金	土	日	月	火	水
陰曆	26	27	28	29	1	2	3	4	5	6	7	8	9	10	11	12	13	14	15	16	17	18	19	20	21	22	23	24	25	26	27
日辰	丙	丁	戊	己	庚	辛	壬	癸	甲	乙	丙	丁	戊	己	庚	辛	壬	癸	甲	乙	丙	丁	戊	己	庚	辛	壬	癸	甲	乙	丙
	辰	巳	午	未	申	酉	戌	亥	子	丑	寅	卯	辰	巳	午	未	申	酉	戌	亥	子	丑	寅	卯	辰	巳	午	未	申	酉	戌
大 男	2	1	1	1	1	驚	10	9	9	9	8	8	8	7	7	7	6	6	6	5	5	5	4	4	4	3	3	3	2	2	2
運 女	八	九	九	九	十	蟄	一	一	一	一	二	二	二	三	三	三	四	四	四	五	五	五	六	六	六	七	七	七	八	八	八

4월 (丁卯) 戊辰 (청명) 清明 5日 16:59 穀雨 21日

陽曆	1	2	3	4	5	6	7	8	9	10	11	12	13	14	15	16	17	18	19	20	21	22	23	24	25	26	27	28	29	30	
요일	木	金	3/1	日	月	火	水	木	金	土	日	月	火	水	木	金	土	日	月	火	水	木	金	土	日	月	火	水	木	金	
陰曆	28	29	1	2	3	4	5	6	7	8	9	10	11	12	13	14	15	16	17	18	19	20	21	22	23	24	25	26	27	28	
日辰	丁	戊	己	庚	辛	壬	癸	甲	乙	丙	丁	戊	己	庚	辛	壬	癸	甲	乙	丙	丁	戊	己	庚	辛	壬	癸	甲	乙	丙	
	亥	子	丑	寅	卯	辰	巳	午	未	申	酉	戌	亥	子	丑	寅	卯	辰	巳	午	未	申	酉	戌	亥	子	丑	寅	卯	辰	
大 男	1	1	1	1	清	10	10	9	9	9	8	8	8	7	7	7	6	6	6	5	5	5	4	4	4	3	3	3	2	2	
運 女	九	九	九	十	明	一	一	一	一	二	二	二	三	三	三	四	四	四	五	五	五	六	六	六	七	七	七	八	八	八	

5월 (戊辰) 己巳 (입하) 立夏 6日 10:38 小滿 21日

陽曆	1	2	3	4	5	6	7	8	9	10	11	12	13	14	15	16	17	18	19	20	21	22	23	24	25	26	27	28	29	30	31
요일	土	日	4/1	火	水	木	金	土	日	月	火	水	木	金	土	日	月	火	水	木	金	土	日	月	火	水	木	金	土	日	月
陰曆	29	30	1	2	3	4	5	6	7	8	9	10	11	12	13	14	15	16	17	18	19	20	21	22	23	24	25	26	27	28	29
日辰	丁	戊	己	庚	辛	壬	癸	甲	乙	丙	丁	戊	己	庚	辛	壬	癸	甲	乙	丙	丁	戊	己	庚	辛	壬	癸	甲	乙	丙	丁
	巳	午	未	申	酉	戌	亥	子	丑	寅	卯	辰	巳	午	未	申	酉	戌	亥	子	丑	寅	卯	辰	巳	午	未	申	酉	戌	亥
大 男	2	1	1	1	1	立	10	10	9	9	9	8	8	8	7	7	7	6	6	6	5	5	5	4	4	4	3	3	3	2	2
運 女	九	九	九	十	十	夏	一	一	一	一	二	二	二	三	三	三	四	四	四	五	五	五	六	六	六	七	七	七	八	八	八

6월 (己巳) 庚午 (망종) 芒種 6日 15:01 夏至 22日

陽曆	1	2	3	4	5	6	7	8	9	10	11	12	13	14	15	16	17	18	19	20	21	22	23	24	25	26	27	28	29	30	
요일	5/1	水	木	金	土	日	月	火	水	木	金	土	日	月	火	水	木	金	土	日	月	火	水	木	金	土	日	月	火	6/1	
陰曆	1	2	3	4	5	6	7	8	9	10	11	12	13	14	15	16	17	18	19	20	21	22	23	24	25	26	27	28	29	1	
日辰	戊	己	庚	辛	壬	癸	甲	乙	丙	丁	戊	己	庚	辛	壬	癸	甲	乙	丙	丁	戊	己	庚	辛	壬	癸	甲	乙	丙	丁	
	子	丑	寅	卯	辰	巳	午	未	申	酉	戌	亥	子	丑	寅	卯	辰	巳	午	未	申	酉	戌	亥	子	丑	寅	卯	辰	巳	
大 男	2	1	1	1	1	芒	10	10	10	9	9	9	8	8	8	7	7	7	6	6	6	5	5	5	4	4	4	3	3	3	
運 女	九	九	九	十	十	種	一	一	一	一	二	二	二	三	三	三	四	四	四	五	五	五	六	六	六	七	七	七	八	八	

砂中金星	一日得辛	東大將	辰弔客	寒食(4월 06일)	初伏(7월 13일)
一白水星	二龍治水	申喪門	北三殺	中伏(7월 23일)	末伏(8월 12일)

7월 (庚午) 辛未 (소서) 小暑 8日 01:19 大暑 23日

陽曆		1	2	3	4	5	6	7	8	9	10	11	12	13	14	15	16	17	18	19	20	21	22	23	24	25	26	27	28	29	30	31
요일		木	金	土	日	月	火	水	木	金	土	日	月	火	水	木	金	土	日	月	火	水	木	金	土	日	月	火	水	木	7	土
陰曆		2	3	4	5	6	7	8	9	10	11	12	13	14	15	16	17	18	19	20	21	22	23	24	25	26	27	28	29	30	1	2
日辰		戊	己	庚	辛	壬	癸	甲	乙	丙	丁	戊	己	庚	辛	壬	癸	甲	乙	丙	丁	戊	己	庚	辛	壬	癸	甲	乙	丙	丁	戊
		午	未	申	酉	戌	亥	子	丑	寅	卯	辰	巳	午	未	申	酉	戌	亥	子	丑	寅	卯	辰	巳	午	未	申	酉	戌	亥	子
大	男	2	2	2	1	1	1	1	小	10	10	9	9	9	8	8	8	7	7	7	6	6	6	5	5	5	4	4	4	3	3	3
運	女	八	九	九	九	十	十	十	暑	一	一	一	一	二	二	二	三	三	三	四	四	四	五	五	五	六	六	六	七	七	七	八

8월 (辛未) 壬申 (입추) 立秋 8日 10:59 處暑 24日

陽曆		1	2	3	4	5	6	7	8	9	10	11	12	13	14	15	16	17	18	19	20	21	22	23	24	25	26	27	28	29	30	31
요일		日	月	火	水	木	金	土	日	月	火	水	木	金	土	日	月	火	水	木	金	土	日	月	火	水	木	金	8	日	月	火
陰曆		3	4	5	6	7	8	9	10	11	12	13	14	15	16	17	18	19	20	21	22	23	24	25	26	27	28	29	1	2	3	4
日辰		己	庚	辛	壬	癸	甲	乙	丙	丁	戊	己	庚	辛	壬	癸	甲	乙	丙	丁	戊	己	庚	辛	壬	癸	甲	乙	丙	丁	戊	己
		丑	寅	卯	辰	巳	午	未	申	酉	戌	亥	子	丑	寅	卯	辰	巳	午	未	申	酉	戌	亥	子	丑	寅	卯	辰	巳	午	未
大	男	2	2	2	1	1	1	1	立	10	10	9	9	9	8	8	8	7	7	7	6	6	6	5	5	5	4	4	4	3	3	3
運	女	八	八	九	九	九	十	十	秋	一	一	一	一	二	二	二	三	三	三	四	四	四	五	五	五	六	六	六	七	七	七	八

9월 (壬申) 癸酉 (백로) 白露 8日 13:38 秋分 23日

陽曆		1	2	3	4	5	6	7	8	9	10	11	12	13	14	15	16	17	18	19	20	21	22	23	24	25	26	27	28	29	30	
요일		水	木	金	土	日	月	火	水	木	金	土	日	月	火	水	木	金	土	日	月	火	水	木	金	土	日	9	火	水	木	
陰曆		5	6	7	8	9	10	11	12	13	14	15	16	17	18	19	20	21	22	23	24	25	26	27	28	29	30	1	2	3	4	
日辰		庚	辛	壬	癸	甲	乙	丙	丁	戊	己	庚	辛	壬	癸	甲	乙	丙	丁	戊	己	庚	辛	壬	癸	甲	乙	丙	丁	戊	己	
		申	酉	戌	亥	子	丑	寅	卯	辰	巳	午	未	申	酉	戌	亥	子	丑	寅	卯	辰	巳	午	未	申	酉	戌	亥	子	丑	
大	男	2	2	2	1	1	1	1	白	10	10	9	9	9	8	8	8	7	7	7	6	6	6	5	5	5	4	4	4	3	3	
運	女	八	八	九	九	九	十	十	露	一	一	一	一	二	二	二	三	三	三	四	四	四	五	五	五	六	六	六	七	七	七	

10월 (癸酉) 甲戌 (한로) 寒露 9日 04:57 霜降 24日

陽曆		1	2	3	4	5	6	7	8	9	10	11	12	13	14	15	16	17	18	19	20	21	22	23	24	25	26	27	28	29	30	31
요일		金	土	日	月	火	水	木	金	土	日	月	火	水	木	金	土	日	月	火	水	木	金	土	日	月	火	10	木	金	土	日
陰曆		5	6	7	8	9	10	11	12	13	14	15	16	17	18	19	20	21	22	23	24	25	26	27	28	29	30	1	2	3	4	5
日辰		庚	辛	壬	癸	甲	乙	丙	丁	戊	己	庚	辛	壬	癸	甲	乙	丙	丁	戊	己	庚	辛	壬	癸	甲	乙	丙	丁	戊	己	庚
		寅	卯	辰	巳	午	未	申	酉	戌	亥	子	丑	寅	卯	辰	巳	午	未	申	酉	戌	亥	子	丑	寅	卯	辰	巳	午	未	申
大	男	3	2	2	2	1	1	1	1	寒	10	9	9	9	8	8	8	7	7	7	6	6	6	5	5	5	4	4	4	3	3	3
運	女	八	八	八	九	九	九	十	十	露	一	一	一	一	二	二	二	三	三	三	四	四	四	五	五	五	六	六	六	七	七	七

11월 (甲戌) 乙亥 (입동) 立冬 8日 07:51 小雪 23日

陽曆		1	2	3	4	5	6	7	8	9	10	11	12	13	14	15	16	17	18	19	20	21	22	23	24	25	26	27	28	29	30	
요일		月	火	水	木	金	土	日	月	火	水	木	金	土	日	月	火	水	木	金	土	日	月	火	水	11	金	土	日	月	火	
陰曆		6	7	8	9	10	11	12	13	14	15	16	17	18	19	20	21	22	23	24	25	26	27	28	29	1	2	3	4	5	6	
日辰		辛	壬	癸	甲	乙	丙	丁	戊	己	庚	辛	壬	癸	甲	乙	丙	丁	戊	己	庚	辛	壬	癸	甲	乙	丙	丁	戊	己	庚	
		酉	戌	亥	子	丑	寅	卯	辰	巳	午	未	申	酉	戌	亥	子	丑	寅	卯	辰	巳	午	未	申	酉	戌	亥	子	丑	寅	
大	男	2	2	2	1	1	1	1	立	10	9	9	9	8	8	8	7	7	7	6	6	6	5	5	5	4	4	4	3	3	3	
運	女	八	八	八	九	九	九	十	冬	一	一	一	一	二	二	二	三	三	三	四	四	四	五	五	五	六	六	六	七	七	七	

12월 (乙亥) 丙子 (대설) 大雪 8日 00:29 冬至 22日

陽曆		1	2	3	4	5	6	7	8	9	10	11	12	13	14	15	16	17	18	19	20	21	22	23	24	25	26	27	28	29	30	31
요일		水	木	金	土	日	月	火	水	木	金	土	日	月	火	水	木	金	土	日	月	火	水	木	金	12	日	月	火	水	木	金
陰曆		7	8	9	10	11	12	13	14	15	16	17	18	19	20	21	22	23	24	25	26	27	28	29	30	1	2	3	4	5	6	7
日辰		辛	壬	癸	甲	乙	丙	丁	戊	己	庚	辛	壬	癸	甲	乙	丙	丁	戊	己	庚	辛	壬	癸	甲	乙	丙	丁	戊	己	庚	辛
		卯	辰	巳	午	未	申	酉	戌	亥	子	丑	寅	卯	辰	巳	午	未	申	酉	戌	亥	子	丑	寅	卯	辰	巳	午	未	申	酉
大	男	2	2	2	1	1	1	1	大	9	9	9	8	8	8	7	7	7	6	6	6	5	5	5	4	4	4	3	3	3	2	2
運	女	八	八	八	九	九	九	十	雪	一	一	一	一	二	二	二	三	三	三	四	四	四	五	五	五	六	六	六	七	七	七	八

1월 (丙子) 丁丑 (소한) 小寒 6日 11:36 大寒 21日

陽曆	1	2	3	4	5	6	7	8	9	10	11	12	13	14	15	16	17	18	19	20	21	22	23	24	25	26	27	28	29	30	31
요일	土	日	月	火	水	木	金	土	日	月	火	水	木	金	土	日	月	火	水	木	金	土	日	1/1	火	水	木	金	土	日	月
陰曆	8	9	10	11	12	13	14	15	16	17	18	19	20	21	22	23	24	25	26	27	28	29	30		2	3	4	5	6	7	8
日辰	壬	癸	甲	乙	丙	丁	戊	己	庚	辛	壬	癸	甲	乙	丙	丁	戊	己	庚	辛	壬	癸	甲	乙	丙	丁	戊	己	庚	辛	壬
	戌	亥	子	丑	寅	卯	辰	巳	午	未	申	酉	戌	亥	子	丑	寅	卯	辰	巳	午	未	申	酉	戌	亥	子	丑	寅	卯	辰
大運 男	2	1	1	1	1	小	9	9	9	8	8	8	7	7	7	6	6	6	5	5	5	4	4	4	3	3	3	2	2	2	1
大運 女	八	八	九	九	九	寒	一	一	一	一	二	二	二	三	三	三	四	四	四	五	五	五	六	六	六	七	七	七	八	八	八

2월 (丁丑) 戊寅 (입춘) 立春 4日 23:18 雨水 19日

陽曆	1	2	3	4	5	6	7	8	9	10	11	12	13	14	15	16	17	18	19	20	21	22	23	24	25	26	27	28			
요일	火	水	木	金	土	日	月	火	水	木	金	土	日	月	火	水	木	金	土	日	月	火	2/1	木	金	土	日	月			
陰曆	9	10	11	12	13	14	15	16	17	18	19	20	21	22	23	24	25	26	27	28	29	30		2	3	4	5	6			
日辰	癸	甲	乙	丙	丁	戊	己	庚	辛	壬	癸	甲	乙	丙	丁	戊	己	庚	辛	壬	癸	甲	乙	丙	丁	戊	己	庚			
	巳	午	未	申	酉	戌	亥	子	丑	寅	卯	辰	巳	午	未	申	酉	戌	亥	子	丑	寅	卯	辰	巳	午	未	申			
大運 男	1	1	1	立	1	1	1	1	2	2	2	3	3	3	4	4	4	5	5	5	6	6	6	7	7	7	8	8			
大運 女	九	九	九	春	十	九	九	九	八	八	八	七	七	七	六	六	六	五	五	五	四	四	四	三	三	三	二	二			

3월 (戊寅) 己卯 (경칩) 驚蟄 6日 17:31 春分 21日

陽曆	1	2	3	4	5	6	7	8	9	10	11	12	13	14	15	16	17	18	19	20	21	22	23	24	25	26	27	28	29	30	31
요일	火	水	木	金	土	日	月	火	水	木	金	土	日	月	火	水	木	金	土	日	月	火	水	3/1	金	土	日	月	火	水	木
陰曆	7	8	9	10	11	12	13	14	15	16	17	18	19	20	21	22	23	24	25	26	27	28	29		2	3	4	5	6	7	8
日辰	辛	壬	癸	甲	乙	丙	丁	戊	己	庚	辛	壬	癸	甲	乙	丙	丁	戊	己	庚	辛	壬	癸	甲	乙	丙	丁	戊	己	庚	辛
	酉	戌	亥	子	丑	寅	卯	辰	巳	午	未	申	酉	戌	亥	子	丑	寅	卯	辰	巳	午	未	申	酉	戌	亥	子	丑	寅	卯
大運 男	8	9	9	9	10	驚	1	1	1	1	2	2	2	3	3	3	4	4	4	5	5	5	6	6	6	7	7	7	8	8	8
大運 女	二	一	一	一	一	蟄	十	九	九	九	八	八	八	七	七	七	六	六	六	五	五	五	四	四	四	三	三	三	二	二	二

4월 (己卯) 庚辰 (청명) 淸明 5日 22:39 穀雨 21日

陽曆	1	2	3	4	5	6	7	8	9	10	11	12	13	14	15	16	17	18	19	20	21	22	23	24	25	26	27	28	29	30	
요일	金	土	日	月	火	水	木	金	土	日	月	火	水	木	金	土	日	月	火	水	木	윤3/1	土	日	月	火	水	木	金	土	
陰曆	9	10	11	12	13	14	15	16	17	18	19	20	21	22	23	24	25	26	27	28	29		2	3	4	5	6	7	8	9	
日辰	壬	癸	甲	乙	丙	丁	戊	己	庚	辛	壬	癸	甲	乙	丙	丁	戊	己	庚	辛	壬	癸	甲	乙	丙	丁	戊	己	庚	辛	
	辰	巳	午	未	申	酉	戌	亥	子	丑	寅	卯	辰	巳	午	未	申	酉	戌	亥	子	丑	寅	卯	辰	巳	午	未	申	酉	
大運 男	9	9	9	10	淸	1	1	1	1	2	2	2	3	3	3	4	4	4	5	5	5	6	6	6	7	7	7	8	8	8	
大運 女	一	一	一	一	明	十	十	九	九	九	八	八	八	七	七	七	六	六	六	五	五	五	四	四	四	三	三	三	二	二	

5월 (庚辰) 辛巳 (입하) 立夏 6日 16:18 小滿 22日

陽曆	1	2	3	4	5	6	7	8	9	10	11	12	13	14	15	16	17	18	19	20	21	22	23	24	25	26	27	28	29	30	31
요일	日	月	火	水	木	金	土	日	月	火	水	木	金	土	日	月	火	水	木	金	土	4/1	月	火	水	木	金	土	日	月	火
陰曆	10	11	12	13	14	15	16	17	18	19	20	21	22	23	24	25	26	27	28	29	30		2	3	4	5	6	7	8	9	10
日辰	壬	癸	甲	乙	丙	丁	戊	己	庚	辛	壬	癸	甲	乙	丙	丁	戊	己	庚	辛	壬	癸	甲	乙	丙	丁	戊	己	庚	辛	壬
	戌	亥	子	丑	寅	卯	辰	巳	午	未	申	酉	戌	亥	子	丑	寅	卯	辰	巳	午	未	申	酉	戌	亥	子	丑	寅	卯	辰
大運 男	9	9	9	10	10	立	1	1	1	1	2	2	2	3	3	3	4	4	4	5	5	5	6	6	6	7	7	7	8	8	8
大運 女	二	一	一	一	一	夏	十	十	九	九	九	八	八	八	七	七	七	六	六	六	五	五	五	四	四	四	三	三	三	二	二

6월 (辛巳) 壬午 (망종) 芒種 6日 20:43 夏至 22日

陽曆	1	2	3	4	5	6	7	8	9	10	11	12	13	14	15	16	17	18	19	20	21	22	23	24	25	26	27	28	29	30	
요일	水	木	金	土	日	月	火	水	木	金	土	日	月	火	水	木	金	土	日	5/1	火	水	木	金	土	日	月	火	水	木	
陰曆	11	12	13	14	15	16	17	18	19	20	21	22	23	24	25	26	27	28	29		2	3	4	5	6	7	8	9	10	11	
日辰	癸	甲	乙	丙	丁	戊	己	庚	辛	壬	癸	甲	乙	丙	丁	戊	己	庚	辛	壬	癸	甲	乙	丙	丁	戊	己	庚	辛	壬	
	巳	午	未	申	酉	戌	亥	子	丑	寅	卯	辰	巳	午	未	申	酉	戌	亥	子	丑	寅	卯	辰	巳	午	未	申	酉	戌	
大運 男	9	9	9	10	10	芒	1	1	1	1	2	2	2	3	3	3	4	4	4	5	5	5	6	6	6	7	7	7	8	8	
大運 女	二	一	一	一	一	種	十	十	十	九	九	九	八	八	八	七	七	七	六	六	六	五	五	五	四	四	四	三	三	三	

[서머타임 : 5월 5일 00시 ~ 9월 9일 00시]

砂中金星	七日得辛	東大將	巳弔客	寒食(4월 06일)	初伏(7월 18일)
九紫火星	八龍治水	酉喪門	酉三殺	中伏(7월 28일)	末伏(8월 17일)

7월 (壬午) 癸未 (소서) 小暑 8日 07:06 大暑 24日

陽曆	1	2	3	4	5	6	7	8	9	10	11	12	13	14	15	16	17	18	19	20	21	22	23	24	25	26	27	28	29	30	31
요일	金	土	日	月	火	水	木	金	土	日	月	火	水	木	金	土	日	月	6	水	木	金	土	日	月	火	水	木	金	土	日
陰曆	12	13	14	15	16	17	18	19	20	21	22	23	24	25	26	27	28	29	1	2	3	4	5	6	7	8	9	10	11	12	13
日辰	癸	甲	乙	丙	丁	戊	己	庚	辛	壬	癸	甲	乙	丙	丁	戊	己	庚	辛	壬	癸	甲	乙	丙	丁	戊	己	庚	辛	壬	癸
	亥	子	丑	寅	卯	辰	巳	午	未	申	酉	戌	亥	子	丑	寅	卯	辰	巳	午	未	申	酉	戌	亥	子	丑	寅	卯	辰	巳
大運 男	8	9	9	9	10	10	10	小	1	1	1	1	2	2	2	3	3	3	4	4	4	5	5	5	6	6	6	7	7	7	8
大運 女	二	二	二	一	一	一	一	署	十	十	九	九	九	八	八	八	七	七	七	六	六	六	五	五	五	四	四	四	三	三	三

8월 (癸未) 甲申 (입추) 立秋 8日 16:50 處暑 24日

陽曆	1	2	3	4	5	6	7	8	9	10	11	12	13	14	15	16	17	18	19	20	21	22	23	24	25	26	27	28	29	30	31
요일	月	火	水	木	金	土	日	月	火	水	木	金	土	日	月	火	水	7	金	土	日	月	火	水	木	金	土	日	月	火	水
陰曆	14	15	16	17	18	19	20	21	22	23	24	25	26	27	28	29	30	1	2	3	4	5	6	7	8	9	10	11	12	13	14
日辰	甲	乙	丙	丁	戊	己	庚	辛	壬	癸	甲	乙	丙	丁	戊	己	庚	辛	壬	癸	甲	乙	丙	丁	戊	己	庚	辛	壬	癸	甲
	午	未	申	酉	戌	亥	子	丑	寅	卯	辰	巳	午	未	申	酉	戌	亥	子	丑	寅	卯	辰	巳	午	未	申	酉	戌	亥	子
大運 男	8	8	9	9	9	10	10	立	1	1	1	1	2	2	2	3	3	3	4	4	4	5	5	5	6	6	6	7	7	7	8
大運 女	二	二	二	一	一	一	一	秋	十	十	九	九	九	八	八	八	七	七	七	六	六	六	五	五	五	四	四	四	三	三	三

9월 (甲申) 乙酉 (백로) 白露 8日 19:32 秋分 24日

陽曆	1	2	3	4	5	6	7	8	9	10	11	12	13	14	15	16	17	18	19	20	21	22	23	24	25	26	27	28	29	30	
요일	木	金	土	日	月	火	水	木	金	土	日	月	火	水	木	8	土	日	月	火	水	木	金	土	日	月	火	水	木	金	
陰曆	15	16	17	18	19	20	21	22	23	24	25	26	27	28	29	1	2	3	4	5	6	7	8	9	10	11	12	13	14	15	
日辰	乙	丙	丁	戊	己	庚	辛	壬	癸	甲	乙	丙	丁	戊	己	庚	辛	壬	癸	甲	乙	丙	丁	戊	己	庚	辛	壬	癸	甲	
	丑	寅	卯	辰	巳	午	未	申	酉	戌	亥	子	丑	寅	卯	辰	巳	午	未	申	酉	戌	亥	子	丑	寅	卯	辰	巳	午	
大運 男	8	8	9	9	9	10	10	白	1	1	1	1	2	2	2	3	3	3	4	4	4	5	5	5	6	6	6	7	7	7	
大運 女	二	二	二	一	一	一	一	露	十	十	九	九	九	八	八	八	七	七	七	六	六	六	五	五	五	四	四	四	三	三	

10월 (乙酉) 丙戌 (한로) 寒露 9日 10:52 霜降 24日

陽曆	1	2	3	4	5	6	7	8	9	10	11	12	13	14	15	16	17	18	19	20	21	22	23	24	25	26	27	28	29	30	31
요일	土	日	月	火	水	木	金	土	日	月	火	水	木	金	土	9	月	火	水	木	金	土	日	月	火	水	木	金	土	日	月
陰曆	16	17	18	19	20	21	22	23	24	25	26	27	28	29	30	1	2	3	4	5	6	7	8	9	10	11	12	13	14	15	16
日辰	乙	丙	丁	戊	己	庚	辛	壬	癸	甲	乙	丙	丁	戊	己	庚	辛	壬	癸	甲	乙	丙	丁	戊	己	庚	辛	壬	癸	甲	乙
	未	申	酉	戌	亥	子	丑	寅	卯	辰	巳	午	未	申	酉	戌	亥	子	丑	寅	卯	辰	巳	午	未	申	酉	戌	亥	子	丑
大運 男	8	8	8	9	9	9	10	10	寒	1	1	1	1	2	2	2	3	3	3	4	4	4	5	5	5	6	6	6	7	7	7
大運 女	三	二	二	二	一	一	一	一	露	十	九	九	九	八	八	八	七	七	七	六	六	六	五	五	五	四	四	四	三	三	三

11월 (丙戌) 丁亥 (입동) 立冬 8日 13:45 小雪 23日

陽曆	1	2	3	4	5	6	7	8	9	10	11	12	13	14	15	16	17	18	19	20	21	22	23	24	25	26	27	28	29	30	
요일	火	水	木	金	土	日	月	火	水	木	金	土	日	10	火	水	木	金	土	日	月	火	水	木	金	土	日	月	火	水	
陰曆	17	18	19	20	21	22	23	24	25	26	27	28	29	1	2	3	4	5	6	7	8	9	10	11	12	13	14	15	16	17	
日辰	丙	丁	戊	己	庚	辛	壬	癸	甲	乙	丙	丁	戊	己	庚	辛	壬	癸	甲	乙	丙	丁	戊	己	庚	辛	壬	癸	甲	乙	
	寅	卯	辰	巳	午	未	申	酉	戌	亥	子	丑	寅	卯	辰	巳	午	未	申	酉	戌	亥	子	丑	寅	卯	辰	巳	午	未	
大運 男	8	8	8	9	9	9	10	立	1	1	1	1	2	2	2	3	3	3	4	4	4	5	5	5	6	6	6	7	7	7	
大運 女	二	二	二	一	一	一	一	冬	十	九	九	九	八	八	八	七	七	七	六	六	六	五	五	五	四	四	四	三	三	三	

12월 (丁亥) 戊子 (대설) 大雪 8日 06:23 冬至 23日

陽曆	1	2	3	4	5	6	7	8	9	10	11	12	13	14	15	16	17	18	19	20	21	22	23	24	25	26	27	28	29	30	31
요일	木	金	土	日	月	火	水	木	金	土	日	月	火	11	木	金	土	日	月	火	水	木	金	土	日	月	火	水	木	金	土
陰曆	18	19	20	21	22	23	24	25	26	27	28	29	30	1	2	3	4	5	6	7	8	9	10	11	12	13	14	15	16	17	18
日辰	丙	丁	戊	己	庚	辛	壬	癸	甲	乙	丙	丁	戊	己	庚	辛	壬	癸	甲	乙	丙	丁	戊	己	庚	辛	壬	癸	甲	乙	丙
	申	酉	戌	亥	子	丑	寅	卯	辰	巳	午	未	申	酉	戌	亥	子	丑	寅	卯	辰	巳	午	未	申	酉	戌	亥	子	丑	寅
大運 男	8	8	8	9	9	9	10	大	1	1	1	1	2	2	2	3	3	3	4	4	4	5	5	5	6	6	6	7	7	7	8
大運 女	二	二	二	一	一	一	一	雪	九	九	九	八	八	八	七	七	七	六	六	六	五	五	五	四	四	四	三	三	三	二	二

1월 (戊子) 己丑 (소한) 小寒 6日 17:30 大寒 21日

陽曆	1	2	3	4	5	6	7	8	9	10	11	12	13	14	15	16	17	18	19	20	21	22	23	24	25	26	27	28	29	30	31
요일	日	月	火	水	木	金	土	日	月	火	水	木	12	土	日	月	火	水	木	金	土	日	月	火	水	木	金	土	日	月	火
陰曆	19	20	21	22	23	24	25	26	27	28	29	30	1	2	3	4	5	6	7	8	9	10	11	12	13	14	15	16	17	18	19
日辰	丁	戊	己	庚	辛	壬	癸	甲	乙	丙	丁	戊	己	庚	辛	壬	癸	甲	乙	丙	丁	戊	己	庚	辛	壬	癸	甲	乙	丙	丁
	卯	辰	巳	午	未	申	酉	戌	亥	子	丑	寅	卯	辰	巳	午	未	申	酉	戌	亥	子	丑	寅	卯	辰	巳	午	未	申	酉
大 男	8	8	9	9	9	小	1	1	1	1	2	2	2	3	3	3	4	4	4	5	5	5	6	6	6	7	7	7	8	8	8
運 女	二	一	一	一	一	寒	十	九	九	九	八	八	八	七	七	七	六	六	六	五	五	五	四	四	四	三	三	三	二	二	二

2월 (己丑) 庚寅 (입춘) 立春 5日 05:12 雨水 20日

陽曆	1	2	3	4	5	6	7	8	9	10	11	12	13	14	15	16	17	18	19	20	21	22	23	24	25	26	27	28	29		
요일	水	木	金	土	日	月	火	水	木	金	土	1	月	火	水	木	金	土	日	月	火	水	木	金	土	日	月	火	水		
陰曆	20	21	22	23	24	25	26	27	28	29	30	1	2	3	4	5	6	7	8	9	10	11	12	13	14	15	16	17	18		
日辰	戊	己	庚	辛	壬	癸	甲	乙	丙	丁	戊	己	庚	辛	壬	癸	甲	乙	丙	丁	戊	己	庚	辛	壬	癸	甲	乙	丙		
	戌	亥	子	丑	寅	卯	辰	巳	午	未	申	酉	戌	亥	子	丑	寅	卯	辰	巳	午	未	申	酉	戌	亥	子	丑	寅		
大 男	9	9	9	10	立	9	9	9	8	8	8	7	7	7	6	6	6	5	5	5	4	4	4	3	3	3	2	2	2		
運 女	一	一	一	一	春	一	一	一	一	二	二	二	三	三	三	四	四	四	五	五	五	六	六	六	七	七	七	八	八		

3월 (庚寅) 辛卯 (경칩) 驚蟄 5日 23:24 春分 21日

陽曆	1	2	3	4	5	6	7	8	9	10	11	12	13	14	15	16	17	18	19	20	21	22	23	24	25	26	27	28	29	30	31
요일	木	金	土	日	月	火	水	木	金	土	日	2	火	水	木	金	土	日	月	火	水	木	金	土	日	月	火	水	木	金	土
陰曆	19	20	21	22	23	24	25	26	27	28	29	1	2	3	4	5	6	7	8	9	10	11	12	13	14	15	16	17	18	19	20
日辰	丁	戊	己	庚	辛	壬	癸	甲	乙	丙	丁	戊	己	庚	辛	壬	癸	甲	乙	丙	丁	戊	己	庚	辛	壬	癸	甲	乙	丙	丁
	卯	辰	巳	午	未	申	酉	戌	亥	子	丑	寅	卯	辰	巳	午	未	申	酉	戌	亥	子	丑	寅	卯	辰	巳	午	未	申	酉
大 男	1	1	1	1	驚	10	10	9	9	9	8	8	8	7	7	7	6	6	6	5	5	5	4	4	4	3	3	3	2	2	2
運 女	八	九	九	九	蟄	一	一	一	一	二	二	二	三	三	三	四	四	四	五	五	五	六	六	六	七	七	七	八	八	八	九

4월 (辛卯) 壬辰 (청명) 清明 5日 04:31 穀雨 20日

陽曆	1	2	3	4	5	6	7	8	9	10	11	12	13	14	15	16	17	18	19	20	21	22	23	24	25	26	27	28	29	30	
요일	日	月	火	水	木	金	土	日	月	火	3	木	金	土	日	月	火	水	木	金	土	日	月	火	水	木	金	土	日	月	
陰曆	21	22	23	24	25	26	27	28	29	30	1	2	3	4	5	6	7	8	9	10	11	12	13	14	15	16	17	18	19	20	
日辰	戊	己	庚	辛	壬	癸	甲	乙	丙	丁	戊	己	庚	辛	壬	癸	甲	乙	丙	丁	戊	己	庚	辛	壬	癸	甲	乙	丙	丁	
	戌	亥	子	丑	寅	卯	辰	巳	午	未	申	酉	戌	亥	子	丑	寅	卯	辰	巳	午	未	申	酉	戌	亥	子	丑	寅	卯	
大 男	1	1	1	1	清	10	9	9	9	8	8	8	7	7	7	6	6	6	5	5	5	4	4	4	3	3	3	2	2	2	
運 女	九	九	十	十	明	一	一	一	一	二	二	二	三	三	三	四	四	四	五	五	五	六	六	六	七	七	七	八	八	八	

5월 (壬辰) 癸巳 (입하) 立夏 5日 22:10 小滿 21日

陽曆	1	2	3	4	5	6	7	8	9	10	11	12	13	14	15	16	17	18	19	20	21	22	23	24	25	26	27	28	29	30	31
요일	火	水	木	金	土	日	月	火	水	4	金	土	日	月	火	水	木	金	土	日	月	火	水	木	金	土	日	月	火	水	木
陰曆	21	22	23	24	25	26	27	28	29	1	2	3	4	5	6	7	8	9	10	11	12	13	14	15	16	17	18	19	20	21	22
日辰	戊	己	庚	辛	壬	癸	甲	乙	丙	丁	戊	己	庚	辛	壬	癸	甲	乙	丙	丁	戊	己	庚	辛	壬	癸	甲	乙	丙	丁	戊
	辰	巳	午	未	申	酉	戌	亥	子	丑	寅	卯	辰	巳	午	未	申	酉	戌	亥	子	丑	寅	卯	辰	巳	午	未	申	酉	戌
大 男	1	1	1	1	立	10	10	10	9	9	9	8	8	8	7	7	7	6	6	6	5	5	5	4	4	4	3	3	3	2	2
運 女	九	九	九	十	夏	一	一	一	一	二	二	二	三	三	三	四	四	四	五	五	五	六	六	六	七	七	七	八	八	八	九

6월 (癸巳) 甲午 (망종) 芒種 6日 02:36 夏至 21日

陽曆	1	2	3	4	5	6	7	8	9	10	11	12	13	14	15	16	17	18	19	20	21	22	23	24	25	26	27	28	29	30	
요일	金	土	日	月	火	水	木	金	5	日	月	火	水	木	金	土	日	月	火	水	木	金	土	日	月	火	水	木	金	土	
陰曆	23	24	25	26	27	28	29	30	1	2	3	4	5	6	7	8	9	10	11	12	13	14	15	16	17	18	19	20	21	22	
日辰	己	庚	辛	壬	癸	甲	乙	丙	丁	戊	己	庚	辛	壬	癸	甲	乙	丙	丁	戊	己	庚	辛	壬	癸	甲	乙	丙	丁	戊	
	亥	子	丑	寅	卯	辰	巳	午	未	申	酉	戌	亥	子	丑	寅	卯	辰	巳	午	未	申	酉	戌	亥	子	丑	寅	卯	辰	
大 男	2	1	1	1	1	芒	10	10	9	9	9	8	8	8	7	7	7	6	6	6	5	5	5	4	4	4	3	3	3	2	
運 女	九	九	十	十	十	種	一	一	一	一	二	二	二	三	三	三	四	四	四	五	五	五	六	六	六	七	七	七	八	八	

[서머타임 : 5월 20일 00시 ~ 9월 30일 00시]

山下火星 三日得辛 南大將 午弔客 寒食(4월 05일) 初伏(7월 12일)
八白土星 八龍治水 戌喪門 南三殺 中伏(7월 22일) 末伏(8월 11일)

7월 (甲午) 乙未 (소서) 小署 7日 12:58 大署 23日

陽曆		1	2	3	4	5	6	7	8	9	10	11	12	13	14	15	16	17	18	19	20	21	22	23	24	25	26	27	28	29	30	31
요일		日	月	火	水	木	金	土	6	月	火	水	木	金	土	日	月	火	水	木	金	土	日	月	火	水	木	金	土	日	月	火
陰曆		23	24	25	26	27	28	29	1	2	3	4	5	6	7	8	9	10	11	12	13	14	15	16	17	18	19	20	21	22	23	24
日辰		己	庚	辛	壬	癸	甲	乙	丙	丁	戊	己	庚	辛	壬	癸	甲	乙	丙	丁	戊	己	庚	辛	壬	癸	甲	乙	丙	丁	戊	己
		巳	午	未	申	酉	戌	亥	子	丑	寅	卯	辰	巳	午	未	申	酉	戌	亥	子	丑	寅	卯	辰	巳	午	未	申	酉	戌	亥
大	男	2	2	1	1	1	1	小	10	10	9	9	9	8	8	8	7	7	7	6	6	6	5	5	5	4	4	4	3	3	3	2
運	女	八	九	九	九	十	十	署	一	一	一	一	二	二	二	三	三	三	四	四	四	五	五	五	六	六	六	七	七	七	八	八

8월 (乙未) 丙申 (입추) 立秋 7日 22:40 處署 23日

陽曆		1	2	3	4	5	6	7	8	9	10	11	12	13	14	15	16	17	18	19	20	21	22	23	24	25	26	27	28	29	30	31
요일		水	木	金	土	日	7	火	水	木	金	土	日	月	火	水	木	金	土	日	月	火	水	木	金	土	日	月	火	水	木	金
陰曆		25	26	27	28	29	1	2	3	4	5	6	7	8	9	10	11	12	13	14	15	16	17	18	19	20	21	22	23	24	25	26
日辰		庚	辛	壬	癸	甲	乙	丙	丁	戊	己	庚	辛	壬	癸	甲	乙	丙	丁	戊	己	庚	辛	壬	癸	甲	乙	丙	丁	戊	己	庚
		子	丑	寅	卯	辰	巳	午	未	申	酉	戌	亥	子	丑	寅	卯	辰	巳	午	未	申	酉	戌	亥	子	丑	寅	卯	辰	巳	午
大	男	2	2	1	1	1	1	立	10	10	10	9	9	9	8	8	8	7	7	7	6	6	6	5	5	5	4	4	4	3	3	3
運	女	八	九	九	九	十	十	秋	一	一	一	一	二	二	二	三	三	三	四	四	四	五	五	五	六	六	六	七	七	七	八	八

9월 (丙申) 丁酉 (백로) 白露 8日 01:19 秋分 23日

陽曆		1	2	3	4	5	6	7	8	9	10	11	12	13	14	15	16	17	18	19	20	21	22	23	24	25	26	27	28	29	30
요일		土	日	月	火	8	木	金	土	日	月	火	水	木	金	土	日	月	火	水	木	金	土	日	月	火	水	木	金	土	日
陰曆		27	28	29	30	1	2	3	4	5	6	7	8	9	10	11	12	13	14	15	16	17	18	19	20	21	22	23	24	25	26
日辰		辛	壬	癸	甲	乙	丙	丁	戊	己	庚	辛	壬	癸	甲	乙	丙	丁	戊	己	庚	辛	壬	癸	甲	乙	丙	丁	戊	己	庚
		未	申	酉	戌	亥	子	丑	寅	卯	辰	巳	午	未	申	酉	戌	亥	子	丑	寅	卯	辰	巳	午	未	申	酉	戌	亥	子
大	男	2	2	2	1	1	1	1	白	10	9	9	9	8	8	8	7	7	7	6	6	6	5	5	5	4	4	4	3	3	3
運	女	八	九	九	九	十	十	十	露	一	一	一	一	二	二	二	三	三	三	四	四	四	五	五	五	六	六	六	七	七	七

10월 (丁酉) 戊戌 (한로) 寒露 8日 16:37 霜降 23日

陽曆		1	2	3	4	5	6	7	8	9	10	11	12	13	14	15	16	17	18	19	20	21	22	23	24	25	26	27	28	29	30	31
요일		月	火	水	9	金	土	日	月	火	水	木	金	土	日	月	火	水	木	金	土	日	月	火	水	木	金	土	日	月	火	水
陰曆		27	28	29	1	2	3	4	5	6	7	8	9	10	11	12	13	14	15	16	17	18	19	20	21	22	23	24	25	26	27	28
日辰		辛	壬	癸	甲	乙	丙	丁	戊	己	庚	辛	壬	癸	甲	乙	丙	丁	戊	己	庚	辛	壬	癸	甲	乙	丙	丁	戊	己	庚	辛
		丑	寅	卯	辰	巳	午	未	申	酉	戌	亥	子	丑	寅	卯	辰	巳	午	未	申	酉	戌	亥	子	丑	寅	卯	辰	巳	午	未
大	男	2	2	2	1	1	1	1	寒	10	9	9	9	8	8	8	7	7	7	6	6	6	5	5	5	4	4	4	3	3	3	2
運	女	八	八	八	九	九	九	十	露	一	一	一	一	二	二	二	三	三	三	四	四	四	五	五	五	六	六	六	七	七	七	八

11월 (戊戌) 己亥 (입동) 立冬 7日 19:26 小雪 22日

陽曆		1	2	3	4	5	6	7	8	9	10	11	12	13	14	15	16	17	18	19	20	21	22	23	24	25	26	27	28	29	30
요일		木	金	10	日	月	火	水	木	金	土	日	月	火	水	木	金	土	日	月	火	水	木	金	土	日	月	火	水	木	金
陰曆		29	30	1	2	3	4	5	6	7	8	9	10	11	12	13	14	15	16	17	18	19	20	21	22	23	24	25	26	27	28
日辰		壬	癸	甲	乙	丙	丁	戊	己	庚	辛	壬	癸	甲	乙	丙	丁	戊	己	庚	辛	壬	癸	甲	乙	丙	丁	戊	己	庚	辛
		申	酉	戌	亥	子	丑	寅	卯	辰	巳	午	未	申	酉	戌	亥	子	丑	寅	卯	辰	巳	午	未	申	酉	戌	亥	子	丑
大	男	2	2	1	1	1	1	立	10	9	9	9	8	8	8	7	7	7	6	6	6	5	5	5	4	4	4	3	3	3	2
運	女	八	八	九	九	九	十	冬	一	一	一	一	二	二	二	三	三	三	四	四	四	五	五	五	六	六	六	七	七	七	八

12월 (己亥) 庚子 (대설) 大雪 7日 12:02 冬至 22日

陽曆		1	2	3	4	5	6	7	8	9	10	11	12	13	14	15	16	17	18	19	20	21	22	23	24	25	26	27	28	29	30	31
요일		土	11	月	火	水	木	金	土	日	月	火	水	木	金	土	日	月	火	水	木	金	土	日	月	火	水	木	金	土	日	月
陰曆		29	1	2	3	4	5	6	7	8	9	10	11	12	13	14	15	16	17	18	19	20	21	22	23	24	25	26	27	28	29	30
日辰		壬	癸	甲	乙	丙	丁	戊	己	庚	辛	壬	癸	甲	乙	丙	丁	戊	己	庚	辛	壬	癸	甲	乙	丙	丁	戊	己	庚	辛	壬
		寅	卯	辰	巳	午	未	申	酉	戌	亥	子	丑	寅	卯	辰	巳	午	未	申	酉	戌	亥	子	丑	寅	卯	辰	巳	午	未	申
大	男	2	2	1	1	1	1	大	9	9	9	8	8	8	7	7	7	6	6	6	5	5	5	4	4	4	3	3	3	2	2	2
運	女	八	八	九	九	九	十	雪	一	一	一	一	二	二	二	三	三	三	四	四	四	五	五	五	六	六	六	七	七	七	八	八

1월 (庚子)　辛丑 (소한) 小寒 5日 23:10　大寒 20日

陽曆	1	2	3	4	5	6	7	8	9	10	11	12	13	14	15	16	17	18	19	20	21	22	23	24	25	26	27	28	29	30	31
요일	12	水	木	金	土	日	月	火	水	木	金	土	日	月	火	水	木	金	土	日	月	火	水	木	金	土	日	月	火	水	1
陰曆	1	2	3	4	5	6	7	8	9	10	11	12	13	14	15	16	17	18	19	20	21	22	23	24	25	26	27	28	29	30	1
日辰	癸	甲	乙	丙	丁	戊	己	庚	辛	壬	癸	甲	乙	丙	丁	戊	己	庚	辛	壬	癸	甲	乙	丙	丁	戊	己	庚	辛	壬	癸
	酉	戌	亥	子	丑	寅	卯	辰	巳	午	未	申	酉	戌	亥	子	丑	寅	卯	辰	巳	午	未	申	酉	戌	亥	子	丑	寅	卯
大運 男	1	1	1	1	小	10	9	9	9	8	8	8	7	7	7	6	6	6	5	5	5	4	4	4	3	3	3	2	2	2	1
大運 女	八	九	九	九	寒	一	一	一	一	二	二	二	三	三	三	四	四	四	五	五	五	六	六	六	七	七	七	八	八	八	九

2월 (辛丑)　壬寅 (입춘) 立春 4日 10:55　雨水 19日

陽曆	1	2	3	4	5	6	7	8	9	10	11	12	13	14	15	16	17	18	19	20	21	22	23	24	25	26	27	28			
요일	金	土	日	月	火	水	木	金	土	日	月	火	水	木	金	土	日	月	火	水	木	金	土	日	月	火	水	木			
陰曆	2	3	4	5	6	7	8	9	10	11	12	13	14	15	16	17	18	19	20	21	22	23	24	25	26	27	28	29			
日辰	甲	乙	丙	丁	戊	己	庚	辛	壬	癸	甲	乙	丙	丁	戊	己	庚	辛	壬	癸	甲	乙	丙	丁	戊	己	庚	辛			
	辰	巳	午	未	申	酉	戌	亥	子	丑	寅	卯	辰	巳	午	未	申	酉	戌	亥	子	丑	寅	卯	辰	巳	午	未			
大運 男	1	1	1	立	1	1	1	1	2	2	2	3	3	3	4	4	4	5	5	5	6	6	6	7	7	7	8	8			
大運 女	九	九	十	春	十	九	九	九	八	八	八	七	七	七	六	六	六	五	五	五	四	四	四	三	三	三	二	二			

3월 (壬寅)　癸卯 (경칩) 驚蟄 6日 05:10　春分 21日

陽曆	1	2	3	4	5	6	7	8	9	10	11	12	13	14	15	16	17	18	19	20	21	22	23	24	25	26	27	28	29	30	31
요일	金	2	日	月	火	水	木	金	土	日	月	火	水	木	金	土	日	月	火	水	木	金	土	日	月	火	水	木	金	土	3
陰曆	30	1	2	3	4	5	6	7	8	9	10	11	12	13	14	15	16	17	18	19	20	21	22	23	24	25	26	27	28	29	1
日辰	壬	癸	甲	乙	丙	丁	戊	己	庚	辛	壬	癸	甲	乙	丙	丁	戊	己	庚	辛	壬	癸	甲	乙	丙	丁	戊	己	庚	辛	壬
	申	酉	戌	亥	子	丑	寅	卯	辰	巳	午	未	申	酉	戌	亥	子	丑	寅	卯	辰	巳	午	未	申	酉	戌	亥	子	丑	寅
大運 男	8	9	9	9	10	驚	1	1	1	1	2	2	2	3	3	3	4	4	4	5	5	5	6	6	6	7	7	7	8	8	8
大運 女	二	一	一	一	一	蟄	十	九	九	九	八	八	八	七	七	七	六	六	六	五	五	五	四	四	四	三	三	三	二	二	二

4월 (癸卯)　甲辰 (청명) 清明 5日 10:19　穀雨 20日

陽曆	1	2	3	4	5	6	7	8	9	10	11	12	13	14	15	16	17	18	19	20	21	22	23	24	25	26	27	28	29	30	
요일	月	火	水	木	金	土	日	月	火	水	木	金	土	日	月	火	水	木	金	土	日	月	火	水	木	金	土	日	月	4	
陰曆	2	3	4	5	6	7	8	9	10	11	12	13	14	15	16	17	18	19	20	21	22	23	24	25	26	27	28	29	30	1	
日辰	癸	甲	乙	丙	丁	戊	己	庚	辛	壬	癸	甲	乙	丙	丁	戊	己	庚	辛	壬	癸	甲	乙	丙	丁	戊	己	庚	辛	壬	
	卯	辰	巳	午	未	申	酉	戌	亥	子	丑	寅	卯	辰	巳	午	未	申	酉	戌	亥	子	丑	寅	卯	辰	巳	午	未	申	
大運 男	9	9	9	10	清	1	1	1	1	2	2	2	3	3	3	4	4	4	5	5	5	6	6	6	7	7	7	8	8	8	
大運 女	一	一	一	一	明	十	十	九	九	九	八	八	八	七	七	七	六	六	六	五	五	五	四	四	四	三	三	三	二	二	

5월 (甲辰)　乙巳 (입하) 立夏 6日 03:59　小滿 21日

陽曆	1	2	3	4	5	6	7	8	9	10	11	12	13	14	15	16	17	18	19	20	21	22	23	24	25	26	27	28	29	30	31
요일	水	木	金	土	日	月	火	水	木	金	土	日	月	火	水	木	金	土	日	月	火	水	木	金	土	日	月	火	5	木	金
陰曆	2	3	4	5	6	7	8	9	10	11	12	13	14	15	16	17	18	19	20	21	22	23	24	25	26	27	28	29	1	2	3
日辰	癸	甲	乙	丙	丁	戊	己	庚	辛	壬	癸	甲	乙	丙	丁	戊	己	庚	辛	壬	癸	甲	乙	丙	丁	戊	己	庚	辛	壬	癸
	酉	戌	亥	子	丑	寅	卯	辰	巳	午	未	申	酉	戌	亥	子	丑	寅	卯	辰	巳	午	未	申	酉	戌	亥	子	丑	寅	卯
大運 男	9	9	9	10	10	立	1	1	1	1	2	2	2	3	3	3	4	4	4	5	5	5	6	6	6	7	7	7	8	8	8
大運 女	二	一	一	一	一	夏	十	十	九	九	九	八	八	八	七	七	七	六	六	六	五	五	五	四	四	四	三	三	三	二	二

6월 (乙巳)　丙午 (망종) 芒種 6日 08:25　夏至 22日

陽曆	1	2	3	4	5	6	7	8	9	10	11	12	13	14	15	16	17	18	19	20	21	22	23	24	25	26	27	28	29	30	
요일	土	日	月	火	水	木	金	土	日	月	火	水	木	金	土	日	月	火	水	木	金	土	日	月	火	水	木	6	土	日	
陰曆	4	5	6	7	8	9	10	11	12	13	14	15	16	17	18	19	20	21	22	23	24	25	26	27	28	29	30	1	2	3	
日辰	甲	乙	丙	丁	戊	己	庚	辛	壬	癸	甲	乙	丙	丁	戊	己	庚	辛	壬	癸	甲	乙	丙	丁	戊	己	庚	辛	壬	癸	
	辰	巳	午	未	申	酉	戌	亥	子	丑	寅	卯	辰	巳	午	未	申	酉	戌	亥	子	丑	寅	卯	辰	巳	午	未	申	酉	
大運 男	9	9	9	10	10	芒	1	1	1	1	2	2	2	3	3	3	4	4	4	5	5	5	6	6	6	7	7	7	8	8	
大運 女	二	一	一	一	一	種	十	十	九	九	九	八	八	八	七	七	七	六	六	六	五	五	五	四	四	四	三	三	三	二	

[서머타임 : 5월 5일 00시 ~ 9월 22일 00시]

7월 (丙午) 丁未 (소서) 小暑 7日 18:48 大暑 23日

陽曆	1	2	3	4	5	6	7	8	9	10	11	12	13	14	15	16	17	18	19	20	21	22	23	24	25	26	27	28	29	30	31
요일	月	火	水	木	金	土	日	月	火	水	木	金	土	日	月	火	水	木	金	土	日	月	火	水	木	金	7/1	日	月	火	水
陰曆	4	5	6	7	8	9	10	11	12	13	14	15	16	17	18	19	20	21	22	23	24	25	26	27	28	29		2	3	4	5
日辰	甲	乙	丙	丁	戊	己	庚	辛	壬	癸	甲	乙	丙	丁	戊	己	庚	辛	壬	癸	甲	乙	丙	丁	戊	己	庚	辛	壬	癸	甲
	戌	亥	子	丑	寅	卯	辰	巳	午	未	申	酉	戌	亥	子	丑	寅	卯	辰	巳	午	未	申	酉	戌	亥	子	丑	寅	卯	辰
大運 男	8	9	9	9	10	10	小	1	1	1	1	2	2	2	3	3	3	4	4	4	5	5	5	6	6	6	7	7	7	8	8
大運 女	二	二	一	一	一	一	署	十	十	十	九	九	九	八	八	八	七	七	七	六	六	六	五	五	五	四	四	四	三	三	三

8월 (丁未) 戊申 (입추) 立秋 8日 04:32 處暑 23日

陽曆	1	2	3	4	5	6	7	8	9	10	11	12	13	14	15	16	17	18	19	20	21	22	23	24	25	26	27	28	29	30	31
요일	木	金	土	日	月	火	水	木	金	土	日	月	火	水	木	金	土	日	月	火	水	木	金	土	8/1	月	火	水	木	金	土
陰曆	6	7	8	9	10	11	12	13	14	15	16	17	18	19	20	21	22	23	24	25	26	27	28	29		2	3	4	5	6	7
日辰	乙	丙	丁	戊	己	庚	辛	壬	癸	甲	乙	丙	丁	戊	己	庚	辛	壬	癸	甲	乙	丙	丁	戊	己	庚	辛	壬	癸	甲	乙
	巳	午	未	申	酉	戌	亥	子	丑	寅	卯	辰	巳	午	未	申	酉	戌	亥	子	丑	寅	卯	辰	巳	午	未	申	酉	戌	亥
大運 男	8	9	9	9	10	10	10	立	1	1	1	1	2	2	2	3	3	3	4	4	4	5	5	5	6	6	6	7	7	7	8
大運 女	二	二	二	一	一	一	一	秋	十	十	九	九	九	八	八	八	七	七	七	六	六	六	五	五	五	四	四	四	三	三	三

9월 (戊申) 己酉 (백로) 白露 8日 07:12 秋分 23日

陽曆	1	2	3	4	5	6	7	8	9	10	11	12	13	14	15	16	17	18	19	20	21	22	23	24	25	26	27	28	29	30	
요일	日	月	火	水	木	金	土	日	月	火	水	木	金	土	日	月	火	水	木	金	土	日	月	윤8/1	水	木	金	土	日	月	
陰曆	8	9	10	11	12	13	14	15	16	17	18	19	20	21	22	23	24	25	26	27	28	29	30		2	3	4	5	6	7	
日辰	丙	丁	戊	己	庚	辛	壬	癸	甲	乙	丙	丁	戊	己	庚	辛	壬	癸	甲	乙	丙	丁	戊	己	庚	辛	壬	癸	甲	乙	
	子	丑	寅	卯	辰	巳	午	未	申	酉	戌	亥	子	丑	寅	卯	辰	巳	午	未	申	酉	戌	亥	子	丑	寅	卯	辰	巳	
大運 男	8	8	9	9	9	10	10	白	1	1	1	1	2	2	2	3	3	3	4	4	4	5	5	5	6	6	6	7	7	7	
大運 女	二	二	二	一	一	一	一	露	十	九	九	九	八	八	八	七	七	七	六	六	六	五	五	五	四	四	四	三	三	三	

10월 (己酉) 庚戌 (한로) 寒露 8日 22:30 霜降 24日

陽曆	1	2	3	4	5	6	7	8	9	10	11	12	13	14	15	16	17	18	19	20	21	22	23	24	25	26	27	28	29	30	31
요일	火	水	木	金	土	日	月	火	水	木	金	土	日	月	火	水	木	金	土	日	月	火	9/1	木	金	土	日	月	火	水	木
陰曆	8	9	10	11	12	13	14	15	16	17	18	19	20	21	22	23	24	25	26	27	28	29		2	3	4	5	6	7	8	9
日辰	丙	丁	戊	己	庚	辛	壬	癸	甲	乙	丙	丁	戊	己	庚	辛	壬	癸	甲	乙	丙	丁	戊	己	庚	辛	壬	癸	甲	乙	丙
	午	未	申	酉	戌	亥	子	丑	寅	卯	辰	巳	午	未	申	酉	戌	亥	子	丑	寅	卯	辰	巳	午	未	申	酉	戌	亥	子
大運 男	8	8	8	9	9	9	10	寒	1	1	1	1	2	2	2	3	3	3	4	4	4	5	5	5	6	6	6	7	7	7	8
大運 女	二	二	二	一	一	一	一	露	十	十	九	九	九	八	八	八	七	七	七	六	六	六	五	五	五	四	四	四	三	三	三

11월 (庚戌) 辛亥 (입동) 立冬 8日 01:20 小雪 22日

陽曆	1	2	3	4	5	6	7	8	9	10	11	12	13	14	15	16	17	18	19	20	21	22	23	24	25	26	27	28	29	30	
요일	金	土	日	月	火	水	木	金	土	日	月	火	水	木	金	土	日	月	火	水	木	10/1	土	日	月	火	水	木	金	土	
陰曆	10	11	12	13	14	15	16	17	18	19	20	21	22	23	24	25	26	27	28	29	30		2	3	4	5	6	7	8	9	
日辰	丁	戊	己	庚	辛	壬	癸	甲	乙	丙	丁	戊	己	庚	辛	壬	癸	甲	乙	丙	丁	戊	己	庚	辛	壬	癸	甲	乙	丙	
	丑	寅	卯	辰	巳	午	未	申	酉	戌	亥	子	丑	寅	卯	辰	巳	午	未	申	酉	戌	亥	子	丑	寅	卯	辰	巳	午	
大運 男	8	8	9	9	9	10	10	立	1	1	1	1	2	2	2	3	3	3	4	4	4	5	5	5	6	6	6	7	7	7	
大運 女	二	二	二	一	一	一	一	冬	九	九	九	八	八	八	七	七	七	六	六	六	五	五	五	四	四	四	三	三	三	二	

12월 (辛亥) 壬子 (대설) 大雪 7日 17:56 冬至 22日

陽曆	1	2	3	4	5	6	7	8	9	10	11	12	13	14	15	16	17	18	19	20	21	22	23	24	25	26	27	28	29	30	31
요일	日	月	火	水	木	金	土	日	月	火	水	木	金	土	日	月	火	水	木	金	11/1	日	月	火	水	木	金	土	日	月	火
陰曆	10	11	12	13	14	15	16	17	18	19	20	21	22	23	24	25	26	27	28	29		2	3	4	5	6	7	8	9	10	11
日辰	丁	戊	己	庚	辛	壬	癸	甲	乙	丙	丁	戊	己	庚	辛	壬	癸	甲	乙	丙	丁	戊	己	庚	辛	壬	癸	甲	乙	丙	丁
	未	申	酉	戌	亥	子	丑	寅	卯	辰	巳	午	未	申	酉	戌	亥	子	丑	寅	卯	辰	巳	午	未	申	酉	戌	亥	子	丑
大運 男	8	8	8	9	9	9	大	1	1	1	1	2	2	2	3	3	3	4	4	4	5	5	5	6	6	6	7	7	7	8	8
大運 女	二	二	一	一	一	一	雪	十	九	九	九	八	八	八	七	七	七	六	六	六	五	五	五	四	四	四	三	三	三	二	二

1월 (壬子) 癸丑 (소한) 小寒 6日 05:04 大寒 20日

陽曆	1	2	3	4	5	6	7	8	9	10	11	12	13	14	15	16	17	18	19	20	21	22	23	24	25	26	27	28	29	30	31
요일	水	木	金	土	日	月	火	水	木	金	土	日	月	火	水	木	金	土	日	12	火	水	木	金	土	日	月	火	水	木	金
陰曆	12	13	14	15	16	17	18	19	20	21	22	23	24	25	26	27	28	29	30	1	2	3	4	5	6	7	8	9	10	11	12
日辰	戊	己	庚	辛	壬	癸	甲	乙	丙	丁	戊	己	庚	辛	壬	癸	甲	乙	丙	丁	戊	己	庚	辛	壬	癸	甲	乙	丙	丁	戊
	寅	卯	辰	巳	午	未	申	酉	戌	亥	子	丑	寅	卯	辰	巳	午	未	申	酉	戌	亥	子	丑	寅	卯	辰	巳	午	未	申
大 男	8	9	9	9	10	小	1	1	1	1	2	2	2	3	3	3	4	4	4	5	5	5	6	6	6	7	7	7	8	8	8
運 女	二	一	一	一	一	寒	九	九	九	八	八	八	七	七	七	六	六	六	五	五	五	四	四	四	三	三	三	二	二	二	一

2월 (癸丑) 甲寅 (입춘) 立春 4日 16:49 雨水 19日

陽曆	1	2	3	4	5	6	7	8	9	10	11	12	13	14	15	16	17	18	19	20	21	22	23	24	25	26	27	28			
요일	土	日	月	火	水	木	金	土	日	月	火	水	木	金	土	日	月	火	1	木	金	土	日	月	火	水	木	金			
陰曆	13	14	15	16	17	18	19	20	21	22	23	24	25	26	27	28	29	30	1	2	3	4	5	6	7	8	9	10			
日辰	己	庚	辛	壬	癸	甲	乙	丙	丁	戊	己	庚	辛	壬	癸	甲	乙	丙	丁	戊	己	庚	辛	壬	癸	甲	乙	丙			
	酉	戌	亥	子	丑	寅	卯	辰	巳	午	未	申	酉	戌	亥	子	丑	寅	卯	辰	巳	午	未	申	酉	戌	亥	子			
大 男	9	9	9	立	10	9	9	9	8	8	8	7	7	7	6	6	6	5	5	5	4	4	4	3	3	3	2	2			
運 女	一	一	一	春	一	一	一	一	二	二	二	三	三	三	四	四	四	五	五	五	六	六	六	七	七	七	八	八			

3월 (甲寅) 乙卯 (경칩) 驚蟄 6日 11:05 春分 21日

陽曆	1	2	3	4	5	6	7	8	9	10	11	12	13	14	15	16	17	18	19	20	21	22	23	24	25	26	27	28	29	30	31
요일	土	日	月	火	水	木	金	土	日	月	火	水	木	金	土	日	月	火	水	2	金	土	日	月	火	水	木	金	土	日	月
陰曆	11	12	13	14	15	16	17	18	19	20	21	22	23	24	25	26	27	28	29	1	2	3	4	5	6	7	8	9	10	11	12
日辰	丁	戊	己	庚	辛	壬	癸	甲	乙	丙	丁	戊	己	庚	辛	壬	癸	甲	乙	丙	丁	戊	己	庚	辛	壬	癸	甲	乙	丙	丁
	丑	寅	卯	辰	巳	午	未	申	酉	戌	亥	子	丑	寅	卯	辰	巳	午	未	申	酉	戌	亥	子	丑	寅	卯	辰	巳	午	未
大 男	2	1	1	1	1	驚	10	9	9	9	8	8	8	7	7	7	6	6	6	5	5	5	4	4	4	3	3	3	2	2	2
運 女	八	九	九	九	十	蟄	一	一	一	一	二	二	二	三	三	三	四	四	四	五	五	五	六	六	六	七	七	七	八	八	八

4월 (乙卯) 丙辰 (청명) 淸明 5日 16:12 穀雨 20日

陽曆	1	2	3	4	5	6	7	8	9	10	11	12	13	14	15	16	17	18	19	20	21	22	23	24	25	26	27	28	29	30	
요일	火	水	木	金	土	日	月	火	水	木	金	土	日	月	火	水	木	金	3	日	月	火	水	木	金	土	日	月	火	水	
陰曆	13	14	15	16	17	18	19	20	21	22	23	24	25	26	27	28	29	30	1	2	3	4	5	6	7	8	9	10	11	12	
日辰	戊	己	庚	辛	壬	癸	甲	乙	丙	丁	戊	己	庚	辛	壬	癸	甲	乙	丙	丁	戊	己	庚	辛	壬	癸	甲	乙	丙	丁	
	申	酉	戌	亥	子	丑	寅	卯	辰	巳	午	未	申	酉	戌	亥	子	丑	寅	卯	辰	巳	午	未	申	酉	戌	亥	子	丑	
大 男	1	1	1	1	淸	10	10	9	9	9	8	8	8	7	7	7	6	6	6	5	5	5	4	4	4	3	3	3	2	2	
運 女	九	九	九	十	明	一	一	一	一	二	二	二	三	三	三	四	四	四	五	五	五	六	六	六	七	七	七	八	八	八	

5월 (丙辰) 丁巳 (입하) 立夏 6日 09:49 小滿 21日

陽曆	1	2	3	4	5	6	7	8	9	10	11	12	13	14	15	16	17	18	19	20	21	22	23	24	25	26	27	28	29	30	31
요일	木	金	土	日	月	火	水	木	金	土	日	月	火	水	木	金	土	日	4	火	水	木	金	土	日	月	火	水	木	金	土
陰曆	13	14	15	16	17	18	19	20	21	22	23	24	25	26	27	28	29	30	1	2	3	4	5	6	7	8	9	10	11	12	13
日辰	戊	己	庚	辛	壬	癸	甲	乙	丙	丁	戊	己	庚	辛	壬	癸	甲	乙	丙	丁	戊	己	庚	辛	壬	癸	甲	乙	丙	丁	戊
	寅	卯	辰	巳	午	未	申	酉	戌	亥	子	丑	寅	卯	辰	巳	午	未	申	酉	戌	亥	子	丑	寅	卯	辰	巳	午	未	申
大 男	2	1	1	1	1	立	10	10	9	9	9	8	8	8	7	7	7	6	6	6	5	5	5	4	4	4	3	3	3	2	2
運 女	九	九	九	十	十	夏	一	一	一	一	二	二	二	三	三	三	四	四	四	五	五	五	六	六	六	七	七	七	八	八	八

6월 (丁巳) 戊午 (망종) 芒種 6日 14:12 夏至 22日

陽曆	1	2	3	4	5	6	7	8	9	10	11	12	13	14	15	16	17	18	19	20	21	22	23	24	25	26	27	28	29	30	
요일	日	月	火	水	木	金	土	日	月	火	水	木	金	土	日	月	5	水	木	金	土	日	月	火	水	木	金	土	日	月	
陰曆	14	15	16	17	18	19	20	21	22	23	24	25	26	27	28	29	1	2	3	4	5	6	7	8	9	10	11	12	13	14	
日辰	己	庚	辛	壬	癸	甲	乙	丙	丁	戊	己	庚	辛	壬	癸	甲	乙	丙	丁	戊	己	庚	辛	壬	癸	甲	乙	丙	丁	戊	
	酉	戌	亥	子	丑	寅	卯	辰	巳	午	未	申	酉	戌	亥	子	丑	寅	卯	辰	巳	午	未	申	酉	戌	亥	子	丑	寅	
大 男	2	1	1	1	1	芒	10	10	10	9	9	9	8	8	8	7	7	7	6	6	6	5	5	5	4	4	4	3	3	3	
運 女	九	九	九	十	十	種	一	一	一	一	二	二	二	三	三	三	四	四	四	五	五	五	六	六	六	七	七	七	八	八	

[서머타임 : 5월 4일 00시 ~ 9월 21일 00시]

7월 (戊午) 己未 (소서) 小暑 8日 00:33 大暑 23日

陽曆	1	2	3	4	5	6	7	8	9	10	11	12	13	14	15	16	17	18	19	20	21	22	23	24	25	26	27	28	29	30	31
요일	火	水	木	金	土	日	月	火	水	木	金	土	日	月	火	水	6	金	土	日	月	火	水	木	金	土	日	月	火	水	木
陰曆	15	16	17	18	19	20	21	22	23	24	25	26	27	28	29	30	1	2	3	4	5	6	7	8	9	10	11	12	13	14	15
日辰	己	庚	辛	壬	癸	甲	乙	丙	丁	戊	己	庚	辛	壬	癸	甲	乙	丙	丁	戊	己	庚	辛	壬	癸	甲	乙	丙	丁	戊	己
	卯	辰	巳	午	未	申	酉	戌	亥	子	丑	寅	卯	辰	巳	午	未	申	酉	戌	亥	子	丑	寅	卯	辰	巳	午	未	申	酉
大 男	2	2	2	1	1	1	1	小	10	10	9	9	9	8	8	8	7	7	7	6	6	6	5	5	5	4	4	4	3	3	3
運 女	八	九	九	九	十	十	十	暑	一	一	一	一	二	二	二	三	三	三	四	四	四	五	五	五	六	六	六	七	七	七	八

8월 (己未) 庚申 (입추) 立秋 8日 10:17 處暑 24日

陽曆	1	2	3	4	5	6	7	8	9	10	11	12	13	14	15	16	17	18	19	20	21	22	23	24	25	26	27	28	29	30	31
요일	金	土	日	月	火	水	木	金	土	日	月	火	水	木	7	土	日	月	火	水	木	金	土	日	月	火	水	木	金	土	日
陰曆	16	17	18	19	20	21	22	23	24	25	26	27	28	29	1	2	3	4	5	6	7	8	9	10	11	12	13	14	15	16	17
日辰	庚	辛	壬	癸	甲	乙	丙	丁	戊	己	庚	辛	壬	癸	甲	乙	丙	丁	戊	己	庚	辛	壬	癸	甲	乙	丙	丁	戊	己	庚
	戌	亥	子	丑	寅	卯	辰	巳	午	未	申	酉	戌	亥	子	丑	寅	卯	辰	巳	午	未	申	酉	戌	亥	子	丑	寅	卯	辰
大 男	2	2	2	1	1	1	1	立	10	10	9	9	9	8	8	8	7	7	7	6	6	6	5	5	5	4	4	4	3	3	3
運 女	八	八	九	九	九	十	十	秋	一	一	一	一	二	二	二	三	三	三	四	四	四	五	五	五	六	六	六	七	七	七	八

9월 (庚申) 辛酉 (백로) 白露 8日 12:59 秋分 23日

陽曆	1	2	3	4	5	6	7	8	9	10	11	12	13	14	15	16	17	18	19	20	21	22	23	24	25	26	27	28	29	30	
요일	月	火	水	木	金	土	日	月	火	水	木	金	8	日	月	火	水	木	金	土	日	月	火	水	木	金	土	日	月	火	
陰曆	18	19	20	21	22	23	24	25	26	27	28	29	1	2	3	4	5	6	7	8	9	10	11	12	13	14	15	16	17	18	
日辰	辛	壬	癸	甲	乙	丙	丁	戊	己	庚	辛	壬	癸	甲	乙	丙	丁	戊	己	庚	辛	壬	癸	甲	乙	丙	丁	戊	己	庚	
	巳	午	未	申	酉	戌	亥	子	丑	寅	卯	辰	巳	午	未	申	酉	戌	亥	子	丑	寅	卯	辰	巳	午	未	申	酉	戌	
大 男	2	2	2	1	1	1	1	白	10	10	9	9	9	8	8	8	7	7	7	6	6	6	5	5	5	4	4	4	3	3	
運 女	八	八	九	九	九	十	十	露	一	一	一	一	二	二	二	三	三	三	四	四	四	五	五	五	六	六	六	七	七	七	

10월 (辛酉) 壬戌 (한로) 寒露 9日 04:19 霜降 24日

陽曆	1	2	3	4	5	6	7	8	9	10	11	12	13	14	15	16	17	18	19	20	21	22	23	24	25	26	27	28	29	30	31
요일	水	木	金	土	日	月	火	水	木	金	土	日	9	火	水	木	金	土	日	月	火	水	木	金	土	日	月	火	水	木	金
陰曆	19	20	21	22	23	24	25	26	27	28	29	30	1	2	3	4	5	6	7	8	9	10	11	12	13	14	15	16	17	18	19
日辰	辛	壬	癸	甲	乙	丙	丁	戊	己	庚	辛	壬	癸	甲	乙	丙	丁	戊	己	庚	辛	壬	癸	甲	乙	丙	丁	戊	己	庚	辛
	亥	子	丑	寅	卯	辰	巳	午	未	申	酉	戌	亥	子	丑	寅	卯	辰	巳	午	未	申	酉	戌	亥	子	丑	寅	卯	辰	巳
大 男	3	2	2	2	1	1	1	1	寒	10	9	9	9	8	8	8	7	7	7	6	6	6	5	5	5	4	4	4	3	3	3
運 女	八	八	八	九	九	九	十	十	露	一	一	一	一	二	二	二	三	三	三	四	四	四	五	五	五	六	六	六	七	七	七

11월 (壬戌) 癸亥 (입동) 立冬 8日 07:12 小雪 23日

陽曆	1	2	3	4	5	6	7	8	9	10	11	12	13	14	15	16	17	18	19	20	21	22	23	24	25	26	27	28	29	30	
요일	土	日	月	火	水	木	金	土	日	月	10	水	木	金	土	日	月	火	水	木	金	土	日	月	火	水	木	金	土	日	
陰曆	20	21	22	23	24	25	26	27	28	29	1	2	3	4	5	6	7	8	9	10	11	12	13	14	15	16	17	18	19	20	
日辰	壬	癸	甲	乙	丙	丁	戊	己	庚	辛	壬	癸	甲	乙	丙	丁	戊	己	庚	辛	壬	癸	甲	乙	丙	丁	戊	己	庚	辛	
	午	未	申	酉	戌	亥	子	丑	寅	卯	辰	巳	午	未	申	酉	戌	亥	子	丑	寅	卯	辰	巳	午	未	申	酉	戌	亥	
大 男	2	2	2	1	1	1	1	立	9	9	9	8	8	8	7	7	7	6	6	6	5	5	5	4	4	4	3	3	3	2	
運 女	八	八	八	九	九	九	十	冬	一	一	一	一	二	二	二	三	三	三	四	四	四	五	五	五	六	六	六	七	七	七	

12월 (癸亥) 甲子 (대설) 大雪 7日 23:50 冬至 22日

陽曆	1	2	3	4	5	6	7	8	9	10	11	12	13	14	15	16	17	18	19	20	21	22	23	24	25	26	27	28	29	30	31
요일	月	火	水	木	金	土	日	月	火	水	11	金	土	日	月	火	水	木	金	土	日	月	火	水	木	金	土	日	月	火	水
陰曆	21	22	23	24	25	26	27	28	29	30	1	2	3	4	5	6	7	8	9	10	11	12	13	14	15	16	17	18	19	20	21
日辰	壬	癸	甲	乙	丙	丁	戊	己	庚	辛	壬	癸	甲	乙	丙	丁	戊	己	庚	辛	壬	癸	甲	乙	丙	丁	戊	己	庚	辛	壬
	子	丑	寅	卯	辰	巳	午	未	申	酉	戌	亥	子	丑	寅	卯	辰	巳	午	未	申	酉	戌	亥	子	丑	寅	卯	辰	巳	午
大 男	2	2	1	1	1	1	大	10	9	9	9	8	8	8	7	7	7	6	6	6	5	5	5	4	4	4	3	3	3	2	2
運 女	八	八	八	九	九	九	雪	一	一	一	一	二	二	二	三	三	三	四	四	四	五	五	五	六	六	六	七	七	七	八	八

1월 (甲子)

乙丑 (소한) 小寒 6日 10:58 大寒 21日

陽曆	1	2	3	4	5	6	7	8	9	10	11	12	13	14	15	16	17	18	19	20	21	22	23	24	25	26	27	28	29	30	31
요일	木	金	土	日	月	火	水	木	12	土	日	月	火	水	木	金	土	日	月	火	水	木	金	土	日	月	火	水	木	金	土
陰曆	22	23	24	25	26	27	28	29	1	2	3	4	5	6	7	8	9	10	11	12	13	14	15	16	17	18	19	20	21	22	23
日辰	癸	甲	乙	丙	丁	戊	己	庚	辛	壬	癸	甲	乙	丙	丁	戊	己	庚	辛	壬	癸	甲	乙	丙	丁	戊	己	庚	辛	壬	癸
	未	申	酉	戌	亥	子	丑	寅	卯	辰	巳	午	未	申	酉	戌	亥	子	丑	寅	卯	辰	巳	午	未	申	酉	戌	亥	子	丑
大運 男	2	1	1	1	1	小	9	9	9	8	8	8	7	7	7	6	6	6	5	5	5	4	4	4	3	3	3	2	2	2	1
女	八	九	九	九	十	寒	一	一	一	一	二	二	二	三	三	三	四	四	四	五	五	五	六	六	六	七	七	七	八	八	八

2월 (乙丑)

丙寅 (입춘) 立春 4日 22:42 雨水 19日

陽曆	1	2	3	4	5	6	7	8	9	10	11	12	13	14	15	16	17	18	19	20	21	22	23	24	25	26	27	28			
요일	日	月	火	水	木	金	土	1	月	火	水	木	金	土	日	月	火	水	木	金	土	日	月	火	水	木	金	土			
陰曆	24	25	26	27	28	29	30	1	2	3	4	5	6	7	8	9	10	11	12	13	14	15	16	17	18	19	20	21			
日辰	甲	乙	丙	丁	戊	己	庚	辛	壬	癸	甲	乙	丙	丁	戊	己	庚	辛	壬	癸	甲	乙	丙	丁	戊	己	庚	辛			
	寅	卯	辰	巳	午	未	申	酉	戌	亥	子	丑	寅	卯	辰	巳	午	未	申	酉	戌	亥	子	丑	寅	卯	辰	巳			
大運 男	1	1	1	立	1	1	1	1	2	2	2	3	3	3	4	4	4	5	5	5	6	6	6	7	7	7	8	8			
女	九	九	九	春	十	九	九	九	八	八	八	七	七	七	六	六	六	五	五	五	四	四	四	三	三	三	二	二			

3월 (丙寅)

丁卯 (경칩) 驚蟄 6日 16:57 春分 21日

陽曆	1	2	3	4	5	6	7	8	9	10	11	12	13	14	15	16	17	18	19	20	21	22	23	24	25	26	27	28	29	30	31
요일	日	月	火	水	木	金	土	日	2	火	水	木	金	土	日	月	火	水	木	金	土	日	月	火	水	木	金	土	日	月	火
陰曆	22	23	24	25	26	27	28	29	1	2	3	4	5	6	7	8	9	10	11	12	13	14	15	16	17	18	19	20	21	22	23
日辰	壬	癸	甲	乙	丙	丁	戊	己	庚	辛	壬	癸	甲	乙	丙	丁	戊	己	庚	辛	壬	癸	甲	乙	丙	丁	戊	己	庚	辛	壬
	午	未	申	酉	戌	亥	子	丑	寅	卯	辰	巳	午	未	申	酉	戌	亥	子	丑	寅	卯	辰	巳	午	未	申	酉	戌	亥	子
大運 男	8	9	9	9	10	驚	1	1	1	1	2	2	2	3	3	3	4	4	4	5	5	5	6	6	6	7	7	7	8	8	8
女	二	一	一	一	一	蟄	十	九	九	九	八	八	八	七	七	七	六	六	六	五	五	五	四	四	四	三	三	三	二	二	二

4월 (丁卯)

戊辰 (청명) 清明 5日 22:03 穀雨 21日

陽曆	1	2	3	4	5	6	7	8	9	10	11	12	13	14	15	16	17	18	19	20	21	22	23	24	25	26	27	28	29	30	
요일	水	木	金	土	日	月	火	3	木	金	土	日	月	火	水	木	金	土	日	月	火	水	木	金	土	日	月	火	水	木	
陰曆	24	25	26	27	28	29	30	1	2	3	4	5	6	7	8	9	10	11	12	13	14	15	16	17	18	19	20	21	22	23	
日辰	癸	甲	乙	丙	丁	戊	己	庚	辛	壬	癸	甲	乙	丙	丁	戊	己	庚	辛	壬	癸	甲	乙	丙	丁	戊	己	庚	辛	壬	
	丑	寅	卯	辰	巳	午	未	申	酉	戌	亥	子	丑	寅	卯	辰	巳	午	未	申	酉	戌	亥	子	丑	寅	卯	辰	巳	午	
大運 男	9	9	9	10	清	1	1	1	1	2	2	2	3	3	3	4	4	4	5	5	5	6	6	6	7	7	7	8	8	8	
女	一	一	一	一	明	十	十	九	九	九	八	八	八	七	七	七	六	六	六	五	五	五	四	四	四	三	三	三	二	二	

5월 (戊辰)

己巳 (입하) 立夏 6日 15:39 小滿 22日

陽曆	1	2	3	4	5	6	7	8	9	10	11	12	13	14	15	16	17	18	19	20	21	22	23	24	25	26	27	28	29	30	31
요일	金	土	日	月	火	水	木	4	土	日	月	火	水	木	金	土	日	月	火	水	木	金	土	日	月	火	水	木	金	土	日
陰曆	24	25	26	27	28	29	30	1	2	3	4	5	6	7	8	9	10	11	12	13	14	15	16	17	18	19	20	21	22	23	24
日辰	癸	甲	乙	丙	丁	戊	己	庚	辛	壬	癸	甲	乙	丙	丁	戊	己	庚	辛	壬	癸	甲	乙	丙	丁	戊	己	庚	辛	壬	癸
	未	申	酉	戌	亥	子	丑	寅	卯	辰	巳	午	未	申	酉	戌	亥	子	丑	寅	卯	辰	巳	午	未	申	酉	戌	亥	子	丑
大運 男	9	9	9	10	10	立	1	1	1	1	2	2	2	3	3	3	4	4	4	5	5	5	6	6	6	7	7	7	8	8	8
女	二	一	一	一	一	夏	十	十	九	九	九	八	八	八	七	七	七	六	六	六	五	五	五	四	四	四	三	三	三	二	二

6월 (己巳)

庚午 (망종) 芒種 6日 20:00 夏至 22日

陽曆	1	2	3	4	5	6	7	8	9	10	11	12	13	14	15	16	17	18	19	20	21	22	23	24	25	26	27	28	29	30	
요일	月	火	水	木	金	5	日	月	火	水	木	金	土	日	月	火	水	木	金	土	日	月	火	水	木	金	土	日	月	火	
陰曆	25	26	27	28	29	1	2	3	4	5	6	7	8	9	10	11	12	13	14	15	16	17	18	19	20	21	22	23	24	25	
日辰	甲	乙	丙	丁	戊	己	庚	辛	壬	癸	甲	乙	丙	丁	戊	己	庚	辛	壬	癸	甲	乙	丙	丁	戊	己	庚	辛	壬	癸	
	寅	卯	辰	巳	午	未	申	酉	戌	亥	子	丑	寅	卯	辰	巳	午	未	申	酉	戌	亥	子	丑	寅	卯	辰	巳	午	未	
大運 男	9	9	9	10	10	芒	1	1	1	1	2	2	2	3	3	3	4	4	4	5	5	5	6	6	6	7	7	7	8	8	
女	二	一	一	一	一	種	十	十	十	九	九	九	八	八	八	七	七	七	六	六	六	五	五	五	四	四	四	三	三	三	

[서머타임 : 5월 3일 00시 ~ 9월 20일 00시]

平地木星	一日得辛	酉大將	酉弔客	寒食(4월 06일)	初伏(7월 17일)
五黃土星	八龍治水	丑喪門	酉三殺	中伏(7월 27일)	末伏(8월 16일)

7월 (庚午) 辛未 (소서) 小署 8日 06:20 大署 23日

陽曆	1	2	3	4	5	6	7	8	9	10	11	12	13	14	15	16	17	18	19	20	21	22	23	24	25	26	27	28	29	30	31
요일	水	木	金	土	日	6	火	水	木	金	土	日	月	火	水	木	金	土	日	月	火	水	木	金	土	日	月	火	水	木	金
陰曆	26	27	28	29	30	1	2	3	4	5	6	7	8	9	10	11	12	13	14	15	16	17	18	19	20	21	22	23	24	25	26
日辰	甲	乙	丙	丁	戊	己	庚	辛	壬	癸	甲	乙	丙	丁	戊	己	庚	辛	壬	癸	甲	乙	丙	丁	戊	己	庚	辛	壬	癸	甲
	申	酉	戌	亥	子	丑	寅	卯	辰	巳	午	未	申	酉	戌	亥	子	丑	寅	卯	辰	巳	午	未	申	酉	戌	亥	子	丑	寅
大 男	8	9	9	9	10	10	10	小	1	1	1	1	2	2	2	3	3	3	4	4	4	5	5	5	6	6	6	7	7	7	8
運 女	二	二	二	一	一	一	一	署	十	十	九	九	九	八	八	八	七	七	七	六	六	六	五	五	五	四	四	四	三	三	三

8월 (辛未) 壬申 (입추) 立秋 8日 16:04 處署 24日

陽曆	1	2	3	4	5	6	7	8	9	10	11	12	13	14	15	16	17	18	19	20	21	22	23	24	25	26	27	28	29	30	31
요일	土	日	月	7	水	木	金	土	日	月	火	水	木	金	土	日	月	火	水	木	金	土	日	月	火	水	木	金	土	日	月
陰曆	27	28	29	1	2	3	4	5	6	7	8	9	10	11	12	13	14	15	16	17	18	19	20	21	22	23	24	25	26	27	28
日辰	乙	丙	丁	戊	己	庚	辛	壬	癸	甲	乙	丙	丁	戊	己	庚	辛	壬	癸	甲	乙	丙	丁	戊	己	庚	辛	壬	癸	甲	乙
	卯	辰	巳	午	未	申	酉	戌	亥	子	丑	寅	卯	辰	巳	午	未	申	酉	戌	亥	子	丑	寅	卯	辰	巳	午	未	申	酉
大 男	8	8	9	9	9	10	10	立	1	1	1	1	2	2	2	3	3	3	4	4	4	5	5	5	6	6	6	7	7	7	8
運 女	二	二	二	一	一	一	一	秋	十	十	九	九	九	八	八	八	七	七	七	六	六	六	五	五	五	四	四	四	三	三	三

9월 (壬申) 癸酉 (백로) 白露 8日 18:48 秋分 24日

陽曆	1	2	3	4	5	6	7	8	9	10	11	12	13	14	15	16	17	18	19	20	21	22	23	24	25	26	27	28	29	30	
요일	火	水	8	金	土	日	月	火	水	木	金	土	日	月	火	水	木	金	土	日	月	火	水	木	金	土	日	月	火	水	
陰曆	29	30	1	2	3	4	5	6	7	8	9	10	11	12	13	14	15	16	17	18	19	20	21	22	23	24	25	26	27	28	
日辰	丙	丁	戊	己	庚	辛	壬	癸	甲	乙	丙	丁	戊	己	庚	辛	壬	癸	甲	乙	丙	丁	戊	己	庚	辛	壬	癸	甲	乙	
	戌	亥	子	丑	寅	卯	辰	巳	午	未	申	酉	戌	亥	子	丑	寅	卯	辰	巳	午	未	申	酉	戌	亥	子	丑	寅	卯	
大 男	8	8	9	9	9	10	10	白	1	1	1	1	2	2	2	3	3	3	4	4	4	5	5	5	6	6	6	7	7	7	
運 女	二	二	二	一	一	一	一	露	十	十	九	九	九	八	八	八	七	七	七	六	六	六	五	五	五	四	四	四	三	三	

10월 (癸酉) 甲戌 (한로) 寒露 9日 10:10 霜降 24日

陽曆	1	2	3	4	5	6	7	8	9	10	11	12	13	14	15	16	17	18	19	20	21	22	23	24	25	26	27	28	29	30	31
요일	木	9	土	日	月	火	水	木	金	土	日	月	火	水	木	金	土	日	月	火	水	木	金	土	日	月	火	水	木	金	土
陰曆	29	1	2	3	4	5	6	7	8	9	10	11	12	13	14	15	16	17	18	19	20	21	22	23	24	25	26	27	28	29	30
日辰	丙	丁	戊	己	庚	辛	壬	癸	甲	乙	丙	丁	戊	己	庚	辛	壬	癸	甲	乙	丙	丁	戊	己	庚	辛	壬	癸	甲	乙	丙
	辰	巳	午	未	申	酉	戌	亥	子	丑	寅	卯	辰	巳	午	未	申	酉	戌	亥	子	丑	寅	卯	辰	巳	午	未	申	酉	戌
大 男	8	8	8	9	9	9	10	10	寒	1	1	1	1	2	2	2	3	3	3	4	4	4	5	5	5	6	6	6	7	7	7
運 女	三	二	二	二	一	一	一	一	露	十	九	九	九	八	八	八	七	七	七	六	六	六	五	五	五	四	四	四	三	三	三

11월 (甲戌) 乙亥 (입동) 立冬 8日 13:02 小雪 23日

陽曆	1	2	3	4	5	6	7	8	9	10	11	12	13	14	15	16	17	18	19	20	21	22	23	24	25	26	27	28	29	30	
요일	10	月	火	水	木	金	土	日	月	火	水	木	金	土	日	月	火	水	木	金	土	日	月	火	水	木	金	土	日	11	
陰曆	1	2	3	4	5	6	7	8	9	10	11	12	13	14	15	16	17	18	19	20	21	22	23	24	25	26	27	28	29	1	
日辰	丁	戊	己	庚	辛	壬	癸	甲	乙	丙	丁	戊	己	庚	辛	壬	癸	甲	乙	丙	丁	戊	己	庚	辛	壬	癸	甲	乙	丙	
	亥	子	丑	寅	卯	辰	巳	午	未	申	酉	戌	亥	子	丑	寅	卯	辰	巳	午	未	申	酉	戌	亥	子	丑	寅	卯	辰	
大 男	8	8	8	9	9	9	10	立	1	1	1	1	2	2	2	3	3	3	4	4	4	5	5	5	6	6	6	7	7	7	
運 女	二	二	二	一	一	一	一	冬	十	九	九	九	八	八	八	七	七	七	六	六	六	五	五	五	四	四	四	三	三	三	

12월 (乙亥) 丙子 (대설) 大雪 8日 05:37 冬至 22日

陽曆	1	2	3	4	5	6	7	8	9	10	11	12	13	14	15	16	17	18	19	20	21	22	23	24	25	26	27	28	29	30	31
요일	火	水	木	金	土	日	月	火	水	木	金	土	日	月	火	水	木	金	土	日	月	火	水	木	金	土	日	月	火	12	木
陰曆	2	3	4	5	6	7	8	9	10	11	12	13	14	15	16	17	18	19	20	21	22	23	24	25	26	27	28	29	30	1	2
日辰	丁	戊	己	庚	辛	壬	癸	甲	乙	丙	丁	戊	己	庚	辛	壬	癸	甲	乙	丙	丁	戊	己	庚	辛	壬	癸	甲	乙	丙	丁
	巳	午	未	申	酉	戌	亥	子	丑	寅	卯	辰	巳	午	未	申	酉	戌	亥	子	丑	寅	卯	辰	巳	午	未	申	酉	戌	亥
大 男	8	8	8	9	9	9	10	大	1	1	1	1	2	2	2	3	3	3	4	4	4	5	5	5	6	6	6	7	7	7	8
運 女	二	二	二	一	一	一	一	雪	九	九	九	八	八	八	七	七	七	六	六	六	五	五	五	四	四	四	三	三	三	二	二

1월 (丙子) 丁丑 (소한) 小寒 6日 16:42 大寒 21日

陽曆	1	2	3	4	5	6	7	8	9	10	11	12	13	14	15	16	17	18	19	20	21	22	23	24	25	26	27	28	29	30	31
요일	金	土	日	月	火	水	木	金	土	日	月	火	水	木	金	土	日	月	火	水	木	金	土	日	月	火	水	1/	金	土	日
陰曆	3	4	5	6	7	8	9	10	11	12	13	14	15	16	17	18	19	20	21	22	23	24	25	26	27	28	29	1	2	3	4
日辰	戊	己	庚	辛	壬	癸	甲	乙	丙	丁	戊	己	庚	辛	壬	癸	甲	乙	丙	丁	戊	己	庚	辛	壬	癸	甲	乙	丙	丁	戊
	子	丑	寅	卯	辰	巳	午	未	申	酉	戌	亥	子	丑	寅	卯	辰	巳	午	未	申	酉	戌	亥	子	丑	寅	卯	辰	巳	午
大 男	8	8	9	9	9	小	1	1	1	1	2	2	2	3	3	3	4	4	4	5	5	5	6	6	6	7	7	7	8	8	8
運 女	二	一	一	一	一	寒	十	九	九	九	八	八	八	七	七	七	六	六	六	五	五	五	四	四	四	三	三	三	二	二	二

2월 (丁丑) 戊寅 (입춘) 立春 5日 04:23 雨水 19日

陽曆	1	2	3	4	5	6	7	8	9	10	11	12	13	14	15	16	17	18	19	20	21	22	23	24	25	26	27	28	29		
요일	月	火	水	木	金	土	日	月	火	水	木	金	土	日	月	火	水	木	金	土	日	月	火	水	木	金	2/	日	月		
陰曆	5	6	7	8	9	10	11	12	13	14	15	16	17	18	19	20	21	22	23	24	25	26	27	28	29	30	1	2	3		
日辰	己	庚	辛	壬	癸	甲	乙	丙	丁	戊	己	庚	辛	壬	癸	甲	乙	丙	丁	戊	己	庚	辛	壬	癸	甲	乙	丙	丁		
	未	申	酉	戌	亥	子	丑	寅	卯	辰	巳	午	未	申	酉	戌	亥	子	丑	寅	卯	辰	巳	午	未	申	酉	戌	亥		
大 男	9	9	9	10	立	9	9	9	8	8	8	7	7	7	6	6	6	5	5	5	4	4	4	3	3	3	2	2	2		
運 女	一	一	一	一	春	一	一	一	一	二	二	二	三	三	三	四	四	四	五	五	五	六	六	六	七	七	七	八	八		

3월 (戊寅) 己卯 (경칩) 驚蟄 5日 22:36 春分 20日

陽曆	1	2	3	4	5	6	7	8	9	10	11	12	13	14	15	16	17	18	19	20	21	22	23	24	25	26	27	28	29	30	31
요일	火	水	木	金	土	日	月	火	水	木	金	土	日	月	火	水	木	金	土	日	月	火	水	木	金	土	3/	月	火	水	木
陰曆	4	5	6	7	8	9	10	11	12	13	14	15	16	17	18	19	20	21	22	23	24	25	26	27	28	29	1	2	3	4	5
日辰	戊	己	庚	辛	壬	癸	甲	乙	丙	丁	戊	己	庚	辛	壬	癸	甲	乙	丙	丁	戊	己	庚	辛	壬	癸	甲	乙	丙	丁	戊
	子	丑	寅	卯	辰	巳	午	未	申	酉	戌	亥	子	丑	寅	卯	辰	巳	午	未	申	酉	戌	亥	子	丑	寅	卯	辰	巳	午
大 男	1	1	1	1	驚	10	10	9	9	9	8	8	8	7	7	7	6	6	6	5	5	5	4	4	4	3	3	3	2	2	2
運 女	八	九	九	九	蟄	一	一	一	一	二	二	二	三	三	三	四	四	四	五	五	五	六	六	六	七	七	七	八	八	八	九

4월 (己卯) 庚辰 (청명) 清明 5日 03:44 穀雨 20日

陽曆	1	2	3	4	5	6	7	8	9	10	11	12	13	14	15	16	17	18	19	20	21	22	23	24	25	26	27	28	29	30	
요일	金	土	日	月	火	水	木	金	土	日	月	火	水	木	金	土	日	月	火	水	木	金	土	日	月	4/	水	木	金	土	
陰曆	6	7	8	9	10	11	12	13	14	15	16	17	18	19	20	21	22	23	24	25	26	27	28	29	30	1	2	3	4	5	
日辰	己	庚	辛	壬	癸	甲	乙	丙	丁	戊	己	庚	辛	壬	癸	甲	乙	丙	丁	戊	己	庚	辛	壬	癸	甲	乙	丙	丁	戊	
	未	申	酉	戌	亥	子	丑	寅	卯	辰	巳	午	未	申	酉	戌	亥	子	丑	寅	卯	辰	巳	午	未	申	酉	戌	亥	子	
大 男	1	1	1	1	清	10	9	9	9	8	8	8	7	7	7	6	6	6	5	5	5	4	4	4	3	3	3	2	2	2	
運 女	九	九	十	十	明	一	一	一	一	二	二	二	三	三	三	四	四	四	五	五	五	六	六	六	七	七	七	八	八	八	

5월 (庚辰) 辛巳 (입하) 立夏 5日 21:23 小滿 21日

陽曆	1	2	3	4	5	6	7	8	9	10	11	12	13	14	15	16	17	18	19	20	21	22	23	24	25	26	27	28	29	30	31
요일	日	月	火	水	木	金	土	日	月	火	水	木	金	土	日	月	火	水	木	金	土	日	月	火	5/	木	金	土	日	月	火
陰曆	6	7	8	9	10	11	12	13	14	15	16	17	18	19	20	21	22	23	24	25	26	27	28	29	1	2	3	4	5	6	7
日辰	己	庚	辛	壬	癸	甲	乙	丙	丁	戊	己	庚	辛	壬	癸	甲	乙	丙	丁	戊	己	庚	辛	壬	癸	甲	乙	丙	丁	戊	己
	丑	寅	卯	辰	巳	午	未	申	酉	戌	亥	子	丑	寅	卯	辰	巳	午	未	申	酉	戌	亥	子	丑	寅	卯	辰	巳	午	未
大 男	1	1	1	1	立	10	10	10	9	9	9	8	8	8	7	7	7	6	6	6	5	5	5	4	4	4	3	3	3	2	2
運 女	九	九	九	十	夏	一	一	一	一	二	二	二	三	三	三	四	四	四	五	五	五	六	六	六	七	七	七	八	八	八	九

6월 (辛巳) 壬午 (망종) 芒種 6日 01:49 夏至 21日

陽曆	1	2	3	4	5	6	7	8	9	10	11	12	13	14	15	16	17	18	19	20	21	22	23	24	25	26	27	28	29	30	
요일	水	木	金	土	日	月	火	水	木	金	土	日	月	火	水	木	金	土	日	月	火	水	木	6/	土	日	月	火	水	木	
陰曆	8	9	10	11	12	13	14	15	16	17	18	19	20	21	22	23	24	25	26	27	28	29	30	1	2	3	4	5	6	7	
日辰	庚	辛	壬	癸	甲	乙	丙	丁	戊	己	庚	辛	壬	癸	甲	乙	丙	丁	戊	己	庚	辛	壬	癸	甲	乙	丙	丁	戊	己	
	申	酉	戌	亥	子	丑	寅	卯	辰	巳	午	未	申	酉	戌	亥	子	丑	寅	卯	辰	巳	午	未	申	酉	戌	亥	子	丑	
大 男	2	1	1	1	1	芒	10	10	9	9	9	8	8	8	7	7	7	6	6	6	5	5	5	4	4	4	3	3	3	2	
運 女	九	九	十	十	十	種	一	一	一	一	二	二	二	三	三	三	四	四	四	五	五	五	六	六	六	七	七	七	八	八	

[서머타임 : 5월 1일 00시 ~ 9월 18일 00시]

壁上土星	七日得辛	西大將	戌弔客	寒食(4월 05일)	初伏(7월 11일)
四綠木星	二龍治水	寅喪門	南三殺	中伏(7월 21일)	末伏(8월 10일)

7월 (壬午) 癸未 (소서) 小署 7日 12:13 大署 23日

陽曆		1	2	3	4	5	6	7	8	9	10	11	12	13	14	15	16	17	18	19	20	21	22	23	24	25	26	27	28	29	30	31
요일		金	土	日	月	火	水	木	金	土	日	月	火	水	木	金	土	日	月	火	水	木	金	土	윤6	月	火	水	木	金	土	日
陰曆		8	9	10	11	12	13	14	15	16	17	18	19	20	21	22	23	24	25	26	27	28	29	30	1	2	3	4	5	6	7	8
日辰		庚	辛	壬	癸	甲	乙	丙	丁	戊	己	庚	辛	壬	癸	甲	乙	丙	丁	戊	己	庚	辛	壬	癸	甲	乙	丙	丁	戊	己	庚
		寅	卯	辰	巳	午	未	申	酉	戌	亥	子	丑	寅	卯	辰	巳	午	未	申	酉	戌	亥	子	丑	寅	卯	辰	巳	午	未	申
大	男	2	2	1	1	1	1	小	10	10	9	9	9	8	8	8	7	7	7	6	6	6	5	5	5	4	4	4	3	3	3	2
運	女	八	九	九	九	十	十	署	一	一	一	一	二	二	二	三	三	三	四	四	四	五	五	五	六	六	六	七	七	七	八	八

8월 (癸未) 甲申 (입추) 立秋 7日 22:00 處署 23日

陽曆		1	2	3	4	5	6	7	8	9	10	11	12	13	14	15	16	17	18	19	20	21	22	23	24	25	26	27	28	29	30	31
요일		月	火	水	木	金	土	日	月	火	水	木	金	土	日	月	火	水	木	金	土	日	7	火	水	木	金	土	日	月	火	水
陰曆		9	10	11	12	13	14	15	16	17	18	19	20	21	22	23	24	25	26	27	28	29	1	2	3	4	5	6	7	8	9	10
日辰		辛	壬	癸	甲	乙	丙	丁	戊	己	庚	辛	壬	癸	甲	乙	丙	丁	戊	己	庚	辛	壬	癸	甲	乙	丙	丁	戊	己	庚	辛
		酉	戌	亥	子	丑	寅	卯	辰	巳	午	未	申	酉	戌	亥	子	丑	寅	卯	辰	巳	午	未	申	酉	戌	亥	子	丑	寅	卯
大	男	2	2	1	1	1	1	立	10	10	10	9	9	9	8	8	8	7	7	7	6	6	6	5	5	5	4	4	4	3	3	3
運	女	八	九	九	九	十	十	秋	一	一	一	一	二	二	二	三	三	三	四	四	四	五	五	五	六	六	六	七	七	七	八	八

9월 (甲申) 乙酉 (백로) 白露 8日 00:45 秋分 23日

陽曆		1	2	3	4	5	6	7	8	9	10	11	12	13	14	15	16	17	18	19	20	21	22	23	24	25	26	27	28	29	30
요일		木	金	土	日	月	火	水	木	金	土	日	月	火	水	木	金	土	日	月	火	8	木	金	土	日	月	火	水	木	金
陰曆		11	12	13	14	15	16	17	18	19	20	21	22	23	24	25	26	27	28	29	30	1	2	3	4	5	6	7	8	9	10
日辰		壬	癸	甲	乙	丙	丁	戊	己	庚	辛	壬	癸	甲	乙	丙	丁	戊	己	庚	辛	壬	癸	甲	乙	丙	丁	戊	己	庚	辛
		辰	巳	午	未	申	酉	戌	亥	子	丑	寅	卯	辰	巳	午	未	申	酉	戌	亥	子	丑	寅	卯	辰	巳	午	未	申	酉
大	男	2	2	2	1	1	1	1	白	10	9	9	9	8	8	8	7	7	7	6	6	6	5	5	5	4	4	4	3	3	3
運	女	八	九	九	九	十	十	十	露	一	一	一	一	二	二	二	三	三	三	四	四	四	五	五	五	六	六	六	七	七	七

10월 (乙酉) 丙戌 (한로) 寒露 8日 16:09 霜降 23日

陽曆		1	2	3	4	5	6	7	8	9	10	11	12	13	14	15	16	17	18	19	20	21	22	23	24	25	26	27	28	29	30	31
요일		土	日	月	火	水	木	金	土	日	月	火	水	木	金	土	日	月	火	水	9	金	土	日	月	火	水	木	金	土	日	月
陰曆		11	12	13	14	15	16	17	18	19	20	21	22	23	24	25	26	27	28	29	1	2	3	4	5	6	7	8	9	10	11	12
日辰		壬	癸	甲	乙	丙	丁	戊	己	庚	辛	壬	癸	甲	乙	丙	丁	戊	己	庚	辛	壬	癸	甲	乙	丙	丁	戊	己	庚	辛	壬
		戌	亥	子	丑	寅	卯	辰	巳	午	未	申	酉	戌	亥	子	丑	寅	卯	辰	巳	午	未	申	酉	戌	亥	子	丑	寅	卯	辰
大	男	2	2	2	1	1	1	1	寒	10	9	9	9	8	8	8	7	7	7	6	6	6	5	5	5	4	4	4	3	3	3	2
運	女	八	八	八	九	九	九	十	露	一	一	一	一	二	二	二	三	三	三	四	四	四	五	五	五	六	六	六	七	七	七	八

11월 (丙戌) 丁亥 (입동) 立冬 7日 19:02 小雪 22日

陽曆		1	2	3	4	5	6	7	8	9	10	11	12	13	14	15	16	17	18	19	20	21	22	23	24	25	26	27	28	29	30
요일		火	水	木	金	土	日	月	火	水	木	金	土	日	月	火	水	木	金	10	日	月	火	水	木	金	土	日	月	火	水
陰曆		13	14	15	16	17	18	19	20	21	22	23	24	25	26	27	28	29	30	1	2	3	4	5	6	7	8	9	10	11	12
日辰		癸	甲	乙	丙	丁	戊	己	庚	辛	壬	癸	甲	乙	丙	丁	戊	己	庚	辛	壬	癸	甲	乙	丙	丁	戊	己	庚	辛	壬
		巳	午	未	申	酉	戌	亥	子	丑	寅	卯	辰	巳	午	未	申	酉	戌	亥	子	丑	寅	卯	辰	巳	午	未	申	酉	戌
大	男	2	2	1	1	1	1	立	10	9	9	9	8	8	8	7	7	7	6	6	6	5	5	5	4	4	4	3	3	3	2
運	女	八	八	九	九	九	十	冬	一	一	一	一	二	二	二	三	三	三	四	四	四	五	五	五	六	六	六	七	七	七	八

12월 (丁亥) 戊子 (대설) 大雪 7日 11:38 冬至 22日

陽曆		1	2	3	4	5	6	7	8	9	10	11	12	13	14	15	16	17	18	19	20	21	22	23	24	25	26	27	28	29	30	31
요일		木	金	土	日	月	火	水	木	金	土	日	月	火	水	木	金	土	11	月	火	水	木	金	土	日	月	火	水	木	金	土
陰曆		13	14	15	16	17	18	19	20	21	22	23	24	25	26	27	28	29	1	2	3	4	5	6	7	8	9	10	11	12	13	14
日辰		癸	甲	乙	丙	丁	戊	己	庚	辛	壬	癸	甲	乙	丙	丁	戊	己	庚	辛	壬	癸	甲	乙	丙	丁	戊	己	庚	辛	壬	癸
		亥	子	丑	寅	卯	辰	巳	午	未	申	酉	戌	亥	子	丑	寅	卯	辰	巳	午	未	申	酉	戌	亥	子	丑	寅	卯	辰	巳
大	男	2	2	1	1	1	1	大	9	9	9	8	8	8	7	7	7	6	6	6	5	5	5	4	4	4	3	3	3	2	2	2
運	女	八	八	九	九	九	十	雪	一	一	一	一	二	二	二	三	三	三	四	四	四	五	五	五	六	六	六	七	七	七	八	八

1월 (戊子) 己丑 (소한) 小寒 5日 22:43 大寒 20日

陽曆	1	2	3	4	5	6	7	8	9	10	11	12	13	14	15	16	17	18	19	20	21	22	23	24	25	26	27	28	29	30	31
요일	日	月	火	水	木	金	土	日	月	火	水	木	金	土	日	月	12	水	木	金	土	日	月	火	水	木	金	土	日	月	火
陰曆	15	16	17	18	19	20	21	22	23	24	25	26	27	28	29	30	1	2	3	4	5	6	7	8	9	10	11	12	13	14	15
日辰	甲	乙	丙	丁	戊	己	庚	辛	壬	癸	甲	乙	丙	丁	戊	己	庚	辛	壬	癸	甲	乙	丙	丁	戊	己	庚	辛	壬	癸	甲
	午	未	申	酉	戌	亥	子	丑	寅	卯	辰	巳	午	未	申	酉	戌	亥	子	丑	寅	卯	辰	巳	午	未	申	酉	戌	亥	子
大 男	1	1	1	1	小	10	9	9	9	8	8	8	7	7	7	6	6	6	5	5	5	4	4	4	3	3	3	2	2	2	1
運 女	八	九	九	九	寒	一	一	一	一	二	二	二	三	三	三	四	四	四	五	五	五	六	六	六	七	七	七	八	八	八	九

2월 (己丑) 庚寅 (입춘) 立春 4日 10:22 雨水 19日

陽曆	1	2	3	4	5	6	7	8	9	10	11	12	13	14	15	16	17	18	19	20	21	22	23	24	25	26	27	28			
요일	水	木	金	土	日	月	火	水	木	金	土	日	月	火	1	木	金	土	日	月	火	水	木	金	土	日	月	火			
陰曆	16	17	18	19	20	21	22	23	24	25	26	27	28	29	1	2	3	4	5	6	7	8	9	10	11	12	13	14			
日辰	乙	丙	丁	戊	己	庚	辛	壬	癸	甲	乙	丙	丁	戊	己	庚	辛	壬	癸	甲	乙	丙	丁	戊	己	庚	辛	壬			
	丑	寅	卯	辰	巳	午	未	申	酉	戌	亥	子	丑	寅	卯	辰	巳	午	未	申	酉	戌	亥	子	丑	寅	卯	辰			
大 男	1	1	1	立	1	1	1	1	2	2	2	3	3	3	4	4	4	5	5	5	6	6	6	7	7	7	8	8			
運 女	九	九	十	春	十	九	九	九	八	八	八	七	七	七	六	六	六	五	五	五	四	四	四	三	三	三	二	二			

3월 (庚寅) 辛卯 (경칩) 驚蟄 6日 04:35 春分 21日

陽曆	1	2	3	4	5	6	7	8	9	10	11	12	13	14	15	16	17	18	19	20	21	22	23	24	25	26	27	28	29	30	31
요일	水	木	金	土	日	月	火	水	木	金	土	日	月	火	水	木	2	土	日	月	火	水	木	金	土	日	月	火	水	木	金
陰曆	15	16	17	18	19	20	21	22	23	24	25	26	27	28	29	30	1	2	3	4	5	6	7	8	9	10	11	12	13	14	15
日辰	癸	甲	乙	丙	丁	戊	己	庚	辛	壬	癸	甲	乙	丙	丁	戊	己	庚	辛	壬	癸	甲	乙	丙	丁	戊	己	庚	辛	壬	癸
	巳	午	未	申	酉	戌	亥	子	丑	寅	卯	辰	巳	午	未	申	酉	戌	亥	子	丑	寅	卯	辰	巳	午	未	申	酉	戌	亥
大 男	8	9	9	9	10	驚	1	1	1	1	2	2	2	3	3	3	4	4	4	5	5	5	6	6	6	7	7	7	8	8	8
運 女	二	一	一	一	一	蟄	十	九	九	九	八	八	八	七	七	七	六	六	六	五	五	五	四	四	四	三	三	三	二	二	二

4월 (辛卯) 壬辰 (청명) 清明 5日 09:42 穀雨 20日

陽曆	1	2	3	4	5	6	7	8	9	10	11	12	13	14	15	16	17	18	19	20	21	22	23	24	25	26	27	28	29	30	
요일	土	日	月	火	水	木	金	土	日	月	火	水	木	金	3	日	月	火	水	木	金	土	日	月	火	水	木	金	土	日	
陰曆	16	17	18	19	20	21	22	23	24	25	26	27	28	29	1	2	3	4	5	6	7	8	9	10	11	12	13	14	15	16	
日辰	甲	乙	丙	丁	戊	己	庚	辛	壬	癸	甲	乙	丙	丁	戊	己	庚	辛	壬	癸	甲	乙	丙	丁	戊	己	庚	辛	壬	癸	
	子	丑	寅	卯	辰	巳	午	未	申	酉	戌	亥	子	丑	寅	卯	辰	巳	午	未	申	酉	戌	亥	子	丑	寅	卯	辰	巳	
大 男	9	9	9	10	清	1	1	1	1	2	2	2	3	3	3	4	4	4	5	5	5	6	6	6	7	7	7	8	8	8	
運 女	一	一	一	一	明	十	十	九	九	九	八	八	八	七	七	七	六	六	六	五	五	五	四	四	四	三	三	三	二	二	

5월 (壬辰) 癸巳 (입하) 立夏 6日 03:21 小滿 21日

陽曆	1	2	3	4	5	6	7	8	9	10	11	12	13	14	15	16	17	18	19	20	21	22	23	24	25	26	27	28	29	30	31
요일	月	火	水	木	金	土	日	月	火	水	木	金	土	日	4	火	水	木	金	土	日	月	火	水	木	金	土	日	月	火	水
陰曆	17	18	19	20	21	22	23	24	25	26	27	28	29	30	1	2	3	4	5	6	7	8	9	10	11	12	13	14	15	16	17
日辰	甲	乙	丙	丁	戊	己	庚	辛	壬	癸	甲	乙	丙	丁	戊	己	庚	辛	壬	癸	甲	乙	丙	丁	戊	己	庚	辛	壬	癸	甲
	午	未	申	酉	戌	亥	子	丑	寅	卯	辰	巳	午	未	申	酉	戌	亥	子	丑	寅	卯	辰	巳	午	未	申	酉	戌	亥	子
大 男	9	9	9	10	10	立	1	1	1	1	2	2	2	3	3	3	4	4	4	5	5	5	6	6	6	7	7	7	8	8	8
運 女	二	一	一	一	一	夏	十	十	九	九	九	八	八	八	七	七	七	六	六	六	五	五	五	四	四	四	三	三	三	二	二

6월 (癸巳) 甲午 (망종) 芒種 6日 07:46 夏至 22日

陽曆	1	2	3	4	5	6	7	8	9	10	11	12	13	14	15	16	17	18	19	20	21	22	23	24	25	26	27	28	29	30	
요일	木	金	土	日	月	火	水	木	金	土	日	月	5	水	木	金	土	日	月	火	水	木	金	土	日	月	火	水	木	金	
陰曆	18	19	20	21	22	23	24	25	26	27	28	29	1	2	3	4	5	6	7	8	9	10	11	12	13	14	15	16	17	18	
日辰	乙	丙	丁	戊	己	庚	辛	壬	癸	甲	乙	丙	丁	戊	己	庚	辛	壬	癸	甲	乙	丙	丁	戊	己	庚	辛	壬	癸	甲	
	丑	寅	卯	辰	巳	午	未	申	酉	戌	亥	子	丑	寅	卯	辰	巳	午	未	申	酉	戌	亥	子	丑	寅	卯	辰	巳	午	
大 男	9	9	9	10	10	芒	1	1	1	1	2	2	2	3	3	3	4	4	4	5	5	5	6	6	6	7	7	7	8	8	
運 女	二	一	一	一	一	種	十	十	九	九	九	八	八	八	七	七	七	六	六	六	五	五	五	四	四	四	三	三	三	二	

壁上土星	三日得辛	西大將	亥弔客	寒食(4월 06일)	初伏(7월 16일)
三碧木星	二龍治水	卯喪門	東三殺	中伏(7월 26일)	末伏(8월 15일)

7월 (甲午) 乙未 (소서) 小署 7日 18:07 大署 23日

陽曆	1	2	3	4	5	6	7	8	9	10	11	12	13	14	15	16	17	18	19	20	21	22	23	24	25	26	27	28	29	30	31
요일	土	日	月	火	水	木	金	土	日	月	火	水	6	金	土	日	月	火	水	木	金	土	日	月	火	水	木	金	土	日	月
陰曆	19	20	21	22	23	24	25	26	27	28	29	30	1	2	3	4	5	6	7	8	9	10	11	12	13	14	15	16	17	18	19
日辰	乙	丙	丁	戊	己	庚	辛	壬	癸	甲	乙	丙	丁	戊	己	庚	辛	壬	癸	甲	乙	丙	丁	戊	己	庚	辛	壬	癸	甲	乙
	未	申	酉	戌	亥	子	丑	寅	卯	辰	巳	午	未	申	酉	戌	亥	子	丑	寅	卯	辰	巳	午	未	申	酉	戌	亥	子	丑
大運 男	8	9	9	9	10	10	小	1	1	1	1	2	2	2	3	3	3	4	4	4	5	5	5	6	6	6	7	7	7	8	8
大運 女	二	二	一	一	一	一	暑	十	十	十	九	九	九	八	八	八	七	七	七	六	六	六	五	五	五	四	四	四	三	三	三

8월 (乙未) 丙申 (입추) 立秋 8日 03:48 處署 23日

陽曆	1	2	3	4	5	6	7	8	9	10	11	12	13	14	15	16	17	18	19	20	21	22	23	24	25	26	27	28	29	30	31
요일	火	水	木	金	土	日	月	火	水	木	7	土	日	月	火	水	木	金	土	日	月	火	水	木	金	土	日	月	火	水	木
陰曆	20	21	22	23	24	25	26	27	28	29	1	2	3	4	5	6	7	8	9	10	11	12	13	14	15	16	17	18	19	20	21
日辰	丙	丁	戊	己	庚	辛	壬	癸	甲	乙	丙	丁	戊	己	庚	辛	壬	癸	甲	乙	丙	丁	戊	己	庚	辛	壬	癸	甲	乙	丙
	寅	卯	辰	巳	午	未	申	酉	戌	亥	子	丑	寅	卯	辰	巳	午	未	申	酉	戌	亥	子	丑	寅	卯	辰	巳	午	未	申
大運 男	8	9	9	9	10	10	10	立	1	1	1	1	2	2	2	3	3	3	4	4	4	5	5	5	6	6	6	7	7	7	8
大運 女	二	二	二	一	一	一	一	秋	十	十	九	九	九	八	八	八	七	七	七	六	六	六	五	五	五	四	四	四	三	三	三

9월 (丙申) 丁酉 (백로) 白露 8日 06:29 秋分 23日

陽曆	1	2	3	4	5	6	7	8	9	10	11	12	13	14	15	16	17	18	19	20	21	22	23	24	25	26	27	28	29	30
요일	金	土	日	月	火	水	木	金	土	8	月	火	水	木	金	土	日	月	火	水	木	金	土	日	月	火	水	木	金	土
陰曆	22	23	24	25	26	27	28	29	30	1	2	3	4	5	6	7	8	9	10	11	12	13	14	15	16	17	18	19	20	21
日辰	丁	戊	己	庚	辛	壬	癸	甲	乙	丙	丁	戊	己	庚	辛	壬	癸	甲	乙	丙	丁	戊	己	庚	辛	壬	癸	甲	乙	丙
	酉	戌	亥	子	丑	寅	卯	辰	巳	午	未	申	酉	戌	亥	子	丑	寅	卯	辰	巳	午	未	申	酉	戌	亥	子	丑	寅
大運 男	8	8	9	9	9	10	10	白	1	1	1	1	2	2	2	3	3	3	4	4	4	5	5	5	6	6	6	7	7	7
大運 女	二	二	二	一	一	一	一	露	十	九	九	九	八	八	八	七	七	七	六	六	六	五	五	五	四	四	四	三	三	三

10월 (丁酉) 戊戌 (한로) 寒露 8日 21:51 霜降 24日

陽曆	1	2	3	4	5	6	7	8	9	10	11	12	13	14	15	16	17	18	19	20	21	22	23	24	25	26	27	28	29	30	31
요일	日	月	火	水	木	金	土	日	月	9	水	木	金	土	日	月	火	水	木	金	土	日	月	火	水	木	金	土	日	月	火
陰曆	22	23	24	25	26	27	28	29	30	1	2	3	4	5	6	7	8	9	10	11	12	13	14	15	16	17	18	19	20	21	22
日辰	丁	戊	己	庚	辛	壬	癸	甲	乙	丙	丁	戊	己	庚	辛	壬	癸	甲	乙	丙	丁	戊	己	庚	辛	壬	癸	甲	乙	丙	丁
	卯	辰	巳	午	未	申	酉	戌	亥	子	丑	寅	卯	辰	巳	午	未	申	酉	戌	亥	子	丑	寅	卯	辰	巳	午	未	申	酉
大運 男	8	8	8	9	9	9	10	寒	1	1	1	1	2	2	2	3	3	3	4	4	4	5	5	5	6	6	6	7	7	7	8
大運 女	二	二	二	一	一	一	一	露	十	十	九	九	九	八	八	八	七	七	七	六	六	六	五	五	五	四	四	四	三	三	三

11월 (戊戌) 己亥 (입동) 立冬 8日 00:46 小雪 22日

陽曆	1	2	3	4	5	6	7	8	9	10	11	12	13	14	15	16	17	18	19	20	21	22	23	24	25	26	27	28	29	30
요일	水	木	金	土	日	月	火	10	木	金	土	日	月	火	水	木	金	土	日	月	火	水	木	金	土	日	月	火	水	木
陰曆	23	24	25	26	27	28	29	1	2	3	4	5	6	7	8	9	10	11	12	13	14	15	16	17	18	19	20	21	22	23
日辰	戊	己	庚	辛	壬	癸	甲	乙	丙	丁	戊	己	庚	辛	壬	癸	甲	乙	丙	丁	戊	己	庚	辛	壬	癸	甲	乙	丙	丁
	戌	亥	子	丑	寅	卯	辰	巳	午	未	申	酉	戌	亥	子	丑	寅	卯	辰	巳	午	未	申	酉	戌	亥	子	丑	寅	卯
大運 男	8	8	8	9	9	9	10	立	1	1	1	1	2	2	2	3	3	3	4	4	4	5	5	5	6	6	6	7	7	7
大運 女	二	二	二	一	一	一	一	冬	九	九	九	八	八	八	七	七	七	六	六	六	五	五	五	四	四	四	三	三	三	二

12월 (己亥) 庚子 (대설) 大雪 7日 17:26 冬至 22日

陽曆	1	2	3	4	5	6	7	8	9	10	11	12	13	14	15	16	17	18	19	20	21	22	23	24	25	26	27	28	29	30	31
요일	金	土	日	月	火	水	木	11	土	日	月	火	水	木	金	土	日	月	火	水	木	金	土	日	月	火	水	木	金	土	日
陰曆	24	25	26	27	28	29	30	1	2	3	4	5	6	7	8	9	10	11	12	13	14	15	16	17	18	19	20	21	22	23	24
日辰	戊	己	庚	辛	壬	癸	甲	乙	丙	丁	戊	己	庚	辛	壬	癸	甲	乙	丙	丁	戊	己	庚	辛	壬	癸	甲	乙	丙	丁	戊
	辰	巳	午	未	申	酉	戌	亥	子	丑	寅	卯	辰	巳	午	未	申	酉	戌	亥	子	丑	寅	卯	辰	巳	午	未	申	酉	戌
大運 男	8	8	9	9	9	10	大	1	1	1	1	2	2	2	3	3	3	4	4	4	5	5	5	6	6	6	7	7	7	8	8
大運 女	二	二	一	一	一	一	雪	十	九	九	九	八	八	八	七	七	七	六	六	六	五	五	五	四	四	四	三	三	三	二	二

1월 (庚子)

辛丑 (소한) 小寒 6日 04:35 大寒 20日

陽曆	1	2	3	4	5	6	7	8	9	10	11	12	13	14	15	16	17	18	19	20	21	22	23	24	25	26	27	28	29	30	31
요일	月	火	水	木	金	12	日	月	火	水	木	金	土	日	月	火	水	木	金	土	日	月	火	水	木	金	土	日	月	火	水
陰曆	25	26	27	28	29	1	2	3	4	5	6	7	8	9	10	11	12	13	14	15	16	17	18	19	20	21	22	23	24	25	26
日辰	己	庚	辛	壬	癸	甲	乙	丙	丁	戊	己	庚	辛	壬	癸	甲	乙	丙	丁	戊	己	庚	辛	壬	癸	甲	乙	丙	丁	戊	己
	亥	子	丑	寅	卯	辰	巳	午	未	申	酉	戌	亥	子	丑	寅	卯	辰	巳	午	未	申	酉	戌	亥	子	丑	寅	卯	辰	巳
大 男	8	9	9	9	10	小	1	1	1	1	2	2	2	3	3	3	4	4	4	5	5	5	6	6	6	7	7	7	8	8	8
運 女	二	一	一	一	一	寒	九	九	九	八	八	八	七	七	七	六	六	六	五	五	五	四	四	四	三	三	三	二	二	二	一

2월 (辛丑)

壬寅 (입춘) 立春 4日 16:17 雨水 19日

陽曆	1	2	3	4	5	6	7	8	9	10	11	12	13	14	15	16	17	18	19	20	21	22	23	24	25	26	27	28			
요일	木	金	土	日	1	火	水	木	金	土	日	月	火	水	木	金	土	日	月	火	水	木	金	土	日	月	火	水			
陰曆	27	28	29	30	1	2	3	4	5	6	7	8	9	10	11	12	13	14	15	16	17	18	19	20	21	22	23	24			
日辰	庚	辛	壬	癸	甲	乙	丙	丁	戊	己	庚	辛	壬	癸	甲	乙	丙	丁	戊	己	庚	辛	壬	癸	甲	乙	丙	丁			
	午	未	申	酉	戌	亥	子	丑	寅	卯	辰	巳	午	未	申	酉	戌	亥	子	丑	寅	卯	辰	巳	午	未	申	酉			
大 男	9	9	9	立	10	9	9	9	8	8	8	7	7	7	6	6	6	5	5	5	4	4	4	3	3	3	2	2			
運 女	一	一	一	春	一	一	一	一	二	二	二	三	三	三	四	四	四	五	五	五	六	六	六	七	七	七	八	八			

3월 (壬寅)

癸卯 (경칩) 驚蟄 6日 10:30 春分 21日

陽曆	1	2	3	4	5	6	7	8	9	10	11	12	13	14	15	16	17	18	19	20	21	22	23	24	25	26	27	28	29	30	31
요일	木	金	土	日	月	2	水	木	金	土	日	月	火	水	木	金	土	日	月	火	水	木	金	土	日	月	火	水	木	金	土
陰曆	25	26	27	28	29	1	2	3	4	5	6	7	8	9	10	11	12	13	14	15	16	17	18	19	20	21	22	23	24	25	26
日辰	戊	己	庚	辛	壬	癸	甲	乙	丙	丁	戊	己	庚	辛	壬	癸	甲	乙	丙	丁	戊	己	庚	辛	壬	癸	甲	乙	丙	丁	戊
	戌	亥	子	丑	寅	卯	辰	巳	午	未	申	酉	戌	亥	子	丑	寅	卯	辰	巳	午	未	申	酉	戌	亥	子	丑	寅	卯	辰
大 男	2	1	1	1	1	驚	10	9	9	9	8	8	8	7	7	7	6	6	6	5	5	5	4	4	4	3	3	3	2	2	2
運 女	八	九	九	九	十	蟄	一	一	一	一	二	二	二	三	三	三	四	四	四	五	五	五	六	六	六	七	七	七	八	八	八

4월 (癸卯)

甲辰 (청명) 清明 5日 15:34 穀雨 20日

陽曆	1	2	3	4	5	6	7	8	9	10	11	12	13	14	15	16	17	18	19	20	21	22	23	24	25	26	27	28	29	30	
요일	日	月	火	水	3	金	土	日	月	火	水	木	金	土	日	月	火	水	木	金	土	日	月	火	水	木	金	土	日	月	
陰曆	27	28	29	30	1	2	3	4	5	6	7	8	9	10	11	12	13	14	15	16	17	18	19	20	21	22	23	24	25	26	
日辰	己	庚	辛	壬	癸	甲	乙	丙	丁	戊	己	庚	辛	壬	癸	甲	乙	丙	丁	戊	己	庚	辛	壬	癸	甲	乙	丙	丁	戊	
	巳	午	未	申	酉	戌	亥	子	丑	寅	卯	辰	巳	午	未	申	酉	戌	亥	子	丑	寅	卯	辰	巳	午	未	申	酉	戌	
大 男	1	1	1	1	清	10	10	9	9	9	8	8	8	7	7	7	6	6	6	5	5	5	4	4	4	3	3	3	2	2	
運 女	九	九	九	十	明	一	一	一	一	二	二	二	三	三	三	四	四	四	五	五	五	六	六	六	七	七	七	八	八	八	

5월 (甲辰)

乙巳 (입하) 立夏 6日 09:10 小滿 21日

陽曆	1	2	3	4	5	6	7	8	9	10	11	12	13	14	15	16	17	18	19	20	21	22	23	24	25	26	27	28	29	30	31
요일	火	水	木	4	土	日	月	火	水	木	金	土	日	月	火	水	木	金	土	日	月	火	水	木	金	土	日	月	火	水	木
陰曆	27	28	29	1	2	3	4	5	6	7	8	9	10	11	12	13	14	15	16	17	18	19	20	21	22	23	24	25	26	27	28
日辰	己	庚	辛	壬	癸	甲	乙	丙	丁	戊	己	庚	辛	壬	癸	甲	乙	丙	丁	戊	己	庚	辛	壬	癸	甲	乙	丙	丁	戊	己
	亥	子	丑	寅	卯	辰	巳	午	未	申	酉	戌	亥	子	丑	寅	卯	辰	巳	午	未	申	酉	戌	亥	子	丑	寅	卯	辰	巳
大 男	2	1	1	1	1	立	10	10	9	9	9	8	8	8	7	7	7	6	6	6	5	5	5	4	4	4	3	3	3	2	2
運 女	九	九	九	十	十	夏	一	一	一	一	二	二	二	三	三	三	四	四	四	五	五	五	六	六	六	七	七	七	八	八	八

6월 (乙巳)

丙午 (망종) 芒種 6日 13:31 夏至 22日

陽曆	1	2	3	4	5	6	7	8	9	10	11	12	13	14	15	16	17	18	19	20	21	22	23	24	25	26	27	28	29	30	
요일	金	5	日	月	火	水	木	金	土	日	月	火	水	木	金	土	日	月	火	水	木	金	土	日	月	火	水	木	金	土	
陰曆	29	1	2	3	4	5	6	7	8	9	10	11	12	13	14	15	16	17	18	19	20	21	22	23	24	25	26	27	28	29	
日辰	庚	辛	壬	癸	甲	乙	丙	丁	戊	己	庚	辛	壬	癸	甲	乙	丙	丁	戊	己	庚	辛	壬	癸	甲	乙	丙	丁	戊	己	
	午	未	申	酉	戌	亥	子	丑	寅	卯	辰	巳	午	未	申	酉	戌	亥	子	丑	寅	卯	辰	巳	午	未	申	酉	戌	亥	
大 男	2	1	1	1	1	芒	10	10	9	9	9	8	8	8	7	7	7	6	6	6	5	5	5	4	4	4	3	3	3	2	
運 女	九	九	九	十	十	種	一	一	一	一	二	二	二	三	三	三	四	四	四	五	五	五	六	六	六	七	七	七	八	八	

金箔金星	八日得辛	北大將	子弔客	寒食(4월 06일)	初伏(7월 21일)
二黑土星	七龍治水	辰喪門	北三殺	中伏(7월 31일)	末伏(8월 10일)

7월 (丙午)　丁未 (소서) 小署 7日 23:51　大署 23日

陽曆	1	2	3	4	5	6	7	8	9	10	11	12	13	14	15	16	17	18	19	20	21	22	23	24	25	26	27	28	29	30	31
요일	日	6/1	火	水	木	金	土	日	月	火	水	木	金	土	日	月	火	水	木	金	土	日	月	火	水	木	金	土	日	月	7/1
陰曆	30		2	3	4	5	6	7	8	9	10	11	12	13	14	15	16	17	18	19	20	21	22	23	24	25	26	27	28	29	
日辰	庚	辛	壬	癸	甲	乙	丙	丁	戊	己	庚	辛	壬	癸	甲	乙	丙	丁	戊	己	庚	辛	壬	癸	甲	乙	丙	丁	戊	己	庚
	子	丑	寅	卯	辰	巳	午	未	申	酉	戌	亥	子	丑	寅	卯	辰	巳	午	未	申	酉	戌	亥	子	丑	寅	卯	辰	巳	午
大運 男	2	2	1	1	1	1	小	10	10	10	9	9	9	8	8	8	7	7	7	6	6	6	5	5	5	4	4	4	3	3	3
大運 女	八	九	九	九	十	十	署	一	一	一	一	二	二	二	三	三	三	四	四	四	五	五	五	六	六	六	七	七	七	八	八

8월 (丁未)　戊申 (입추) 立秋 8日 09:34　處署 24日

陽曆	1	2	3	4	5	6	7	8	9	10	11	12	13	14	15	16	17	18	19	20	21	22	23	24	25	26	27	28	29	30	31
요일	水	木	金	土	日	月	火	水	木	金	土	日	月	火	水	木	金	土	日	月	火	水	木	金	土	日	月	火	水	8/1	金
陰曆	2	3	4	5	6	7	8	9	10	11	12	13	14	15	16	17	18	19	20	21	22	23	24	25	26	27	28	29	30		2
日辰	辛	壬	癸	甲	乙	丙	丁	戊	己	庚	辛	壬	癸	甲	乙	丙	丁	戊	己	庚	辛	壬	癸	甲	乙	丙	丁	戊	己	庚	辛
	未	申	酉	戌	亥	子	丑	寅	卯	辰	巳	午	未	申	酉	戌	亥	子	丑	寅	卯	辰	巳	午	未	申	酉	戌	亥	子	丑
大運 男	2	2	2	1	1	1	1	立	10	10	9	9	9	8	8	8	7	7	7	6	6	6	5	5	5	4	4	4	3	3	3
大運 女	八	九	九	九	十	十	十	秋	一	一	一	一	二	二	二	三	三	三	四	四	四	五	五	五	六	六	六	七	七	七	八

9월 (戊申)　己酉 (백로) 白露 8日 12:15　秋分 23日

陽曆	1	2	3	4	5	6	7	8	9	10	11	12	13	14	15	16	17	18	19	20	21	22	23	24	25	26	27	28	29	30
요일	土	日	月	火	水	木	金	土	日	月	火	水	木	金	土	日	月	火	水	木	金	土	日	月	火	水	木	金	9/1	日
陰曆	3	4	5	6	7	8	9	10	11	12	13	14	15	16	17	18	19	20	21	22	23	24	25	26	27	28	29	30		2
日辰	壬	癸	甲	乙	丙	丁	戊	己	庚	辛	壬	癸	甲	乙	丙	丁	戊	己	庚	辛	壬	癸	甲	乙	丙	丁	戊	己	庚	辛
	寅	卯	辰	巳	午	未	申	酉	戌	亥	子	丑	寅	卯	辰	巳	午	未	申	酉	戌	亥	子	丑	寅	卯	辰	巳	午	未
大運 男	2	2	2	1	1	1	1	白	10	10	9	9	9	8	8	8	7	7	7	6	6	6	5	5	5	4	4	4	3	3
大運 女	八	八	九	九	九	十	十	露	一	一	一	一	二	二	二	三	三	三	四	四	四	五	五	五	六	六	六	七	七	七

10월 (己酉)　庚戌 (한로) 寒露 9日 03:38　霜降 24日

陽曆	1	2	3	4	5	6	7	8	9	10	11	12	13	14	15	16	17	18	19	20	21	22	23	24	25	26	27	28	29	30	31
요일	月	火	水	木	金	土	日	月	火	水	木	金	土	日	月	火	水	木	金	土	日	月	火	水	木	金	土	10/1	月	火	水
陰曆	3	4	5	6	7	8	9	10	11	12	13	14	15	16	17	18	19	20	21	22	23	24	25	26	27	28	29		2	3	4
日辰	壬	癸	甲	乙	丙	丁	戊	己	庚	辛	壬	癸	甲	乙	丙	丁	戊	己	庚	辛	壬	癸	甲	乙	丙	丁	戊	己	庚	辛	壬
	申	酉	戌	亥	子	丑	寅	卯	辰	巳	午	未	申	酉	戌	亥	子	丑	寅	卯	辰	巳	午	未	申	酉	戌	亥	子	丑	寅
大運 男	3	2	2	2	1	1	1	1	寒	10	9	9	9	8	8	8	7	7	7	6	6	6	5	5	5	4	4	4	3	3	3
大運 女	八	八	八	九	九	九	十	十	露	一	一	一	一	二	二	二	三	三	三	四	四	四	五	五	五	六	六	六	七	七	七

11월 (庚戌)　辛亥 (입동) 立冬 8日 06:35　小雪 23日

陽曆	1	2	3	4	5	6	7	8	9	10	11	12	13	14	15	16	17	18	19	20	21	22	23	24	25	26	27	28	29	30
요일	木	金	土	日	月	火	水	木	金	土	日	月	火	水	木	金	土	日	月	火	水	木	金	土	日	月	11/1	水	木	金
陰曆	5	6	7	8	9	10	11	12	13	14	15	16	17	18	19	20	21	22	23	24	25	26	27	28	29	30		2	3	4
日辰	癸	甲	乙	丙	丁	戊	己	庚	辛	壬	癸	甲	乙	丙	丁	戊	己	庚	辛	壬	癸	甲	乙	丙	丁	戊	己	庚	辛	壬
	卯	辰	巳	午	未	申	酉	戌	亥	子	丑	寅	卯	辰	巳	午	未	申	酉	戌	亥	子	丑	寅	卯	辰	巳	午	未	申
大運 男	2	2	2	1	1	1	1	立	9	9	9	8	8	8	7	7	7	6	6	6	5	5	5	4	4	4	3	3	3	2
大運 女	八	八	八	九	九	九	十	冬	一	一	一	一	二	二	二	三	三	三	四	四	四	五	五	五	六	六	六	七	七	七

12월 (辛亥)　壬子 (대설) 大雪 7日 23:17　冬至 22日

陽曆	1	2	3	4	5	6	7	8	9	10	11	12	13	14	15	16	17	18	19	20	21	22	23	24	25	26	27	28	29	30	31
요일	土	日	月	火	水	木	金	土	日	月	火	水	木	金	土	日	月	火	水	木	金	土	日	月	火	水	12/1	金	土	日	月
陰曆	5	6	7	8	9	10	11	12	13	14	15	16	17	18	19	20	21	22	23	24	25	26	27	28	29	30		2	3	4	5
日辰	癸	甲	乙	丙	丁	戊	己	庚	辛	壬	癸	甲	乙	丙	丁	戊	己	庚	辛	壬	癸	甲	乙	丙	丁	戊	己	庚	辛	壬	癸
	酉	戌	亥	子	丑	寅	卯	辰	巳	午	未	申	酉	戌	亥	子	丑	寅	卯	辰	巳	午	未	申	酉	戌	亥	子	丑	寅	卯
大運 男	2	2	1	1	1	1	大	10	9	9	9	8	8	8	7	7	7	6	6	6	5	5	5	4	4	4	3	3	3	2	2
大運 女	八	八	八	九	九	九	雪	一	一	一	一	二	二	二	三	三	三	四	四	四	五	五	五	六	六	六	七	七	七	八	八

1월 (壬子) 　癸丑 (소한) 小寒 6日 10:26 　大寒 21日

陽曆		1	2	3	4	5	6	7	8	9	10	11	12	13	14	15	16	17	18	19	20	21	22	23	24	25	26	27	28	29	30	31
요일		火	水	木	金	土	日	月	火	水	木	金	土	日	月	火	水	木	金	土	日	月	火	水	木	1/1	土	日	月	火	水	木
陰曆		6	7	8	9	10	11	12	13	14	15	16	17	18	19	20	21	22	23	24	25	26	27	28	29		2	3	4	5	6	7
日辰		甲	乙	丙	丁	戊	己	庚	辛	壬	癸	甲	乙	丙	丁	戊	己	庚	辛	壬	癸	甲	乙	丙	丁	戊	己	庚	辛	壬	癸	甲
		辰	巳	午	未	申	酉	戌	亥	子	丑	寅	卯	辰	巳	午	未	申	酉	戌	亥	子	丑	寅	卯	辰	巳	午	未	申	酉	戌
大	男	2	1	1	1	1	小	9	9	9	8	8	8	7	7	7	6	6	6	5	5	5	4	4	4	3	3	3	2	2	2	1
運	女	八	九	九	九	十	寒	一	一	一	一	二	二	二	三	三	三	四	四	四	五	五	五	六	六	六	七	七	七	八	八	八

2월 (癸丑) 　甲寅 (입춘) 立春 4日 22:08 　雨水 19日

陽曆		1	2	3	4	5	6	7	8	9	10	11	12	13	14	15	16	17	18	19	20	21	22	23	24	25	26	27	28			
요일		金	土	日	月	火	水	木	金	土	日	月	火	水	木	金	土	日	月	火	水	木	金	土	2/1	月	火	水	木			
陰曆		8	9	10	11	12	13	14	15	16	17	18	19	20	21	22	23	24	25	26	27	28	29	30		2	3	4	5			
日辰		乙	丙	丁	戊	己	庚	辛	壬	癸	甲	乙	丙	丁	戊	己	庚	辛	壬	癸	甲	乙	丙	丁	戊	己	庚	辛	壬			
		亥	子	丑	寅	卯	辰	巳	午	未	申	酉	戌	亥	子	丑	寅	卯	辰	巳	午	未	申	酉	戌	亥	子	丑	寅			
大	男	1	1	1	立	1	1	1	1	2	2	2	3	3	3	4	4	4	5	5	5	6	6	6	7	7	7	8	8			
運	女	九	九	九	春	十	九	九	九	八	八	八	七	七	七	六	六	六	五	五	五	四	四	四	三	三	三	二	二			

3월 (甲寅) 　乙卯 (경칩) 驚蟄 6日 16:17 　春分 21日

陽曆		1	2	3	4	5	6	7	8	9	10	11	12	13	14	15	16	17	18	19	20	21	22	23	24	25	26	27	28	29	30	31
요일		金	土	日	月	火	水	木	金	土	日	月	火	水	木	金	土	日	月	火	水	木	金	土	日	3/1	火	水	木	金	土	日
陰曆		6	7	8	9	10	11	12	13	14	15	16	17	18	19	20	21	22	23	24	25	26	27	28	29		2	3	4	5	6	7
日辰		癸	甲	乙	丙	丁	戊	己	庚	辛	壬	癸	甲	乙	丙	丁	戊	己	庚	辛	壬	癸	甲	乙	丙	丁	戊	己	庚	辛	壬	癸
		卯	辰	巳	午	未	申	酉	戌	亥	子	丑	寅	卯	辰	巳	午	未	申	酉	戌	亥	子	丑	寅	卯	辰	巳	午	未	申	酉
大	男	8	9	9	9	10	驚	1	1	1	1	2	2	2	3	3	3	4	4	4	5	5	5	6	6	6	7	7	7	8	8	8
運	女	二	一	一	一	一	蟄	十	九	九	九	八	八	八	七	七	七	六	六	六	五	五	五	四	四	四	三	三	三	二	二	二

4월 (乙卯) 　丙辰 (청명) 清明 5日 21:19 　穀雨 21日

陽曆		1	2	3	4	5	6	7	8	9	10	11	12	13	14	15	16	17	18	19	20	21	22	23	24	25	26	27	28	29	30	
요일		月	火	水	木	金	土	日	月	火	水	木	金	土	日	月	火	水	木	金	土	日	月	火	4/1	木	金	土	日	月	火	
陰曆		8	9	10	11	12	13	14	15	16	17	18	19	20	21	22	23	24	25	26	27	28	29	30		2	3	4	5	6	7	
日辰		甲	乙	丙	丁	戊	己	庚	辛	壬	癸	甲	乙	丙	丁	戊	己	庚	辛	壬	癸	甲	乙	丙	丁	戊	己	庚	辛	壬	癸	
		戌	亥	子	丑	寅	卯	辰	巳	午	未	申	酉	戌	亥	子	丑	寅	卯	辰	巳	午	未	申	酉	戌	亥	子	丑	寅	卯	
大	男	9	9	9	10	清	1	1	1	1	2	2	2	3	3	3	4	4	4	5	5	5	6	6	6	7	7	7	8	8	8	
運	女	一	一	一	一	明	十	十	九	九	九	八	八	八	七	七	七	六	六	六	五	五	五	四	四	四	三	三	三	二	二	

5월 (丙辰) 　丁巳 (입하) 立夏 6日 14:52 　小滿 22日

陽曆		1	2	3	4	5	6	7	8	9	10	11	12	13	14	15	16	17	18	19	20	21	22	23	24	25	26	27	28	29	30	31
요일		水	木	金	土	日	月	火	水	木	金	土	日	月	火	水	木	金	土	日	月	火	水	윤4/1	金	土	日	月	火	水	木	金
陰曆		8	9	10	11	12	13	14	15	16	17	18	19	20	21	22	23	24	25	26	27	28	29		2	3	4	5	6	7	8	9
日辰		甲	乙	丙	丁	戊	己	庚	辛	壬	癸	甲	乙	丙	丁	戊	己	庚	辛	壬	癸	甲	乙	丙	丁	戊	己	庚	辛	壬	癸	甲
		辰	巳	午	未	申	酉	戌	亥	子	丑	寅	卯	辰	巳	午	未	申	酉	戌	亥	子	丑	寅	卯	辰	巳	午	未	申	酉	戌
大	男	9	9	9	10	10	立	1	1	1	1	2	2	2	3	3	3	4	4	4	5	5	5	6	6	6	7	7	7	8	8	8
運	女	二	一	一	一	一	夏	十	十	九	九	九	八	八	八	七	七	七	六	六	六	五	五	五	四	四	四	三	三	三	二	二

6월 (丁巳) 　戊午 (망종) 芒種 6日 19:14 　夏至 22日

陽曆		1	2	3	4	5	6	7	8	9	10	11	12	13	14	15	16	17	18	19	20	21	22	23	24	25	26	27	28	29	30	
요일		土	日	月	火	水	木	金	土	日	月	火	水	木	金	土	日	月	火	水	木	5/1	土	日	月	火	水	木	金	土	日	
陰曆		10	11	12	13	14	15	16	17	18	19	20	21	22	23	24	25	26	27	28	29		2	3	4	5	6	7	8	9	10	
日辰		乙	丙	丁	戊	己	庚	辛	壬	癸	甲	乙	丙	丁	戊	己	庚	辛	壬	癸	甲	乙	丙	丁	戊	己	庚	辛	壬	癸	甲	
		亥	子	丑	寅	卯	辰	巳	午	未	申	酉	戌	亥	子	丑	寅	卯	辰	巳	午	未	申	酉	戌	亥	子	丑	寅	卯	辰	
大	男	9	9	9	10	10	芒	1	1	1	1	2	2	2	3	3	3	4	4	4	5	5	5	6	6	6	7	7	7	8	8	
運	女	二	一	一	一	一	種	十	十	十	九	九	九	八	八	八	七	七	七	六	六	六	五	五	五	四	四	四	三	三	三	

7월 (戊午) 己未 (소서) 小署 8日 05:38 大署 23日

陽曆	1	2	3	4	5	6	7	8	9	10	11	12	13	14	15	16	17	18	19	20	21	22	23	24	25	26	27	28	29	30	31
요일	月	火	水	木	金	土	日	月	火	水	木	金	土	日	月	火	水	木	金	土	6/1	月	火	水	木	金	土	日	月	火	水
陰曆	11	12	13	14	15	16	17	18	19	20	21	22	23	24	25	26	27	28	29	30		2	3	4	5	6	7	8	9	10	11
日辰	乙	丙	丁	戊	己	庚	辛	壬	癸	甲	乙	丙	丁	戊	己	庚	辛	壬	癸	甲	乙	丙	丁	戊	己	庚	辛	壬	癸	甲	乙
	巳	午	未	申	酉	戌	亥	子	丑	寅	卯	辰	巳	午	未	申	酉	戌	亥	子	丑	寅	卯	辰	巳	午	未	申	酉	戌	亥
大運 男	8	9	9	9	10	10	10	小	1	1	1	1	2	2	2	3	3	3	4	4	4	5	5	5	6	6	6	7	7	7	8
大運 女	二	二	二	一	一	一	一	署	十	十	九	九	九	八	八	八	七	七	七	六	六	六	五	五	五	四	四	四	三	三	三

8월 (己未) 庚申 (입추) 立秋 8日 15:25 處署 24日

陽曆	1	2	3	4	5	6	7	8	9	10	11	12	13	14	15	16	17	18	19	20	21	22	23	24	25	26	27	28	29	30	31
요일	木	金	土	日	月	火	水	木	金	土	日	月	火	水	木	金	土	日	7/1	火	水	木	金	土	日	月	火	水	木	金	土
陰曆	12	13	14	15	16	17	18	19	20	21	22	23	24	25	26	27	28	29		2	3	4	5	6	7	8	9	10	11	12	13
日辰	丙	丁	戊	己	庚	辛	壬	癸	甲	乙	丙	丁	戊	己	庚	辛	壬	癸	甲	乙	丙	丁	戊	己	庚	辛	壬	癸	甲	乙	丙
	子	丑	寅	卯	辰	巳	午	未	申	酉	戌	亥	子	丑	寅	卯	辰	巳	午	未	申	酉	戌	亥	子	丑	寅	卯	辰	巳	午
大運 男	8	8	9	9	9	10	10	立	1	1	1	1	2	2	2	3	3	3	4	4	4	5	5	5	6	6	6	7	7	7	8
大運 女	二	二	二	一	一	一	一	秋	十	十	九	九	九	八	八	八	七	七	七	六	六	六	五	五	五	四	四	四	三	三	三

9월 (庚申) 辛酉 (백로) 白露 8日 18:12 秋分 24日

陽曆	1	2	3	4	5	6	7	8	9	10	11	12	13	14	15	16	17	18	19	20	21	22	23	24	25	26	27	28	29	30	
요일	日	月	火	水	木	金	土	日	月	火	水	木	金	土	日	月	火	8/1	木	金	土	日	月	火	水	木	金	土	日	月	
陰曆	14	15	16	17	18	19	20	21	22	23	24	25	26	27	28	29	30		2	3	4	5	6	7	8	9	10	11	12	13	
日辰	丁	戊	己	庚	辛	壬	癸	甲	乙	丙	丁	戊	己	庚	辛	壬	癸	甲	乙	丙	丁	戊	己	庚	辛	壬	癸	甲	乙	丙	
	未	申	酉	戌	亥	子	丑	寅	卯	辰	巳	午	未	申	酉	戌	亥	子	丑	寅	卯	辰	巳	午	未	申	酉	戌	亥	子	
大運 男	8	8	9	9	9	10	10	白	1	1	1	1	2	2	2	3	3	3	4	4	4	5	5	5	6	6	6	7	7	7	
大運 女	二	二	二	一	一	一	一	露	十	十	九	九	九	八	八	八	七	七	七	六	六	六	五	五	五	四	四	四	三	三	

10월 (辛酉) 壬戌 (한로) 寒露 9日 09:36 霜降 24日

陽曆	1	2	3	4	5	6	7	8	9	10	11	12	13	14	15	16	17	18	19	20	21	22	23	24	25	26	27	28	29	30	31
요일	火	水	木	金	土	日	月	火	水	木	金	土	日	月	火	水	9/1	金	土	日	月	火	水	木	金	土	日	月	火	水	木
陰曆	14	15	16	17	18	19	20	21	22	23	24	25	26	27	28	29		2	3	4	5	6	7	8	9	10	11	12	13	14	15
日辰	丁	戊	己	庚	辛	壬	癸	甲	乙	丙	丁	戊	己	庚	辛	壬	癸	甲	乙	丙	丁	戊	己	庚	辛	壬	癸	甲	乙	丙	丁
	丑	寅	卯	辰	巳	午	未	申	酉	戌	亥	子	丑	寅	卯	辰	巳	午	未	申	酉	戌	亥	子	丑	寅	卯	辰	巳	午	未
大運 男	8	8	8	9	9	9	10	10	寒	1	1	1	1	2	2	2	3	3	3	4	4	4	5	5	5	6	6	6	7	7	7
大運 女	三	二	二	二	一	一	一	一	露	十	九	九	九	八	八	八	七	七	七	六	六	六	五	五	五	四	四	四	三	三	三

11월 (壬戌) 癸亥 (입동) 立冬 8日 12:32 小雪 23日

陽曆	1	2	3	4	5	6	7	8	9	10	11	12	13	14	15	16	17	18	19	20	21	22	23	24	25	26	27	28	29	30	
요일	金	土	日	月	火	水	木	金	土	日	月	火	水	木	金	10/1	日	月	火	水	木	金	土	日	月	火	水	木	金	土	
陰曆	16	17	18	19	20	21	22	23	24	25	26	27	28	29	30		2	3	4	5	6	7	8	9	10	11	12	13	14	15	
日辰	戊	己	庚	辛	壬	癸	甲	乙	丙	丁	戊	己	庚	辛	壬	癸	甲	乙	丙	丁	戊	己	庚	辛	壬	癸	甲	乙	丙	丁	
	申	酉	戌	亥	子	丑	寅	卯	辰	巳	午	未	申	酉	戌	亥	子	丑	寅	卯	辰	巳	午	未	申	酉	戌	亥	子	丑	
大運 男	8	8	8	9	9	9	10	立	1	1	1	1	2	2	2	3	3	3	4	4	4	5	5	5	6	6	6	7	7	7	
大運 女	二	二	二	一	一	一	一	冬	十	九	九	九	八	八	八	七	七	七	六	六	六	五	五	五	四	四	四	三	三	三	

12월 (癸亥) 甲子 (대설) 大雪 8日 05:13 冬至 22日

陽曆	1	2	3	4	5	6	7	8	9	10	11	12	13	14	15	16	17	18	19	20	21	22	23	24	25	26	27	28	29	30	31
요일	日	月	火	水	木	金	土	日	月	火	水	木	金	土	日	11/1	火	水	木	金	土	日	月	火	水	木	金	土	日	月	火
陰曆	16	17	18	19	20	21	22	23	24	25	26	27	28	29	30		2	3	4	5	6	7	8	9	10	11	12	13	14	15	16
日辰	戊	己	庚	辛	壬	癸	甲	乙	丙	丁	戊	己	庚	辛	壬	癸	甲	乙	丙	丁	戊	己	庚	辛	壬	癸	甲	乙	丙	丁	戊
	寅	卯	辰	巳	午	未	申	酉	戌	亥	子	丑	寅	卯	辰	巳	午	未	申	酉	戌	亥	子	丑	寅	卯	辰	巳	午	未	申
大運 男	8	8	8	9	9	9	10	大	1	1	1	1	2	2	2	3	3	3	4	4	4	5	5	5	6	6	6	7	7	7	8
大運 女	二	二	二	一	一	一	一	雪	九	九	九	八	八	八	七	七	七	六	六	六	五	五	五	四	四	四	三	三	三	二	二

1월 (甲子) 乙丑 (소한) 小寒 6日 16:22 大寒 21日

陽曆	1	2	3	4	5	6	7	8	9	10	11	12	13	14	15	16	17	18	19	20	21	22	23	24	25	26	27	28	29	30	31
요일	水	木	金	土	日	月	火	水	木	金	土	日	月	火	12	木	金	土	日	月	火	水	木	金	土	日	月	火	水	木	金
陰曆	17	18	19	20	21	22	23	24	25	26	27	28	29	30	1	2	3	4	5	6	7	8	9	10	11	12	13	14	15	16	17
日辰	己	庚	辛	壬	癸	甲	乙	丙	丁	戊	己	庚	辛	壬	癸	甲	乙	丙	丁	戊	己	庚	辛	壬	癸	甲	乙	丙	丁	戊	己
	酉	戌	亥	子	丑	寅	卯	辰	巳	午	未	申	酉	戌	亥	子	丑	寅	卯	辰	巳	午	未	申	酉	戌	亥	子	丑	寅	卯
大運 男	8	8	9	9	9	小	1	1	1	1	2	2	2	3	3	3	4	4	4	5	5	5	6	6	6	7	7	7	8	8	8
大運 女	二	一	一	一	一	寒	十	九	九	九	八	八	八	七	七	七	六	六	六	五	五	五	四	四	四	三	三	三	二	二	二

2월 (乙丑) 丙寅 (입춘) 立春 5日 04:05 雨水 19日

陽曆	1	2	3	4	5	6	7	8	9	10	11	12	13	14	15	16	17	18	19	20	21	22	23	24	25	26	27	28	29		
요일	土	日	月	火	水	木	金	土	日	月	火	水	1	金	土	日	月	火	水	木	金	土	日	月	火	水	木	金	土		
陰曆	18	19	20	21	22	23	24	25	26	27	28	29	1	2	3	4	5	6	7	8	9	10	11	12	13	14	15	16	17		
日辰	庚	辛	壬	癸	甲	乙	丙	丁	戊	己	庚	辛	壬	癸	甲	乙	丙	丁	戊	己	庚	辛	壬	癸	甲	乙	丙	丁	戊		
	辰	巳	午	未	申	酉	戌	亥	子	丑	寅	卯	辰	巳	午	未	申	酉	戌	亥	子	丑	寅	卯	辰	巳	午	未	申		
大運 男	9	9	9	10	立	9	9	9	8	8	8	7	7	7	6	6	6	5	5	5	4	4	4	3	3	3	2	2	2		
大運 女	一	一	一	一	春	一	一	一	一	二	二	二	三	三	三	四	四	四	五	五	五	六	六	六	七	七	七	八	八		

3월 (丙寅) 丁卯 (경칩) 驚蟄 5日 22:16 春分 20日

陽曆	1	2	3	4	5	6	7	8	9	10	11	12	13	14	15	16	17	18	19	20	21	22	23	24	25	26	27	28	29	30	31
요일	日	月	火	水	木	金	土	日	月	火	水	木	金	2	日	月	火	水	木	金	土	日	月	火	水	木	金	土	日	月	火
陰曆	18	19	20	21	22	23	24	25	26	27	28	29	30	1	2	3	4	5	6	7	8	9	10	11	12	13	14	15	16	17	18
日辰	己	庚	辛	壬	癸	甲	乙	丙	丁	戊	己	庚	辛	壬	癸	甲	乙	丙	丁	戊	己	庚	辛	壬	癸	甲	乙	丙	丁	戊	己
	酉	戌	亥	子	丑	寅	卯	辰	巳	午	未	申	酉	戌	亥	子	丑	寅	卯	辰	巳	午	未	申	酉	戌	亥	子	丑	寅	卯
大運 男	1	1	1	1	驚	10	10	9	9	9	8	8	8	7	7	7	6	6	6	5	5	5	4	4	4	3	3	3	2	2	2
大運 女	八	九	九	九	蟄	一	一	一	一	二	二	二	三	三	三	四	四	四	五	五	五	六	六	六	七	七	七	八	八	八	九

4월 (丁卯) 戊辰 (청명) 淸明 5日 03:18 穀雨 20日

陽曆	1	2	3	4	5	6	7	8	9	10	11	12	13	14	15	16	17	18	19	20	21	22	23	24	25	26	27	28	29	30	
요일	水	木	金	土	日	月	火	水	木	金	土	3	月	火	水	木	金	土	日	月	火	水	木	金	土	日	月	火	水	木	
陰曆	19	20	21	22	23	24	25	26	27	28	29	1	2	3	4	5	6	7	8	9	10	11	12	13	14	15	16	17	18	19	
日辰	庚	辛	壬	癸	甲	乙	丙	丁	戊	己	庚	辛	壬	癸	甲	乙	丙	丁	戊	己	庚	辛	壬	癸	甲	乙	丙	丁	戊	己	
	辰	巳	午	未	申	酉	戌	亥	子	丑	寅	卯	辰	巳	午	未	申	酉	戌	亥	子	丑	寅	卯	辰	巳	午	未	申	酉	
大運 男	1	1	1	1	淸	10	9	9	9	8	8	8	7	7	7	6	6	6	5	5	5	4	4	4	3	3	3	2	2	2	
大運 女	九	九	十	十	明	一	一	一	一	二	二	二	三	三	三	四	四	四	五	五	五	六	六	六	七	七	七	八	八	八	

5월 (戊辰) 己巳 (입하) 立夏 5日 20:51 小滿 21日

陽曆	1	2	3	4	5	6	7	8	9	10	11	12	13	14	15	16	17	18	19	20	21	22	23	24	25	26	27	28	29	30	31
요일	金	土	日	月	火	水	木	金	土	日	月	4	水	木	金	土	日	月	火	水	木	金	土	日	月	火	水	木	金	土	日
陰曆	20	21	22	23	24	25	26	27	28	29	30	1	2	3	4	5	6	7	8	9	10	11	12	13	14	15	16	17	18	19	20
日辰	庚	辛	壬	癸	甲	乙	丙	丁	戊	己	庚	辛	壬	癸	甲	乙	丙	丁	戊	己	庚	辛	壬	癸	甲	乙	丙	丁	戊	己	庚
	戌	亥	子	丑	寅	卯	辰	巳	午	未	申	酉	戌	亥	子	丑	寅	卯	辰	巳	午	未	申	酉	戌	亥	子	丑	寅	卯	辰
大運 男	1	1	1	1	立	10	10	10	9	9	9	8	8	8	7	7	7	6	6	6	5	5	5	4	4	4	3	3	3	2	2
大運 女	九	九	九	十	夏	一	一	一	一	二	二	二	三	三	三	四	四	四	五	五	五	六	六	六	七	七	七	八	八	八	九

6월 (己巳) 庚午 (망종) 芒種 6日 01:12 夏至 21日

陽曆	1	2	3	4	5	6	7	8	9	10	11	12	13	14	15	16	17	18	19	20	21	22	23	24	25	26	27	28	29	30	
요일	月	火	水	木	金	土	日	月	火	5	木	金	土	日	月	火	水	木	金	土	日	月	火	水	木	金	土	日	月	火	
陰曆	21	22	23	24	25	26	27	28	29	1	2	3	4	5	6	7	8	9	10	11	12	13	14	15	16	17	18	19	20	21	
日辰	辛	壬	癸	甲	乙	丙	丁	戊	己	庚	辛	壬	癸	甲	乙	丙	丁	戊	己	庚	辛	壬	癸	甲	乙	丙	丁	戊	己	庚	
	巳	午	未	申	酉	戌	亥	子	丑	寅	卯	辰	巳	午	未	申	酉	戌	亥	子	丑	寅	卯	辰	巳	午	未	申	酉	戌	
大運 男	2	1	1	1	1	芒	10	10	9	9	9	8	8	8	7	7	7	6	6	6	5	5	5	4	4	4	3	3	3	2	
大運 女	九	九	十	十	十	種	一	一	一	一	二	二	二	三	三	三	四	四	四	五	五	五	六	六	六	七	七	七	八	八	

覆燈火星 十日得辛 北大將 寅弔客 寒食(4월 05일) 初伏(7월 20일)
九紫火星 一龍治水 午喪門 南三殺 中伏(7월 30일) 末伏(8월 09일)

7월 (庚午) 辛未 (소서) 小署 7日 11:32 大署 23日

陽曆	1	2	3	4	5	6	7	8	9	10	11	12	13	14	15	16	17	18	19	20	21	22	23	24	25	26	27	28	29	30	31
요일	水	木	金	土	日	月	火	水	6	金	土	日	月	火	水	木	金	土	日	月	火	水	木	金	土	日	月	火	水	木	金
陰曆	22	23	24	25	26	27	28	29	1	2	3	4	5	6	7	8	9	10	11	12	13	14	15	16	17	18	19	20	21	22	23
日辰	辛	壬	癸	甲	乙	丙	丁	戊	己	庚	辛	壬	癸	甲	乙	丙	丁	戊	己	庚	辛	壬	癸	甲	乙	丙	丁	戊	己	庚	辛
	亥	子	丑	寅	卯	辰	巳	午	未	申	酉	戌	亥	子	丑	寅	卯	辰	巳	午	未	申	酉	戌	亥	子	丑	寅	卯	辰	巳
大 男	2	2	1	1	1	1	小	10	10	9	9	9	8	8	8	7	7	7	6	6	6	5	5	5	4	4	4	3	3	3	2
運 女	八	九	九	九	十	十	署	一	一	一	一	二	二	二	三	三	三	四	四	四	五	五	五	六	六	六	七	七	七	八	八

8월 (辛未) 壬申 (입추) 立秋 7日 21:16 處署 23日

陽曆	1	2	3	4	5	6	7	8	9	10	11	12	13	14	15	16	17	18	19	20	21	22	23	24	25	26	27	28	29	30	31
요일	土	日	月	火	水	木	金	7	日	月	火	水	木	金	土	日	月	火	水	木	金	土	日	月	火	水	木	金	土	日	月
陰曆	24	25	26	27	28	29	30	1	2	3	4	5	6	7	8	9	10	11	12	13	14	15	16	17	18	19	20	21	22	23	24
日辰	壬	癸	甲	乙	丙	丁	戊	己	庚	辛	壬	癸	甲	乙	丙	丁	戊	己	庚	辛	壬	癸	甲	乙	丙	丁	戊	己	庚	辛	壬
	午	未	申	酉	戌	亥	子	丑	寅	卯	辰	巳	午	未	申	酉	戌	亥	子	丑	寅	卯	辰	巳	午	未	申	酉	戌	亥	子
大 男	2	2	1	1	1	1	立	10	10	9	9	9	8	8	8	7	7	7	6	6	6	5	5	5	4	4	4	3	3	3	2
運 女	八	九	九	九	十	十	秋	一	一	一	一	二	二	二	三	三	三	四	四	四	五	五	五	六	六	六	七	七	七	八	八

9월 (壬申) 癸酉 (백로) 白露 7日 23:59 秋分 23日

陽曆	1	2	3	4	5	6	7	8	9	10	11	12	13	14	15	16	17	18	19	20	21	22	23	24	25	26	27	28	29	30	
요일	火	水	木	金	土	8	月	火	水	木	金	土	日	月	火	水	木	金	土	日	月	火	水	木	金	土	日	月	火	水	
陰曆	25	26	27	28	29	1	2	3	4	5	6	7	8	9	10	11	12	13	14	15	16	17	18	19	20	21	22	23	24	25	
日辰	癸	甲	乙	丙	丁	戊	己	庚	辛	壬	癸	甲	乙	丙	丁	戊	己	庚	辛	壬	癸	甲	乙	丙	丁	戊	己	庚	辛	壬	
	丑	寅	卯	辰	巳	午	未	申	酉	戌	亥	子	丑	寅	卯	辰	巳	午	未	申	酉	戌	亥	子	丑	寅	卯	辰	巳	午	
大 男	2	2	1	1	1	1	白	10	10	9	9	9	8	8	8	7	7	7	6	6	6	5	5	5	4	4	4	3	3	3	
運 女	八	九	九	九	十	十	露	一	一	一	一	二	二	二	三	三	三	四	四	四	五	五	五	六	六	六	七	七	七	八	

10월 (癸酉) 甲戌 (한로) 寒露 8日 15:22 霜降 23日

陽曆	1	2	3	4	5	6	7	8	9	10	11	12	13	14	15	16	17	18	19	20	21	22	23	24	25	26	27	28	29	30	31
요일	木	金	土	日	月	9	水	木	金	土	日	月	火	水	木	金	土	日	月	火	水	木	金	土	日	月	火	水	木	金	土
陰曆	26	27	28	29	30	1	2	3	4	5	6	7	8	9	10	11	12	13	14	15	16	17	18	19	20	21	22	23	24	25	26
日辰	癸	甲	乙	丙	丁	戊	己	庚	辛	壬	癸	甲	乙	丙	丁	戊	己	庚	辛	壬	癸	甲	乙	丙	丁	戊	己	庚	辛	壬	癸
	未	申	酉	戌	亥	子	丑	寅	卯	辰	巳	午	未	申	酉	戌	亥	子	丑	寅	卯	辰	巳	午	未	申	酉	戌	亥	子	丑
大 男	2	2	2	1	1	1	1	寒	10	9	9	9	8	8	8	7	7	7	6	6	6	5	5	5	4	4	4	3	3	3	2
運 女	八	八	九	九	九	十	十	露	一	一	一	一	二	二	二	三	三	三	四	四	四	五	五	五	六	六	六	七	七	七	八

11월 (甲戌) 乙亥 (입동) 立冬 7日 18:15 小雪 22日

陽曆	1	2	3	4	5	6	7	8	9	10	11	12	13	14	15	16	17	18	19	20	21	22	23	24	25	26	27	28	29	30	
요일	日	月	火	10	木	金	土	日	月	火	水	木	金	土	日	月	火	水	木	金	土	日	月	火	水	木	金	土	日	月	
陰曆	27	28	29	1	2	3	4	5	6	7	8	9	10	11	12	13	14	15	16	17	18	19	20	21	22	23	24	25	26	27	
日辰	甲	乙	丙	丁	戊	己	庚	辛	壬	癸	甲	乙	丙	丁	戊	己	庚	辛	壬	癸	甲	乙	丙	丁	戊	己	庚	辛	壬	癸	
	寅	卯	辰	巳	午	未	申	酉	戌	亥	子	丑	寅	卯	辰	巳	午	未	申	酉	戌	亥	子	丑	寅	卯	辰	巳	午	未	
大 男	2	2	1	1	1	1	立	10	9	9	9	8	8	8	7	7	7	6	6	6	5	5	5	4	4	4	3	3	3	2	
運 女	八	八	九	九	九	十	冬	一	一	一	一	二	二	二	三	三	三	四	四	四	五	五	五	六	六	六	七	七	七	八	

12월 (乙亥) 丙子 (대설) 大雪 7日 10:53 冬至 22日

陽曆	1	2	3	4	5	6	7	8	9	10	11	12	13	14	15	16	17	18	19	20	21	22	23	24	25	26	27	28	29	30	31
요일	火	水	木	11	土	日	月	火	水	木	金	土	日	月	火	水	木	金	土	日	月	火	水	木	金	土	日	月	火	水	木
陰曆	28	29	30	1	2	3	4	5	6	7	8	9	10	11	12	13	14	15	16	17	18	19	20	21	22	23	24	25	26	27	28
日辰	甲	乙	丙	丁	戊	己	庚	辛	壬	癸	甲	乙	丙	丁	戊	己	庚	辛	壬	癸	甲	乙	丙	丁	戊	己	庚	辛	壬	癸	甲
	申	酉	戌	亥	子	丑	寅	卯	辰	巳	午	未	申	酉	戌	亥	子	丑	寅	卯	辰	巳	午	未	申	酉	戌	亥	子	丑	寅
大 男	2	2	1	1	1	1	大	9	9	9	8	8	8	7	7	7	6	6	6	5	5	5	4	4	4	3	3	3	2	2	2
運 女	八	八	九	九	九	十	雪	一	一	一	一	二	二	二	三	三	三	四	四	四	五	五	五	六	六	六	七	七	七	八	八

乙巳

1월 (丙子) 丁丑 (소한) 小寒 5日 22:02 大寒 20日

陽曆	1	2	3	4	5	6	7	8	9	10	11	12	13	14	15	16	17	18	19	20	21	22	23	24	25	26	27	28	29	30	31
요일	金	土	12	月	火	水	木	金	土	日	月	火	水	木	金	土	日	月	火	水	木	金	土	日	月	火	水	木	金	土	日
陰曆	29	30	1	2	3	4	5	6	7	8	9	10	11	12	13	14	15	16	17	18	19	20	21	22	23	24	25	26	27	28	29
日辰	乙	丙	丁	戊	己	庚	辛	壬	癸	甲	乙	丙	丁	戊	己	庚	辛	壬	癸	甲	乙	丙	丁	戊	己	庚	辛	壬	癸	甲	乙
日辰	卯	辰	巳	午	未	申	酉	戌	亥	子	丑	寅	卯	辰	巳	午	未	申	酉	戌	亥	子	丑	寅	卯	辰	巳	午	未	申	酉
大運 男	1	1	1	1	小	10	9	9	9	8	8	8	7	7	7	6	6	6	5	5	5	4	4	4	3	3	3	2	2	2	1
大運 女	八	九	九	九	寒	一	一	一	一	二	二	二	三	三	三	四	四	四	五	五	五	六	六	六	七	七	七	八	八	八	九

2월 (丁丑) 戊寅 (입춘) 立春 4日 09:46 雨水 19日

陽曆	1	2	3	4	5	6	7	8	9	10	11	12	13	14	15	16	17	18	19	20	21	22	23	24	25	26	27	28			
요일	月	1	水	木	金	土	日	月	火	水	木	金	土	日	月	火	水	木	金	土	日	月	火	水	木	金	土	日			
陰曆	30	1	2	3	4	5	6	7	8	9	10	11	12	13	14	15	16	17	18	19	20	21	22	23	24	25	26	27			
日辰	丙	丁	戊	己	庚	辛	壬	癸	甲	乙	丙	丁	戊	己	庚	辛	壬	癸	甲	乙	丙	丁	戊	己	庚	辛	壬	癸			
日辰	戌	亥	子	丑	寅	卯	辰	巳	午	未	申	酉	戌	亥	子	丑	寅	卯	辰	巳	午	未	申	酉	戌	亥	子	丑			
大運 男	1	1	1	立	1	1	1	1	2	2	2	3	3	3	4	4	4	5	5	5	6	6	6	7	7	7	8	8			
大運 女	九	九	十	春	十	九	九	九	八	八	八	七	七	七	六	六	六	五	五	五	四	四	四	三	三	三	二	二			

3월 (戊寅) 己卯 (경칩) 驚蟄 6日 04:01 春分 21日

陽曆	1	2	3	4	5	6	7	8	9	10	11	12	13	14	15	16	17	18	19	20	21	22	23	24	25	26	27	28	29	30	31
요일	月	火	2	木	金	土	日	月	火	水	木	金	土	日	月	火	水	木	金	土	日	月	火	水	木	金	土	日	月	火	水
陰曆	28	29	1	2	3	4	5	6	7	8	9	10	11	12	13	14	15	16	17	18	19	20	21	22	23	24	25	26	27	28	29
日辰	甲	乙	丙	丁	戊	己	庚	辛	壬	癸	甲	乙	丙	丁	戊	己	庚	辛	壬	癸	甲	乙	丙	丁	戊	己	庚	辛	壬	癸	甲
日辰	寅	卯	辰	巳	午	未	申	酉	戌	亥	子	丑	寅	卯	辰	巳	午	未	申	酉	戌	亥	子	丑	寅	卯	辰	巳	午	未	申
大運 男	8	9	9	9	10	驚	1	1	1	1	2	2	2	3	3	3	4	4	4	5	5	5	6	6	6	7	7	7	8	8	8
大運 女	二	一	一	一	一	蟄	十	九	九	九	八	八	八	七	七	七	六	六	六	五	五	五	四	四	四	三	三	三	二	二	二

4월 (己卯) 庚辰 (청명) 清明 5日 09:07 穀雨 20日

陽曆	1	2	3	4	5	6	7	8	9	10	11	12	13	14	15	16	17	18	19	20	21	22	23	24	25	26	27	28	29	30	
요일	木	3	土	日	月	火	水	木	金	土	日	月	火	水	木	金	土	日	月	火	水	木	金	土	日	月	火	水	木	金	
陰曆	30	1	2	3	4	5	6	7	8	9	10	11	12	13	14	15	16	17	18	19	20	21	22	23	24	25	26	27	28	29	
日辰	乙	丙	丁	戊	己	庚	辛	壬	癸	甲	乙	丙	丁	戊	己	庚	辛	壬	癸	甲	乙	丙	丁	戊	己	庚	辛	壬	癸	甲	
日辰	酉	戌	亥	子	丑	寅	卯	辰	巳	午	未	申	酉	戌	亥	子	丑	寅	卯	辰	巳	午	未	申	酉	戌	亥	子	丑	寅	
大運 男	9	9	9	10	清	1	1	1	1	2	2	2	3	3	3	4	4	4	5	5	5	6	6	6	7	7	7	8	8	8	
大運 女	一	一	一	一	明	十	十	九	九	九	八	八	八	七	七	七	六	六	六	五	五	五	四	四	四	三	三	三	二	二	

5월 (庚辰) 辛巳 (입하) 立夏 6日 02:42 小滿 21日

陽曆	1	2	3	4	5	6	7	8	9	10	11	12	13	14	15	16	17	18	19	20	21	22	23	24	25	26	27	28	29	30	31
요일	4	日	月	火	水	木	金	土	日	月	火	水	木	金	土	日	月	火	水	木	金	土	日	月	火	水	木	金	土	日	5
陰曆	1	2	3	4	5	6	7	8	9	10	11	12	13	14	15	16	17	18	19	20	21	22	23	24	25	26	27	28	29	30	1
日辰	乙	丙	丁	戊	己	庚	辛	壬	癸	甲	乙	丙	丁	戊	己	庚	辛	壬	癸	甲	乙	丙	丁	戊	己	庚	辛	壬	癸	甲	乙
日辰	卯	辰	巳	午	未	申	酉	戌	亥	子	丑	寅	卯	辰	巳	午	未	申	酉	戌	亥	子	丑	寅	卯	辰	巳	午	未	申	酉
大運 男	9	9	9	10	10	立	1	1	1	1	2	2	2	3	3	3	4	4	4	5	5	5	6	6	6	7	7	7	8	8	8
大運 女	二	一	一	一	一	夏	十	十	九	九	九	八	八	八	七	七	七	六	六	六	五	五	五	四	四	四	三	三	三	二	二

6월 (辛巳) 壬午 (망종) 芒種 6日 07:02 夏至 21日

陽曆	1	2	3	4	5	6	7	8	9	10	11	12	13	14	15	16	17	18	19	20	21	22	23	24	25	26	27	28	29	30	
요일	火	水	木	金	土	日	月	火	水	木	金	土	日	月	火	水	木	金	土	日	月	火	水	木	金	土	日	月	6	水	
陰曆	2	3	4	5	6	7	8	9	10	11	12	13	14	15	16	17	18	19	20	21	22	23	24	25	26	27	28	29	1	2	
日辰	丙	丁	戊	己	庚	辛	壬	癸	甲	乙	丙	丁	戊	己	庚	辛	壬	癸	甲	乙	丙	丁	戊	己	庚	辛	壬	癸	甲	乙	
日辰	戌	亥	子	丑	寅	卯	辰	巳	午	未	申	酉	戌	亥	子	丑	寅	卯	辰	巳	午	未	申	酉	戌	亥	子	丑	寅	卯	
大運 男	9	9	9	10	10	芒	1	1	1	1	2	2	2	3	3	3	4	4	4	5	5	5	6	6	6	7	7	7	8	8	
大運 女	二	一	一	一	一	種	十	十	九	九	九	八	八	八	七	七	七	六	六	六	五	五	五	四	四	四	三	三	三	二	

覆燈火星 五日得辛 東大將 卯弔客 寒食(4월 06일) 初伏(7월 15일)
八白土星 六龍治水 未喪門 東三殺 中伏(7월 25일) 末伏(8월 14일)

7월 (壬午) 癸未 (소서) 小署 7日 17:21 大署 23日

陽曆		1	2	3	4	5	6	7	8	9	10	11	12	13	14	15	16	17	18	19	20	21	22	23	24	25	26	27	28	29	30	31
요일		木	金	土	日	月	火	水	木	金	土	日	月	火	水	木	金	土	日	月	火	水	木	金	土	日	月	火	7	木	金	土
陰曆		3	4	5	6	7	8	9	10	11	12	13	14	15	16	17	18	19	20	21	22	23	24	25	26	27	28	29	1	2	3	4
日辰		丙	丁	戊	己	庚	辛	壬	癸	甲	乙	丙	丁	戊	己	庚	辛	壬	癸	甲	乙	丙	丁	戊	己	庚	辛	壬	癸	甲	乙	丙
		辰	巳	午	未	申	酉	戌	亥	子	丑	寅	卯	辰	巳	午	未	申	酉	戌	亥	子	丑	寅	卯	辰	巳	午	未	申	酉	戌
大	男	8	9	9	9	10	10	小	1	1	1	1	2	2	2	3	3	3	4	4	4	5	5	5	6	6	6	7	7	7	8	8
運	女	二	二	一	一	一	一	署	十	十	十	九	九	九	八	八	八	七	七	七	六	六	六	五	五	五	四	四	四	三	三	三

8월 (癸未) 甲申 (입추) 立秋 8日 03:05 處署 23日

陽曆		1	2	3	4	5	6	7	8	9	10	11	12	13	14	15	16	17	18	19	20	21	22	23	24	25	26	27	28	29	30	31
요일		日	月	火	水	木	金	土	日	月	火	水	木	金	土	日	月	火	水	木	金	土	日	月	火	水	木	8	土	日	月	火
陰曆		5	6	7	8	9	10	11	12	13	14	15	16	17	18	19	20	21	22	23	24	25	26	27	28	29	30	1	2	3	4	5
日辰		丁	戊	己	庚	辛	壬	癸	甲	乙	丙	丁	戊	己	庚	辛	壬	癸	甲	乙	丙	丁	戊	己	庚	辛	壬	癸	甲	乙	丙	丁
		亥	子	丑	寅	卯	辰	巳	午	未	申	酉	戌	亥	子	丑	寅	卯	辰	巳	午	未	申	酉	戌	亥	子	丑	寅	卯	辰	巳
大	男	8	9	9	9	10	10	10	立	1	1	1	1	2	2	2	3	3	3	4	4	4	5	5	5	6	6	6	7	7	7	8
運	女	二	二	二	一	一	一	一	秋	十	十	九	九	九	八	八	八	七	七	七	六	六	六	五	五	五	四	四	四	三	三	三

9월 (甲申) 乙酉 (백로) 白露 8日 05:48 秋分 23日

陽曆		1	2	3	4	5	6	7	8	9	10	11	12	13	14	15	16	17	18	19	20	21	22	23	24	25	26	27	28	29	30	
요일		水	木	金	土	日	月	火	水	木	金	土	日	月	火	水	木	金	土	日	月	火	水	木	金	9	日	月	火	水	木	
陰曆		6	7	8	9	10	11	12	13	14	15	16	17	18	19	20	21	22	23	24	25	26	27	28	29	1	2	3	4	5	6	
日辰		戊	己	庚	辛	壬	癸	甲	乙	丙	丁	戊	己	庚	辛	壬	癸	甲	乙	丙	丁	戊	己	庚	辛	壬	癸	甲	乙	丙	丁	
		午	未	申	酉	戌	亥	子	丑	寅	卯	辰	巳	午	未	申	酉	戌	亥	子	丑	寅	卯	辰	巳	午	未	申	酉	戌	亥	
大	男	8	8	9	9	9	10	10	白	1	1	1	1	2	2	2	3	3	3	4	4	4	5	5	5	6	6	6	7	7	7	
運	女	二	二	二	一	一	一	一	露	十	九	九	九	八	八	八	七	七	七	六	六	六	五	五	五	四	四	四	三	三	三	

10월 (乙酉) 丙戌 (한로) 寒露 8日 21:11 霜降 24日

陽曆		1	2	3	4	5	6	7	8	9	10	11	12	13	14	15	16	17	18	19	20	21	22	23	24	25	26	27	28	29	30	31
요일		金	土	日	月	火	水	木	金	土	日	月	火	水	木	金	土	日	月	火	水	木	金	土	10	月	火	水	木	金	土	日
陰曆		7	8	9	10	11	12	13	14	15	16	17	18	19	20	21	22	23	24	25	26	27	28	29	1	2	3	4	5	6	7	8
日辰		戊	己	庚	辛	壬	癸	甲	乙	丙	丁	戊	己	庚	辛	壬	癸	甲	乙	丙	丁	戊	己	庚	辛	壬	癸	甲	乙	丙	丁	戊
		子	丑	寅	卯	辰	巳	午	未	申	酉	戌	亥	子	丑	寅	卯	辰	巳	午	未	申	酉	戌	亥	子	丑	寅	卯	辰	巳	午
大	男	8	8	8	9	9	9	10	寒	1	1	1	1	2	2	2	3	3	3	4	4	4	5	5	5	6	6	6	7	7	7	8
運	女	二	二	二	二	一	一	一	露	十	十	九	九	九	八	八	八	七	七	七	六	六	六	五	五	五	四	四	四	三	三	三

11월 (丙戌) 丁亥 (입동) 立冬 8日 00:07 小雪 22日

陽曆		1	2	3	4	5	6	7	8	9	10	11	12	13	14	15	16	17	18	19	20	21	22	23	24	25	26	27	28	29	30	
요일		月	火	水	木	金	土	日	月	火	水	木	金	土	日	月	火	水	木	金	土	日	月	11	水	木	金	土	日	月	火	
陰曆		9	10	11	12	13	14	15	16	17	18	19	20	21	22	23	24	25	26	27	28	29	30	1	2	3	4	5	6	7	8	
日辰		己	庚	辛	壬	癸	甲	乙	丙	丁	戊	己	庚	辛	壬	癸	甲	乙	丙	丁	戊	己	庚	辛	壬	癸	甲	乙	丙	丁	戊	
		未	申	酉	戌	亥	子	丑	寅	卯	辰	巳	午	未	申	酉	戌	亥	子	丑	寅	卯	辰	巳	午	未	申	酉	戌	亥	子	
大	男	8	8	9	9	9	10	10	立	1	1	1	1	2	2	2	3	3	3	4	4	4	5	5	5	6	6	6	7	7	7	
運	女	二	二	二	一	一	一	一	冬	九	九	九	八	八	八	七	七	七	六	六	六	五	五	五	四	四	四	三	三	三	二	

12월 (丁亥) 戊子 (대설) 大雪 7日 16:46 冬至 22日

陽曆		1	2	3	4	5	6	7	8	9	10	11	12	13	14	15	16	17	18	19	20	21	22	23	24	25	26	27	28	29	30	31
요일		水	木	金	土	日	月	火	水	木	金	土	日	月	火	水	木	金	土	日	月	火	水	12	金	土	日	月	火	水	木	金
陰曆		9	10	11	12	13	14	15	16	17	18	19	20	21	22	23	24	25	26	27	28	29	30	1	2	3	4	5	6	7	8	9
日辰		己	庚	辛	壬	癸	甲	乙	丙	丁	戊	己	庚	辛	壬	癸	甲	乙	丙	丁	戊	己	庚	辛	壬	癸	甲	乙	丙	丁	戊	己
		丑	寅	卯	辰	巳	午	未	申	酉	戌	亥	子	丑	寅	卯	辰	巳	午	未	申	酉	戌	亥	子	丑	寅	卯	辰	巳	午	未
大	男	8	8	8	9	9	9	大	1	1	1	1	2	2	2	3	3	3	4	4	4	5	5	5	6	6	6	7	7	7	8	8
運	女	二	二	一	一	一	一	雪	十	九	九	九	八	八	八	七	七	七	六	六	六	五	五	五	四	四	四	三	三	三	二	二

1월 (戊子)　己丑 (소한) 小寒 6日 03:54　大寒 20日

陽曆	1	2	3	4	5	6	7	8	9	10	11	12	13	14	15	16	17	18	19	20	21	22	23	24	25	26	27	28	29	30	31
요일	土	日	月	火	水	木	金	土	日	月	火	水	木	金	土	日	月	火	水	木	金	1	日	月	火	水	木	金	土	日	月
陰曆	10	11	12	13	14	15	16	17	18	19	20	21	22	23	24	25	26	27	28	29	30	1	2	3	4	5	6	7	8	9	10
日辰	庚	辛	壬	癸	甲	乙	丙	丁	戊	己	庚	辛	壬	癸	甲	乙	丙	丁	戊	己	庚	辛	壬	癸	甲	乙	丙	丁	戊	己	庚
	申	酉	戌	亥	子	丑	寅	卯	辰	巳	午	未	申	酉	戌	亥	子	丑	寅	卯	辰	巳	午	未	申	酉	戌	亥	子	丑	寅
大 男	8	9	9	9	10	小	1	1	1	1	2	2	2	3	3	3	4	4	4	5	5	5	6	6	6	7	7	7	8	8	8
運 女	二	一	一	一	一	寒	九	九	九	八	八	八	七	七	七	六	六	六	五	五	五	四	四	四	三	三	三	二	二	二	一

2월 (己丑)　庚寅 (입춘) 立春 4日 15:38　雨水 19日

陽曆	1	2	3	4	5	6	7	8	9	10	11	12	13	14	15	16	17	18	19	20	21	22	23	24	25	26	27	28			
요일	火	水	木	金	土	日	月	火	水	木	金	土	日	月	火	水	木	金	土	2	月	火	水	木	金	土	日	月			
陰曆	11	12	13	14	15	16	17	18	19	20	21	22	23	24	25	26	27	28	29	1	2	3	4	5	6	7	8	9			
日辰	辛	壬	癸	甲	乙	丙	丁	戊	己	庚	辛	壬	癸	甲	乙	丙	丁	戊	己	庚	辛	壬	癸	甲	乙	丙	丁	戊			
	卯	辰	巳	午	未	申	酉	戌	亥	子	丑	寅	卯	辰	巳	午	未	申	酉	戌	亥	子	丑	寅	卯	辰	巳	午			
大 男	9	9	9	立	10	9	9	9	8	8	8	7	7	7	6	6	6	5	5	5	4	4	4	3	3	3	2	2			
運 女	一	一	一	春	一	一	一	一	二	二	二	三	三	三	四	四	四	五	五	五	六	六	六	七	七	七	八	八			

3월 (庚寅)　辛卯 (경칩) 驚蟄 6日 09:51　春分 21日

陽曆	1	2	3	4	5	6	7	8	9	10	11	12	13	14	15	16	17	18	19	20	21	22	23	24	25	26	27	28	29	30	31
요일	火	水	木	金	土	日	月	火	水	木	金	土	日	月	火	水	木	金	土	日	月	3	水	木	金	土	日	月	火	水	木
陰曆	10	11	12	13	14	15	16	17	18	19	20	21	22	23	24	25	26	27	28	29	30	1	2	3	4	5	6	7	8	9	10
日辰	己	庚	辛	壬	癸	甲	乙	丙	丁	戊	己	庚	辛	壬	癸	甲	乙	丙	丁	戊	己	庚	辛	壬	癸	甲	乙	丙	丁	戊	己
	未	申	酉	戌	亥	子	丑	寅	卯	辰	巳	午	未	申	酉	戌	亥	子	丑	寅	卯	辰	巳	午	未	申	酉	戌	亥	子	丑
大 男	2	1	1	1	1	驚	10	9	9	9	8	8	8	7	7	7	6	6	6	5	5	5	4	4	4	3	3	3	2	2	2
運 女	八	九	九	九	十	蟄	一	一	一	一	二	二	二	三	三	三	四	四	四	五	五	五	六	六	六	七	七	七	八	八	八

4월 (辛卯)　壬辰 (청명) 清明 5日 14:57　穀雨 20日

陽曆	1	2	3	4	5	6	7	8	9	10	11	12	13	14	15	16	17	18	19	20	21	22	23	24	25	26	27	28	29	30	
요일	金	土	日	月	火	水	木	金	土	日	月	火	水	木	金	土	日	月	火	水	윤3	金	土	日	月	火	水	木	金	土	
陰曆	11	12	13	14	15	16	17	18	19	20	21	22	23	24	25	26	27	28	29	30	1	2	3	4	5	6	7	8	9	10	
日辰	庚	辛	壬	癸	甲	乙	丙	丁	戊	己	庚	辛	壬	癸	甲	乙	丙	丁	戊	己	庚	辛	壬	癸	甲	乙	丙	丁	戊	己	
	寅	卯	辰	巳	午	未	申	酉	戌	亥	子	丑	寅	卯	辰	巳	午	未	申	酉	戌	亥	子	丑	寅	卯	辰	巳	午	未	
大 男	1	1	1	1	清	10	10	9	9	9	8	8	8	7	7	7	6	6	6	5	5	5	4	4	4	3	3	3	2	2	
運 女	九	九	九	十	明	一	一	一	一	二	二	二	三	三	三	四	四	四	五	五	五	六	六	六	七	七	七	八	八	八	

5월 (壬辰)　癸巳 (입하) 立夏 6日 08:30　小滿 21日

陽曆	1	2	3	4	5	6	7	8	9	10	11	12	13	14	15	16	17	18	19	20	21	22	23	24	25	26	27	28	29	30	31
요일	日	月	火	水	木	金	土	日	月	火	水	木	金	土	日	月	火	水	木	4	土	日	月	火	水	木	金	土	日	月	火
陰曆	11	12	13	14	15	16	17	18	19	20	21	22	23	24	25	26	27	28	29	1	2	3	4	5	6	7	8	9	10	11	12
日辰	庚	辛	壬	癸	甲	乙	丙	丁	戊	己	庚	辛	壬	癸	甲	乙	丙	丁	戊	己	庚	辛	壬	癸	甲	乙	丙	丁	戊	己	庚
	申	酉	戌	亥	子	丑	寅	卯	辰	巳	午	未	申	酉	戌	亥	子	丑	寅	卯	辰	巳	午	未	申	酉	戌	亥	子	丑	寅
大 男	2	1	1	1	1	立	10	10	9	9	9	8	8	8	7	7	7	6	6	6	5	5	5	4	4	4	3	3	3	2	2
運 女	九	九	九	十	十	夏	一	一	一	一	二	二	二	三	三	三	四	四	四	五	五	五	六	六	六	七	七	七	八	八	八

6월 (癸巳)　甲午 (망종) 芒種 6日 12:50　夏至 22日

陽曆	1	2	3	4	5	6	7	8	9	10	11	12	13	14	15	16	17	18	19	20	21	22	23	24	25	26	27	28	29	30	
요일	水	木	金	土	日	月	火	水	木	金	土	日	月	火	水	木	金	土	5	月	火	水	木	金	土	日	月	火	水	木	
陰曆	13	14	15	16	17	18	19	20	21	22	23	24	25	26	27	28	29	30	1	2	3	4	5	6	7	8	9	10	11	12	
日辰	辛	壬	癸	甲	乙	丙	丁	戊	己	庚	辛	壬	癸	甲	乙	丙	丁	戊	己	庚	辛	壬	癸	甲	乙	丙	丁	戊	己	庚	
	卯	辰	巳	午	未	申	酉	戌	亥	子	丑	寅	卯	辰	巳	午	未	申	酉	戌	亥	子	丑	寅	卯	辰	巳	午	未	申	
大 男	2	1	1	1	1	芒	10	10	9	9	9	8	8	8	7	7	7	6	6	6	5	5	5	4	4	4	3	3	3	2	
運 女	九	九	九	十	十	種	一	一	一	一	二	二	二	三	三	三	四	四	四	五	五	五	六	六	六	七	七	七	八	八	

天河水星	一日得辛	東大將	辰弔客	寒食(4월 06일)	初伏(7월 20일)
七赤金星	十二龍治水	申喪門	北三殺	中伏(7월 30일)	末伏(8월 09일)

7월 (甲午) 乙未 (소서) 小署 7日 23:07 大署 23日

陽曆	1	2	3	4	5	6	7	8	9	10	11	12	13	14	15	16	17	18	19	20	21	22	23	24	25	26	27	28	29	30	31
요일	金	土	日	月	火	水	木	金	土	日	月	火	水	木	金	土	日	6/1	火	水	木	金	土	日	月	火	水	木	金	土	日
陰曆	13	14	15	16	17	18	19	20	21	22	23	24	25	26	27	28	29		2	3	4	5	6	7	8	9	10	11	12	13	14
日辰	辛	壬	癸	甲	乙	丙	丁	戊	己	庚	辛	壬	癸	甲	乙	丙	丁	戊	己	庚	辛	壬	癸	甲	乙	丙	丁	戊	己	庚	辛
	酉	戌	亥	子	丑	寅	卯	辰	巳	午	未	申	酉	戌	亥	子	丑	寅	卯	辰	巳	午	未	申	酉	戌	亥	子	丑	寅	卯
大運 男	2	2	1	1	1	1	小	10	10	10	9	9	9	8	8	8	7	7	7	6	6	6	5	5	5	4	4	4	3	3	3
大運 女	八	九	九	九	十	十	署	一	一	一	一	二	二	二	三	三	三	四	四	四	五	五	五	六	六	六	七	七	七	八	八

8월 (乙未) 丙申 (입추) 立秋 8日 08:49 處署 23日

陽曆	1	2	3	4	5	6	7	8	9	10	11	12	13	14	15	16	17	18	19	20	21	22	23	24	25	26	27	28	29	30	31
요일	月	火	水	木	金	土	日	月	火	水	木	金	土	日	月	7/1	水	木	金	土	日	月	火	水	木	金	土	日	月	火	水
陰曆	15	16	17	18	19	20	21	22	23	24	25	26	27	28	29		2	3	4	5	6	7	8	9	10	11	12	13	14	15	16
日辰	壬	癸	甲	乙	丙	丁	戊	己	庚	辛	壬	癸	甲	乙	丙	丁	戊	己	庚	辛	壬	癸	甲	乙	丙	丁	戊	己	庚	辛	壬
	辰	巳	午	未	申	酉	戌	亥	子	丑	寅	卯	辰	巳	午	未	申	酉	戌	亥	子	丑	寅	卯	辰	巳	午	未	申	酉	戌
大運 男	2	2	2	1	1	1	1	立	10	10	9	9	9	8	8	8	7	7	7	6	6	6	5	5	5	4	4	4	3	3	3
大運 女	八	九	九	九	十	十	十	秋	一	一	一	一	二	二	二	三	三	三	四	四	四	五	五	五	六	六	六	七	七	七	八

9월 (丙申) 丁酉 (백로) 白露 8日 11:32 秋分 23日

陽曆	1	2	3	4	5	6	7	8	9	10	11	12	13	14	15	16	17	18	19	20	21	22	23	24	25	26	27	28	29	30	
요일	木	金	土	日	月	火	水	木	金	土	日	月	火	水	8/1	金	土	日	月	火	水	木	金	土	日	月	火	水	木	金	
陰曆	17	18	19	20	21	22	23	24	25	26	27	28	29	30		2	3	4	5	6	7	8	9	10	11	12	13	14	15	16	
日辰	癸	甲	乙	丙	丁	戊	己	庚	辛	壬	癸	甲	乙	丙	丁	戊	己	庚	辛	壬	癸	甲	乙	丙	丁	戊	己	庚	辛	壬	
	亥	子	丑	寅	卯	辰	巳	午	未	申	酉	戌	亥	子	丑	寅	卯	辰	巳	午	未	申	酉	戌	亥	子	丑	寅	卯	辰	
大運 男	2	2	2	1	1	1	1	白	10	10	9	9	9	8	8	8	7	7	7	6	6	6	5	5	5	4	4	4	3	3	
大運 女	八	八	九	九	九	十	十	露	一	一	一	一	二	二	二	三	三	三	四	四	四	五	五	五	六	六	六	七	七	七	

10월 (丁酉) 戊戌 (한로) 寒露 9日 02:57 霜降 24日

陽曆	1	2	3	4	5	6	7	8	9	10	11	12	13	14	15	16	17	18	19	20	21	22	23	24	25	26	27	28	29	30	31
요일	土	日	月	火	水	木	金	土	日	月	火	水	木	9/1	土	日	月	火	水	木	金	土	日	月	火	水	木	金	土	日	月
陰曆	17	18	19	20	21	22	23	24	25	26	27	28	29		2	3	4	5	6	7	8	9	10	11	12	13	14	15	16	17	18
日辰	癸	甲	乙	丙	丁	戊	己	庚	辛	壬	癸	甲	乙	丙	丁	戊	己	庚	辛	壬	癸	甲	乙	丙	丁	戊	己	庚	辛	壬	癸
	巳	午	未	申	酉	戌	亥	子	丑	寅	卯	辰	巳	午	未	申	酉	戌	亥	子	丑	寅	卯	辰	巳	午	未	申	酉	戌	亥
大運 男	3	2	2	2	1	1	1	1	寒	10	9	9	9	8	8	8	7	7	7	6	6	6	5	5	5	4	4	4	3	3	3
大運 女	八	八	八	九	九	九	十	十	露	一	一	一	一	二	二	二	三	三	三	四	四	四	五	五	五	六	六	六	七	七	七

11월 (戊戌) 己亥 (입동) 立冬 8日 05:55 小雪 23日

陽曆	1	2	3	4	5	6	7	8	9	10	11	12	13	14	15	16	17	18	19	20	21	22	23	24	25	26	27	28	29	30	
요일	火	水	木	金	土	日	月	火	水	木	金	10/1	日	月	火	水	木	金	土	日	月	火	水	木	金	土	日	月	火	水	
陰曆	19	20	21	22	23	24	25	26	27	28	29		2	3	4	5	6	7	8	9	10	11	12	13	14	15	16	17	18	19	
日辰	甲	乙	丙	丁	戊	己	庚	辛	壬	癸	甲	乙	丙	丁	戊	己	庚	辛	壬	癸	甲	乙	丙	丁	戊	己	庚	辛	壬	癸	
	子	丑	寅	卯	辰	巳	午	未	申	酉	戌	亥	子	丑	寅	卯	辰	巳	午	未	申	酉	戌	亥	子	丑	寅	卯	辰	巳	
大運 男	2	2	2	1	1	1	1	立	9	9	9	8	8	8	7	7	7	6	6	6	5	5	5	4	4	4	3	3	3	2	
大運 女	八	八	八	九	九	九	十	冬	一	一	一	一	二	二	二	三	三	三	四	四	四	五	五	五	六	六	六	七	七	七	

12월 (己亥) 庚子 (대설) 大雪 7日 22:38 冬至 22日

陽曆	1	2	3	4	5	6	7	8	9	10	11	12	13	14	15	16	17	18	19	20	21	22	23	24	25	26	27	28	29	30	31
요일	木	金	土	日	月	火	水	木	金	土	日	11/1	火	水	木	金	土	日	月	火	水	木	金	土	日	月	火	水	木	金	土
陰曆	20	21	22	23	24	25	26	27	28	29	30		2	3	4	5	6	7	8	9	10	11	12	13	14	15	16	17	18	19	20
日辰	甲	乙	丙	丁	戊	己	庚	辛	壬	癸	甲	乙	丙	丁	戊	己	庚	辛	壬	癸	甲	乙	丙	丁	戊	己	庚	辛	壬	癸	甲
	午	未	申	酉	戌	亥	子	丑	寅	卯	辰	巳	午	未	申	酉	戌	亥	子	丑	寅	卯	辰	巳	午	未	申	酉	戌	亥	子
大運 男	2	2	2	1	1	1	大	10	9	9	9	8	8	8	7	7	7	6	6	6	5	5	5	4	4	4	3	3	3	2	2
大運 女	八	八	八	九	九	九	雪	一	一	一	一	二	二	二	三	三	三	四	四	四	五	五	五	六	六	六	七	七	七	八	八

1월 (庚子) 辛丑 (소한) 小寒 6日 09:48 大寒 21日

陽曆	1	2	3	4	5	6	7	8	9	10	11	12	13	14	15	16	17	18	19	20	21	22	23	24	25	26	27	28	29	30	31
요일	日	月	火	水	木	金	土	日	月	火	12	木	金	土	日	月	火	水	木	金	土	日	月	火	水	木	金	土	日	月	火
陰曆	21	22	23	24	25	26	27	28	29	30	1	2	3	4	5	6	7	8	9	10	11	12	13	14	15	16	17	18	19	20	21
日辰	乙	丙	丁	戊	己	庚	辛	壬	癸	甲	乙	丙	丁	戊	己	庚	辛	壬	癸	甲	乙	丙	丁	戊	己	庚	辛	壬	癸	甲	乙
	丑	寅	卯	辰	巳	午	未	申	酉	戌	亥	子	丑	寅	卯	辰	巳	午	未	申	酉	戌	亥	子	丑	寅	卯	辰	巳	午	未
大運 男	2	1	1	1	1	小	9	9	9	8	8	8	7	7	7	6	6	6	5	5	5	4	4	4	3	3	3	2	2	2	1
大運 女	八	九	九	九	十	寒	一	一	一	一	二	二	二	三	三	三	四	四	四	五	五	五	六	六	六	七	七	七	八	八	八

2월 (辛丑) 壬寅 (입춘) 立春 4日 21:31 雨水 19日

陽曆	1	2	3	4	5	6	7	8	9	10	11	12	13	14	15	16	17	18	19	20	21	22	23	24	25	26	27	28			
요일	水	木	金	土	日	月	火	水	1	金	土	日	月	火	水	木	金	土	日	月	火	水	木	金	土	日	月	火			
陰曆	22	23	24	25	26	27	28	29	1	2	3	4	5	6	7	8	9	10	11	12	13	14	15	16	17	18	19	20			
日辰	丙	丁	戊	己	庚	辛	壬	癸	甲	乙	丙	丁	戊	己	庚	辛	壬	癸	甲	乙	丙	丁	戊	己	庚	辛	壬	癸			
	申	酉	戌	亥	子	丑	寅	卯	辰	巳	午	未	申	酉	戌	亥	子	丑	寅	卯	辰	巳	午	未	申	酉	戌	亥			
大運 男	1	1	1	立	1	1	1	1	2	2	2	3	3	3	4	4	4	5	5	5	6	6	6	7	7	7	8	8			
大運 女	九	九	九	春	十	九	九	九	八	八	八	七	七	七	六	六	六	五	五	五	四	四	四	三	三	三	二	二			

3월 (壬寅) 癸卯 (경칩) 驚蟄 6日 15:42 春分 21日

陽曆	1	2	3	4	5	6	7	8	9	10	11	12	13	14	15	16	17	18	19	20	21	22	23	24	25	26	27	28	29	30	31
요일	水	木	金	土	日	月	火	水	木	金	2	日	月	火	水	木	金	土	日	月	火	水	木	金	土	日	月	火	水	木	金
陰曆	21	22	23	24	25	26	27	28	29	30	1	2	3	4	5	6	7	8	9	10	11	12	13	14	15	16	17	18	19	20	21
日辰	甲	乙	丙	丁	戊	己	庚	辛	壬	癸	甲	乙	丙	丁	戊	己	庚	辛	壬	癸	甲	乙	丙	丁	戊	己	庚	辛	壬	癸	甲
	子	丑	寅	卯	辰	巳	午	未	申	酉	戌	亥	子	丑	寅	卯	辰	巳	午	未	申	酉	戌	亥	子	丑	寅	卯	辰	巳	午
大運 男	8	9	9	9	10	驚	1	1	1	1	2	2	2	3	3	3	4	4	4	5	5	5	6	6	6	7	7	7	8	8	8
大運 女	二	一	一	一	一	蟄	十	九	九	九	八	八	八	七	七	七	六	六	六	五	五	五	四	四	四	三	三	三	二	二	二

4월 (癸卯) 甲辰 (청명) 清明 5日 20:45 穀雨 21日

陽曆	1	2	3	4	5	6	7	8	9	10	11	12	13	14	15	16	17	18	19	20	21	22	23	24	25	26	27	28	29	30	
요일	土	日	月	火	水	木	金	土	日	3	火	水	木	金	土	日	月	火	水	木	金	土	日	月	火	水	木	金	土	日	
陰曆	22	23	24	25	26	27	28	29	30	1	2	3	4	5	6	7	8	9	10	11	12	13	14	15	16	17	18	19	20	21	
日辰	乙	丙	丁	戊	己	庚	辛	壬	癸	甲	乙	丙	丁	戊	己	庚	辛	壬	癸	甲	乙	丙	丁	戊	己	庚	辛	壬	癸	甲	
	未	申	酉	戌	亥	子	丑	寅	卯	辰	巳	午	未	申	酉	戌	亥	子	丑	寅	卯	辰	巳	午	未	申	酉	戌	亥	子	
大運 男	9	9	9	10	清	1	1	1	1	2	2	2	3	3	3	4	4	4	5	5	5	6	6	6	7	7	7	8	8	8	
大運 女	一	一	一	一	明	十	十	九	九	九	八	八	八	七	七	七	六	六	六	五	五	五	四	四	四	三	三	三	二	二	

5월 (甲辰) 乙巳 (입하) 立夏 6日 14:17 小滿 22日

陽曆	1	2	3	4	5	6	7	8	9	10	11	12	13	14	15	16	17	18	19	20	21	22	23	24	25	26	27	28	29	30	31
요일	月	火	水	木	金	土	日	月	4	水	木	金	土	日	月	火	水	木	金	土	日	月	火	水	木	金	土	日	月	火	水
陰曆	22	23	24	25	26	27	28	29	1	2	3	4	5	6	7	8	9	10	11	12	13	14	15	16	17	18	19	20	21	22	23
日辰	乙	丙	丁	戊	己	庚	辛	壬	癸	甲	乙	丙	丁	戊	己	庚	辛	壬	癸	甲	乙	丙	丁	戊	己	庚	辛	壬	癸	甲	乙
	丑	寅	卯	辰	巳	午	未	申	酉	戌	亥	子	丑	寅	卯	辰	巳	午	未	申	酉	戌	亥	子	丑	寅	卯	辰	巳	午	未
大運 男	9	9	9	10	10	立	1	1	1	1	2	2	2	3	3	3	4	4	4	5	5	5	6	6	6	7	7	7	8	8	8
大運 女	二	一	一	一	一	夏	十	十	九	九	九	八	八	八	七	七	七	六	六	六	五	五	五	四	四	四	三	三	三	二	二

6월 (乙巳) 丙午 (망종) 芒種 6日 18:36 夏至 22日

陽曆	1	2	3	4	5	6	7	8	9	10	11	12	13	14	15	16	17	18	19	20	21	22	23	24	25	26	27	28	29	30
요일	木	金	土	日	月	火	水	5	金	土	日	月	火	水	木	金	土	日	月	火	水	木	金	土	日	月	火	水	木	金
陰曆	24	25	26	27	28	29	30	1	2	3	4	5	6	7	8	9	10	11	12	13	14	15	16	17	18	19	20	21	22	23
日辰	丙	丁	戊	己	庚	辛	壬	癸	甲	乙	丙	丁	戊	己	庚	辛	壬	癸	甲	乙	丙	丁	戊	己	庚	辛	壬	癸	甲	乙
	申	酉	戌	亥	子	丑	寅	卯	辰	巳	午	未	申	酉	戌	亥	子	丑	寅	卯	辰	巳	午	未	申	酉	戌	亥	子	丑
大運 男	9	9	9	10	10	芒	1	1	1	1	2	2	2	3	3	3	4	4	4	5	5	5	6	6	6	7	7	7	8	8
大運 女	二	一	一	一	一	種	十	十	十	九	九	九	八	八	八	七	七	七	六	六	六	五	五	五	四	四	四	三	三

天河水星	八日得辛	東大將	巳弔客	寒食(4월 06일)	初伏(7월 15일)
六白金星	一龍治水	酉喪門	西三殺	中伏(7월 25일)	末伏(8월 14일)

7월 (丙午) **丁未** (소서) 小暑 8日 04:53 大暑 23日

陽曆		1	2	3	4	5	6	7	8	9	10	11	12	13	14	15	16	17	18	19	20	21	22	23	24	25	26	27	28	29	30	31
요일		土	日	月	火	水	木	金	6	日	月	火	水	木	金	土	日	月	火	水	木	金	土	日	月	火	水	木	金	土	日	月
陰曆		24	25	26	27	28	29	30	1	2	3	4	5	6	7	8	9	10	11	12	13	14	15	16	17	18	19	20	21	22	23	24
日辰		丙	丁	戊	己	庚	辛	壬	癸	甲	乙	丙	丁	戊	己	庚	辛	壬	癸	甲	乙	丙	丁	戊	己	庚	辛	壬	癸	甲	乙	丙
		寅	卯	辰	巳	午	未	申	酉	戌	亥	子	丑	寅	卯	辰	巳	午	未	申	酉	戌	亥	子	丑	寅	卯	辰	巳	午	未	申
大	男	8	9	9	9	10	10	10	小	1	1	1	1	2	2	2	3	3	3	4	4	4	5	5	5	6	6	6	7	7	7	8
運	女	二	二	二	一	一	一	一	署	十	十	九	九	九	八	八	八	七	七	七	六	六	六	五	五	五	四	四	四	三	三	三

8월 (丁未) **戊申** (입추) 立秋 8日 14:35 處暑 24日

陽曆		1	2	3	4	5	6	7	8	9	10	11	12	13	14	15	16	17	18	19	20	21	22	23	24	25	26	27	28	29	30	31
요일		火	水	木	金	土	7	月	火	水	木	金	土	日	月	火	水	木	金	土	日	月	火	水	木	金	土	日	月	火	水	木
陰曆		25	26	27	28	29	1	2	3	4	5	6	7	8	9	10	11	12	13	14	15	16	17	18	19	20	21	22	23	24	25	26
日辰		丁	戊	己	庚	辛	壬	癸	甲	乙	丙	丁	戊	己	庚	辛	壬	癸	甲	乙	丙	丁	戊	己	庚	辛	壬	癸	甲	乙	丙	丁
		酉	戌	亥	子	丑	寅	卯	辰	巳	午	未	申	酉	戌	亥	子	丑	寅	卯	辰	巳	午	未	申	酉	戌	亥	子	丑	寅	卯
大	男	8	8	9	9	9	10	10	立	1	1	1	1	2	2	2	3	3	3	4	4	4	5	5	5	6	6	6	7	7	7	8
運	女	二	二	二	一	一	一	一	秋	十	十	九	九	九	八	八	八	七	七	七	六	六	六	五	五	五	四	四	四	三	三	三

9월 (戊申) **己酉** (백로) 白露 8日 17:18 秋分 24日

陽曆		1	2	3	4	5	6	7	8	9	10	11	12	13	14	15	16	17	18	19	20	21	22	23	24	25	26	27	28	29	30	
요일		金	土	日	8	火	水	木	金	土	日	月	火	水	木	金	土	日	月	火	水	木	金	土	日	月	火	水	木	金	土	
陰曆		27	28	29	1	2	3	4	5	6	7	8	9	10	11	12	13	14	15	16	17	18	19	20	21	22	23	24	25	26	27	
日辰		戊	己	庚	辛	壬	癸	甲	乙	丙	丁	戊	己	庚	辛	壬	癸	甲	乙	丙	丁	戊	己	庚	辛	壬	癸	甲	乙	丙	丁	
		辰	巳	午	未	申	酉	戌	亥	子	丑	寅	卯	辰	巳	午	未	申	酉	戌	亥	子	丑	寅	卯	辰	巳	午	未	申	酉	
大	男	8	8	9	9	9	10	10	白	1	1	1	1	2	2	2	3	3	3	4	4	4	5	5	5	6	6	6	7	7	7	
運	女	二	二	二	一	一	一	一	露	十	十	九	九	九	八	八	八	七	七	七	六	六	六	五	五	五	四	四	四	三	三	

10월 (己酉) **庚戌** (한로) 寒露 9日 08:41 霜降 24日

陽曆		1	2	3	4	5	6	7	8	9	10	11	12	13	14	15	16	17	18	19	20	21	22	23	24	25	26	27	28	29	30	31
요일		日	月	火	9	木	金	土	日	月	火	水	木	金	土	日	月	火	水	木	金	土	日	月	火	水	木	金	土	日	月	火
陰曆		28	29	30	1	2	3	4	5	6	7	8	9	10	11	12	13	14	15	16	17	18	19	20	21	22	23	24	25	26	27	28
日辰		戊	己	庚	辛	壬	癸	甲	乙	丙	丁	戊	己	庚	辛	壬	癸	甲	乙	丙	丁	戊	己	庚	辛	壬	癸	甲	乙	丙	丁	戊
		戌	亥	子	丑	寅	卯	辰	巳	午	未	申	酉	戌	亥	子	丑	寅	卯	辰	巳	午	未	申	酉	戌	亥	子	丑	寅	卯	辰
大	男	8	8	8	9	9	9	10	10	寒	1	1	1	1	2	2	2	3	3	3	4	4	4	5	5	5	6	6	6	7	7	7
運	女	三	二	二	二	一	一	一	一	露	十	九	九	九	八	八	八	七	七	七	六	六	六	五	五	五	四	四	四	三	三	三

11월 (庚戌) **辛亥** (입동) 立冬 8日 11:37 小雪 23日

陽曆		1	2	3	4	5	6	7	8	9	10	11	12	13	14	15	16	17	18	19	20	21	22	23	24	25	26	27	28	29	30	
요일		水	10	金	土	日	月	火	水	木	金	土	日	月	火	水	木	金	土	日	月	火	水	木	金	土	日	月	火	水	木	
陰曆		29	1	2	3	4	5	6	7	8	9	10	11	12	13	14	15	16	17	18	19	20	21	22	23	24	25	26	27	28	29	
日辰		己	庚	辛	壬	癸	甲	乙	丙	丁	戊	己	庚	辛	壬	癸	甲	乙	丙	丁	戊	己	庚	辛	壬	癸	甲	乙	丙	丁	戊	
		巳	午	未	申	酉	戌	亥	子	丑	寅	卯	辰	巳	午	未	申	酉	戌	亥	子	丑	寅	卯	辰	巳	午	未	申	酉	戌	
大	男	8	8	8	9	9	9	10	立	1	1	1	1	2	2	2	3	3	3	4	4	4	5	5	5	6	6	6	7	7	7	
運	女	二	二	二	一	一	一	一	冬	十	九	九	九	八	八	八	七	七	七	六	六	六	五	五	五	四	四	四	三	三	三	

12월 (辛亥) **壬子** (대설) 大雪 8日 04:18 冬至 22日

陽曆		1	2	3	4	5	6	7	8	9	10	11	12	13	14	15	16	17	18	19	20	21	22	23	24	25	26	27	28	29	30	31
요일		金	11	日	月	火	水	木	金	土	日	月	火	水	木	金	土	日	月	火	水	木	金	土	日	月	火	水	木	金	土	12
陰曆		30	1	2	3	4	5	6	7	8	9	10	11	12	13	14	15	16	17	18	19	20	21	22	23	24	25	26	27	28	29	1
日辰		己	庚	辛	壬	癸	甲	乙	丙	丁	戊	己	庚	辛	壬	癸	甲	乙	丙	丁	戊	己	庚	辛	壬	癸	甲	乙	丙	丁	戊	己
		亥	子	丑	寅	卯	辰	巳	午	未	申	酉	戌	亥	子	丑	寅	卯	辰	巳	午	未	申	酉	戌	亥	子	丑	寅	卯	辰	巳
大	男	8	8	8	9	9	9	10	大	1	1	1	1	2	2	2	3	3	3	4	4	4	5	5	5	6	6	6	7	7	7	8
運	女	二	二	二	一	一	一	一	雪	九	九	九	八	八	八	七	七	七	六	六	六	五	五	五	四	四	四	三	三	三	二	二

1월 (壬子) 癸丑 (소한) 小寒 6日 15:26 大寒 21日

陽曆	1	2	3	4	5	6	7	8	9	10	11	12	13	14	15	16	17	18	19	20	21	22	23	24	25	26	27	28	29	30	31
요일	月	火	水	木	金	土	日	月	火	水	木	金	土	日	月	火	水	木	金	土	日	月	火	水	木	金	土	日	月	1	水
陰曆	2	3	4	5	6	7	8	9	10	11	12	13	14	15	16	17	18	19	20	21	22	23	24	25	26	27	28	29	30	1	2
日辰	庚	辛	壬	癸	甲	乙	丙	丁	戊	己	庚	辛	壬	癸	甲	乙	丙	丁	戊	己	庚	辛	壬	癸	甲	乙	丙	丁	戊	己	庚
	午	未	申	酉	戌	亥	子	丑	寅	卯	辰	巳	午	未	申	酉	戌	亥	子	丑	寅	卯	辰	巳	午	未	申	酉	戌	亥	子
大 男	8	8	9	9	9	小	1	1	1	1	2	2	2	3	3	3	4	4	4	5	5	5	6	6	6	7	7	7	8	8	8
運 女	二	一	一	一	一	寒	十	九	九	九	八	八	八	七	七	七	六	六	六	五	五	五	四	四	四	三	三	三	二	二	二

2월 (癸丑) 甲寅 (입춘) 立春 5日 03:07 雨水 19日

陽曆	1	2	3	4	5	6	7	8	9	10	11	12	13	14	15	16	17	18	19	20	21	22	23	24	25	26	27	28	29		
요일	木	金	土	日	月	火	水	木	金	土	日	月	火	水	木	金	土	日	月	火	水	木	金	土	日	月	火	2	木		
陰曆	3	4	5	6	7	8	9	10	11	12	13	14	15	16	17	18	19	20	21	22	23	24	25	26	27	28	29	1	2		
日辰	辛	壬	癸	甲	乙	丙	丁	戊	己	庚	辛	壬	癸	甲	乙	丙	丁	戊	己	庚	辛	壬	癸	甲	乙	丙	丁	戊	己		
	丑	寅	卯	辰	巳	午	未	申	酉	戌	亥	子	丑	寅	卯	辰	巳	午	未	申	酉	戌	亥	子	丑	寅	卯	辰	巳		
大 男	9	9	9	10	立	9	9	9	8	8	8	7	7	7	6	6	6	5	5	5	4	4	4	3	3	3	2	2	2		
運 女	一	一	一	一	春	一	一	一	一	二	二	二	三	三	三	四	四	四	五	五	五	六	六	六	七	七	七	八	八		

3월 (甲寅) 乙卯 (경칩) 驚蟄 5日 21:18 春分 20日

陽曆	1	2	3	4	5	6	7	8	9	10	11	12	13	14	15	16	17	18	19	20	21	22	23	24	25	26	27	28	29	30	31
요일	金	土	日	月	火	水	木	金	土	日	月	火	水	木	金	土	日	月	火	水	木	金	土	日	月	火	水	木	3	土	日
陰曆	3	4	5	6	7	8	9	10	11	12	13	14	15	16	17	18	19	20	21	22	23	24	25	26	27	28	29	30	1	2	3
日辰	庚	辛	壬	癸	甲	乙	丙	丁	戊	己	庚	辛	壬	癸	甲	乙	丙	丁	戊	己	庚	辛	壬	癸	甲	乙	丙	丁	戊	己	庚
	午	未	申	酉	戌	亥	子	丑	寅	卯	辰	巳	午	未	申	酉	戌	亥	子	丑	寅	卯	辰	巳	午	未	申	酉	戌	亥	子
大 男	1	1	1	1	驚	10	10	9	9	9	8	8	8	7	7	7	6	6	6	5	5	5	4	4	4	3	3	3	2	2	2
運 女	八	九	九	九	蟄	一	一	一	一	二	二	二	三	三	三	四	四	四	五	五	五	六	六	六	七	七	七	八	八	八	九

4월 (乙卯) 丙辰 (청명) 清明 5日 02:21 穀雨 20日

陽曆	1	2	3	4	5	6	7	8	9	10	11	12	13	14	15	16	17	18	19	20	21	22	23	24	25	26	27	28	29	30	
요일	月	火	水	木	金	土	日	月	火	水	木	金	土	日	月	火	水	木	金	土	日	月	火	水	木	金	土	4	月	火	
陰曆	4	5	6	7	8	9	10	11	12	13	14	15	16	17	18	19	20	21	22	23	24	25	26	27	28	29	30	1	2	3	
日辰	辛	壬	癸	甲	乙	丙	丁	戊	己	庚	辛	壬	癸	甲	乙	丙	丁	戊	己	庚	辛	壬	癸	甲	乙	丙	丁	戊	己	庚	
	丑	寅	卯	辰	巳	午	未	申	酉	戌	亥	子	丑	寅	卯	辰	巳	午	未	申	酉	戌	亥	子	丑	寅	卯	辰	巳	午	
大 男	1	1	1	1	清	10	9	9	9	8	8	8	7	7	7	6	6	6	5	5	5	4	4	4	3	3	3	2	2	2	
運 女	九	九	十	十	明	一	一	一	一	二	二	二	三	三	三	四	四	四	五	五	五	六	六	六	七	七	七	八	八	八	

5월 (丙辰) 丁巳 (입하) 立夏 5日 19:56 小滿 21日

陽曆	1	2	3	4	5	6	7	8	9	10	11	12	13	14	15	16	17	18	19	20	21	22	23	24	25	26	27	28	29	30	31
요일	水	木	金	土	日	月	火	水	木	金	土	日	月	火	水	木	金	土	日	月	火	水	木	金	土	日	5	火	水	木	金
陰曆	4	5	6	7	8	9	10	11	12	13	14	15	16	17	18	19	20	21	22	23	24	25	26	27	28	29	1	2	3	4	5
日辰	辛	壬	癸	甲	乙	丙	丁	戊	己	庚	辛	壬	癸	甲	乙	丙	丁	戊	己	庚	辛	壬	癸	甲	乙	丙	丁	戊	己	庚	辛
	未	申	酉	戌	亥	子	丑	寅	卯	辰	巳	午	未	申	酉	戌	亥	子	丑	寅	卯	辰	巳	午	未	申	酉	戌	亥	子	丑
大 男	1	1	1	1	立	10	10	10	9	9	9	8	8	8	7	7	7	6	6	6	5	5	5	4	4	4	3	3	3	2	2
運 女	九	九	九	十	夏	一	一	一	一	二	二	二	三	三	三	四	四	四	五	五	五	六	六	六	七	七	七	八	八	八	九

6월 (丁巳) 戊午 (망종) 芒種 6日 00:19 夏至 21日

陽曆	1	2	3	4	5	6	7	8	9	10	11	12	13	14	15	16	17	18	19	20	21	22	23	24	25	26	27	28	29	30	
요일	土	日	月	火	水	木	金	土	日	月	火	水	木	金	土	日	月	火	水	木	金	土	日	月	火	6	木	金	土	日	
陰曆	6	7	8	9	10	11	12	13	14	15	16	17	18	19	20	21	22	23	24	25	26	27	28	29	30	1	2	3	4	5	
日辰	壬	癸	甲	乙	丙	丁	戊	己	庚	辛	壬	癸	甲	乙	丙	丁	戊	己	庚	辛	壬	癸	甲	乙	丙	丁	戊	己	庚	辛	
	寅	卯	辰	巳	午	未	申	酉	戌	亥	子	丑	寅	卯	辰	巳	午	未	申	酉	戌	亥	子	丑	寅	卯	辰	巳	午	未	
大 男	2	1	1	1	1	芒	10	10	9	9	9	8	8	8	7	7	7	6	6	6	5	5	5	4	4	4	3	3	3	2	
運 女	九	九	十	十	十	種	一	一	一	一	二	二	二	三	三	三	四	四	四	五	五	五	六	六	六	七	七	七	八	八	

7월 (戊午) 己未 (소서) 小署 7日 10:42 大署 23日

陽曆	1	2	3	4	5	6	7	8	9	10	11	12	13	14	15	16	17	18	19	20	21	22	23	24	25	26	27	28	29	30	31
요일	月	火	水	木	金	土	日	月	火	水	木	金	土	日	月	火	水	木	金	土	日	月	火	水	7	金	土	日	月	火	水
陰曆	6	7	8	9	10	11	12	13	14	15	16	17	18	19	20	21	22	23	24	25	26	27	28	29	1	2	3	4	5	6	7
日辰	壬	癸	甲	乙	丙	丁	戊	己	庚	辛	壬	癸	甲	乙	丙	丁	戊	己	庚	辛	壬	癸	甲	乙	丙	丁	戊	己	庚	辛	壬
	申	酉	戌	亥	子	丑	寅	卯	辰	巳	午	未	申	酉	戌	亥	子	丑	寅	卯	辰	巳	午	未	申	酉	戌	亥	子	丑	寅
大運 男	2	2	1	1	1	1	小	10	10	9	9	9	8	8	8	7	7	7	6	6	6	5	5	5	4	4	4	3	3	3	2
大運 女	八	九	九	九	十	十	署	一	一	一	一	二	二	二	三	三	三	四	四	四	五	五	五	六	六	六	七	七	七	八	八

8월 (己未) 庚申 (입추) 立秋 7日 20:27 處署 23日

陽曆	1	2	3	4	5	6	7	8	9	10	11	12	13	14	15	16	17	18	19	20	21	22	23	24	25	26	27	28	29	30	31
요일	木	金	土	日	月	火	水	木	金	土	日	月	火	水	木	金	土	日	月	火	水	木	金	윤7	日	月	火	水	木	金	土
陰曆	8	9	10	11	12	13	14	15	16	17	18	19	20	21	22	23	24	25	26	27	28	29	30	1	2	3	4	5	6	7	8
日辰	癸	甲	乙	丙	丁	戊	己	庚	辛	壬	癸	甲	乙	丙	丁	戊	己	庚	辛	壬	癸	甲	乙	丙	丁	戊	己	庚	辛	壬	癸
	卯	辰	巳	午	未	申	酉	戌	亥	子	丑	寅	卯	辰	巳	午	未	申	酉	戌	亥	子	丑	寅	卯	辰	巳	午	未	申	酉
大運 男	2	2	1	1	1	1	立	10	10	9	9	9	8	8	8	7	7	7	6	6	6	5	5	5	4	4	4	3	3	3	2
大運 女	八	九	九	九	十	十	秋	一	一	一	一	二	二	二	三	三	三	四	四	四	五	五	五	六	六	六	七	七	七	八	八

9월 (庚申) 辛酉 (백로) 白露 7日 23:11 秋分 23日

陽曆	1	2	3	4	5	6	7	8	9	10	11	12	13	14	15	16	17	18	19	20	21	22	23	24	25	26	27	28	29	30	
요일	日	月	火	水	木	金	土	日	月	火	水	木	金	土	日	月	火	水	木	金	土	8	月	火	水	木	金	土	日	月	
陰曆	9	10	11	12	13	14	15	16	17	18	19	20	21	22	23	24	25	26	27	28	29	1	2	3	4	5	6	7	8	9	
日辰	甲	乙	丙	丁	戊	己	庚	辛	壬	癸	甲	乙	丙	丁	戊	己	庚	辛	壬	癸	甲	乙	丙	丁	戊	己	庚	辛	壬	癸	
	戌	亥	子	丑	寅	卯	辰	巳	午	未	申	酉	戌	亥	子	丑	寅	卯	辰	巳	午	未	申	酉	戌	亥	子	丑	寅	卯	
大運 男	2	2	1	1	1	1	白	10	10	9	9	9	8	8	8	7	7	7	6	6	6	5	5	5	4	4	4	3	3	3	
大運 女	八	九	九	九	十	十	露	一	一	一	一	二	二	二	三	三	三	四	四	四	五	五	五	六	六	六	七	七	七	八	

10월 (辛酉) 壬戌 (한로) 寒露 8日 14:34 霜降 23日

陽曆	1	2	3	4	5	6	7	8	9	10	11	12	13	14	15	16	17	18	19	20	21	22	23	24	25	26	27	28	29	30	31
요일	火	水	木	金	土	日	月	火	水	木	金	土	日	月	火	水	木	金	土	日	月	9	水	木	金	土	日	月	火	水	木
陰曆	10	11	12	13	14	15	16	17	18	19	20	21	22	23	24	25	26	27	28	29	30	1	2	3	4	5	6	7	8	9	10
日辰	甲	乙	丙	丁	戊	己	庚	辛	壬	癸	甲	乙	丙	丁	戊	己	庚	辛	壬	癸	甲	乙	丙	丁	戊	己	庚	辛	壬	癸	甲
	辰	巳	午	未	申	酉	戌	亥	子	丑	寅	卯	辰	巳	午	未	申	酉	戌	亥	子	丑	寅	卯	辰	巳	午	未	申	酉	戌
大運 男	2	2	2	1	1	1	1	寒	10	9	9	9	8	8	8	7	7	7	6	6	6	5	5	5	4	4	4	3	3	3	2
大運 女	八	八	八	九	九	九	十	露	一	一	一	一	二	二	二	三	三	三	四	四	四	五	五	五	六	六	六	七	七	七	八

11월 (壬戌) 癸亥 (입동) 立冬 7日 17:29 小雪 22日

陽曆	1	2	3	4	5	6	7	8	9	10	11	12	13	14	15	16	17	18	19	20	21	22	23	24	25	26	27	28	29	30	
요일	金	土	日	月	火	水	木	金	土	日	月	火	水	木	金	土	日	月	火	10	木	金	土	日	月	火	水	木	金	土	
陰曆	11	12	13	14	15	16	17	18	19	20	21	22	23	24	25	26	27	28	29	1	2	3	4	5	6	7	8	9	10	11	
日辰	乙	丙	丁	戊	己	庚	辛	壬	癸	甲	乙	丙	丁	戊	己	庚	辛	壬	癸	甲	乙	丙	丁	戊	己	庚	辛	壬	癸	甲	
	亥	子	丑	寅	卯	辰	巳	午	未	申	酉	戌	亥	子	丑	寅	卯	辰	巳	午	未	申	酉	戌	亥	子	丑	寅	卯	辰	
大運 男	2	2	1	1	1	1	立	10	9	9	9	8	8	8	7	7	7	6	6	6	5	5	5	4	4	4	3	3	3	2	
大運 女	八	八	九	九	九	十	冬	一	一	一	一	二	二	二	三	三	三	四	四	四	五	五	五	六	六	六	七	七	七	八	

12월 (癸亥) 甲子 (대설) 大雪 7日 10:08 冬至 22日

陽曆	1	2	3	4	5	6	7	8	9	10	11	12	13	14	15	16	17	18	19	20	21	22	23	24	25	26	27	28	29	30	31
요일	日	月	火	水	木	金	土	日	月	火	水	木	金	土	日	月	火	水	木	11	土	日	月	火	水	木	金	土	日	月	火
陰曆	12	13	14	15	16	17	18	19	20	21	22	23	24	25	26	27	28	29	30	1	2	3	4	5	6	7	8	9	10	11	12
日辰	乙	丙	丁	戊	己	庚	辛	壬	癸	甲	乙	丙	丁	戊	己	庚	辛	壬	癸	甲	乙	丙	丁	戊	己	庚	辛	壬	癸	甲	乙
	巳	午	未	申	酉	戌	亥	子	丑	寅	卯	辰	巳	午	未	申	酉	戌	亥	子	丑	寅	卯	辰	巳	午	未	申	酉	戌	亥
大運 男	2	2	1	1	1	1	大	9	9	9	8	8	8	7	7	7	6	6	6	5	5	5	4	4	4	3	3	3	2	2	2
大運 女	八	八	九	九	九	十	雪	一	一	一	一	二	二	二	三	三	三	四	四	四	五	五	五	六	六	六	七	七	七	八	八

1월 (甲子) 乙丑 (소한) 小寒 5日 21:17 大寒 20日

陽曆	1	2	3	4	5	6	7	8	9	10	11	12	13	14	15	16	17	18	19	20	21	22	23	24	25	26	27	28	29	30	31
요일	水	木	金	土	日	月	火	水	木	金	土	日	月	火	水	木	金	12	日	月	火	水	木	金	土	日	月	火	水	木	金
陰曆	13	14	15	16	17	18	19	20	21	22	23	24	25	26	27	28	29	1	2	3	4	5	6	7	8	9	10	11	12	13	14
日辰	丙	丁	戊	己	庚	辛	壬	癸	甲	乙	丙	丁	戊	己	庚	辛	壬	癸	甲	乙	丙	丁	戊	己	庚	辛	壬	癸	甲	乙	丙
	子	丑	寅	卯	辰	巳	午	未	申	酉	戌	亥	子	丑	寅	卯	辰	巳	午	未	申	酉	戌	亥	子	丑	寅	卯	辰	巳	午
大運 男	1	1	1	1	小	10	9	9	9	8	8	8	7	7	7	6	6	6	5	5	5	4	4	4	3	3	3	2	2	2	1
大運 女	八	九	九	九	寒	一	一	一	一	二	二	二	三	三	三	四	四	四	五	五	五	六	六	六	七	七	七	八	八	八	九

2월 (乙丑) 丙寅 (입춘) 立春 4日 08:59 雨水 19日

陽曆	1	2	3	4	5	6	7	8	9	10	11	12	13	14	15	16	17	18	19	20	21	22	23	24	25	26	27	28
요일	土	日	月	火	水	木	金	土	日	月	火	水	木	金	土	日	1	火	水	木	金	土	日	月	火	水	木	金
陰曆	15	16	17	18	19	20	21	22	23	24	25	26	27	28	29	30	1	2	3	4	5	6	7	8	9	10	11	12
日辰	丁	戊	己	庚	辛	壬	癸	甲	乙	丙	丁	戊	己	庚	辛	壬	癸	甲	乙	丙	丁	戊	己	庚	辛	壬	癸	甲
	未	申	酉	戌	亥	子	丑	寅	卯	辰	巳	午	未	申	酉	戌	亥	子	丑	寅	卯	辰	巳	午	未	申	酉	戌
大運 男	1	1	1	立	1	1	1	1	2	2	2	3	3	3	4	4	4	5	5	5	6	6	6	7	7	7	8	8
大運 女	九	九	十	春	十	九	九	九	八	八	八	七	七	七	六	六	六	五	五	五	四	四	四	三	三	三	二	二

3월 (丙寅) 丁卯 (경칩) 驚蟄 6日 03:11 春分 21日

陽曆	1	2	3	4	5	6	7	8	9	10	11	12	13	14	15	16	17	18	19	20	21	22	23	24	25	26	27	28	29	30	31
요일	土	日	月	火	水	木	金	土	日	月	火	水	木	金	土	日	月	2	水	木	金	土	日	月	火	水	木	金	土	日	月
陰曆	13	14	15	16	17	18	19	20	21	22	23	24	25	26	27	28	29	1	2	3	4	5	6	7	8	9	10	11	12	13	14
日辰	乙	丙	丁	戊	己	庚	辛	壬	癸	甲	乙	丙	丁	戊	己	庚	辛	壬	癸	甲	乙	丙	丁	戊	己	庚	辛	壬	癸	甲	乙
	亥	子	丑	寅	卯	辰	巳	午	未	申	酉	戌	亥	子	丑	寅	卯	辰	巳	午	未	申	酉	戌	亥	子	丑	寅	卯	辰	巳
大運 男	8	9	9	9	10	驚	1	1	1	1	2	2	2	3	3	3	4	4	4	5	5	5	6	6	6	7	7	7	8	8	8
大運 女	二	一	一	一	一	蟄	十	九	九	九	八	八	八	七	七	七	六	六	六	五	五	五	四	四	四	三	三	三	二	二	二

4월 (丁卯) 戊辰 (청명) 清明 5日 08:15 穀雨 20日

陽曆	1	2	3	4	5	6	7	8	9	10	11	12	13	14	15	16	17	18	19	20	21	22	23	24	25	26	27	28	29	30
요일	火	水	木	金	土	日	月	火	水	木	金	土	日	月	火	水	3	金	土	日	月	火	水	木	金	土	日	月	火	水
陰曆	15	16	17	18	19	20	21	22	23	24	25	26	27	28	29	30	1	2	3	4	5	6	7	8	9	10	11	12	13	14
日辰	丙	丁	戊	己	庚	辛	壬	癸	甲	乙	丙	丁	戊	己	庚	辛	壬	癸	甲	乙	丙	丁	戊	己	庚	辛	壬	癸	甲	乙
	午	未	申	酉	戌	亥	子	丑	寅	卯	辰	巳	午	未	申	酉	戌	亥	子	丑	寅	卯	辰	巳	午	未	申	酉	戌	亥
大運 男	9	9	9	10	清	1	1	1	1	2	2	2	3	3	3	4	4	4	5	5	5	6	6	6	7	7	7	8	8	8
大運 女	一	一	一	一	明	十	十	九	九	九	八	八	八	七	七	七	六	六	六	五	五	五	四	四	四	三	三	三	二	二

5월 (戊辰) 己巳 (입하) 立夏 6日 01:50 小滿 21日

陽曆	1	2	3	4	5	6	7	8	9	10	11	12	13	14	15	16	17	18	19	20	21	22	23	24	25	26	27	28	29	30	31
요일	木	金	土	日	月	火	水	木	金	土	日	月	火	水	木	4	土	日	月	火	水	木	金	土	日	月	火	水	木	金	土
陰曆	15	16	17	18	19	20	21	22	23	24	25	26	27	28	29	1	2	3	4	5	6	7	8	9	10	11	12	13	14	15	16
日辰	丙	丁	戊	己	庚	辛	壬	癸	甲	乙	丙	丁	戊	己	庚	辛	壬	癸	甲	乙	丙	丁	戊	己	庚	辛	壬	癸	甲	乙	丙
	子	丑	寅	卯	辰	巳	午	未	申	酉	戌	亥	子	丑	寅	卯	辰	巳	午	未	申	酉	戌	亥	子	丑	寅	卯	辰	巳	午
大運 男	9	9	9	10	10	立	1	1	1	1	2	2	2	3	3	3	4	4	4	5	5	5	6	6	6	7	7	7	8	8	8
大運 女	二	一	一	一	一	夏	十	十	九	九	九	八	八	八	七	七	七	六	六	六	五	五	五	四	四	四	三	三	三	二	二

6월 (己巳) 庚午 (망종) 芒種 6日 06:12 夏至 21日

陽曆	1	2	3	4	5	6	7	8	9	10	11	12	13	14	15	16	17	18	19	20	21	22	23	24	25	26	27	28	29	30
요일	日	月	火	水	木	金	土	日	月	火	水	木	金	土	5	月	火	水	木	金	土	日	月	火	水	木	金	土	日	月
陰曆	17	18	19	20	21	22	23	24	25	26	27	28	29	30	1	2	3	4	5	6	7	8	9	10	11	12	13	14	15	16
日辰	丁	戊	己	庚	辛	壬	癸	甲	乙	丙	丁	戊	己	庚	辛	壬	癸	甲	乙	丙	丁	戊	己	庚	辛	壬	癸	甲	乙	丙
	未	申	酉	戌	亥	子	丑	寅	卯	辰	巳	午	未	申	酉	戌	亥	子	丑	寅	卯	辰	巳	午	未	申	酉	戌	亥	子
大運 男	9	9	9	10	10	芒	1	1	1	1	2	2	2	3	3	3	4	4	4	5	5	5	6	6	6	7	7	7	8	8
大運 女	二	一	一	一	一	種	十	十	九	九	九	八	八	八	七	七	七	六	六	六	五	五	五	四	四	四	三	三	三	二

7월 (庚午) 辛未 (소서) 小署 7日 16:32 大署 23日

陽曆		1	2	3	4	5	6	7	8	9	10	11	12	13	14	15	16	17	18	19	20	21	22	23	24	25	26	27	28	29	30	31
요일		火	水	木	金	土	日	月	火	水	木	金	土	日	6/1	火	水	木	金	土	日	月	火	水	木	金	土	日	月	火	水	木
陰曆		17	18	19	20	21	22	23	24	25	26	27	28	29		2	3	4	5	6	7	8	9	10	11	12	13	14	15	16	17	18
日辰		丁	戊	己	庚	辛	壬	癸	甲	乙	丙	丁	戊	己	庚	辛	壬	癸	甲	乙	丙	丁	戊	己	庚	辛	壬	癸	甲	乙	丙	丁
		丑	寅	卯	辰	巳	午	未	申	酉	戌	亥	子	丑	寅	卯	辰	巳	午	未	申	酉	戌	亥	子	丑	寅	卯	辰	巳	午	未
大	男	8	9	9	9	10	10	小	1	1	1	1	2	2	2	3	3	3	4	4	4	5	5	5	6	6	6	7	7	7	8	8
運	女	二	二	一	一	一	一	署	十	十	十	九	九	九	八	八	八	七	七	七	六	六	六	五	五	五	四	四	四	三	三	三

8월 (辛未) 壬申 (입추) 立秋 8日 02:14 處署 23日

陽曆		1	2	3	4	5	6	7	8	9	10	11	12	13	14	15	16	17	18	19	20	21	22	23	24	25	26	27	28	29	30	31
요일		金	土	日	月	火	水	木	金	土	日	月	火	7/1	木	金	土	日	月	火	水	木	金	土	日	月	火	水	木	金	土	日
陰曆		19	20	21	22	23	24	25	26	27	28	29	30		2	3	4	5	6	7	8	9	10	11	12	13	14	15	16	17	18	19
日辰		戊	己	庚	辛	壬	癸	甲	乙	丙	丁	戊	己	庚	辛	壬	癸	甲	乙	丙	丁	戊	己	庚	辛	壬	癸	甲	乙	丙	丁	戊
		申	酉	戌	亥	子	丑	寅	卯	辰	巳	午	未	申	酉	戌	亥	子	丑	寅	卯	辰	巳	午	未	申	酉	戌	亥	子	丑	寅
大	男	8	9	9	9	10	10	10	立	1	1	1	1	2	2	2	3	3	3	4	4	4	5	5	5	6	6	6	7	7	7	8
運	女	二	二	二	一	一	一	一	秋	十	十	九	九	九	八	八	八	七	七	七	六	六	六	五	五	五	四	四	四	三	三	三

9월 (壬申) 癸酉 (백로) 白露 8日 04:55 秋分 23日

陽曆		1	2	3	4	5	6	7	8	9	10	11	12	13	14	15	16	17	18	19	20	21	22	23	24	25	26	27	28	29	30
요일		月	火	水	木	金	土	日	月	火	水	木	8/1	土	日	月	火	水	木	金	土	日	月	火	水	木	金	土	日	月	火
陰曆		20	21	22	23	24	25	26	27	28	29	30		2	3	4	5	6	7	8	9	10	11	12	13	14	15	16	17	18	19
日辰		己	庚	辛	壬	癸	甲	乙	丙	丁	戊	己	庚	辛	壬	癸	甲	乙	丙	丁	戊	己	庚	辛	壬	癸	甲	乙	丙	丁	戊
		卯	辰	巳	午	未	申	酉	戌	亥	子	丑	寅	卯	辰	巳	午	未	申	酉	戌	亥	子	丑	寅	卯	辰	巳	午	未	申
大	男	8	8	9	9	9	10	10	白	1	1	1	1	2	2	2	3	3	3	4	4	4	5	5	5	6	6	6	7	7	7
運	女	二	二	二	一	一	一	一	露	十	九	九	九	八	八	八	七	七	七	六	六	六	五	五	五	四	四	四	三	三	三

10월 (癸酉) 甲戌 (한로) 寒露 8日 20:17 霜降 23日

陽曆		1	2	3	4	5	6	7	8	9	10	11	12	13	14	15	16	17	18	19	20	21	22	23	24	25	26	27	28	29	30	31
요일		水	木	金	土	日	月	火	水	木	金	9/1	日	月	火	水	木	金	土	日	月	火	水	木	金	土	日	月	火	水	木	金
陰曆		20	21	22	23	24	25	26	27	28	29		2	3	4	5	6	7	8	9	10	11	12	13	14	15	16	17	18	19	20	21
日辰		己	庚	辛	壬	癸	甲	乙	丙	丁	戊	己	庚	辛	壬	癸	甲	乙	丙	丁	戊	己	庚	辛	壬	癸	甲	乙	丙	丁	戊	己
		酉	戌	亥	子	丑	寅	卯	辰	巳	午	未	申	酉	戌	亥	子	丑	寅	卯	辰	巳	午	未	申	酉	戌	亥	子	丑	寅	卯
大	男	8	8	8	9	9	9	10	寒	1	1	1	1	2	2	2	3	3	3	4	4	4	5	5	5	6	6	6	7	7	7	8
運	女	二	二	二	一	一	一	一	露	十	九	九	九	八	八	八	七	七	七	六	六	六	五	五	五	四	四	四	三	三	三	二

11월 (甲戌) 乙亥 (입동) 立冬 7日 23:11 小雪 22日

陽曆		1	2	3	4	5	6	7	8	9	10	11	12	13	14	15	16	17	18	19	20	21	22	23	24	25	26	27	28	29	30
요일		土	日	月	火	水	木	金	土	日	10/1	火	水	木	金	土	日	月	火	水	木	金	土	日	月	火	水	木	金	土	日
陰曆		22	23	24	25	26	27	28	29	30		2	3	4	5	6	7	8	9	10	11	12	13	14	15	16	17	18	19	20	21
日辰		庚	辛	壬	癸	甲	乙	丙	丁	戊	己	庚	辛	壬	癸	甲	乙	丙	丁	戊	己	庚	辛	壬	癸	甲	乙	丙	丁	戊	己
		辰	巳	午	未	申	酉	戌	亥	子	丑	寅	卯	辰	巳	午	未	申	酉	戌	亥	子	丑	寅	卯	辰	巳	午	未	申	酉
大	男	8	8	9	9	9	10	立	1	1	1	1	2	2	2	3	3	3	4	4	4	5	5	5	6	6	6	7	7	7	8
運	女	二	二	一	一	一	一	冬	十	九	九	九	八	八	八	七	七	七	六	六	六	五	五	五	四	四	四	三	三	三	二

12월 (乙亥) 丙子 (대설) 大雪 7日 15:51 冬至 22日

陽曆		1	2	3	4	5	6	7	8	9	10	11	12	13	14	15	16	17	18	19	20	21	22	23	24	25	26	27	28	29	30	31
요일		月	火	水	木	金	土	日	月	11/1	水	木	金	土	日	月	火	水	木	金	土	日	月	火	水	木	金	土	日	月	火	水
陰曆		22	23	24	25	26	27	28	29		2	3	4	5	6	7	8	9	10	11	12	13	14	15	16	17	18	19	20	21	22	23
日辰		庚	辛	壬	癸	甲	乙	丙	丁	戊	己	庚	辛	壬	癸	甲	乙	丙	丁	戊	己	庚	辛	壬	癸	甲	乙	丙	丁	戊	己	庚
		戌	亥	子	丑	寅	卯	辰	巳	午	未	申	酉	戌	亥	子	丑	寅	卯	辰	巳	午	未	申	酉	戌	亥	子	丑	寅	卯	辰
大	男	8	8	9	9	9	10	大	1	1	1	1	2	2	2	3	3	3	4	4	4	5	5	5	6	6	6	7	7	7	8	8
運	女	二	二	一	一	一	一	雪	十	九	九	九	八	八	八	七	七	七	六	六	六	五	五	五	四	四	四	三	三	三	二	二

西紀 1970년 **庚戌** 檀紀 4303년

1월 (丙子) — 丁丑 (소한) 小寒 6日 03:02 — 大寒 20日

		1	2	3	4	5	6	7	8	9	10	11	12	13	14	15	16	17	18	19	20	21	22	23	24	25	26	27	28	29	30	31
陽曆		1	2	3	4	5	6	7	8	9	10	11	12	13	14	15	16	17	18	19	20	21	22	23	24	25	26	27	28	29	30	31
요일		木	金	土	日	月	火	水	12/1	金	土	日	月	火	水	木	金	土	日	月	火	水	木	金	土	日	月	火	水	木	金	土
陰曆		24	25	26	27	28	29	30	12/1	2	3	4	5	6	7	8	9	10	11	12	13	14	15	16	17	18	19	20	21	22	23	24
日辰		辛	壬	癸	甲	乙	丙	丁	戊	己	庚	辛	壬	癸	甲	乙	丙	丁	戊	己	庚	辛	壬	癸	甲	乙	丙	丁	戊	己	庚	辛
		巳	午	未	申	酉	戌	亥	子	丑	寅	卯	辰	巳	午	未	申	酉	戌	亥	子	丑	寅	卯	辰	巳	午	未	申	酉	戌	亥
大	男	8	9	9	9	10	小	1	1	1	1	2	2	2	3	3	3	4	4	4	5	5	5	6	6	6	7	7	7	8	8	8
運	女	二	一	一	一	一	寒	九	九	九	八	八	八	七	七	七	六	六	六	五	五	五	四	四	四	三	三	三	二	二	二	一

2월 (丁丑) — 戊寅 (입춘) 立春 4日 14:46 — 雨水 19日

		1	2	3	4	5	6	7	8	9	10	11	12	13	14	15	16	17	18	19	20	21	22	23	24	25	26	27	28			
陽曆		1	2	3	4	5	6	7	8	9	10	11	12	13	14	15	16	17	18	19	20	21	22	23	24	25	26	27	28			
요일		日	月	火	水	木	1/1	土	日	月	火	水	木	金	土	日	月	火	水	木	金	土	日	月	火	水	木	金	土			
陰曆		25	26	27	28	29	1/1	2	3	4	5	6	7	8	9	10	11	12	13	14	15	16	17	18	19	20	21	22	23			
日辰		壬	癸	甲	乙	丙	丁	戊	己	庚	辛	壬	癸	甲	乙	丙	丁	戊	己	庚	辛	壬	癸	甲	乙	丙	丁	戊	己			
		子	丑	寅	卯	辰	巳	午	未	申	酉	戌	亥	子	丑	寅	卯	辰	巳	午	未	申	酉	戌	亥	子	丑	寅	卯			
大	男	9	9	9	立	10	9	9	9	8	8	8	7	7	7	6	6	6	5	5	5	4	4	4	3	3	3	2	2			
運	女	一	一	一	春	一	一	一	一	二	二	二	三	三	三	四	四	四	五	五	五	六	六	六	七	七	七	八	八			

3월 (戊寅) — 己卯 (경칩) 驚蟄 6日 08:58 — 春分 21日

		1	2	3	4	5	6	7	8	9	10	11	12	13	14	15	16	17	18	19	20	21	22	23	24	25	26	27	28	29	30	31
陽曆		1	2	3	4	5	6	7	8	9	10	11	12	13	14	15	16	17	18	19	20	21	22	23	24	25	26	27	28	29	30	31
요일		日	月	火	水	木	金	土	2/1	月	火	水	木	金	土	日	月	火	水	木	金	土	日	月	火	水	木	金	土	日	月	火
陰曆		24	25	26	27	28	29	30	2/1	2	3	4	5	6	7	8	9	10	11	12	13	14	15	16	17	18	19	20	21	22	23	24
日辰		庚	辛	壬	癸	甲	乙	丙	丁	戊	己	庚	辛	壬	癸	甲	乙	丙	丁	戊	己	庚	辛	壬	癸	甲	乙	丙	丁	戊	己	庚
		辰	巳	午	未	申	酉	戌	亥	子	丑	寅	卯	辰	巳	午	未	申	酉	戌	亥	子	丑	寅	卯	辰	巳	午	未	申	酉	戌
大	男	2	1	1	1	1	驚	10	9	9	9	8	8	8	7	7	7	6	6	6	5	5	5	4	4	4	3	3	3	2	2	2
運	女	八	九	九	九	十	蟄	一	一	一	一	二	二	二	三	三	三	四	四	四	五	五	五	六	六	六	七	七	七	八	八	八

4월 (己卯) — 庚辰 (청명) 清明 5日 14:02 — 穀雨 20日

		1	2	3	4	5	6	7	8	9	10	11	12	13	14	15	16	17	18	19	20	21	22	23	24	25	26	27	28	29	30	
陽曆		1	2	3	4	5	6	7	8	9	10	11	12	13	14	15	16	17	18	19	20	21	22	23	24	25	26	27	28	29	30	
요일		水	木	金	土	日	3/1	火	水	木	金	土	日	月	火	水	木	金	土	日	月	火	水	木	金	土	日	月	火	水	木	
陰曆		25	26	27	28	29	3/1	2	3	4	5	6	7	8	9	10	11	12	13	14	15	16	17	18	19	20	21	22	23	24	25	
日辰		辛	壬	癸	甲	乙	丙	丁	戊	己	庚	辛	壬	癸	甲	乙	丙	丁	戊	己	庚	辛	壬	癸	甲	乙	丙	丁	戊	己	庚	
		亥	子	丑	寅	卯	辰	巳	午	未	申	酉	戌	亥	子	丑	寅	卯	辰	巳	午	未	申	酉	戌	亥	子	丑	寅	卯	辰	
大	男	1	1	1	1	清	10	10	9	9	9	8	8	8	7	7	7	6	6	6	5	5	5	4	4	4	3	3	3	2	2	
運	女	九	九	九	十	明	一	一	一	一	二	二	二	三	三	三	四	四	四	五	五	五	六	六	六	七	七	七	八	八	八	

5월 (庚辰) — 辛巳 (입하) 立夏 6日 07:34 — 小滿 21日

		1	2	3	4	5	6	7	8	9	10	11	12	13	14	15	16	17	18	19	20	21	22	23	24	25	26	27	28	29	30	31
陽曆		1	2	3	4	5	6	7	8	9	10	11	12	13	14	15	16	17	18	19	20	21	22	23	24	25	26	27	28	29	30	31
요일		金	土	日	月	4/1	水	木	金	土	日	月	火	水	木	金	土	日	月	火	水	木	金	土	日	月	火	水	木	金	土	日
陰曆		26	27	28	29	4/1	2	3	4	5	6	7	8	9	10	11	12	13	14	15	16	17	18	19	20	21	22	23	24	25	26	27
日辰		辛	壬	癸	甲	乙	丙	丁	戊	己	庚	辛	壬	癸	甲	乙	丙	丁	戊	己	庚	辛	壬	癸	甲	乙	丙	丁	戊	己	庚	辛
		巳	午	未	申	酉	戌	亥	子	丑	寅	卯	辰	巳	午	未	申	酉	戌	亥	子	丑	寅	卯	辰	巳	午	未	申	酉	戌	亥
大	男	2	1	1	1	1	立	10	10	9	9	9	8	8	8	7	7	7	6	6	6	5	5	5	4	4	4	3	3	3	2	2
運	女	九	九	九	十	十	夏	一	一	一	一	二	二	二	三	三	三	四	四	四	五	五	五	六	六	六	七	七	七	八	八	八

6월 (辛巳) — 壬午 (망종) 芒種 6日 11:52 — 夏至 22日

		1	2	3	4	5	6	7	8	9	10	11	12	13	14	15	16	17	18	19	20	21	22	23	24	25	26	27	28	29	30	
陽曆		1	2	3	4	5	6	7	8	9	10	11	12	13	14	15	16	17	18	19	20	21	22	23	24	25	26	27	28	29	30	
요일		月	火	水	5/1	金	土	日	月	火	水	木	金	土	日	月	火	水	木	金	土	日	月	火	水	木	金	土	日	月	火	
陰曆		28	29	30	5/1	2	3	4	5	6	7	8	9	10	11	12	13	14	15	16	17	18	19	20	21	22	23	24	25	26	27	
日辰		壬	癸	甲	乙	丙	丁	戊	己	庚	辛	壬	癸	甲	乙	丙	丁	戊	己	庚	辛	壬	癸	甲	乙	丙	丁	戊	己	庚	辛	
		子	丑	寅	卯	辰	巳	午	未	申	酉	戌	亥	子	丑	寅	卯	辰	巳	午	未	申	酉	戌	亥	子	丑	寅	卯	辰	巳	
大	男	2	1	1	1	1	芒	10	10	9	9	9	8	8	8	7	7	7	6	6	6	5	5	5	4	4	4	3	3	3	2	
運	女	九	九	九	十	十	種	一	一	一	一	二	二	二	三	三	三	四	四	四	五	五	五	六	六	六	七	七	七	八	八	

7월 (壬午) 癸未 (소서) 小暑 7日 22:11 大暑 23日

陽曆	1	2	3	4	5	6	7	8	9	10	11	12	13	14	15	16	17	18	19	20	21	22	23	24	25	26	27	28	29	30	31
요일	水	木	金	6/1	日	月	火	水	木	金	土	日	月	火	水	木	金	土	日	月	火	水	木	金	土	日	月	火	水	木	金
陰曆	28	29	30		2	3	4	5	6	7	8	9	10	11	12	13	14	15	16	17	18	19	20	21	22	23	24	25	26	27	28
日辰	壬	癸	甲	乙	丙	丁	戊	己	庚	辛	壬	癸	甲	乙	丙	丁	戊	己	庚	辛	壬	癸	甲	乙	丙	丁	戊	己	庚	辛	壬
	午	未	申	酉	戌	亥	子	丑	寅	卯	辰	巳	午	未	申	酉	戌	亥	子	丑	寅	卯	辰	巳	午	未	申	酉	戌	亥	子
大 男	2	2	1	1	1	1	小	10	10	10	9	9	9	8	8	8	7	7	7	6	6	6	5	5	5	4	4	4	3	3	3
運 女	八	九	九	九	十	十	暑	一	一	一	一	二	二	二	三	三	三	四	四	四	五	五	五	六	六	六	七	七	七	八	八

8월 (癸未) 甲申 (입추) 立秋 8日 07:54 處暑 23日

陽曆	1	2	3	4	5	6	7	8	9	10	11	12	13	14	15	16	17	18	19	20	21	22	23	24	25	26	27	28	29	30	31
요일	土	7/1	月	火	水	木	金	土	日	月	火	水	木	金	土	日	月	火	水	木	金	土	日	月	火	水	木	金	土	日	月
陰曆	29		2	3	4	5	6	7	8	9	10	11	12	13	14	15	16	17	18	19	20	21	22	23	24	25	26	27	28	29	30
日辰	癸	甲	乙	丙	丁	戊	己	庚	辛	壬	癸	甲	乙	丙	丁	戊	己	庚	辛	壬	癸	甲	乙	丙	丁	戊	己	庚	辛	壬	癸
	丑	寅	卯	辰	巳	午	未	申	酉	戌	亥	子	丑	寅	卯	辰	巳	午	未	申	酉	戌	亥	子	丑	寅	卯	辰	巳	午	未
大 男	2	2	2	1	1	1	1	立	10	10	9	9	9	8	8	8	7	7	7	6	6	6	5	5	5	4	4	4	3	3	3
運 女	八	九	九	九	十	十	十	秋	一	一	一	一	二	二	二	三	三	三	四	四	四	五	五	五	六	六	六	七	七	七	八

9월 (甲申) 乙酉 (백로) 白露 8日 10:38 秋分 23日

陽曆	1	2	3	4	5	6	7	8	9	10	11	12	13	14	15	16	17	18	19	20	21	22	23	24	25	26	27	28	29	30	
요일	8/1	水	木	金	土	日	月	火	水	木	金	土	日	月	火	水	木	金	土	日	月	火	水	木	金	土	日	月	火	9/1	
陰曆		2	3	4	5	6	7	8	9	10	11	12	13	14	15	16	17	18	19	20	21	22	23	24	25	26	27	28	29		
日辰	甲	乙	丙	丁	戊	己	庚	辛	壬	癸	甲	乙	丙	丁	戊	己	庚	辛	壬	癸	甲	乙	丙	丁	戊	己	庚	辛	壬	癸	
	申	酉	戌	亥	子	丑	寅	卯	辰	巳	午	未	申	酉	戌	亥	子	丑	寅	卯	辰	巳	午	未	申	酉	戌	亥	子	丑	
大 男	2	2	2	1	1	1	1	白	10	10	9	9	9	8	8	8	7	7	7	6	6	6	5	5	5	4	4	4	3	3	
運 女	八	八	九	九	九	十	十	露	一	一	一	一	二	二	二	三	三	三	四	四	四	五	五	五	六	六	六	七	七	七	

10월 (乙酉) 丙戌 (한로) 寒露 9日 02:02 霜降 24日

陽曆	1	2	3	4	5	6	7	8	9	10	11	12	13	14	15	16	17	18	19	20	21	22	23	24	25	26	27	28	29	30	31
요일	木	金	土	日	月	火	水	木	金	土	日	月	火	水	木	金	土	日	月	火	水	木	金	土	日	月	火	水	木	10/1	土
陰曆	2	3	4	5	6	7	8	9	10	11	12	13	14	15	16	17	18	19	20	21	22	23	24	25	26	27	28	29	30		2
日辰	甲	乙	丙	丁	戊	己	庚	辛	壬	癸	甲	乙	丙	丁	戊	己	庚	辛	壬	癸	甲	乙	丙	丁	戊	己	庚	辛	壬	癸	甲
	寅	卯	辰	巳	午	未	申	酉	戌	亥	子	丑	寅	卯	辰	巳	午	未	申	酉	戌	亥	子	丑	寅	卯	辰	巳	午	未	申
大 男	3	2	2	2	1	1	1	1	寒	10	9	9	9	8	8	8	7	7	7	6	6	6	5	5	5	4	4	4	3	3	3
運 女	八	八	八	九	九	九	十	十	露	一	一	一	一	二	二	二	三	三	三	四	四	四	五	五	五	六	六	六	七	七	七

11월 (丙戌) 丁亥 (입동) 立冬 8日 04:58 小雪 23日

陽曆	1	2	3	4	5	6	7	8	9	10	11	12	13	14	15	16	17	18	19	20	21	22	23	24	25	26	27	28	29	30	
요일	日	月	火	水	木	金	土	日	月	火	水	木	金	土	日	月	火	水	木	金	土	日	月	火	水	木	金	土	11/1	月	
陰曆	3	4	5	6	7	8	9	10	11	12	13	14	15	16	17	18	19	20	21	22	23	24	25	26	27	28	29	30		2	
日辰	乙	丙	丁	戊	己	庚	辛	壬	癸	甲	乙	丙	丁	戊	己	庚	辛	壬	癸	甲	乙	丙	丁	戊	己	庚	辛	壬	癸	甲	
	酉	戌	亥	子	丑	寅	卯	辰	巳	午	未	申	酉	戌	亥	子	丑	寅	卯	辰	巳	午	未	申	酉	戌	亥	子	丑	寅	
大 男	2	2	2	1	1	1	1	立	9	9	9	8	8	8	7	7	7	6	6	6	5	5	5	4	4	4	3	3	3	2	
運 女	八	八	八	九	九	九	十	冬	一	一	一	一	二	二	二	三	三	三	四	四	四	五	五	五	六	六	六	七	七	七	

12월 (丁亥) 戊子 (대설) 大雪 7日 21:37 冬至 22日

陽曆	1	2	3	4	5	6	7	8	9	10	11	12	13	14	15	16	17	18	19	20	21	22	23	24	25	26	27	28	29	30	31
요일	火	水	木	金	土	日	月	火	水	木	金	土	日	月	火	水	木	金	土	日	月	火	水	木	金	土	日	12/1	火	水	木
陰曆	3	4	5	6	7	8	9	10	11	12	13	14	15	16	17	18	19	20	21	22	23	24	25	26	27	28	29		2	3	4
日辰	乙	丙	丁	戊	己	庚	辛	壬	癸	甲	乙	丙	丁	戊	己	庚	辛	壬	癸	甲	乙	丙	丁	戊	己	庚	辛	壬	癸	甲	乙
	卯	辰	巳	午	未	申	酉	戌	亥	子	丑	寅	卯	辰	巳	午	未	申	酉	戌	亥	子	丑	寅	卯	辰	巳	午	未	申	酉
大 男	2	2	2	1	1	1	大	10	9	9	9	8	8	8	7	7	7	6	6	6	5	5	5	4	4	4	3	3	3	2	2
運 女	八	八	八	九	九	九	雪	一	一	一	一	二	二	二	三	三	三	四	四	四	五	五	五	六	六	六	七	七	七	八	八

西紀 1971년

辛亥

檀紀 4304년

1월 (戊子)

己丑 (소한) 小寒 6日 08:45 　 大寒 21日

陽曆	1	2	3	4	5	6	7	8	9	10	11	12	13	14	15	16	17	18	19	20	21	22	23	24	25	26	27	28	29	30	31
요일	金	土	日	月	火	水	木	金	土	日	月	火	水	木	金	土	日	月	火	水	木	金	土	日	月	火	1/1	木	金	土	日
陰曆	5	6	7	8	9	10	11	12	13	14	15	16	17	18	19	20	21	22	23	24	25	26	27	28	29	30		2	3	4	5
日辰	丙	丁	戊	己	庚	辛	壬	癸	甲	乙	丙	丁	戊	己	庚	辛	壬	癸	甲	乙	丙	丁	戊	己	庚	辛	壬	癸	甲	乙	丙
	戌	亥	子	丑	寅	卯	辰	巳	午	未	申	酉	戌	亥	子	丑	寅	卯	辰	巳	午	未	申	酉	戌	亥	子	丑	寅	卯	辰
大 男	2	1	1	1	1	小	9	9	9	8	8	8	7	7	7	6	6	6	5	5	5	4	4	4	3	3	3	2	2	2	1
運 女	八	九	九	九	十	寒	一	一	一	一	二	二	二	三	三	三	四	四	四	五	五	五	六	六	六	七	七	七	八	八	八

2월 (己丑)

庚寅 (입춘) 立春 4日 20:25 　 雨水 19日

陽曆	1	2	3	4	5	6	7	8	9	10	11	12	13	14	15	16	17	18	19	20	21	22	23	24	25	26	27	28			
요일	月	火	水	木	金	土	日	月	火	水	木	金	土	日	月	火	水	木	金	土	日	月	火	水	2/1	金	土	日			
陰曆	6	7	8	9	10	11	12	13	14	15	16	17	18	19	20	21	22	23	24	25	26	27	28	29		2	3	4			
日辰	丁	戊	己	庚	辛	壬	癸	甲	乙	丙	丁	戊	己	庚	辛	壬	癸	甲	乙	丙	丁	戊	己	庚	辛	壬	癸	甲			
	巳	午	未	申	酉	戌	亥	子	丑	寅	卯	辰	巳	午	未	申	酉	戌	亥	子	丑	寅	卯	辰	巳	午	未	申			
大 男	1	1	1	立	1	1	1	1	2	2	2	3	3	3	4	4	4	5	5	5	6	6	6	7	7	7	8	8			
運 女	九	九	九	春	十	九	九	九	八	八	八	七	七	七	六	六	六	五	五	五	四	四	四	三	三	三	二	二			

3월 (庚寅)

辛卯 (경칩) 驚蟄 6日 14:35 　 春分 21日

陽曆	1	2	3	4	5	6	7	8	9	10	11	12	13	14	15	16	17	18	19	20	21	22	23	24	25	26	27	28	29	30	31
요일	月	火	水	木	金	土	日	月	火	水	木	金	土	日	月	火	水	木	金	土	日	月	火	水	木	金	3/1	日	月	火	水
陰曆	5	6	7	8	9	10	11	12	13	14	15	16	17	18	19	20	21	22	23	24	25	26	27	28	29	30		2	3	4	5
日辰	乙	丙	丁	戊	己	庚	辛	壬	癸	甲	乙	丙	丁	戊	己	庚	辛	壬	癸	甲	乙	丙	丁	戊	己	庚	辛	壬	癸	甲	乙
	酉	戌	亥	子	丑	寅	卯	辰	巳	午	未	申	酉	戌	亥	子	丑	寅	卯	辰	巳	午	未	申	酉	戌	亥	子	丑	寅	卯
大 男	8	9	9	9	10	驚	1	1	1	1	2	2	2	3	3	3	4	4	4	5	5	5	6	6	6	7	7	7	8	8	8
運 女	二	一	一	一	一	蟄	十	九	九	九	八	八	八	七	七	七	六	六	六	五	五	五	四	四	四	三	三	三	二	二	二

4월 (辛卯)

壬辰 (청명) 清明 5日 19:36 　 穀雨 21日

陽曆	1	2	3	4	5	6	7	8	9	10	11	12	13	14	15	16	17	18	19	20	21	22	23	24	25	26	27	28	29	30	
요일	木	金	土	日	月	火	水	木	金	土	日	月	火	水	木	金	土	日	月	火	水	木	金	土	4/1	月	火	水	木	金	
陰曆	6	7	8	9	10	11	12	13	14	15	16	17	18	19	20	21	22	23	24	25	26	27	28	29		2	3	4	5	6	
日辰	丙	丁	戊	己	庚	辛	壬	癸	甲	乙	丙	丁	戊	己	庚	辛	壬	癸	甲	乙	丙	丁	戊	己	庚	辛	壬	癸	甲	乙	
	辰	巳	午	未	申	酉	戌	亥	子	丑	寅	卯	辰	巳	午	未	申	酉	戌	亥	子	丑	寅	卯	辰	巳	午	未	申	酉	
大 男	9	9	9	10	清	1	1	1	1	2	2	2	3	3	3	4	4	4	5	5	5	6	6	6	7	7	7	8	8	8	
運 女	一	一	一	一	明	十	十	九	九	九	八	八	八	七	七	七	六	六	六	五	五	五	四	四	四	三	三	三	二	二	

5월 (壬辰)

癸巳 (입하) 立夏 6日 13:08 　 小滿 22日

陽曆	1	2	3	4	5	6	7	8	9	10	11	12	13	14	15	16	17	18	19	20	21	22	23	24	25	26	27	28	29	30	31
요일	土	日	月	火	水	木	金	土	日	月	火	水	木	金	土	日	月	火	水	木	金	土	日	5/1	火	水	木	金	土	日	月
陰曆	7	8	9	10	11	12	13	14	15	16	17	18	19	20	21	22	23	24	25	26	27	28	29		2	3	4	5	6	7	8
日辰	丙	丁	戊	己	庚	辛	壬	癸	甲	乙	丙	丁	戊	己	庚	辛	壬	癸	甲	乙	丙	丁	戊	己	庚	辛	壬	癸	甲	乙	丙
	戌	亥	子	丑	寅	卯	辰	巳	午	未	申	酉	戌	亥	子	丑	寅	卯	辰	巳	午	未	申	酉	戌	亥	子	丑	寅	卯	辰
大 男	9	9	9	10	10	立	1	1	1	1	2	2	2	3	3	3	4	4	4	5	5	5	6	6	6	7	7	7	8	8	8
運 女	二	一	一	一	一	夏	十	十	九	九	九	八	八	八	七	七	七	六	六	六	五	五	五	四	四	四	三	三	三	二	二

6월 (癸巳)

甲午 (망종) 芒種 6日 17:29 　 夏至 22日

陽曆	1	2	3	4	5	6	7	8	9	10	11	12	13	14	15	16	17	18	19	20	21	22	23	24	25	26	27	28	29	30	
요일	火	水	木	金	土	日	月	火	水	木	金	土	日	月	火	水	木	金	土	日	月	火	윤5/1	木	金	土	日	月	火	水	
陰曆	9	10	11	12	13	14	15	16	17	18	19	20	21	22	23	24	25	26	27	28	29	30		2	3	4	5	6	7	8	
日辰	丁	戊	己	庚	辛	壬	癸	甲	乙	丙	丁	戊	己	庚	辛	壬	癸	甲	乙	丙	丁	戊	己	庚	辛	壬	癸	甲	乙	丙	
	巳	午	未	申	酉	戌	亥	子	丑	寅	卯	辰	巳	午	未	申	酉	戌	亥	子	丑	寅	卯	辰	巳	午	未	申	酉	戌	
大 男	9	9	9	10	10	芒	1	1	1	1	2	2	2	3	3	3	4	4	4	5	5	5	6	6	6	7	7	7	8	8	
運 女	二	一	一	一	一	種	十	十	十	九	九	九	八	八	八	七	七	七	六	六	六	五	五	五	四	四	四	三	三	三	

7월 (甲午)　乙未 (소서) 小署 8日 03:51　大署 23日

陽曆	1	2	3	4	5	6	7	8	9	10	11	12	13	14	15	16	17	18	19	20	21	22	23	24	25	26	27	28	29	30	31
요일	木	金	土	日	月	火	水	木	金	土	日	月	火	水	木	金	土	日	月	火	水	6/1	金	土	日	月	火	水	木	金	土
陰曆	9	10	11	12	13	14	15	16	17	18	19	20	21	22	23	24	25	26	27	28	29		2	3	4	5	6	7	8	9	10
日辰	丁	戊	己	庚	辛	壬	癸	甲	乙	丙	丁	戊	己	庚	辛	壬	癸	甲	乙	丙	丁	戊	己	庚	辛	壬	癸	甲	乙	丙	丁
	亥	子	丑	寅	卯	辰	巳	午	未	申	酉	戌	亥	子	丑	寅	卯	辰	巳	午	未	申	酉	戌	亥	子	丑	寅	卯	辰	巳
大 男	8	9	9	9	10	10	10	小	1	1	1	1	2	2	2	3	3	3	4	4	4	5	5	5	6	6	6	7	7	7	8
運 女	二	二	二	一	一	一	一	署	十	十	九	九	九	八	八	八	七	七	七	六	六	六	五	五	五	四	四	四	三	三	三

8월 (乙未)　丙申 (입추) 立秋 8日 13:40　處署 24日

陽曆	1	2	3	4	5	6	7	8	9	10	11	12	13	14	15	16	17	18	19	20	21	22	23	24	25	26	27	28	29	30	31
요일	日	月	火	水	木	金	土	日	月	火	水	木	金	土	日	月	火	水	木	金	7/1	日	月	火	水	木	金	土	日	月	火
陰曆	11	12	13	14	15	16	17	18	19	20	21	22	23	24	25	26	27	28	29	30		2	3	4	5	6	7	8	9	10	11
日辰	戊	己	庚	辛	壬	癸	甲	乙	丙	丁	戊	己	庚	辛	壬	癸	甲	乙	丙	丁	戊	己	庚	辛	壬	癸	甲	乙	丙	丁	戊
	午	未	申	酉	戌	亥	子	丑	寅	卯	辰	巳	午	未	申	酉	戌	亥	子	丑	寅	卯	辰	巳	午	未	申	酉	戌	亥	子
大 男	8	8	9	9	9	10	10	立	1	1	1	1	2	2	2	3	3	3	4	4	4	5	5	5	6	6	6	7	7	7	8
運 女	二	二	二	一	一	一	一	秋	十	十	九	九	九	八	八	八	七	七	七	六	六	六	五	五	五	四	四	四	三	三	三

9월 (丙申)　丁酉 (백로) 白露 8日 16:30　秋分 24日

陽曆	1	2	3	4	5	6	7	8	9	10	11	12	13	14	15	16	17	18	19	20	21	22	23	24	25	26	27	28	29	30
요일	水	木	金	土	日	月	火	水	木	金	土	日	月	火	水	木	金	土	8/1	月	火	水	木	金	土	日	月	火	水	木
陰曆	12	13	14	15	16	17	18	19	20	21	22	23	24	25	26	27	28	29		2	3	4	5	6	7	8	9	10	11	12
日辰	己	庚	辛	壬	癸	甲	乙	丙	丁	戊	己	庚	辛	壬	癸	甲	乙	丙	丁	戊	己	庚	辛	壬	癸	甲	乙	丙	丁	戊
	丑	寅	卯	辰	巳	午	未	申	酉	戌	亥	子	丑	寅	卯	辰	巳	午	未	申	酉	戌	亥	子	丑	寅	卯	辰	巳	午
大 男	8	8	9	9	9	10	10	白	1	1	1	1	2	2	2	3	3	3	4	4	4	5	5	5	6	6	6	7	7	7
運 女	二	二	二	一	一	一	一	露	十	十	九	九	九	八	八	八	七	七	七	六	六	六	五	五	五	四	四	四	三	三

10월 (丁酉)　戊戌 (한로) 寒露 9日 07:59　霜降 24日

陽曆	1	2	3	4	5	6	7	8	9	10	11	12	13	14	15	16	17	18	19	20	21	22	23	24	25	26	27	28	29	30	31
요일	金	土	日	月	火	水	木	金	土	日	月	火	水	木	金	土	日	月	9/1	水	木	金	土	日	月	火	水	木	金	土	日
陰曆	13	14	15	16	17	18	19	20	21	22	23	24	25	26	27	28	29	30		2	3	4	5	6	7	8	9	10	11	12	13
日辰	己	庚	辛	壬	癸	甲	乙	丙	丁	戊	己	庚	辛	壬	癸	甲	乙	丙	丁	戊	己	庚	辛	壬	癸	甲	乙	丙	丁	戊	己
	未	申	酉	戌	亥	子	丑	寅	卯	辰	巳	午	未	申	酉	戌	亥	子	丑	寅	卯	辰	巳	午	未	申	酉	戌	亥	子	丑
大 男	8	8	8	9	9	9	10	10	寒	1	1	1	1	2	2	2	3	3	3	4	4	4	5	5	5	6	6	6	7	7	7
運 女	三	二	二	二	一	一	一	一	露	十	九	九	九	八	八	八	七	七	七	六	六	六	五	五	五	四	四	四	三	三	三

11월 (戊戌)　己亥 (입동) 立冬 8日 10:57　小雪 23日

陽曆	1	2	3	4	5	6	7	8	9	10	11	12	13	14	15	16	17	18	19	20	21	22	23	24	25	26	27	28	29	30
요일	月	火	水	木	金	土	日	月	火	水	木	金	土	日	月	火	水	10/1	金	土	日	月	火	水	木	金	土	日	月	火
陰曆	14	15	16	17	18	19	20	21	22	23	24	25	26	27	28	29	30		2	3	4	5	6	7	8	9	10	11	12	13
日辰	庚	辛	壬	癸	甲	乙	丙	丁	戊	己	庚	辛	壬	癸	甲	乙	丙	丁	戊	己	庚	辛	壬	癸	甲	乙	丙	丁	戊	己
	寅	卯	辰	巳	午	未	申	酉	戌	亥	子	丑	寅	卯	辰	巳	午	未	申	酉	戌	亥	子	丑	寅	卯	辰	巳	午	未
大 男	8	8	8	9	9	9	10	立	1	1	1	1	2	2	2	3	3	3	4	4	4	5	5	5	6	6	6	7	7	7
運 女	二	二	二	一	一	一	一	冬	十	九	九	九	八	八	八	七	七	七	六	六	六	五	五	五	四	四	四	三	三	三

12월 (己亥)　庚子 (대설) 大雪 8日 03:36　冬至 22日

陽曆	1	2	3	4	5	6	7	8	9	10	11	12	13	14	15	16	17	18	19	20	21	22	23	24	25	26	27	28	29	30	31
요일	水	木	金	土	日	月	火	水	木	金	土	日	月	火	水	木	金	11/1	日	月	火	水	木	金	土	日	月	火	水	木	金
陰曆	14	15	16	17	18	19	20	21	22	23	24	25	26	27	28	29	30		2	3	4	5	6	7	8	9	10	11	12	13	14
日辰	庚	辛	壬	癸	甲	乙	丙	丁	戊	己	庚	辛	壬	癸	甲	乙	丙	丁	戊	己	庚	辛	壬	癸	甲	乙	丙	丁	戊	己	庚
	申	酉	戌	亥	子	丑	寅	卯	辰	巳	午	未	申	酉	戌	亥	子	丑	寅	卯	辰	巳	午	未	申	酉	戌	亥	子	丑	寅
大 男	8	8	8	9	9	9	10	大	1	1	1	1	2	2	2	3	3	3	4	4	4	5	5	5	6	6	6	7	7	7	8
運 女	二	二	二	一	一	一	一	雪	九	九	九	八	八	八	七	七	七	六	六	六	五	五	五	四	四	四	三	三	三	二	二

1월 (庚子) 辛丑 (소한) 小寒 6日 14:42 大寒 21日

陽曆	1	2	3	4	5	6	7	8	9	10	11	12	13	14	15	16	17	18	19	20	21	22	23	24	25	26	27	28	29	30	31
요일	土	日	月	火	水	木	金	土	日	月	火	水	木	金	土	12	月	火	水	木	金	土	日	月	火	水	木	金	土	日	月
陰曆	15	16	17	18	19	20	21	22	23	24	25	26	27	28	29	1	2	3	4	5	6	7	8	9	10	11	12	13	14	15	16
日辰	辛	壬	癸	甲	乙	丙	丁	戊	己	庚	辛	壬	癸	甲	乙	丙	丁	戊	己	庚	辛	壬	癸	甲	乙	丙	丁	戊	己	庚	辛
	卯	辰	巳	午	未	申	酉	戌	亥	子	丑	寅	卯	辰	巳	午	未	申	酉	戌	亥	子	丑	寅	卯	辰	巳	午	未	申	酉
大運 男	8	8	9	9	9	小	1	1	1	1	2	2	2	3	3	3	4	4	4	5	5	5	6	6	6	7	7	7	8	8	8
大運 女	二	一	一	一	一	寒	十	九	九	九	八	八	八	七	七	七	六	六	六	五	五	五	四	四	四	三	三	三	二	二	二

2월 (辛丑) 壬寅 (입춘) 立春 5日 02:20 雨水 19日

陽曆	1	2	3	4	5	6	7	8	9	10	11	12	13	14	15	16	17	18	19	20	21	22	23	24	25	26	27	28	29		
요일	火	水	木	金	土	日	月	火	水	木	金	土	日	月	1	水	木	金	土	日	月	火	水	木	金	土	日	月	火		
陰曆	17	18	19	20	21	22	23	24	25	26	27	28	29	30	1	2	3	4	5	6	7	8	9	10	11	12	13	14	15		
日辰	壬	癸	甲	乙	丙	丁	戊	己	庚	辛	壬	癸	甲	乙	丙	丁	戊	己	庚	辛	壬	癸	甲	乙	丙	丁	戊	己	庚		
	戌	亥	子	丑	寅	卯	辰	巳	午	未	申	酉	戌	亥	子	丑	寅	卯	辰	巳	午	未	申	酉	戌	亥	子	丑	寅		
大運 男	9	9	9	10	立	9	9	9	8	8	8	7	7	7	6	6	6	5	5	5	4	4	4	3	3	3	2	2	2		
大運 女	一	一	一	一	春	一	一	一	一	二	二	二	三	三	三	四	四	四	五	五	五	六	六	六	七	七	七	八	八		

3월 (壬寅) 癸卯 (경칩) 驚蟄 5日 20:28 春分 20日

陽曆	1	2	3	4	5	6	7	8	9	10	11	12	13	14	15	16	17	18	19	20	21	22	23	24	25	26	27	28	29	30	31
요일	水	木	金	土	日	月	火	水	木	金	土	日	月	火	2	木	金	土	日	月	火	水	木	金	土	日	月	火	水	木	金
陰曆	16	17	18	19	20	21	22	23	24	25	26	27	28	29	1	2	3	4	5	6	7	8	9	10	11	12	13	14	15	16	17
日辰	辛	壬	癸	甲	乙	丙	丁	戊	己	庚	辛	壬	癸	甲	乙	丙	丁	戊	己	庚	辛	壬	癸	甲	乙	丙	丁	戊	己	庚	辛
	卯	辰	巳	午	未	申	酉	戌	亥	子	丑	寅	卯	辰	巳	午	未	申	酉	戌	亥	子	丑	寅	卯	辰	巳	午	未	申	酉
大運 男	1	1	1	1	驚	10	10	9	9	9	8	8	8	7	7	7	6	6	6	5	5	5	4	4	4	3	3	3	2	2	2
大運 女	八	九	九	九	蟄	一	一	一	一	二	二	二	三	三	三	四	四	四	五	五	五	六	六	六	七	七	七	八	八	八	九

4월 (癸卯) 甲辰 (청명) 淸明 5日 01:29 穀雨 20日

陽曆	1	2	3	4	5	6	7	8	9	10	11	12	13	14	15	16	17	18	19	20	21	22	23	24	25	26	27	28	29	30	
요일	土	日	月	火	水	木	金	土	日	月	火	水	木	3	土	日	月	火	水	木	金	土	日	月	火	水	木	金	土	日	
陰曆	18	19	20	21	22	23	24	25	26	27	28	29	30	1	2	3	4	5	6	7	8	9	10	11	12	13	14	15	16	17	
日辰	壬	癸	甲	乙	丙	丁	戊	己	庚	辛	壬	癸	甲	乙	丙	丁	戊	己	庚	辛	壬	癸	甲	乙	丙	丁	戊	己	庚	辛	
	戌	亥	子	丑	寅	卯	辰	巳	午	未	申	酉	戌	亥	子	丑	寅	卯	辰	巳	午	未	申	酉	戌	亥	子	丑	寅	卯	
大運 男	1	1	1	1	淸	10	9	9	9	8	8	8	7	7	7	6	6	6	5	5	5	4	4	4	3	3	3	2	2	2	
大運 女	九	九	十	十	明	一	一	一	一	二	二	二	三	三	三	四	四	四	五	五	五	六	六	六	七	七	七	八	八	八	

5월 (甲辰) 乙巳 (입하) 立夏 5日 19:01 小滿 21日

陽曆	1	2	3	4	5	6	7	8	9	10	11	12	13	14	15	16	17	18	19	20	21	22	23	24	25	26	27	28	29	30	31
요일	月	火	水	木	金	土	日	月	火	水	木	金	4	日	月	火	水	木	金	土	日	月	火	水	木	金	土	日	月	火	水
陰曆	18	19	20	21	22	23	24	25	26	27	28	29	1	2	3	4	5	6	7	8	9	10	11	12	13	14	15	16	17	18	19
日辰	壬	癸	甲	乙	丙	丁	戊	己	庚	辛	壬	癸	甲	乙	丙	丁	戊	己	庚	辛	壬	癸	甲	乙	丙	丁	戊	己	庚	辛	壬
	辰	巳	午	未	申	酉	戌	亥	子	丑	寅	卯	辰	巳	午	未	申	酉	戌	亥	子	丑	寅	卯	辰	巳	午	未	申	酉	戌
大運 男	1	1	1	1	立	10	10	9	9	9	8	8	8	7	7	7	6	6	6	5	5	5	4	4	4	3	3	3	2	2	2
大運 女	九	九	九	十	夏	一	一	一	一	二	二	二	三	三	三	四	四	四	五	五	五	六	六	六	七	七	七	八	八	八	九

6월 (乙巳) 丙午 (망종) 芒種 5日 23:22 夏至 21日

陽曆	1	2	3	4	5	6	7	8	9	10	11	12	13	14	15	16	17	18	19	20	21	22	23	24	25	26	27	28	29	30	
요일	木	金	土	日	月	火	水	木	金	土	5	月	火	水	木	金	土	日	月	火	水	木	金	土	日	月	火	水	木	金	
陰曆	20	21	22	23	24	25	26	27	28	29	1	2	3	4	5	6	7	8	9	10	11	12	13	14	15	16	17	18	19	20	
日辰	癸	甲	乙	丙	丁	戊	己	庚	辛	壬	癸	甲	乙	丙	丁	戊	己	庚	辛	壬	癸	甲	乙	丙	丁	戊	己	庚	辛	壬	
	亥	子	丑	寅	卯	辰	巳	午	未	申	酉	戌	亥	子	丑	寅	卯	辰	巳	午	未	申	酉	戌	亥	子	丑	寅	卯	辰	
大運 男	1	1	1	1	芒	10	10	10	9	9	9	8	8	8	7	7	7	6	6	6	5	5	5	4	4	4	3	3	3	2	
大運 女	九	九	十	十	種	一	一	一	一	二	二	二	三	三	三	四	四	四	五	五	五	六	六	六	七	七	七	八	八	八	

桑柘木星	六日得辛	西大將	戌弔客	寒食(4월 05일)	初伏(7월 18일)
一白水星	五龍治水	寅喪門	南三殺	中伏(7월 28일)	末伏(8월 07일)

7월 (丙午) 丁未 (소서) 小暑 7日 09:43 大暑 23日

陽曆		1	2	3	4	5	6	7	8	9	10	11	12	13	14	15	16	17	18	19	20	21	22	23	24	25	26	27	28	29	30	31
요일		土	日	月	火	水	木	金	土	日	月	6/	水	木	金	土	日	月	火	水	木	金	土	日	月	火	水	木	金	土	日	月
陰曆		21	22	23	24	25	26	27	28	29	30	1	2	3	4	5	6	7	8	9	10	11	12	13	14	15	16	17	18	19	20	21
日辰		癸	甲	乙	丙	丁	戊	己	庚	辛	壬	癸	甲	乙	丙	丁	戊	己	庚	辛	壬	癸	甲	乙	丙	丁	戊	己	庚	辛	壬	癸
		巳	午	未	申	酉	戌	亥	子	丑	寅	卯	辰	巳	午	未	申	酉	戌	亥	子	丑	寅	卯	辰	巳	午	未	申	酉	戌	亥
大	男	2	2	1	1	1	1	小	10	10	9	9	9	8	8	8	7	7	7	6	6	6	5	5	5	4	4	4	3	3	3	2
運	女	九	九	九	十	十	十	暑	一	一	一	一	二	二	二	三	三	三	四	四	四	五	五	五	六	六	六	七	七	七	八	八

8월 (丁未) 戊申 (입추) 立秋 7日 19:29 處暑 23日

陽曆		1	2	3	4	5	6	7	8	9	10	11	12	13	14	15	16	17	18	19	20	21	22	23	24	25	26	27	28	29	30	31
요일		火	水	木	金	土	日	月	火	7/	木	金	土	日	月	火	水	木	金	土	日	月	火	水	木	金	土	日	月	火	水	木
陰曆		22	23	24	25	26	27	28	29	1	2	3	4	5	6	7	8	9	10	11	12	13	14	15	16	17	18	19	20	21	22	23
日辰		甲	乙	丙	丁	戊	己	庚	辛	壬	癸	甲	乙	丙	丁	戊	己	庚	辛	壬	癸	甲	乙	丙	丁	戊	己	庚	辛	壬	癸	甲
		子	丑	寅	卯	辰	巳	午	未	申	酉	戌	亥	子	丑	寅	卯	辰	巳	午	未	申	酉	戌	亥	子	丑	寅	卯	辰	巳	午
大	男	2	2	1	1	1	1	立	10	10	9	9	9	8	8	8	7	7	7	6	6	6	5	5	5	4	4	4	3	3	3	2
運	女	八	九	九	九	十	十	秋	一	一	一	一	二	二	二	三	三	三	四	四	四	五	五	五	六	六	六	七	七	七	八	八

9월 (戊申) 己酉 (백로) 白露 7日 22:15 秋分 23日

陽曆		1	2	3	4	5	6	7	8	9	10	11	12	13	14	15	16	17	18	19	20	21	22	23	24	25	26	27	28	29	30	
요일		金	土	日	月	火	水	木	8/	土	日	月	火	水	木	金	土	日	月	火	水	木	金	土	日	月	火	水	木	金	土	
陰曆		24	25	26	27	28	29	30	1	2	3	4	5	6	7	8	9	10	11	12	13	14	15	16	17	18	19	20	21	22	23	
日辰		乙	丙	丁	戊	己	庚	辛	壬	癸	甲	乙	丙	丁	戊	己	庚	辛	壬	癸	甲	乙	丙	丁	戊	己	庚	辛	壬	癸	甲	
		未	申	酉	戌	亥	子	丑	寅	卯	辰	巳	午	未	申	酉	戌	亥	子	丑	寅	卯	辰	巳	午	未	申	酉	戌	亥	子	
大	男	2	2	1	1	1	1	白	10	10	9	9	9	8	8	8	7	7	7	6	6	6	5	5	5	4	4	4	3	3	3	
運	女	八	九	九	九	十	十	露	一	一	一	一	二	二	二	三	三	三	四	四	四	五	五	五	六	六	六	七	七	七	八	

10월 (己酉) 庚戌 (한로) 寒露 8日 13:42 霜降 23日

陽曆		1	2	3	4	5	6	7	8	9	10	11	12	13	14	15	16	17	18	19	20	21	22	23	24	25	26	27	28	29	30	31
요일		日	月	火	水	木	金	9/	日	月	火	水	木	金	土	日	月	火	水	木	金	土	日	月	火	水	木	金	土	日	月	火
陰曆		24	25	26	27	28	29	1	2	3	4	5	6	7	8	9	10	11	12	13	14	15	16	17	18	19	20	21	22	23	24	25
日辰		乙	丙	丁	戊	己	庚	辛	壬	癸	甲	乙	丙	丁	戊	己	庚	辛	壬	癸	甲	乙	丙	丁	戊	己	庚	辛	壬	癸	甲	乙
		丑	寅	卯	辰	巳	午	未	申	酉	戌	亥	子	丑	寅	卯	辰	巳	午	未	申	酉	戌	亥	子	丑	寅	卯	辰	巳	午	未
大	男	2	2	2	1	1	1	1	寒	10	9	9	9	8	8	8	7	7	7	6	6	6	5	5	5	4	4	4	3	3	3	2
運	女	八	八	九	九	九	十	十	露	一	一	一	一	二	二	二	三	三	三	四	四	四	五	五	五	六	六	六	七	七	七	八

11월 (庚戌) 辛亥 (입동) 立冬 7日 16:39 小雪 22日

陽曆		1	2	3	4	5	6	7	8	9	10	11	12	13	14	15	16	17	18	19	20	21	22	23	24	25	26	27	28	29	30	
요일		水	木	金	土	日	10/	火	水	木	金	土	日	月	火	水	木	金	土	日	月	火	水	木	金	土	日	月	火	水	木	
陰曆		26	27	28	29	30	1	2	3	4	5	6	7	8	9	10	11	12	13	14	15	16	17	18	19	20	21	22	23	24	25	
日辰		丙	丁	戊	己	庚	辛	壬	癸	甲	乙	丙	丁	戊	己	庚	辛	壬	癸	甲	乙	丙	丁	戊	己	庚	辛	壬	癸	甲	乙	
		申	酉	戌	亥	子	丑	寅	卯	辰	巳	午	未	申	酉	戌	亥	子	丑	寅	卯	辰	巳	午	未	申	酉	戌	亥	子	丑	
大	男	2	2	1	1	1	1	立	10	9	9	9	8	8	8	7	7	7	6	6	6	5	5	5	4	4	4	3	3	3	2	
運	女	八	八	九	九	九	十	冬	一	一	一	一	二	二	二	三	三	三	四	四	四	五	五	五	六	六	六	七	七	七	八	

12월 (辛亥) 壬子 (대설) 大雪 7日 09:19 冬至 22日

陽曆		1	2	3	4	5	6	7	8	9	10	11	12	13	14	15	16	17	18	19	20	21	22	23	24	25	26	27	28	29	30	31
요일		金	土	日	月	火	11/	木	金	土	日	月	火	水	木	金	土	日	月	火	水	木	金	土	日	月	火	水	木	金	土	日
陰曆		26	27	28	29	30	1	2	3	4	5	6	7	8	9	10	11	12	13	14	15	16	17	18	19	20	21	22	23	24	25	26
日辰		丙	丁	戊	己	庚	辛	壬	癸	甲	乙	丙	丁	戊	己	庚	辛	壬	癸	甲	乙	丙	丁	戊	己	庚	辛	壬	癸	甲	乙	丙
		寅	卯	辰	巳	午	未	申	酉	戌	亥	子	丑	寅	卯	辰	巳	午	未	申	酉	戌	亥	子	丑	寅	卯	辰	巳	午	未	申
大	男	2	2	1	1	1	1	大	9	9	9	8	8	8	7	7	7	6	6	6	5	5	5	4	4	4	3	3	3	2	2	2
運	女	八	八	九	九	九	十	雪	一	一	一	一	二	二	二	三	三	三	四	四	四	五	五	五	六	六	六	七	七	七	八	八

1월 (壬子) 　 癸丑 (소한) 小寒 5日 20:25 　 大寒 20日

陽曆	1	2	3	4	5	6	7	8	9	10	11	12	13	14	15	16	17	18	19	20	21	22	23	24	25	26	27	28	29	30	31
요일	月	火	水	木	12	土	日	月	火	水	木	金	土	日	月	火	水	木	金	土	日	月	火	水	木	金	土	日	月	火	水
陰曆	27	28	29	30	1	2	3	4	5	6	7	8	9	10	11	12	13	14	15	16	17	18	19	20	21	22	23	24	25	26	27
日辰	丁	戊	己	庚	辛	壬	癸	甲	乙	丙	丁	戊	己	庚	辛	壬	癸	甲	乙	丙	丁	戊	己	庚	辛	壬	癸	甲	乙	丙	丁
	酉	戌	亥	子	丑	寅	卯	辰	巳	午	未	申	酉	戌	亥	子	丑	寅	卯	辰	巳	午	未	申	酉	戌	亥	子	丑	寅	卯
大運 男	2	1	1	1	小	10	9	9	9	8	8	8	7	7	7	6	6	6	5	5	5	4	4	4	3	3	3	2	2	2	1
大運 女	八	九	九	九	寒	一	一	一	一	二	二	二	三	三	三	四	四	四	五	五	五	六	六	六	七	七	七	八	八	八	九

2월 (癸丑) 　 甲寅 (입춘) 立春 4日 08:04 　 雨水 19日

陽曆	1	2	3	4	5	6	7	8	9	10	11	12	13	14	15	16	17	18	19	20	21	22	23	24	25	26	27	28
요일	木	金	1	日	月	火	水	木	金	土	日	月	火	水	木	金	土	日	月	火	水	木	金	土	日	月	火	水
陰曆	28	29	1	2	3	4	5	6	7	8	9	10	11	12	13	14	15	16	17	18	19	20	21	22	23	24	25	26
日辰	戊	己	庚	辛	壬	癸	甲	乙	丙	丁	戊	己	庚	辛	壬	癸	甲	乙	丙	丁	戊	己	庚	辛	壬	癸	甲	乙
	辰	巳	午	未	申	酉	戌	亥	子	丑	寅	卯	辰	巳	午	未	申	酉	戌	亥	子	丑	寅	卯	辰	巳	午	未
大運 男	1	1	1	立	1	1	1	1	2	2	2	3	3	3	4	4	4	5	5	5	6	6	6	7	7	7	8	8
大運 女	九	九	十	春	十	九	九	九	八	八	八	七	七	七	六	六	六	五	五	五	四	四	四	三	三	三	二	二

3월 (甲寅) 　 乙卯 (경칩) 驚蟄 6日 02:13 　 春分 21日

陽曆	1	2	3	4	5	6	7	8	9	10	11	12	13	14	15	16	17	18	19	20	21	22	23	24	25	26	27	28	29	30	31
요일	木	金	土	日	2	火	水	木	金	土	日	月	火	水	木	金	土	日	月	火	水	木	金	土	日	月	火	水	木	金	土
陰曆	27	28	29	30	1	2	3	4	5	6	7	8	9	10	11	12	13	14	15	16	17	18	19	20	21	22	23	24	25	26	27
日辰	丙	丁	戊	己	庚	辛	壬	癸	甲	乙	丙	丁	戊	己	庚	辛	壬	癸	甲	乙	丙	丁	戊	己	庚	辛	壬	癸	甲	乙	丙
	申	酉	戌	亥	子	丑	寅	卯	辰	巳	午	未	申	酉	戌	亥	子	丑	寅	卯	辰	巳	午	未	申	酉	戌	亥	子	丑	寅
大運 男	8	9	9	9	10	驚	1	1	1	1	2	2	2	3	3	3	4	4	4	5	5	5	6	6	6	7	7	7	8	8	8
大運 女	二	一	一	一	一	蟄	十	九	九	九	八	八	八	七	七	七	六	六	六	五	五	五	四	四	四	三	三	三	二	二	二

4월 (乙卯) 　 丙辰 (청명) 清明 5日 07:14 　 穀雨 20日

陽曆	1	2	3	4	5	6	7	8	9	10	11	12	13	14	15	16	17	18	19	20	21	22	23	24	25	26	27	28	29	30
요일	日	月	3	水	木	金	土	日	月	火	水	木	金	土	日	月	火	水	木	金	土	日	月	火	水	木	金	土	日	月
陰曆	28	29	1	2	3	4	5	6	7	8	9	10	11	12	13	14	15	16	17	18	19	20	21	22	23	24	25	26	27	28
日辰	丁	戊	己	庚	辛	壬	癸	甲	乙	丙	丁	戊	己	庚	辛	壬	癸	甲	乙	丙	丁	戊	己	庚	辛	壬	癸	甲	乙	丙
	卯	辰	巳	午	未	申	酉	戌	亥	子	丑	寅	卯	辰	巳	午	未	申	酉	戌	亥	子	丑	寅	卯	辰	巳	午	未	申
大運 男	9	9	9	10	清	1	1	1	1	2	2	2	3	3	3	4	4	4	5	5	5	6	6	6	7	7	7	8	8	8
大運 女	一	一	一	一	明	十	十	九	九	九	八	八	八	七	七	七	六	六	六	五	五	五	四	四	四	三	三	三	二	二

5월 (丙辰) 　 丁巳 (입하) 立夏 6日 00:46 　 小滿 21日

陽曆	1	2	3	4	5	6	7	8	9	10	11	12	13	14	15	16	17	18	19	20	21	22	23	24	25	26	27	28	29	30	31
요일	火	水	4	金	土	日	月	火	水	木	金	土	日	月	火	水	木	金	土	日	月	火	水	木	金	土	日	月	火	水	木
陰曆	29	30	1	2	3	4	5	6	7	8	9	10	11	12	13	14	15	16	17	18	19	20	21	22	23	24	25	26	27	28	29
日辰	丁	戊	己	庚	辛	壬	癸	甲	乙	丙	丁	戊	己	庚	辛	壬	癸	甲	乙	丙	丁	戊	己	庚	辛	壬	癸	甲	乙	丙	丁
	酉	戌	亥	子	丑	寅	卯	辰	巳	午	未	申	酉	戌	亥	子	丑	寅	卯	辰	巳	午	未	申	酉	戌	亥	子	丑	寅	卯
大運 男	9	9	9	10	10	立	1	1	1	1	2	2	2	3	3	3	4	4	4	5	5	5	6	6	6	7	7	7	8	8	8
大運 女	二	一	一	一	一	夏	十	十	九	九	九	八	八	八	七	七	七	六	六	六	五	五	五	四	四	四	三	三	三	二	二

6월 (丁巳) 　 戊午 (망종) 芒種 6日 05:07 　 夏至 21日

陽曆	1	2	3	4	5	6	7	8	9	10	11	12	13	14	15	16	17	18	19	20	21	22	23	24	25	26	27	28	29	30
요일	5	土	日	月	火	水	木	金	土	日	月	火	水	木	金	土	日	月	火	水	木	金	土	日	月	火	水	木	金	6
陰曆	1	2	3	4	5	6	7	8	9	10	11	12	13	14	15	16	17	18	19	20	21	22	23	24	25	26	27	28	29	1
日辰	戊	己	庚	辛	壬	癸	甲	乙	丙	丁	戊	己	庚	辛	壬	癸	甲	乙	丙	丁	戊	己	庚	辛	壬	癸	甲	乙	丙	丁
	辰	巳	午	未	申	酉	戌	亥	子	丑	寅	卯	辰	巳	午	未	申	酉	戌	亥	子	丑	寅	卯	辰	巳	午	未	申	酉
大運 男	9	9	9	10	10	芒	1	1	1	1	2	2	2	3	3	3	4	4	4	5	5	5	6	6	6	7	7	7	8	8
大運 女	二	一	一	一	一	種	十	十	九	九	九	八	八	八	七	七	七	六	六	六	五	五	五	四	四	四	三	三	三	二

桑柘木星	二日得辛	西大將	亥弔客	寒食(4월 06일)	初伏(7월 13일)
九紫火星	十一龍治水	卯喪門	東三殺	中伏(7월 23일)	末伏(8월 12일)

7월 (戊午) 己未 (소서) 小署 7日 15:27 大署 23日

陽曆	1	2	3	4	5	6	7	8	9	10	11	12	13	14	15	16	17	18	19	20	21	22	23	24	25	26	27	28	29	30	31
요일	日	月	火	水	木	金	土	日	月	火	水	木	金	土	日	月	火	水	木	金	土	日	月	火	水	木	金	土	日	7	火
陰曆	2	3	4	5	6	7	8	9	10	11	12	13	14	15	16	17	18	19	20	21	22	23	24	25	26	27	28	29	30	1	2
日辰	戊	己	庚	辛	壬	癸	甲	乙	丙	丁	戊	己	庚	辛	壬	癸	甲	乙	丙	丁	戊	己	庚	辛	壬	癸	甲	乙	丙	丁	戊
	戌	亥	子	丑	寅	卯	辰	巳	午	未	申	酉	戌	亥	子	丑	寅	卯	辰	巳	午	未	申	酉	戌	亥	子	丑	寅	卯	辰
大 男	8	9	9	9	10	10	小	1	1	1	1	2	2	2	3	3	3	4	4	4	5	5	5	6	6	6	7	7	7	8	8
運 女	二	二	一	一	一	一	署	十	十	十	九	九	九	八	八	八	七	七	七	六	六	六	五	五	五	四	四	四	三	三	三

8월 (己未) 庚申 (입추) 立秋 8日 01:13 處署 23日

陽曆	1	2	3	4	5	6	7	8	9	10	11	12	13	14	15	16	17	18	19	20	21	22	23	24	25	26	27	28	29	30	31
요일	水	木	金	土	日	月	火	水	木	金	土	日	月	火	水	木	金	土	日	月	火	水	木	金	土	日	月	8	水	木	金
陰曆	3	4	5	6	7	8	9	10	11	12	13	14	15	16	17	18	19	20	21	22	23	24	25	26	27	28	29	1	2	3	4
日辰	己	庚	辛	壬	癸	甲	乙	丙	丁	戊	己	庚	辛	壬	癸	甲	乙	丙	丁	戊	己	庚	辛	壬	癸	甲	乙	丙	丁	戊	己
	巳	午	未	申	酉	戌	亥	子	丑	寅	卯	辰	巳	午	未	申	酉	戌	亥	子	丑	寅	卯	辰	巳	午	未	申	酉	戌	亥
大 男	8	9	9	9	10	10	10	立	1	1	1	1	2	2	2	3	3	3	4	4	4	5	5	5	6	6	6	7	7	7	8
運 女	二	二	二	一	一	一	一	秋	十	十	九	九	九	八	八	八	七	七	七	六	六	六	五	五	五	四	四	四	三	三	三

9월 (庚申) 辛酉 (백로) 白露 8日 03:59 秋分 23日

陽曆	1	2	3	4	5	6	7	8	9	10	11	12	13	14	15	16	17	18	19	20	21	22	23	24	25	26	27	28	29	30	
요일	土	日	月	火	水	木	金	土	日	月	火	水	木	金	土	日	月	火	水	木	金	土	日	月	火	9	木	金	土	日	
陰曆	5	6	7	8	9	10	11	12	13	14	15	16	17	18	19	20	21	22	23	24	25	26	27	28	29	1	2	3	4	5	
日辰	庚	辛	壬	癸	甲	乙	丙	丁	戊	己	庚	辛	壬	癸	甲	乙	丙	丁	戊	己	庚	辛	壬	癸	甲	乙	丙	丁	戊	己	
	子	丑	寅	卯	辰	巳	午	未	申	酉	戌	亥	子	丑	寅	卯	辰	巳	午	未	申	酉	戌	亥	子	丑	寅	卯	辰	巳	
大 男	8	8	9	9	9	10	10	白	1	1	1	1	2	2	2	3	3	3	4	4	4	5	5	5	6	6	6	7	7	7	
運 女	二	二	二	一	一	一	一	露	十	九	九	九	八	八	八	七	七	七	六	六	六	五	五	五	四	四	四	三	三	三	

10월 (辛酉) 壬戌 (한로) 寒露 8日 19:27 霜降 23日

陽曆	1	2	3	4	5	6	7	8	9	10	11	12	13	14	15	16	17	18	19	20	21	22	23	24	25	26	27	28	29	30	31
요일	月	火	水	木	金	土	日	月	火	水	木	金	土	日	月	火	水	木	金	土	日	月	火	水	木	10	土	日	月	火	水
陰曆	6	7	8	9	10	11	12	13	14	15	16	17	18	19	20	21	22	23	24	25	26	27	28	29	30	1	2	3	4	5	6
日辰	庚	辛	壬	癸	甲	乙	丙	丁	戊	己	庚	辛	壬	癸	甲	乙	丙	丁	戊	己	庚	辛	壬	癸	甲	乙	丙	丁	戊	己	庚
	午	未	申	酉	戌	亥	子	丑	寅	卯	辰	巳	午	未	申	酉	戌	亥	子	丑	寅	卯	辰	巳	午	未	申	酉	戌	亥	子
大 男	8	8	8	9	9	9	10	寒	1	1	1	1	2	2	2	3	3	3	4	4	4	5	5	5	6	6	6	7	7	7	8
運 女	二	二	二	一	一	一	一	露	十	九	九	九	八	八	八	七	七	七	六	六	六	五	五	五	四	四	四	三	三	三	二

11월 (壬戌) 癸亥 (입동) 立冬 7日 22:28 小雪 22日

陽曆	1	2	3	4	5	6	7	8	9	10	11	12	13	14	15	16	17	18	19	20	21	22	23	24	25	26	27	28	29	30	
요일	木	金	土	日	月	火	水	木	金	土	日	月	火	水	木	金	土	日	月	火	水	木	金	土	11	月	火	水	木	金	
陰曆	7	8	9	10	11	12	13	14	15	16	17	18	19	20	21	22	23	24	25	26	27	28	29	30	1	2	3	4	5	6	
日辰	辛	壬	癸	甲	乙	丙	丁	戊	己	庚	辛	壬	癸	甲	乙	丙	丁	戊	己	庚	辛	壬	癸	甲	乙	丙	丁	戊	己	庚	
	丑	寅	卯	辰	巳	午	未	申	酉	戌	亥	子	丑	寅	卯	辰	巳	午	未	申	酉	戌	亥	子	丑	寅	卯	辰	巳	午	
大 男	8	8	9	9	9	10	立	1	1	1	1	2	2	2	3	3	3	4	4	4	5	5	5	6	6	6	7	7	7	8	
運 女	二	二	一	一	一	一	冬	十	九	九	九	八	八	八	七	七	七	六	六	六	五	五	五	四	四	四	三	三	三	二	

12월 (癸亥) 甲子 (대설) 大雪 7日 15:10 冬至 22日

陽曆	1	2	3	4	5	6	7	8	9	10	11	12	13	14	15	16	17	18	19	20	21	22	23	24	25	26	27	28	29	30	31
요일	土	日	月	火	水	木	金	土	日	月	火	水	木	金	土	日	月	火	水	木	金	土	日	月	12	水	木	金	土	日	月
陰曆	7	8	9	10	11	12	13	14	15	16	17	18	19	20	21	22	23	24	25	26	27	28	29	30	1	2	3	4	5	6	7
日辰	辛	壬	癸	甲	乙	丙	丁	戊	己	庚	辛	壬	癸	甲	乙	丙	丁	戊	己	庚	辛	壬	癸	甲	乙	丙	丁	戊	己	庚	辛
	未	申	酉	戌	亥	子	丑	寅	卯	辰	巳	午	未	申	酉	戌	亥	子	丑	寅	卯	辰	巳	午	未	申	酉	戌	亥	子	丑
大 男	8	8	9	9	9	10	大	1	1	1	1	2	2	2	3	3	3	4	4	4	5	5	5	6	6	6	7	7	7	8	8
運 女	二	二	一	一	一	一	雪	十	九	九	九	八	八	八	七	七	七	六	六	六	五	五	五	四	四	四	三	三	三	二	二

甲寅

1월 (甲子) 乙丑 (소한) 小寒 6日 02:20 大寒 20日

陽曆	1	2	3	4	5	6	7	8	9	10	11	12	13	14	15	16	17	18	19	20	21	22	23	24	25	26	27	28	29	30	31
요일	火	水	木	金	土	日	月	火	水	木	金	土	日	月	火	水	木	金	土	日	月	火	1	木	金	土	日	月	火	水	木
陰曆	8	9	10	11	12	13	14	15	16	17	18	19	20	21	22	23	24	25	26	27	28	29	1	2	3	4	5	6	7	8	9
日辰	壬	癸	甲	乙	丙	丁	戊	己	庚	辛	壬	癸	甲	乙	丙	丁	戊	己	庚	辛	壬	癸	甲	乙	丙	丁	戊	己	庚	辛	壬
	寅	卯	辰	巳	午	未	申	酉	戌	亥	子	丑	寅	卯	辰	巳	午	未	申	酉	戌	亥	子	丑	寅	卯	辰	巳	午	未	申
大運 男	8	9	9	9	10	小	1	1	1	1	2	2	2	3	3	3	4	4	4	5	5	5	6	6	6	7	7	7	8	8	8
大運 女	二	一	一	一	一	寒	九	九	九	八	八	八	七	七	七	六	六	六	五	五	五	四	四	四	三	三	三	二	二	二	一

2월 (乙丑) 丙寅 (입춘) 立春 4日 14:00 雨水 19日

陽曆	1	2	3	4	5	6	7	8	9	10	11	12	13	14	15	16	17	18	19	20	21	22	23	24	25	26	27	28			
요일	金	土	日	月	火	水	木	金	土	日	月	火	水	木	金	土	日	月	火	水	木	2	土	日	月	火	水	木			
陰曆	10	11	12	13	14	15	16	17	18	19	20	21	22	23	24	25	26	27	28	29	30	1	2	3	4	5	6	7			
日辰	癸	甲	乙	丙	丁	戊	己	庚	辛	壬	癸	甲	乙	丙	丁	戊	己	庚	辛	壬	癸	甲	乙	丙	丁	戊	己	庚			
	酉	戌	亥	子	丑	寅	卯	辰	巳	午	未	申	酉	戌	亥	子	丑	寅	卯	辰	巳	午	未	申	酉	戌	亥	子			
大運 男	9	9	9	立	10	9	9	9	8	8	8	7	7	7	6	6	6	5	5	5	4	4	4	3	3	3	2	2			
大運 女	一	一	一	春	一	一	一	一	二	二	二	三	三	三	四	四	四	五	五	五	六	六	六	七	七	七	八	八			

3월 (丙寅) 丁卯 (경칩) 驚蟄 6日 08:07 春分 21日

陽曆	1	2	3	4	5	6	7	8	9	10	11	12	13	14	15	16	17	18	19	20	21	22	23	24	25	26	27	28	29	30	31
요일	金	土	日	月	火	水	木	金	土	日	月	火	水	木	金	土	日	月	火	水	木	金	土	3	月	火	水	木	金	土	日
陰曆	8	9	10	11	12	13	14	15	16	17	18	19	20	21	22	23	24	25	26	27	28	29	30	1	2	3	4	5	6	7	8
日辰	辛	壬	癸	甲	乙	丙	丁	戊	己	庚	辛	壬	癸	甲	乙	丙	丁	戊	己	庚	辛	壬	癸	甲	乙	丙	丁	戊	己	庚	辛
	丑	寅	卯	辰	巳	午	未	申	酉	戌	亥	子	丑	寅	卯	辰	巳	午	未	申	酉	戌	亥	子	丑	寅	卯	辰	巳	午	未
大運 男	2	1	1	1	1	驚	10	9	9	9	8	8	8	7	7	7	6	6	6	5	5	5	4	4	4	3	3	3	2	2	2
大運 女	八	九	九	九	十	蟄	一	一	一	一	二	二	二	三	三	三	四	四	四	五	五	五	六	六	六	七	七	七	八	八	八

4월 (丁卯) 戊辰 (청명) 清明 5日 13:05 穀雨 20日

陽曆	1	2	3	4	5	6	7	8	9	10	11	12	13	14	15	16	17	18	19	20	21	22	23	24	25	26	27	28	29	30	
요일	月	火	水	木	金	土	日	月	火	水	木	金	土	日	月	火	水	木	金	土	日	4	火	水	木	金	土	日	月	火	
陰曆	9	10	11	12	13	14	15	16	17	18	19	20	21	22	23	24	25	26	27	28	29	1	2	3	4	5	6	7	8	9	
日辰	壬	癸	甲	乙	丙	丁	戊	己	庚	辛	壬	癸	甲	乙	丙	丁	戊	己	庚	辛	壬	癸	甲	乙	丙	丁	戊	己	庚	辛	
	申	酉	戌	亥	子	丑	寅	卯	辰	巳	午	未	申	酉	戌	亥	子	丑	寅	卯	辰	巳	午	未	申	酉	戌	亥	子	丑	
大運 男	1	1	1	1	清	10	10	9	9	9	8	8	8	7	7	7	6	6	6	5	5	5	4	4	4	3	3	3	2	2	
大運 女	九	九	九	十	明	一	一	一	一	二	二	二	三	三	三	四	四	四	五	五	五	六	六	六	七	七	七	八	八	八	

5월 (戊辰) 己巳 (입하) 立夏 6日 06:34 小滿 21日

陽曆	1	2	3	4	5	6	7	8	9	10	11	12	13	14	15	16	17	18	19	20	21	22	23	24	25	26	27	28	29	30	31
요일	水	木	金	土	日	月	火	水	木	金	土	日	月	火	水	木	金	土	日	月	火	윤4	木	金	土	日	月	火	水	木	金
陰曆	10	11	12	13	14	15	16	17	18	19	20	21	22	23	24	25	26	27	28	29	30	1	2	3	4	5	6	7	8	9	10
日辰	壬	癸	甲	乙	丙	丁	戊	己	庚	辛	壬	癸	甲	乙	丙	丁	戊	己	庚	辛	壬	癸	甲	乙	丙	丁	戊	己	庚	辛	壬
	寅	卯	辰	巳	午	未	申	酉	戌	亥	子	丑	寅	卯	辰	巳	午	未	申	酉	戌	亥	子	丑	寅	卯	辰	巳	午	未	申
大運 男	2	1	1	1	1	立	10	10	9	9	9	8	8	8	7	7	7	6	6	6	5	5	5	4	4	4	3	3	3	2	2
大運 女	九	九	九	十	十	夏	一	一	一	一	二	二	二	三	三	三	四	四	四	五	五	五	六	六	六	七	七	七	八	八	八

6월 (己巳) 庚午 (망종) 芒種 6日 10:52 夏至 22日

陽曆	1	2	3	4	5	6	7	8	9	10	11	12	13	14	15	16	17	18	19	20	21	22	23	24	25	26	27	28	29	30	
요일	土	日	月	火	水	木	金	土	日	月	火	水	木	金	土	日	月	火	水	5	金	土	日	月	火	水	木	金	土	日	
陰曆	11	12	13	14	15	16	17	18	19	20	21	22	23	24	25	26	27	28	29	1	2	3	4	5	6	7	8	9	10	11	
日辰	癸	甲	乙	丙	丁	戊	己	庚	辛	壬	癸	甲	乙	丙	丁	戊	己	庚	辛	壬	癸	甲	乙	丙	丁	戊	己	庚	辛	壬	
	酉	戌	亥	子	丑	寅	卯	辰	巳	午	未	申	酉	戌	亥	子	丑	寅	卯	辰	巳	午	未	申	酉	戌	亥	子	丑	寅	
大運 男	2	1	1	1	1	芒	10	10	9	9	9	8	8	8	7	7	7	6	6	6	5	5	5	4	4	4	3	3	3	2	
大運 女	九	九	九	十	十	種	一	一	一	一	二	二	二	三	三	三	四	四	四	五	五	五	六	六	六	七	七	七	八	八	

7월 (庚午) 辛未 (소서) 小署 7日 21:11 大署 23日

陽曆	1	2	3	4	5	6	7	8	9	10	11	12	13	14	15	16	17	18	19	20	21	22	23	24	25	26	27	28	29	30	31
요일	月	火	水	木	金	土	日	月	火	水	木	金	土	日	月	火	水	木	6/1	土	日	月	火	水	木	金	土	日	月	火	水
陰曆	12	13	14	15	16	17	18	19	20	21	22	23	24	25	26	27	28	29		2	3	4	5	6	7	8	9	10	11	12	13
日辰	癸	甲	乙	丙	丁	戊	己	庚	辛	壬	癸	甲	乙	丙	丁	戊	己	庚	辛	壬	癸	甲	乙	丙	丁	戊	己	庚	辛	壬	癸
	卯	辰	巳	午	未	申	酉	戌	亥	子	丑	寅	卯	辰	巳	午	未	申	酉	戌	亥	子	丑	寅	卯	辰	巳	午	未	申	酉
大運 男	2	2	1	1	1	1	小	10	10	10	9	9	9	8	8	8	7	7	7	6	6	6	5	5	5	4	4	4	3	3	3
大運 女	八	九	九	九	十	十	署	一	一	一	一	二	二	二	三	三	三	四	四	四	五	五	五	六	六	六	七	七	七	八	八

8월 (辛未) 壬申 (입추) 立秋 8日 06:57 處署 23日

陽曆	1	2	3	4	5	6	7	8	9	10	11	12	13	14	15	16	17	18	19	20	21	22	23	24	25	26	27	28	29	30	31
요일	木	金	土	日	月	火	水	木	金	土	日	月	火	水	木	金	土	7/1	月	火	水	木	金	土	日	月	火	水	木	金	土
陰曆	14	15	16	17	18	19	20	21	22	23	24	25	26	27	28	29	30		2	3	4	5	6	7	8	9	10	11	12	13	14
日辰	甲	乙	丙	丁	戊	己	庚	辛	壬	癸	甲	乙	丙	丁	戊	己	庚	辛	壬	癸	甲	乙	丙	丁	戊	己	庚	辛	壬	癸	甲
	戌	亥	子	丑	寅	卯	辰	巳	午	未	申	酉	戌	亥	子	丑	寅	卯	辰	巳	午	未	申	酉	戌	亥	子	丑	寅	卯	辰
大運 男	2	2	2	1	1	1	1	立	10	10	9	9	9	8	8	8	7	7	7	6	6	6	5	5	5	4	4	4	3	3	3
大運 女	八	九	九	九	十	十	十	秋	一	一	一	一	二	二	二	三	三	三	四	四	四	五	五	五	六	六	六	七	七	七	八

9월 (壬申) 癸酉 (백로) 白露 8日 09:45 秋分 23日

陽曆	1	2	3	4	5	6	7	8	9	10	11	12	13	14	15	16	17	18	19	20	21	22	23	24	25	26	27	28	29	30
요일	日	月	火	水	木	金	土	日	月	火	水	木	金	土	日	8/1	火	水	木	金	土	日	月	火	水	木	金	土	日	月
陰曆	15	16	17	18	19	20	21	22	23	24	25	26	27	28	29		2	3	4	5	6	7	8	9	10	11	12	13	14	15
日辰	乙	丙	丁	戊	己	庚	辛	壬	癸	甲	乙	丙	丁	戊	己	庚	辛	壬	癸	甲	乙	丙	丁	戊	己	庚	辛	壬	癸	甲
	巳	午	未	申	酉	戌	亥	子	丑	寅	卯	辰	巳	午	未	申	酉	戌	亥	子	丑	寅	卯	辰	巳	午	未	申	酉	戌
大運 男	2	2	2	1	1	1	1	白	10	10	9	9	9	8	8	8	7	7	7	6	6	6	5	5	5	4	4	4	3	3
大運 女	八	八	九	九	九	十	十	露	一	一	一	一	二	二	二	三	三	三	四	四	四	五	五	五	六	六	六	七	七	七

10월 (癸酉) 甲戌 (한로) 寒露 9日 01:15 霜降 24日

陽曆	1	2	3	4	5	6	7	8	9	10	11	12	13	14	15	16	17	18	19	20	21	22	23	24	25	26	27	28	29	30	31
요일	火	水	木	金	土	日	月	火	水	木	金	土	日	月	9/1	水	木	金	土	日	月	火	水	木	金	土	日	月	火	水	木
陰曆	16	17	18	19	20	21	22	23	24	25	26	27	28	29		2	3	4	5	6	7	8	9	10	11	12	13	14	15	16	17
日辰	乙	丙	丁	戊	己	庚	辛	壬	癸	甲	乙	丙	丁	戊	己	庚	辛	壬	癸	甲	乙	丙	丁	戊	己	庚	辛	壬	癸	甲	乙
	亥	子	丑	寅	卯	辰	巳	午	未	申	酉	戌	亥	子	丑	寅	卯	辰	巳	午	未	申	酉	戌	亥	子	丑	寅	卯	辰	巳
大運 男	3	2	2	2	1	1	1	1	寒	10	9	9	9	8	8	8	7	7	7	6	6	6	5	5	5	4	4	4	3	3	3
大運 女	八	八	八	九	九	九	十	十	露	一	一	一	一	二	二	二	三	三	三	四	四	四	五	五	五	六	六	六	七	七	七

11월 (甲戌) 乙亥 (입동) 立冬 8日 04:18 小雪 23日

陽曆	1	2	3	4	5	6	7	8	9	10	11	12	13	14	15	16	17	18	19	20	21	22	23	24	25	26	27	28	29	30
요일	金	土	日	月	火	水	木	金	土	日	月	火	水	10/1	金	土	日	月	火	水	木	金	土	日	月	火	水	木	金	土
陰曆	18	19	20	21	22	23	24	25	26	27	28	29	30		2	3	4	5	6	7	8	9	10	11	12	13	14	15	16	17
日辰	丙	丁	戊	己	庚	辛	壬	癸	甲	乙	丙	丁	戊	己	庚	辛	壬	癸	甲	乙	丙	丁	戊	己	庚	辛	壬	癸	甲	乙
	午	未	申	酉	戌	亥	子	丑	寅	卯	辰	巳	午	未	申	酉	戌	亥	子	丑	寅	卯	辰	巳	午	未	申	酉	戌	亥
大運 男	2	2	2	1	1	1	1	立	9	9	9	8	8	8	7	7	7	6	6	6	5	5	5	4	4	4	3	3	3	2
大運 女	八	八	八	九	九	九	十	冬	一	一	一	一	二	二	二	三	三	三	四	四	四	五	五	五	六	六	六	七	七	七

12월 (乙亥) 丙子 (대설) 大雪 7日 21:05 冬至 22日

陽曆	1	2	3	4	5	6	7	8	9	10	11	12	13	14	15	16	17	18	19	20	21	22	23	24	25	26	27	28	29	30	31
요일	日	月	火	水	木	金	土	日	月	火	水	木	金	11/1	日	月	火	水	木	金	土	日	月	火	水	木	金	土	日	月	火
陰曆	18	19	20	21	22	23	24	25	26	27	28	29	30		2	3	4	5	6	7	8	9	10	11	12	13	14	15	16	17	18
日辰	丙	丁	戊	己	庚	辛	壬	癸	甲	乙	丙	丁	戊	己	庚	辛	壬	癸	甲	乙	丙	丁	戊	己	庚	辛	壬	癸	甲	乙	丙
	子	丑	寅	卯	辰	巳	午	未	申	酉	戌	亥	子	丑	寅	卯	辰	巳	午	未	申	酉	戌	亥	子	丑	寅	卯	辰	巳	午
大運 男	2	2	1	1	1	1	大	10	9	9	9	8	8	8	7	7	7	6	6	6	5	5	5	4	4	4	3	3	3	2	2
大運 女	八	八	八	九	九	九	雪	一	一	一	一	二	二	二	三	三	三	四	四	四	五	五	五	六	六	六	七	七	七	八	八

1월 (丙子) 丁丑 (소한) 小寒 6日 08:18 大寒 21日

陽曆	1	2	3	4	5	6	7	8	9	10	11	12	13	14	15	16	17	18	19	20	21	22	23	24	25	26	27	28	29	30	31
요일	水	木	金	土	日	月	火	水	木	金	土	12	月	火	水	木	金	土	日	月	火	水	木	金	土	日	月	火	水	木	金
陰曆	19	20	21	22	23	24	25	26	27	28	29	1	2	3	4	5	6	7	8	9	10	11	12	13	14	15	16	17	18	19	20
日辰	丁	戊	己	庚	辛	壬	癸	甲	乙	丙	丁	戊	己	庚	辛	壬	癸	甲	乙	丙	丁	戊	己	庚	辛	壬	癸	甲	乙	丙	丁
	未	申	酉	戌	亥	子	丑	寅	卯	辰	巳	午	未	申	酉	戌	亥	子	丑	寅	卯	辰	巳	午	未	申	酉	戌	亥	子	丑
大 男	2	1	1	1	1	小	9	9	9	8	8	8	7	7	7	6	6	6	5	5	5	4	4	4	3	3	3	2	2	2	1
運 女	八	九	九	九	十	寒	一	一	一	一	二	二	二	三	三	三	四	四	四	五	五	五	六	六	六	七	七	七	八	八	八

2월 (丁丑) 戊寅 (입춘) 立春 4日 19:59 雨水 19日

陽曆	1	2	3	4	5	6	7	8	9	10	11	12	13	14	15	16	17	18	19	20	21	22	23	24	25	26	27	28			
요일	土	日	月	火	水	木	金	土	日	月	1	水	木	金	土	日	月	火	水	木	金	土	日	月	火	水	木	金			
陰曆	21	22	23	24	25	26	27	28	29	30	1	2	3	4	5	6	7	8	9	10	11	12	13	14	15	16	17	18			
日辰	戊	己	庚	辛	壬	癸	甲	乙	丙	丁	戊	己	庚	辛	壬	癸	甲	乙	丙	丁	戊	己	庚	辛	壬	癸	甲	乙			
	寅	卯	辰	巳	午	未	申	酉	戌	亥	子	丑	寅	卯	辰	巳	午	未	申	酉	戌	亥	子	丑	寅	卯	辰	巳			
大 男	1	1	1	立	1	1	1	1	2	2	2	3	3	3	4	4	4	5	5	5	6	6	6	7	7	7	8	8			
運 女	九	九	九	春	十	九	九	九	八	八	八	七	七	七	六	六	六	五	五	五	四	四	四	三	三	三	二	二			

3월 (戊寅) 己卯 (경칩) 驚蟄 6日 14:06 春分 21日

陽曆	1	2	3	4	5	6	7	8	9	10	11	12	13	14	15	16	17	18	19	20	21	22	23	24	25	26	27	28	29	30	31
요일	土	日	月	火	水	木	金	土	日	月	火	水	2	金	土	日	月	火	水	木	金	土	日	月	火	水	木	金	土	日	月
陰曆	19	20	21	22	23	24	25	26	27	28	29	30	1	2	3	4	5	6	7	8	9	10	11	12	13	14	15	16	17	18	19
日辰	丙	丁	戊	己	庚	辛	壬	癸	甲	乙	丙	丁	戊	己	庚	辛	壬	癸	甲	乙	丙	丁	戊	己	庚	辛	壬	癸	甲	乙	丙
	午	未	申	酉	戌	亥	子	丑	寅	卯	辰	巳	午	未	申	酉	戌	亥	子	丑	寅	卯	辰	巳	午	未	申	酉	戌	亥	子
大 男	8	9	9	9	10	驚	1	1	1	1	2	2	2	3	3	3	4	4	4	5	5	5	6	6	6	7	7	7	8	8	8
運 女	二	一	一	一	一	蟄	十	九	九	九	八	八	八	七	七	七	六	六	六	五	五	五	四	四	四	三	三	三	二	二	二

4월 (己卯) 庚辰 (청명) 清明 5日 19:02 穀雨 21日

陽曆	1	2	3	4	5	6	7	8	9	10	11	12	13	14	15	16	17	18	19	20	21	22	23	24	25	26	27	28	29	30	
요일	火	水	木	金	土	日	月	火	水	木	金	3	日	月	火	水	木	金	土	日	月	火	水	木	金	土	日	月	火	水	
陰曆	20	21	22	23	24	25	26	27	28	29	30	1	2	3	4	5	6	7	8	9	10	11	12	13	14	15	16	17	18	19	
日辰	丁	戊	己	庚	辛	壬	癸	甲	乙	丙	丁	戊	己	庚	辛	壬	癸	甲	乙	丙	丁	戊	己	庚	辛	壬	癸	甲	乙	丙	
	丑	寅	卯	辰	巳	午	未	申	酉	戌	亥	子	丑	寅	卯	辰	巳	午	未	申	酉	戌	亥	子	丑	寅	卯	辰	巳	午	
大 男	9	9	9	10	清	1	1	1	1	2	2	2	3	3	3	4	4	4	5	5	5	6	6	6	7	7	7	8	8	8	
運 女	一	一	一	一	明	十	十	九	九	九	八	八	八	七	七	七	六	六	六	五	五	五	四	四	四	三	三	三	二	二	

5월 (庚辰) 辛巳 (입하) 立夏 6日 12:27 小滿 22日

陽曆	1	2	3	4	5	6	7	8	9	10	11	12	13	14	15	16	17	18	19	20	21	22	23	24	25	26	27	28	29	30	31
요일	木	金	土	日	月	火	水	木	金	土	4	月	火	水	木	金	土	日	月	火	水	木	金	土	日	月	火	水	木	金	土
陰曆	20	21	22	23	24	25	26	27	28	29	1	2	3	4	5	6	7	8	9	10	11	12	13	14	15	16	17	18	19	20	21
日辰	丁	戊	己	庚	辛	壬	癸	甲	乙	丙	丁	戊	己	庚	辛	壬	癸	甲	乙	丙	丁	戊	己	庚	辛	壬	癸	甲	乙	丙	丁
	未	申	酉	戌	亥	子	丑	寅	卯	辰	巳	午	未	申	酉	戌	亥	子	丑	寅	卯	辰	巳	午	未	申	酉	戌	亥	子	丑
大 男	9	9	9	10	10	立	1	1	1	1	2	2	2	3	3	3	4	4	4	5	5	5	6	6	6	7	7	7	8	8	8
運 女	二	一	一	一	一	夏	十	十	九	九	九	八	八	八	七	七	七	六	六	六	五	五	五	四	四	四	三	三	三	二	二

6월 (辛巳) 壬午 (망종) 芒種 6日 16:42 夏至 22日

陽曆	1	2	3	4	5	6	7	8	9	10	11	12	13	14	15	16	17	18	19	20	21	22	23	24	25	26	27	28	29	30	
요일	日	月	火	水	木	金	土	日	月	5	水	木	金	土	日	月	火	水	木	金	土	日	月	火	水	木	金	土	日	月	
陰曆	22	23	24	25	26	27	28	29	30	1	2	3	4	5	6	7	8	9	10	11	12	13	14	15	16	17	18	19	20	21	
日辰	戊	己	庚	辛	壬	癸	甲	乙	丙	丁	戊	己	庚	辛	壬	癸	甲	乙	丙	丁	戊	己	庚	辛	壬	癸	甲	乙	丙	丁	
	寅	卯	辰	巳	午	未	申	酉	戌	亥	子	丑	寅	卯	辰	巳	午	未	申	酉	戌	亥	子	丑	寅	卯	辰	巳	午	未	
大 男	9	9	9	10	10	芒	1	1	1	1	2	2	2	3	3	3	4	4	4	5	5	5	6	6	6	7	7	7	8	8	
運 女	二	一	一	一	一	種	十	十	十	九	九	九	八	八	八	七	七	七	六	六	六	五	五	五	四	四	四	三	三	三	

7월 (壬午) 癸未 (소서) 小暑 8日 02:59 大暑 23日

陽曆	1	2	3	4	5	6	7	8	9	10	11	12	13	14	15	16	17	18	19	20	21	22	23	24	25	26	27	28	29	30	31
요일	火	水	木	金	土	日	月	火	6/1	木	金	土	日	月	火	水	木	金	土	日	月	火	水	木	金	土	日	月	火	水	木
陰曆	22	23	24	25	26	27	28	29		2	3	4	5	6	7	8	9	10	11	12	13	14	15	16	17	18	19	20	21	22	23
日辰	戊	己	庚	辛	壬	癸	甲	乙	丙	丁	戊	己	庚	辛	壬	癸	甲	乙	丙	丁	戊	己	庚	辛	壬	癸	甲	乙	丙	丁	戊
	申	酉	戌	亥	子	丑	寅	卯	辰	巳	午	未	申	酉	戌	亥	子	丑	寅	卯	辰	巳	午	未	申	酉	戌	亥	子	丑	寅
大運 男	8	9	9	9	10	10	10	小	1	1	1	1	2	2	2	3	3	3	4	4	4	5	5	5	6	6	6	7	7	7	8
大運 女	二	二	二	一	一	一	一	署	十	十	九	九	九	八	八	八	七	七	七	六	六	六	五	五	五	四	四	四	三	三	三

8월 (癸未) 甲申 (입추) 立秋 8日 12:45 處暑 24日

陽曆	1	2	3	4	5	6	7	8	9	10	11	12	13	14	15	16	17	18	19	20	21	22	23	24	25	26	27	28	29	30	31
요일	金	土	日	月	火	水	7/1	金	土	日	月	火	水	木	金	土	日	月	火	水	木	金	土	日	月	火	水	木	金	土	日
陰曆	24	25	26	27	28	29		2	3	4	5	6	7	8	9	10	11	12	13	14	15	16	17	18	19	20	21	22	23	24	25
日辰	己	庚	辛	壬	癸	甲	乙	丙	丁	戊	己	庚	辛	壬	癸	甲	乙	丙	丁	戊	己	庚	辛	壬	癸	甲	乙	丙	丁	戊	己
	卯	辰	巳	午	未	申	酉	戌	亥	子	丑	寅	卯	辰	巳	午	未	申	酉	戌	亥	子	丑	寅	卯	辰	巳	午	未	申	酉
大運 男	8	8	9	9	9	10	10	立	1	1	1	1	2	2	2	3	3	3	4	4	4	5	5	5	6	6	6	7	7	7	8
大運 女	二	二	二	一	一	一	一	秋	十	十	九	九	九	八	八	八	七	七	七	六	六	六	五	五	五	四	四	四	三	三	三

9월 (甲申) 乙酉 (백로) 白露 8日 15:33 秋分 24日

陽曆	1	2	3	4	5	6	7	8	9	10	11	12	13	14	15	16	17	18	19	20	21	22	23	24	25	26	27	28	29	30
요일	月	火	水	木	金	8/1	日	月	火	水	木	金	土	日	月	火	水	木	金	土	日	月	火	水	木	金	土	日	月	火
陰曆	26	27	28	29	30		2	3	4	5	6	7	8	9	10	11	12	13	14	15	16	17	18	19	20	21	22	23	24	25
日辰	庚	辛	壬	癸	甲	乙	丙	丁	戊	己	庚	辛	壬	癸	甲	乙	丙	丁	戊	己	庚	辛	壬	癸	甲	乙	丙	丁	戊	己
	戌	亥	子	丑	寅	卯	辰	巳	午	未	申	酉	戌	亥	子	丑	寅	卯	辰	巳	午	未	申	酉	戌	亥	子	丑	寅	卯
大運 男	8	8	9	9	9	10	10	白	1	1	1	1	2	2	2	3	3	3	4	4	4	5	5	5	6	6	6	7	7	7
大運 女	二	二	二	一	一	一	一	露	十	十	九	九	九	八	八	八	七	七	七	六	六	六	五	五	五	四	四	四	三	三

10월 (乙酉) 丙戌 (한로) 寒露 9日 07:02 霜降 24日

陽曆	1	2	3	4	5	6	7	8	9	10	11	12	13	14	15	16	17	18	19	20	21	22	23	24	25	26	27	28	29	30	31
요일	水	木	金	土	9/1	月	火	水	木	金	土	日	月	火	水	木	金	土	日	月	火	水	木	金	土	日	月	火	水	木	金
陰曆	26	27	28	29		2	3	4	5	6	7	8	9	10	11	12	13	14	15	16	17	18	19	20	21	22	23	24	25	26	27
日辰	庚	辛	壬	癸	甲	乙	丙	丁	戊	己	庚	辛	壬	癸	甲	乙	丙	丁	戊	己	庚	辛	壬	癸	甲	乙	丙	丁	戊	己	庚
	辰	巳	午	未	申	酉	戌	亥	子	丑	寅	卯	辰	巳	午	未	申	酉	戌	亥	子	丑	寅	卯	辰	巳	午	未	申	酉	戌
大運 男	8	8	8	9	9	9	10	10	寒	1	1	1	1	2	2	2	3	3	3	4	4	4	5	5	5	6	6	6	7	7	7
大運 女	三	二	二	二	一	一	一	一	露	十	九	九	九	八	八	八	七	七	七	六	六	六	五	五	五	四	四	四	三	三	三

11월 (丙戌) 丁亥 (입동) 立冬 8日 10:03 小雪 23日

陽曆	1	2	3	4	5	6	7	8	9	10	11	12	13	14	15	16	17	18	19	20	21	22	23	24	25	26	27	28	29	30
요일	土	日	10/1	火	水	木	金	土	日	月	火	水	木	金	土	日	月	火	水	木	金	土	日	月	火	水	木	金	土	日
陰曆	28	29		2	3	4	5	6	7	8	9	10	11	12	13	14	15	16	17	18	19	20	21	22	23	24	25	26	27	28
日辰	辛	壬	癸	甲	乙	丙	丁	戊	己	庚	辛	壬	癸	甲	乙	丙	丁	戊	己	庚	辛	壬	癸	甲	乙	丙	丁	戊	己	庚
	亥	子	丑	寅	卯	辰	巳	午	未	申	酉	戌	亥	子	丑	寅	卯	辰	巳	午	未	申	酉	戌	亥	子	丑	寅	卯	辰
大運 男	8	8	8	9	9	9	10	立	1	1	1	1	2	2	2	3	3	3	4	4	4	5	5	5	6	6	6	7	7	7
大運 女	二	二	二	一	一	一	一	冬	十	九	九	九	八	八	八	七	七	七	六	六	六	五	五	五	四	四	四	三	三	三

12월 (丁亥) 戊子 (대설) 大雪 8日 02:46 冬至 22日

陽曆	1	2	3	4	5	6	7	8	9	10	11	12	13	14	15	16	17	18	19	20	21	22	23	24	25	26	27	28	29	30	31
요일	月	火	11/1	木	金	土	日	月	火	水	木	金	土	日	月	火	水	木	金	土	日	月	火	水	木	金	土	日	月	火	水
陰曆	29	30		2	3	4	5	6	7	8	9	10	11	12	13	14	15	16	17	18	19	20	21	22	23	24	25	26	27	28	29
日辰	辛	壬	癸	甲	乙	丙	丁	戊	己	庚	辛	壬	癸	甲	乙	丙	丁	戊	己	庚	辛	壬	癸	甲	乙	丙	丁	戊	己	庚	辛
	巳	午	未	申	酉	戌	亥	子	丑	寅	卯	辰	巳	午	未	申	酉	戌	亥	子	丑	寅	卯	辰	巳	午	未	申	酉	戌	亥
大運 男	8	8	8	9	9	9	10	大	1	1	1	1	2	2	2	3	3	3	4	4	4	5	5	5	6	6	6	7	7	7	8
大運 女	二	二	二	一	一	一	一	雪	九	九	九	八	八	八	七	七	七	六	六	六	五	五	五	四	四	四	三	三	三	二	二

1월 (戊子) 己丑 (소한) 小寒 6日 13:57 大寒 21日

陽曆		1	2	3	4	5	6	7	8	9	10	11	12	13	14	15	16	17	18	19	20	21	22	23	24	25	26	27	28	29	30	31
요일		12/1	金	土	日	月	火	水	木	金	土	日	月	火	水	木	金	土	日	月	火	水	木	金	土	日	月	火	水	木	金	1/1
陰曆			2	3	4	5	6	7	8	9	10	11	12	13	14	15	16	17	18	19	20	21	22	23	24	25	26	27	28	29	30	
日辰		壬	癸	甲	乙	丙	丁	戊	己	庚	辛	壬	癸	甲	乙	丙	丁	戊	己	庚	辛	壬	癸	甲	乙	丙	丁	戊	己	庚	辛	壬
		子	丑	寅	卯	辰	巳	午	未	申	酉	戌	亥	子	丑	寅	卯	辰	巳	午	未	申	酉	戌	亥	子	丑	寅	卯	辰	巳	午
大	男	8	8	9	9	9	小	1	1	1	1	2	2	2	3	3	3	4	4	4	5	5	5	6	6	6	7	7	7	8	8	8
運	女	二	一	一	一	一	寒	十	九	九	九	八	八	八	七	七	七	六	六	六	五	五	五	四	四	四	三	三	三	二	二	二

2월 (己丑) 庚寅 (입춘) 立春 5日 01:39 雨水 19日

陽曆		1	2	3	4	5	6	7	8	9	10	11	12	13	14	15	16	17	18	19	20	21	22	23	24	25	26	27	28	29		
요일		日	月	火	水	木	金	土	日	月	火	水	木	金	土	日	月	火	水	木	金	土	日	月	火	水	木	金	土	日		
陰曆		2	3	4	5	6	7	8	9	10	11	12	13	14	15	16	17	18	19	20	21	22	23	24	25	26	27	28	29	30		
日辰		癸	甲	乙	丙	丁	戊	己	庚	辛	壬	癸	甲	乙	丙	丁	戊	己	庚	辛	壬	癸	甲	乙	丙	丁	戊	己	庚	辛		
		未	申	酉	戌	亥	子	丑	寅	卯	辰	巳	午	未	申	酉	戌	亥	子	丑	寅	卯	辰	巳	午	未	申	酉	戌	亥		
大	男	9	9	9	10	立	9	9	9	8	8	8	7	7	7	6	6	6	5	5	5	4	4	4	3	3	3	2	2	2		
運	女	一	一	一	一	春	一	一	一	一	二	二	二	三	三	三	四	四	四	五	五	五	六	六	六	七	七	七	八	八		

3월 (庚寅) 辛卯 (경칩) 驚蟄 5日 19:48 春分 20日

陽曆		1	2	3	4	5	6	7	8	9	10	11	12	13	14	15	16	17	18	19	20	21	22	23	24	25	26	27	28	29	30	31
요일		2/1	火	水	木	金	土	日	月	火	水	木	金	土	日	月	火	水	木	金	土	日	月	火	水	木	金	土	日	月	火	3/1
陰曆			2	3	4	5	6	7	8	9	10	11	12	13	14	15	16	17	18	19	20	21	22	23	24	25	26	27	28	29	30	
日辰		壬	癸	甲	乙	丙	丁	戊	己	庚	辛	壬	癸	甲	乙	丙	丁	戊	己	庚	辛	壬	癸	甲	乙	丙	丁	戊	己	庚	辛	壬
		子	丑	寅	卯	辰	巳	午	未	申	酉	戌	亥	子	丑	寅	卯	辰	巳	午	未	申	酉	戌	亥	子	丑	寅	卯	辰	巳	午
大	男	1	1	1	1	驚	10	10	9	9	9	8	8	8	7	7	7	6	6	6	5	5	5	4	4	4	3	3	3	2	2	2
運	女	八	九	九	九	蟄	一	一	一	一	二	二	二	三	三	三	四	四	四	五	五	五	六	六	六	七	七	七	八	八	八	九

4월 (辛卯) 壬辰 (청명) 清明 5日 00:46 穀雨 20日

陽曆		1	2	3	4	5	6	7	8	9	10	11	12	13	14	15	16	17	18	19	20	21	22	23	24	25	26	27	28	29	30	
요일		木	金	土	日	月	火	水	木	金	土	日	月	火	水	木	金	土	日	月	火	水	木	金	土	日	月	火	水	4/1	金	
陰曆		2	3	4	5	6	7	8	9	10	11	12	13	14	15	16	17	18	19	20	21	22	23	24	25	26	27	28	29		2	
日辰		癸	甲	乙	丙	丁	戊	己	庚	辛	壬	癸	甲	乙	丙	丁	戊	己	庚	辛	壬	癸	甲	乙	丙	丁	戊	己	庚	辛	壬	
		未	申	酉	戌	亥	子	丑	寅	卯	辰	巳	午	未	申	酉	戌	亥	子	丑	寅	卯	辰	巳	午	未	申	酉	戌	亥	子	
大	男	1	1	1	1	清	10	9	9	9	8	8	8	7	7	7	6	6	6	5	5	5	4	4	4	3	3	3	2	2	2	
運	女	九	九	十	十	明	一	一	一	一	二	二	二	三	三	三	四	四	四	五	五	五	六	六	六	七	七	七	八	八	八	

5월 (壬辰) 癸巳 (입하) 立夏 5日 18:14 小滿 21日

陽曆		1	2	3	4	5	6	7	8	9	10	11	12	13	14	15	16	17	18	19	20	21	22	23	24	25	26	27	28	29	30	31
요일		土	日	月	火	水	木	金	土	日	月	火	水	木	金	土	日	月	火	水	木	金	土	日	月	火	水	木	金	5/1	日	月
陰曆		3	4	5	6	7	8	9	10	11	12	13	14	15	16	17	18	19	20	21	22	23	24	25	26	27	28	29	30		2	3
日辰		癸	甲	乙	丙	丁	戊	己	庚	辛	壬	癸	甲	乙	丙	丁	戊	己	庚	辛	壬	癸	甲	乙	丙	丁	戊	己	庚	辛	壬	癸
		丑	寅	卯	辰	巳	午	未	申	酉	戌	亥	子	丑	寅	卯	辰	巳	午	未	申	酉	戌	亥	子	丑	寅	卯	辰	巳	午	未
大	男	1	1	1	1	立	10	10	9	9	9	8	8	8	7	7	7	6	6	6	5	5	5	4	4	4	3	3	3	2	2	2
運	女	九	九	九	十	夏	一	一	一	一	二	二	二	三	三	三	四	四	四	五	五	五	六	六	六	七	七	七	八	八	八	九

6월 (癸巳) 甲午 (망종) 芒種 5日 22:31 夏至 21日

陽曆		1	2	3	4	5	6	7	8	9	10	11	12	13	14	15	16	17	18	19	20	21	22	23	24	25	26	27	28	29	30	
요일		火	水	木	金	土	日	月	火	水	木	金	土	日	月	火	水	木	金	土	日	月	火	水	木	金	土	6/1	月	火	水	
陰曆		4	5	6	7	8	9	10	11	12	13	14	15	16	17	18	19	20	21	22	23	24	25	26	27	28	29		2	3	4	
日辰		甲	乙	丙	丁	戊	己	庚	辛	壬	癸	甲	乙	丙	丁	戊	己	庚	辛	壬	癸	甲	乙	丙	丁	戊	己	庚	辛	壬	癸	
		申	酉	戌	亥	子	丑	寅	卯	辰	巳	午	未	申	酉	戌	亥	子	丑	寅	卯	辰	巳	午	未	申	酉	戌	亥	子	丑	
大	男	1	1	1	1	芒	10	10	10	9	9	9	8	8	8	7	7	7	6	6	6	5	5	5	4	4	4	3	3	3	2	
運	女	九	九	十	十	種	一	一	一	一	二	二	二	三	三	三	四	四	四	五	五	五	六	六	六	七	七	七	八	八	八	

沙中土星	十日得辛	北大將	寅弔客	寒食(4월 05일)	初伏(7월 17일)
六白金星	十一龍治水	午喪門	南三殺	中伏(7월 27일)	末伏(8월 16일)

7월 (甲午) 乙未 (소서) 小署 7日 08:51 大署 23日

陽曆	1	2	3	4	5	6	7	8	9	10	11	12	13	14	15	16	17	18	19	20	21	22	23	24	25	26	27	28	29	30	31
요일	木	金	土	日	月	火	水	木	金	土	日	月	火	水	木	金	土	日	月	火	水	木	金	土	日	月		水	木	金	土
陰曆	5	6	7	8	9	10	11	12	13	14	15	16	17	18	19	20	21	22	23	24	25	26	27	28	29	30	7/1	2	3	4	5
日辰	甲	乙	丙	丁	戊	己	庚	辛	壬	癸	甲	乙	丙	丁	戊	己	庚	辛	壬	癸	甲	乙	丙	丁	戊	己	庚	辛	壬	癸	甲
	寅	卯	辰	巳	午	未	申	酉	戌	亥	子	丑	寅	卯	辰	巳	午	未	申	酉	戌	亥	子	丑	寅	卯	辰	巳	午	未	申
大運 男	2	2	1	1	1	1	小	10	10	9	9	9	8	8	8	7	7	7	6	6	6	5	5	5	4	4	4	3	3	3	2
大運 女	九	九	九	十	十	十	署	一	一	一	一	二	二	二	三	三	三	四	四	四	五	五	五	六	六	六	七	七	七	八	八

8월 (乙未) 丙申 (입추) 立秋 7日 18:38 處署 23日

陽曆	1	2	3	4	5	6	7	8	9	10	11	12	13	14	15	16	17	18	19	20	21	22	23	24	25	26	27	28	29	30	31
요일	日	月	火	水	木	金	土	日	月	火	水	木	金	土	日	月	火	水	木	金	土	日	月	火		木	金	土	日	月	火
陰曆	6	7	8	9	10	11	12	13	14	15	16	17	18	19	20	21	22	23	24	25	26	27	28	29	8/1	2	3	4	5	6	7
日辰	乙	丙	丁	戊	己	庚	辛	壬	癸	甲	乙	丙	丁	戊	己	庚	辛	壬	癸	甲	乙	丙	丁	戊	己	庚	辛	壬	癸	甲	乙
	酉	戌	亥	子	丑	寅	卯	辰	巳	午	未	申	酉	戌	亥	子	丑	寅	卯	辰	巳	午	未	申	酉	戌	亥	子	丑	寅	卯
大運 男	2	2	1	1	1	1	立	10	10	9	9	9	8	8	8	7	7	7	6	6	6	5	5	5	4	4	4	3	3	3	2
大運 女	八	九	九	九	十	十	秋	一	一	一	一	二	二	二	三	三	三	四	四	四	五	五	五	六	六	六	七	七	七	八	八

9월 (丙申) 丁酉 (백로) 白露 7日 21:28 秋分 23日

陽曆	1	2	3	4	5	6	7	8	9	10	11	12	13	14	15	16	17	18	19	20	21	22	23	24	25	26	27	28	29	30	
요일	水	木	金	土	日	月	火	水	木	金	土	日	月	火	水	木	金	土	日	月	火	水	木		土	日	月	火	水	木	
陰曆	8	9	10	11	12	13	14	15	16	17	18	19	20	21	22	23	24	25	26	27	28	29	30	윤8/1	2	3	4	5	6	7	
日辰	丙	丁	戊	己	庚	辛	壬	癸	甲	乙	丙	丁	戊	己	庚	辛	壬	癸	甲	乙	丙	丁	戊	己	庚	辛	壬	癸	甲	乙	
	辰	巳	午	未	申	酉	戌	亥	子	丑	寅	卯	辰	巳	午	未	申	酉	戌	亥	子	丑	寅	卯	辰	巳	午	未	申	酉	
大運 男	2	2	1	1	1	1	白	10	10	9	9	9	8	8	8	7	7	7	6	6	6	5	5	5	4	4	4	3	3	3	
大運 女	八	九	九	九	十	十	露	一	一	一	一	二	二	二	三	三	三	四	四	四	五	五	五	六	六	六	七	七	七	八	

10월 (丁酉) 戊戌 (한로) 寒露 8日 12:58 霜降 23日

陽曆	1	2	3	4	5	6	7	8	9	10	11	12	13	14	15	16	17	18	19	20	21	22	23	24	25	26	27	28	29	30	31
요일	金	土	日	月	火	水	木	金	土	日	月	火	水	木	金	土	日	月	火	水	木	金		日	月	火	水	木	金	土	日
陰曆	8	9	10	11	12	13	14	15	16	17	18	19	20	21	22	23	24	25	26	27	28	29	9/1	2	3	4	5	6	7	8	9
日辰	丙	丁	戊	己	庚	辛	壬	癸	甲	乙	丙	丁	戊	己	庚	辛	壬	癸	甲	乙	丙	丁	戊	己	庚	辛	壬	癸	甲	乙	丙
	戌	亥	子	丑	寅	卯	辰	巳	午	未	申	酉	戌	亥	子	丑	寅	卯	辰	巳	午	未	申	酉	戌	亥	子	丑	寅	卯	辰
大運 男	2	2	2	1	1	1	1	寒	10	9	9	9	8	8	8	7	7	7	6	6	6	5	5	5	4	4	4	3	3	3	2
大運 女	八	八	九	九	九	十	十	露	一	一	一	一	二	二	二	三	三	三	四	四	四	五	五	五	六	六	六	七	七	七	八

11월 (戊戌) 己亥 (입동) 立冬 7日 15:59 小雪 22日

陽曆	1	2	3	4	5	6	7	8	9	10	11	12	13	14	15	16	17	18	19	20	21	22	23	24	25	26	27	28	29	30	
요일	月	火	水	木	金	土	日	月	火	水	木	金	土	日	月	火	水	木	金	土	日		火	水	木	金	土	日	月	火	
陰曆	10	11	12	13	14	15	16	17	18	19	20	21	22	23	24	25	26	27	28	29	30	10/1	2	3	4	5	6	7	8	9	
日辰	丁	戊	己	庚	辛	壬	癸	甲	乙	丙	丁	戊	己	庚	辛	壬	癸	甲	乙	丙	丁	戊	己	庚	辛	壬	癸	甲	乙	丙	
	巳	午	未	申	酉	戌	亥	子	丑	寅	卯	辰	巳	午	未	申	酉	戌	亥	子	丑	寅	卯	辰	巳	午	未	申	酉	戌	
大運 男	2	2	1	1	1	1	立	10	9	9	9	8	8	8	7	7	7	6	6	6	5	5	5	4	4	4	3	3	3	2	
大運 女	八	八	九	九	九	十	冬	一	一	一	一	二	二	二	三	三	三	四	四	四	五	五	五	六	六	六	七	七	七	八	

12월 (己亥) 庚子 (대설) 大雪 7日 08:41 冬至 22日

陽曆	1	2	3	4	5	6	7	8	9	10	11	12	13	14	15	16	17	18	19	20	21	22	23	24	25	26	27	28	29	30	31
요일	水	木	金	土	日	月	火	水	木	金	土	日	月	火	水	木	金	土	日	月		水	木	金	土	日	月	火	水	木	金
陰曆	10	11	12	13	14	15	16	17	18	19	20	21	22	23	24	25	26	27	28	29	11/1	2	3	4	5	6	7	8	9	10	11
日辰	丁	戊	己	庚	辛	壬	癸	甲	乙	丙	丁	戊	己	庚	辛	壬	癸	甲	乙	丙	丁	戊	己	庚	辛	壬	癸	甲	乙	丙	丁
	亥	子	丑	寅	卯	辰	巳	午	未	申	酉	戌	亥	子	丑	寅	卯	辰	巳	午	未	申	酉	戌	亥	子	丑	寅	卯	辰	巳
大運 男	2	2	1	1	1	1	大	9	9	9	8	8	8	7	7	7	6	6	6	5	5	5	4	4	4	3	3	3	2	2	2
大運 女	八	八	九	九	九	十	雪	一	一	一	一	二	二	二	三	三	三	四	四	四	五	五	五	六	六	六	七	七	七	八	八

西紀 1977년 # 丁巳 檀紀 4310년

1월 (庚子) 辛丑 (소한) 小寒 5日 19:51 大寒 20日

陽曆	1	2	3	4	5	6	7	8	9	10	11	12	13	14	15	16	17	18	19	20	21	22	23	24	25	26	27	28	29	30	31
요일	土	日	月	火	水	木	金	土	日	月	火	水	木	金	土	日	月	火	12	木	金	土	日	月	火	水	木	金	土	日	月
陰曆	12	13	14	15	16	17	18	19	20	21	22	23	24	25	26	27	28	29	1	2	3	4	5	6	7	8	9	10	11	12	13
日辰	戊	己	庚	辛	壬	癸	甲	乙	丙	丁	戊	己	庚	辛	壬	癸	甲	乙	丙	丁	戊	己	庚	辛	壬	癸	甲	乙	丙	丁	戊
	午	未	申	酉	戌	亥	子	丑	寅	卯	辰	巳	午	未	申	酉	戌	亥	子	丑	寅	卯	辰	巳	午	未	申	酉	戌	亥	子
大 男	1	1	1	1	小	10	9	9	9	8	8	8	7	7	7	6	6	6	5	5	5	4	4	4	3	3	3	2	2	2	1
運 女	八	九	九	九	寒	一	一	一	一	二	二	二	三	三	三	四	四	四	五	五	五	六	六	六	七	七	七	八	八	八	九

2월 (辛丑) 壬寅 (입춘) 立春 4日 07:33 雨水 19日

陽曆	1	2	3	4	5	6	7	8	9	10	11	12	13	14	15	16	17	18	19	20	21	22	23	24	25	26	27	28			
요일	火	水	木	金	土	日	月	火	水	木	金	土	日	月	火	水	木	1	土	日	月	火	水	木	金	土	日	月			
陰曆	14	15	16	17	18	19	20	21	22	23	24	25	26	27	28	29	30	1	2	3	4	5	6	7	8	9	10	11			
日辰	己	庚	辛	壬	癸	甲	乙	丙	丁	戊	己	庚	辛	壬	癸	甲	乙	丙	丁	戊	己	庚	辛	壬	癸	甲	乙	丙			
	丑	寅	卯	辰	巳	午	未	申	酉	戌	亥	子	丑	寅	卯	辰	巳	午	未	申	酉	戌	亥	子	丑	寅	卯	辰			
大 男	1	1	1	立	1	1	1	1	2	2	2	3	3	3	4	4	4	5	5	5	6	6	6	7	7	7	8	8			
運 女	九	九	十	春	十	九	九	九	八	八	八	七	七	七	六	六	六	五	五	五	四	四	四	三	三	三	二	二			

3월 (壬寅) 癸卯 (경칩) 驚蟄 6日 01:44 春分 21日

陽曆	1	2	3	4	5	6	7	8	9	10	11	12	13	14	15	16	17	18	19	20	21	22	23	24	25	26	27	28	29	30	31
요일	火	水	木	金	土	日	月	火	水	木	金	土	日	月	火	水	木	金	土	2	月	火	水	木	金	土	日	月	火	水	木
陰曆	12	13	14	15	16	17	18	19	20	21	22	23	24	25	26	27	28	29	30	1	2	3	4	5	6	7	8	9	10	11	12
日辰	丁	戊	己	庚	辛	壬	癸	甲	乙	丙	丁	戊	己	庚	辛	壬	癸	甲	乙	丙	丁	戊	己	庚	辛	壬	癸	甲	乙	丙	丁
	巳	午	未	申	酉	戌	亥	子	丑	寅	卯	辰	巳	午	未	申	酉	戌	亥	子	丑	寅	卯	辰	巳	午	未	申	酉	戌	亥
大 男	8	9	9	9	10	驚	1	1	1	1	2	2	2	3	3	3	4	4	4	5	5	5	6	6	6	7	7	7	8	8	8
運 女	二	一	一	一	一	蟄	十	九	九	九	八	八	八	七	七	七	六	六	六	五	五	五	四	四	四	三	三	三	二	二	二

4월 (癸卯) 甲辰 (청명) 清明 5日 06:46 穀雨 20日

陽曆	1	2	3	4	5	6	7	8	9	10	11	12	13	14	15	16	17	18	19	20	21	22	23	24	25	26	27	28	29	30	
요일	金	土	日	月	火	水	木	金	土	日	月	火	水	木	金	土	日	3	火	水	木	金	土	日	月	火	水	木	金	土	
陰曆	13	14	15	16	17	18	19	20	21	22	23	24	25	26	27	28	29	1	2	3	4	5	6	7	8	9	10	11	12	13	
日辰	戊	己	庚	辛	壬	癸	甲	乙	丙	丁	戊	己	庚	辛	壬	癸	甲	乙	丙	丁	戊	己	庚	辛	壬	癸	甲	乙	丙	丁	
	子	丑	寅	卯	辰	巳	午	未	申	酉	戌	亥	子	丑	寅	卯	辰	巳	午	未	申	酉	戌	亥	子	丑	寅	卯	辰	巳	
大 男	9	9	9	10	清	1	1	1	1	2	2	2	3	3	3	4	4	4	5	5	5	6	6	6	7	7	7	8	8	8	
運 女	一	一	一	一	明	十	十	九	九	九	八	八	八	七	七	七	六	六	六	五	五	五	四	四	四	三	三	三	二	二	

5월 (甲辰) 乙巳 (입하) 立夏 6日 00:16 小滿 21日

陽曆	1	2	3	4	5	6	7	8	9	10	11	12	13	14	15	16	17	18	19	20	21	22	23	24	25	26	27	28	29	30	31
요일	日	月	火	水	木	金	土	日	月	火	水	木	金	土	日	月	火	4	木	金	土	日	月	火	水	木	金	土	日	月	火
陰曆	14	15	16	17	18	19	20	21	22	23	24	25	26	27	28	29	30	1	2	3	4	5	6	7	8	9	10	11	12	13	14
日辰	戊	己	庚	辛	壬	癸	甲	乙	丙	丁	戊	己	庚	辛	壬	癸	甲	乙	丙	丁	戊	己	庚	辛	壬	癸	甲	乙	丙	丁	戊
	午	未	申	酉	戌	亥	子	丑	寅	卯	辰	巳	午	未	申	酉	戌	亥	子	丑	寅	卯	辰	巳	午	未	申	酉	戌	亥	子
大 男	9	9	9	10	10	立	1	1	1	1	2	2	2	3	3	3	4	4	4	5	5	5	6	6	6	7	7	7	8	8	8
運 女	二	一	一	一	一	夏	十	十	九	九	九	八	八	八	七	七	七	六	六	六	五	五	五	四	四	四	三	三	三	二	二

6월 (乙巳) 丙午 (망종) 芒種 6日 04:32 夏至 21日

陽曆	1	2	3	4	5	6	7	8	9	10	11	12	13	14	15	16	17	18	19	20	21	22	23	24	25	26	27	28	29	30	
요일	水	木	金	土	日	月	火	水	木	金	土	日	月	火	水	木	5	土	日	月	火	水	木	金	土	日	月	火	水	木	
陰曆	15	16	17	18	19	20	21	22	23	24	25	26	27	28	29	30	1	2	3	4	5	6	7	8	9	10	11	12	13	14	
日辰	己	庚	辛	壬	癸	甲	乙	丙	丁	戊	己	庚	辛	壬	癸	甲	乙	丙	丁	戊	己	庚	辛	壬	癸	甲	乙	丙	丁	戊	
	丑	寅	卯	辰	巳	午	未	申	酉	戌	亥	子	丑	寅	卯	辰	巳	午	未	申	酉	戌	亥	子	丑	寅	卯	辰	巳	午	
大 男	9	9	9	10	10	芒	1	1	1	1	2	2	2	3	3	3	4	4	4	5	5	5	6	6	6	7	7	7	8	8	
運 女	二	一	一	一	一	種	十	十	九	九	九	八	八	八	七	七	七	六	六	六	五	五	五	四	四	四	三	三	三	二	

7월 (丙午) 丁未 (소서) 小署 7日 14:48 大署 23日

陽曆	1	2	3	4	5	6	7	8	9	10	11	12	13	14	15	16	17	18	19	20	21	22	23	24	25	26	27	28	29	30	31
요일	金	土	日	月	火	水	木	金	土	日	月	火	水	木	金	6	日	月	火	水	木	金	土	日	月	火	水	木	金	土	日
陰曆	15	16	17	18	19	20	21	22	23	24	25	26	27	28	29	1	2	3	4	5	6	7	8	9	10	11	12	13	14	15	16
日辰	己	庚	辛	壬	癸	甲	乙	丙	丁	戊	己	庚	辛	壬	癸	甲	乙	丙	丁	戊	己	庚	辛	壬	癸	甲	乙	丙	丁	戊	己
	未	申	酉	戌	亥	子	丑	寅	卯	辰	巳	午	未	申	酉	戌	亥	子	丑	寅	卯	辰	巳	午	未	申	酉	戌	亥	子	丑
大運 男	8	9	9	9	10	10	小	1	1	1	1	2	2	2	3	3	3	4	4	4	5	5	5	6	6	6	7	7	7	8	8
大運 女	二	二	一	一	一	一	署	十	十	十	九	九	九	八	八	八	七	七	七	六	六	六	五	五	五	四	四	四	三	三	三

8월 (丁未) 戊申 (입추) 立秋 8日 00:30 處署 23日

陽曆	1	2	3	4	5	6	7	8	9	10	11	12	13	14	15	16	17	18	19	20	21	22	23	24	25	26	27	28	29	30	31
요일	月	火	水	木	金	土	日	月	火	水	木	金	土	日	7	火	水	木	金	土	日	月	火	水	木	金	土	日	月	火	水
陰曆	17	18	19	20	21	22	23	24	25	26	27	28	29	30	1	2	3	4	5	6	7	8	9	10	11	12	13	14	15	16	17
日辰	庚	辛	壬	癸	甲	乙	丙	丁	戊	己	庚	辛	壬	癸	甲	乙	丙	丁	戊	己	庚	辛	壬	癸	甲	乙	丙	丁	戊	己	庚
	寅	卯	辰	巳	午	未	申	酉	戌	亥	子	丑	寅	卯	辰	巳	午	未	申	酉	戌	亥	子	丑	寅	卯	辰	巳	午	未	申
大運 男	8	9	9	9	10	10	10	立	1	1	1	1	2	2	2	3	3	3	4	4	4	5	5	5	6	6	6	7	7	7	8
大運 女	二	二	二	一	一	一	一	秋	十	十	九	九	九	八	八	八	七	七	七	六	六	六	五	五	五	四	四	四	三	三	三

9월 (戊申) 己酉 (백로) 白露 8日 03:16 秋分 23日

陽曆	1	2	3	4	5	6	7	8	9	10	11	12	13	14	15	16	17	18	19	20	21	22	23	24	25	26	27	28	29	30
요일	木	金	土	日	月	火	水	木	金	土	日	月	8	水	木	金	土	日	月	火	水	木	金	土	日	月	火	水	木	金
陰曆	18	19	20	21	22	23	24	25	26	27	28	29	1	2	3	4	5	6	7	8	9	10	11	12	13	14	15	16	17	18
日辰	辛	壬	癸	甲	乙	丙	丁	戊	己	庚	辛	壬	癸	甲	乙	丙	丁	戊	己	庚	辛	壬	癸	甲	乙	丙	丁	戊	己	庚
	酉	戌	亥	子	丑	寅	卯	辰	巳	午	未	申	酉	戌	亥	子	丑	寅	卯	辰	巳	午	未	申	酉	戌	亥	子	丑	寅
大運 男	8	8	9	9	9	10	10	白	1	1	1	1	2	2	2	3	3	3	4	4	4	5	5	5	6	6	6	7	7	7
大運 女	二	二	二	一	一	一	一	露	十	九	九	九	八	八	八	七	七	七	六	六	六	五	五	五	四	四	四	三	三	三

10월 (己酉) 庚戌 (한로) 寒露 8日 18:44 霜降 23日

陽曆	1	2	3	4	5	6	7	8	9	10	11	12	13	14	15	16	17	18	19	20	21	22	23	24	25	26	27	28	29	30	31
요일	土	日	月	火	水	木	金	土	日	月	火	水	9	金	土	日	月	火	水	木	金	土	日	月	火	水	木	金	土	日	月
陰曆	19	20	21	22	23	24	25	26	27	28	29	30	1	2	3	4	5	6	7	8	9	10	11	12	13	14	15	16	17	18	19
日辰	辛	壬	癸	甲	乙	丙	丁	戊	己	庚	辛	壬	癸	甲	乙	丙	丁	戊	己	庚	辛	壬	癸	甲	乙	丙	丁	戊	己	庚	辛
	卯	辰	巳	午	未	申	酉	戌	亥	子	丑	寅	卯	辰	巳	午	未	申	酉	戌	亥	子	丑	寅	卯	辰	巳	午	未	申	酉
大運 男	8	8	8	9	9	9	10	寒	1	1	1	1	2	2	2	3	3	3	4	4	4	5	5	5	6	6	6	7	7	7	8
大運 女	二	二	二	一	一	一	一	露	十	九	九	九	八	八	八	七	七	七	六	六	六	五	五	五	四	四	四	三	三	三	二

11월 (庚戌) 辛亥 (입동) 立冬 7日 21:46 小雪 22日

陽曆	1	2	3	4	5	6	7	8	9	10	11	12	13	14	15	16	17	18	19	20	21	22	23	24	25	26	27	28	29	30
요일	火	水	木	金	土	日	月	火	水	木	10	土	日	月	火	水	木	金	土	日	月	火	水	木	金	土	日	月	火	水
陰曆	20	21	22	23	24	25	26	27	28	29	1	2	3	4	5	6	7	8	9	10	11	12	13	14	15	16	17	18	19	20
日辰	壬	癸	甲	乙	丙	丁	戊	己	庚	辛	壬	癸	甲	乙	丙	丁	戊	己	庚	辛	壬	癸	甲	乙	丙	丁	戊	己	庚	辛
	戌	亥	子	丑	寅	卯	辰	巳	午	未	申	酉	戌	亥	子	丑	寅	卯	辰	巳	午	未	申	酉	戌	亥	子	丑	寅	卯
大運 男	8	8	9	9	9	10	立	1	1	1	1	2	2	2	3	3	3	4	4	4	5	5	5	6	6	6	7	7	7	8
大運 女	二	二	一	一	一	一	冬	十	九	九	九	八	八	八	七	七	七	六	六	六	五	五	五	四	四	四	三	三	三	二

12월 (辛亥) 壬子 (대설) 大雪 7日 14:31 冬至 22日

陽曆	1	2	3	4	5	6	7	8	9	10	11	12	13	14	15	16	17	18	19	20	21	22	23	24	25	26	27	28	29	30	31
요일	木	金	土	日	月	火	水	木	金	土	11	月	火	水	木	金	土	日	月	火	水	木	金	土	日	月	火	水	木	金	土
陰曆	21	22	23	24	25	26	27	28	29	30	1	2	3	4	5	6	7	8	9	10	11	12	13	14	15	16	17	18	19	20	21
日辰	壬	癸	甲	乙	丙	丁	戊	己	庚	辛	壬	癸	甲	乙	丙	丁	戊	己	庚	辛	壬	癸	甲	乙	丙	丁	戊	己	庚	辛	壬
	辰	巳	午	未	申	酉	戌	亥	子	丑	寅	卯	辰	巳	午	未	申	酉	戌	亥	子	丑	寅	卯	辰	巳	午	未	申	酉	戌
大運 男	8	8	9	9	9	10	大	1	1	1	1	2	2	2	3	3	3	4	4	4	5	5	5	6	6	6	7	7	7	8	8
大運 女	二	二	一	一	一	一	雪	十	九	九	九	八	八	八	七	七	七	六	六	六	五	五	五	四	四	四	三	三	三	二	二

1월 (壬子) 癸丑 (소한) 小寒 6日 01:43 大寒 20日

陽曆		1	2	3	4	5	6	7	8	9	10	11	12	13	14	15	16	17	18	19	20	21	22	23	24	25	26	27	28	29	30	31
요일		日	月	火	水	木	金	土	日	12	火	水	木	金	土	日	月	火	水	木	金	土	日	月	火	水	木	金	土	日	月	火
陰曆		22	23	24	25	26	27	28	29	1	2	3	4	5	6	7	8	9	10	11	12	13	14	15	16	17	18	19	20	21	22	23
日辰		癸	甲	乙	丙	丁	戊	己	庚	辛	壬	癸	甲	乙	丙	丁	戊	己	庚	辛	壬	癸	甲	乙	丙	丁	戊	己	庚	辛	壬	癸
		亥	子	丑	寅	卯	辰	巳	午	未	申	酉	戌	亥	子	丑	寅	卯	辰	巳	午	未	申	酉	戌	亥	子	丑	寅	卯	辰	巳
大	男	8	9	9	9	10	小	1	1	1	1	2	2	2	3	3	3	4	4	4	5	5	5	6	6	6	7	7	7	8	8	8
運	女	二	一	一	一	一	寒	九	九	九	八	八	八	七	七	七	六	六	六	五	五	五	四	四	四	三	三	三	二	二	二	一

2월 (癸丑) 甲寅 (입춘) 立春 4日 13:27 雨水 19日

陽曆		1	2	3	4	5	6	7	8	9	10	11	12	13	14	15	16	17	18	19	20	21	22	23	24	25	26	27	28			
요일		水	木	金	土	日	月	1	水	木	金	土	日	月	火	水	木	金	土	日	月	火	水	木	金	土	日	月	火			
陰曆		24	25	26	27	28	29	1	2	3	4	5	6	7	8	9	10	11	12	13	14	15	16	17	18	19	20	21	22			
日辰		甲	乙	丙	丁	戊	己	庚	辛	壬	癸	甲	乙	丙	丁	戊	己	庚	辛	壬	癸	甲	乙	丙	丁	戊	己	庚	辛			
		午	未	申	酉	戌	亥	子	丑	寅	卯	辰	巳	午	未	申	酉	戌	亥	子	丑	寅	卯	辰	巳	午	未	申	酉			
大	男	9	9	9	立	10	9	9	9	8	8	8	7	7	7	6	6	6	5	5	5	4	4	4	3	3	3	2	2			
運	女	一	一	一	春	一	一	一	一	二	二	二	三	三	三	四	四	四	五	五	五	六	六	六	七	七	七	八	八			

3월 (甲寅) 乙卯 (경칩) 驚蟄 6日 07:38 春分 21日

陽曆		1	2	3	4	5	6	7	8	9	10	11	12	13	14	15	16	17	18	19	20	21	22	23	24	25	26	27	28	29	30	31
요일		水	木	金	土	日	月	火	水	2	金	土	日	月	火	水	木	金	土	日	月	火	水	木	金	土	日	月	火	水	木	金
陰曆		23	24	25	26	27	28	29	30	1	2	3	4	5	6	7	8	9	10	11	12	13	14	15	16	17	18	19	20	21	22	23
日辰		壬	癸	甲	乙	丙	丁	戊	己	庚	辛	壬	癸	甲	乙	丙	丁	戊	己	庚	辛	壬	癸	甲	乙	丙	丁	戊	己	庚	辛	壬
		戌	亥	子	丑	寅	卯	辰	巳	午	未	申	酉	戌	亥	子	丑	寅	卯	辰	巳	午	未	申	酉	戌	亥	子	丑	寅	卯	辰
大	男	2	1	1	1	1	驚	10	9	9	9	8	8	8	7	7	7	6	6	6	5	5	5	4	4	4	3	3	3	2	2	2
運	女	八	九	九	九	十	蟄	一	一	一	一	二	二	二	三	三	三	四	四	四	五	五	五	六	六	六	七	七	七	八	八	八

4월 (乙卯) 丙辰 (청명) 清明 5日 12:39 穀雨 20日

陽曆		1	2	3	4	5	6	7	8	9	10	11	12	13	14	15	16	17	18	19	20	21	22	23	24	25	26	27	28	29	30	
요일		土	日	月	火	水	木	金	3	日	月	火	水	木	金	土	日	月	火	水	木	金	土	日	月	火	水	木	金	土	日	
陰曆		24	25	26	27	28	29	30	1	2	3	4	5	6	7	8	9	10	11	12	13	14	15	16	17	18	19	20	21	22	23	
日辰		癸	甲	乙	丙	丁	戊	己	庚	辛	壬	癸	甲	乙	丙	丁	戊	己	庚	辛	壬	癸	甲	乙	丙	丁	戊	己	庚	辛	壬	
		巳	午	未	申	酉	戌	亥	子	丑	寅	卯	辰	巳	午	未	申	酉	戌	亥	子	丑	寅	卯	辰	巳	午	未	申	酉	戌	
大	男	1	1	1	1	清	10	10	9	9	9	8	8	8	7	7	7	6	6	6	5	5	5	4	4	4	3	3	3	2	2	
運	女	九	九	九	十	明	一	一	一	一	二	二	二	三	三	三	四	四	四	五	五	五	六	六	六	七	七	七	八	八	八	

5월 (丙辰) 丁巳 (입하) 立夏 6日 06:09 小滿 21日

陽曆		1	2	3	4	5	6	7	8	9	10	11	12	13	14	15	16	17	18	19	20	21	22	23	24	25	26	27	28	29	30	31
요일		月	火	水	木	金	土	4	月	火	水	木	金	土	日	月	火	水	木	金	土	日	月	火	水	木	金	土	日	月	火	水
陰曆		24	25	26	27	28	29	1	2	3	4	5	6	7	8	9	10	11	12	13	14	15	16	17	18	19	20	21	22	23	24	25
日辰		癸	甲	乙	丙	丁	戊	己	庚	辛	壬	癸	甲	乙	丙	丁	戊	己	庚	辛	壬	癸	甲	乙	丙	丁	戊	己	庚	辛	壬	癸
		亥	子	丑	寅	卯	辰	巳	午	未	申	酉	戌	亥	子	丑	寅	卯	辰	巳	午	未	申	酉	戌	亥	子	丑	寅	卯	辰	巳
大	男	2	1	1	1	1	立	10	10	9	9	9	8	8	8	7	7	7	6	6	6	5	5	5	4	4	4	3	3	3	2	2
運	女	九	九	九	十	十	夏	一	一	一	一	二	二	二	三	三	三	四	四	四	五	五	五	六	六	六	七	七	七	八	八	八

6월 (丁巳) 戊午 (망종) 芒種 6日 10:23 夏至 22日

陽曆		1	2	3	4	5	6	7	8	9	10	11	12	13	14	15	16	17	18	19	20	21	22	23	24	25	26	27	28	29	30	
요일		木	金	土	日	月	5	水	木	金	土	日	月	火	水	木	金	土	日	月	火	水	木	金	土	日	月	火	水	木	金	
陰曆		26	27	28	29	30	1	2	3	4	5	6	7	8	9	10	11	12	13	14	15	16	17	18	19	20	21	22	23	24	25	
日辰		甲	乙	丙	丁	戊	己	庚	辛	壬	癸	甲	乙	丙	丁	戊	己	庚	辛	壬	癸	甲	乙	丙	丁	戊	己	庚	辛	壬	癸	
		午	未	申	酉	戌	亥	子	丑	寅	卯	辰	巳	午	未	申	酉	戌	亥	子	丑	寅	卯	辰	巳	午	未	申	酉	戌	亥	
大	男	2	1	1	1	1	芒	10	10	9	9	9	8	8	8	7	7	7	6	6	6	5	5	5	4	4	4	3	3	3	2	
運	女	九	九	九	十	十	種	一	一	一	一	二	二	二	三	三	三	四	四	四	五	五	五	六	六	六	七	七	七	八	八	

7월 (戊午) 己未 (소서) 小署 7日 20:37 大署 23日

陽曆		1	2	3	4	5	6	7	8	9	10	11	12	13	14	15	16	17	18	19	20	21	22	23	24	25	26	27	28	29	30	31
요일		土	日	月	火	6/1	木	金	土	日	月	火	水	木	金	土	日	月	火	水	木	金	土	日	月	火	水	木	金	土	日	月
陰曆		26	27	28	29		2	3	4	5	6	7	8	9	10	11	12	13	14	15	16	17	18	19	20	21	22	23	24	25	26	27
日辰		甲	乙	丙	丁	戊	己	庚	辛	壬	癸	甲	乙	丙	丁	戊	己	庚	辛	壬	癸	甲	乙	丙	丁	戊	己	庚	辛	壬	癸	甲
		子	丑	寅	卯	辰	巳	午	未	申	酉	戌	亥	子	丑	寅	卯	辰	巳	午	未	申	酉	戌	亥	子	丑	寅	卯	辰	巳	午
大	男	2	2	1	1	1	1	小	10	10	10	9	9	9	8	8	8	7	7	7	6	6	6	5	5	5	4	4	4	3	3	3
運	女	八	九	九	九	十	十	署	一	一	一	一	二	二	二	三	三	三	四	四	四	五	五	五	六	六	六	七	七	七	八	八

8월 (己未) 庚申 (입추) 立秋 8日 06:18 處署 23日

陽曆		1	2	3	4	5	6	7	8	9	10	11	12	13	14	15	16	17	18	19	20	21	22	23	24	25	26	27	28	29	30	31
요일		火	水	木	7/1	土	日	月	火	水	木	金	土	日	月	火	水	木	金	土	日	月	火	水	木	金	土	日	月	火	水	木
陰曆		28	29	30		2	3	4	5	6	7	8	9	10	11	12	13	14	15	16	17	18	19	20	21	22	23	24	25	26	27	28
日辰		乙	丙	丁	戊	己	庚	辛	壬	癸	甲	乙	丙	丁	戊	己	庚	辛	壬	癸	甲	乙	丙	丁	戊	己	庚	辛	壬	癸	甲	乙
		未	申	酉	戌	亥	子	丑	寅	卯	辰	巳	午	未	申	酉	戌	亥	子	丑	寅	卯	辰	巳	午	未	申	酉	戌	亥	子	丑
大	男	2	2	2	1	1	1	1	立	10	10	9	9	9	8	8	8	7	7	7	6	6	6	5	5	5	4	4	4	3	3	3
運	女	八	九	九	九	十	十	十	秋	一	一	一	一	二	二	二	三	三	三	四	四	四	五	五	五	六	六	六	七	七	七	八

9월 (庚申) 辛酉 (백로) 白露 8日 09:02 秋分 23日

陽曆		1	2	3	4	5	6	7	8	9	10	11	12	13	14	15	16	17	18	19	20	21	22	23	24	25	26	27	28	29	30	
요일		金	土	8/1	月	火	水	木	金	土	日	月	火	水	木	金	土	日	月	火	水	木	金	土	日	月	火	水	木	金	土	
陰曆		29	30		2	3	4	5	6	7	8	9	10	11	12	13	14	15	16	17	18	19	20	21	22	23	24	25	26	27	28	
日辰		丙	丁	戊	己	庚	辛	壬	癸	甲	乙	丙	丁	戊	己	庚	辛	壬	癸	甲	乙	丙	丁	戊	己	庚	辛	壬	癸	甲	乙	
		寅	卯	辰	巳	午	未	申	酉	戌	亥	子	丑	寅	卯	辰	巳	午	未	申	酉	戌	亥	子	丑	寅	卯	辰	巳	午	未	
大	男	2	2	2	1	1	1	1	白	10	10	9	9	9	8	8	8	7	7	7	6	6	6	5	5	5	4	4	4	3	3	
運	女	八	八	九	九	九	十	十	露	一	一	一	一	二	二	二	三	三	三	四	四	四	五	五	五	六	六	六	七	七	七	

10월 (辛酉) 壬戌 (한로) 寒露 9日 00:31 霜降 24日

陽曆		1	2	3	4	5	6	7	8	9	10	11	12	13	14	15	16	17	18	19	20	21	22	23	24	25	26	27	28	29	30	31
요일		日	9/1	火	水	木	金	土	日	月	火	水	木	金	土	日	月	火	水	木	金	土	日	月	火	水	木	金	土	日	月	火
陰曆		29		2	3	4	5	6	7	8	9	10	11	12	13	14	15	16	17	18	19	20	21	22	23	24	25	26	27	28	29	30
日辰		丙	丁	戊	己	庚	辛	壬	癸	甲	乙	丙	丁	戊	己	庚	辛	壬	癸	甲	乙	丙	丁	戊	己	庚	辛	壬	癸	甲	乙	丙
		申	酉	戌	亥	子	丑	寅	卯	辰	巳	午	未	申	酉	戌	亥	子	丑	寅	卯	辰	巳	午	未	申	酉	戌	亥	子	丑	寅
大	男	3	2	2	2	1	1	1	1	寒	10	9	9	9	8	8	8	7	7	7	6	6	6	5	5	5	4	4	4	3	3	3
運	女	八	八	八	九	九	九	十	十	露	一	一	一	一	二	二	二	三	三	三	四	四	四	五	五	五	六	六	六	七	七	七

11월 (壬戌) 癸亥 (입동) 立冬 8日 03:34 小雪 23日

陽曆		1	2	3	4	5	6	7	8	9	10	11	12	13	14	15	16	17	18	19	20	21	22	23	24	25	26	27	28	29	30	
요일		10/1	木	金	土	日	月	火	水	木	金	土	日	月	火	水	木	金	土	日	月	火	水	木	金	土	日	月	火	水	11/1	
陰曆			2	3	4	5	6	7	8	9	10	11	12	13	14	15	16	17	18	19	20	21	22	23	24	25	26	27	28	29		
日辰		丁	戊	己	庚	辛	壬	癸	甲	乙	丙	丁	戊	己	庚	辛	壬	癸	甲	乙	丙	丁	戊	己	庚	辛	壬	癸	甲	乙	丙	
		卯	辰	巳	午	未	申	酉	戌	亥	子	丑	寅	卯	辰	巳	午	未	申	酉	戌	亥	子	丑	寅	卯	辰	巳	午	未	申	
大	男	2	2	2	1	1	1	1	立	9	9	9	8	8	8	7	7	7	6	6	6	5	5	5	4	4	4	3	3	3	2	
運	女	八	八	八	九	九	九	十	冬	一	一	一	一	二	二	二	三	三	三	四	四	四	五	五	五	六	六	六	七	七	七	

12월 (癸亥) 甲子 (대설) 大雪 7日 20:20 冬至 22日

陽曆		1	2	3	4	5	6	7	8	9	10	11	12	13	14	15	16	17	18	19	20	21	22	23	24	25	26	27	28	29	30	31
요일		金	土	日	月	火	水	木	金	土	日	月	火	水	木	金	土	日	月	火	水	木	金	土	日	月	火	水	木	金	12/1	日
陰曆		2	3	4	5	6	7	8	9	10	11	12	13	14	15	16	17	18	19	20	21	22	23	24	25	26	27	28	29	30		2
日辰		丁	戊	己	庚	辛	壬	癸	甲	乙	丙	丁	戊	己	庚	辛	壬	癸	甲	乙	丙	丁	戊	己	庚	辛	壬	癸	甲	乙	丙	丁
		酉	戌	亥	子	丑	寅	卯	辰	巳	午	未	申	酉	戌	亥	子	丑	寅	卯	辰	巳	午	未	申	酉	戌	亥	子	丑	寅	卯
大	男	2	2	1	1	1	1	大	10	9	9	9	8	8	8	7	7	7	6	6	6	5	5	5	4	4	4	3	3	3	2	2
運	女	八	八	八	九	九	九	雪	一	一	一	一	二	二	二	三	三	三	四	四	四	五	五	五	六	六	六	七	七	七	八	八

己未

1월 (甲子)

乙丑 (소한) 小寒 6日 07:32 　　大寒 21日

陽曆	1	2	3	4	5	6	7	8	9	10	11	12	13	14	15	16	17	18	19	20	21	22	23	24	25	26	27	28	29	30	31
요일	月	火	水	木	金	土	日	月	火	水	木	金	土	日	月	火	水	木	金	土	日	月	火	水	木	金	土	1	月	火	水
陰曆	3	4	5	6	7	8	9	10	11	12	13	14	15	16	17	18	19	20	21	22	23	24	25	26	27	28	29	1	2	3	4
日辰	戊	己	庚	辛	壬	癸	甲	乙	丙	丁	戊	己	庚	辛	壬	癸	甲	乙	丙	丁	戊	己	庚	辛	壬	癸	甲	乙	丙	丁	戊
	辰	巳	午	未	申	酉	戌	亥	子	丑	寅	卯	辰	巳	午	未	申	酉	戌	亥	子	丑	寅	卯	辰	巳	午	未	申	酉	戌
大 男	2	1	1	1	1	小	9	9	9	8	8	8	7	7	7	6	6	6	5	5	5	4	4	4	3	3	3	2	2	2	1
運 女	八	九	九	九	十	寒	一	一	一	一	二	二	二	三	三	三	四	四	四	五	五	五	六	六	六	七	七	七	八	八	八

2월 (乙丑)

丙寅 (입춘) 立春 4日 19:12 　　雨水 19日

陽曆	1	2	3	4	5	6	7	8	9	10	11	12	13	14	15	16	17	18	19	20	21	22	23	24	25	26	27	28			
요일	木	金	土	日	月	火	水	木	金	土	日	月	火	水	木	金	土	日	月	火	水	木	金	土	日	月	2	水			
陰曆	5	6	7	8	9	10	11	12	13	14	15	16	17	18	19	20	21	22	23	24	25	26	27	28	29	30	1	2			
日辰	己	庚	辛	壬	癸	甲	乙	丙	丁	戊	己	庚	辛	壬	癸	甲	乙	丙	丁	戊	己	庚	辛	壬	癸	甲	乙	丙			
	亥	子	丑	寅	卯	辰	巳	午	未	申	酉	戌	亥	子	丑	寅	卯	辰	巳	午	未	申	酉	戌	亥	子	丑	寅			
大 男	1	1	1	立	1	1	1	1	2	2	2	3	3	3	4	4	4	5	5	5	6	6	6	7	7	7	8	8			
運 女	九	九	九	春	十	九	九	九	八	八	八	七	七	七	六	六	六	五	五	五	四	四	四	三	三	三	二	二			

3월 (丙寅)

丁卯 (경칩) 驚蟄 6日 13:20 　　春分 21日

陽曆	1	2	3	4	5	6	7	8	9	10	11	12	13	14	15	16	17	18	19	20	21	22	23	24	25	26	27	28	29	30	31
요일	木	金	土	日	月	火	水	木	金	土	日	月	火	水	木	金	土	日	月	火	水	木	金	土	日	月	火	3	木	金	土
陰曆	3	4	5	6	7	8	9	10	11	12	13	14	15	16	17	18	19	20	21	22	23	24	25	26	27	28	29	1	2	3	4
日辰	丁	戊	己	庚	辛	壬	癸	甲	乙	丙	丁	戊	己	庚	辛	壬	癸	甲	乙	丙	丁	戊	己	庚	辛	壬	癸	甲	乙	丙	丁
	卯	辰	巳	午	未	申	酉	戌	亥	子	丑	寅	卯	辰	巳	午	未	申	酉	戌	亥	子	丑	寅	卯	辰	巳	午	未	申	酉
大 男	8	9	9	9	10	驚	1	1	1	1	2	2	2	3	3	3	4	4	4	5	5	5	6	6	6	7	7	7	8	8	8
運 女	二	一	一	一	一	蟄	十	九	九	九	八	八	八	七	七	七	六	六	六	五	五	五	四	四	四	三	三	三	二	二	二

4월 (丁卯)

戊辰 (청명) 清明 5日 18:18 　　穀雨 21日

陽曆	1	2	3	4	5	6	7	8	9	10	11	12	13	14	15	16	17	18	19	20	21	22	23	24	25	26	27	28	29	30	
요일	日	月	火	水	木	金	土	日	月	火	水	木	金	土	日	月	火	水	木	金	土	日	月	火	水	4	金	土	日	月	
陰曆	5	6	7	8	9	10	11	12	13	14	15	16	17	18	19	20	21	22	23	24	25	26	27	28	29	1	2	3	4	5	
日辰	戊	己	庚	辛	壬	癸	甲	乙	丙	丁	戊	己	庚	辛	壬	癸	甲	乙	丙	丁	戊	己	庚	辛	壬	癸	甲	乙	丙	丁	
	戌	亥	子	丑	寅	卯	辰	巳	午	未	申	酉	戌	亥	子	丑	寅	卯	辰	巳	午	未	申	酉	戌	亥	子	丑	寅	卯	
大 男	9	9	9	10	清	1	1	1	1	2	2	2	3	3	3	4	4	4	5	5	5	6	6	6	7	7	7	8	8	8	
運 女	一	一	一	一	明	十	十	九	九	九	八	八	八	七	七	七	六	六	六	五	五	五	四	四	四	三	三	三	二	二	

5월 (戊辰)

己巳 (입하) 立夏 6日 11:47 　　小滿 22日

陽曆	1	2	3	4	5	6	7	8	9	10	11	12	13	14	15	16	17	18	19	20	21	22	23	24	25	26	27	28	29	30	31
요일	火	水	木	金	土	日	月	火	水	木	金	土	日	月	火	水	木	金	土	日	月	火	水	木	金	5	日	月	火	水	木
陰曆	6	7	8	9	10	11	12	13	14	15	16	17	18	19	20	21	22	23	24	25	26	27	28	29	30	1	2	3	4	5	6
日辰	戊	己	庚	辛	壬	癸	甲	乙	丙	丁	戊	己	庚	辛	壬	癸	甲	乙	丙	丁	戊	己	庚	辛	壬	癸	甲	乙	丙	丁	戊
	辰	巳	午	未	申	酉	戌	亥	子	丑	寅	卯	辰	巳	午	未	申	酉	戌	亥	子	丑	寅	卯	辰	巳	午	未	申	酉	戌
大 男	9	9	9	10	10	立	1	1	1	1	2	2	2	3	3	3	4	4	4	5	5	5	6	6	6	7	7	7	8	8	8
運 女	二	一	一	一	一	夏	十	十	九	九	九	八	八	八	七	七	七	六	六	六	五	五	五	四	四	四	三	三	三	二	二

6월 (己巳)

庚午 (망종) 芒種 6日 16:05 　　夏至 22日

陽曆	1	2	3	4	5	6	7	8	9	10	11	12	13	14	15	16	17	18	19	20	21	22	23	24	25	26	27	28	29	30	
요일	金	土	日	月	火	水	木	金	土	日	月	火	水	木	金	土	日	月	火	水	木	金	土	6	月	火	水	木	金	土	
陰曆	7	8	9	10	11	12	13	14	15	16	17	18	19	20	21	22	23	24	25	26	27	28	29	1	2	3	4	5	6	7	
日辰	己	庚	辛	壬	癸	甲	乙	丙	丁	戊	己	庚	辛	壬	癸	甲	乙	丙	丁	戊	己	庚	辛	壬	癸	甲	乙	丙	丁	戊	
	亥	子	丑	寅	卯	辰	巳	午	未	申	酉	戌	亥	子	丑	寅	卯	辰	巳	午	未	申	酉	戌	亥	子	丑	寅	卯	辰	
大 男	9	9	9	10	10	芒	1	1	1	1	2	2	2	3	3	3	4	4	4	5	5	5	6	6	6	7	7	7	8	8	
運 女	二	一	一	一	一	種	十	十	十	九	九	九	八	八	八	七	七	七	六	六	六	五	五	五	四	四	四	三	三	三	

7월 (庚午) 辛未 (소서) 小暑 8日 02:25 大暑 23日

陽曆		1	2	3	4	5	6	7	8	9	10	11	12	13	14	15	16	17	18	19	20	21	22	23	24	25	26	27	28	29	30	31
요일		日	月	火	水	木	金	土	日	月	火	水	木	金	土	日	月	火	水	木	金	土	日	月	윤6/	水	木	金	土	日	月	火
陰曆		8	9	10	11	12	13	14	15	16	17	18	19	20	21	22	23	24	25	26	27	28	29	30	1	2	3	4	5	6	7	8
日辰		己	庚	辛	壬	癸	甲	乙	丙	丁	戊	己	庚	辛	壬	癸	甲	乙	丙	丁	戊	己	庚	辛	壬	癸	甲	乙	丙	丁	戊	己
		巳	午	未	申	酉	戌	亥	子	丑	寅	卯	辰	巳	午	未	申	酉	戌	亥	子	丑	寅	卯	辰	巳	午	未	申	酉	戌	亥
大	男	8	9	9	9	10	10	10	小	1	1	1	1	2	2	2	3	3	3	4	4	4	5	5	5	6	6	6	7	7	7	8
運	女	二	二	二	一	一	一	一	署	十	十	九	九	九	八	八	八	七	七	七	六	六	六	五	五	五	四	四	四	三	三	三

8월 (辛未) 壬申 (입추) 立秋 8日 12:11 處署 24日

陽曆		1	2	3	4	5	6	7	8	9	10	11	12	13	14	15	16	17	18	19	20	21	22	23	24	25	26	27	28	29	30	31
요일		水	木	金	土	日	月	火	水	木	金	土	日	月	火	水	木	金	土	日	月	火	水	7/	金	土	日	月	火	水	木	金
陰曆		9	10	11	12	13	14	15	16	17	18	19	20	21	22	23	24	25	26	27	28	29	30	1	2	3	4	5	6	7	8	9
日辰		庚	辛	壬	癸	甲	乙	丙	丁	戊	己	庚	辛	壬	癸	甲	乙	丙	丁	戊	己	庚	辛	壬	癸	甲	乙	丙	丁	戊	己	庚
		子	丑	寅	卯	辰	巳	午	未	申	酉	戌	亥	子	丑	寅	卯	辰	巳	午	未	申	酉	戌	亥	子	丑	寅	卯	辰	巳	午
大	男	8	8	9	9	9	10	10	立	1	1	1	1	2	2	2	3	3	3	4	4	4	5	5	5	6	6	6	7	7	7	8
運	女	二	二	二	一	一	一	一	秋	十	十	九	九	九	八	八	八	七	七	七	六	六	六	五	五	五	四	四	四	三	三	三

9월 (壬申) 癸酉 (백로) 白露 8日 15:00 秋分 24日

陽曆		1	2	3	4	5	6	7	8	9	10	11	12	13	14	15	16	17	18	19	20	21	22	23	24	25	26	27	28	29	30	
요일		土	日	月	火	水	木	金	土	日	月	火	水	木	金	土	日	月	火	水	木	8/	土	日	月	火	水	木	金	土	日	
陰曆		10	11	12	13	14	15	16	17	18	19	20	21	22	23	24	25	26	27	28	29	1	2	3	4	5	6	7	8	9	10	
日辰		辛	壬	癸	甲	乙	丙	丁	戊	己	庚	辛	壬	癸	甲	乙	丙	丁	戊	己	庚	辛	壬	癸	甲	乙	丙	丁	戊	己	庚	
		未	申	酉	戌	亥	子	丑	寅	卯	辰	巳	午	未	申	酉	戌	亥	子	丑	寅	卯	辰	巳	午	未	申	酉	戌	亥	子	
大	男	8	8	9	9	9	10	10	白	1	1	1	1	2	2	2	3	3	3	4	4	4	5	5	5	6	6	6	7	7	7	
運	女	二	二	二	一	一	一	一	露	十	十	九	九	九	八	八	八	七	七	七	六	六	六	五	五	五	四	四	四	三	三	

10월 (癸酉) 甲戌 (한로) 寒露 9日 06:30 霜降 24日

陽曆		1	2	3	4	5	6	7	8	9	10	11	12	13	14	15	16	17	18	19	20	21	22	23	24	25	26	27	28	29	30	31
요일		月	火	水	木	金	土	日	月	火	水	木	金	土	日	月	火	水	木	金	土	9/	月	火	水	木	金	土	日	月	火	水
陰曆		11	12	13	14	15	16	17	18	19	20	21	22	23	24	25	26	27	28	29	30	1	2	3	4	5	6	7	8	9	10	11
日辰		辛	壬	癸	甲	乙	丙	丁	戊	己	庚	辛	壬	癸	甲	乙	丙	丁	戊	己	庚	辛	壬	癸	甲	乙	丙	丁	戊	己	庚	辛
		丑	寅	卯	辰	巳	午	未	申	酉	戌	亥	子	丑	寅	卯	辰	巳	午	未	申	酉	戌	亥	子	丑	寅	卯	辰	巳	午	未
大	男	8	8	8	9	9	9	10	10	寒	1	1	1	1	2	2	2	3	3	3	4	4	4	5	5	5	6	6	6	7	7	7
運	女	三	二	二	二	一	一	一	一	露	十	九	九	九	八	八	八	七	七	七	六	六	六	五	五	五	四	四	四	三	三	三

11월 (甲戌) 乙亥 (입동) 立冬 8日 09:33 小雪 23日

陽曆		1	2	3	4	5	6	7	8	9	10	11	12	13	14	15	16	17	18	19	20	21	22	23	24	25	26	27	28	29	30	
요일		木	金	土	日	月	火	水	木	金	土	日	月	火	水	木	金	土	日	月	10/	水	木	金	土	日	月	火	水	木	金	
陰曆		12	13	14	15	16	17	18	19	20	21	22	23	24	25	26	27	28	29	30	1	2	3	4	5	6	7	8	9	10	11	
日辰		壬	癸	甲	乙	丙	丁	戊	己	庚	辛	壬	癸	甲	乙	丙	丁	戊	己	庚	辛	壬	癸	甲	乙	丙	丁	戊	己	庚	辛	
		申	酉	戌	亥	子	丑	寅	卯	辰	巳	午	未	申	酉	戌	亥	子	丑	寅	卯	辰	巳	午	未	申	酉	戌	亥	子	丑	
大	男	8	8	8	9	9	9	10	立	1	1	1	1	2	2	2	3	3	3	4	4	4	5	5	5	6	6	6	7	7	7	
運	女	二	二	二	一	一	一	一	冬	十	九	九	九	八	八	八	七	七	七	六	六	六	五	五	五	四	四	四	三	三	三	

12월 (乙亥) 丙子 (대설) 大雪 8日 02:18 冬至 22日

陽曆		1	2	3	4	5	6	7	8	9	10	11	12	13	14	15	16	17	18	19	20	21	22	23	24	25	26	27	28	29	30	31
요일		土	日	月	火	水	木	金	土	日	月	火	水	木	金	土	日	月	火	11/	木	金	土	日	月	火	水	木	金	土	日	月
陰曆		12	13	14	15	16	17	18	19	20	21	22	23	24	25	26	27	28	29	1	2	3	4	5	6	7	8	9	10	11	12	13
日辰		壬	癸	甲	乙	丙	丁	戊	己	庚	辛	壬	癸	甲	乙	丙	丁	戊	己	庚	辛	壬	癸	甲	乙	丙	丁	戊	己	庚	辛	壬
		寅	卯	辰	巳	午	未	申	酉	戌	亥	子	丑	寅	卯	辰	巳	午	未	申	酉	戌	亥	子	丑	寅	卯	辰	巳	午	未	申
大	男	8	8	8	9	9	9	10	大	1	1	1	1	2	2	2	3	3	3	4	4	4	5	5	5	6	6	6	7	7	7	8
運	女	二	二	二	一	一	一	一	雪	九	九	九	八	八	八	七	七	七	六	六	六	五	五	五	四	四	四	三	三	三	二	二

1월 (丙子) 丁丑(소한) 小寒 6日 13:29 大寒 21日

陽曆	1	2	3	4	5	6	7	8	9	10	11	12	13	14	15	16	17	18	19	20	21	22	23	24	25	26	27	28	29	30	31
요일	火	水	木	金	土	日	月	火	水	木	金	土	日	月	火	水	木	12/1	土	日	月	火	水	木	金	土	日	月	火	水	木
陰曆	14	15	16	17	18	19	20	21	22	23	24	25	26	27	28	29	30		2	3	4	5	6	7	8	9	10	11	12	13	14
日辰	癸	甲	乙	丙	丁	戊	己	庚	辛	壬	癸	甲	乙	丙	丁	戊	己	庚	辛	壬	癸	甲	乙	丙	丁	戊	己	庚	辛	壬	癸
	酉	戌	亥	子	丑	寅	卯	辰	巳	午	未	申	酉	戌	亥	子	丑	寅	卯	辰	巳	午	未	申	酉	戌	亥	子	丑	寅	卯
大運 男	8	8	9	9	9	小	1	1	1	1	2	2	2	3	3	3	4	4	4	5	5	5	6	6	6	7	7	7	8	8	8
大運 女	二	一	一	一	一	寒	十	九	九	九	八	八	八	七	七	七	六	六	六	五	五	五	四	四	四	三	三	三	二	二	二

2월 (丁丑) 戊寅(입춘) 立春 5日 01:09 雨水 19日

陽曆	1	2	3	4	5	6	7	8	9	10	11	12	13	14	15	16	17	18	19	20	21	22	23	24	25	26	27	28	29		
요일	金	土	日	月	火	水	木	金	土	日	月	火	水	木	金	1/1	日	月	火	水	木	金	土	日	月	火	水	木	金		
陰曆	15	16	17	18	19	20	21	22	23	24	25	26	27	28	29		2	3	4	5	6	7	8	9	10	11	12	13	14		
日辰	甲	乙	丙	丁	戊	己	庚	辛	壬	癸	甲	乙	丙	丁	戊	己	庚	辛	壬	癸	甲	乙	丙	丁	戊	己	庚	辛	壬		
	辰	巳	午	未	申	酉	戌	亥	子	丑	寅	卯	辰	巳	午	未	申	酉	戌	亥	子	丑	寅	卯	辰	巳	午	未	申		
大運 男	9	9	9	10	立	9	9	9	8	8	8	7	7	7	6	6	6	5	5	5	4	4	4	3	3	3	2	2	2		
大運 女	一	一	一	一	春	一	一	一	二	二	二	三	三	三	四	四	四	五	五	五	六	六	六	七	七	七	八	八	八		

3월 (戊寅) 己卯(경칩) 驚蟄 5日 19:17 春分 20日

陽曆	1	2	3	4	5	6	7	8	9	10	11	12	13	14	15	16	17	18	19	20	21	22	23	24	25	26	27	28	29	30	31
요일	土	日	月	火	水	木	金	土	日	月	火	水	木	金	土	日	2/1	火	水	木	金	土	日	月	火	水	木	金	土	日	月
陰曆	15	16	17	18	19	20	21	22	23	24	25	26	27	28	29	30		2	3	4	5	6	7	8	9	10	11	12	13	14	15
日辰	癸	甲	乙	丙	丁	戊	己	庚	辛	壬	癸	甲	乙	丙	丁	戊	己	庚	辛	壬	癸	甲	乙	丙	丁	戊	己	庚	辛	壬	癸
	酉	戌	亥	子	丑	寅	卯	辰	巳	午	未	申	酉	戌	亥	子	丑	寅	卯	辰	巳	午	未	申	酉	戌	亥	子	丑	寅	卯
大運 男	1	1	1	1	驚	10	10	9	9	9	8	8	8	7	7	7	6	6	6	5	5	5	4	4	4	3	3	3	2	2	2
大運 女	八	九	九	九	蟄	一	一	一	一	二	二	二	三	三	三	四	四	四	五	五	五	六	六	六	七	七	七	八	八	八	九

4월 (己卯) 庚辰(청명) 清明 5日 00:15 穀雨 20日

陽曆	1	2	3	4	5	6	7	8	9	10	11	12	13	14	15	16	17	18	19	20	21	22	23	24	25	26	27	28	29	30	
요일	火	水	木	金	土	日	月	火	水	木	金	土	日	月	3/1	水	木	金	土	日	月	火	水	木	金	土	日	月	火	水	
陰曆	16	17	18	19	20	21	22	23	24	25	26	27	28	29		2	3	4	5	6	7	8	9	10	11	12	13	14	15	16	
日辰	甲	乙	丙	丁	戊	己	庚	辛	壬	癸	甲	乙	丙	丁	戊	己	庚	辛	壬	癸	甲	乙	丙	丁	戊	己	庚	辛	壬	癸	
	辰	巳	午	未	申	酉	戌	亥	子	丑	寅	卯	辰	巳	午	未	申	酉	戌	亥	子	丑	寅	卯	辰	巳	午	未	申	酉	
大運 男	1	1	1	1	清	10	9	9	9	8	8	8	7	7	7	6	6	6	5	5	5	4	4	4	3	3	3	2	2	2	
大運 女	九	九	十	十	明	一	一	一	一	二	二	二	三	三	三	四	四	四	五	五	五	六	六	六	七	七	七	八	八	八	

5월 (庚辰) 辛巳(입하) 立夏 5日 17:45 小滿 21日

陽曆	1	2	3	4	5	6	7	8	9	10	11	12	13	14	15	16	17	18	19	20	21	22	23	24	25	26	27	28	29	30	31
요일	木	金	土	日	月	火	水	木	金	土	日	月	火	4/1	木	金	土	日	月	火	水	木	金	土	日	月	火	水	木	金	土
陰曆	17	18	19	20	21	22	23	24	25	26	27	28	29		2	3	4	5	6	7	8	9	10	11	12	13	14	15	16	17	18
日辰	甲	乙	丙	丁	戊	己	庚	辛	壬	癸	甲	乙	丙	丁	戊	己	庚	辛	壬	癸	甲	乙	丙	丁	戊	己	庚	辛	壬	癸	甲
	戌	亥	子	丑	寅	卯	辰	巳	午	未	申	酉	戌	亥	子	丑	寅	卯	辰	巳	午	未	申	酉	戌	亥	子	丑	寅	卯	辰
大運 男	1	1	1	1	立	10	10	9	9	9	8	8	8	7	7	7	6	6	6	5	5	5	4	4	4	3	3	3	2	2	2
大運 女	九	九	九	十	夏	一	一	一	一	二	二	二	三	三	三	四	四	四	五	五	五	六	六	六	七	七	七	八	八	八	九

6월 (辛巳) 壬午(망종) 芒種 5日 22:04 夏至 21日

陽曆	1	2	3	4	5	6	7	8	9	10	11	12	13	14	15	16	17	18	19	20	21	22	23	24	25	26	27	28	29	30	
요일	日	月	火	水	木	金	土	日	月	火	水	木	5/1	土	日	月	火	水	木	金	土	日	月	火	水	木	金	土	日	月	
陰曆	19	20	21	22	23	24	25	26	27	28	29	30		2	3	4	5	6	7	8	9	10	11	12	13	14	15	16	17	18	
日辰	乙	丙	丁	戊	己	庚	辛	壬	癸	甲	乙	丙	丁	戊	己	庚	辛	壬	癸	甲	乙	丙	丁	戊	己	庚	辛	壬	癸	甲	
	巳	午	未	申	酉	戌	亥	子	丑	寅	卯	辰	巳	午	未	申	酉	戌	亥	子	丑	寅	卯	辰	巳	午	未	申	酉	戌	
大運 男	1	1	1	1	芒	10	10	10	9	9	9	8	8	8	7	7	7	6	6	6	5	5	5	4	4	4	3	3	3	2	
大運 女	九	九	十	十	種	一	一	一	一	二	二	二	三	三	三	四	四	四	五	五	五	六	六	六	七	七	七	八	八	八	

石榴木星	三日得辛	南大將	午弔客	寒食(4월 05일)	初伏(7월 16일)
二黑土星	十龍治水	戌喪門	南三殺	中伏(7월 26일)	末伏(8월 15일)

7월 (壬午) 癸未 (소서) 小署 7日 08:24 大署 23日

陽曆		1	2	3	4	5	6	7	8	9	10	11	12	13	14	15	16	17	18	19	20	21	22	23	24	25	26	27	28	29	30	31
요일		火	水	木	金	土	日	月	火	水	木	金	6/	日	月	火	水	木	金	土	日	月	火	水	木	金	土	日	月	火	水	木
陰曆		19	20	21	22	23	24	25	26	27	28	29	1	2	3	4	5	6	7	8	9	10	11	12	13	14	15	16	17	18	19	20
日辰		乙	丙	丁	戊	己	庚	辛	壬	癸	甲	乙	丙	丁	戊	己	庚	辛	壬	癸	甲	乙	丙	丁	戊	己	庚	辛	壬	癸	甲	乙
		亥	子	丑	寅	卯	辰	巳	午	未	申	酉	戌	亥	子	丑	寅	卯	辰	巳	午	未	申	酉	戌	亥	子	丑	寅	卯	辰	巳
大	男	2	2	1	1	1	1	小	10	10	9	9	9	8	8	8	7	7	7	6	6	6	5	5	5	4	4	4	3	3	3	2
運	女	九	九	九	十	十	十	署	一	一	一	一	二	二	二	三	三	三	四	四	四	五	五	五	六	六	六	七	七	七	八	八

8월 (癸未) 甲申 (입추) 立秋 7日 18:09 處署 23日

陽曆		1	2	3	4	5	6	7	8	9	10	11	12	13	14	15	16	17	18	19	20	21	22	23	24	25	26	27	28	29	30	31
요일		金	土	日	月	火	水	木	金	土	日	7/	火	水	木	金	土	日	月	火	水	木	金	土	日	月	火	水	木	金	土	日
陰曆		21	22	23	24	25	26	27	28	29	30	1	2	3	4	5	6	7	8	9	10	11	12	13	14	15	16	17	18	19	20	21
日辰		丙	丁	戊	己	庚	辛	壬	癸	甲	乙	丙	丁	戊	己	庚	辛	壬	癸	甲	乙	丙	丁	戊	己	庚	辛	壬	癸	甲	乙	丙
		午	未	申	酉	戌	亥	子	丑	寅	卯	辰	巳	午	未	申	酉	戌	亥	子	丑	寅	卯	辰	巳	午	未	申	酉	戌	亥	子
大	男	2	2	1	1	1	1	立	10	10	9	9	9	8	8	8	7	7	7	6	6	6	5	5	5	4	4	4	3	3	3	2
運	女	八	九	九	九	十	十	秋	一	一	一	一	二	二	二	三	三	三	四	四	四	五	五	五	六	六	六	七	七	七	八	八

9월 (甲申) 乙酉 (백로) 白露 7日 20:53 秋分 23日

陽曆		1	2	3	4	5	6	7	8	9	10	11	12	13	14	15	16	17	18	19	20	21	22	23	24	25	26	27	28	29	30	
요일		月	火	水	木	金	土	日	月	8/	水	木	金	土	日	月	火	水	木	金	土	日	月	火	水	木	金	土	日	月	火	
陰曆		22	23	24	25	26	27	28	29	1	2	3	4	5	6	7	8	9	10	11	12	13	14	15	16	17	18	19	20	21	22	
日辰		丁	戊	己	庚	辛	壬	癸	甲	乙	丙	丁	戊	己	庚	辛	壬	癸	甲	乙	丙	丁	戊	己	庚	辛	壬	癸	甲	乙	丙	
		丑	寅	卯	辰	巳	午	未	申	酉	戌	亥	子	丑	寅	卯	辰	巳	午	未	申	酉	戌	亥	子	丑	寅	卯	辰	巳	午	
大	男	2	2	1	1	1	1	白	10	10	9	9	9	8	8	8	7	7	7	6	6	6	5	5	5	4	4	4	3	3	3	
運	女	八	九	九	九	十	十	露	一	一	一	一	二	二	二	三	三	三	四	四	四	五	五	五	六	六	六	七	七	七	八	

10월 (乙酉) 丙戌 (한로) 寒露 8日 12:19 霜降 23日

陽曆		1	2	3	4	5	6	7	8	9	10	11	12	13	14	15	16	17	18	19	20	21	22	23	24	25	26	27	28	29	30	31
요일		水	木	金	土	日	月	火	水	9/	金	土	日	月	火	水	木	金	土	日	月	火	水	木	金	土	日	月	火	水	木	金
陰曆		23	24	25	26	27	28	29	30	1	2	3	4	5	6	7	8	9	10	11	12	13	14	15	16	17	18	19	20	21	22	23
日辰		丁	戊	己	庚	辛	壬	癸	甲	乙	丙	丁	戊	己	庚	辛	壬	癸	甲	乙	丙	丁	戊	己	庚	辛	壬	癸	甲	乙	丙	丁
		未	申	酉	戌	亥	子	丑	寅	卯	辰	巳	午	未	申	酉	戌	亥	子	丑	寅	卯	辰	巳	午	未	申	酉	戌	亥	子	丑
大	男	2	2	2	1	1	1	1	寒	10	9	9	9	8	8	8	7	7	7	6	6	6	5	5	5	4	4	4	3	3	3	2
運	女	八	八	九	九	九	十	十	露	一	一	一	一	二	二	二	三	三	三	四	四	四	五	五	五	六	六	六	七	七	七	八

11월 (丙戌) 丁亥 (입동) 立冬 7日 15:18 小雪 22日

陽曆		1	2	3	4	5	6	7	8	9	10	11	12	13	14	15	16	17	18	19	20	21	22	23	24	25	26	27	28	29	30	
요일		土	日	月	火	水	木	金	10/	日	月	火	水	木	金	土	日	月	火	水	木	金	土	日	月	火	水	木	金	土	日	
陰曆		24	25	26	27	28	29	30	1	2	3	4	5	6	7	8	9	10	11	12	13	14	15	16	17	18	19	20	21	22	23	
日辰		戊	己	庚	辛	壬	癸	甲	乙	丙	丁	戊	己	庚	辛	壬	癸	甲	乙	丙	丁	戊	己	庚	辛	壬	癸	甲	乙	丙	丁	
		寅	卯	辰	巳	午	未	申	酉	戌	亥	子	丑	寅	卯	辰	巳	午	未	申	酉	戌	亥	子	丑	寅	卯	辰	巳	午	未	
大	男	2	2	1	1	1	1	立	10	9	9	9	8	8	8	7	7	7	6	6	6	5	5	5	4	4	4	3	3	3	2	
運	女	八	八	九	九	九	十	冬	一	一	一	一	二	二	二	三	三	三	四	四	四	五	五	五	六	六	六	七	七	七	八	

12월 (丁亥) 戊子 (대설) 大雪 7日 08:01 冬至 22日

陽曆		1	2	3	4	5	6	7	8	9	10	11	12	13	14	15	16	17	18	19	20	21	22	23	24	25	26	27	28	29	30	31
요일		月	火	水	木	金	土	11/	月	火	水	木	金	土	日	月	火	水	木	金	土	日	月	火	水	木	金	土	日	月	火	水
陰曆		24	25	26	27	28	29	1	2	3	4	5	6	7	8	9	10	11	12	13	14	15	16	17	18	19	20	21	22	23	24	25
日辰		戊	己	庚	辛	壬	癸	甲	乙	丙	丁	戊	己	庚	辛	壬	癸	甲	乙	丙	丁	戊	己	庚	辛	壬	癸	甲	乙	丙	丁	戊
		申	酉	戌	亥	子	丑	寅	卯	辰	巳	午	未	申	酉	戌	亥	子	丑	寅	卯	辰	巳	午	未	申	酉	戌	亥	子	丑	寅
大	男	2	2	1	1	1	1	大	9	9	9	8	8	8	7	7	7	6	6	6	5	5	5	4	4	4	3	3	3	2	2	2
運	女	八	八	九	九	九	十	雪	一	一	一	一	二	二	二	三	三	三	四	四	四	五	五	五	六	六	六	七	七	七	八	八

辛酉

1월 (戊子)　己丑 (소한) 小寒 5日 19:13　大寒 20日

陽曆	1	2	3	4	5	6	7	8	9	10	11	12	13	14	15	16	17	18	19	20	21	22	23	24	25	26	27	28	29	30	31
요일	木	金	土	日	月	12	水	木	金	土	日	月	火	水	木	金	土	日	月	火	水	木	金	土	日	月	火	水	木	金	土
陰曆	26	27	28	29	30	1	2	3	4	5	6	7	8	9	10	11	12	13	14	15	16	17	18	19	20	21	22	23	24	25	26
日辰	己	庚	辛	壬	癸	甲	乙	丙	丁	戊	己	庚	辛	壬	癸	甲	乙	丙	丁	戊	己	庚	辛	壬	癸	甲	乙	丙	丁	戊	己
	卯	辰	巳	午	未	申	酉	戌	亥	子	丑	寅	卯	辰	巳	午	未	申	酉	戌	亥	子	丑	寅	卯	辰	巳	午	未	申	酉
大 男	1	1	1	1	小	10	9	9	9	8	8	8	7	7	7	6	6	6	5	5	5	4	4	4	3	3	3	2	2	2	1
運 女	八	九	九	九	寒	一	一	一	一	二	二	二	三	三	三	四	四	四	五	五	五	六	六	六	七	七	七	八	八	八	九

2월 (己丑)　庚寅 (입춘) 立春 4日 06:55　雨水 19日

陽曆	1	2	3	4	5	6	7	8	9	10	11	12	13	14	15	16	17	18	19	20	21	22	23	24	25	26	27	28			
요일	日	月	火	水	1	金	土	日	月	火	水	木	金	土	日	月	火	水	木	金	土	日	月	火	水	木	金	土			
陰曆	27	28	29	30	1	2	3	4	5	6	7	8	9	10	11	12	13	14	15	16	17	18	19	20	21	22	23	24			
日辰	庚	辛	壬	癸	甲	乙	丙	丁	戊	己	庚	辛	壬	癸	甲	乙	丙	丁	戊	己	庚	辛	壬	癸	甲	乙	丙	丁			
	戌	亥	子	丑	寅	卯	辰	巳	午	未	申	酉	戌	亥	子	丑	寅	卯	辰	巳	午	未	申	酉	戌	亥	子	丑			
大 男	1	1	1	立	1	1	1	1	2	2	2	3	3	3	4	4	4	5	5	5	6	6	6	7	7	7	8	8			
運 女	九	九	十	春	十	九	九	九	八	八	八	七	七	七	六	六	六	五	五	五	四	四	四	三	三	三	二	二			

3월 (庚寅)　辛卯 (경칩) 驚蟄 6日 01:05　春分 21日

陽曆	1	2	3	4	5	6	7	8	9	10	11	12	13	14	15	16	17	18	19	20	21	22	23	24	25	26	27	28	29	30	31
요일	日	月	火	水	木	2	土	日	月	火	水	木	金	土	日	月	火	水	木	金	土	日	月	火	水	木	金	土	日	月	火
陰曆	25	26	27	28	29	1	2	3	4	5	6	7	8	9	10	11	12	13	14	15	16	17	18	19	20	21	22	23	24	25	26
日辰	戊	己	庚	辛	壬	癸	甲	乙	丙	丁	戊	己	庚	辛	壬	癸	甲	乙	丙	丁	戊	己	庚	辛	壬	癸	甲	乙	丙	丁	戊
	寅	卯	辰	巳	午	未	申	酉	戌	亥	子	丑	寅	卯	辰	巳	午	未	申	酉	戌	亥	子	丑	寅	卯	辰	巳	午	未	申
大 男	8	9	9	9	10	驚	1	1	1	1	2	2	2	3	3	3	4	4	4	5	5	5	6	6	6	7	7	7	8	8	8
運 女	二	一	一	一	一	蟄	十	九	九	九	八	八	八	七	七	七	六	六	六	五	五	五	四	四	四	三	三	三	二	二	二

4월 (辛卯)　壬辰 (청명) 清明 5日 06:05　穀雨 20日

陽曆	1	2	3	4	5	6	7	8	9	10	11	12	13	14	15	16	17	18	19	20	21	22	23	24	25	26	27	28	29	30	
요일	水	木	金	土	3	月	火	水	木	金	土	日	月	火	水	木	金	土	日	月	火	水	木	金	土	日	月	火	水	木	
陰曆	27	28	29	30	1	2	3	4	5	6	7	8	9	10	11	12	13	14	15	16	17	18	19	20	21	22	23	24	25	26	
日辰	己	庚	辛	壬	癸	甲	乙	丙	丁	戊	己	庚	辛	壬	癸	甲	乙	丙	丁	戊	己	庚	辛	壬	癸	甲	乙	丙	丁	戊	
	酉	戌	亥	子	丑	寅	卯	辰	巳	午	未	申	酉	戌	亥	子	丑	寅	卯	辰	巳	午	未	申	酉	戌	亥	子	丑	寅	
大 男	9	9	9	10	清	1	1	1	1	2	2	2	3	3	3	4	4	4	5	5	5	6	6	6	7	7	7	8	8	8	
運 女	一	一	一	一	明	十	九	九	九	八	八	八	七	七	七	六	六	六	五	五	五	四	四	四	三	三	三	二	二	二	

5월 (壬辰)　癸巳 (입하) 立夏 5日 23:35　小滿 21日

陽曆	1	2	3	4	5	6	7	8	9	10	11	12	13	14	15	16	17	18	19	20	21	22	23	24	25	26	27	28	29	30	31
요일	金	土	日	4	火	水	木	金	土	日	月	火	水	木	金	土	日	月	火	水	木	金	土	日	月	火	水	木	金	土	日
陰曆	27	28	29	1	2	3	4	5	6	7	8	9	10	11	12	13	14	15	16	17	18	19	20	21	22	23	24	25	26	27	28
日辰	己	庚	辛	壬	癸	甲	乙	丙	丁	戊	己	庚	辛	壬	癸	甲	乙	丙	丁	戊	己	庚	辛	壬	癸	甲	乙	丙	丁	戊	己
	卯	辰	巳	午	未	申	酉	戌	亥	子	丑	寅	卯	辰	巳	午	未	申	酉	戌	亥	子	丑	寅	卯	辰	巳	午	未	申	酉
大 男	9	9	9	10	立	1	1	1	1	2	2	2	3	3	3	4	4	4	5	5	5	6	6	6	7	7	7	8	8	8	9
運 女	一	一	一	一	夏	十	十	十	九	九	九	八	八	八	七	七	七	六	六	六	五	五	五	四	四	四	三	三	三	二	二

6월 (癸巳)　甲午 (망종) 芒種 6日 03:53　夏至 21日

陽曆	1	2	3	4	5	6	7	8	9	10	11	12	13	14	15	16	17	18	19	20	21	22	23	24	25	26	27	28	29	30	
요일	月	5	水	木	金	土	日	月	火	水	木	金	土	日	月	火	水	木	金	土	日	月	火	水	木	金	土	日	月	火	
陰曆	29	1	2	3	4	5	6	7	8	9	10	11	12	13	14	15	16	17	18	19	20	21	22	23	24	25	26	27	28	29	
日辰	庚	辛	壬	癸	甲	乙	丙	丁	戊	己	庚	辛	壬	癸	甲	乙	丙	丁	戊	己	庚	辛	壬	癸	甲	乙	丙	丁	戊	己	
	戌	亥	子	丑	寅	卯	辰	巳	午	未	申	酉	戌	亥	子	丑	寅	卯	辰	巳	午	未	申	酉	戌	亥	子	丑	寅	卯	
大 男	9	9	10	10	10	芒	1	1	1	1	2	2	2	3	3	3	4	4	4	5	5	5	6	6	6	7	7	7	8	8	
運 女	二	一	一	一	一	種	十	十	九	九	九	八	八	八	七	七	七	六	六	六	五	五	五	四	四	四	三	三	三	二	

石榴木星	八日得辛	南大將	未弔客	寒食(4월 06일)	初伏(7월 11일)
一白水星	三龍治水	亥喪門	東三殺	中伏(7월 21일)	末伏(8월 10일)

7월 (甲午) 乙未 (소서) 小暑 7日 14:12 大暑 23日

陽曆		1	2	3	4	5	6	7	8	9	10	11	12	13	14	15	16	17	18	19	20	21	22	23	24	25	26	27	28	29	30	31
요일		水	6/	金	土	日	月	火	水	木	金	土	日	月	火	水	木	金	土	日	月	火	水	木	金	土	日	月	火	水	木	7/
陰曆		30	1	2	3	4	5	6	7	8	9	10	11	12	13	14	15	16	17	18	19	20	21	22	23	24	25	26	27	28	29	1
日辰		庚	辛	壬	癸	甲	乙	丙	丁	戊	己	庚	辛	壬	癸	甲	乙	丙	丁	戊	己	庚	辛	壬	癸	甲	乙	丙	丁	戊	己	庚
		辰	巳	午	未	申	酉	戌	亥	子	丑	寅	卯	辰	巳	午	未	申	酉	戌	亥	子	丑	寅	卯	辰	巳	午	未	申	酉	戌
大	男	8	9	9	9	10	10	小	1	1	1	1	2	2	2	3	3	3	4	4	4	5	5	5	6	6	6	7	7	7	8	8
運	女	二	二	一	一	一	一	暑	十	十	九	九	九	八	八	八	七	七	七	六	六	六	五	五	五	四	四	四	三	三	三	二

8월 (乙未) 丙申 (입추) 立秋 7日 23:57 處暑 23日

陽曆		1	2	3	4	5	6	7	8	9	10	11	12	13	14	15	16	17	18	19	20	21	22	23	24	25	26	27	28	29	30	31
요일		土	日	月	火	水	木	金	土	日	月	火	水	木	金	土	日	月	火	水	木	金	土	日	月	火	水	木	金	8/	日	月
陰曆		2	3	4	5	6	7	8	9	10	11	12	13	14	15	16	17	18	19	20	21	22	23	24	25	26	27	28	29	1	2	3
日辰		辛	壬	癸	甲	乙	丙	丁	戊	己	庚	辛	壬	癸	甲	乙	丙	丁	戊	己	庚	辛	壬	癸	甲	乙	丙	丁	戊	己	庚	辛
		亥	子	丑	寅	卯	辰	巳	午	未	申	酉	戌	亥	子	丑	寅	卯	辰	巳	午	未	申	酉	戌	亥	子	丑	寅	卯	辰	巳
大	男	8	9	9	9	10	10	立	1	1	1	1	2	2	2	3	3	3	4	4	4	5	5	5	6	6	6	7	7	7	8	8
運	女	二	二	一	一	一	一	秋	十	十	十	九	九	九	八	八	八	七	七	七	六	六	六	五	五	五	四	四	四	三	三	三

9월 (丙申) 丁酉 (백로) 白露 8日 02:43 秋分 23日

陽曆		1	2	3	4	5	6	7	8	9	10	11	12	13	14	15	16	17	18	19	20	21	22	23	24	25	26	27	28	29	30
요일		火	水	木	金	土	日	月	火	水	木	金	土	日	月	火	水	木	金	土	日	月	火	水	木	金	土	日	9/	火	水
陰曆		4	5	6	7	8	9	10	11	12	13	14	15	16	17	18	19	20	21	22	23	24	25	26	27	28	29	30	1	2	3
日辰		壬	癸	甲	乙	丙	丁	戊	己	庚	辛	壬	癸	甲	乙	丙	丁	戊	己	庚	辛	壬	癸	甲	乙	丙	丁	戊	己	庚	辛
		午	未	申	酉	戌	亥	子	丑	寅	卯	辰	巳	午	未	申	酉	戌	亥	子	丑	寅	卯	辰	巳	午	未	申	酉	戌	亥
大	男	8	9	9	9	10	10	10	白	1	1	1	1	2	2	2	3	3	3	4	4	4	5	5	5	6	6	6	7	7	7
運	女	二	二	二	一	一	一	一	露	十	九	九	九	八	八	八	七	七	七	六	六	六	五	五	五	四	四	四	三	三	三

10월 (丁酉) 戊戌 (한로) 寒露 8日 18:10 霜降 23日

陽曆		1	2	3	4	5	6	7	8	9	10	11	12	13	14	15	16	17	18	19	20	21	22	23	24	25	26	27	28	29	30	31
요일		木	金	土	日	月	火	水	木	金	土	日	月	火	水	木	金	土	日	月	火	水	木	金	土	日	月	火	10/	木	金	土
陰曆		4	5	6	7	8	9	10	11	12	13	14	15	16	17	18	19	20	21	22	23	24	25	26	27	28	29	30	1	2	3	4
日辰		壬	癸	甲	乙	丙	丁	戊	己	庚	辛	壬	癸	甲	乙	丙	丁	戊	己	庚	辛	壬	癸	甲	乙	丙	丁	戊	己	庚	辛	壬
		子	丑	寅	卯	辰	巳	午	未	申	酉	戌	亥	子	丑	寅	卯	辰	巳	午	未	申	酉	戌	亥	子	丑	寅	卯	辰	巳	午
大	男	8	8	8	9	9	9	10	寒	1	1	1	1	2	2	2	3	3	3	4	4	4	5	5	5	6	6	6	7	7	7	8
運	女	二	二	二	一	一	一	一	露	十	九	九	九	八	八	八	七	七	七	六	六	六	五	五	五	四	四	四	三	三	三	二

11월 (戊戌) 己亥 (입동) 立冬 7日 21:09 小雪 22日

陽曆		1	2	3	4	5	6	7	8	9	10	11	12	13	14	15	16	17	18	19	20	21	22	23	24	25	26	27	28	29	30
요일		日	月	火	水	木	金	土	日	月	火	水	木	金	土	日	月	火	水	木	金	土	日	月	火	水	11/	金	土	日	月
陰曆		5	6	7	8	9	10	11	12	13	14	15	16	17	18	19	20	21	22	23	24	25	26	27	28	29	1	2	3	4	5
日辰		癸	甲	乙	丙	丁	戊	己	庚	辛	壬	癸	甲	乙	丙	丁	戊	己	庚	辛	壬	癸	甲	乙	丙	丁	戊	己	庚	辛	壬
		未	申	酉	戌	亥	子	丑	寅	卯	辰	巳	午	未	申	酉	戌	亥	子	丑	寅	卯	辰	巳	午	未	申	酉	戌	亥	子
大	男	8	8	9	9	9	10	立	1	1	1	1	2	2	2	3	3	3	4	4	4	5	5	5	6	6	6	7	7	7	8
運	女	二	二	一	一	一	一	冬	十	九	九	九	八	八	八	七	七	七	六	六	六	五	五	五	四	四	四	三	三	三	二

12월 (己亥) 庚子 (대설) 大雪 7日 13:51 冬至 22日

陽曆		1	2	3	4	5	6	7	8	9	10	11	12	13	14	15	16	17	18	19	20	21	22	23	24	25	26	27	28	29	30	31
요일		火	水	木	金	土	日	月	火	水	木	金	土	日	月	火	水	木	金	土	日	月	火	水	木	金	12/	日	月	火	水	木
陰曆		6	7	8	9	10	11	12	13	14	15	16	17	18	19	20	21	22	23	24	25	26	27	28	29	30	1	2	3	4	5	6
日辰		癸	甲	乙	丙	丁	戊	己	庚	辛	壬	癸	甲	乙	丙	丁	戊	己	庚	辛	壬	癸	甲	乙	丙	丁	戊	己	庚	辛	壬	癸
		丑	寅	卯	辰	巳	午	未	申	酉	戌	亥	子	丑	寅	卯	辰	巳	午	未	申	酉	戌	亥	子	丑	寅	卯	辰	巳	午	未
大	男	8	8	9	9	9	10	大	1	1	1	1	2	2	2	3	3	3	4	4	4	5	5	5	6	6	6	7	7	7	8	8
運	女	二	二	一	一	一	一	雪	十	九	九	九	八	八	八	七	七	七	六	六	六	五	五	五	四	四	四	三	三	三	二	二

1월 (庚子) 辛丑 (소한) 小寒 6日 01:03 大寒 20日

陽曆	1	2	3	4	5	6	7	8	9	10	11	12	13	14	15	16	17	18	19	20	21	22	23	24	25	26	27	28	29	30	31
요일	金	土	日	月	火	水	木	金	土	日	月	火	水	木	金	土	日	月	火	水	木	金	土	日	1	火	水	木	金	土	日
陰曆	7	8	9	10	11	12	13	14	15	16	17	18	19	20	21	22	23	24	25	26	27	28	29	30	1	2	3	4	5	6	7
日辰	甲	乙	丙	丁	戊	己	庚	辛	壬	癸	甲	乙	丙	丁	戊	己	庚	辛	壬	癸	甲	乙	丙	丁	戊	己	庚	辛	壬	癸	甲
	申	酉	戌	亥	子	丑	寅	卯	辰	巳	午	未	申	酉	戌	亥	子	丑	寅	卯	辰	巳	午	未	申	酉	戌	亥	子	丑	寅
大 男	8	9	9	9	10	小	1	1	1	1	2	2	2	3	3	3	4	4	4	5	5	5	6	6	6	7	7	7	8	8	8
運 女	二	一	一	一	一	寒	九	九	九	八	八	八	七	七	七	六	六	六	五	五	五	四	四	四	三	三	三	二	二	二	一

2월 (辛丑) 壬寅 (입춘) 立春 4日 12:45 雨水 19日

陽曆	1	2	3	4	5	6	7	8	9	10	11	12	13	14	15	16	17	18	19	20	21	22	23	24	25	26	27	28			
요일	月	火	水	木	金	土	日	月	火	水	木	金	土	日	月	火	水	木	金	土	日	月	火	2	木	金	土	日			
陰曆	8	9	10	11	12	13	14	15	16	17	18	19	20	21	22	23	24	25	26	27	28	29	30	1	2	3	4	5			
日辰	乙	丙	丁	戊	己	庚	辛	壬	癸	甲	乙	丙	丁	戊	己	庚	辛	壬	癸	甲	乙	丙	丁	戊	己	庚	辛	壬			
	卯	辰	巳	午	未	申	酉	戌	亥	子	丑	寅	卯	辰	巳	午	未	申	酉	戌	亥	子	丑	寅	卯	辰	巳	午			
大 男	9	9	9	立	10	9	9	9	8	8	8	7	7	7	6	6	6	5	5	5	4	4	4	3	3	3	2	2			
運 女	一	一	一	春	一	一	一	一	二	二	二	三	三	三	四	四	四	五	五	五	六	六	六	七	七	七	八	八			

3월 (壬寅) 癸卯 (경칩) 驚蟄 6日 06:55 春分 21日

陽曆	1	2	3	4	5	6	7	8	9	10	11	12	13	14	15	16	17	18	19	20	21	22	23	24	25	26	27	28	29	30	31
요일	月	火	水	木	金	土	日	月	火	水	木	金	土	日	月	火	水	木	金	土	日	月	火	水	3	金	土	日	月	火	水
陰曆	6	7	8	9	10	11	12	13	14	15	16	17	18	19	20	21	22	23	24	25	26	27	28	29	1	2	3	4	5	6	7
日辰	癸	甲	乙	丙	丁	戊	己	庚	辛	壬	癸	甲	乙	丙	丁	戊	己	庚	辛	壬	癸	甲	乙	丙	丁	戊	己	庚	辛	壬	癸
	未	申	酉	戌	亥	子	丑	寅	卯	辰	巳	午	未	申	酉	戌	亥	子	丑	寅	卯	辰	巳	午	未	申	酉	戌	亥	子	丑
大 男	2	1	1	1	1	驚	10	9	9	9	8	8	8	7	7	7	6	6	6	5	5	5	4	4	4	3	3	3	2	2	2
運 女	八	九	九	九	十	蟄	一	一	一	一	二	二	二	三	三	三	四	四	四	五	五	五	六	六	六	七	七	七	八	八	八

4월 (癸卯) 甲辰 (청명) 淸明 5日 11:53 穀雨 20日

陽曆	1	2	3	4	5	6	7	8	9	10	11	12	13	14	15	16	17	18	19	20	21	22	23	24	25	26	27	28	29	30	
요일	木	金	土	日	月	火	水	木	金	土	日	月	火	水	木	金	土	日	月	火	水	木	金	4	日	月	火	水	木	金	
陰曆	8	9	10	11	12	13	14	15	16	17	18	19	20	21	22	23	24	25	26	27	28	29	30	1	2	3	4	5	6	7	
日辰	甲	乙	丙	丁	戊	己	庚	辛	壬	癸	甲	乙	丙	丁	戊	己	庚	辛	壬	癸	甲	乙	丙	丁	戊	己	庚	辛	壬	癸	
	寅	卯	辰	巳	午	未	申	酉	戌	亥	子	丑	寅	卯	辰	巳	午	未	申	酉	戌	亥	子	丑	寅	卯	辰	巳	午	未	
大 男	1	1	1	1	淸	10	10	9	9	9	8	8	8	7	7	7	6	6	6	5	5	5	4	4	4	3	3	3	2	2	
運 女	九	九	九	十	明	一	一	一	一	二	二	二	三	三	三	四	四	四	五	五	五	六	六	六	七	七	七	八	八	八	

5월 (甲辰) 乙巳 (입하) 立夏 6日 05:20 小滿 21日

陽曆	1	2	3	4	5	6	7	8	9	10	11	12	13	14	15	16	17	18	19	20	21	22	23	24	25	26	27	28	29	30	31
요일	土	日	月	火	水	木	金	土	日	月	火	水	木	金	土	日	月	火	水	木	金	土	윤 4	月	火	水	木	金	土	日	月
陰曆	8	9	10	11	12	13	14	15	16	17	18	19	20	21	22	23	24	25	26	27	28	29	1	2	3	4	5	6	7	8	9
日辰	甲	乙	丙	丁	戊	己	庚	辛	壬	癸	甲	乙	丙	丁	戊	己	庚	辛	壬	癸	甲	乙	丙	丁	戊	己	庚	辛	壬	癸	甲
	申	酉	戌	亥	子	丑	寅	卯	辰	巳	午	未	申	酉	戌	亥	子	丑	寅	卯	辰	巳	午	未	申	酉	戌	亥	子	丑	寅
大 男	2	1	1	1	1	立	10	10	9	9	9	8	8	8	7	7	7	6	6	6	5	5	5	4	4	4	3	3	3	2	2
運 女	九	九	九	十	十	夏	一	一	一	一	二	二	二	三	三	三	四	四	四	五	五	五	六	六	六	七	七	七	八	八	八

6월 (乙巳) 丙午 (망종) 芒種 6日 09:36 夏至 22日

陽曆	1	2	3	4	5	6	7	8	9	10	11	12	13	14	15	16	17	18	19	20	21	22	23	24	25	26	27	28	29	30
요일	火	水	木	金	土	日	月	火	水	木	金	土	日	月	火	水	木	金	土	日	5	火	水	木	金	土	日	月	火	水
陰曆	10	11	12	13	14	15	16	17	18	19	20	21	22	23	24	25	26	27	28	29	1	2	3	4	5	6	7	8	9	10
日辰	乙	丙	丁	戊	己	庚	辛	壬	癸	甲	乙	丙	丁	戊	己	庚	辛	壬	癸	甲	乙	丙	丁	戊	己	庚	辛	壬	癸	甲
	卯	辰	巳	午	未	申	酉	戌	亥	子	丑	寅	卯	辰	巳	午	未	申	酉	戌	亥	子	丑	寅	卯	辰	巳	午	未	申
大 男	2	1	1	1	1	芒	10	10	9	9	9	8	8	8	7	7	7	6	6	6	5	5	5	4	4	4	3	3	3	2
運 女	九	九	九	十	十	種	一	一	一	一	二	二	二	三	三	三	四	四	四	五	五	五	六	六	六	七	七	七	八	八

大海水星	四日得辛	南大將	申弔客	寒食(4월 06일)	初伏(7월 16일)
九紫火星	九龍治水	子喪門	北三殺	中伏(7월 26일)	末伏(8월 15일)

7월 (丙午) 丁未 (소서) 小署 7日 19:55 大署 23日

陽曆	1	2	3	4	5	6	7	8	9	10	11	12	13	14	15	16	17	18	19	20	21	22	23	24	25	26	27	28	29	30	31
요일	木	金	土	日	月	火	水	木	金	土	日	月	火	水	木	金	土	日	月	火	6	木	金	土	日	月	火	水	木	金	土
陰曆	11	12	13	14	15	16	17	18	19	20	21	22	23	24	25	26	27	28	29	30	1	2	3	4	5	6	7	8	9	10	11
日辰	乙	丙	丁	戊	己	庚	辛	壬	癸	甲	乙	丙	丁	戊	己	庚	辛	壬	癸	甲	乙	丙	丁	戊	己	庚	辛	壬	癸	甲	乙
日辰	酉	戌	亥	子	丑	寅	卯	辰	巳	午	未	申	酉	戌	亥	子	丑	寅	卯	辰	巳	午	未	申	酉	戌	亥	子	丑	寅	卯
大運 男	2	2	1	1	1	1	小	10	10	10	9	9	9	8	8	8	7	7	7	6	6	6	5	5	5	4	4	4	3	3	3
大運 女	八	九	九	九	十	十	署	一	一	一	一	二	二	二	三	三	三	四	四	四	五	五	五	六	六	六	七	七	七	八	八

8월 (丁未) 戊申 (입추) 立秋 8日 05:42 處署 23日

陽曆	1	2	3	4	5	6	7	8	9	10	11	12	13	14	15	16	17	18	19	20	21	22	23	24	25	26	27	28	29	30	31
요일	日	月	火	水	木	金	土	日	月	火	水	木	金	土	日	月	火	水	7	金	土	日	月	火	水	木	金	土	日	月	火
陰曆	12	13	14	15	16	17	18	19	20	21	22	23	24	25	26	27	28	29	1	2	3	4	5	6	7	8	9	10	11	12	13
日辰	丙	丁	戊	己	庚	辛	壬	癸	甲	乙	丙	丁	戊	己	庚	辛	壬	癸	甲	乙	丙	丁	戊	己	庚	辛	壬	癸	甲	乙	丙
日辰	辰	巳	午	未	申	酉	戌	亥	子	丑	寅	卯	辰	巳	午	未	申	酉	戌	亥	子	丑	寅	卯	辰	巳	午	未	申	酉	戌
大運 男	2	2	2	1	1	1	1	立	10	10	9	9	9	8	8	8	7	7	7	6	6	6	5	5	5	4	4	4	3	3	3
大運 女	八	九	九	九	十	十	十	秋	一	一	一	一	二	二	二	三	三	三	四	四	四	五	五	五	六	六	六	七	七	七	八

9월 (戊申) 己酉 (백로) 白露 8日 08:32 秋分 23日

陽曆	1	2	3	4	5	6	7	8	9	10	11	12	13	14	15	16	17	18	19	20	21	22	23	24	25	26	27	28	29	30
요일	水	木	金	土	日	月	火	水	木	金	土	日	月	火	水	木	8	土	日	月	火	水	木	金	土	日	月	火	水	木
陰曆	14	15	16	17	18	19	20	21	22	23	24	25	26	27	28	29	1	2	3	4	5	6	7	8	9	10	11	12	13	14
日辰	丁	戊	己	庚	辛	壬	癸	甲	乙	丙	丁	戊	己	庚	辛	壬	癸	甲	乙	丙	丁	戊	己	庚	辛	壬	癸	甲	乙	丙
日辰	亥	子	丑	寅	卯	辰	巳	午	未	申	酉	戌	亥	子	丑	寅	卯	辰	巳	午	未	申	酉	戌	亥	子	丑	寅	卯	辰
大運 男	2	2	2	1	1	1	1	白	10	10	9	9	9	8	8	8	7	7	7	6	6	6	5	5	5	4	4	4	3	3
大運 女	八	八	九	九	九	十	十	露	一	一	一	一	二	二	二	三	三	三	四	四	四	五	五	五	六	六	六	七	七	七

10월 (己酉) 庚戌 (한로) 寒露 9日 00:02 霜降 24日

陽曆	1	2	3	4	5	6	7	8	9	10	11	12	13	14	15	16	17	18	19	20	21	22	23	24	25	26	27	28	29	30	31
요일	金	土	日	月	火	水	木	金	土	日	月	火	水	木	金	土	9	月	火	水	木	金	土	日	月	火	水	木	金	土	日
陰曆	15	16	17	18	19	20	21	22	23	24	25	26	27	28	29	30	1	2	3	4	5	6	7	8	9	10	11	12	13	14	15
日辰	丁	戊	己	庚	辛	壬	癸	甲	乙	丙	丁	戊	己	庚	辛	壬	癸	甲	乙	丙	丁	戊	己	庚	辛	壬	癸	甲	乙	丙	丁
日辰	巳	午	未	申	酉	戌	亥	子	丑	寅	卯	辰	巳	午	未	申	酉	戌	亥	子	丑	寅	卯	辰	巳	午	未	申	酉	戌	亥
大運 男	3	2	2	2	1	1	1	1	寒	10	9	9	9	8	8	8	7	7	7	6	6	6	5	5	5	4	4	4	3	3	3
大運 女	八	八	八	九	九	九	十	十	露	一	一	一	一	二	二	二	三	三	三	四	四	四	五	五	五	六	六	六	七	七	七

11월 (庚戌) 辛亥 (입동) 立冬 8日 03:04 小雪 23日

陽曆	1	2	3	4	5	6	7	8	9	10	11	12	13	14	15	16	17	18	19	20	21	22	23	24	25	26	27	28	29	30
요일	月	火	水	木	金	土	日	月	火	水	木	金	土	日	月	10	水	木	金	土	日	月	火	水	木	金	土	日	月	火
陰曆	16	17	18	19	20	21	22	23	24	25	26	27	28	29	30	1	2	3	4	5	6	7	8	9	10	11	12	13	14	15
日辰	戊	己	庚	辛	壬	癸	甲	乙	丙	丁	戊	己	庚	辛	壬	癸	甲	乙	丙	丁	戊	己	庚	辛	壬	癸	甲	乙	丙	丁
日辰	子	丑	寅	卯	辰	巳	午	未	申	酉	戌	亥	子	丑	寅	卯	辰	巳	午	未	申	酉	戌	亥	子	丑	寅	卯	辰	巳
大運 男	2	2	2	1	1	1	1	立	9	9	9	8	8	8	7	7	7	6	6	6	5	5	5	4	4	4	3	3	3	2
大運 女	八	八	八	九	九	九	十	冬	一	一	一	一	二	二	二	三	三	三	四	四	四	五	五	五	六	六	六	七	七	七

12월 (辛亥) 壬子 (대설) 大雪 7日 19:48 冬至 22日

陽曆	1	2	3	4	5	6	7	8	9	10	11	12	13	14	15	16	17	18	19	20	21	22	23	24	25	26	27	28	29	30	31
요일	水	木	金	土	日	月	火	水	木	金	土	日	月	火	11	木	金	土	日	月	火	水	木	金	土	日	月	火	水	木	金
陰曆	16	17	18	19	20	21	22	23	24	25	26	27	28	29	1	2	3	4	5	6	7	8	9	10	11	12	13	14	15	16	17
日辰	戊	己	庚	辛	壬	癸	甲	乙	丙	丁	戊	己	庚	辛	壬	癸	甲	乙	丙	丁	戊	己	庚	辛	壬	癸	甲	乙	丙	丁	戊
日辰	午	未	申	酉	戌	亥	子	丑	寅	卯	辰	巳	午	未	申	酉	戌	亥	子	丑	寅	卯	辰	巳	午	未	申	酉	戌	亥	子
大運 男	2	2	1	1	1	1	大	10	9	9	9	8	8	8	7	7	7	6	6	6	5	5	5	4	4	4	3	3	3	2	2
大運 女	八	八	八	九	九	九	雪	一	一	一	一	二	二	二	三	三	三	四	四	四	五	五	五	六	六	六	七	七	七	八	八

1월 (壬子) 癸丑 (소한) 小寒 6日 06:59 大寒 21日

陽曆		1	2	3	4	5	6	7	8	9	10	11	12	13	14	15	16	17	18	19	20	21	22	23	24	25	26	27	28	29	30	31
요일		土	日	月	火	水	木	金	土	日	月	火	水	木	12	土	日	月	火	水	木	金	土	日	月	火	水	木	金	土	日	月
陰曆		18	19	20	21	22	23	24	25	26	27	28	29	30	1	2	3	4	5	6	7	8	9	10	11	12	13	14	15	16	17	18
日辰		己	庚	辛	壬	癸	甲	乙	丙	丁	戊	己	庚	辛	壬	癸	甲	乙	丙	丁	戊	己	庚	辛	壬	癸	甲	乙	丙	丁	戊	己
		丑	寅	卯	辰	巳	午	未	申	酉	戌	亥	子	丑	寅	卯	辰	巳	午	未	申	酉	戌	亥	子	丑	寅	卯	辰	巳	午	未
大	男	2	1	1	1	1	小	9	9	9	8	8	8	7	7	7	6	6	6	5	5	5	4	4	4	3	3	3	2	2	2	1
運	女	八	九	九	九	十	寒	一	一	一	一	二	二	二	三	三	三	四	四	四	五	五	五	六	六	六	七	七	七	八	八	八

2월 (癸丑) 甲寅 (입춘) 立春 4日 18:40 雨水 19日

陽曆		1	2	3	4	5	6	7	8	9	10	11	12	13	14	15	16	17	18	19	20	21	22	23	24	25	26	27	28			
요일		火	水	木	金	土	日	月	火	水	木	金	土	1	月	火	水	木	金	土	日	月	火	水	木	金	土	日	月			
陰曆		19	20	21	22	23	24	25	26	27	28	29	30	1	2	3	4	5	6	7	8	9	10	11	12	13	14	15	16			
日辰		庚	辛	壬	癸	甲	乙	丙	丁	戊	己	庚	辛	壬	癸	甲	乙	丙	丁	戊	己	庚	辛	壬	癸	甲	乙	丙	丁			
		申	酉	戌	亥	子	丑	寅	卯	辰	巳	午	未	申	酉	戌	亥	子	丑	寅	卯	辰	巳	午	未	申	酉	戌	亥			
大	男	1	1	1	立	1	1	1	1	2	2	2	3	3	3	4	4	4	5	5	5	6	6	6	7	7	7	8	8			
運	女	九	九	九	春	十	九	九	九	八	八	八	七	七	七	六	六	六	五	五	五	四	四	四	三	三	三	二	二			

3월 (甲寅) 乙卯 (경칩) 驚蟄 6日 12:47 春分 21日

陽曆		1	2	3	4	5	6	7	8	9	10	11	12	13	14	15	16	17	18	19	20	21	22	23	24	25	26	27	28	29	30	31
요일		火	水	木	金	土	日	月	火	水	木	金	土	日	月	2	水	木	金	土	日	月	火	水	木	金	土	日	月	火	水	木
陰曆		17	18	19	20	21	22	23	24	25	26	27	28	29	30	1	2	3	4	5	6	7	8	9	10	11	12	13	14	15	16	17
日辰		戊	己	庚	辛	壬	癸	甲	乙	丙	丁	戊	己	庚	辛	壬	癸	甲	乙	丙	丁	戊	己	庚	辛	壬	癸	甲	乙	丙	丁	戊
		子	丑	寅	卯	辰	巳	午	未	申	酉	戌	亥	子	丑	寅	卯	辰	巳	午	未	申	酉	戌	亥	子	丑	寅	卯	辰	巳	午
大	男	8	9	9	9	10	驚	1	1	1	1	2	2	2	3	3	3	4	4	4	5	5	5	6	6	6	7	7	7	8	8	8
運	女	二	一	一	一	一	蟄	十	九	九	九	八	八	八	七	七	七	六	六	六	五	五	五	四	四	四	三	三	三	二	二	二

4월 (乙卯) 丙辰 (청명) 清明 5日 17:44 穀雨 21日

陽曆		1	2	3	4	5	6	7	8	9	10	11	12	13	14	15	16	17	18	19	20	21	22	23	24	25	26	27	28	29	30	
요일		金	土	日	月	火	水	木	金	土	日	月	火	3	木	金	土	日	月	火	水	木	金	土	日	月	火	水	木	金	土	
陰曆		18	19	20	21	22	23	24	25	26	27	28	29	1	2	3	4	5	6	7	8	9	10	11	12	13	14	15	16	17	18	
日辰		己	庚	辛	壬	癸	甲	乙	丙	丁	戊	己	庚	辛	壬	癸	甲	乙	丙	丁	戊	己	庚	辛	壬	癸	甲	乙	丙	丁	戊	
		未	申	酉	戌	亥	子	丑	寅	卯	辰	巳	午	未	申	酉	戌	亥	子	丑	寅	卯	辰	巳	午	未	申	酉	戌	亥	子	
大	男	9	9	9	10	清	1	1	1	1	2	2	2	3	3	3	4	4	4	5	5	5	6	6	6	7	7	7	8	8	8	
運	女	一	一	一	一	明	十	十	九	九	九	八	八	八	七	七	七	六	六	六	五	五	五	四	四	四	三	三	三	二	二	

5월 (丙辰) 丁巳 (입하) 立夏 6日 11:11 小滿 22日

陽曆		1	2	3	4	5	6	7	8	9	10	11	12	13	14	15	16	17	18	19	20	21	22	23	24	25	26	27	28	29	30	31
요일		日	月	火	水	木	金	土	日	月	火	水	木	4	土	日	月	火	水	木	金	土	日	月	火	水	木	金	土	日	月	火
陰曆		19	20	21	22	23	24	25	26	27	28	29	30	1	2	3	4	5	6	7	8	9	10	11	12	13	14	15	16	17	18	19
日辰		己	庚	辛	壬	癸	甲	乙	丙	丁	戊	己	庚	辛	壬	癸	甲	乙	丙	丁	戊	己	庚	辛	壬	癸	甲	乙	丙	丁	戊	己
		丑	寅	卯	辰	巳	午	未	申	酉	戌	亥	子	丑	寅	卯	辰	巳	午	未	申	酉	戌	亥	子	丑	寅	卯	辰	巳	午	未
大	男	9	9	9	10	10	立	1	1	1	1	2	2	2	3	3	3	4	4	4	5	5	5	6	6	6	7	7	7	8	8	8
運	女	二	一	一	一	一	夏	十	十	九	九	九	八	八	八	七	七	七	六	六	六	五	五	五	四	四	四	三	三	三	二	二

6월 (丁巳) 戊午 (망종) 芒種 6日 15:26 夏至 22日

陽曆		1	2	3	4	5	6	7	8	9	10	11	12	13	14	15	16	17	18	19	20	21	22	23	24	25	26	27	28	29	30
요일		水	木	金	土	日	月	火	水	木	金	5	日	月	火	水	木	金	土	日	月	火	水	木	金	土	日	月	火	水	木
陰曆		20	21	22	23	24	25	26	27	28	29	1	2	3	4	5	6	7	8	9	10	11	12	13	14	15	16	17	18	19	20
日辰		庚	辛	壬	癸	甲	乙	丙	丁	戊	己	庚	辛	壬	癸	甲	乙	丙	丁	戊	己	庚	辛	壬	癸	甲	乙	丙	丁	戊	己
		申	酉	戌	亥	子	丑	寅	卯	辰	巳	午	未	申	酉	戌	亥	子	丑	寅	卯	辰	巳	午	未	申	酉	戌	亥	子	丑
大	男	9	9	9	10	10	芒	1	1	1	1	2	2	2	3	3	3	4	4	4	5	5	5	6	6	6	7	7	7	8	8
運	女	二	一	一	一	一	種	十	十	十	九	九	九	八	八	八	七	七	七	六	六	六	五	五	五	四	四	四	三	三	三

大海水星	十日得辛	西大將	酉弔客	寒食(4월 06일)	初伏(7월 21일)
八白土星	九龍治水	丑喪門	酉三殺	中伏(7월 31일)	末伏(8월 10일)

7월 (戊午) 己未 (소서) 小署 8日 01:43 大暑 23日

陽曆	1	2	3	4	5	6	7	8	9	10	11	12	13	14	15	16	17	18	19	20	21	22	23	24	25	26	27	28	29	30	31
요일	金	土	日	月	火	水	木	金	土		月	火	水	木	金	土	日	月	火	水	木	金	土	日	月	火	水	木	金	土	日
陰曆	21	22	23	24	25	26	27	28	29	6/1	2	3	4	5	6	7	8	9	10	11	12	13	14	15	16	17	18	19	20	21	22
日辰	庚	辛	壬	癸	甲	乙	丙	丁	戊	己	庚	辛	壬	癸	甲	乙	丙	丁	戊	己	庚	辛	壬	癸	甲	乙	丙	丁	戊	己	庚
	寅	卯	辰	巳	午	未	申	酉	戌	亥	子	丑	寅	卯	辰	巳	午	未	申	酉	戌	亥	子	丑	寅	卯	辰	巳	午	未	申
大運 男	8	9	9	9	10	10	10	小	1	1	1	1	2	2	2	3	3	3	4	4	4	5	5	5	6	6	6	7	7	7	8
大運 女	二	二	二	一	一	一	一	署	十	十	九	九	九	八	八	八	七	七	七	六	六	六	五	五	五	四	四	四	三	三	三

8월 (己未) 庚申 (입추) 立秋 8日 11:30 處署 24日

陽曆	1	2	3	4	5	6	7	8	9	10	11	12	13	14	15	16	17	18	19	20	21	22	23	24	25	26	27	28	29	30	31
요일	月	火	水	木	金	土	日	月		水	木	金	土	日	月	火	水	木	金	土	日	月	火	水	木	金	土	日	月	火	水
陰曆	23	24	25	26	27	28	29	30	7/1	2	3	4	5	6	7	8	9	10	11	12	13	14	15	16	17	18	19	20	21	22	23
日辰	辛	壬	癸	甲	乙	丙	丁	戊	己	庚	辛	壬	癸	甲	乙	丙	丁	戊	己	庚	辛	壬	癸	甲	乙	丙	丁	戊	己	庚	辛
	酉	戌	亥	子	丑	寅	卯	辰	巳	午	未	申	酉	戌	亥	子	丑	寅	卯	辰	巳	午	未	申	酉	戌	亥	子	丑	寅	卯
大運 男	8	8	9	9	9	10	10	立	1	1	1	1	2	2	2	3	3	3	4	4	4	5	5	5	6	6	6	7	7	7	8
大運 女	二	二	二	一	一	一	一	秋	十	十	九	九	九	八	八	八	七	七	七	六	六	六	五	五	五	四	四	四	三	三	三

9월 (庚申) 辛酉 (백로) 白露 8日 14:20 秋分 23日

陽曆	1	2	3	4	5	6	7	8	9	10	11	12	13	14	15	16	17	18	19	20	21	22	23	24	25	26	27	28	29	30	
요일	木	金	土	日	月	火		木	金	土	日	月	火	水	木	金	土	日	月	火	水	木	金	土	日	月	火	水	木	金	
陰曆	24	25	26	27	28	29	8/1	2	3	4	5	6	7	8	9	10	11	12	13	14	15	16	17	18	19	20	21	22	23	24	
日辰	壬	癸	甲	乙	丙	丁	戊	己	庚	辛	壬	癸	甲	乙	丙	丁	戊	己	庚	辛	壬	癸	甲	乙	丙	丁	戊	己	庚	辛	
	辰	巳	午	未	申	酉	戌	亥	子	丑	寅	卯	辰	巳	午	未	申	酉	戌	亥	子	丑	寅	卯	辰	巳	午	未	申	酉	
大運 男	8	8	9	9	9	10	10	白	1	1	1	1	2	2	2	3	3	3	4	4	4	5	5	5	6	6	6	7	7	7	
大運 女	二	二	二	一	一	一	一	露	十	十	九	九	九	八	八	八	七	七	七	六	六	六	五	五	五	四	四	四	三	三	

10월 (辛酉) 壬戌 (한로) 寒露 9日 05:51 霜降 24日

陽曆	1	2	3	4	5	6	7	8	9	10	11	12	13	14	15	16	17	18	19	20	21	22	23	24	25	26	27	28	29	30	31
요일	土	日	月	火	水		金	土	日	月	火	水	木	金	土	日	月	火	水	木	金	土	日	月	火	水	木	金	土	日	月
陰曆	25	26	27	28	29	9/1	2	3	4	5	6	7	8	9	10	11	12	13	14	15	16	17	18	19	20	21	22	23	24	25	26
日辰	壬	癸	甲	乙	丙	丁	戊	己	庚	辛	壬	癸	甲	乙	丙	丁	戊	己	庚	辛	壬	癸	甲	乙	丙	丁	戊	己	庚	辛	壬
	戌	亥	子	丑	寅	卯	辰	巳	午	未	申	酉	戌	亥	子	丑	寅	卯	辰	巳	午	未	申	酉	戌	亥	子	丑	寅	卯	辰
大運 男	8	8	8	9	9	9	10	10	寒	1	1	1	1	2	2	2	3	3	3	4	4	4	5	5	5	6	6	6	7	7	7
大運 女	三	二	二	二	一	一	一	一	露	十	九	九	九	八	八	八	七	七	七	六	六	六	五	五	五	四	四	四	三	三	三

11월 (壬戌) 癸亥 (입동) 立冬 8日 08:52 小雪 23日

陽曆	1	2	3	4	5	6	7	8	9	10	11	12	13	14	15	16	17	18	19	20	21	22	23	24	25	26	27	28	29	30	
요일	火	水	木	金		日	月	火	水	木	金	土	日	月	火	水	木	金	土	日	月	火	水	木	金	土	日	月	火	水	
陰曆	27	28	29	30	10/1	2	3	4	5	6	7	8	9	10	11	12	13	14	15	16	17	18	19	20	21	22	23	24	25	26	
日辰	癸	甲	乙	丙	丁	戊	己	庚	辛	壬	癸	甲	乙	丙	丁	戊	己	庚	辛	壬	癸	甲	乙	丙	丁	戊	己	庚	辛	壬	
	巳	午	未	申	酉	戌	亥	子	丑	寅	卯	辰	巳	午	未	申	酉	戌	亥	子	丑	寅	卯	辰	巳	午	未	申	酉	戌	
大運 男	8	8	8	9	9	9	10	立	1	1	1	1	2	2	2	3	3	3	4	4	4	5	5	5	6	6	6	7	7	7	
大運 女	二	二	二	一	一	一	一	冬	十	九	九	九	八	八	八	七	七	七	六	六	六	五	五	五	四	四	四	三	三	三	

12월 (癸亥) 甲子 (대설) 大雪 8日 01:34 冬至 22日

陽曆	1	2	3	4	5	6	7	8	9	10	11	12	13	14	15	16	17	18	19	20	21	22	23	24	25	26	27	28	29	30	31
요일	木	金	土		月	火	水	木	金	土	日	月	火	水	木	金	土	日	月	火	水	木	金	土	日	月	火	水	木	金	土
陰曆	27	28	29	11/1	2	3	4	5	6	7	8	9	10	11	12	13	14	15	16	17	18	19	20	21	22	23	24	25	26	27	28
日辰	癸	甲	乙	丙	丁	戊	己	庚	辛	壬	癸	甲	乙	丙	丁	戊	己	庚	辛	壬	癸	甲	乙	丙	丁	戊	己	庚	辛	壬	癸
	亥	子	丑	寅	卯	辰	巳	午	未	申	酉	戌	亥	子	丑	寅	卯	辰	巳	午	未	申	酉	戌	亥	子	丑	寅	卯	辰	巳
大運 男	8	8	8	9	9	9	10	大	1	1	1	1	2	2	2	3	3	3	4	4	4	5	5	5	6	6	6	7	7	7	8
大運 女	二	二	二	一	一	一	一	雪	九	九	九	八	八	八	七	七	七	六	六	六	五	五	五	四	四	四	三	三	三	二	二

甲子

1월 (甲子) 乙丑 (소한) 小寒 6日 12:41 大寒 21日

陽曆		1	2	3	4	5	6	7	8	9	10	11	12	13	14	15	16	17	18	19	20	21	22	23	24	25	26	27	28	29	30	31
요일		日	月	12	水	木	金	土	日	月	火	水	木	金	土	日	月	火	水	木	金	土	日	月	火	水	木	金	土	日	月	火
陰曆		29	30	1	2	3	4	5	6	7	8	9	10	11	12	13	14	15	16	17	18	19	20	21	22	23	24	25	26	27	28	29
日辰		甲	乙	丙	丁	戊	己	庚	辛	壬	癸	甲	乙	丙	丁	戊	己	庚	辛	壬	癸	甲	乙	丙	丁	戊	己	庚	辛	壬	癸	甲
		午	未	申	酉	戌	亥	子	丑	寅	卯	辰	巳	午	未	申	酉	戌	亥	子	丑	寅	卯	辰	巳	午	未	申	酉	戌	亥	子
大	男	8	8	9	9	9	小	1	1	1	1	2	2	2	3	3	3	4	4	4	5	5	5	6	6	6	7	7	7	8	8	8
運	女	二	一	一	一	一	寒	十	九	九	九	八	八	八	七	七	七	六	六	六	五	五	五	四	四	四	三	三	三	二	二	二

2월 (乙丑) 丙寅 (입춘) 立春 5日 00:19 雨水 19日

陽曆		1	2	3	4	5	6	7	8	9	10	11	12	13	14	15	16	17	18	19	20	21	22	23	24	25	26	27	28	29		
요일		水	1	金	土	日	月	火	水	木	金	土	日	月	火	水	木	金	土	日	月	火	水	木	金	土	日	月	火	水		
陰曆		30	1	2	3	4	5	6	7	8	9	10	11	12	13	14	15	16	17	18	19	20	21	22	23	24	25	26	27	28		
日辰		乙	丙	丁	戊	己	庚	辛	壬	癸	甲	乙	丙	丁	戊	己	庚	辛	壬	癸	甲	乙	丙	丁	戊	己	庚	辛	壬	癸		
		丑	寅	卯	辰	巳	午	未	申	酉	戌	亥	子	丑	寅	卯	辰	巳	午	未	申	酉	戌	亥	子	丑	寅	卯	辰	巳		
大	男	9	9	9	10	立	9	9	9	8	8	8	7	7	7	6	6	6	5	5	5	4	4	4	3	3	3	2	2	2		
運	女	一	一	一	一	春	一	一	一	一	二	二	二	三	三	三	四	四	四	五	五	五	六	六	六	七	七	七	八	八		

3월 (丙寅) 丁卯 (경칩) 驚蟄 5日 18:25 春分 20日

陽曆		1	2	3	4	5	6	7	8	9	10	11	12	13	14	15	16	17	18	19	20	21	22	23	24	25	26	27	28	29	30	31
요일		木	金	2	日	月	火	水	木	金	土	日	月	火	水	木	金	土	日	月	火	水	木	金	土	日	月	火	水	木	金	土
陰曆		29	30	1	2	3	4	5	6	7	8	9	10	11	12	13	14	15	16	17	18	19	20	21	22	23	24	25	26	27	28	29
日辰		甲	乙	丙	丁	戊	己	庚	辛	壬	癸	甲	乙	丙	丁	戊	己	庚	辛	壬	癸	甲	乙	丙	丁	戊	己	庚	辛	壬	癸	甲
		午	未	申	酉	戌	亥	子	丑	寅	卯	辰	巳	午	未	申	酉	戌	亥	子	丑	寅	卯	辰	巳	午	未	申	酉	戌	亥	子
大	男	1	1	1	1	驚	10	9	9	9	8	8	8	7	7	7	6	6	6	5	5	5	4	4	4	3	3	3	2	2	2	1
運	女	八	九	九	九	蟄	一	一	一	一	二	二	二	三	三	三	四	四	四	五	五	五	六	六	六	七	七	七	八	八	八	九

4월 (丁卯) 戊辰 (청명) 淸明 4日 23:22 穀雨 20日

陽曆		1	2	3	4	5	6	7	8	9	10	11	12	13	14	15	16	17	18	19	20	21	22	23	24	25	26	27	28	29	30	
요일		3	月	火	水	木	金	土	日	月	火	水	木	金	土	日	月	火	水	木	金	土	日	月	火	水	木	金	土	日	月	
陰曆		1	2	3	4	5	6	7	8	9	10	11	12	13	14	15	16	17	18	19	20	21	22	23	24	25	26	27	28	29	30	
日辰		乙	丙	丁	戊	己	庚	辛	壬	癸	甲	乙	丙	丁	戊	己	庚	辛	壬	癸	甲	乙	丙	丁	戊	己	庚	辛	壬	癸	甲	
		丑	寅	卯	辰	巳	午	未	申	酉	戌	亥	子	丑	寅	卯	辰	巳	午	未	申	酉	戌	亥	子	丑	寅	卯	辰	巳	午	
大	男	1	1	1	清	10	10	9	9	9	8	8	8	7	7	7	6	6	6	5	5	5	4	4	4	3	3	3	2	2	2	
運	女	九	九	十	明	一	一	一	一	二	二	二	三	三	三	四	四	四	五	五	五	六	六	六	七	七	七	八	八	八	九	

5월 (戊辰) 己巳 (입하) 立夏 5日 16:51 小滿 21日

陽曆		1	2	3	4	5	6	7	8	9	10	11	12	13	14	15	16	17	18	19	20	21	22	23	24	25	26	27	28	29	30	31
요일		4	水	木	金	土	日	月	火	水	木	金	土	日	月	火	水	木	金	土	日	月	火	水	木	金	土	日	月	火	水	5
陰曆		1	2	3	4	5	6	7	8	9	10	11	12	13	14	15	16	17	18	19	20	21	22	23	24	25	26	27	28	29	30	1
日辰		乙	丙	丁	戊	己	庚	辛	壬	癸	甲	乙	丙	丁	戊	己	庚	辛	壬	癸	甲	乙	丙	丁	戊	己	庚	辛	壬	癸	甲	乙
		未	申	酉	戌	亥	子	丑	寅	卯	辰	巳	午	未	申	酉	戌	亥	子	丑	寅	卯	辰	巳	午	未	申	酉	戌	亥	子	丑
大	男	1	1	1	1	立	10	10	9	9	9	8	8	8	7	7	7	6	6	6	5	5	5	4	4	4	3	3	3	2	2	2
運	女	九	九	十	十	夏	一	一	一	一	二	二	二	三	三	三	四	四	四	五	五	五	六	六	六	七	七	七	八	八	八	九

6월 (己巳) 庚午 (망종) 芒種 5日 21:09 夏至 21日

陽曆		1	2	3	4	5	6	7	8	9	10	11	12	13	14	15	16	17	18	19	20	21	22	23	24	25	26	27	28	29	30	
요일		金	土	日	月	火	水	木	金	土	日	月	火	水	木	金	土	日	月	火	水	木	金	土	日	月	火	水	木	6	土	
陰曆		2	3	4	5	6	7	8	9	10	11	12	13	14	15	16	17	18	19	20	21	22	23	24	25	26	27	28	29	1	2	
日辰		丙	丁	戊	己	庚	辛	壬	癸	甲	乙	丙	丁	戊	己	庚	辛	壬	癸	甲	乙	丙	丁	戊	己	庚	辛	壬	癸	甲	乙	
		寅	卯	辰	巳	午	未	申	酉	戌	亥	子	丑	寅	卯	辰	巳	午	未	申	酉	戌	亥	子	丑	寅	卯	辰	巳	午	未	
大	男	1	1	1	1	芒	10	10	10	9	9	9	8	8	8	7	7	7	6	6	6	5	5	5	4	4	4	3	3	3	2	
運	女	九	九	十	十	種	一	一	一	一	二	二	二	三	三	三	四	四	四	五	五	五	六	六	六	七	七	七	八	八	八	

海中金星 六日得辛 西大將 戌弔客 寒食(4월 05일) 初伏(7월 15일)
七赤金星 三龍治水 寅喪門 南三殺 中伏(7월 25일) 末伏(8월 14일)

7월 (庚午) 辛未 (소서) 小暑 7日 07:29 大暑 23日

陽曆	1	2	3	4	5	6	7	8	9	10	11	12	13	14	15	16	17	18	19	20	21	22	23	24	25	26	27	28	29	30	31
요일	日	月	火	水	木	金	土	日	月	火	水	木	金	土	日	月	火	水	木	金	土	日	月	火	水	木	金	7/1	日	月	火
陰曆	3	4	5	6	7	8	9	10	11	12	13	14	15	16	17	18	19	20	21	22	23	24	25	26	27	28	29		2	3	4
日辰	丙	丁	戊	己	庚	辛	壬	癸	甲	乙	丙	丁	戊	己	庚	辛	壬	癸	甲	乙	丙	丁	戊	己	庚	辛	壬	癸	甲	乙	丙
	申	酉	戌	亥	子	丑	寅	卯	辰	巳	午	未	申	酉	戌	亥	子	丑	寅	卯	辰	巳	午	未	申	酉	戌	亥	子	丑	寅
大運 男	2	2	1	1	1	1	小	10	10	9	9	9	8	8	8	7	7	7	6	6	6	5	5	5	4	4	4	3	3	3	2
大運 女	九	九	九	十	十	十	暑	一	一	一	一	二	二	二	三	三	三	四	四	四	五	五	五	六	六	六	七	七	七	八	八

8월 (辛未) 壬申 (입추) 立秋 7日 17:18 處暑 23日

陽曆	1	2	3	4	5	6	7	8	9	10	11	12	13	14	15	16	17	18	19	20	21	22	23	24	25	26	27	28	29	30	31
요일	水	木	金	土	日	月	火	水	木	金	土	日	月	火	水	木	金	土	日	月	火	水	木	金	土	日	8/1	火	水	木	金
陰曆	5	6	7	8	9	10	11	12	13	14	15	16	17	18	19	20	21	22	23	24	25	26	27	28	29	30		2	3	4	5
日辰	丁	戊	己	庚	辛	壬	癸	甲	乙	丙	丁	戊	己	庚	辛	壬	癸	甲	乙	丙	丁	戊	己	庚	辛	壬	癸	甲	乙	丙	丁
	卯	辰	巳	午	未	申	酉	戌	亥	子	丑	寅	卯	辰	巳	午	未	申	酉	戌	亥	子	丑	寅	卯	辰	巳	午	未	申	酉
大運 男	2	2	1	1	1	1	立	10	10	9	9	9	8	8	8	7	7	7	6	6	6	5	5	5	4	4	4	3	3	3	2
大運 女	八	九	九	九	十	十	秋	一	一	一	一	二	二	二	三	三	三	四	四	四	五	五	五	六	六	六	七	七	七	八	八

9월 (壬申) 癸酉 (백로) 白露 7日 20:10 秋分 23日

陽曆	1	2	3	4	5	6	7	8	9	10	11	12	13	14	15	16	17	18	19	20	21	22	23	24	25	26	27	28	29	30	
요일	土	日	月	火	水	木	金	土	日	月	火	水	木	金	土	日	月	火	水	木	金	土	日	月	9/1	水	木	金	土	日	
陰曆	6	7	8	9	10	11	12	13	14	15	16	17	18	19	20	21	22	23	24	25	26	27	28	29		2	3	4	5	6	
日辰	戊	己	庚	辛	壬	癸	甲	乙	丙	丁	戊	己	庚	辛	壬	癸	甲	乙	丙	丁	戊	己	庚	辛	壬	癸	甲	乙	丙	丁	
	戌	亥	子	丑	寅	卯	辰	巳	午	未	申	酉	戌	亥	子	丑	寅	卯	辰	巳	午	未	申	酉	戌	亥	子	丑	寅	卯	
大運 男	2	2	1	1	1	1	白	10	10	9	9	9	8	8	8	7	7	7	6	6	6	5	5	5	4	4	4	3	3	3	
大運 女	八	九	九	九	十	十	露	一	一	一	一	二	二	二	三	三	三	四	四	四	五	五	五	六	六	六	七	七	七	八	

10월 (癸酉) 甲戌 (한로) 寒露 8日 11:43 霜降 23日

陽曆	1	2	3	4	5	6	7	8	9	10	11	12	13	14	15	16	17	18	19	20	21	22	23	24	25	26	27	28	29	30	31
요일	月	火	水	木	金	土	日	月	火	水	木	金	土	日	月	火	水	木	金	土	日	月	火	10/1	木	金	土	日	月	火	水
陰曆	7	8	9	10	11	12	13	14	15	16	17	18	19	20	21	22	23	24	25	26	27	28	29		2	3	4	5	6	7	8
日辰	戊	己	庚	辛	壬	癸	甲	乙	丙	丁	戊	己	庚	辛	壬	癸	甲	乙	丙	丁	戊	己	庚	辛	壬	癸	甲	乙	丙	丁	戊
	辰	巳	午	未	申	酉	戌	亥	子	丑	寅	卯	辰	巳	午	未	申	酉	戌	亥	子	丑	寅	卯	辰	巳	午	未	申	酉	戌
大運 男	2	2	2	1	1	1	1	寒	10	9	9	9	8	8	8	7	7	7	6	6	6	5	5	5	4	4	4	3	3	3	2
大運 女	八	八	九	九	九	十	十	露	一	一	一	一	二	二	二	三	三	三	四	四	四	五	五	五	六	六	六	七	七	七	八

11월 (甲戌) 乙亥 (입동) 立冬 7日 14:46 小雪 22日

陽曆	1	2	3	4	5	6	7	8	9	10	11	12	13	14	15	16	17	18	19	20	21	22	23	24	25	26	27	28	29	30	
요일	木	金	土	日	月	火	水	木	金	土	日	月	火	水	木	金	土	日	月	火	水	木	윤10/1	土	日	月	火	水	木	金	
陰曆	9	10	11	12	13	14	15	16	17	18	19	20	21	22	23	24	25	26	27	28	29	30		2	3	4	5	6	7	8	
日辰	己	庚	辛	壬	癸	甲	乙	丙	丁	戊	己	庚	辛	壬	癸	甲	乙	丙	丁	戊	己	庚	辛	壬	癸	甲	乙	丙	丁	戊	
	亥	子	丑	寅	卯	辰	巳	午	未	申	酉	戌	亥	子	丑	寅	卯	辰	巳	午	未	申	酉	戌	亥	子	丑	寅	卯	辰	
大運 男	2	2	1	1	1	1	立	10	9	9	9	8	8	8	7	7	7	6	6	6	5	5	5	4	4	4	3	3	3	2	
大運 女	八	八	九	九	九	十	冬	一	一	一	一	二	二	二	三	三	三	四	四	四	五	五	五	六	六	六	七	七	七	八	

12월 (乙亥) 丙子 (대설) 大雪 7日 07:28 冬至 22日

陽曆	1	2	3	4	5	6	7	8	9	10	11	12	13	14	15	16	17	18	19	20	21	22	23	24	25	26	27	28	29	30	31
요일	土	日	月	火	水	木	金	土	日	月	火	水	木	金	土	日	月	火	水	木	金	11/1	日	月	火	水	木	金	土	日	月
陰曆	9	10	11	12	13	14	15	16	17	18	19	20	21	22	23	24	25	26	27	28	29		2	3	4	5	6	7	8	9	10
日辰	己	庚	辛	壬	癸	甲	乙	丙	丁	戊	己	庚	辛	壬	癸	甲	乙	丙	丁	戊	己	庚	辛	壬	癸	甲	乙	丙	丁	戊	己
	巳	午	未	申	酉	戌	亥	子	丑	寅	卯	辰	巳	午	未	申	酉	戌	亥	子	丑	寅	卯	辰	巳	午	未	申	酉	戌	亥
大運 男	2	2	1	1	1	1	大	9	9	9	8	8	8	7	7	7	6	6	6	5	5	5	4	4	4	3	3	3	2	2	2
大運 女	八	八	九	九	九	十	雪	一	一	一	一	二	二	二	三	三	三	四	四	四	五	五	五	六	六	六	七	七	七	八	八

1월 (丙子) 丁丑 (소한) 小寒 5日 18:35 大寒 20日

陽曆		1	2	3	4	5	6	7	8	9	10	11	12	13	14	15	16	17	18	19	20	21	22	23	24	25	26	27	28	29	30	31
요일		火	水	木	金	土	日	月	火	水	木	金	土	日	月	火	水	木	金	土	日	12	火	水	木	金	土	日	月	火	水	木
陰曆		11	12	13	14	15	16	17	18	19	20	21	22	23	24	25	26	27	28	29	30	1	2	3	4	5	6	7	8	9	10	11
日辰		庚	辛	壬	癸	甲	乙	丙	丁	戊	己	庚	辛	壬	癸	甲	乙	丙	丁	戊	己	庚	辛	壬	癸	甲	乙	丙	丁	戊	己	庚
		子	丑	寅	卯	辰	巳	午	未	申	酉	戌	亥	子	丑	寅	卯	辰	巳	午	未	申	酉	戌	亥	子	丑	寅	卯	辰	巳	午
大	男	1	1	1	1	小	10	9	9	9	8	8	8	7	7	7	6	6	6	5	5	5	4	4	4	3	3	3	2	2	2	1
運	女	八	九	九	九	寒	一	一	一	一	二	二	二	三	三	三	四	四	四	五	五	五	六	六	六	七	七	七	八	八	八	九

2월 (丁丑) 戊寅 (입춘) 立春 4日 06:12 雨水 19日

陽曆		1	2	3	4	5	6	7	8	9	10	11	12	13	14	15	16	17	18	19	20	21	22	23	24	25	26	27	28			
요일		金	土	日	月	火	水	木	金	土	日	月	火	水	木	金	土	日	月	火	1	木	金	土	日	月	火	水	木			
陰曆		12	13	14	15	16	17	18	19	20	21	22	23	24	25	26	27	28	29	30	1	2	3	4	5	6	7	8	9			
日辰		辛	壬	癸	甲	乙	丙	丁	戊	己	庚	辛	壬	癸	甲	乙	丙	丁	戊	己	庚	辛	壬	癸	甲	乙	丙	丁	戊			
		未	申	酉	戌	亥	子	丑	寅	卯	辰	巳	午	未	申	酉	戌	亥	子	丑	寅	卯	辰	巳	午	未	申	酉	戌			
大	男	1	1	1	立	1	1	1	1	2	2	2	3	3	3	4	4	4	5	5	5	6	6	6	7	7	7	8	8			
運	女	九	九	十	春	十	九	九	九	八	八	八	七	七	七	六	六	六	五	五	五	四	四	四	三	三	三	二	二			

3월 (戊寅) 己卯 (경칩) 驚蟄 6日 00:16 春分 21日

陽曆		1	2	3	4	5	6	7	8	9	10	11	12	13	14	15	16	17	18	19	20	21	22	23	24	25	26	27	28	29	30	31
요일		金	土	日	月	火	水	木	金	土	日	月	火	水	木	金	土	日	月	火	水	2	金	土	日	月	火	水	木	金	土	日
陰曆		10	11	12	13	14	15	16	17	18	19	20	21	22	23	24	25	26	27	28	29	1	2	3	4	5	6	7	8	9	10	11
日辰		己	庚	辛	壬	癸	甲	乙	丙	丁	戊	己	庚	辛	壬	癸	甲	乙	丙	丁	戊	己	庚	辛	壬	癸	甲	乙	丙	丁	戊	己
		亥	子	丑	寅	卯	辰	巳	午	未	申	酉	戌	亥	子	丑	寅	卯	辰	巳	午	未	申	酉	戌	亥	子	丑	寅	卯	辰	巳
大	男	8	9	9	9	10	驚	1	1	1	1	2	2	2	3	3	3	4	4	4	5	5	5	6	6	6	7	7	7	8	8	8
運	女	二	一	一	一	一	蟄	十	九	九	九	八	八	八	七	七	七	六	六	六	五	五	五	四	四	四	三	三	三	二	二	二

4월 (己卯) 庚辰 (청명) 淸明 5日 05:14 穀雨 20日

陽曆		1	2	3	4	5	6	7	8	9	10	11	12	13	14	15	16	17	18	19	20	21	22	23	24	25	26	27	28	29	30	
요일		月	火	水	木	金	土	日	月	火	水	木	金	土	日	月	火	水	木	金	3	日	月	火	水	木	金	土	日	月	火	
陰曆		12	13	14	15	16	17	18	19	20	21	22	23	24	25	26	27	28	29	30	1	2	3	4	5	6	7	8	9	10	11	
日辰		庚	辛	壬	癸	甲	乙	丙	丁	戊	己	庚	辛	壬	癸	甲	乙	丙	丁	戊	己	庚	辛	壬	癸	甲	乙	丙	丁	戊	己	
		午	未	申	酉	戌	亥	子	丑	寅	卯	辰	巳	午	未	申	酉	戌	亥	子	丑	寅	卯	辰	巳	午	未	申	酉	戌	亥	
大	男	9	9	9	10	淸	1	1	1	1	2	2	2	3	3	3	4	4	4	5	5	5	6	6	6	7	7	7	8	8	8	
運	女	一	一	一	一	明	十	九	九	九	八	八	八	七	七	七	六	六	六	五	五	五	四	四	四	三	三	三	二	二	二	

5월 (庚辰) 辛巳 (입하) 立夏 5日 22:43 小滿 21日

陽曆		1	2	3	4	5	6	7	8	9	10	11	12	13	14	15	16	17	18	19	20	21	22	23	24	25	26	27	28	29	30	31
요일		水	木	金	土	日	月	火	水	木	金	土	日	月	火	水	木	金	土	日	4	火	水	木	金	土	日	月	火	水	木	金
陰曆		12	13	14	15	16	17	18	19	20	21	22	23	24	25	26	27	28	29	30	1	2	3	4	5	6	7	8	9	10	11	12
日辰		庚	辛	壬	癸	甲	乙	丙	丁	戊	己	庚	辛	壬	癸	甲	乙	丙	丁	戊	己	庚	辛	壬	癸	甲	乙	丙	丁	戊	己	庚
		子	丑	寅	卯	辰	巳	午	未	申	酉	戌	亥	子	丑	寅	卯	辰	巳	午	未	申	酉	戌	亥	子	丑	寅	卯	辰	巳	午
大	男	9	9	9	10	立	1	1	1	1	2	2	2	3	3	3	4	4	4	5	5	5	6	6	6	7	7	7	8	8	8	9
運	女	一	一	一	一	夏	十	十	十	九	九	九	八	八	八	七	七	七	六	六	六	五	五	五	四	四	四	三	三	三	二	二

6월 (辛巳) 壬午 (망종) 芒種 6日 03:00 夏至 21日

陽曆		1	2	3	4	5	6	7	8	9	10	11	12	13	14	15	16	17	18	19	20	21	22	23	24	25	26	27	28	29	30	
요일		土	日	月	火	水	木	金	土	日	月	火	水	木	金	土	日	月	5	水	木	金	土	日	月	火	水	木	金	土	日	
陰曆		13	14	15	16	17	18	19	20	21	22	23	24	25	26	27	28	29	1	2	3	4	5	6	7	8	9	10	11	12	13	
日辰		辛	壬	癸	甲	乙	丙	丁	戊	己	庚	辛	壬	癸	甲	乙	丙	丁	戊	己	庚	辛	壬	癸	甲	乙	丙	丁	戊	己	庚	
		未	申	酉	戌	亥	子	丑	寅	卯	辰	巳	午	未	申	酉	戌	亥	子	丑	寅	卯	辰	巳	午	未	申	酉	戌	亥	子	
大	男	9	9	10	10	10	芒	1	1	1	1	2	2	2	3	3	3	4	4	4	5	5	5	6	6	6	7	7	7	8	8	
運	女	二	一	一	一	一	種	十	十	九	九	九	八	八	八	七	七	七	六	六	六	五	五	五	四	四	四	三	三	三	二	

海中金星	二日得辛	西大將	亥弔客	寒食(4월 06일)	初伏(7월 20일)
六白金星	三龍治水	卯喪門	東三殺	中伏(7월 30일)	末伏(8월 09일)

7월 (壬午) 癸未 (소서) 小暑 7日 13:19 大暑 23日

陽曆		1	2	3	4	5	6	7	8	9	10	11	12	13	14	15	16	17	18	19	20	21	22	23	24	25	26	27	28	29	30	31
요일		月	火	水	木	金	土	日	月	火	水	木	金	土	日	月	火	水	6/	金	土	日	月	火	水	木	金	土	日	月	火	水
陰曆		14	15	16	17	18	19	20	21	22	23	24	25	26	27	28	29	30	1	2	3	4	5	6	7	8	9	10	11	12	13	14
日辰		辛	壬	癸	甲	乙	丙	丁	戊	己	庚	辛	壬	癸	甲	乙	丙	丁	戊	己	庚	辛	壬	癸	甲	乙	丙	丁	戊	己	庚	辛
		丑	寅	卯	辰	巳	午	未	申	酉	戌	亥	子	丑	寅	卯	辰	巳	午	未	申	酉	戌	亥	子	丑	寅	卯	辰	巳	午	未
大	男	8	9	9	9	10	10	小	1	1	1	1	2	2	2	3	3	3	4	4	4	5	5	5	6	6	6	7	7	7	8	8
運	女	二	二	一	一	一	一	署	十	十	九	九	九	八	八	八	七	七	七	六	六	六	五	五	五	四	四	四	三	三	三	二

8월 (癸未) 甲申 (입추) 立秋 7日 23:04 處署 23日

陽曆		1	2	3	4	5	6	7	8	9	10	11	12	13	14	15	16	17	18	19	20	21	22	23	24	25	26	27	28	29	30	31
요일		木	金	土	日	月	火	水	木	金	土	日	月	火	水	木	7/	土	日	月	火	水	木	金	土	日	月	火	水	木	金	土
陰曆		15	16	17	18	19	20	21	22	23	24	25	26	27	28	29	1	2	3	4	5	6	7	8	9	10	11	12	13	14	15	16
日辰		壬	癸	甲	乙	丙	丁	戊	己	庚	辛	壬	癸	甲	乙	丙	丁	戊	己	庚	辛	壬	癸	甲	乙	丙	丁	戊	己	庚	辛	壬
		申	酉	戌	亥	子	丑	寅	卯	辰	巳	午	未	申	酉	戌	亥	子	丑	寅	卯	辰	巳	午	未	申	酉	戌	亥	子	丑	寅
大	男	8	9	9	9	10	10	立	1	1	1	1	2	2	2	3	3	3	4	4	4	5	5	5	6	6	6	7	7	7	8	8
運	女	二	二	一	一	一	一	秋	十	十	十	九	九	九	八	八	八	七	七	七	六	六	六	五	五	五	四	四	四	三	三	三

9월 (甲申) 乙酉 (백로) 白露 8日 01:53 秋分 23日

陽曆		1	2	3	4	5	6	7	8	9	10	11	12	13	14	15	16	17	18	19	20	21	22	23	24	25	26	27	28	29	30	
요일		日	月	火	水	木	金	土	日	月	火	水	木	金	土	8/	月	火	水	木	金	土	日	月	火	水	木	金	土	日	月	
陰曆		17	18	19	20	21	22	23	24	25	26	27	28	29	30	1	2	3	4	5	6	7	8	9	10	11	12	13	14	15	16	
日辰		癸	甲	乙	丙	丁	戊	己	庚	辛	壬	癸	甲	乙	丙	丁	戊	己	庚	辛	壬	癸	甲	乙	丙	丁	戊	己	庚	辛	壬	
		卯	辰	巳	午	未	申	酉	戌	亥	子	丑	寅	卯	辰	巳	午	未	申	酉	戌	亥	子	丑	寅	卯	辰	巳	午	未	申	
大	男	8	9	9	9	10	10	10	白	1	1	1	1	2	2	2	3	3	3	4	4	4	5	5	5	6	6	6	7	7	7	
運	女	二	二	二	一	一	一	一	露	十	九	九	九	八	八	八	七	七	七	六	六	六	五	五	五	四	四	四	三	三	三	

10월 (乙酉) 丙戌 (한로) 寒露 8日 17:25 霜降 23日

陽曆		1	2	3	4	5	6	7	8	9	10	11	12	13	14	15	16	17	18	19	20	21	22	23	24	25	26	27	28	29	30	31
요일		火	水	木	金	土	日	月	火	水	木	金	土	日	9/	火	水	木	金	土	日	月	火	水	木	金	土	日	月	火	水	木
陰曆		17	18	19	20	21	22	23	24	25	26	27	28	29	1	2	3	4	5	6	7	8	9	10	11	12	13	14	15	16	17	18
日辰		癸	甲	乙	丙	丁	戊	己	庚	辛	壬	癸	甲	乙	丙	丁	戊	己	庚	辛	壬	癸	甲	乙	丙	丁	戊	己	庚	辛	壬	癸
		酉	戌	亥	子	丑	寅	卯	辰	巳	午	未	申	酉	戌	亥	子	丑	寅	卯	辰	巳	午	未	申	酉	戌	亥	子	丑	寅	卯
大	男	8	8	8	9	9	9	10	寒	1	1	1	1	2	2	2	3	3	3	4	4	4	5	5	5	6	6	6	7	7	7	8
運	女	二	二	二	一	一	一	一	露	十	九	九	九	八	八	八	七	七	七	六	六	六	五	五	五	四	四	四	三	三	三	二

11월 (丙戌) 丁亥 (입동) 立冬 7日 20:29 小雪 22日

陽曆		1	2	3	4	5	6	7	8	9	10	11	12	13	14	15	16	17	18	19	20	21	22	23	24	25	26	27	28	29	30	
요일		金	土	日	月	火	水	木	金	土	日	月	10/	水	木	金	土	日	月	火	水	木	金	土	日	月	火	水	木	金	土	
陰曆		19	20	21	22	23	24	25	26	27	28	29	1	2	3	4	5	6	7	8	9	10	11	12	13	14	15	16	17	18	19	
日辰		甲	乙	丙	丁	戊	己	庚	辛	壬	癸	甲	乙	丙	丁	戊	己	庚	辛	壬	癸	甲	乙	丙	丁	戊	己	庚	辛	壬	癸	
		辰	巳	午	未	申	酉	戌	亥	子	丑	寅	卯	辰	巳	午	未	申	酉	戌	亥	子	丑	寅	卯	辰	巳	午	未	申	酉	
大	男	8	8	9	9	9	10	立	1	1	1	1	2	2	2	3	3	3	4	4	4	5	5	5	6	6	6	7	7	7	8	
運	女	二	二	一	一	一	一	冬	十	九	九	九	八	八	八	七	七	七	六	六	六	五	五	五	四	四	四	三	三	三	二	

12월 (丁亥) 戊子 (대설) 大雪 7日 13:16 冬至 22日

陽曆		1	2	3	4	5	6	7	8	9	10	11	12	13	14	15	16	17	18	19	20	21	22	23	24	25	26	27	28	29	30	31
요일		日	月	火	水	木	金	土	日	月	火	水	11/	金	土	日	月	火	水	木	金	土	日	月	火	水	木	金	土	日	月	火
陰曆		20	21	22	23	24	25	26	27	28	29	30	1	2	3	4	5	6	7	8	9	10	11	12	13	14	15	16	17	18	19	20
日辰		甲	乙	丙	丁	戊	己	庚	辛	壬	癸	甲	乙	丙	丁	戊	己	庚	辛	壬	癸	甲	乙	丙	丁	戊	己	庚	辛	壬	癸	甲
		戌	亥	子	丑	寅	卯	辰	巳	午	未	申	酉	戌	亥	子	丑	寅	卯	辰	巳	午	未	申	酉	戌	亥	子	丑	寅	卯	辰
大	男	8	8	9	9	9	10	大	1	1	1	1	2	2	2	3	3	3	4	4	4	5	5	5	6	6	6	7	7	7	8	8
運	女	二	二	一	一	一	一	雪	十	九	九	九	八	八	八	七	七	七	六	六	六	五	五	五	四	四	四	三	三	三	二	二

1월 (戊子) 己丑 (소한) 小寒 6日 00:28 大寒 20日

陽曆		1	2	3	4	5	6	7	8	9	10	11	12	13	14	15	16	17	18	19	20	21	22	23	24	25	26	27	28	29	30	31
요일		水	木	金	土	日	月	火	水	木	12	土	日	月	火	水	木	金	土	日	月	火	水	木	金	土	日	月	火	水	木	金
陰曆		21	22	23	24	25	26	27	28	29	1	2	3	4	5	6	7	8	9	10	11	12	13	14	15	16	17	18	19	20	21	22
日辰		乙	丙	丁	戊	己	庚	辛	壬	癸	甲	乙	丙	丁	戊	己	庚	辛	壬	癸	甲	乙	丙	丁	戊	己	庚	辛	壬	癸	甲	乙
		巳	午	未	申	酉	戌	亥	子	丑	寅	卯	辰	巳	午	未	申	酉	戌	亥	子	丑	寅	卯	辰	巳	午	未	申	酉	戌	亥
大	男	8	9	9	9	10	小	1	1	1	1	2	2	2	3	3	3	4	4	4	5	5	5	6	6	6	7	7	7	8	8	8
運	女	二	一	一	一	一	寒	九	九	九	八	八	八	七	七	七	六	六	六	五	五	五	四	四	四	三	三	三	二	二	二	一

2월 (己丑) 庚寅 (입춘) 立春 4日 12:08 雨水 19日

陽曆		1	2	3	4	5	6	7	8	9	10	11	12	13	14	15	16	17	18	19	20	21	22	23	24	25	26	27	28			
요일		土	日	月	火	水	木	金	土	1	月	火	水	木	金	土	日	月	火	水	木	金	土	日	月	火	水	木	金			
陰曆		23	24	25	26	27	28	29	30	1	2	3	4	5	6	7	8	9	10	11	12	13	14	15	16	17	18	19	20			
日辰		丙	丁	戊	己	庚	辛	壬	癸	甲	乙	丙	丁	戊	己	庚	辛	壬	癸	甲	乙	丙	丁	戊	己	庚	辛	壬	癸			
		子	丑	寅	卯	辰	巳	午	未	申	酉	戌	亥	子	丑	寅	卯	辰	巳	午	未	申	酉	戌	亥	子	丑	寅	卯			
大	男	9	9	9	立	10	9	9	9	8	8	8	7	7	7	6	6	6	5	5	5	4	4	4	3	3	3	2	2			
運	女	一	一	一	春	一	一	一	一	二	二	二	三	三	三	四	四	四	五	五	五	六	六	六	七	七	七	八	八			

3월 (庚寅) 辛卯 (경칩) 驚蟄 6日 06:12 春分 21日

陽曆		1	2	3	4	5	6	7	8	9	10	11	12	13	14	15	16	17	18	19	20	21	22	23	24	25	26	27	28	29	30	31
요일		土	日	月	火	水	木	金	土	日	2	火	水	木	金	土	日	月	火	水	木	金	土	日	月	火	水	木	金	土	日	月
陰曆		21	22	23	24	25	26	27	28	29	1	2	3	4	5	6	7	8	9	10	11	12	13	14	15	16	17	18	19	20	21	22
日辰		甲	乙	丙	丁	戊	己	庚	辛	壬	癸	甲	乙	丙	丁	戊	己	庚	辛	壬	癸	甲	乙	丙	丁	戊	己	庚	辛	壬	癸	甲
		辰	巳	午	未	申	酉	戌	亥	子	丑	寅	卯	辰	巳	午	未	申	酉	戌	亥	子	丑	寅	卯	辰	巳	午	未	申	酉	戌
大	男	2	1	1	1	1	驚	10	9	9	9	8	8	8	7	7	7	6	6	6	5	5	5	4	4	4	3	3	3	2	2	2
運	女	八	九	九	九	十	蟄	一	一	一	一	二	二	二	三	三	三	四	四	四	五	五	五	六	六	六	七	七	七	八	八	八

4월 (辛卯) 壬辰 (청명) 清明 5日 11:06 穀雨 20日

陽曆		1	2	3	4	5	6	7	8	9	10	11	12	13	14	15	16	17	18	19	20	21	22	23	24	25	26	27	28	29	30	
요일		火	水	木	金	土	日	月	火	3	木	金	土	日	月	火	水	木	金	土	日	月	火	水	木	金	土	日	月	火	水	
陰曆		23	24	25	26	27	28	29	30	1	2	3	4	5	6	7	8	9	10	11	12	13	14	15	16	17	18	19	20	21	22	
日辰		乙	丙	丁	戊	己	庚	辛	壬	癸	甲	乙	丙	丁	戊	己	庚	辛	壬	癸	甲	乙	丙	丁	戊	己	庚	辛	壬	癸	甲	
		亥	子	丑	寅	卯	辰	巳	午	未	申	酉	戌	亥	子	丑	寅	卯	辰	巳	午	未	申	酉	戌	亥	子	丑	寅	卯	辰	
大	男	1	1	1	1	清	10	10	9	9	9	8	8	8	7	7	7	6	6	6	5	5	5	4	4	4	3	3	3	2	2	
運	女	九	九	九	十	明	一	一	一	一	二	二	二	三	三	三	四	四	四	五	五	五	六	六	六	七	七	七	八	八	八	

5월 (壬辰) 癸巳 (입하) 立夏 6日 04:31 小滿 21日

陽曆		1	2	3	4	5	6	7	8	9	10	11	12	13	14	15	16	17	18	19	20	21	22	23	24	25	26	27	28	29	30	31
요일		木	金	土	日	月	火	水	木	4	土	日	月	火	水	木	金	土	日	月	火	水	木	金	土	日	月	火	水	木	金	土
陰曆		23	24	25	26	27	28	29	30	1	2	3	4	5	6	7	8	9	10	11	12	13	14	15	16	17	18	19	20	21	22	23
日辰		乙	丙	丁	戊	己	庚	辛	壬	癸	甲	乙	丙	丁	戊	己	庚	辛	壬	癸	甲	乙	丙	丁	戊	己	庚	辛	壬	癸	甲	乙
		巳	午	未	申	酉	戌	亥	子	丑	寅	卯	辰	巳	午	未	申	酉	戌	亥	子	丑	寅	卯	辰	巳	午	未	申	酉	戌	亥
大	男	2	1	1	1	1	立	10	10	9	9	9	8	8	8	7	7	7	6	6	6	5	5	5	4	4	4	3	3	3	2	2
運	女	九	九	九	十	十	夏	一	一	一	一	二	二	二	三	三	三	四	四	四	五	五	五	六	六	六	七	七	七	八	八	八

6월 (癸巳) 甲午 (망종) 芒種 6日 08:44 夏至 22日

陽曆		1	2	3	4	5	6	7	8	9	10	11	12	13	14	15	16	17	18	19	20	21	22	23	24	25	26	27	28	29	30	
요일		日	月	火	水	木	金	5	日	月	火	水	木	金	土	日	月	火	水	木	金	土	日	月	火	水	木	金	土	日	月	
陰曆		24	25	26	27	28	29	1	2	3	4	5	6	7	8	9	10	11	12	13	14	15	16	17	18	19	20	21	22	23	24	
日辰		丙	丁	戊	己	庚	辛	壬	癸	甲	乙	丙	丁	戊	己	庚	辛	壬	癸	甲	乙	丙	丁	戊	己	庚	辛	壬	癸	甲	乙	
		子	丑	寅	卯	辰	巳	午	未	申	酉	戌	亥	子	丑	寅	卯	辰	巳	午	未	申	酉	戌	亥	子	丑	寅	卯	辰	巳	
大	男	2	1	1	1	1	芒	10	10	9	9	9	8	8	8	7	7	7	6	6	6	5	5	5	4	4	4	3	3	3	2	
運	女	九	九	九	十	十	種	一	一	一	一	二	二	二	三	三	三	四	四	四	五	五	五	六	六	六	七	七	七	八	八	

7월 (甲午) 乙未 (소서) 小暑 7日 19:01 大暑 23日

陽曆		1	2	3	4	5	6	7	8	9	10	11	12	13	14	15	16	17	18	19	20	21	22	23	24	25	26	27	28	29	30	31
요일		火	水	木	金	土	日	6/1	火	水	木	金	土	日	月	火	水	木	金	土	日	月	火	水	木	金	土	日	月	火	水	木
陰曆		25	26	27	28	29	30		2	3	4	5	6	7	8	9	10	11	12	13	14	15	16	17	18	19	20	21	22	23	24	25
日辰		丙	丁	戊	己	庚	辛	壬	癸	甲	乙	丙	丁	戊	己	庚	辛	壬	癸	甲	乙	丙	丁	戊	己	庚	辛	壬	癸	甲	乙	丙
		午	未	申	酉	戌	亥	子	丑	寅	卯	辰	巳	午	未	申	酉	戌	亥	子	丑	寅	卯	辰	巳	午	未	申	酉	戌	亥	子
大	男	2	2	1	1	1	1	小	10	10	10	9	9	9	8	8	8	7	7	7	6	6	6	5	5	5	4	4	4	3	3	3
運	女	八	九	九	九	十	十	暑	一	一	一	一	二	二	二	三	三	三	四	四	四	五	五	五	六	六	六	七	七	七	八	八

8월 (乙未) 丙申 (입추) 立秋 8日 04:44 處暑 23日

陽曆		1	2	3	4	5	6	7	8	9	10	11	12	13	14	15	16	17	18	19	20	21	22	23	24	25	26	27	28	29	30	31
요일		金	土	日	月	火	7/1	木	金	土	日	月	火	水	木	金	土	日	月	火	水	木	金	土	日	月	火	水	木	金	土	日
陰曆		26	27	28	29	30		2	3	4	5	6	7	8	9	10	11	12	13	14	15	16	17	18	19	20	21	22	23	24	25	26
日辰		丁	戊	己	庚	辛	壬	癸	甲	乙	丙	丁	戊	己	庚	辛	壬	癸	甲	乙	丙	丁	戊	己	庚	辛	壬	癸	甲	乙	丙	丁
		丑	寅	卯	辰	巳	午	未	申	酉	戌	亥	子	丑	寅	卯	辰	巳	午	未	申	酉	戌	亥	子	丑	寅	卯	辰	巳	午	未
大	男	2	2	2	1	1	1	1	立	10	10	9	9	9	8	8	8	7	7	7	6	6	6	5	5	5	4	4	4	3	3	3
運	女	八	九	九	九	十	十	十	秋	一	一	一	一	二	二	二	三	三	三	四	四	四	五	五	五	六	六	六	七	七	七	八

9월 (丙申) 丁酉 (백로) 白露 8日 07:35 秋分 23日

陽曆		1	2	3	4	5	6	7	8	9	10	11	12	13	14	15	16	17	18	19	20	21	22	23	24	25	26	27	28	29	30
요일		月	火	水	8/1	金	土	日	月	火	水	木	金	土	日	月	火	水	木	金	土	日	月	火	水	木	金	土	日	月	火
陰曆		27	28	29		2	3	4	5	6	7	8	9	10	11	12	13	14	15	16	17	18	19	20	21	22	23	24	25	26	27
日辰		戊	己	庚	辛	壬	癸	甲	乙	丙	丁	戊	己	庚	辛	壬	癸	甲	乙	丙	丁	戊	己	庚	辛	壬	癸	甲	乙	丙	丁
		申	酉	戌	亥	子	丑	寅	卯	辰	巳	午	未	申	酉	戌	亥	子	丑	寅	卯	辰	巳	午	未	申	酉	戌	亥	子	丑
大	男	2	2	2	1	1	1	1	白	10	9	9	9	8	8	8	7	7	7	6	6	6	5	5	5	4	4	4	3	3	3
運	女	八	八	九	九	九	十	十	露	一	一	一	一	二	二	二	三	三	三	四	四	四	五	五	五	六	六	六	七	七	七

10월 (丁酉) 戊戌 (한로) 寒露 8日 23:07 霜降 24日

陽曆		1	2	3	4	5	6	7	8	9	10	11	12	13	14	15	16	17	18	19	20	21	22	23	24	25	26	27	28	29	30	31
요일		水	木	金	9/1	日	月	火	水	木	金	土	日	月	火	水	木	金	土	日	月	火	水	木	金	土	日	月	火	水	木	金
陰曆		28	29	30		2	3	4	5	6	7	8	9	10	11	12	13	14	15	16	17	18	19	20	21	22	23	24	25	26	27	28
日辰		戊	己	庚	辛	壬	癸	甲	乙	丙	丁	戊	己	庚	辛	壬	癸	甲	乙	丙	丁	戊	己	庚	辛	壬	癸	甲	乙	丙	丁	戊
		寅	卯	辰	巳	午	未	申	酉	戌	亥	子	丑	寅	卯	辰	巳	午	未	申	酉	戌	亥	子	丑	寅	卯	辰	巳	午	未	申
大	男	2	2	2	1	1	1	1	寒	10	10	9	9	9	8	8	8	7	7	7	6	6	6	5	5	5	4	4	4	3	3	3
運	女	八	八	八	九	九	九	十	露	一	一	一	一	二	二	二	三	三	三	四	四	四	五	五	五	六	六	六	七	七	七	八

11월 (戊戌) 己亥 (입동) 立冬 8日 02:13 小雪 22日

陽曆		1	2	3	4	5	6	7	8	9	10	11	12	13	14	15	16	17	18	19	20	21	22	23	24	25	26	27	28	29	30
요일		土	10/1	月	火	水	木	金	土	日	月	火	水	木	金	土	日	月	火	水	木	金	土	日	月	火	水	木	金	土	日
陰曆		29		2	3	4	5	6	7	8	9	10	11	12	13	14	15	16	17	18	19	20	21	22	23	24	25	26	27	28	29
日辰		己	庚	辛	壬	癸	甲	乙	丙	丁	戊	己	庚	辛	壬	癸	甲	乙	丙	丁	戊	己	庚	辛	壬	癸	甲	乙	丙	丁	戊
		酉	戌	亥	子	丑	寅	卯	辰	巳	午	未	申	酉	戌	亥	子	丑	寅	卯	辰	巳	午	未	申	酉	戌	亥	子	丑	寅
大	男	2	2	2	1	1	1	1	立	9	9	9	8	8	8	7	7	7	6	6	6	5	5	5	4	4	4	3	3	3	2
運	女	八	八	九	九	九	十	十	冬	一	一	一	一	二	二	二	三	三	三	四	四	四	五	五	五	六	六	六	七	七	七

12월 (己亥) 庚子 (대설) 大雪 7日 19:01 冬至 22日

陽曆		1	2	3	4	5	6	7	8	9	10	11	12	13	14	15	16	17	18	19	20	21	22	23	24	25	26	27	28	29	30	31
요일		月	11/1	水	木	金	土	日	月	火	水	木	金	土	日	月	火	水	木	金	土	日	月	火	水	木	金	土	日	月	火	12/1
陰曆		30		2	3	4	5	6	7	8	9	10	11	12	13	14	15	16	17	18	19	20	21	22	23	24	25	26	27	28	29	
日辰		己	庚	辛	壬	癸	甲	乙	丙	丁	戊	己	庚	辛	壬	癸	甲	乙	丙	丁	戊	己	庚	辛	壬	癸	甲	乙	丙	丁	戊	己
		卯	辰	巳	午	未	申	酉	戌	亥	子	丑	寅	卯	辰	巳	午	未	申	酉	戌	亥	子	丑	寅	卯	辰	巳	午	未	申	酉
大	男	2	2	1	1	1	1	大	10	9	9	9	8	8	8	7	7	7	6	6	6	5	5	5	4	4	4	3	3	3	2	2
運	女	八	八	八	九	九	九	雪	一	一	一	一	二	二	二	三	三	三	四	四	四	五	五	五	六	六	六	七	七	七	八	八

丁卯

1월 (庚子)　辛丑 (소한) 小寒 6日 06:13　大寒 20日

陽曆	1	2	3	4	5	6	7	8	9	10	11	12	13	14	15	16	17	18	19	20	21	22	23	24	25	26	27	28	29	30	31
요일	木	金	土	日	月	火	水	木	金	土	日	月	火	水	木	金	土	日	月	火	水	木	金	土	日	月	火	水	1	金	土
陰曆	2	3	4	5	6	7	8	9	10	11	12	13	14	15	16	17	18	19	20	21	22	23	24	25	26	27	28	29	1	2	3
日辰	庚	辛	壬	癸	甲	乙	丙	丁	戊	己	庚	辛	壬	癸	甲	乙	丙	丁	戊	己	庚	辛	壬	癸	甲	乙	丙	丁	戊	己	庚
	戌	亥	子	丑	寅	卯	辰	巳	午	未	申	酉	戌	亥	子	丑	寅	卯	辰	巳	午	未	申	酉	戌	亥	子	丑	寅	卯	辰
大 男	2	1	1	1	1	小	9	9	9	8	8	8	7	7	7	6	6	6	5	5	5	4	4	4	3	3	3	2	2	2	1
運 女	八	九	九	九	十	寒	一	一	一	一	二	二	二	三	三	三	四	四	四	五	五	五	六	六	六	七	七	七	八	八	八

2월 (辛丑)　壬寅 (입춘) 立春 4日 17:52　雨水 19日

陽曆	1	2	3	4	5	6	7	8	9	10	11	12	13	14	15	16	17	18	19	20	21	22	23	24	25	26	27	28			
요일	日	月	火	水	木	金	土	日	月	火	水	木	金	土	日	月	火	水	木	金	土	日	月	火	水	木	金	2			
陰曆	4	5	6	7	8	9	10	11	12	13	14	15	16	17	18	19	20	21	22	23	24	25	26	27	28	29	30	1			
日辰	辛	壬	癸	甲	乙	丙	丁	戊	己	庚	辛	壬	癸	甲	乙	丙	丁	戊	己	庚	辛	壬	癸	甲	乙	丙	丁	戊			
	巳	午	未	申	酉	戌	亥	子	丑	寅	卯	辰	巳	午	未	申	酉	戌	亥	子	丑	寅	卯	辰	巳	午	未	申			
大 男	1	1	1	立	1	1	1	1	2	2	2	3	3	3	4	4	4	5	5	5	6	6	6	7	7	7	8	8			
運 女	九	九	九	春	十	九	九	九	八	八	八	七	七	七	六	六	六	五	五	五	四	四	四	三	三	三	二	二			

3월 (壬寅)　癸卯 (경칩) 驚蟄 6日 11:54　春分 21日

陽曆	1	2	3	4	5	6	7	8	9	10	11	12	13	14	15	16	17	18	19	20	21	22	23	24	25	26	27	28	29	30	31
요일	日	月	火	水	木	金	土	日	月	火	水	木	金	土	日	月	火	水	木	金	土	日	月	火	水	木	金	土	3	月	火
陰曆	2	3	4	5	6	7	8	9	10	11	12	13	14	15	16	17	18	19	20	21	22	23	24	25	26	27	28	29	1	2	3
日辰	己	庚	辛	壬	癸	甲	乙	丙	丁	戊	己	庚	辛	壬	癸	甲	乙	丙	丁	戊	己	庚	辛	壬	癸	甲	乙	丙	丁	戊	己
	酉	戌	亥	子	丑	寅	卯	辰	巳	午	未	申	酉	戌	亥	子	丑	寅	卯	辰	巳	午	未	申	酉	戌	亥	子	丑	寅	卯
大 男	8	9	9	9	10	驚	1	1	1	1	2	2	2	3	3	3	4	4	4	5	5	5	6	6	6	7	7	7	8	8	8
運 女	二	一	一	一	一	蟄	十	九	九	九	八	八	八	七	七	七	六	六	六	五	五	五	四	四	四	三	三	三	二	二	二

4월 (癸卯)　甲辰 (청명) 清明 5日 16:44　穀雨 20日

陽曆	1	2	3	4	5	6	7	8	9	10	11	12	13	14	15	16	17	18	19	20	21	22	23	24	25	26	27	28	29	30	
요일	水	木	金	土	日	月	火	水	木	金	土	日	月	火	水	木	金	土	日	月	火	水	木	金	土	日	月	4	水	木	
陰曆	4	5	6	7	8	9	10	11	12	13	14	15	16	17	18	19	20	21	22	23	24	25	26	27	28	29	30	1	2	3	
日辰	庚	辛	壬	癸	甲	乙	丙	丁	戊	己	庚	辛	壬	癸	甲	乙	丙	丁	戊	己	庚	辛	壬	癸	甲	乙	丙	丁	戊	己	
	辰	巳	午	未	申	酉	戌	亥	子	丑	寅	卯	辰	巳	午	未	申	酉	戌	亥	子	丑	寅	卯	辰	巳	午	未	申	酉	
大 男	9	9	9	10	清	1	1	1	1	2	2	2	3	3	3	4	4	4	5	5	5	6	6	6	7	7	7	8	8	8	
運 女	一	一	一	一	明	十	十	九	九	九	八	八	八	七	七	七	六	六	六	五	五	五	四	四	四	三	三	三	二	二	

5월 (甲辰)　乙巳 (입하) 立夏 6日 10:06　小滿 21日

陽曆	1	2	3	4	5	6	7	8	9	10	11	12	13	14	15	16	17	18	19	20	21	22	23	24	25	26	27	28	29	30	31
요일	金	土	日	月	火	水	木	金	土	日	月	火	水	木	金	土	日	月	火	水	木	金	土	日	月	火	水	5	金	土	日
陰曆	4	5	6	7	8	9	10	11	12	13	14	15	16	17	18	19	20	21	22	23	24	25	26	27	28	29	30	1	2	3	4
日辰	庚	辛	壬	癸	甲	乙	丙	丁	戊	己	庚	辛	壬	癸	甲	乙	丙	丁	戊	己	庚	辛	壬	癸	甲	乙	丙	丁	戊	己	庚
	戌	亥	子	丑	寅	卯	辰	巳	午	未	申	酉	戌	亥	子	丑	寅	卯	辰	巳	午	未	申	酉	戌	亥	子	丑	寅	卯	辰
大 男	9	9	9	10	10	立	1	1	1	1	2	2	2	3	3	3	4	4	4	5	5	5	6	6	6	7	7	7	8	8	8
運 女	二	一	一	一	一	夏	十	十	九	九	九	八	八	八	七	七	七	六	六	六	五	五	五	四	四	四	三	三	三	二	二

6월 (乙巳)　丙午 (망종) 芒種 6日 14:19　夏至 22日

陽曆	1	2	3	4	5	6	7	8	9	10	11	12	13	14	15	16	17	18	19	20	21	22	23	24	25	26	27	28	29	30	
요일	月	火	水	木	金	土	日	月	火	水	木	金	土	日	月	火	水	木	金	土	日	月	火	水	木	6	土	日	月	火	
陰曆	5	6	7	8	9	10	11	12	13	14	15	16	17	18	19	20	21	22	23	24	25	26	27	28	29	1	2	3	4	5	
日辰	辛	壬	癸	甲	乙	丙	丁	戊	己	庚	辛	壬	癸	甲	乙	丙	丁	戊	己	庚	辛	壬	癸	甲	乙	丙	丁	戊	己	庚	
	巳	午	未	申	酉	戌	亥	子	丑	寅	卯	辰	巳	午	未	申	酉	戌	亥	子	丑	寅	卯	辰	巳	午	未	申	酉	戌	
大 男	9	9	9	10	10	芒	1	1	1	1	2	2	2	3	3	3	4	4	4	5	5	5	6	6	6	7	7	7	8	8	
運 女	二	一	一	一	一	種	十	十	十	九	九	九	八	八	八	七	七	七	六	六	六	五	五	五	四	四	四	三	三	三	

[서머타임 : 5월 10일 02시 ~ 10월 11일 03시]

7월 (丙午) 丁未 (소서) 小暑 8日 00:39 大暑 23日

陽曆	1	2	3	4	5	6	7	8	9	10	11	12	13	14	15	16	17	18	19	20	21	22	23	24	25	26	27	28	29	30	31
요일	水	木	金	土	日	月	火	水	木	金	土	日	月	火	水	木	金	土	日	月	火	水	木	金	土	윤6/1	月	火	水	木	金
陰曆	6	7	8	9	10	11	12	13	14	15	16	17	18	19	20	21	22	23	24	25	26	27	28	29	30		2	3	4	5	6
日辰	辛	壬	癸	甲	乙	丙	丁	戊	己	庚	辛	壬	癸	甲	乙	丙	丁	戊	己	庚	辛	壬	癸	甲	乙	丙	丁	戊	己	庚	辛
	亥	子	丑	寅	卯	辰	巳	午	未	申	酉	戌	亥	子	丑	寅	卯	辰	巳	午	未	申	酉	戌	亥	子	丑	寅	卯	辰	巳
大運 男	8	9	9	9	10	10	10	小	1	1	1	1	2	2	2	3	3	3	4	4	4	5	5	5	6	6	6	7	7	7	8
大運 女	二	二	二	一	一	一	一	暑	十	十	九	九	九	八	八	八	七	七	七	六	六	六	五	五	五	四	四	四	三	三	三

8월 (丁未) 戊申 (입추) 立秋 8日 10:29 處暑 24日

陽曆	1	2	3	4	5	6	7	8	9	10	11	12	13	14	15	16	17	18	19	20	21	22	23	24	25	26	27	28	29	30	31
요일	土	日	月	火	水	木	金	土	日	月	火	水	木	金	土	日	月	火	水	木	金	土	日	7/1	火	水	木	金	土	日	月
陰曆	7	8	9	10	11	12	13	14	15	16	17	18	19	20	21	22	23	24	25	26	27	28	29		2	3	4	5	6	7	8
日辰	壬	癸	甲	乙	丙	丁	戊	己	庚	辛	壬	癸	甲	乙	丙	丁	戊	己	庚	辛	壬	癸	甲	乙	丙	丁	戊	己	庚	辛	壬
	午	未	申	酉	戌	亥	子	丑	寅	卯	辰	巳	午	未	申	酉	戌	亥	子	丑	寅	卯	辰	巳	午	未	申	酉	戌	亥	子
大運 男	8	8	9	9	9	10	10	立	1	1	1	1	2	2	2	3	3	3	4	4	4	5	5	5	6	6	6	7	7	7	8
大運 女	二	二	二	一	一	一	一	秋	十	十	九	九	九	八	八	八	七	七	七	六	六	六	五	五	五	四	四	四	三	三	三

9월 (戊申) 己酉 (백로) 白露 8日 13:24 秋分 23日

陽曆	1	2	3	4	5	6	7	8	9	10	11	12	13	14	15	16	17	18	19	20	21	22	23	24	25	26	27	28	29	30	
요일	火	水	木	金	土	日	月	火	水	木	金	土	日	月	火	水	木	金	土	日	月	火	8/1	木	金	土	日	月	火	水	
陰曆	9	10	11	12	13	14	15	16	17	18	19	20	21	22	23	24	25	26	27	28	29	30		2	3	4	5	6	7	8	
日辰	癸	甲	乙	丙	丁	戊	己	庚	辛	壬	癸	甲	乙	丙	丁	戊	己	庚	辛	壬	癸	甲	乙	丙	丁	戊	己	庚	辛	壬	
	丑	寅	卯	辰	巳	午	未	申	酉	戌	亥	子	丑	寅	卯	辰	巳	午	未	申	酉	戌	亥	子	丑	寅	卯	辰	巳	午	
大運 男	8	8	9	9	9	10	10	白	1	1	1	1	2	2	2	3	3	3	4	4	4	5	5	5	6	6	6	7	7	7	
大運 女	二	二	二	一	一	一	一	露	十	十	九	九	九	八	八	八	七	七	七	六	六	六	五	五	五	四	四	四	三	三	

10월 (己酉) 庚戌 (한로) 寒露 9日 05:00 霜降 24日

陽曆	1	2	3	4	5	6	7	8	9	10	11	12	13	14	15	16	17	18	19	20	21	22	23	24	25	26	27	28	29	30	31
요일	木	金	土	日	月	火	水	木	金	土	日	月	火	水	木	金	土	日	月	火	水	木	9/1	土	日	月	火	水	木	金	土
陰曆	9	10	11	12	13	14	15	16	17	18	19	20	21	22	23	24	25	26	27	28	29	30		2	3	4	5	6	7	8	9
日辰	癸	甲	乙	丙	丁	戊	己	庚	辛	壬	癸	甲	乙	丙	丁	戊	己	庚	辛	壬	癸	甲	乙	丙	丁	戊	己	庚	辛	壬	癸
	未	申	酉	戌	亥	子	丑	寅	卯	辰	巳	午	未	申	酉	戌	亥	子	丑	寅	卯	辰	巳	午	未	申	酉	戌	亥	子	丑
大運 男	8	8	8	9	9	9	10	10	寒	1	1	1	1	2	2	2	3	3	3	4	4	4	5	5	5	6	6	6	7	7	7
大運 女	三	二	二	二	一	一	一	一	露	十	九	九	九	八	八	八	七	七	七	六	六	六	五	五	五	四	四	四	三	三	三

11월 (庚戌) 辛亥 (입동) 立冬 8日 08:06 小雪 23日

陽曆	1	2	3	4	5	6	7	8	9	10	11	12	13	14	15	16	17	18	19	20	21	22	23	24	25	26	27	28	29	30	
요일	日	月	火	水	木	金	土	日	月	火	水	木	金	土	日	月	火	水	木	金	10/1	日	月	火	水	木	金	土	日	月	
陰曆	10	11	12	13	14	15	16	17	18	19	20	21	22	23	24	25	26	27	28	29		2	3	4	5	6	7	8	9	10	
日辰	甲	乙	丙	丁	戊	己	庚	辛	壬	癸	甲	乙	丙	丁	戊	己	庚	辛	壬	癸	甲	乙	丙	丁	戊	己	庚	辛	壬	癸	
	寅	卯	辰	巳	午	未	申	酉	戌	亥	子	丑	寅	卯	辰	巳	午	未	申	酉	戌	亥	子	丑	寅	卯	辰	巳	午	未	
大運 男	8	8	8	9	9	9	10	立	1	1	1	1	2	2	2	3	3	3	4	4	4	5	5	5	6	6	6	7	7	7	
大運 女	二	二	二	一	一	一	一	冬	十	九	九	九	八	八	八	七	七	七	六	六	六	五	五	五	四	四	四	三	三	三	

12월 (辛亥) 壬子 (대설) 大雪 8日 00:52 冬至 22日

陽曆	1	2	3	4	5	6	7	8	9	10	11	12	13	14	15	16	17	18	19	20	21	22	23	24	25	26	27	28	29	30	31
요일	火	水	木	金	土	日	月	火	水	木	金	土	日	月	火	水	木	金	土	日	11/1	火	水	木	金	土	日	月	火	水	木
陰曆	11	12	13	14	15	16	17	18	19	20	21	22	23	24	25	26	27	28	29	30		2	3	4	5	6	7	8	9	10	11
日辰	甲	乙	丙	丁	戊	己	庚	辛	壬	癸	甲	乙	丙	丁	戊	己	庚	辛	壬	癸	甲	乙	丙	丁	戊	己	庚	辛	壬	癸	甲
	申	酉	戌	亥	子	丑	寅	卯	辰	巳	午	未	申	酉	戌	亥	子	丑	寅	卯	辰	巳	午	未	申	酉	戌	亥	子	丑	寅
大運 男	8	8	8	9	9	9	10	大	1	1	1	1	2	2	2	3	3	3	4	4	4	5	5	5	6	6	6	7	7	7	8
大運 女	二	二	二	一	一	一	一	雪	九	九	九	八	八	八	七	七	七	六	六	六	五	五	五	四	四	四	三	三	三	二	二

1월 (壬子)

癸丑 (소한) 小寒 6日 12:04 大寒 21日

陽曆		1	2	3	4	5	6	7	8	9	10	11	12	13	14	15	16	17	18	19	20	21	22	23	24	25	26	27	28	29	30	31
요일		金	土	日	月	火	水	木	金	土	日	月	火	水	木	金	土	日	月	12	水	木	金	土	日	月	火	水	木	金	土	日
陰曆		12	13	14	15	16	17	18	19	20	21	22	23	24	25	26	27	28	29	1	2	3	4	5	6	7	8	9	10	11	12	13
日辰		乙	丙	丁	戊	己	庚	辛	壬	癸	甲	乙	丙	丁	戊	己	庚	辛	壬	癸	甲	乙	丙	丁	戊	己	庚	辛	壬	癸	甲	乙
		卯	辰	巳	午	未	申	酉	戌	亥	子	丑	寅	卯	辰	巳	午	未	申	酉	戌	亥	子	丑	寅	卯	辰	巳	午	未	申	酉
大	男	8	8	9	9	9	小	1	1	1	1	2	2	2	3	3	3	4	4	4	5	5	5	6	6	6	7	7	7	8	8	8
運	女	二	一	一	一	一	寒	九	九	九	八	八	八	七	七	七	六	六	六	五	五	五	四	四	四	三	三	三	二	二	二	一

2월 (癸丑)

甲寅 (입춘) 立春 4日 23:43 雨水 19日

陽曆		1	2	3	4	5	6	7	8	9	10	11	12	13	14	15	16	17	18	19	20	21	22	23	24	25	26	27	28	29
요일		月	火	水	木	金	土	日	月	火	水	木	金	土	日	月	火	水	1	金	土	日	月	火	水	木	金	土	日	月
陰曆		14	15	16	17	18	19	20	21	22	23	24	25	26	27	28	29	30	1	2	3	4	5	6	7	8	9	10	11	12
日辰		丙	丁	戊	己	庚	辛	壬	癸	甲	乙	丙	丁	戊	己	庚	辛	壬	癸	甲	乙	丙	丁	戊	己	庚	辛	壬	癸	甲
		戌	亥	子	丑	寅	卯	辰	巳	午	未	申	酉	戌	亥	子	丑	寅	卯	辰	巳	午	未	申	酉	戌	亥	子	丑	寅
大	男	9	9	9	立	10	9	9	9	8	8	8	7	7	7	6	6	6	5	5	5	4	4	4	3	3	3	2	2	2
運	女	一	一	一	春	一	一	一	一	二	二	二	三	三	三	四	四	四	五	五	五	六	六	六	七	七	七	八	八	八

3월 (甲寅)

乙卯 (경칩) 驚蟄 5日 17:47 春分 20日

陽曆		1	2	3	4	5	6	7	8	9	10	11	12	13	14	15	16	17	18	19	20	21	22	23	24	25	26	27	28	29	30	31
요일		火	水	木	金	土	日	月	火	水	木	金	土	日	月	火	水	木	2	土	日	月	火	水	木	金	土	日	月	火	水	木
陰曆		13	14	15	16	17	18	19	20	21	22	23	24	25	26	27	28	29	1	2	3	4	5	6	7	8	9	10	11	12	13	14
日辰		乙	丙	丁	戊	己	庚	辛	壬	癸	甲	乙	丙	丁	戊	己	庚	辛	壬	癸	甲	乙	丙	丁	戊	己	庚	辛	壬	癸	甲	乙
		卯	辰	巳	午	未	申	酉	戌	亥	子	丑	寅	卯	辰	巳	午	未	申	酉	戌	亥	子	丑	寅	卯	辰	巳	午	未	申	酉
大	男	1	1	1	1	驚	10	9	9	9	8	8	8	7	7	7	6	6	6	5	5	5	4	4	4	3	3	3	2	2	2	1
運	女	九	九	九	十	蟄	一	一	一	一	二	二	二	三	三	三	四	四	四	五	五	五	六	六	六	七	七	七	八	八	八	九

4월 (乙卯)

丙辰 (청명) 清明 4日 22:39 穀雨 20日

陽曆		1	2	3	4	5	6	7	8	9	10	11	12	13	14	15	16	17	18	19	20	21	22	23	24	25	26	27	28	29	30
요일		金	土	日	月	火	水	木	金	土	日	月	火	水	木	金	3	日	月	火	水	木	金	土	日	月	火	水	木	金	土
陰曆		15	16	17	18	19	20	21	22	23	24	25	26	27	28	29	1	2	3	4	5	6	7	8	9	10	11	12	13	14	15
日辰		丙	丁	戊	己	庚	辛	壬	癸	甲	乙	丙	丁	戊	己	庚	辛	壬	癸	甲	乙	丙	丁	戊	己	庚	辛	壬	癸	甲	乙
		戌	亥	子	丑	寅	卯	辰	巳	午	未	申	酉	戌	亥	子	丑	寅	卯	辰	巳	午	未	申	酉	戌	亥	子	丑	寅	卯
大	男	1	1	1	清	10	10	9	9	9	8	8	8	7	7	7	6	6	6	5	5	5	4	4	4	3	3	3	2	2	2
運	女	九	九	十	明	一	一	一	一	二	二	二	三	三	三	四	四	四	五	五	五	六	六	六	七	七	七	八	八	八	九

5월 (丙辰)

丁巳 (입하) 立夏 5日 16:02 小滿 21日

陽曆		1	2	3	4	5	6	7	8	9	10	11	12	13	14	15	16	17	18	19	20	21	22	23	24	25	26	27	28	29	30	31
요일		日	月	火	水	木	金	土	日	月	火	水	木	金	土	日	4	火	水	木	金	土	日	月	火	水	木	金	土	日	月	火
陰曆		16	17	18	19	20	21	22	23	24	25	26	27	28	29	30	1	2	3	4	5	6	7	8	9	10	11	12	13	14	15	16
日辰		丙	丁	戊	己	庚	辛	壬	癸	甲	乙	丙	丁	戊	己	庚	辛	壬	癸	甲	乙	丙	丁	戊	己	庚	辛	壬	癸	甲	乙	丙
		辰	巳	午	未	申	酉	戌	亥	子	丑	寅	卯	辰	巳	午	未	申	酉	戌	亥	子	丑	寅	卯	辰	巳	午	未	申	酉	戌
大	男	1	1	1	1	立	10	10	9	9	9	8	8	8	7	7	7	6	6	6	5	5	5	4	4	4	3	3	3	2	2	2
運	女	九	九	十	十	夏	一	一	一	一	二	二	二	三	三	三	四	四	四	五	五	五	六	六	六	七	七	七	八	八	八	九

6월 (丁巳)

戊午 (망종) 芒種 5日 20:15 夏至 21日

陽曆		1	2	3	4	5	6	7	8	9	10	11	12	13	14	15	16	17	18	19	20	21	22	23	24	25	26	27	28	29	30
요일		水	木	金	土	日	月	火	水	木	金	土	日	月	5	水	木	金	土	日	月	火	水	木	金	土	日	月	火	水	木
陰曆		17	18	19	20	21	22	23	24	25	26	27	28	29	1	2	3	4	5	6	7	8	9	10	11	12	13	14	15	16	17
日辰		丁	戊	己	庚	辛	壬	癸	甲	乙	丙	丁	戊	己	庚	辛	壬	癸	甲	乙	丙	丁	戊	己	庚	辛	壬	癸	甲	乙	丙
		亥	子	丑	寅	卯	辰	巳	午	未	申	酉	戌	亥	子	丑	寅	卯	辰	巳	午	未	申	酉	戌	亥	子	丑	寅	卯	辰
大	男	1	1	1	1	芒	10	10	10	9	9	9	8	8	8	7	7	7	6	6	6	5	5	5	4	4	4	3	3	3	2
運	女	九	九	十	十	種	一	一	一	一	二	二	二	三	三	三	四	四	四	五	五	五	六	六	六	七	七	七	八	八	八

[서머타임 : 5월 8일 02시 ~ 10월 9일 03시]

7월 (戊午) 己未 (소서) 小署 7日 06:33 大署 22日

陽曆	1	2	3	4	5	6	7	8	9	10	11	12	13	14	15	16	17	18	19	20	21	22	23	24	25	26	27	28	29	30	31
요일	金	土	日	月	火	水	木	金	土	日	月	火	水	6	金	土	日	月	火	水	木	金	土	日	月	火	水	木	金	土	日
陰曆	18	19	20	21	22	23	24	25	26	27	28	29	30	1	2	3	4	5	6	7	8	9	10	11	12	13	14	15	16	17	18
日辰	丁	戊	己	庚	辛	壬	癸	甲	乙	丙	丁	戊	己	庚	辛	壬	癸	甲	乙	丙	丁	戊	己	庚	辛	壬	癸	甲	乙	丙	丁
	巳	午	未	申	酉	戌	亥	子	丑	寅	卯	辰	巳	午	未	申	酉	戌	亥	子	丑	寅	卯	辰	巳	午	未	申	酉	戌	亥
大運 男	2	2	1	1	1	1	小	10	10	9	9	9	8	8	8	7	7	7	6	6	6	5	5	5	4	4	4	3	3	3	2
大運 女	九	九	九	十	十	十	署	一	一	一	一	二	二	二	三	三	三	四	四	四	五	五	五	六	六	六	七	七	七	八	八

8월 (己未) 庚申 (입추) 立秋 7日 16:20 處署 23日

陽曆	1	2	3	4	5	6	7	8	9	10	11	12	13	14	15	16	17	18	19	20	21	22	23	24	25	26	27	28	29	30	31
요일	月	火	水	木	金	土	日	月	火	水	木	7	土	日	月	火	水	木	金	土	日	月	火	水	木	金	土	日	月	火	水
陰曆	19	20	21	22	23	24	25	26	27	28	29	1	2	3	4	5	6	7	8	9	10	11	12	13	14	15	16	17	18	19	20
日辰	戊	己	庚	辛	壬	癸	甲	乙	丙	丁	戊	己	庚	辛	壬	癸	甲	乙	丙	丁	戊	己	庚	辛	壬	癸	甲	乙	丙	丁	戊
	子	丑	寅	卯	辰	巳	午	未	申	酉	戌	亥	子	丑	寅	卯	辰	巳	午	未	申	酉	戌	亥	子	丑	寅	卯	辰	巳	午
大運 男	2	2	1	1	1	1	立	10	10	9	9	9	8	8	8	7	7	7	6	6	6	5	5	5	4	4	4	3	3	3	2
大運 女	八	九	九	九	十	十	秋	一	一	一	一	二	二	二	三	三	三	四	四	四	五	五	五	六	六	六	七	七	七	八	八

9월 (庚申) 辛酉 (백로) 白露 7日 19:12 秋分 23日

陽曆	1	2	3	4	5	6	7	8	9	10	11	12	13	14	15	16	17	18	19	20	21	22	23	24	25	26	27	28	29	30	
요일	木	金	土	日	月	火	水	木	金	土	8	月	火	水	木	金	土	日	月	火	水	木	金	土	日	月	火	水	木	金	
陰曆	21	22	23	24	25	26	27	28	29	30	1	2	3	4	5	6	7	8	9	10	11	12	13	14	15	16	17	18	19	20	
日辰	己	庚	辛	壬	癸	甲	乙	丙	丁	戊	己	庚	辛	壬	癸	甲	乙	丙	丁	戊	己	庚	辛	壬	癸	甲	乙	丙	丁	戊	
	未	申	酉	戌	亥	子	丑	寅	卯	辰	巳	午	未	申	酉	戌	亥	子	丑	寅	卯	辰	巳	午	未	申	酉	戌	亥	子	
大運 男	2	2	1	1	1	1	白	10	10	9	9	9	8	8	8	7	7	7	6	6	6	5	5	5	4	4	4	3	3	3	
大運 女	八	九	九	九	十	十	露	一	一	一	一	二	二	二	三	三	三	四	四	四	五	五	五	六	六	六	七	七	七	八	

10월 (辛酉) 壬戌 (한로) 寒露 8日 10:45 霜降 23日

陽曆	1	2	3	4	5	6	7	8	9	10	11	12	13	14	15	16	17	18	19	20	21	22	23	24	25	26	27	28	29	30	31
요일	土	日	月	火	水	木	金	土	日	月	9	水	木	金	土	日	月	火	水	木	金	土	日	月	火	水	木	金	土	日	月
陰曆	21	22	23	24	25	26	27	28	29	30	1	2	3	4	5	6	7	8	9	10	11	12	13	14	15	16	17	18	19	20	21
日辰	己	庚	辛	壬	癸	甲	乙	丙	丁	戊	己	庚	辛	壬	癸	甲	乙	丙	丁	戊	己	庚	辛	壬	癸	甲	乙	丙	丁	戊	己
	丑	寅	卯	辰	巳	午	未	申	酉	戌	亥	子	丑	寅	卯	辰	巳	午	未	申	酉	戌	亥	子	丑	寅	卯	辰	巳	午	未
大運 男	2	2	2	1	1	1	1	寒	10	9	9	9	8	8	8	7	7	7	6	6	6	5	5	5	4	4	4	3	3	3	2
大運 女	八	八	九	九	九	十	十	露	一	一	一	一	二	二	二	三	三	三	四	四	四	五	五	五	六	六	六	七	七	七	八

11월 (壬戌) 癸亥 (입동) 立冬 7日 13:49 小雪 22日

陽曆	1	2	3	4	5	6	7	8	9	10	11	12	13	14	15	16	17	18	19	20	21	22	23	24	25	26	27	28	29	30	
요일	火	水	木	金	土	日	月	火	10	木	金	土	日	月	火	水	木	金	土	日	月	火	水	木	金	土	日	月	火	水	
陰曆	22	23	24	25	26	27	28	29	1	2	3	4	5	6	7	8	9	10	11	12	13	14	15	16	17	18	19	20	21	22	
日辰	庚	辛	壬	癸	甲	乙	丙	丁	戊	己	庚	辛	壬	癸	甲	乙	丙	丁	戊	己	庚	辛	壬	癸	甲	乙	丙	丁	戊	己	
	申	酉	戌	亥	子	丑	寅	卯	辰	巳	午	未	申	酉	戌	亥	子	丑	寅	卯	辰	巳	午	未	申	酉	戌	亥	子	丑	
大運 男	2	2	1	1	1	1	立	10	9	9	9	8	8	8	7	7	7	6	6	6	5	5	5	4	4	4	3	3	3	2	
大運 女	八	八	九	九	九	十	冬	一	一	一	一	二	二	二	三	三	三	四	四	四	五	五	五	六	六	六	七	七	七	八	

12월 (癸亥) 甲子 (대설) 大雪 7日 06:34 冬至 22日

陽曆	1	2	3	4	5	6	7	8	9	10	11	12	13	14	15	16	17	18	19	20	21	22	23	24	25	26	27	28	29	30	31
요일	木	金	土	日	月	火	水	木	11	土	日	月	火	水	木	金	土	日	月	火	水	木	金	土	日	月	火	水	木	金	土
陰曆	23	24	25	26	27	28	29	30	1	2	3	4	5	6	7	8	9	10	11	12	13	14	15	16	17	18	19	20	21	22	23
日辰	庚	辛	壬	癸	甲	乙	丙	丁	戊	己	庚	辛	壬	癸	甲	乙	丙	丁	戊	己	庚	辛	壬	癸	甲	乙	丙	丁	戊	己	庚
	寅	卯	辰	巳	午	未	申	酉	戌	亥	子	丑	寅	卯	辰	巳	午	未	申	酉	戌	亥	子	丑	寅	卯	辰	巳	午	未	申
大運 男	2	2	1	1	1	1	大	9	9	9	8	8	8	7	7	7	6	6	6	5	5	5	4	4	4	3	3	3	2	2	2
大運 女	八	八	九	九	九	十	雪	一	一	一	一	二	二	二	三	三	三	四	四	四	五	五	五	六	六	六	七	七	七	八	八

1월 (甲子) 乙丑 (소한) 小寒 5日 17:46 大寒 20日

陽曆	1	2	3	4	5	6	7	8	9	10	11	12	13	14	15	16	17	18	19	20	21	22	23	24	25	26	27	28	29	30	31
요일	日	月	火	水	木	金	土	12	月	火	水	木	金	土	日	月	火	水	木	金	土	日	月	火	水	木	金	土	日	月	火
陰曆	24	25	26	27	28	29	30	1	2	3	4	5	6	7	8	9	10	11	12	13	14	15	16	17	18	19	20	21	22	23	24
日辰	辛	壬	癸	甲	乙	丙	丁	戊	己	庚	辛	壬	癸	甲	乙	丙	丁	戊	己	庚	辛	壬	癸	甲	乙	丙	丁	戊	己	庚	辛
	酉	戌	亥	子	丑	寅	卯	辰	巳	午	未	申	酉	戌	亥	子	丑	寅	卯	辰	巳	午	未	申	酉	戌	亥	子	丑	寅	卯
大 男	1	1	1	1	小	10	9	9	9	8	8	8	7	7	7	6	6	6	5	5	5	4	4	4	3	3	3	2	2	2	1
運 女	八	九	九	九	寒	一	一	一	一	二	二	二	三	三	三	四	四	四	五	五	五	六	六	六	七	七	七	八	八	八	九

2월 (乙丑) 丙寅 (입춘) 立春 4日 05:27 雨水 19日

陽曆	1	2	3	4	5	6	7	8	9	10	11	12	13	14	15	16	17	18	19	20	21	22	23	24	25	26	27	28			
요일	水	木	金	土	日	1	火	水	木	金	土	日	月	火	水	木	金	土	日	月	火	水	木	金	土	日	月	火			
陰曆	25	26	27	28	29	1	2	3	4	5	6	7	8	9	10	11	12	13	14	15	16	17	18	19	20	21	22	23			
日辰	壬	癸	甲	乙	丙	丁	戊	己	庚	辛	壬	癸	甲	乙	丙	丁	戊	己	庚	辛	壬	癸	甲	乙	丙	丁	戊	己			
	辰	巳	午	未	申	酉	戌	亥	子	丑	寅	卯	辰	巳	午	未	申	酉	戌	亥	子	丑	寅	卯	辰	巳	午	未			
大 男	1	1	1	立	1	1	1	1	2	2	2	3	3	3	4	4	4	5	5	5	6	6	6	7	7	7	8	8			
運 女	九	九	十	春	九	九	九	八	八	八	七	七	七	六	六	六	五	五	五	四	四	四	三	三	三	二	二	二			

3월 (丙寅) 丁卯 (경칩) 驚蟄 5日 23:34 春分 21日

陽曆	1	2	3	4	5	6	7	8	9	10	11	12	13	14	15	16	17	18	19	20	21	22	23	24	25	26	27	28	29	30	31
요일	水	木	金	土	日	月	火	2	木	金	土	日	月	火	水	木	金	土	日	月	火	水	木	金	土	日	月	火	水	木	金
陰曆	24	25	26	27	28	29	30	1	2	3	4	5	6	7	8	9	10	11	12	13	14	15	16	17	18	19	20	21	22	23	24
日辰	庚	辛	壬	癸	甲	乙	丙	丁	戊	己	庚	辛	壬	癸	甲	乙	丙	丁	戊	己	庚	辛	壬	癸	甲	乙	丙	丁	戊	己	庚
	申	酉	戌	亥	子	丑	寅	卯	辰	巳	午	未	申	酉	戌	亥	子	丑	寅	卯	辰	巳	午	未	申	酉	戌	亥	子	丑	寅
大 男	8	9	9	9	驚	1	1	1	1	2	2	2	3	3	3	4	4	4	5	5	5	6	6	6	7	7	7	8	8	8	9
運 女	一	一	一	一	蟄	十	十	九	九	九	八	八	八	七	七	七	六	六	六	五	五	五	四	四	四	三	三	三	二	二	二

4월 (丁卯) 戊辰 (청명) 淸明 5日 04:30 穀雨 20日

陽曆	1	2	3	4	5	6	7	8	9	10	11	12	13	14	15	16	17	18	19	20	21	22	23	24	25	26	27	28	29	30	
요일	土	日	月	火	水	3	金	土	日	月	火	水	木	金	土	日	月	火	水	木	金	土	日	月	火	水	木	金	土	日	
陰曆	25	26	27	28	29	1	2	3	4	5	6	7	8	9	10	11	12	13	14	15	16	17	18	19	20	21	22	23	24	25	
日辰	辛	壬	癸	甲	乙	丙	丁	戊	己	庚	辛	壬	癸	甲	乙	丙	丁	戊	己	庚	辛	壬	癸	甲	乙	丙	丁	戊	己	庚	
	卯	辰	巳	午	未	申	酉	戌	亥	子	丑	寅	卯	辰	巳	午	未	申	酉	戌	亥	子	丑	寅	卯	辰	巳	午	未	申	
大 男	9	9	10	10	淸	1	1	1	1	2	2	2	3	3	3	4	4	4	5	5	5	6	6	6	7	7	7	8	8	8	
運 女	一	一	一	一	明	十	九	九	九	八	八	八	七	七	七	六	六	六	五	五	五	四	四	四	三	三	三	二	二	二	

5월 (戊辰) 己巳 (입하) 立夏 5日 21:54 小滿 21日

陽曆	1	2	3	4	5	6	7	8	9	10	11	12	13	14	15	16	17	18	19	20	21	22	23	24	25	26	27	28	29	30	31
요일	月	火	水	木	4	土	日	月	火	水	木	金	土	日	月	火	水	木	金	土	日	月	火	水	木	金	土	日	月	火	水
陰曆	26	27	28	29	1	2	3	4	5	6	7	8	9	10	11	12	13	14	15	16	17	18	19	20	21	22	23	24	25	26	27
日辰	辛	壬	癸	甲	乙	丙	丁	戊	己	庚	辛	壬	癸	甲	乙	丙	丁	戊	己	庚	辛	壬	癸	甲	乙	丙	丁	戊	己	庚	辛
	酉	戌	亥	子	丑	寅	卯	辰	巳	午	未	申	酉	戌	亥	子	丑	寅	卯	辰	巳	午	未	申	酉	戌	亥	子	丑	寅	卯
大 男	9	9	9	10	立	1	1	1	1	2	2	2	3	3	3	4	4	4	5	5	5	6	6	6	7	7	7	8	8	8	9
運 女	一	一	一	一	夏	十	十	十	九	九	九	八	八	八	七	七	七	六	六	六	五	五	五	四	四	四	三	三	三	二	二

6월 (己巳) 庚午 (망종) 芒種 6日 02:05 夏至 21日

陽曆	1	2	3	4	5	6	7	8	9	10	11	12	13	14	15	16	17	18	19	20	21	22	23	24	25	26	27	28	29	30	
요일	木	金	土	5	月	火	水	木	金	土	日	月	火	水	木	金	土	日	月	火	水	木	金	土	日	月	火	水	木	金	
陰曆	28	29	30	1	2	3	4	5	6	7	8	9	10	11	12	13	14	15	16	17	18	19	20	21	22	23	24	25	26	27	
日辰	壬	癸	甲	乙	丙	丁	戊	己	庚	辛	壬	癸	甲	乙	丙	丁	戊	己	庚	辛	壬	癸	甲	乙	丙	丁	戊	己	庚	辛	
	辰	巳	午	未	申	酉	戌	亥	子	丑	寅	卯	辰	巳	午	未	申	酉	戌	亥	子	丑	寅	卯	辰	巳	午	未	申	酉	
大 男	9	9	10	10	10	芒	1	1	1	1	2	2	2	3	3	3	4	4	4	5	5	5	6	6	6	7	7	7	8	8	
運 女	二	一	一	一	一	種	十	十	九	九	九	八	八	八	七	七	七	六	六	六	五	五	五	四	四	四	三	三	三	二	

大林木星 二黑土星 | 五日得辛 八龍治水 | 東大將 未喪門 | 卯弔客 東三殺 | 寒食(4월 06일) 中伏(7월 29일) | 初伏(7월 19일) 末伏(8월 08일)

7월 (庚午) 辛未 (소서) 小署 7日 12:19 大署 23日

陽曆		1	2	3	4	5	6	7	8	9	10	11	12	13	14	15	16	17	18	19	20	21	22	23	24	25	26	27	28	29	30	31
요일		土	日	6/1	火	水	木	金	土	日	月	火	水	木	金	土	日	月	火	水	木	金	土	日	月	火	水	木	金	土	日	月
陰曆		28	29	1	2	3	4	5	6	7	8	9	10	11	12	13	14	15	16	17	18	19	20	21	22	23	24	25	26	27	28	29
日辰		壬	癸	甲	乙	丙	丁	戊	己	庚	辛	壬	癸	甲	乙	丙	丁	戊	己	庚	辛	壬	癸	甲	乙	丙	丁	戊	己	庚	辛	壬
		戌	亥	子	丑	寅	卯	辰	巳	午	未	申	酉	戌	亥	子	丑	寅	卯	辰	巳	午	未	申	酉	戌	亥	子	丑	寅	卯	辰
大	男	8	9	9	9	10	10	小	1	1	1	1	2	2	2	3	3	3	4	4	4	5	5	5	6	6	6	7	7	7	8	8
運	女	二	二	一	一	一	一	署	十	十	九	九	九	八	八	八	七	七	七	六	六	六	五	五	五	四	四	四	三	三	三	二

8월 (辛未) 壬申 (입추) 立秋 7日 22:04 處署 23日

陽曆		1	2	3	4	5	6	7	8	9	10	11	12	13	14	15	16	17	18	19	20	21	22	23	24	25	26	27	28	29	30	31
요일		火	7/1	木	金	土	日	月	火	水	木	金	土	日	月	火	水	木	金	土	日	月	火	水	木	金	土	日	月	火	水	8/1
陰曆		30	1	2	3	4	5	6	7	8	9	10	11	12	13	14	15	16	17	18	19	20	21	22	23	24	25	26	27	28	29	1
日辰		癸	甲	乙	丙	丁	戊	己	庚	辛	壬	癸	甲	乙	丙	丁	戊	己	庚	辛	壬	癸	甲	乙	丙	丁	戊	己	庚	辛	壬	癸
		巳	午	未	申	酉	戌	亥	子	丑	寅	卯	辰	巳	午	未	申	酉	戌	亥	子	丑	寅	卯	辰	巳	午	未	申	酉	戌	亥
大	男	8	9	9	9	10	10	立	1	1	1	1	1	2	2	2	3	3	3	4	4	4	5	5	5	6	6	6	7	7	7	8
運	女	二	二	一	一	一	一	秋	十	十	十	九	九	九	八	八	八	七	七	七	六	六	六	五	五	五	四	四	四	三	三	三

9월 (壬申) 癸酉 (백로) 白露 8日 00:54 秋分 23日

陽曆		1	2	3	4	5	6	7	8	9	10	11	12	13	14	15	16	17	18	19	20	21	22	23	24	25	26	27	28	29	30	
요일		金	土	日	月	火	水	木	金	土	日	月	火	水	木	金	土	日	月	火	水	木	金	土	日	月	火	水	木	金	9/1	
陰曆		2	3	4	5	6	7	8	9	10	11	12	13	14	15	16	17	18	19	20	21	22	23	24	25	26	27	28	29	30		
日辰		甲	乙	丙	丁	戊	己	庚	辛	壬	癸	甲	乙	丙	丁	戊	己	庚	辛	壬	癸	甲	乙	丙	丁	戊	己	庚	辛	壬	癸	
		子	丑	寅	卯	辰	巳	午	未	申	酉	戌	亥	子	丑	寅	卯	辰	巳	午	未	申	酉	戌	亥	子	丑	寅	卯	辰	巳	
大	男	8	8	9	9	9	10	10	白	1	1	1	1	2	2	2	3	3	3	4	4	4	5	5	5	6	6	6	7	7	7	
運	女	二	二	二	一	一	一	一	露	十	九	九	九	八	八	八	七	七	七	六	六	六	五	五	五	四	四	四	三	三	三	

10월 (癸酉) 甲戌 (한로) 寒露 8日 16:27 霜降 23日

陽曆		1	2	3	4	5	6	7	8	9	10	11	12	13	14	15	16	17	18	19	20	21	22	23	24	25	26	27	28	29	30	31
요일		日	月	火	水	木	金	土	日	月	火	水	木	金	土	日	月	火	水	木	金	土	日	月	火	水	木	金	土	日	10/1	火
陰曆		2	3	4	5	6	7	8	9	10	11	12	13	14	15	16	17	18	19	20	21	22	23	24	25	26	27	28	29	30		2
日辰		甲	乙	丙	丁	戊	己	庚	辛	壬	癸	甲	乙	丙	丁	戊	己	庚	辛	壬	癸	甲	乙	丙	丁	戊	己	庚	辛	壬	癸	甲
		午	未	申	酉	戌	亥	子	丑	寅	卯	辰	巳	午	未	申	酉	戌	亥	子	丑	寅	卯	辰	巳	午	未	申	酉	戌	亥	子
大	男	8	8	8	9	9	9	10	寒	1	1	1	1	2	2	2	3	3	3	4	4	4	5	5	5	6	6	6	7	7	7	8
運	女	二	二	二	一	一	一	一	露	十	九	九	九	八	八	八	七	七	七	六	六	六	五	五	五	四	四	四	三	三	三	二

11월 (甲戌) 乙亥 (입동) 立冬 7日 19:34 小雪 22日

陽曆		1	2	3	4	5	6	7	8	9	10	11	12	13	14	15	16	17	18	19	20	21	22	23	24	25	26	27	28	29	30	
요일		水	木	金	土	日	月	火	水	木	金	土	日	月	火	水	木	金	土	日	月	火	水	木	金	土	日	月	11/1	水	木	
陰曆		3	4	5	6	7	8	9	10	11	12	13	14	15	16	17	18	19	20	21	22	23	24	25	26	27	28	29		2	3	
日辰		乙	丙	丁	戊	己	庚	辛	壬	癸	甲	乙	丙	丁	戊	己	庚	辛	壬	癸	甲	乙	丙	丁	戊	己	庚	辛	壬	癸	甲	
		丑	寅	卯	辰	巳	午	未	申	酉	戌	亥	子	丑	寅	卯	辰	巳	午	未	申	酉	戌	亥	子	丑	寅	卯	辰	巳	午	
大	男	8	8	9	9	9	10	立	1	1	1	1	2	2	2	3	3	3	4	4	4	5	5	5	6	6	6	7	7	7	8	
運	女	二	二	一	一	一	一	冬	十	九	九	九	八	八	八	七	七	七	六	六	六	五	五	五	四	四	四	三	三	三	二	

12월 (乙亥) 丙子 (대설) 大雪 7日 12:21 冬至 22日

陽曆		1	2	3	4	5	6	7	8	9	10	11	12	13	14	15	16	17	18	19	20	21	22	23	24	25	26	27	28	29	30	31
요일		金	土	日	月	火	水	木	金	土	日	月	火	水	木	金	土	日	月	火	水	木	金	土	日	月	火	水	12/1	金	土	日
陰曆		4	5	6	7	8	9	10	11	12	13	14	15	16	17	18	19	20	21	22	23	24	25	26	27	28	29	30		2	3	4
日辰		乙	丙	丁	戊	己	庚	辛	壬	癸	甲	乙	丙	丁	戊	己	庚	辛	壬	癸	甲	乙	丙	丁	戊	己	庚	辛	壬	癸	甲	乙
		未	申	酉	戌	亥	子	丑	寅	卯	辰	巳	午	未	申	酉	戌	亥	子	丑	寅	卯	辰	巳	午	未	申	酉	戌	亥	子	丑
大	男	8	8	9	9	9	10	大	1	1	1	1	2	2	2	3	3	3	4	4	4	5	5	5	6	6	6	7	7	7	8	8
運	女	二	二	一	一	一	一	雪	九	九	九	八	八	八	七	七	七	六	六	六	五	五	五	四	四	四	三	三	三	二	二	二

庚午

1월 (丙子)　丁丑 (소한) 小寒 5日 23:33　大寒 20日

陽曆		1	2	3	4	5	6	7	8	9	10	11	12	13	14	15	16	17	18	19	20	21	22	23	24	25	26	27	28	29	30	31
요일		月	火	水	木	金	土	日	月	火	水	木	金	土	日	月	火	水	木	金	土	日	月	火	水	木	金	1/1	日	月	火	水
陰曆		5	6	7	8	9	10	11	12	13	14	15	16	17	18	19	20	21	22	23	24	25	26	27	28	29	30		2	3	4	5
日辰		丙	丁	戊	己	庚	辛	壬	癸	甲	乙	丙	丁	戊	己	庚	辛	壬	癸	甲	乙	丙	丁	戊	己	庚	辛	壬	癸	甲	乙	丙
		寅	卯	辰	巳	午	未	申	酉	戌	亥	子	丑	寅	卯	辰	巳	午	未	申	酉	戌	亥	子	丑	寅	卯	辰	巳	午	未	申
大	男	8	9	9	9	小	1	1	1	1	2	2	2	3	3	3	4	4	4	5	5	5	6	6	6	7	7	7	8	8	8	9
運	女	一	一	一	一	寒	十	九	九	九	八	八	八	七	七	七	六	六	六	五	五	五	四	四	四	三	三	三	二	二	二	一

2월 (丁丑)　戊寅 (입춘) 立春 4日 11:14　雨水 19日

陽曆		1	2	3	4	5	6	7	8	9	10	11	12	13	14	15	16	17	18	19	20	21	22	23	24	25	26	27	28			
요일		木	金	土	日	月	火	水	木	金	土	日	月	火	水	木	金	土	日	月	火	水	木	金	土	2/1	月	火	水			
陰曆		6	7	8	9	10	11	12	13	14	15	16	17	18	19	20	21	22	23	24	25	26	27	28	29		2	3	4			
日辰		丁	戊	己	庚	辛	壬	癸	甲	乙	丙	丁	戊	己	庚	辛	壬	癸	甲	乙	丙	丁	戊	己	庚	辛	壬	癸	甲			
		酉	戌	亥	子	丑	寅	卯	辰	巳	午	未	申	酉	戌	亥	子	丑	寅	卯	辰	巳	午	未	申	酉	戌	亥	子			
大	男	9	9	10	立	10	9	9	9	8	8	8	7	7	7	6	6	6	5	5	5	4	4	4	3	3	3	2	2			
運	女	一	一	一	春	一	一	一	一	二	二	二	三	三	三	四	四	四	五	五	五	六	六	六	七	七	七	八	八			

3월 (戊寅)　己卯 (경칩) 驚蟄 6日 05:19　春分 21日

陽曆		1	2	3	4	5	6	7	8	9	10	11	12	13	14	15	16	17	18	19	20	21	22	23	24	25	26	27	28	29	30	31
요일		木	金	土	日	月	火	水	木	金	土	日	月	火	水	木	金	土	日	月	火	水	木	金	土	日	月	3/1	水	木	金	土
陰曆		5	6	7	8	9	10	11	12	13	14	15	16	17	18	19	20	21	22	23	24	25	26	27	28	29	30		2	3	4	5
日辰		乙	丙	丁	戊	己	庚	辛	壬	癸	甲	乙	丙	丁	戊	己	庚	辛	壬	癸	甲	乙	丙	丁	戊	己	庚	辛	壬	癸	甲	乙
		丑	寅	卯	辰	巳	午	未	申	酉	戌	亥	子	丑	寅	卯	辰	巳	午	未	申	酉	戌	亥	子	丑	寅	卯	辰	巳	午	未
大	男	2	1	1	1	1	驚	10	9	9	9	8	8	8	7	7	7	6	6	6	5	5	5	4	4	4	3	3	3	2	2	2
運	女	八	九	九	九	十	蟄	一	一	一	一	二	二	二	三	三	三	四	四	四	五	五	五	六	六	六	七	七	七	八	八	八

4월 (己卯)　庚辰 (청명) 清明 5日 10:13　穀雨 20日

陽曆		1	2	3	4	5	6	7	8	9	10	11	12	13	14	15	16	17	18	19	20	21	22	23	24	25	26	27	28	29	30	
요일		日	月	火	水	木	金	土	日	月	火	水	木	金	土	日	月	火	水	木	金	土	日	月	火	4/1	木	金	土	日	月	
陰曆		6	7	8	9	10	11	12	13	14	15	16	17	18	19	20	21	22	23	24	25	26	27	28	29		2	3	4	5	6	
日辰		丙	丁	戊	己	庚	辛	壬	癸	甲	乙	丙	丁	戊	己	庚	辛	壬	癸	甲	乙	丙	丁	戊	己	庚	辛	壬	癸	甲	乙	
		申	酉	戌	亥	子	丑	寅	卯	辰	巳	午	未	申	酉	戌	亥	子	丑	寅	卯	辰	巳	午	未	申	酉	戌	亥	子	丑	
大	男	1	1	1	1	清	10	10	9	9	9	8	8	8	7	7	7	6	6	6	5	5	5	4	4	4	3	3	3	2	2	
運	女	九	九	九	十	明	一	一	一	一	二	二	二	三	三	三	四	四	四	五	五	五	六	六	六	七	七	七	八	八	八	

5월 (庚辰)　辛巳 (입하) 立夏 6日 03:35　小滿 21日

陽曆		1	2	3	4	5	6	7	8	9	10	11	12	13	14	15	16	17	18	19	20	21	22	23	24	25	26	27	28	29	30	31
요일		火	水	木	金	土	日	月	火	水	木	金	土	日	月	火	水	木	金	土	日	月	火	水	5/1	金	土	日	月	火	水	木
陰曆		7	8	9	10	11	12	13	14	15	16	17	18	19	20	21	22	23	24	25	26	27	28	29		2	3	4	5	6	7	8
日辰		丙	丁	戊	己	庚	辛	壬	癸	甲	乙	丙	丁	戊	己	庚	辛	壬	癸	甲	乙	丙	丁	戊	己	庚	辛	壬	癸	甲	乙	丙
		寅	卯	辰	巳	午	未	申	酉	戌	亥	子	丑	寅	卯	辰	巳	午	未	申	酉	戌	亥	子	丑	寅	卯	辰	巳	午	未	申
大	男	2	1	1	1	1	立	10	10	9	9	9	8	8	8	7	7	7	6	6	6	5	5	5	4	4	4	3	3	3	2	2
運	女	九	九	九	十	十	夏	一	一	一	一	二	二	二	三	三	三	四	四	四	五	五	五	六	六	六	七	七	七	八	八	八

6월 (辛巳)　壬午 (망종) 芒種 6日 07:46　夏至 22日

陽曆		1	2	3	4	5	6	7	8	9	10	11	12	13	14	15	16	17	18	19	20	21	22	23	24	25	26	27	28	29	30	
요일		金	土	日	月	火	水	木	金	土	日	月	火	水	木	金	土	日	月	火	水	木	金	윤5/1	日	月	火	水	木	金	土	
陰曆		9	10	11	12	13	14	15	16	17	18	19	20	21	22	23	24	25	26	27	28	29	30		2	3	4	5	6	7	8	
日辰		丁	戊	己	庚	辛	壬	癸	甲	乙	丙	丁	戊	己	庚	辛	壬	癸	甲	乙	丙	丁	戊	己	庚	辛	壬	癸	甲	乙	丙	
		酉	戌	亥	子	丑	寅	卯	辰	巳	午	未	申	酉	戌	亥	子	丑	寅	卯	辰	巳	午	未	申	酉	戌	亥	子	丑	寅	
大	男	2	1	1	1	1	芒	10	10	9	9	9	8	8	8	7	7	7	6	6	6	5	5	5	4	4	4	3	3	3	2	
運	女	九	九	九	十	十	種	一	一	一	一	二	二	二	三	三	三	四	四	四	五	五	五	六	六	六	七	七	七	八	八	

路傍土星	十日得辛	東大將	辰弔客	寒食(4월 06일)	初伏(7월 14일)
一白水星	一龍治水	申喪門	北三殺	中伏(7월 24일)	末伏(8월 13일)

7월 (壬午) 癸未 (소서) 小暑 7日 18:00 大暑 23日

陽曆	1	2	3	4	5	6	7	8	9	10	11	12	13	14	15	16	17	18	19	20	21	22	23	24	25	26	27	28	29	30	31
요일	日	月	火	水	木	金	土	日	月	火	水	木	金	土	日	月	火	水	木	金	土	6	月	火	水	木	金	土	日	月	火
陰曆	9	10	11	12	13	14	15	16	17	18	19	20	21	22	23	24	25	26	27	28	29	1	2	3	4	5	6	7	8	9	10
日辰	丁	戊	己	庚	辛	壬	癸	甲	乙	丙	丁	戊	己	庚	辛	壬	癸	甲	乙	丙	丁	戊	己	庚	辛	壬	癸	甲	乙	丙	丁
	卯	辰	巳	午	未	申	酉	戌	亥	子	丑	寅	卯	辰	巳	午	未	申	酉	戌	亥	子	丑	寅	卯	辰	巳	午	未	申	酉
大 男	2	2	1	1	1	1	小	10	10	10	9	9	9	8	8	8	7	7	7	6	6	6	5	5	5	4	4	4	3	3	3
運 女	八	九	九	九	十	十	署	一	一	一	一	二	二	二	三	三	三	四	四	四	五	五	五	六	六	六	七	七	七	八	八

8월 (癸未) 甲申 (입추) 立秋 8日 03:46 處署 23日

陽曆	1	2	3	4	5	6	7	8	9	10	11	12	13	14	15	16	17	18	19	20	21	22	23	24	25	26	27	28	29	30	31
요일	水	木	金	土	日	月	火	水	木	金	土	日	月	火	水	木	金	土	日	7	火	水	木	金	土	日	月	火	水	木	金
陰曆	11	12	13	14	15	16	17	18	19	20	21	22	23	24	25	26	27	28	29	1	2	3	4	5	6	7	8	9	10	11	12
日辰	戊	己	庚	辛	壬	癸	甲	乙	丙	丁	戊	己	庚	辛	壬	癸	甲	乙	丙	丁	戊	己	庚	辛	壬	癸	甲	乙	丙	丁	戊
	戌	亥	子	丑	寅	卯	辰	巳	午	未	申	酉	戌	亥	子	丑	寅	卯	辰	巳	午	未	申	酉	戌	亥	子	丑	寅	卯	辰
大 男	2	2	2	1	1	1	1	立	10	10	9	9	9	8	8	8	7	7	7	6	6	6	5	5	5	4	4	4	3	3	3
運 女	八	九	九	九	十	十	十	秋	一	一	一	一	二	二	二	三	三	三	四	四	四	五	五	五	六	六	六	七	七	七	八

9월 (甲申) 乙酉 (백로) 白露 8日 06:37 秋分 23日

陽曆	1	2	3	4	5	6	7	8	9	10	11	12	13	14	15	16	17	18	19	20	21	22	23	24	25	26	27	28	29	30	
요일	土	日	月	火	水	木	金	土	日	月	火	水	木	金	土	日	月	火	8	木	金	土	日	月	火	水	木	金	土	日	
陰曆	13	14	15	16	17	18	19	20	21	22	23	24	25	26	27	28	29	30	1	2	3	4	5	6	7	8	9	10	11	12	
日辰	己	庚	辛	壬	癸	甲	乙	丙	丁	戊	己	庚	辛	壬	癸	甲	乙	丙	丁	戊	己	庚	辛	壬	癸	甲	乙	丙	丁	戊	
	巳	午	未	申	酉	戌	亥	子	丑	寅	卯	辰	巳	午	未	申	酉	戌	亥	子	丑	寅	卯	辰	巳	午	未	申	酉	戌	
大 男	2	2	2	1	1	1	1	白	10	9	9	9	8	8	8	7	7	7	6	6	6	5	5	5	4	4	4	3	3	3	
運 女	八	八	九	九	九	十	十	露	一	一	一	一	二	二	二	三	三	三	四	四	四	五	五	五	六	六	六	七	七	七	

10월 (乙酉) 丙戌 (한로) 寒露 8日 22:14 霜降 24日

陽曆	1	2	3	4	5	6	7	8	9	10	11	12	13	14	15	16	17	18	19	20	21	22	23	24	25	26	27	28	29	30	31
요일	月	火	水	木	金	土	日	月	火	水	木	金	土	日	月	火	水	木	9	土	日	月	火	水	木	金	土	日	月	火	水
陰曆	13	14	15	16	17	18	19	20	21	22	23	24	25	26	27	28	29	30	1	2	3	4	5	6	7	8	9	10	11	12	13
日辰	己	庚	辛	壬	癸	甲	乙	丙	丁	戊	己	庚	辛	壬	癸	甲	乙	丙	丁	戊	己	庚	辛	壬	癸	甲	乙	丙	丁	戊	己
	亥	子	丑	寅	卯	辰	巳	午	未	申	酉	戌	亥	子	丑	寅	卯	辰	巳	午	未	申	酉	戌	亥	子	丑	寅	卯	辰	巳
大 男	2	2	2	1	1	1	1	寒	10	10	9	9	9	8	8	8	7	7	7	6	6	6	5	5	5	4	4	4	3	3	3
運 女	八	八	八	九	九	九	十	露	一	一	一	一	一	二	二	二	三	三	三	四	四	四	五	五	五	六	六	六	七	七	七

11월 (丙戌) 丁亥 (입동) 立冬 8日 01:23 小雪 22日

陽曆	1	2	3	4	5	6	7	8	9	10	11	12	13	14	15	16	17	18	19	20	21	22	23	24	25	26	27	28	29	30	
요일	木	金	土	日	月	火	水	木	金	土	日	月	火	水	木	金	10	日	月	火	水	木	金	土	日	月	火	水	木	金	
陰曆	14	15	16	17	18	19	20	21	22	23	24	25	26	27	28	29	1	2	3	4	5	6	7	8	9	10	11	12	13	14	
日辰	庚	辛	壬	癸	甲	乙	丙	丁	戊	己	庚	辛	壬	癸	甲	乙	丙	丁	戊	己	庚	辛	壬	癸	甲	乙	丙	丁	戊	己	
	午	未	申	酉	戌	亥	子	丑	寅	卯	辰	巳	午	未	申	酉	戌	亥	子	丑	寅	卯	辰	巳	午	未	申	酉	戌	亥	
大 男	2	2	2	1	1	1	1	立	9	9	9	8	8	8	7	7	7	6	6	6	5	5	5	4	4	4	3	3	3	2	
運 女	八	八	八	九	九	九	十	冬	一	一	一	一	二	二	二	三	三	三	四	四	四	五	五	五	六	六	六	七	七	七	

12월 (丁亥) 戊子 (대설) 大雪 7日 18:14 冬至 22日

陽曆	1	2	3	4	5	6	7	8	9	10	11	12	13	14	15	16	17	18	19	20	21	22	23	24	25	26	27	28	29	30	31
요일	土	日	月	火	水	木	金	土	日	月	火	水	木	金	土	日	11	火	水	木	金	土	日	月	火	水	木	金	土	日	月
陰曆	15	16	17	18	19	20	21	22	23	24	25	26	27	28	29	30	1	2	3	4	5	6	7	8	9	10	11	12	13	14	15
日辰	庚	辛	壬	癸	甲	乙	丙	丁	戊	己	庚	辛	壬	癸	甲	乙	丙	丁	戊	己	庚	辛	壬	癸	甲	乙	丙	丁	戊	己	庚
	子	丑	寅	卯	辰	巳	午	未	申	酉	戌	亥	子	丑	寅	卯	辰	巳	午	未	申	酉	戌	亥	子	丑	寅	卯	辰	巳	午
大 男	2	2	1	1	1	1	大	10	9	9	9	8	8	8	7	7	7	6	6	6	5	5	5	4	4	4	3	3	3	2	2
運 女	八	八	八	九	九	九	雪	一	一	一	一	二	二	二	三	三	三	四	四	四	五	五	五	六	六	六	七	七	七	八	八

1월 (戊子) 己丑 (소한) 小寒 6日 05:28 大寒 20日

陽曆	1	2	3	4	5	6	7	8	9	10	11	12	13	14	15	16	17	18	19	20	21	22	23	24	25	26	27	28	29	30	31
요일	火	水	木	金	土	日	月	火	水	木	金	土	日	月	火	12	木	金	土	日	月	火	水	木	金	土	日	月	火	水	木
陰曆	16	17	18	19	20	21	22	23	24	25	26	27	28	29	30	1	2	3	4	5	6	7	8	9	10	11	12	13	14	15	16
日辰	辛	壬	癸	甲	乙	丙	丁	戊	己	庚	辛	壬	癸	甲	乙	丙	丁	戊	己	庚	辛	壬	癸	甲	乙	丙	丁	戊	己	庚	辛
	未	申	酉	戌	亥	子	丑	寅	卯	辰	巳	午	未	申	酉	戌	亥	子	丑	寅	卯	辰	巳	午	未	申	酉	戌	亥	子	丑
大運 男	2	1	1	1	1	小	9	9	9	8	8	8	7	7	7	6	6	6	5	5	5	4	4	4	3	3	3	2	2	2	1
大運 女	八	九	九	九	十	寒	一	一	一	一	二	二	二	三	三	三	四	四	四	五	五	五	六	六	六	七	七	七	八	八	八

2월 (己丑) 庚寅 (입춘) 立春 4日 17:08 雨水 19日

陽曆	1	2	3	4	5	6	7	8	9	10	11	12	13	14	15	16	17	18	19	20	21	22	23	24	25	26	27	28			
요일	金	土	日	月	火	水	木	金	土	日	月	火	水	木	1	土	日	月	火	水	木	金	土	日	月	火	水	木			
陰曆	17	18	19	20	21	22	23	24	25	26	27	28	29	30	1	2	3	4	5	6	7	8	9	10	11	12	13	14			
日辰	壬	癸	甲	乙	丙	丁	戊	己	庚	辛	壬	癸	甲	乙	丙	丁	戊	己	庚	辛	壬	癸	甲	乙	丙	丁	戊	己			
	寅	卯	辰	巳	午	未	申	酉	戌	亥	子	丑	寅	卯	辰	巳	午	未	申	酉	戌	亥	子	丑	寅	卯	辰	巳			
大運 男	1	1	1	立	1	1	1	1	2	2	2	3	3	3	4	4	4	5	5	5	6	6	6	7	7	7	8	8			
大運 女	九	九	九	春	十	九	九	九	八	八	八	七	七	七	六	六	六	五	五	五	四	四	四	三	三	三	二	二			

3월 (庚寅) 辛卯 (경칩) 驚蟄 6日 11:12 春分 21日

陽曆	1	2	3	4	5	6	7	8	9	10	11	12	13	14	15	16	17	18	19	20	21	22	23	24	25	26	27	28	29	30	31
요일	金	土	日	月	火	水	木	金	土	日	月	火	水	木	金	2	日	月	火	水	木	金	土	日	月	火	水	木	金	土	日
陰曆	15	16	17	18	19	20	21	22	23	24	25	26	27	28	29	1	2	3	4	5	6	7	8	9	10	11	12	13	14	15	16
日辰	庚	辛	壬	癸	甲	乙	丙	丁	戊	己	庚	辛	壬	癸	甲	乙	丙	丁	戊	己	庚	辛	壬	癸	甲	乙	丙	丁	戊	己	庚
	午	未	申	酉	戌	亥	子	丑	寅	卯	辰	巳	午	未	申	酉	戌	亥	子	丑	寅	卯	辰	巳	午	未	申	酉	戌	亥	子
大運 男	8	9	9	9	10	驚	1	1	1	1	2	2	2	3	3	3	4	4	4	5	5	5	6	6	6	7	7	7	8	8	8
大運 女	二	一	一	一	一	蟄	十	九	九	九	八	八	八	七	七	七	六	六	六	五	五	五	四	四	四	三	三	三	二	二	二

4월 (辛卯) 壬辰 (청명) 淸明 5日 16:05 穀雨 20日

陽曆	1	2	3	4	5	6	7	8	9	10	11	12	13	14	15	16	17	18	19	20	21	22	23	24	25	26	27	28	29	30	
요일	月	火	水	木	金	土	日	月	火	水	木	金	土	日	3	火	水	木	金	土	日	月	火	水	木	金	土	日	月	火	
陰曆	17	18	19	20	21	22	23	24	25	26	27	28	29	30	1	2	3	4	5	6	7	8	9	10	11	12	13	14	15	16	
日辰	辛	壬	癸	甲	乙	丙	丁	戊	己	庚	辛	壬	癸	甲	乙	丙	丁	戊	己	庚	辛	壬	癸	甲	乙	丙	丁	戊	己	庚	
	丑	寅	卯	辰	巳	午	未	申	酉	戌	亥	子	丑	寅	卯	辰	巳	午	未	申	酉	戌	亥	子	丑	寅	卯	辰	巳	午	
大運 男	9	9	9	10	淸	1	1	1	1	2	2	2	3	3	3	4	4	4	5	5	5	6	6	6	7	7	7	8	8	8	
大運 女	一	一	一	一	明	十	十	九	九	九	八	八	八	七	七	七	六	六	六	五	五	五	四	四	四	三	三	三	二	二	

5월 (壬辰) 癸巳 (입하) 立夏 6日 09:27 小滿 21日

陽曆	1	2	3	4	5	6	7	8	9	10	11	12	13	14	15	16	17	18	19	20	21	22	23	24	25	26	27	28	29	30	31
요일	水	木	金	土	日	月	火	水	木	金	土	日	月	4	水	木	金	土	日	月	火	水	木	金	土	日	月	火	水	木	金
陰曆	17	18	19	20	21	22	23	24	25	26	27	28	29	1	2	3	4	5	6	7	8	9	10	11	12	13	14	15	16	17	18
日辰	辛	壬	癸	甲	乙	丙	丁	戊	己	庚	辛	壬	癸	甲	乙	丙	丁	戊	己	庚	辛	壬	癸	甲	乙	丙	丁	戊	己	庚	辛
	未	申	酉	戌	亥	子	丑	寅	卯	辰	巳	午	未	申	酉	戌	亥	子	丑	寅	卯	辰	巳	午	未	申	酉	戌	亥	子	丑
大運 男	9	9	9	10	10	立	1	1	1	1	2	2	2	3	3	3	4	4	4	5	5	5	6	6	6	7	7	7	8	8	8
大運 女	二	一	一	一	一	夏	十	十	九	九	九	八	八	八	七	七	七	六	六	六	五	五	五	四	四	四	三	三	三	二	二

6월 (癸巳) 甲午 (망종) 芒種 6日 13:38 夏至 22日

陽曆	1	2	3	4	5	6	7	8	9	10	11	12	13	14	15	16	17	18	19	20	21	22	23	24	25	26	27	28	29	30	
요일	土	日	月	火	水	木	金	土	日	月	火	5	木	金	土	日	月	火	水	木	金	土	日	月	火	水	木	金	土	日	
陰曆	19	20	21	22	23	24	25	26	27	28	29	1	2	3	4	5	6	7	8	9	10	11	12	13	14	15	16	17	18	19	
日辰	壬	癸	甲	乙	丙	丁	戊	己	庚	辛	壬	癸	甲	乙	丙	丁	戊	己	庚	辛	壬	癸	甲	乙	丙	丁	戊	己	庚	辛	
	寅	卯	辰	巳	午	未	申	酉	戌	亥	子	丑	寅	卯	辰	巳	午	未	申	酉	戌	亥	子	丑	寅	卯	辰	巳	午	未	
大運 男	9	9	9	10	10	芒	1	1	1	1	2	2	2	3	3	3	4	4	4	5	5	5	6	6	6	7	7	7	8	8	
大運 女	二	一	一	一	一	種	十	十	九	九	九	八	八	八	七	七	七	六	六	六	五	五	五	四	四	四	三	三	三	二	

路傍土星 九紫火星	六日得辛 一龍治水	東大將 酉喪門	巳弔客 酉三殺	寒食(4월 06일) 中伏(7월 29일)	初伏(7월 19일) 末伏(8월 08일)

7월 (甲午) 乙未 (소서) 小暑 7日 23:53 大暑 23日

陽曆		1	2	3	4	5	6	7	8	9	10	11	12	13	14	15	16	17	18	19	20	21	22	23	24	25	26	27	28	29	30	31
요일		月	火	水	木	金	土	日	月	火	水	木	6/1	土	日	月	火	水	木	金	土	日	月	火	水	木	金	土	日	月	火	水
陰曆		20	21	22	23	24	25	26	27	28	29	30		2	3	4	5	6	7	8	9	10	11	12	13	14	15	16	17	18	19	20
日辰		壬	癸	甲	乙	丙	丁	戊	己	庚	辛	壬	癸	甲	乙	丙	丁	戊	己	庚	辛	壬	癸	甲	乙	丙	丁	戊	己	庚	辛	壬
		申	酉	戌	亥	子	丑	寅	卯	辰	巳	午	未	申	酉	戌	亥	子	丑	寅	卯	辰	巳	午	未	申	酉	戌	亥	子	丑	寅
大運	男	8	9	9	9	10	10	小	1	1	1	1	2	2	2	3	3	3	4	4	4	5	5	5	6	6	6	7	7	7	8	8
	女	二	二	一	一	一	一	暑	十	十	十	九	九	九	八	八	八	七	七	七	六	六	六	五	五	五	四	四	四	三	三	三

8월 (乙未) 丙申 (입추) 立秋 8日 09:37 處暑 24日

陽曆		1	2	3	4	5	6	7	8	9	10	11	12	13	14	15	16	17	18	19	20	21	22	23	24	25	26	27	28	29	30	31
요일		木	金	土	日	月	火	水	木	金	7/1	日	月	火	水	木	金	土	日	月	火	水	木	金	土	日	月	火	水	木	金	土
陰曆		21	22	23	24	25	26	27	28	29		2	3	4	5	6	7	8	9	10	11	12	13	14	15	16	17	18	19	20	21	22
日辰		癸	甲	乙	丙	丁	戊	己	庚	辛	壬	癸	甲	乙	丙	丁	戊	己	庚	辛	壬	癸	甲	乙	丙	丁	戊	己	庚	辛	壬	癸
		卯	辰	巳	午	未	申	酉	戌	亥	子	丑	寅	卯	辰	巳	午	未	申	酉	戌	亥	子	丑	寅	卯	辰	巳	午	未	申	酉
大運	男	8	9	9	9	10	10	10	立	1	1	1	1	2	2	2	3	3	3	4	4	4	5	5	5	6	6	6	7	7	7	8
	女	二	二	二	一	一	一	一	秋	十	十	九	九	九	八	八	八	七	七	七	六	六	六	五	五	五	四	四	四	三	三	三

9월 (丙申) 丁酉 (백로) 白露 8日 12:27 秋分 23日

陽曆		1	2	3	4	5	6	7	8	9	10	11	12	13	14	15	16	17	18	19	20	21	22	23	24	25	26	27	28	29	30
요일		日	月	火	水	木	金	土	8/1	月	火	水	木	金	土	日	月	火	水	木	金	土	日	月	火	水	木	金	土	日	月
陰曆		23	24	25	26	27	28	29		2	3	4	5	6	7	8	9	10	11	12	13	14	15	16	17	18	19	20	21	22	23
日辰		甲	乙	丙	丁	戊	己	庚	辛	壬	癸	甲	乙	丙	丁	戊	己	庚	辛	壬	癸	甲	乙	丙	丁	戊	己	庚	辛	壬	癸
		戌	亥	子	丑	寅	卯	辰	巳	午	未	申	酉	戌	亥	子	丑	寅	卯	辰	巳	午	未	申	酉	戌	亥	子	丑	寅	卯
大運	男	8	8	9	9	9	10	10	白	1	1	1	1	2	2	2	3	3	3	4	4	4	5	5	5	6	6	6	7	7	7
	女	二	二	二	一	一	一	一	露	十	十	九	九	九	八	八	八	七	七	七	六	六	六	五	五	五	四	四	四	三	三

10월 (丁酉) 戊戌 (한로) 寒露 9日 04:01 霜降 24日

陽曆		1	2	3	4	5	6	7	8	9	10	11	12	13	14	15	16	17	18	19	20	21	22	23	24	25	26	27	28	29	30	31
요일		火	水	木	金	土	日	月	9/1	水	木	金	土	日	月	火	水	木	金	土	日	月	火	水	木	金	土	日	月	火	水	木
陰曆		24	25	26	27	28	29	30		2	3	4	5	6	7	8	9	10	11	12	13	14	15	16	17	18	19	20	21	22	23	24
日辰		甲	乙	丙	丁	戊	己	庚	辛	壬	癸	甲	乙	丙	丁	戊	己	庚	辛	壬	癸	甲	乙	丙	丁	戊	己	庚	辛	壬	癸	甲
		辰	巳	午	未	申	酉	戌	亥	子	丑	寅	卯	辰	巳	午	未	申	酉	戌	亥	子	丑	寅	卯	辰	巳	午	未	申	酉	戌
大運	男	8	8	8	9	9	9	10	10	寒	1	1	1	1	2	2	2	3	3	3	4	4	4	5	5	5	6	6	6	7	7	7
	女	三	二	二	二	一	一	一	一	露	十	九	九	九	八	八	八	七	七	七	六	六	六	五	五	五	四	四	四	三	三	三

11월 (戊戌) 己亥 (입동) 立冬 8日 07:08 小雪 23日

陽曆		1	2	3	4	5	6	7	8	9	10	11	12	13	14	15	16	17	18	19	20	21	22	23	24	25	26	27	28	29	30
요일		金	土	日	月	火	10/1	木	金	土	日	月	火	水	木	金	土	日	月	火	水	木	金	土	日	月	火	水	木	金	土
陰曆		25	26	27	28	29		2	3	4	5	6	7	8	9	10	11	12	13	14	15	16	17	18	19	20	21	22	23	24	25
日辰		乙	丙	丁	戊	己	庚	辛	壬	癸	甲	乙	丙	丁	戊	己	庚	辛	壬	癸	甲	乙	丙	丁	戊	己	庚	辛	壬	癸	甲
		亥	子	丑	寅	卯	辰	巳	午	未	申	酉	戌	亥	子	丑	寅	卯	辰	巳	午	未	申	酉	戌	亥	子	丑	寅	卯	辰
大運	男	8	8	8	9	9	9	10	立	1	1	1	1	2	2	2	3	3	3	4	4	4	5	5	5	6	6	6	7	7	7
	女	二	二	二	一	一	一	一	冬	九	九	九	八	八	八	七	七	七	六	六	六	五	五	五	四	四	四	三	三	三	二

12월 (己亥) 庚子 (대설) 大雪 7日 23:56 冬至 22日

陽曆		1	2	3	4	5	6	7	8	9	10	11	12	13	14	15	16	17	18	19	20	21	22	23	24	25	26	27	28	29	30	31
요일		日	月	火	水	木	11/1	土	日	月	火	水	木	金	土	日	月	火	水	木	金	土	日	月	火	水	木	金	土	日	月	火
陰曆		26	27	28	29	30		2	3	4	5	6	7	8	9	10	11	12	13	14	15	16	17	18	19	20	21	22	23	24	25	26
日辰		乙	丙	丁	戊	己	庚	辛	壬	癸	甲	乙	丙	丁	戊	己	庚	辛	壬	癸	甲	乙	丙	丁	戊	己	庚	辛	壬	癸	甲	乙
		巳	午	未	申	酉	戌	亥	子	丑	寅	卯	辰	巳	午	未	申	酉	戌	亥	子	丑	寅	卯	辰	巳	午	未	申	酉	戌	亥
大運	男	8	8	8	9	9	9	大	1	1	1	1	2	2	2	3	3	3	4	4	4	5	5	5	6	6	6	7	7	7	8	8
	女	二	二	一	一	一	一	雪	十	九	九	九	八	八	八	七	七	七	六	六	六	五	五	五	四	四	四	三	三	三	二	二

1월 (庚子) 辛丑 (소한) 小寒 6日 11:09 大寒 21日

陽曆	1	2	3	4	5	6	7	8	9	10	11	12	13	14	15	16	17	18	19	20	21	22	23	24	25	26	27	28	29	30	31
요일	水	木	金	土	12	月	火	水	木	金	土	日	月	火	水	木	金	土	日	月	火	水	木	金	土	日	月	火	水	木	金
陰曆	27	28	29	30	1	2	3	4	5	6	7	8	9	10	11	12	13	14	15	16	17	18	19	20	21	22	23	24	25	26	27
日辰	丙	丁	戊	己	庚	辛	壬	癸	甲	乙	丙	丁	戊	己	庚	辛	壬	癸	甲	乙	丙	丁	戊	己	庚	辛	壬	癸	甲	乙	丙
	子	丑	寅	卯	辰	巳	午	未	申	酉	戌	亥	子	丑	寅	卯	辰	巳	午	未	申	酉	戌	亥	子	丑	寅	卯	辰	巳	午
大運 男	8	9	9	9	10	小	1	1	1	1	2	2	2	3	3	3	4	4	4	5	5	5	6	6	6	7	7	7	8	8	8
大運 女	二	一	一	一	一	寒	九	九	九	八	八	八	七	七	七	六	六	六	五	五	五	四	四	四	三	三	三	二	二	二	一

2월 (辛丑) 壬寅 (입춘) 立春 4日 22:48 雨水 19日

陽曆	1	2	3	4	5	6	7	8	9	10	11	12	13	14	15	16	17	18	19	20	21	22	23	24	25	26	27	28	29		
요일	土	日	月	1	水	木	金	土	日	月	火	水	木	金	土	日	月	火	水	木	金	土	日	月	火	水	木	金	土		
陰曆	28	29	30	1	2	3	4	5	6	7	8	9	10	11	12	13	14	15	16	17	18	19	20	21	22	23	24	25	26		
日辰	丁	戊	己	庚	辛	壬	癸	甲	乙	丙	丁	戊	己	庚	辛	壬	癸	甲	乙	丙	丁	戊	己	庚	辛	壬	癸	甲	乙		
	未	申	酉	戌	亥	子	丑	寅	卯	辰	巳	午	未	申	酉	戌	亥	子	丑	寅	卯	辰	巳	午	未	申	酉	戌	亥		
大運 男	9	9	9	立	10	9	9	9	8	8	8	7	7	7	6	6	6	5	5	5	4	4	4	3	3	3	2	2	2		
大運 女	一	一	一	春	一	一	一	一	二	二	二	三	三	三	四	四	四	五	五	五	六	六	六	七	七	七	八	八	八		

3월 (壬寅) 癸卯 (경칩) 驚蟄 5日 16:52 春分 20日

陽曆	1	2	3	4	5	6	7	8	9	10	11	12	13	14	15	16	17	18	19	20	21	22	23	24	25	26	27	28	29	30	31
요일	日	月	火	2	木	金	土	日	月	火	水	木	金	土	日	月	火	水	木	金	土	日	月	火	水	木	金	土	日	月	火
陰曆	27	28	29	1	2	3	4	5	6	7	8	9	10	11	12	13	14	15	16	17	18	19	20	21	22	23	24	25	26	27	28
日辰	丙	丁	戊	己	庚	辛	壬	癸	甲	乙	丙	丁	戊	己	庚	辛	壬	癸	甲	乙	丙	丁	戊	己	庚	辛	壬	癸	甲	乙	丙
	子	丑	寅	卯	辰	巳	午	未	申	酉	戌	亥	子	丑	寅	卯	辰	巳	午	未	申	酉	戌	亥	子	丑	寅	卯	辰	巳	午
大運 男	1	1	1	1	驚	10	9	9	9	8	8	8	7	7	7	6	6	6	5	5	5	4	4	4	3	3	3	2	2	2	1
大運 女	九	九	九	十	蟄	一	一	一	一	二	二	二	三	三	三	四	四	四	五	五	五	六	六	六	七	七	七	八	八	八	九

4월 (癸卯) 甲辰 (청명) 淸明 4日 21:45 穀雨 20日

陽曆	1	2	3	4	5	6	7	8	9	10	11	12	13	14	15	16	17	18	19	20	21	22	23	24	25	26	27	28	29	30	
요일	水	木	3	土	日	月	火	水	木	金	土	日	月	火	水	木	金	土	日	月	火	水	木	金	土	日	月	火	水	木	
陰曆	29	30	1	2	3	4	5	6	7	8	9	10	11	12	13	14	15	16	17	18	19	20	21	22	23	24	25	26	27	28	
日辰	丁	戊	己	庚	辛	壬	癸	甲	乙	丙	丁	戊	己	庚	辛	壬	癸	甲	乙	丙	丁	戊	己	庚	辛	壬	癸	甲	乙	丙	
	未	申	酉	戌	亥	子	丑	寅	卯	辰	巳	午	未	申	酉	戌	亥	子	丑	寅	卯	辰	巳	午	未	申	酉	戌	亥	子	
大運 男	1	1	1	淸	10	10	9	9	9	8	8	8	7	7	7	6	6	6	5	5	5	4	4	4	3	3	3	2	2	2	
大運 女	九	九	十	明	一	一	一	一	二	二	二	三	三	三	四	四	四	五	五	五	六	六	六	七	七	七	八	八	八	九	

5월 (甲辰) 乙巳 (입하) 立夏 5日 15:09 小滿 21日

陽曆	1	2	3	4	5	6	7	8	9	10	11	12	13	14	15	16	17	18	19	20	21	22	23	24	25	26	27	28	29	30	31
요일	金	土	4	月	火	水	木	金	土	日	月	火	水	木	金	土	日	月	火	水	木	金	土	日	月	火	水	木	金	土	日
陰曆	29	30	1	2	3	4	5	6	7	8	9	10	11	12	13	14	15	16	17	18	19	20	21	22	23	24	25	26	27	28	29
日辰	丁	戊	己	庚	辛	壬	癸	甲	乙	丙	丁	戊	己	庚	辛	壬	癸	甲	乙	丙	丁	戊	己	庚	辛	壬	癸	甲	乙	丙	丁
	丑	寅	卯	辰	巳	午	未	申	酉	戌	亥	子	丑	寅	卯	辰	巳	午	未	申	酉	戌	亥	子	丑	寅	卯	辰	巳	午	未
大運 男	1	1	1	1	立	10	10	9	9	9	8	8	8	7	7	7	6	6	6	5	5	5	4	4	4	3	3	3	2	2	2
大運 女	九	九	十	十	夏	一	一	一	一	二	二	二	三	三	三	四	四	四	五	五	五	六	六	六	七	七	七	八	八	八	九

6월 (乙巳) 丙午 (망종) 芒種 5日 19:22 夏至 21日

陽曆	1	2	3	4	5	6	7	8	9	10	11	12	13	14	15	16	17	18	19	20	21	22	23	24	25	26	27	28	29	30	
요일	5	火	水	木	金	土	日	月	火	水	木	金	土	日	月	火	水	木	金	土	日	月	火	水	木	金	土	日	月	6	
陰曆	1	2	3	4	5	6	7	8	9	10	11	12	13	14	15	16	17	18	19	20	21	22	23	24	25	26	27	28	29	1	
日辰	戊	己	庚	辛	壬	癸	甲	乙	丙	丁	戊	己	庚	辛	壬	癸	甲	乙	丙	丁	戊	己	庚	辛	壬	癸	甲	乙	丙	丁	
	申	酉	戌	亥	子	丑	寅	卯	辰	巳	午	未	申	酉	戌	亥	子	丑	寅	卯	辰	巳	午	未	申	酉	戌	亥	子	丑	
大運 男	1	1	1	1	芒	10	10	10	9	9	9	8	8	8	7	7	7	6	6	6	5	5	5	4	4	4	3	3	3	2	
大運 女	九	九	十	十	種	一	一	一	一	二	二	二	三	三	三	四	四	四	五	五	五	六	六	六	七	七	七	八	八	八	

劍鋒金星 二日得辛 南大將 午弔客 寒食(4월 05일) 初伏(7월 13일)
八白土星 七龍治水 戌喪門 南三殺 中伏(7월 23일) 末伏(8월 12일)

7월 (丙午) 丁未 (소서) 小署 7日 05:40 大署 22日

陽曆		1	2	3	4	5	6	7	8	9	10	11	12	13	14	15	16	17	18	19	20	21	22	23	24	25	26	27	28	29	30	31
요일		水	木	金	土	日	月	火	水	木	金	土	日	月	火	水	木	金	土	日	月	火	水	木	金	土	日	月	火	水		金
陰曆		2	3	4	5	6	7	8	9	10	11	12	13	14	15	16	17	18	19	20	21	22	23	24	25	26	27	28	29	30	7/1	2
日辰		戊	己	庚	辛	壬	癸	甲	乙	丙	丁	戊	己	庚	辛	壬	癸	甲	乙	丙	丁	戊	己	庚	辛	壬	癸	甲	乙	丙	丁	戊
		寅	卯	辰	巳	午	未	申	酉	戌	亥	子	丑	寅	卯	辰	巳	午	未	申	酉	戌	亥	子	丑	寅	卯	辰	巳	午	未	申
大	男	2	2	1	1	1	1	小	10	10	9	9	9	8	8	8	7	7	7	6	6	6	5	5	5	4	4	4	3	3	3	2
運	女	九	九	九	十	十	十	署	一	一	一	一	二	二	二	三	三	三	四	四	四	五	五	五	六	六	六	七	七	七	八	八

8월 (丁未) 戊申 (입추) 立秋 7日 15:27 處暑 23日

陽曆		1	2	3	4	5	6	7	8	9	10	11	12	13	14	15	16	17	18	19	20	21	22	23	24	25	26	27	28	29	30	31
요일		土	日	月	火	水	木	金	土	日	月	火	水	木	金	土	日	月	火	水	木	金	土	日	月	火	水	木		土	日	月
陰曆		3	4	5	6	7	8	9	10	11	12	13	14	15	16	17	18	19	20	21	22	23	24	25	26	27	28	29	8/1	2	3	4
日辰		己	庚	辛	壬	癸	甲	乙	丙	丁	戊	己	庚	辛	壬	癸	甲	乙	丙	丁	戊	己	庚	辛	壬	癸	甲	乙	丙	丁	戊	己
		酉	戌	亥	子	丑	寅	卯	辰	巳	午	未	申	酉	戌	亥	子	丑	寅	卯	辰	巳	午	未	申	酉	戌	亥	子	丑	寅	卯
大	男	2	2	1	1	1	1	立	10	10	9	9	9	8	8	8	7	7	7	6	6	6	5	5	5	4	4	4	3	3	3	2
運	女	八	九	九	九	十	十	秋	一	一	一	一	二	二	二	三	三	三	四	四	四	五	五	五	六	六	六	七	七	七	八	八

9월 (戊申) 己酉 (백로) 白露 7日 18:18 秋分 23日

陽曆		1	2	3	4	5	6	7	8	9	10	11	12	13	14	15	16	17	18	19	20	21	22	23	24	25	26	27	28	29	30
요일		火	水	木	金	土	日	月	火	水	木	金	土	日	月	火	水	木	金	土	日	月	火	水	木	金		日	月	火	水
陰曆		5	6	7	8	9	10	11	12	13	14	15	16	17	18	19	20	21	22	23	24	25	26	27	28	29	9/1	2	3	4	5
日辰		庚	辛	壬	癸	甲	乙	丙	丁	戊	己	庚	辛	壬	癸	甲	乙	丙	丁	戊	己	庚	辛	壬	癸	甲	乙	丙	丁	戊	己
		辰	巳	午	未	申	酉	戌	亥	子	丑	寅	卯	辰	巳	午	未	申	酉	戌	亥	子	丑	寅	卯	辰	巳	午	未	申	酉
大	男	2	2	1	1	1	1	白	10	10	9	9	9	8	8	8	7	7	7	6	6	6	5	5	5	4	4	4	3	3	3
運	女	八	九	九	九	十	十	露	一	一	一	一	二	二	二	三	三	三	四	四	四	五	五	五	六	六	六	七	七	七	八

10월 (己酉) 庚戌 (한로) 寒露 8日 09:51 霜降 23日

陽曆		1	2	3	4	5	6	7	8	9	10	11	12	13	14	15	16	17	18	19	20	21	22	23	24	25	26	27	28	29	30	31
요일		木	金	土	日	月	火	水	木	金	土	日	月	火	水	木	金	土	日	月	火	水	木	金	土	日		火	水	木	金	土
陰曆		6	7	8	9	10	11	12	13	14	15	16	17	18	19	20	21	22	23	24	25	26	27	28	29	30	10/1	2	3	4	5	6
日辰		庚	辛	壬	癸	甲	乙	丙	丁	戊	己	庚	辛	壬	癸	甲	乙	丙	丁	戊	己	庚	辛	壬	癸	甲	乙	丙	丁	戊	己	庚
		戌	亥	子	丑	寅	卯	辰	巳	午	未	申	酉	戌	亥	子	丑	寅	卯	辰	巳	午	未	申	酉	戌	亥	子	丑	寅	卯	辰
大	男	2	2	2	1	1	1	1	寒	10	9	9	9	8	8	8	7	7	7	6	6	6	5	5	5	4	4	4	3	3	3	2
運	女	八	八	九	九	九	十	十	露	一	一	一	一	二	二	二	三	三	三	四	四	四	五	五	五	六	六	六	七	七	七	八

11월 (庚戌) 辛亥 (입동) 立冬 7日 12:57 小雪 22日

陽曆		1	2	3	4	5	6	7	8	9	10	11	12	13	14	15	16	17	18	19	20	21	22	23	24	25	26	27	28	29	30
요일		日	月	火	水	木	金	土	日	月	火	水	木	金	土	日	月	火	水	木	金	土	日	月		水	木	金	土	日	月
陰曆		7	8	9	10	11	12	13	14	15	16	17	18	19	20	21	22	23	24	25	26	27	28	29	11/1	2	3	4	5	6	7
日辰		辛	壬	癸	甲	乙	丙	丁	戊	己	庚	辛	壬	癸	甲	乙	丙	丁	戊	己	庚	辛	壬	癸	甲	乙	丙	丁	戊	己	庚
		巳	午	未	申	酉	戌	亥	子	丑	寅	卯	辰	巳	午	未	申	酉	戌	亥	子	丑	寅	卯	辰	巳	午	未	申	酉	戌
大	男	2	2	1	1	1	1	立	10	9	9	9	8	8	8	7	7	7	6	6	6	5	5	5	4	4	4	3	3	3	2
運	女	八	八	九	九	九	十	冬	一	一	一	一	二	二	二	三	三	三	四	四	四	五	五	五	六	六	六	七	七	七	八

12월 (辛亥) 壬子 (대설) 大雪 7日 05:44 冬至 21日

陽曆		1	2	3	4	5	6	7	8	9	10	11	12	13	14	15	16	17	18	19	20	21	22	23	24	25	26	27	28	29	30	31
요일		火	水	木	金	土	日	月	火	水	木	金	土	日	月	火	水	木	金	土	日	月	火	水		金	土	日	月	火	水	木
陰曆		8	9	10	11	12	13	14	15	16	17	18	19	20	21	22	23	24	25	26	27	28	29	30	12/1	2	3	4	5	6	7	8
日辰		辛	壬	癸	甲	乙	丙	丁	戊	己	庚	辛	壬	癸	甲	乙	丙	丁	戊	己	庚	辛	壬	癸	甲	乙	丙	丁	戊	己	庚	辛
		亥	子	丑	寅	卯	辰	巳	午	未	申	酉	戌	亥	子	丑	寅	卯	辰	巳	午	未	申	酉	戌	亥	子	丑	寅	卯	辰	巳
大	男	2	2	1	1	1	1	大	9	9	9	8	8	8	7	7	7	6	6	6	5	5	5	4	4	4	3	3	3	2	2	2
運	女	八	八	九	九	九	十	雪	一	一	一	一	二	二	二	三	三	三	四	四	四	五	五	五	六	六	六	七	七	七	八	八

1월 (壬子) 癸丑 (소한) 小寒 5日 16:57 大寒 20日

陽曆		1	2	3	4	5	6	7	8	9	10	11	12	13	14	15	16	17	18	19	20	21	22	23	24	25	26	27	28	29	30	31
요일		金	土	日	月	火	水	木	金	土	日	月	火	水	木	金	土	日	月	火	水	木	金	1	日	月	火	水	木	金	土	日
陰曆		9	10	11	12	13	14	15	16	17	18	19	20	21	22	23	24	25	26	27	28	29	30	/1	2	3	4	5	6	7	8	9
日辰		壬	癸	甲	乙	丙	丁	戊	己	庚	辛	壬	癸	甲	乙	丙	丁	戊	己	庚	辛	壬	癸	甲	乙	丙	丁	戊	己	庚	辛	壬
		午	未	申	酉	戌	亥	子	丑	寅	卯	辰	巳	午	未	申	酉	戌	亥	子	丑	寅	卯	辰	巳	午	未	申	酉	戌	亥	子
大	男	1	1	1	1	小	10	9	9	9	8	8	8	7	7	7	6	6	6	5	5	5	4	4	4	3	3	3	2	2	2	1
運	女	八	九	九	九	寒	一	一	一	一	二	二	二	三	三	三	四	四	四	五	五	五	六	六	六	七	七	七	八	八	八	九

2월 (癸丑) 甲寅 (입춘) 立春 4日 04:37 雨水 19日

陽曆		1	2	3	4	5	6	7	8	9	10	11	12	13	14	15	16	17	18	19	20	21	22	23	24	25	26	27	28			
요일		月	火	水	木	金	土	日	月	火	水	木	金	土	日	月	火	水	木	金	土	2	月	火	水	木	金	土	日			
陰曆		10	11	12	13	14	15	16	17	18	19	20	21	22	23	24	25	26	27	28	29	/1	2	3	4	5	6	7	8			
日辰		癸	甲	乙	丙	丁	戊	己	庚	辛	壬	癸	甲	乙	丙	丁	戊	己	庚	辛	壬	癸	甲	乙	丙	丁	戊	己	庚			
		丑	寅	卯	辰	巳	午	未	申	酉	戌	亥	子	丑	寅	卯	辰	巳	午	未	申	酉	戌	亥	子	丑	寅	卯	辰			
大	男	1	1	1	立	1	1	1	1	2	2	2	3	3	3	4	4	4	5	5	5	6	6	6	7	7	7	8	8			
運	女	九	九	十	春	九	九	九	八	八	八	七	七	七	六	六	六	五	五	五	四	四	四	三	三	三	二	二	二			

3월 (甲寅) 乙卯 (경칩) 驚蟄 5日 22:43 春分 20日

陽曆		1	2	3	4	5	6	7	8	9	10	11	12	13	14	15	16	17	18	19	20	21	22	23	24	25	26	27	28	29	30	31
요일		月	火	水	木	金	土	日	月	火	水	木	金	土	日	月	火	水	木	金	土	日	月	3	水	木	金	土	日	月	火	水
陰曆		9	10	11	12	13	14	15	16	17	18	19	20	21	22	23	24	25	26	27	28	29	30	/1	2	3	4	5	6	7	8	9
日辰		辛	壬	癸	甲	乙	丙	丁	戊	己	庚	辛	壬	癸	甲	乙	丙	丁	戊	己	庚	辛	壬	癸	甲	乙	丙	丁	戊	己	庚	辛
		巳	午	未	申	酉	戌	亥	子	丑	寅	卯	辰	巳	午	未	申	酉	戌	亥	子	丑	寅	卯	辰	巳	午	未	申	酉	戌	亥
大	男	8	9	9	9	驚	1	1	1	1	2	2	2	3	3	3	4	4	4	5	5	5	6	6	6	7	7	7	8	8	8	9
運	女	一	一	一	一	蟄	十	十	九	九	九	八	八	八	七	七	七	六	六	六	五	五	五	四	四	四	三	三	三	二	二	二

4월 (乙卯) 丙辰 (청명) 清明 5日 03:37 穀雨 20日

陽曆		1	2	3	4	5	6	7	8	9	10	11	12	13	14	15	16	17	18	19	20	21	22	23	24	25	26	27	28	29	30	
요일		木	金	土	日	月	火	水	木	金	土	日	月	火	水	木	金	土	日	月	火	水	윤3	金	土	日	月	火	水	木	金	
陰曆		10	11	12	13	14	15	16	17	18	19	20	21	22	23	24	25	26	27	28	29	30	/1	2	3	4	5	6	7	8	9	
日辰		壬	癸	甲	乙	丙	丁	戊	己	庚	辛	壬	癸	甲	乙	丙	丁	戊	己	庚	辛	壬	癸	甲	乙	丙	丁	戊	己	庚	辛	
		子	丑	寅	卯	辰	巳	午	未	申	酉	戌	亥	子	丑	寅	卯	辰	巳	午	未	申	酉	戌	亥	子	丑	寅	卯	辰	巳	
大	男	9	9	10	10	清	1	1	1	1	2	2	2	3	3	3	4	4	4	5	5	5	6	6	6	7	7	7	8	8	8	
運	女	一	一	一	一	明	十	九	九	九	八	八	八	七	七	七	六	六	六	五	五	五	四	四	四	三	三	三	二	二	二	

5월 (丙辰) 丁巳 (입하) 立夏 5日 21:02 小滿 21日

陽曆		1	2	3	4	5	6	7	8	9	10	11	12	13	14	15	16	17	18	19	20	21	22	23	24	25	26	27	28	29	30	31
요일		土	日	月	火	水	木	金	土	日	月	火	水	木	金	土	日	月	火	水	木	4	土	日	月	火	水	木	金	土	日	月
陰曆		10	11	12	13	14	15	16	17	18	19	20	21	22	23	24	25	26	27	28	29	/1	2	3	4	5	6	7	8	9	10	11
日辰		壬	癸	甲	乙	丙	丁	戊	己	庚	辛	壬	癸	甲	乙	丙	丁	戊	己	庚	辛	壬	癸	甲	乙	丙	丁	戊	己	庚	辛	壬
		午	未	申	酉	戌	亥	子	丑	寅	卯	辰	巳	午	未	申	酉	戌	亥	子	丑	寅	卯	辰	巳	午	未	申	酉	戌	亥	子
大	男	9	9	9	10	立	1	1	1	1	2	2	2	3	3	3	4	4	4	5	5	5	6	6	6	7	7	7	8	8	8	9
運	女	一	一	一	一	夏	十	十	十	九	九	九	八	八	八	七	七	七	六	六	六	五	五	五	四	四	四	三	三	三	二	二

6월 (丁巳) 戊午 (망종) 芒種 6日 01:15 夏至 21日

陽曆		1	2	3	4	5	6	7	8	9	10	11	12	13	14	15	16	17	18	19	20	21	22	23	24	25	26	27	28	29	30	
요일		火	水	木	金	土	日	月	火	水	木	金	土	日	月	火	水	木	金	土	5	月	火	水	木	金	土	日	月	火	水	
陰曆		12	13	14	15	16	17	18	19	20	21	22	23	24	25	26	27	28	29	30	/1	2	3	4	5	6	7	8	9	10	11	
日辰		癸	甲	乙	丙	丁	戊	己	庚	辛	壬	癸	甲	乙	丙	丁	戊	己	庚	辛	壬	癸	甲	乙	丙	丁	戊	己	庚	辛	壬	
		丑	寅	卯	辰	巳	午	未	申	酉	戌	亥	子	丑	寅	卯	辰	巳	午	未	申	酉	戌	亥	子	丑	寅	卯	辰	巳	午	
大	男	9	9	10	10	10	芒	1	1	1	1	2	2	2	3	3	3	4	4	4	5	5	5	6	6	6	7	7	7	8	8	
運	女	二	一	一	一	一	種	十	十	九	九	九	八	八	八	七	七	七	六	六	六	五	五	五	四	四	四	三	三	三	二	

劍鋒金星 八日得辛 南大將 未弔客 寒食(4월 05일) 初伏(7월 18일)
七赤金星 一龍治水 亥喪門 東三殺 中伏(7월 28일) 末伏(8월 07일)

7월 (戊午) 己未 (소서) 小暑 7日 11:32 大暑 23日

陽曆		1	2	3	4	5	6	7	8	9	10	11	12	13	14	15	16	17	18	19	20	21	22	23	24	25	26	27	28	29	30	31
요일		木	金	土	日	月	火	水	木	金	土	日	月	火	水	木	金	土	日	6/1	火	水	木	金	土	日	月	火	水	木	金	土
陰曆		12	13	14	15	16	17	18	19	20	21	22	23	24	25	26	27	28	29		2	3	4	5	6	7	8	9	10	11	12	13
日辰		癸	甲	乙	丙	丁	戊	己	庚	辛	壬	癸	甲	乙	丙	丁	戊	己	庚	辛	壬	癸	甲	乙	丙	丁	戊	己	庚	辛	壬	癸
		未	申	酉	戌	亥	子	丑	寅	卯	辰	巳	午	未	申	酉	戌	亥	子	丑	寅	卯	辰	巳	午	未	申	酉	戌	亥	子	丑
大	男	8	9	9	9	10	10	小	1	1	1	1	2	2	2	3	3	3	4	4	4	5	5	5	6	6	6	7	7	7	8	8
運	女	二	二	一	一	一	一	暑	十	十	九	九	九	八	八	八	七	七	七	六	六	六	五	五	五	四	四	四	三	三	三	二

8월 (己未) 庚申 (입추) 立秋 7日 21:18 處暑 23日

陽曆		1	2	3	4	5	6	7	8	9	10	11	12	13	14	15	16	17	18	19	20	21	22	23	24	25	26	27	28	29	30	31
요일		日	月	火	水	木	金	土	日	月	火	水	木	金	土	日	月	火	7/1	木	金	土	日	月	火	水	木	金	土	日	月	火
陰曆		14	15	16	17	18	19	20	21	22	23	24	25	26	27	28	29	30		2	3	4	5	6	7	8	9	10	11	12	13	14
日辰		甲	乙	丙	丁	戊	己	庚	辛	壬	癸	甲	乙	丙	丁	戊	己	庚	辛	壬	癸	甲	乙	丙	丁	戊	己	庚	辛	壬	癸	甲
		寅	卯	辰	巳	午	未	申	酉	戌	亥	子	丑	寅	卯	辰	巳	午	未	申	酉	戌	亥	子	丑	寅	卯	辰	巳	午	未	申
大	男	8	9	9	9	10	10	立	1	1	1	1	2	2	2	3	3	3	4	4	4	5	5	5	6	6	6	7	7	7	8	8
運	女	二	二	一	一	一	一	秋	十	十	十	九	九	九	八	八	八	七	七	七	六	六	六	五	五	五	四	四	四	三	三	三

9월 (庚申) 辛酉 (백로) 白露 8日 00:08 秋分 23日

陽曆		1	2	3	4	5	6	7	8	9	10	11	12	13	14	15	16	17	18	19	20	21	22	23	24	25	26	27	28	29	30
요일		水	木	金	土	日	月	火	水	木	金	土	日	月	火	水	8/1	金	土	日	月	火	水	木	金	土	日	月	火	水	木
陰曆		15	16	17	18	19	20	21	22	23	24	25	26	27	28	29		2	3	4	5	6	7	8	9	10	11	12	13	14	15
日辰		乙	丙	丁	戊	己	庚	辛	壬	癸	甲	乙	丙	丁	戊	己	庚	辛	壬	癸	甲	乙	丙	丁	戊	己	庚	辛	壬	癸	甲
		酉	戌	亥	子	丑	寅	卯	辰	巳	午	未	申	酉	戌	亥	子	丑	寅	卯	辰	巳	午	未	申	酉	戌	亥	子	丑	寅
大	男	8	9	9	9	10	10	10	白	1	1	1	1	2	2	2	3	3	3	4	4	4	5	5	5	6	6	6	7	7	7
運	女	二	二	二	一	一	一	一	露	十	九	九	九	八	八	八	七	七	七	六	六	六	五	五	五	四	四	四	三	三	三

10월 (辛酉) 壬戌 (한로) 寒露 8日 15:40 霜降 23日

陽曆		1	2	3	4	5	6	7	8	9	10	11	12	13	14	15	16	17	18	19	20	21	22	23	24	25	26	27	28	29	30	31
요일		金	土	日	月	火	水	木	金	土	日	月	火	水	木	9/1	土	日	月	火	水	木	金	土	日	月	火	水	木	金	土	日
陰曆		16	17	18	19	20	21	22	23	24	25	26	27	28	29		2	3	4	5	6	7	8	9	10	11	12	13	14	15	16	17
日辰		乙	丙	丁	戊	己	庚	辛	壬	癸	甲	乙	丙	丁	戊	己	庚	辛	壬	癸	甲	乙	丙	丁	戊	己	庚	辛	壬	癸	甲	乙
		卯	辰	巳	午	未	申	酉	戌	亥	子	丑	寅	卯	辰	巳	午	未	申	酉	戌	亥	子	丑	寅	卯	辰	巳	午	未	申	酉
大	男	8	8	8	9	9	9	10	寒	1	1	1	1	2	2	2	3	3	3	4	4	4	5	5	5	6	6	6	7	7	7	8
運	女	二	二	二	一	一	一	一	露	十	九	九	九	八	八	八	七	七	七	六	六	六	五	五	五	四	四	四	三	三	三	二

11월 (壬戌) 癸亥 (입동) 立冬 7日 18:46 小雪 22日

陽曆		1	2	3	4	5	6	7	8	9	10	11	12	13	14	15	16	17	18	19	20	21	22	23	24	25	26	27	28	29	30
요일		月	火	水	木	金	土	日	月	火	水	木	金	土	10/1	月	火	水	木	金	土	日	月	火	水	木	金	土	日	月	火
陰曆		18	19	20	21	22	23	24	25	26	27	28	29	30		2	3	4	5	6	7	8	9	10	11	12	13	14	15	16	17
日辰		丙	丁	戊	己	庚	辛	壬	癸	甲	乙	丙	丁	戊	己	庚	辛	壬	癸	甲	乙	丙	丁	戊	己	庚	辛	壬	癸	甲	乙
		戌	亥	子	丑	寅	卯	辰	巳	午	未	申	酉	戌	亥	子	丑	寅	卯	辰	巳	午	未	申	酉	戌	亥	子	丑	寅	卯
大	男	8	8	9	9	9	10	立	1	1	1	1	2	2	2	3	3	3	4	4	4	5	5	5	6	6	6	7	7	7	8
運	女	二	二	一	一	一	一	冬	十	九	九	九	八	八	八	七	七	七	六	六	六	五	五	五	四	四	四	三	三	三	二

12월 (癸亥) 甲子 (대설) 大雪 7日 11:34 冬至 22日

陽曆		1	2	3	4	5	6	7	8	9	10	11	12	13	14	15	16	17	18	19	20	21	22	23	24	25	26	27	28	29	30	31
요일		水	木	金	土	日	月	火	水	木	金	土	日	11/1	火	水	木	金	土	日	月	火	水	木	金	土	日	月	火	水	木	金
陰曆		18	19	20	21	22	23	24	25	26	27	28	29		2	3	4	5	6	7	8	9	10	11	12	13	14	15	16	17	18	19
日辰		丙	丁	戊	己	庚	辛	壬	癸	甲	乙	丙	丁	戊	己	庚	辛	壬	癸	甲	乙	丙	丁	戊	己	庚	辛	壬	癸	甲	乙	丙
		辰	巳	午	未	申	酉	戌	亥	子	丑	寅	卯	辰	巳	午	未	申	酉	戌	亥	子	丑	寅	卯	辰	巳	午	未	申	酉	戌
大	男	8	8	9	9	9	10	大	1	1	1	1	2	2	2	3	3	3	4	4	4	5	5	5	6	6	6	7	7	7	8	8
運	女	二	二	一	一	一	一	雪	九	九	九	八	八	八	七	七	七	六	六	六	五	五	五	四	四	四	三	三	三	二	二	二

1월 (甲子) 乙丑 (소한) 小寒 5日 22:48 大寒 20日

陽曆	1	2	3	4	5	6	7	8	9	10	11	12	13	14	15	16	17	18	19	20	21	22	23	24	25	26	27	28	29	30	31
요일	土	日	月	火	水	木	金	土	日	月	火	12	木	金	土	日	月	火	水	木	金	土	日	月	火	水	木	金	土	日	月
陰曆	20	21	22	23	24	25	26	27	28	29	30	1	2	3	4	5	6	7	8	9	10	11	12	13	14	15	16	17	18	19	20
日辰	丁	戊	己	庚	辛	壬	癸	甲	乙	丙	丁	戊	己	庚	辛	壬	癸	甲	乙	丙	丁	戊	己	庚	辛	壬	癸	甲	乙	丙	丁
	亥	子	丑	寅	卯	辰	巳	午	未	申	酉	戌	亥	子	丑	寅	卯	辰	巳	午	未	申	酉	戌	亥	子	丑	寅	卯	辰	巳
大 男	8	9	9	9	小	1	1	1	1	2	2	2	3	3	3	4	4	4	5	5	5	6	6	6	7	7	7	8	8	8	9
運 女	一	一	一	一	寒	十	九	九	九	八	八	八	七	七	七	六	六	六	五	五	五	四	四	四	三	三	三	二	二	二	一

2월 (乙丑) 丙寅 (입춘) 立春 4日 10:31 雨水 19日

陽曆	1	2	3	4	5	6	7	8	9	10	11	12	13	14	15	16	17	18	19	20	21	22	23	24	25	26	27	28			
요일	火	水	木	金	土	日	月	火	水	1	金	土	日	月	火	水	木	金	土	日	月	火	水	木	金	土	日	月			
陰曆	21	22	23	24	25	26	27	28	29	1	2	3	4	5	6	7	8	9	10	11	12	13	14	15	16	17	18	19			
日辰	戊	己	庚	辛	壬	癸	甲	乙	丙	丁	戊	己	庚	辛	壬	癸	甲	乙	丙	丁	戊	己	庚	辛	壬	癸	甲	乙			
	午	未	申	酉	戌	亥	子	丑	寅	卯	辰	巳	午	未	申	酉	戌	亥	子	丑	寅	卯	辰	巳	午	未	申	酉			
大 男	9	9	10	立	10	9	9	9	8	8	8	7	7	7	6	6	6	5	5	5	4	4	4	3	3	3	2	2			
運 女	一	一	一	春	一	一	一	一	二	二	二	三	三	三	四	四	四	五	五	五	六	六	六	七	七	七	八	八			

3월 (丙寅) 丁卯 (경칩) 驚蟄 6日 04:38 春分 21日

陽曆	1	2	3	4	5	6	7	8	9	10	11	12	13	14	15	16	17	18	19	20	21	22	23	24	25	26	27	28	29	30	31
요일	火	水	木	金	土	日	月	火	水	木	金	2	日	月	火	水	木	金	土	日	月	火	水	木	金	土	日	月	火	水	木
陰曆	20	21	22	23	24	25	26	27	28	29	30	1	2	3	4	5	6	7	8	9	10	11	12	13	14	15	16	17	18	19	20
日辰	丙	丁	戊	己	庚	辛	壬	癸	甲	乙	丙	丁	戊	己	庚	辛	壬	癸	甲	乙	丙	丁	戊	己	庚	辛	壬	癸	甲	乙	丙
	戌	亥	子	丑	寅	卯	辰	巳	午	未	申	酉	戌	亥	子	丑	寅	卯	辰	巳	午	未	申	酉	戌	亥	子	丑	寅	卯	辰
大 男	2	1	1	1	1	驚	10	9	9	9	8	8	8	7	7	7	6	6	6	5	5	5	4	4	4	3	3	3	2	2	2
運 女	八	九	九	九	十	蟄	一	一	一	一	二	二	二	三	三	三	四	四	四	五	五	五	六	六	六	七	七	七	八	八	八

4월 (丁卯) 戊辰 (청명) 清明 5日 09:32 穀雨 20日

陽曆	1	2	3	4	5	6	7	8	9	10	11	12	13	14	15	16	17	18	19	20	21	22	23	24	25	26	27	28	29	30	
요일	金	土	日	月	火	水	木	金	土	日	3	火	水	木	金	土	日	月	火	水	木	金	土	日	月	火	水	木	金	土	
陰曆	21	22	23	24	25	26	27	28	29	30	1	2	3	4	5	6	7	8	9	10	11	12	13	14	15	16	17	18	19	20	
日辰	丁	戊	己	庚	辛	壬	癸	甲	乙	丙	丁	戊	己	庚	辛	壬	癸	甲	乙	丙	丁	戊	己	庚	辛	壬	癸	甲	乙	丙	
	巳	午	未	申	酉	戌	亥	子	丑	寅	卯	辰	巳	午	未	申	酉	戌	亥	子	丑	寅	卯	辰	巳	午	未	申	酉	戌	
大 男	1	1	1	1	清	10	10	9	9	9	8	8	8	7	7	7	6	6	6	5	5	5	4	4	4	3	3	3	2	2	
運 女	九	九	九	十	明	一	一	一	一	二	二	二	三	三	三	四	四	四	五	五	五	六	六	六	七	七	七	八	八	八	

5월 (戊辰) 己巳 (입하) 立夏 6日 02:54 小滿 21日

陽曆	1	2	3	4	5	6	7	8	9	10	11	12	13	14	15	16	17	18	19	20	21	22	23	24	25	26	27	28	29	30	31
요일	日	月	火	水	木	金	土	日	月	火	4	木	金	土	日	月	火	水	木	金	土	日	月	火	水	木	金	土	日	月	火
陰曆	21	22	23	24	25	26	27	28	29	30	1	2	3	4	5	6	7	8	9	10	11	12	13	14	15	16	17	18	19	20	21
日辰	丁	戊	己	庚	辛	壬	癸	甲	乙	丙	丁	戊	己	庚	辛	壬	癸	甲	乙	丙	丁	戊	己	庚	辛	壬	癸	甲	乙	丙	丁
	亥	子	丑	寅	卯	辰	巳	午	未	申	酉	戌	亥	子	丑	寅	卯	辰	巳	午	未	申	酉	戌	亥	子	丑	寅	卯	辰	巳
大 男	2	1	1	1	1	立	10	10	9	9	9	8	8	8	7	7	7	6	6	6	5	5	5	4	4	4	3	3	3	2	2
運 女	九	九	九	十	十	夏	一	一	一	一	二	二	二	三	三	三	四	四	四	五	五	五	六	六	六	七	七	七	八	八	八

6월 (己巳) 庚午 (망종) 芒種 6日 07:05 夏至 21日

陽曆	1	2	3	4	5	6	7	8	9	10	11	12	13	14	15	16	17	18	19	20	21	22	23	24	25	26	27	28	29	30	
요일	水	木	金	土	日	月	火	水	5	金	土	日	月	火	水	木	金	土	日	月	火	水	木	金	土	日	月	火	水	木	
陰曆	22	23	24	25	26	27	28	29	1	2	3	4	5	6	7	8	9	10	11	12	13	14	15	16	17	18	19	20	21	22	
日辰	戊	己	庚	辛	壬	癸	甲	乙	丙	丁	戊	己	庚	辛	壬	癸	甲	乙	丙	丁	戊	己	庚	辛	壬	癸	甲	乙	丙	丁	
	午	未	申	酉	戌	亥	子	丑	寅	卯	辰	巳	午	未	申	酉	戌	亥	子	丑	寅	卯	辰	巳	午	未	申	酉	戌	亥	
大 男	2	1	1	1	1	芒	10	10	9	9	9	8	8	8	7	7	7	6	6	6	5	5	5	4	4	4	3	3	3	2	
運 女	九	九	九	十	十	種	一	一	一	一	二	二	二	三	三	三	四	四	四	五	五	五	六	六	六	七	七	七	八	八	

7월 (庚午) 辛未 (소서) 小署 7日 17:19 大署 23日

陽曆		1	2	3	4	5	6	7	8	9	10	11	12	13	14	15	16	17	18	19	20	21	22	23	24	25	26	27	28	29	30	31
요일		金	土	日	月	火	水	木	金	6/	日	月	火	水	木	金	土	日	月	火	水	木	金	土	日	月	火	水	木	金	土	日
陰曆		23	24	25	26	27	28	29	30	1	2	3	4	5	6	7	8	9	10	11	12	13	14	15	16	17	18	19	20	21	22	23
日辰		戊	己	庚	辛	壬	癸	甲	乙	丙	丁	戊	己	庚	辛	壬	癸	甲	乙	丙	丁	戊	己	庚	辛	壬	癸	甲	乙	丙	丁	戊
		子	丑	寅	卯	辰	巳	午	未	申	酉	戌	亥	子	丑	寅	卯	辰	巳	午	未	申	酉	戌	亥	子	丑	寅	卯	辰	巳	午
大	男	2	2	1	1	1	1	小	10	10	10	9	9	9	8	8	8	7	7	7	6	6	6	5	5	5	4	4	4	3	3	3
運	女	八	九	九	九	十	十	署	一	一	一	一	二	二	二	三	三	三	四	四	四	五	五	五	六	六	六	七	七	七	八	八

8월 (辛未) 壬申 (입추) 立秋 8日 03:04 處署 23日

陽曆		1	2	3	4	5	6	7	8	9	10	11	12	13	14	15	16	17	18	19	20	21	22	23	24	25	26	27	28	29	30	31
요일		月	火	水	木	金	土	7/	月	火	水	木	金	土	日	月	火	水	木	金	土	日	月	火	水	木	金	土	日	月	火	水
陰曆		24	25	26	27	28	29	1	2	3	4	5	6	7	8	9	10	11	12	13	14	15	16	17	18	19	20	21	22	23	24	25
日辰		己	庚	辛	壬	癸	甲	乙	丙	丁	戊	己	庚	辛	壬	癸	甲	乙	丙	丁	戊	己	庚	辛	壬	癸	甲	乙	丙	丁	戊	己
		未	申	酉	戌	亥	子	丑	寅	卯	辰	巳	午	未	申	酉	戌	亥	子	丑	寅	卯	辰	巳	午	未	申	酉	戌	亥	子	丑
大	男	2	2	2	1	1	1	1	立	10	10	9	9	9	8	8	8	7	7	7	6	6	6	5	5	5	4	4	4	3	3	3
運	女	八	九	九	九	十	十	十	秋	一	一	一	一	二	二	二	三	三	三	四	四	四	五	五	五	六	六	六	七	七	七	八

9월 (壬申) 癸酉 (백로) 白露 8日 05:55 秋分 23日

陽曆		1	2	3	4	5	6	7	8	9	10	11	12	13	14	15	16	17	18	19	20	21	22	23	24	25	26	27	28	29	30	
요일		木	金	土	日	月	8/	水	木	金	土	日	月	火	水	木	金	土	日	月	火	水	木	金	土	日	月	火	水	木	金	
陰曆		26	27	28	29	30	1	2	3	4	5	6	7	8	9	10	11	12	13	14	15	16	17	18	19	20	21	22	23	24	25	
日辰		庚	辛	壬	癸	甲	乙	丙	丁	戊	己	庚	辛	壬	癸	甲	乙	丙	丁	戊	己	庚	辛	壬	癸	甲	乙	丙	丁	戊	己	
		寅	卯	辰	巳	午	未	申	酉	戌	亥	子	丑	寅	卯	辰	巳	午	未	申	酉	戌	亥	子	丑	寅	卯	辰	巳	午	未	
大	男	2	2	2	1	1	1	1	白	10	9	9	9	8	8	8	7	7	7	6	6	6	5	5	5	4	4	4	3	3	3	
運	女	八	八	九	九	九	十	十	露	一	一	一	一	二	二	二	三	三	三	四	四	四	五	五	五	六	六	六	七	七	七	

10월 (癸酉) 甲戌 (한로) 寒露 8日 21:29 霜降 24日

陽曆		1	2	3	4	5	6	7	8	9	10	11	12	13	14	15	16	17	18	19	20	21	22	23	24	25	26	27	28	29	30	31
요일		土	日	月	火	9/	木	金	土	日	月	火	水	木	金	土	日	月	火	水	木	金	土	日	月	火	水	木	金	土	日	月
陰曆		26	27	28	29	1	2	3	4	5	6	7	8	9	10	11	12	13	14	15	16	17	18	19	20	21	22	23	24	25	26	27
日辰		庚	辛	壬	癸	甲	乙	丙	丁	戊	己	庚	辛	壬	癸	甲	乙	丙	丁	戊	己	庚	辛	壬	癸	甲	乙	丙	丁	戊	己	庚
		申	酉	戌	亥	子	丑	寅	卯	辰	巳	午	未	申	酉	戌	亥	子	丑	寅	卯	辰	巳	午	未	申	酉	戌	亥	子	丑	寅
大	男	2	2	2	2	1	1	1	寒	10	10	9	9	9	8	8	8	7	7	7	6	6	6	5	5	5	4	4	4	3	3	3
運	女	八	八	八	九	九	九	十	露	一	一	一	一	二	二	二	三	三	三	四	四	四	五	五	五	六	六	六	七	七	七	八

11월 (甲戌) 乙亥 (입동) 立冬 8日 00:36 小雪 22日

陽曆		1	2	3	4	5	6	7	8	9	10	11	12	13	14	15	16	17	18	19	20	21	22	23	24	25	26	27	28	29	30	
요일		火	水	10/	金	土	日	月	火	水	木	金	土	日	月	火	水	木	金	土	日	月	火	水	木	金	土	日	月	火	水	
陰曆		28	29	1	2	3	4	5	6	7	8	9	10	11	12	13	14	15	16	17	18	19	20	21	22	23	24	25	26	27	28	
日辰		辛	壬	癸	甲	乙	丙	丁	戊	己	庚	辛	壬	癸	甲	乙	丙	丁	戊	己	庚	辛	壬	癸	甲	乙	丙	丁	戊	己	庚	
		卯	辰	巳	午	未	申	酉	戌	亥	子	丑	寅	卯	辰	巳	午	未	申	酉	戌	亥	子	丑	寅	卯	辰	巳	午	未	申	
大	男	2	2	2	1	1	1	1	立	9	9	9	8	8	8	7	7	7	6	6	6	5	5	5	4	4	4	3	3	3	2	
運	女	八	八	九	九	九	十	十	冬	一	一	一	一	二	二	二	三	三	三	四	四	四	五	五	五	六	六	六	七	七	七	

12월 (乙亥) 丙子 (대설) 大雪 7日 17:23 冬至 22日

陽曆		1	2	3	4	5	6	7	8	9	10	11	12	13	14	15	16	17	18	19	20	21	22	23	24	25	26	27	28	29	30	31
요일		木	金	11/	日	月	火	水	木	金	土	日	月	火	水	木	金	土	日	月	火	水	木	金	土	日	月	火	水	木	金	土
陰曆		29	30	1	2	3	4	5	6	7	8	9	10	11	12	13	14	15	16	17	18	19	20	21	22	23	24	25	26	27	28	29
日辰		辛	壬	癸	甲	乙	丙	丁	戊	己	庚	辛	壬	癸	甲	乙	丙	丁	戊	己	庚	辛	壬	癸	甲	乙	丙	丁	戊	己	庚	辛
		酉	戌	亥	子	丑	寅	卯	辰	巳	午	未	申	酉	戌	亥	子	丑	寅	卯	辰	巳	午	未	申	酉	戌	亥	子	丑	寅	卯
大	男	2	2	1	1	1	1	大	10	9	9	9	8	8	8	7	7	7	6	6	6	5	5	5	4	4	4	3	3	3	2	2
運	女	八	八	八	九	九	九	雪	一	一	一	一	二	二	二	三	三	三	四	四	四	五	五	五	六	六	六	七	七	七	八	八

西紀 1995년 # 乙亥 檀紀 4328년

1월 (丙子) 丁丑 (소한) 小寒 6日 04:34 大寒 20日

陽曆		1	2	3	4	5	6	7	8	9	10	11	12	13	14	15	16	17	18	19	20	21	22	23	24	25	26	27	28	29	30	31
요일			月	火	水	木	金	土	日	月	火	水	木	金	土	日	月	火	水	木	金	土	日	月	火	水	木	金	土	日	月	
陰曆		12/1	2	3	4	5	6	7	8	9	10	11	12	13	14	15	16	17	18	19	20	21	22	23	24	25	26	27	28	29	30	1/1
日辰		壬	癸	甲	乙	丙	丁	戊	己	庚	辛	壬	癸	甲	乙	丙	丁	戊	己	庚	辛	壬	癸	甲	乙	丙	丁	戊	己	庚	辛	壬
		辰	巳	午	未	申	酉	戌	亥	子	丑	寅	卯	辰	巳	午	未	申	酉	戌	亥	子	丑	寅	卯	辰	巳	午	未	申	酉	戌
大	男	2	1	1	1	1	小	9	9	9	8	8	8	7	7	7	6	6	6	5	5	5	4	4	4	3	3	3	2	2	2	1
運	女	八	九	九	九	十	寒	一	一	一	一	二	二	二	三	三	三	四	四	四	五	五	五	六	六	六	七	七	七	八	八	八

2월 (丁丑) 戊寅 (입춘) 立春 4日 16:13 雨水 19日

陽曆		1	2	3	4	5	6	7	8	9	10	11	12	13	14	15	16	17	18	19	20	21	22	23	24	25	26	27	28			
요일		水	木	金	土	日	月	火	水	木	金	土	日	月	火	水	木	金	土	日	月	火	水	木	金	土	日	月	火			
陰曆		2	3	4	5	6	7	8	9	10	11	12	13	14	15	16	17	18	19	20	21	22	23	24	25	26	27	28	29			
日辰		癸	甲	乙	丙	丁	戊	己	庚	辛	壬	癸	甲	乙	丙	丁	戊	己	庚	辛	壬	癸	甲	乙	丙	丁	戊	己	庚			
		亥	子	丑	寅	卯	辰	巳	午	未	申	酉	戌	亥	子	丑	寅	卯	辰	巳	午	未	申	酉	戌	亥	子	丑	寅			
大	男	1	1	1	立	1	1	1	1	2	2	2	3	3	3	4	4	4	5	5	5	6	6	6	7	7	7	8	8			
運	女	九	九	九	春	十	九	九	九	八	八	八	七	七	七	六	六	六	五	五	五	四	四	四	三	三	三	二	二			

3월 (戊寅) 己卯 (경칩) 驚蟄 6日 10:16 春分 21日

陽曆		1	2	3	4	5	6	7	8	9	10	11	12	13	14	15	16	17	18	19	20	21	22	23	24	25	26	27	28	29	30	31
요일			木	金	土	日	月	火	水	木	金	土	日	月	火	水	木	金	土	日	月	火	水	木	金	土	日	月	火	水	木	
陰曆		2/1	2	3	4	5	6	7	8	9	10	11	12	13	14	15	16	17	18	19	20	21	22	23	24	25	26	27	28	29	30	3/1
日辰		辛	壬	癸	甲	乙	丙	丁	戊	己	庚	辛	壬	癸	甲	乙	丙	丁	戊	己	庚	辛	壬	癸	甲	乙	丙	丁	戊	己	庚	辛
		卯	辰	巳	午	未	申	酉	戌	亥	子	丑	寅	卯	辰	巳	午	未	申	酉	戌	亥	子	丑	寅	卯	辰	巳	午	未	申	酉
大	男	8	9	9	9	10	驚	1	1	1	1	2	2	2	3	3	3	4	4	4	5	5	5	6	6	6	7	7	7	8	8	8
運	女	二	一	一	一	一	蟄	十	九	九	九	八	八	八	七	七	七	六	六	六	五	五	五	四	四	四	三	三	三	二	二	二

4월 (己卯) 庚辰 (청명) 清明 5日 15:08 穀雨 20日

陽曆		1	2	3	4	5	6	7	8	9	10	11	12	13	14	15	16	17	18	19	20	21	22	23	24	25	26	27	28	29	30	
요일		土	日	月	火	水	木	金	土	日	月	火	水	木	金	土	日	月	火	水	木	金	土	日	月	火	水	木	金	土		
陰曆		2	3	4	5	6	7	8	9	10	11	12	13	14	15	16	17	18	19	20	21	22	23	24	25	26	27	28	29	30	4/1	
日辰		壬	癸	甲	乙	丙	丁	戊	己	庚	辛	壬	癸	甲	乙	丙	丁	戊	己	庚	辛	壬	癸	甲	乙	丙	丁	戊	己	庚	辛	
		戌	亥	子	丑	寅	卯	辰	巳	午	未	申	酉	戌	亥	子	丑	寅	卯	辰	巳	午	未	申	酉	戌	亥	子	丑	寅	卯	
大	男	9	9	9	10	清	1	1	1	1	2	2	2	3	3	3	4	4	4	5	5	5	6	6	6	7	7	7	8	8	8	
運	女	一	一	一	一	明	十	十	九	九	九	八	八	八	七	七	七	六	六	六	五	五	五	四	四	四	三	三	三	二	二	

5월 (庚辰) 辛巳 (입하) 立夏 6日 08:30 小滿 21日

陽曆		1	2	3	4	5	6	7	8	9	10	11	12	13	14	15	16	17	18	19	20	21	22	23	24	25	26	27	28	29	30	31
요일		月	火	水	木	金	土	日	月	火	水	木	金	土	日	月	火	水	木	金	土	日	月	火	水	木	金	土	日		火	水
陰曆		2	3	4	5	6	7	8	9	10	11	12	13	14	15	16	17	18	19	20	21	22	23	24	25	26	27	28	29	5/1	2	3
日辰		壬	癸	甲	乙	丙	丁	戊	己	庚	辛	壬	癸	甲	乙	丙	丁	戊	己	庚	辛	壬	癸	甲	乙	丙	丁	戊	己	庚	辛	壬
		辰	巳	午	未	申	酉	戌	亥	子	丑	寅	卯	辰	巳	午	未	申	酉	戌	亥	子	丑	寅	卯	辰	巳	午	未	申	酉	戌
大	男	9	9	9	10	10	立	1	1	1	1	2	2	2	3	3	3	4	4	4	5	5	5	6	6	6	7	7	7	8	8	8
運	女	二	一	一	一	一	夏	十	十	九	九	九	八	八	八	七	七	七	六	六	六	五	五	五	四	四	四	三	三	三	二	二

6월 (辛巳) 壬午 (망종) 芒種 6日 12:43 夏至 22日

陽曆		1	2	3	4	5	6	7	8	9	10	11	12	13	14	15	16	17	18	19	20	21	22	23	24	25	26	27	28	29	30	
요일		木	金	土	日	月	火	水	木	金	土	日	月	火	水	木	金	土	日	月	火	水	木	金	土	日	月	火		木	金	
陰曆		4	5	6	7	8	9	10	11	12	13	14	15	16	17	18	19	20	21	22	23	24	25	26	27	28	29	30	6/1	2	3	
日辰		癸	甲	乙	丙	丁	戊	己	庚	辛	壬	癸	甲	乙	丙	丁	戊	己	庚	辛	壬	癸	甲	乙	丙	丁	戊	己	庚	辛	壬	
		亥	子	丑	寅	卯	辰	巳	午	未	申	酉	戌	亥	子	丑	寅	卯	辰	巳	午	未	申	酉	戌	亥	子	丑	寅	卯	辰	
大	男	9	9	9	10	10	芒	1	1	1	1	2	2	2	3	3	3	4	4	4	5	5	5	6	6	6	7	7	7	8	8	
運	女	二	一	一	一	一	種	十	十	九	九	九	八	八	八	七	七	七	六	六	六	五	五	五	四	四	四	三	三	三	二	

山頭火星 十日得辛 西大將 酉弔客 寒食(4월 06일) 初伏(7월 18일)
五黃土星 七龍治水 丑喪門 西三殺 中伏(7월 28일) 末伏(8월 17일)

7월 (壬午) 癸未 (소서) 小暑 7日 23:01 大暑 23日

陽曆	1	2	3	4	5	6	7	8	9	10	11	12	13	14	15	16	17	18	19	20	21	22	23	24	25	26	27	28	29	30	31
요일	土	日	月	火	水	木	金	土	日	月	火	水	木	金	土	日	月	火	水	木	金	土	日	月	火	水	木		土	日	月
陰曆	4	5	6	7	8	9	10	11	12	13	14	15	16	17	18	19	20	21	22	23	24	25	26	27	28	29	30	7/1	2	3	4
日辰	癸	甲	乙	丙	丁	戊	己	庚	辛	壬	癸	甲	乙	丙	丁	戊	己	庚	辛	壬	癸	甲	乙	丙	丁	戊	己	庚	辛	壬	癸
	巳	午	未	申	酉	戌	亥	子	丑	寅	卯	辰	巳	午	未	申	酉	戌	亥	子	丑	寅	卯	辰	巳	午	未	申	酉	戌	亥
大運 男	8	9	9	9	10	10	小	1	1	1	1	2	2	2	3	3	3	4	4	4	5	5	5	6	6	6	7	7	7	8	8
大運 女	二	二	一	一	一	一	暑	十	十	十	九	九	九	八	八	八	七	七	七	六	六	六	五	五	五	四	四	四	三	三	三

8월 (癸未) 甲申 (입추) 立秋 8日 08:52 處暑 23日

陽曆	1	2	3	4	5	6	7	8	9	10	11	12	13	14	15	16	17	18	19	20	21	22	23	24	25	26	27	28	29	30	31
요일	火	水	木	金	土	日	月	火	水	木	金	土	日	月	火	水	木	金	土	日	月	火	水	木	金		日	月	火	水	木
陰曆	5	6	7	8	9	10	11	12	13	14	15	16	17	18	19	20	21	22	23	24	25	26	27	28	29	8/1	2	3	4	5	6
日辰	甲	乙	丙	丁	戊	己	庚	辛	壬	癸	甲	乙	丙	丁	戊	己	庚	辛	壬	癸	甲	乙	丙	丁	戊	己	庚	辛	壬	癸	甲
	子	丑	寅	卯	辰	巳	午	未	申	酉	戌	亥	子	丑	寅	卯	辰	巳	午	未	申	酉	戌	亥	子	丑	寅	卯	辰	巳	午
大運 男	8	9	9	9	10	10	10	立	1	1	1	1	2	2	2	3	3	3	4	4	4	5	5	5	6	6	6	7	7	7	8
大運 女	二	二	二	一	一	一	一	秋	十	十	九	九	九	八	八	八	七	七	七	六	六	六	五	五	五	四	四	四	三	三	三

9월 (甲申) 乙酉 (백로) 白露 8日 11:49 秋分 23日

陽曆	1	2	3	4	5	6	7	8	9	10	11	12	13	14	15	16	17	18	19	20	21	22	23	24	25	26	27	28	29	30
요일	金	土	日	月	火	水	木	金	土	日	月	火	水	木	金	土	日	月	火	水	木	金	土	日		火	水	木	金	土
陰曆	7	8	9	10	11	12	13	14	15	16	17	18	19	20	21	22	23	24	25	26	27	28	29	30	윤8/1	2	3	4	5	6
日辰	乙	丙	丁	戊	己	庚	辛	壬	癸	甲	乙	丙	丁	戊	己	庚	辛	壬	癸	甲	乙	丙	丁	戊	己	庚	辛	壬	癸	甲
	未	申	酉	戌	亥	子	丑	寅	卯	辰	巳	午	未	申	酉	戌	亥	子	丑	寅	卯	辰	巳	午	未	申	酉	戌	亥	子
大運 男	8	8	9	9	9	10	10	白	1	1	1	1	2	2	2	3	3	3	4	4	4	5	5	5	6	6	6	7	7	7
大運 女	二	二	二	一	一	一	一	露	十	十	九	九	九	八	八	八	七	七	七	六	六	六	五	五	五	四	四	四	三	三

10월 (乙酉) 丙戌 (한로) 寒露 9日 03:27 霜降 24日

陽曆	1	2	3	4	5	6	7	8	9	10	11	12	13	14	15	16	17	18	19	20	21	22	23	24	25	26	27	28	29	30	31
요일	日	月	火	水	木	金	土	日	月	火	水	木	金	土	日	月	火	水	木	金	土	日	月		水	木	金	土	日	月	火
陰曆	7	8	9	10	11	12	13	14	15	16	17	18	19	20	21	22	23	24	25	26	27	28	29	9/1	2	3	4	5	6	7	8
日辰	乙	丙	丁	戊	己	庚	辛	壬	癸	甲	乙	丙	丁	戊	己	庚	辛	壬	癸	甲	乙	丙	丁	戊	己	庚	辛	壬	癸	甲	乙
	丑	寅	卯	辰	巳	午	未	申	酉	戌	亥	子	丑	寅	卯	辰	巳	午	未	申	酉	戌	亥	子	丑	寅	卯	辰	巳	午	未
大運 男	8	8	8	9	9	9	10	10	寒	1	1	1	1	2	2	2	3	3	3	4	4	4	5	5	5	6	6	6	7	7	7
大運 女	三	二	二	二	一	一	一	一	露	十	九	九	九	八	八	八	七	七	七	六	六	六	五	五	五	四	四	四	三	三	三

11월 (丙戌) 丁亥 (입동) 立冬 8日 06:36 小雪 23日

陽曆	1	2	3	4	5	6	7	8	9	10	11	12	13	14	15	16	17	18	19	20	21	22	23	24	25	26	27	28	29	30
요일	水	木	金	土	日	月	火	水	木	金	土	日	月	火	水	木	金	土	日	月	火	水		金	土	日	月	火	水	木
陰曆	9	10	11	12	13	14	15	16	17	18	19	20	21	22	23	24	25	26	27	28	29	30	10/1	2	3	4	5	6	7	8
日辰	丙	丁	戊	己	庚	辛	壬	癸	甲	乙	丙	丁	戊	己	庚	辛	壬	癸	甲	乙	丙	丁	戊	己	庚	辛	壬	癸	甲	乙
	申	酉	戌	亥	子	丑	寅	卯	辰	巳	午	未	申	酉	戌	亥	子	丑	寅	卯	辰	巳	午	未	申	酉	戌	亥	子	丑
大運 男	8	8	8	9	9	9	10	立	1	1	1	1	2	2	2	3	3	3	4	4	4	5	5	5	6	6	6	7	7	7
大運 女	二	二	二	一	一	一	一	冬	九	九	九	八	八	八	七	七	七	六	六	六	五	五	五	四	四	四	三	三	三	二

12월 (丁亥) 戊子 (대설) 大雪 7日 23:22 冬至 22日

陽曆	1	2	3	4	5	6	7	8	9	10	11	12	13	14	15	16	17	18	19	20	21	22	23	24	25	26	27	28	29	30	31
요일	金	土	日	月	火	水	木	金	土	日	月	火	水	木	金	土	日	月	火	水	木		土	日	月	火	水	木	金	土	日
陰曆	9	10	11	12	13	14	15	16	17	18	19	20	21	22	23	24	25	26	27	28	29	11/1	2	3	4	5	6	7	8	9	10
日辰	丙	丁	戊	己	庚	辛	壬	癸	甲	乙	丙	丁	戊	己	庚	辛	壬	癸	甲	乙	丙	丁	戊	己	庚	辛	壬	癸	甲	乙	丙
	寅	卯	辰	巳	午	未	申	酉	戌	亥	子	丑	寅	卯	辰	巳	午	未	申	酉	戌	亥	子	丑	寅	卯	辰	巳	午	未	申
大運 男	8	8	8	9	9	9	大	1	1	1	1	2	2	2	3	3	3	4	4	4	5	5	5	6	6	6	7	7	7	8	8
大運 女	二	二	一	一	一	一	雪	十	九	九	九	八	八	八	七	七	七	六	六	六	五	五	五	四	四	四	三	三	三	二	二

1월 (戊子) 　 己丑 (소한) 小寒 6日 10:31 　 大寒 21日

陽曆		1	2	3	4	5	6	7	8	9	10	11	12	13	14	15	16	17	18	19	20	21	22	23	24	25	26	27	28	29	30	31
요일		月	火	水	木	金	土	日	月	火	水	木	金	土	日	月	火	水	木	金	12	日	月	火	水	木	金	土	日	月	火	水
陰曆		11	12	13	14	15	16	17	18	19	20	21	22	23	24	25	26	27	28	29	1	2	3	4	5	6	7	8	9	10	11	12
日辰		丁	戊	己	庚	辛	壬	癸	甲	乙	丙	丁	戊	己	庚	辛	壬	癸	甲	乙	丙	丁	戊	己	庚	辛	壬	癸	甲	乙	丙	丁
		酉	戌	亥	子	丑	寅	卯	辰	巳	午	未	申	酉	戌	亥	子	丑	寅	卯	辰	巳	午	未	申	酉	戌	亥	子	丑	寅	卯
大	男	8	9	9	9	10	小	1	1	1	1	2	2	2	3	3	3	4	4	4	5	5	5	6	6	6	7	7	7	8	8	8
運	女	二	一	一	一	一	寒	九	九	九	八	八	八	七	七	七	六	六	六	五	五	五	四	四	四	三	三	三	二	二	二	一

2월 (己丑) 　 庚寅 (입춘) 立春 4日 22:08 　 雨水 19日

陽曆		1	2	3	4	5	6	7	8	9	10	11	12	13	14	15	16	17	18	19	20	21	22	23	24	25	26	27	28	29		
요일		木	金	土	日	月	火	水	木	金	土	日	月	火	水	木	金	土	日	1	火	水	木	金	土	日	月	火	水	木		
陰曆		13	14	15	16	17	18	19	20	21	22	23	24	25	26	27	28	29	30	1	2	3	4	5	6	7	8	9	10	11		
日辰		戊	己	庚	辛	壬	癸	甲	乙	丙	丁	戊	己	庚	辛	壬	癸	甲	乙	丙	丁	戊	己	庚	辛	壬	癸	甲	乙	丙		
		辰	巳	午	未	申	酉	戌	亥	子	丑	寅	卯	辰	巳	午	未	申	酉	戌	亥	子	丑	寅	卯	辰	巳	午	未	申		
大	男	9	9	9	立	10	9	9	9	8	8	8	7	7	7	6	6	6	5	5	5	4	4	4	3	3	3	2	2	2		
運	女	一	一	一	春	一	一	一	一	二	二	二	三	三	三	四	四	四	五	五	五	六	六	六	七	七	七	八	八	八		

3월 (庚寅) 　 辛卯 (경칩) 驚蟄 5日 16:10 　 春分 20日

陽曆		1	2	3	4	5	6	7	8	9	10	11	12	13	14	15	16	17	18	19	20	21	22	23	24	25	26	27	28	29	30	31
요일		金	土	日	月	火	水	木	金	土	日	月	火	水	木	金	土	日	月	2	水	木	金	土	日	月	火	水	木	金	土	日
陰曆		12	13	14	15	16	17	18	19	20	21	22	23	24	25	26	27	28	29	1	2	3	4	5	6	7	8	9	10	11	12	13
日辰		丁	戊	己	庚	辛	壬	癸	甲	乙	丙	丁	戊	己	庚	辛	壬	癸	甲	乙	丙	丁	戊	己	庚	辛	壬	癸	甲	乙	丙	丁
		酉	戌	亥	子	丑	寅	卯	辰	巳	午	未	申	酉	戌	亥	子	丑	寅	卯	辰	巳	午	未	申	酉	戌	亥	子	丑	寅	卯
大	男	1	1	1	1	驚	10	9	9	9	8	8	8	7	7	7	6	6	6	5	5	5	4	4	4	3	3	3	2	2	2	1
運	女	九	九	九	十	蟄	一	一	一	一	二	二	二	三	三	三	四	四	四	五	五	五	六	六	六	七	七	七	八	八	八	九

4월 (辛卯) 　 壬辰 (청명) 清明 4日 21:02 　 穀雨 20日

陽曆		1	2	3	4	5	6	7	8	9	10	11	12	13	14	15	16	17	18	19	20	21	22	23	24	25	26	27	28	29	30	
요일		月	火	水	木	金	土	日	月	火	水	木	金	土	日	月	火	水	3	金	土	日	月	火	水	木	金	土	日	月	火	
陰曆		14	15	16	17	18	19	20	21	22	23	24	25	26	27	28	29	30	1	2	3	4	5	6	7	8	9	10	11	12	13	
日辰		戊	己	庚	辛	壬	癸	甲	乙	丙	丁	戊	己	庚	辛	壬	癸	甲	乙	丙	丁	戊	己	庚	辛	壬	癸	甲	乙	丙	丁	
		辰	巳	午	未	申	酉	戌	亥	子	丑	寅	卯	辰	巳	午	未	申	酉	戌	亥	子	丑	寅	卯	辰	巳	午	未	申	酉	
大	男	1	1	1	清	10	10	9	9	9	8	8	8	7	7	7	6	6	6	5	5	5	4	4	4	3	3	3	2	2	2	
運	女	九	九	十	明	一	一	一	一	二	二	二	三	三	三	四	四	四	五	五	五	六	六	六	七	七	七	八	八	八	九	

5월 (壬辰) 　 癸巳 (입하) 立夏 5日 14:26 　 小滿 21日

陽曆		1	2	3	4	5	6	7	8	9	10	11	12	13	14	15	16	17	18	19	20	21	22	23	24	25	26	27	28	29	30	31
요일		水	木	金	土	日	月	火	水	木	金	土	日	月	火	水	木	4	土	日	月	火	水	木	金	土	日	月	火	水	木	金
陰曆		14	15	16	17	18	19	20	21	22	23	24	25	26	27	28	29	1	2	3	4	5	6	7	8	9	10	11	12	13	14	15
日辰		戊	己	庚	辛	壬	癸	甲	乙	丙	丁	戊	己	庚	辛	壬	癸	甲	乙	丙	丁	戊	己	庚	辛	壬	癸	甲	乙	丙	丁	戊
		戌	亥	子	丑	寅	卯	辰	巳	午	未	申	酉	戌	亥	子	丑	寅	卯	辰	巳	午	未	申	酉	戌	亥	子	丑	寅	卯	辰
大	男	1	1	1	1	立	10	10	9	9	9	8	8	8	7	7	7	6	6	6	5	5	5	4	4	4	3	3	3	2	2	2
運	女	九	九	十	十	夏	一	一	一	一	二	二	二	三	三	三	四	四	四	五	五	五	六	六	六	七	七	七	八	八	八	九

6월 (癸巳) 　 甲午 (망종) 芒種 5日 18:41 　 夏至 21日

陽曆		1	2	3	4	5	6	7	8	9	10	11	12	13	14	15	16	17	18	19	20	21	22	23	24	25	26	27	28	29	30	
요일		土	日	月	火	水	木	金	土	日	月	火	水	木	金	土	5	月	火	水	木	金	土	日	月	火	水	木	金	土	日	
陰曆		16	17	18	19	20	21	22	23	24	25	26	27	28	29	30	1	2	3	4	5	6	7	8	9	10	11	12	13	14	15	
日辰		己	庚	辛	壬	癸	甲	乙	丙	丁	戊	己	庚	辛	壬	癸	甲	乙	丙	丁	戊	己	庚	辛	壬	癸	甲	乙	丙	丁	戊	
		巳	午	未	申	酉	戌	亥	子	丑	寅	卯	辰	巳	午	未	申	酉	戌	亥	子	丑	寅	卯	辰	巳	午	未	申	酉	戌	
大	男	1	1	1	1	芒	10	10	10	9	9	9	8	8	8	7	7	7	6	6	6	5	5	5	4	4	4	3	3	3	2	
運	女	九	九	十	十	種	一	一	一	一	二	二	二	三	三	三	四	四	四	五	五	五	六	六	六	七	七	七	八	八	八	

7월 (甲午) 乙未 (소서) 小暑 7日 05:00 大暑 22日

陽曆	1	2	3	4	5	6	7	8	9	10	11	12	13	14	15	16	17	18	19	20	21	22	23	24	25	26	27	28	29	30	31
요일	月	火	水	木	金	土	日	月	火	水	木	金	土	日	月		水	木	金	土	日	月	火	水	木	金	土	日	月	火	水
陰曆	16	17	18	19	20	21	22	23	24	25	26	27	28	29	30	6/1	2	3	4	5	6	7	8	9	10	11	12	13	14	15	16
日辰	己	庚	辛	壬	癸	甲	乙	丙	丁	戊	己	庚	辛	壬	癸	甲	乙	丙	丁	戊	己	庚	辛	壬	癸	甲	乙	丙	丁	戊	己
	亥	子	丑	寅	卯	辰	巳	午	未	申	酉	戌	亥	子	丑	寅	卯	辰	巳	午	未	申	酉	戌	亥	子	丑	寅	卯	辰	巳
大 男	2	2	1	1	1	1	小	10	10	9	9	9	8	8	8	7	7	7	6	6	6	5	5	5	4	4	4	3	3	3	2
運 女	九	九	九	十	十	十	署	一	一	一	一	二	二	二	三	三	三	四	四	四	五	五	五	六	六	六	七	七	七	八	八

8월 (乙未) 丙申 (입추) 立秋 7日 14:49 處暑 23日

陽曆	1	2	3	4	5	6	7	8	9	10	11	12	13	14	15	16	17	18	19	20	21	22	23	24	25	26	27	28	29	30	31
요일	木	金	土	日	月	火	水	木	金	土	日	月	火		木	金	土	日	月	火	水	木	金	土	日	月	火	水	木	金	土
陰曆	17	18	19	20	21	22	23	24	25	26	27	28	29	7/1	2	3	4	5	6	7	8	9	10	11	12	13	14	15	16	17	18
日辰	庚	辛	壬	癸	甲	乙	丙	丁	戊	己	庚	辛	壬	癸	甲	乙	丙	丁	戊	己	庚	辛	壬	癸	甲	乙	丙	丁	戊	己	庚
	午	未	申	酉	戌	亥	子	丑	寅	卯	辰	巳	午	未	申	酉	戌	亥	子	丑	寅	卯	辰	巳	午	未	申	酉	戌	亥	子
大 男	2	2	1	1	1	1	立	10	10	9	9	9	8	8	8	7	7	7	6	6	6	5	5	5	4	4	4	3	3	3	2
運 女	八	九	九	九	十	十	秋	一	一	一	一	二	二	二	三	三	三	四	四	四	五	五	五	六	六	六	七	七	七	八	八

9월 (丙申) 丁酉 (백로) 白露 7日 17:42 秋分 23日

陽曆	1	2	3	4	5	6	7	8	9	10	11	12	13	14	15	16	17	18	19	20	21	22	23	24	25	26	27	28	29	30
요일	日	月	火	水	木	金	土	日	月	火	水	木		土	日	月	火	水	木	金	土	日	月	火	水	木	金	土	日	月
陰曆	19	20	21	22	23	24	25	26	27	28	29	30	8/1	2	3	4	5	6	7	8	9	10	11	12	13	14	15	16	17	18
日辰	辛	壬	癸	甲	乙	丙	丁	戊	己	庚	辛	壬	癸	甲	乙	丙	丁	戊	己	庚	辛	壬	癸	甲	乙	丙	丁	戊	己	庚
	丑	寅	卯	辰	巳	午	未	申	酉	戌	亥	子	丑	寅	卯	辰	巳	午	未	申	酉	戌	亥	子	丑	寅	卯	辰	巳	午
大 男	2	2	1	1	1	1	白	10	10	9	9	9	8	8	8	7	7	7	6	6	6	5	5	5	4	4	4	3	3	3
運 女	八	九	九	九	十	十	露	一	一	一	一	二	二	二	三	三	三	四	四	四	五	五	五	六	六	六	七	七	七	八

10월 (丁酉) 戊戌 (한로) 寒露 8日 09:19 霜降 23日

陽曆	1	2	3	4	5	6	7	8	9	10	11	12	13	14	15	16	17	18	19	20	21	22	23	24	25	26	27	28	29	30	31
요일	火	水	木	金	土	日	月	火	水	木	金		日	月	火	水	木	金	土	日	月	火	水	木	金	土	日	月	火	水	木
陰曆	19	20	21	22	23	24	25	26	27	28	29	9/1	2	3	4	5	6	7	8	9	10	11	12	13	14	15	16	17	18	19	20
日辰	辛	壬	癸	甲	乙	丙	丁	戊	己	庚	辛	壬	癸	甲	乙	丙	丁	戊	己	庚	辛	壬	癸	甲	乙	丙	丁	戊	己	庚	辛
	未	申	酉	戌	亥	子	丑	寅	卯	辰	巳	午	未	申	酉	戌	亥	子	丑	寅	卯	辰	巳	午	未	申	酉	戌	亥	子	丑
大 男	2	2	2	1	1	1	1	寒	10	9	9	9	8	8	8	7	7	7	6	6	6	5	5	5	4	4	4	3	3	3	2
運 女	八	八	九	九	九	十	十	露	一	一	一	一	二	二	二	三	三	三	四	四	四	五	五	五	六	六	六	七	七	七	八

11월 (戊戌) 己亥 (입동) 立冬 7日 12:27 小雪 22日

陽曆	1	2	3	4	5	6	7	8	9	10	11	12	13	14	15	16	17	18	19	20	21	22	23	24	25	26	27	28	29	30
요일	金	土	日	月	火	水	木	金	土	日		火	水	木	金	土	日	月	火	水	木	金	土	日	月	火	水	木	金	土
陰曆	21	22	23	24	25	26	27	28	29	30	10/1	2	3	4	5	6	7	8	9	10	11	12	13	14	15	16	17	18	19	20
日辰	壬	癸	甲	乙	丙	丁	戊	己	庚	辛	壬	癸	甲	乙	丙	丁	戊	己	庚	辛	壬	癸	甲	乙	丙	丁	戊	己	庚	辛
	寅	卯	辰	巳	午	未	申	酉	戌	亥	子	丑	寅	卯	辰	巳	午	未	申	酉	戌	亥	子	丑	寅	卯	辰	巳	午	未
大 男	2	2	1	1	1	1	立	10	9	9	9	8	8	8	7	7	7	6	6	6	5	5	5	4	4	4	3	3	3	2
運 女	八	八	九	九	九	十	冬	一	一	一	一	二	二	二	三	三	三	四	四	四	五	五	五	六	六	六	七	七	七	八

12월 (己亥) 庚子 (대설) 大雪 7日 05:14 冬至 21日

陽曆	1	2	3	4	5	6	7	8	9	10	11	12	13	14	15	16	17	18	19	20	21	22	23	24	25	26	27	28	29	30	31
요일	日	月	火	水	木	金	土	日	月	火		木	金	土	日	月	火	水	木	金	土	日	月	火	水	木	金	土	日	月	火
陰曆	21	22	23	24	25	26	27	28	29	30	11/1	2	3	4	5	6	7	8	9	10	11	12	13	14	15	16	17	18	19	20	21
日辰	壬	癸	甲	乙	丙	丁	戊	己	庚	辛	壬	癸	甲	乙	丙	丁	戊	己	庚	辛	壬	癸	甲	乙	丙	丁	戊	己	庚	辛	壬
	申	酉	戌	亥	子	丑	寅	卯	辰	巳	午	未	申	酉	戌	亥	子	丑	寅	卯	辰	巳	午	未	申	酉	戌	亥	子	丑	寅
大 男	2	2	1	1	1	1	大	9	9	9	8	8	8	7	7	7	6	6	6	5	5	5	4	4	4	3	3	3	2	2	2
運 女	八	八	九	九	九	十	雪	一	一	一	一	二	二	二	三	三	三	四	四	四	五	五	五	六	六	六	七	七	七	八	八

1월 (庚子)　辛丑 (소한) 小寒 5日 16:24　大寒 20日

陽曆	1	2	3	4	5	6	7	8	9	10	11	12	13	14	15	16	17	18	19	20	21	22	23	24	25	26	27	28	29	30	31
요일	水	木	金	土	日	月	火	水	12/1	金	土	日	月	火	水	木	金	土	日	月	火	水	木	金	土	日	月	火	水	木	金
陰曆	22	23	24	25	26	27	28	29	1	2	3	4	5	6	7	8	9	10	11	12	13	14	15	16	17	18	19	20	21	22	23
日辰	癸	甲	乙	丙	丁	戊	己	庚	辛	壬	癸	甲	乙	丙	丁	戊	己	庚	辛	壬	癸	甲	乙	丙	丁	戊	己	庚	辛	壬	癸
	卯	辰	巳	午	未	申	酉	戌	亥	子	丑	寅	卯	辰	巳	午	未	申	酉	戌	亥	子	丑	寅	卯	辰	巳	午	未	申	酉
大 男	1	1	1	1	小	10	9	9	9	8	8	8	7	7	7	6	6	6	5	5	5	4	4	4	3	3	3	2	2	2	1
運 女	八	九	九	九	寒	一	一	一	一	二	二	二	三	三	三	四	四	四	五	五	五	六	六	六	七	七	七	八	八	八	九

2월 (辛丑)　壬寅 (입춘) 立春 4日 04:02　雨水 18日

陽曆	1	2	3	4	5	6	7	8	9	10	11	12	13	14	15	16	17	18	19	20	21	22	23	24	25	26	27	28			
요일	土	日	月	火	水	木	金	1/1	日	月	火	水	木	金	土	日	月	火	水	木	金	土	日	月	火	水	木	金			
陰曆	24	25	26	27	28	29	30	1	2	3	4	5	6	7	8	9	10	11	12	13	14	15	16	17	18	19	20	21			
日辰	甲	乙	丙	丁	戊	己	庚	辛	壬	癸	甲	乙	丙	丁	戊	己	庚	辛	壬	癸	甲	乙	丙	丁	戊	己	庚	辛			
	戌	亥	子	丑	寅	卯	辰	巳	午	未	申	酉	戌	亥	子	丑	寅	卯	辰	巳	午	未	申	酉	戌	亥	子	丑			
大 男	1	1	1	立	1	1	1	1	2	2	2	3	3	3	4	4	4	5	5	5	6	6	6	7	7	7	8	8			
運 女	九	九	十	春	九	九	九	八	八	八	七	七	七	六	六	六	五	五	五	四	四	四	三	三	三	二	二	二			

3월 (壬寅)　癸卯 (경칩) 驚蟄 5日 22:04　春分 20日

陽曆	1	2	3	4	5	6	7	8	9	10	11	12	13	14	15	16	17	18	19	20	21	22	23	24	25	26	27	28	29	30	31
요일	土	日	月	火	水	木	金	土	2/1	月	火	水	木	金	土	日	月	火	水	木	金	土	日	月	火	水	木	金	土	日	月
陰曆	22	23	24	25	26	27	28	29	1	2	3	4	5	6	7	8	9	10	11	12	13	14	15	16	17	18	19	20	21	22	23
日辰	壬	癸	甲	乙	丙	丁	戊	己	庚	辛	壬	癸	甲	乙	丙	丁	戊	己	庚	辛	壬	癸	甲	乙	丙	丁	戊	己	庚	辛	壬
	寅	卯	辰	巳	午	未	申	酉	戌	亥	子	丑	寅	卯	辰	巳	午	未	申	酉	戌	亥	子	丑	寅	卯	辰	巳	午	未	申
大 男	8	9	9	9	驚	1	1	1	1	2	2	2	3	3	3	4	4	4	5	5	5	6	6	6	7	7	7	8	8	8	9
運 女	一	一	一	一	蟄	十	十	九	九	九	八	八	八	七	七	七	六	六	六	五	五	五	四	四	四	三	三	三	二	二	二

4월 (癸卯)　甲辰 (청명) 清明 5日 02:56　穀雨 20日

陽曆	1	2	3	4	5	6	7	8	9	10	11	12	13	14	15	16	17	18	19	20	21	22	23	24	25	26	27	28	29	30	
요일	火	水	木	金	土	日	3/1	火	水	木	金	土	日	月	火	水	木	金	土	日	月	火	水	木	金	土	日	月	火	水	
陰曆	24	25	26	27	28	29	1	2	3	4	5	6	7	8	9	10	11	12	13	14	15	16	17	18	19	20	21	22	23	24	
日辰	癸	甲	乙	丙	丁	戊	己	庚	辛	壬	癸	甲	乙	丙	丁	戊	己	庚	辛	壬	癸	甲	乙	丙	丁	戊	己	庚	辛	壬	
	酉	戌	亥	子	丑	寅	卯	辰	巳	午	未	申	酉	戌	亥	子	丑	寅	卯	辰	巳	午	未	申	酉	戌	亥	子	丑	寅	
大 男	9	9	10	10	清	1	1	1	1	2	2	2	3	3	3	4	4	4	5	5	5	6	6	6	7	7	7	8	8	8	
運 女	一	一	一	一	明	十	九	九	九	八	八	八	七	七	七	六	六	六	五	五	五	四	四	四	三	三	三	二	二	二	

5월 (甲辰)　乙巳 (입하) 立夏 5日 20:19　小滿 21日

陽曆	1	2	3	4	5	6	7	8	9	10	11	12	13	14	15	16	17	18	19	20	21	22	23	24	25	26	27	28	29	30	31
요일	木	金	土	日	月	火	4/1	木	金	土	日	月	火	水	木	金	土	日	月	火	水	木	金	土	日	月	火	水	木	金	土
陰曆	25	26	27	28	29	30	1	2	3	4	5	6	7	8	9	10	11	12	13	14	15	16	17	18	19	20	21	22	23	24	25
日辰	癸	甲	乙	丙	丁	戊	己	庚	辛	壬	癸	甲	乙	丙	丁	戊	己	庚	辛	壬	癸	甲	乙	丙	丁	戊	己	庚	辛	壬	癸
	卯	辰	巳	午	未	申	酉	戌	亥	子	丑	寅	卯	辰	巳	午	未	申	酉	戌	亥	子	丑	寅	卯	辰	巳	午	未	申	酉
大 男	9	9	9	10	立	1	1	1	1	2	2	2	3	3	3	4	4	4	5	5	5	6	6	6	7	7	7	8	8	8	9
運 女	一	一	一	一	夏	十	十	九	九	九	八	八	八	七	七	七	六	六	六	五	五	五	四	四	四	三	三	三	二	二	二

6월 (乙巳)　丙午 (망종) 芒種 6日 00:33　夏至 21日

陽曆	1	2	3	4	5	6	7	8	9	10	11	12	13	14	15	16	17	18	19	20	21	22	23	24	25	26	27	28	29	30
요일	日	月	火	水	5/1	金	土	日	月	火	水	木	金	土	日	月	火	水	木	金	土	日	月	火	水	木	金	土	日	月
陰曆	26	27	28	29	1	2	3	4	5	6	7	8	9	10	11	12	13	14	15	16	17	18	19	20	21	22	23	24	25	26
日辰	甲	乙	丙	丁	戊	己	庚	辛	壬	癸	甲	乙	丙	丁	戊	己	庚	辛	壬	癸	甲	乙	丙	丁	戊	己	庚	辛	壬	癸
	戌	亥	子	丑	寅	卯	辰	巳	午	未	申	酉	戌	亥	子	丑	寅	卯	辰	巳	午	未	申	酉	戌	亥	子	丑	寅	卯
大 男	9	9	10	10	10	芒	1	1	1	1	2	2	2	3	3	3	4	4	4	5	5	5	6	6	6	7	7	7	8	8
運 女	二	一	一	一	一	種	十	十	九	九	九	八	八	八	七	七	七	六	六	六	五	五	五	四	四	四	三	三	三	二

澗下水星	一日得辛	西大將	亥弔客	寒食(4월 05일)	初伏(7월 17일)
三碧木星	十二龍治水	卯喪門	東三殺	中伏(7월 27일)	末伏(8월 16일)

7월 (丙午) 丁未 (소서) 小署 7日 10:49 大署 23日

陽曆	1	2	3	4	5	6	7	8	9	10	11	12	13	14	15	16	17	18	19	20	21	22	23	24	25	26	27	28	29	30	31
요일	火	水	木	金	6	日	月	火	水	木	金	土	日	月	火	水	木	金	土	日	月	火	水	木	金	土	日	月	火	水	木
陰曆	27	28	29	30	1	2	3	4	5	6	7	8	9	10	11	12	13	14	15	16	17	18	19	20	21	22	23	24	25	26	27
日辰	甲	乙	丙	丁	戊	己	庚	辛	壬	癸	甲	乙	丙	丁	戊	己	庚	辛	壬	癸	甲	乙	丙	丁	戊	己	庚	辛	壬	癸	甲
	辰	巳	午	未	申	酉	戌	亥	子	丑	寅	卯	辰	巳	午	未	申	酉	戌	亥	子	丑	寅	卯	辰	巳	午	未	申	酉	戌
大運 男	8	9	9	9	10	10	小	1	1	1	1	2	2	2	3	3	3	4	4	4	5	5	5	6	6	6	7	7	7	8	8
大運 女	二	二	一	一	一	一	署	十	十	九	九	九	八	八	八	七	七	七	六	六	六	五	五	五	四	四	四	三	三	三	二

8월 (丁未) 戊申 (입추) 立秋 7日 20:36 處署 23日

陽曆	1	2	3	4	5	6	7	8	9	10	11	12	13	14	15	16	17	18	19	20	21	22	23	24	25	26	27	28	29	30	31
요일	金	土	7	月	火	水	木	金	土	日	月	火	水	木	金	土	日	月	火	水	木	金	土	日	月	火	水	木	金	土	日
陰曆	28	29	1	2	3	4	5	6	7	8	9	10	11	12	13	14	15	16	17	18	19	20	21	22	23	24	25	26	27	28	29
日辰	乙	丙	丁	戊	己	庚	辛	壬	癸	甲	乙	丙	丁	戊	己	庚	辛	壬	癸	甲	乙	丙	丁	戊	己	庚	辛	壬	癸	甲	乙
	亥	子	丑	寅	卯	辰	巳	午	未	申	酉	戌	亥	子	丑	寅	卯	辰	巳	午	未	申	酉	戌	亥	子	丑	寅	卯	辰	巳
大運 男	8	9	9	9	10	10	立	1	1	1	1	2	2	2	3	3	3	4	4	4	5	5	5	6	6	6	7	7	7	8	8
大運 女	二	二	一	一	一	一	秋	十	十	九	九	九	八	八	八	七	七	七	六	六	六	五	五	五	四	四	四	三	三	三	二

9월 (戊申) 己酉 (백로) 白露 7日 23:29 秋分 23日

陽曆	1	2	3	4	5	6	7	8	9	10	11	12	13	14	15	16	17	18	19	20	21	22	23	24	25	26	27	28	29	30
요일	月	8	水	木	金	土	日	月	火	水	木	金	土	日	月	火	水	木	金	土	日	月	火	水	木	金	土	日	月	火
陰曆	30	1	2	3	4	5	6	7	8	9	10	11	12	13	14	15	16	17	18	19	20	21	22	23	24	25	26	27	28	29
日辰	丙	丁	戊	己	庚	辛	壬	癸	甲	乙	丙	丁	戊	己	庚	辛	壬	癸	甲	乙	丙	丁	戊	己	庚	辛	壬	癸	甲	乙
	午	未	申	酉	戌	亥	子	丑	寅	卯	辰	巳	午	未	申	酉	戌	亥	子	丑	寅	卯	辰	巳	午	未	申	酉	戌	亥
大運 男	8	9	9	9	10	10	白	1	1	1	1	2	2	2	3	3	3	4	4	4	5	5	5	6	6	6	7	7	7	8
大運 女	二	二	一	一	一	一	露	十	十	九	九	九	八	八	八	七	七	七	六	六	六	五	五	五	四	四	四	三	三	三

10월 (己酉) 庚戌 (한로) 寒露 8日 15:05 霜降 23日

陽曆	1	2	3	4	5	6	7	8	9	10	11	12	13	14	15	16	17	18	19	20	21	22	23	24	25	26	27	28	29	30	31
요일	水	9	金	土	日	月	火	水	木	金	土	日	月	火	水	木	金	土	日	月	火	水	木	金	土	日	月	火	水	木	10
陰曆	30	1	2	3	4	5	6	7	8	9	10	11	12	13	14	15	16	17	18	19	20	21	22	23	24	25	26	27	28	29	1
日辰	丙	丁	戊	己	庚	辛	壬	癸	甲	乙	丙	丁	戊	己	庚	辛	壬	癸	甲	乙	丙	丁	戊	己	庚	辛	壬	癸	甲	乙	丙
	子	丑	寅	卯	辰	巳	午	未	申	酉	戌	亥	子	丑	寅	卯	辰	巳	午	未	申	酉	戌	亥	子	丑	寅	卯	辰	巳	午
大運 男	8	8	9	9	9	10	10	寒	1	1	1	1	2	2	2	3	3	3	4	4	4	5	5	5	6	6	6	7	7	7	8
大運 女	二	二	二	一	一	一	一	露	十	九	九	九	八	八	八	七	七	七	六	六	六	五	五	五	四	四	四	三	三	三	二

11월 (庚戌) 辛亥 (입동) 立冬 7日 18:15 小雪 22日

陽曆	1	2	3	4	5	6	7	8	9	10	11	12	13	14	15	16	17	18	19	20	21	22	23	24	25	26	27	28	29	30
요일	土	日	月	火	水	木	金	土	日	月	火	水	木	金	土	日	月	火	水	木	金	土	日	月	火	水	木	金	土	11
陰曆	2	3	4	5	6	7	8	9	10	11	12	13	14	15	16	17	18	19	20	21	22	23	24	25	26	27	28	29	30	1
日辰	丁	戊	己	庚	辛	壬	癸	甲	乙	丙	丁	戊	己	庚	辛	壬	癸	甲	乙	丙	丁	戊	己	庚	辛	壬	癸	甲	乙	丙
	未	申	酉	戌	亥	子	丑	寅	卯	辰	巳	午	未	申	酉	戌	亥	子	丑	寅	卯	辰	巳	午	未	申	酉	戌	亥	子
大運 男	8	8	9	9	9	10	立	1	1	1	1	2	2	2	3	3	3	4	4	4	5	5	5	6	6	6	7	7	7	8
大運 女	二	二	一	一	一	一	冬	十	九	九	九	八	八	八	七	七	七	六	六	六	五	五	五	四	四	四	三	三	三	二

12월 (辛亥) 壬子 (대설) 大雪 7日 11:05 冬至 22日

陽曆	1	2	3	4	5	6	7	8	9	10	11	12	13	14	15	16	17	18	19	20	21	22	23	24	25	26	27	28	29	30	31
요일	月	火	水	木	金	土	日	月	火	水	木	金	土	日	月	火	水	木	金	土	日	月	火	水	木	金	土	日	月	12	水
陰曆	2	3	4	5	6	7	8	9	10	11	12	13	14	15	16	17	18	19	20	21	22	23	24	25	26	27	28	29	30	1	2
日辰	丁	戊	己	庚	辛	壬	癸	甲	乙	丙	丁	戊	己	庚	辛	壬	癸	甲	乙	丙	丁	戊	己	庚	辛	壬	癸	甲	乙	丙	丁
	丑	寅	卯	辰	巳	午	未	申	酉	戌	亥	子	丑	寅	卯	辰	巳	午	未	申	酉	戌	亥	子	丑	寅	卯	辰	巳	午	未
大運 男	8	8	9	9	9	10	大	1	1	1	1	2	2	2	3	3	3	4	4	4	5	5	5	6	6	6	7	7	7	8	8
大運 女	二	二	一	一	一	一	雪	九	九	九	八	八	八	七	七	七	六	六	六	五	五	五	四	四	四	三	三	三	二	二	二

1월 (壬子)　癸丑 (소한) 小寒 5日 22:18　大寒 20日

陽曆	1	2	3	4	5	6	7	8	9	10	11	12	13	14	15	16	17	18	19	20	21	22	23	24	25	26	27	28	29	30	31
요일	木	金	土	日	月	火	水	木	金	土	日	月	火	水	木	金	土	日	月	火	水	木	金	土	日	月	火		木	金	土
陰曆	3	4	5	6	7	8	9	10	11	12	13	14	15	16	17	18	19	20	21	22	23	24	25	26	27	28	29	1/1	2	3	4
日辰	戊	己	庚	辛	壬	癸	甲	乙	丙	丁	戊	己	庚	辛	壬	癸	甲	乙	丙	丁	戊	己	庚	辛	壬	癸	甲	乙	丙	丁	戊
	申	酉	戌	亥	子	丑	寅	卯	辰	巳	午	未	申	酉	戌	亥	子	丑	寅	卯	辰	巳	午	未	申	酉	戌	亥	子	丑	寅
大 男	8	9	9	9	小	1	1	1	1	2	2	2	3	3	3	4	4	4	5	5	5	6	6	6	7	7	7	8	8	8	9
運 女	一	一	一	一	寒	十	九	九	九	八	八	八	七	七	七	六	六	六	五	五	五	四	四	四	三	三	三	二	二	二	一

2월 (癸丑)　甲寅 (입춘) 立春 4日 09:57　雨水 19日

陽曆	1	2	3	4	5	6	7	8	9	10	11	12	13	14	15	16	17	18	19	20	21	22	23	24	25	26	27	28
요일	日	月	火	水	木	金	土	日	月	火	水	木	金	土	日	月	火	水	木	金	土	日	月	火	水	木		土
陰曆	5	6	7	8	9	10	11	12	13	14	15	16	17	18	19	20	21	22	23	24	25	26	27	28	29	30	2/1	2
日辰	己	庚	辛	壬	癸	甲	乙	丙	丁	戊	己	庚	辛	壬	癸	甲	乙	丙	丁	戊	己	庚	辛	壬	癸	甲	乙	丙
	卯	辰	巳	午	未	申	酉	戌	亥	子	丑	寅	卯	辰	巳	午	未	申	酉	戌	亥	子	丑	寅	卯	辰	巳	午
大 男	9	9	10	立	10	9	9	9	8	8	8	7	7	7	6	6	6	5	5	5	4	4	4	3	3	3	2	2
運 女	一	一	一	春	一	一	一	一	二	二	二	三	三	三	四	四	四	五	五	五	六	六	六	七	七	七	八	八

3월 (甲寅)　乙卯 (경칩) 驚蟄 6日 03:57　春分 21日

陽曆	1	2	3	4	5	6	7	8	9	10	11	12	13	14	15	16	17	18	19	20	21	22	23	24	25	26	27	28	29	30	31
요일	日	月	火	水	木	金	土	日	月	火	水	木	金	土	日	月	火	水	木	金	土	日	月	火	水	木	金		日	月	火
陰曆	3	4	5	6	7	8	9	10	11	12	13	14	15	16	17	18	19	20	21	22	23	24	25	26	27	28	29	3/1	2	3	4
日辰	丁	戊	己	庚	辛	壬	癸	甲	乙	丙	丁	戊	己	庚	辛	壬	癸	甲	乙	丙	丁	戊	己	庚	辛	壬	癸	甲	乙	丙	丁
	未	申	酉	戌	亥	子	丑	寅	卯	辰	巳	午	未	申	酉	戌	亥	子	丑	寅	卯	辰	巳	午	未	申	酉	戌	亥	子	丑
大 男	2	1	1	1	1	驚	10	9	9	9	8	8	8	7	7	7	6	6	6	5	5	5	4	4	4	3	3	3	2	2	2
運 女	八	九	九	九	十	蟄	一	一	一	一	二	二	二	三	三	三	四	四	四	五	五	五	六	六	六	七	七	七	八	八	八

4월 (乙卯)　丙辰 (청명) 清明 5日 08:45　穀雨 20日

陽曆	1	2	3	4	5	6	7	8	9	10	11	12	13	14	15	16	17	18	19	20	21	22	23	24	25	26	27	28	29	30
요일	水	木	金	土	日	月	火	水	木	金	土	日	月	火	水	木	金	土	日	月	火	水	木	金	土		月	火	水	木
陰曆	5	6	7	8	9	10	11	12	13	14	15	16	17	18	19	20	21	22	23	24	25	26	27	28	29	4/1	2	3	4	5
日辰	戊	己	庚	辛	壬	癸	甲	乙	丙	丁	戊	己	庚	辛	壬	癸	甲	乙	丙	丁	戊	己	庚	辛	壬	癸	甲	乙	丙	丁
	寅	卯	辰	巳	午	未	申	酉	戌	亥	子	丑	寅	卯	辰	巳	午	未	申	酉	戌	亥	子	丑	寅	卯	辰	巳	午	未
大 男	1	1	1	1	清	10	10	9	9	9	8	8	8	7	7	7	6	6	6	5	5	5	4	4	4	3	3	3	2	2
運 女	九	九	九	十	明	一	一	一	一	二	二	二	三	三	三	四	四	四	五	五	五	六	六	六	七	七	七	八	八	八

5월 (丙辰)　丁巳 (입하) 立夏 6日 02:03　小滿 21日

陽曆	1	2	3	4	5	6	7	8	9	10	11	12	13	14	15	16	17	18	19	20	21	22	23	24	25	26	27	28	29	30	31
요일	金	土	日	月	火	水	木	金	土	日	月	火	水	木	金	土	日	月	火	水	木	金	土	日	月		水	木	金	土	日
陰曆	6	7	8	9	10	11	12	13	14	15	16	17	18	19	20	21	22	23	24	25	26	27	28	29	30	5/1	2	3	4	5	6
日辰	戊	己	庚	辛	壬	癸	甲	乙	丙	丁	戊	己	庚	辛	壬	癸	甲	乙	丙	丁	戊	己	庚	辛	壬	癸	甲	乙	丙	丁	戊
	申	酉	戌	亥	子	丑	寅	卯	辰	巳	午	未	申	酉	戌	亥	子	丑	寅	卯	辰	巳	午	未	申	酉	戌	亥	子	丑	寅
大 男	2	1	1	1	1	立	10	10	9	9	9	8	8	8	7	7	7	6	6	6	5	5	5	4	4	4	3	3	3	2	2
運 女	九	九	九	十	十	夏	一	一	一	一	二	二	二	三	三	三	四	四	四	五	五	五	六	六	六	七	七	七	八	八	八

6월 (丁巳)　戊午 (망종) 芒種 6日 06:13　夏至 21日

陽曆	1	2	3	4	5	6	7	8	9	10	11	12	13	14	15	16	17	18	19	20	21	22	23	24	25	26	27	28	29	30
요일	月	火	水	木	金	土	日	月	火	水	木	金	土	日	月	火	水	木	金	土	日	月	火		木	金	土	日	月	火
陰曆	7	8	9	10	11	12	13	14	15	16	17	18	19	20	21	22	23	24	25	26	27	28	29	윤5/1	2	3	4	5	6	7
日辰	己	庚	辛	壬	癸	甲	乙	丙	丁	戊	己	庚	辛	壬	癸	甲	乙	丙	丁	戊	己	庚	辛	壬	癸	甲	乙	丙	丁	戊
	卯	辰	巳	午	未	申	酉	戌	亥	子	丑	寅	卯	辰	巳	午	未	申	酉	戌	亥	子	丑	寅	卯	辰	巳	午	未	申
大 男	2	1	1	1	1	芒	10	10	9	9	9	8	8	8	7	7	7	6	6	6	5	5	5	4	4	4	3	3	3	2
運 女	九	九	九	十	十	種	一	一	一	一	二	二	二	三	三	三	四	四	四	五	五	五	六	六	六	七	七	七	八	八

城頭土星	七日得辛	北大將	子弔客	寒食(4월 06일)	初伏(7월 12일)
二黑土星	六龍治水	辰喪門	北三殺	中伏(7월 22일)	末伏(8월 11일)

7월 (戊午)

己未 (소서) 小署 7日 16:30 大暑 23日

陽曆	1	2	3	4	5	6	7	8	9	10	11	12	13	14	15	16	17	18	19	20	21	22	23	24	25	26	27	28	29	30	31
요일	水	木	金	土	日	月	火	水	木	金	土	日	月	火	水	木	金	土	日	月	火	水	6/1	金	土	日	月	火	水	木	金
陰曆	8	9	10	11	12	13	14	15	16	17	18	19	20	21	22	23	24	25	26	27	28	29		2	3	4	5	6	7	8	9
日辰	己	庚	辛	壬	癸	甲	乙	丙	丁	戊	己	庚	辛	壬	癸	甲	乙	丙	丁	戊	己	庚	辛	壬	癸	甲	乙	丙	丁	戊	己
	酉	戌	亥	子	丑	寅	卯	辰	巳	午	未	申	酉	戌	亥	子	丑	寅	卯	辰	巳	午	未	申	酉	戌	亥	子	丑	寅	卯
大運 男	2	2	1	1	1	1	小	10	10	10	9	9	9	8	8	8	7	7	7	6	6	6	5	5	5	4	4	4	3	3	3
大運 女	八	九	九	九	十	十	署	一	一	一	一	二	二	二	三	三	三	四	四	四	五	五	五	六	六	六	七	七	七	八	八

8월 (己未)

庚申 (입추) 立秋 8日 02:20 處署 23日

陽曆	1	2	3	4	5	6	7	8	9	10	11	12	13	14	15	16	17	18	19	20	21	22	23	24	25	26	27	28	29	30	31
요일	土	日	月	火	水	木	金	土	日	月	火	水	木	金	土	日	月	火	水	木	金	7/1	日	月	火	水	木	金	土	日	月
陰曆	10	11	12	13	14	15	16	17	18	19	20	21	22	23	24	25	26	27	28	29	30		2	3	4	5	6	7	8	9	10
日辰	庚	辛	壬	癸	甲	乙	丙	丁	戊	己	庚	辛	壬	癸	甲	乙	丙	丁	戊	己	庚	辛	壬	癸	甲	乙	丙	丁	戊	己	庚
	辰	巳	午	未	申	酉	戌	亥	子	丑	寅	卯	辰	巳	午	未	申	酉	戌	亥	子	丑	寅	卯	辰	巳	午	未	申	酉	戌
大運 男	2	2	2	1	1	1	1	立	10	10	9	9	9	8	8	8	7	7	7	6	6	6	5	5	5	4	4	4	3	3	3
大運 女	八	九	九	九	十	十	十	秋	一	一	一	一	二	二	二	三	三	三	四	四	四	五	五	五	六	六	六	七	七	七	八

9월 (庚申)

辛酉 (백로) 白露 8日 05:16 秋分 23日

陽曆	1	2	3	4	5	6	7	8	9	10	11	12	13	14	15	16	17	18	19	20	21	22	23	24	25	26	27	28	29	30	
요일	火	水	木	金	土	日	月	火	水	木	金	土	日	月	火	水	木	金	土	日	8/1	火	水	木	金	土	日	月	火	水	
陰曆	11	12	13	14	15	16	17	18	19	20	21	22	23	24	25	26	27	28	29	30		2	3	4	5	6	7	8	9	10	
日辰	辛	壬	癸	甲	乙	丙	丁	戊	己	庚	辛	壬	癸	甲	乙	丙	丁	戊	己	庚	辛	壬	癸	甲	乙	丙	丁	戊	己	庚	
	亥	子	丑	寅	卯	辰	巳	午	未	申	酉	戌	亥	子	丑	寅	卯	辰	巳	午	未	申	酉	戌	亥	子	丑	寅	卯	辰	
大運 男	2	2	2	1	1	1	1	白	10	9	9	9	8	8	8	7	7	7	6	6	6	5	5	5	4	4	4	3	3	3	
大運 女	八	八	九	九	九	十	十	露	一	一	一	一	二	二	二	三	三	三	四	四	四	五	五	五	六	六	六	七	七	七	

10월 (辛酉)

壬戌 (한로) 寒露 8日 20:56 霜降 23日

陽曆	1	2	3	4	5	6	7	8	9	10	11	12	13	14	15	16	17	18	19	20	21	22	23	24	25	26	27	28	29	30	31
요일	木	金	土	日	月	火	水	木	金	土	日	月	火	水	木	金	土	日	月	9/1	水	木	金	土	日	月	火	水	木	金	土
陰曆	11	12	13	14	15	16	17	18	19	20	21	22	23	24	25	26	27	28	29		2	3	4	5	6	7	8	9	10	11	12
日辰	辛	壬	癸	甲	乙	丙	丁	戊	己	庚	辛	壬	癸	甲	乙	丙	丁	戊	己	庚	辛	壬	癸	甲	乙	丙	丁	戊	己	庚	辛
	巳	午	未	申	酉	戌	亥	子	丑	寅	卯	辰	巳	午	未	申	酉	戌	亥	子	丑	寅	卯	辰	巳	午	未	申	酉	戌	亥
大運 男	2	2	2	1	1	1	1	寒	10	10	9	9	9	8	8	8	7	7	7	6	6	6	5	5	5	4	4	4	3	3	3
大運 女	八	八	八	九	九	九	十	露	一	一	一	一	二	二	二	三	三	三	四	四	四	五	五	五	六	六	六	七	七	七	八

11월 (壬戌)

癸亥 (입동) 立冬 8日 00:08 小雪 22日

陽曆	1	2	3	4	5	6	7	8	9	10	11	12	13	14	15	16	17	18	19	20	21	22	23	24	25	26	27	28	29	30	
요일	日	月	火	水	木	金	土	日	月	火	水	木	金	土	日	月	火	水	10/1	金	土	日	月	火	水	木	金	土	日	月	
陰曆	13	14	15	16	17	18	19	20	21	22	23	24	25	26	27	28	29	30		2	3	4	5	6	7	8	9	10	11	12	
日辰	壬	癸	甲	乙	丙	丁	戊	己	庚	辛	壬	癸	甲	乙	丙	丁	戊	己	庚	辛	壬	癸	甲	乙	丙	丁	戊	己	庚	辛	
	子	丑	寅	卯	辰	巳	午	未	申	酉	戌	亥	子	丑	寅	卯	辰	巳	午	未	申	酉	戌	亥	子	丑	寅	卯	辰	巳	
大運 男	2	2	2	1	1	1	1	立	9	9	9	8	8	8	7	7	7	6	6	6	5	5	5	4	4	4	3	3	3	2	
大運 女	八	八	九	九	九	十	十	冬	一	一	一	一	二	二	二	三	三	三	四	四	四	五	五	五	六	六	六	七	七	七	

12월 (癸亥)

甲子 (대설) 大雪 7日 17:02 冬至 22日

陽曆	1	2	3	4	5	6	7	8	9	10	11	12	13	14	15	16	17	18	19	20	21	22	23	24	25	26	27	28	29	30	31
요일	火	水	木	金	土	日	月	火	水	木	金	土	日	月	火	水	木	金	11/1	日	月	火	水	木	金	土	日	月	火	水	木
陰曆	13	14	15	16	17	18	19	20	21	22	23	24	25	26	27	28	29	30		2	3	4	5	6	7	8	9	10	11	12	13
日辰	壬	癸	甲	乙	丙	丁	戊	己	庚	辛	壬	癸	甲	乙	丙	丁	戊	己	庚	辛	壬	癸	甲	乙	丙	丁	戊	己	庚	辛	壬
	午	未	申	酉	戌	亥	子	丑	寅	卯	辰	巳	午	未	申	酉	戌	亥	子	丑	寅	卯	辰	巳	午	未	申	酉	戌	亥	子
大運 男	2	2	1	1	1	1	大	10	9	9	9	8	8	8	7	7	7	6	6	6	5	5	5	4	4	4	3	3	3	2	2
大運 女	八	八	八	九	九	九	雪	一	一	一	一	二	二	二	三	三	三	四	四	四	五	五	五	六	六	六	七	七	七	八	八

1월 (甲子)　乙丑 (소한) 小寒 6日 04:17　大寒 20日

陽曆		1	2	3	4	5	6	7	8	9	10	11	12	13	14	15	16	17	18	19	20	21	22	23	24	25	26	27	28	29	30	31
요일		金	土	日	月	火	水	木	金	土	日	月	火	水	木	金	土	日		火	水	木	金	土	日	月	火	水	木	金	土	日
陰曆		14	15	16	17	18	19	20	21	22	23	24	25	26	27	28	29	30	12/1	2	3	4	5	6	7	8	9	10	11	12	13	14
日辰		癸	甲	乙	丙	丁	戊	己	庚	辛	壬	癸	甲	乙	丙	丁	戊	己	庚	辛	壬	癸	甲	乙	丙	丁	戊	己	庚	辛	壬	癸
		丑	寅	卯	辰	巳	午	未	申	酉	戌	亥	子	丑	寅	卯	辰	巳	午	未	申	酉	戌	亥	子	丑	寅	卯	辰	巳	午	未
大	男	2	1	1	1	1	小	9	9	9	8	8	8	7	7	7	6	6	6	5	5	5	4	4	4	3	3	3	2	2	2	1
運	女	八	九	九	九	十	寒	一	一	一	一	二	二	二	三	三	三	四	四	四	五	五	五	六	六	六	七	七	七	八	八	八

2월 (乙丑)　丙寅 (입춘) 立春 4日 15:57　雨水 19日

陽曆		1	2	3	4	5	6	7	8	9	10	11	12	13	14	15	16	17	18	19	20	21	22	23	24	25	26	27	28			
요일		月	火	水	木	金	土	日	月	火	水	木	金	土	日	月		水	木	金	土	日	月	火	水	木	金	土	日			
陰曆		15	16	17	18	19	20	21	22	23	24	25	26	27	28	29	1/1	2	3	4	5	6	7	8	9	10	11	12	13			
日辰		甲	乙	丙	丁	戊	己	庚	辛	壬	癸	甲	乙	丙	丁	戊	己	庚	辛	壬	癸	甲	乙	丙	丁	戊	己	庚	辛			
		申	酉	戌	亥	子	丑	寅	卯	辰	巳	午	未	申	酉	戌	亥	子	丑	寅	卯	辰	巳	午	未	申	酉	戌	亥			
大	男	1	1	1	立	1	1	1	1	2	2	2	3	3	3	4	4	4	5	5	5	6	6	6	7	7	7	8	8			
運	女	九	九	九	春	十	九	九	九	八	八	八	七	七	七	六	六	六	五	五	五	四	四	四	三	三	三	二	二			

3월 (丙寅)　丁卯 (경칩) 驚蟄 6日 09:58　春分 21日

陽曆		1	2	3	4	5	6	7	8	9	10	11	12	13	14	15	16	17	18	19	20	21	22	23	24	25	26	27	28	29	30	31
요일		月	火	水	木	金	土	日	月	火	水	木	金	土	日	月	火	水		金	土	日	月	火	水	木	金	土	日	月	火	水
陰曆		14	15	16	17	18	19	20	21	22	23	24	25	26	27	28	29	30	2/1	2	3	4	5	6	7	8	9	10	11	12	13	14
日辰		壬	癸	甲	乙	丙	丁	戊	己	庚	辛	壬	癸	甲	乙	丙	丁	戊	己	庚	辛	壬	癸	甲	乙	丙	丁	戊	己	庚	辛	壬
		子	丑	寅	卯	辰	巳	午	未	申	酉	戌	亥	子	丑	寅	卯	辰	巳	午	未	申	酉	戌	亥	子	丑	寅	卯	辰	巳	午
大	男	8	9	9	9	10	驚	1	1	1	1	2	2	2	3	3	3	4	4	4	5	5	5	6	6	6	7	7	7	8	8	8
運	女	二	一	一	一	一	蟄	十	九	九	九	八	八	八	七	七	七	六	六	六	五	五	五	四	四	四	三	三	三	二	二	二

4월 (丁卯)　戊辰 (청명) 淸明 5日 14:45　穀雨 20日

陽曆		1	2	3	4	5	6	7	8	9	10	11	12	13	14	15	16	17	18	19	20	21	22	23	24	25	26	27	28	29	30	
요일		木	金	土	日	月	火	水	木	金	土	日	月	火	水	木		土	日	月	火	水	木	金	土	日	月	火	水	木	金	
陰曆		15	16	17	18	19	20	21	22	23	24	25	26	27	28	29	3/1	2	3	4	5	6	7	8	9	10	11	12	13	14	15	
日辰		癸	甲	乙	丙	丁	戊	己	庚	辛	壬	癸	甲	乙	丙	丁	戊	己	庚	辛	壬	癸	甲	乙	丙	丁	戊	己	庚	辛	壬	
		未	申	酉	戌	亥	子	丑	寅	卯	辰	巳	午	未	申	酉	戌	亥	子	丑	寅	卯	辰	巳	午	未	申	酉	戌	亥	子	
大	男	9	9	9	10	淸	1	1	1	1	2	2	2	3	3	3	4	4	4	5	5	5	6	6	6	7	7	7	8	8	8	
運	女	一	一	一	一	明	十	十	九	九	九	八	八	八	七	七	七	六	六	六	五	五	五	四	四	四	三	三	三	二	二	

5월 (戊辰)　己巳 (입하) 立夏 6日 08:01　小滿 21日

陽曆		1	2	3	4	5	6	7	8	9	10	11	12	13	14	15	16	17	18	19	20	21	22	23	24	25	26	27	28	29	30	31
요일		土	日	月	火	水	木	金	土	日	月	火	水	木	金		日	月	火	水	木	金	土	日	月	火	水	木	金	土	日	月
陰曆		16	17	18	19	20	21	22	23	24	25	26	27	28	29	4/1	2	3	4	5	6	7	8	9	10	11	12	13	14	15	16	17
日辰		癸	甲	乙	丙	丁	戊	己	庚	辛	壬	癸	甲	乙	丙	丁	戊	己	庚	辛	壬	癸	甲	乙	丙	丁	戊	己	庚	辛	壬	癸
		丑	寅	卯	辰	巳	午	未	申	酉	戌	亥	子	丑	寅	卯	辰	巳	午	未	申	酉	戌	亥	子	丑	寅	卯	辰	巳	午	未
大	男	9	9	9	10	10	立	1	1	1	1	2	2	2	3	3	3	4	4	4	5	5	5	6	6	6	7	7	7	8	8	8
運	女	二	一	一	一	一	夏	十	十	九	九	九	八	八	八	七	七	七	六	六	六	五	五	五	四	四	四	三	三	三	二	二

6월 (己巳)　庚午 (망종) 芒種 6日 12:09　夏至 22日

陽曆		1	2	3	4	5	6	7	8	9	10	11	12	13	14	15	16	17	18	19	20	21	22	23	24	25	26	27	28	29	30	
요일		火	水	木	金	土	日	月	火	水	木	金	土	日		火	水	木	金	土	日	月	火	水	木	金	土	日	月	火	水	
陰曆		18	19	20	21	22	23	24	25	26	27	28	29	30	5/1	2	3	4	5	6	7	8	9	10	11	12	13	14	15	16	17	
日辰		甲	乙	丙	丁	戊	己	庚	辛	壬	癸	甲	乙	丙	丁	戊	己	庚	辛	壬	癸	甲	乙	丙	丁	戊	己	庚	辛	壬	癸	
		申	酉	戌	亥	子	丑	寅	卯	辰	巳	午	未	申	酉	戌	亥	子	丑	寅	卯	辰	巳	午	未	申	酉	戌	亥	子	丑	
大	男	9	9	9	10	10	芒	1	1	1	1	2	2	2	3	3	3	4	4	4	5	5	5	6	6	6	7	7	7	8	8	
運	女	二	一	一	一	一	種	十	十	九	九	九	八	八	八	七	七	七	六	六	六	五	五	五	四	四	四	三	三	三	二	

城頭土星	三日得辛	北大將	丑弔客	寒食(4월 06일)	初伏(7월 17일)
一白水星	六龍治水	巳喪門	酉三殺	中伏(7월 27일)	末伏(8월 16일)

7월 (庚午) 辛未 (소서) 小暑 7日 22:25 大暑 23日

陽曆		1	2	3	4	5	6	7	8	9	10	11	12	13	14	15	16	17	18	19	20	21	22	23	24	25	26	27	28	29	30	31
요일		木	金	土	日	月	火	水	木	金	土	日	月	6/	水	木	金	土	日	月	火	水	木	金	土	日	月	火	水	木	金	土
陰曆		18	19	20	21	22	23	24	25	26	27	28	29	1	2	3	4	5	6	7	8	9	10	11	12	13	14	15	16	17	18	19
日辰		甲	乙	丙	丁	戊	己	庚	辛	壬	癸	甲	乙	丙	丁	戊	己	庚	辛	壬	癸	甲	乙	丙	丁	戊	己	庚	辛	壬	癸	甲
		寅	卯	辰	巳	午	未	申	酉	戌	亥	子	丑	寅	卯	辰	巳	午	未	申	酉	戌	亥	子	丑	寅	卯	辰	巳	午	未	申
大	男	8	9	9	9	10	10	小	1	1	1	1	2	2	2	3	3	3	4	4	4	5	5	5	6	6	6	7	7	7	8	8
運	女	二	二	一	一	一	一	暑	十	十	十	九	九	九	八	八	八	七	七	七	六	六	六	五	五	五	四	四	四	三	三	三

8월 (辛未) 壬申 (입추) 立秋 8日 08:14 處暑 23日

陽曆		1	2	3	4	5	6	7	8	9	10	11	12	13	14	15	16	17	18	19	20	21	22	23	24	25	26	27	28	29	30	31
요일		日	月	火	水	木	金	土	日	月	火	7/	木	金	土	日	月	火	水	木	金	土	日	月	火	水	木	金	土	日	月	火
陰曆		20	21	22	23	24	25	26	27	28	29	1	2	3	4	5	6	7	8	9	10	11	12	13	14	15	16	17	18	19	20	21
日辰		乙	丙	丁	戊	己	庚	辛	壬	癸	甲	乙	丙	丁	戊	己	庚	辛	壬	癸	甲	乙	丙	丁	戊	己	庚	辛	壬	癸	甲	乙
		酉	戌	亥	子	丑	寅	卯	辰	巳	午	未	申	酉	戌	亥	子	丑	寅	卯	辰	巳	午	未	申	酉	戌	亥	子	丑	寅	卯
大	男	8	9	9	9	10	10	10	立	1	1	1	1	2	2	2	3	3	3	4	4	4	5	5	5	6	6	6	7	7	7	8
運	女	二	二	二	一	一	一	一	秋	十	十	九	九	九	八	八	八	七	七	七	六	六	六	五	五	五	四	四	四	三	三	三

9월 (壬申) 癸酉 (백로) 白露 8日 11:10 秋分 23日

陽曆		1	2	3	4	5	6	7	8	9	10	11	12	13	14	15	16	17	18	19	20	21	22	23	24	25	26	27	28	29	30	
요일		水	木	金	土	日	月	火	水	木	8/	土	日	月	火	水	木	金	土	日	月	火	水	木	金	土	日	月	火	水	木	
陰曆		22	23	24	25	26	27	28	29	30	1	2	3	4	5	6	7	8	9	10	11	12	13	14	15	16	17	18	19	20	21	
日辰		丙	丁	戊	己	庚	辛	壬	癸	甲	乙	丙	丁	戊	己	庚	辛	壬	癸	甲	乙	丙	丁	戊	己	庚	辛	壬	癸	甲	乙	
		辰	巳	午	未	申	酉	戌	亥	子	丑	寅	卯	辰	巳	午	未	申	酉	戌	亥	子	丑	寅	卯	辰	巳	午	未	申	酉	
大	男	8	8	9	9	9	10	10	白	1	1	1	1	2	2	2	3	3	3	4	4	4	5	5	5	6	6	6	7	7	7	
運	女	二	二	二	一	一	一	一	露	十	十	九	九	九	八	八	八	七	七	七	六	六	六	五	五	五	四	四	四	三	三	

10월 (癸酉) 甲戌 (한로) 寒露 9日 02:48 霜降 24日

陽曆		1	2	3	4	5	6	7	8	9	10	11	12	13	14	15	16	17	18	19	20	21	22	23	24	25	26	27	28	29	30	31
요일		金	土	日	月	火	水	木	金	9/	日	月	火	水	木	金	土	日	月	火	水	木	金	土	日	月	火	水	木	金	土	日
陰曆		22	23	24	25	26	27	28	29	1	2	3	4	5	6	7	8	9	10	11	12	13	14	15	16	17	18	19	20	21	22	23
日辰		丙	丁	戊	己	庚	辛	壬	癸	甲	乙	丙	丁	戊	己	庚	辛	壬	癸	甲	乙	丙	丁	戊	己	庚	辛	壬	癸	甲	乙	丙
		戌	亥	子	丑	寅	卯	辰	巳	午	未	申	酉	戌	亥	子	丑	寅	卯	辰	巳	午	未	申	酉	戌	亥	子	丑	寅	卯	辰
大	男	8	8	8	9	9	9	10	10	寒	1	1	1	1	2	2	2	3	3	3	4	4	4	5	5	5	6	6	6	7	7	7
運	女	三	二	二	二	一	一	一	一	露	十	九	九	九	八	八	八	七	七	七	六	六	六	五	五	五	四	四	四	三	三	三

11월 (甲戌) 乙亥 (입동) 立冬 8日 05:58 小雪 23日

陽曆		1	2	3	4	5	6	7	8	9	10	11	12	13	14	15	16	17	18	19	20	21	22	23	24	25	26	27	28	29	30	
요일		月	火	水	木	金	土	日	10/	火	水	木	金	土	日	月	火	水	木	金	土	日	月	火	水	木	金	土	日	月	火	
陰曆		24	25	26	27	28	29	30	1	2	3	4	5	6	7	8	9	10	11	12	13	14	15	16	17	18	19	20	21	22	23	
日辰		丁	戊	己	庚	辛	壬	癸	甲	乙	丙	丁	戊	己	庚	辛	壬	癸	甲	乙	丙	丁	戊	己	庚	辛	壬	癸	甲	乙	丙	
		巳	午	未	申	酉	戌	亥	子	丑	寅	卯	辰	巳	午	未	申	酉	戌	亥	子	丑	寅	卯	辰	巳	午	未	申	酉	戌	
大	男	8	8	8	9	9	9	10	立	1	1	1	1	2	2	2	3	3	3	4	4	4	5	5	5	6	6	6	7	7	7	
運	女	二	二	二	一	一	一	一	冬	九	九	九	八	八	八	七	七	七	六	六	六	五	五	五	四	四	四	三	三	三	二	

12월 (乙亥) 丙子 (대설) 大雪 7日 22:47 冬至 22日

陽曆		1	2	3	4	5	6	7	8	9	10	11	12	13	14	15	16	17	18	19	20	21	22	23	24	25	26	27	28	29	30	31
요일		水	木	金	土	日	月	火	11/	木	金	土	日	月	火	水	木	金	土	日	月	火	水	木	金	土	日	月	火	水	木	金
陰曆		24	25	26	27	28	29	30	1	2	3	4	5	6	7	8	9	10	11	12	13	14	15	16	17	18	19	20	21	22	23	24
日辰		丁	戊	己	庚	辛	壬	癸	甲	乙	丙	丁	戊	己	庚	辛	壬	癸	甲	乙	丙	丁	戊	己	庚	辛	壬	癸	甲	乙	丙	丁
		亥	子	丑	寅	卯	辰	巳	午	未	申	酉	戌	亥	子	丑	寅	卯	辰	巳	午	未	申	酉	戌	亥	子	丑	寅	卯	辰	巳
大	男	8	8	8	9	9	9	大	1	1	1	1	2	2	2	3	3	3	4	4	4	5	5	5	6	6	6	7	7	7	8	8
運	女	二	二	一	一	一	一	雪	十	九	九	九	八	八	八	七	七	七	六	六	六	五	五	五	四	四	四	三	三	三	二	二

1월 (丙子) 丁丑 (소한) 小寒 6日 10:00 大寒 21日

陽曆		1	2	3	4	5	6	7	8	9	10	11	12	13	14	15	16	17	18	19	20	21	22	23	24	25	26	27	28	29	30	31
요일		土	日	月	火	水	木	12	土	日	月	火	水	木	金	土	日	月	火	水	木	金	土	日	月	火	水	木	金	土	日	月
陰曆		25	26	27	28	29	30	1	2	3	4	5	6	7	8	9	10	11	12	13	14	15	16	17	18	19	20	21	22	23	24	25
日辰		戊	己	庚	辛	壬	癸	甲	乙	丙	丁	戊	己	庚	辛	壬	癸	甲	乙	丙	丁	戊	己	庚	辛	壬	癸	甲	乙	丙	丁	戊
		午	未	申	酉	戌	亥	子	丑	寅	卯	辰	巳	午	未	申	酉	戌	亥	子	丑	寅	卯	辰	巳	午	未	申	酉	戌	亥	子
大	男	8	9	9	9	10	小	1	1	1	1	2	2	2	3	3	3	4	4	4	5	5	5	6	6	6	7	7	7	8	8	8
運	女	二	一	一	一	一	寒	九	九	九	八	八	八	七	七	七	六	六	六	五	五	五	四	四	四	三	三	三	二	二	二	一

2월 (丁丑) 戊寅 (입춘) 立春 4日 21:40 雨水 19日

陽曆		1	2	3	4	5	6	7	8	9	10	11	12	13	14	15	16	17	18	19	20	21	22	23	24	25	26	27	28	29		
요일		火	水	木	金	1	日	月	火	水	木	金	土	日	月	火	水	木	金	土	日	月	火	水	木	金	土	日	月	火		
陰曆		26	27	28	29	1	2	3	4	5	6	7	8	9	10	11	12	13	14	15	16	17	18	19	20	21	22	23	24	25		
日辰		己	庚	辛	壬	癸	甲	乙	丙	丁	戊	己	庚	辛	壬	癸	甲	乙	丙	丁	戊	己	庚	辛	壬	癸	甲	乙	丙	丁		
		丑	寅	卯	辰	巳	午	未	申	酉	戌	亥	子	丑	寅	卯	辰	巳	午	未	申	酉	戌	亥	子	丑	寅	卯	辰	巳		
大	男	9	9	9	立	10	9	9	9	8	8	8	7	7	7	6	6	6	5	5	5	4	4	4	3	3	3	2	2	2		
運	女	一	一	一	春	一	一	一	一	二	二	二	三	三	三	四	四	四	五	五	五	六	六	六	七	七	七	八	八	八		

3월 (戊寅) 己卯 (경칩) 驚蟄 5日 15:42 春分 20日

陽曆		1	2	3	4	5	6	7	8	9	10	11	12	13	14	15	16	17	18	19	20	21	22	23	24	25	26	27	28	29	30	31
요일		水	木	金	土	日	2	火	水	木	金	土	日	月	火	水	木	金	土	日	月	火	水	木	金	土	日	月	火	水	木	金
陰曆		26	27	28	29	30	1	2	3	4	5	6	7	8	9	10	11	12	13	14	15	16	17	18	19	20	21	22	23	24	25	26
日辰		戊	己	庚	辛	壬	癸	甲	乙	丙	丁	戊	己	庚	辛	壬	癸	甲	乙	丙	丁	戊	己	庚	辛	壬	癸	甲	乙	丙	丁	戊
		午	未	申	酉	戌	亥	子	丑	寅	卯	辰	巳	午	未	申	酉	戌	亥	子	丑	寅	卯	辰	巳	午	未	申	酉	戌	亥	子
大	男	1	1	1	1	驚	10	9	9	9	8	8	8	7	7	7	6	6	6	5	5	5	4	4	4	3	3	3	2	2	2	1
運	女	九	九	九	十	蟄	一	一	一	一	二	二	二	三	三	三	四	四	四	五	五	五	六	六	六	七	七	七	八	八	八	九

4월 (己卯) 庚辰 (청명) 清明 4日 20:31 穀雨 20日

陽曆		1	2	3	4	5	6	7	8	9	10	11	12	13	14	15	16	17	18	19	20	21	22	23	24	25	26	27	28	29	30	
요일		土	日	月	火	3	木	金	土	日	月	火	水	木	金	土	日	月	火	水	木	金	土	日	月	火	水	木	金	土	日	
陰曆		27	28	29	30	1	2	3	4	5	6	7	8	9	10	11	12	13	14	15	16	17	18	19	20	21	22	23	24	25	26	
日辰		己	庚	辛	壬	癸	甲	乙	丙	丁	戊	己	庚	辛	壬	癸	甲	乙	丙	丁	戊	己	庚	辛	壬	癸	甲	乙	丙	丁	戊	
		丑	寅	卯	辰	巳	午	未	申	酉	戌	亥	子	丑	寅	卯	辰	巳	午	未	申	酉	戌	亥	子	丑	寅	卯	辰	巳	午	
大	男	1	1	1	清	10	10	9	9	9	8	8	8	7	7	7	6	6	6	5	5	5	4	4	4	3	3	3	2	2	2	
運	女	九	九	十	明	一	一	一	一	二	二	二	三	三	三	四	四	四	五	五	五	六	六	六	七	七	七	八	八	八	九	

5월 (庚辰) 辛巳 (입하) 立夏 5日 13:50 小滿 21日

陽曆		1	2	3	4	5	6	7	8	9	10	11	12	13	14	15	16	17	18	19	20	21	22	23	24	25	26	27	28	29	30	31
요일		月	火	水	4	金	土	日	月	火	水	木	金	土	日	月	火	水	木	金	土	日	月	火	水	木	金	土	日	月	火	水
陰曆		27	28	29	1	2	3	4	5	6	7	8	9	10	11	12	13	14	15	16	17	18	19	20	21	22	23	24	25	26	27	28
日辰		己	庚	辛	壬	癸	甲	乙	丙	丁	戊	己	庚	辛	壬	癸	甲	乙	丙	丁	戊	己	庚	辛	壬	癸	甲	乙	丙	丁	戊	己
		未	申	酉	戌	亥	子	丑	寅	卯	辰	巳	午	未	申	酉	戌	亥	子	丑	寅	卯	辰	巳	午	未	申	酉	戌	亥	子	丑
大	男	1	1	1	1	立	10	10	9	9	9	8	8	8	7	7	7	6	6	6	5	5	5	4	4	4	3	3	3	2	2	2
運	女	九	九	十	十	夏	一	一	一	一	二	二	二	三	三	三	四	四	四	五	五	五	六	六	六	七	七	七	八	八	八	九

6월 (辛巳) 壬午 (망종) 芒種 5日 17:58 夏至 21日

陽曆		1	2	3	4	5	6	7	8	9	10	11	12	13	14	15	16	17	18	19	20	21	22	23	24	25	26	27	28	29	30	
요일		木	5	土	日	月	火	水	木	金	土	日	月	火	水	木	金	土	日	月	火	水	木	金	土	日	月	火	水	木	金	
陰曆		29	1	2	3	4	5	6	7	8	9	10	11	12	13	14	15	16	17	18	19	20	21	22	23	24	25	26	27	28	29	
日辰		庚	辛	壬	癸	甲	乙	丙	丁	戊	己	庚	辛	壬	癸	甲	乙	丙	丁	戊	己	庚	辛	壬	癸	甲	乙	丙	丁	戊	己	
		寅	卯	辰	巳	午	未	申	酉	戌	亥	子	丑	寅	卯	辰	巳	午	未	申	酉	戌	亥	子	丑	寅	卯	辰	巳	午	未	
大	男	1	1	1	1	芒	10	10	10	9	9	9	8	8	8	7	7	7	6	6	6	5	5	5	4	4	4	3	3	3	2	
運	女	九	九	十	十	種	一	一	一	一	二	二	二	三	三	三	四	四	四	五	五	五	六	六	六	七	七	七	八	八	八	

7월 (壬午) 癸未 (소서) 小暑 7日 04:13 大暑 22日

陽曆		1	2	3	4	5	6	7	8	9	10	11	12	13	14	15	16	17	18	19	20	21	22	23	24	25	26	27	28	29	30	31
요일		土		月	火	水	木	金	土	日	月	火	水	木	金	土	日	月	火	水	木	金	土	日	月	火	水	木	金	土	日	
陰曆		30	6/1	2	3	4	5	6	7	8	9	10	11	12	13	14	15	16	17	18	19	20	21	22	23	24	25	26	27	28	29	7/1
日辰		庚	辛	壬	癸	甲	乙	丙	丁	戊	己	庚	辛	壬	癸	甲	乙	丙	丁	戊	己	庚	辛	壬	癸	甲	乙	丙	丁	戊	己	庚
		申	酉	戌	亥	子	丑	寅	卯	辰	巳	午	未	申	酉	戌	亥	子	丑	寅	卯	辰	巳	午	未	申	酉	戌	亥	子	丑	寅
大	男	2	2	1	1	1	1	小	10	10	9	9	9	8	8	8	7	7	7	6	6	6	5	5	5	4	4	4	3	3	3	2
運	女	九	九	九	十	十	十	署	一	一	一	一	二	二	二	三	三	三	四	四	四	五	五	五	六	六	六	七	七	七	八	八

8월 (癸未) 甲申 (입추) 立秋 7日 14:02 處暑 23日

陽曆		1	2	3	4	5	6	7	8	9	10	11	12	13	14	15	16	17	18	19	20	21	22	23	24	25	26	27	28	29	30	31
요일		火	水	木	金	土	日	月	火	水	木	金	土	日	月	火	水	木	金	土	日	月	火	水	木	金	土	日	月		水	木
陰曆		2	3	4	5	6	7	8	9	10	11	12	13	14	15	16	17	18	19	20	21	22	23	24	25	26	27	28	29	8/1	2	3
日辰		辛	壬	癸	甲	乙	丙	丁	戊	己	庚	辛	壬	癸	甲	乙	丙	丁	戊	己	庚	辛	壬	癸	甲	乙	丙	丁	戊	己	庚	辛
		卯	辰	巳	午	未	申	酉	戌	亥	子	丑	寅	卯	辰	巳	午	未	申	酉	戌	亥	子	丑	寅	卯	辰	巳	午	未	申	酉
大	男	2	2	1	1	1	1	立	10	10	9	9	9	8	8	8	7	7	7	6	6	6	5	5	5	4	4	4	3	3	3	2
運	女	八	九	九	九	十	十	秋	一	一	一	一	二	二	二	三	三	三	四	四	四	五	五	五	六	六	六	七	七	七	八	八

9월 (甲申) 乙酉 (백로) 白露 7日 16:59 秋分 23日

陽曆		1	2	3	4	5	6	7	8	9	10	11	12	13	14	15	16	17	18	19	20	21	22	23	24	25	26	27	28	29	30	
요일		金	土	日	月	火	水	木	金	土	日	月	火	水	木	金	土	日	月	火	水	木	金	土	日	月	火	水		金	土	
陰曆		4	5	6	7	8	9	10	11	12	13	14	15	16	17	18	19	20	21	22	23	24	25	26	27	28	29	30	9/1	2	3	
日辰		壬	癸	甲	乙	丙	丁	戊	己	庚	辛	壬	癸	甲	乙	丙	丁	戊	己	庚	辛	壬	癸	甲	乙	丙	丁	戊	己	庚	辛	
		戌	亥	子	丑	寅	卯	辰	巳	午	未	申	酉	戌	亥	子	丑	寅	卯	辰	巳	午	未	申	酉	戌	亥	子	丑	寅	卯	
大	男	2	2	1	1	1	1	白	10	10	9	9	9	8	8	8	7	7	7	6	6	6	5	5	5	4	4	4	3	3	3	
運	女	八	九	九	九	十	十	露	一	一	一	一	二	二	二	三	三	三	四	四	四	五	五	五	六	六	六	七	七	七	八	

10월 (乙酉) 丙戌 (한로) 寒露 8日 08:38 霜降 23日

陽曆		1	2	3	4	5	6	7	8	9	10	11	12	13	14	15	16	17	18	19	20	21	22	23	24	25	26	27	28	29	30	31
요일		日	月	火	水	木	金	土	日	月	火	水	木	金	土	日	月	火	水	木	金	土	日	月	火	水	木		土	日	月	火
陰曆		4	5	6	7	8	9	10	11	12	13	14	15	16	17	18	19	20	21	22	23	24	25	26	27	28	29	10/1	2	3	4	5
日辰		壬	癸	甲	乙	丙	丁	戊	己	庚	辛	壬	癸	甲	乙	丙	丁	戊	己	庚	辛	壬	癸	甲	乙	丙	丁	戊	己	庚	辛	壬
		辰	巳	午	未	申	酉	戌	亥	子	丑	寅	卯	辰	巳	午	未	申	酉	戌	亥	子	丑	寅	卯	辰	巳	午	未	申	酉	戌
大	男	2	2	2	1	1	1	1	寒	10	9	9	9	8	8	8	7	7	7	6	6	6	5	5	5	4	4	4	3	3	3	2
運	女	八	八	九	九	九	十	十	露	一	一	一	一	二	二	二	三	三	三	四	四	四	五	五	五	六	六	六	七	七	七	八

11월 (丙戌) 丁亥 (입동) 立冬 7日 11:47 小雪 22日

陽曆		1	2	3	4	5	6	7	8	9	10	11	12	13	14	15	16	17	18	19	20	21	22	23	24	25	26	27	28	29	30	
요일		水	木	金	土	日	月	火	水	木	金	土	日	月	火	水	木	金	土	日	月	火	水	木	金	土		月	火	水	木	
陰曆		6	7	8	9	10	11	12	13	14	15	16	17	18	19	20	21	22	23	24	25	26	27	28	29	30	11/1	2	3	4	5	
日辰		癸	甲	乙	丙	丁	戊	己	庚	辛	壬	癸	甲	乙	丙	丁	戊	己	庚	辛	壬	癸	甲	乙	丙	丁	戊	己	庚	辛	壬	
		亥	子	丑	寅	卯	辰	巳	午	未	申	酉	戌	亥	子	丑	寅	卯	辰	巳	午	未	申	酉	戌	亥	子	丑	寅	卯	辰	
大	男	2	2	1	1	1	1	立	10	9	9	9	8	8	8	7	7	7	6	6	6	5	5	5	4	4	4	3	3	3	2	
運	女	八	八	九	九	九	十	冬	一	一	一	一	二	二	二	三	三	三	四	四	四	五	五	五	六	六	六	七	七	七	八	

12월 (丁亥) 戊子 (대설) 大雪 7日 04:36 冬至 21日

陽曆		1	2	3	4	5	6	7	8	9	10	11	12	13	14	15	16	17	18	19	20	21	22	23	24	25	26	27	28	29	30	31
요일		金	土	日	月	火	水	木	金	土	日	月	火	水	木	金	土	日	月	火	水	木	金	土	日	月		水	木	金	土	日
陰曆		6	7	8	9	10	11	12	13	14	15	16	17	18	19	20	21	22	23	24	25	26	27	28	29	30	12/1	2	3	4	5	6
日辰		癸	甲	乙	丙	丁	戊	己	庚	辛	壬	癸	甲	乙	丙	丁	戊	己	庚	辛	壬	癸	甲	乙	丙	丁	戊	己	庚	辛	壬	癸
		巳	午	未	申	酉	戌	亥	子	丑	寅	卯	辰	巳	午	未	申	酉	戌	亥	子	丑	寅	卯	辰	巳	午	未	申	酉	戌	亥
大	男	2	2	1	1	1	1	大	9	9	9	8	8	8	7	7	7	6	6	6	5	5	5	4	4	4	3	3	3	2	2	2
運	女	八	八	九	九	九	十	雪	一	一	一	一	二	二	二	三	三	三	四	四	四	五	五	五	六	六	六	七	七	七	八	八

1월 (戊子) 己丑 (소한) 小寒 5日 15:49 大寒 20日

陽曆	1	2	3	4	5	6	7	8	9	10	11	12	13	14	15	16	17	18	19	20	21	22	23	24	25	26	27	28	29	30	31
요일	月	火	水	木	金	土	日	月	火	水	木	金	土	日	月	火	水	木	金	土	日	月	火	1/1	木	金	土	日	月	火	水
陰曆	7	8	9	10	11	12	13	14	15	16	17	18	19	20	21	22	23	24	25	26	27	28	29		2	3	4	5	6	7	8
日辰	甲	乙	丙	丁	戊	己	庚	辛	壬	癸	甲	乙	丙	丁	戊	己	庚	辛	壬	癸	甲	乙	丙	丁	戊	己	庚	辛	壬	癸	甲
	子	丑	寅	卯	辰	巳	午	未	申	酉	戌	亥	子	丑	寅	卯	辰	巳	午	未	申	酉	戌	亥	子	丑	寅	卯	辰	巳	午
大運 男	1	1	1	1	小	10	9	9	9	8	8	8	7	7	7	6	6	6	5	5	5	4	4	4	3	3	3	2	2	2	1
大運 女	八	九	九	九	寒	一	一	一	一	二	二	二	三	三	三	四	四	四	五	五	五	六	六	六	七	七	七	八	八	八	九

2월 (己丑) 庚寅 (입춘) 立春 4日 03:28 雨水 18日

陽曆	1	2	3	4	5	6	7	8	9	10	11	12	13	14	15	16	17	18	19	20	21	22	23	24	25	26	27	28			
요일	木	金	土	日	月	火	水	木	金	土	日	月	火	水	木	金	土	日	月	火	水	木	2/1	土	日	月	火	水			
陰曆	9	10	11	12	13	14	15	16	17	18	19	20	21	22	23	24	25	26	27	28	29	30		2	3	4	5	6			
日辰	乙	丙	丁	戊	己	庚	辛	壬	癸	甲	乙	丙	丁	戊	己	庚	辛	壬	癸	甲	乙	丙	丁	戊	己	庚	辛	壬			
	未	申	酉	戌	亥	子	丑	寅	卯	辰	巳	午	未	申	酉	戌	亥	子	丑	寅	卯	辰	巳	午	未	申	酉	戌			
大運 男	1	1	1	立	1	1	1	1	2	2	2	3	3	3	4	4	4	5	5	5	6	6	6	7	7	7	8	8			
大運 女	九	九	十	春	九	九	九	八	八	八	七	七	七	六	六	六	五	五	五	四	四	四	三	三	三	二	二	二			

3월 (庚寅) 辛卯 (경칩) 驚蟄 5日 21:32 春分 20日

陽曆	1	2	3	4	5	6	7	8	9	10	11	12	13	14	15	16	17	18	19	20	21	22	23	24	25	26	27	28	29	30	31
요일	木	金	土	日	月	火	水	木	金	土	日	月	火	水	木	金	土	日	月	火	水	木	金	土	3/1	月	火	水	木	金	土
陰曆	7	8	9	10	11	12	13	14	15	16	17	18	19	20	21	22	23	24	25	26	27	28	29	30		2	3	4	5	6	7
日辰	癸	甲	乙	丙	丁	戊	己	庚	辛	壬	癸	甲	乙	丙	丁	戊	己	庚	辛	壬	癸	甲	乙	丙	丁	戊	己	庚	辛	壬	癸
	亥	子	丑	寅	卯	辰	巳	午	未	申	酉	戌	亥	子	丑	寅	卯	辰	巳	午	未	申	酉	戌	亥	子	丑	寅	卯	辰	巳
大運 男	8	9	9	9	驚	1	1	1	1	2	2	2	3	3	3	4	4	4	5	5	5	6	6	6	7	7	7	8	8	8	9
大運 女	一	一	一	一	蟄	十	十	九	九	九	八	八	八	七	七	七	六	六	六	五	五	五	四	四	四	三	三	三	二	二	二

4월 (辛卯) 壬辰 (청명) 清明 5日 02:24 穀雨 20日

陽曆	1	2	3	4	5	6	7	8	9	10	11	12	13	14	15	16	17	18	19	20	21	22	23	24	25	26	27	28	29	30	
요일	日	月	火	水	木	金	土	日	月	火	水	木	金	土	日	月	火	水	木	金	土	日	月	4/1	水	木	金	土	日	月	
陰曆	8	9	10	11	12	13	14	15	16	17	18	19	20	21	22	23	24	25	26	27	28	29	30		2	3	4	5	6	7	
日辰	甲	乙	丙	丁	戊	己	庚	辛	壬	癸	甲	乙	丙	丁	戊	己	庚	辛	壬	癸	甲	乙	丙	丁	戊	己	庚	辛	壬	癸	
	午	未	申	酉	戌	亥	子	丑	寅	卯	辰	巳	午	未	申	酉	戌	亥	子	丑	寅	卯	辰	巳	午	未	申	酉	戌	亥	
大運 男	9	9	10	10	清	1	1	1	1	2	2	2	3	3	3	4	4	4	5	5	5	6	6	6	7	7	7	8	8	8	
大運 女	一	一	一	一	明	十	九	九	九	八	八	八	七	七	七	六	六	六	五	五	五	四	四	四	三	三	三	二	二	二	

5월 (壬辰) 癸巳 (입하) 立夏 5日 19:44 小滿 21日

陽曆	1	2	3	4	5	6	7	8	9	10	11	12	13	14	15	16	17	18	19	20	21	22	23	24	25	26	27	28	29	30	31
요일	火	水	木	金	土	日	月	火	水	木	金	土	日	月	火	水	木	金	土	日	月	火	윤 4/1	木	金	土	日	月	火	水	木
陰曆	8	9	10	11	12	13	14	15	16	17	18	19	20	21	22	23	24	25	26	27	28	29		2	3	4	5	6	7	8	9
日辰	甲	乙	丙	丁	戊	己	庚	辛	壬	癸	甲	乙	丙	丁	戊	己	庚	辛	壬	癸	甲	乙	丙	丁	戊	己	庚	辛	壬	癸	甲
	子	丑	寅	卯	辰	巳	午	未	申	酉	戌	亥	子	丑	寅	卯	辰	巳	午	未	申	酉	戌	亥	子	丑	寅	卯	辰	巳	午
大運 男	9	9	9	10	立	1	1	1	1	2	2	2	3	3	3	4	4	4	5	5	5	6	6	6	7	7	7	8	8	8	9
大運 女	一	一	一	一	夏	十	十	九	九	九	八	八	八	七	七	七	六	六	六	五	五	五	四	四	四	三	三	三	二	二	二

6월 (癸巳) 甲午 (망종) 芒種 5日 23:53 夏至 21日

陽曆	1	2	3	4	5	6	7	8	9	10	11	12	13	14	15	16	17	18	19	20	21	22	23	24	25	26	27	28	29	30	
요일	金	土	日	月	火	水	木	金	土	日	月	火	水	木	金	土	日	月	火	水	5/1	金	土	日	月	火	水	木	金	土	
陰曆	10	11	12	13	14	15	16	17	18	19	20	21	22	23	24	25	26	27	28	29		2	3	4	5	6	7	8	9	10	
日辰	乙	丙	丁	戊	己	庚	辛	壬	癸	甲	乙	丙	丁	戊	己	庚	辛	壬	癸	甲	乙	丙	丁	戊	己	庚	辛	壬	癸	甲	
	未	申	酉	戌	亥	子	丑	寅	卯	辰	巳	午	未	申	酉	戌	亥	子	丑	寅	卯	辰	巳	午	未	申	酉	戌	亥	子	
大運 男	9	9	10	10	芒	1	1	1	1	2	2	2	3	3	3	4	4	4	5	5	5	6	6	6	7	7	7	8	8	8	
大運 女	一	一	一	一	種	十	十	十	九	九	九	八	八	八	七	七	七	六	六	六	五	五	五	四	四	四	三	三	三	二	

7월 (甲午) 乙未 (소서) 小署 7日 10:06 大署 23日

陽曆		1	2	3	4	5	6	7	8	9	10	11	12	13	14	15	16	17	18	19	20	21	22	23	24	25	26	27	28	29	30	31
요일		日	月	火	水	木	金	土	日	月	火	水	木	金	土	日	月	火	水	木	金	6	日	月	火	水	木	金	土	日	月	火
陰曆		11	12	13	14	15	16	17	18	19	20	21	22	23	24	25	26	27	28	29	30	1	2	3	4	5	6	7	8	9	10	11
日辰		乙	丙	丁	戊	己	庚	辛	壬	癸	甲	乙	丙	丁	戊	己	庚	辛	壬	癸	甲	乙	丙	丁	戊	己	庚	辛	壬	癸	甲	乙
		丑	寅	卯	辰	巳	午	未	申	酉	戌	亥	子	丑	寅	卯	辰	巳	午	未	申	酉	戌	亥	子	丑	寅	卯	辰	巳	午	未
大	男	9	9	9	10	10	10	小	1	1	1	1	2	2	2	3	3	3	4	4	4	5	5	5	6	6	6	7	7	7	8	8
運	女	二	二	一	一	一	一	署	十	十	九	九	九	八	八	八	七	七	七	六	六	六	五	五	五	四	四	四	三	三	三	二

8월 (乙未) 丙申 (입추) 立秋 7日 19:52 處署 23日

陽曆		1	2	3	4	5	6	7	8	9	10	11	12	13	14	15	16	17	18	19	20	21	22	23	24	25	26	27	28	29	30	31
요일		水	木	金	土	日	月	火	水	木	金	土	日	月	火	水	木	金	土	7	月	火	水	木	金	土	日	月	火	水	木	金
陰曆		12	13	14	15	16	17	18	19	20	21	22	23	24	25	26	27	28	29	1	2	3	4	5	6	7	8	9	10	11	12	13
日辰		丙	丁	戊	己	庚	辛	壬	癸	甲	乙	丙	丁	戊	己	庚	辛	壬	癸	甲	乙	丙	丁	戊	己	庚	辛	壬	癸	甲	乙	丙
		申	酉	戌	亥	子	丑	寅	卯	辰	巳	午	未	申	酉	戌	亥	子	丑	寅	卯	辰	巳	午	未	申	酉	戌	亥	子	丑	寅
大	男	8	9	9	9	10	10	立	1	1	1	1	2	2	2	3	3	3	4	4	4	5	5	5	6	6	6	7	7	7	8	8
運	女	二	二	一	一	一	一	秋	十	十	九	九	九	八	八	八	七	七	七	六	六	六	五	五	五	四	四	四	三	三	三	二

9월 (丙申) 丁酉 (백로) 白露 7日 22:46 秋分 23日

陽曆		1	2	3	4	5	6	7	8	9	10	11	12	13	14	15	16	17	18	19	20	21	22	23	24	25	26	27	28	29	30	
요일		土	日	月	火	水	木	金	土	日	月	火	水	木	金	土	日	8	火	水	木	金	土	日	月	火	水	木	金	土	日	
陰曆		14	15	16	17	18	19	20	21	22	23	24	25	26	27	28	29	1	2	3	4	5	6	7	8	9	10	11	12	13	14	
日辰		丁	戊	己	庚	辛	壬	癸	甲	乙	丙	丁	戊	己	庚	辛	壬	癸	甲	乙	丙	丁	戊	己	庚	辛	壬	癸	甲	乙	丙	
		卯	辰	巳	午	未	申	酉	戌	亥	子	丑	寅	卯	辰	巳	午	未	申	酉	戌	亥	子	丑	寅	卯	辰	巳	午	未	申	
大	男	8	9	9	9	10	10	白	1	1	1	1	2	2	2	3	3	3	4	4	4	5	5	5	6	6	6	7	7	7	8	
運	女	二	二	一	一	一	一	露	十	十	九	九	九	八	八	八	七	七	七	六	六	六	五	五	五	四	四	四	三	三	三	

10월 (丁酉) 戊戌 (한로) 寒露 8日 14:24 霜降 23日

陽曆		1	2	3	4	5	6	7	8	9	10	11	12	13	14	15	16	17	18	19	20	21	22	23	24	25	26	27	28	29	30	31
요일		月	火	水	木	金	土	日	月	火	水	木	金	土	日	月	火	9	木	金	土	日	月	火	水	木	金	土	日	月	火	水
陰曆		15	16	17	18	19	20	21	22	23	24	25	26	27	28	29	30	1	2	3	4	5	6	7	8	9	10	11	12	13	14	15
日辰		丁	戊	己	庚	辛	壬	癸	甲	乙	丙	丁	戊	己	庚	辛	壬	癸	甲	乙	丙	丁	戊	己	庚	辛	壬	癸	甲	乙	丙	丁
		酉	戌	亥	子	丑	寅	卯	辰	巳	午	未	申	酉	戌	亥	子	丑	寅	卯	辰	巳	午	未	申	酉	戌	亥	子	丑	寅	卯
大	男	8	8	9	9	9	10	10	寒	1	1	1	1	2	2	2	3	3	3	4	4	4	5	5	5	6	6	6	7	7	7	8
運	女	二	二	二	一	一	一	一	露	十	九	九	九	八	八	八	七	七	七	六	六	六	五	五	五	四	四	四	三	三	三	二

11월 (戊戌) 己亥 (입동) 立冬 7日 17:36 小雪 22日

陽曆		1	2	3	4	5	6	7	8	9	10	11	12	13	14	15	16	17	18	19	20	21	22	23	24	25	26	27	28	29	30	
요일		木	金	土	日	月	火	水	木	金	土	日	月	火	水	10	金	土	日	月	火	水	木	金	土	日	月	火	水	木	金	
陰曆		16	17	18	19	20	21	22	23	24	25	26	27	28	29	1	2	3	4	5	6	7	8	9	10	11	12	13	14	15	16	
日辰		戊	己	庚	辛	壬	癸	甲	乙	丙	丁	戊	己	庚	辛	壬	癸	甲	乙	丙	丁	戊	己	庚	辛	壬	癸	甲	乙	丙	丁	
		辰	巳	午	未	申	酉	戌	亥	子	丑	寅	卯	辰	巳	午	未	申	酉	戌	亥	子	丑	寅	卯	辰	巳	午	未	申	酉	
大	男	8	8	9	9	9	10	立	1	1	1	1	2	2	2	3	3	3	4	4	4	5	5	5	6	6	6	7	7	7	8	
運	女	二	二	一	一	一	一	冬	十	九	九	九	八	八	八	七	七	七	六	六	六	五	五	五	四	四	四	三	三	三	二	

12월 (己亥) 庚子 (대설) 大雪 7日 10:28 冬至 22日

陽曆		1	2	3	4	5	6	7	8	9	10	11	12	13	14	15	16	17	18	19	20	21	22	23	24	25	26	27	28	29	30	31
요일		土	日	月	火	水	木	金	土	日	月	火	水	木	金	11	日	月	火	水	木	金	土	日	月	火	水	木	金	土	日	月
陰曆		17	18	19	20	21	22	23	24	25	26	27	28	29	30	1	2	3	4	5	6	7	8	9	10	11	12	13	14	15	16	17
日辰		戊	己	庚	辛	壬	癸	甲	乙	丙	丁	戊	己	庚	辛	壬	癸	甲	乙	丙	丁	戊	己	庚	辛	壬	癸	甲	乙	丙	丁	戊
		戌	亥	子	丑	寅	卯	辰	巳	午	未	申	酉	戌	亥	子	丑	寅	卯	辰	巳	午	未	申	酉	戌	亥	子	丑	寅	卯	辰
大	男	8	8	9	9	9	10	大	1	1	1	1	2	2	2	3	3	3	4	4	4	5	5	5	6	6	6	7	7	7	8	8
運	女	二	二	一	一	一	一	雪	九	九	九	八	八	八	七	七	七	六	六	六	五	五	五	四	四	四	三	三	三	二	二	二

1월 (庚子) 辛丑(소한) 小寒 5日 21:43 大寒 20日

陽曆	1	2	3	4	5	6	7	8	9	10	11	12	13	14	15	16	17	18	19	20	21	22	23	24	25	26	27	28	29	30	31
요일	火	水	木	金	土	日	月	火	水	木	金	土	12	月	火	水	木	金	土	日	月	火	水	木	金	土	日	月	火	水	木
陰曆	18	19	20	21	22	23	24	25	26	27	28	29	1	2	3	4	5	6	7	8	9	10	11	12	13	14	15	16	17	18	19
日辰	己	庚	辛	壬	癸	甲	乙	丙	丁	戊	己	庚	辛	壬	癸	甲	乙	丙	丁	戊	己	庚	辛	壬	癸	甲	乙	丙	丁	戊	己
	巳	午	未	申	酉	戌	亥	子	丑	寅	卯	辰	巳	午	未	申	酉	戌	亥	子	丑	寅	卯	辰	巳	午	未	申	酉	戌	亥
大 男	8	9	9	9	小	1	1	1	1	2	2	2	3	3	3	4	4	4	5	5	5	6	6	6	7	7	7	8	8	8	9
運 女	一	一	一	一	寒	十	九	九	九	八	八	八	七	七	七	六	六	六	五	五	五	四	四	四	三	三	三	二	二	二	一

2월 (辛丑) 壬寅(입춘) 立春 4日 09:23 雨水 19日

陽曆	1	2	3	4	5	6	7	8	9	10	11	12	13	14	15	16	17	18	19	20	21	22	23	24	25	26	27	28			
요일	金	土	日	月	火	水	木	金	土	日	月	1	水	木	金	土	日	月	火	水	木	金	土	日	月	火	水	木			
陰曆	20	21	22	23	24	25	26	27	28	29	30	1	2	3	4	5	6	7	8	9	10	11	12	13	14	15	16	17			
日辰	庚	辛	壬	癸	甲	乙	丙	丁	戊	己	庚	辛	壬	癸	甲	乙	丙	丁	戊	己	庚	辛	壬	癸	甲	乙	丙	丁			
	子	丑	寅	卯	辰	巳	午	未	申	酉	戌	亥	子	丑	寅	卯	辰	巳	午	未	申	酉	戌	亥	子	丑	寅	卯			
大 男	9	9	10	立	10	9	9	9	8	8	8	7	7	7	6	6	6	5	5	5	4	4	4	3	3	3	2	2			
運 女	一	一	一	春	一	一	一	一	二	二	二	三	三	三	四	四	四	五	五	五	六	六	六	七	七	七	八	八			

3월 (壬寅) 癸卯(경칩) 驚蟄 6日 03:27 春分 21日

陽曆	1	2	3	4	5	6	7	8	9	10	11	12	13	14	15	16	17	18	19	20	21	22	23	24	25	26	27	28	29	30	31
요일	金	土	日	月	火	水	木	金	土	日	月	火	水	2	金	土	日	月	火	水	木	金	土	日	月	火	水	木	金	土	日
陰曆	18	19	20	21	22	23	24	25	26	27	28	29	30	1	2	3	4	5	6	7	8	9	10	11	12	13	14	15	16	17	18
日辰	戊	己	庚	辛	壬	癸	甲	乙	丙	丁	戊	己	庚	辛	壬	癸	甲	乙	丙	丁	戊	己	庚	辛	壬	癸	甲	乙	丙	丁	戊
	辰	巳	午	未	申	酉	戌	亥	子	丑	寅	卯	辰	巳	午	未	申	酉	戌	亥	子	丑	寅	卯	辰	巳	午	未	申	酉	戌
大 男	2	1	1	1	1	驚	10	9	9	9	8	8	8	7	7	7	6	6	6	5	5	5	4	4	4	3	3	3	2	2	2
運 女	八	九	九	九	十	蟄	一	一	一	一	二	二	二	三	三	三	四	四	四	五	五	五	六	六	六	七	七	七	八	八	八

4월 (癸卯) 甲辰(청명) 清明 5日 08:18 穀雨 20日

陽曆	1	2	3	4	5	6	7	8	9	10	11	12	13	14	15	16	17	18	19	20	21	22	23	24	25	26	27	28	29	30	
요일	月	火	水	木	金	土	日	月	火	水	木	金	3	日	月	火	水	木	金	土	日	月	火	水	木	金	土	日	月	火	
陰曆	19	20	21	22	23	24	25	26	27	28	29	30	1	2	3	4	5	6	7	8	9	10	11	12	13	14	15	16	17	18	
日辰	己	庚	辛	壬	癸	甲	乙	丙	丁	戊	己	庚	辛	壬	癸	甲	乙	丙	丁	戊	己	庚	辛	壬	癸	甲	乙	丙	丁	戊	
	亥	子	丑	寅	卯	辰	巳	午	未	申	酉	戌	亥	子	丑	寅	卯	辰	巳	午	未	申	酉	戌	亥	子	丑	寅	卯	辰	
大 男	1	1	1	1	清	10	10	9	9	9	8	8	8	7	7	7	6	6	6	5	5	5	4	4	4	3	3	3	2	2	
運 女	九	九	九	十	明	一	一	一	一	二	二	二	三	三	三	四	四	四	五	五	五	六	六	六	七	七	七	八	八	八	

5월 (甲辰) 乙巳(입하) 立夏 6日 01:37 小滿 21日

陽曆	1	2	3	4	5	6	7	8	9	10	11	12	13	14	15	16	17	18	19	20	21	22	23	24	25	26	27	28	29	30	31
요일	水	木	金	土	日	月	火	水	木	金	土	4	月	火	水	木	金	土	日	月	火	水	木	金	土	日	月	火	水	木	金
陰曆	19	20	21	22	23	24	25	26	27	28	29	1	2	3	4	5	6	7	8	9	10	11	12	13	14	15	16	17	18	19	20
日辰	己	庚	辛	壬	癸	甲	乙	丙	丁	戊	己	庚	辛	壬	癸	甲	乙	丙	丁	戊	己	庚	辛	壬	癸	甲	乙	丙	丁	戊	己
	巳	午	未	申	酉	戌	亥	子	丑	寅	卯	辰	巳	午	未	申	酉	戌	亥	子	丑	寅	卯	辰	巳	午	未	申	酉	戌	亥
大 男	2	1	1	1	1	立	10	10	9	9	9	8	8	8	7	7	7	6	6	6	5	5	5	4	4	4	3	3	3	2	2
運 女	九	九	九	十	十	夏	一	一	一	一	二	二	二	三	三	三	四	四	四	五	五	五	六	六	六	七	七	七	八	八	八

6월 (乙巳) 丙午(망종) 芒種 6日 05:44 夏至 21日

陽曆	1	2	3	4	5	6	7	8	9	10	11	12	13	14	15	16	17	18	19	20	21	22	23	24	25	26	27	28	29	30	
요일	土	日	月	火	水	木	金	土	日	月	5	水	木	金	土	日	月	火	水	木	金	土	日	月	火	水	木	金	土	日	
陰曆	21	22	23	24	25	26	27	28	29	30	1	2	3	4	5	6	7	8	9	10	11	12	13	14	15	16	17	18	19	20	
日辰	庚	辛	壬	癸	甲	乙	丙	丁	戊	己	庚	辛	壬	癸	甲	乙	丙	丁	戊	己	庚	辛	壬	癸	甲	乙	丙	丁	戊	己	
	子	丑	寅	卯	辰	巳	午	未	申	酉	戌	亥	子	丑	寅	卯	辰	巳	午	未	申	酉	戌	亥	子	丑	寅	卯	辰	巳	
大 男	2	1	1	1	1	芒	10	10	9	9	9	8	8	8	7	7	7	6	6	6	5	5	5	4	4	4	3	3	3	2	
運 女	九	九	九	十	十	種	一	一	一	一	二	二	二	三	三	三	四	四	四	五	五	五	六	六	六	七	七	七	八	八	

楊柳木星 一日得辛 東大將 辰弔客 寒食(4월 06일) 初伏(7월 11일)
七赤金星 六龍治水 申喪門 北三殺 中伏(7월 21일) 末伏(8월 10일)

7월 (丙午) 丁未 (소서) 小暑 7日 15:56 大暑 23日

陽曆	1	2	3	4	5	6	7	8	9	10	11	12	13	14	15	16	17	18	19	20	21	22	23	24	25	26	27	28	29	30	31
요일	月	火	水	木	金	土	日	月	火	6/	木	金	土	日	月	火	水	木	金	土	日	月	火	水	木	金	土	日	月	火	水
陰曆	21	22	23	24	25	26	27	28	29	1	2	3	4	5	6	7	8	9	10	11	12	13	14	15	16	17	18	19	20	21	22
日辰	庚	辛	壬	癸	甲	乙	丙	丁	戊	己	庚	辛	壬	癸	甲	乙	丙	丁	戊	己	庚	辛	壬	癸	甲	乙	丙	丁	戊	己	庚
	午	未	申	酉	戌	亥	子	丑	寅	卯	辰	巳	午	未	申	酉	戌	亥	子	丑	寅	卯	辰	巳	午	未	申	酉	戌	亥	子
大運 男	2	2	1	1	1	1	小	10	10	10	9	9	9	8	8	8	7	7	7	6	6	6	5	5	5	4	4	4	3	3	3
大運 女	八	九	九	九	十	十	署	一	一	一	一	二	二	二	三	三	三	四	四	四	五	五	五	六	六	六	七	七	七	八	八

8월 (丁未) 戊申 (입추) 立秋 8日 01:39 處暑 23日

陽曆	1	2	3	4	5	6	7	8	9	10	11	12	13	14	15	16	17	18	19	20	21	22	23	24	25	26	27	28	29	30	31
요일	木	金	土	日	月	火	水	木	7/	土	日	月	火	水	木	金	土	日	月	火	水	木	金	土	日	月	火	水	木	金	土
陰曆	23	24	25	26	27	28	29	30	1	2	3	4	5	6	7	8	9	10	11	12	13	14	15	16	17	18	19	20	21	22	23
日辰	辛	壬	癸	甲	乙	丙	丁	戊	己	庚	辛	壬	癸	甲	乙	丙	丁	戊	己	庚	辛	壬	癸	甲	乙	丙	丁	戊	己	庚	辛
	丑	寅	卯	辰	巳	午	未	申	酉	戌	亥	子	丑	寅	卯	辰	巳	午	未	申	酉	戌	亥	子	丑	寅	卯	辰	巳	午	未
大運 男	2	2	2	1	1	1	1	立	10	10	9	9	9	8	8	8	7	7	7	6	6	6	5	5	5	4	4	4	3	3	3
大運 女	八	九	九	九	十	十	十	秋	一	一	一	一	二	二	二	三	三	三	四	四	四	五	五	五	六	六	六	七	七	七	八

9월 (戊申) 己酉 (백로) 白露 8日 04:30 秋分 23日

陽曆	1	2	3	4	5	6	7	8	9	10	11	12	13	14	15	16	17	18	19	20	21	22	23	24	25	26	27	28	29	30	
요일	日	月	火	水	木	金	8/	日	月	火	水	木	金	土	日	月	火	水	木	金	土	日	月	火	水	木	金	土	日	月	
陰曆	24	25	26	27	28	29	1	2	3	4	5	6	7	8	9	10	11	12	13	14	15	16	17	18	19	20	21	22	23	24	
日辰	壬	癸	甲	乙	丙	丁	戊	己	庚	辛	壬	癸	甲	乙	丙	丁	戊	己	庚	辛	壬	癸	甲	乙	丙	丁	戊	己	庚	辛	
	申	酉	戌	亥	子	丑	寅	卯	辰	巳	午	未	申	酉	戌	亥	子	丑	寅	卯	辰	巳	午	未	申	酉	戌	亥	子	丑	
大運 男	2	2	2	1	1	1	1	白	10	9	9	9	8	8	8	7	7	7	6	6	6	5	5	5	4	4	4	3	3	3	
大運 女	八	八	九	九	九	十	十	露	一	一	一	一	二	二	二	三	三	三	四	四	四	五	五	五	六	六	六	七	七	七	

10월 (己酉) 庚戌 (한로) 寒露 8日 20:09 霜降 23日

陽曆	1	2	3	4	5	6	7	8	9	10	11	12	13	14	15	16	17	18	19	20	21	22	23	24	25	26	27	28	29	30	31
요일	火	水	木	金	土	9/	月	火	水	木	金	土	日	月	火	水	木	金	土	日	月	火	水	木	金	土	日	月	火	水	木
陰曆	25	26	27	28	29	1	2	3	4	5	6	7	8	9	10	11	12	13	14	15	16	17	18	19	20	21	22	23	24	25	26
日辰	壬	癸	甲	乙	丙	丁	戊	己	庚	辛	壬	癸	甲	乙	丙	丁	戊	己	庚	辛	壬	癸	甲	乙	丙	丁	戊	己	庚	辛	壬
	寅	卯	辰	巳	午	未	申	酉	戌	亥	子	丑	寅	卯	辰	巳	午	未	申	酉	戌	亥	子	丑	寅	卯	辰	巳	午	未	申
大運 男	2	2	2	1	1	1	1	寒	10	9	9	9	8	8	8	7	7	7	6	6	6	5	5	5	4	4	4	3	3	3	2
大運 女	八	八	八	九	九	九	十	露	一	一	一	一	二	二	二	三	三	三	四	四	四	五	五	五	六	六	六	七	七	七	八

11월 (庚戌) 辛亥 (입동) 立冬 7日 23:21 小雪 22日

陽曆	1	2	3	4	5	6	7	8	9	10	11	12	13	14	15	16	17	18	19	20	21	22	23	24	25	26	27	28	29	30	
요일	金	土	日	月	10/	水	木	金	土	日	月	火	水	木	金	土	日	月	火	水	木	金	土	日	月	火	水	木	金	土	
陰曆	27	28	29	30	1	2	3	4	5	6	7	8	9	10	11	12	13	14	15	16	17	18	19	20	21	22	23	24	25	26	
日辰	癸	甲	乙	丙	丁	戊	己	庚	辛	壬	癸	甲	乙	丙	丁	戊	己	庚	辛	壬	癸	甲	乙	丙	丁	戊	己	庚	辛	壬	
	酉	戌	亥	子	丑	寅	卯	辰	巳	午	未	申	酉	戌	亥	子	丑	寅	卯	辰	巳	午	未	申	酉	戌	亥	子	丑	寅	
大運 男	2	2	1	1	1	1	立	10	9	9	9	8	8	8	7	7	7	6	6	6	5	5	5	4	4	4	3	3	3	2	
大運 女	八	八	九	九	九	十	冬	一	一	一	一	二	二	二	三	三	三	四	四	四	五	五	五	六	六	六	七	七	七	八	

12월 (辛亥) 壬子 (대설) 大雪 7日 06:14 冬至 22日

陽曆	1	2	3	4	5	6	7	8	9	10	11	12	13	14	15	16	17	18	19	20	21	22	23	24	25	26	27	28	29	30	31
요일	日	月	火	11/	木	金	土	日	月	火	水	木	金	土	日	月	火	水	木	金	土	日	月	火	水	木	金	土	日	月	火
陰曆	27	28	29	1	2	3	4	5	6	7	8	9	10	11	12	13	14	15	16	17	18	19	20	21	22	23	24	25	26	27	28
日辰	癸	甲	乙	丙	丁	戊	己	庚	辛	壬	癸	甲	乙	丙	丁	戊	己	庚	辛	壬	癸	甲	乙	丙	丁	戊	己	庚	辛	壬	癸
	卯	辰	巳	午	未	申	酉	戌	亥	子	丑	寅	卯	辰	巳	午	未	申	酉	戌	亥	子	丑	寅	卯	辰	巳	午	未	申	酉
大運 男	2	2	1	1	1	1	大	10	9	9	9	8	8	8	7	7	7	6	6	6	5	5	5	4	4	4	3	3	3	2	2
大運 女	八	八	九	九	九	十	雪	一	一	一	一	二	二	二	三	三	三	四	四	四	五	五	五	六	六	六	七	七	七	八	八

1월 (壬子) 　 癸丑 (소한) 小寒 6日 03:27 　 大寒 20日

陽曆	1	2	3	4	5	6	7	8	9	10	11	12	13	14	15	16	17	18	19	20	21	22	23	24	25	26	27	28	29	30	31
요일	水	木	12	土	日	月	火	水	木	金	土	日	月	火	水	木	金	土	日	月	火	水	木	金	土	日	月	火	水	木	金
陰曆	29	30	1	2	3	4	5	6	7	8	9	10	11	12	13	14	15	16	17	18	19	20	21	22	23	24	25	26	27	28	29
日辰	甲	乙	丙	丁	戊	己	庚	辛	壬	癸	甲	乙	丙	丁	戊	己	庚	辛	壬	癸	甲	乙	丙	丁	戊	己	庚	辛	壬	癸	甲
	戌	亥	子	丑	寅	卯	辰	巳	午	未	申	酉	戌	亥	子	丑	寅	卯	辰	巳	午	未	申	酉	戌	亥	子	丑	寅	卯	辰
大 男	2	1	1	1	1	小	9	9	9	8	8	8	7	7	7	6	6	6	5	5	5	4	4	4	3	3	3	2	2	2	1
運 女	八	九	九	九	十	寒	一	一	一	一	二	二	二	三	三	三	四	四	四	五	五	五	六	六	六	七	七	七	八	八	八

2월 (癸丑) 　 甲寅 (입춘) 立春 4日 15:05 　 雨水 19日

陽曆	1	2	3	4	5	6	7	8	9	10	11	12	13	14	15	16	17	18	19	20	21	22	23	24	25	26	27	28
요일	1	日	月	火	水	木	金	土	日	月	火	水	木	金	土	日	月	火	水	木	金	土	日	月	火	水	木	金
陰曆	1	2	3	4	5	6	7	8	9	10	11	12	13	14	15	16	17	18	19	20	21	22	23	24	25	26	27	28
日辰	乙	丙	丁	戊	己	庚	辛	壬	癸	甲	乙	丙	丁	戊	己	庚	辛	壬	癸	甲	乙	丙	丁	戊	己	庚	辛	壬
	巳	午	未	申	酉	戌	亥	子	丑	寅	卯	辰	巳	午	未	申	酉	戌	亥	子	丑	寅	卯	辰	巳	午	未	申
大 男	1	1	1	立	1	1	1	1	2	2	2	3	3	3	4	4	4	5	5	5	6	6	6	7	7	7	8	8
運 女	九	九	九	春	十	九	九	九	八	八	八	七	七	七	六	六	六	五	五	五	四	四	四	三	三	三	二	二

3월 (甲寅) 　 乙卯 (경칩) 驚蟄 6日 09:04 　 春分 21日

陽曆	1	2	3	4	5	6	7	8	9	10	11	12	13	14	15	16	17	18	19	20	21	22	23	24	25	26	27	28	29	30	31
요일	土	日	2	火	水	木	金	土	日	月	火	水	木	金	土	日	月	火	水	木	金	土	日	月	火	水	木	金	土	日	月
陰曆	29	30	1	2	3	4	5	6	7	8	9	10	11	12	13	14	15	16	17	18	19	20	21	22	23	24	25	26	27	28	29
日辰	癸	甲	乙	丙	丁	戊	己	庚	辛	壬	癸	甲	乙	丙	丁	戊	己	庚	辛	壬	癸	甲	乙	丙	丁	戊	己	庚	辛	壬	癸
	酉	戌	亥	子	丑	寅	卯	辰	巳	午	未	申	酉	戌	亥	子	丑	寅	卯	辰	巳	午	未	申	酉	戌	亥	子	丑	寅	卯
大 男	8	9	9	9	10	驚	1	1	1	1	2	2	2	3	3	3	4	4	4	5	5	5	6	6	6	7	7	7	8	8	8
運 女	二	一	一	一	一	蟄	十	九	九	九	八	八	八	七	七	七	六	六	六	五	五	五	四	四	四	三	三	三	二	二	二

4월 (乙卯) 　 丙辰 (청명) 清明 5日 13:52 　 穀雨 20日

陽曆	1	2	3	4	5	6	7	8	9	10	11	12	13	14	15	16	17	18	19	20	21	22	23	24	25	26	27	28	29	30
요일	火	3	木	金	土	日	月	火	水	木	金	土	日	月	火	水	木	金	土	日	月	火	水	木	金	土	日	月	火	水
陰曆	30	1	2	3	4	5	6	7	8	9	10	11	12	13	14	15	16	17	18	19	20	21	22	23	24	25	26	27	28	29
日辰	甲	乙	丙	丁	戊	己	庚	辛	壬	癸	甲	乙	丙	丁	戊	己	庚	辛	壬	癸	甲	乙	丙	丁	戊	己	庚	辛	壬	癸
	辰	巳	午	未	申	酉	戌	亥	子	丑	寅	卯	辰	巳	午	未	申	酉	戌	亥	子	丑	寅	卯	辰	巳	午	未	申	酉
大 男	9	9	9	10	清	1	1	1	1	2	2	2	3	3	3	4	4	4	5	5	5	6	6	6	7	7	7	8	8	8
運 女	一	一	一	一	明	十	十	九	九	九	八	八	八	七	七	七	六	六	六	五	五	五	四	四	四	三	三	三	二	二

5월 (丙辰) 　 丁巳 (입하) 立夏 6日 07:10 　 小滿 21日

陽曆	1	2	3	4	5	6	7	8	9	10	11	12	13	14	15	16	17	18	19	20	21	22	23	24	25	26	27	28	29	30	31
요일	4	金	土	日	月	火	水	木	金	土	日	月	火	水	木	金	土	日	月	火	水	木	金	土	日	月	火	水	木	金	5
陰曆	1	2	3	4	5	6	7	8	9	10	11	12	13	14	15	16	17	18	19	20	21	22	23	24	25	26	27	28	29	30	1
日辰	甲	乙	丙	丁	戊	己	庚	辛	壬	癸	甲	乙	丙	丁	戊	己	庚	辛	壬	癸	甲	乙	丙	丁	戊	己	庚	辛	壬	癸	甲
	戌	亥	子	丑	寅	卯	辰	巳	午	未	申	酉	戌	亥	子	丑	寅	卯	辰	巳	午	未	申	酉	戌	亥	子	丑	寅	卯	辰
大 男	9	9	9	10	10	立	1	1	1	1	2	2	2	3	3	3	4	4	4	5	5	5	6	6	6	7	7	7	8	8	8
運 女	二	一	一	一	一	夏	十	十	九	九	九	八	八	八	七	七	七	六	六	六	五	五	五	四	四	四	三	三	三	二	二

6월 (丁巳) 　 戊午 (망종) 芒種 6日 11:19 　 夏至 22日

陽曆	1	2	3	4	5	6	7	8	9	10	11	12	13	14	15	16	17	18	19	20	21	22	23	24	25	26	27	28	29	30
요일	日	月	火	水	木	金	土	日	月	火	水	木	金	土	日	月	火	水	木	金	土	日	月	火	水	木	金	土	日	6
陰曆	2	3	4	5	6	7	8	9	10	11	12	13	14	15	16	17	18	19	20	21	22	23	24	25	26	27	28	29	30	1
日辰	乙	丙	丁	戊	己	庚	辛	壬	癸	甲	乙	丙	丁	戊	己	庚	辛	壬	癸	甲	乙	丙	丁	戊	己	庚	辛	壬	癸	甲
	巳	午	未	申	酉	戌	亥	子	丑	寅	卯	辰	巳	午	未	申	酉	戌	亥	子	丑	寅	卯	辰	巳	午	未	申	酉	戌
大 男	9	9	9	10	10	芒	1	1	1	1	2	2	2	3	3	3	4	4	4	5	5	5	6	6	6	7	7	7	8	8
運 女	二	一	一	一	一	種	十	十	九	九	九	八	八	八	七	七	七	六	六	六	五	五	五	四	四	四	三	三	三	二

7월 (戊午) 己未 (소서) 小署 7日 21:35 大署 23日

陽曆	1	2	3	4	5	6	7	8	9	10	11	12	13	14	15	16	17	18	19	20	21	22	23	24	25	26	27	28	29	30	31
요일	火	水	木	金	土	日	月	火	水	木	金	土	日	月	火	水	木	金	土	日	月	火	水	木	金	土	日	月	7	水	木
陰曆	2	3	4	5	6	7	8	9	10	11	12	13	14	15	16	17	18	19	20	21	22	23	24	25	26	27	28	29	1	2	3
日辰	乙	丙	丁	戊	己	庚	辛	壬	癸	甲	乙	丙	丁	戊	己	庚	辛	壬	癸	甲	乙	丙	丁	戊	己	庚	辛	壬	癸	甲	乙
	亥	子	丑	寅	卯	辰	巳	午	未	申	酉	戌	亥	子	丑	寅	卯	辰	巳	午	未	申	酉	戌	亥	子	丑	寅	卯	辰	巳
大 男	8	9	9	9	10	10	小	1	1	1	1	2	2	2	3	3	3	4	4	4	5	5	5	6	6	6	7	7	7	8	8
運 女	二	二	一	一	一	一	署	十	十	十	九	九	九	八	八	八	七	七	七	六	六	六	五	五	五	四	四	四	三	三	三

8월 (己未) 庚申 (입추) 立秋 8日 07:24 處署 23日

陽曆	1	2	3	4	5	6	7	8	9	10	11	12	13	14	15	16	17	18	19	20	21	22	23	24	25	26	27	28	29	30	31
요일	金	土	日	月	火	水	木	金	土	日	月	火	水	木	金	土	日	月	火	水	木	金	土	日	月	火	水	8	金	土	日
陰曆	4	5	6	7	8	9	10	11	12	13	14	15	16	17	18	19	20	21	22	23	24	25	26	27	28	29	30	1	2	3	4
日辰	丙	丁	戊	己	庚	辛	壬	癸	甲	乙	丙	丁	戊	己	庚	辛	壬	癸	甲	乙	丙	丁	戊	己	庚	辛	壬	癸	甲	乙	丙
	午	未	申	酉	戌	亥	子	丑	寅	卯	辰	巳	午	未	申	酉	戌	亥	子	丑	寅	卯	辰	巳	午	未	申	酉	戌	亥	子
大 男	8	9	9	9	10	10	10	立	1	1	1	1	2	2	2	3	3	3	4	4	4	5	5	5	6	6	6	7	7	7	8
運 女	二	二	二	一	一	一	一	秋	十	十	九	九	九	八	八	八	七	七	七	六	六	六	五	五	五	四	四	四	三	三	三

9월 (庚申) 辛酉 (백로) 白露 8日 10:20 秋分 23日

陽曆	1	2	3	4	5	6	7	8	9	10	11	12	13	14	15	16	17	18	19	20	21	22	23	24	25	26	27	28	29	30
요일	月	火	水	木	金	土	日	月	火	水	木	金	土	日	月	火	水	木	金	土	日	月	火	水	木	9	土	日	月	火
陰曆	5	6	7	8	9	10	11	12	13	14	15	16	17	18	19	20	21	22	23	24	25	26	27	28	29	1	2	3	4	5
日辰	丁	戊	己	庚	辛	壬	癸	甲	乙	丙	丁	戊	己	庚	辛	壬	癸	甲	乙	丙	丁	戊	己	庚	辛	壬	癸	甲	乙	丙
	丑	寅	卯	辰	巳	午	未	申	酉	戌	亥	子	丑	寅	卯	辰	巳	午	未	申	酉	戌	亥	子	丑	寅	卯	辰	巳	午
大 男	8	8	9	9	9	10	10	白	1	1	1	1	2	2	2	3	3	3	4	4	4	5	5	5	6	6	6	7	7	7
運 女	二	二	二	一	一	一	一	露	十	十	九	九	九	八	八	八	七	七	七	六	六	六	五	五	五	四	四	四	三	三

10월 (辛酉) 壬戌 (한로) 寒露 9日 02:00 霜降 24日

陽曆	1	2	3	4	5	6	7	8	9	10	11	12	13	14	15	16	17	18	19	20	21	22	23	24	25	26	27	28	29	30	31
요일	水	木	金	土	日	月	火	水	木	金	土	日	月	火	水	木	金	土	日	月	火	水	木	金	10	日	月	火	水	木	金
陰曆	6	7	8	9	10	11	12	13	14	15	16	17	18	19	20	21	22	23	24	25	26	27	28	29	1	2	3	4	5	6	7
日辰	丁	戊	己	庚	辛	壬	癸	甲	乙	丙	丁	戊	己	庚	辛	壬	癸	甲	乙	丙	丁	戊	己	庚	辛	壬	癸	甲	乙	丙	丁
	未	申	酉	戌	亥	子	丑	寅	卯	辰	巳	午	未	申	酉	戌	亥	子	丑	寅	卯	辰	巳	午	未	申	酉	戌	亥	子	丑
大 男	8	8	8	9	9	9	10	10	寒	1	1	1	1	2	2	2	3	3	3	4	4	4	5	5	5	6	6	6	7	7	7
運 女	三	二	二	二	一	一	一	一	露	十	九	九	九	八	八	八	七	七	七	六	六	六	五	五	五	四	四	四	三	三	三

11월 (壬戌) 癸亥 (입동) 立冬 8日 05:12 小雪 23日

陽曆	1	2	3	4	5	6	7	8	9	10	11	12	13	14	15	16	17	18	19	20	21	22	23	24	25	26	27	28	29	30
요일	土	日	月	火	水	木	金	土	日	月	火	水	木	金	土	日	月	火	水	木	金	土	日	11	火	水	木	金	土	日
陰曆	8	9	10	11	12	13	14	15	16	17	18	19	20	21	22	23	24	25	26	27	28	29	30	1	2	3	4	5	6	7
日辰	戊	己	庚	辛	壬	癸	甲	乙	丙	丁	戊	己	庚	辛	壬	癸	甲	乙	丙	丁	戊	己	庚	辛	壬	癸	甲	乙	丙	丁
	寅	卯	辰	巳	午	未	申	酉	戌	亥	子	丑	寅	卯	辰	巳	午	未	申	酉	戌	亥	子	丑	寅	卯	辰	巳	午	未
大 男	8	8	8	9	9	9	10	立	1	1	1	1	2	2	2	3	3	3	4	4	4	5	5	5	6	6	6	7	7	7
運 女	二	二	二	一	一	一	一	冬	九	九	九	八	八	八	七	七	七	六	六	六	五	五	五	四	四	四	三	三	三	二

12월 (癸亥) 甲子 (대설) 大雪 7日 22:04 冬至 22日

陽曆	1	2	3	4	5	6	7	8	9	10	11	12	13	14	15	16	17	18	19	20	21	22	23	24	25	26	27	28	29	30	31
요일	月	火	水	木	金	土	日	月	火	水	木	金	土	日	月	火	水	木	金	土	日	月	12	水	木	金	土	日	月	火	水
陰曆	8	9	10	11	12	13	14	15	16	17	18	19	20	21	22	23	24	25	26	27	28	29	1	2	3	4	5	6	7	8	9
日辰	戊	己	庚	辛	壬	癸	甲	乙	丙	丁	戊	己	庚	辛	壬	癸	甲	乙	丙	丁	戊	己	庚	辛	壬	癸	甲	乙	丙	丁	戊
	申	酉	戌	亥	子	丑	寅	卯	辰	巳	午	未	申	酉	戌	亥	子	丑	寅	卯	辰	巳	午	未	申	酉	戌	亥	子	丑	寅
大 男	8	8	8	9	9	9	大	1	1	1	1	2	2	2	3	3	3	4	4	4	5	5	5	6	6	6	7	7	7	8	8
運 女	二	二	一	一	一	一	雪	十	九	九	九	八	八	八	七	七	七	六	六	六	五	五	五	四	四	四	三	三	三	二	二

甲申

1월 (甲子) 乙丑 (소한) 小寒 6日 09:18 大寒 21日

陽曆	1	2	3	4	5	6	7	8	9	10	11	12	13	14	15	16	17	18	19	20	21	22	23	24	25	26	27	28	29	30	31
요일	木	金	土	日	月	火	水	木	金	土	日	月	火	水	木	金	土	日	月	火	水	1/	金	土	日	月	火	水	木	金	土
陰曆	10	11	12	13	14	15	16	17	18	19	20	21	22	23	24	25	26	27	28	29	30	1	2	3	4	5	6	7	8	9	10
日辰	己	庚	辛	壬	癸	甲	乙	丙	丁	戊	己	庚	辛	壬	癸	甲	乙	丙	丁	戊	己	庚	辛	壬	癸	甲	乙	丙	丁	戊	己
	卯	辰	巳	午	未	申	酉	戌	亥	子	丑	寅	卯	辰	巳	午	未	申	酉	戌	亥	子	丑	寅	卯	辰	巳	午	未	申	酉
大 男	8	9	9	9	10	小	1	1	1	1	2	2	2	3	3	3	4	4	4	5	5	5	6	6	6	7	7	7	8	8	8
運 女	二	一	一	一	一	寒	九	九	九	八	八	八	七	七	七	六	六	六	五	五	五	四	四	四	三	三	三	二	二	二	一

2월 (乙丑) 丙寅 (입춘) 立春 4日 20:55 雨水 19日

陽曆	1	2	3	4	5	6	7	8	9	10	11	12	13	14	15	16	17	18	19	20	21	22	23	24	25	26	27	28	29		
요일	日	月	火	水	木	金	土	日	月	火	水	木	金	土	日	月	火	水	木	2/	土	日	月	火	水	木	金	土	日		
陰曆	11	12	13	14	15	16	17	18	19	20	21	22	23	24	25	26	27	28	29	1	2	3	4	5	6	7	8	9	10		
日辰	庚	辛	壬	癸	甲	乙	丙	丁	戊	己	庚	辛	壬	癸	甲	乙	丙	丁	戊	己	庚	辛	壬	癸	甲	乙	丙	丁	戊		
	戌	亥	子	丑	寅	卯	辰	巳	午	未	申	酉	戌	亥	子	丑	寅	卯	辰	巳	午	未	申	酉	戌	亥	子	丑	寅		
大 男	9	9	9	立	10	9	9	9	8	8	8	7	7	7	6	6	6	5	5	5	4	4	4	3	3	3	2	2	2		
運 女	一	一	一	春	一	一	一	一	二	二	二	三	三	三	四	四	四	五	五	五	六	六	六	七	七	七	八	八	八		

3월 (丙寅) 丁卯 (경칩) 驚蟄 5日 14:55 春分 20日

陽曆	1	2	3	4	5	6	7	8	9	10	11	12	13	14	15	16	17	18	19	20	21	22	23	24	25	26	27	28	29	30	31
요일	月	火	水	木	金	土	日	月	火	水	木	金	土	日	月	火	水	木	金	土	윤2/	月	火	水	木	金	土	日	月	火	水
陰曆	11	12	13	14	15	16	17	18	19	20	21	22	23	24	25	26	27	28	29	30	1	2	3	4	5	6	7	8	9	10	11
日辰	己	庚	辛	壬	癸	甲	乙	丙	丁	戊	己	庚	辛	壬	癸	甲	乙	丙	丁	戊	己	庚	辛	壬	癸	甲	乙	丙	丁	戊	己
	卯	辰	巳	午	未	申	酉	戌	亥	子	丑	寅	卯	辰	巳	午	未	申	酉	戌	亥	子	丑	寅	卯	辰	巳	午	未	申	酉
大 男	1	1	1	1	驚	10	9	9	9	8	8	8	7	7	7	6	6	6	5	5	5	4	4	4	3	3	3	2	2	2	1
運 女	九	九	九	十	蟄	一	一	一	一	二	二	二	三	三	三	四	四	四	五	五	五	六	六	六	七	七	七	八	八	八	九

4월 (丁卯) 戊辰 (청명) 淸明 4日 19:43 穀雨 20日

陽曆	1	2	3	4	5	6	7	8	9	10	11	12	13	14	15	16	17	18	19	20	21	22	23	24	25	26	27	28	29	30	
요일	木	金	土	日	月	火	水	木	金	土	日	月	火	水	木	金	土	日	3/	火	水	木	金	土	日	月	火	水	木	金	
陰曆	12	13	14	15	16	17	18	19	20	21	22	23	24	25	26	27	28	29	1	2	3	4	5	6	7	8	9	10	11	12	
日辰	庚	辛	壬	癸	甲	乙	丙	丁	戊	己	庚	辛	壬	癸	甲	乙	丙	丁	戊	己	庚	辛	壬	癸	甲	乙	丙	丁	戊	己	
	戌	亥	子	丑	寅	卯	辰	巳	午	未	申	酉	戌	亥	子	丑	寅	卯	辰	巳	午	未	申	酉	戌	亥	子	丑	寅	卯	
大 男	1	1	1	淸	10	10	9	9	9	8	8	8	7	7	7	6	6	6	5	5	5	4	4	4	3	3	3	2	2	2	
運 女	九	九	十	明	一	一	一	一	二	二	二	三	三	三	四	四	四	五	五	五	六	六	六	七	七	七	八	八	八	九	

5월 (戊辰) 己巳 (입하) 立夏 5日 13:02 小滿 21日

陽曆	1	2	3	4	5	6	7	8	9	10	11	12	13	14	15	16	17	18	19	20	21	22	23	24	25	26	27	28	29	30	31
요일	土	日	月	火	水	木	金	土	日	月	火	水	木	金	土	日	月	火	4/	木	金	土	日	月	火	水	木	金	土	日	月
陰曆	13	14	15	16	17	18	19	20	21	22	23	24	25	26	27	28	29	30	1	2	3	4	5	6	7	8	9	10	11	12	13
日辰	庚	辛	壬	癸	甲	乙	丙	丁	戊	己	庚	辛	壬	癸	甲	乙	丙	丁	戊	己	庚	辛	壬	癸	甲	乙	丙	丁	戊	己	庚
	辰	巳	午	未	申	酉	戌	亥	子	丑	寅	卯	辰	巳	午	未	申	酉	戌	亥	子	丑	寅	卯	辰	巳	午	未	申	酉	戌
大 男	1	1	1	1	立	10	10	9	9	9	8	8	8	7	7	7	6	6	6	5	5	5	4	4	4	3	3	3	2	2	2
運 女	九	九	十	十	夏	一	一	一	一	二	二	二	三	三	三	四	四	四	五	五	五	六	六	六	七	七	七	八	八	八	九

6월 (己巳) 庚午 (망종) 芒種 5日 17:13 夏至 21日

陽曆	1	2	3	4	5	6	7	8	9	10	11	12	13	14	15	16	17	18	19	20	21	22	23	24	25	26	27	28	29	30	
요일	火	水	木	金	土	日	月	火	水	木	金	土	日	月	火	水	木	5/	土	日	月	火	水	木	金	土	日	月	火	水	
陰曆	14	15	16	17	18	19	20	21	22	23	24	25	26	27	28	29	30	1	2	3	4	5	6	7	8	9	10	11	12	13	
日辰	辛	壬	癸	甲	乙	丙	丁	戊	己	庚	辛	壬	癸	甲	乙	丙	丁	戊	己	庚	辛	壬	癸	甲	乙	丙	丁	戊	己	庚	
	亥	子	丑	寅	卯	辰	巳	午	未	申	酉	戌	亥	子	丑	寅	卯	辰	巳	午	未	申	酉	戌	亥	子	丑	寅	卯	辰	
大 男	1	1	1	1	芒	10	10	10	9	9	9	8	8	8	7	7	7	6	6	6	5	5	5	4	4	4	3	3	3	2	
運 女	九	九	十	十	種	一	一	一	一	二	二	二	三	三	三	四	四	四	五	五	五	六	六	六	七	七	七	八	八	八	

泉中水星　二日得辛　南大將　午弔客　寒食(4월 05일)　初伏(7월 20일)
五黃土星　五龍治水　戌喪門　南三殺　中伏(7월 30일)　末伏(8월 09일)

7월 (庚午)　辛未 (소서) 小署 7日 03:31　大署 22日

陽曆		1	2	3	4	5	6	7	8	9	10	11	12	13	14	15	16	17	18	19	20	21	22	23	24	25	26	27	28	29	30	31
요일		木	金	土	日	月	火	水	木	金	土	日	月	火	水	木	金	6/1	日	月	火	水	木	金	土	日	月	火	水	木	金	土
陰曆		14	15	16	17	18	19	20	21	22	23	24	25	26	27	28	29		2	3	4	5	6	7	8	9	10	11	12	13	14	15
日辰		辛	壬	癸	甲	乙	丙	丁	戊	己	庚	辛	壬	癸	甲	乙	丙	丁	戊	己	庚	辛	壬	癸	甲	乙	丙	丁	戊	己	庚	辛
		巳	午	未	申	酉	戌	亥	子	丑	寅	卯	辰	巳	午	未	申	酉	戌	亥	子	丑	寅	卯	辰	巳	午	未	申	酉	戌	亥
大	男	2	2	1	1	1	1	小	10	10	9	9	9	8	8	8	7	7	7	6	6	6	5	5	5	4	4	4	3	3	3	2
運	女	九	九	九	十	十	十	署	一	一	一	一	二	二	二	三	三	三	四	四	四	五	五	五	六	六	六	七	七	七	八	八

8월 (辛未)　壬申 (입추) 立秋 7日 13:19　處署 23日

陽曆		1	2	3	4	5	6	7	8	9	10	11	12	13	14	15	16	17	18	19	20	21	22	23	24	25	26	27	28	29	30	31
요일		日	月	火	水	木	金	土	日	月	火	水	木	金	土	日	7/1	火	水	木	金	土	日	月	火	水	木	金	土	日	月	火
陰曆		16	17	18	19	20	21	22	23	24	25	26	27	28	29	30		2	3	4	5	6	7	8	9	10	11	12	13	14	15	16
日辰		壬	癸	甲	乙	丙	丁	戊	己	庚	辛	壬	癸	甲	乙	丙	丁	戊	己	庚	辛	壬	癸	甲	乙	丙	丁	戊	己	庚	辛	壬
		子	丑	寅	卯	辰	巳	午	未	申	酉	戌	亥	子	丑	寅	卯	辰	巳	午	未	申	酉	戌	亥	子	丑	寅	卯	辰	巳	午
大	男	2	2	1	1	1	1	立	10	10	9	9	9	8	8	8	7	7	7	6	6	6	5	5	5	4	4	4	3	3	3	2
運	女	八	九	九	九	十	十	秋	一	一	一	一	二	二	二	三	三	三	四	四	四	五	五	五	六	六	六	七	七	七	八	八

9월 (壬申)　癸酉 (백로) 白露 7日 16:12　秋分 23日

陽曆		1	2	3	4	5	6	7	8	9	10	11	12	13	14	15	16	17	18	19	20	21	22	23	24	25	26	27	28	29	30	
요일		水	木	金	土	日	月	火	水	木	金	土	日	月	8/1	水	木	金	土	日	月	火	水	木	金	土	日	月	火	水	木	
陰曆		17	18	19	20	21	22	23	24	25	26	27	28	29		2	3	4	5	6	7	8	9	10	11	12	13	14	15	16	17	
日辰		癸	甲	乙	丙	丁	戊	己	庚	辛	壬	癸	甲	乙	丙	丁	戊	己	庚	辛	壬	癸	甲	乙	丙	丁	戊	己	庚	辛	壬	
		未	申	酉	戌	亥	子	丑	寅	卯	辰	巳	午	未	申	酉	戌	亥	子	丑	寅	卯	辰	巳	午	未	申	酉	戌	亥	子	
大	男	2	2	1	1	1	1	白	10	10	9	9	9	8	8	8	7	7	7	6	6	6	5	5	5	4	4	4	3	3	3	
運	女	八	九	九	九	十	十	露	一	一	一	一	二	二	二	三	三	三	四	四	四	五	五	五	六	六	六	七	七	七	八	

10월 (癸酉)　甲戌 (한로) 寒露 8日 07:49　霜降 23日

陽曆		1	2	3	4	5	6	7	8	9	10	11	12	13	14	15	16	17	18	19	20	21	22	23	24	25	26	27	28	29	30	31
요일		金	土	日	月	火	水	木	金	土	日	月	火	水	9/1	金	土	日	月	火	水	木	金	土	日	月	火	水	木	金	土	日
陰曆		18	19	20	21	22	23	24	25	26	27	28	29	30		2	3	4	5	6	7	8	9	10	11	12	13	14	15	16	17	18
日辰		癸	甲	乙	丙	丁	戊	己	庚	辛	壬	癸	甲	乙	丙	丁	戊	己	庚	辛	壬	癸	甲	乙	丙	丁	戊	己	庚	辛	壬	癸
		丑	寅	卯	辰	巳	午	未	申	酉	戌	亥	子	丑	寅	卯	辰	巳	午	未	申	酉	戌	亥	子	丑	寅	卯	辰	巳	午	未
大	男	2	2	2	1	1	1	1	寒	10	9	9	9	8	8	8	7	7	7	6	6	6	5	5	5	4	4	4	3	3	3	2
運	女	八	八	九	九	九	十	十	露	一	一	一	一	二	二	二	三	三	三	四	四	四	五	五	五	六	六	六	七	七	七	八

11월 (甲戌)　乙亥 (입동) 立冬 7日 10:58　小雪 22日

陽曆		1	2	3	4	5	6	7	8	9	10	11	12	13	14	15	16	17	18	19	20	21	22	23	24	25	26	27	28	29	30	
요일		月	火	水	木	金	土	日	月	火	水	木	10/1	土	日	月	火	水	木	金	土	日	月	火	水	木	金	土	日	月	火	
陰曆		19	20	21	22	23	24	25	26	27	28	29		2	3	4	5	6	7	8	9	10	11	12	13	14	15	16	17	18	19	
日辰		甲	乙	丙	丁	戊	己	庚	辛	壬	癸	甲	乙	丙	丁	戊	己	庚	辛	壬	癸	甲	乙	丙	丁	戊	己	庚	辛	壬	癸	
		申	酉	戌	亥	子	丑	寅	卯	辰	巳	午	未	申	酉	戌	亥	子	丑	寅	卯	辰	巳	午	未	申	酉	戌	亥	子	丑	
大	男	2	2	1	1	1	1	立	10	9	9	9	8	8	8	7	7	7	6	6	6	5	5	5	4	4	4	3	3	3	2	
運	女	八	八	九	九	九	十	冬	一	一	一	一	二	二	二	三	三	三	四	四	四	五	五	五	六	六	六	七	七	七	八	

12월 (乙亥)　丙子 (대설) 大雪 7日 03:48　冬至 21日

陽曆		1	2	3	4	5	6	7	8	9	10	11	12	13	14	15	16	17	18	19	20	21	22	23	24	25	26	27	28	29	30	31
요일		水	木	金	土	日	月	火	水	木	金	土	11/1	月	火	水	木	金	土	日	月	火	水	木	金	土	日	月	火	水	木	金
陰曆		20	21	22	23	24	25	26	27	28	29	30		2	3	4	5	6	7	8	9	10	11	12	13	14	15	16	17	18	19	20
日辰		甲	乙	丙	丁	戊	己	庚	辛	壬	癸	甲	乙	丙	丁	戊	己	庚	辛	壬	癸	甲	乙	丙	丁	戊	己	庚	辛	壬	癸	甲
		寅	卯	辰	巳	午	未	申	酉	戌	亥	子	丑	寅	卯	辰	巳	午	未	申	酉	戌	亥	子	丑	寅	卯	辰	巳	午	未	申
大	男	2	2	1	1	1	1	大	9	9	9	8	8	8	7	7	7	6	6	6	5	5	5	4	4	4	3	3	3	2	2	2
運	女	八	八	九	九	九	十	雪	一	一	一	一	二	二	二	三	三	三	四	四	四	五	五	五	六	六	六	七	七	七	八	八

1월 (丙子) 丁丑 (소한) 小寒 5日 15:02 大寒 20日

陽曆	1	2	3	4	5	6	7	8	9	10	11	12	13	14	15	16	17	18	19	20	21	22	23	24	25	26	27	28	29	30	31
요일	土	日	月	火	水	木	金	土	日	12	火	水	木	金	土	日	月	火	水	木	金	土	日	月	火	水	木	金	土	日	月
陰曆	21	22	23	24	25	26	27	28	29	1	2	3	4	5	6	7	8	9	10	11	12	13	14	15	16	17	18	19	20	21	22
日辰	乙	丙	丁	戊	己	庚	辛	壬	癸	甲	乙	丙	丁	戊	己	庚	辛	壬	癸	甲	乙	丙	丁	戊	己	庚	辛	壬	癸	甲	乙
	酉	戌	亥	子	丑	寅	卯	辰	巳	午	未	申	酉	戌	亥	子	丑	寅	卯	辰	巳	午	未	申	酉	戌	亥	子	丑	寅	卯
大運 男	1	1	1	1	小	10	9	9	9	8	8	8	7	7	7	6	6	6	5	5	5	4	4	4	3	3	3	2	2	2	1
大運 女	八	九	九	九	寒	一	一	一	一	二	二	二	三	三	三	四	四	四	五	五	五	六	六	六	七	七	七	八	八	八	九

2월 (丁丑) 戊寅 (입춘) 立春 4日 02:42 雨水 18日

陽曆	1	2	3	4	5	6	7	8	9	10	11	12	13	14	15	16	17	18	19	20	21	22	23	24	25	26	27	28			
요일	火	水	木	金	土	日	月	火	1	木	金	土	日	月	火	水	木	金	土	日	月	火	水	木	金	土	日	月			
陰曆	23	24	25	26	27	28	29	30	1	2	3	4	5	6	7	8	9	10	11	12	13	14	15	16	17	18	19	20			
日辰	丙	丁	戊	己	庚	辛	壬	癸	甲	乙	丙	丁	戊	己	庚	辛	壬	癸	甲	乙	丙	丁	戊	己	庚	辛	壬	癸			
	辰	巳	午	未	申	酉	戌	亥	子	丑	寅	卯	辰	巳	午	未	申	酉	戌	亥	子	丑	寅	卯	辰	巳	午	未			
大運 男	1	1	1	立	1	1	1	1	2	2	2	3	3	3	4	4	4	5	5	5	6	6	6	7	7	7	8	8			
大運 女	九	九	十	春	九	九	九	八	八	八	七	七	七	六	六	六	五	五	五	四	四	四	三	三	三	二	二	二			

3월 (戊寅) 己卯 (경칩) 驚蟄 5日 20:44 春分 20日

陽曆	1	2	3	4	5	6	7	8	9	10	11	12	13	14	15	16	17	18	19	20	21	22	23	24	25	26	27	28	29	30	31
요일	火	水	木	金	土	日	月	火	水	2	金	土	日	月	火	水	木	金	土	日	月	火	水	木	金	土	日	月	火	水	木
陰曆	21	22	23	24	25	26	27	28	29	1	2	3	4	5	6	7	8	9	10	11	12	13	14	15	16	17	18	19	20	21	22
日辰	甲	乙	丙	丁	戊	己	庚	辛	壬	癸	甲	乙	丙	丁	戊	己	庚	辛	壬	癸	甲	乙	丙	丁	戊	己	庚	辛	壬	癸	甲
	申	酉	戌	亥	子	丑	寅	卯	辰	巳	午	未	申	酉	戌	亥	子	丑	寅	卯	辰	巳	午	未	申	酉	戌	亥	子	丑	寅
大運 男	8	9	9	9	驚	1	1	1	1	2	2	2	3	3	3	4	4	4	5	5	5	6	6	6	7	7	7	8	8	8	9
大運 女	一	一	一	一	蟄	十	十	九	九	九	八	八	八	七	七	七	六	六	六	五	五	五	四	四	四	三	三	三	二	二	二

4월 (己卯) 庚辰 (청명) 清明 5日 01:34 穀雨 20日

陽曆	1	2	3	4	5	6	7	8	9	10	11	12	13	14	15	16	17	18	19	20	21	22	23	24	25	26	27	28	29	30	
요일	金	土	日	月	火	水	木	金	3	日	月	火	水	木	金	土	日	月	火	水	木	金	土	日	月	火	水	木	金	土	
陰曆	23	24	25	26	27	28	29	30	1	2	3	4	5	6	7	8	9	10	11	12	13	14	15	16	17	18	19	20	21	22	
日辰	乙	丙	丁	戊	己	庚	辛	壬	癸	甲	乙	丙	丁	戊	己	庚	辛	壬	癸	甲	乙	丙	丁	戊	己	庚	辛	壬	癸	甲	
	卯	辰	巳	午	未	申	酉	戌	亥	子	丑	寅	卯	辰	巳	午	未	申	酉	戌	亥	子	丑	寅	卯	辰	巳	午	未	申	
大運 男	9	9	10	10	清	1	1	1	1	2	2	2	3	3	3	4	4	4	5	5	5	6	6	6	7	7	7	8	8	8	
大運 女	一	一	一	一	明	十	九	九	九	八	八	八	七	七	七	六	六	六	五	五	五	四	四	四	三	三	三	二	二	二	

5월 (庚辰) 辛巳 (입하) 立夏 5日 18:52 小滿 21日

陽曆	1	2	3	4	5	6	7	8	9	10	11	12	13	14	15	16	17	18	19	20	21	22	23	24	25	26	27	28	29	30	31
요일	日	月	火	水	木	金	土	4	月	火	水	木	金	土	日	月	火	水	木	金	土	日	月	火	水	木	金	土	日	月	火
陰曆	23	24	25	26	27	28	29	1	2	3	4	5	6	7	8	9	10	11	12	13	14	15	16	17	18	19	20	21	22	23	24
日辰	乙	丙	丁	戊	己	庚	辛	壬	癸	甲	乙	丙	丁	戊	己	庚	辛	壬	癸	甲	乙	丙	丁	戊	己	庚	辛	壬	癸	甲	乙
	酉	戌	亥	子	丑	寅	卯	辰	巳	午	未	申	酉	戌	亥	子	丑	寅	卯	辰	巳	午	未	申	酉	戌	亥	子	丑	寅	卯
大運 男	9	9	9	10	立	1	1	1	1	2	2	2	3	3	3	4	4	4	5	5	5	6	6	6	7	7	7	8	8	8	9
大運 女	一	一	一	一	夏	十	十	九	九	九	八	八	八	七	七	七	六	六	六	五	五	五	四	四	四	三	三	三	二	二	二

6월 (辛巳) 壬午 (망종) 芒種 5日 23:01 夏至 21日

陽曆	1	2	3	4	5	6	7	8	9	10	11	12	13	14	15	16	17	18	19	20	21	22	23	24	25	26	27	28	29	30	
요일	水	木	金	土	日	月	5	水	木	金	土	日	月	火	水	木	金	土	日	月	火	水	木	金	土	日	月	火	水	木	
陰曆	25	26	27	28	29	30	1	2	3	4	5	6	7	8	9	10	11	12	13	14	15	16	17	18	19	20	21	22	23	24	
日辰	丙	丁	戊	己	庚	辛	壬	癸	甲	乙	丙	丁	戊	己	庚	辛	壬	癸	甲	乙	丙	丁	戊	己	庚	辛	壬	癸	甲	乙	
	辰	巳	午	未	申	酉	戌	亥	子	丑	寅	卯	辰	巳	午	未	申	酉	戌	亥	子	丑	寅	卯	辰	巳	午	未	申	酉	
大運 男	9	9	10	10	芒	1	1	1	1	2	2	2	3	3	3	4	4	4	5	5	5	6	6	6	7	7	7	8	8	8	
大運 女	一	一	一	一	種	十	十	十	九	九	九	八	八	八	七	七	七	六	六	六	五	五	五	四	四	四	三	三	三	二	

泉中水星	八日得辛	南大將	未弔客	寒食(4월 05일)	初伏(7월 15일)
四綠木星	五龍治水	亥喪門	東三殺	中伏(7월 25일)	末伏(8월 14일)

7월 (壬午) 癸未 (소서) 小署 7日 09:16 大暑 23日

陽曆	1	2	3	4	5	6	7	8	9	10	11	12	13	14	15	16	17	18	19	20	21	22	23	24	25	26	27	28	29	30	31
요일	金	土	日	月	火	6	木	金	土	日	月	火	水	木	金	土	日	月	火	水	木	金	土	日	月	火	水	木	金	土	日
陰曆	25	26	27	28	29	1	2	3	4	5	6	7	8	9	10	11	12	13	14	15	16	17	18	19	20	21	22	23	24	25	26
日辰	丙	丁	戊	己	庚	辛	壬	癸	甲	乙	丙	丁	戊	己	庚	辛	壬	癸	甲	乙	丙	丁	戊	己	庚	辛	壬	癸	甲	乙	丙
	戌	亥	子	丑	寅	卯	辰	巳	午	未	申	酉	戌	亥	子	丑	寅	卯	辰	巳	午	未	申	酉	戌	亥	子	丑	寅	卯	辰
大運 男	9	9	9	10	10	10	小	1	1	1	1	2	2	2	3	3	3	4	4	4	5	5	5	6	6	6	7	7	7	8	8
大運 女	二	二	一	一	一	一	暑	十	十	九	九	九	八	八	八	七	七	七	六	六	六	五	五	五	四	四	四	三	三	三	二

8월 (癸未) 甲申 (입추) 立秋 7日 19:03 處暑 23日

陽曆	1	2	3	4	5	6	7	8	9	10	11	12	13	14	15	16	17	18	19	20	21	22	23	24	25	26	27	28	29	30	31
요일	月	火	水	木	7	土	日	月	火	水	木	金	土	日	月	火	水	木	金	土	日	月	火	水	木	金	土	日	月	火	水
陰曆	27	28	29	30	1	2	3	4	5	6	7	8	9	10	11	12	13	14	15	16	17	18	19	20	21	22	23	24	25	26	27
日辰	丁	戊	己	庚	辛	壬	癸	甲	乙	丙	丁	戊	己	庚	辛	壬	癸	甲	乙	丙	丁	戊	己	庚	辛	壬	癸	甲	乙	丙	丁
	巳	午	未	申	酉	戌	亥	子	丑	寅	卯	辰	巳	午	未	申	酉	戌	亥	子	丑	寅	卯	辰	巳	午	未	申	酉	戌	亥
大運 男	8	9	9	9	10	10	立	1	1	1	1	2	2	2	3	3	3	4	4	4	5	5	5	6	6	6	7	7	7	8	8
大運 女	二	二	一	一	一	一	秋	十	十	九	九	九	八	八	八	七	七	七	六	六	六	五	五	五	四	四	四	三	三	三	二

9월 (甲申) 乙酉 (백로) 白露 7日 21:56 秋分 23日

陽曆	1	2	3	4	5	6	7	8	9	10	11	12	13	14	15	16	17	18	19	20	21	22	23	24	25	26	27	28	29	30	
요일	木	金	土	8	月	火	水	木	金	土	日	月	火	水	木	金	土	日	月	火	水	木	金	土	日	月	火	水	木	金	
陰曆	28	29	30	1	2	3	4	5	6	7	8	9	10	11	12	13	14	15	16	17	18	19	20	21	22	23	24	25	26	27	
日辰	戊	己	庚	辛	壬	癸	甲	乙	丙	丁	戊	己	庚	辛	壬	癸	甲	乙	丙	丁	戊	己	庚	辛	壬	癸	甲	乙	丙	丁	
	子	丑	寅	卯	辰	巳	午	未	申	酉	戌	亥	子	丑	寅	卯	辰	巳	午	未	申	酉	戌	亥	子	丑	寅	卯	辰	巳	
大運 男	8	9	9	9	10	10	白	1	1	1	1	2	2	2	3	3	3	4	4	4	5	5	5	6	6	6	7	7	7	8	
大運 女	二	二	一	一	一	一	露	十	十	九	九	九	八	八	八	七	七	七	六	六	六	五	五	五	四	四	四	三	三	三	

10월 (乙酉) 丙戌 (한로) 寒露 8日 13:33 霜降 23日

陽曆	1	2	3	4	5	6	7	8	9	10	11	12	13	14	15	16	17	18	19	20	21	22	23	24	25	26	27	28	29	30	31
요일	土	日	9	火	水	木	金	土	日	月	火	水	木	金	土	日	月	火	水	木	金	土	日	月	火	水	木	金	土	日	月
陰曆	28	29	1	2	3	4	5	6	7	8	9	10	11	12	13	14	15	16	17	18	19	20	21	22	23	24	25	26	27	28	29
日辰	戊	己	庚	辛	壬	癸	甲	乙	丙	丁	戊	己	庚	辛	壬	癸	甲	乙	丙	丁	戊	己	庚	辛	壬	癸	甲	乙	丙	丁	戊
	午	未	申	酉	戌	亥	子	丑	寅	卯	辰	巳	午	未	申	酉	戌	亥	子	丑	寅	卯	辰	巳	午	未	申	酉	戌	亥	子
大運 男	8	8	9	9	9	10	10	寒	1	1	1	1	2	2	2	3	3	3	4	4	4	5	5	5	6	6	6	7	7	7	8
大運 女	二	二	二	一	一	一	一	露	十	九	九	九	八	八	八	七	七	七	六	六	六	五	五	五	四	四	四	三	三	三	二

11월 (丙戌) 丁亥 (입동) 立冬 7日 16:42 小雪 22日

陽曆	1	2	3	4	5	6	7	8	9	10	11	12	13	14	15	16	17	18	19	20	21	22	23	24	25	26	27	28	29	30	
요일	火	10	木	金	土	日	月	火	水	木	金	土	日	月	火	水	木	金	土	日	月	火	水	木	金	土	日	月	火	水	
陰曆	30	1	2	3	4	5	6	7	8	9	10	11	12	13	14	15	16	17	18	19	20	21	22	23	24	25	26	27	28	29	
日辰	己	庚	辛	壬	癸	甲	乙	丙	丁	戊	己	庚	辛	壬	癸	甲	乙	丙	丁	戊	己	庚	辛	壬	癸	甲	乙	丙	丁	戊	
	丑	寅	卯	辰	巳	午	未	申	酉	戌	亥	子	丑	寅	卯	辰	巳	午	未	申	酉	戌	亥	子	丑	寅	卯	辰	巳	午	
大運 男	8	8	9	9	9	10	立	1	1	1	1	2	2	2	3	3	3	4	4	4	5	5	5	6	6	6	7	7	7	8	
大運 女	二	二	一	一	一	一	冬	十	九	九	九	八	八	八	七	七	七	六	六	六	五	五	五	四	四	四	三	三	三	二	

12월 (丁亥) 戊子 (대설) 大雪 7日 09:32 冬至 22日

陽曆	1	2	3	4	5	6	7	8	9	10	11	12	13	14	15	16	17	18	19	20	21	22	23	24	25	26	27	28	29	30	31
요일	木	11	土	日	月	火	水	木	金	土	日	月	火	水	木	金	土	日	月	火	水	木	金	土	日	月	火	水	木	金	12
陰曆	30	1	2	3	4	5	6	7	8	9	10	11	12	13	14	15	16	17	18	19	20	21	22	23	24	25	26	27	28	29	1
日辰	己	庚	辛	壬	癸	甲	乙	丙	丁	戊	己	庚	辛	壬	癸	甲	乙	丙	丁	戊	己	庚	辛	壬	癸	甲	乙	丙	丁	戊	己
	未	申	酉	戌	亥	子	丑	寅	卯	辰	巳	午	未	申	酉	戌	亥	子	丑	寅	卯	辰	巳	午	未	申	酉	戌	亥	子	丑
大運 男	8	8	9	9	9	10	大	1	1	1	1	2	2	2	3	3	3	4	4	4	5	5	5	6	6	6	7	7	7	8	8
大運 女	二	二	一	一	一	一	雪	九	九	九	八	八	八	七	七	七	六	六	六	五	五	五	四	四	四	三	三	三	二	二	二

1월 (戊子)　　己丑 (소한) 小寒 5日 20:46　　大寒 20日

陽曆	1	2	3	4	5	6	7	8	9	10	11	12	13	14	15	16	17	18	19	20	21	22	23	24	25	26	27	28	29	30	31
요일	日	月	火	水	木	金	土	日	月	火	水	木	金	土	日	月	火	水	木	金	土	日	月	火	水	木	金	土	1/	月	火
陰曆	2	3	4	5	6	7	8	9	10	11	12	13	14	15	16	17	18	19	20	21	22	23	24	25	26	27	28	29	1	2	3
日辰	庚	辛	壬	癸	甲	乙	丙	丁	戊	己	庚	辛	壬	癸	甲	乙	丙	丁	戊	己	庚	辛	壬	癸	甲	乙	丙	丁	戊	己	庚
	寅	卯	辰	巳	午	未	申	酉	戌	亥	子	丑	寅	卯	辰	巳	午	未	申	酉	戌	亥	子	丑	寅	卯	辰	巳	午	未	申
大 男	8	9	9	9	小	1	1	1	1	2	2	2	3	3	3	4	4	4	5	5	5	6	6	6	7	7	7	8	8	8	9
運 女	一	一	一	一	寒	十	九	九	九	八	八	八	七	七	七	六	六	六	五	五	五	四	四	四	三	三	三	二	二	二	一

2월 (己丑)　　庚寅 (입춘) 立春 4日 08:27　　雨水 19日

陽曆	1	2	3	4	5	6	7	8	9	10	11	12	13	14	15	16	17	18	19	20	21	22	23	24	25	26	27	28			
요일	水	木	金	土	日	月	火	水	木	金	土	日	月	火	水	木	金	土	日	月	火	水	木	金	土	日	月	2/			
陰曆	4	5	6	7	8	9	10	11	12	13	14	15	16	17	18	19	20	21	22	23	24	25	26	27	28	29	30	1			
日辰	辛	壬	癸	甲	乙	丙	丁	戊	己	庚	辛	壬	癸	甲	乙	丙	丁	戊	己	庚	辛	壬	癸	甲	乙	丙	丁	戊			
	酉	戌	亥	子	丑	寅	卯	辰	巳	午	未	申	酉	戌	亥	子	丑	寅	卯	辰	巳	午	未	申	酉	戌	亥	子			
大 男	9	9	10	立	10	9	9	9	8	8	8	7	7	7	6	6	6	5	5	5	4	4	4	3	3	3	2	2			
運 女	一	一	一	春	一	一	一	一	二	二	二	三	三	三	四	四	四	五	五	五	六	六	六	七	七	七	八	八			

3월 (庚寅)　　辛卯 (경칩) 驚蟄 6日 02:28　　春分 21日

陽曆	1	2	3	4	5	6	7	8	9	10	11	12	13	14	15	16	17	18	19	20	21	22	23	24	25	26	27	28	29	30	31
요일	水	木	金	土	日	月	火	水	木	金	土	日	月	火	水	木	金	土	日	月	火	水	木	金	土	日	月	火	3/	木	金
陰曆	2	3	4	5	6	7	8	9	10	11	12	13	14	15	16	17	18	19	20	21	22	23	24	25	26	27	28	29	1	2	3
日辰	己	庚	辛	壬	癸	甲	乙	丙	丁	戊	己	庚	辛	壬	癸	甲	乙	丙	丁	戊	己	庚	辛	壬	癸	甲	乙	丙	丁	戊	己
	丑	寅	卯	辰	巳	午	未	申	酉	戌	亥	子	丑	寅	卯	辰	巳	午	未	申	酉	戌	亥	子	丑	寅	卯	辰	巳	午	未
大 男	2	1	1	1	1	驚	10	9	9	9	8	8	8	7	7	7	6	6	6	5	5	5	4	4	4	3	3	3	2	2	2
運 女	八	九	九	九	十	蟄	一	一	一	一	二	二	二	三	三	三	四	四	四	五	五	五	六	六	六	七	七	七	八	八	八

4월 (辛卯)　　壬辰 (청명) 清明 5日 07:15　　穀雨 20日

陽曆	1	2	3	4	5	6	7	8	9	10	11	12	13	14	15	16	17	18	19	20	21	22	23	24	25	26	27	28	29	30	
요일	土	日	月	火	水	木	金	土	日	月	火	水	木	金	土	日	月	火	水	木	金	土	日	月	火	水	木	4/	土	日	
陰曆	4	5	6	7	8	9	10	11	12	13	14	15	16	17	18	19	20	21	22	23	24	25	26	27	28	29	30	1	2	3	
日辰	庚	辛	壬	癸	甲	乙	丙	丁	戊	己	庚	辛	壬	癸	甲	乙	丙	丁	戊	己	庚	辛	壬	癸	甲	乙	丙	丁	戊	己	
	申	酉	戌	亥	子	丑	寅	卯	辰	巳	午	未	申	酉	戌	亥	子	丑	寅	卯	辰	巳	午	未	申	酉	戌	亥	子	丑	
大 男	1	1	1	1	清	10	10	9	9	9	8	8	8	7	7	7	6	6	6	5	5	5	4	4	4	3	3	3	2	2	
運 女	九	九	九	十	明	一	一	一	一	二	二	二	三	三	三	四	四	四	五	五	五	六	六	六	七	七	七	八	八	八	

5월 (壬辰)　　癸巳 (입하) 立夏 6日 00:30　　小滿 21日

陽曆	1	2	3	4	5	6	7	8	9	10	11	12	13	14	15	16	17	18	19	20	21	22	23	24	25	26	27	28	29	30	31
요일	月	火	水	木	金	土	日	月	火	水	木	金	土	日	月	火	水	木	金	土	日	月	火	水	木	金	5/	日	月	火	水
陰曆	4	5	6	7	8	9	10	11	12	13	14	15	16	17	18	19	20	21	22	23	24	25	26	27	28	29	1	2	3	4	5
日辰	庚	辛	壬	癸	甲	乙	丙	丁	戊	己	庚	辛	壬	癸	甲	乙	丙	丁	戊	己	庚	辛	壬	癸	甲	乙	丙	丁	戊	己	庚
	寅	卯	辰	巳	午	未	申	酉	戌	亥	子	丑	寅	卯	辰	巳	午	未	申	酉	戌	亥	子	丑	寅	卯	辰	巳	午	未	申
大 男	2	1	1	1	1	立	10	10	9	9	9	8	8	8	7	7	7	6	6	6	5	5	5	4	4	4	3	3	3	2	2
運 女	九	九	九	十	十	夏	一	一	一	一	二	二	二	三	三	三	四	四	四	五	五	五	六	六	六	七	七	七	八	八	八

6월 (癸巳)　　甲午 (망종) 芒種 6日 04:36　　夏至 21日

陽曆	1	2	3	4	5	6	7	8	9	10	11	12	13	14	15	16	17	18	19	20	21	22	23	24	25	26	27	28	29	30	
요일	木	金	土	日	月	火	水	木	金	土	日	月	火	水	木	金	土	日	月	火	水	木	金	土	日	6/	火	水	木	金	
陰曆	6	7	8	9	10	11	12	13	14	15	16	17	18	19	20	21	22	23	24	25	26	27	28	29	30	1	2	3	4	5	
日辰	辛	壬	癸	甲	乙	丙	丁	戊	己	庚	辛	壬	癸	甲	乙	丙	丁	戊	己	庚	辛	壬	癸	甲	乙	丙	丁	戊	己	庚	
	酉	戌	亥	子	丑	寅	卯	辰	巳	午	未	申	酉	戌	亥	子	丑	寅	卯	辰	巳	午	未	申	酉	戌	亥	子	丑	寅	
大 男	2	1	1	1	1	芒	10	10	9	9	9	8	8	8	7	7	7	6	6	6	5	5	5	4	4	4	3	3	3	2	
運 女	九	九	九	十	十	種	一	一	一	一	二	二	二	三	三	三	四	四	四	五	五	五	六	六	六	七	七	七	八	八	

7월 (甲午) 乙未 (소서) 小暑 7日 14:51 大暑 23日

陽曆		1	2	3	4	5	6	7	8	9	10	11	12	13	14	15	16	17	18	19	20	21	22	23	24	25	26	27	28	29	30	31
요일		土	日	月	火	水	木	金	土	日	月	火	水	木	金	土	日	月	火	水	木	金	土	日	月	7/	水	木	金	土	日	月
陰曆		6	7	8	9	10	11	12	13	14	15	16	17	18	19	20	21	22	23	24	25	26	27	28	29	1	2	3	4	5	6	7
日辰		辛	壬	癸	甲	乙	丙	丁	戊	己	庚	辛	壬	癸	甲	乙	丙	丁	戊	己	庚	辛	壬	癸	甲	乙	丙	丁	戊	己	庚	辛
		卯	辰	巳	午	未	申	酉	戌	亥	子	丑	寅	卯	辰	巳	午	未	申	酉	戌	亥	子	丑	寅	卯	辰	巳	午	未	申	酉
大	男	2	2	1	1	1	1	小	10	10	10	9	9	9	8	8	8	7	7	7	6	6	6	5	5	5	4	4	4	3	3	3
運	女	八	九	九	九	十	十	暑	一	一	一	一	二	二	二	三	三	三	四	四	四	五	五	五	六	六	六	七	七	七	八	八

8월 (乙未) 丙申 (입추) 立秋 8日 00:40 處暑 23日

陽曆		1	2	3	4	5	6	7	8	9	10	11	12	13	14	15	16	17	18	19	20	21	22	23	24	25	26	27	28	29	30	31
요일		火	水	木	金	土	日	月	火	水	木	金	土	日	月	火	水	木	金	土	日	月	火	水	윤7/	金	土	日	月	火	水	木
陰曆		8	9	10	11	12	13	14	15	16	17	18	19	20	21	22	23	24	25	26	27	28	29	30	1	2	3	4	5	6	7	8
日辰		壬	癸	甲	乙	丙	丁	戊	己	庚	辛	壬	癸	甲	乙	丙	丁	戊	己	庚	辛	壬	癸	甲	乙	丙	丁	戊	己	庚	辛	壬
		戌	亥	子	丑	寅	卯	辰	巳	午	未	申	酉	戌	亥	子	丑	寅	卯	辰	巳	午	未	申	酉	戌	亥	子	丑	寅	卯	辰
大	男	2	2	2	1	1	1	1	立	10	10	9	9	9	8	8	8	7	7	7	6	6	6	5	5	5	4	4	4	3	3	3
運	女	八	九	九	九	十	十	十	秋	一	一	一	一	二	二	二	三	三	三	四	四	四	五	五	五	六	六	六	七	七	七	八

9월 (丙申) 丁酉 (백로) 白露 8日 03:38 秋分 23日

陽曆		1	2	3	4	5	6	7	8	9	10	11	12	13	14	15	16	17	18	19	20	21	22	23	24	25	26	27	28	29	30	
요일		金	土	日	月	火	水	木	金	土	日	月	火	水	木	金	土	日	月	火	水	木	8/	土	日	月	火	水	木	金	土	
陰曆		9	10	11	12	13	14	15	16	17	18	19	20	21	22	23	24	25	26	27	28	29	1	2	3	4	5	6	7	8	9	
日辰		癸	甲	乙	丙	丁	戊	己	庚	辛	壬	癸	甲	乙	丙	丁	戊	己	庚	辛	壬	癸	甲	乙	丙	丁	戊	己	庚	辛	壬	
		巳	午	未	申	酉	戌	亥	子	丑	寅	卯	辰	巳	午	未	申	酉	戌	亥	子	丑	寅	卯	辰	巳	午	未	申	酉	戌	
大	男	2	2	2	1	1	1	1	白	10	9	9	9	8	8	8	7	7	7	6	6	6	5	5	5	4	4	4	3	3	3	
運	女	八	八	九	九	九	十	十	露	一	一	一	一	二	二	二	三	三	三	四	四	四	五	五	五	六	六	六	七	七	七	

10월 (丁酉) 戊戌 (한로) 寒露 8日 19:21 霜降 23日

陽曆		1	2	3	4	5	6	7	8	9	10	11	12	13	14	15	16	17	18	19	20	21	22	23	24	25	26	27	28	29	30	31
요일		日	月	火	水	木	金	土	日	月	火	水	木	金	土	日	月	火	水	木	金	土	9/	月	火	水	木	金	土	日	月	火
陰曆		10	11	12	13	14	15	16	17	18	19	20	21	22	23	24	25	26	27	28	29	30	1	2	3	4	5	6	7	8	9	10
日辰		癸	甲	乙	丙	丁	戊	己	庚	辛	壬	癸	甲	乙	丙	丁	戊	己	庚	辛	壬	癸	甲	乙	丙	丁	戊	己	庚	辛	壬	癸
		亥	子	丑	寅	卯	辰	巳	午	未	申	酉	戌	亥	子	丑	寅	卯	辰	巳	午	未	申	酉	戌	亥	子	丑	寅	卯	辰	巳
大	男	2	2	2	1	1	1	1	寒	10	9	9	9	8	8	8	7	7	7	6	6	6	5	5	5	4	4	4	3	3	3	2
運	女	八	八	八	九	九	九	十	露	一	一	一	一	二	二	二	三	三	三	四	四	四	五	五	五	六	六	六	七	七	七	八

11월 (戊戌) 己亥 (입동) 立冬 7日 22:34 小雪 22日

陽曆		1	2	3	4	5	6	7	8	9	10	11	12	13	14	15	16	17	18	19	20	21	22	23	24	25	26	27	28	29	30	
요일		水	木	金	土	日	月	火	水	木	金	土	日	月	火	水	木	金	土	日	月	10/	水	木	金	土	日	月	火	水	木	
陰曆		11	12	13	14	15	16	17	18	19	20	21	22	23	24	25	26	27	28	29	30	1	2	3	4	5	6	7	8	9	10	
日辰		甲	乙	丙	丁	戊	己	庚	辛	壬	癸	甲	乙	丙	丁	戊	己	庚	辛	壬	癸	甲	乙	丙	丁	戊	己	庚	辛	壬	癸	
		午	未	申	酉	戌	亥	子	丑	寅	卯	辰	巳	午	未	申	酉	戌	亥	子	丑	寅	卯	辰	巳	午	未	申	酉	戌	亥	
大	男	2	2	1	1	1	1	立	10	9	9	9	8	8	8	7	7	7	6	6	6	5	5	5	4	4	4	3	3	3	2	
運	女	八	八	九	九	九	十	冬	一	一	一	一	二	二	二	三	三	三	四	四	四	五	五	五	六	六	六	七	七	七	八	

12월 (己亥) 庚子 (대설) 大雪 7日 15:26 冬至 22日

陽曆		1	2	3	4	5	6	7	8	9	10	11	12	13	14	15	16	17	18	19	20	21	22	23	24	25	26	27	28	29	30	31
요일		金	土	日	月	火	水	木	金	土	日	月	火	水	木	金	土	日	月	火	11/	木	金	土	日	月	火	水	木	金	土	日
陰曆		11	12	13	14	15	16	17	18	19	20	21	22	23	24	25	26	27	28	29	1	2	3	4	5	6	7	8	9	10	11	12
日辰		甲	乙	丙	丁	戊	己	庚	辛	壬	癸	甲	乙	丙	丁	戊	己	庚	辛	壬	癸	甲	乙	丙	丁	戊	己	庚	辛	壬	癸	甲
		子	丑	寅	卯	辰	巳	午	未	申	酉	戌	亥	子	丑	寅	卯	辰	巳	午	未	申	酉	戌	亥	子	丑	寅	卯	辰	巳	午
大	男	2	2	1	1	1	1	大	10	9	9	9	8	8	8	7	7	7	6	6	6	5	5	5	4	4	4	3	3	3	2	2
運	女	八	八	九	九	九	十	雪	一	一	一	一	二	二	二	三	三	三	四	四	四	五	五	五	六	六	六	七	七	七	八	八

丁亥

1월 (庚子)　　**辛丑** (소한) 小寒 6日 02:39　　大寒 20日

陽曆	1	2	3	4	5	6	7	8	9	10	11	12	13	14	15	16	17	18	19	20	21	22	23	24	25	26	27	28	29	30	31
요일	月	火	水	木	金	土	日	月	火	水	木	金	土	日	月	火	水	木	12	土	日	月	火	水	木	金	土	日	月	火	水
陰曆	13	14	15	16	17	18	19	20	21	22	23	24	25	26	27	28	29	30	1	2	3	4	5	6	7	8	9	10	11	12	13
日辰	乙	丙	丁	戊	己	庚	辛	壬	癸	甲	乙	丙	丁	戊	己	庚	辛	壬	癸	甲	乙	丙	丁	戊	己	庚	辛	壬	癸	甲	乙
	未	申	酉	戌	亥	子	丑	寅	卯	辰	巳	午	未	申	酉	戌	亥	子	丑	寅	卯	辰	巳	午	未	申	酉	戌	亥	子	丑
大 男	2	1	1	1	1	小	9	9	9	8	8	8	7	7	7	6	6	6	5	5	5	4	4	4	3	3	3	2	2	2	1
運 女	八	九	九	九	十	寒	一	一	一	一	二	二	二	三	三	三	四	四	四	五	五	五	六	六	六	七	七	七	八	八	八

2월 (辛丑)　　**壬寅** (입춘) 立春 4日 14:17　　雨水 19日

陽曆	1	2	3	4	5	6	7	8	9	10	11	12	13	14	15	16	17	18	19	20	21	22	23	24	25	26	27	28			
요일	木	金	土	日	月	火	水	木	金	土	日	月	火	水	木	金	土	1	月	火	水	木	金	土	日	月	火	水			
陰曆	14	15	16	17	18	19	20	21	22	23	24	25	26	27	28	29	30	1	2	3	4	5	6	7	8	9	10	11			
日辰	丙	丁	戊	己	庚	辛	壬	癸	甲	乙	丙	丁	戊	己	庚	辛	壬	癸	甲	乙	丙	丁	戊	己	庚	辛	壬	癸			
	寅	卯	辰	巳	午	未	申	酉	戌	亥	子	丑	寅	卯	辰	巳	午	未	申	酉	戌	亥	子	丑	寅	卯	辰	巳			
大 男	1	1	1	立	1	1	1	1	2	2	2	3	3	3	4	4	4	5	5	5	6	6	6	7	7	7	8	8			
運 女	九	九	九	春	十	九	九	九	八	八	八	七	七	七	六	六	六	五	五	五	四	四	四	三	三	三	二	二			

3월 (壬寅)　　**癸卯** (경칩) 驚蟄 6日 08:17　　春分 21日

陽曆	1	2	3	4	5	6	7	8	9	10	11	12	13	14	15	16	17	18	19	20	21	22	23	24	25	26	27	28	29	30	31
요일	木	金	土	日	月	火	水	木	金	土	日	月	火	水	木	金	土	日	2	火	水	木	金	土	日	月	火	水	木	金	土
陰曆	12	13	14	15	16	17	18	19	20	21	22	23	24	25	26	27	28	29	1	2	3	4	5	6	7	8	9	10	11	12	13
日辰	甲	乙	丙	丁	戊	己	庚	辛	壬	癸	甲	乙	丙	丁	戊	己	庚	辛	壬	癸	甲	乙	丙	丁	戊	己	庚	辛	壬	癸	甲
	午	未	申	酉	戌	亥	子	丑	寅	卯	辰	巳	午	未	申	酉	戌	亥	子	丑	寅	卯	辰	巳	午	未	申	酉	戌	亥	子
大 男	8	9	9	9	10	驚	1	1	1	1	2	2	2	3	3	3	4	4	4	5	5	5	6	6	6	7	7	7	8	8	8
運 女	二	一	一	一	一	蟄	十	九	九	九	八	八	八	七	七	七	六	六	六	五	五	五	四	四	四	三	三	三	二	二	二

4월 (癸卯)　　**甲辰** (청명) 清明 5日 13:04　　穀雨 20日

陽曆	1	2	3	4	5	6	7	8	9	10	11	12	13	14	15	16	17	18	19	20	21	22	23	24	25	26	27	28	29	30	
요일	日	月	火	水	木	金	土	日	月	火	水	木	金	土	日	月	3	水	木	金	土	日	月	火	水	木	金	土	日	月	
陰曆	14	15	16	17	18	19	20	21	22	23	24	25	26	27	28	29	1	2	3	4	5	6	7	8	9	10	11	12	13	14	
日辰	乙	丙	丁	戊	己	庚	辛	壬	癸	甲	乙	丙	丁	戊	己	庚	辛	壬	癸	甲	乙	丙	丁	戊	己	庚	辛	壬	癸	甲	
	丑	寅	卯	辰	巳	午	未	申	酉	戌	亥	子	丑	寅	卯	辰	巳	午	未	申	酉	戌	亥	子	丑	寅	卯	辰	巳	午	
大 男	9	9	9	10	清	1	1	1	1	2	2	2	3	3	3	4	4	4	5	5	5	6	6	6	7	7	7	8	8	8	
運 女	一	一	一	一	明	十	十	九	九	九	八	八	八	七	七	七	六	六	六	五	五	五	四	四	四	三	三	三	二	二	

5월 (甲辰)　　**乙巳** (입하) 立夏 6日 06:20　　小滿 21日

陽曆	1	2	3	4	5	6	7	8	9	10	11	12	13	14	15	16	17	18	19	20	21	22	23	24	25	26	27	28	29	30	31
요일	火	水	木	金	土	日	月	火	水	木	金	土	日	月	火	水	4	金	土	日	月	火	水	木	金	土	日	月	火	水	木
陰曆	15	16	17	18	19	20	21	22	23	24	25	26	27	28	29	30	1	2	3	4	5	6	7	8	9	10	11	12	13	14	15
日辰	乙	丙	丁	戊	己	庚	辛	壬	癸	甲	乙	丙	丁	戊	己	庚	辛	壬	癸	甲	乙	丙	丁	戊	己	庚	辛	壬	癸	甲	乙
	未	申	酉	戌	亥	子	丑	寅	卯	辰	巳	午	未	申	酉	戌	亥	子	丑	寅	卯	辰	巳	午	未	申	酉	戌	亥	子	丑
大 男	9	9	9	10	10	立	1	1	1	1	2	2	2	3	3	3	4	4	4	5	5	5	6	6	6	7	7	7	8	8	8
運 女	二	一	一	一	一	夏	十	十	九	九	九	八	八	八	七	七	七	六	六	六	五	五	五	四	四	四	三	三	三	二	二

6월 (乙巳)　　**丙午** (망종) 芒種 6日 10:26　　夏至 22日

陽曆	1	2	3	4	5	6	7	8	9	10	11	12	13	14	15	16	17	18	19	20	21	22	23	24	25	26	27	28	29	30	
요일	金	土	日	月	火	水	木	金	土	日	月	火	水	木	5	土	日	月	火	水	木	金	土	日	月	火	水	木	金	土	
陰曆	16	17	18	19	20	21	22	23	24	25	26	27	28	29	1	2	3	4	5	6	7	8	9	10	11	12	13	14	15	16	
日辰	丙	丁	戊	己	庚	辛	壬	癸	甲	乙	丙	丁	戊	己	庚	辛	壬	癸	甲	乙	丙	丁	戊	己	庚	辛	壬	癸	甲	乙	
	寅	卯	辰	巳	午	未	申	酉	戌	亥	子	丑	寅	卯	辰	巳	午	未	申	酉	戌	亥	子	丑	寅	卯	辰	巳	午	未	
大 男	9	9	9	10	10	芒	1	1	1	1	2	2	2	3	3	3	4	4	4	5	5	5	6	6	6	7	7	7	8	8	
運 女	二	一	一	一	一	種	十	十	九	九	九	八	八	八	七	七	七	六	六	六	五	五	五	四	四	四	三	三	三	二	

屋上土星 九日得辛 西大將 酉弔客 寒食(4월 06일) 初伏(7월 15일)
二黑土星 十龍治水 丑喪門 酉三殺 中伏(7월 25일) 末伏(8월 14일)

7월 (丙午) 丁未 (소서) 小暑 7日 20:41 大暑 23日

陽曆	1	2	3	4	5	6	7	8	9	10	11	12	13	14	15	16	17	18	19	20	21	22	23	24	25	26	27	28	29	30	31
요일	日	月	火	水	木	金	土	日	月	火	水	木	金	6/1	日	月	火	水	木	金	土	日	月	火	水	木	金	土	日	月	火
陰曆	17	18	19	20	21	22	23	24	25	26	27	28	29		2	3	4	5	6	7	8	9	10	11	12	13	14	15	16	17	18
日辰	丙	丁	戊	己	庚	辛	壬	癸	甲	乙	丙	丁	戊	己	庚	辛	壬	癸	甲	乙	丙	丁	戊	己	庚	辛	壬	癸	甲	乙	丙
	申	酉	戌	亥	子	丑	寅	卯	辰	巳	午	未	申	酉	戌	亥	子	丑	寅	卯	辰	巳	午	未	申	酉	戌	亥	子	丑	寅
大 男	8	9	9	9	10	10	小	1	1	1	1	2	2	2	3	3	3	4	4	4	5	5	5	6	6	6	7	7	7	8	8
運 女	二	二	一	一	一	一	暑	十	十	十	九	九	九	八	八	八	七	七	七	六	六	六	五	五	五	四	四	四	三	三	三

8월 (丁未) 戊申 (입추) 立秋 8日 06:30 處暑 23日

陽曆	1	2	3	4	5	6	7	8	9	10	11	12	13	14	15	16	17	18	19	20	21	22	23	24	25	26	27	28	29	30	31
요일	水	木	金	土	日	月	火	水	木	金	土	日	7/1	火	水	木	金	土	日	月	火	水	木	金	土	日	月	火	水	木	金
陰曆	19	20	21	22	23	24	25	26	27	28	29	30		2	3	4	5	6	7	8	9	10	11	12	13	14	15	16	17	18	19
日辰	丁	戊	己	庚	辛	壬	癸	甲	乙	丙	丁	戊	己	庚	辛	壬	癸	甲	乙	丙	丁	戊	己	庚	辛	壬	癸	甲	乙	丙	丁
	卯	辰	巳	午	未	申	酉	戌	亥	子	丑	寅	卯	辰	巳	午	未	申	酉	戌	亥	子	丑	寅	卯	辰	巳	午	未	申	酉
大 男	8	9	9	9	10	10	10	立	1	1	1	1	2	2	2	3	3	3	4	4	4	5	5	5	6	6	6	7	7	7	8
運 女	二	二	二	一	一	一	一	秋	十	十	九	九	九	八	八	八	七	七	七	六	六	六	五	五	五	四	四	四	三	三	三

9월 (戊申) 己酉 (백로) 白露 8日 09:29 秋分 23日

陽曆	1	2	3	4	5	6	7	8	9	10	11	12	13	14	15	16	17	18	19	20	21	22	23	24	25	26	27	28	29	30	
요일	土	日	月	火	水	木	金	土	日	月	8/1	水	木	金	土	日	月	火	水	木	金	土	日	月	火	水	木	金	土	日	
陰曆	20	21	22	23	24	25	26	27	28	29		2	3	4	5	6	7	8	9	10	11	12	13	14	15	16	17	18	19	20	
日辰	戊	己	庚	辛	壬	癸	甲	乙	丙	丁	戊	己	庚	辛	壬	癸	甲	乙	丙	丁	戊	己	庚	辛	壬	癸	甲	乙	丙	丁	
	戌	亥	子	丑	寅	卯	辰	巳	午	未	申	酉	戌	亥	子	丑	寅	卯	辰	巳	午	未	申	酉	戌	亥	子	丑	寅	卯	
大 男	8	8	9	9	9	10	10	白	1	1	1	1	2	2	2	3	3	3	4	4	4	5	5	5	6	6	6	7	7	7	
運 女	二	二	二	一	一	一	一	露	十	十	九	九	九	八	八	八	七	七	七	六	六	六	五	五	五	四	四	四	三	三	

10월 (己酉) 庚戌 (한로) 寒露 9日 01:11 霜降 24日

陽曆	1	2	3	4	5	6	7	8	9	10	11	12	13	14	15	16	17	18	19	20	21	22	23	24	25	26	27	28	29	30	31
요일	月	火	水	木	金	土	日	月	火	水	9/1	金	土	日	月	火	水	木	金	土	日	月	火	水	木	金	土	日	月	火	水
陰曆	21	22	23	24	25	26	27	28	29	30		2	3	4	5	6	7	8	9	10	11	12	13	14	15	16	17	18	19	20	21
日辰	戊	己	庚	辛	壬	癸	甲	乙	丙	丁	戊	己	庚	辛	壬	癸	甲	乙	丙	丁	戊	己	庚	辛	壬	癸	甲	乙	丙	丁	戊
	辰	巳	午	未	申	酉	戌	亥	子	丑	寅	卯	辰	巳	午	未	申	酉	戌	亥	子	丑	寅	卯	辰	巳	午	未	申	酉	戌
大 男	8	8	8	9	9	9	10	10	寒	1	1	1	1	2	2	2	3	3	3	4	4	4	5	5	5	6	6	6	7	7	7
運 女	三	二	二	二	一	一	一	一	露	十	九	九	九	八	八	八	七	七	七	六	六	六	五	五	五	四	四	四	三	三	三

11월 (庚戌) 辛亥 (입동) 立冬 8日 04:23 小雪 23日

陽曆	1	2	3	4	5	6	7	8	9	10	11	12	13	14	15	16	17	18	19	20	21	22	23	24	25	26	27	28	29	30	
요일	木	金	土	日	月	火	水	木	金	10/1	日	月	火	水	木	金	土	日	月	火	水	木	金	土	日	月	火	水	木	金	
陰曆	22	23	24	25	26	27	28	29	30		2	3	4	5	6	7	8	9	10	11	12	13	14	15	16	17	18	19	20	21	
日辰	己	庚	辛	壬	癸	甲	乙	丙	丁	戊	己	庚	辛	壬	癸	甲	乙	丙	丁	戊	己	庚	辛	壬	癸	甲	乙	丙	丁	戊	
	亥	子	丑	寅	卯	辰	巳	午	未	申	酉	戌	亥	子	丑	寅	卯	辰	巳	午	未	申	酉	戌	亥	子	丑	寅	卯	辰	
大 男	8	8	8	9	9	9	10	立	1	1	1	1	2	2	2	3	3	3	4	4	4	5	5	5	6	6	6	7	7	7	
運 女	二	二	二	一	一	一	一	冬	九	九	九	八	八	八	七	七	七	六	六	六	五	五	五	四	四	四	三	三	三	二	

12월 (辛亥) 壬子 (대설) 大雪 7日 21:13 冬至 22日

陽曆	1	2	3	4	5	6	7	8	9	10	11	12	13	14	15	16	17	18	19	20	21	22	23	24	25	26	27	28	29	30	31
요일	土	日	月	火	水	木	金	土	日	11/1	火	水	木	金	土	日	月	火	水	木	金	土	日	月	火	水	木	金	土	日	月
陰曆	22	23	24	25	26	27	28	29	30		2	3	4	5	6	7	8	9	10	11	12	13	14	15	16	17	18	19	20	21	22
日辰	己	庚	辛	壬	癸	甲	乙	丙	丁	戊	己	庚	辛	壬	癸	甲	乙	丙	丁	戊	己	庚	辛	壬	癸	甲	乙	丙	丁	戊	己
	巳	午	未	申	酉	戌	亥	子	丑	寅	卯	辰	巳	午	未	申	酉	戌	亥	子	丑	寅	卯	辰	巳	午	未	申	酉	戌	亥
大 男	8	8	8	9	9	9	大	1	1	1	1	2	2	2	3	3	3	4	4	4	5	5	5	6	6	6	7	7	7	8	8
運 女	二	二	一	一	一	一	雪	十	九	九	九	八	八	八	七	七	七	六	六	六	五	五	五	四	四	四	三	三	三	二	二

1월 (壬子) 癸丑 (소한) 小寒 6日 08:24 大寒 21日

陽曆	1	2	3	4	5	6	7	8	9	10	11	12	13	14	15	16	17	18	19	20	21	22	23	24	25	26	27	28	29	30	31
요일	火	水	木	金	土	日	月	12	水	木	金	土	日	月	火	水	木	金	土	日	月	火	水	木	金	土	日	月	火	水	木
陰曆	23	24	25	26	27	28	29	1	2	3	4	5	6	7	8	9	10	11	12	13	14	15	16	17	18	19	20	21	22	23	24
日辰	庚	辛	壬	癸	甲	乙	丙	丁	戊	己	庚	辛	壬	癸	甲	乙	丙	丁	戊	己	庚	辛	壬	癸	甲	乙	丙	丁	戊	己	庚
日辰	子	丑	寅	卯	辰	巳	午	未	申	酉	戌	亥	子	丑	寅	卯	辰	巳	午	未	申	酉	戌	亥	子	丑	寅	卯	辰	巳	午
大運 男	8	8	9	9	9	小	1	1	1	1	2	2	2	3	3	3	4	4	4	5	5	5	6	6	6	7	7	7	8	8	8
大運 女	二	一	一	一	一	寒	九	九	九	八	八	八	七	七	七	六	六	六	五	五	五	四	四	四	三	三	三	二	二	二	一

2월 (癸丑) 甲寅 (입춘) 立春 4日 20:00 雨水 19日

陽曆	1	2	3	4	5	6	7	8	9	10	11	12	13	14	15	16	17	18	19	20	21	22	23	24	25	26	27	28	29		
요일	金	土	日	月	火	水	1	金	土	日	月	火	水	木	金	土	日	月	火	水	木	金	土	日	月	火	水	木	金		
陰曆	25	26	27	28	29	30	1	2	3	4	5	6	7	8	9	10	11	12	13	14	15	16	17	18	19	20	21	22	23		
日辰	辛	壬	癸	甲	乙	丙	丁	戊	己	庚	辛	壬	癸	甲	乙	丙	丁	戊	己	庚	辛	壬	癸	甲	乙	丙	丁	戊	己		
日辰	未	申	酉	戌	亥	子	丑	寅	卯	辰	巳	午	未	申	酉	戌	亥	子	丑	寅	卯	辰	巳	午	未	申	酉	戌	亥		
大運 男	9	9	9	立	10	9	9	9	8	8	8	7	7	7	6	6	6	5	5	5	4	4	4	3	3	3	2	2	2		
大運 女	一	一	一	春	一	一	一	一	二	二	二	三	三	三	四	四	四	五	五	五	六	六	六	七	七	七	八	八	八		

3월 (甲寅) 乙卯 (경칩) 驚蟄 5日 13:58 春分 20日

陽曆	1	2	3	4	5	6	7	8	9	10	11	12	13	14	15	16	17	18	19	20	21	22	23	24	25	26	27	28	29	30	31
요일	土	日	月	火	水	木	金	2	日	月	火	水	木	金	土	日	月	火	水	木	金	土	日	月	火	水	木	金	土	日	月
陰曆	24	25	26	27	28	29	30	1	2	3	4	5	6	7	8	9	10	11	12	13	14	15	16	17	18	19	20	21	22	23	24
日辰	庚	辛	壬	癸	甲	乙	丙	丁	戊	己	庚	辛	壬	癸	甲	乙	丙	丁	戊	己	庚	辛	壬	癸	甲	乙	丙	丁	戊	己	庚
日辰	子	丑	寅	卯	辰	巳	午	未	申	酉	戌	亥	子	丑	寅	卯	辰	巳	午	未	申	酉	戌	亥	子	丑	寅	卯	辰	巳	午
大運 男	1	1	1	1	驚	10	9	9	9	8	8	8	7	7	7	6	6	6	5	5	5	4	4	4	3	3	3	2	2	2	1
大運 女	九	九	九	十	蟄	一	一	一	一	二	二	二	三	三	三	四	四	四	五	五	五	六	六	六	七	七	七	八	八	八	九

4월 (乙卯) 丙辰 (청명) 淸明 4日 18:45 穀雨 20日

陽曆	1	2	3	4	5	6	7	8	9	10	11	12	13	14	15	16	17	18	19	20	21	22	23	24	25	26	27	28	29	30	
요일	火	水	木	金	土	3	月	火	水	木	金	土	日	月	火	水	木	金	土	日	月	火	水	木	金	土	日	月	火	水	
陰曆	25	26	27	28	29	1	2	3	4	5	6	7	8	9	10	11	12	13	14	15	16	17	18	19	20	21	22	23	24	25	
日辰	辛	壬	癸	甲	乙	丙	丁	戊	己	庚	辛	壬	癸	甲	乙	丙	丁	戊	己	庚	辛	壬	癸	甲	乙	丙	丁	戊	己	庚	
日辰	未	申	酉	戌	亥	子	丑	寅	卯	辰	巳	午	未	申	酉	戌	亥	子	丑	寅	卯	辰	巳	午	未	申	酉	戌	亥	子	
大運 男	1	1	1	淸	10	10	9	9	9	8	8	8	7	7	7	6	6	6	5	5	5	4	4	4	3	3	3	2	2	2	
大運 女	九	九	十	明	一	一	一	一	二	二	二	三	三	三	四	四	四	五	五	五	六	六	六	七	七	七	八	八	八	九	

5월 (丙辰) 丁巳 (입하) 立夏 5日 12:03 小滿 21日

陽曆	1	2	3	4	5	6	7	8	9	10	11	12	13	14	15	16	17	18	19	20	21	22	23	24	25	26	27	28	29	30	31
요일	木	金	土	日	4	火	水	木	金	土	日	月	火	水	木	金	土	日	月	火	水	木	金	土	日	月	火	水	木	金	土
陰曆	26	27	28	29	1	2	3	4	5	6	7	8	9	10	11	12	13	14	15	16	17	18	19	20	21	22	23	24	25	26	27
日辰	辛	壬	癸	甲	乙	丙	丁	戊	己	庚	辛	壬	癸	甲	乙	丙	丁	戊	己	庚	辛	壬	癸	甲	乙	丙	丁	戊	己	庚	辛
日辰	丑	寅	卯	辰	巳	午	未	申	酉	戌	亥	子	丑	寅	卯	辰	巳	午	未	申	酉	戌	亥	子	丑	寅	卯	辰	巳	午	未
大運 男	1	1	1	1	立	10	10	9	9	9	8	8	8	7	7	7	6	6	6	5	5	5	4	4	4	3	3	3	2	2	2
大運 女	九	九	十	十	夏	一	一	一	一	二	二	二	三	三	三	四	四	四	五	五	五	六	六	六	七	七	七	八	八	八	九

6월 (丁巳) 戊午 (망종) 芒種 5日 16:11 夏至 21日

陽曆	1	2	3	4	5	6	7	8	9	10	11	12	13	14	15	16	17	18	19	20	21	22	23	24	25	26	27	28	29	30	
요일	日	月	火	5	木	金	土	日	月	火	水	木	金	土	日	月	火	水	木	金	土	日	月	火	水	木	金	土	日	月	
陰曆	28	29	30	1	2	3	4	5	6	7	8	9	10	11	12	13	14	15	16	17	18	19	20	21	22	23	24	25	26	27	
日辰	壬	癸	甲	乙	丙	丁	戊	己	庚	辛	壬	癸	甲	乙	丙	丁	戊	己	庚	辛	壬	癸	甲	乙	丙	丁	戊	己	庚	辛	
日辰	申	酉	戌	亥	子	丑	寅	卯	辰	巳	午	未	申	酉	戌	亥	子	丑	寅	卯	辰	巳	午	未	申	酉	戌	亥	子	丑	
大運 男	1	1	1	1	芒	10	10	10	9	9	9	8	8	8	7	7	7	6	6	6	5	5	5	4	4	4	3	3	3	2	
大運 女	九	九	十	十	種	一	一	一	一	二	二	二	三	三	三	四	四	四	五	五	五	六	六	六	七	七	七	八	八	八	

7월 (戊午) 己未 (소서) 小署 7日 02:26 大署 22日

陽曆	1	2	3	4	5	6	7	8	9	10	11	12	13	14	15	16	17	18	19	20	21	22	23	24	25	26	27	28	29	30	31
요일	火	水	6/	金	土	日	月	火	水	木	金	土	日	月	火	水	木	金	土	日	月	火	水	木	金	土	日	月	火	水	木
陰曆	28	29	1	2	3	4	5	6	7	8	9	10	11	12	13	14	15	16	17	18	19	20	21	22	23	24	25	26	27	28	29
日辰	壬	癸	甲	乙	丙	丁	戊	己	庚	辛	壬	癸	甲	乙	丙	丁	戊	己	庚	辛	壬	癸	甲	乙	丙	丁	戊	己	庚	辛	壬
	寅	卯	辰	巳	午	未	申	酉	戌	亥	子	丑	寅	卯	辰	巳	午	未	申	酉	戌	亥	子	丑	寅	卯	辰	巳	午	未	申
大 男	2	2	1	1	1	1	小	10	10	9	9	9	8	8	8	7	7	7	6	6	6	5	5	5	4	4	4	3	3	3	2
運 女	九	九	九	十	十	十	署	一	一	一	一	二	二	二	三	三	三	四	四	四	五	五	五	六	六	六	七	七	七	八	八

8월 (己未) 庚申 (입추) 立秋 7日 12:15 處署 23日

陽曆	1	2	3	4	5	6	7	8	9	10	11	12	13	14	15	16	17	18	19	20	21	22	23	24	25	26	27	28	29	30	31
요일	7/	土	日	月	火	水	木	金	土	日	月	火	水	木	金	土	日	月	火	水	木	金	土	日	月	火	水	木	金	土	8/
陰曆	1	2	3	4	5	6	7	8	9	10	11	12	13	14	15	16	17	18	19	20	21	22	23	24	25	26	27	28	29	30	1
日辰	癸	甲	乙	丙	丁	戊	己	庚	辛	壬	癸	甲	乙	丙	丁	戊	己	庚	辛	壬	癸	甲	乙	丙	丁	戊	己	庚	辛	壬	癸
	酉	戌	亥	子	丑	寅	卯	辰	巳	午	未	申	酉	戌	亥	子	丑	寅	卯	辰	巳	午	未	申	酉	戌	亥	子	丑	寅	卯
大 男	2	2	1	1	1	1	立	10	10	9	9	9	8	8	8	7	7	7	6	6	6	5	5	5	4	4	4	3	3	3	2
運 女	八	九	九	九	十	十	秋	一	一	一	一	二	二	二	三	三	三	四	四	四	五	五	五	六	六	六	七	七	七	八	八

9월 (庚申) 辛酉 (백로) 白露 7日 15:13 秋分 23日

陽曆	1	2	3	4	5	6	7	8	9	10	11	12	13	14	15	16	17	18	19	20	21	22	23	24	25	26	27	28	29	30	
요일	月	火	水	木	金	土	日	月	火	水	木	金	土	日	月	火	水	木	金	土	日	月	火	水	木	金	土	日	9/	火	
陰曆	2	3	4	5	6	7	8	9	10	11	12	13	14	15	16	17	18	19	20	21	22	23	24	25	26	27	28	29	1	2	
日辰	甲	乙	丙	丁	戊	己	庚	辛	壬	癸	甲	乙	丙	丁	戊	己	庚	辛	壬	癸	甲	乙	丙	丁	戊	己	庚	辛	壬	癸	
	辰	巳	午	未	申	酉	戌	亥	子	丑	寅	卯	辰	巳	午	未	申	酉	戌	亥	子	丑	寅	卯	辰	巳	午	未	申	酉	
大 男	2	2	1	1	1	1	白	10	10	9	9	9	8	8	8	7	7	7	6	6	6	5	5	5	4	4	4	3	3	3	
運 女	八	九	九	九	十	十	露	一	一	一	一	二	二	二	三	三	三	四	四	四	五	五	五	六	六	六	七	七	七	八	

10월 (辛酉) 壬戌 (한로) 寒露 8日 06:56 霜降 23日

陽曆	1	2	3	4	5	6	7	8	9	10	11	12	13	14	15	16	17	18	19	20	21	22	23	24	25	26	27	28	29	30	31
요일	水	木	金	土	日	月	火	水	木	金	土	日	月	火	水	木	金	土	日	月	火	水	木	金	土	日	月	火	10/	木	金
陰曆	3	4	5	6	7	8	9	10	11	12	13	14	15	16	17	18	19	20	21	22	23	24	25	26	27	28	29	30	1	2	3
日辰	甲	乙	丙	丁	戊	己	庚	辛	壬	癸	甲	乙	丙	丁	戊	己	庚	辛	壬	癸	甲	乙	丙	丁	戊	己	庚	辛	壬	癸	甲
	戌	亥	子	丑	寅	卯	辰	巳	午	未	申	酉	戌	亥	子	丑	寅	卯	辰	巳	午	未	申	酉	戌	亥	子	丑	寅	卯	辰
大 男	2	2	2	1	1	1	1	寒	10	9	9	9	8	8	8	7	7	7	6	6	6	5	5	5	4	4	4	3	3	3	2
運 女	八	八	九	九	九	十	十	露	一	一	一	一	二	二	二	三	三	三	四	四	四	五	五	五	六	六	六	七	七	七	八

11월 (壬戌) 癸亥 (입동) 立冬 7日 10:10 小雪 22日

陽曆	1	2	3	4	5	6	7	8	9	10	11	12	13	14	15	16	17	18	19	20	21	22	23	24	25	26	27	28	29	30	
요일	土	日	月	火	水	木	金	土	日	月	火	水	木	金	土	日	月	火	水	木	金	土	日	月	火	水	木	11/	土	日	
陰曆	4	5	6	7	8	9	10	11	12	13	14	15	16	17	18	19	20	21	22	23	24	25	26	27	28	29	30	1	2	3	
日辰	乙	丙	丁	戊	己	庚	辛	壬	癸	甲	乙	丙	丁	戊	己	庚	辛	壬	癸	甲	乙	丙	丁	戊	己	庚	辛	壬	癸	甲	
	巳	午	未	申	酉	戌	亥	子	丑	寅	卯	辰	巳	午	未	申	酉	戌	亥	子	丑	寅	卯	辰	巳	午	未	申	酉	戌	
大 男	2	2	1	1	1	1	立	10	9	9	9	8	8	8	7	7	7	6	6	6	5	5	5	4	4	4	3	3	3	2	
運 女	八	八	九	九	九	十	冬	一	一	一	一	二	二	二	三	三	三	四	四	四	五	五	五	六	六	六	七	七	七	八	

12월 (癸亥) 甲子 (대설) 大雪 7日 03:02 冬至 21日

陽曆	1	2	3	4	5	6	7	8	9	10	11	12	13	14	15	16	17	18	19	20	21	22	23	24	25	26	27	28	29	30	31
요일	月	火	水	木	金	土	日	月	火	水	木	金	土	日	月	火	水	木	金	土	日	月	火	水	木	金	12/	日	月	火	水
陰曆	4	5	6	7	8	9	10	11	12	13	14	15	16	17	18	19	20	21	22	23	24	25	26	27	28	29	1	2	3	4	5
日辰	乙	丙	丁	戊	己	庚	辛	壬	癸	甲	乙	丙	丁	戊	己	庚	辛	壬	癸	甲	乙	丙	丁	戊	己	庚	辛	壬	癸	甲	乙
	亥	子	丑	寅	卯	辰	巳	午	未	申	酉	戌	亥	子	丑	寅	卯	辰	巳	午	未	申	酉	戌	亥	子	丑	寅	卯	辰	巳
大 男	2	2	1	1	1	1	大	9	9	9	8	8	8	7	7	7	6	6	6	5	5	5	4	4	4	3	3	3	2	2	2
運 女	八	八	九	九	九	十	雪	一	一	一	一	二	二	二	三	三	三	四	四	四	五	五	五	六	六	六	七	七	七	八	八

1월 (甲子) 乙丑 (소한) 小寒 5日 14:13 大寒 20日

陽曆	1	2	3	4	5	6	7	8	9	10	11	12	13	14	15	16	17	18	19	20	21	22	23	24	25	26	27	28	29	30	31
요일	木	金	土	日	月	火	水	木	金	土	日	月	火	水	木	金	土	日	月	火	水	木	金	土	日	1/	火	水	木	金	土
陰曆	6	7	8	9	10	11	12	13	14	15	16	17	18	19	20	21	22	23	24	25	26	27	28	29	30	1	2	3	4	5	6
日辰	丙	丁	戊	己	庚	辛	壬	癸	甲	乙	丙	丁	戊	己	庚	辛	壬	癸	甲	乙	丙	丁	戊	己	庚	辛	壬	癸	甲	乙	丙
	午	未	申	酉	戌	亥	子	丑	寅	卯	辰	巳	午	未	申	酉	戌	亥	子	丑	寅	卯	辰	巳	午	未	申	酉	戌	亥	子
大運 男	1	1	1	1	小	10	9	9	9	8	8	8	7	7	7	6	6	6	5	5	5	4	4	4	3	3	3	2	2	2	1
大運 女	八	九	九	九	寒	一	一	一	一	二	二	二	三	三	三	四	四	四	五	五	五	六	六	六	七	七	七	八	八	八	九

2월 (乙丑) 丙寅 (입춘) 立春 4日 01:49 雨水 18日

陽曆	1	2	3	4	5	6	7	8	9	10	11	12	13	14	15	16	17	18	19	20	21	22	23	24	25	26	27	28			
요일	日	月	火	水	木	金	土	日	月	火	水	木	金	土	日	月	火	水	木	金	土	日	月	火	2/	木	金	土			
陰曆	7	8	9	10	11	12	13	14	15	16	17	18	19	20	21	22	23	24	25	26	27	28	29	30	1	2	3	4			
日辰	丁	戊	己	庚	辛	壬	癸	甲	乙	丙	丁	戊	己	庚	辛	壬	癸	甲	乙	丙	丁	戊	己	庚	辛	壬	癸	甲			
	丑	寅	卯	辰	巳	午	未	申	酉	戌	亥	子	丑	寅	卯	辰	巳	午	未	申	酉	戌	亥	子	丑	寅	卯	辰			
大運 男	1	1	1	立	1	1	1	1	2	2	2	3	3	3	4	4	4	5	5	5	6	6	6	7	7	7	8	8			
大運 女	九	九	十	春	九	九	九	八	八	八	七	七	七	六	六	六	五	五	五	四	四	四	三	三	三	二	二	二			

3월 (丙寅) 丁卯 (경칩) 驚蟄 5日 19:47 春分 20日

陽曆	1	2	3	4	5	6	7	8	9	10	11	12	13	14	15	16	17	18	19	20	21	22	23	24	25	26	27	28	29	30	31
요일	日	月	火	水	木	金	土	日	月	火	水	木	金	土	日	月	火	水	木	金	土	日	月	火	水	木	3/	土	日	月	火
陰曆	5	6	7	8	9	10	11	12	13	14	15	16	17	18	19	20	21	22	23	24	25	26	27	28	29	30	1	2	3	4	5
日辰	乙	丙	丁	戊	己	庚	辛	壬	癸	甲	乙	丙	丁	戊	己	庚	辛	壬	癸	甲	乙	丙	丁	戊	己	庚	辛	壬	癸	甲	乙
	巳	午	未	申	酉	戌	亥	子	丑	寅	卯	辰	巳	午	未	申	酉	戌	亥	子	丑	寅	卯	辰	巳	午	未	申	酉	戌	亥
大運 男	8	9	9	9	驚	1	1	1	1	2	2	2	3	3	3	4	4	4	5	5	5	6	6	6	7	7	7	8	8	8	9
大運 女	一	一	一	一	蟄	十	十	九	九	九	八	八	八	七	七	七	六	六	六	五	五	五	四	四	四	三	三	三	二	二	二

4월 (丁卯) 戊辰 (청명) 清明 5日 00:33 穀雨 20日

陽曆	1	2	3	4	5	6	7	8	9	10	11	12	13	14	15	16	17	18	19	20	21	22	23	24	25	26	27	28	29	30	
요일	水	木	金	土	日	月	火	水	木	金	土	日	月	火	水	木	金	土	日	月	火	水	木	金	4/	日	月	火	水	木	
陰曆	6	7	8	9	10	11	12	13	14	15	16	17	18	19	20	21	22	23	24	25	26	27	28	29	1	2	3	4	5	6	
日辰	丙	丁	戊	己	庚	辛	壬	癸	甲	乙	丙	丁	戊	己	庚	辛	壬	癸	甲	乙	丙	丁	戊	己	庚	辛	壬	癸	甲	乙	
	子	丑	寅	卯	辰	巳	午	未	申	酉	戌	亥	子	丑	寅	卯	辰	巳	午	未	申	酉	戌	亥	子	丑	寅	卯	辰	巳	
大運 男	9	9	10	10	清	1	1	1	1	2	2	2	3	3	3	4	4	4	5	5	5	6	6	6	7	7	7	8	8	8	
大運 女	一	一	一	一	明	十	九	九	九	八	八	八	七	七	七	六	六	六	五	五	五	四	四	四	三	三	三	二	二	二	

5월 (戊辰) 己巳 (입하) 立夏 5日 17:50 小滿 21日

陽曆	1	2	3	4	5	6	7	8	9	10	11	12	13	14	15	16	17	18	19	20	21	22	23	24	25	26	27	28	29	30	31
요일	金	土	日	月	火	水	木	金	土	日	月	火	水	木	金	土	日	月	火	水	木	金	土	5/	月	火	水	木	金	土	日
陰曆	7	8	9	10	11	12	13	14	15	16	17	18	19	20	21	22	23	24	25	26	27	28	29	1	2	3	4	5	6	7	8
日辰	丙	丁	戊	己	庚	辛	壬	癸	甲	乙	丙	丁	戊	己	庚	辛	壬	癸	甲	乙	丙	丁	戊	己	庚	辛	壬	癸	甲	乙	丙
	午	未	申	酉	戌	亥	子	丑	寅	卯	辰	巳	午	未	申	酉	戌	亥	子	丑	寅	卯	辰	巳	午	未	申	酉	戌	亥	子
大運 男	9	9	9	10	立	1	1	1	1	2	2	2	3	3	3	4	4	4	5	5	5	6	6	6	7	7	7	8	8	8	9
大運 女	一	一	一	一	夏	十	十	九	九	九	八	八	八	七	七	七	六	六	六	五	五	五	四	四	四	三	三	三	二	二	二

6월 (己巳) 庚午 (망종) 芒種 5日 21:58 夏至 21日

陽曆	1	2	3	4	5	6	7	8	9	10	11	12	13	14	15	16	17	18	19	20	21	22	23	24	25	26	27	28	29	30	
요일	月	火	水	木	金	土	日	月	火	水	木	金	土	日	月	火	水	木	金	土	日	月	윤5/	水	木	金	土	日	月	火	
陰曆	9	10	11	12	13	14	15	16	17	18	19	20	21	22	23	24	25	26	27	28	29	30	1	2	3	4	5	6	7	8	
日辰	丁	戊	己	庚	辛	壬	癸	甲	乙	丙	丁	戊	己	庚	辛	壬	癸	甲	乙	丙	丁	戊	己	庚	辛	壬	癸	甲	乙	丙	
	丑	寅	卯	辰	巳	午	未	申	酉	戌	亥	子	丑	寅	卯	辰	巳	午	未	申	酉	戌	亥	子	丑	寅	卯	辰	巳	午	
大運 男	9	9	10	10	芒	1	1	1	1	2	2	2	3	3	3	4	4	4	5	5	5	6	6	6	7	7	7	8	8	8	
大運 女	一	一	一	一	種	十	十	十	九	九	九	八	八	八	七	七	七	六	六	六	五	五	五	四	四	四	三	三	三	二	

7월 (庚午) 辛未 (소서) 小署 7日 08:13 大署 23日

陽曆	1	2	3	4	5	6	7	8	9	10	11	12	13	14	15	16	17	18	19	20	21	22	23	24	25	26	27	28	29	30	31
요일	水	木	金	土	日	月	火	水	木	金	土	日	月	火	水	木	金	土	日	月	火	6/1	木	金	土	日	月	火	水	木	金
陰曆	9	10	11	12	13	14	15	16	17	18	19	20	21	22	23	24	25	26	27	28	29		2	3	4	5	6	7	8	9	10
日辰	丁	戊	己	庚	辛	壬	癸	甲	乙	丙	丁	戊	己	庚	辛	壬	癸	甲	乙	丙	丁	戊	己	庚	辛	壬	癸	甲	乙	丙	丁
	未	申	酉	戌	亥	子	丑	寅	卯	辰	巳	午	未	申	酉	戌	亥	子	丑	寅	卯	辰	巳	午	未	申	酉	戌	亥	子	丑
大 男	9	9	9	10	10	10	小	1	1	1	1	2	2	2	3	3	3	4	4	4	5	5	5	6	6	6	7	7	7	8	8
運 女	二	二	一	一	一	一	署	十	十	九	九	九	八	八	八	七	七	七	六	六	六	五	五	五	四	四	四	三	三	三	二

8월 (辛未) 壬申 (입추) 立秋 7日 18:00 處署 23日

陽曆	1	2	3	4	5	6	7	8	9	10	11	12	13	14	15	16	17	18	19	20	21	22	23	24	25	26	27	28	29	30	31
요일	土	日	月	火	水	木	金	土	日	月	火	水	木	金	土	日	月	火	水	7/1	金	土	日	月	火	水	木	金	土	日	月
陰曆	11	12	13	14	15	16	17	18	19	20	21	22	23	24	25	26	27	28	29		2	3	4	5	6	7	8	9	10	11	12
日辰	戊	己	庚	辛	壬	癸	甲	乙	丙	丁	戊	己	庚	辛	壬	癸	甲	乙	丙	丁	戊	己	庚	辛	壬	癸	甲	乙	丙	丁	戊
	寅	卯	辰	巳	午	未	申	酉	戌	亥	子	丑	寅	卯	辰	巳	午	未	申	酉	戌	亥	子	丑	寅	卯	辰	巳	午	未	申
大 男	8	9	9	9	10	10	立	1	1	1	1	2	2	2	3	3	3	4	4	4	5	5	5	6	6	6	7	7	7	8	8
運 女	二	二	一	一	一	一	秋	十	十	九	九	九	八	八	八	七	七	七	六	六	六	五	五	五	四	四	四	三	三	三	二

9월 (壬申) 癸酉 (백로) 白露 7日 20:57 秋分 23日

陽曆	1	2	3	4	5	6	7	8	9	10	11	12	13	14	15	16	17	18	19	20	21	22	23	24	25	26	27	28	29	30	
요일	火	水	木	金	土	日	月	火	水	木	金	土	日	月	火	水	木	金	8/1	日	月	火	水	木	金	土	日	月	火	水	
陰曆	13	14	15	16	17	18	19	20	21	22	23	24	25	26	27	28	29	30		2	3	4	5	6	7	8	9	10	11	12	
日辰	己	庚	辛	壬	癸	甲	乙	丙	丁	戊	己	庚	辛	壬	癸	甲	乙	丙	丁	戊	己	庚	辛	壬	癸	甲	乙	丙	丁	戊	
	酉	戌	亥	子	丑	寅	卯	辰	巳	午	未	申	酉	戌	亥	子	丑	寅	卯	辰	巳	午	未	申	酉	戌	亥	子	丑	寅	
大 男	8	9	9	9	10	10	白	1	1	1	1	2	2	2	3	3	3	4	4	4	5	5	5	6	6	6	7	7	7	8	
運 女	二	二	一	一	一	一	露	十	十	九	九	九	八	八	八	七	七	七	六	六	六	五	五	五	四	四	四	三	三	三	

10월 (癸酉) 甲戌 (한로) 寒露 8日 12:39 霜降 23日

陽曆	1	2	3	4	5	6	7	8	9	10	11	12	13	14	15	16	17	18	19	20	21	22	23	24	25	26	27	28	29	30	31
요일	木	金	土	日	月	火	水	木	金	土	日	月	火	水	木	金	土	9/1	月	火	水	木	金	土	日	月	火	水	木	金	土
陰曆	13	14	15	16	17	18	19	20	21	22	23	24	25	26	27	28	29		2	3	4	5	6	7	8	9	10	11	12	13	14
日辰	己	庚	辛	壬	癸	甲	乙	丙	丁	戊	己	庚	辛	壬	癸	甲	乙	丙	丁	戊	己	庚	辛	壬	癸	甲	乙	丙	丁	戊	己
	卯	辰	巳	午	未	申	酉	戌	亥	子	丑	寅	卯	辰	巳	午	未	申	酉	戌	亥	子	丑	寅	卯	辰	巳	午	未	申	酉
大 男	8	8	9	9	9	10	10	寒	1	1	1	1	2	2	2	3	3	3	4	4	4	5	5	5	6	6	6	7	7	7	8
運 女	二	二	二	一	一	一	一	露	十	九	九	九	八	八	八	七	七	七	六	六	六	五	五	五	四	四	四	三	三	三	二

11월 (甲戌) 乙亥 (입동) 立冬 7日 15:55 小雪 22日

陽曆	1	2	3	4	5	6	7	8	9	10	11	12	13	14	15	16	17	18	19	20	21	22	23	24	25	26	27	28	29	30	
요일	日	月	火	水	木	金	土	日	月	火	水	木	金	土	日	月	10/1	水	木	金	土	日	月	火	水	木	金	土	日	月	
陰曆	15	16	17	18	19	20	21	22	23	24	25	26	27	28	29	30		2	3	4	5	6	7	8	9	10	11	12	13	14	
日辰	庚	辛	壬	癸	甲	乙	丙	丁	戊	己	庚	辛	壬	癸	甲	乙	丙	丁	戊	己	庚	辛	壬	癸	甲	乙	丙	丁	戊	己	
	戌	亥	子	丑	寅	卯	辰	巳	午	未	申	酉	戌	亥	子	丑	寅	卯	辰	巳	午	未	申	酉	戌	亥	子	丑	寅	卯	
大 男	8	8	9	9	9	10	立	1	1	1	1	2	2	2	3	3	3	4	4	4	5	5	5	6	6	6	7	7	7	8	
運 女	二	二	一	一	一	一	冬	十	九	九	九	八	八	八	七	七	七	六	六	六	五	五	五	四	四	四	三	三	三	二	

12월 (乙亥) 丙子 (대설) 大雪 7日 08:51 冬至 22日

陽曆	1	2	3	4	5	6	7	8	9	10	11	12	13	14	15	16	17	18	19	20	21	22	23	24	25	26	27	28	29	30	31
요일	火	水	木	金	土	日	月	火	水	木	金	土	日	月	火	11/1	木	金	土	日	月	火	水	木	金	土	日	月	火	水	木
陰曆	15	16	17	18	19	20	21	22	23	24	25	26	27	28	29		2	3	4	5	6	7	8	9	10	11	12	13	14	15	16
日辰	庚	辛	壬	癸	甲	乙	丙	丁	戊	己	庚	辛	壬	癸	甲	乙	丙	丁	戊	己	庚	辛	壬	癸	甲	乙	丙	丁	戊	己	庚
	辰	巳	午	未	申	酉	戌	亥	子	丑	寅	卯	辰	巳	午	未	申	酉	戌	亥	子	丑	寅	卯	辰	巳	午	未	申	酉	戌
大 男	8	8	9	9	9	10	大	1	1	1	1	2	2	2	3	3	3	4	4	4	5	5	5	6	6	6	7	7	7	8	8
運 女	二	二	一	一	一	一	雪	九	九	九	八	八	八	七	七	七	六	六	六	五	五	五	四	四	四	三	三	三	二	二	二

1월 (丙子) 丁丑 (소한) 小寒 5日 20:08 大寒 20日

陽曆		1	2	3	4	5	6	7	8	9	10	11	12	13	14	15	16	17	18	19	20	21	22	23	24	25	26	27	28	29	30	31
요일		金	土	日	月	火	水	木	金	土	日	月	火	水	木	12/1	土	日	月	火	水	木	金	土	日	月	火	水	木	金	土	日
陰曆		17	18	19	20	21	22	23	24	25	26	27	28	29	30		2	3	4	5	6	7	8	9	10	11	12	13	14	15	16	17
日辰		辛	壬	癸	甲	乙	丙	丁	戊	己	庚	辛	壬	癸	甲	乙	丙	丁	戊	己	庚	辛	壬	癸	甲	乙	丙	丁	戊	己	庚	辛
		亥	子	丑	寅	卯	辰	巳	午	未	申	酉	戌	亥	子	丑	寅	卯	辰	巳	午	未	申	酉	戌	亥	子	丑	寅	卯	辰	巳
大運	男	8	9	9	9	小	1	1	1	1	2	2	2	3	3	3	4	4	4	5	5	5	6	6	6	7	7	7	8	8	8	9
	女	一	一	一	一	寒	十	九	九	九	八	八	八	七	七	七	六	六	六	五	五	五	四	四	四	三	三	三	二	二	二	一

2월 (丁丑) 戊寅 (입춘) 立春 4日 07:47 雨水 19日

陽曆		1	2	3	4	5	6	7	8	9	10	11	12	13	14	15	16	17	18	19	20	21	22	23	24	25	26	27	28			
요일		月	火	水	木	金	土	日	月	火	水	木	金	土	1/1	月	火	水	木	金	土	日	月	火	水	木	金	土	日			
陰曆		18	19	20	21	22	23	24	25	26	27	28	29	30		2	3	4	5	6	7	8	9	10	11	12	13	14	15			
日辰		壬	癸	甲	乙	丙	丁	戊	己	庚	辛	壬	癸	甲	乙	丙	丁	戊	己	庚	辛	壬	癸	甲	乙	丙	丁	戊	己			
		午	未	申	酉	戌	亥	子	丑	寅	卯	辰	巳	午	未	申	酉	戌	亥	子	丑	寅	卯	辰	巳	午	未	申	酉			
大運	男	9	9	10	立	10	9	9	9	8	8	8	7	7	7	6	6	6	5	5	5	4	4	4	3	3	3	2	2			
	女	一	一	一	春	一	一	一	一	二	二	二	三	三	三	四	四	四	五	五	五	六	六	六	七	七	七	八	八			

3월 (戊寅) 己卯 (경칩) 驚蟄 6日 01:46 春分 21日

陽曆		1	2	3	4	5	6	7	8	9	10	11	12	13	14	15	16	17	18	19	20	21	22	23	24	25	26	27	28	29	30	31
요일		月	火	水	木	金	土	日	月	火	水	木	金	土	日	月	2/1	水	木	金	土	日	月	火	水	木	金	土	日	月	火	水
陰曆		16	17	18	19	20	21	22	23	24	25	26	27	28	29	30		2	3	4	5	6	7	8	9	10	11	12	13	14	15	16
日辰		庚	辛	壬	癸	甲	乙	丙	丁	戊	己	庚	辛	壬	癸	甲	乙	丙	丁	戊	己	庚	辛	壬	癸	甲	乙	丙	丁	戊	己	庚
		戌	亥	子	丑	寅	卯	辰	巳	午	未	申	酉	戌	亥	子	丑	寅	卯	辰	巳	午	未	申	酉	戌	亥	子	丑	寅	卯	辰
大運	男	2	1	1	1	1	驚	10	9	9	9	8	8	8	7	7	7	6	6	6	5	5	5	4	4	4	3	3	3	2	2	2
	女	八	九	九	九	十	蟄	一	一	一	一	二	二	二	三	三	三	四	四	四	五	五	五	六	六	六	七	七	七	八	八	八

4월 (己卯) 庚辰 (청명) 清明 5日 06:30 穀雨 20日

陽曆		1	2	3	4	5	6	7	8	9	10	11	12	13	14	15	16	17	18	19	20	21	22	23	24	25	26	27	28	29	30	
요일		木	金	土	日	月	火	水	木	金	土	日	月	火	3/1	木	金	土	日	月	火	水	木	金	土	日	月	火	水	木	金	
陰曆		17	18	19	20	21	22	23	24	25	26	27	28	29		2	3	4	5	6	7	8	9	10	11	12	13	14	15	16	17	
日辰		辛	壬	癸	甲	乙	丙	丁	戊	己	庚	辛	壬	癸	甲	乙	丙	丁	戊	己	庚	辛	壬	癸	甲	乙	丙	丁	戊	己	庚	
		巳	午	未	申	酉	戌	亥	子	丑	寅	卯	辰	巳	午	未	申	酉	戌	亥	子	丑	寅	卯	辰	巳	午	未	申	酉	戌	
大運	男	1	1	1	1	清	10	9	9	9	8	8	8	7	7	7	6	6	6	5	5	5	4	4	4	3	3	3	2	2	2	
	女	九	九	九	十	明	一	一	一	一	二	二	二	三	三	三	四	四	四	五	五	五	六	六	六	七	七	七	八	八	八	

5월 (庚辰) 辛巳 (입하) 立夏 5日 23:43 小滿 21日

陽曆		1	2	3	4	5	6	7	8	9	10	11	12	13	14	15	16	17	18	19	20	21	22	23	24	25	26	27	28	29	30	31
요일		土	日	月	火	水	木	金	土	日	月	火	水	木	4/1	土	日	月	火	水	木	金	土	日	月	火	水	木	金	土	日	月
陰曆		18	19	20	21	22	23	24	25	26	27	28	29	30		2	3	4	5	6	7	8	9	10	11	12	13	14	15	16	17	18
日辰		辛	壬	癸	甲	乙	丙	丁	戊	己	庚	辛	壬	癸	甲	乙	丙	丁	戊	己	庚	辛	壬	癸	甲	乙	丙	丁	戊	己	庚	辛
		亥	子	丑	寅	卯	辰	巳	午	未	申	酉	戌	亥	子	丑	寅	卯	辰	巳	午	未	申	酉	戌	亥	子	丑	寅	卯	辰	巳
大運	男	1	1	1	1	立	10	10	10	9	9	9	8	8	8	7	7	7	6	6	6	5	5	5	4	4	4	3	3	3	2	2
	女	九	九	九	十	夏	一	一	一	一	二	二	二	三	三	三	四	四	四	五	五	五	六	六	六	七	七	七	八	八	八	九

6월 (辛巳) 壬午 (망종) 芒種 6日 03:49 夏至 21日

陽曆		1	2	3	4	5	6	7	8	9	10	11	12	13	14	15	16	17	18	19	20	21	22	23	24	25	26	27	28	29	30	
요일		火	水	木	金	土	日	月	火	水	木	金	5/1	日	月	火	水	木	金	土	日	月	火	水	木	金	土	日	月	火	水	
陰曆		19	20	21	22	23	24	25	26	27	28	29		2	3	4	5	6	7	8	9	10	11	12	13	14	15	16	17	18	19	
日辰		壬	癸	甲	乙	丙	丁	戊	己	庚	辛	壬	癸	甲	乙	丙	丁	戊	己	庚	辛	壬	癸	甲	乙	丙	丁	戊	己	庚	辛	
		午	未	申	酉	戌	亥	子	丑	寅	卯	辰	巳	午	未	申	酉	戌	亥	子	丑	寅	卯	辰	巳	午	未	申	酉	戌	亥	
大運	男	2	1	1	1	1	芒	10	10	9	9	9	8	8	8	7	7	7	6	6	6	5	5	5	4	4	4	3	3	3	2	
	女	九	九	十	十	十	種	一	一	一	一	二	二	二	三	三	三	四	四	四	五	五	五	六	六	六	七	七	七	八	八	

7월 (壬午) 癸未 (소서) 小署 7日 14:02 大署 23日

陽曆	1	2	3	4	5	6	7	8	9	10	11	12	13	14	15	16	17	18	19	20	21	22	23	24	25	26	27	28	29	30	31
요일	木	金	土	日	月	火	水	木	金	土	日		火	水	木	金	土	日	月	火	水	木	金	土	日	月	火	水	木	金	土
陰曆	20	21	22	23	24	25	26	27	28	29	30	6/1	2	3	4	5	6	7	8	9	10	11	12	13	14	15	16	17	18	19	20
日辰	壬	癸	甲	乙	丙	丁	戊	己	庚	辛	壬	癸	甲	乙	丙	丁	戊	己	庚	辛	壬	癸	甲	乙	丙	丁	戊	己	庚	辛	壬
	子	丑	寅	卯	辰	巳	午	未	申	酉	戌	亥	子	丑	寅	卯	辰	巳	午	未	申	酉	戌	亥	子	丑	寅	卯	辰	巳	午
大運 男	2	2	1	1	1	1	小	10	10	9	9	9	8	8	8	7	7	7	6	6	6	5	5	5	4	4	4	3	3	3	2
大運 女	八	九	九	九	十	十	暑	一	一	一	一	二	二	二	三	三	三	四	四	四	五	五	五	六	六	六	七	七	七	八	八

8월 (癸未) 甲申 (입추) 立秋 7日 23:48 處署 23日

陽曆	1	2	3	4	5	6	7	8	9	10	11	12	13	14	15	16	17	18	19	20	21	22	23	24	25	26	27	28	29	30	31
요일	日	月	火	水	木	金	土	日	月		水	木	金	土	日	月	火	水	木	金	土	日	月	火	水	木	金	土	日	月	火
陰曆	21	22	23	24	25	26	27	28	29	7/1	2	3	4	5	6	7	8	9	10	11	12	13	14	15	16	17	18	19	20	21	22
日辰	癸	甲	乙	丙	丁	戊	己	庚	辛	壬	癸	甲	乙	丙	丁	戊	己	庚	辛	壬	癸	甲	乙	丙	丁	戊	己	庚	辛	壬	癸
	未	申	酉	戌	亥	子	丑	寅	卯	辰	巳	午	未	申	酉	戌	亥	子	丑	寅	卯	辰	巳	午	未	申	酉	戌	亥	子	丑
大運 男	2	2	1	1	1	1	立	10	10	10	9	9	9	8	8	8	7	7	7	6	6	6	5	5	5	4	4	4	3	3	3
大運 女	八	九	九	九	十	十	秋	一	一	一	一	二	二	二	三	三	三	四	四	四	五	五	五	六	六	六	七	七	七	八	八

9월 (甲申) 乙酉 (백로) 白露 8日 02:44 秋分 23日

陽曆	1	2	3	4	5	6	7	8	9	10	11	12	13	14	15	16	17	18	19	20	21	22	23	24	25	26	27	28	29	30	
요일	水	木	金	土	日	月	火		木	金	土	日	月	火	水	木	金	土	日	月	火	水	木	金	土	日	月	火	水	木	
陰曆	23	24	25	26	27	28	29	8/1	2	3	4	5	6	7	8	9	10	11	12	13	14	15	16	17	18	19	20	21	22	23	
日辰	甲	乙	丙	丁	戊	己	庚	辛	壬	癸	甲	乙	丙	丁	戊	己	庚	辛	壬	癸	甲	乙	丙	丁	戊	己	庚	辛	壬	癸	
	寅	卯	辰	巳	午	未	申	酉	戌	亥	子	丑	寅	卯	辰	巳	午	未	申	酉	戌	亥	子	丑	寅	卯	辰	巳	午	未	
大運 男	2	2	2	1	1	1	1	白	10	9	9	9	8	8	8	7	7	7	6	6	6	5	5	5	4	4	4	3	3	3	
大運 女	八	九	九	九	十	十	十	露	一	一	一	一	二	二	二	三	三	三	四	四	四	五	五	五	六	六	六	七	七	七	

10월 (乙酉) 丙戌 (한로) 寒露 8日 18:26 霜降 23日

陽曆	1	2	3	4	5	6	7	8	9	10	11	12	13	14	15	16	17	18	19	20	21	22	23	24	25	26	27	28	29	30	31
요일	金	土	日	月	火	水	木		土	日	月	火	水	木	金	土	日	月	火	水	木	金	土	日	月	火	水	木	金	土	日
陰曆	24	25	26	27	28	29	30	9/1	2	3	4	5	6	7	8	9	10	11	12	13	14	15	16	17	18	19	20	21	22	23	24
日辰	甲	乙	丙	丁	戊	己	庚	辛	壬	癸	甲	乙	丙	丁	戊	己	庚	辛	壬	癸	甲	乙	丙	丁	戊	己	庚	辛	壬	癸	甲
	申	酉	戌	亥	子	丑	寅	卯	辰	巳	午	未	申	酉	戌	亥	子	丑	寅	卯	辰	巳	午	未	申	酉	戌	亥	子	丑	寅
大運 男	2	2	2	1	1	1	1	寒	10	9	9	9	8	8	8	7	7	7	6	6	6	5	5	5	4	4	4	3	3	3	2
大運 女	八	八	八	九	九	九	十	露	一	一	一	一	一	二	二	二	三	三	三	四	四	四	五	五	五	六	六	六	七	七	七

11월 (丙戌) 丁亥 (입동) 立冬 7日 21:42 小雪 22日

陽曆	1	2	3	4	5	6	7	8	9	10	11	12	13	14	15	16	17	18	19	20	21	22	23	24	25	26	27	28	29	30	
요일	月	火	水	木	金		日	月	火	水	木	金	土	日	月	火	水	木	金	土	日	月	火	水	木	金	土	日	月	火	
陰曆	25	26	27	28	29	10/1	2	3	4	5	6	7	8	9	10	11	12	13	14	15	16	17	18	19	20	21	22	23	24	25	
日辰	乙	丙	丁	戊	己	庚	辛	壬	癸	甲	乙	丙	丁	戊	己	庚	辛	壬	癸	甲	乙	丙	丁	戊	己	庚	辛	壬	癸	甲	
	卯	辰	巳	午	未	申	酉	戌	亥	子	丑	寅	卯	辰	巳	午	未	申	酉	戌	亥	子	丑	寅	卯	辰	巳	午	未	申	
大運 男	2	2	1	1	1	1	立	10	9	9	9	8	8	8	7	7	7	6	6	6	5	5	5	4	4	4	3	3	3	2	
大運 女	八	八	八	九	九	九	冬	一	一	一	一	二	二	二	三	三	三	四	四	四	五	五	五	六	六	六	七	七	七	八	

12월 (丁亥) 戊子 (대설) 大雪 7日 14:38 冬至 22日

陽曆	1	2	3	4	5	6	7	8	9	10	11	12	13	14	15	16	17	18	19	20	21	22	23	24	25	26	27	28	29	30	31
요일	水	木	金	土	日		火	水	木	金	土	日	月	火	水	木	金	土	日	月	火	水	木	金	土	日	月	火	水	木	金
陰曆	26	27	28	29	30	11/1	2	3	4	5	6	7	8	9	10	11	12	13	14	15	16	17	18	19	20	21	22	23	24	25	26
日辰	乙	丙	丁	戊	己	庚	辛	壬	癸	甲	乙	丙	丁	戊	己	庚	辛	壬	癸	甲	乙	丙	丁	戊	己	庚	辛	壬	癸	甲	乙
	酉	戌	亥	子	丑	寅	卯	辰	巳	午	未	申	酉	戌	亥	子	丑	寅	卯	辰	巳	午	未	申	酉	戌	亥	子	丑	寅	卯
大運 男	2	2	1	1	1	1	大	10	9	9	9	8	8	8	7	7	7	6	6	6	5	5	5	4	4	4	3	3	3	2	2
大運 女	八	八	九	九	九	十	雪	一	一	一	一	二	二	二	三	三	三	四	四	四	五	五	五	六	六	六	七	七	七	八	八

西紀 **2011**년 # 辛卯 檀紀 4344년

1월 (戊子)

己丑 (소한) 小寒 6日 01:54 大寒 20日

陽曆	1	2	3	4	5	6	7	8	9	10	11	12	13	14	15	16	17	18	19	20	21	22	23	24	25	26	27	28	29	30	31
요일	土	日	月	12	水	木	金	土	日	月	火	水	木	金	土	日	月	火	水	木	金	土	日	月	火	水	木	金	土	日	月
陰曆	27	28	29	1	2	3	4	5	6	7	8	9	10	11	12	13	14	15	16	17	18	19	20	21	22	23	24	25	26	27	28
日辰	丙	丁	戊	己	庚	辛	壬	癸	甲	乙	丙	丁	戊	己	庚	辛	壬	癸	甲	乙	丙	丁	戊	己	庚	辛	壬	癸	甲	乙	丙
	辰	巳	午	未	申	酉	戌	亥	子	丑	寅	卯	辰	巳	午	未	申	酉	戌	亥	子	丑	寅	卯	辰	巳	午	未	申	酉	戌
大 男	2	1	1	1	1	小	9	9	9	8	8	8	7	7	7	6	6	6	5	5	5	4	4	4	3	3	3	2	2	2	1
運 女	八	九	九	九	十	寒	一	一	一	一	二	二	二	三	三	三	四	四	四	五	五	五	六	六	六	七	七	七	八	八	八

2월 (己丑)

庚寅 (입춘) 立春 4日 13:32 雨水 19日

陽曆	1	2	3	4	5	6	7	8	9	10	11	12	13	14	15	16	17	18	19	20	21	22	23	24	25	26	27	28			
요일	火	水	1	金	土	日	月	火	水	木	金	土	日	月	火	水	木	金	土	日	月	火	水	木	金	土	日	月			
陰曆	29	30	1	2	3	4	5	6	7	8	9	10	11	12	13	14	15	16	17	18	19	20	21	22	23	24	25	26			
日辰	丁	戊	己	庚	辛	壬	癸	甲	乙	丙	丁	戊	己	庚	辛	壬	癸	甲	乙	丙	丁	戊	己	庚	辛	壬	癸	甲			
	亥	子	丑	寅	卯	辰	巳	午	未	申	酉	戌	亥	子	丑	寅	卯	辰	巳	午	未	申	酉	戌	亥	子	丑	寅			
大 男	1	1	1	立	1	1	1	1	2	2	2	3	3	3	4	4	4	5	5	5	6	6	6	7	7	7	8	8			
運 女	九	九	九	春	十	九	九	九	八	八	八	七	七	七	六	六	六	五	五	五	四	四	四	三	三	三	二	二			

3월 (庚寅)

辛卯 (경칩) 驚蟄 6日 07:29 春分 21日

陽曆	1	2	3	4	5	6	7	8	9	10	11	12	13	14	15	16	17	18	19	20	21	22	23	24	25	26	27	28	29	30	31
요일	火	水	木	金	2	日	月	火	水	木	金	土	日	月	火	水	木	金	土	日	月	火	水	木	金	土	日	月	火	水	木
陰曆	27	28	29	30	1	2	3	4	5	6	7	8	9	10	11	12	13	14	15	16	17	18	19	20	21	22	23	24	25	26	27
日辰	乙	丙	丁	戊	己	庚	辛	壬	癸	甲	乙	丙	丁	戊	己	庚	辛	壬	癸	甲	乙	丙	丁	戊	己	庚	辛	壬	癸	甲	乙
	卯	辰	巳	午	未	申	酉	戌	亥	子	丑	寅	卯	辰	巳	午	未	申	酉	戌	亥	子	丑	寅	卯	辰	巳	午	未	申	酉
大 男	8	9	9	9	10	驚	1	1	1	1	2	2	2	3	3	3	4	4	4	5	5	5	6	6	6	7	7	7	8	8	8
運 女	二	一	一	一	一	蟄	十	九	九	九	八	八	八	七	七	七	六	六	六	五	五	五	四	四	四	三	三	三	二	二	二

4월 (辛卯)

壬辰 (청명) 淸明 5日 12:11 穀雨 20日

陽曆	1	2	3	4	5	6	7	8	9	10	11	12	13	14	15	16	17	18	19	20	21	22	23	24	25	26	27	28	29	30	
요일	金	土	3	月	火	水	木	金	土	日	月	火	水	木	金	土	日	月	火	水	木	金	土	日	月	火	水	木	金	土	
陰曆	28	29	1	2	3	4	5	6	7	8	9	10	11	12	13	14	15	16	17	18	19	20	21	22	23	24	25	26	27	28	
日辰	丙	丁	戊	己	庚	辛	壬	癸	甲	乙	丙	丁	戊	己	庚	辛	壬	癸	甲	乙	丙	丁	戊	己	庚	辛	壬	癸	甲	乙	
	戌	亥	子	丑	寅	卯	辰	巳	午	未	申	酉	戌	亥	子	丑	寅	卯	辰	巳	午	未	申	酉	戌	亥	子	丑	寅	卯	
大 男	9	9	9	10	淸	1	1	1	1	2	2	2	3	3	3	4	4	4	5	5	5	6	6	6	7	7	7	8	8	8	
運 女	一	一	一	一	明	十	十	九	九	九	八	八	八	七	七	七	六	六	六	五	五	五	四	四	四	三	三	三	二	二	

5월 (壬辰)

癸巳 (입하) 立夏 6日 05:22 小滿 21日

陽曆	1	2	3	4	5	6	7	8	9	10	11	12	13	14	15	16	17	18	19	20	21	22	23	24	25	26	27	28	29	30	31
요일	日	月	4	水	木	金	土	日	月	火	水	木	金	土	日	月	火	水	木	金	土	日	月	火	水	木	金	土	日	月	火
陰曆	29	30	1	2	3	4	5	6	7	8	9	10	11	12	13	14	15	16	17	18	19	20	21	22	23	24	25	26	27	28	29
日辰	丙	丁	戊	己	庚	辛	壬	癸	甲	乙	丙	丁	戊	己	庚	辛	壬	癸	甲	乙	丙	丁	戊	己	庚	辛	壬	癸	甲	乙	丙
	辰	巳	午	未	申	酉	戌	亥	子	丑	寅	卯	辰	巳	午	未	申	酉	戌	亥	子	丑	寅	卯	辰	巳	午	未	申	酉	戌
大 男	9	9	9	10	10	立	1	1	1	1	2	2	2	3	3	3	4	4	4	5	5	5	6	6	6	7	7	7	8	8	8
運 女	二	一	一	一	一	夏	十	十	九	九	九	八	八	八	七	七	七	六	六	六	五	五	五	四	四	四	三	三	三	二	二

6월 (癸巳)

甲午 (망종) 芒種 6日 09:26 夏至 22日

陽曆	1	2	3	4	5	6	7	8	9	10	11	12	13	14	15	16	17	18	19	20	21	22	23	24	25	26	27	28	29	30	
요일	水	5	金	土	日	月	火	水	木	金	土	日	月	火	水	木	金	土	日	月	火	水	木	金	土	日	月	火	水	木	
陰曆	30	1	2	3	4	5	6	7	8	9	10	11	12	13	14	15	16	17	18	19	20	21	22	23	24	25	26	27	28	29	
日辰	丁	戊	己	庚	辛	壬	癸	甲	乙	丙	丁	戊	己	庚	辛	壬	癸	甲	乙	丙	丁	戊	己	庚	辛	壬	癸	甲	乙	丙	
	亥	子	丑	寅	卯	辰	巳	午	未	申	酉	戌	亥	子	丑	寅	卯	辰	巳	午	未	申	酉	戌	亥	子	丑	寅	卯	辰	
大 男	9	9	9	10	10	芒	1	1	1	1	2	2	2	3	3	3	4	4	4	5	5	5	6	6	6	7	7	7	8	8	
運 女	二	一	一	一	一	種	十	十	九	九	九	八	八	八	七	七	七	六	六	六	五	五	五	四	四	四	三	三	三	二	

松柏木星	三日得辛	北大將	丑弔客	寒食(4월 06일)	初伏(7월 14일)
七赤金星	四龍治水	巳喪門	酉三殺	中伏(7월 24일)	末伏(8월 13일)

7월 (甲午) 乙未 (소서) 小暑 7日 19:41 大暑 23日

陽曆		1	2	3	4	5	6	7	8	9	10	11	12	13	14	15	16	17	18	19	20	21	22	23	24	25	26	27	28	29	30	31
요일			土	日	月	火	水	木	金	土	日	月	火	水	木	金	土	日	月	火	水	木	金	土	日	月	火	水	木	金	土	
陰曆		6/1	2	3	4	5	6	7	8	9	10	11	12	13	14	15	16	17	18	19	20	21	22	23	24	25	26	27	28	29	30	7/1
日辰		丁	戊	己	庚	辛	壬	癸	甲	乙	丙	丁	戊	己	庚	辛	壬	癸	甲	乙	丙	丁	戊	己	庚	辛	壬	癸	甲	乙	丙	丁
		巳	午	未	申	酉	戌	亥	子	丑	寅	卯	辰	巳	午	未	申	酉	戌	亥	子	丑	寅	卯	辰	巳	午	未	申	酉	戌	亥
大運	男	8	9	9	9	10	10	小	1	1	1	1	2	2	2	3	3	3	4	4	4	5	5	5	6	6	6	7	7	7	8	8
	女	二	二	一	一	一	一	署	十	十	十	九	九	九	八	八	八	七	七	七	六	六	六	五	五	五	四	四	四	三	三	三

8월 (乙未) 丙申 (입추) 立秋 8日 05:33 處署 23日

陽曆		1	2	3	4	5	6	7	8	9	10	11	12	13	14	15	16	17	18	19	20	21	22	23	24	25	26	27	28	29	30	31
요일		月	火	水	木	金	土	日	月	火	水	木	金	土	日	月	火	水	木	金	土	日	月	火	水	木	金	土	日		火	水
陰曆		2	3	4	5	6	7	8	9	10	11	12	13	14	15	16	17	18	19	20	21	22	23	24	25	26	27	28	29	8/1	2	3
日辰		戊	己	庚	辛	壬	癸	甲	乙	丙	丁	戊	己	庚	辛	壬	癸	甲	乙	丙	丁	戊	己	庚	辛	壬	癸	甲	乙	丙	丁	戊
		子	丑	寅	卯	辰	巳	午	未	申	酉	戌	亥	子	丑	寅	卯	辰	巳	午	未	申	酉	戌	亥	子	丑	寅	卯	辰	巳	午
大運	男	8	9	9	9	10	10	10	立	1	1	1	1	2	2	2	3	3	3	4	4	4	5	5	5	6	6	6	7	7	7	8
	女	二	二	二	一	一	一	一	秋	十	十	九	九	九	八	八	八	七	七	七	六	六	六	五	五	五	四	四	四	三	三	三

9월 (丙申) 丁酉 (백로) 白露 8日 08:33 秋分 23日

陽曆		1	2	3	4	5	6	7	8	9	10	11	12	13	14	15	16	17	18	19	20	21	22	23	24	25	26	27	28	29	30	
요일		木	金	土	日	月	火	水	木	金	土	日	月	火	水	木	金	土	日	月	火	水	木	金	土	日	月		水	木	金	
陰曆		4	5	6	7	8	9	10	11	12	13	14	15	16	17	18	19	20	21	22	23	24	25	26	27	28	29	9/1	2	3	4	
日辰		己	庚	辛	壬	癸	甲	乙	丙	丁	戊	己	庚	辛	壬	癸	甲	乙	丙	丁	戊	己	庚	辛	壬	癸	甲	乙	丙	丁	戊	
		未	申	酉	戌	亥	子	丑	寅	卯	辰	巳	午	未	申	酉	戌	亥	子	丑	寅	卯	辰	巳	午	未	申	酉	戌	亥	子	
大運	男	8	8	9	9	9	10	10	白	1	1	1	1	2	2	2	3	3	3	4	4	4	5	5	5	6	6	6	7	7	7	
	女	二	二	二	一	一	一	一	露	十	十	九	九	九	八	八	八	七	七	七	六	六	六	五	五	五	四	四	四	三	三	

10월 (丁酉) 戊戌 (한로) 寒露 9日 00:18 霜降 24日

陽曆		1	2	3	4	5	6	7	8	9	10	11	12	13	14	15	16	17	18	19	20	21	22	23	24	25	26	27	28	29	30	31
요일		土	日	月	火	水	木	金	土	日	月	火	水	木	金	土	日	月	火	水	木	金	土	日	月	火	水		金	土	日	月
陰曆		5	6	7	8	9	10	11	12	13	14	15	16	17	18	19	20	21	22	23	24	25	26	27	28	29	30	10/1	2	3	4	5
日辰		己	庚	辛	壬	癸	甲	乙	丙	丁	戊	己	庚	辛	壬	癸	甲	乙	丙	丁	戊	己	庚	辛	壬	癸	甲	乙	丙	丁	戊	己
		丑	寅	卯	辰	巳	午	未	申	酉	戌	亥	子	丑	寅	卯	辰	巳	午	未	申	酉	戌	亥	子	丑	寅	卯	辰	巳	午	未
大運	男	8	8	8	9	9	9	10	10	寒	1	1	1	1	2	2	2	3	3	3	4	4	4	5	5	5	6	6	6	7	7	7
	女	三	二	二	二	一	一	一	一	露	十	九	九	九	八	八	八	七	七	七	六	六	六	五	五	五	四	四	四	三	三	三

11월 (戊戌) 己亥 (입동) 立冬 8日 03:34 小雪 23日

陽曆		1	2	3	4	5	6	7	8	9	10	11	12	13	14	15	16	17	18	19	20	21	22	23	24	25	26	27	28	29	30	
요일		火	水	木	金	土	日	月	火	水	木	金	土	日	月	火	水	木	金	土	日	月	火	水	木		土	日	月	火	水	
陰曆		6	7	8	9	10	11	12	13	14	15	16	17	18	19	20	21	22	23	24	25	26	27	28	29	11/1	2	3	4	5	6	
日辰		庚	辛	壬	癸	甲	乙	丙	丁	戊	己	庚	辛	壬	癸	甲	乙	丙	丁	戊	己	庚	辛	壬	癸	甲	乙	丙	丁	戊	己	
		申	酉	戌	亥	子	丑	寅	卯	辰	巳	午	未	申	酉	戌	亥	子	丑	寅	卯	辰	巳	午	未	申	酉	戌	亥	子	丑	
大運	男	8	8	8	9	9	9	10	立	1	1	1	1	2	2	2	3	3	3	4	4	4	5	5	5	6	6	6	7	7	7	
	女	二	二	二	一	一	一	一	冬	九	九	九	八	八	八	七	七	七	六	六	六	五	五	五	四	四	四	三	三	三	二	

12월 (己亥) 庚子 (대설) 大雪 7日 20:28 冬至 22日

陽曆		1	2	3	4	5	6	7	8	9	10	11	12	13	14	15	16	17	18	19	20	21	22	23	24	25	26	27	28	29	30	31
요일		木	金	土	日	月	火	水	木	金	土	日	月	火	水	木	金	土	日	月	火	水	木	金	土		月	火	水	木	金	土
陰曆		7	8	9	10	11	12	13	14	15	16	17	18	19	20	21	22	23	24	25	26	27	28	29	30	12/1	2	3	4	5	6	7
日辰		庚	辛	壬	癸	甲	乙	丙	丁	戊	己	庚	辛	壬	癸	甲	乙	丙	丁	戊	己	庚	辛	壬	癸	甲	乙	丙	丁	戊	己	庚
		寅	卯	辰	巳	午	未	申	酉	戌	亥	子	丑	寅	卯	辰	巳	午	未	申	酉	戌	亥	子	丑	寅	卯	辰	巳	午	未	申
大運	男	8	8	8	9	9	9	大	1	1	1	1	2	2	2	3	3	3	4	4	4	5	5	5	6	6	6	7	7	7	8	8
	女	二	二	一	一	一	一	雪	十	九	九	九	八	八	八	七	七	七	六	六	六	五	五	五	四	四	四	三	三	三	二	二

1월 (庚子) 辛丑 (소한) 小寒 6日 07:43 大寒 21日

陽曆	1	2	3	4	5	6	7	8	9	10	11	12	13	14	15	16	17	18	19	20	21	22	23	24	25	26	27	28	29	30	31
요일	日	月	火	水	木	金	土	日	月	火	水	木	金	土	日	月	火	水	木	金	土	日	1/1	火	水	木	金	土	日	月	火
陰曆	8	9	10	11	12	13	14	15	16	17	18	19	20	21	22	23	24	25	26	27	28	29		2	3	4	5	6	7	8	9
日辰	辛	壬	癸	甲	乙	丙	丁	戊	己	庚	辛	壬	癸	甲	乙	丙	丁	戊	己	庚	辛	壬	癸	甲	乙	丙	丁	戊	己	庚	辛
	酉	戌	亥	子	丑	寅	卯	辰	巳	午	未	申	酉	戌	亥	子	丑	寅	卯	辰	巳	午	未	申	酉	戌	亥	子	丑	寅	卯
大 男	8	9	9	9	10	小	1	1	1	1	2	2	2	3	3	3	4	4	4	5	5	5	6	6	6	7	7	7	8	8	8
運 女	二	一	一	一	一	寒	九	九	九	八	八	八	七	七	七	六	六	六	五	五	五	四	四	四	三	三	三	二	二	二	一

2월 (辛丑) 壬寅 (입춘) 立春 4日 19:22 雨水 19日

陽曆	1	2	3	4	5	6	7	8	9	10	11	12	13	14	15	16	17	18	19	20	21	22	23	24	25	26	27	28	29		
요일	水	木	金	土	日	月	火	水	木	金	土	日	月	火	水	木	金	土	日	月	火	2/1	木	金	土	日	月	火	水		
陰曆	10	11	12	13	14	15	16	17	18	19	20	21	22	23	24	25	26	27	28	29	30		2	3	4	5	6	7	8		
日辰	壬	癸	甲	乙	丙	丁	戊	己	庚	辛	壬	癸	甲	乙	丙	丁	戊	己	庚	辛	壬	癸	甲	乙	丙	丁	戊	己	庚		
	辰	巳	午	未	申	酉	戌	亥	子	丑	寅	卯	辰	巳	午	未	申	酉	戌	亥	子	丑	寅	卯	辰	巳	午	未	申		
大 男	9	9	9	立	10	9	9	9	8	8	8	7	7	7	6	6	6	5	5	5	4	4	4	3	3	3	2	2	2		
運 女	一	一	一	春	一	一	一	一	二	二	二	三	三	三	四	四	四	五	五	五	六	六	六	七	七	七	八	八	八		

3월 (壬寅) 癸卯 (경칩) 驚蟄 5日 13:20 春分 20日

陽曆	1	2	3	4	5	6	7	8	9	10	11	12	13	14	15	16	17	18	19	20	21	22	23	24	25	26	27	28	29	30	31
요일	木	金	土	日	月	火	水	木	金	土	日	月	火	水	木	金	土	日	月	火	水	3/1	金	土	日	月	火	水	木	金	土
陰曆	9	10	11	12	13	14	15	16	17	18	19	20	21	22	23	24	25	26	27	28	29		2	3	4	5	6	7	8	9	10
日辰	辛	壬	癸	甲	乙	丙	丁	戊	己	庚	辛	壬	癸	甲	乙	丙	丁	戊	己	庚	辛	壬	癸	甲	乙	丙	丁	戊	己	庚	辛
	酉	戌	亥	子	丑	寅	卯	辰	巳	午	未	申	酉	戌	亥	子	丑	寅	卯	辰	巳	午	未	申	酉	戌	亥	子	丑	寅	卯
大 男	1	1	1	1	驚	10	9	9	9	8	8	8	7	7	7	6	6	6	5	5	5	4	4	4	3	3	3	2	2	2	1
運 女	九	九	九	十	蟄	一	一	一	一	二	二	二	三	三	三	四	四	四	五	五	五	六	六	六	七	七	七	八	八	八	九

4월 (癸卯) 甲辰 (청명) 清明 4日 18:05 穀雨 20日

陽曆	1	2	3	4	5	6	7	8	9	10	11	12	13	14	15	16	17	18	19	20	21	22	23	24	25	26	27	28	29	30	
요일	日	月	火	水	木	金	土	日	月	火	水	木	金	土	日	月	火	水	木	金	윤3/1	日	月	火	水	木	金	土	日	月	
陰曆	11	12	13	14	15	16	17	18	19	20	21	22	23	24	25	26	27	28	29	30		2	3	4	5	6	7	8	9	10	
日辰	壬	癸	甲	乙	丙	丁	戊	己	庚	辛	壬	癸	甲	乙	丙	丁	戊	己	庚	辛	壬	癸	甲	乙	丙	丁	戊	己	庚	辛	
	辰	巳	午	未	申	酉	戌	亥	子	丑	寅	卯	辰	巳	午	未	申	酉	戌	亥	子	丑	寅	卯	辰	巳	午	未	申	酉	
大 男	1	1	1	清	10	10	9	9	9	8	8	8	7	7	7	6	6	6	5	5	5	4	4	4	3	3	3	2	2	2	
運 女	九	九	十	明	一	一	一	一	二	二	二	三	三	三	四	四	四	五	五	五	六	六	六	七	七	七	八	八	八	九	

5월 (甲辰) 乙巳 (입하) 立夏 5日 11:19 小滿 21日

陽曆	1	2	3	4	5	6	7	8	9	10	11	12	13	14	15	16	17	18	19	20	21	22	23	24	25	26	27	28	29	30	31
요일	火	水	木	金	土	日	月	火	水	木	金	土	日	月	火	水	木	金	土	日	4/1	火	水	木	金	土	日	月	火	水	木
陰曆	11	12	13	14	15	16	17	18	19	20	21	22	23	24	25	26	27	28	29	30		2	3	4	5	6	7	8	9	10	11
日辰	壬	癸	甲	乙	丙	丁	戊	己	庚	辛	壬	癸	甲	乙	丙	丁	戊	己	庚	辛	壬	癸	甲	乙	丙	丁	戊	己	庚	辛	壬
	戌	亥	子	丑	寅	卯	辰	巳	午	未	申	酉	戌	亥	子	丑	寅	卯	辰	巳	午	未	申	酉	戌	亥	子	丑	寅	卯	辰
大 男	1	1	1	1	立	10	10	9	9	9	8	8	8	7	7	7	6	6	6	5	5	5	4	4	4	3	3	3	2	2	2
運 女	九	九	十	十	夏	一	一	一	一	二	二	二	三	三	三	四	四	四	五	五	五	六	六	六	七	七	七	八	八	八	九

6월 (乙巳) 丙午 (망종) 芒種 5日 15:25 夏至 21日

陽曆	1	2	3	4	5	6	7	8	9	10	11	12	13	14	15	16	17	18	19	20	21	22	23	24	25	26	27	28	29	30	
요일	金	土	日	月	火	水	木	金	土	日	月	火	水	木	金	土	日	月	火	5/1	木	金	土	日	月	火	水	木	金	土	
陰曆	12	13	14	15	16	17	18	19	20	21	22	23	24	25	26	27	28	29	30		2	3	4	5	6	7	8	9	10	11	
日辰	癸	甲	乙	丙	丁	戊	己	庚	辛	壬	癸	甲	乙	丙	丁	戊	己	庚	辛	壬	癸	甲	乙	丙	丁	戊	己	庚	辛	壬	
	巳	午	未	申	酉	戌	亥	子	丑	寅	卯	辰	巳	午	未	申	酉	戌	亥	子	丑	寅	卯	辰	巳	午	未	申	酉	戌	
大 男	1	1	1	1	芒	10	10	10	9	9	9	8	8	8	7	7	7	6	6	6	5	5	5	4	4	4	3	3	3	2	
運 女	九	九	十	十	種	一	一	一	一	二	二	二	三	三	三	四	四	四	五	五	五	六	六	六	七	七	七	八	八	八	

長流水星	九日得辛	北大將	寅弔客	寒食(4월 05일)	初伏(7월 18일)
六白金星	十龍治水	午喪門	南三殺	中伏(7월 28일)	末伏(8월 07일)

7월 (丙午) 丁未 (소서) 小暑 7日 01:40 大暑 22日

陽曆	1	2	3	4	5	6	7	8	9	10	11	12	13	14	15	16	17	18	19	20	21	22	23	24	25	26	27	28	29	30	31
요일	日	月	火	水	木	金	土	日	月	火	水	木	金	土	日	月	火	水	6/1	金	土	日	月	火	水	木	金	土	日	月	火
陰曆	12	13	14	15	16	17	18	19	20	21	22	23	24	25	26	27	28	29		2	3	4	5	6	7	8	9	10	11	12	13
日辰	癸	甲	乙	丙	丁	戊	己	庚	辛	壬	癸	甲	乙	丙	丁	戊	己	庚	辛	壬	癸	甲	乙	丙	丁	戊	己	庚	辛	壬	癸
	亥	子	丑	寅	卯	辰	巳	午	未	申	酉	戌	亥	子	丑	寅	卯	辰	巳	午	未	申	酉	戌	亥	子	丑	寅	卯	辰	巳
大運 男	2	2	1	1	1	1	小	10	10	9	9	9	8	8	8	7	7	7	6	6	6	5	5	5	4	4	4	3	3	3	2
大運 女	九	九	九	十	十	十	署	一	一	一	一	二	二	二	三	三	三	四	四	四	五	五	五	六	六	六	七	七	七	八	八

8월 (丁未) 戊申 (입추) 立秋 7日 11:30 處暑 23日

陽曆	1	2	3	4	5	6	7	8	9	10	11	12	13	14	15	16	17	18	19	20	21	22	23	24	25	26	27	28	29	30	31
요일	水	木	金	土	日	月	火	水	木	金	土	日	月	火	水	木	金	7/1	日	月	火	水	木	金	土	日	月	火	水	木	金
陰曆	14	15	16	17	18	19	20	21	22	23	24	25	26	27	28	29	30		2	3	4	5	6	7	8	9	10	11	12	13	14
日辰	甲	乙	丙	丁	戊	己	庚	辛	壬	癸	甲	乙	丙	丁	戊	己	庚	辛	壬	癸	甲	乙	丙	丁	戊	己	庚	辛	壬	癸	甲
	午	未	申	酉	戌	亥	子	丑	寅	卯	辰	巳	午	未	申	酉	戌	亥	子	丑	寅	卯	辰	巳	午	未	申	酉	戌	亥	子
大運 男	2	2	1	1	1	1	立	10	10	9	9	9	8	8	8	7	7	7	6	6	6	5	5	5	4	4	4	3	3	3	2
大運 女	八	九	九	九	十	十	秋	一	一	一	一	二	二	二	三	三	三	四	四	四	五	五	五	六	六	六	七	七	七	八	八

9월 (戊申) 己酉 (백로) 白露 7日 14:28 秋分 22日

陽曆	1	2	3	4	5	6	7	8	9	10	11	12	13	14	15	16	17	18	19	20	21	22	23	24	25	26	27	28	29	30	
요일	土	日	月	火	水	木	金	土	日	月	火	水	木	金	土	8/1	月	火	水	木	金	土	日	月	火	水	木	金	土	日	
陰曆	15	16	17	18	19	20	21	22	23	24	25	26	27	28	29		2	3	4	5	6	7	8	9	10	11	12	13	14	15	
日辰	乙	丙	丁	戊	己	庚	辛	壬	癸	甲	乙	丙	丁	戊	己	庚	辛	壬	癸	甲	乙	丙	丁	戊	己	庚	辛	壬	癸	甲	
	丑	寅	卯	辰	巳	午	未	申	酉	戌	亥	子	丑	寅	卯	辰	巳	午	未	申	酉	戌	亥	子	丑	寅	卯	辰	巳	午	
大運 男	2	2	1	1	1	1	白	10	10	9	9	9	8	8	8	7	7	7	6	6	6	5	5	5	4	4	4	3	3	3	
大運 女	八	九	九	九	十	十	露	一	一	一	一	二	二	二	三	三	三	四	四	四	五	五	五	六	六	六	七	七	七	八	

10월 (己酉) 庚戌 (한로) 寒露 8日 06:11 霜降 23日

陽曆	1	2	3	4	5	6	7	8	9	10	11	12	13	14	15	16	17	18	19	20	21	22	23	24	25	26	27	28	29	30	31
요일	月	火	水	木	金	土	日	月	火	水	木	金	土	日	9/1	火	水	木	金	土	日	月	火	水	木	金	土	日	月	火	水
陰曆	16	17	18	19	20	21	22	23	24	25	26	27	28	29		2	3	4	5	6	7	8	9	10	11	12	13	14	15	16	17
日辰	乙	丙	丁	戊	己	庚	辛	壬	癸	甲	乙	丙	丁	戊	己	庚	辛	壬	癸	甲	乙	丙	丁	戊	己	庚	辛	壬	癸	甲	乙
	未	申	酉	戌	亥	子	丑	寅	卯	辰	巳	午	未	申	酉	戌	亥	子	丑	寅	卯	辰	巳	午	未	申	酉	戌	亥	子	丑
大運 男	2	2	2	1	1	1	1	寒	10	9	9	9	8	8	8	7	7	7	6	6	6	5	5	5	4	4	4	3	3	3	2
大運 女	八	八	九	九	九	十	十	露	一	一	一	一	二	二	二	三	三	三	四	四	四	五	五	五	六	六	六	七	七	七	八

11월 (庚戌) 辛亥 (입동) 立冬 7日 09:25 小雪 22日

陽曆	1	2	3	4	5	6	7	8	9	10	11	12	13	14	15	16	17	18	19	20	21	22	23	24	25	26	27	28	29	30	
요일	木	金	土	日	月	火	水	木	金	土	日	月	火	10/1	木	金	土	日	月	火	水	木	金	土	日	月	火	水	木	金	
陰曆	18	19	20	21	22	23	24	25	26	27	28	29	30		2	3	4	5	6	7	8	9	10	11	12	13	14	15	16	17	
日辰	丙	丁	戊	己	庚	辛	壬	癸	甲	乙	丙	丁	戊	己	庚	辛	壬	癸	甲	乙	丙	丁	戊	己	庚	辛	壬	癸	甲	乙	
	寅	卯	辰	巳	午	未	申	酉	戌	亥	子	丑	寅	卯	辰	巳	午	未	申	酉	戌	亥	子	丑	寅	卯	辰	巳	午	未	
大運 男	2	2	1	1	1	1	立	10	9	9	9	8	8	8	7	7	7	6	6	6	5	5	5	4	4	4	3	3	3	2	
大運 女	八	八	九	九	九	十	冬	一	一	一	一	二	二	二	三	三	三	四	四	四	五	五	五	六	六	六	七	七	七	八	

12월 (辛亥) 壬子 (대설) 大雪 7日 02:18 冬至 21日

陽曆	1	2	3	4	5	6	7	8	9	10	11	12	13	14	15	16	17	18	19	20	21	22	23	24	25	26	27	28	29	30	31
요일	土	日	月	火	水	木	金	土	日	月	火	水	11/1	金	土	日	月	火	水	木	金	土	日	月	火	水	木	金	土	日	月
陰曆	18	19	20	21	22	23	24	25	26	27	28	29		2	3	4	5	6	7	8	9	10	11	12	13	14	15	16	17	18	19
日辰	丙	丁	戊	己	庚	辛	壬	癸	甲	乙	丙	丁	戊	己	庚	辛	壬	癸	甲	乙	丙	丁	戊	己	庚	辛	壬	癸	甲	乙	丙
	申	酉	戌	亥	子	丑	寅	卯	辰	巳	午	未	申	酉	戌	亥	子	丑	寅	卯	辰	巳	午	未	申	酉	戌	亥	子	丑	寅
大運 男	2	2	1	1	1	1	大	9	9	9	8	8	8	7	7	7	6	6	6	5	5	5	4	4	4	3	3	3	2	2	2
大運 女	八	八	九	九	九	十	雪	一	一	一	一	二	二	二	三	三	三	四	四	四	五	五	五	六	六	六	七	七	七	八	八

西紀 2013년 **癸巳** 檀紀 4346년

1월 (壬子)

癸丑 (소한) 小寒 5日 13:33 大寒 20日

陽曆		1	2	3	4	5	6	7	8	9	10	11	12	13	14	15	16	17	18	19	20	21	22	23	24	25	26	27	28	29	30	31
요일		火	水	木	金	土	日	月	火	水	木	金	12	日	月	火	水	木	金	土	日	月	火	水	木	金	土	日	月	火	水	木
陰曆		20	21	22	23	24	25	26	27	28	29	30	1	2	3	4	5	6	7	8	9	10	11	12	13	14	15	16	17	18	19	20
日辰		丁	戊	己	庚	辛	壬	癸	甲	乙	丙	丁	戊	己	庚	辛	壬	癸	甲	乙	丙	丁	戊	己	庚	辛	壬	癸	甲	乙	丙	丁
		卯	辰	巳	午	未	申	酉	戌	亥	子	丑	寅	卯	辰	巳	午	未	申	酉	戌	亥	子	丑	寅	卯	辰	巳	午	未	申	酉
大	男	1	1	1	1	小	10	9	9	9	8	8	8	7	7	7	6	6	6	5	5	5	4	4	4	3	3	3	2	2	2	1
運	女	八	九	九	九	寒	一	一	一	一	二	二	二	三	三	三	四	四	四	五	五	五	六	六	六	七	七	七	八	八	八	九

2월 (癸丑)

甲寅 (입춘) 立春 4日 01:13 雨水 18日

陽曆		1	2	3	4	5	6	7	8	9	10	11	12	13	14	15	16	17	18	19	20	21	22	23	24	25	26	27	28			
요일		金	土	日	月	火	水	木	金	土	1	月	火	水	木	金	土	日	月	火	水	木	金	土	日	月	火	水	木			
陰曆		21	22	23	24	25	26	27	28	29	1	2	3	4	5	6	7	8	9	10	11	12	13	14	15	16	17	18	19			
日辰		戊	己	庚	辛	壬	癸	甲	乙	丙	丁	戊	己	庚	辛	壬	癸	甲	乙	丙	丁	戊	己	庚	辛	壬	癸	甲	乙			
		戌	亥	子	丑	寅	卯	辰	巳	午	未	申	酉	戌	亥	子	丑	寅	卯	辰	巳	午	未	申	酉	戌	亥	子	丑			
大	男	1	1	1	立	1	1	1	1	2	2	2	3	3	3	4	4	4	5	5	5	6	6	6	7	7	7	8	8			
運	女	九	九	十	春	九	九	九	八	八	八	七	七	七	六	六	六	五	五	五	四	四	四	三	三	三	二	二	二			

3월 (甲寅)

乙卯 (경칩) 驚蟄 5日 19:14 春分 20日

陽曆		1	2	3	4	5	6	7	8	9	10	11	12	13	14	15	16	17	18	19	20	21	22	23	24	25	26	27	28	29	30	31
요일		金	土	日	月	火	水	木	金	土	日	月	2	水	木	金	土	日	月	火	水	木	金	土	日	月	火	水	木	金	土	日
陰曆		20	21	22	23	24	25	26	27	28	29	30	1	2	3	4	5	6	7	8	9	10	11	12	13	14	15	16	17	18	19	20
日辰		丙	丁	戊	己	庚	辛	壬	癸	甲	乙	丙	丁	戊	己	庚	辛	壬	癸	甲	乙	丙	丁	戊	己	庚	辛	壬	癸	甲	乙	丙
		寅	卯	辰	巳	午	未	申	酉	戌	亥	子	丑	寅	卯	辰	巳	午	未	申	酉	戌	亥	子	丑	寅	卯	辰	巳	午	未	申
大	男	8	9	9	9	驚	1	1	1	1	2	2	2	3	3	3	4	4	4	5	5	5	6	6	6	7	7	7	8	8	8	9
運	女	一	一	一	一	蟄	十	十	九	九	九	八	八	八	七	七	七	六	六	六	五	五	五	四	四	四	三	三	三	二	二	二

4월 (乙卯)

丙辰 (청명) 清明 5日 00:02 穀雨 20日

陽曆		1	2	3	4	5	6	7	8	9	10	11	12	13	14	15	16	17	18	19	20	21	22	23	24	25	26	27	28	29	30	
요일		月	火	水	木	金	土	日	月	火	3	木	金	土	日	月	火	水	木	金	土	日	月	火	水	木	金	土	日	月	火	
陰曆		21	22	23	24	25	26	27	28	29	1	2	3	4	5	6	7	8	9	10	11	12	13	14	15	16	17	18	19	20	21	
日辰		丁	戊	己	庚	辛	壬	癸	甲	乙	丙	丁	戊	己	庚	辛	壬	癸	甲	乙	丙	丁	戊	己	庚	辛	壬	癸	甲	乙	丙	
		酉	戌	亥	子	丑	寅	卯	辰	巳	午	未	申	酉	戌	亥	子	丑	寅	卯	辰	巳	午	未	申	酉	戌	亥	子	丑	寅	
大	男	9	9	10	10	清	1	1	1	1	2	2	2	3	3	3	4	4	4	5	5	5	6	6	6	7	7	7	8	8	9	
運	女	一	一	一	一	明	十	九	九	九	八	八	八	七	七	七	六	六	六	五	五	五	四	四	四	三	三	三	二	二	二	

5월 (丙辰)

丁巳 (입하) 立夏 5日 17:17 小滿 21日

陽曆		1	2	3	4	5	6	7	8	9	10	11	12	13	14	15	16	17	18	19	20	21	22	23	24	25	26	27	28	29	30	31
요일		水	木	金	土	日	月	火	水	木	4	土	日	月	火	水	木	金	土	日	月	火	水	木	金	土	日	月	火	水	木	金
陰曆		22	23	24	25	26	27	28	29	30	1	2	3	4	5	6	7	8	9	10	11	12	13	14	15	16	17	18	19	20	21	22
日辰		丁	戊	己	庚	辛	壬	癸	甲	乙	丙	丁	戊	己	庚	辛	壬	癸	甲	乙	丙	丁	戊	己	庚	辛	壬	癸	甲	乙	丙	丁
		卯	辰	巳	午	未	申	酉	戌	亥	子	丑	寅	卯	辰	巳	午	未	申	酉	戌	亥	子	丑	寅	卯	辰	巳	午	未	申	酉
大	男	9	9	9	10	立	1	1	1	1	2	2	2	3	3	3	4	4	4	5	5	5	6	6	6	7	7	7	8	8	8	9
運	女	一	一	一	一	夏	十	十	九	九	九	八	八	八	七	七	七	六	六	六	五	五	五	四	四	四	三	三	三	二	二	二

6월 (丁巳)

戊午 (망종) 芒種 5日 21:22 夏至 21日

陽曆		1	2	3	4	5	6	7	8	9	10	11	12	13	14	15	16	17	18	19	20	21	22	23	24	25	26	27	28	29	30	
요일		土	日	月	火	水	木	金	土	5	月	火	水	木	金	土	日	月	火	水	木	金	土	日	月	火	水	木	金	土	日	
陰曆		23	24	25	26	27	28	29	30	1	2	3	4	5	6	7	8	9	10	11	12	13	14	15	16	17	18	19	20	21	22	
日辰		戊	己	庚	辛	壬	癸	甲	乙	丙	丁	戊	己	庚	辛	壬	癸	甲	乙	丙	丁	戊	己	庚	辛	壬	癸	甲	乙	丙	丁	
		戌	亥	子	丑	寅	卯	辰	巳	午	未	申	酉	戌	亥	子	丑	寅	卯	辰	巳	午	未	申	酉	戌	亥	子	丑	寅	卯	
大	男	9	9	10	10	芒	1	1	1	1	2	2	2	3	3	3	4	4	4	5	5	5	6	6	6	7	7	7	8	8	8	
運	女	一	一	一	一	種	十	十	十	九	九	九	八	八	八	七	七	七	六	六	六	五	五	五	四	四	四	三	三	三	二	

長流水星　五日得辛　東大將　卯弔客　寒食(4월 05일)　初伏(7월 13일)
五黃土星　十龍治水　未喪門　東三殺　中伏(7월 23일)　末伏(8월 12일)

7월 (戊午)　**己未** (소서) 小署 7日 07:34　大署 23日

陽曆		1	2	3	4	5	6	7	8	9	10	11	12	13	14	15	16	17	18	19	20	21	22	23	24	25	26	27	28	29	30	31
요일		月	火	水	木	金	土	日	6/1	火	水	木	金	土	日	月	火	水	木	金	土	日	月	火	水	木	金	土	日	月	火	水
陰曆		23	24	25	26	27	28	29		2	3	4	5	6	7	8	9	10	11	12	13	14	15	16	17	18	19	20	21	22	23	24
日辰		戊	己	庚	辛	壬	癸	甲	乙	丙	丁	戊	己	庚	辛	壬	癸	甲	乙	丙	丁	戊	己	庚	辛	壬	癸	甲	乙	丙	丁	戊
		辰	巳	午	未	申	酉	戌	亥	子	丑	寅	卯	辰	巳	午	未	申	酉	戌	亥	子	丑	寅	卯	辰	巳	午	未	申	酉	戌
大	男	9	9	9	10	10	10	小	1	1	1	1	2	2	2	3	3	3	4	4	4	5	5	5	6	6	6	7	7	7	8	8
運	女	二	二	一	一	一	一	署	十	十	九	九	九	八	八	八	七	七	七	六	六	六	五	五	五	四	四	四	三	三	三	二

8월 (己未)　**庚申** (입추) 立秋 7日 17:19　處署 23日

陽曆		1	2	3	4	5	6	7	8	9	10	11	12	13	14	15	16	17	18	19	20	21	22	23	24	25	26	27	28	29	30	31
요일		木	金	土	日	月	火	7/1	木	金	土	日	月	火	水	木	金	土	日	月	火	水	木	金	土	日	月	火	水	木	金	土
陰曆		25	26	27	28	29	30		2	3	4	5	6	7	8	9	10	11	12	13	14	15	16	17	18	19	20	21	22	23	24	25
日辰		己	庚	辛	壬	癸	甲	乙	丙	丁	戊	己	庚	辛	壬	癸	甲	乙	丙	丁	戊	己	庚	辛	壬	癸	甲	乙	丙	丁	戊	己
		亥	子	丑	寅	卯	辰	巳	午	未	申	酉	戌	亥	子	丑	寅	卯	辰	巳	午	未	申	酉	戌	亥	子	丑	寅	卯	辰	巳
大	男	8	9	9	9	10	10	立	1	1	1	1	2	2	2	3	3	3	4	4	4	5	5	5	6	6	6	7	7	7	8	8
運	女	二	二	一	一	一	一	秋	十	十	九	九	九	八	八	八	七	七	七	六	六	六	五	五	五	四	四	四	三	三	三	二

9월 (庚申)　**辛酉** (백로) 白露 7日 20:15　秋分 23日

陽曆		1	2	3	4	5	6	7	8	9	10	11	12	13	14	15	16	17	18	19	20	21	22	23	24	25	26	27	28	29	30	
요일		日	月	火	水	8/1	金	土	日	月	火	水	木	金	土	日	月	火	水	木	金	土	日	月	火	水	木	金	土	日	月	
陰曆		26	27	28	29		2	3	4	5	6	7	8	9	10	11	12	13	14	15	16	17	18	19	20	21	22	23	24	25	26	
日辰		庚	辛	壬	癸	甲	乙	丙	丁	戊	己	庚	辛	壬	癸	甲	乙	丙	丁	戊	己	庚	辛	壬	癸	甲	乙	丙	丁	戊	己	
		午	未	申	酉	戌	亥	子	丑	寅	卯	辰	巳	午	未	申	酉	戌	亥	子	丑	寅	卯	辰	巳	午	未	申	酉	戌	亥	
大	男	8	9	9	9	10	10	白	1	1	1	1	2	2	2	3	3	3	4	4	4	5	5	5	6	6	6	7	7	7	8	
運	女	二	二	一	一	一	一	露	十	十	九	九	九	八	八	八	七	七	七	六	六	六	五	五	五	四	四	四	三	三	三	

10월 (辛酉)　**壬戌** (한로) 寒露 8日 11:58　霜降 23日

陽曆		1	2	3	4	5	6	7	8	9	10	11	12	13	14	15	16	17	18	19	20	21	22	23	24	25	26	27	28	29	30	31
요일		火	水	木	金	9/1	日	月	火	水	木	金	土	日	月	火	水	木	金	土	日	月	火	水	木	金	土	日	月	火	水	木
陰曆		27	28	29	30		2	3	4	5	6	7	8	9	10	11	12	13	14	15	16	17	18	19	20	21	22	23	24	25	26	27
日辰		庚	辛	壬	癸	甲	乙	丙	丁	戊	己	庚	辛	壬	癸	甲	乙	丙	丁	戊	己	庚	辛	壬	癸	甲	乙	丙	丁	戊	己	庚
		子	丑	寅	卯	辰	巳	午	未	申	酉	戌	亥	子	丑	寅	卯	辰	巳	午	未	申	酉	戌	亥	子	丑	寅	卯	辰	巳	午
大	男	8	8	9	9	9	10	10	寒	1	1	1	1	2	2	2	3	3	3	4	4	4	5	5	5	6	6	6	7	7	7	8
運	女	二	二	二	一	一	一	一	露	十	九	九	九	八	八	八	七	七	七	六	六	六	五	五	五	四	四	四	三	三	三	二

11월 (壬戌)　**癸亥** (입동) 立冬 7日 15:13　小雪 22日

陽曆		1	2	3	4	5	6	7	8	9	10	11	12	13	14	15	16	17	18	19	20	21	22	23	24	25	26	27	28	29	30	
요일		金	土	10/1	月	火	水	木	金	土	日	月	火	水	木	金	土	日	月	火	水	木	金	土	日	月	火	水	木	金	土	
陰曆		28	29		2	3	4	5	6	7	8	9	10	11	12	13	14	15	16	17	18	19	20	21	22	23	24	25	26	27	28	
日辰		辛	壬	癸	甲	乙	丙	丁	戊	己	庚	辛	壬	癸	甲	乙	丙	丁	戊	己	庚	辛	壬	癸	甲	乙	丙	丁	戊	己	庚	
		未	申	酉	戌	亥	子	丑	寅	卯	辰	巳	午	未	申	酉	戌	亥	子	丑	寅	卯	辰	巳	午	未	申	酉	戌	亥	子	
大	男	8	8	9	9	9	10	立	1	1	1	1	2	2	2	3	3	3	4	4	4	5	5	5	6	6	6	7	7	7	8	
運	女	二	二	一	一	一	一	冬	十	九	九	九	八	八	八	七	七	七	六	六	六	五	五	五	四	四	四	三	三	三	二	

12월 (癸亥)　**甲子** (대설) 大雪 7日 08:08　冬至 22日

陽曆		1	2	3	4	5	6	7	8	9	10	11	12	13	14	15	16	17	18	19	20	21	22	23	24	25	26	27	28	29	30	31
요일		日	月	11/1	水	木	金	土	日	月	火	水	木	金	土	日	月	火	水	木	金	土	日	月	火	水	木	金	土	日	月	火
陰曆		29	30		2	3	4	5	6	7	8	9	10	11	12	13	14	15	16	17	18	19	20	21	22	23	24	25	26	27	28	29
日辰		辛	壬	癸	甲	乙	丙	丁	戊	己	庚	辛	壬	癸	甲	乙	丙	丁	戊	己	庚	辛	壬	癸	甲	乙	丙	丁	戊	己	庚	辛
		丑	寅	卯	辰	巳	午	未	申	酉	戌	亥	子	丑	寅	卯	辰	巳	午	未	申	酉	戌	亥	子	丑	寅	卯	辰	巳	午	未
大	男	8	8	9	9	9	10	大	1	1	1	1	2	2	2	3	3	3	4	4	4	5	5	5	6	6	6	7	7	7	8	8
運	女	二	二	一	一	一	一	雪	九	九	九	八	八	八	七	七	七	六	六	六	五	五	五	四	四	四	三	三	三	二	二	二

1월 (甲子) 乙丑(소한) 小寒 5日 19:23 大寒 20日

陽曆		1	2	3	4	5	6	7	8	9	10	11	12	13	14	15	16	17	18	19	20	21	22	23	24	25	26	27	28	29	30	31
요일			木	金	土	日	月	火	水	木	金	土	日	月	火	水	木	金	土	日	月	火	水	木	金	土	日	月	火	水	木	
陰曆		12/1	2	3	4	5	6	7	8	9	10	11	12	13	14	15	16	17	18	19	20	21	22	23	24	25	26	27	28	29	30	1/1
日辰		壬	癸	甲	乙	丙	丁	戊	己	庚	辛	壬	癸	甲	乙	丙	丁	戊	己	庚	辛	壬	癸	甲	乙	丙	丁	戊	己	庚	辛	壬
		申	酉	戌	亥	子	丑	寅	卯	辰	巳	午	未	申	酉	戌	亥	子	丑	寅	卯	辰	巳	午	未	申	酉	戌	亥	子	丑	寅
大	男	8	9	9	9	小	1	1	1	1	2	2	2	3	3	3	4	4	4	5	5	5	6	6	6	7	7	7	8	8	8	9
運	女	一	一	一	一	寒	十	九	九	九	八	八	八	七	七	七	六	六	六	五	五	五	四	四	四	三	三	三	二	二	二	一

2월 (乙丑) 丙寅(입춘) 立春 4日 07:02 雨水 19日

陽曆		1	2	3	4	5	6	7	8	9	10	11	12	13	14	15	16	17	18	19	20	21	22	23	24	25	26	27	28			
요일		土	日	月	火	水	木	金	土	日	月	火	水	木	金	土	日	月	火	水	木	金	土	日	月	火	水	木	金			
陰曆		2	3	4	5	6	7	8	9	10	11	12	13	14	15	16	17	18	19	20	21	22	23	24	25	26	27	28	29			
日辰		癸	甲	乙	丙	丁	戊	己	庚	辛	壬	癸	甲	乙	丙	丁	戊	己	庚	辛	壬	癸	甲	乙	丙	丁	戊	己	庚			
		卯	辰	巳	午	未	申	酉	戌	亥	子	丑	寅	卯	辰	巳	午	未	申	酉	戌	亥	子	丑	寅	卯	辰	巳	午			
大	男	9	9	10	立	10	9	9	9	8	8	8	7	7	7	6	6	6	5	5	5	4	4	4	3	3	3	2	2			
運	女	一	一	一	春	一	一	一	一	二	二	二	三	三	三	四	四	四	五	五	五	六	六	六	七	七	七	八	八			

3월 (丙寅) 丁卯(경칩) 驚蟄 6日 01:01 春分 21日

陽曆		1	2	3	4	5	6	7	8	9	10	11	12	13	14	15	16	17	18	19	20	21	22	23	24	25	26	27	28	29	30	31
요일			日	月	火	水	木	金	土	日	月	火	水	木	金	土	日	月	火	水	木	金	土	日	月	火	水	木	金	土	日	
陰曆		2/1	2	3	4	5	6	7	8	9	10	11	12	13	14	15	16	17	18	19	20	21	22	23	24	25	26	27	28	29	30	3/1
日辰		辛	壬	癸	甲	乙	丙	丁	戊	己	庚	辛	壬	癸	甲	乙	丙	丁	戊	己	庚	辛	壬	癸	甲	乙	丙	丁	戊	己	庚	辛
		未	申	酉	戌	亥	子	丑	寅	卯	辰	巳	午	未	申	酉	戌	亥	子	丑	寅	卯	辰	巳	午	未	申	酉	戌	亥	子	丑
大	男	2	1	1	1	1	驚	10	9	9	9	8	8	8	7	7	7	6	6	6	5	5	5	4	4	4	3	3	3	2	2	2
運	女	八	九	九	九	十	蟄	一	一	一	一	二	二	二	三	三	三	四	四	四	五	五	五	六	六	六	七	七	七	八	八	八

4월 (丁卯) 戊辰(청명) 淸明 5日 05:46 穀雨 20日

陽曆		1	2	3	4	5	6	7	8	9	10	11	12	13	14	15	16	17	18	19	20	21	22	23	24	25	26	27	28	29	30	
요일		火	水	木	金	土	日	月	火	水	木	金	土	日	月	火	水	木	金	土	日	月	火	水	木	金	土	日	月		水	
陰曆		2	3	4	5	6	7	8	9	10	11	12	13	14	15	16	17	18	19	20	21	22	23	24	25	26	27	28	29	4/1	2	
日辰		壬	癸	甲	乙	丙	丁	戊	己	庚	辛	壬	癸	甲	乙	丙	丁	戊	己	庚	辛	壬	癸	甲	乙	丙	丁	戊	己	庚	辛	
		寅	卯	辰	巳	午	未	申	酉	戌	亥	子	丑	寅	卯	辰	巳	午	未	申	酉	戌	亥	子	丑	寅	卯	辰	巳	午	未	
大	男	1	1	1	1	淸	10	9	9	9	8	8	8	7	7	7	6	6	6	5	5	5	4	4	4	3	3	3	2	2	2	
運	女	九	九	九	十	明	一	一	一	一	二	二	二	三	三	三	四	四	四	五	五	五	六	六	六	七	七	七	八	八	八	

5월 (戊辰) 己巳(입하) 立夏 5日 22:59 小滿 21日

陽曆		1	2	3	4	5	6	7	8	9	10	11	12	13	14	15	16	17	18	19	20	21	22	23	24	25	26	27	28	29	30	31
요일		木	金	土	日	月	火	水	木	金	土	日	月	火	水	木	金	土	日	月	火	水	木	金	土	日	月	火	水		金	土
陰曆		3	4	5	6	7	8	9	10	11	12	13	14	15	16	17	18	19	20	21	22	23	24	25	26	27	28	29	30	5/1	2	3
日辰		壬	癸	甲	乙	丙	丁	戊	己	庚	辛	壬	癸	甲	乙	丙	丁	戊	己	庚	辛	壬	癸	甲	乙	丙	丁	戊	己	庚	辛	壬
		申	酉	戌	亥	子	丑	寅	卯	辰	巳	午	未	申	酉	戌	亥	子	丑	寅	卯	辰	巳	午	未	申	酉	戌	亥	子	丑	寅
大	男	1	1	1	1	立	10	10	10	9	9	9	8	8	8	7	7	7	6	6	6	5	5	5	4	4	4	3	3	3	2	2
運	女	九	九	九	十	夏	一	一	一	一	二	二	二	三	三	三	四	四	四	五	五	五	六	六	六	七	七	七	八	八	八	九

6월 (己巳) 庚午(망종) 芒種 6日 03:02 夏至 21日

陽曆		1	2	3	4	5	6	7	8	9	10	11	12	13	14	15	16	17	18	19	20	21	22	23	24	25	26	27	28	29	30	
요일		日	月	火	水	木	金	土	日	月	火	水	木	金	土	日	月	火	水	木	金	土	日	月	火	水	木		土	日	月	
陰曆		4	5	6	7	8	9	10	11	12	13	14	15	16	17	18	19	20	21	22	23	24	25	26	27	28	29	6/1	2	3	4	
日辰		癸	甲	乙	丙	丁	戊	己	庚	辛	壬	癸	甲	乙	丙	丁	戊	己	庚	辛	壬	癸	甲	乙	丙	丁	戊	己	庚	辛	壬	
		卯	辰	巳	午	未	申	酉	戌	亥	子	丑	寅	卯	辰	巳	午	未	申	酉	戌	亥	子	丑	寅	卯	辰	巳	午	未	申	
大	男	2	1	1	1	1	芒	10	10	9	9	9	8	8	8	7	7	7	6	6	6	5	5	5	4	4	4	3	3	3	2	
運	女	九	九	十	十	十	種	一	一	一	一	二	二	二	三	三	三	四	四	四	五	五	五	六	六	六	七	七	七	八	八	

7월 (庚午) 辛未 (소서) 小署 7日 13:14 大署 23日

陽曆		1	2	3	4	5	6	7	8	9	10	11	12	13	14	15	16	17	18	19	20	21	22	23	24	25	26	27	28	29	30	31
요일		火	水	木	金	土	日	月	火	水	木	金	土	日	月	火	水	木	金	土	日	月	火	水	木	金	土	7/	月	火	水	木
陰曆		5	6	7	8	9	10	11	12	13	14	15	16	17	18	19	20	21	22	23	24	25	26	27	28	29	30	1	2	3	4	5
日辰		癸	甲	乙	丙	丁	戊	己	庚	辛	壬	癸	甲	乙	丙	丁	戊	己	庚	辛	壬	癸	甲	乙	丙	丁	戊	己	庚	辛	壬	癸
		酉	戌	亥	子	丑	寅	卯	辰	巳	午	未	申	酉	戌	亥	子	丑	寅	卯	辰	巳	午	未	申	酉	戌	亥	子	丑	寅	卯
大	男	2	2	1	1	1	1	小	10	10	9	9	9	8	8	8	7	7	7	6	6	6	5	5	5	4	4	4	3	3	3	2
運	女	八	九	九	九	十	十	署	一	一	一	一	二	二	二	三	三	三	四	四	四	五	五	五	六	六	六	七	七	七	八	八

8월 (辛未) 壬申 (입추) 立秋 7日 23:02 處署 23日

陽曆		1	2	3	4	5	6	7	8	9	10	11	12	13	14	15	16	17	18	19	20	21	22	23	24	25	26	27	28	29	30	31
요일		金	土	日	月	火	水	木	金	土	日	月	火	水	木	金	土	日	月	火	水	木	金	土	日	8/	火	水	木	金	土	日
陰曆		6	7	8	9	10	11	12	13	14	15	16	17	18	19	20	21	22	23	24	25	26	27	28	29	1	2	3	4	5	6	7
日辰		甲	乙	丙	丁	戊	己	庚	辛	壬	癸	甲	乙	丙	丁	戊	己	庚	辛	壬	癸	甲	乙	丙	丁	戊	己	庚	辛	壬	癸	甲
		辰	巳	午	未	申	酉	戌	亥	子	丑	寅	卯	辰	巳	午	未	申	酉	戌	亥	子	丑	寅	卯	辰	巳	午	未	申	酉	戌
大	男	2	2	1	1	1	1	立	10	10	10	9	9	9	8	8	8	7	7	7	6	6	6	5	5	5	4	4	4	3	3	3
運	女	八	九	九	九	十	十	秋	一	一	一	一	二	二	二	三	三	三	四	四	四	五	五	五	六	六	六	七	七	七	八	八

9월 (壬申) 癸酉 (백로) 白露 8日 02:01 秋分 23日

陽曆		1	2	3	4	5	6	7	8	9	10	11	12	13	14	15	16	17	18	19	20	21	22	23	24	25	26	27	28	29	30
요일		月	火	水	木	金	土	日	月	火	水	木	金	土	日	月	火	水	木	金	土	日	月	火	9/	木	金	土	日	月	火
陰曆		8	9	10	11	12	13	14	15	16	17	18	19	20	21	22	23	24	25	26	27	28	29	30	1	2	3	4	5	6	7
日辰		乙	丙	丁	戊	己	庚	辛	壬	癸	甲	乙	丙	丁	戊	己	庚	辛	壬	癸	甲	乙	丙	丁	戊	己	庚	辛	壬	癸	甲
		亥	子	丑	寅	卯	辰	巳	午	未	申	酉	戌	亥	子	丑	寅	卯	辰	巳	午	未	申	酉	戌	亥	子	丑	寅	卯	辰
大	男	2	2	2	1	1	1	1	白	10	9	9	9	8	8	8	7	7	7	6	6	6	5	5	5	4	4	4	3	3	3
運	女	八	九	九	九	十	十	十	露	一	一	一	一	二	二	二	三	三	三	四	四	四	五	五	五	六	六	六	七	七	七

10월 (癸酉) 甲戌 (한로) 寒露 8日 17:47 霜降 23日

陽曆		1	2	3	4	5	6	7	8	9	10	11	12	13	14	15	16	17	18	19	20	21	22	23	24	25	26	27	28	29	30	31
요일		水	木	金	土	日	月	火	水	木	金	土	日	月	火	水	木	金	土	日	月	火	水	木	윤9/	土	日	月	火	水	木	金
陰曆		8	9	10	11	12	13	14	15	16	17	18	19	20	21	22	23	24	25	26	27	28	29	30	1	2	3	4	5	6	7	8
日辰		乙	丙	丁	戊	己	庚	辛	壬	癸	甲	乙	丙	丁	戊	己	庚	辛	壬	癸	甲	乙	丙	丁	戊	己	庚	辛	壬	癸	甲	乙
		巳	午	未	申	酉	戌	亥	子	丑	寅	卯	辰	巳	午	未	申	酉	戌	亥	子	丑	寅	卯	辰	巳	午	未	申	酉	戌	亥
大	男	2	2	2	1	1	1	1	寒	10	9	9	9	8	8	8	7	7	7	6	6	6	5	5	5	4	4	4	3	3	3	2
運	女	八	八	八	九	九	九	十	露	一	一	一	一	二	二	二	三	三	三	四	四	四	五	五	五	六	六	六	七	七	七	八

11월 (甲戌) 乙亥 (입동) 立冬 7日 21:06 小雪 22日

陽曆		1	2	3	4	5	6	7	8	9	10	11	12	13	14	15	16	17	18	19	20	21	22	23	24	25	26	27	28	29	30
요일		土	日	月	火	水	木	金	土	日	月	火	水	木	金	土	日	月	火	水	木	金	10/	日	月	火	水	木	金	土	日
陰曆		9	10	11	12	13	14	15	16	17	18	19	20	21	22	23	24	25	26	27	28	29	1	2	3	4	5	6	7	8	9
日辰		丙	丁	戊	己	庚	辛	壬	癸	甲	乙	丙	丁	戊	己	庚	辛	壬	癸	甲	乙	丙	丁	戊	己	庚	辛	壬	癸	甲	乙
		子	丑	寅	卯	辰	巳	午	未	申	酉	戌	亥	子	丑	寅	卯	辰	巳	午	未	申	酉	戌	亥	子	丑	寅	卯	辰	巳
大	男	2	2	1	1	1	1	立	10	9	9	9	8	8	8	7	7	7	6	6	6	5	5	5	4	4	4	3	3	3	2
運	女	八	八	九	九	九	十	冬	一	一	一	一	二	二	二	三	三	三	四	四	四	五	五	五	六	六	六	七	七	七	八

12월 (乙亥) 丙子 (대설) 大雪 7日 14:03 冬至 22日

陽曆		1	2	3	4	5	6	7	8	9	10	11	12	13	14	15	16	17	18	19	20	21	22	23	24	25	26	27	28	29	30	31
요일		月	火	水	木	金	土	日	月	火	水	木	金	土	日	月	火	水	木	金	土	日	11/	火	水	木	金	土	日	月	火	水
陰曆		10	11	12	13	14	15	16	17	18	19	20	21	22	23	24	25	26	27	28	29	30	1	2	3	4	5	6	7	8	9	10
日辰		丙	丁	戊	己	庚	辛	壬	癸	甲	乙	丙	丁	戊	己	庚	辛	壬	癸	甲	乙	丙	丁	戊	己	庚	辛	壬	癸	甲	乙	丙
		午	未	申	酉	戌	亥	子	丑	寅	卯	辰	巳	午	未	申	酉	戌	亥	子	丑	寅	卯	辰	巳	午	未	申	酉	戌	亥	子
大	男	2	2	1	1	1	1	大	10	9	9	9	8	8	8	7	7	7	6	6	6	5	5	5	4	4	4	3	3	3	2	2
運	女	八	八	九	九	九	十	雪	一	一	一	一	二	二	二	三	三	三	四	四	四	五	五	五	六	六	六	七	七	七	八	八

1월 (丙子) 丁丑 (소한) 小寒 6日 01:20 大寒 20日

陽曆	1	2	3	4	5	6	7	8	9	10	11	12	13	14	15	16	17	18	19	20	21	22	23	24	25	26	27	28	29	30	31
요일	木	金	土	日	月	火	水	木	金	土	日	月	火	水	木	金	土	日	月	12	水	木	金	土	日	月	火	水	木	金	土
陰曆	11	12	13	14	15	16	17	18	19	20	21	22	23	24	25	26	27	28	29	1	2	3	4	5	6	7	8	9	10	11	12
日辰	丁	戊	己	庚	辛	壬	癸	甲	乙	丙	丁	戊	己	庚	辛	壬	癸	甲	乙	丙	丁	戊	己	庚	辛	壬	癸	甲	乙	丙	丁
	丑	寅	卯	辰	巳	午	未	申	酉	戌	亥	子	丑	寅	卯	辰	巳	午	未	申	酉	戌	亥	子	丑	寅	卯	辰	巳	午	未
大 男	2	1	1	1	1	小	9	9	9	8	8	8	7	7	7	6	6	6	5	5	5	4	4	4	3	3	3	2	2	2	1
運 女	八	九	九	九	十	寒	一	一	一	一	二	二	二	三	三	三	四	四	四	五	五	五	六	六	六	七	七	七	八	八	八

2월 (丁丑) 戊寅 (입춘) 立春 4日 12:58 雨水 19日

陽曆	1	2	3	4	5	6	7	8	9	10	11	12	13	14	15	16	17	18	19	20	21	22	23	24	25	26	27	28			
요일	日	月	火	水	木	金	土	日	月	火	水	木	金	土	日	月	火	水	1	金	土	日	月	火	水	木	金	土			
陰曆	13	14	15	16	17	18	19	20	21	22	23	24	25	26	27	28	29	30	1	2	3	4	5	6	7	8	9	10			
日辰	戊	己	庚	辛	壬	癸	甲	乙	丙	丁	戊	己	庚	辛	壬	癸	甲	乙	丙	丁	戊	己	庚	辛	壬	癸	甲	乙			
	申	酉	戌	亥	子	丑	寅	卯	辰	巳	午	未	申	酉	戌	亥	子	丑	寅	卯	辰	巳	午	未	申	酉	戌	亥			
大 男	1	1	1	立	1	1	1	1	2	2	2	3	3	3	4	4	4	5	5	5	6	6	6	7	7	7	8	8			
運 女	九	九	九	春	十	九	九	九	八	八	八	七	七	七	六	六	六	五	五	五	四	四	四	三	三	三	二	二			

3월 (戊寅) 己卯 (경칩) 驚蟄 6日 06:55 春分 21日

陽曆	1	2	3	4	5	6	7	8	9	10	11	12	13	14	15	16	17	18	19	20	21	22	23	24	25	26	27	28	29	30	31
요일	日	月	火	水	木	金	土	日	月	火	水	木	金	土	日	月	火	水	木	2	土	日	月	火	水	木	金	土	日	月	火
陰曆	11	12	13	14	15	16	17	18	19	20	21	22	23	24	25	26	27	28	29	1	2	3	4	5	6	7	8	9	10	11	12
日辰	丙	丁	戊	己	庚	辛	壬	癸	甲	乙	丙	丁	戊	己	庚	辛	壬	癸	甲	乙	丙	丁	戊	己	庚	辛	壬	癸	甲	乙	丙
	子	丑	寅	卯	辰	巳	午	未	申	酉	戌	亥	子	丑	寅	卯	辰	巳	午	未	申	酉	戌	亥	子	丑	寅	卯	辰	巳	午
大 男	8	9	9	9	10	驚	1	1	1	1	2	2	2	3	3	3	4	4	4	5	5	5	6	6	6	7	7	7	8	8	8
運 女	二	一	一	一	一	蟄	十	九	九	九	八	八	八	七	七	七	六	六	六	五	五	五	四	四	四	三	三	三	二	二	二

4월 (己卯) 庚辰 (청명) 淸明 5日 11:38 穀雨 20日

陽曆	1	2	3	4	5	6	7	8	9	10	11	12	13	14	15	16	17	18	19	20	21	22	23	24	25	26	27	28	29	30	
요일	水	木	金	土	日	月	火	水	木	金	土	日	月	火	水	木	金	土	3	月	火	水	木	金	土	日	月	火	水	木	
陰曆	13	14	15	16	17	18	19	20	21	22	23	24	25	26	27	28	29	30	1	2	3	4	5	6	7	8	9	10	11	12	
日辰	丁	戊	己	庚	辛	壬	癸	甲	乙	丙	丁	戊	己	庚	辛	壬	癸	甲	乙	丙	丁	戊	己	庚	辛	壬	癸	甲	乙	丙	
	未	申	酉	戌	亥	子	丑	寅	卯	辰	巳	午	未	申	酉	戌	亥	子	丑	寅	卯	辰	巳	午	未	申	酉	戌	亥	子	
大 男	9	9	9	10	淸	1	1	1	1	2	2	2	3	3	3	4	4	4	5	5	5	6	6	6	7	7	7	8	8	8	
運 女	一	一	一	一	明	十	十	九	九	九	八	八	八	七	七	七	六	六	六	五	五	五	四	四	四	三	三	三	二	二	

5월 (庚辰) 辛巳 (입하) 立夏 6日 04:52 小滿 21日

陽曆	1	2	3	4	5	6	7	8	9	10	11	12	13	14	15	16	17	18	19	20	21	22	23	24	25	26	27	28	29	30	31
요일	金	土	日	月	火	水	木	金	土	日	月	火	水	木	金	土	日	4	火	水	木	金	土	日	月	火	水	木	金	土	日
陰曆	13	14	15	16	17	18	19	20	21	22	23	24	25	26	27	28	29	1	2	3	4	5	6	7	8	9	10	11	12	13	14
日辰	丁	戊	己	庚	辛	壬	癸	甲	乙	丙	丁	戊	己	庚	辛	壬	癸	甲	乙	丙	丁	戊	己	庚	辛	壬	癸	甲	乙	丙	丁
	丑	寅	卯	辰	巳	午	未	申	酉	戌	亥	子	丑	寅	卯	辰	巳	午	未	申	酉	戌	亥	子	丑	寅	卯	辰	巳	午	未
大 男	9	9	9	10	10	立	1	1	1	1	2	2	2	3	3	3	4	4	4	5	5	5	6	6	6	7	7	7	8	8	8
運 女	二	一	一	一	一	夏	十	十	九	九	九	八	八	八	七	七	七	六	六	六	五	五	五	四	四	四	三	三	三	二	二

6월 (辛巳) 壬午 (망종) 芒種 6日 08:57 夏至 22日

陽曆	1	2	3	4	5	6	7	8	9	10	11	12	13	14	15	16	17	18	19	20	21	22	23	24	25	26	27	28	29	30	
요일	月	火	水	木	金	土	日	月	火	水	木	金	土	日	月	5	水	木	金	土	日	月	火	水	木	金	土	日	月	火	
陰曆	15	16	17	18	19	20	21	22	23	24	25	26	27	28	29	1	2	3	4	5	6	7	8	9	10	11	12	13	14	15	
日辰	戊	己	庚	辛	壬	癸	甲	乙	丙	丁	戊	己	庚	辛	壬	癸	甲	乙	丙	丁	戊	己	庚	辛	壬	癸	甲	乙	丙	丁	
	申	酉	戌	亥	子	丑	寅	卯	辰	巳	午	未	申	酉	戌	亥	子	丑	寅	卯	辰	巳	午	未	申	酉	戌	亥	子	丑	
大 男	9	9	9	10	10	芒	1	1	1	1	2	2	2	3	3	3	4	4	4	5	5	5	6	6	6	7	7	7	8	8	
運 女	二	一	一	一	一	種	十	十	九	九	九	八	八	八	七	七	七	六	六	六	五	五	五	四	四	四	三	三	三	二	

砂中金星 三碧木星	六日得辛 三龍治水	東大將 酉喪門	巳弔客 酉三殺	寒食(4월 06일) 中伏(7월 23일)	初伏(7월 13일) 末伏(8월 12일)

7월 (壬午) 癸未 (소서) 小暑 7日 19:11 大暑 23日

陽曆	1	2	3	4	5	6	7	8	9	10	11	12	13	14	15	16	17	18	19	20	21	22	23	24	25	26	27	28	29	30	31
요일	水	木	金	土	日	月	火	水	木	金	土	日	月	火	水	6	金	土	日	月	火	水	木	金	土	日	月	火	水	木	金
陰曆	16	17	18	19	20	21	22	23	24	25	26	27	28	29	30	1	2	3	4	5	6	7	8	9	10	11	12	13	14	15	16
日辰	戊	己	庚	辛	壬	癸	甲	乙	丙	丁	戊	己	庚	辛	壬	癸	甲	乙	丙	丁	戊	己	庚	辛	壬	癸	甲	乙	丙	丁	戊
	寅	卯	辰	巳	午	未	申	酉	戌	亥	子	丑	寅	卯	辰	巳	午	未	申	酉	戌	亥	子	丑	寅	卯	辰	巳	午	未	申
大運 男	8	9	9	9	10	10	小	1	1	1	1	2	2	2	3	3	3	4	4	4	5	5	5	6	6	6	7	7	7	8	8
大運 女	二	二	一	一	一	一	署	十	十	十	九	九	九	八	八	八	七	七	七	六	六	六	五	五	五	四	四	四	三	三	三

8월 (癸未) 甲申 (입추) 立秋 8日 05:00 處暑 23日

陽曆	1	2	3	4	5	6	7	8	9	10	11	12	13	14	15	16	17	18	19	20	21	22	23	24	25	26	27	28	29	30	31
요일	土	日	月	火	水	木	金	土	日	月	火	水	木	7	土	日	月	火	水	木	金	土	日	月	火	水	木	金	土	日	月
陰曆	17	18	19	20	21	22	23	24	25	26	27	28	29	1	2	3	4	5	6	7	8	9	10	11	12	13	14	15	16	17	18
日辰	己	庚	辛	壬	癸	甲	乙	丙	丁	戊	己	庚	辛	壬	癸	甲	乙	丙	丁	戊	己	庚	辛	壬	癸	甲	乙	丙	丁	戊	己
	酉	戌	亥	子	丑	寅	卯	辰	巳	午	未	申	酉	戌	亥	子	丑	寅	卯	辰	巳	午	未	申	酉	戌	亥	子	丑	寅	卯
大運 男	8	9	9	9	10	10	10	立	1	1	1	1	2	2	2	3	3	3	4	4	4	5	5	5	6	6	6	7	7	7	8
大運 女	二	二	二	一	一	一	一	秋	十	十	九	九	九	八	八	八	七	七	七	六	六	六	五	五	五	四	四	四	三	三	三

9월 (甲申) 乙酉 (백로) 白露 8日 07:59 秋分 23日

陽曆	1	2	3	4	5	6	7	8	9	10	11	12	13	14	15	16	17	18	19	20	21	22	23	24	25	26	27	28	29	30
요일	火	水	木	金	土	日	月	火	水	木	金	土	8	月	火	水	木	金	土	日	月	火	水	木	金	土	日	月	火	水
陰曆	19	20	21	22	23	24	25	26	27	28	29	30	1	2	3	4	5	6	7	8	9	10	11	12	13	14	15	16	17	18
日辰	庚	辛	壬	癸	甲	乙	丙	丁	戊	己	庚	辛	壬	癸	甲	乙	丙	丁	戊	己	庚	辛	壬	癸	甲	乙	丙	丁	戊	己
	辰	巳	午	未	申	酉	戌	亥	子	丑	寅	卯	辰	巳	午	未	申	酉	戌	亥	子	丑	寅	卯	辰	巳	午	未	申	酉
大運 男	8	8	9	9	9	10	10	白	1	1	1	1	2	2	2	3	3	3	4	4	4	5	5	5	6	6	6	7	7	7
大運 女	二	二	二	一	一	一	一	露	十	九	九	九	八	八	八	七	七	七	六	六	六	五	五	五	四	四	四	三	三	三

10월 (乙酉) 丙戌 (한로) 寒露 8日 23:42 霜降 24日

陽曆	1	2	3	4	5	6	7	8	9	10	11	12	13	14	15	16	17	18	19	20	21	22	23	24	25	26	27	28	29	30	31
요일	木	金	土	日	月	火	水	木	金	土	日	月	9	水	木	金	土	日	月	火	水	木	金	土	日	月	火	水	木	金	土
陰曆	19	20	21	22	23	24	25	26	27	28	29	30	1	2	3	4	5	6	7	8	9	10	11	12	13	14	15	16	17	18	19
日辰	庚	辛	壬	癸	甲	乙	丙	丁	戊	己	庚	辛	壬	癸	甲	乙	丙	丁	戊	己	庚	辛	壬	癸	甲	乙	丙	丁	戊	己	庚
	戌	亥	子	丑	寅	卯	辰	巳	午	未	申	酉	戌	亥	子	丑	寅	卯	辰	巳	午	未	申	酉	戌	亥	子	丑	寅	卯	辰
大運 男	8	8	8	9	9	9	10	寒	1	1	1	1	2	2	2	3	3	3	4	4	4	5	5	5	6	6	6	7	7	7	8
大運 女	二	二	二	一	一	一	一	露	十	十	九	九	九	八	八	八	七	七	七	六	六	六	五	五	五	四	四	四	三	三	三

11월 (丙戌) 丁亥 (입동) 立冬 8日 02:58 小雪 23日

陽曆	1	2	3	4	5	6	7	8	9	10	11	12	13	14	15	16	17	18	19	20	21	22	23	24	25	26	27	28	29	30
요일	日	月	火	水	木	金	土	日	月	火	水	10	金	土	日	月	火	水	木	金	土	日	月	火	水	木	金	土	日	月
陰曆	20	21	22	23	24	25	26	27	28	29	30	1	2	3	4	5	6	7	8	9	10	11	12	13	14	15	16	17	18	19
日辰	辛	壬	癸	甲	乙	丙	丁	戊	己	庚	辛	壬	癸	甲	乙	丙	丁	戊	己	庚	辛	壬	癸	甲	乙	丙	丁	戊	己	庚
	巳	午	未	申	酉	戌	亥	子	丑	寅	卯	辰	巳	午	未	申	酉	戌	亥	子	丑	寅	卯	辰	巳	午	未	申	酉	戌
大運 男	8	8	9	9	9	10	10	立	1	1	1	1	2	2	2	3	3	3	4	4	4	5	5	5	6	6	6	7	7	7
大運 女	二	二	二	一	一	一	一	冬	九	九	九	八	八	八	七	七	七	六	六	六	五	五	五	四	四	四	三	三	三	二

12월 (丁亥) 戊子 (대설) 大雪 7日 19:52 冬至 22日

陽曆	1	2	3	4	5	6	7	8	9	10	11	12	13	14	15	16	17	18	19	20	21	22	23	24	25	26	27	28	29	30	31
요일	火	水	木	金	土	日	月	火	水	木	11	土	日	月	火	水	木	金	土	日	月	火	水	木	金	土	日	月	火	水	木
陰曆	20	21	22	23	24	25	26	27	28	29	1	2	3	4	5	6	7	8	9	10	11	12	13	14	15	16	17	18	19	20	21
日辰	辛	壬	癸	甲	乙	丙	丁	戊	己	庚	辛	壬	癸	甲	乙	丙	丁	戊	己	庚	辛	壬	癸	甲	乙	丙	丁	戊	己	庚	辛
	亥	子	丑	寅	卯	辰	巳	午	未	申	酉	戌	亥	子	丑	寅	卯	辰	巳	午	未	申	酉	戌	亥	子	丑	寅	卯	辰	巳
大運 男	8	8	8	9	9	9	大	1	1	1	1	2	2	2	3	3	3	4	4	4	5	5	5	6	6	6	7	7	7	8	8
大運 女	二	二	一	一	一	一	雪	十	九	九	九	八	八	八	七	七	七	六	六	六	五	五	五	四	四	四	三	三	三	二	二

1월 (戊子) 己丑 (소한) 小寒 6日 07:07 大寒 21日

陽曆		1	2	3	4	5	6	7	8	9	10	11	12	13	14	15	16	17	18	19	20	21	22	23	24	25	26	27	28	29	30	31
요일		金	土	日	月	火	水	木	金	土	12/	月	火	水	木	金	土	日	月	火	水	木	金	土	日	月	火	水	木	金	土	日
陰曆		22	23	24	25	26	27	28	29	30	1	2	3	4	5	6	7	8	9	10	11	12	13	14	15	16	17	18	19	20	21	22
日辰		壬	癸	甲	乙	丙	丁	戊	己	庚	辛	壬	癸	甲	乙	丙	丁	戊	己	庚	辛	壬	癸	甲	乙	丙	丁	戊	己	庚	辛	壬
		午	未	申	酉	戌	亥	子	丑	寅	卯	辰	巳	午	未	申	酉	戌	亥	子	丑	寅	卯	辰	巳	午	未	申	酉	戌	亥	子
大	男	8	9	9	9	10	小	1	1	1	1	2	2	2	3	3	3	4	4	4	5	5	5	6	6	6	7	7	7	8	8	8
運	女	二	一	一	一	一	寒	九	九	九	八	八	八	七	七	七	六	六	六	五	五	五	四	四	四	三	三	三	二	二	二	一

2월 (己丑) 庚寅 (입춘) 立春 4日 18:45 雨水 19日

陽曆		1	2	3	4	5	6	7	8	9	10	11	12	13	14	15	16	17	18	19	20	21	22	23	24	25	26	27	28	29		
요일		月	火	水	木	金	土	日	1/	火	水	木	金	土	日	月	火	水	木	金	土	日	月	火	水	木	金	土	日	月		
陰曆		23	24	25	26	27	28	29	1	2	3	4	5	6	7	8	9	10	11	12	13	14	15	16	17	18	19	20	21	22		
日辰		癸	甲	乙	丙	丁	戊	己	庚	辛	壬	癸	甲	乙	丙	丁	戊	己	庚	辛	壬	癸	甲	乙	丙	丁	戊	己	庚	辛		
		丑	寅	卯	辰	巳	午	未	申	酉	戌	亥	子	丑	寅	卯	辰	巳	午	未	申	酉	戌	亥	子	丑	寅	卯	辰	巳		
大	男	9	9	9	立	10	9	9	9	8	8	8	7	7	7	6	6	6	5	5	5	4	4	4	3	3	3	2	2	2		
運	女	一	一	一	春	一	一	一	一	二	二	二	三	三	三	四	四	四	五	五	五	六	六	六	七	七	七	八	八	八		

3월 (庚寅) 辛卯 (경칩) 驚蟄 5日 12:43 春分 20日

陽曆		1	2	3	4	5	6	7	8	9	10	11	12	13	14	15	16	17	18	19	20	21	22	23	24	25	26	27	28	29	30	31
요일		火	水	木	金	土	日	月	火	2/	木	金	土	日	月	火	水	木	金	土	日	月	火	水	木	金	土	日	月	火	水	木
陰曆		23	24	25	26	27	28	29	30	1	2	3	4	5	6	7	8	9	10	11	12	13	14	15	16	17	18	19	20	21	22	23
日辰		壬	癸	甲	乙	丙	丁	戊	己	庚	辛	壬	癸	甲	乙	丙	丁	戊	己	庚	辛	壬	癸	甲	乙	丙	丁	戊	己	庚	辛	壬
		午	未	申	酉	戌	亥	子	丑	寅	卯	辰	巳	午	未	申	酉	戌	亥	子	丑	寅	卯	辰	巳	午	未	申	酉	戌	亥	子
大	男	1	1	1	1	驚	10	9	9	9	8	8	8	7	7	7	6	6	6	5	5	5	4	4	4	3	3	3	2	2	2	1
運	女	九	九	九	十	蟄	一	一	一	一	二	二	二	三	三	三	四	四	四	五	五	五	六	六	六	七	七	七	八	八	八	九

4월 (辛卯) 壬辰 (청명) 清明 4日 17:27 穀雨 20日

陽曆		1	2	3	4	5	6	7	8	9	10	11	12	13	14	15	16	17	18	19	20	21	22	23	24	25	26	27	28	29	30	
요일		金	土	日	月	火	水	3/	金	土	日	月	火	水	木	金	土	日	月	火	水	木	金	土	日	月	火	水	木	金	土	
陰曆		24	25	26	27	28	29	1	2	3	4	5	6	7	8	9	10	11	12	13	14	15	16	17	18	19	20	21	22	23	24	
日辰		癸	甲	乙	丙	丁	戊	己	庚	辛	壬	癸	甲	乙	丙	丁	戊	己	庚	辛	壬	癸	甲	乙	丙	丁	戊	己	庚	辛	壬	
		丑	寅	卯	辰	巳	午	未	申	酉	戌	亥	子	丑	寅	卯	辰	巳	午	未	申	酉	戌	亥	子	丑	寅	卯	辰	巳	午	
大	男	1	1	1	清	10	10	9	9	9	8	8	8	7	7	7	6	6	6	5	5	5	4	4	4	3	3	3	2	2	2	
運	女	九	九	十	明	一	一	一	一	二	二	二	三	三	三	四	四	四	五	五	五	六	六	六	七	七	七	八	八	八	九	

5월 (壬辰) 癸巳 (입하) 立夏 5日 10:41 小滿 20日

陽曆		1	2	3	4	5	6	7	8	9	10	11	12	13	14	15	16	17	18	19	20	21	22	23	24	25	26	27	28	29	30	31
요일		日	月	火	水	木	金	4/	日	月	火	水	木	金	土	日	月	火	水	木	金	土	日	月	火	水	木	金	土	日	月	火
陰曆		25	26	27	28	29	30	1	2	3	4	5	6	7	8	9	10	11	12	13	14	15	16	17	18	19	20	21	22	23	24	25
日辰		癸	甲	乙	丙	丁	戊	己	庚	辛	壬	癸	甲	乙	丙	丁	戊	己	庚	辛	壬	癸	甲	乙	丙	丁	戊	己	庚	辛	壬	癸
		未	申	酉	戌	亥	子	丑	寅	卯	辰	巳	午	未	申	酉	戌	亥	子	丑	寅	卯	辰	巳	午	未	申	酉	戌	亥	子	丑
大	男	1	1	1	1	立	10	10	9	9	9	8	8	8	7	7	7	6	6	6	5	5	5	4	4	4	3	3	3	2	2	2
運	女	九	九	十	十	夏	一	一	一	一	二	二	二	三	三	三	四	四	四	五	五	五	六	六	六	七	七	七	八	八	八	九

6월 (癸巳) 甲午 (망종) 芒種 5日 14:48 夏至 21日

陽曆		1	2	3	4	5	6	7	8	9	10	11	12	13	14	15	16	17	18	19	20	21	22	23	24	25	26	27	28	29	30	
요일		水	木	金	土	5/	月	火	水	木	金	土	日	月	火	水	木	金	土	日	月	火	水	木	金	土	日	月	火	水	木	
陰曆		26	27	28	29	1	2	3	4	5	6	7	8	9	10	11	12	13	14	15	16	17	18	19	20	21	22	23	24	25	26	
日辰		甲	乙	丙	丁	戊	己	庚	辛	壬	癸	甲	乙	丙	丁	戊	己	庚	辛	壬	癸	甲	乙	丙	丁	戊	己	庚	辛	壬	癸	
		寅	卯	辰	巳	午	未	申	酉	戌	亥	子	丑	寅	卯	辰	巳	午	未	申	酉	戌	亥	子	丑	寅	卯	辰	巳	午	未	
大	男	1	1	1	1	芒	10	10	10	9	9	9	8	8	8	7	7	7	6	6	6	5	5	5	4	4	4	3	3	3	2	
運	女	九	九	十	十	種	一	一	一	一	二	二	二	三	三	三	四	四	四	五	五	五	六	六	六	七	七	七	八	八	八	

7월 (甲午) 乙未 (소서) 小署 7日 01:02 大署 22日

陽曆		1	2	3	4	5	6	7	8	9	10	11	12	13	14	15	16	17	18	19	20	21	22	23	24	25	26	27	28	29	30	31
요일		金	土	日	6/1	火	水	木	金	土	日	月	火	水	木	金	土	日	月	火	水	木	金	土	日	月	火	水	木	金	土	日
陰曆		27	28	29		2	3	4	5	6	7	8	9	10	11	12	13	14	15	16	17	18	19	20	21	22	23	24	25	26	27	28
日辰		甲	乙	丙	丁	戊	己	庚	辛	壬	癸	甲	乙	丙	丁	戊	己	庚	辛	壬	癸	甲	乙	丙	丁	戊	己	庚	辛	壬	癸	甲
		申	酉	戌	亥	子	丑	寅	卯	辰	巳	午	未	申	酉	戌	亥	子	丑	寅	卯	辰	巳	午	未	申	酉	戌	亥	子	丑	寅
大	男	2	2	1	1	1	1	小	10	10	9	9	9	8	8	8	7	7	7	6	6	6	5	5	5	4	4	4	3	3	3	2
運	女	九	九	九	十	十	十	署	一	一	一	一	二	二	二	三	三	三	四	四	四	五	五	五	六	六	六	七	七	七	八	八

8월 (乙未) 丙申 (입추) 立秋 7日 10:52 處署 23日

陽曆		1	2	3	4	5	6	7	8	9	10	11	12	13	14	15	16	17	18	19	20	21	22	23	24	25	26	27	28	29	30	31
요일		月	火	7/1	木	金	土	日	月	火	水	木	金	土	日	月	火	水	木	金	土	日	月	火	水	木	金	土	日	月	火	水
陰曆		29	30		2	3	4	5	6	7	8	9	10	11	12	13	14	15	16	17	18	19	20	21	22	23	24	25	26	27	28	29
日辰		乙	丙	丁	戊	己	庚	辛	壬	癸	甲	乙	丙	丁	戊	己	庚	辛	壬	癸	甲	乙	丙	丁	戊	己	庚	辛	壬	癸	甲	乙
		卯	辰	巳	午	未	申	酉	戌	亥	子	丑	寅	卯	辰	巳	午	未	申	酉	戌	亥	子	丑	寅	卯	辰	巳	午	未	申	酉
大	男	2	2	1	1	1	1	立	10	10	9	9	9	8	8	8	7	7	7	6	6	6	5	5	5	4	4	4	3	3	3	2
運	女	八	九	九	九	十	十	秋	一	一	一	一	二	二	二	三	三	三	四	四	四	五	五	五	六	六	六	七	七	七	八	八

9월 (丙申) 丁酉 (백로) 白露 7日 13:50 秋分 22日

陽曆		1	2	3	4	5	6	7	8	9	10	11	12	13	14	15	16	17	18	19	20	21	22	23	24	25	26	27	28	29	30	
요일		8/1	金	土	日	月	火	水	木	金	土	日	月	火	水	木	金	土	日	月	火	水	木	金	土	日	月	火	水	木	金	
陰曆			2	3	4	5	6	7	8	9	10	11	12	13	14	15	16	17	18	19	20	21	22	23	24	25	26	27	28	29	30	
日辰		丙	丁	戊	己	庚	辛	壬	癸	甲	乙	丙	丁	戊	己	庚	辛	壬	癸	甲	乙	丙	丁	戊	己	庚	辛	壬	癸	甲	乙	
		戌	亥	子	丑	寅	卯	辰	巳	午	未	申	酉	戌	亥	子	丑	寅	卯	辰	巳	午	未	申	酉	戌	亥	子	丑	寅	卯	
大	男	2	2	1	1	1	1	白	10	10	9	9	9	8	8	8	7	7	7	6	6	6	5	5	5	4	4	4	3	3	3	
運	女	八	九	九	九	十	十	露	一	一	一	一	二	二	二	三	三	三	四	四	四	五	五	五	六	六	六	七	七	七	八	

10월 (丁酉) 戊戌 (한로) 寒露 8日 05:32 霜降 23日

陽曆		1	2	3	4	5	6	7	8	9	10	11	12	13	14	15	16	17	18	19	20	21	22	23	24	25	26	27	28	29	30	31
요일		9/1	日	月	火	水	木	金	土	日	月	火	水	木	金	土	日	月	火	水	木	金	土	日	月	火	水	木	金	土	日	10/1
陰曆			2	3	4	5	6	7	8	9	10	11	12	13	14	15	16	17	18	19	20	21	22	23	24	25	26	27	28	29	30	
日辰		丙	丁	戊	己	庚	辛	壬	癸	甲	乙	丙	丁	戊	己	庚	辛	壬	癸	甲	乙	丙	丁	戊	己	庚	辛	壬	癸	甲	乙	丙
		辰	巳	午	未	申	酉	戌	亥	子	丑	寅	卯	辰	巳	午	未	申	酉	戌	亥	子	丑	寅	卯	辰	巳	午	未	申	酉	戌
大	男	2	2	2	1	1	1	1	寒	10	9	9	9	8	8	8	7	7	7	6	6	6	5	5	5	4	4	4	3	3	3	2
運	女	八	八	九	九	九	十	十	露	一	一	一	一	二	二	二	三	三	三	四	四	四	五	五	五	六	六	六	七	七	七	八

11월 (戊戌) 己亥 (입동) 立冬 7日 08:47 小雪 22日

陽曆		1	2	3	4	5	6	7	8	9	10	11	12	13	14	15	16	17	18	19	20	21	22	23	24	25	26	27	28	29	30	
요일		火	水	木	金	土	日	月	火	水	木	金	土	日	月	火	水	木	金	土	日	月	火	水	木	金	土	日	月	11/1	水	
陰曆		2	3	4	5	6	7	8	9	10	11	12	13	14	15	16	17	18	19	20	21	22	23	24	25	26	27	28	29		2	
日辰		丁	戊	己	庚	辛	壬	癸	甲	乙	丙	丁	戊	己	庚	辛	壬	癸	甲	乙	丙	丁	戊	己	庚	辛	壬	癸	甲	乙	丙	
		亥	子	丑	寅	卯	辰	巳	午	未	申	酉	戌	亥	子	丑	寅	卯	辰	巳	午	未	申	酉	戌	亥	子	丑	寅	卯	辰	
大	男	2	2	1	1	1	1	立	10	9	9	9	8	8	8	7	7	7	6	6	6	5	5	5	4	4	4	3	3	3	2	
運	女	八	八	九	九	九	十	冬	一	一	一	一	二	二	二	三	三	三	四	四	四	五	五	五	六	六	六	七	七	七	八	

12월 (己亥) 庚子 (대설) 大雪 7日 01:40 冬至 21日

陽曆		1	2	3	4	5	6	7	8	9	10	11	12	13	14	15	16	17	18	19	20	21	22	23	24	25	26	27	28	29	30	31
요일		木	金	土	日	月	火	水	木	金	土	日	月	火	水	木	金	土	日	月	火	水	木	金	土	日	月	火	水	12/1	金	土
陰曆		3	4	5	6	7	8	9	10	11	12	13	14	15	16	17	18	19	20	21	22	23	24	25	26	27	28	29	30		2	3
日辰		丁	戊	己	庚	辛	壬	癸	甲	乙	丙	丁	戊	己	庚	辛	壬	癸	甲	乙	丙	丁	戊	己	庚	辛	壬	癸	甲	乙	丙	丁
		巳	午	未	申	酉	戌	亥	子	丑	寅	卯	辰	巳	午	未	申	酉	戌	亥	子	丑	寅	卯	辰	巳	午	未	申	酉	戌	亥
大	男	2	2	1	1	1	1	大	9	9	9	8	8	8	7	7	7	6	6	6	5	5	5	4	4	4	3	3	3	2	2	2
運	女	八	八	九	九	九	十	雪	一	一	一	一	二	二	二	三	三	三	四	四	四	五	五	五	六	六	六	七	七	七	八	八

1월 (庚子)　辛丑 (소한) 小寒 5日 12:55　大寒 20日

陽曆		1	2	3	4	5	6	7	8	9	10	11	12	13	14	15	16	17	18	19	20	21	22	23	24	25	26	27	28	29	30	31
요일		日	月	火	水	木	金	土	日	月	火	水	木	金	土	日	月	火	水	木	金	土	日	月	火	水	木	金	1	日	月	火
陰曆		4	5	6	7	8	9	10	11	12	13	14	15	16	17	18	19	20	21	22	23	24	25	26	27	28	29	30	1	2	3	4
日辰		戊	己	庚	辛	壬	癸	甲	乙	丙	丁	戊	己	庚	辛	壬	癸	甲	乙	丙	丁	戊	己	庚	辛	壬	癸	甲	乙	丙	丁	戊
		子	丑	寅	卯	辰	巳	午	未	申	酉	戌	亥	子	丑	寅	卯	辰	巳	午	未	申	酉	戌	亥	子	丑	寅	卯	辰	巳	午
大	男	1	1	1	1	小	10	9	9	9	8	8	8	7	7	7	6	6	6	5	5	5	4	4	4	3	3	3	2	2	2	1
運	女	八	九	九	九	寒	一	一	一	一	二	二	二	三	三	三	四	四	四	五	五	五	六	六	六	七	七	七	八	八	八	九

2월 (辛丑)　壬寅 (입춘) 立春 4日 00:33　雨水 18日

陽曆		1	2	3	4	5	6	7	8	9	10	11	12	13	14	15	16	17	18	19	20	21	22	23	24	25	26	27	28			
요일		水	木	金	土	日	月	火	水	木	金	土	日	月	火	水	木	金	土	日	月	火	水	木	金	土	2	月	火			
陰曆		5	6	7	8	9	10	11	12	13	14	15	16	17	18	19	20	21	22	23	24	25	26	27	28	29	1	2	3			
日辰		己	庚	辛	壬	癸	甲	乙	丙	丁	戊	己	庚	辛	壬	癸	甲	乙	丙	丁	戊	己	庚	辛	壬	癸	甲	乙	丙			
		未	申	酉	戌	亥	子	丑	寅	卯	辰	巳	午	未	申	酉	戌	亥	子	丑	寅	卯	辰	巳	午	未	申	酉	戌			
大	男	1	1	1	立	1	1	1	1	2	2	2	3	3	3	4	4	4	5	5	5	6	6	6	7	7	7	8	8			
運	女	九	九	十	春	九	九	九	八	八	八	七	七	七	六	六	六	五	五	五	四	四	四	三	三	三	二	二	二			

3월 (壬寅)　癸卯 (경칩) 驚蟄 5日 18:32　春分 20日

陽曆		1	2	3	4	5	6	7	8	9	10	11	12	13	14	15	16	17	18	19	20	21	22	23	24	25	26	27	28	29	30	31
요일		水	木	金	土	日	月	火	水	木	金	土	日	月	火	水	木	金	土	日	月	火	水	木	金	土	日	月	3	水	木	金
陰曆		4	5	6	7	8	9	10	11	12	13	14	15	16	17	18	19	20	21	22	23	24	25	26	27	28	29	30	1	2	3	4
日辰		丁	戊	己	庚	辛	壬	癸	甲	乙	丙	丁	戊	己	庚	辛	壬	癸	甲	乙	丙	丁	戊	己	庚	辛	壬	癸	甲	乙	丙	丁
		亥	子	丑	寅	卯	辰	巳	午	未	申	酉	戌	亥	子	丑	寅	卯	辰	巳	午	未	申	酉	戌	亥	子	丑	寅	卯	辰	巳
大	男	8	9	9	9	驚	1	1	1	1	2	2	2	3	3	3	4	4	4	5	5	5	6	6	6	7	7	7	8	8	8	9
運	女	一	一	一	一	蟄	十	九	九	九	八	八	八	七	七	七	六	六	六	五	五	五	四	四	四	三	三	三	二	二	二	一

4월 (癸卯)　甲辰 (청명) 清明 4日 23:16　穀雨 20日

陽曆		1	2	3	4	5	6	7	8	9	10	11	12	13	14	15	16	17	18	19	20	21	22	23	24	25	26	27	28	29	30	
요일		土	日	月	火	水	木	金	土	日	月	火	水	木	金	土	日	月	火	水	木	金	土	日	月	火	4	木	金	土	日	
陰曆		5	6	7	8	9	10	11	12	13	14	15	16	17	18	19	20	21	22	23	24	25	26	27	28	29	1	2	3	4	5	
日辰		戊	己	庚	辛	壬	癸	甲	乙	丙	丁	戊	己	庚	辛	壬	癸	甲	乙	丙	丁	戊	己	庚	辛	壬	癸	甲	乙	丙	丁	
		午	未	申	酉	戌	亥	子	丑	寅	卯	辰	巳	午	未	申	酉	戌	亥	子	丑	寅	卯	辰	巳	午	未	申	酉	戌	亥	
大	男	9	9	10	清	1	1	1	1	2	2	2	3	3	3	4	4	4	5	5	5	6	6	6	7	7	7	8	8	8	9	
運	女	一	一	一	明	十	十	九	九	九	八	八	八	七	七	七	六	六	六	五	五	五	四	四	四	三	三	三	二	二	二	

5월 (甲辰)　乙巳 (입하) 立夏 5日 16:30　小滿 21日

陽曆		1	2	3	4	5	6	7	8	9	10	11	12	13	14	15	16	17	18	19	20	21	22	23	24	25	26	27	28	29	30	31
요일		月	火	水	木	金	土	日	月	火	水	木	金	土	日	月	火	水	木	金	土	日	月	火	水	木	5	土	日	月	火	水
陰曆		6	7	8	9	10	11	12	13	14	15	16	17	18	19	20	21	22	23	24	25	26	27	28	29	30	1	2	3	4	5	6
日辰		戊	己	庚	辛	壬	癸	甲	乙	丙	丁	戊	己	庚	辛	壬	癸	甲	乙	丙	丁	戊	己	庚	辛	壬	癸	甲	乙	丙	丁	戊
		子	丑	寅	卯	辰	巳	午	未	申	酉	戌	亥	子	丑	寅	卯	辰	巳	午	未	申	酉	戌	亥	子	丑	寅	卯	辰	巳	午
大	男	9	9	10	10	立	1	1	1	1	2	2	2	3	3	3	4	4	4	5	5	5	6	6	6	7	7	7	8	8	8	9
運	女	一	一	一	一	夏	十	十	九	九	九	八	八	八	七	七	七	六	六	六	五	五	五	四	四	四	三	三	三	二	二	二

6월 (乙巳)　丙午 (망종) 芒種 5日 20:36　夏至 21日

陽曆		1	2	3	4	5	6	7	8	9	10	11	12	13	14	15	16	17	18	19	20	21	22	23	24	25	26	27	28	29	30	
요일		木	金	土	日	月	火	水	木	金	土	日	月	火	水	木	金	土	日	月	火	水	木	金	윤5	日	月	火	水	木	金	
陰曆		7	8	9	10	11	12	13	14	15	16	17	18	19	20	21	22	23	24	25	26	27	28	29	1	2	3	4	5	6	7	
日辰		己	庚	辛	壬	癸	甲	乙	丙	丁	戊	己	庚	辛	壬	癸	甲	乙	丙	丁	戊	己	庚	辛	壬	癸	甲	乙	丙	丁	戊	
		未	申	酉	戌	亥	子	丑	寅	卯	辰	巳	午	未	申	酉	戌	亥	子	丑	寅	卯	辰	巳	午	未	申	酉	戌	亥	子	
大	男	9	9	10	10	芒	1	1	1	1	2	2	2	3	3	3	4	4	4	5	5	5	6	6	6	7	7	7	8	8	8	
運	女	一	一	一	一	種	十	十	十	九	九	九	八	八	八	七	七	七	六	六	六	五	五	五	四	四	四	三	三	三	二	

7월 (丙午) 丁未 (소서) 小署 7日 06:50 大署 23日

陽曆	1	2	3	4	5	6	7	8	9	10	11	12	13	14	15	16	17	18	19	20	21	22	23	24	25	26	27	28	29	30	31
요일	土	日	月	火	水	木	金	土	日	月	火	水	木	金	土	日	月	火	水	木	金	土	6/1	月	火	水	木	金	土	日	月
陰曆	8	9	10	11	12	13	14	15	16	17	18	19	20	21	22	23	24	25	26	27	28	29		2	3	4	5	6	7	8	9
日辰	己	庚	辛	壬	癸	甲	乙	丙	丁	戊	己	庚	辛	壬	癸	甲	乙	丙	丁	戊	己	庚	辛	壬	癸	甲	乙	丙	丁	戊	己
	丑	寅	卯	辰	巳	午	未	申	酉	戌	亥	子	丑	寅	卯	辰	巳	午	未	申	酉	戌	亥	子	丑	寅	卯	辰	巳	午	未
大運 男	9	9	9	10	10	10	小	1	1	1	1	2	2	2	3	3	3	4	4	4	5	5	5	6	6	6	7	7	7	8	8
大運 女	二	二	一	一	一	一	署	十	十	九	九	九	八	八	八	七	七	七	六	六	六	五	五	五	四	四	四	三	三	三	二

8월 (丁未) 戊申 (입추) 立秋 7日 16:39 處署 23日

陽曆	1	2	3	4	5	6	7	8	9	10	11	12	13	14	15	16	17	18	19	20	21	22	23	24	25	26	27	28	29	30	31
요일	火	水	木	金	土	日	月	火	水	木	金	土	日	月	火	水	木	金	土	日	月	7/1	水	木	金	土	日	月	火	水	木
陰曆	10	11	12	13	14	15	16	17	18	19	20	21	22	23	24	25	26	27	28	29	30		2	3	4	5	6	7	8	9	10
日辰	庚	辛	壬	癸	甲	乙	丙	丁	戊	己	庚	辛	壬	癸	甲	乙	丙	丁	戊	己	庚	辛	壬	癸	甲	乙	丙	丁	戊	己	庚
	申	酉	戌	亥	子	丑	寅	卯	辰	巳	午	未	申	酉	戌	亥	子	丑	寅	卯	辰	巳	午	未	申	酉	戌	亥	子	丑	寅
大運 男	8	9	9	9	10	10	立	1	1	1	1	2	2	2	3	3	3	4	4	4	5	5	5	6	6	6	7	7	7	8	8
大運 女	二	二	一	一	一	一	秋	十	十	九	九	九	八	八	八	七	七	七	六	六	六	五	五	五	四	四	四	三	三	三	二

9월 (戊申) 己酉 (백로) 白露 7日 19:38 秋分 23日

陽曆	1	2	3	4	5	6	7	8	9	10	11	12	13	14	15	16	17	18	19	20	21	22	23	24	25	26	27	28	29	30	
요일	金	土	日	月	火	水	木	金	土	日	月	火	水	木	金	土	日	月	火	8/1	木	金	土	日	月	火	水	木	金	土	
陰曆	11	12	13	14	15	16	17	18	19	20	21	22	23	24	25	26	27	28	29		2	3	4	5	6	7	8	9	10	11	
日辰	辛	壬	癸	甲	乙	丙	丁	戊	己	庚	辛	壬	癸	甲	乙	丙	丁	戊	己	庚	辛	壬	癸	甲	乙	丙	丁	戊	己	庚	
	卯	辰	巳	午	未	申	酉	戌	亥	子	丑	寅	卯	辰	巳	午	未	申	酉	戌	亥	子	丑	寅	卯	辰	巳	午	未	申	
大運 男	8	9	9	9	10	10	白	1	1	1	1	2	2	2	3	3	3	4	4	4	5	5	5	6	6	6	7	7	7	8	
大運 女	二	二	一	一	一	一	露	十	十	九	九	九	八	八	八	七	七	七	六	六	六	五	五	五	四	四	四	三	三	三	

10월 (己酉) 庚戌 (한로) 寒露 8日 11:21 霜降 23日

陽曆	1	2	3	4	5	6	7	8	9	10	11	12	13	14	15	16	17	18	19	20	21	22	23	24	25	26	27	28	29	30	31
요일	日	月	火	水	木	金	土	日	月	火	水	木	金	土	日	月	火	水	木	9/1	土	日	月	火	水	木	金	土	日	月	火
陰曆	12	13	14	15	16	17	18	19	20	21	22	23	24	25	26	27	28	29	30		2	3	4	5	6	7	8	9	10	11	12
日辰	辛	壬	癸	甲	乙	丙	丁	戊	己	庚	辛	壬	癸	甲	乙	丙	丁	戊	己	庚	辛	壬	癸	甲	乙	丙	丁	戊	己	庚	辛
	酉	戌	亥	子	丑	寅	卯	辰	巳	午	未	申	酉	戌	亥	子	丑	寅	卯	辰	巳	午	未	申	酉	戌	亥	子	丑	寅	卯
大運 男	8	8	9	9	9	10	10	寒	1	1	1	1	2	2	2	3	3	3	4	4	4	5	5	5	6	6	6	7	7	7	8
大運 女	二	二	二	一	一	一	一	露	十	九	九	九	八	八	八	七	七	七	六	六	六	五	五	五	四	四	四	三	三	三	二

11월 (庚戌) 辛亥 (입동) 立冬 7日 14:37 小雪 22日

陽曆	1	2	3	4	5	6	7	8	9	10	11	12	13	14	15	16	17	18	19	20	21	22	23	24	25	26	27	28	29	30	
요일	水	木	金	土	日	月	火	水	木	金	土	日	月	火	水	木	金	10/1	日	月	火	水	木	金	土	日	月	火	水	木	
陰曆	13	14	15	16	17	18	19	20	21	22	23	24	25	26	27	28	29		2	3	4	5	6	7	8	9	10	11	12	13	
日辰	壬	癸	甲	乙	丙	丁	戊	己	庚	辛	壬	癸	甲	乙	丙	丁	戊	己	庚	辛	壬	癸	甲	乙	丙	丁	戊	己	庚	辛	
	辰	巳	午	未	申	酉	戌	亥	子	丑	寅	卯	辰	巳	午	未	申	酉	戌	亥	子	丑	寅	卯	辰	巳	午	未	申	酉	
大運 男	8	8	9	9	9	10	立	1	1	1	1	2	2	2	3	3	3	4	4	4	5	5	5	6	6	6	7	7	7	8	
大運 女	二	二	一	一	一	一	冬	十	九	九	九	八	八	八	七	七	七	六	六	六	五	五	五	四	四	四	三	三	三	二	

12월 (辛亥) 壬子 (대설) 大雪 7日 07:32 冬至 22日

陽曆	1	2	3	4	5	6	7	8	9	10	11	12	13	14	15	16	17	18	19	20	21	22	23	24	25	26	27	28	29	30	31
요일	金	土	日	月	火	水	木	金	土	日	月	火	水	木	金	土	日	11/1	火	水	木	金	土	日	月	火	水	木	金	土	日
陰曆	14	15	16	17	18	19	20	21	22	23	24	25	26	27	28	29	30		2	3	4	5	6	7	8	9	10	11	12	13	14
日辰	壬	癸	甲	乙	丙	丁	戊	己	庚	辛	壬	癸	甲	乙	丙	丁	戊	己	庚	辛	壬	癸	甲	乙	丙	丁	戊	己	庚	辛	壬
	戌	亥	子	丑	寅	卯	辰	巳	午	未	申	酉	戌	亥	子	丑	寅	卯	辰	巳	午	未	申	酉	戌	亥	子	丑	寅	卯	辰
大運 男	8	8	9	9	9	10	大	1	1	1	1	2	2	2	3	3	3	4	4	4	5	5	5	6	6	6	7	7	7	8	8
大運 女	二	二	一	一	一	一	雪	九	九	九	八	八	八	七	七	七	六	六	六	五	五	五	四	四	四	三	三	三	二	二	二

1월 (壬子) 癸丑 (소한) 小寒 5日 18:48 大寒 20日

陽曆	1	2	3	4	5	6	7	8	9	10	11	12	13	14	15	16	17	18	19	20	21	22	23	24	25	26	27	28	29	30	31
요일	月	火	水	木	金	土	日	月	火	水	木	金	土	日	月	火	12	木	金	土	日	月	火	水	木	金	土	日	月	火	水
陰曆	15	16	17	18	19	20	21	22	23	24	25	26	27	28	29	30	1	2	3	4	5	6	7	8	9	10	11	12	13	14	15
日辰	癸	甲	乙	丙	丁	戊	己	庚	辛	壬	癸	甲	乙	丙	丁	戊	己	庚	辛	壬	癸	甲	乙	丙	丁	戊	己	庚	辛	壬	癸
	巳	午	未	申	酉	戌	亥	子	丑	寅	卯	辰	巳	午	未	申	酉	戌	亥	子	丑	寅	卯	辰	巳	午	未	申	酉	戌	亥
大 男	8	9	9	9	小	1	1	1	1	2	2	2	3	3	3	4	4	4	5	5	5	6	6	6	7	7	7	8	8	8	9
運 女	一	一	一	一	寒	十	九	九	九	八	八	八	七	七	七	六	六	六	五	五	五	四	四	四	三	三	三	二	二	二	一

2월 (癸丑) 甲寅 (입춘) 立春 4日 06:28 雨水 19日

陽曆	1	2	3	4	5	6	7	8	9	10	11	12	13	14	15	16	17	18	19	20	21	22	23	24	25	26	27	28			
요일	木	金	土	日	月	火	水	木	金	土	日	月	火	水	木	1	土	日	月	火	水	木	金	土	日	月	火	水			
陰曆	16	17	18	19	20	21	22	23	24	25	26	27	28	29	30	1	2	3	4	5	6	7	8	9	10	11	12	13			
日辰	甲	乙	丙	丁	戊	己	庚	辛	壬	癸	甲	乙	丙	丁	戊	己	庚	辛	壬	癸	甲	乙	丙	丁	戊	己	庚	辛			
	子	丑	寅	卯	辰	巳	午	未	申	酉	戌	亥	子	丑	寅	卯	辰	巳	午	未	申	酉	戌	亥	子	丑	寅	卯			
大 男	9	9	10	立	10	9	9	9	8	8	8	7	7	7	6	6	6	5	5	5	4	4	4	3	3	3	2	2			
運 女	一	一	一	春	一	一	一	一	二	二	二	三	三	三	四	四	四	五	五	五	六	六	六	七	七	七	八	八			

3월 (甲寅) 乙卯 (경칩) 驚蟄 6日 00:27 春分 21日

陽曆	1	2	3	4	5	6	7	8	9	10	11	12	13	14	15	16	17	18	19	20	21	22	23	24	25	26	27	28	29	30	31
요일	木	金	土	日	月	火	水	木	金	土	日	月	火	水	木	金	2	日	月	火	水	木	金	土	日	月	火	水	木	金	土
陰曆	14	15	16	17	18	19	20	21	22	23	24	25	26	27	28	29	1	2	3	4	5	6	7	8	9	10	11	12	13	14	15
日辰	壬	癸	甲	乙	丙	丁	戊	己	庚	辛	壬	癸	甲	乙	丙	丁	戊	己	庚	辛	壬	癸	甲	乙	丙	丁	戊	己	庚	辛	壬
	辰	巳	午	未	申	酉	戌	亥	子	丑	寅	卯	辰	巳	午	未	申	酉	戌	亥	子	丑	寅	卯	辰	巳	午	未	申	酉	戌
大 男	2	1	1	1	1	驚	10	9	9	9	8	8	8	7	7	7	6	6	6	5	5	5	4	4	4	3	3	3	2	2	2
運 女	八	九	九	九	十	蟄	一	一	一	一	二	二	二	三	三	三	四	四	四	五	五	五	六	六	六	七	七	七	八	八	八

4월 (乙卯) 丙辰 (청명) 清明 5日 05:12 穀雨 20日

陽曆	1	2	3	4	5	6	7	8	9	10	11	12	13	14	15	16	17	18	19	20	21	22	23	24	25	26	27	28	29	30	
요일	日	月	火	水	木	金	土	日	月	火	水	木	金	土	日	3	火	水	木	金	土	日	月	火	水	木	金	土	日	月	
陰曆	16	17	18	19	20	21	22	23	24	25	26	27	28	29	30	1	2	3	4	5	6	7	8	9	10	11	12	13	14	15	
日辰	癸	甲	乙	丙	丁	戊	己	庚	辛	壬	癸	甲	乙	丙	丁	戊	己	庚	辛	壬	癸	甲	乙	丙	丁	戊	己	庚	辛	壬	
	亥	子	丑	寅	卯	辰	巳	午	未	申	酉	戌	亥	子	丑	寅	卯	辰	巳	午	未	申	酉	戌	亥	子	丑	寅	卯	辰	
大 男	1	1	1	1	清	10	9	9	9	8	8	8	7	7	7	6	6	6	5	5	5	4	4	4	3	3	3	2	2	2	
運 女	九	九	九	十	明	一	一	一	一	二	二	二	三	三	三	四	四	四	五	五	五	六	六	六	七	七	七	八	八	八	

5월 (丙辰) 丁巳 (입하) 立夏 5日 22:24 小滿 21日

陽曆	1	2	3	4	5	6	7	8	9	10	11	12	13	14	15	16	17	18	19	20	21	22	23	24	25	26	27	28	29	30	31
요일	火	水	木	金	土	日	月	火	水	木	金	土	日	月	4	水	木	金	土	日	月	火	水	木	金	土	日	月	火	水	木
陰曆	16	17	18	19	20	21	22	23	24	25	26	27	28	29	1	2	3	4	5	6	7	8	9	10	11	12	13	14	15	16	17
日辰	癸	甲	乙	丙	丁	戊	己	庚	辛	壬	癸	甲	乙	丙	丁	戊	己	庚	辛	壬	癸	甲	乙	丙	丁	戊	己	庚	辛	壬	癸
	巳	午	未	申	酉	戌	亥	子	丑	寅	卯	辰	巳	午	未	申	酉	戌	亥	子	丑	寅	卯	辰	巳	午	未	申	酉	戌	亥
大 男	1	1	1	1	立	10	10	10	9	9	9	8	8	8	7	7	7	6	6	6	5	5	5	4	4	4	3	3	3	2	2
運 女	九	九	九	十	夏	一	一	一	一	二	二	二	三	三	三	四	四	四	五	五	五	六	六	六	七	七	七	八	八	八	九

6월 (丁巳) 戊午 (망종) 芒種 6日 02:28 夏至 21日

陽曆	1	2	3	4	5	6	7	8	9	10	11	12	13	14	15	16	17	18	19	20	21	22	23	24	25	26	27	28	29	30
요일	金	土	日	月	火	水	木	金	土	日	月	火	水	5	金	土	日	月	火	水	木	金	土	日	月	火	水	木	金	土
陰曆	18	19	20	21	22	23	24	25	26	27	28	29	30	1	2	3	4	5	6	7	8	9	10	11	12	13	14	15	16	17
日辰	甲	乙	丙	丁	戊	己	庚	辛	壬	癸	甲	乙	丙	丁	戊	己	庚	辛	壬	癸	甲	乙	丙	丁	戊	己	庚	辛	壬	癸
	子	丑	寅	卯	辰	巳	午	未	申	酉	戌	亥	子	丑	寅	卯	辰	巳	午	未	申	酉	戌	亥	子	丑	寅	卯	辰	巳
大 男	2	1	1	1	1	芒	10	10	9	9	9	8	8	8	7	7	7	6	6	6	5	5	5	4	4	4	3	3	3	2
運 女	九	九	十	十	十	種	一	一	一	一	二	二	二	三	三	三	四	四	四	五	五	五	六	六	六	七	七	七	八	八

7월 (戊午) 己未 (소서) 小署 7日 12:41 大署 23日

陽曆	1	2	3	4	5	6	7	8	9	10	11	12	13	14	15	16	17	18	19	20	21	22	23	24	25	26	27	28	29	30	31
요일	日	月	火	水	木	金	土	日	月	火	水	木	6/1	土	日	月	火	水	木	金	土	日	月	火	水	木	金	土	日	月	火
陰曆	18	19	20	21	22	23	24	25	26	27	28	29	6/1	2	3	4	5	6	7	8	9	10	11	12	13	14	15	16	17	18	19
日辰	甲	乙	丙	丁	戊	己	庚	辛	壬	癸	甲	乙	丙	丁	戊	己	庚	辛	壬	癸	甲	乙	丙	丁	戊	己	庚	辛	壬	癸	甲
	午	未	申	酉	戌	亥	子	丑	寅	卯	辰	巳	午	未	申	酉	戌	亥	子	丑	寅	卯	辰	巳	午	未	申	酉	戌	亥	子
大運 男	2	2	1	1	1	1	小	10	10	9	9	9	8	8	8	7	7	7	6	6	6	5	5	5	4	4	4	3	3	3	2
大運 女	八	九	九	九	十	十	署	一	一	一	一	二	二	二	三	三	三	四	四	四	五	五	五	六	六	六	七	七	七	八	八

8월 (己未) 庚申 (입추) 立秋 7日 22:30 處署 23日

陽曆	1	2	3	4	5	6	7	8	9	10	11	12	13	14	15	16	17	18	19	20	21	22	23	24	25	26	27	28	29	30	31
요일	水	木	金	土	日	月	火	水	木	金	7/1	日	月	火	水	木	金	土	日	月	火	水	木	金	土	日	月	火	水	木	金
陰曆	20	21	22	23	24	25	26	27	28	29	7/1	2	3	4	5	6	7	8	9	10	11	12	13	14	15	16	17	18	19	20	21
日辰	乙	丙	丁	戊	己	庚	辛	壬	癸	甲	乙	丙	丁	戊	己	庚	辛	壬	癸	甲	乙	丙	丁	戊	己	庚	辛	壬	癸	甲	乙
	丑	寅	卯	辰	巳	午	未	申	酉	戌	亥	子	丑	寅	卯	辰	巳	午	未	申	酉	戌	亥	子	丑	寅	卯	辰	巳	午	未
大運 男	2	2	1	1	1	1	立	10	10	10	9	9	9	8	8	8	7	7	7	6	6	6	5	5	5	4	4	4	3	3	3
大運 女	八	九	九	九	十	十	秋	一	一	一	一	二	二	二	三	三	三	四	四	四	五	五	五	六	六	六	七	七	七	八	八

9월 (庚申) 辛酉 (백로) 白露 8日 01:29 秋分 23日

陽曆	1	2	3	4	5	6	7	8	9	10	11	12	13	14	15	16	17	18	19	20	21	22	23	24	25	26	27	28	29	30
요일	土	日	月	火	水	木	金	土	日	8/1	火	水	木	金	土	日	月	火	水	木	金	土	日	月	火	水	木	金	土	日
陰曆	22	23	24	25	26	27	28	29	30	8/1	2	3	4	5	6	7	8	9	10	11	12	13	14	15	16	17	18	19	20	21
日辰	丙	丁	戊	己	庚	辛	壬	癸	甲	乙	丙	丁	戊	己	庚	辛	壬	癸	甲	乙	丙	丁	戊	己	庚	辛	壬	癸	甲	乙
	申	酉	戌	亥	子	丑	寅	卯	辰	巳	午	未	申	酉	戌	亥	子	丑	寅	卯	辰	巳	午	未	申	酉	戌	亥	子	丑
大運 男	2	2	2	1	1	1	1	白	10	9	9	9	8	8	8	7	7	7	6	6	6	5	5	5	4	4	4	3	3	3
大運 女	八	九	九	九	十	十	十	露	一	一	一	一	二	二	二	三	三	三	四	四	四	五	五	五	六	六	六	七	七	七

10월 (辛酉) 壬戌 (한로) 寒露 8日 17:14 霜降 23日

陽曆	1	2	3	4	5	6	7	8	9	10	11	12	13	14	15	16	17	18	19	20	21	22	23	24	25	26	27	28	29	30	31
요일	月	火	水	木	金	土	日	月	9/1	水	木	金	土	日	月	火	水	木	金	土	日	月	火	水	木	金	土	日	月	火	水
陰曆	22	23	24	25	26	27	28	29	9/1	2	3	4	5	6	7	8	9	10	11	12	13	14	15	16	17	18	19	20	21	22	23
日辰	丙	丁	戊	己	庚	辛	壬	癸	甲	乙	丙	丁	戊	己	庚	辛	壬	癸	甲	乙	丙	丁	戊	己	庚	辛	壬	癸	甲	乙	丙
	寅	卯	辰	巳	午	未	申	酉	戌	亥	子	丑	寅	卯	辰	巳	午	未	申	酉	戌	亥	子	丑	寅	卯	辰	巳	午	未	申
大運 男	2	2	2	1	1	1	1	寒	10	9	9	9	8	8	8	7	7	7	6	6	6	5	5	5	4	4	4	3	3	3	2
大運 女	八	八	八	九	九	九	十	露	一	一	一	一	二	二	二	三	三	三	四	四	四	五	五	五	六	六	六	七	七	七	八

11월 (壬戌) 癸亥 (입동) 立冬 7日 20:31 小雪 22日

陽曆	1	2	3	4	5	6	7	8	9	10	11	12	13	14	15	16	17	18	19	20	21	22	23	24	25	26	27	28	29	30
요일	木	金	土	日	月	火	水	10/1	金	土	日	月	火	水	木	金	土	日	月	火	水	木	金	土	日	月	火	水	木	金
陰曆	24	25	26	27	28	29	30	10/1	2	3	4	5	6	7	8	9	10	11	12	13	14	15	16	17	18	19	20	21	22	23
日辰	丁	戊	己	庚	辛	壬	癸	甲	乙	丙	丁	戊	己	庚	辛	壬	癸	甲	乙	丙	丁	戊	己	庚	辛	壬	癸	甲	乙	丙
	酉	戌	亥	子	丑	寅	卯	辰	巳	午	未	申	酉	戌	亥	子	丑	寅	卯	辰	巳	午	未	申	酉	戌	亥	子	丑	寅
大運 男	2	2	1	1	1	1	立	10	9	9	9	8	8	8	7	7	7	6	6	6	5	5	5	4	4	4	3	3	3	2
大運 女	八	八	九	九	九	十	冬	一	一	一	一	二	二	二	三	三	三	四	四	四	五	五	五	六	六	六	七	七	七	八

12월 (癸亥) 甲子 (대설) 大雪 7日 13:25 冬至 22日

陽曆	1	2	3	4	5	6	7	8	9	10	11	12	13	14	15	16	17	18	19	20	21	22	23	24	25	26	27	28	29	30	31
요일	土	日	月	火	水	木	11/1	土	日	月	火	水	木	金	土	日	月	火	水	木	金	土	日	月	火	水	木	金	土	日	月
陰曆	24	25	26	27	28	29	11/1	2	3	4	5	6	7	8	9	10	11	12	13	14	15	16	17	18	19	20	21	22	23	24	25
日辰	丁	戊	己	庚	辛	壬	癸	甲	乙	丙	丁	戊	己	庚	辛	壬	癸	甲	乙	丙	丁	戊	己	庚	辛	壬	癸	甲	乙	丙	丁
	卯	辰	巳	午	未	申	酉	戌	亥	子	丑	寅	卯	辰	巳	午	未	申	酉	戌	亥	子	丑	寅	卯	辰	巳	午	未	申	酉
大運 男	2	2	1	1	1	1	大	10	9	9	9	8	8	8	7	7	7	6	6	6	5	5	5	4	4	4	3	3	3	2	2
大運 女	八	八	九	九	九	十	雪	一	一	一	一	二	二	二	三	三	三	四	四	四	五	五	五	六	六	六	七	七	七	八	八

1월 (甲子) 乙丑 (소한) 小寒 6日 00:38 大寒 20日

陽曆		1	2	3	4	5	6	7	8	9	10	11	12	13	14	15	16	17	18	19	20	21	22	23	24	25	26	27	28	29	30	31
요일		火	水	木	金	土	12	月	火	水	木	金	土	日	月	火	水	木	金	土	日	月	火	水	木	金	土	日	月	火	水	木
陰曆		26	27	28	29	30	1	2	3	4	5	6	7	8	9	10	11	12	13	14	15	16	17	18	19	20	21	22	23	24	25	26
日辰		戊	己	庚	辛	壬	癸	甲	乙	丙	丁	戊	己	庚	辛	壬	癸	甲	乙	丙	丁	戊	己	庚	辛	壬	癸	甲	乙	丙	丁	戊
		戌	亥	子	丑	寅	卯	辰	巳	午	未	申	酉	戌	亥	子	丑	寅	卯	辰	巳	午	未	申	酉	戌	亥	子	丑	寅	卯	辰
大	男	2	1	1	1	1	小	9	9	9	8	8	8	7	7	7	6	6	6	5	5	5	4	4	4	3	3	3	2	2	2	1
運	女	八	九	九	九	十	寒	一	一	一	一	二	二	二	三	三	三	四	四	四	五	五	五	六	六	六	七	七	七	八	八	八

2월 (乙丑) 丙寅 (입춘) 立春 4日 12:13 雨水 19日

陽曆		1	2	3	4	5	6	7	8	9	10	11	12	13	14	15	16	17	18	19	20	21	22	23	24	25	26	27	28			
요일		金	土	日	月	1	水	木	金	土	日	月	火	水	木	金	土	日	月	火	水	木	金	土	日	月	火	水	木			
陰曆		27	28	29	30	1	2	3	4	5	6	7	8	9	10	11	12	13	14	15	16	17	18	19	20	21	22	23	24			
日辰		己	庚	辛	壬	癸	甲	乙	丙	丁	戊	己	庚	辛	壬	癸	甲	乙	丙	丁	戊	己	庚	辛	壬	癸	甲	乙	丙			
		巳	午	未	申	酉	戌	亥	子	丑	寅	卯	辰	巳	午	未	申	酉	戌	亥	子	丑	寅	卯	辰	巳	午	未	申			
大	男	1	1	1	立	1	1	1	1	2	2	2	3	3	3	4	4	4	5	5	5	6	6	6	7	7	7	8	8			
運	女	九	九	九	春	十	九	九	九	八	八	八	七	七	七	六	六	六	五	五	五	四	四	四	三	三	三	二	二			

3월 (丙寅) 丁卯 (경칩) 驚蟄 6日 06:09 春分 21日

陽曆		1	2	3	4	5	6	7	8	9	10	11	12	13	14	15	16	17	18	19	20	21	22	23	24	25	26	27	28	29	30	31
요일		金	土	日	月	火	水	2	金	土	日	月	火	水	木	金	土	日	月	火	水	木	金	土	日	月	火	水	木	金	土	日
陰曆		25	26	27	28	29	30	1	2	3	4	5	6	7	8	9	10	11	12	13	14	15	16	17	18	19	20	21	22	23	24	25
日辰		丁	戊	己	庚	辛	壬	癸	甲	乙	丙	丁	戊	己	庚	辛	壬	癸	甲	乙	丙	丁	戊	己	庚	辛	壬	癸	甲	乙	丙	丁
		酉	戌	亥	子	丑	寅	卯	辰	巳	午	未	申	酉	戌	亥	子	丑	寅	卯	辰	巳	午	未	申	酉	戌	亥	子	丑	寅	卯
大	男	8	9	9	9	10	驚	1	1	1	1	2	2	2	3	3	3	4	4	4	5	5	5	6	6	6	7	7	7	8	8	8
運	女	二	一	一	一	一	蟄	十	九	九	九	八	八	八	七	七	七	六	六	六	五	五	五	四	四	四	三	三	三	二	二	二

4월 (丁卯) 戊辰 (청명) 淸明 5日 10:50 穀雨 20日

陽曆		1	2	3	4	5	6	7	8	9	10	11	12	13	14	15	16	17	18	19	20	21	22	23	24	25	26	27	28	29	30	
요일		月	火	水	木	3	土	日	月	火	水	木	金	土	日	月	火	水	木	金	土	日	月	火	水	木	金	土	日	月	火	
陰曆		26	27	28	29	1	2	3	4	5	6	7	8	9	10	11	12	13	14	15	16	17	18	19	20	21	22	23	24	25	26	
日辰		戊	己	庚	辛	壬	癸	甲	乙	丙	丁	戊	己	庚	辛	壬	癸	甲	乙	丙	丁	戊	己	庚	辛	壬	癸	甲	乙	丙	丁	
		辰	巳	午	未	申	酉	戌	亥	子	丑	寅	卯	辰	巳	午	未	申	酉	戌	亥	子	丑	寅	卯	辰	巳	午	未	申	酉	
大	男	9	9	9	10	淸	1	1	1	1	2	2	2	3	3	3	4	4	4	5	5	5	6	6	6	7	7	7	8	8	8	
運	女	一	一	一	一	明	十	十	九	九	九	八	八	八	七	七	七	六	六	六	五	五	五	四	四	四	三	三	三	二	二	

5월 (戊辰) 己巳 (입하) 立夏 6日 04:02 小滿 21日

陽曆		1	2	3	4	5	6	7	8	9	10	11	12	13	14	15	16	17	18	19	20	21	22	23	24	25	26	27	28	29	30	31
요일		水	木	金	土	4	月	火	水	木	金	土	日	月	火	水	木	金	土	日	月	火	水	木	金	土	日	月	火	水	木	金
陰曆		27	28	29	30	1	2	3	4	5	6	7	8	9	10	11	12	13	14	15	16	17	18	19	20	21	22	23	24	25	26	27
日辰		戊	己	庚	辛	壬	癸	甲	乙	丙	丁	戊	己	庚	辛	壬	癸	甲	乙	丙	丁	戊	己	庚	辛	壬	癸	甲	乙	丙	丁	戊
		戌	亥	子	丑	寅	卯	辰	巳	午	未	申	酉	戌	亥	子	丑	寅	卯	辰	巳	午	未	申	酉	戌	亥	子	丑	寅	卯	辰
大	男	9	9	9	10	10	立	1	1	1	1	2	2	2	3	3	3	4	4	4	5	5	5	6	6	6	7	7	7	8	8	8
運	女	二	一	一	一	一	夏	十	十	九	九	九	八	八	八	七	七	七	六	六	六	五	五	五	四	四	四	三	三	三	二	二

6월 (己巳) 庚午 (망종) 芒種 6日 08:05 夏至 22日

陽曆		1	2	3	4	5	6	7	8	9	10	11	12	13	14	15	16	17	18	19	20	21	22	23	24	25	26	27	28	29	30	
요일		土	日	5	火	水	木	金	土	日	月	火	水	木	金	土	日	月	火	水	木	金	土	日	月	火	水	木	金	土	日	
陰曆		28	29	1	2	3	4	5	6	7	8	9	10	11	12	13	14	15	16	17	18	19	20	21	22	23	24	25	26	27	28	
日辰		己	庚	辛	壬	癸	甲	乙	丙	丁	戊	己	庚	辛	壬	癸	甲	乙	丙	丁	戊	己	庚	辛	壬	癸	甲	乙	丙	丁	戊	
		巳	午	未	申	酉	戌	亥	子	丑	寅	卯	辰	巳	午	未	申	酉	戌	亥	子	丑	寅	卯	辰	巳	午	未	申	酉	戌	
大	男	9	9	9	10	10	芒	1	1	1	1	2	2	2	3	3	3	4	4	4	5	5	5	6	6	6	7	7	7	8	8	
運	女	二	一	一	一	一	種	十	十	九	九	九	八	八	八	七	七	七	六	六	六	五	五	五	四	四	四	三	三	三	二	

平地木星	九日得辛	西大將	酉弔客	寒食(4월 06일)	初伏(7월 12일)
八白土星	八龍治水	丑喪門	西三殺	中伏(7월 22일)	末伏(8월 11일)

7월 (庚午) 辛 未 (소서) 小暑 7日 18:20 大暑 23日

陽曆		1	2	3	4	5	6	7	8	9	10	11	12	13	14	15	16	17	18	19	20	21	22	23	24	25	26	27	28	29	30	31
요일		月	火	6/1	木	金	土	日	月	火	水	木	金	土	日	月	火	水	木	金	土	日	月	火	水	木	金	土	日	月	火	水
陰曆		29	30		2	3	4	5	6	7	8	9	10	11	12	13	14	15	16	17	18	19	20	21	22	23	24	25	26	27	28	29
日辰		己	庚	辛	壬	癸	甲	乙	丙	丁	戊	己	庚	辛	壬	癸	甲	乙	丙	丁	戊	己	庚	辛	壬	癸	甲	乙	丙	丁	戊	己
		亥	子	丑	寅	卯	辰	巳	午	未	申	酉	戌	亥	子	丑	寅	卯	辰	巳	午	未	申	酉	戌	亥	子	丑	寅	卯	辰	巳
大	男	8	9	9	9	10	10	小	1	1	1	1	2	2	2	3	3	3	4	4	4	5	5	5	6	6	6	7	7	7	8	8
運	女	二	二	一	一	一	一	署	十	十	十	九	九	九	八	八	八	七	七	七	六	六	六	五	五	五	四	四	四	三	三	三

8월 (辛未) 壬 申 (입추) 立秋 8日 04:12 處暑 23日

陽曆		1	2	3	4	5	6	7	8	9	10	11	12	13	14	15	16	17	18	19	20	21	22	23	24	25	26	27	28	29	30	31
요일		7/1	金	土	日	月	火	水	木	金	土	日	月	火	水	木	金	土	日	月	火	水	木	金	土	日	月	火	水	木	8/1	土
陰曆			2	3	4	5	6	7	8	9	10	11	12	13	14	15	16	17	18	19	20	21	22	23	24	25	26	27	28	29		2
日辰		庚	辛	壬	癸	甲	乙	丙	丁	戊	己	庚	辛	壬	癸	甲	乙	丙	丁	戊	己	庚	辛	壬	癸	甲	乙	丙	丁	戊	己	庚
		午	未	申	酉	戌	亥	子	丑	寅	卯	辰	巳	午	未	申	酉	戌	亥	子	丑	寅	卯	辰	巳	午	未	申	酉	戌	亥	子
大	男	8	9	9	9	10	10	10	立	1	1	1	1	2	2	2	3	3	3	4	4	4	5	5	5	6	6	6	7	7	7	8
運	女	二	二	二	一	一	一	一	秋	十	十	九	九	九	八	八	八	七	七	七	六	六	六	五	五	五	四	四	四	三	三	三

9월 (壬申) 癸 酉 (백로) 白露 8日 07:16 秋分 23日

陽曆		1	2	3	4	5	6	7	8	9	10	11	12	13	14	15	16	17	18	19	20	21	22	23	24	25	26	27	28	29	30	
요일		日	月	火	水	木	金	土	日	月	火	水	木	金	土	日	月	火	水	木	金	土	日	月	火	水	木	金	土	9/1	月	
陰曆		3	4	5	6	7	8	9	10	11	12	13	14	15	16	17	18	19	20	21	22	23	24	25	26	27	28	29	30		2	
日辰		辛	壬	癸	甲	乙	丙	丁	戊	己	庚	辛	壬	癸	甲	乙	丙	丁	戊	己	庚	辛	壬	癸	甲	乙	丙	丁	戊	己	庚	
		丑	寅	卯	辰	巳	午	未	申	酉	戌	亥	子	丑	寅	卯	辰	巳	午	未	申	酉	戌	亥	子	丑	寅	卯	辰	巳	午	
大	男	8	8	9	9	9	10	10	白	1	1	1	1	2	2	2	3	3	3	4	4	4	5	5	5	6	6	6	7	7	7	
運	女	二	二	二	一	一	一	一	露	十	九	九	九	八	八	八	七	七	七	六	六	六	五	五	五	四	四	四	三	三	三	

10월 (癸酉) 甲 戌 (한로) 寒露 8日 23:05 霜降 24日

陽曆		1	2	3	4	5	6	7	8	9	10	11	12	13	14	15	16	17	18	19	20	21	22	23	24	25	26	27	28	29	30	31
요일		火	水	木	金	土	日	月	火	水	木	金	土	日	月	火	水	木	金	土	日	月	火	水	木	金	土	日	10/1	火	水	木
陰曆		3	4	5	6	7	8	9	10	11	12	13	14	15	16	17	18	19	20	21	22	23	24	25	26	27	28	29		2	3	4
日辰		辛	壬	癸	甲	乙	丙	丁	戊	己	庚	辛	壬	癸	甲	乙	丙	丁	戊	己	庚	辛	壬	癸	甲	乙	丙	丁	戊	己	庚	辛
		未	申	酉	戌	亥	子	丑	寅	卯	辰	巳	午	未	申	酉	戌	亥	子	丑	寅	卯	辰	巳	午	未	申	酉	戌	亥	子	丑
大	男	8	8	8	9	9	9	10	寒	1	1	1	1	2	2	2	3	3	3	4	4	4	5	5	5	6	6	6	7	7	7	8
運	女	二	二	二	一	一	一	一	露	十	十	九	九	九	八	八	八	七	七	七	六	六	六	五	五	五	四	四	四	三	三	三

11월 (甲戌) 乙 亥 (입동) 立冬 8日 02:23 小雪 22日

陽曆		1	2	3	4	5	6	7	8	9	10	11	12	13	14	15	16	17	18	19	20	21	22	23	24	25	26	27	28	29	30	
요일		金	土	日	月	火	水	木	金	土	日	月	火	水	木	金	土	日	月	火	水	木	金	土	日	月	火	11/1	木	金	土	
陰曆		5	6	7	8	9	10	11	12	13	14	15	16	17	18	19	20	21	22	23	24	25	26	27	28	29	30		2	3	4	
日辰		壬	癸	甲	乙	丙	丁	戊	己	庚	辛	壬	癸	甲	乙	丙	丁	戊	己	庚	辛	壬	癸	甲	乙	丙	丁	戊	己	庚	辛	
		寅	卯	辰	巳	午	未	申	酉	戌	亥	子	丑	寅	卯	辰	巳	午	未	申	酉	戌	亥	子	丑	寅	卯	辰	巳	午	未	
大	男	8	8	9	9	9	10	10	立	1	1	1	1	2	2	2	3	3	3	4	4	4	5	5	5	6	6	6	7	7	7	
運	女	二	二	二	一	一	一	一	冬	九	九	九	八	八	八	七	七	七	六	六	六	五	五	五	四	四	四	三	三	三	二	

12월 (乙亥) 丙 子 (대설) 大雪 7日 19:17 冬至 22日

陽曆		1	2	3	4	5	6	7	8	9	10	11	12	13	14	15	16	17	18	19	20	21	22	23	24	25	26	27	28	29	30	31
요일		日	月	火	水	木	金	土	日	月	火	水	木	金	土	日	月	火	水	木	金	土	日	月	火	水	12/1	金	土	日	月	火
陰曆		5	6	7	8	9	10	11	12	13	14	15	16	17	18	19	20	21	22	23	24	25	26	27	28	29		2	3	4	5	6
日辰		壬	癸	甲	乙	丙	丁	戊	己	庚	辛	壬	癸	甲	乙	丙	丁	戊	己	庚	辛	壬	癸	甲	乙	丙	丁	戊	己	庚	辛	壬
		申	酉	戌	亥	子	丑	寅	卯	辰	巳	午	未	申	酉	戌	亥	子	丑	寅	卯	辰	巳	午	未	申	酉	戌	亥	子	丑	寅
大	男	8	8	8	9	9	9	大	1	1	1	1	2	2	2	3	3	3	4	4	4	5	5	5	6	6	6	7	7	7	8	8
運	女	二	二	一	一	一	一	雪	十	九	九	九	八	八	八	七	七	七	六	六	六	五	五	五	四	四	四	三	三	三	二	二

1월 (丙子) 丁丑 (소한) 小寒 6日 06:29 大寒 20日

陽曆		1	2	3	4	5	6	7	8	9	10	11	12	13	14	15	16	17	18	19	20	21	22	23	24	25	26	27	28	29	30	31
요일		水	木	金	土	日	月	火	水	木	金	土	日	月	火	水	木	金	土	日	月	火	水	木	金	1/	日	月	火	水	木	金
陰曆		7	8	9	10	11	12	13	14	15	16	17	18	19	20	21	22	23	24	25	26	27	28	29	30	1	2	3	4	5	6	7
日辰		癸	甲	乙	丙	丁	戊	己	庚	辛	壬	癸	甲	乙	丙	丁	戊	己	庚	辛	壬	癸	甲	乙	丙	丁	戊	己	庚	辛	壬	癸
		卯	辰	巳	午	未	申	酉	戌	亥	子	丑	寅	卯	辰	巳	午	未	申	酉	戌	亥	子	丑	寅	卯	辰	巳	午	未	申	酉
大	男	8	9	9	9	10	小	1	1	1	1	2	2	2	3	3	3	4	4	4	5	5	5	6	6	6	7	7	7	8	8	8
運	女	二	一	一	一	一	寒	九	九	九	八	八	八	七	七	七	六	六	六	五	五	五	四	四	四	三	三	三	二	二	二	一

2월 (丁丑) 戊寅 (입춘) 立春 4日 18:02 雨水 19日

陽曆		1	2	3	4	5	6	7	8	9	10	11	12	13	14	15	16	17	18	19	20	21	22	23	24	25	26	27	28	29		
요일		土	日	月	火	水	木	金	土	日	月	火	水	木	金	土	日	月	火	水	木	金	土	日	2/	火	水	木	金	土		
陰曆		8	9	10	11	12	13	14	15	16	17	18	19	20	21	22	23	24	25	26	27	28	29	30	1	2	3	4	5	6		
日辰		甲	乙	丙	丁	戊	己	庚	辛	壬	癸	甲	乙	丙	丁	戊	己	庚	辛	壬	癸	甲	乙	丙	丁	戊	己	庚	辛	壬		
		戌	亥	子	丑	寅	卯	辰	巳	午	未	申	酉	戌	亥	子	丑	寅	卯	辰	巳	午	未	申	酉	戌	亥	子	丑	寅		
大	男	9	9	9	立	10	9	9	9	8	8	8	7	7	7	6	6	6	5	5	5	4	4	4	3	3	3	2	2	2		
運	女	一	一	一	春	一	一	一	一	二	二	二	三	三	三	四	四	四	五	五	五	六	六	六	七	七	七	八	八	八		

3월 (戊寅) 己卯 (경칩) 驚蟄 5日 11:56 春分 20日

陽曆		1	2	3	4	5	6	7	8	9	10	11	12	13	14	15	16	17	18	19	20	21	22	23	24	25	26	27	28	29	30	31
요일		日	月	火	水	木	金	土	日	月	火	水	木	金	土	日	月	火	水	木	金	土	日	月	3/	水	木	金	土	日	月	火
陰曆		7	8	9	10	11	12	13	14	15	16	17	18	19	20	21	22	23	24	25	26	27	28	29	1	2	3	4	5	6	7	8
日辰		癸	甲	乙	丙	丁	戊	己	庚	辛	壬	癸	甲	乙	丙	丁	戊	己	庚	辛	壬	癸	甲	乙	丙	丁	戊	己	庚	辛	壬	癸
		卯	辰	巳	午	未	申	酉	戌	亥	子	丑	寅	卯	辰	巳	午	未	申	酉	戌	亥	子	丑	寅	卯	辰	巳	午	未	申	酉
大	男	1	1	1	1	驚	10	9	9	9	8	8	8	7	7	7	6	6	6	5	5	5	4	4	4	3	3	3	2	2	2	1
運	女	九	九	九	十	蟄	一	一	一	一	二	二	二	三	三	三	四	四	四	五	五	五	六	六	六	七	七	七	八	八	八	九

4월 (己卯) 庚辰 (청명) 清明 4日 16:37 穀雨 19日

陽曆		1	2	3	4	5	6	7	8	9	10	11	12	13	14	15	16	17	18	19	20	21	22	23	24	25	26	27	28	29	30	
요일		水	木	金	土	日	月	火	水	木	金	土	日	月	火	水	木	金	土	日	月	火	水	4/	金	土	日	月	火	水	木	
陰曆		9	10	11	12	13	14	15	16	17	18	19	20	21	22	23	24	25	26	27	28	29	30	1	2	3	4	5	6	7	8	
日辰		甲	乙	丙	丁	戊	己	庚	辛	壬	癸	甲	乙	丙	丁	戊	己	庚	辛	壬	癸	甲	乙	丙	丁	戊	己	庚	辛	壬	癸	
		戌	亥	子	丑	寅	卯	辰	巳	午	未	申	酉	戌	亥	子	丑	寅	卯	辰	巳	午	未	申	酉	戌	亥	子	丑	寅	卯	
大	男	1	1	1	清	10	10	9	9	9	8	8	8	7	7	7	6	6	6	5	5	5	4	4	4	3	3	3	2	2	2	
運	女	九	九	十	明	一	一	一	一	二	二	二	三	三	三	四	四	四	五	五	五	六	六	六	七	七	七	八	八	八	九	

5월 (庚辰) 辛巳 (입하) 立夏 5日 09:50 小滿 20日

陽曆		1	2	3	4	5	6	7	8	9	10	11	12	13	14	15	16	17	18	19	20	21	22	23	24	25	26	27	28	29	30	31
요일		金	土	日	月	火	水	木	金	土	日	月	火	水	木	金	土	日	月	火	水	木	金	윤4/	日	月	火	水	木	金	土	日
陰曆		9	10	11	12	13	14	15	16	17	18	19	20	21	22	23	24	25	26	27	28	29	30	1	2	3	4	5	6	7	8	9
日辰		甲	乙	丙	丁	戊	己	庚	辛	壬	癸	甲	乙	丙	丁	戊	己	庚	辛	壬	癸	甲	乙	丙	丁	戊	己	庚	辛	壬	癸	甲
		辰	巳	午	未	申	酉	戌	亥	子	丑	寅	卯	辰	巳	午	未	申	酉	戌	亥	子	丑	寅	卯	辰	巳	午	未	申	酉	戌
大	男	1	1	1	1	立	10	10	9	9	9	8	8	8	7	7	7	6	6	6	5	5	5	4	4	4	3	3	3	2	2	2
運	女	九	九	十	十	夏	一	一	一	一	二	二	二	三	三	三	四	四	四	五	五	五	六	六	六	七	七	七	八	八	八	九

6월 (辛巳) 壬午 (망종) 芒種 5日 13:57 夏至 21日

陽曆		1	2	3	4	5	6	7	8	9	10	11	12	13	14	15	16	17	18	19	20	21	22	23	24	25	26	27	28	29	30	
요일		月	火	水	木	金	土	日	月	火	水	木	金	土	日	月	火	水	木	金	土	5/	月	火	水	木	金	土	日	月	火	
陰曆		10	11	12	13	14	15	16	17	18	19	20	21	22	23	24	25	26	27	28	29	1	2	3	4	5	6	7	8	9	10	
日辰		乙	丙	丁	戊	己	庚	辛	壬	癸	甲	乙	丙	丁	戊	己	庚	辛	壬	癸	甲	乙	丙	丁	戊	己	庚	辛	壬	癸	甲	
		亥	子	丑	寅	卯	辰	巳	午	未	申	酉	戌	亥	子	丑	寅	卯	辰	巳	午	未	申	酉	戌	亥	子	丑	寅	卯	辰	
大	男	1	1	1	1	芒	10	10	10	9	9	9	8	8	8	7	7	7	6	6	6	5	5	5	4	4	4	3	3	3	2	
運	女	九	九	十	十	種	一	一	一	二	二	二	三	三	三	四	四	四	五	五	五	六	六	六	七	七	七	八	八	八		

7월 (壬午) 癸未 (소서) 小署 7日 00:13 大署 22日

陽曆	1	2	3	4	5	6	7	8	9	10	11	12	13	14	15	16	17	18	19	20	21	22	23	24	25	26	27	28	29	30	31
요일	水	木	金	土	日	月	火	水	木	金	土	日	月	火	水	木	金	土	日	月	6/	水	木	金	土	日	月	火	水	木	金
陰曆	11	12	13	14	15	16	17	18	19	20	21	22	23	24	25	26	27	28	29	30	1	2	3	4	5	6	7	8	9	10	11
日辰	乙	丙	丁	戊	己	庚	辛	壬	癸	甲	乙	丙	丁	戊	己	庚	辛	壬	癸	甲	乙	丙	丁	戊	己	庚	辛	壬	癸	甲	乙
	巳	午	未	申	酉	戌	亥	子	丑	寅	卯	辰	巳	午	未	申	酉	戌	亥	子	丑	寅	卯	辰	巳	午	未	申	酉	戌	亥
大 男	2	2	1	1	1	1	小	10	10	9	9	9	8	8	8	7	7	7	6	6	6	5	5	5	4	4	4	3	3	3	2
運 女	九	九	九	十	十	十	署	一	一	一	一	二	二	二	三	三	三	四	四	四	五	五	五	六	六	六	七	七	七	八	八

8월 (癸未) 甲申 (입추) 立秋 7日 10:05 處署 23日

陽曆	1	2	3	4	5	6	7	8	9	10	11	12	13	14	15	16	17	18	19	20	21	22	23	24	25	26	27	28	29	30	31
요일	土	日	月	火	水	木	金	土	日	月	火	水	木	金	土	日	月	火	7/	木	金	土	日	月	火	水	木	金	土	日	月
陰曆	12	13	14	15	16	17	18	19	20	21	22	23	24	25	26	27	28	29	1	2	3	4	5	6	7	8	9	10	11	12	13
日辰	丙	丁	戊	己	庚	辛	壬	癸	甲	乙	丙	丁	戊	己	庚	辛	壬	癸	甲	乙	丙	丁	戊	己	庚	辛	壬	癸	甲	乙	丙
	子	丑	寅	卯	辰	巳	午	未	申	酉	戌	亥	子	丑	寅	卯	辰	巳	午	未	申	酉	戌	亥	子	丑	寅	卯	辰	巳	午
大 男	2	2	1	1	1	1	立	10	10	9	9	9	8	8	8	7	7	7	6	6	6	5	5	5	4	4	4	3	3	3	2
運 女	八	九	九	九	十	十	秋	一	一	一	一	二	二	二	三	三	三	四	四	四	五	五	五	六	六	六	七	七	七	八	八

9월 (甲申) 乙酉 (백로) 白露 7日 13:07 秋分 22日

陽曆	1	2	3	4	5	6	7	8	9	10	11	12	13	14	15	16	17	18	19	20	21	22	23	24	25	26	27	28	29	30	
요일	火	水	木	金	土	日	月	火	水	木	金	土	日	月	火	水	8/	金	土	日	月	火	水	木	金	土	日	月	火	水	
陰曆	14	15	16	17	18	19	20	21	22	23	24	25	26	27	28	29	1	2	3	4	5	6	7	8	9	10	11	12	13	14	
日辰	丁	戊	己	庚	辛	壬	癸	甲	乙	丙	丁	戊	己	庚	辛	壬	癸	甲	乙	丙	丁	戊	己	庚	辛	壬	癸	甲	乙	丙	
	未	申	酉	戌	亥	子	丑	寅	卯	辰	巳	午	未	申	酉	戌	亥	子	丑	寅	卯	辰	巳	午	未	申	酉	戌	亥	子	
大 男	2	2	1	1	1	1	白	10	10	9	9	9	8	8	8	7	7	7	6	6	6	5	5	5	4	4	4	3	3	3	
運 女	八	九	九	九	十	十	露	一	一	一	一	二	二	二	三	三	三	四	四	四	五	五	五	六	六	六	七	七	七	八	

10월 (乙酉) 丙戌 (한로) 寒露 8日 04:54 霜降 23日

陽曆	1	2	3	4	5	6	7	8	9	10	11	12	13	14	15	16	17	18	19	20	21	22	23	24	25	26	27	28	29	30	31
요일	木	金	土	日	月	火	水	木	金	土	日	月	火	水	木	金	9/	日	月	火	水	木	金	土	日	月	火	水	木	金	土
陰曆	15	16	17	18	19	20	21	22	23	24	25	26	27	28	29	30	1	2	3	4	5	6	7	8	9	10	11	12	13	14	15
日辰	丁	戊	己	庚	辛	壬	癸	甲	乙	丙	丁	戊	己	庚	辛	壬	癸	甲	乙	丙	丁	戊	己	庚	辛	壬	癸	甲	乙	丙	丁
	丑	寅	卯	辰	巳	午	未	申	酉	戌	亥	子	丑	寅	卯	辰	巳	午	未	申	酉	戌	亥	子	丑	寅	卯	辰	巳	午	未
大 男	2	2	2	1	1	1	1	寒	10	9	9	9	8	8	8	7	7	7	6	6	6	5	5	5	4	4	4	3	3	3	2
運 女	八	八	九	九	九	十	十	露	一	一	一	一	二	二	二	三	三	三	四	四	四	五	五	五	六	六	六	七	七	七	八

11월 (丙戌) 丁亥 (입동) 立冬 7日 08:13 小雪 22日

陽曆	1	2	3	4	5	6	7	8	9	10	11	12	13	14	15	16	17	18	19	20	21	22	23	24	25	26	27	28	29	30	
요일	日	月	火	水	木	金	土	日	月	火	水	木	金	土	10/	月	火	水	木	金	土	日	月	火	水	木	金	土	日	月	
陰曆	16	17	18	19	20	21	22	23	24	25	26	27	28	29	1	2	3	4	5	6	7	8	9	10	11	12	13	14	15	16	
日辰	戊	己	庚	辛	壬	癸	甲	乙	丙	丁	戊	己	庚	辛	壬	癸	甲	乙	丙	丁	戊	己	庚	辛	壬	癸	甲	乙	丙	丁	
	申	酉	戌	亥	子	丑	寅	卯	辰	巳	午	未	申	酉	戌	亥	子	丑	寅	卯	辰	巳	午	未	申	酉	戌	亥	子	丑	
大 男	2	2	1	1	1	1	立	10	9	9	9	8	8	8	7	7	7	6	6	6	5	5	5	4	4	4	3	3	3	2	
運 女	八	八	九	九	九	十	冬	一	一	一	一	二	二	二	三	三	三	四	四	四	五	五	五	六	六	六	七	七	七	八	

12월 (丁亥) 戊子 (대설) 大雪 7日 01:08 冬至 21日

陽曆	1	2	3	4	5	6	7	8	9	10	11	12	13	14	15	16	17	18	19	20	21	22	23	24	25	26	27	28	29	30	31
요일	火	水	木	金	土	日	月	火	水	木	金	土	日	月	11/	水	木	金	土	日	月	火	水	木	金	土	日	月	火	水	木
陰曆	17	18	19	20	21	22	23	24	25	26	27	28	29	30	1	2	3	4	5	6	7	8	9	10	11	12	13	14	15	16	17
日辰	戊	己	庚	辛	壬	癸	甲	乙	丙	丁	戊	己	庚	辛	壬	癸	甲	乙	丙	丁	戊	己	庚	辛	壬	癸	甲	乙	丙	丁	戊
	寅	卯	辰	巳	午	未	申	酉	戌	亥	子	丑	寅	卯	辰	巳	午	未	申	酉	戌	亥	子	丑	寅	卯	辰	巳	午	未	申
大 男	2	2	1	1	1	1	大	9	9	9	8	8	8	7	7	7	6	6	6	5	5	5	4	4	4	3	3	3	2	2	2
運 女	八	八	九	九	九	十	雪	一	一	一	一	二	二	二	三	三	三	四	四	四	五	五	五	六	六	六	七	七	七	八	八

1월 (戊子) 己丑 (소한) 小寒 5日 12:22 大寒 20日

陽曆	1	2	3	4	5	6	7	8	9	10	11	12	13	14	15	16	17	18	19	20	21	22	23	24	25	26	27	28	29	30	31
요일	金	土	日	月	火	水	木	金	土	日	月	火	12	木	金	土	日	月	火	水	木	金	土	日	月	火	水	木	金	土	日
陰曆	18	19	20	21	22	23	24	25	26	27	28	29	1	2	3	4	5	6	7	8	9	10	11	12	13	14	15	16	17	18	19
日辰	己	庚	辛	壬	癸	甲	乙	丙	丁	戊	己	庚	辛	壬	癸	甲	乙	丙	丁	戊	己	庚	辛	壬	癸	甲	乙	丙	丁	戊	己
	酉	戌	亥	子	丑	寅	卯	辰	巳	午	未	申	酉	戌	亥	子	丑	寅	卯	辰	巳	午	未	申	酉	戌	亥	子	丑	寅	卯
大運 男	1	1	1	1	小	9	9	9	8	8	8	7	7	7	6	6	6	5	5	5	4	4	4	3	3	3	2	2	2	1	1
大運 女	八	九	九	九	寒	一	一	一	一	二	二	二	三	三	三	四	四	四	五	五	五	六	六	六	七	七	七	八	八	八	九

2월 (己丑) 庚寅 (입춘) 立春 3日 23:58 雨水 18日

陽曆	1	2	3	4	5	6	7	8	9	10	11	12	13	14	15	16	17	18	19	20	21	22	23	24	25	26	27	28			
요일	月	火	水	木	金	土	日	月	火	水	木	1	土	日	月	火	水	木	金	土	日	月	火	水	木	金	土	日			
陰曆	20	21	22	23	24	25	26	27	28	29	30	1	2	3	4	5	6	7	8	9	10	11	12	13	14	15	16	17			
日辰	庚	辛	壬	癸	甲	乙	丙	丁	戊	己	庚	辛	壬	癸	甲	乙	丙	丁	戊	己	庚	辛	壬	癸	甲	乙	丙	丁			
	辰	巳	午	未	申	酉	戌	亥	子	丑	寅	卯	辰	巳	午	未	申	酉	戌	亥	子	丑	寅	卯	辰	巳	午	未			
大運 男	1	1	立	1	1	1	1	2	2	2	3	3	3	4	4	4	5	5	5	6	6	6	7	7	7	8	8	8			
大運 女	九	九	春	十	九	九	九	八	八	八	七	七	七	六	六	六	五	五	五	四	四	四	三	三	三	二	二	二			

3월 (庚寅) 辛卯 (경칩) 驚蟄 5日 17:53 春分 20日

陽曆	1	2	3	4	5	6	7	8	9	10	11	12	13	14	15	16	17	18	19	20	21	22	23	24	25	26	27	28	29	30	31
요일	月	火	水	木	金	土	日	月	火	水	木	金	2	日	月	火	水	木	金	土	日	月	火	水	木	金	土	日	月	火	水
陰曆	18	19	20	21	22	23	24	25	26	27	28	29	1	2	3	4	5	6	7	8	9	10	11	12	13	14	15	16	17	18	19
日辰	戊	己	庚	辛	壬	癸	甲	乙	丙	丁	戊	己	庚	辛	壬	癸	甲	乙	丙	丁	戊	己	庚	辛	壬	癸	甲	乙	丙	丁	戊
	申	酉	戌	亥	子	丑	寅	卯	辰	巳	午	未	申	酉	戌	亥	子	丑	寅	卯	辰	巳	午	未	申	酉	戌	亥	子	丑	寅
大運 男	9	9	9	10	驚	1	1	1	1	2	2	2	3	3	3	4	4	4	5	5	5	6	6	6	7	7	7	8	8	8	9
大運 女	一	一	一	一	蟄	十	九	九	九	八	八	八	七	七	七	六	六	六	五	五	五	四	四	四	三	三	三	二	二	二	一

4월 (辛卯) 壬辰 (청명) 清明 4日 22:34 穀雨 20日

陽曆	1	2	3	4	5	6	7	8	9	10	11	12	13	14	15	16	17	18	19	20	21	22	23	24	25	26	27	28	29	30	
요일	木	金	土	日	月	火	水	木	金	土	日	3	火	水	木	金	土	日	月	火	水	木	金	土	日	月	火	水	木	金	
陰曆	20	21	22	23	24	25	26	27	28	29	30	1	2	3	4	5	6	7	8	9	10	11	12	13	14	15	16	17	18	19	
日辰	己	庚	辛	壬	癸	甲	乙	丙	丁	戊	己	庚	辛	壬	癸	甲	乙	丙	丁	戊	己	庚	辛	壬	癸	甲	乙	丙	丁	戊	
	卯	辰	巳	午	未	申	酉	戌	亥	子	丑	寅	卯	辰	巳	午	未	申	酉	戌	亥	子	丑	寅	卯	辰	巳	午	未	申	
大運 男	9	9	10	清	1	1	1	1	2	2	2	3	3	3	4	4	4	5	5	5	6	6	6	7	7	7	8	8	8	9	
大運 女	一	一	一	明	十	十	九	九	九	八	八	八	七	七	七	六	六	六	五	五	五	四	四	四	三	三	三	二	二	二	

5월 (壬辰) 癸巳 (입하) 立夏 5日 15:46 小滿 21日

陽曆	1	2	3	4	5	6	7	8	9	10	11	12	13	14	15	16	17	18	19	20	21	22	23	24	25	26	27	28	29	30	31
요일	土	日	月	火	水	木	金	土	日	月	火	4	木	金	土	日	月	火	水	木	金	土	日	月	火	水	木	金	土	日	月
陰曆	20	21	22	23	24	25	26	27	28	29	30	1	2	3	4	5	6	7	8	9	10	11	12	13	14	15	16	17	18	19	20
日辰	己	庚	辛	壬	癸	甲	乙	丙	丁	戊	己	庚	辛	壬	癸	甲	乙	丙	丁	戊	己	庚	辛	壬	癸	甲	乙	丙	丁	戊	己
	酉	戌	亥	子	丑	寅	卯	辰	巳	午	未	申	酉	戌	亥	子	丑	寅	卯	辰	巳	午	未	申	酉	戌	亥	子	丑	寅	卯
大運 男	9	9	10	10	立	1	1	1	1	2	2	2	3	3	3	4	4	4	5	5	5	6	6	6	7	7	7	8	8	8	9
大運 女	一	一	一	一	夏	十	十	九	九	九	八	八	八	七	七	七	六	六	六	五	五	五	四	四	四	三	三	三	二	二	二

6월 (癸巳) 甲午 (망종) 芒種 5日 19:51 夏至 21日

陽曆	1	2	3	4	5	6	7	8	9	10	11	12	13	14	15	16	17	18	19	20	21	22	23	24	25	26	27	28	29	30	
요일	火	水	木	金	土	日	月	火	水	5	金	土	日	月	火	水	木	金	土	日	月	火	水	木	金	土	日	月	火	水	
陰曆	21	22	23	24	25	26	27	28	29	1	2	3	4	5	6	7	8	9	10	11	12	13	14	15	16	17	18	19	20	21	
日辰	庚	辛	壬	癸	甲	乙	丙	丁	戊	己	庚	辛	壬	癸	甲	乙	丙	丁	戊	己	庚	辛	壬	癸	甲	乙	丙	丁	戊	己	
	辰	巳	午	未	申	酉	戌	亥	子	丑	寅	卯	辰	巳	午	未	申	酉	戌	亥	子	丑	寅	卯	辰	巳	午	未	申	酉	
大運 男	9	9	10	10	芒	1	1	1	1	2	2	2	3	3	3	4	4	4	5	5	5	6	6	6	7	7	7	8	8	8	
大運 女	一	一	一	一	種	十	十	十	九	九	九	八	八	八	七	七	七	六	六	六	五	五	五	四	四	四	三	三	三	二	

7월 (甲午) 乙未 (소서) 小暑 7日 06:04 大暑 22日

陽曆		1	2	3	4	5	6	7	8	9	10	11	12	13	14	15	16	17	18	19	20	21	22	23	24	25	26	27	28	29	30	31
요일		木	金	土	日	月	火	水	木	金	6/1	日	月	火	水	木	金	土	日	月	火	水	木	金	土	日	月	火	水	木	金	土
陰曆		22	23	24	25	26	27	28	29	30		2	3	4	5	6	7	8	9	10	11	12	13	14	15	16	17	18	19	20	21	22
日辰		庚	辛	壬	癸	甲	乙	丙	丁	戊	己	庚	辛	壬	癸	甲	乙	丙	丁	戊	己	庚	辛	壬	癸	甲	乙	丙	丁	戊	己	庚
		戌	亥	子	丑	寅	卯	辰	巳	午	未	申	酉	戌	亥	子	丑	寅	卯	辰	巳	午	未	申	酉	戌	亥	子	丑	寅	卯	辰
大	男	9	9	9	10	10	10	小	1	1	1	1	2	2	2	3	3	3	4	4	4	5	5	5	6	6	6	7	7	7	8	8
運	女	二	二	一	一	一	一	暑	十	十	九	九	九	八	八	八	七	七	七	六	六	六	五	五	五	四	四	四	三	三	三	二

8월 (乙未) 丙申 (입추) 立秋 7日 15:53 處暑 23日

陽曆		1	2	3	4	5	6	7	8	9	10	11	12	13	14	15	16	17	18	19	20	21	22	23	24	25	26	27	28	29	30	31
요일		日	月	火	水	木	金	土	7/1	月	火	水	木	金	土	日	月	火	水	木	金	土	日	月	火	水	木	金	土	日	月	火
陰曆		23	24	25	26	27	28	29		2	3	4	5	6	7	8	9	10	11	12	13	14	15	16	17	18	19	20	21	22	23	24
日辰		辛	壬	癸	甲	乙	丙	丁	戊	己	庚	辛	壬	癸	甲	乙	丙	丁	戊	己	庚	辛	壬	癸	甲	乙	丙	丁	戊	己	庚	辛
		巳	午	未	申	酉	戌	亥	子	丑	寅	卯	辰	巳	午	未	申	酉	戌	亥	子	丑	寅	卯	辰	巳	午	未	申	酉	戌	亥
大	男	8	9	9	9	10	10	立	1	1	1	1	2	2	2	3	3	3	4	4	4	5	5	5	6	6	6	7	7	7	8	8
運	女	二	二	一	一	一	一	秋	十	十	九	九	九	八	八	八	七	七	七	六	六	六	五	五	五	四	四	四	三	三	三	二

9월 (丙申) 丁酉 (백로) 白露 7日 18:52 秋分 23日

陽曆		1	2	3	4	5	6	7	8	9	10	11	12	13	14	15	16	17	18	19	20	21	22	23	24	25	26	27	28	29	30	
요일		水	木	金	土	日	月	8/1	水	木	金	土	日	月	火	水	木	金	土	日	月	火	水	木	金	土	日	月	火	水	木	
陰曆		25	26	27	28	29	30		2	3	4	5	6	7	8	9	10	11	12	13	14	15	16	17	18	19	20	21	22	23	24	
日辰		壬	癸	甲	乙	丙	丁	戊	己	庚	辛	壬	癸	甲	乙	丙	丁	戊	己	庚	辛	壬	癸	甲	乙	丙	丁	戊	己	庚	辛	
		子	丑	寅	卯	辰	巳	午	未	申	酉	戌	亥	子	丑	寅	卯	辰	巳	午	未	申	酉	戌	亥	子	丑	寅	卯	辰	巳	
大	男	8	9	9	9	10	10	白	1	1	1	1	2	2	2	3	3	3	4	4	4	5	5	5	6	6	6	7	7	7	8	
運	女	二	二	一	一	一	一	露	十	十	九	九	九	八	八	八	七	七	七	六	六	六	五	五	五	四	四	四	三	三	三	

10월 (丁酉) 戊戌 (한로) 寒露 8日 10:38 霜降 23日

陽曆		1	2	3	4	5	6	7	8	9	10	11	12	13	14	15	16	17	18	19	20	21	22	23	24	25	26	27	28	29	30	31
요일		金	土	日	月	火	9/1	木	金	土	日	月	火	水	木	金	土	日	月	火	水	木	金	土	日	月	火	水	木	金	土	日
陰曆		25	26	27	28	29		2	3	4	5	6	7	8	9	10	11	12	13	14	15	16	17	18	19	20	21	22	23	24	25	26
日辰		壬	癸	甲	乙	丙	丁	戊	己	庚	辛	壬	癸	甲	乙	丙	丁	戊	己	庚	辛	壬	癸	甲	乙	丙	丁	戊	己	庚	辛	壬
		午	未	申	酉	戌	亥	子	丑	寅	卯	辰	巳	午	未	申	酉	戌	亥	子	丑	寅	卯	辰	巳	午	未	申	酉	戌	亥	子
大	男	8	8	9	9	9	10	10	寒	1	1	1	1	2	2	2	3	3	3	4	4	4	5	5	5	6	6	6	7	7	7	8
運	女	二	二	二	一	一	一	一	露	十	九	九	九	八	八	八	七	七	七	六	六	六	五	五	五	四	四	四	三	三	三	二

11월 (戊戌) 己亥 (입동) 立冬 7日 13:58 小雪 22日

陽曆		1	2	3	4	5	6	7	8	9	10	11	12	13	14	15	16	17	18	19	20	21	22	23	24	25	26	27	28	29	30	
요일		月	火	水	木	10/1	土	日	月	火	水	木	金	土	日	月	火	水	木	金	土	日	月	火	水	木	金	土	日	月	火	
陰曆		27	28	29	30		2	3	4	5	6	7	8	9	10	11	12	13	14	15	16	17	18	19	20	21	22	23	24	25	26	
日辰		癸	甲	乙	丙	丁	戊	己	庚	辛	壬	癸	甲	乙	丙	丁	戊	己	庚	辛	壬	癸	甲	乙	丙	丁	戊	己	庚	辛	壬	
		丑	寅	卯	辰	巳	午	未	申	酉	戌	亥	子	丑	寅	卯	辰	巳	午	未	申	酉	戌	亥	子	丑	寅	卯	辰	巳	午	
大	男	8	8	9	9	9	10	立	1	1	1	1	2	2	2	3	3	3	4	4	4	5	5	5	6	6	6	7	7	7	8	
運	女	二	二	一	一	一	一	冬	十	九	九	九	八	八	八	七	七	七	六	六	六	五	五	五	四	四	四	三	三	三	二	

12월 (己亥) 庚子 (대설) 大雪 7日 06:56 冬至 22日

陽曆		1	2	3	4	5	6	7	8	9	10	11	12	13	14	15	16	17	18	19	20	21	22	23	24	25	26	27	28	29	30	31
요일		水	木	金	11/1	日	月	火	水	木	金	土	日	月	火	水	木	金	土	日	月	火	水	木	金	土	日	月	火	水	木	金
陰曆		27	28	29		2	3	4	5	6	7	8	9	10	11	12	13	14	15	16	17	18	19	20	21	22	23	24	25	26	27	28
日辰		癸	甲	乙	丙	丁	戊	己	庚	辛	壬	癸	甲	乙	丙	丁	戊	己	庚	辛	壬	癸	甲	乙	丙	丁	戊	己	庚	辛	壬	癸
		未	申	酉	戌	亥	子	丑	寅	卯	辰	巳	午	未	申	酉	戌	亥	子	丑	寅	卯	辰	巳	午	未	申	酉	戌	亥	子	丑
大	男	8	8	9	9	9	10	大	1	1	1	1	2	2	2	3	3	3	4	4	4	5	5	5	6	6	6	7	7	7	8	8
運	女	二	二	一	一	一	一	雪	九	九	九	八	八	八	七	七	七	六	六	六	五	五	五	四	四	四	三	三	三	二	二	二

壬寅

1월 (庚子)

辛丑 (소한) 小寒 5日 18:13 — 大寒 20日

陽曆	1	2	3	4	5	6	7	8	9	10	11	12	13	14	15	16	17	18	19	20	21	22	23	24	25	26	27	28	29	30	31
요일	土	日	12	火	水	木	金	土	日	月	火	水	木	金	土	日	月	火	水	木	金	土	日	月	火	水	木	金	土	日	月
陰曆	29	30	1	2	3	4	5	6	7	8	9	10	11	12	13	14	15	16	17	18	19	20	21	22	23	24	25	26	27	28	29
日辰	甲	乙	丙	丁	戊	己	庚	辛	壬	癸	甲	乙	丙	丁	戊	己	庚	辛	壬	癸	甲	乙	丙	丁	戊	己	庚	辛	壬	癸	甲
	寅	卯	辰	巳	午	未	申	酉	戌	亥	子	丑	寅	卯	辰	巳	午	未	申	酉	戌	亥	子	丑	寅	卯	辰	巳	午	未	申
大 男	8	9	9	9	小	1	1	1	1	2	2	2	3	3	3	4	4	4	5	5	5	6	6	6	7	7	7	8	8	8	9
運 女	一	一	一	一	寒	十	九	九	九	八	八	八	七	七	七	六	六	六	五	五	五	四	四	四	三	三	三	二	二	二	一

2월 (辛丑)

壬寅 (입춘) 立春 4日 05:50 — 雨水 19日

陽曆	1	2	3	4	5	6	7	8	9	10	11	12	13	14	15	16	17	18	19	20	21	22	23	24	25	26	27	28
요일	1	水	木	金	土	日	月	火	水	木	金	土	日	月	火	水	木	金	土	日	月	火	水	木	金	土	日	月
陰曆	1	2	3	4	5	6	7	8	9	10	11	12	13	14	15	16	17	18	19	20	21	22	23	24	25	26	27	28
日辰	乙	丙	丁	戊	己	庚	辛	壬	癸	甲	乙	丙	丁	戊	己	庚	辛	壬	癸	甲	乙	丙	丁	戊	己	庚	辛	壬
	酉	戌	亥	子	丑	寅	卯	辰	巳	午	未	申	酉	戌	亥	子	丑	寅	卯	辰	巳	午	未	申	酉	戌	亥	子
大 男	9	9	10	立	9	9	9	8	8	8	7	7	7	6	6	6	5	5	5	4	4	4	3	3	3	2	2	2
運 女	一	一	一	春	一	一	一	一	二	二	二	三	三	三	四	四	四	五	五	五	六	六	六	七	七	七	八	八

3월 (壬寅)

癸卯 (경칩) 驚蟄 5日 23:43 — 春分 21日

陽曆	1	2	3	4	5	6	7	8	9	10	11	12	13	14	15	16	17	18	19	20	21	22	23	24	25	26	27	28	29	30	31
요일	火	水	2	金	土	日	月	火	水	木	金	土	日	月	火	水	木	金	土	日	月	火	水	木	金	土	日	月	火	水	木
陰曆	29	30	1	2	3	4	5	6	7	8	9	10	11	12	13	14	15	16	17	18	19	20	21	22	23	24	25	26	27	28	29
日辰	癸	甲	乙	丙	丁	戊	己	庚	辛	壬	癸	甲	乙	丙	丁	戊	己	庚	辛	壬	癸	甲	乙	丙	丁	戊	己	庚	辛	壬	癸
	丑	寅	卯	辰	巳	午	未	申	酉	戌	亥	子	丑	寅	卯	辰	巳	午	未	申	酉	戌	亥	子	丑	寅	卯	辰	巳	午	未
大 男	2	1	1	1	驚	10	10	9	9	9	8	8	8	7	7	7	6	6	6	5	5	5	4	4	4	3	3	3	2	2	2
運 女	八	九	九	九	蟄	一	一	一	一	二	二	二	三	三	三	四	四	四	五	五	五	六	六	六	七	七	七	八	八	八	九

4월 (癸卯)

甲辰 (청명) 清明 5日 04:19 — 穀雨 20日

陽曆	1	2	3	4	5	6	7	8	9	10	11	12	13	14	15	16	17	18	19	20	21	22	23	24	25	26	27	28	29	30
요일	3	土	日	月	火	水	木	金	土	日	月	火	水	木	金	土	日	月	火	水	木	金	土	日	月	火	水	木	金	土
陰曆	1	2	3	4	5	6	7	8	9	10	11	12	13	14	15	16	17	18	19	20	21	22	23	24	25	26	27	28	29	30
日辰	甲	乙	丙	丁	戊	己	庚	辛	壬	癸	甲	乙	丙	丁	戊	己	庚	辛	壬	癸	甲	乙	丙	丁	戊	己	庚	辛	壬	癸
	申	酉	戌	亥	子	丑	寅	卯	辰	巳	午	未	申	酉	戌	亥	子	丑	寅	卯	辰	巳	午	未	申	酉	戌	亥	子	丑
大 男	1	1	1	1	清	10	9	9	9	8	8	8	7	7	7	6	6	6	5	5	5	4	4	4	3	3	3	2	2	2
運 女	九	九	十	十	明	一	一	一	一	二	二	二	三	三	三	四	四	四	五	五	五	六	六	六	七	七	七	八	八	八

5월 (甲辰)

乙巳 (입하) 立夏 5日 21:25 — 小滿 21日

陽曆	1	2	3	4	5	6	7	8	9	10	11	12	13	14	15	16	17	18	19	20	21	22	23	24	25	26	27	28	29	30	31
요일	4	月	火	水	木	金	土	日	月	火	水	木	金	土	日	月	火	水	木	金	土	日	月	火	水	木	金	土	日	5	火
陰曆	1	2	3	4	5	6	7	8	9	10	11	12	13	14	15	16	17	18	19	20	21	22	23	24	25	26	27	28	29	1	2
日辰	甲	乙	丙	丁	戊	己	庚	辛	壬	癸	甲	乙	丙	丁	戊	己	庚	辛	壬	癸	甲	乙	丙	丁	戊	己	庚	辛	壬	癸	甲
	寅	卯	辰	巳	午	未	申	酉	戌	亥	子	丑	寅	卯	辰	巳	午	未	申	酉	戌	亥	子	丑	寅	卯	辰	巳	午	未	申
大 男	1	1	1	1	立	10	10	10	9	9	9	8	8	8	7	7	7	6	6	6	5	5	5	4	4	4	3	3	3	2	2
運 女	九	九	九	十	夏	一	一	一	一	二	二	二	三	三	三	四	四	四	五	五	五	六	六	六	七	七	七	八	八	八	九

6월 (乙巳)

丙午 (망종) 芒種 6日 01:25 — 夏至 21日

陽曆	1	2	3	4	5	6	7	8	9	10	11	12	13	14	15	16	17	18	19	20	21	22	23	24	25	26	27	28	29	30
요일	水	木	金	土	日	月	火	水	木	金	土	日	月	火	水	木	金	土	日	月	火	水	木	金	土	日	月	火	6	木
陰曆	3	4	5	6	7	8	9	10	11	12	13	14	15	16	17	18	19	20	21	22	23	24	25	26	27	28	29	30	1	2
日辰	乙	丙	丁	戊	己	庚	辛	壬	癸	甲	乙	丙	丁	戊	己	庚	辛	壬	癸	甲	乙	丙	丁	戊	己	庚	辛	壬	癸	甲
	酉	戌	亥	子	丑	寅	卯	辰	巳	午	未	申	酉	戌	亥	子	丑	寅	卯	辰	巳	午	未	申	酉	戌	亥	子	丑	寅
大 男	2	1	1	1	1	芒	10	10	9	9	9	8	8	8	7	7	7	6	6	6	5	5	5	4	4	4	3	3	3	2
運 女	九	九	十	十	十	種	一	一	一	一	二	二	二	三	三	三	四	四	四	五	五	五	六	六	六	七	七	七	八	八

7월 (丙午) 丁未 (소서) 小暑 7日 11:37 大署 23日

陽曆	1	2	3	4	5	6	7	8	9	10	11	12	13	14	15	16	17	18	19	20	21	22	23	24	25	26	27	28	29	30	31
요일	金	土	日	月	火	水	木	金	土	日	月	火	水	木	金	土	日	月	火	水	木	金	土	日	月	火	水	木	7/1	土	日
陰曆	3	4	5	6	7	8	9	10	11	12	13	14	15	16	17	18	19	20	21	22	23	24	25	26	27	28	29	30		2	3
日辰	乙	丙	丁	戊	己	庚	辛	壬	癸	甲	乙	丙	丁	戊	己	庚	辛	壬	癸	甲	乙	丙	丁	戊	己	庚	辛	壬	癸	甲	乙
日辰	卯	辰	巳	午	未	申	酉	戌	亥	子	丑	寅	卯	辰	巳	午	未	申	酉	戌	亥	子	丑	寅	卯	辰	巳	午	未	申	酉
大運 男	2	2	1	1	1	1	小	10	10	9	9	9	8	8	8	7	7	7	6	6	6	5	5	5	4	4	4	3	3	3	2
大運 女	八	九	九	九	十	十	署	一	一	一	一	二	二	二	三	三	三	四	四	四	五	五	五	六	六	六	七	七	七	八	八

8월 (丁未) 戊申 (입추) 立秋 7日 21:28 處署 23日

陽曆	1	2	3	4	5	6	7	8	9	10	11	12	13	14	15	16	17	18	19	20	21	22	23	24	25	26	27	28	29	30	31
요일	月	火	水	木	金	土	日	月	火	水	木	金	土	日	月	火	水	木	金	土	日	月	火	水	木	金	8/1	日	月	火	水
陰曆	4	5	6	7	8	9	10	11	12	13	14	15	16	17	18	19	20	21	22	23	24	25	26	27	28	29		2	3	4	5
日辰	丙	丁	戊	己	庚	辛	壬	癸	甲	乙	丙	丁	戊	己	庚	辛	壬	癸	甲	乙	丙	丁	戊	己	庚	辛	壬	癸	甲	乙	丙
日辰	戌	亥	子	丑	寅	卯	辰	巳	午	未	申	酉	戌	亥	子	丑	寅	卯	辰	巳	午	未	申	酉	戌	亥	子	丑	寅	卯	辰
大運 男	2	2	1	1	1	1	立	10	10	10	9	9	9	8	8	8	7	7	7	6	6	6	5	5	5	4	4	4	3	3	3
大運 女	八	九	九	九	十	十	秋	一	一	一	一	二	二	二	三	三	三	四	四	四	五	五	五	六	六	六	七	七	七	八	八

9월 (戊申) 己酉 (백로) 白露 8日 00:31 秋分 23日

陽曆	1	2	3	4	5	6	7	8	9	10	11	12	13	14	15	16	17	18	19	20	21	22	23	24	25	26	27	28	29	30
요일	木	金	土	日	月	火	水	木	金	土	日	月	火	水	木	金	土	日	月	火	水	木	金	土	日	9/1	火	水	木	金
陰曆	6	7	8	9	10	11	12	13	14	15	16	17	18	19	20	21	22	23	24	25	26	27	28	29	30		2	3	4	5
日辰	丁	戊	己	庚	辛	壬	癸	甲	乙	丙	丁	戊	己	庚	辛	壬	癸	甲	乙	丙	丁	戊	己	庚	辛	壬	癸	甲	乙	丙
日辰	巳	午	未	申	酉	戌	亥	子	丑	寅	卯	辰	巳	午	未	申	酉	戌	亥	子	丑	寅	卯	辰	巳	午	未	申	酉	戌
大運 男	2	2	2	1	1	1	1	白	10	9	9	9	8	8	8	7	7	7	6	6	6	5	5	5	4	4	4	3	3	3
大運 女	八	九	九	九	十	十	十	露	一	一	一	一	二	二	二	三	三	三	四	四	四	五	五	五	六	六	六	七	七	七

10월 (己酉) 庚戌 (한로) 寒露 8日 16:21 霜降 23日

陽曆	1	2	3	4	5	6	7	8	9	10	11	12	13	14	15	16	17	18	19	20	21	22	23	24	25	26	27	28	29	30	31
요일	土	日	月	火	水	木	金	土	日	月	火	水	木	金	土	日	月	火	水	木	金	土	日	月	10/1	水	木	金	土	日	月
陰曆	6	7	8	9	10	11	12	13	14	15	16	17	18	19	20	21	22	23	24	25	26	27	28	29		2	3	4	5	6	7
日辰	丁	戊	己	庚	辛	壬	癸	甲	乙	丙	丁	戊	己	庚	辛	壬	癸	甲	乙	丙	丁	戊	己	庚	辛	壬	癸	甲	乙	丙	丁
日辰	亥	子	丑	寅	卯	辰	巳	午	未	申	酉	戌	亥	子	丑	寅	卯	辰	巳	午	未	申	酉	戌	亥	子	丑	寅	卯	辰	巳
大運 男	2	2	2	1	1	1	1	寒	10	9	9	9	8	8	8	7	7	7	6	6	6	5	5	5	4	4	4	3	3	3	2
大運 女	八	八	八	九	九	九	十	露	一	一	一	一	二	二	二	三	三	三	四	四	四	五	五	五	六	六	六	七	七	七	八

11월 (庚戌) 辛亥 (입동) 立冬 7日 19:44 小雪 22日

陽曆	1	2	3	4	5	6	7	8	9	10	11	12	13	14	15	16	17	18	19	20	21	22	23	24	25	26	27	28	29	30
요일	火	水	木	金	土	日	月	火	水	木	金	土	日	月	火	水	木	金	土	日	月	火	水	11/1	金	土	日	月	火	水
陰曆	8	9	10	11	12	13	14	15	16	17	18	19	20	21	22	23	24	25	26	27	28	29	30		2	3	4	5	6	7
日辰	戊	己	庚	辛	壬	癸	甲	乙	丙	丁	戊	己	庚	辛	壬	癸	甲	乙	丙	丁	戊	己	庚	辛	壬	癸	甲	乙	丙	丁
日辰	午	未	申	酉	戌	亥	子	丑	寅	卯	辰	巳	午	未	申	酉	戌	亥	子	丑	寅	卯	辰	巳	午	未	申	酉	戌	亥
大運 男	2	2	1	1	1	1	立	10	9	9	9	8	8	8	7	7	7	6	6	6	5	5	5	4	4	4	3	3	3	2
大運 女	八	八	九	九	九	十	冬	一	一	一	一	二	二	二	三	三	三	四	四	四	五	五	五	六	六	六	七	七	七	八

12월 (辛亥) 壬子 (대설) 大雪 7日 12:45 冬至 22日

陽曆	1	2	3	4	5	6	7	8	9	10	11	12	13	14	15	16	17	18	19	20	21	22	23	24	25	26	27	28	29	30	31
요일	木	金	土	日	月	火	水	木	金	土	日	月	火	水	木	金	土	日	月	火	水	木	12/1	土	日	月	火	水	木	金	土
陰曆	8	9	10	11	12	13	14	15	16	17	18	19	20	21	22	23	24	25	26	27	28	29		2	3	4	5	6	7	8	9
日辰	戊	己	庚	辛	壬	癸	甲	乙	丙	丁	戊	己	庚	辛	壬	癸	甲	乙	丙	丁	戊	己	庚	辛	壬	癸	甲	乙	丙	丁	戊
日辰	子	丑	寅	卯	辰	巳	午	未	申	酉	戌	亥	子	丑	寅	卯	辰	巳	午	未	申	酉	戌	亥	子	丑	寅	卯	辰	巳	午
大運 男	2	2	1	1	1	1	大	10	9	9	9	8	8	8	7	7	7	6	6	6	5	5	5	4	4	4	3	3	3	2	2
大運 女	八	八	九	九	九	十	雪	一	一	一	一	二	二	二	三	三	三	四	四	四	五	五	五	六	六	六	七	七	七	八	八

1월 (壬子)

癸丑 (소한) 小寒 6日 00:04 大寒 20日

陽曆	1	2	3	4	5	6	7	8	9	10	11	12	13	14	15	16	17	18	19	20	21	22	23	24	25	26	27	28	29	30	31
요일	日	月	火	水	木	金	土	日	月	火	水	木	金	土	日	月	火	水	木	金	土		月	火	水	木	金	土	日	月	火
陰曆	10	11	12	13	14	15	16	17	18	19	20	21	22	23	24	25	26	27	28	29	30	1/1	2	3	4	5	6	7	8	9	10
日辰	己	庚	辛	壬	癸	甲	乙	丙	丁	戊	己	庚	辛	壬	癸	甲	乙	丙	丁	戊	己	庚	辛	壬	癸	甲	乙	丙	丁	戊	己
	未	申	酉	戌	亥	子	丑	寅	卯	辰	巳	午	未	申	酉	戌	亥	子	丑	寅	卯	辰	巳	午	未	申	酉	戌	亥	子	丑
大 男	2	1	1	1	1	小	9	9	9	8	8	8	7	7	7	6	6	6	5	5	5	4	4	4	3	3	3	2	2	2	1
運 女	八	九	九	九	十	寒	一	一	一	一	二	二	二	三	三	三	四	四	四	五	五	五	六	六	六	七	七	七	八	八	八

2월 (癸丑)

甲寅 (입춘) 立春 4日 11:41 雨水 19日

陽曆	1	2	3	4	5	6	7	8	9	10	11	12	13	14	15	16	17	18	19	20	21	22	23	24	25	26	27	28			
요일	水	木	金	土	日	月	火	水	木	金	土	日	月	火	水	木	金	土	日		火	水	木	金	土	日	月	火			
陰曆	11	12	13	14	15	16	17	18	19	20	21	22	23	24	25	26	27	28	29	2/1	2	3	4	5	6	7	8	9			
日辰	庚	辛	壬	癸	甲	乙	丙	丁	戊	己	庚	辛	壬	癸	甲	乙	丙	丁	戊	己	庚	辛	壬	癸	甲	乙	丙	丁			
	寅	卯	辰	巳	午	未	申	酉	戌	亥	子	丑	寅	卯	辰	巳	午	未	申	酉	戌	亥	子	丑	寅	卯	辰	巳			
大 男	1	1	1	立	1	1	1	1	2	2	2	3	3	3	4	4	4	5	5	5	6	6	6	7	7	7	8	8			
運 女	九	九	九	春	十	九	九	九	八	八	八	七	七	七	六	六	六	五	五	五	四	四	四	三	三	三	二	二			

3월 (甲寅)

乙卯 (경칩) 驚蟄 6日 05:35 春分 21日

陽曆	1	2	3	4	5	6	7	8	9	10	11	12	13	14	15	16	17	18	19	20	21	22	23	24	25	26	27	28	29	30	31
요일	水	木	金	土	日	月	火	水	木	金	土	日	月	火	水	木	金	土	日	月	火	윤	木	金	土	日	月	火	水	木	金
陰曆	10	11	12	13	14	15	16	17	18	19	20	21	22	23	24	25	26	27	28	29	30	2/1	2	3	4	5	6	7	8	9	10
日辰	戊	己	庚	辛	壬	癸	甲	乙	丙	丁	戊	己	庚	辛	壬	癸	甲	乙	丙	丁	戊	己	庚	辛	壬	癸	甲	乙	丙	丁	戊
	午	未	申	酉	戌	亥	子	丑	寅	卯	辰	巳	午	未	申	酉	戌	亥	子	丑	寅	卯	辰	巳	午	未	申	酉	戌	亥	子
大 男	8	9	9	9	10	驚	1	1	1	1	2	2	2	3	3	3	4	4	4	5	5	5	6	6	6	7	7	7	8	8	8
運 女	二	一	一	一	一	蟄	十	九	九	九	八	八	八	七	七	七	六	六	六	五	五	五	四	四	四	三	三	三	二	二	二

4월 (乙卯)

丙辰 (청명) 清明 5日 10:12 穀雨 20日

陽曆	1	2	3	4	5	6	7	8	9	10	11	12	13	14	15	16	17	18	19	20	21	22	23	24	25	26	27	28	29	30	
요일	土	日	月	火	水	木	金	土	日	月	火	水	木	金	土	日	月	火	水		金	土	日	月	火	水	木	金	土	日	
陰曆	11	12	13	14	15	16	17	18	19	20	21	22	23	24	25	26	27	28	29	3/1	2	3	4	5	6	7	8	9	10	11	
日辰	己	庚	辛	壬	癸	甲	乙	丙	丁	戊	己	庚	辛	壬	癸	甲	乙	丙	丁	戊	己	庚	辛	壬	癸	甲	乙	丙	丁	戊	
	丑	寅	卯	辰	巳	午	未	申	酉	戌	亥	子	丑	寅	卯	辰	巳	午	未	申	酉	戌	亥	子	丑	寅	卯	辰	巳	午	
大 男	9	9	9	10	清	1	1	1	1	2	2	2	3	3	3	4	4	4	5	5	5	6	6	6	7	7	7	8	8	8	
運 女	一	一	一	一	明	十	十	九	九	九	八	八	八	七	七	七	六	六	六	五	五	五	四	四	四	三	三	三	二	二	

5월 (丙辰)

丁巳 (입하) 立夏 6日 03:18 小滿 21日

陽曆	1	2	3	4	5	6	7	8	9	10	11	12	13	14	15	16	17	18	19	20	21	22	23	24	25	26	27	28	29	30	31
요일	月	火	水	木	金	土	日	月	火	水	木	金	土	日	月	火	水	木	金		日	月	火	水	木	金	土	日	月	火	水
陰曆	12	13	14	15	16	17	18	19	20	21	22	23	24	25	26	27	28	29	30	4/1	2	3	4	5	6	7	8	9	10	11	12
日辰	己	庚	辛	壬	癸	甲	乙	丙	丁	戊	己	庚	辛	壬	癸	甲	乙	丙	丁	戊	己	庚	辛	壬	癸	甲	乙	丙	丁	戊	己
	未	申	酉	戌	亥	子	丑	寅	卯	辰	巳	午	未	申	酉	戌	亥	子	丑	寅	卯	辰	巳	午	未	申	酉	戌	亥	子	丑
大 男	9	9	9	10	10	立	1	1	1	1	2	2	2	3	3	3	4	4	4	5	5	5	6	6	6	7	7	7	8	8	8
運 女	二	一	一	一	一	夏	十	十	九	九	九	八	八	八	七	七	七	六	六	六	五	五	五	四	四	四	三	三	三	二	二

6월 (丁巳)

戊午 (망종) 芒種 6日 07:17 夏至 21日

陽曆	1	2	3	4	5	6	7	8	9	10	11	12	13	14	15	16	17	18	19	20	21	22	23	24	25	26	27	28	29	30	
요일	木	金	土	日	月	火	水	木	金	土	日	月	火	水	木	金	土		月	火	水	木	金	土	日	月	火	水	木	金	
陰曆	13	14	15	16	17	18	19	20	21	22	23	24	25	26	27	28	29	5/1	2	3	4	5	6	7	8	9	10	11	12	13	
日辰	庚	辛	壬	癸	甲	乙	丙	丁	戊	己	庚	辛	壬	癸	甲	乙	丙	丁	戊	己	庚	辛	壬	癸	甲	乙	丙	丁	戊	己	
	寅	卯	辰	巳	午	未	申	酉	戌	亥	子	丑	寅	卯	辰	巳	午	未	申	酉	戌	亥	子	丑	寅	卯	辰	巳	午	未	
大 男	9	9	9	10	10	芒	1	1	1	1	2	2	2	3	3	3	4	4	4	5	5	5	6	6	6	7	7	7	8	8	
運 女	二	一	一	一	一	種	十	十	九	九	九	八	八	八	七	七	七	六	六	六	五	五	五	四	四	四	三	三	三	二	

7월 (戊午) 己未 (소서) 小暑 7日 17:30 大暑 23日

陽曆	1	2	3	4	5	6	7	8	9	10	11	12	13	14	15	16	17	18	19	20	21	22	23	24	25	26	27	28	29	30	31
요일	土	日	月	火	水	木	金	土	日	月	火	水	木	金	土	日	月		水	木	金	土	日	月	火	水	木	金	土	日	月
陰曆	14	15	16	17	18	19	20	21	22	23	24	25	26	27	28	29	30	6/1	2	3	4	5	6	7	8	9	10	11	12	13	14
日辰	庚	辛	壬	癸	甲	乙	丙	丁	戊	己	庚	辛	壬	癸	甲	乙	丙	丁	戊	己	庚	辛	壬	癸	甲	乙	丙	丁	戊	己	庚
	申	酉	戌	亥	子	丑	寅	卯	辰	巳	午	未	申	酉	戌	亥	子	丑	寅	卯	辰	巳	午	未	申	酉	戌	亥	子	丑	寅
大運 男	8	9	9	9	10	10	小	1	1	1	1	2	2	2	3	3	3	4	4	4	5	5	5	6	6	6	7	7	7	8	8
大運 女	二	二	一	一	一	一	暑	十	十	十	九	九	九	八	八	八	七	七	七	六	六	六	五	五	五	四	四	四	三	三	三

8월 (己未) 庚申 (입추) 立秋 8日 03:22 處暑 23日

陽曆	1	2	3	4	5	6	7	8	9	10	11	12	13	14	15	16	17	18	19	20	21	22	23	24	25	26	27	28	29	30	31
요일	火	水	木	金	土	日	月	火	水	木	金	土	日	月	火		木	金	土	日	月	火	水	木	金	土	日	月	火	水	木
陰曆	15	16	17	18	19	20	21	22	23	24	25	26	27	28	29	7/1	2	3	4	5	6	7	8	9	10	11	12	13	14	15	16
日辰	辛	壬	癸	甲	乙	丙	丁	戊	己	庚	辛	壬	癸	甲	乙	丙	丁	戊	己	庚	辛	壬	癸	甲	乙	丙	丁	戊	己	庚	辛
	卯	辰	巳	午	未	申	酉	戌	亥	子	丑	寅	卯	辰	巳	午	未	申	酉	戌	亥	子	丑	寅	卯	辰	巳	午	未	申	酉
大運 男	8	9	9	9	10	10	10	立	1	1	1	1	2	2	2	3	3	3	4	4	4	5	5	5	6	6	6	7	7	7	8
大運 女	二	二	二	一	一	一	一	秋	十	十	九	九	九	八	八	八	七	七	七	六	六	六	五	五	五	四	四	四	三	三	三

9월 (庚申) 辛酉 (백로) 白露 8日 06:26 秋分 23日

陽曆	1	2	3	4	5	6	7	8	9	10	11	12	13	14	15	16	17	18	19	20	21	22	23	24	25	26	27	28	29	30
요일	金	土	日	月	火	水	木	金	土	日	月	火	水	木		土	日	月	火	水	木	金	土	日	月	火	水	木	金	土
陰曆	17	18	19	20	21	22	23	24	25	26	27	28	29	30	8/1	2	3	4	5	6	7	8	9	10	11	12	13	14	15	16
日辰	壬	癸	甲	乙	丙	丁	戊	己	庚	辛	壬	癸	甲	乙	丙	丁	戊	己	庚	辛	壬	癸	甲	乙	丙	丁	戊	己	庚	辛
	戌	亥	子	丑	寅	卯	辰	巳	午	未	申	酉	戌	亥	子	丑	寅	卯	辰	巳	午	未	申	酉	戌	亥	子	丑	寅	卯
大運 男	8	8	9	9	9	10	10	白	1	1	1	1	2	2	2	3	3	3	4	4	4	5	5	5	6	6	6	7	7	7
大運 女	二	二	二	一	一	一	一	露	十	九	九	九	八	八	八	七	七	七	六	六	六	五	五	五	四	四	四	三	三	三

10월 (辛酉) 壬戌 (한로) 寒露 8日 22:14 霜降 24日

陽曆	1	2	3	4	5	6	7	8	9	10	11	12	13	14	15	16	17	18	19	20	21	22	23	24	25	26	27	28	29	30	31
요일	日	月	火	水	木	金	土	日	月	火	水	木	金	土		月	火	水	木	金	土	日	月	火	水	木	金	土	日	月	火
陰曆	17	18	19	20	21	22	23	24	25	26	27	28	29	30	9/1	2	3	4	5	6	7	8	9	10	11	12	13	14	15	16	17
日辰	壬	癸	甲	乙	丙	丁	戊	己	庚	辛	壬	癸	甲	乙	丙	丁	戊	己	庚	辛	壬	癸	甲	乙	丙	丁	戊	己	庚	辛	壬
	辰	巳	午	未	申	酉	戌	亥	子	丑	寅	卯	辰	巳	午	未	申	酉	戌	亥	子	丑	寅	卯	辰	巳	午	未	申	酉	戌
大運 男	8	8	8	9	9	9	10	寒	1	1	1	1	2	2	2	3	3	3	4	4	4	5	5	5	6	6	6	7	7	7	8
大運 女	二	二	二	一	一	一	一	露	十	十	九	九	九	八	八	八	七	七	七	六	六	六	五	五	五	四	四	四	三	三	三

11월 (壬戌) 癸亥 (입동) 立冬 8日 01:35 小雪 22日

陽曆	1	2	3	4	5	6	7	8	9	10	11	12	13	14	15	16	17	18	19	20	21	22	23	24	25	26	27	28	29	30
요일	水	木	金	土	日	月	火	水	木	金	土	日		火	水	木	金	土	日	月	火	水	木	金	土	日	月	火	水	木
陰曆	18	19	20	21	22	23	24	25	26	27	28	29	10/1	2	3	4	5	6	7	8	9	10	11	12	13	14	15	16	17	18
日辰	癸	甲	乙	丙	丁	戊	己	庚	辛	壬	癸	甲	乙	丙	丁	戊	己	庚	辛	壬	癸	甲	乙	丙	丁	戊	己	庚	辛	壬
	亥	子	丑	寅	卯	辰	巳	午	未	申	酉	戌	亥	子	丑	寅	卯	辰	巳	午	未	申	酉	戌	亥	子	丑	寅	卯	辰
大運 男	8	8	9	9	9	10	10	立	1	1	1	1	2	2	2	3	3	3	4	4	4	5	5	5	6	6	6	7	7	7
大運 女	二	二	二	一	一	一	一	冬	九	九	九	八	八	八	七	七	七	六	六	六	五	五	五	四	四	四	三	三	三	二

12월 (癸亥) 甲子 (대설) 大雪 7日 18:32 冬至 22日

陽曆	1	2	3	4	5	6	7	8	9	10	11	12	13	14	15	16	17	18	19	20	21	22	23	24	25	26	27	28	29	30	31
요일	金	土	日	月	火	水	木	金	土	日	月	火		木	金	土	日	月	火	水	木	金	土	日	月	火	水	木	金	土	日
陰曆	19	20	21	22	23	24	25	26	27	28	29	30	11/1	2	3	4	5	6	7	8	9	10	11	12	13	14	15	16	17	18	19
日辰	癸	甲	乙	丙	丁	戊	己	庚	辛	壬	癸	甲	乙	丙	丁	戊	己	庚	辛	壬	癸	甲	乙	丙	丁	戊	己	庚	辛	壬	癸
	巳	午	未	申	酉	戌	亥	子	丑	寅	卯	辰	巳	午	未	申	酉	戌	亥	子	丑	寅	卯	辰	巳	午	未	申	酉	戌	亥
大運 男	8	8	8	9	9	9	大	1	1	1	1	2	2	2	3	3	3	4	4	4	5	5	5	6	6	6	7	7	7	8	8
大運 女	二	二	一	一	一	一	雪	十	九	九	九	八	八	八	七	七	七	六	六	六	五	五	五	四	四	四	三	三	三	二	二

1월 (甲子) 乙丑 (소한) 小寒 6日 05:48 大寒 20日

陽曆	1	2	3	4	5	6	7	8	9	10	11	12	13	14	15	16	17	18	19	20	21	22	23	24	25	26	27	28	29	30	31
요일	月	火	水	木	金	土	日	月	火	水	12/1	金	土	日	月	火	水	木	金	土	日	月	火	水	木	金	土	日	月	火	水
陰曆	20	21	22	23	24	25	26	27	28	29		2	3	4	5	6	7	8	9	10	11	12	13	14	15	16	17	18	19	20	21
日辰	甲	乙	丙	丁	戊	己	庚	辛	壬	癸	甲	乙	丙	丁	戊	己	庚	辛	壬	癸	甲	乙	丙	丁	戊	己	庚	辛	壬	癸	甲
	子	丑	寅	卯	辰	巳	午	未	申	酉	戌	亥	子	丑	寅	卯	辰	巳	午	未	申	酉	戌	亥	子	丑	寅	卯	辰	巳	午
大 男	8	9	9	9	10	小	1	1	1	1	2	2	2	3	3	3	4	4	4	5	5	5	6	6	6	7	7	7	8	8	8
運 女	二	一	一	一	一	寒	九	九	九	八	八	八	七	七	七	六	六	六	五	五	五	四	四	四	三	三	三	二	二	二	一

2월 (乙丑) 丙寅 (입춘) 立春 4日 17:26 雨水 19日

陽曆	1	2	3	4	5	6	7	8	9	10	11	12	13	14	15	16	17	18	19	20	21	22	23	24	25	26	27	28	29		
요일	木	金	土	日	月	火	水	木	金	1/1	日	月	火	水	木	金	土	日	月	火	水	木	金	土	日	月	火	水	木		
陰曆	22	23	24	25	26	27	28	29	30		2	3	4	5	6	7	8	9	10	11	12	13	14	15	16	17	18	19	20		
日辰	乙	丙	丁	戊	己	庚	辛	壬	癸	甲	乙	丙	丁	戊	己	庚	辛	壬	癸	甲	乙	丙	丁	戊	己	庚	辛	壬	癸		
	未	申	酉	戌	亥	子	丑	寅	卯	辰	巳	午	未	申	酉	戌	亥	子	丑	寅	卯	辰	巳	午	未	申	酉	戌	亥		
大 男	9	9	9	立	10	9	9	9	8	8	8	7	7	7	6	6	6	5	5	5	4	4	4	3	3	3	2	2	2		
運 女	一	一	一	春	一	一	一	一	二	二	二	三	三	三	四	四	四	五	五	五	六	六	六	七	七	七	八	八	八		

3월 (丙寅) 丁卯 (경칩) 驚蟄 5日 11:22 春分 20日

陽曆	1	2	3	4	5	6	7	8	9	10	11	12	13	14	15	16	17	18	19	20	21	22	23	24	25	26	27	28	29	30	31
요일	金	土	日	月	火	水	木	金	土	2/1	月	火	水	木	金	土	日	月	火	水	木	金	土	日	月	火	水	木	金	土	日
陰曆	21	22	23	24	25	26	27	28	29		2	3	4	5	6	7	8	9	10	11	12	13	14	15	16	17	18	19	20	21	22
日辰	甲	乙	丙	丁	戊	己	庚	辛	壬	癸	甲	乙	丙	丁	戊	己	庚	辛	壬	癸	甲	乙	丙	丁	戊	己	庚	辛	壬	癸	甲
	子	丑	寅	卯	辰	巳	午	未	申	酉	戌	亥	子	丑	寅	卯	辰	巳	午	未	申	酉	戌	亥	子	丑	寅	卯	辰	巳	午
大 男	1	1	1	1	驚	10	9	9	9	8	8	8	7	7	7	6	6	6	5	5	5	4	4	4	3	3	3	2	2	2	1
運 女	九	九	九	十	蟄	一	一	一	一	二	二	二	三	三	三	四	四	四	五	五	五	六	六	六	七	七	七	八	八	八	九

4월 (丁卯) 戊辰 (청명) 清明 4日 16:01 穀雨 19日

陽曆	1	2	3	4	5	6	7	8	9	10	11	12	13	14	15	16	17	18	19	20	21	22	23	24	25	26	27	28	29	30	
요일	月	火	水	木	金	土	日	月	3/1	水	木	金	土	日	月	火	水	木	金	土	日	月	火	水	木	金	土	日	月	火	
陰曆	23	24	25	26	27	28	29	30		2	3	4	5	6	7	8	9	10	11	12	13	14	15	16	17	18	19	20	21	22	
日辰	乙	丙	丁	戊	己	庚	辛	壬	癸	甲	乙	丙	丁	戊	己	庚	辛	壬	癸	甲	乙	丙	丁	戊	己	庚	辛	壬	癸	甲	
	未	申	酉	戌	亥	子	丑	寅	卯	辰	巳	午	未	申	酉	戌	亥	子	丑	寅	卯	辰	巳	午	未	申	酉	戌	亥	子	
大 男	1	1	1	清	10	10	9	9	9	8	8	8	7	7	7	6	6	6	5	5	5	4	4	4	3	3	3	2	2	2	
運 女	九	九	十	明	一	一	一	一	二	二	二	三	三	三	四	四	四	五	五	五	六	六	六	七	七	七	八	八	八	九	

5월 (戊辰) 己巳 (입하) 立夏 5日 09:09 小滿 20日

陽曆	1	2	3	4	5	6	7	8	9	10	11	12	13	14	15	16	17	18	19	20	21	22	23	24	25	26	27	28	29	30	31
요일	水	木	金	土	日	月	火	4/1	木	金	土	日	月	火	水	木	金	土	日	月	火	水	木	金	土	日	月	火	水	木	金
陰曆	23	24	25	26	27	28	29		2	3	4	5	6	7	8	9	10	11	12	13	14	15	16	17	18	19	20	21	22	23	24
日辰	乙	丙	丁	戊	己	庚	辛	壬	癸	甲	乙	丙	丁	戊	己	庚	辛	壬	癸	甲	乙	丙	丁	戊	己	庚	辛	壬	癸	甲	乙
	丑	寅	卯	辰	巳	午	未	申	酉	戌	亥	子	丑	寅	卯	辰	巳	午	未	申	酉	戌	亥	子	丑	寅	卯	辰	巳	午	未
大 男	1	1	1	1	立	10	10	9	9	9	8	8	8	7	7	7	6	6	6	5	5	5	4	4	4	3	3	3	2	2	2
運 女	九	九	十	十	夏	一	一	一	一	二	二	二	三	三	三	四	四	四	五	五	五	六	六	六	七	七	七	八	八	八	九

6월 (己巳) 庚午 (망종) 芒種 5日 13:09 夏至 21日

陽曆	1	2	3	4	5	6	7	8	9	10	11	12	13	14	15	16	17	18	19	20	21	22	23	24	25	26	27	28	29	30	
요일	土	日	月	火	水	5/1	金	土	日	月	火	水	木	金	土	日	月	火	水	木	金	土	日	月	火	水	木	金	土	日	
陰曆	25	26	27	28	29		2	3	4	5	6	7	8	9	10	11	12	13	14	15	16	17	18	19	20	21	22	23	24	25	
日辰	丙	丁	戊	己	庚	辛	壬	癸	甲	乙	丙	丁	戊	己	庚	辛	壬	癸	甲	乙	丙	丁	戊	己	庚	辛	壬	癸	甲	乙	
	申	酉	戌	亥	子	丑	寅	卯	辰	巳	午	未	申	酉	戌	亥	子	丑	寅	卯	辰	巳	午	未	申	酉	戌	亥	子	丑	
大 男	1	1	1	1	芒	10	10	9	9	9	8	8	8	7	7	7	6	6	6	5	5	5	4	4	4	3	3	3	2	2	
運 女	九	九	十	十	種	一	一	一	一	二	二	二	三	三	三	四	四	四	五	五	五	六	六	六	七	七	七	八	八	八	

覆燈火星	八日得辛	北大將	寅弔客	寒食(4월 05일)	初伏(7월 15일)
三碧木星	一龍治水	午喪門	南三殺	中伏(7월 25일)	末伏(8월 14일)

7월 (庚午) 辛未 (소서) 小暑 6日 23:19 大暑 22日

陽曆	1	2	3	4	5	6	7	8	9	10	11	12	13	14	15	16	17	18	19	20	21	22	23	24	25	26	27	28	29	30	31
요일	月	火	水	木	金	6/1	日	月	火	水	木	金	土	日	月	火	水	木	金	土	日	月	火	水	木	金	土	日	月	火	水
陰曆	26	27	28	29	30	1	2	3	4	5	6	7	8	9	10	11	12	13	14	15	16	17	18	19	20	21	22	23	24	25	26
日辰	丙	丁	戊	己	庚	辛	壬	癸	甲	乙	丙	丁	戊	己	庚	辛	壬	癸	甲	乙	丙	丁	戊	己	庚	辛	壬	癸	甲	乙	丙
	寅	卯	辰	巳	午	未	申	酉	戌	亥	子	丑	寅	卯	辰	巳	午	未	申	酉	戌	亥	子	丑	寅	卯	辰	巳	午	未	申
大 男	2	1	1	1	1	小	10	10	10	9	9	9	8	8	8	7	7	7	6	6	6	5	5	5	4	4	4	3	3	3	2
運 女	九	九	九	十	十	暑	一	一	一	一	二	二	二	三	三	三	四	四	四	五	五	五	六	六	六	七	七	七	八	八	八

8월 (辛未) 壬申 (입추) 立秋 7日 09:08 處暑 22日

陽曆	1	2	3	4	5	6	7	8	9	10	11	12	13	14	15	16	17	18	19	20	21	22	23	24	25	26	27	28	29	30	31
요일	木	金	土	7/1	月	火	水	木	金	土	日	月	火	水	木	金	土	日	月	火	水	木	金	土	日	月	火	水	木	金	土
陰曆	27	28	29	1	2	3	4	5	6	7	8	9	10	11	12	13	14	15	16	17	18	19	20	21	22	23	24	25	26	27	28
日辰	丁	戊	己	庚	辛	壬	癸	甲	乙	丙	丁	戊	己	庚	辛	壬	癸	甲	乙	丙	丁	戊	己	庚	辛	壬	癸	甲	乙	丙	丁
	酉	戌	亥	子	丑	寅	卯	辰	巳	午	未	申	酉	戌	亥	子	丑	寅	卯	辰	巳	午	未	申	酉	戌	亥	子	丑	寅	卯
大 男	2	2	1	1	1	1	立	10	10	9	9	9	8	8	8	7	7	7	6	6	6	5	5	5	4	4	4	3	3	3	2
運 女	九	九	九	十	十	十	秋	一	一	一	一	二	二	二	三	三	三	四	四	四	五	五	五	六	六	六	七	七	七	八	八

9월 (壬申) 癸酉 (백로) 白露 7日 12:10 秋分 22日

陽曆	1	2	3	4	5	6	7	8	9	10	11	12	13	14	15	16	17	18	19	20	21	22	23	24	25	26	27	28	29	30	
요일	日	月	8/1	水	木	金	土	日	月	火	水	木	金	土	日	月	火	水	木	金	土	日	月	火	水	木	金	土	日	月	
陰曆	29	30	1	2	3	4	5	6	7	8	9	10	11	12	13	14	15	16	17	18	19	20	21	22	23	24	25	26	27	28	
日辰	戊	己	庚	辛	壬	癸	甲	乙	丙	丁	戊	己	庚	辛	壬	癸	甲	乙	丙	丁	戊	己	庚	辛	壬	癸	甲	乙	丙	丁	
	辰	巳	午	未	申	酉	戌	亥	子	丑	寅	卯	辰	巳	午	未	申	酉	戌	亥	子	丑	寅	卯	辰	巳	午	未	申	酉	
大 男	2	2	1	1	1	1	白	10	10	9	9	9	8	8	8	7	7	7	6	6	6	5	5	5	4	4	4	3	3	3	
運 女	八	九	九	九	十	十	露	一	一	一	一	二	二	二	三	三	三	四	四	四	五	五	五	六	六	六	七	七	七	八	

10월 (癸酉) 甲戌 (한로) 寒露 8日 03:59 霜降 23日

陽曆	1	2	3	4	5	6	7	8	9	10	11	12	13	14	15	16	17	18	19	20	21	22	23	24	25	26	27	28	29	30	31
요일	火	水	9/1	金	土	日	月	火	水	木	金	土	日	月	火	水	木	金	土	日	月	火	水	木	金	土	日	月	火	水	木
陰曆	29	30	1	2	3	4	5	6	7	8	9	10	11	12	13	14	15	16	17	18	19	20	21	22	23	24	25	26	27	28	29
日辰	戊	己	庚	辛	壬	癸	甲	乙	丙	丁	戊	己	庚	辛	壬	癸	甲	乙	丙	丁	戊	己	庚	辛	壬	癸	甲	乙	丙	丁	戊
	戌	亥	子	丑	寅	卯	辰	巳	午	未	申	酉	戌	亥	子	丑	寅	卯	辰	巳	午	未	申	酉	戌	亥	子	丑	寅	卯	辰
大 男	2	2	2	1	1	1	1	寒	10	9	9	9	8	8	8	7	7	7	6	6	6	5	5	5	4	4	4	3	3	3	2
運 女	八	八	九	九	九	十	十	露	一	一	一	一	二	二	二	三	三	三	四	四	四	五	五	五	六	六	六	七	七	七	八

11월 (甲戌) 乙亥 (입동) 立冬 7日 07:19 小雪 22日

陽曆	1	2	3	4	5	6	7	8	9	10	11	12	13	14	15	16	17	18	19	20	21	22	23	24	25	26	27	28	29	30	
요일	10/1	土	日	月	火	水	木	金	土	日	月	火	水	木	金	土	日	月	火	水	木	金	土	日	月	火	水	木	金	土	
陰曆	1	2	3	4	5	6	7	8	9	10	11	12	13	14	15	16	17	18	19	20	21	22	23	24	25	26	27	28	29	30	
日辰	己	庚	辛	壬	癸	甲	乙	丙	丁	戊	己	庚	辛	壬	癸	甲	乙	丙	丁	戊	己	庚	辛	壬	癸	甲	乙	丙	丁	戊	
	巳	午	未	申	酉	戌	亥	子	丑	寅	卯	辰	巳	午	未	申	酉	戌	亥	子	丑	寅	卯	辰	巳	午	未	申	酉	戌	
大 男	2	2	1	1	1	1	立	10	9	9	9	8	8	8	7	7	7	6	6	6	5	5	5	4	4	4	3	3	3	2	
運 女	八	八	九	九	九	十	冬	一	一	一	一	二	二	二	三	三	三	四	四	四	五	五	五	六	六	六	七	七	七	八	

12월 (乙亥) 丙子 (대설) 大雪 7日 00:16 冬至 21日

陽曆	1	2	3	4	5	6	7	8	9	10	11	12	13	14	15	16	17	18	19	20	21	22	23	24	25	26	27	28	29	30	31
요일	11/1	月	火	水	木	金	土	日	月	火	水	木	金	土	日	月	火	水	木	金	土	日	月	火	水	木	金	土	日	月	12/1
陰曆	1	2	3	4	5	6	7	8	9	10	11	12	13	14	15	16	17	18	19	20	21	22	23	24	25	26	27	28	29	30	1
日辰	己	庚	辛	壬	癸	甲	乙	丙	丁	戊	己	庚	辛	壬	癸	甲	乙	丙	丁	戊	己	庚	辛	壬	癸	甲	乙	丙	丁	戊	己
	亥	子	丑	寅	卯	辰	巳	午	未	申	酉	戌	亥	子	丑	寅	卯	辰	巳	午	未	申	酉	戌	亥	子	丑	寅	卯	辰	巳
大 男	2	2	1	1	1	1	大	9	9	9	8	8	8	7	7	7	6	6	6	5	5	5	4	4	4	3	3	3	2	2	2
運 女	八	八	九	九	九	十	雪	一	一	一	一	二	二	二	三	三	三	四	四	四	五	五	五	六	六	六	七	七	七	八	八

1월 (丙子) 丁丑 (소한) 小寒 5日 11:32 大寒 20日

陽曆	1	2	3	4	5	6	7	8	9	10	11	12	13	14	15	16	17	18	19	20	21	22	23	24	25	26	27	28	29	30	31
요일	水	木	金	土	日	月	火	水	木	金	土	日	月	火	水	木	金	土	日	月	火	水	木	金	土	日	月	火	1/	木	金
陰曆	2	3	4	5	6	7	8	9	10	11	12	13	14	15	16	17	18	19	20	21	22	23	24	25	26	27	28	29	1	2	3
日辰	庚	辛	壬	癸	甲	乙	丙	丁	戊	己	庚	辛	壬	癸	甲	乙	丙	丁	戊	己	庚	辛	壬	癸	甲	乙	丙	丁	戊	己	庚
	午	未	申	酉	戌	亥	子	丑	寅	卯	辰	巳	午	未	申	酉	戌	亥	子	丑	寅	卯	辰	巳	午	未	申	酉	戌	亥	子
大 男	1	1	1	1	小	9	9	9	8	8	8	7	7	7	6	6	6	5	5	5	4	4	4	3	3	3	2	2	2	1	1
運 女	八	九	九	九	寒	一	一	一	一	二	二	二	三	三	三	四	四	四	五	五	五	六	六	六	七	七	七	八	八	八	九

2월 (丁丑) 戊寅 (입춘) 立春 3日 23:09 雨水 18日

陽曆	1	2	3	4	5	6	7	8	9	10	11	12	13	14	15	16	17	18	19	20	21	22	23	24	25	26	27	28			
요일	土	日	月	火	水	木	金	土	日	月	火	水	木	金	土	日	月	火	水	木	金	土	日	月	火	水	木	2/			
陰曆	4	5	6	7	8	9	10	11	12	13	14	15	16	17	18	19	20	21	22	23	24	25	26	27	28	29	30	1			
日辰	辛	壬	癸	甲	乙	丙	丁	戊	己	庚	辛	壬	癸	甲	乙	丙	丁	戊	己	庚	辛	壬	癸	甲	乙	丙	丁	戊			
	丑	寅	卯	辰	巳	午	未	申	酉	戌	亥	子	丑	寅	卯	辰	巳	午	未	申	酉	戌	亥	子	丑	寅	卯	辰			
大 男	1	1	立	1	1	1	1	2	2	2	3	3	3	4	4	4	5	5	5	6	6	6	7	7	7	8	8	8			
運 女	九	九	春	十	九	九	九	八	八	八	七	七	七	六	六	六	五	五	五	四	四	四	三	三	三	二	二	二			

3월 (戊寅) 己卯 (경칩) 驚蟄 5日 17:06 春分 20日

陽曆	1	2	3	4	5	6	7	8	9	10	11	12	13	14	15	16	17	18	19	20	21	22	23	24	25	26	27	28	29	30	31
요일	土	日	月	火	水	木	金	土	日	月	火	水	木	金	土	日	月	火	水	木	金	土	日	月	火	水	木	金	3/	日	月
陰曆	2	3	4	5	6	7	8	9	10	11	12	13	14	15	16	17	18	19	20	21	22	23	24	25	26	27	28	29	1	2	3
日辰	己	庚	辛	壬	癸	甲	乙	丙	丁	戊	己	庚	辛	壬	癸	甲	乙	丙	丁	戊	己	庚	辛	壬	癸	甲	乙	丙	丁	戊	己
	巳	午	未	申	酉	戌	亥	子	丑	寅	卯	辰	巳	午	未	申	酉	戌	亥	子	丑	寅	卯	辰	巳	午	未	申	酉	戌	亥
大 男	9	9	9	10	驚	1	1	1	1	2	2	2	3	3	3	4	4	4	5	5	5	6	6	6	7	7	7	8	8	8	9
運 女	一	一	一	一	蟄	十	九	九	九	八	八	八	七	七	七	六	六	六	五	五	五	四	四	四	三	三	三	二	二	二	一

4월 (己卯) 庚辰 (청명) 淸明 4日 21:47 穀雨 20日

陽曆	1	2	3	4	5	6	7	8	9	10	11	12	13	14	15	16	17	18	19	20	21	22	23	24	25	26	27	28	29	30	
요일	火	水	木	金	土	日	月	火	水	木	金	土	日	月	火	水	木	金	土	日	月	火	水	木	金	土	日	4/	火	水	
陰曆	4	5	6	7	8	9	10	11	12	13	14	15	16	17	18	19	20	21	22	23	24	25	26	27	28	29	30	1	2	3	
日辰	庚	辛	壬	癸	甲	乙	丙	丁	戊	己	庚	辛	壬	癸	甲	乙	丙	丁	戊	己	庚	辛	壬	癸	甲	乙	丙	丁	戊	己	
	子	丑	寅	卯	辰	巳	午	未	申	酉	戌	亥	子	丑	寅	卯	辰	巳	午	未	申	酉	戌	亥	子	丑	寅	卯	辰	巳	
大 男	9	9	10	淸	1	1	1	1	2	2	2	3	3	3	4	4	4	5	5	5	6	6	6	7	7	7	8	8	8	9	
運 女	一	一	一	明	十	十	九	九	九	八	八	八	七	七	七	六	六	六	五	五	五	四	四	四	三	三	三	二	二	二	

5월 (庚辰) 辛巳 (입하) 立夏 5日 14:56 小滿 21日

陽曆	1	2	3	4	5	6	7	8	9	10	11	12	13	14	15	16	17	18	19	20	21	22	23	24	25	26	27	28	29	30	31
요일	木	金	土	日	月	火	水	木	金	土	日	月	火	水	木	金	土	日	月	火	水	木	金	土	日	月	5/	水	木	金	土
陰曆	4	5	6	7	8	9	10	11	12	13	14	15	16	17	18	19	20	21	22	23	24	25	26	27	28	29	1	2	3	4	5
日辰	庚	辛	壬	癸	甲	乙	丙	丁	戊	己	庚	辛	壬	癸	甲	乙	丙	丁	戊	己	庚	辛	壬	癸	甲	乙	丙	丁	戊	己	庚
	午	未	申	酉	戌	亥	子	丑	寅	卯	辰	巳	午	未	申	酉	戌	亥	子	丑	寅	卯	辰	巳	午	未	申	酉	戌	亥	子
大 男	9	9	10	10	立	1	1	1	1	2	2	2	3	3	3	4	4	4	5	5	5	6	6	6	7	7	7	8	8	8	9
運 女	一	一	一	一	夏	十	十	九	九	九	八	八	八	七	七	七	六	六	六	五	五	五	四	四	四	三	三	三	二	二	二

6월 (辛巳) 壬午 (망종) 芒種 5日 18:55 夏至 21日

陽曆	1	2	3	4	5	6	7	8	9	10	11	12	13	14	15	16	17	18	19	20	21	22	23	24	25	26	27	28	29	30	
요일	日	月	火	水	木	金	土	日	月	火	水	木	金	土	日	月	火	水	木	金	土	日	月	火	6/	木	金	土	日	月	
陰曆	6	7	8	9	10	11	12	13	14	15	16	17	18	19	20	21	22	23	24	25	26	27	28	29	1	2	3	4	5	6	
日辰	辛	壬	癸	甲	乙	丙	丁	戊	己	庚	辛	壬	癸	甲	乙	丙	丁	戊	己	庚	辛	壬	癸	甲	乙	丙	丁	戊	己	庚	
	丑	寅	卯	辰	巳	午	未	申	酉	戌	亥	子	丑	寅	卯	辰	巳	午	未	申	酉	戌	亥	子	丑	寅	卯	辰	巳	午	
大 男	9	9	10	10	芒	1	1	1	1	2	2	2	3	3	3	4	4	4	5	5	5	6	6	6	7	7	7	8	8	8	
運 女	一	一	一	一	種	十	十	十	九	九	九	八	八	八	七	七	七	六	六	六	五	五	五	四	四	四	三	三	三	二	

7월 (壬午) 癸未 (소서) 小署 7日 05:04 大署 22日

陽曆	1	2	3	4	5	6	7	8	9	10	11	12	13	14	15	16	17	18	19	20	21	22	23	24	25	26	27	28	29	30	31
요일	火	水	木	金	土	日	月	火	水	木	金	土	日	月	火	水	木	金	土	日	月	火	水	木	윤6/	土	日	月	火	水	木
陰曆	7	8	9	10	11	12	13	14	15	16	17	18	19	20	21	22	23	24	25	26	27	28	29	30	1	2	3	4	5	6	7
日辰	辛	壬	癸	甲	乙	丙	丁	戊	己	庚	辛	壬	癸	甲	乙	丙	丁	戊	己	庚	辛	壬	癸	甲	乙	丙	丁	戊	己	庚	辛
	未	申	酉	戌	亥	子	丑	寅	卯	辰	巳	午	未	申	酉	戌	亥	子	丑	寅	卯	辰	巳	午	未	申	酉	戌	亥	子	丑
大運 男	9	9	9	10	10	10	小	1	1	1	1	2	2	2	3	3	3	4	4	4	5	5	5	6	6	6	7	7	7	8	8
大運 女	二	二	一	一	一	一	署	十	十	九	九	九	八	八	八	七	七	七	六	六	六	五	五	五	四	四	四	三	三	三	二

8월 (癸未) 甲申 (입추) 立秋 7日 14:50 處署 23日

陽曆	1	2	3	4	5	6	7	8	9	10	11	12	13	14	15	16	17	18	19	20	21	22	23	24	25	26	27	28	29	30	31
요일	金	土	日	月	火	水	木	金	土	日	月	火	水	木	金	土	日	月	火	水	木	金	7/	日	月	火	水	木	金	土	日
陰曆	8	9	10	11	12	13	14	15	16	17	18	19	20	21	22	23	24	25	26	27	28	29	1	2	3	4	5	6	7	8	9
日辰	壬	癸	甲	乙	丙	丁	戊	己	庚	辛	壬	癸	甲	乙	丙	丁	戊	己	庚	辛	壬	癸	甲	乙	丙	丁	戊	己	庚	辛	壬
	寅	卯	辰	巳	午	未	申	酉	戌	亥	子	丑	寅	卯	辰	巳	午	未	申	酉	戌	亥	子	丑	寅	卯	辰	巳	午	未	申
大運 男	8	9	9	9	10	10	立	1	1	1	1	2	2	2	3	3	3	4	4	4	5	5	5	6	6	6	7	7	7	8	8
大運 女	二	二	一	一	一	一	秋	十	十	九	九	九	八	八	八	七	七	七	六	六	六	五	五	五	四	四	四	三	三	三	二

9월 (甲申) 乙酉 (백로) 白露 7日 17:51 秋分 23日

陽曆	1	2	3	4	5	6	7	8	9	10	11	12	13	14	15	16	17	18	19	20	21	22	23	24	25	26	27	28	29	30
요일	月	火	水	木	金	土	日	月	火	水	木	金	土	日	月	火	水	木	金	土	日	8/	火	水	木	金	土	日	月	火
陰曆	10	11	12	13	14	15	16	17	18	19	20	21	22	23	24	25	26	27	28	29	30	1	2	3	4	5	6	7	8	9
日辰	癸	甲	乙	丙	丁	戊	己	庚	辛	壬	癸	甲	乙	丙	丁	戊	己	庚	辛	壬	癸	甲	乙	丙	丁	戊	己	庚	辛	壬
	酉	戌	亥	子	丑	寅	卯	辰	巳	午	未	申	酉	戌	亥	子	丑	寅	卯	辰	巳	午	未	申	酉	戌	亥	子	丑	寅
大運 男	8	9	9	9	10	10	白	1	1	1	1	2	2	2	3	3	3	4	4	4	5	5	5	6	6	6	7	7	7	8
大運 女	二	二	一	一	一	一	露	十	十	九	九	九	八	八	八	七	七	七	六	六	六	五	五	五	四	四	四	三	三	三

10월 (乙酉) 丙戌 (한로) 寒露 8日 09:40 霜降 23日

陽曆	1	2	3	4	5	6	7	8	9	10	11	12	13	14	15	16	17	18	19	20	21	22	23	24	25	26	27	28	29	30	31
요일	水	木	金	土	日	月	火	水	木	金	土	日	月	火	水	木	金	土	日	月	9/	水	木	金	土	日	月	火	水	木	金
陰曆	10	11	12	13	14	15	16	17	18	19	20	21	22	23	24	25	26	27	28	29	1	2	3	4	5	6	7	8	9	10	11
日辰	癸	甲	乙	丙	丁	戊	己	庚	辛	壬	癸	甲	乙	丙	丁	戊	己	庚	辛	壬	癸	甲	乙	丙	丁	戊	己	庚	辛	壬	癸
	卯	辰	巳	午	未	申	酉	戌	亥	子	丑	寅	卯	辰	巳	午	未	申	酉	戌	亥	子	丑	寅	卯	辰	巳	午	未	申	酉
大運 男	8	8	9	9	9	10	10	寒	1	1	1	1	2	2	2	3	3	3	4	4	4	5	5	5	6	6	6	7	7	7	8
大運 女	二	二	二	一	一	一	一	露	十	九	九	九	八	八	八	七	七	七	六	六	六	五	五	五	四	四	四	三	三	三	二

11월 (丙戌) 丁亥 (입동) 立冬 7日 13:03 小雪 22日

陽曆	1	2	3	4	5	6	7	8	9	10	11	12	13	14	15	16	17	18	19	20	21	22	23	24	25	26	27	28	29	30
요일	土	日	月	火	水	木	金	土	日	月	火	水	木	金	土	日	月	火	水	10/	金	土	日	月	火	水	木	金	土	日
陰曆	12	13	14	15	16	17	18	19	20	21	22	23	24	25	26	27	28	29	30	1	2	3	4	5	6	7	8	9	10	11
日辰	甲	乙	丙	丁	戊	己	庚	辛	壬	癸	甲	乙	丙	丁	戊	己	庚	辛	壬	癸	甲	乙	丙	丁	戊	己	庚	辛	壬	癸
	戌	亥	子	丑	寅	卯	辰	巳	午	未	申	酉	戌	亥	子	丑	寅	卯	辰	巳	午	未	申	酉	戌	亥	子	丑	寅	卯
大運 男	8	8	9	9	9	10	立	1	1	1	1	2	2	2	3	3	3	4	4	4	5	5	5	6	6	6	7	7	7	8
大運 女	二	二	一	一	一	一	冬	十	九	九	九	八	八	八	七	七	七	六	六	六	五	五	五	四	四	四	三	三	三	二

12월 (丁亥) 戊子 (대설) 大雪 7日 06:03 冬至 22日

陽曆	1	2	3	4	5	6	7	8	9	10	11	12	13	14	15	16	17	18	19	20	21	22	23	24	25	26	27	28	29	30	31
요일	月	火	水	木	金	土	日	月	火	水	木	金	土	日	月	火	水	木	金	11/	日	月	火	水	木	金	土	日	月	火	水
陰曆	12	13	14	15	16	17	18	19	20	21	22	23	24	25	26	27	28	29	30	1	2	3	4	5	6	7	8	9	10	11	12
日辰	甲	乙	丙	丁	戊	己	庚	辛	壬	癸	甲	乙	丙	丁	戊	己	庚	辛	壬	癸	甲	乙	丙	丁	戊	己	庚	辛	壬	癸	甲
	辰	巳	午	未	申	酉	戌	亥	子	丑	寅	卯	辰	巳	午	未	申	酉	戌	亥	子	丑	寅	卯	辰	巳	午	未	申	酉	戌
大運 男	8	8	9	9	9	10	大	1	1	1	1	2	2	2	3	3	3	4	4	4	5	5	5	6	6	6	7	7	7	8	8
大運 女	二	二	一	一	一	一	雪	九	九	九	八	八	八	七	七	七	六	六	六	五	五	五	四	四	四	三	三	三	二	二	二

1월 (戊子)

己丑 (소한) 小寒 5日 17:22 | 大寒 20日

陽曆		1	2	3	4	5	6	7	8	9	10	11	12	13	14	15	16	17	18	19	20	21	22	23	24	25	26	27	28	29	30	31
요일		木	金	土	日	月	火	水	木	金	土	日	月	火	水	木	金	土	日	12	火	水	木	金	土	日	月	火	水	木	金	土
陰曆		13	14	15	16	17	18	19	20	21	22	23	24	25	26	27	28	29	30	1	2	3	4	5	6	7	8	9	10	11	12	13
日辰		乙	丙	丁	戊	己	庚	辛	壬	癸	甲	乙	丙	丁	戊	己	庚	辛	壬	癸	甲	乙	丙	丁	戊	己	庚	辛	壬	癸	甲	乙
		亥	子	丑	寅	卯	辰	巳	午	未	申	酉	戌	亥	子	丑	寅	卯	辰	巳	午	未	申	酉	戌	亥	子	丑	寅	卯	辰	巳
大	男	8	9	9	9	小	1	1	1	1	2	2	2	3	3	3	4	4	4	5	5	5	6	6	6	7	7	7	8	8	8	9
運	女	一	一	一	一	寒	十	九	九	九	八	八	八	七	七	七	六	六	六	五	五	五	四	四	四	三	三	三	二	二	二	一

2월 (己丑)

庚寅 (입춘) 立春 4日 05:01 | 雨水 19日

陽曆		1	2	3	4	5	6	7	8	9	10	11	12	13	14	15	16	17	18	19	20	21	22	23	24	25	26	27	28			
요일		日	月	火	水	木	金	土	日	月	火	水	木	金	土	日	月	1	水	木	金	土	日	月	火	水	木	金	土			
陰曆		14	15	16	17	18	19	20	21	22	23	24	25	26	27	28	29	1	2	3	4	5	6	7	8	9	10	11	12			
日辰		丙	丁	戊	己	庚	辛	壬	癸	甲	乙	丙	丁	戊	己	庚	辛	壬	癸	甲	乙	丙	丁	戊	己	庚	辛	壬	癸			
		午	未	申	酉	戌	亥	子	丑	寅	卯	辰	巳	午	未	申	酉	戌	亥	子	丑	寅	卯	辰	巳	午	未	申	酉			
大	男	9	9	10	立	9	9	9	8	8	8	7	7	7	6	6	6	5	5	5	4	4	4	3	3	3	2	2	2			
運	女	一	一	一	春	一	一	一	一	二	二	二	三	三	三	四	四	四	五	五	五	六	六	六	七	七	七	八	八			

3월 (庚寅)

辛卯 (경칩) 驚蟄 5日 22:58 | 春分 20日

陽曆		1	2	3	4	5	6	7	8	9	10	11	12	13	14	15	16	17	18	19	20	21	22	23	24	25	26	27	28	29	30	31
요일		日	月	火	水	木	金	土	日	月	火	水	木	金	土	日	月	火	水	2	金	土	日	月	火	水	木	金	土	日	月	火
陰曆		13	14	15	16	17	18	19	20	21	22	23	24	25	26	27	28	29	30	1	2	3	4	5	6	7	8	9	10	11	12	13
日辰		甲	乙	丙	丁	戊	己	庚	辛	壬	癸	甲	乙	丙	丁	戊	己	庚	辛	壬	癸	甲	乙	丙	丁	戊	己	庚	辛	壬	癸	甲
		戌	亥	子	丑	寅	卯	辰	巳	午	未	申	酉	戌	亥	子	丑	寅	卯	辰	巳	午	未	申	酉	戌	亥	子	丑	寅	卯	辰
大	男	1	1	1	1	驚	10	10	9	9	9	8	8	8	7	7	7	6	6	6	5	5	5	4	4	4	3	3	3	2	2	2
運	女	八	九	九	九	蟄	一	一	一	一	二	二	二	三	三	三	四	四	四	五	五	五	六	六	六	七	七	七	八	八	八	九

4월 (辛卯)

壬辰 (청명) 清明 5日 03:39 | 穀雨 20日

陽曆		1	2	3	4	5	6	7	8	9	10	11	12	13	14	15	16	17	18	19	20	21	22	23	24	25	26	27	28	29	30	
요일		水	木	金	土	日	月	火	水	木	金	土	日	月	火	水	木	3	土	日	月	火	水	木	金	土	日	月	火	水	木	
陰曆		14	15	16	17	18	19	20	21	22	23	24	25	26	27	28	29	1	2	3	4	5	6	7	8	9	10	11	12	13	14	
日辰		乙	丙	丁	戊	己	庚	辛	壬	癸	甲	乙	丙	丁	戊	己	庚	辛	壬	癸	甲	乙	丙	丁	戊	己	庚	辛	壬	癸	甲	
		巳	午	未	申	酉	戌	亥	子	丑	寅	卯	辰	巳	午	未	申	酉	戌	亥	子	丑	寅	卯	辰	巳	午	未	申	酉	戌	
大	男	1	1	1	1	清	10	9	9	9	8	8	8	7	7	7	6	6	6	5	5	5	4	4	4	3	3	3	2	2	2	
運	女	九	九	十	十	明	一	一	一	一	二	二	二	三	三	三	四	四	四	五	五	五	六	六	六	七	七	七	八	八	八	

5월 (壬辰)

癸巳 (입하) 立夏 5日 20:48 | 小滿 21日

陽曆		1	2	3	4	5	6	7	8	9	10	11	12	13	14	15	16	17	18	19	20	21	22	23	24	25	26	27	28	29	30	31
요일		金	土	日	月	火	水	木	金	土	日	月	火	水	木	金	土	4	月	火	水	木	金	土	日	月	火	水	木	金	土	日
陰曆		15	16	17	18	19	20	21	22	23	24	25	26	27	28	29	30	1	2	3	4	5	6	7	8	9	10	11	12	13	14	15
日辰		乙	丙	丁	戊	己	庚	辛	壬	癸	甲	乙	丙	丁	戊	己	庚	辛	壬	癸	甲	乙	丙	丁	戊	己	庚	辛	壬	癸	甲	乙
		亥	子	丑	寅	卯	辰	巳	午	未	申	酉	戌	亥	子	丑	寅	卯	辰	巳	午	未	申	酉	戌	亥	子	丑	寅	卯	辰	巳
大	男	1	1	1	1	立	10	10	10	9	9	9	8	8	8	7	7	7	6	6	6	5	5	5	4	4	4	3	3	3	2	2
運	女	九	九	九	十	夏	一	一	一	一	二	二	二	三	三	三	四	四	四	五	五	五	六	六	六	七	七	七	八	八	八	九

6월 (癸巳)

甲午 (망종) 芒種 6日 00:47 | 夏至 21日

陽曆		1	2	3	4	5	6	7	8	9	10	11	12	13	14	15	16	17	18	19	20	21	22	23	24	25	26	27	28	29	30	
요일		月	火	水	木	金	土	日	月	火	水	木	金	土	日	5	火	水	木	金	土	日	月	火	水	木	金	土	日	月	火	
陰曆		16	17	18	19	20	21	22	23	24	25	26	27	28	29	1	2	3	4	5	6	7	8	9	10	11	12	13	14	15	16	
日辰		丙	丁	戊	己	庚	辛	壬	癸	甲	乙	丙	丁	戊	己	庚	辛	壬	癸	甲	乙	丙	丁	戊	己	庚	辛	壬	癸	甲	乙	
		午	未	申	酉	戌	亥	子	丑	寅	卯	辰	巳	午	未	申	酉	戌	亥	子	丑	寅	卯	辰	巳	午	未	申	酉	戌	亥	
大	男	2	1	1	1	1	芒	10	10	9	9	9	8	8	8	7	7	7	6	6	6	5	5	5	4	4	4	3	3	3	2	
運	女	九	九	十	十	十	種	一	一	一	一	二	二	二	三	三	三	四	四	四	五	五	五	六	六	六	七	七	七	八	八	

天河水星 十日得辛 東大將 辰弔客 寒食(4월 05일) 初伏(7월 15일)
一白水星 七龍治水 申喪門 北三殺 中伏(7월 25일) 末伏(8월 14일)

7월 (甲午) 乙未 (소서) 小暑 7日 10:56 大暑 23日

陽曆		1	2	3	4	5	6	7	8	9	10	11	12	13	14	15	16	17	18	19	20	21	22	23	24	25	26	27	28	29	30	31
요일		水	木	金	土	日	月	火	水	木	金	土	日	月	6	水	木	金	土	日	月	火	水	木	金	土	日	月	火	水	木	金
陰曆		17	18	19	20	21	22	23	24	25	26	27	28	29	1	2	3	4	5	6	7	8	9	10	11	12	13	14	15	16	17	18
日辰		丙	丁	戊	己	庚	辛	壬	癸	甲	乙	丙	丁	戊	己	庚	辛	壬	癸	甲	乙	丙	丁	戊	己	庚	辛	壬	癸	甲	乙	丙
		子	丑	寅	卯	辰	巳	午	未	申	酉	戌	亥	子	丑	寅	卯	辰	巳	午	未	申	酉	戌	亥	子	丑	寅	卯	辰	巳	午
大	男	2	2	1	1	1	1	小	10	10	9	9	9	8	8	8	7	7	7	6	6	6	5	5	5	4	4	4	3	3	3	2
運	女	八	九	九	九	十	十	暑	一	一	一	一	二	二	二	三	三	三	四	四	四	五	五	五	六	六	六	七	七	七	八	八

8월 (乙未) 丙申 (입추) 立秋 7日 20:42 處暑 23日

陽曆		1	2	3	4	5	6	7	8	9	10	11	12	13	14	15	16	17	18	19	20	21	22	23	24	25	26	27	28	29	30	31
요일		土	日	月	火	水	木	金	土	日	月	火	水	7	金	土	日	月	火	水	木	金	土	日	月	火	水	木	金	土	日	月
陰曆		19	20	21	22	23	24	25	26	27	28	29	30	1	2	3	4	5	6	7	8	9	10	11	12	13	14	15	16	17	18	19
日辰		丁	戊	己	庚	辛	壬	癸	甲	乙	丙	丁	戊	己	庚	辛	壬	癸	甲	乙	丙	丁	戊	己	庚	辛	壬	癸	甲	乙	丙	丁
		未	申	酉	戌	亥	子	丑	寅	卯	辰	巳	午	未	申	酉	戌	亥	子	丑	寅	卯	辰	巳	午	未	申	酉	戌	亥	子	丑
大	男	2	2	1	1	1	1	立	10	10	9	9	9	8	8	8	7	7	7	6	6	6	5	5	5	4	4	4	3	3	3	2
運	女	八	九	九	九	十	十	秋	一	一	一	一	二	二	二	三	三	三	四	四	四	五	五	五	六	六	六	七	七	七	八	八

9월 (丙申) 丁酉 (백로) 白露 7日 23:40 秋分 23日

陽曆		1	2	3	4	5	6	7	8	9	10	11	12	13	14	15	16	17	18	19	20	21	22	23	24	25	26	27	28	29	30	
요일		火	水	木	金	土	日	月	火	水	木	8	土	日	月	火	水	木	金	土	日	月	火	水	木	金	土	日	月	火	水	
陰曆		20	21	22	23	24	25	26	27	28	29	1	2	3	4	5	6	7	8	9	10	11	12	13	14	15	16	17	18	19	20	
日辰		戊	己	庚	辛	壬	癸	甲	乙	丙	丁	戊	己	庚	辛	壬	癸	甲	乙	丙	丁	戊	己	庚	辛	壬	癸	甲	乙	丙	丁	
		寅	卯	辰	巳	午	未	申	酉	戌	亥	子	丑	寅	卯	辰	巳	午	未	申	酉	戌	亥	子	丑	寅	卯	辰	巳	午	未	
大	男	2	2	1	1	1	1	白	10	10	9	9	9	8	8	8	7	7	7	6	6	6	5	5	5	4	4	4	3	3	3	
運	女	八	九	九	九	十	十	露	一	一	一	一	二	二	二	三	三	三	四	四	四	五	五	五	六	六	六	七	七	七	八	

10월 (丁酉) 戊戌 (한로) 寒露 8日 15:28 霜降 23日

陽曆		1	2	3	4	5	6	7	8	9	10	11	12	13	14	15	16	17	18	19	20	21	22	23	24	25	26	27	28	29	30	31
요일		木	金	土	日	月	火	水	木	金	土	9	月	火	水	木	金	土	日	月	火	水	木	金	土	日	月	火	水	木	金	土
陰曆		21	22	23	24	25	26	27	28	29	30	1	2	3	4	5	6	7	8	9	10	11	12	13	14	15	16	17	18	19	20	21
日辰		戊	己	庚	辛	壬	癸	甲	乙	丙	丁	戊	己	庚	辛	壬	癸	甲	乙	丙	丁	戊	己	庚	辛	壬	癸	甲	乙	丙	丁	戊
		申	酉	戌	亥	子	丑	寅	卯	辰	巳	午	未	申	酉	戌	亥	子	丑	寅	卯	辰	巳	午	未	申	酉	戌	亥	子	丑	寅
大	男	2	2	2	1	1	1	1	寒	10	9	9	9	8	8	8	7	7	7	6	6	6	5	5	5	4	4	4	3	3	3	2
運	女	八	八	九	九	九	十	十	露	一	一	一	一	二	二	二	三	三	三	四	四	四	五	五	五	六	六	六	七	七	七	八

11월 (戊戌) 己亥 (입동) 立冬 7日 18:51 小雪 22日

陽曆		1	2	3	4	5	6	7	8	9	10	11	12	13	14	15	16	17	18	19	20	21	22	23	24	25	26	27	28	29	30	
요일		日	月	火	水	木	金	土	日	10	火	水	木	金	土	日	月	火	水	木	金	土	日	月	火	水	木	金	土	日	月	
陰曆		22	23	24	25	26	27	28	29	1	2	3	4	5	6	7	8	9	10	11	12	13	14	15	16	17	18	19	20	21	22	
日辰		己	庚	辛	壬	癸	甲	乙	丙	丁	戊	己	庚	辛	壬	癸	甲	乙	丙	丁	戊	己	庚	辛	壬	癸	甲	乙	丙	丁	戊	
		卯	辰	巳	午	未	申	酉	戌	亥	子	丑	寅	卯	辰	巳	午	未	申	酉	戌	亥	子	丑	寅	卯	辰	巳	午	未	申	
大	男	2	2	1	1	1	1	立	10	9	9	9	8	8	8	7	7	7	6	6	6	5	5	5	4	4	4	3	3	3	2	
運	女	八	八	九	九	九	十	冬	一	一	一	一	二	二	二	三	三	三	四	四	四	五	五	五	六	六	六	七	七	七	八	

12월 (己亥) 庚子 (대설) 大雪 7日 11:51 冬至 22日

陽曆		1	2	3	4	5	6	7	8	9	10	11	12	13	14	15	16	17	18	19	20	21	22	23	24	25	26	27	28	29	30	31
요일		火	水	木	金	土	日	月	火	11	木	金	土	日	月	火	水	木	金	土	日	月	火	水	木	金	土	日	月	火	水	木
陰曆		23	24	25	26	27	28	29	30	1	2	3	4	5	6	7	8	9	10	11	12	13	14	15	16	17	18	19	20	21	22	23
日辰		己	庚	辛	壬	癸	甲	乙	丙	丁	戊	己	庚	辛	壬	癸	甲	乙	丙	丁	戊	己	庚	辛	壬	癸	甲	乙	丙	丁	戊	己
		酉	戌	亥	子	丑	寅	卯	辰	巳	午	未	申	酉	戌	亥	子	丑	寅	卯	辰	巳	午	未	申	酉	戌	亥	子	丑	寅	卯
大	男	2	2	1	1	1	1	大	9	9	9	8	8	8	7	7	7	6	6	6	5	5	5	4	4	4	3	3	3	2	2	2
運	女	八	八	九	九	九	十	雪	一	一	一	一	二	二	二	三	三	三	四	四	四	五	五	五	六	六	六	七	七	七	八	八

1월 (庚子) 辛丑 (소한) 小寒 5日 23:09 大寒 20日

陽曆	1	2	3	4	5	6	7	8	9	10	11	12	13	14	15	16	17	18	19	20	21	22	23	24	25	26	27	28	29	30	31
요일	金	土	日	月	火	水	木	12	土	日	月	火	水	木	金	土	日	月	火	水	木	金	土	日	月	火	水	木	金	土	日
陰曆	24	25	26	27	28	29	30	1	2	3	4	5	6	7	8	9	10	11	12	13	14	15	16	17	18	19	20	21	22	23	24
日辰	庚	辛	壬	癸	甲	乙	丙	丁	戊	己	庚	辛	壬	癸	甲	乙	丙	丁	戊	己	庚	辛	壬	癸	甲	乙	丙	丁	戊	己	庚
	辰	巳	午	未	申	酉	戌	亥	子	丑	寅	卯	辰	巳	午	未	申	酉	戌	亥	子	丑	寅	卯	辰	巳	午	未	申	酉	戌
大 男	1	1	1	1	小	10	9	9	9	8	8	8	7	7	7	6	6	6	5	5	5	4	4	4	3	3	3	2	2	2	1
運 女	八	九	九	九	寒	一	一	一	一	二	二	二	三	三	三	四	四	四	五	五	五	六	六	六	七	七	七	八	八	八	九

2월 (辛丑) 壬寅 (입춘) 立春 4日 10:45 雨水 19日

陽曆	1	2	3	4	5	6	7	8	9	10	11	12	13	14	15	16	17	18	19	20	21	22	23	24	25	26	27	28			
요일	月	火	水	木	金	土	1	月	火	水	木	金	土	日	月	火	水	木	金	土	日	月	火	水	木	金	土	日			
陰曆	25	26	27	28	29	30	1	2	3	4	5	6	7	8	9	10	11	12	13	14	15	16	17	18	19	20	21	22			
日辰	辛	壬	癸	甲	乙	丙	丁	戊	己	庚	辛	壬	癸	甲	乙	丙	丁	戊	己	庚	辛	壬	癸	甲	乙	丙	丁	戊			
	亥	子	丑	寅	卯	辰	巳	午	未	申	酉	戌	亥	子	丑	寅	卯	辰	巳	午	未	申	酉	戌	亥	子	丑	寅			
大 男	1	1	1	立	1	1	1	1	2	2	2	3	3	3	4	4	4	5	5	5	6	6	6	7	7	7	8	8			
運 女	九	九	十	春	十	九	九	九	八	八	八	七	七	七	六	六	六	五	五	五	四	四	四	三	三	三	二	二			

3월 (壬寅) 癸卯 (경칩) 驚蟄 6日 04:38 春分 21日

陽曆	1	2	3	4	5	6	7	8	9	10	11	12	13	14	15	16	17	18	19	20	21	22	23	24	25	26	27	28	29	30	31
요일	月	火	水	木	金	土	日	2	火	水	木	金	土	日	月	火	水	木	金	土	日	月	火	水	木	金	土	日	月	火	水
陰曆	23	24	25	26	27	28	29	1	2	3	4	5	6	7	8	9	10	11	12	13	14	15	16	17	18	19	20	21	22	23	24
日辰	己	庚	辛	壬	癸	甲	乙	丙	丁	戊	己	庚	辛	壬	癸	甲	乙	丙	丁	戊	己	庚	辛	壬	癸	甲	乙	丙	丁	戊	己
	卯	辰	巳	午	未	申	酉	戌	亥	子	丑	寅	卯	辰	巳	午	未	申	酉	戌	亥	子	丑	寅	卯	辰	巳	午	未	申	酉
大 男	8	9	9	9	10	驚	1	1	1	1	2	2	2	3	3	3	4	4	4	5	5	5	6	6	6	7	7	7	8	8	8
運 女	二	一	一	一	一	蟄	十	九	九	九	八	八	八	七	七	七	六	六	六	五	五	五	四	四	四	三	三	三	二	二	二

4월 (癸卯) 甲辰 (청명) 清明 5日 09:16 穀雨 20日

陽曆	1	2	3	4	5	6	7	8	9	10	11	12	13	14	15	16	17	18	19	20	21	22	23	24	25	26	27	28	29	30	
요일	木	金	土	日	月	火	3	木	金	土	日	月	火	水	木	金	土	日	月	火	水	木	金	土	日	月	火	水	木	金	
陰曆	25	26	27	28	29	30	1	2	3	4	5	6	7	8	9	10	11	12	13	14	15	16	17	18	19	20	21	22	23	24	
日辰	庚	辛	壬	癸	甲	乙	丙	丁	戊	己	庚	辛	壬	癸	甲	乙	丙	丁	戊	己	庚	辛	壬	癸	甲	乙	丙	丁	戊	己	
	戌	亥	子	丑	寅	卯	辰	巳	午	未	申	酉	戌	亥	子	丑	寅	卯	辰	巳	午	未	申	酉	戌	亥	子	丑	寅	卯	
大 男	9	9	9	10	清	1	1	1	1	2	2	2	3	3	3	4	4	4	5	5	5	6	6	6	7	7	7	8	8	8	
運 女	一	一	一	一	明	十	十	九	九	九	八	八	八	七	七	七	六	六	六	五	五	五	四	四	四	三	三	三	二	二	

5월 (甲辰) 乙巳 (입하) 立夏 6日 02:24 小滿 21日

陽曆	1	2	3	4	5	6	7	8	9	10	11	12	13	14	15	16	17	18	19	20	21	22	23	24	25	26	27	28	29	30	31
요일	土	日	月	火	水	4	金	土	日	月	火	水	木	金	土	日	月	火	水	木	金	土	日	月	火	水	木	金	土	日	月
陰曆	25	26	27	28	29	1	2	3	4	5	6	7	8	9	10	11	12	13	14	15	16	17	18	19	20	21	22	23	24	25	26
日辰	庚	辛	壬	癸	甲	乙	丙	丁	戊	己	庚	辛	壬	癸	甲	乙	丙	丁	戊	己	庚	辛	壬	癸	甲	乙	丙	丁	戊	己	庚
	辰	巳	午	未	申	酉	戌	亥	子	丑	寅	卯	辰	巳	午	未	申	酉	戌	亥	子	丑	寅	卯	辰	巳	午	未	申	酉	戌
大 男	9	9	9	10	10	立	1	1	1	1	2	2	2	3	3	3	4	4	4	5	5	5	6	6	6	7	7	7	8	8	8
運 女	二	一	一	一	一	夏	十	十	九	九	九	八	八	八	七	七	七	六	六	六	五	五	五	四	四	四	三	三	三	二	二

6월 (乙巳) 丙午 (망종) 芒種 6日 06:25 夏至 21日

陽曆	1	2	3	4	5	6	7	8	9	10	11	12	13	14	15	16	17	18	19	20	21	22	23	24	25	26	27	28	29	30	
요일	火	水	木	金	5	日	月	火	水	木	金	土	日	月	火	水	木	金	土	日	月	火	水	木	金	土	日	月	火	水	
陰曆	27	28	29	30	1	2	3	4	5	6	7	8	9	10	11	12	13	14	15	16	17	18	19	20	21	22	23	24	25	26	
日辰	辛	壬	癸	甲	乙	丙	丁	戊	己	庚	辛	壬	癸	甲	乙	丙	丁	戊	己	庚	辛	壬	癸	甲	乙	丙	丁	戊	己	庚	
	亥	子	丑	寅	卯	辰	巳	午	未	申	酉	戌	亥	子	丑	寅	卯	辰	巳	午	未	申	酉	戌	亥	子	丑	寅	卯	辰	
大 男	9	9	9	10	10	芒	1	1	1	1	2	2	2	3	3	3	4	4	4	5	5	5	6	6	6	7	7	7	8	8	
運 女	二	一	一	一	一	種	十	十	九	九	九	八	八	八	七	七	七	六	六	六	五	五	五	四	四	四	三	三	三	二	

天河水星 五日得辛 東大將 巳弔客 寒食(4월 06일) 初伏(7월 20일)
九紫火星 十二龍治水 西喪門 西三殺 中伏(7월 30일) 末伏(8월 09일)

7월 (丙午) 丁未 (소서) 小暑 7日 16:36 大暑 23日

陽曆	1	2	3	4	5	6	7	8	9	10	11	12	13	14	15	16	17	18	19	20	21	22	23	24	25	26	27	28	29	30	31
요일	木	金	土	6/1	月	火	水	木	金	土	日	月	火	水	木	金	土	日	月	火	水	木	金	土	日	月	火	水	木	金	土
陰曆	27	28	29	1	2	3	4	5	6	7	8	9	10	11	12	13	14	15	16	17	18	19	20	21	22	23	24	25	26	27	28
日辰	辛	壬	癸	甲	乙	丙	丁	戊	己	庚	辛	壬	癸	甲	乙	丙	丁	戊	己	庚	辛	壬	癸	甲	乙	丙	丁	戊	己	庚	辛
	巳	午	未	申	酉	戌	亥	子	丑	寅	卯	辰	巳	午	未	申	酉	戌	亥	子	丑	寅	卯	辰	巳	午	未	申	酉	戌	亥
大運 男	8	9	9	9	10	10	小	1	1	1	1	2	2	2	3	3	3	4	4	4	5	5	5	6	6	6	7	7	7	8	8
大運 女	二	二	一	一	一	一	署	十	十	十	九	九	九	八	八	八	七	七	七	六	六	六	五	五	五	四	四	四	三	三	三

8월 (丁未) 戊申 (입추) 立秋 8日 02:26 處暑 23日

陽曆	1	2	3	4	5	6	7	8	9	10	11	12	13	14	15	16	17	18	19	20	21	22	23	24	25	26	27	28	29	30	31
요일	日	7/1	火	水	木	金	土	日	月	火	水	木	金	土	日	月	火	水	木	金	土	日	月	火	水	木	金	土	日	月	火
陰曆	29	1	2	3	4	5	6	7	8	9	10	11	12	13	14	15	16	17	18	19	20	21	22	23	24	25	26	27	28	29	30
日辰	壬	癸	甲	乙	丙	丁	戊	己	庚	辛	壬	癸	甲	乙	丙	丁	戊	己	庚	辛	壬	癸	甲	乙	丙	丁	戊	己	庚	辛	壬
	子	丑	寅	卯	辰	巳	午	未	申	酉	戌	亥	子	丑	寅	卯	辰	巳	午	未	申	酉	戌	亥	子	丑	寅	卯	辰	巳	午
大運 男	8	9	9	9	10	10	10	立	1	1	1	1	2	2	2	3	3	3	4	4	4	5	5	5	6	6	6	7	7	7	8
大運 女	二	二	二	一	一	一	一	秋	十	十	九	九	九	八	八	八	七	七	七	六	六	六	五	五	五	四	四	四	三	三	三

9월 (戊申) 己酉 (백로) 白露 8日 05:27 秋分 23日

陽曆	1	2	3	4	5	6	7	8	9	10	11	12	13	14	15	16	17	18	19	20	21	22	23	24	25	26	27	28	29	30	
요일	8/1	木	金	土	日	月	火	水	木	金	土	日	月	火	水	木	金	土	日	月	火	水	木	金	土	日	月	火	水	9/1	
陰曆	8/1	2	3	4	5	6	7	8	9	10	11	12	13	14	15	16	17	18	19	20	21	22	23	24	25	26	27	28	29	9/1	
日辰	癸	甲	乙	丙	丁	戊	己	庚	辛	壬	癸	甲	乙	丙	丁	戊	己	庚	辛	壬	癸	甲	乙	丙	丁	戊	己	庚	辛	壬	
	未	申	酉	戌	亥	子	丑	寅	卯	辰	巳	午	未	申	酉	戌	亥	子	丑	寅	卯	辰	巳	午	未	申	酉	戌	亥	子	
大運 男	8	8	9	9	9	10	10	白	1	1	1	1	2	2	2	3	3	3	4	4	4	5	5	5	6	6	6	7	7	7	
大運 女	二	二	二	一	一	一	一	露	十	九	九	九	八	八	八	七	七	七	六	六	六	五	五	五	四	四	四	三	三	三	

10월 (己酉) 庚戌 (한로) 寒露 8日 21:16 霜降 24日

陽曆	1	2	3	4	5	6	7	8	9	10	11	12	13	14	15	16	17	18	19	20	21	22	23	24	25	26	27	28	29	30	31
요일	金	土	日	月	火	水	木	金	土	日	月	火	水	木	金	土	日	月	火	水	木	金	土	日	月	火	水	木	10/1	土	日
陰曆	2	3	4	5	6	7	8	9	10	11	12	13	14	15	16	17	18	19	20	21	22	23	24	25	26	27	28	29	10/1	2	3
日辰	癸	甲	乙	丙	丁	戊	己	庚	辛	壬	癸	甲	乙	丙	丁	戊	己	庚	辛	壬	癸	甲	乙	丙	丁	戊	己	庚	辛	壬	癸
	丑	寅	卯	辰	巳	午	未	申	酉	戌	亥	子	丑	寅	卯	辰	巳	午	未	申	酉	戌	亥	子	丑	寅	卯	辰	巳	午	未
大運 男	8	8	8	9	9	9	10	寒	1	1	1	1	2	2	2	3	3	3	4	4	4	5	5	5	6	6	6	7	7	7	8
大運 女	二	二	二	一	一	一	一	露	十	十	九	九	九	八	八	八	七	七	七	六	六	六	五	五	五	四	四	四	三	三	三

11월 (庚戌) 辛亥 (입동) 立冬 8日 00:37 小雪 22日

陽曆	1	2	3	4	5	6	7	8	9	10	11	12	13	14	15	16	17	18	19	20	21	22	23	24	25	26	27	28	29	30	
요일	月	火	水	木	金	土	日	月	火	水	木	金	土	日	月	火	水	木	金	土	日	月	火	水	木	金	土	11/1	月	火	
陰曆	4	5	6	7	8	9	10	11	12	13	14	15	16	17	18	19	20	21	22	23	24	25	26	27	28	29	30	11/1	2	3	
日辰	甲	乙	丙	丁	戊	己	庚	辛	壬	癸	甲	乙	丙	丁	戊	己	庚	辛	壬	癸	甲	乙	丙	丁	戊	己	庚	辛	壬	癸	
	申	酉	戌	亥	子	丑	寅	卯	辰	巳	午	未	申	酉	戌	亥	子	丑	寅	卯	辰	巳	午	未	申	酉	戌	亥	子	丑	
大運 男	8	8	9	9	9	10	10	立	1	1	1	1	2	2	2	3	3	3	4	4	4	5	5	5	6	6	6	7	7	7	
大運 女	二	二	二	一	一	一	一	冬	九	九	九	八	八	八	七	七	七	六	六	六	五	五	五	四	四	四	三	三	三	二	

12월 (辛亥) 壬子 (대설) 大雪 7日 17:36 冬至 22日

陽曆	1	2	3	4	5	6	7	8	9	10	11	12	13	14	15	16	17	18	19	20	21	22	23	24	25	26	27	28	29	30	31
요일	水	木	金	土	日	月	火	水	木	金	土	日	月	火	水	木	金	土	日	月	火	水	木	金	土	日	月	12/1	水	木	金
陰曆	4	5	6	7	8	9	10	11	12	13	14	15	16	17	18	19	20	21	22	23	24	25	26	27	28	29	30	12/1	2	3	4
日辰	甲	乙	丙	丁	戊	己	庚	辛	壬	癸	甲	乙	丙	丁	戊	己	庚	辛	壬	癸	甲	乙	丙	丁	戊	己	庚	辛	壬	癸	甲
	寅	卯	辰	巳	午	未	申	酉	戌	亥	子	丑	寅	卯	辰	巳	午	未	申	酉	戌	亥	子	丑	寅	卯	辰	巳	午	未	申
大運 男	8	8	8	9	9	9	大	1	1	1	1	2	2	2	3	3	3	4	4	4	5	5	5	6	6	6	7	7	7	8	8
大運 女	二	二	一	一	一	一	雪	十	九	九	九	八	八	八	七	七	七	六	六	六	五	五	五	四	四	四	三	三	三	二	二

1월 (壬子) 癸丑 (소한) 小寒 6日 04:53 大寒 20日

陽曆	1	2	3	4	5	6	7	8	9	10	11	12	13	14	15	16	17	18	19	20	21	22	23	24	25	26	27	28	29	30	31
요일	土	日	月	火	水	木	金	土	日	月	火	水	木	金	土	日	月	火	水	木	金	土	日	月	火	水	1	金	土	日	月
陰曆	5	6	7	8	9	10	11	12	13	14	15	16	17	18	19	20	21	22	23	24	25	26	27	28	29	30	1	2	3	4	5
日辰	乙	丙	丁	戊	己	庚	辛	壬	癸	甲	乙	丙	丁	戊	己	庚	辛	壬	癸	甲	乙	丙	丁	戊	己	庚	辛	壬	癸	甲	乙
	酉	戌	亥	子	丑	寅	卯	辰	巳	午	未	申	酉	戌	亥	子	丑	寅	卯	辰	巳	午	未	申	酉	戌	亥	子	丑	寅	卯
大運 男	8	9	9	9	10	小	1	1	1	1	2	2	2	3	3	3	4	4	4	5	5	5	6	6	6	7	7	7	8	8	8
大運 女	二	一	一	一	一	寒	九	九	九	八	八	八	七	七	七	六	六	六	五	五	五	四	四	四	三	三	三	二	二	二	一

2월 (癸丑) 甲寅 (입춘) 立春 4日 16:30 雨水 19日

陽曆	1	2	3	4	5	6	7	8	9	10	11	12	13	14	15	16	17	18	19	20	21	22	23	24	25	26	27	28	29		
요일	火	水	木	金	土	日	月	火	水	木	金	土	日	月	火	水	木	金	土	日	月	火	水	木	2	土	日	月	火		
陰曆	6	7	8	9	10	11	12	13	14	15	16	17	18	19	20	21	22	23	24	25	26	27	28	29	1	2	3	4	5		
日辰	丙	丁	戊	己	庚	辛	壬	癸	甲	乙	丙	丁	戊	己	庚	辛	壬	癸	甲	乙	丙	丁	戊	己	庚	辛	壬	癸	甲		
	辰	巳	午	未	申	酉	戌	亥	子	丑	寅	卯	辰	巳	午	未	申	酉	戌	亥	子	丑	寅	卯	辰	巳	午	未	申		
大運 男	9	9	9	立	10	9	9	9	8	8	8	7	7	7	6	6	6	5	5	5	4	4	4	3	3	3	2	2	2		
大運 女	一	一	一	春	一	一	一	一	二	二	二	三	三	三	四	四	四	五	五	五	六	六	六	七	七	七	八	八	八		

3월 (甲寅) 乙卯 (경칩) 驚蟄 5日 10:24 春分 20日

陽曆	1	2	3	4	5	6	7	8	9	10	11	12	13	14	15	16	17	18	19	20	21	22	23	24	25	26	27	28	29	30	31
요일	水	木	金	土	日	月	火	水	木	金	土	日	月	火	水	木	金	土	日	月	火	水	木	金	土	3	月	火	水	木	金
陰曆	6	7	8	9	10	11	12	13	14	15	16	17	18	19	20	21	22	23	24	25	26	27	28	29	30	1	2	3	4	5	6
日辰	乙	丙	丁	戊	己	庚	辛	壬	癸	甲	乙	丙	丁	戊	己	庚	辛	壬	癸	甲	乙	丙	丁	戊	己	庚	辛	壬	癸	甲	乙
	酉	戌	亥	子	丑	寅	卯	辰	巳	午	未	申	酉	戌	亥	子	丑	寅	卯	辰	巳	午	未	申	酉	戌	亥	子	丑	寅	卯
大運 男	1	1	1	1	驚	10	9	9	9	8	8	8	7	7	7	6	6	6	5	5	5	4	4	4	3	3	3	2	2	2	1
大運 女	九	九	九	十	蟄	一	一	一	一	二	二	二	三	三	三	四	四	四	五	五	五	六	六	六	七	七	七	八	八	八	九

4월 (乙卯) 丙辰 (청명) 清明 4日 15:02 穀雨 19日

陽曆	1	2	3	4	5	6	7	8	9	10	11	12	13	14	15	16	17	18	19	20	21	22	23	24	25	26	27	28	29	30	
요일	土	日	月	火	水	木	金	土	日	月	火	水	木	金	土	日	月	火	水	木	金	土	日	月	4	水	木	金	土	日	
陰曆	7	8	9	10	11	12	13	14	15	16	17	18	19	20	21	22	23	24	25	26	27	28	29	30	1	2	3	4	5	6	
日辰	丙	丁	戊	己	庚	辛	壬	癸	甲	乙	丙	丁	戊	己	庚	辛	壬	癸	甲	乙	丙	丁	戊	己	庚	辛	壬	癸	甲	乙	
	辰	巳	午	未	申	酉	戌	亥	子	丑	寅	卯	辰	巳	午	未	申	酉	戌	亥	子	丑	寅	卯	辰	巳	午	未	申	酉	
大運 男	1	1	1	清	10	10	9	9	9	8	8	8	7	7	7	6	6	6	5	5	5	4	4	4	3	3	3	2	2	2	
大運 女	九	九	十	明	一	一	一	一	二	二	二	三	三	三	四	四	四	五	五	五	六	六	六	七	七	七	八	八	八	九	

5월 (丙辰) 丁巳 (입하) 立夏 5日 08:11 小滿 20日

陽曆	1	2	3	4	5	6	7	8	9	10	11	12	13	14	15	16	17	18	19	20	21	22	23	24	25	26	27	28	29	30	31
요일	月	火	水	木	金	土	日	月	火	水	木	金	土	日	月	火	水	木	金	土	日	月	火	5	木	金	土	日	月	火	水
陰曆	7	8	9	10	11	12	13	14	15	16	17	18	19	20	21	22	23	24	25	26	27	28	29	1	2	3	4	5	6	7	8
日辰	丙	丁	戊	己	庚	辛	壬	癸	甲	乙	丙	丁	戊	己	庚	辛	壬	癸	甲	乙	丙	丁	戊	己	庚	辛	壬	癸	甲	乙	丙
	戌	亥	子	丑	寅	卯	辰	巳	午	未	申	酉	戌	亥	子	丑	寅	卯	辰	巳	午	未	申	酉	戌	亥	子	丑	寅	卯	辰
大運 男	1	1	1	1	立	10	10	9	9	9	8	8	8	7	7	7	6	6	6	5	5	5	4	4	4	3	3	3	2	2	2
大運 女	九	九	十	十	夏	一	一	一	一	二	二	二	三	三	三	四	四	四	五	五	五	六	六	六	七	七	七	八	八	八	九

6월 (丁巳) 戊午 (망종) 芒種 5日 12:15 夏至 21日

陽曆	1	2	3	4	5	6	7	8	9	10	11	12	13	14	15	16	17	18	19	20	21	22	23	24	25	26	27	28	29	30	
요일	木	金	土	日	月	火	水	木	金	土	日	月	火	水	木	金	土	日	月	火	水	木	윤5	土	日	月	火	水	木	金	
陰曆	9	10	11	12	13	14	15	16	17	18	19	20	21	22	23	24	25	26	27	28	29	30	1	2	3	4	5	6	7	8	
日辰	丁	戊	己	庚	辛	壬	癸	甲	乙	丙	丁	戊	己	庚	辛	壬	癸	甲	乙	丙	丁	戊	己	庚	辛	壬	癸	甲	乙	丙	
	巳	午	未	申	酉	戌	亥	子	丑	寅	卯	辰	巳	午	未	申	酉	戌	亥	子	丑	寅	卯	辰	巳	午	未	申	酉	戌	
大運 男	1	1	1	1	芒	10	10	9	9	9	8	8	8	7	7	7	6	6	6	5	5	5	4	4	4	3	3	3	2	2	
大運 女	九	九	十	十	種	一	一	一	一	二	二	二	三	三	三	四	四	四	五	五	五	六	六	六	七	七	七	八	八	八	

7월 (戊午) 己未 (소서) 小暑 6日 22:29 大署 22日

陽曆	1	2	3	4	5	6	7	8	9	10	11	12	13	14	15	16	17	18	19	20	21	22	23	24	25	26	27	28	29	30	31
요일	土	日	月	火	水	木	金	土	日	月	火	水	木	金	土	日	月	火	水	木	金	6/1	日	月	火	水	木	金	土	日	月
陰曆	9	10	11	12	13	14	15	16	17	18	19	20	21	22	23	24	25	26	27	28	29		2	3	4	5	6	7	8	9	10
日辰	丁	戊	己	庚	辛	壬	癸	甲	乙	丙	丁	戊	己	庚	辛	壬	癸	甲	乙	丙	丁	戊	己	庚	辛	壬	癸	甲	乙	丙	丁
	亥	子	丑	寅	卯	辰	巳	午	未	申	酉	戌	亥	子	丑	寅	卯	辰	巳	午	未	申	酉	戌	亥	子	丑	寅	卯	辰	巳
大運 男	2	1	1	1	1	小	10	10	10	9	9	9	8	8	8	7	7	7	6	6	6	5	5	5	4	4	4	3	3	3	2
大運 女	九	九	九	十	十	署	一	一	一	一	二	二	二	三	三	三	四	四	四	五	五	五	六	六	六	七	七	七	八	八	八

8월 (己未) 庚申 (입추) 立秋 7日 08:20 處署 22日

陽曆	1	2	3	4	5	6	7	8	9	10	11	12	13	14	15	16	17	18	19	20	21	22	23	24	25	26	27	28	29	30	31
요일	火	水	木	金	土	日	月	火	水	木	金	土	日	月	火	水	木	金	土	7/1	月	火	水	木	金	土	日	月	火	水	木
陰曆	11	12	13	14	15	16	17	18	19	20	21	22	23	24	25	26	27	28	29		2	3	4	5	6	7	8	9	10	11	12
日辰	戊	己	庚	辛	壬	癸	甲	乙	丙	丁	戊	己	庚	辛	壬	癸	甲	乙	丙	丁	戊	己	庚	辛	壬	癸	甲	乙	丙	丁	戊
	午	未	申	酉	戌	亥	子	丑	寅	卯	辰	巳	午	未	申	酉	戌	亥	子	丑	寅	卯	辰	巳	午	未	申	酉	戌	亥	子
大運 男	2	2	1	1	1	1	立	10	10	9	9	9	8	8	8	7	7	7	6	6	6	5	5	5	4	4	4	3	3	3	2
大運 女	九	九	九	十	十	十	秋	一	一	一	一	二	二	二	三	三	三	四	四	四	五	五	五	六	六	六	七	七	七	八	八

9월 (庚申) 辛酉 (백로) 白露 7日 11:21 秋分 22日

陽曆	1	2	3	4	5	6	7	8	9	10	11	12	13	14	15	16	17	18	19	20	21	22	23	24	25	26	27	28	29	30
요일	金	土	日	月	火	水	木	金	土	日	月	火	水	木	金	土	日	月	8/1	水	木	金	土	日	月	火	水	木	金	土
陰曆	13	14	15	16	17	18	19	20	21	22	23	24	25	26	27	28	29	30		2	3	4	5	6	7	8	9	10	11	12
日辰	己	庚	辛	壬	癸	甲	乙	丙	丁	戊	己	庚	辛	壬	癸	甲	乙	丙	丁	戊	己	庚	辛	壬	癸	甲	乙	丙	丁	戊
	丑	寅	卯	辰	巳	午	未	申	酉	戌	亥	子	丑	寅	卯	辰	巳	午	未	申	酉	戌	亥	子	丑	寅	卯	辰	巳	午
大運 男	2	2	1	1	1	1	白	10	10	9	9	9	8	8	8	7	7	7	6	6	6	5	5	5	4	4	4	3	3	3
大運 女	八	九	九	九	十	十	露	一	一	一	一	二	二	二	三	三	三	四	四	四	五	五	五	六	六	六	七	七	七	八

10월 (辛酉) 壬戌 (한로) 寒露 8日 03:07 霜降 23日

陽曆	1	2	3	4	5	6	7	8	9	10	11	12	13	14	15	16	17	18	19	20	21	22	23	24	25	26	27	28	29	30	31
요일	日	月	火	水	木	金	土	日	月	火	水	木	金	土	日	月	火	9/1	木	金	土	日	月	火	水	木	金	土	日	月	火
陰曆	13	14	15	16	17	18	19	20	21	22	23	24	25	26	27	28	29		2	3	4	5	6	7	8	9	10	11	12	13	14
日辰	己	庚	辛	壬	癸	甲	乙	丙	丁	戊	己	庚	辛	壬	癸	甲	乙	丙	丁	戊	己	庚	辛	壬	癸	甲	乙	丙	丁	戊	己
	未	申	酉	戌	亥	子	丑	寅	卯	辰	巳	午	未	申	酉	戌	亥	子	丑	寅	卯	辰	巳	午	未	申	酉	戌	亥	子	丑
大運 男	2	2	2	1	1	1	1	寒	10	9	9	9	8	8	8	7	7	7	6	6	6	5	5	5	4	4	4	3	3	3	2
大運 女	八	八	九	九	九	十	十	露	一	一	一	一	二	二	二	三	三	三	四	四	四	五	五	五	六	六	六	七	七	七	八

11월 (壬戌) 癸亥 (입동) 立冬 7日 06:26 小雪 22日

陽曆	1	2	3	4	5	6	7	8	9	10	11	12	13	14	15	16	17	18	19	20	21	22	23	24	25	26	27	28	29	30
요일	水	木	金	土	日	月	火	水	木	金	土	日	月	火	水	10/1	金	土	日	月	火	水	木	金	土	日	月	火	水	木
陰曆	15	16	17	18	19	20	21	22	23	24	25	26	27	28	29		2	3	4	5	6	7	8	9	10	11	12	13	14	15
日辰	庚	辛	壬	癸	甲	乙	丙	丁	戊	己	庚	辛	壬	癸	甲	乙	丙	丁	戊	己	庚	辛	壬	癸	甲	乙	丙	丁	戊	己
	寅	卯	辰	巳	午	未	申	酉	戌	亥	子	丑	寅	卯	辰	巳	午	未	申	酉	戌	亥	子	丑	寅	卯	辰	巳	午	未
大運 男	2	2	1	1	1	1	立	9	9	9	8	8	8	7	7	7	6	6	6	5	5	5	4	4	4	3	3	3	2	2
大運 女	八	八	九	九	九	十	冬	一	一	一	一	二	二	二	三	三	三	四	四	四	五	五	五	六	六	六	七	七	七	八

12월 (癸亥) 甲子 (대설) 大雪 6日 23:23 冬至 21日

陽曆	1	2	3	4	5	6	7	8	9	10	11	12	13	14	15	16	17	18	19	20	21	22	23	24	25	26	27	28	29	30	31
요일	金	土	日	月	火	水	木	金	土	日	月	火	水	木	金	11/1	日	月	火	水	木	金	土	日	月	火	水	木	金	土	日
陰曆	16	17	18	19	20	21	22	23	24	25	26	27	28	29	30		2	3	4	5	6	7	8	9	10	11	12	13	14	15	16
日辰	庚	辛	壬	癸	甲	乙	丙	丁	戊	己	庚	辛	壬	癸	甲	乙	丙	丁	戊	己	庚	辛	壬	癸	甲	乙	丙	丁	戊	己	庚
	申	酉	戌	亥	子	丑	寅	卯	辰	巳	午	未	申	酉	戌	亥	子	丑	寅	卯	辰	巳	午	未	申	酉	戌	亥	子	丑	寅
大運 男	2	1	1	1	1	大	10	9	9	9	8	8	8	7	7	7	6	6	6	5	5	5	4	4	4	3	3	3	2	2	2
大運 女	八	八	九	九	九	雪	一	一	一	一	二	二	二	三	三	三	四	四	四	五	五	五	六	六	六	七	七	七	八	八	八

1월 (甲子) 乙丑 (소한) 小寒 5日 10:41 大寒 20日

陽曆		1	2	3	4	5	6	7	8	9	10	11	12	13	14	15	16	17	18	19	20	21	22	23	24	25	26	27	28	29	30	31
요일		月	火	水	木	金	土	日	月	火	水	木	金	土	日	12	火	水	木	金	土	日	月	火	水	木	金	土	日	月	火	水
陰曆		17	18	19	20	21	22	23	24	25	26	27	28	29	30	1	2	3	4	5	6	7	8	9	10	11	12	13	14	15	16	17
日辰		辛	壬	癸	甲	乙	丙	丁	戊	己	庚	辛	壬	癸	甲	乙	丙	丁	戊	己	庚	辛	壬	癸	甲	乙	丙	丁	戊	己	庚	辛
		卯	辰	巳	午	未	申	酉	戌	亥	子	丑	寅	卯	辰	巳	午	未	申	酉	戌	亥	子	丑	寅	卯	辰	巳	午	未	申	酉
大	男	1	1	1	1	小	9	9	9	8	8	8	7	7	7	6	6	6	5	5	5	4	4	4	3	3	3	2	2	2	1	1
運	女	九	九	九	十	寒	一	一	一	一	二	二	二	三	三	三	四	四	四	五	五	五	六	六	六	七	七	七	八	八	八	九

2월 (乙丑) 丙寅 (입춘) 立春 3日 22:20 雨水 18日

陽曆		1	2	3	4	5	6	7	8	9	10	11	12	13	14	15	16	17	18	19	20	21	22	23	24	25	26	27	28			
요일		木	金	土	日	月	火	水	木	金	土	日	月	1	水	木	金	土	日	月	火	水	木	金	土	日	月	火	水			
陰曆		18	19	20	21	22	23	24	25	26	27	28	29	1	2	3	4	5	6	7	8	9	10	11	12	13	14	15	16			
日辰		壬	癸	甲	乙	丙	丁	戊	己	庚	辛	壬	癸	甲	乙	丙	丁	戊	己	庚	辛	壬	癸	甲	乙	丙	丁	戊	己			
		戌	亥	子	丑	寅	卯	辰	巳	午	未	申	酉	戌	亥	子	丑	寅	卯	辰	巳	午	未	申	酉	戌	亥	子	丑			
大	男	1	1	立	1	1	1	1	2	2	2	3	3	3	4	4	4	5	5	5	6	6	6	7	7	7	8	8	8			
運	女	九	九	春	十	九	九	九	八	八	八	七	七	七	六	六	六	五	五	五	四	四	四	三	三	三	二	二	二			

3월 (丙寅) 丁卯 (경칩) 驚蟄 5日 16:16 春分 20日

陽曆		1	2	3	4	5	6	7	8	9	10	11	12	13	14	15	16	17	18	19	20	21	22	23	24	25	26	27	28	29	30	31
요일		木	金	土	日	月	火	水	木	金	土	日	月	火	水	2	金	土	日	月	火	水	木	金	土	日	月	火	水	木	金	土
陰曆		17	18	19	20	21	22	23	24	25	26	27	28	29	30	1	2	3	4	5	6	7	8	9	10	11	12	13	14	15	16	17
日辰		庚	辛	壬	癸	甲	乙	丙	丁	戊	己	庚	辛	壬	癸	甲	乙	丙	丁	戊	己	庚	辛	壬	癸	甲	乙	丙	丁	戊	己	庚
		寅	卯	辰	巳	午	未	申	酉	戌	亥	子	丑	寅	卯	辰	巳	午	未	申	酉	戌	亥	子	丑	寅	卯	辰	巳	午	未	申
大	男	9	9	9	10	驚	1	1	1	1	2	2	2	3	3	3	4	4	4	5	5	5	6	6	6	7	7	7	8	8	8	9
運	女	一	一	一	一	蟄	十	九	九	九	八	八	八	七	七	七	六	六	六	五	五	五	四	四	四	三	三	三	二	二	二	一

4월 (丁卯) 戊辰 (청명) 清明 4日 20:57 穀雨 20日

陽曆		1	2	3	4	5	6	7	8	9	10	11	12	13	14	15	16	17	18	19	20	21	22	23	24	25	26	27	28	29	30	
요일		日	月	火	水	木	金	土	日	月	火	水	木	金	3	日	月	火	水	木	金	土	日	月	火	水	木	金	土	日	月	
陰曆		18	19	20	21	22	23	24	25	26	27	28	29	30	1	2	3	4	5	6	7	8	9	10	11	12	13	14	15	16	17	
日辰		辛	壬	癸	甲	乙	丙	丁	戊	己	庚	辛	壬	癸	甲	乙	丙	丁	戊	己	庚	辛	壬	癸	甲	乙	丙	丁	戊	己	庚	
		酉	戌	亥	子	丑	寅	卯	辰	巳	午	未	申	酉	戌	亥	子	丑	寅	卯	辰	巳	午	未	申	酉	戌	亥	子	丑	寅	
大	男	9	9	10	清	1	1	1	1	2	2	2	3	3	3	4	4	4	5	5	5	6	6	6	7	7	7	8	8	8	9	
運	女	一	一	一	明	十	十	九	九	九	八	八	八	七	七	七	六	六	六	五	五	五	四	四	四	三	三	三	二	二	二	

5월 (戊辰) 己巳 (입하) 立夏 5日 14:07 小滿 21日

陽曆		1	2	3	4	5	6	7	8	9	10	11	12	13	14	15	16	17	18	19	20	21	22	23	24	25	26	27	28	29	30	31
요일		火	水	木	金	土	日	月	火	水	木	金	土	4	月	火	水	木	金	土	日	月	火	水	木	金	土	日	月	火	水	木
陰曆		18	19	20	21	22	23	24	25	26	27	28	29	1	2	3	4	5	6	7	8	9	10	11	12	13	14	15	16	17	18	19
日辰		辛	壬	癸	甲	乙	丙	丁	戊	己	庚	辛	壬	癸	甲	乙	丙	丁	戊	己	庚	辛	壬	癸	甲	乙	丙	丁	戊	己	庚	辛
		卯	辰	巳	午	未	申	酉	戌	亥	子	丑	寅	卯	辰	巳	午	未	申	酉	戌	亥	子	丑	寅	卯	辰	巳	午	未	申	酉
大	男	9	9	10	10	立	1	1	1	1	2	2	2	3	3	3	4	4	4	5	5	5	6	6	6	7	7	7	8	8	8	9
運	女	一	一	一	一	夏	十	十	九	九	九	八	八	八	七	七	七	六	六	六	五	五	五	四	四	四	三	三	三	二	二	二

6월 (己巳) 庚午 (망종) 芒種 5日 18:09 夏至 21日

陽曆		1	2	3	4	5	6	7	8	9	10	11	12	13	14	15	16	17	18	19	20	21	22	23	24	25	26	27	28	29	30	
요일		金	土	日	月	火	水	木	金	土	日	月	5	水	木	金	土	日	月	火	水	木	金	土	日	月	火	水	木	金	土	
陰曆		20	21	22	23	24	25	26	27	28	29	30	1	2	3	4	5	6	7	8	9	10	11	12	13	14	15	16	17	18	19	
日辰		壬	癸	甲	乙	丙	丁	戊	己	庚	辛	壬	癸	甲	乙	丙	丁	戊	己	庚	辛	壬	癸	甲	乙	丙	丁	戊	己	庚	辛	
		戌	亥	子	丑	寅	卯	辰	巳	午	未	申	酉	戌	亥	子	丑	寅	卯	辰	巳	午	未	申	酉	戌	亥	子	丑	寅	卯	
大	男	9	9	10	10	芒	1	1	1	1	2	2	2	3	3	3	4	4	4	5	5	5	6	6	6	7	7	7	8	8	8	
運	女	一	一	一	一	種	十	十	十	九	九	九	八	八	八	七	七	七	六	六	六	五	五	五	四	四	四	三	三	三	二	

7월 (庚午) 辛未 (소서) 小署 7日 04:21 大署 22日

陽曆	1	2	3	4	5	6	7	8	9	10	11	12	13	14	15	16	17	18	19	20	21	22	23	24	25	26	27	28	29	30	31
요일	日	月	火	水	木	金	土	日	月	火	水	6/	金	土	日	月	火	水	木	金	土	日	月	火	水	木	金	土	日	月	火
陰曆	20	21	22	23	24	25	26	27	28	29	30	1	2	3	4	5	6	7	8	9	10	11	12	13	14	15	16	17	18	19	20
日辰	壬	癸	甲	乙	丙	丁	戊	己	庚	辛	壬	癸	甲	乙	丙	丁	戊	己	庚	辛	壬	癸	甲	乙	丙	丁	戊	己	庚	辛	壬
	辰	巳	午	未	申	酉	戌	亥	子	丑	寅	卯	辰	巳	午	未	申	酉	戌	亥	子	丑	寅	卯	辰	巳	午	未	申	酉	戌
大 男	9	9	9	10	10	10	小	1	1	1	1	2	2	2	3	3	3	4	4	4	5	5	5	6	6	6	7	7	7	8	8
運 女	二	二	一	一	一	一	署	十	十	九	九	九	八	八	八	七	七	七	六	六	六	五	五	五	四	四	四	三	三	三	二

8월 (辛未) 壬申 (입추) 立秋 7日 14:11 處署 23日

陽曆	1	2	3	4	5	6	7	8	9	10	11	12	13	14	15	16	17	18	19	20	21	22	23	24	25	26	27	28	29	30	31
요일	水	木	金	土	日	月	火	水	木	7/	土	日	月	火	水	木	金	土	日	月	火	水	木	金	土	日	月	火	水	木	金
陰曆	21	22	23	24	25	26	27	28	29	1	2	3	4	5	6	7	8	9	10	11	12	13	14	15	16	17	18	19	20	21	22
日辰	癸	甲	乙	丙	丁	戊	己	庚	辛	壬	癸	甲	乙	丙	丁	戊	己	庚	辛	壬	癸	甲	乙	丙	丁	戊	己	庚	辛	壬	癸
	亥	子	丑	寅	卯	辰	巳	午	未	申	酉	戌	亥	子	丑	寅	卯	辰	巳	午	未	申	酉	戌	亥	子	丑	寅	卯	辰	巳
大 男	8	9	9	9	10	10	立	1	1	1	1	2	2	2	3	3	3	4	4	4	5	5	5	6	6	6	7	7	7	8	8
運 女	二	二	一	一	一	一	秋	十	十	九	九	九	八	八	八	七	七	七	六	六	六	五	五	五	四	四	四	三	三	三	二

9월 (壬申) 癸酉 (백로) 白露 7日 17:11 秋分 23日

陽曆	1	2	3	4	5	6	7	8	9	10	11	12	13	14	15	16	17	18	19	20	21	22	23	24	25	26	27	28	29	30	
요일	土	日	月	火	水	木	金	8/	日	月	火	水	木	金	土	日	月	火	水	木	金	土	日	月	火	水	木	金	土	日	
陰曆	23	24	25	26	27	28	29	1	2	3	4	5	6	7	8	9	10	11	12	13	14	15	16	17	18	19	20	21	22	23	
日辰	甲	乙	丙	丁	戊	己	庚	辛	壬	癸	甲	乙	丙	丁	戊	己	庚	辛	壬	癸	甲	乙	丙	丁	戊	己	庚	辛	壬	癸	
	午	未	申	酉	戌	亥	子	丑	寅	卯	辰	巳	午	未	申	酉	戌	亥	子	丑	寅	卯	辰	巳	午	未	申	酉	戌	亥	
大 男	8	9	9	9	10	10	白	1	1	1	1	2	2	2	3	3	3	4	4	4	5	5	5	6	6	6	7	7	7	8	
運 女	二	二	一	一	一	一	露	十	十	九	九	九	八	八	八	七	七	七	六	六	六	五	五	五	四	四	四	三	三	三	

10월 (癸酉) 甲戌 (한로) 寒露 8日 08:57 霜降 23日

陽曆	1	2	3	4	5	6	7	8	9	10	11	12	13	14	15	16	17	18	19	20	21	22	23	24	25	26	27	28	29	30	31
요일	月	火	水	木	金	土	日	9/	火	水	木	金	土	日	月	火	水	木	金	土	日	月	火	水	木	金	土	日	月	火	水
陰曆	24	25	26	27	28	29	30	1	2	3	4	5	6	7	8	9	10	11	12	13	14	15	16	17	18	19	20	21	22	23	24
日辰	甲	乙	丙	丁	戊	己	庚	辛	壬	癸	甲	乙	丙	丁	戊	己	庚	辛	壬	癸	甲	乙	丙	丁	戊	己	庚	辛	壬	癸	甲
	子	丑	寅	卯	辰	巳	午	未	申	酉	戌	亥	子	丑	寅	卯	辰	巳	午	未	申	酉	戌	亥	子	丑	寅	卯	辰	巳	午
大 男	8	8	9	9	9	10	10	寒	1	1	1	1	2	2	2	3	3	3	4	4	4	5	5	5	6	6	6	7	7	7	8
運 女	二	二	二	一	一	一	一	露	十	九	九	九	八	八	八	七	七	七	六	六	六	五	五	五	四	四	四	三	三	三	二

11월 (甲戌) 乙亥 (입동) 立冬 7日 12:16 小雪 22日

陽曆	1	2	3	4	5	6	7	8	9	10	11	12	13	14	15	16	17	18	19	20	21	22	23	24	25	26	27	28	29	30	
요일	木	金	土	日	月	10/	水	木	金	土	日	月	火	水	木	金	土	日	月	火	水	木	金	土	日	月	火	水	木	金	
陰曆	25	26	27	28	29	1	2	3	4	5	6	7	8	9	10	11	12	13	14	15	16	17	18	19	20	21	22	23	24	25	
日辰	乙	丙	丁	戊	己	庚	辛	壬	癸	甲	乙	丙	丁	戊	己	庚	辛	壬	癸	甲	乙	丙	丁	戊	己	庚	辛	壬	癸	甲	
	未	申	酉	戌	亥	子	丑	寅	卯	辰	巳	午	未	申	酉	戌	亥	子	丑	寅	卯	辰	巳	午	未	申	酉	戌	亥	子	
大 男	8	8	9	9	9	10	立	1	1	1	1	2	2	2	3	3	3	4	4	4	5	5	5	6	6	6	7	7	7	8	
運 女	二	二	一	一	一	一	冬	十	九	九	九	八	八	八	七	七	七	六	六	六	五	五	五	四	四	四	三	三	三	二	

12월 (乙亥) 丙子 (대설) 大雪 7日 05:13 冬至 21日

陽曆	1	2	3	4	5	6	7	8	9	10	11	12	13	14	15	16	17	18	19	20	21	22	23	24	25	26	27	28	29	30	31
요일	土	日	月	火	11/	木	金	土	日	月	火	水	木	金	土	日	月	火	水	木	金	土	日	月	火	水	木	金	土	日	月
陰曆	26	27	28	29	1	2	3	4	5	6	7	8	9	10	11	12	13	14	15	16	17	18	19	20	21	22	23	24	25	26	27
日辰	乙	丙	丁	戊	己	庚	辛	壬	癸	甲	乙	丙	丁	戊	己	庚	辛	壬	癸	甲	乙	丙	丁	戊	己	庚	辛	壬	癸	甲	乙
	丑	寅	卯	辰	巳	午	未	申	酉	戌	亥	子	丑	寅	卯	辰	巳	午	未	申	酉	戌	亥	子	丑	寅	卯	辰	巳	午	未
大 男	8	8	9	9	9	10	大	1	1	1	1	2	2	2	3	3	3	4	4	4	5	5	5	6	6	6	7	7	7	8	8
運 女	二	二	一	一	一	一	雪	九	九	九	八	八	八	七	七	七	六	六	六	五	五	五	四	四	四	三	三	三	二	二	二

庚戌

1월 (丙子) 丁丑(소한) 小寒 5日 16:29 大寒 20日

陽曆		1	2	3	4	5	6	7	8	9	10	11	12	13	14	15	16	17	18	19	20	21	22	23	24	25	26	27	28	29	30	31
요일		火	水	木	12	土	日	月	火	水	木	金	土	日	月	火	水	木	金	土	日	月	火	水	木	金	土	日	月	火	水	木
陰曆		28	29	30	1	2	3	4	5	6	7	8	9	10	11	12	13	14	15	16	17	18	19	20	21	22	23	24	25	26	27	28
日辰		丙	丁	戊	己	庚	辛	壬	癸	甲	乙	丙	丁	戊	己	庚	辛	壬	癸	甲	乙	丙	丁	戊	己	庚	辛	壬	癸	甲	乙	丙
		申	酉	戌	亥	子	丑	寅	卯	辰	巳	午	未	申	酉	戌	亥	子	丑	寅	卯	辰	巳	午	未	申	酉	戌	亥	子	丑	寅
大	男	8	9	9	9	小	1	1	1	1	2	2	2	3	3	3	4	4	4	5	5	5	6	6	6	7	7	7	8	8	8	9
運	女	一	一	一	一	寒	十	九	九	九	八	八	八	七	七	七	六	六	六	五	五	五	四	四	四	三	三	三	二	二	二	一

2월 (丁丑) 戊寅(입춘) 立春 4日 04:07 雨水 18日

陽曆		1	2	3	4	5	6	7	8	9	10	11	12	13	14	15	16	17	18	19	20	21	22	23	24	25	26	27	28			
요일		金	土	1	月	火	水	木	金	土	日	月	火	水	木	金	土	日	月	火	水	木	金	土	日	月	火	水	木			
陰曆		29	30	1	2	3	4	5	6	7	8	9	10	11	12	13	14	15	16	17	18	19	20	21	22	23	24	25	26			
日辰		丁	戊	己	庚	辛	壬	癸	甲	乙	丙	丁	戊	己	庚	辛	壬	癸	甲	乙	丙	丁	戊	己	庚	辛	壬	癸	甲			
		卯	辰	巳	午	未	申	酉	戌	亥	子	丑	寅	卯	辰	巳	午	未	申	酉	戌	亥	子	丑	寅	卯	辰	巳	午			
大	男	9	9	10	立	9	9	9	8	8	8	7	7	7	6	6	6	5	5	5	4	4	4	3	3	3	2	2	2			
運	女	一	一	一	春	一	一	一	一	二	二	二	三	三	三	四	四	四	五	五	五	六	六	六	七	七	七	八	八			

3월 (戊寅) 己卯(경칩) 驚蟄 5日 22:02 春分 20日

陽曆		1	2	3	4	5	6	7	8	9	10	11	12	13	14	15	16	17	18	19	20	21	22	23	24	25	26	27	28	29	30	31
요일		金	土	日	2	火	水	木	金	土	日	月	火	水	木	金	土	日	月	火	水	木	金	土	日	月	火	水	木	金	土	日
陰曆		27	28	29	1	2	3	4	5	6	7	8	9	10	11	12	13	14	15	16	17	18	19	20	21	22	23	24	25	26	27	28
日辰		乙	丙	丁	戊	己	庚	辛	壬	癸	甲	乙	丙	丁	戊	己	庚	辛	壬	癸	甲	乙	丙	丁	戊	己	庚	辛	壬	癸	甲	乙
		未	申	酉	戌	亥	子	丑	寅	卯	辰	巳	午	未	申	酉	戌	亥	子	丑	寅	卯	辰	巳	午	未	申	酉	戌	亥	子	丑
大	男	1	1	1	1	驚	10	10	9	9	9	8	8	8	7	7	7	6	6	6	5	5	5	4	4	4	3	3	3	2	2	2
運	女	八	九	九	九	蟄	一	一	一	一	二	二	二	三	三	三	四	四	四	五	五	五	六	六	六	七	七	七	八	八	八	九

4월 (己卯) 庚辰(청명) 清明 5日 02:40 穀雨 20日

陽曆		1	2	3	4	5	6	7	8	9	10	11	12	13	14	15	16	17	18	19	20	21	22	23	24	25	26	27	28	29	30	
요일		月	火	3	木	金	土	日	月	火	水	木	金	土	日	月	火	水	木	金	土	日	月	火	水	木	金	土	日	月	火	
陰曆		29	30	1	2	3	4	5	6	7	8	9	10	11	12	13	14	15	16	17	18	19	20	21	22	23	24	25	26	27	28	
日辰		丙	丁	戊	己	庚	辛	壬	癸	甲	乙	丙	丁	戊	己	庚	辛	壬	癸	甲	乙	丙	丁	戊	己	庚	辛	壬	癸	甲	乙	
		寅	卯	辰	巳	午	未	申	酉	戌	亥	子	丑	寅	卯	辰	巳	午	未	申	酉	戌	亥	子	丑	寅	卯	辰	巳	午	未	
大	男	1	1	1	1	清	10	9	9	9	8	8	8	7	7	7	6	6	6	5	5	5	4	4	4	3	3	3	2	2	2	
運	女	九	九	十	十	明	一	一	一	一	二	二	二	三	三	三	四	四	四	五	五	五	六	六	六	七	七	七	八	八	八	

5월 (庚辰) 辛巳(입하) 立夏 5日 19:45 小滿 21日

陽曆		1	2	3	4	5	6	7	8	9	10	11	12	13	14	15	16	17	18	19	20	21	22	23	24	25	26	27	28	29	30	31
요일		水	4	金	土	日	月	火	水	木	金	土	日	月	火	水	木	金	土	日	月	火	水	木	金	土	日	月	火	水	木	金
陰曆		29	1	2	3	4	5	6	7	8	9	10	11	12	13	14	15	16	17	18	19	20	21	22	23	24	25	26	27	28	29	30
日辰		丙	丁	戊	己	庚	辛	壬	癸	甲	乙	丙	丁	戊	己	庚	辛	壬	癸	甲	乙	丙	丁	戊	己	庚	辛	壬	癸	甲	乙	丙
		申	酉	戌	亥	子	丑	寅	卯	辰	巳	午	未	申	酉	戌	亥	子	丑	寅	卯	辰	巳	午	未	申	酉	戌	亥	子	丑	寅
大	男	1	1	1	1	立	10	10	9	9	9	8	8	8	7	7	7	6	6	6	5	5	5	4	4	4	3	3	3	2	2	2
運	女	九	九	九	十	夏	一	一	一	一	二	二	二	三	三	三	四	四	四	五	五	五	六	六	六	七	七	七	八	八	八	九

6월 (辛巳) 壬午(망종) 芒種 5日 23:43 夏至 21日

陽曆		1	2	3	4	5	6	7	8	9	10	11	12	13	14	15	16	17	18	19	20	21	22	23	24	25	26	27	28	29	30	
요일		5	日	月	火	水	木	金	土	日	月	火	水	木	金	土	日	月	火	水	木	金	土	日	月	火	水	木	金	土	日	
陰曆		1	2	3	4	5	6	7	8	9	10	11	12	13	14	15	16	17	18	19	20	21	22	23	24	25	26	27	28	29	30	
日辰		丁	戊	己	庚	辛	壬	癸	甲	乙	丙	丁	戊	己	庚	辛	壬	癸	甲	乙	丙	丁	戊	己	庚	辛	壬	癸	甲	乙	丙	
		卯	辰	巳	午	未	申	酉	戌	亥	子	丑	寅	卯	辰	巳	午	未	申	酉	戌	亥	子	丑	寅	卯	辰	巳	午	未	申	
大	男	1	1	1	1	芒	10	10	10	9	9	9	8	8	8	7	7	7	6	6	6	5	5	5	4	4	4	3	3	3	2	
運	女	九	九	十	十	種	一	一	一	一	二	二	二	三	三	三	四	四	四	五	五	五	六	六	六	七	七	七	八	八	八	

叙釧金星 三日得辛 南大將 申弔客 寒食(4월 05일) 初伏(7월 14일)
六白金星 十二龍治水 子喪門 北三殺 中伏(7월 24일) 末伏(8월 13일)

7월 (壬午) 癸未 (소서) 小暑 7日 09:54 大暑 23日

陽曆		1	2	3	4	5	6	7	8	9	10	11	12	13	14	15	16	17	18	19	20	21	22	23	24	25	26	27	28	29	30	31
요일		6	火	水	木	金	土	日	月	火	水	木	金	土	日	月	火	水	木	金	土	日	月	火	水	木	金	土	日	月	7	水
陰曆		1	2	3	4	5	6	7	8	9	10	11	12	13	14	15	16	17	18	19	20	21	22	23	24	25	26	27	28	29	1	2
日辰		丁	戊	己	庚	辛	壬	癸	甲	乙	丙	丁	戊	己	庚	辛	壬	癸	甲	乙	丙	丁	戊	己	庚	辛	壬	癸	甲	乙	丙	丁
		酉	戌	亥	子	丑	寅	卯	辰	巳	午	未	申	酉	戌	亥	子	丑	寅	卯	辰	巳	午	未	申	酉	戌	亥	子	丑	寅	卯
大	男	2	2	1	1	1	1	小	10	10	9	9	9	8	8	8	7	7	7	6	6	6	5	5	5	4	4	4	3	3	3	2
運	女	九	九	九	十	十	十	暑	一	一	一	一	二	二	二	三	三	三	四	四	四	五	五	五	六	六	六	七	七	七	八	八

8월 (癸未) 甲申 (입추) 立秋 7日 19:46 處暑 23日

陽曆		1	2	3	4	5	6	7	8	9	10	11	12	13	14	15	16	17	18	19	20	21	22	23	24	25	26	27	28	29	30	31
요일		木	金	土	日	月	火	水	木	金	土	日	月	火	水	木	金	土	日	月	火	水	木	金	土	日	月	火	水	8	金	土
陰曆		3	4	5	6	7	8	9	10	11	12	13	14	15	16	17	18	19	20	21	22	23	24	25	26	27	28	29	30	1	2	3
日辰		戊	己	庚	辛	壬	癸	甲	乙	丙	丁	戊	己	庚	辛	壬	癸	甲	乙	丙	丁	戊	己	庚	辛	壬	癸	甲	乙	丙	丁	戊
		辰	巳	午	未	申	酉	戌	亥	子	丑	寅	卯	辰	巳	午	未	申	酉	戌	亥	子	丑	寅	卯	辰	巳	午	未	申	酉	戌
大	男	2	2	1	1	1	1	立	10	10	9	9	9	8	8	8	7	7	7	6	6	6	5	5	5	4	4	4	3	3	3	2
運	女	八	九	九	九	十	十	秋	一	一	一	一	二	二	二	三	三	三	四	四	四	五	五	五	六	六	六	七	七	七	八	八

9월 (甲申) 乙酉 (백로) 白露 7日 22:52 秋分 23日

陽曆		1	2	3	4	5	6	7	8	9	10	11	12	13	14	15	16	17	18	19	20	21	22	23	24	25	26	27	28	29	30
요일		日	月	火	水	木	金	土	日	月	火	水	木	金	土	日	月	火	水	木	金	土	日	月	火	水	木	9	土	日	月
陰曆		4	5	6	7	8	9	10	11	12	13	14	15	16	17	18	19	20	21	22	23	24	25	26	27	28	29	1	2	3	4
日辰		己	庚	辛	壬	癸	甲	乙	丙	丁	戊	己	庚	辛	壬	癸	甲	乙	丙	丁	戊	己	庚	辛	壬	癸	甲	乙	丙	丁	戊
		亥	子	丑	寅	卯	辰	巳	午	未	申	酉	戌	亥	子	丑	寅	卯	辰	巳	午	未	申	酉	戌	亥	子	丑	寅	卯	辰
大	男	2	2	1	1	1	1	白	10	10	9	9	9	8	8	8	7	7	7	6	6	6	5	5	5	4	4	4	3	3	3
運	女	八	九	九	九	十	十	露	一	一	一	一	二	二	二	三	三	三	四	四	四	五	五	五	六	六	六	七	七	七	八

10월 (乙酉) 丙戌 (한로) 寒露 8日 14:44 霜降 23日

陽曆		1	2	3	4	5	6	7	8	9	10	11	12	13	14	15	16	17	18	19	20	21	22	23	24	25	26	27	28	29	30	31
요일		火	水	木	金	土	日	月	火	水	木	金	土	日	月	火	水	木	金	土	日	月	火	水	木	金	土	10	月	火	水	木
陰曆		5	6	7	8	9	10	11	12	13	14	15	16	17	18	19	20	21	22	23	24	25	26	27	28	29	30	1	2	3	4	5
日辰		己	庚	辛	壬	癸	甲	乙	丙	丁	戊	己	庚	辛	壬	癸	甲	乙	丙	丁	戊	己	庚	辛	壬	癸	甲	乙	丙	丁	戊	己
		巳	午	未	申	酉	戌	亥	子	丑	寅	卯	辰	巳	午	未	申	酉	戌	亥	子	丑	寅	卯	辰	巳	午	未	申	酉	戌	亥
大	男	2	2	2	1	1	1	1	寒	10	9	9	9	8	8	8	7	7	7	6	6	6	5	5	5	4	4	4	3	3	3	2
運	女	八	八	九	九	九	十	十	露	一	一	一	一	二	二	二	三	三	三	四	四	四	五	五	五	六	六	六	七	七	七	八

11월 (丙戌) 丁亥 (입동) 立冬 7日 18:07 小雪 22日

陽曆		1	2	3	4	5	6	7	8	9	10	11	12	13	14	15	16	17	18	19	20	21	22	23	24	25	26	27	28	29	30
요일		金	土	日	月	火	水	木	金	土	日	月	火	水	木	金	土	日	月	火	水	木	金	土	日	11	火	水	木	金	土
陰曆		6	7	8	9	10	11	12	13	14	15	16	17	18	19	20	21	22	23	24	25	26	27	28	29	1	2	3	4	5	6
日辰		庚	辛	壬	癸	甲	乙	丙	丁	戊	己	庚	辛	壬	癸	甲	乙	丙	丁	戊	己	庚	辛	壬	癸	甲	乙	丙	丁	戊	己
		子	丑	寅	卯	辰	巳	午	未	申	酉	戌	亥	子	丑	寅	卯	辰	巳	午	未	申	酉	戌	亥	子	丑	寅	卯	辰	巳
大	男	2	2	1	1	1	1	立	10	9	9	9	8	8	8	7	7	7	6	6	6	5	5	5	4	4	4	3	3	3	2
運	女	八	八	九	九	九	十	冬	一	一	一	一	二	二	二	三	三	三	四	四	四	五	五	五	六	六	六	七	七	七	八

12월 (丁亥) 戊子 (대설) 大雪 7日 11:06 冬至 22日

陽曆		1	2	3	4	5	6	7	8	9	10	11	12	13	14	15	16	17	18	19	20	21	22	23	24	25	26	27	28	29	30	31
요일		日	月	火	水	木	金	土	日	月	火	水	木	金	土	日	月	火	水	木	金	土	日	月	火	12	木	金	土	日	月	火
陰曆		7	8	9	10	11	12	13	14	15	16	17	18	19	20	21	22	23	24	25	26	27	28	29	30	1	2	3	4	5	6	7
日辰		庚	辛	壬	癸	甲	乙	丙	丁	戊	己	庚	辛	壬	癸	甲	乙	丙	丁	戊	己	庚	辛	壬	癸	甲	乙	丙	丁	戊	己	庚
		午	未	申	酉	戌	亥	子	丑	寅	卯	辰	巳	午	未	申	酉	戌	亥	子	丑	寅	卯	辰	巳	午	未	申	酉	戌	亥	子
大	男	2	2	1	1	1	1	大	9	9	9	8	8	8	7	7	7	6	6	6	5	5	5	4	4	4	3	3	3	2	2	2
運	女	八	八	九	九	九	十	雪	一	一	一	一	二	二	二	三	三	三	四	四	四	五	五	五	六	六	六	七	七	七	八	八

1월 (戊子) 己丑 (소한) 小寒 5日 22:22 大寒 20日

陽曆		1	2	3	4	5	6	7	8	9	10	11	12	13	14	15	16	17	18	19	20	21	22	23	24	25	26	27	28	29	30	31
요일		水	木	金	土	日	月	火	水	木	金	土	日	月	火	水	木	金	土	日	月	火	水	1/1	金	土	日	月	火	水	木	金
陰曆		8	9	10	11	12	13	14	15	16	17	18	19	20	21	22	23	24	25	26	27	28	29	1/1	2	3	4	5	6	7	8	9
日辰		辛	壬	癸	甲	乙	丙	丁	戊	己	庚	辛	壬	癸	甲	乙	丙	丁	戊	己	庚	辛	壬	癸	甲	乙	丙	丁	戊	己	庚	辛
		丑	寅	卯	辰	巳	午	未	申	酉	戌	亥	子	丑	寅	卯	辰	巳	午	未	申	酉	戌	亥	子	丑	寅	卯	辰	巳	午	未
大	男	1	1	1	1	小	10	9	9	9	8	8	8	7	7	7	6	6	6	5	5	5	4	4	4	3	3	3	2	2	2	1
運	女	八	九	九	九	寒	一	一	一	一	二	二	二	三	三	三	四	四	四	五	五	五	六	六	六	七	七	七	八	八	八	九

2월 (己丑) 庚寅 (입춘) 立春 4日 09:57 雨水 19日

陽曆		1	2	3	4	5	6	7	8	9	10	11	12	13	14	15	16	17	18	19	20	21	22	23	24	25	26	27	28			
요일		土	日	月	火	水	木	金	土	日	月	火	水	木	金	土	日	月	火	水	木	金	2/1	日	月	火	水	木	金			
陰曆		10	11	12	13	14	15	16	17	18	19	20	21	22	23	24	25	26	27	28	29	30	2/1	2	3	4	5	6	7			
日辰		壬	癸	甲	乙	丙	丁	戊	己	庚	辛	壬	癸	甲	乙	丙	丁	戊	己	庚	辛	壬	癸	甲	乙	丙	丁	戊	己			
		申	酉	戌	亥	子	丑	寅	卯	辰	巳	午	未	申	酉	戌	亥	子	丑	寅	卯	辰	巳	午	未	申	酉	戌	亥			
大	男	1	1	1	立	1	1	1	1	2	2	2	3	3	3	4	4	4	5	5	5	6	6	6	7	7	7	8	8			
運	女	九	九	九	春	十	九	九	九	八	八	八	七	七	七	六	六	六	五	五	五	四	四	四	三	三	三	二	二			

3월 (庚寅) 辛卯 (경칩) 驚蟄 6日 03:50 春分 21日

陽曆		1	2	3	4	5	6	7	8	9	10	11	12	13	14	15	16	17	18	19	20	21	22	23	24	25	26	27	28	29	30	31
요일		土	日	月	火	水	木	金	土	日	月	火	水	木	金	土	日	月	火	水	木	金	土	3/1	月	火	水	木	金	土	日	月
陰曆		8	9	10	11	12	13	14	15	16	17	18	19	20	21	22	23	24	25	26	27	28	29	3/1	2	3	4	5	6	7	8	9
日辰		庚	辛	壬	癸	甲	乙	丙	丁	戊	己	庚	辛	壬	癸	甲	乙	丙	丁	戊	己	庚	辛	壬	癸	甲	乙	丙	丁	戊	己	庚
		子	丑	寅	卯	辰	巳	午	未	申	酉	戌	亥	子	丑	寅	卯	辰	巳	午	未	申	酉	戌	亥	子	丑	寅	卯	辰	巳	午
大	男	8	9	9	9	10	驚	1	1	1	1	2	2	2	3	3	3	4	4	4	5	5	5	6	6	6	7	7	7	8	8	8
運	女	二	一	一	一	一	蟄	十	九	九	九	八	八	八	七	七	七	六	六	六	五	五	五	四	四	四	三	三	三	二	二	二

4월 (辛卯) 壬辰 (청명) 淸明 5日 08:27 穀雨 20日

陽曆		1	2	3	4	5	6	7	8	9	10	11	12	13	14	15	16	17	18	19	20	21	22	23	24	25	26	27	28	29	30	
요일		火	水	木	金	土	日	月	火	水	木	金	土	日	月	火	水	木	金	土	日	月	윤3/1	水	木	金	土	日	月	火	水	
陰曆		10	11	12	13	14	15	16	17	18	19	20	21	22	23	24	25	26	27	28	29	30	윤3/1	2	3	4	5	6	7	8	9	
日辰		辛	壬	癸	甲	乙	丙	丁	戊	己	庚	辛	壬	癸	甲	乙	丙	丁	戊	己	庚	辛	壬	癸	甲	乙	丙	丁	戊	己	庚	
		未	申	酉	戌	亥	子	丑	寅	卯	辰	巳	午	未	申	酉	戌	亥	子	丑	寅	卯	辰	巳	午	未	申	酉	戌	亥	子	
大	男	9	9	9	10	淸	1	1	1	1	2	2	2	3	3	3	4	4	4	5	5	5	6	6	6	7	7	7	8	8	8	
運	女	一	一	一	一	明	十	十	九	九	九	八	八	八	七	七	七	六	六	六	五	五	五	四	四	四	三	三	三	二	二	

5월 (壬辰) 癸巳 (입하) 立夏 6日 01:34 小滿 21日

陽曆		1	2	3	4	5	6	7	8	9	10	11	12	13	14	15	16	17	18	19	20	21	22	23	24	25	26	27	28	29	30	31
요일		木	金	土	日	月	火	水	木	金	土	日	月	火	水	木	金	土	日	月	火	4/1	木	金	土	日	月	火	水	木	金	土
陰曆		10	11	12	13	14	15	16	17	18	19	20	21	22	23	24	25	26	27	28	29	4/1	2	3	4	5	6	7	8	9	10	11
日辰		辛	壬	癸	甲	乙	丙	丁	戊	己	庚	辛	壬	癸	甲	乙	丙	丁	戊	己	庚	辛	壬	癸	甲	乙	丙	丁	戊	己	庚	辛
		丑	寅	卯	辰	巳	午	未	申	酉	戌	亥	子	丑	寅	卯	辰	巳	午	未	申	酉	戌	亥	子	丑	寅	卯	辰	巳	午	未
大	男	9	9	9	10	10	立	1	1	1	1	2	2	2	3	3	3	4	4	4	5	5	5	6	6	6	7	7	7	8	8	8
運	女	二	一	一	一	一	夏	十	十	九	九	九	八	八	八	七	七	七	六	六	六	五	五	五	四	四	四	三	三	三	二	二

6월 (癸巳) 甲午 (망종) 芒種 6日 05:34 夏至 21日

陽曆		1	2	3	4	5	6	7	8	9	10	11	12	13	14	15	16	17	18	19	20	21	22	23	24	25	26	27	28	29	30	
요일		日	月	火	水	木	金	土	日	月	火	水	木	金	土	日	月	火	水	木	5/1	土	日	月	火	水	木	金	土	日	月	
陰曆		12	13	14	15	16	17	18	19	20	21	22	23	24	25	26	27	28	29	30	5/1	2	3	4	5	6	7	8	9	10	11	
日辰		壬	癸	甲	乙	丙	丁	戊	己	庚	辛	壬	癸	甲	乙	丙	丁	戊	己	庚	辛	壬	癸	甲	乙	丙	丁	戊	己	庚	辛	
		申	酉	戌	亥	子	丑	寅	卯	辰	巳	午	未	申	酉	戌	亥	子	丑	寅	卯	辰	巳	午	未	申	酉	戌	亥	子	丑	
大	男	9	9	9	10	10	芒	1	1	1	1	2	2	2	3	3	3	4	4	4	5	5	5	6	6	6	7	7	7	8	8	
運	女	二	一	一	一	一	種	十	十	九	九	九	八	八	八	七	七	七	六	六	六	五	五	五	四	四	四	三	三	三	二	

7월 (甲午) 乙未 (소서) 小署 7日 15:48 大署 23日

陽曆	1	2	3	4	5	6	7	8	9	10	11	12	13	14	15	16	17	18	19	20	21	22	23	24	25	26	27	28	29	30	31
요일	火	水	木	金	土	日	月	火	水	木	金	土	日	月	火	水	木	金	6	日	月	火	水	木	金	土	日	月	火	水	木
陰曆	12	13	14	15	16	17	18	19	20	21	22	23	24	25	26	27	28	29	1	2	3	4	5	6	7	8	9	10	11	12	13
日辰	壬	癸	甲	乙	丙	丁	戊	己	庚	辛	壬	癸	甲	乙	丙	丁	戊	己	庚	辛	壬	癸	甲	乙	丙	丁	戊	己	庚	辛	壬
	寅	卯	辰	巳	午	未	申	酉	戌	亥	子	丑	寅	卯	辰	巳	午	未	申	酉	戌	亥	子	丑	寅	卯	辰	巳	午	未	申
大運 男	8	9	9	9	10	10	小	1	1	1	1	2	2	2	3	3	3	4	4	4	5	5	5	6	6	6	7	7	7	8	8
大運 女	二	二	一	一	一	一	暑	十	十	十	九	九	九	八	八	八	七	七	七	六	六	六	五	五	五	四	四	四	三	三	三

8월 (乙未) 丙申 (입추) 立秋 8日 01:42 處署 23日

陽曆	1	2	3	4	5	6	7	8	9	10	11	12	13	14	15	16	17	18	19	20	21	22	23	24	25	26	27	28	29	30	31
요일	金	土	日	月	火	水	木	金	土	日	月	火	水	木	金	土	日	7	火	水	木	金	土	日	月	火	水	木	金	土	日
陰曆	14	15	16	17	18	19	20	21	22	23	24	25	26	27	28	29	30	1	2	3	4	5	6	7	8	9	10	11	12	13	14
日辰	癸	甲	乙	丙	丁	戊	己	庚	辛	壬	癸	甲	乙	丙	丁	戊	己	庚	辛	壬	癸	甲	乙	丙	丁	戊	己	庚	辛	壬	癸
	酉	戌	亥	子	丑	寅	卯	辰	巳	午	未	申	酉	戌	亥	子	丑	寅	卯	辰	巳	午	未	申	酉	戌	亥	子	丑	寅	卯
大運 男	8	9	9	9	10	10	10	立	1	1	1	1	2	2	2	3	3	3	4	4	4	5	5	5	6	6	6	7	7	7	8
大運 女	二	二	二	一	一	一	一	秋	十	十	九	九	九	八	八	八	七	七	七	六	六	六	五	五	五	四	四	四	三	三	三

9월 (丙申) 丁酉 (백로) 白露 8日 04:49 秋分 23日

陽曆	1	2	3	4	5	6	7	8	9	10	11	12	13	14	15	16	17	18	19	20	21	22	23	24	25	26	27	28	29	30	
요일	月	火	水	木	金	土	日	月	火	水	木	金	土	日	月	火	8	木	金	土	日	月	火	水	木	金	土	日	月	火	
陰曆	15	16	17	18	19	20	21	22	23	24	25	26	27	28	29	30	1	2	3	4	5	6	7	8	9	10	11	12	13	14	
日辰	甲	乙	丙	丁	戊	己	庚	辛	壬	癸	甲	乙	丙	丁	戊	己	庚	辛	壬	癸	甲	乙	丙	丁	戊	己	庚	辛	壬	癸	
	辰	巳	午	未	申	酉	戌	亥	子	丑	寅	卯	辰	巳	午	未	申	酉	戌	亥	子	丑	寅	卯	辰	巳	午	未	申	酉	
大運 男	8	8	9	9	9	10	10	白	1	1	1	1	2	2	2	3	3	3	4	4	4	5	5	5	6	6	6	7	7	7	
大運 女	二	二	二	一	一	一	一	露	十	九	九	九	八	八	八	七	七	七	六	六	六	五	五	五	四	四	四	三	三	三	

10월 (丁酉) 戊戌 (한로) 寒露 8日 20:42 霜降 23日

陽曆	1	2	3	4	5	6	7	8	9	10	11	12	13	14	15	16	17	18	19	20	21	22	23	24	25	26	27	28	29	30	31
요일	水	木	金	土	日	月	火	水	木	金	土	日	月	火	水	9	金	土	日	月	火	水	木	金	土	日	月	火	水	木	金
陰曆	15	16	17	18	19	20	21	22	23	24	25	26	27	28	29	1	2	3	4	5	6	7	8	9	10	11	12	13	14	15	16
日辰	甲	乙	丙	丁	戊	己	庚	辛	壬	癸	甲	乙	丙	丁	戊	己	庚	辛	壬	癸	甲	乙	丙	丁	戊	己	庚	辛	壬	癸	甲
	戌	亥	子	丑	寅	卯	辰	巳	午	未	申	酉	戌	亥	子	丑	寅	卯	辰	巳	午	未	申	酉	戌	亥	子	丑	寅	卯	辰
大運 男	8	8	8	9	9	9	10	寒	1	1	1	1	2	2	2	3	3	3	4	4	4	5	5	5	6	6	6	7	7	7	8
大運 女	二	二	二	一	一	一	一	露	十	十	九	九	九	八	八	八	七	七	七	六	六	六	五	五	五	四	四	四	三	三	三

11월 (戊戌) 己亥 (입동) 立冬 8日 00:04 小雪 22日

陽曆	1	2	3	4	5	6	7	8	9	10	11	12	13	14	15	16	17	18	19	20	21	22	23	24	25	26	27	28	29	30	
요일	土	日	月	火	水	木	金	土	日	月	火	水	木	金	10	日	月	火	水	木	金	土	日	月	火	水	木	金	土	日	
陰曆	17	18	19	20	21	22	23	24	25	26	27	28	29	30	1	2	3	4	5	6	7	8	9	10	11	12	13	14	15	16	
日辰	乙	丙	丁	戊	己	庚	辛	壬	癸	甲	乙	丙	丁	戊	己	庚	辛	壬	癸	甲	乙	丙	丁	戊	己	庚	辛	壬	癸	甲	
	巳	午	未	申	酉	戌	亥	子	丑	寅	卯	辰	巳	午	未	申	酉	戌	亥	子	丑	寅	卯	辰	巳	午	未	申	酉	戌	
大運 男	8	8	9	9	9	10	10	立	1	1	1	1	2	2	2	3	3	3	4	4	4	5	5	5	6	6	6	7	7	7	
大運 女	二	二	二	一	一	一	一	冬	九	九	九	八	八	八	七	七	七	六	六	六	五	五	五	四	四	四	三	三	三	二	

12월 (己亥) 庚子 (대설) 大雪 7日 17:02 冬至 22日

陽曆	1	2	3	4	5	6	7	8	9	10	11	12	13	14	15	16	17	18	19	20	21	22	23	24	25	26	27	28	29	30	31
요일	月	火	水	木	金	土	日	月	火	水	木	金	土	11	月	火	水	木	金	土	日	月	火	水	木	金	土	日	月	火	水
陰曆	17	18	19	20	21	22	23	24	25	26	27	28	29	1	2	3	4	5	6	7	8	9	10	11	12	13	14	15	16	17	18
日辰	乙	丙	丁	戊	己	庚	辛	壬	癸	甲	乙	丙	丁	戊	己	庚	辛	壬	癸	甲	乙	丙	丁	戊	己	庚	辛	壬	癸	甲	乙
	亥	子	丑	寅	卯	辰	巳	午	未	申	酉	戌	亥	子	丑	寅	卯	辰	巳	午	未	申	酉	戌	亥	子	丑	寅	卯	辰	巳
大運 男	8	8	8	9	9	9	大	1	1	1	1	2	2	2	3	3	3	4	4	4	5	5	5	6	6	6	7	7	7	8	8
大運 女	二	二	一	一	一	一	雪	十	九	九	九	八	八	八	七	七	七	六	六	六	五	五	五	四	四	四	三	三	三	二	二

1월 (庚子) 辛丑 (소한) 小寒 6日 04:15 大寒 20日

陽曆		1	2	3	4	5	6	7	8	9	10	11	12	13	14	15	16	17	18	19	20	21	22	23	24	25	26	27	28	29	30	31
요일		木	金	土	日	月	火	水	木	金	土	日	月	12	水	木	金	土	日	月	火	水	木	金	土	日	月	火	水	木	金	土
陰曆		19	20	21	22	23	24	25	26	27	28	29	30	1	2	3	4	5	6	7	8	9	10	11	12	13	14	15	16	17	18	19
日辰		丙	丁	戊	己	庚	辛	壬	癸	甲	乙	丙	丁	戊	己	庚	辛	壬	癸	甲	乙	丙	丁	戊	己	庚	辛	壬	癸	甲	乙	丙
		午	未	申	酉	戌	亥	子	丑	寅	卯	辰	巳	午	未	申	酉	戌	亥	子	丑	寅	卯	辰	巳	午	未	申	酉	戌	亥	子
大	男	8	9	9	9	10	小	1	1	1	1	2	2	2	3	3	3	4	4	4	5	5	5	6	6	6	7	7	7	8	8	8
運	女	二	一	一	一	一	寒	九	九	九	八	八	八	七	七	七	六	六	六	五	五	五	四	四	四	三	三	三	二	二	二	一

2월 (辛丑) 壬寅 (입춘) 立春 4日 15:48 雨水 19日

陽曆		1	2	3	4	5	6	7	8	9	10	11	12	13	14	15	16	17	18	19	20	21	22	23	24	25	26	27	28	29		
요일		日	月	火	水	木	金	土	日	月	火	1	木	金	土	日	月	火	水	木	金	土	日	月	火	水	木	金	土	日		
陰曆		20	21	22	23	24	25	26	27	28	29	1	2	3	4	5	6	7	8	9	10	11	12	13	14	15	16	17	18	19		
日辰		丁	戊	己	庚	辛	壬	癸	甲	乙	丙	丁	戊	己	庚	辛	壬	癸	甲	乙	丙	丁	戊	己	庚	辛	壬	癸	甲	乙		
		丑	寅	卯	辰	巳	午	未	申	酉	戌	亥	子	丑	寅	卯	辰	巳	午	未	申	酉	戌	亥	子	丑	寅	卯	辰	巳		
大	男	9	9	9	立	10	9	9	9	8	8	8	7	7	7	6	6	6	5	5	5	4	4	4	3	3	3	2	2	2		
運	女	一	一	一	春	一	一	一	一	二	二	二	三	三	三	四	四	四	五	五	五	六	六	六	七	七	七	八	八	八		

3월 (壬寅) 癸卯 (경칩) 驚蟄 5日 09:39 春分 20日

陽曆		1	2	3	4	5	6	7	8	9	10	11	12	13	14	15	16	17	18	19	20	21	22	23	24	25	26	27	28	29	30	31
요일		月	火	水	木	金	土	日	月	火	水	木	2	土	日	月	火	水	木	金	土	日	月	火	水	木	金	土	日	月	火	水
陰曆		20	21	22	23	24	25	26	27	28	29	30	1	2	3	4	5	6	7	8	9	10	11	12	13	14	15	16	17	18	19	20
日辰		丙	丁	戊	己	庚	辛	壬	癸	甲	乙	丙	丁	戊	己	庚	辛	壬	癸	甲	乙	丙	丁	戊	己	庚	辛	壬	癸	甲	乙	丙
		午	未	申	酉	戌	亥	子	丑	寅	卯	辰	巳	午	未	申	酉	戌	亥	子	丑	寅	卯	辰	巳	午	未	申	酉	戌	亥	子
大	男	1	1	1	1	驚	10	9	9	9	8	8	8	7	7	7	6	6	6	5	5	5	4	4	4	3	3	3	2	2	2	1
運	女	九	九	九	十	蟄	一	一	一	一	二	二	二	三	三	三	四	四	四	五	五	五	六	六	六	七	七	七	八	八	八	九

4월 (癸卯) 甲辰 (청명) 清明 4日 14:16 穀雨 19日

陽曆		1	2	3	4	5	6	7	8	9	10	11	12	13	14	15	16	17	18	19	20	21	22	23	24	25	26	27	28	29	30	
요일		木	金	土	日	月	火	水	木	金	3	日	月	火	水	木	金	土	日	月	火	水	木	金	土	日	月	火	水	木	金	
陰曆		21	22	23	24	25	26	27	28	29	1	2	3	4	5	6	7	8	9	10	11	12	13	14	15	16	17	18	19	20	21	
日辰		丁	戊	己	庚	辛	壬	癸	甲	乙	丙	丁	戊	己	庚	辛	壬	癸	甲	乙	丙	丁	戊	己	庚	辛	壬	癸	甲	乙	丙	
		丑	寅	卯	辰	巳	午	未	申	酉	戌	亥	子	丑	寅	卯	辰	巳	午	未	申	酉	戌	亥	子	丑	寅	卯	辰	巳	午	
大	男	1	1	1	清	10	10	9	9	9	8	8	8	7	7	7	6	6	6	5	5	5	4	4	4	3	3	3	2	2	2	
運	女	九	九	十	明	一	一	一	一	二	二	二	三	三	三	四	四	四	五	五	五	六	六	六	七	七	七	八	八	八	九	

5월 (甲辰) 乙巳 (입하) 立夏 5日 07:25 小滿 20日

陽曆		1	2	3	4	5	6	7	8	9	10	11	12	13	14	15	16	17	18	19	20	21	22	23	24	25	26	27	28	29	30	31
요일		土	日	月	火	水	木	金	土	4	月	火	水	木	金	土	日	月	火	水	木	金	土	日	月	火	水	木	金	土	日	月
陰曆		22	23	24	25	26	27	28	29	1	2	3	4	5	6	7	8	9	10	11	12	13	14	15	16	17	18	19	20	21	22	23
日辰		丁	戊	己	庚	辛	壬	癸	甲	乙	丙	丁	戊	己	庚	辛	壬	癸	甲	乙	丙	丁	戊	己	庚	辛	壬	癸	甲	乙	丙	丁
		未	申	酉	戌	亥	子	丑	寅	卯	辰	巳	午	未	申	酉	戌	亥	子	丑	寅	卯	辰	巳	午	未	申	酉	戌	亥	子	丑
大	男	1	1	1	1	立	10	10	9	9	9	8	8	8	7	7	7	6	6	6	5	5	5	4	4	4	3	3	3	2	2	2
運	女	九	九	十	十	夏	一	一	一	一	二	二	二	三	三	三	四	四	四	五	五	五	六	六	六	七	七	七	八	八	八	九

6월 (乙巳) 丙午 (망종) 芒種 5日 11:27 夏至 21日

陽曆		1	2	3	4	5	6	7	8	9	10	11	12	13	14	15	16	17	18	19	20	21	22	23	24	25	26	27	28	29	30	
요일		火	水	木	金	土	日	月	5	水	木	金	土	日	月	火	水	木	金	土	日	月	火	水	木	金	土	日	月	火	水	
陰曆		24	25	26	27	28	29	30	1	2	3	4	5	6	7	8	9	10	11	12	13	14	15	16	17	18	19	20	21	22	23	
日辰		戊	己	庚	辛	壬	癸	甲	乙	丙	丁	戊	己	庚	辛	壬	癸	甲	乙	丙	丁	戊	己	庚	辛	壬	癸	甲	乙	丙	丁	
		寅	卯	辰	巳	午	未	申	酉	戌	亥	子	丑	寅	卯	辰	巳	午	未	申	酉	戌	亥	子	丑	寅	卯	辰	巳	午	未	
大	男	1	1	1	1	芒	10	10	9	9	9	8	8	8	7	7	7	6	6	6	5	5	5	4	4	4	3	3	3	2	2	
運	女	九	九	十	十	種	一	一	一	一	二	二	二	三	三	三	四	四	四	五	五	五	六	六	六	七	七	七	八	八	八	

桑柘木星	五日得辛	西大將	戌弔客	寒食(4월 05일)	初伏(7월 13일)
四綠木星	六龍治水	寅喪門	南三殺	中伏(7월 23일)	末伏(8월 12일)

7월 (丙午) 丁未 (소서) 小署 6日 21:40 大署 22日

陽曆	1	2	3	4	5	6	7	8	9	10	11	12	13	14	15	16	17	18	19	20	21	22	23	24	25	26	27	28	29	30	31
요일	木	金	土	日	月	火	6/1	木	金	土	日	月	火	水	木	金	土	日	月	火	水	木	金	土	日	月	火	水	木	金	土
陰曆	24	25	26	27	28	29		2	3	4	5	6	7	8	9	10	11	12	13	14	15	16	17	18	19	20	21	22	23	24	25
日辰	戊	己	庚	辛	壬	癸	甲	乙	丙	丁	戊	己	庚	辛	壬	癸	甲	乙	丙	丁	戊	己	庚	辛	壬	癸	甲	乙	丙	丁	戊
	申	酉	戌	亥	子	丑	寅	卯	辰	巳	午	未	申	酉	戌	亥	子	丑	寅	卯	辰	巳	午	未	申	酉	戌	亥	子	丑	寅
大 男	2	1	1	1	1	小	10	10	10	9	9	9	8	8	8	7	7	7	6	6	6	5	5	5	4	4	4	3	3	3	2
運 女	九	九	九	十	十	署	一	一	一	一	二	二	二	三	三	三	四	四	四	五	五	五	六	六	六	七	七	七	八	八	八

8월 (丁未) 戊申 (입추) 立秋 7日 07:31 處署 22日

陽曆	1	2	3	4	5	6	7	8	9	10	11	12	13	14	15	16	17	18	19	20	21	22	23	24	25	26	27	28	29	30	31
요일	日	月	火	水	木	7/1	土	日	月	火	水	木	金	土	日	月	火	水	木	金	土	日	月	火	水	木	金	土	日	月	火
陰曆	26	27	28	29	30		2	3	4	5	6	7	8	9	10	11	12	13	14	15	16	17	18	19	20	21	22	23	24	25	26
日辰	己	庚	辛	壬	癸	甲	乙	丙	丁	戊	己	庚	辛	壬	癸	甲	乙	丙	丁	戊	己	庚	辛	壬	癸	甲	乙	丙	丁	戊	己
	卯	辰	巳	午	未	申	酉	戌	亥	子	丑	寅	卯	辰	巳	午	未	申	酉	戌	亥	子	丑	寅	卯	辰	巳	午	未	申	酉
大 男	2	2	1	1	1	1	立	10	10	9	9	9	8	8	8	7	7	7	6	6	6	5	5	5	4	4	4	3	3	3	2
運 女	九	九	九	十	十	十	秋	一	一	一	一	二	二	二	三	三	三	四	四	四	五	五	五	六	六	六	七	七	七	八	八

9월 (戊申) 己酉 (백로) 白露 7日 10:37 秋分 22日

陽曆	1	2	3	4	5	6	7	8	9	10	11	12	13	14	15	16	17	18	19	20	21	22	23	24	25	26	27	28	29	30	
요일	水	木	金	土	8/1	月	火	水	木	金	土	日	月	火	水	木	金	土	日	月	火	水	木	金	土	日	月	火	水	木	
陰曆	27	28	29	30		2	3	4	5	6	7	8	9	10	11	12	13	14	15	16	17	18	19	20	21	22	23	24	25	26	
日辰	庚	辛	壬	癸	甲	乙	丙	丁	戊	己	庚	辛	壬	癸	甲	乙	丙	丁	戊	己	庚	辛	壬	癸	甲	乙	丙	丁	戊	己	
	戌	亥	子	丑	寅	卯	辰	巳	午	未	申	酉	戌	亥	子	丑	寅	卯	辰	巳	午	未	申	酉	戌	亥	子	丑	寅	卯	
大 男	2	2	1	1	1	1	白	10	10	9	9	9	8	8	8	7	7	7	6	6	6	5	5	5	4	4	4	3	3	3	
運 女	八	九	九	九	十	十	露	一	一	一	一	二	二	二	三	三	三	四	四	四	五	五	五	六	六	六	七	七	七	八	

10월 (己酉) 庚戌 (한로) 寒露 8日 02:29 霜降 23日

陽曆	1	2	3	4	5	6	7	8	9	10	11	12	13	14	15	16	17	18	19	20	21	22	23	24	25	26	27	28	29	30	31
요일	金	土	日	9/1	火	水	木	金	土	日	月	火	水	木	金	土	日	月	火	水	木	金	土	日	月	火	水	木	金	土	日
陰曆	27	28	29		2	3	4	5	6	7	8	9	10	11	12	13	14	15	16	17	18	19	20	21	22	23	24	25	26	27	28
日辰	庚	辛	壬	癸	甲	乙	丙	丁	戊	己	庚	辛	壬	癸	甲	乙	丙	丁	戊	己	庚	辛	壬	癸	甲	乙	丙	丁	戊	己	庚
	辰	巳	午	未	申	酉	戌	亥	子	丑	寅	卯	辰	巳	午	未	申	酉	戌	亥	子	丑	寅	卯	辰	巳	午	未	申	酉	戌
大 男	2	2	2	1	1	1	1	寒	10	9	9	9	8	8	8	7	7	7	6	6	6	5	5	5	4	4	4	3	3	3	2
運 女	八	八	九	九	九	十	十	露	一	一	一	一	二	二	二	三	三	三	四	四	四	五	五	五	六	六	六	七	七	七	八

11월 (庚戌) 辛亥 (입동) 立冬 7日 05:53 小雪 22日

陽曆	1	2	3	4	5	6	7	8	9	10	11	12	13	14	15	16	17	18	19	20	21	22	23	24	25	26	27	28	29	30	
요일	月	火	10/1	木	金	土	日	月	火	水	木	金	土	日	月	火	水	木	金	土	日	月	火	水	木	金	土	日	月	火	
陰曆	29	30		2	3	4	5	6	7	8	9	10	11	12	13	14	15	16	17	18	19	20	21	22	23	24	25	26	27	28	
日辰	辛	壬	癸	甲	乙	丙	丁	戊	己	庚	辛	壬	癸	甲	乙	丙	丁	戊	己	庚	辛	壬	癸	甲	乙	丙	丁	戊	己	庚	
	亥	子	丑	寅	卯	辰	巳	午	未	申	酉	戌	亥	子	丑	寅	卯	辰	巳	午	未	申	酉	戌	亥	子	丑	寅	卯	辰	
大 男	2	2	1	1	1	1	立	9	9	9	8	8	8	7	7	7	6	6	6	5	5	5	4	4	4	3	3	3	2	2	
運 女	八	八	九	九	九	十	冬	一	一	一	一	二	二	二	三	三	三	四	四	四	五	五	五	六	六	六	七	七	七	八	

12월 (辛亥) 壬子 (대설) 大雪 6日 22:52 冬至 21日

陽曆	1	2	3	4	5	6	7	8	9	10	11	12	13	14	15	16	17	18	19	20	21	22	23	24	25	26	27	28	29	30	31
요일	水	木	11/1	土	日	月	火	水	木	金	土	日	月	火	水	木	金	土	日	月	火	水	木	金	土	日	月	火	水	木	金
陰曆	29	30		2	3	4	5	6	7	8	9	10	11	12	13	14	15	16	17	18	19	20	21	22	23	24	25	26	27	28	29
日辰	辛	壬	癸	甲	乙	丙	丁	戊	己	庚	辛	壬	癸	甲	乙	丙	丁	戊	己	庚	辛	壬	癸	甲	乙	丙	丁	戊	己	庚	辛
	巳	午	未	申	酉	戌	亥	子	丑	寅	卯	辰	巳	午	未	申	酉	戌	亥	子	丑	寅	卯	辰	巳	午	未	申	酉	戌	亥
大 男	2	1	1	1	1	大	10	9	9	9	8	8	8	7	7	7	6	6	6	5	5	5	4	4	4	3	3	3	2	2	2
運 女	八	八	九	九	九	雪	一	一	一	一	二	二	二	三	三	三	四	四	四	五	五	五	六	六	六	七	七	七	八	八	八

1월 (壬子) 癸丑 (소한) 小寒 5日 10:07 大寒 20日

陽曆	1	2	3	4	5	6	7	8	9	10	11	12	13	14	15	16	17	18	19	20	21	22	23	24	25	26	27	28	29	30	31
요일	12	日	月	火	水	木	金	土	日	月	火	水	木	金	土	日	月	火	水	木	金	土	日	月	火	水	木	金	土	日	1
陰曆	1	2	3	4	5	6	7	8	9	10	11	12	13	14	15	16	17	18	19	20	21	22	23	24	25	26	27	28	29	30	1
日辰	壬	癸	甲	乙	丙	丁	戊	己	庚	辛	壬	癸	甲	乙	丙	丁	戊	己	庚	辛	壬	癸	甲	乙	丙	丁	戊	己	庚	辛	壬
	子	丑	寅	卯	辰	巳	午	未	申	酉	戌	亥	子	丑	寅	卯	辰	巳	午	未	申	酉	戌	亥	子	丑	寅	卯	辰	巳	午
大 男	1	1	1	1	小	9	9	9	8	8	8	7	7	7	6	6	6	5	5	5	4	4	4	3	3	3	2	2	2	1	1
運 女	九	九	九	十	寒	一	一	一	一	二	二	二	三	三	三	四	四	四	五	五	五	六	六	六	七	七	七	八	八	八	九

2월 (癸丑) 甲寅 (입춘) 立春 3日 21:40 雨水 18日

陽曆	1	2	3	4	5	6	7	8	9	10	11	12	13	14	15	16	17	18	19	20	21	22	23	24	25	26	27	28			
요일	火	水	木	金	土	日	月	火	水	木	金	土	日	月	火	水	木	金	土	日	月	火	水	木	金	土	日	月			
陰曆	2	3	4	5	6	7	8	9	10	11	12	13	14	15	16	17	18	19	20	21	22	23	24	25	26	27	28	29			
日辰	癸	甲	乙	丙	丁	戊	己	庚	辛	壬	癸	甲	乙	丙	丁	戊	己	庚	辛	壬	癸	甲	乙	丙	丁	戊	己	庚			
	未	申	酉	戌	亥	子	丑	寅	卯	辰	巳	午	未	申	酉	戌	亥	子	丑	寅	卯	辰	巳	午	未	申	酉	戌			
大 男	1	1	立	1	1	1	1	2	2	2	3	3	3	4	4	4	5	5	5	6	6	6	7	7	7	8	8	8			
運 女	九	九	春	十	九	九	九	八	八	八	七	七	七	六	六	六	五	五	五	四	四	四	三	三	三	二	二	二			

3월 (甲寅) 乙卯 (경칩) 驚蟄 5日 15:31 春分 20日

陽曆	1	2	3	4	5	6	7	8	9	10	11	12	13	14	15	16	17	18	19	20	21	22	23	24	25	26	27	28	29	30	31
요일	2	水	木	金	土	日	月	火	水	木	金	土	日	月	火	水	木	金	土	日	月	火	水	木	金	土	日	月	火	水	3
陰曆	1	2	3	4	5	6	7	8	9	10	11	12	13	14	15	16	17	18	19	20	21	22	23	24	25	26	27	28	29	30	1
日辰	辛	壬	癸	甲	乙	丙	丁	戊	己	庚	辛	壬	癸	甲	乙	丙	丁	戊	己	庚	辛	壬	癸	甲	乙	丙	丁	戊	己	庚	辛
	亥	子	丑	寅	卯	辰	巳	午	未	申	酉	戌	亥	子	丑	寅	卯	辰	巳	午	未	申	酉	戌	亥	子	丑	寅	卯	辰	巳
大 男	9	9	9	10	驚	1	1	1	1	2	2	2	3	3	3	4	4	4	5	5	5	6	6	6	7	7	7	8	8	8	9
運 女	一	一	一	一	蟄	十	九	九	九	八	八	八	七	七	七	六	六	六	五	五	五	四	四	四	三	三	三	二	二	二	一

4월 (乙卯) 丙辰 (청명) 淸明 4日 20:07 穀雨 20日

陽曆	1	2	3	4	5	6	7	8	9	10	11	12	13	14	15	16	17	18	19	20	21	22	23	24	25	26	27	28	29	30	
요일	金	土	日	月	火	水	木	金	土	日	月	火	水	木	金	土	日	月	火	水	木	金	土	日	月	火	水	木	4	土	
陰曆	2	3	4	5	6	7	8	9	10	11	12	13	14	15	16	17	18	19	20	21	22	23	24	25	26	27	28	29	1	2	
日辰	壬	癸	甲	乙	丙	丁	戊	己	庚	辛	壬	癸	甲	乙	丙	丁	戊	己	庚	辛	壬	癸	甲	乙	丙	丁	戊	己	庚	辛	
	午	未	申	酉	戌	亥	子	丑	寅	卯	辰	巳	午	未	申	酉	戌	亥	子	丑	寅	卯	辰	巳	午	未	申	酉	戌	亥	
大 男	9	9	10	淸	1	1	1	1	2	2	2	3	3	3	4	4	4	5	5	5	6	6	6	7	7	7	8	8	8	9	
運 女	一	一	一	明	十	十	九	九	九	八	八	八	七	七	七	六	六	六	五	五	五	四	四	四	三	三	三	二	二	二	

5월 (丙辰) 丁巳 (입하) 立夏 5日 13:12 小滿 21日

陽曆	1	2	3	4	5	6	7	8	9	10	11	12	13	14	15	16	17	18	19	20	21	22	23	24	25	26	27	28	29	30	31
요일	日	月	火	水	木	金	土	日	月	火	水	木	金	土	日	月	火	水	木	金	土	日	月	火	水	木	金	5	日	月	火
陰曆	3	4	5	6	7	8	9	10	11	12	13	14	15	16	17	18	19	20	21	22	23	24	25	26	27	28	29	1	2	3	4
日辰	壬	癸	甲	乙	丙	丁	戊	己	庚	辛	壬	癸	甲	乙	丙	丁	戊	己	庚	辛	壬	癸	甲	乙	丙	丁	戊	己	庚	辛	壬
	子	丑	寅	卯	辰	巳	午	未	申	酉	戌	亥	子	丑	寅	卯	辰	巳	午	未	申	酉	戌	亥	子	丑	寅	卯	辰	巳	午
大 男	9	9	10	10	立	1	1	1	1	2	2	2	3	3	3	4	4	4	5	5	5	6	6	6	7	7	7	8	8	8	9
運 女	一	一	一	一	夏	十	十	九	九	九	八	八	八	七	七	七	六	六	六	五	五	五	四	四	四	三	三	三	二	二	二

6월 (丁巳) 戊午 (망종) 芒種 5日 17:12 夏至 21日

陽曆	1	2	3	4	5	6	7	8	9	10	11	12	13	14	15	16	17	18	19	20	21	22	23	24	25	26	27	28	29	30	
요일	水	木	金	土	日	月	火	水	木	金	土	日	月	火	水	木	金	土	日	月	火	水	木	金	土	日	6	火	水	木	
陰曆	5	6	7	8	9	10	11	12	13	14	15	16	17	18	19	20	21	22	23	24	25	26	27	28	29	30	1	2	3	4	
日辰	癸	甲	乙	丙	丁	戊	己	庚	辛	壬	癸	甲	乙	丙	丁	戊	己	庚	辛	壬	癸	甲	乙	丙	丁	戊	己	庚	辛	壬	
	未	申	酉	戌	亥	子	丑	寅	卯	辰	巳	午	未	申	酉	戌	亥	子	丑	寅	卯	辰	巳	午	未	申	酉	戌	亥	子	
大 男	9	9	10	10	芒	1	1	1	1	2	2	2	3	3	3	4	4	4	5	5	5	6	6	6	7	7	7	8	8	8	
運 女	一	一	一	一	種	十	十	十	九	九	九	八	八	八	七	七	七	六	六	六	五	五	五	四	四	四	三	三	三	二	

7월 (戊午) 己未 (소서) 小暑 7日 03:24 大暑 22日

陽曆	1	2	3	4	5	6	7	8	9	10	11	12	13	14	15	16	17	18	19	20	21	22	23	24	25	26	27	28	29	30	31
요일	金	土	日	月	火	水	木	金	土	日	月	火	水	木	金	土	日	月	火	水	木	金	土	日	月	7/1	水	木	金	土	日
陰曆	5	6	7	8	9	10	11	12	13	14	15	16	17	18	19	20	21	22	23	24	25	26	27	28	29		2	3	4	5	6
日辰	癸丑	甲寅	乙卯	丙辰	丁巳	戊午	己未	庚申	辛酉	壬戌	癸亥	甲子	乙丑	丙寅	丁卯	戊辰	己巳	庚午	辛未	壬申	癸酉	甲戌	乙亥	丙子	丁丑	戊寅	己卯	庚辰	辛巳	壬午	癸未
大運 男	9	9	9	10	10	10	小	1	1	1	1	2	2	2	3	3	3	4	4	4	5	5	5	6	6	6	7	7	7	8	8
大運 女	二	二	一	一	一	一	暑	十	十	九	九	九	八	八	八	七	七	七	六	六	六	五	五	五	四	四	四	三	三	三	二

8월 (己未) 庚申 (입추) 立秋 7日 13:14 處暑 23日

陽曆	1	2	3	4	5	6	7	8	9	10	11	12	13	14	15	16	17	18	19	20	21	22	23	24	25	26	27	28	29	30	31
요일	月	火	水	木	金	土	日	月	火	水	木	金	土	日	月	火	水	木	金	土	日	月	火	水	윤7/1	金	土	日	月	火	水
陰曆	7	8	9	10	11	12	13	14	15	16	17	18	19	20	21	22	23	24	25	26	27	28	29	30		2	3	4	5	6	7
日辰	甲申	乙酉	丙戌	丁亥	戊子	己丑	庚寅	辛卯	壬辰	癸巳	甲午	乙未	丙申	丁酉	戊戌	己亥	庚子	辛丑	壬寅	癸卯	甲辰	乙巳	丙午	丁未	戊申	己酉	庚戌	辛亥	壬子	癸丑	甲寅
大運 男	8	9	9	9	10	10	立	1	1	1	1	2	2	2	3	3	3	4	4	4	5	5	5	6	6	6	7	7	7	8	8
大運 女	二	二	一	一	一	一	秋	十	十	九	九	九	八	八	八	七	七	七	六	六	六	五	五	五	四	四	四	三	三	三	二

9월 (庚申) 辛酉 (백로) 白露 7日 16:19 秋分 23日

陽曆	1	2	3	4	5	6	7	8	9	10	11	12	13	14	15	16	17	18	19	20	21	22	23	24	25	26	27	28	29	30
요일	木	金	土	日	月	火	水	木	金	土	日	月	火	水	木	金	土	日	月	火	水	木	8/1	土	日	月	火	水	木	金
陰曆	8	9	10	11	12	13	14	15	16	17	18	19	20	21	22	23	24	25	26	27	28	29		2	3	4	5	6	7	8
日辰	乙卯	丙辰	丁巳	戊午	己未	庚申	辛酉	壬戌	癸亥	甲子	乙丑	丙寅	丁卯	戊辰	己巳	庚午	辛未	壬申	癸酉	甲戌	乙亥	丙子	丁丑	戊寅	己卯	庚辰	辛巳	壬午	癸未	甲申
大運 男	8	9	9	9	10	10	白	1	1	1	1	2	2	2	3	3	3	4	4	4	5	5	5	6	6	6	7	7	7	8
大運 女	二	二	一	一	一	一	露	十	十	九	九	九	八	八	八	七	七	七	六	六	六	五	五	五	四	四	四	三	三	三

10월 (辛酉) 壬戌 (한로) 寒露 8日 08:13 霜降 23日

陽曆	1	2	3	4	5	6	7	8	9	10	11	12	13	14	15	16	17	18	19	20	21	22	23	24	25	26	27	28	29	30	31
요일	土	日	月	火	水	木	金	土	日	月	火	水	木	金	土	日	月	火	水	木	金	土	9/1	月	火	水	木	金	土	日	月
陰曆	9	10	11	12	13	14	15	16	17	18	19	20	21	22	23	24	25	26	27	28	29	30		2	3	4	5	6	7	8	9
日辰	乙酉	丙戌	丁亥	戊子	己丑	庚寅	辛卯	壬辰	癸巳	甲午	乙未	丙申	丁酉	戊戌	己亥	庚子	辛丑	壬寅	癸卯	甲辰	乙巳	丙午	丁未	戊申	己酉	庚戌	辛亥	壬子	癸丑	甲寅	乙卯
大運 男	8	8	9	9	9	10	10	寒	1	1	1	1	2	2	2	3	3	3	4	4	4	5	5	5	6	6	6	7	7	7	8
大運 女	二	二	二	一	一	一	一	露	十	九	九	九	八	八	八	七	七	七	六	六	六	五	五	五	四	四	四	三	三	三	二

11월 (壬戌) 癸亥 (입동) 立冬 7日 11:40 小雪 22日

陽曆	1	2	3	4	5	6	7	8	9	10	11	12	13	14	15	16	17	18	19	20	21	22	23	24	25	26	27	28	29	30
요일	火	水	木	金	土	日	月	火	水	木	金	土	日	月	火	水	木	金	土	日	月	10/1	水	木	金	土	日	月	火	水
陰曆	10	11	12	13	14	15	16	17	18	19	20	21	22	23	24	25	26	27	28	29	30		2	3	4	5	6	7	8	9
日辰	丙辰	丁巳	戊午	己未	庚申	辛酉	壬戌	癸亥	甲子	乙丑	丙寅	丁卯	戊辰	己巳	庚午	辛未	壬申	癸酉	甲戌	乙亥	丙子	丁丑	戊寅	己卯	庚辰	辛巳	壬午	癸未	甲申	乙酉
大運 男	8	8	9	9	9	10	立	1	1	1	1	2	2	2	3	3	3	4	4	4	5	5	5	6	6	6	7	7	7	8
大運 女	二	二	一	一	一	一	冬	十	九	九	九	八	八	八	七	七	七	六	六	六	五	五	五	四	四	四	三	三	三	二

12월 (癸亥) 甲子 (대설) 大雪 7日 04:44 冬至 21日

陽曆	1	2	3	4	5	6	7	8	9	10	11	12	13	14	15	16	17	18	19	20	21	22	23	24	25	26	27	28	29	30	31
요일	木	金	土	日	月	火	水	木	金	土	日	月	火	水	木	金	土	日	月	火	水	11/1	金	土	日	月	火	水	木	金	土
陰曆	10	11	12	13	14	15	16	17	18	19	20	21	22	23	24	25	26	27	28	29	30		2	3	4	5	6	7	8	9	10
日辰	丙戌	丁亥	戊子	己丑	庚寅	辛卯	壬辰	癸巳	甲午	乙未	丙申	丁酉	戊戌	己亥	庚子	辛丑	壬寅	癸卯	甲辰	乙巳	丙午	丁未	戊申	己酉	庚戌	辛亥	壬子	癸丑	甲寅	乙卯	丙辰
大運 男	8	8	9	9	9	10	大	1	1	1	1	2	2	2	3	3	3	4	4	4	5	5	5	6	6	6	7	7	7	8	8
大運 女	二	二	一	一	一	一	雪	九	九	九	八	八	八	七	七	七	六	六	六	五	五	五	四	四	四	三	三	三	二	二	二

1월 (甲子) 乙丑 (소한) 小寒 5日 16:03 大寒 20日

陽曆		1	2	3	4	5	6	7	8	9	10	11	12	13	14	15	16	17	18	19	20	21	22	23	24	25	26	27	28	29	30	31
요일		日	月	火	水	木	金	土	日	月	火	水	木	金	土	日	月	火	水	木	12	土	日	月	火	水	木	金	土	日	月	火
陰曆		11	12	13	14	15	16	17	18	19	20	21	22	23	24	25	26	27	28	29	1	2	3	4	5	6	7	8	9	10	11	12
日辰		丁	戊	己	庚	辛	壬	癸	甲	乙	丙	丁	戊	己	庚	辛	壬	癸	甲	乙	丙	丁	戊	己	庚	辛	壬	癸	甲	乙	丙	丁
		巳	午	未	申	酉	戌	亥	子	丑	寅	卯	辰	巳	午	未	申	酉	戌	亥	子	丑	寅	卯	辰	巳	午	未	申	酉	戌	亥
大	男	8	9	9	9	小	1	1	1	1	2	2	2	3	3	3	4	4	4	5	5	5	6	6	6	7	7	7	8	8	8	9
運	女	一	一	一	一	寒	十	九	九	九	八	八	八	七	七	七	六	六	六	五	五	五	四	四	四	三	三	三	二	二	二	一

2월 (乙丑) 丙寅 (입춘) 立春 4日 03:40 雨水 18日

陽曆		1	2	3	4	5	6	7	8	9	10	11	12	13	14	15	16	17	18	19	20	21	22	23	24	25	26	27	28			
요일		水	木	金	土	日	月	火	水	木	金	土	日	月	火	水	木	金	土	1	月	火	水	木	金	土	日	月	火			
陰曆		13	14	15	16	17	18	19	20	21	22	23	24	25	26	27	28	29	30	1	2	3	4	5	6	7	8	9	10			
日辰		戊	己	庚	辛	壬	癸	甲	乙	丙	丁	戊	己	庚	辛	壬	癸	甲	乙	丙	丁	戊	己	庚	辛	壬	癸	甲	乙			
		子	丑	寅	卯	辰	巳	午	未	申	酉	戌	亥	子	丑	寅	卯	辰	巳	午	未	申	酉	戌	亥	子	丑	寅	卯			
大	男	9	9	10	立	9	9	9	8	8	8	7	7	7	6	6	6	5	5	5	4	4	4	3	3	3	2	2	2			
運	女	一	一	一	春	一	一	一	一	二	二	二	三	三	三	四	四	四	五	五	五	六	六	六	七	七	七	八	八			

3월 (丙寅) 丁卯 (경칩) 驚蟄 5日 21:31 春分 20日

陽曆		1	2	3	4	5	6	7	8	9	10	11	12	13	14	15	16	17	18	19	20	21	22	23	24	25	26	27	28	29	30	31
요일		水	木	金	土	日	月	火	水	木	金	土	日	月	火	水	木	金	土	日	2	火	水	木	金	土	日	月	火	水	木	金
陰曆		11	12	13	14	15	16	17	18	19	20	21	22	23	24	25	26	27	28	29	1	2	3	4	5	6	7	8	9	10	11	12
日辰		丙	丁	戊	己	庚	辛	壬	癸	甲	乙	丙	丁	戊	己	庚	辛	壬	癸	甲	乙	丙	丁	戊	己	庚	辛	壬	癸	甲	乙	丙
		辰	巳	午	未	申	酉	戌	亥	子	丑	寅	卯	辰	巳	午	未	申	酉	戌	亥	子	丑	寅	卯	辰	巳	午	未	申	酉	戌
大	男	1	1	1	1	驚	10	10	9	9	9	8	8	8	7	7	7	6	6	6	5	5	5	4	4	4	3	3	3	2	2	2
運	女	八	九	九	九	蟄	一	一	一	一	二	二	二	三	三	三	四	四	四	五	五	五	六	六	六	七	七	七	八	八	八	九

4월 (丁卯) 戊辰 (청명) 清明 5日 02:05 穀雨 20日

陽曆		1	2	3	4	5	6	7	8	9	10	11	12	13	14	15	16	17	18	19	20	21	22	23	24	25	26	27	28	29	30	
요일		土	日	月	火	水	木	金	土	日	月	火	水	木	金	土	日	月	火	3	木	金	土	日	月	火	水	木	金	土	日	
陰曆		13	14	15	16	17	18	19	20	21	22	23	24	25	26	27	28	29	30	1	2	3	4	5	6	7	8	9	10	11	12	
日辰		丁	戊	己	庚	辛	壬	癸	甲	乙	丙	丁	戊	己	庚	辛	壬	癸	甲	乙	丙	丁	戊	己	庚	辛	壬	癸	甲	乙	丙	
		亥	子	丑	寅	卯	辰	巳	午	未	申	酉	戌	亥	子	丑	寅	卯	辰	巳	午	未	申	酉	戌	亥	子	丑	寅	卯	辰	
大	男	1	1	1	1	清	10	9	9	9	8	8	8	7	7	7	6	6	6	5	5	5	4	4	4	3	3	3	2	2	2	
運	女	九	九	十	十	明	一	一	一	一	二	二	二	三	三	三	四	四	四	五	五	五	六	六	六	七	七	七	八	八	八	

5월 (戊辰) 己巳 (입하) 立夏 5日 19:08 小滿 21日

陽曆		1	2	3	4	5	6	7	8	9	10	11	12	13	14	15	16	17	18	19	20	21	22	23	24	25	26	27	28	29	30	31
요일		月	火	水	木	金	土	日	月	火	水	木	金	土	日	月	火	水	4	金	土	日	月	火	水	木	金	土	日	月	火	水
陰曆		13	14	15	16	17	18	19	20	21	22	23	24	25	26	27	28	29	1	2	3	4	5	6	7	8	9	10	11	12	13	14
日辰		丁	戊	己	庚	辛	壬	癸	甲	乙	丙	丁	戊	己	庚	辛	壬	癸	甲	乙	丙	丁	戊	己	庚	辛	壬	癸	甲	乙	丙	丁
		巳	午	未	申	酉	戌	亥	子	丑	寅	卯	辰	巳	午	未	申	酉	戌	亥	子	丑	寅	卯	辰	巳	午	未	申	酉	戌	亥
大	男	1	1	1	1	立	10	10	9	9	9	8	8	8	7	7	7	6	6	6	5	5	5	4	4	4	3	3	3	2	2	2
運	女	九	九	九	十	夏	一	一	一	一	二	二	二	三	三	三	四	四	四	五	五	五	六	六	六	七	七	七	八	八	八	九

6월 (己巳) 庚午 (망종) 芒種 5日 23:05 夏至 21日

陽曆		1	2	3	4	5	6	7	8	9	10	11	12	13	14	15	16	17	18	19	20	21	22	23	24	25	26	27	28	29	30	
요일		木	金	土	日	月	火	水	木	金	土	日	月	火	水	木	5	土	日	月	火	水	木	金	土	日	月	火	水	木	金	
陰曆		15	16	17	18	19	20	21	22	23	24	25	26	27	28	29	1	2	3	4	5	6	7	8	9	10	11	12	13	14	15	
日辰		戊	己	庚	辛	壬	癸	甲	乙	丙	丁	戊	己	庚	辛	壬	癸	甲	乙	丙	丁	戊	己	庚	辛	壬	癸	甲	乙	丙	丁	
		子	丑	寅	卯	辰	巳	午	未	申	酉	戌	亥	子	丑	寅	卯	辰	巳	午	未	申	酉	戌	亥	子	丑	寅	卯	辰	巳	
大	男	1	1	1	1	芒	10	10	10	9	9	9	8	8	8	7	7	7	6	6	6	5	5	5	4	4	4	3	3	3	2	
運	女	九	九	十	十	種	一	一	一	一	二	二	二	三	三	三	四	四	四	五	五	五	六	六	六	七	七	七	八	八	八	

大溪水星	六日得辛	北大將	子弔客	寒食(4월 05일)	初伏(7월 13일)
二黑土星	十一龍治水	辰喪門	北三殺	中伏(7월 23일)	末伏(8월 12일)

7월 (庚午) 辛未 (소서) 小署 7日 09:16 大署 23日

陽曆		1	2	3	4	5	6	7	8	9	10	11	12	13	14	15	16	17	18	19	20	21	22	23	24	25	26	27	28	29	30	31
요일		土	日	月	火	水	木	金	土	日	月	火	水	木	金	土	6	月	火	水	木	金	土	日	月	火	水	木	金	土	日	月
陰曆		16	17	18	19	20	21	22	23	24	25	26	27	28	29	30	1	2	3	4	5	6	7	8	9	10	11	12	13	14	15	16
日辰		戊	己	庚	辛	壬	癸	甲	乙	丙	丁	戊	己	庚	辛	壬	癸	甲	乙	丙	丁	戊	己	庚	辛	壬	癸	甲	乙	丙	丁	戊
		午	未	申	酉	戌	亥	子	丑	寅	卯	辰	巳	午	未	申	酉	戌	亥	子	丑	寅	卯	辰	巳	午	未	申	酉	戌	亥	子
大	男	2	2	1	1	1	1	小	10	10	9	9	9	8	8	8	7	7	7	6	6	6	5	5	5	4	4	4	3	3	3	2
運	女	九	九	九	十	十	十	署	一	一	一	一	二	二	二	三	三	三	四	四	四	五	五	五	六	六	六	七	七	七	八	八

8월 (辛未) 壬申 (입추) 立秋 7日 19:08 處署 23日

陽曆		1	2	3	4	5	6	7	8	9	10	11	12	13	14	15	16	17	18	19	20	21	22	23	24	25	26	27	28	29	30	31
요일		火	水	木	金	土	日	月	火	水	木	金	土	日	7	火	水	木	金	土	日	月	火	水	木	金	土	日	月	火	水	木
陰曆		17	18	19	20	21	22	23	24	25	26	27	28	29	1	2	3	4	5	6	7	8	9	10	11	12	13	14	15	16	17	18
日辰		己	庚	辛	壬	癸	甲	乙	丙	丁	戊	己	庚	辛	壬	癸	甲	乙	丙	丁	戊	己	庚	辛	壬	癸	甲	乙	丙	丁	戊	己
		丑	寅	卯	辰	巳	午	未	申	酉	戌	亥	子	丑	寅	卯	辰	巳	午	未	申	酉	戌	亥	子	丑	寅	卯	辰	巳	午	未
大	男	2	2	1	1	1	1	立	10	10	9	9	9	8	8	8	7	7	7	6	6	6	5	5	5	4	4	4	3	3	3	2
運	女	八	九	九	九	十	十	秋	一	一	一	一	二	二	二	三	三	三	四	四	四	五	五	五	六	六	六	七	七	七	八	八

9월 (壬申) 癸酉 (백로) 白露 7日 22:13 秋分 23日

陽曆		1	2	3	4	5	6	7	8	9	10	11	12	13	14	15	16	17	18	19	20	21	22	23	24	25	26	27	28	29	30
요일		金	土	日	月	火	水	木	金	土	日	月	火	8	木	金	土	日	月	火	水	木	金	土	日	月	火	水	木	金	土
陰曆		19	20	21	22	23	24	25	26	27	28	29	30	1	2	3	4	5	6	7	8	9	10	11	12	13	14	15	16	17	18
日辰		庚	辛	壬	癸	甲	乙	丙	丁	戊	己	庚	辛	壬	癸	甲	乙	丙	丁	戊	己	庚	辛	壬	癸	甲	乙	丙	丁	戊	己
		申	酉	戌	亥	子	丑	寅	卯	辰	巳	午	未	申	酉	戌	亥	子	丑	寅	卯	辰	巳	午	未	申	酉	戌	亥	子	丑
大	男	2	2	1	1	1	1	白	10	10	9	9	9	8	8	8	7	7	7	6	6	6	5	5	5	4	4	4	3	3	3
運	女	八	九	九	九	十	十	露	一	一	一	一	二	二	二	三	三	三	四	四	四	五	五	五	六	六	六	七	七	七	八

10월 (癸酉) 甲戌 (한로) 寒露 8日 14:06 霜降 23日

陽曆		1	2	3	4	5	6	7	8	9	10	11	12	13	14	15	16	17	18	19	20	21	22	23	24	25	26	27	28	29	30	31
요일		日	月	火	水	木	金	土	日	月	火	水	9	金	土	日	月	火	水	木	金	土	日	月	火	水	木	金	土	日	月	火
陰曆		19	20	21	22	23	24	25	26	27	28	29	1	2	3	4	5	6	7	8	9	10	11	12	13	14	15	16	17	18	19	20
日辰		庚	辛	壬	癸	甲	乙	丙	丁	戊	己	庚	辛	壬	癸	甲	乙	丙	丁	戊	己	庚	辛	壬	癸	甲	乙	丙	丁	戊	己	庚
		寅	卯	辰	巳	午	未	申	酉	戌	亥	子	丑	寅	卯	辰	巳	午	未	申	酉	戌	亥	子	丑	寅	卯	辰	巳	午	未	申
大	男	2	2	2	1	1	1	1	寒	10	9	9	9	8	8	8	7	7	7	6	6	6	5	5	5	4	4	4	3	3	3	2
運	女	八	八	九	九	九	十	十	露	一	一	一	一	二	二	二	三	三	三	四	四	四	五	五	五	六	六	六	七	七	七	八

11월 (甲戌) 乙亥 (입동) 立冬 7日 17:32 小雪 22日

陽曆		1	2	3	4	5	6	7	8	9	10	11	12	13	14	15	16	17	18	19	20	21	22	23	24	25	26	27	28	29	30
요일		水	木	金	土	日	月	火	水	木	金	10	日	月	火	水	木	金	土	日	月	火	水	木	金	土	日	月	火	水	木
陰曆		21	22	23	24	25	26	27	28	29	30	1	2	3	4	5	6	7	8	9	10	11	12	13	14	15	16	17	18	19	20
日辰		辛	壬	癸	甲	乙	丙	丁	戊	己	庚	辛	壬	癸	甲	乙	丙	丁	戊	己	庚	辛	壬	癸	甲	乙	丙	丁	戊	己	庚
		酉	戌	亥	子	丑	寅	卯	辰	巳	午	未	申	酉	戌	亥	子	丑	寅	卯	辰	巳	午	未	申	酉	戌	亥	子	丑	寅
大	男	2	2	1	1	1	1	立	10	9	9	9	8	8	8	7	7	7	6	6	6	5	5	5	4	4	4	3	3	3	2
運	女	八	八	九	九	九	十	冬	一	一	一	一	二	二	二	三	三	三	四	四	四	五	五	五	六	六	六	七	七	七	八

12월 (乙亥) 丙子 (대설) 大雪 7日 10:35 冬至 22日

陽曆		1	2	3	4	5	6	7	8	9	10	11	12	13	14	15	16	17	18	19	20	21	22	23	24	25	26	27	28	29	30	31
요일		金	土	日	月	火	水	木	金	土	日	11	火	水	木	金	土	日	月	火	水	木	金	土	日	月	火	水	木	金	土	日
陰曆		21	22	23	24	25	26	27	28	29	30	1	2	3	4	5	6	7	8	9	10	11	12	13	14	15	16	17	18	19	20	21
日辰		辛	壬	癸	甲	乙	丙	丁	戊	己	庚	辛	壬	癸	甲	乙	丙	丁	戊	己	庚	辛	壬	癸	甲	乙	丙	丁	戊	己	庚	辛
		卯	辰	巳	午	未	申	酉	戌	亥	子	丑	寅	卯	辰	巳	午	未	申	酉	戌	亥	子	丑	寅	卯	辰	巳	午	未	申	酉
大	男	2	2	1	1	1	1	大	9	9	9	8	8	8	7	7	7	6	6	6	5	5	5	4	4	4	3	3	3	2	2	2
運	女	八	八	九	九	九	十	雪	一	一	一	一	二	二	二	三	三	三	四	四	四	五	五	五	六	六	六	七	七	七	八	八

1월 (丙子)

丁丑 (소한) 小寒 5日 21:54 大寒 20日

陽曆	1	2	3	4	5	6	7	8	9	10	11	12	13	14	15	16	17	18	19	20	21	22	23	24	25	26	27	28	29	30	31
요일	月	火	水	木	金	土	日	月	火	12	木	金	土	日	月	火	水	木	金	土	日	月	火	水	木	金	土	日	月	火	水
陰曆	22	23	24	25	26	27	28	29	30	1	2	3	4	5	6	7	8	9	10	11	12	13	14	15	16	17	18	19	20	21	22
日辰	壬	癸	甲	乙	丙	丁	戊	己	庚	辛	壬	癸	甲	乙	丙	丁	戊	己	庚	辛	壬	癸	甲	乙	丙	丁	戊	己	庚	辛	壬
	戌	亥	子	丑	寅	卯	辰	巳	午	未	申	酉	戌	亥	子	丑	寅	卯	辰	巳	午	未	申	酉	戌	亥	子	丑	寅	卯	辰
大運 男	1	1	1	1	小	10	9	9	9	8	8	8	7	7	7	6	6	6	5	5	5	4	4	4	3	3	3	2	2	2	1
大運 女	八	九	九	九	寒	一	一	一	一	二	二	二	三	三	三	四	四	四	五	五	五	六	六	六	七	七	七	八	八	八	九

2월 (丁丑)

戊寅 (입춘) 立春 4日 09:30 雨水 19日

陽曆	1	2	3	4	5	6	7	8	9	10	11	12	13	14	15	16	17	18	19	20	21	22	23	24	25	26	27	28
요일	木	金	土	日	月	火	水	1	金	土	日	月	火	水	木	金	土	日	月	火	水	木	金	土	日	月	火	水
陰曆	23	24	25	26	27	28	29	1	2	3	4	5	6	7	8	9	10	11	12	13	14	15	16	17	18	19	20	21
日辰	癸	甲	乙	丙	丁	戊	己	庚	辛	壬	癸	甲	乙	丙	丁	戊	己	庚	辛	壬	癸	甲	乙	丙	丁	戊	己	庚
	巳	午	未	申	酉	戌	亥	子	丑	寅	卯	辰	巳	午	未	申	酉	戌	亥	子	丑	寅	卯	辰	巳	午	未	申
大運 男	1	1	1	立	1	1	1	1	2	2	2	3	3	3	4	4	4	5	5	5	6	6	6	7	7	7	8	8
大運 女	九	九	十	春	十	九	九	九	八	八	八	七	七	七	六	六	六	五	五	五	四	四	四	三	三	三	二	二

3월 (戊寅)

己卯 (경칩) 驚蟄 6日 03:20 春分 21日

陽曆	1	2	3	4	5	6	7	8	9	10	11	12	13	14	15	16	17	18	19	20	21	22	23	24	25	26	27	28	29	30	31
요일	木	金	土	日	月	火	水	木	金	2	日	月	火	水	木	金	土	日	月	火	水	木	金	土	日	月	火	水	木	金	土
陰曆	22	23	24	25	26	27	28	29	30	1	2	3	4	5	6	7	8	9	10	11	12	13	14	15	16	17	18	19	20	21	22
日辰	辛	壬	癸	甲	乙	丙	丁	戊	己	庚	辛	壬	癸	甲	乙	丙	丁	戊	己	庚	辛	壬	癸	甲	乙	丙	丁	戊	己	庚	辛
	酉	戌	亥	子	丑	寅	卯	辰	巳	午	未	申	酉	戌	亥	子	丑	寅	卯	辰	巳	午	未	申	酉	戌	亥	子	丑	寅	卯
大運 男	8	9	9	9	10	驚	1	1	1	1	2	2	2	3	3	3	4	4	4	5	5	5	6	6	6	7	7	7	8	8	8
大運 女	二	一	一	一	一	蟄	十	九	九	九	八	八	八	七	七	七	六	六	六	五	五	五	四	四	四	三	三	三	二	二	二

4월 (己卯)

庚辰 (청명) 清明 5日 07:52 穀雨 20日

陽曆	1	2	3	4	5	6	7	8	9	10	11	12	13	14	15	16	17	18	19	20	21	22	23	24	25	26	27	28	29	30
요일	日	月	火	水	木	金	土	3	月	火	水	木	金	土	日	月	火	水	木	金	土	日	月	火	水	木	金	土	日	月
陰曆	23	24	25	26	27	28	29	1	2	3	4	5	6	7	8	9	10	11	12	13	14	15	16	17	18	19	20	21	22	23
日辰	壬	癸	甲	乙	丙	丁	戊	己	庚	辛	壬	癸	甲	乙	丙	丁	戊	己	庚	辛	壬	癸	甲	乙	丙	丁	戊	己	庚	辛
	辰	巳	午	未	申	酉	戌	亥	子	丑	寅	卯	辰	巳	午	未	申	酉	戌	亥	子	丑	寅	卯	辰	巳	午	未	申	酉
大運 男	9	9	9	10	清	1	1	1	1	2	2	2	3	3	3	4	4	4	5	5	5	6	6	6	7	7	7	8	8	8
大運 女	一	一	一	一	明	十	十	九	九	九	八	八	八	七	七	七	六	六	六	五	五	五	四	四	四	三	三	三	二	二

5월 (庚辰)

辛巳 (입하) 立夏 6日 00:54 小滿 21日

陽曆	1	2	3	4	5	6	7	8	9	10	11	12	13	14	15	16	17	18	19	20	21	22	23	24	25	26	27	28	29	30	31
요일	火	水	木	金	土	日	月	4	水	木	金	土	日	月	火	水	木	金	土	日	月	火	水	木	金	土	日	月	火	水	木
陰曆	24	25	26	27	28	29	30	1	2	3	4	5	6	7	8	9	10	11	12	13	14	15	16	17	18	19	20	21	22	23	24
日辰	壬	癸	甲	乙	丙	丁	戊	己	庚	辛	壬	癸	甲	乙	丙	丁	戊	己	庚	辛	壬	癸	甲	乙	丙	丁	戊	己	庚	辛	壬
	戌	亥	子	丑	寅	卯	辰	巳	午	未	申	酉	戌	亥	子	丑	寅	卯	辰	巳	午	未	申	酉	戌	亥	子	丑	寅	卯	辰
大運 男	9	9	9	10	10	立	1	1	1	1	2	2	2	3	3	3	4	4	4	5	5	5	6	6	6	7	7	7	8	8	8
大運 女	二	一	一	一	一	夏	十	十	九	九	九	八	八	八	七	七	七	六	六	六	五	五	五	四	四	四	三	三	三	二	二

6월 (辛巳)

壬午 (망종) 芒種 6日 04:49 夏至 21日

陽曆	1	2	3	4	5	6	7	8	9	10	11	12	13	14	15	16	17	18	19	20	21	22	23	24	25	26	27	28	29	30
요일	金	土	日	月	火	5	木	金	土	日	月	火	水	木	金	土	日	月	火	水	木	金	土	日	月	火	水	木	金	土
陰曆	25	26	27	28	29	1	2	3	4	5	6	7	8	9	10	11	12	13	14	15	16	17	18	19	20	21	22	23	24	25
日辰	癸	甲	乙	丙	丁	戊	己	庚	辛	壬	癸	甲	乙	丙	丁	戊	己	庚	辛	壬	癸	甲	乙	丙	丁	戊	己	庚	辛	壬
	巳	午	未	申	酉	戌	亥	子	丑	寅	卯	辰	巳	午	未	申	酉	戌	亥	子	丑	寅	卯	辰	巳	午	未	申	酉	戌
大運 男	9	9	9	10	10	芒	1	1	1	1	2	2	2	3	3	3	4	4	4	5	5	5	6	6	6	7	7	7	8	8
大運 女	二	一	一	一	一	種	十	十	九	九	九	八	八	八	七	七	七	六	六	六	五	五	五	四	四	四	三	三	三	二

7월 (壬午) 癸未 (소서) 小暑 7日 15:00 大暑 23日

陽曆		1	2	3	4	5	6	7	8	9	10	11	12	13	14	15	16	17	18	19	20	21	22	23	24	25	26	27	28	29	30	31
요일		日	月	火	水	6/1	金	土	日	月	火	水	木	金	土	日	月	火	水	木	金	土	日	月	火	水	木	金	土	日	月	火
陰曆		26	27	28	29	1	2	3	4	5	6	7	8	9	10	11	12	13	14	15	16	17	18	19	20	21	22	23	24	25	26	27
日辰		癸	甲	乙	丙	丁	戊	己	庚	辛	壬	癸	甲	乙	丙	丁	戊	己	庚	辛	壬	癸	甲	乙	丙	丁	戊	己	庚	辛	壬	癸
		亥	子	丑	寅	卯	辰	巳	午	未	申	酉	戌	亥	子	丑	寅	卯	辰	巳	午	未	申	酉	戌	亥	子	丑	寅	卯	辰	巳
大	男	8	9	9	9	10	10	小	1	1	1	1	2	2	2	3	3	3	4	4	4	5	5	5	6	6	6	7	7	7	8	8
運	女	二	二	一	一	一	一	暑	十	十	十	九	九	九	八	八	八	七	七	七	六	六	六	五	五	五	四	四	四	三	三	三

8월 (癸未) 甲申 (입추) 立秋 8日 00:53 處暑 23日

陽曆		1	2	3	4	5	6	7	8	9	10	11	12	13	14	15	16	17	18	19	20	21	22	23	24	25	26	27	28	29	30	31
요일		水	木	金	7/1	日	月	火	水	木	金	土	日	月	火	水	木	金	土	日	月	火	水	木	金	土	日	月	火	水	木	金
陰曆		28	29	30	1	2	3	4	5	6	7	8	9	10	11	12	13	14	15	16	17	18	19	20	21	22	23	24	25	26	27	28
日辰		甲	乙	丙	丁	戊	己	庚	辛	壬	癸	甲	乙	丙	丁	戊	己	庚	辛	壬	癸	甲	乙	丙	丁	戊	己	庚	辛	壬	癸	甲
		午	未	申	酉	戌	亥	子	丑	寅	卯	辰	巳	午	未	申	酉	戌	亥	子	丑	寅	卯	辰	巳	午	未	申	酉	戌	亥	子
大	男	8	9	9	9	10	10	10	立	1	1	1	1	2	2	2	3	3	3	4	4	4	5	5	5	6	6	6	7	7	7	8
運	女	二	二	二	一	一	一	一	秋	十	十	九	九	九	八	八	八	七	七	七	六	六	六	五	五	五	四	四	四	三	三	三

9월 (甲申) 乙酉 (백로) 白露 8日 04:01 秋分 23日

陽曆		1	2	3	4	5	6	7	8	9	10	11	12	13	14	15	16	17	18	19	20	21	22	23	24	25	26	27	28	29	30	
요일		土	8/1	月	火	水	木	金	土	日	月	火	水	木	金	土	日	月	火	水	木	金	土	日	月	火	水	木	金	土	日	
陰曆		29	1	2	3	4	5	6	7	8	9	10	11	12	13	14	15	16	17	18	19	20	21	22	23	24	25	26	27	28	29	
日辰		乙	丙	丁	戊	己	庚	辛	壬	癸	甲	乙	丙	丁	戊	己	庚	辛	壬	癸	甲	乙	丙	丁	戊	己	庚	辛	壬	癸	甲	
		丑	寅	卯	辰	巳	午	未	申	酉	戌	亥	子	丑	寅	卯	辰	巳	午	未	申	酉	戌	亥	子	丑	寅	卯	辰	巳	午	
大	男	8	8	9	9	9	10	10	白	1	1	1	1	2	2	2	3	3	3	4	4	4	5	5	5	6	6	6	7	7	7	
運	女	二	二	二	一	一	一	一	露	十	九	九	九	八	八	八	七	七	七	六	六	六	五	五	五	四	四	四	三	三	三	

10월 (乙酉) 丙戌 (한로) 寒露 8日 19:56 霜降 23日

陽曆		1	2	3	4	5	6	7	8	9	10	11	12	13	14	15	16	17	18	19	20	21	22	23	24	25	26	27	28	29	30	31
요일		9/1	火	水	木	金	土	日	月	火	水	木	金	土	日	月	火	水	木	金	土	日	月	火	水	木	金	土	日	月	火	10/1
陰曆		1	2	3	4	5	6	7	8	9	10	11	12	13	14	15	16	17	18	19	20	21	22	23	24	25	26	27	28	29	30	1
日辰		乙	丙	丁	戊	己	庚	辛	壬	癸	甲	乙	丙	丁	戊	己	庚	辛	壬	癸	甲	乙	丙	丁	戊	己	庚	辛	壬	癸	甲	乙
		未	申	酉	戌	亥	子	丑	寅	卯	辰	巳	午	未	申	酉	戌	亥	子	丑	寅	卯	辰	巳	午	未	申	酉	戌	亥	子	丑
大	男	8	8	8	9	9	9	10	寒	1	1	1	1	2	2	2	3	3	3	4	4	4	5	5	5	6	6	6	7	7	7	8
運	女	二	二	二	一	一	一	一	露	十	九	九	九	八	八	八	七	七	七	六	六	六	五	五	五	四	四	四	三	三	三	二

11월 (丙戌) 丁亥 (입동) 立冬 7日 23:22 小雪 22日

陽曆		1	2	3	4	5	6	7	8	9	10	11	12	13	14	15	16	17	18	19	20	21	22	23	24	25	26	27	28	29	30	
요일		木	金	土	日	月	火	水	木	金	土	日	月	火	水	木	金	土	日	月	火	水	木	金	土	日	月	火	水	木	11/1	
陰曆		2	3	4	5	6	7	8	9	10	11	12	13	14	15	16	17	18	19	20	21	22	23	24	25	26	27	28	29	30	1	
日辰		丙	丁	戊	己	庚	辛	壬	癸	甲	乙	丙	丁	戊	己	庚	辛	壬	癸	甲	乙	丙	丁	戊	己	庚	辛	壬	癸	甲	乙	
		寅	卯	辰	巳	午	未	申	酉	戌	亥	子	丑	寅	卯	辰	巳	午	未	申	酉	戌	亥	子	丑	寅	卯	辰	巳	午	未	
大	男	8	8	9	9	9	10	立	1	1	1	1	2	2	2	3	3	3	4	4	4	5	5	5	6	6	6	7	7	7	8	
運	女	二	二	一	一	一	一	冬	十	九	九	九	八	八	八	七	七	七	六	六	六	五	五	五	四	四	四	三	三	三	二	

12월 (丁亥) 戊子 (대설) 大雪 7日 16:24 冬至 22日

陽曆		1	2	3	4	5	6	7	8	9	10	11	12	13	14	15	16	17	18	19	20	21	22	23	24	25	26	27	28	29	30	31
요일		土	日	月	火	水	木	金	土	日	月	火	水	木	金	土	日	月	火	水	木	金	土	日	月	火	水	木	金	12/1	日	月
陰曆		2	3	4	5	6	7	8	9	10	11	12	13	14	15	16	17	18	19	20	21	22	23	24	25	26	27	28	29	1	2	3
日辰		丙	丁	戊	己	庚	辛	壬	癸	甲	乙	丙	丁	戊	己	庚	辛	壬	癸	甲	乙	丙	丁	戊	己	庚	辛	壬	癸	甲	乙	丙
		申	酉	戌	亥	子	丑	寅	卯	辰	巳	午	未	申	酉	戌	亥	子	丑	寅	卯	辰	巳	午	未	申	酉	戌	亥	子	丑	寅
大	男	8	8	9	9	9	10	大	1	1	1	1	2	2	2	3	3	3	4	4	4	5	5	5	6	6	6	7	7	7	8	8
運	女	二	二	一	一	一	一	雪	十	九	九	九	八	八	八	七	七	七	六	六	六	五	五	五	四	四	四	三	三	三	二	二

丙辰

1월 (戊子) 己丑 (소한) 小寒 6日 03:42 大寒 20日

陽曆	1	2	3	4	5	6	7	8	9	10	11	12	13	14	15	16	17	18	19	20	21	22	23	24	25	26	27	28	29	30	31
요일	火	水	木	金	土	日	月	火	水	木	金	土	日	月	火	水	木	金	土	日	月	火	水	木	金	土	日	1	火	水	木
陰曆	4	5	6	7	8	9	10	11	12	13	14	15	16	17	18	19	20	21	22	23	24	25	26	27	28	29	30	1	2	3	4
日辰	丁	戊	己	庚	辛	壬	癸	甲	乙	丙	丁	戊	己	庚	辛	壬	癸	甲	乙	丙	丁	戊	己	庚	辛	壬	癸	甲	乙	丙	丁
日辰	卯	辰	巳	午	未	申	酉	戌	亥	子	丑	寅	卯	辰	巳	午	未	申	酉	戌	亥	子	丑	寅	卯	辰	巳	午	未	申	酉
大 男	8	9	9	9	10	小	1	1	1	1	2	2	2	3	3	3	4	4	4	5	5	5	6	6	6	7	7	7	8	8	8
運 女	二	一	一	一	一	寒	九	九	九	八	八	八	七	七	七	六	六	六	五	五	五	四	四	四	三	三	三	二	二	二	一

2월 (己丑) 庚寅 (입춘) 立春 4日 15:19 雨水 19日

陽曆	1	2	3	4	5	6	7	8	9	10	11	12	13	14	15	16	17	18	19	20	21	22	23	24	25	26	27	28	29		
요일	金	土	日	月	火	水	木	金	土	日	月	火	水	木	金	土	日	月	火	水	木	金	土	日	月	火	2	木	金		
陰曆	5	6	7	8	9	10	11	12	13	14	15	16	17	18	19	20	21	22	23	24	25	26	27	28	29	30	1	2	3		
日辰	戊	己	庚	辛	壬	癸	甲	乙	丙	丁	戊	己	庚	辛	壬	癸	甲	乙	丙	丁	戊	己	庚	辛	壬	癸	甲	乙	丙		
日辰	戌	亥	子	丑	寅	卯	辰	巳	午	未	申	酉	戌	亥	子	丑	寅	卯	辰	巳	午	未	申	酉	戌	亥	子	丑	寅		
大 男	9	9	9	立	10	9	9	9	8	8	8	7	7	7	6	6	6	5	5	5	4	4	4	3	3	3	2	2	2		
運 女	一	一	一	春	一	一	一	一	二	二	二	三	三	三	四	四	四	五	五	五	六	六	六	七	七	七	八	八	八		

3월 (庚寅) 辛卯 (경칩) 驚蟄 5日 09:10 春分 20日

陽曆	1	2	3	4	5	6	7	8	9	10	11	12	13	14	15	16	17	18	19	20	21	22	23	24	25	26	27	28	29	30	31
요일	土	日	月	火	水	木	金	土	日	月	火	水	木	金	土	日	月	火	水	木	金	土	日	月	火	水	木	3	土	日	月
陰曆	4	5	6	7	8	9	10	11	12	13	14	15	16	17	18	19	20	21	22	23	24	25	26	27	28	29	30	1	2	3	4
日辰	丁	戊	己	庚	辛	壬	癸	甲	乙	丙	丁	戊	己	庚	辛	壬	癸	甲	乙	丙	丁	戊	己	庚	辛	壬	癸	甲	乙	丙	丁
日辰	卯	辰	巳	午	未	申	酉	戌	亥	子	丑	寅	卯	辰	巳	午	未	申	酉	戌	亥	子	丑	寅	卯	辰	巳	午	未	申	酉
大 男	1	1	1	1	驚	10	9	9	9	8	8	8	7	7	7	6	6	6	5	5	5	4	4	4	3	3	3	2	2	2	1
運 女	九	九	九	十	蟄	一	一	一	一	二	二	二	三	三	三	四	四	四	五	五	五	六	六	六	七	七	七	八	八	八	九

4월 (辛卯) 壬辰 (청명) 清明 4日 13:45 穀雨 19日

陽曆	1	2	3	4	5	6	7	8	9	10	11	12	13	14	15	16	17	18	19	20	21	22	23	24	25	26	27	28	29	30	
요일	火	水	木	金	土	日	月	火	水	木	金	土	日	月	火	水	木	金	土	日	月	火	水	木	金	4	日	月	火	水	
陰曆	5	6	7	8	9	10	11	12	13	14	15	16	17	18	19	20	21	22	23	24	25	26	27	28	29	1	2	3	4	5	
日辰	戊	己	庚	辛	壬	癸	甲	乙	丙	丁	戊	己	庚	辛	壬	癸	甲	乙	丙	丁	戊	己	庚	辛	壬	癸	甲	乙	丙	丁	
日辰	戌	亥	子	丑	寅	卯	辰	巳	午	未	申	酉	戌	亥	子	丑	寅	卯	辰	巳	午	未	申	酉	戌	亥	子	丑	寅	卯	
大 男	1	1	1	清	10	10	9	9	9	8	8	8	7	7	7	6	6	6	5	5	5	4	4	4	3	3	3	2	2	2	
運 女	九	九	十	明	一	一	一	一	二	二	二	三	三	三	四	四	四	五	五	五	六	六	六	七	七	七	八	八	八	九	

5월 (壬辰) 癸巳 (입하) 立夏 5日 06:48 小滿 19日

陽曆	1	2	3	4	5	6	7	8	9	10	11	12	13	14	15	16	17	18	19	20	21	22	23	24	25	26	27	28	29	30	31
요일	木	金	土	日	月	火	水	木	金	土	日	月	火	水	木	金	土	日	月	火	水	木	金	土	日	5	火	水	木	金	土
陰曆	6	7	8	9	10	11	12	13	14	15	16	17	18	19	20	21	22	23	24	25	26	27	28	29	30	1	2	3	4	5	6
日辰	戊	己	庚	辛	壬	癸	甲	乙	丙	丁	戊	己	庚	辛	壬	癸	甲	乙	丙	丁	戊	己	庚	辛	壬	癸	甲	乙	丙	丁	戊
日辰	辰	巳	午	未	申	酉	戌	亥	子	丑	寅	卯	辰	巳	午	未	申	酉	戌	亥	子	丑	寅	卯	辰	巳	午	未	申	酉	戌
大 男	1	1	1	1	立	10	10	9	9	9	8	8	8	7	7	7	6	6	6	5	5	5	4	4	4	3	3	3	2	2	2
運 女	九	九	十	十	夏	一	一	一	一	二	二	二	三	三	三	四	四	四	五	五	五	六	六	六	七	七	七	八	八	八	九

6월 (癸巳) 甲午 (망종) 芒種 5日 10:46 夏至 21日

陽曆	1	2	3	4	5	6	7	8	9	10	11	12	13	14	15	16	17	18	19	20	21	22	23	24	25	26	27	28	29	30	
요일	日	月	火	水	木	金	土	日	月	火	水	木	金	土	日	月	火	水	木	金	土	日	月	6	水	木	金	土	日	月	
陰曆	7	8	9	10	11	12	13	14	15	16	17	18	19	20	21	22	23	24	25	26	27	28	29	1	2	3	4	5	6	7	
日辰	己	庚	辛	壬	癸	甲	乙	丙	丁	戊	己	庚	辛	壬	癸	甲	乙	丙	丁	戊	己	庚	辛	壬	癸	甲	乙	丙	丁	戊	
日辰	亥	子	丑	寅	卯	辰	巳	午	未	申	酉	戌	亥	子	丑	寅	卯	辰	巳	午	未	申	酉	戌	亥	子	丑	寅	卯	辰	
大 男	1	1	1	1	芒	10	10	9	9	9	8	8	8	7	7	7	6	6	6	5	5	5	4	4	4	3	3	3	2	2	
運 女	九	九	十	十	種	一	一	一	一	二	二	二	三	三	三	四	四	四	五	五	五	六	六	六	七	七	七	八	八	八	

7월 (甲午) 乙未 (소서) 小署 6日 20:56 大署 22日

陽曆	1	2	]	4	5	6	7	8	9	10	11	12	13	14	15	16	17	18	19	20	21	22	23	24	25	26	27	28	29	30	31
요일	火	水	木	金	土	日	月	火	水	木	金	土	日	月	火	水	木	金	土	日	月	火	윤6	木	金	土	日	月	火	水	木
陰曆	8	9	10	11	12	13	14	15	16	17	18	19	20	21	22	23	24	25	26	27	28	29	1	2	3	4	5	6	7	8	9
日辰	己	庚	辛	壬	癸	甲	乙	丙	丁	戊	己	庚	辛	壬	癸	甲	乙	丙	丁	戊	己	庚	辛	壬	癸	甲	乙	丙	丁	戊	己
	巳	午	未	申	酉	戌	亥	子	丑	寅	卯	辰	巳	午	未	申	酉	戌	亥	子	丑	寅	卯	辰	巳	午	未	申	酉	戌	亥
大 男	2	1	1	1	1	小	10	10	10	9	9	9	8	8	8	7	7	7	6	6	6	5	5	5	4	4	4	3	3	3	2
運 女	九	九	九	十	十	署	一	一	一	一	二	二	二	三	三	三	四	四	四	五	五	五	六	六	六	七	七	七	八	八	八

8월 (乙未) 丙申 (입추) 立秋 7日 06:48 處署 22日

陽曆	1	2	3	4	5	6	7	8	9	10	11	12	13	14	15	16	17	18	19	20	21	22	23	24	25	26	27	28	29	30	31
요일	金	土	日	月	火	水	木	金	土	日	月	火	水	木	金	土	日	月	火	水	木	7	土	日	月	火	水	木	金	土	日
陰曆	10	11	12	13	14	15	16	17	18	19	20	21	22	23	24	25	26	27	28	29	30	1	2	3	4	5	6	7	8	9	10
日辰	庚	辛	壬	癸	甲	乙	丙	丁	戊	己	庚	辛	壬	癸	甲	乙	丙	丁	戊	己	庚	辛	壬	癸	甲	乙	丙	丁	戊	己	庚
	子	丑	寅	卯	辰	巳	午	未	申	酉	戌	亥	子	丑	寅	卯	辰	巳	午	未	申	酉	戌	亥	子	丑	寅	卯	辰	巳	午
大 男	2	2	1	1	1	1	立	10	10	9	9	9	8	8	8	7	7	7	6	6	6	5	5	5	4	4	4	3	3	3	2
運 女	九	九	九	十	十	十	秋	一	一	一	一	二	二	二	三	三	三	四	四	四	五	五	五	六	六	六	七	七	七	八	八

9월 (丙申) 丁酉 (백로) 白露 7日 09:54 秋分 22日

陽曆	1	2	3	4	5	6	7	8	9	10	11	12	13	14	15	16	17	18	19	20	21	22	23	24	25	26	27	28	29	30
요일	月	火	水	木	金	土	日	月	火	水	木	金	土	日	月	火	水	木	金	8	日	月	火	水	木	金	土	日	月	火
陰曆	11	12	13	14	15	16	17	18	19	20	21	22	23	24	25	26	27	28	29	1	2	3	4	5	6	7	8	9	10	11
日辰	辛	壬	癸	甲	乙	丙	丁	戊	己	庚	辛	壬	癸	甲	乙	丙	丁	戊	己	庚	辛	壬	癸	甲	乙	丙	丁	戊	己	庚
	未	申	酉	戌	亥	子	丑	寅	卯	辰	巳	午	未	申	酉	戌	亥	子	丑	寅	卯	辰	巳	午	未	申	酉	戌	亥	子
大 男	2	2	1	1	1	1	白	10	10	9	9	9	8	8	8	7	7	7	6	6	6	5	5	5	4	4	4	3	3	3
運 女	八	九	九	九	十	十	露	一	一	一	一	二	二	二	三	三	三	四	四	四	五	五	五	六	六	六	七	七	七	八

10월 (丁酉) 戊戌 (한로) 寒露 8日 01:48 霜降 23日

陽曆	1	2	3	4	5	6	7	8	9	10	11	12	13	14	15	16	17	18	19	20	21	22	23	24	25	26	27	28	29	30	31
요일	水	木	金	土	日	月	火	水	木	金	土	日	月	火	水	木	金	土	9	月	火	水	木	金	土	日	月	火	水	木	金
陰曆	12	13	14	15	16	17	18	19	20	21	22	23	24	25	26	27	28	29	1	2	3	4	5	6	7	8	9	10	11	12	13
日辰	辛	壬	癸	甲	乙	丙	丁	戊	己	庚	辛	壬	癸	甲	乙	丙	丁	戊	己	庚	辛	壬	癸	甲	乙	丙	丁	戊	己	庚	辛
	丑	寅	卯	辰	巳	午	未	申	酉	戌	亥	子	丑	寅	卯	辰	巳	午	未	申	酉	戌	亥	子	丑	寅	卯	辰	巳	午	未
大 男	2	2	2	1	1	1	1	寒	10	9	9	9	8	8	8	7	7	7	6	6	6	5	5	5	4	4	4	3	3	3	2
運 女	八	八	九	九	九	十	十	露	一	一	一	一	二	二	二	三	三	三	四	四	四	五	五	五	六	六	六	七	七	七	八

11월 (戊戌) 己亥 (입동) 立冬 7日 05:13 小雪 22日

陽曆	1	2	3	4	5	6	7	8	9	10	11	12	13	14	15	16	17	18	19	20	21	22	23	24	25	26	27	28	29	30
요일	土	日	月	火	水	木	金	土	日	月	火	水	木	金	土	日	月	10	水	木	金	土	日	月	火	水	木	金	土	日
陰曆	14	15	16	17	18	19	20	21	22	23	24	25	26	27	28	29	30	1	2	3	4	5	6	7	8	9	10	11	12	13
日辰	壬	癸	甲	乙	丙	丁	戊	己	庚	辛	壬	癸	甲	乙	丙	丁	戊	己	庚	辛	壬	癸	甲	乙	丙	丁	戊	己	庚	辛
	申	酉	戌	亥	子	丑	寅	卯	辰	巳	午	未	申	酉	戌	亥	子	丑	寅	卯	辰	巳	午	未	申	酉	戌	亥	子	丑
大 男	2	2	1	1	1	1	立	9	9	9	8	8	8	7	7	7	6	6	6	5	5	5	4	4	4	3	3	3	2	2
運 女	八	八	九	九	九	十	冬	一	一	一	一	二	二	二	三	三	三	四	四	四	五	五	五	六	六	六	七	七	七	八

12월 (己亥) 庚子 (대설) 大雪 6日 22:15 冬至 21日

陽曆	1	2	3	4	5	6	7	8	9	10	11	12	13	14	15	16	17	18	19	20	21	22	23	24	25	26	27	28	29	30	31
요일	月	火	水	木	金	土	日	月	火	水	木	金	土	日	月	火	水	11	金	土	日	月	火	水	木	金	土	日	月	火	水
陰曆	14	15	16	17	18	19	20	21	22	23	24	25	26	27	28	29	30	1	2	3	4	5	6	7	8	9	10	11	12	13	14
日辰	壬	癸	甲	乙	丙	丁	戊	己	庚	辛	壬	癸	甲	乙	丙	丁	戊	己	庚	辛	壬	癸	甲	乙	丙	丁	戊	己	庚	辛	壬
	寅	卯	辰	巳	午	未	申	酉	戌	亥	子	丑	寅	卯	辰	巳	午	未	申	酉	戌	亥	子	丑	寅	卯	辰	巳	午	未	申
大 男	2	1	1	1	1	大	10	9	9	9	8	8	8	7	7	7	6	6	6	5	5	5	4	4	4	3	3	3	2	2	2
運 女	八	八	九	九	九	雪	一	一	一	一	二	二	二	三	三	三	四	四	四	五	五	五	六	六	六	七	七	七	八	八	八

1월 (庚子) 辛丑 (소한) 小寒 5日 09:33 大寒 20日

陽曆	1	2	3	4	5	6	7	8	9	10	11	12	13	14	15	16	17	18	19	20	21	22	23	24	25	26	27	28	29	30	31
요일	木	金	土	日	月	火	水	木	金	土	日	月	火	水	木	12	土	日	月	火	水	木	金	土	日	月	火	水	木	金	土
陰曆	15	16	17	18	19	20	21	22	23	24	25	26	27	28	29	1	2	3	4	5	6	7	8	9	10	11	12	13	14	15	16
日辰	癸	甲	乙	丙	丁	戊	己	庚	辛	壬	癸	甲	乙	丙	丁	戊	己	庚	辛	壬	癸	甲	乙	丙	丁	戊	己	庚	辛	壬	癸
	酉	戌	亥	子	丑	寅	卯	辰	巳	午	未	申	酉	戌	亥	子	丑	寅	卯	辰	巳	午	未	申	酉	戌	亥	子	丑	寅	卯
大運 男	1	1	1	1	小	9	9	9	8	8	8	7	7	7	6	6	6	5	5	5	4	4	4	3	3	3	2	2	2	1	1
大運 女	九	九	九	十	寒	一	一	一	一	二	二	二	三	三	三	四	四	四	五	五	五	六	六	六	七	七	七	八	八	八	九

2월 (辛丑) 壬寅 (입춘) 立春 3日 21:10 雨水 18日

陽曆	1	2	3	4	5	6	7	8	9	10	11	12	13	14	15	16	17	18	19	20	21	22	23	24	25	26	27	28			
요일	日	月	火	水	木	金	土	日	月	火	水	木	金	土	1	月	火	水	木	金	土	日	月	火	水	木	金	土			
陰曆	17	18	19	20	21	22	23	24	25	26	27	28	29	30	1	2	3	4	5	6	7	8	9	10	11	12	13	14			
日辰	甲	乙	丙	丁	戊	己	庚	辛	壬	癸	甲	乙	丙	丁	戊	己	庚	辛	壬	癸	甲	乙	丙	丁	戊	己	庚	辛			
	辰	巳	午	未	申	酉	戌	亥	子	丑	寅	卯	辰	巳	午	未	申	酉	戌	亥	子	丑	寅	卯	辰	巳	午	未			
大運 男	1	1	立	1	1	1	1	2	2	2	3	3	3	4	4	4	5	5	5	6	6	6	7	7	7	8	8	8			
大運 女	九	九	春	十	九	九	九	八	八	八	七	七	七	六	六	六	五	五	五	四	四	四	三	三	三	二	二	二			

3월 (壬寅) 癸卯 (경칩) 驚蟄 5日 15:05 春分 20日

陽曆	1	2	3	4	5	6	7	8	9	10	11	12	13	14	15	16	17	18	19	20	21	22	23	24	25	26	27	28	29	30	31
요일	日	月	火	水	木	金	土	日	月	火	水	木	金	土	日	月	2	水	木	金	土	日	月	火	水	木	金	土	日	月	火
陰曆	15	16	17	18	19	20	21	22	23	24	25	26	27	28	29	30	1	2	3	4	5	6	7	8	9	10	11	12	13	14	15
日辰	壬	癸	甲	乙	丙	丁	戊	己	庚	辛	壬	癸	甲	乙	丙	丁	戊	己	庚	辛	壬	癸	甲	乙	丙	丁	戊	己	庚	辛	壬
	申	酉	戌	亥	子	丑	寅	卯	辰	巳	午	未	申	酉	戌	亥	子	丑	寅	卯	辰	巳	午	未	申	酉	戌	亥	子	丑	寅
大運 男	9	9	9	10	驚	1	1	1	1	2	2	2	3	3	3	4	4	4	5	5	5	6	6	6	7	7	7	8	8	8	9
大運 女	一	一	一	一	蟄	十	九	九	九	八	八	八	七	七	七	六	六	六	五	五	五	四	四	四	三	三	三	二	二	二	一

4월 (癸卯) 甲辰 (청명) 淸明 4日 19:43 穀雨 20日

陽曆	1	2	3	4	5	6	7	8	9	10	11	12	13	14	15	16	17	18	19	20	21	22	23	24	25	26	27	28	29	30	
요일	水	木	金	土	日	月	火	水	木	金	土	日	月	火	水	3	金	土	日	月	火	水	木	金	土	日	月	火	水	木	
陰曆	16	17	18	19	20	21	22	23	24	25	26	27	28	29	30	1	2	3	4	5	6	7	8	9	10	11	12	13	14	15	
日辰	癸	甲	乙	丙	丁	戊	己	庚	辛	壬	癸	甲	乙	丙	丁	戊	己	庚	辛	壬	癸	甲	乙	丙	丁	戊	己	庚	辛	壬	
	卯	辰	巳	午	未	申	酉	戌	亥	子	丑	寅	卯	辰	巳	午	未	申	酉	戌	亥	子	丑	寅	卯	辰	巳	午	未	申	
大運 男	9	9	10	清	1	1	1	1	2	2	2	3	3	3	4	4	4	5	5	5	6	6	6	7	7	7	8	8	8	9	
大運 女	一	一	一	明	十	十	九	九	九	八	八	八	七	七	七	六	六	六	五	五	五	四	四	四	三	三	三	二	二	二	

5월 (甲辰) 乙巳 (입하) 立夏 5日 12:48 小滿 21日

陽曆	1	2	3	4	5	6	7	8	9	10	11	12	13	14	15	16	17	18	19	20	21	22	23	24	25	26	27	28	29	30	31
요일	金	土	日	月	火	水	木	金	土	日	月	火	水	木	4	土	日	月	火	水	木	金	土	日	月	火	水	木	金	土	日
陰曆	16	17	18	19	20	21	22	23	24	25	26	27	28	29	1	2	3	4	5	6	7	8	9	10	11	12	13	14	15	16	17
日辰	癸	甲	乙	丙	丁	戊	己	庚	辛	壬	癸	甲	乙	丙	丁	戊	己	庚	辛	壬	癸	甲	乙	丙	丁	戊	己	庚	辛	壬	癸
	酉	戌	亥	子	丑	寅	卯	辰	巳	午	未	申	酉	戌	亥	子	丑	寅	卯	辰	巳	午	未	申	酉	戌	亥	子	丑	寅	卯
大運 男	9	9	10	10	立	1	1	1	1	2	2	2	3	3	3	4	4	4	5	5	5	6	6	6	7	7	7	8	8	8	9
大運 女	一	一	一	一	夏	十	十	九	九	九	八	八	八	七	七	七	六	六	六	五	五	五	四	四	四	三	三	三	二	二	二

6월 (乙巳) 丙午 (망종) 芒種 5日 16:45 夏至 21日

陽曆	1	2	3	4	5	6	7	8	9	10	11	12	13	14	15	16	17	18	19	20	21	22	23	24	25	26	27	28	29	30	
요일	月	火	水	木	金	土	日	月	火	水	木	金	土	5	月	火	水	木	金	土	日	月	火	水	木	金	土	日	月	火	
陰曆	18	19	20	21	22	23	24	25	26	27	28	29	30	1	2	3	4	5	6	7	8	9	10	11	12	13	14	15	16	17	
日辰	甲	乙	丙	丁	戊	己	庚	辛	壬	癸	甲	乙	丙	丁	戊	己	庚	辛	壬	癸	甲	乙	丙	丁	戊	己	庚	辛	壬	癸	
	辰	巳	午	未	申	酉	戌	亥	子	丑	寅	卯	辰	巳	午	未	申	酉	戌	亥	子	丑	寅	卯	辰	巳	午	未	申	酉	
大運 男	9	9	10	10	芒	1	1	1	1	2	2	2	3	3	3	4	4	4	5	5	5	6	6	6	7	7	7	8	8	8	
大運 女	一	一	一	一	種	十	十	十	九	九	九	八	八	八	七	七	七	六	六	六	五	五	五	四	四	四	三	三	三	二	

沙中土星	四日得辛	東大將	卯弔客	寒食(4월 05일)	初伏(7월 17일)
八白土星	十一龍治水	未喪門	東三殺	中伏(7월 27일)	末伏(8월 06일)

7월 (丙午) 丁未 (소서) 小署 7日 02:54 大署 22日

陽曆	1	2	3	4	5	6	7	8	9	10	11	12	13	14	15	16	17	18	19	20	21	22	23	24	25	26	27	28	29	30	31
요일	水	木	金	土	日	月	火	水	木	金	土	日	6/	火	水	木	金	土	日	月	火	水	木	金	土	日	月	火	水	木	金
陰曆	18	19	20	21	22	23	24	25	26	27	28	29	1	2	3	4	5	6	7	8	9	10	11	12	13	14	15	16	17	18	19
日辰	甲	乙	丙	丁	戊	己	庚	辛	壬	癸	甲	乙	丙	丁	戊	己	庚	辛	壬	癸	甲	乙	丙	丁	戊	己	庚	辛	壬	癸	甲
	戌	亥	子	丑	寅	卯	辰	巳	午	未	申	酉	戌	亥	子	丑	寅	卯	辰	巳	午	未	申	酉	戌	亥	子	丑	寅	卯	辰
大 男	9	9	9	10	10	10	小	1	1	1	1	2	2	2	3	3	3	4	4	4	5	5	5	6	6	6	7	7	7	8	8
運 女	二	二	一	一	一	一	署	十	十	九	九	九	八	八	八	七	七	七	六	六	六	五	五	五	四	四	四	三	三	三	二

8월 (丁未) 戊申 (입추) 立秋 7日 12:42 處署 23日

陽曆	1	2	3	4	5	6	7	8	9	10	11	12	13	14	15	16	17	18	19	20	21	22	23	24	25	26	27	28	29	30	31
요일	土	日	月	火	水	木	金	土	日	月	7/	水	木	金	土	日	月	火	水	木	金	土	日	月	火	水	木	金	土	日	月
陰曆	20	21	22	23	24	25	26	27	28	29	1	2	3	4	5	6	7	8	9	10	11	12	13	14	15	16	17	18	19	20	21
日辰	乙	丙	丁	戊	己	庚	辛	壬	癸	甲	乙	丙	丁	戊	己	庚	辛	壬	癸	甲	乙	丙	丁	戊	己	庚	辛	壬	癸	甲	乙
	巳	午	未	申	酉	戌	亥	子	丑	寅	卯	辰	巳	午	未	申	酉	戌	亥	子	丑	寅	卯	辰	巳	午	未	申	酉	戌	亥
大 男	8	9	9	9	10	10	立	1	1	1	1	2	2	2	3	3	3	4	4	4	5	5	5	6	6	6	7	7	7	8	8
運 女	二	二	一	一	一	一	秋	十	十	九	九	九	八	八	八	七	七	七	六	六	六	五	五	五	四	四	四	三	三	三	二

9월 (戊申) 己酉 (백로) 白露 7日 15:44 秋分 23日

陽曆	1	2	3	4	5	6	7	8	9	10	11	12	13	14	15	16	17	18	19	20	21	22	23	24	25	26	27	28	29	30	
요일	火	水	木	金	土	日	月	火	水	8/	金	土	日	月	火	水	木	金	土	日	月	火	水	木	金	土	日	月	火	水	
陰曆	22	23	24	25	26	27	28	29	30	1	2	3	4	5	6	7	8	9	10	11	12	13	14	15	16	17	18	19	20	21	
日辰	丙	丁	戊	己	庚	辛	壬	癸	甲	乙	丙	丁	戊	己	庚	辛	壬	癸	甲	乙	丙	丁	戊	己	庚	辛	壬	癸	甲	乙	
	子	丑	寅	卯	辰	巳	午	未	申	酉	戌	亥	子	丑	寅	卯	辰	巳	午	未	申	酉	戌	亥	子	丑	寅	卯	辰	巳	
大 男	8	9	9	9	10	10	白	1	1	1	1	2	2	2	3	3	3	4	4	4	5	5	5	6	6	6	7	7	7	8	
運 女	二	二	一	一	一	一	露	十	十	九	九	九	八	八	八	七	七	七	六	六	六	五	五	五	四	四	四	三	三	三	

10월 (己酉) 庚戌 (한로) 寒露 8日 07:36 霜降 23日

陽曆	1	2	3	4	5	6	7	8	9	10	11	12	13	14	15	16	17	18	19	20	21	22	23	24	25	26	27	28	29	30	31
요일	木	金	土	日	月	火	水	木	9/	土	日	月	火	水	木	金	土	日	月	火	水	木	金	土	日	月	火	水	木	金	土
陰曆	22	23	24	25	26	27	28	29	1	2	3	4	5	6	7	8	9	10	11	12	13	14	15	16	17	18	19	20	21	22	23
日辰	丙	丁	戊	己	庚	辛	壬	癸	甲	乙	丙	丁	戊	己	庚	辛	壬	癸	甲	乙	丙	丁	戊	己	庚	辛	壬	癸	甲	乙	丙
	午	未	申	酉	戌	亥	子	丑	寅	卯	辰	巳	午	未	申	酉	戌	亥	子	丑	寅	卯	辰	巳	午	未	申	酉	戌	亥	子
大 男	8	8	9	9	9	10	10	寒	1	1	1	1	2	2	2	3	3	3	4	4	4	5	5	5	6	6	6	7	7	7	8
運 女	二	二	二	一	一	一	一	露	十	九	九	九	八	八	八	七	七	七	六	六	六	五	五	五	四	四	四	三	三	三	二

11월 (庚戌) 辛亥 (입동) 立冬 7日 11:03 小雪 22日

陽曆	1	2	3	4	5	6	7	8	9	10	11	12	13	14	15	16	17	18	19	20	21	22	23	24	25	26	27	28	29	30	
요일	日	月	火	水	木	金	10/	日	月	火	水	木	金	土	日	月	火	水	木	金	土	日	月	火	水	木	金	土	日	月	
陰曆	24	25	26	27	28	29	1	2	3	4	5	6	7	8	9	10	11	12	13	14	15	16	17	18	19	20	21	22	23	24	
日辰	丁	戊	己	庚	辛	壬	癸	甲	乙	丙	丁	戊	己	庚	辛	壬	癸	甲	乙	丙	丁	戊	己	庚	辛	壬	癸	甲	乙	丙	
	丑	寅	卯	辰	巳	午	未	申	酉	戌	亥	子	丑	寅	卯	辰	巳	午	未	申	酉	戌	亥	子	丑	寅	卯	辰	巳	午	
大 男	8	8	9	9	9	10	立	1	1	1	1	2	2	2	3	3	3	4	4	4	5	5	5	6	6	6	7	7	7	8	
運 女	二	二	一	一	一	一	冬	十	九	九	九	八	八	八	七	七	七	六	六	六	五	五	五	四	四	四	三	三	三	二	

12월 (辛亥) 壬子 (대설) 大雪 7日 04:06 冬至 21日

陽曆	1	2	3	4	5	6	7	8	9	10	11	12	13	14	15	16	17	18	19	20	21	22	23	24	25	26	27	28	29	30	31
요일	火	水	木	金	土	日	11/	火	水	木	金	土	日	月	火	水	木	金	土	日	月	火	水	木	金	土	日	月	火	水	木
陰曆	25	26	27	28	29	30	1	2	3	4	5	6	7	8	9	10	11	12	13	14	15	16	17	18	19	20	21	22	23	24	25
日辰	丁	戊	己	庚	辛	壬	癸	甲	乙	丙	丁	戊	己	庚	辛	壬	癸	甲	乙	丙	丁	戊	己	庚	辛	壬	癸	甲	乙	丙	丁
	未	申	酉	戌	亥	子	丑	寅	卯	辰	巳	午	未	申	酉	戌	亥	子	丑	寅	卯	辰	巳	午	未	申	酉	戌	亥	子	丑
大 男	8	8	9	9	9	10	大	1	1	1	1	2	2	2	3	3	3	4	4	4	5	5	5	6	6	6	7	7	7	8	8
運 女	二	二	一	一	一	一	雪	九	九	九	八	八	八	七	七	七	六	六	六	五	五	五	四	四	四	三	三	三	二	二	二

戊午

1월 (壬子) 癸丑 (소한) 小寒 5日 15:25 大寒 20日

陽曆	1	2	3	4	5	6	7	8	9	10	11	12	13	14	15	16	17	18	19	20	21	22	23	24	25	26	27	28	29	30	31
요일	金	土	日	月	12	水	木	金	土	日	月	火	水	木	金	土	日	月	火	水	木	金	土	日	月	火	水	木	金	土	日
陰曆	26	27	28	29	1	2	3	4	5	6	7	8	9	10	11	12	13	14	15	16	17	18	19	20	21	22	23	24	25	26	27
日辰	戊	己	庚	辛	壬	癸	甲	乙	丙	丁	戊	己	庚	辛	壬	癸	甲	乙	丙	丁	戊	己	庚	辛	壬	癸	甲	乙	丙	丁	戊
	寅	卯	辰	巳	午	未	申	酉	戌	亥	子	丑	寅	卯	辰	巳	午	未	申	酉	戌	亥	子	丑	寅	卯	辰	巳	午	未	申
大運 男	8	9	9	9	小	1	1	1	1	2	2	2	3	3	3	4	4	4	5	5	5	6	6	6	7	7	7	8	8	8	9
大運 女	一	一	一	一	寒	十	九	九	九	八	八	八	七	七	七	六	六	六	五	五	五	四	四	四	三	三	三	二	二	二	一

2월 (癸丑) 甲寅 (입춘) 立春 4日 03:02 雨水 18日

陽曆	1	2	3	4	5	6	7	8	9	10	11	12	13	14	15	16	17	18	19	20	21	22	23	24	25	26	27	28			
요일	月	火	水	1	金	土	日	月	火	水	木	金	土	日	月	火	水	木	金	土	日	月	火	水	木	金	土	日			
陰曆	28	29	30	1	2	3	4	5	6	7	8	9	10	11	12	13	14	15	16	17	18	19	20	21	22	23	24	25			
日辰	己	庚	辛	壬	癸	甲	乙	丙	丁	戊	己	庚	辛	壬	癸	甲	乙	丙	丁	戊	己	庚	辛	壬	癸	甲	乙	丙			
	酉	戌	亥	子	丑	寅	卯	辰	巳	午	未	申	酉	戌	亥	子	丑	寅	卯	辰	巳	午	未	申	酉	戌	亥	子			
大運 男	9	9	10	立	9	9	9	8	8	8	7	7	7	6	6	6	5	5	5	4	4	4	3	3	3	2	2	2			
大運 女	一	一	一	春	一	一	一	一	二	二	二	三	三	三	四	四	四	五	五	五	六	六	六	七	七	七	八	八			

3월 (甲寅) 乙卯 (경칩) 驚蟄 5日 20:54 春分 20日

陽曆	1	2	3	4	5	6	7	8	9	10	11	12	13	14	15	16	17	18	19	20	21	22	23	24	25	26	27	28	29	30	31
요일	月	火	水	木	金	2	日	月	火	水	木	金	土	日	月	火	水	木	金	土	日	月	火	水	木	金	土	日	月	火	水
陰曆	26	27	28	29	30	1	2	3	4	5	6	7	8	9	10	11	12	13	14	15	16	17	18	19	20	21	22	23	24	25	26
日辰	丁	戊	己	庚	辛	壬	癸	甲	乙	丙	丁	戊	己	庚	辛	壬	癸	甲	乙	丙	丁	戊	己	庚	辛	壬	癸	甲	乙	丙	丁
	丑	寅	卯	辰	巳	午	未	申	酉	戌	亥	子	丑	寅	卯	辰	巳	午	未	申	酉	戌	亥	子	丑	寅	卯	辰	巳	午	未
大運 男	1	1	1	1	驚	10	10	9	9	9	8	8	8	7	7	7	6	6	6	5	5	5	4	4	4	3	3	3	2	2	2
大運 女	八	九	九	九	蟄	一	一	一	一	二	二	二	三	三	三	四	四	四	五	五	五	六	六	六	七	七	七	八	八	八	九

4월 (乙卯) 丙辰 (청명) 清明 5日 01:28 穀雨 20日

陽曆	1	2	3	4	5	6	7	8	9	10	11	12	13	14	15	16	17	18	19	20	21	22	23	24	25	26	27	28	29	30	
요일	木	金	土	日	3	火	水	木	金	土	日	月	火	水	木	金	土	日	月	火	水	木	金	土	日	月	火	水	木	金	
陰曆	27	28	29	30	1	2	3	4	5	6	7	8	9	10	11	12	13	14	15	16	17	18	19	20	21	22	23	24	25	26	
日辰	戊	己	庚	辛	壬	癸	甲	乙	丙	丁	戊	己	庚	辛	壬	癸	甲	乙	丙	丁	戊	己	庚	辛	壬	癸	甲	乙	丙	丁	
	申	酉	戌	亥	子	丑	寅	卯	辰	巳	午	未	申	酉	戌	亥	子	丑	寅	卯	辰	巳	午	未	申	酉	戌	亥	子	丑	
大運 男	1	1	1	1	清	10	9	9	9	8	8	8	7	7	7	6	6	6	5	5	5	4	4	4	3	3	3	2	2	2	
大運 女	九	九	十	十	明	一	一	一	一	二	二	二	三	三	三	四	四	四	五	五	五	六	六	六	七	七	七	八	八	八	

5월 (丙辰) 丁巳 (입하) 立夏 5日 18:30 小滿 21日

陽曆	1	2	3	4	5	6	7	8	9	10	11	12	13	14	15	16	17	18	19	20	21	22	23	24	25	26	27	28	29	30	31
요일	土	日	月	4	水	木	金	土	日	月	火	水	木	金	土	日	月	火	水	木	金	土	日	月	火	水	木	金	土	日	月
陰曆	27	28	29	1	2	3	4	5	6	7	8	9	10	11	12	13	14	15	16	17	18	19	20	21	22	23	24	25	26	27	28
日辰	戊	己	庚	辛	壬	癸	甲	乙	丙	丁	戊	己	庚	辛	壬	癸	甲	乙	丙	丁	戊	己	庚	辛	壬	癸	甲	乙	丙	丁	戊
	寅	卯	辰	巳	午	未	申	酉	戌	亥	子	丑	寅	卯	辰	巳	午	未	申	酉	戌	亥	子	丑	寅	卯	辰	巳	午	未	申
大運 男	1	1	1	1	立	10	10	9	9	9	8	8	8	7	7	7	6	6	6	5	5	5	4	4	4	3	3	3	2	2	2
大運 女	九	九	九	十	夏	一	一	一	一	二	二	二	三	三	三	四	四	四	五	五	五	六	六	六	七	七	七	八	八	八	九

6월 (丁巳) 戊午 (망종) 芒種 5日 22:24 夏至 21日

陽曆	1	2	3	4	5	6	7	8	9	10	11	12	13	14	15	16	17	18	19	20	21	22	23	24	25	26	27	28	29	30	
요일	火	水	5	金	土	日	月	火	水	木	金	土	日	月	火	水	木	金	土	日	月	火	水	木	金	土	日	月	火	水	
陰曆	29	30	1	2	3	4	5	6	7	8	9	10	11	12	13	14	15	16	17	18	19	20	21	22	23	24	25	26	27	28	
日辰	己	庚	辛	壬	癸	甲	乙	丙	丁	戊	己	庚	辛	壬	癸	甲	乙	丙	丁	戊	己	庚	辛	壬	癸	甲	乙	丙	丁	戊	
	酉	戌	亥	子	丑	寅	卯	辰	巳	午	未	申	酉	戌	亥	子	丑	寅	卯	辰	巳	午	未	申	酉	戌	亥	子	丑	寅	
大運 男	1	1	1	1	芒	10	10	10	9	9	9	8	8	8	7	7	7	6	6	6	5	5	5	4	4	4	3	3	3	2	
大運 女	九	九	十	十	種	一	一	一	一	二	二	二	三	三	三	四	四	四	五	五	五	六	六	六	七	七	七	八	八	八	

天上火星	十日得辛	東大將	辰弔客	寒食(4월 05일)	初伏(7월 12일)
七赤金星	五龍治水	申喪門	北三殺	中伏(7월 22일)	末伏(8월 11일)

7월 (戊午) 己未 (소서) 小暑 7日 08:31 大暑 23日

陽曆		1	2	3	4	5	6	7	8	9	10	11	12	13	14	15	16	17	18	19	20	21	22	23	24	25	26	27	28	29	30	31
요일		木	6/1	土	日	月	火	水	木	金	土	日	月	火	水	木	金	土	日	月	火	水	木	金	土	日	月	火	水	木	金	土
陰曆		29		2	3	4	5	6	7	8	9	10	11	12	13	14	15	16	17	18	19	20	21	22	23	24	25	26	27	28	29	30
日辰		己	庚	辛	壬	癸	甲	乙	丙	丁	戊	己	庚	辛	壬	癸	甲	乙	丙	丁	戊	己	庚	辛	壬	癸	甲	乙	丙	丁	戊	己
		卯	辰	巳	午	未	申	酉	戌	亥	子	丑	寅	卯	辰	巳	午	未	申	酉	戌	亥	子	丑	寅	卯	辰	巳	午	未	申	酉
大	男	2	2	1	1	1	1	小	10	10	9	9	9	8	8	8	7	7	7	6	6	6	5	5	5	4	4	4	3	3	3	2
運	女	九	九	九	十	十	十	暑	一	一	一	一	二	二	二	三	三	三	四	四	四	五	五	五	六	六	六	七	七	七	八	八

8월 (己未) 庚申 (입추) 立秋 7日 18:20 處暑 23日

陽曆		1	2	3	4	5	6	7	8	9	10	11	12	13	14	15	16	17	18	19	20	21	22	23	24	25	26	27	28	29	30	31
요일		7/1	月	火	水	木	金	土	日	月	火	水	木	金	土	日	月	火	水	木	金	土	日	月	火	水	木	金	土	日	8/1	火
陰曆			2	3	4	5	6	7	8	9	10	11	12	13	14	15	16	17	18	19	20	21	22	23	24	25	26	27	28	29		2
日辰		庚	辛	壬	癸	甲	乙	丙	丁	戊	己	庚	辛	壬	癸	甲	乙	丙	丁	戊	己	庚	辛	壬	癸	甲	乙	丙	丁	戊	己	庚
		戌	亥	子	丑	寅	卯	辰	巳	午	未	申	酉	戌	亥	子	丑	寅	卯	辰	巳	午	未	申	酉	戌	亥	子	丑	寅	卯	辰
大	男	2	2	1	1	1	1	立	10	10	9	9	9	8	8	8	7	7	7	6	6	6	5	5	5	4	4	4	3	3	3	2
運	女	八	九	九	九	十	十	秋	一	一	一	一	二	二	二	三	三	三	四	四	四	五	五	五	六	六	六	七	七	七	八	八

9월 (庚申) 辛酉 (백로) 白露 7日 21:25 秋分 23日

陽曆		1	2	3	4	5	6	7	8	9	10	11	12	13	14	15	16	17	18	19	20	21	22	23	24	25	26	27	28	29	30	
요일		水	木	金	土	日	月	火	水	木	金	土	日	月	火	水	木	金	土	日	月	火	水	木	金	土	日	月	火	9/1	木	
陰曆		3	4	5	6	7	8	9	10	11	12	13	14	15	16	17	18	19	20	21	22	23	24	25	26	27	28	29	30		2	
日辰		辛	壬	癸	甲	乙	丙	丁	戊	己	庚	辛	壬	癸	甲	乙	丙	丁	戊	己	庚	辛	壬	癸	甲	乙	丙	丁	戊	己	庚	
		巳	午	未	申	酉	戌	亥	子	丑	寅	卯	辰	巳	午	未	申	酉	戌	亥	子	丑	寅	卯	辰	巳	午	未	申	酉	戌	
大	男	2	2	1	1	1	1	白	10	10	9	9	9	8	8	8	7	7	7	6	6	6	5	5	5	4	4	4	3	3	3	
運	女	八	九	九	九	十	十	露	一	一	一	一	二	二	二	三	三	三	四	四	四	五	五	五	六	六	六	七	七	七	八	

10월 (辛酉) 壬戌 (한로) 寒露 8日 13:20 霜降 23日

陽曆		1	2	3	4	5	6	7	8	9	10	11	12	13	14	15	16	17	18	19	20	21	22	23	24	25	26	27	28	29	30	31
요일		金	土	日	月	火	水	木	金	土	日	月	火	水	木	金	土	日	月	火	水	木	金	土	日	月	火	水	10/1	金	土	日
陰曆		3	4	5	6	7	8	9	10	11	12	13	14	15	16	17	18	19	20	21	22	23	24	25	26	27	28	29		2	3	4
日辰		辛	壬	癸	甲	乙	丙	丁	戊	己	庚	辛	壬	癸	甲	乙	丙	丁	戊	己	庚	辛	壬	癸	甲	乙	丙	丁	戊	己	庚	辛
		亥	子	丑	寅	卯	辰	巳	午	未	申	酉	戌	亥	子	丑	寅	卯	辰	巳	午	未	申	酉	戌	亥	子	丑	寅	卯	辰	巳
大	男	2	2	2	1	1	1	1	寒	10	9	9	9	8	8	8	7	7	7	6	6	6	5	5	5	4	4	4	3	3	3	2
運	女	八	八	九	九	九	十	十	露	一	一	一	一	二	二	二	三	三	三	四	四	四	五	五	五	六	六	六	七	七	七	八

11월 (壬戌) 癸亥 (입동) 立冬 7日 16:49 小雪 22日

陽曆		1	2	3	4	5	6	7	8	9	10	11	12	13	14	15	16	17	18	19	20	21	22	23	24	25	26	27	28	29	30	
요일		月	火	水	木	金	土	日	月	火	水	木	金	土	日	月	火	水	木	金	土	日	月	火	水	木	11/1	土	日	月	火	
陰曆		5	6	7	8	9	10	11	12	13	14	15	16	17	18	19	20	21	22	23	24	25	26	27	28	29		2	3	4	5	
日辰		壬	癸	甲	乙	丙	丁	戊	己	庚	辛	壬	癸	甲	乙	丙	丁	戊	己	庚	辛	壬	癸	甲	乙	丙	丁	戊	己	庚	辛	
		午	未	申	酉	戌	亥	子	丑	寅	卯	辰	巳	午	未	申	酉	戌	亥	子	丑	寅	卯	辰	巳	午	未	申	酉	戌	亥	
大	男	2	2	1	1	1	1	立	10	9	9	9	8	8	8	7	7	7	6	6	6	5	5	5	4	4	4	3	3	3	2	
運	女	八	八	九	九	九	十	冬	一	一	一	一	二	二	二	三	三	三	四	四	四	五	五	五	六	六	六	七	七	七	八	

12월 (癸亥) 甲子 (대설) 大雪 7日 09:55 冬至 22日

陽曆		1	2	3	4	5	6	7	8	9	10	11	12	13	14	15	16	17	18	19	20	21	22	23	24	25	26	27	28	29	30	31
요일		水	木	金	土	日	月	火	水	木	金	土	日	月	火	水	木	金	土	日	月	火	水	木	金	土	12/1	月	火	水	木	金
陰曆		6	7	8	9	10	11	12	13	14	15	16	17	18	19	20	21	22	23	24	25	26	27	28	29	30		2	3	4	5	6
日辰		壬	癸	甲	乙	丙	丁	戊	己	庚	辛	壬	癸	甲	乙	丙	丁	戊	己	庚	辛	壬	癸	甲	乙	丙	丁	戊	己	庚	辛	壬
		子	丑	寅	卯	辰	巳	午	未	申	酉	戌	亥	子	丑	寅	卯	辰	巳	午	未	申	酉	戌	亥	子	丑	寅	卯	辰	巳	午
大	男	2	2	1	1	1	1	大	9	9	9	8	8	8	7	7	7	6	6	6	5	5	5	4	4	4	3	3	3	2	2	2
運	女	八	八	九	九	九	十	雪	一	一	一	一	二	二	二	三	三	三	四	四	四	五	五	五	六	六	六	七	七	七	八	八

1월 (甲子) 乙丑 (소한) 小寒 5日 21:15 大寒 20日

陽曆		1	2	3	4	5	6	7	8	9	10	11	12	13	14	15	16	17	18	19	20	21	22	23	24	25	26	27	28	29	30	31
요일		土	日	月	火	水	木	金	土	日	月	火	水	木	金	土	日	月	火	水	木	金	土	日	1/1	火	水	木	金	土	日	月
陰曆		7	8	9	10	11	12	13	14	15	16	17	18	19	20	21	22	23	24	25	26	27	28	29		2	3	4	5	6	7	8
日辰		癸	甲	乙	丙	丁	戊	己	庚	辛	壬	癸	甲	乙	丙	丁	戊	己	庚	辛	壬	癸	甲	乙	丙	丁	戊	己	庚	辛	壬	癸
		未	申	酉	戌	亥	子	丑	寅	卯	辰	巳	午	未	申	酉	戌	亥	子	丑	寅	卯	辰	巳	午	未	申	酉	戌	亥	子	丑
大	男	1	1	1	1	小	10	9	9	9	8	8	8	7	7	7	6	6	6	5	5	5	4	4	4	3	3	3	2	2	2	1
運	女	八	九	九	九	寒	一	一	一	一	二	二	二	三	三	三	四	四	四	五	五	五	六	六	六	七	七	七	八	八	八	九

2월 (乙丑) 丙寅 (입춘) 立春 4日 08:51 雨水 19日

陽曆		1	2	3	4	5	6	7	8	9	10	11	12	13	14	15	16	17	18	19	20	21	22	23	24	25	26	27	28			
요일		火	水	木	金	土	日	月	火	水	木	金	土	日	月	火	水	木	金	土	日	月	火	2/1	木	金	土	日	月			
陰曆		9	10	11	12	13	14	15	16	17	18	19	20	21	22	23	24	25	26	27	28	29	30		2	3	4	5	6			
日辰		甲	乙	丙	丁	戊	己	庚	辛	壬	癸	甲	乙	丙	丁	戊	己	庚	辛	壬	癸	甲	乙	丙	丁	戊	己	庚	辛			
		寅	卯	辰	巳	午	未	申	酉	戌	亥	子	丑	寅	卯	辰	巳	午	未	申	酉	戌	亥	子	丑	寅	卯	辰	巳			
大	男	1	1	1	立	1	1	1	1	2	2	2	3	3	3	4	4	4	5	5	5	6	6	6	7	7	7	8	8			
運	女	九	九	十	春	十	九	九	九	八	八	八	七	七	七	六	六	六	五	五	五	四	四	四	三	三	三	二	二			

3월 (丙寅) 丁卯 (경칩) 驚蟄 6日 02:42 春分 21日

陽曆		1	2	3	4	5	6	7	8	9	10	11	12	13	14	15	16	17	18	19	20	21	22	23	24	25	26	27	28	29	30	31
요일		火	水	木	金	土	日	月	火	水	木	金	土	日	月	火	水	木	金	土	日	月	火	水	木	3/1	土	日	月	火	水	木
陰曆		7	8	9	10	11	12	13	14	15	16	17	18	19	20	21	22	23	24	25	26	27	28	29	30		2	3	4	5	6	7
日辰		壬	癸	甲	乙	丙	丁	戊	己	庚	辛	壬	癸	甲	乙	丙	丁	戊	己	庚	辛	壬	癸	甲	乙	丙	丁	戊	己	庚	辛	壬
		午	未	申	酉	戌	亥	子	丑	寅	卯	辰	巳	午	未	申	酉	戌	亥	子	丑	寅	卯	辰	巳	午	未	申	酉	戌	亥	子
大	男	8	9	9	9	10	驚	1	1	1	1	2	2	2	3	3	3	4	4	4	5	5	5	6	6	6	7	7	7	8	8	8
運	女	二	一	一	一	一	蟄	十	九	九	九	八	八	八	七	七	七	六	六	六	五	五	五	四	四	四	三	三	三	二	二	二

4월 (丁卯) 戊辰 (청명) 淸明 5日 07:14 穀雨 20日

陽曆		1	2	3	4	5	6	7	8	9	10	11	12	13	14	15	16	17	18	19	20	21	22	23	24	25	26	27	28	29	30	
요일		金	土	日	月	火	水	木	金	土	日	月	火	水	木	金	土	日	月	火	水	木	金	4/1	日	月	火	水	木	金	土	
陰曆		8	9	10	11	12	13	14	15	16	17	18	19	20	21	22	23	24	25	26	27	28	29		2	3	4	5	6	7	8	
日辰		癸	甲	乙	丙	丁	戊	己	庚	辛	壬	癸	甲	乙	丙	丁	戊	己	庚	辛	壬	癸	甲	乙	丙	丁	戊	己	庚	辛	壬	
		丑	寅	卯	辰	巳	午	未	申	酉	戌	亥	子	丑	寅	卯	辰	巳	午	未	申	酉	戌	亥	子	丑	寅	卯	辰	巳	午	
大	男	9	9	9	10	淸	1	1	1	1	2	2	2	3	3	3	4	4	4	5	5	5	6	6	6	7	7	7	8	8	8	
運	女	一	一	一	一	明	十	十	九	九	九	八	八	八	七	七	七	六	六	六	五	五	五	四	四	四	三	三	三	二	二	

5월 (戊辰) 己巳 (입하) 立夏 6日 00:17 小滿 21日

陽曆		1	2	3	4	5	6	7	8	9	10	11	12	13	14	15	16	17	18	19	20	21	22	23	24	25	26	27	28	29	30	31
요일		日	月	火	水	木	金	土	日	月	火	水	木	金	土	日	月	火	水	木	金	土	日	5/1	火	水	木	金	土	日	月	火
陰曆		9	10	11	12	13	14	15	16	17	18	19	20	21	22	23	24	25	26	27	28	29	30		2	3	4	5	6	7	8	9
日辰		癸	甲	乙	丙	丁	戊	己	庚	辛	壬	癸	甲	乙	丙	丁	戊	己	庚	辛	壬	癸	甲	乙	丙	丁	戊	己	庚	辛	壬	癸
		未	申	酉	戌	亥	子	丑	寅	卯	辰	巳	午	未	申	酉	戌	亥	子	丑	寅	卯	辰	巳	午	未	申	酉	戌	亥	子	丑
大	男	9	9	9	10	10	立	1	1	1	1	2	2	2	3	3	3	4	4	4	5	5	5	6	6	6	7	7	7	8	8	8
運	女	二	一	一	一	一	夏	十	十	九	九	九	八	八	八	七	七	七	六	六	六	五	五	五	四	四	四	三	三	三	二	二

6월 (己巳) 庚午 (망종) 芒種 6日 04:14 夏至 21日

陽曆		1	2	3	4	5	6	7	8	9	10	11	12	13	14	15	16	17	18	19	20	21	22	23	24	25	26	27	28	29	30	
요일		水	木	金	土	日	月	火	水	木	金	土	日	月	火	水	木	金	土	日	月	火	윤5/1	木	金	土	日	月	火	水	木	
陰曆		10	11	12	13	14	15	16	17	18	19	20	21	22	23	24	25	26	27	28	29	30		2	3	4	5	6	7	8	9	
日辰		甲	乙	丙	丁	戊	己	庚	辛	壬	癸	甲	乙	丙	丁	戊	己	庚	辛	壬	癸	甲	乙	丙	丁	戊	己	庚	辛	壬	癸	
		寅	卯	辰	巳	午	未	申	酉	戌	亥	子	丑	寅	卯	辰	巳	午	未	申	酉	戌	亥	子	丑	寅	卯	辰	巳	午	未	
大	男	9	9	9	10	10	芒	1	1	1	1	2	2	2	3	3	3	4	4	4	5	5	5	6	6	6	7	7	7	8	8	
運	女	二	一	一	一	一	種	十	十	九	九	九	八	八	八	七	七	七	六	六	六	五	五	五	四	四	四	三	三	三	二	

天上火星	六日得辛	東大將	巳弔客	寒食(4월 06일)	初伏(7월 17일)
六白金星	十一龍治水	酉喪門	西三殺	中伏(7월 27일)	末伏(8월 16일)

7월 (庚午) 辛未 (소서) 小署 7日 14:25 大署 23日

陽曆	1	2	3	4	5	6	7	8	9	10	11	12	13	14	15	16	17	18	19	20	21	22	23	24	25	26	27	28	29	30	31
요일	金	土	日	月	火	水	木	金	土	日	月	火	水	木	金	土	日	月	火	水	6	金	土	日	月	火	水	木	金	土	日
陰曆	10	11	12	13	14	15	16	17	18	19	20	21	22	23	24	25	26	27	28	29	1	2	3	4	5	6	7	8	9	10	11
日辰	甲	乙	丙	丁	戊	己	庚	辛	壬	癸	甲	乙	丙	丁	戊	己	庚	辛	壬	癸	甲	乙	丙	丁	戊	己	庚	辛	壬	癸	甲
	申	酉	戌	亥	子	丑	寅	卯	辰	巳	午	未	申	酉	戌	亥	子	丑	寅	卯	辰	巳	午	未	申	酉	戌	亥	子	丑	寅
大 男	8	9	9	9	10	10	小	1	1	1	1	2	2	2	3	3	3	4	4	4	5	5	5	6	6	6	7	7	7	8	8
運 女	二	二	一	一	一	一	署	十	十	十	九	九	九	八	八	八	七	七	七	六	六	六	五	五	五	四	四	四	三	三	三

8월 (辛未) 壬申 (입추) 立秋 8日 00:17 處署 23日

陽曆	1	2	3	4	5	6	7	8	9	10	11	12	13	14	15	16	17	18	19	20	21	22	23	24	25	26	27	28	29	30	31
요일	月	火	水	木	金	土	日	月	火	水	木	金	土	日	月	火	水	木	金	7	日	月	火	水	木	金	土	日	月	火	水
陰曆	12	13	14	15	16	17	18	19	20	21	22	23	24	25	26	27	28	29	30	1	2	3	4	5	6	7	8	9	10	11	12
日辰	乙	丙	丁	戊	己	庚	辛	壬	癸	甲	乙	丙	丁	戊	己	庚	辛	壬	癸	甲	乙	丙	丁	戊	己	庚	辛	壬	癸	甲	乙
	卯	辰	巳	午	未	申	酉	戌	亥	子	丑	寅	卯	辰	巳	午	未	申	酉	戌	亥	子	丑	寅	卯	辰	巳	午	未	申	酉
大 男	8	9	9	9	10	10	10	立	1	1	1	1	2	2	2	3	3	3	4	4	4	5	5	5	6	6	6	7	7	7	8
運 女	二	二	二	一	一	一	一	秋	十	十	九	九	九	八	八	八	七	七	七	六	六	六	五	五	五	四	四	四	三	三	三

9월 (壬申) 癸酉 (백로) 白露 8日 03:23 秋分 23日

陽曆	1	2	3	4	5	6	7	8	9	10	11	12	13	14	15	16	17	18	19	20	21	22	23	24	25	26	27	28	29	30	
요일	木	金	土	日	月	火	水	木	金	土	日	月	火	水	木	金	土	8	月	火	水	木	金	土	日	月	火	水	木	金	
陰曆	13	14	15	16	17	18	19	20	21	22	23	24	25	26	27	28	29	1	2	3	4	5	6	7	8	9	10	11	12	13	
日辰	丙	丁	戊	己	庚	辛	壬	癸	甲	乙	丙	丁	戊	己	庚	辛	壬	癸	甲	乙	丙	丁	戊	己	庚	辛	壬	癸	甲	乙	
	戌	亥	子	丑	寅	卯	辰	巳	午	未	申	酉	戌	亥	子	丑	寅	卯	辰	巳	午	未	申	酉	戌	亥	子	丑	寅	卯	
大 男	8	8	9	9	9	10	10	白	1	1	1	1	2	2	2	3	3	3	4	4	4	5	5	5	6	6	6	7	7	7	
運 女	二	二	二	一	一	一	一	露	十	九	九	九	八	八	八	七	七	七	六	六	六	五	五	五	四	四	四	三	三	三	

10월 (癸酉) 甲戌 (한로) 寒露 8日 19:16 霜降 23日

陽曆	1	2	3	4	5	6	7	8	9	10	11	12	13	14	15	16	17	18	19	20	21	22	23	24	25	26	27	28	29	30	31
요일	土	日	月	火	水	木	金	土	日	月	火	水	木	金	土	日	月	9	水	木	金	土	日	月	火	水	木	金	土	日	月
陰曆	14	15	16	17	18	19	20	21	22	23	24	25	26	27	28	29	30	1	2	3	4	5	6	7	8	9	10	11	12	13	14
日辰	丙	丁	戊	己	庚	辛	壬	癸	甲	乙	丙	丁	戊	己	庚	辛	壬	癸	甲	乙	丙	丁	戊	己	庚	辛	壬	癸	甲	乙	丙
	辰	巳	午	未	申	酉	戌	亥	子	丑	寅	卯	辰	巳	午	未	申	酉	戌	亥	子	丑	寅	卯	辰	巳	午	未	申	酉	戌
大 男	8	8	8	9	9	9	10	寒	1	1	1	1	2	2	2	3	3	3	4	4	4	5	5	5	6	6	6	7	7	7	8
運 女	二	二	二	一	一	一	一	露	十	九	九	九	八	八	八	七	七	七	六	六	六	五	五	五	四	四	四	三	三	三	二

11월 (甲戌) 乙亥 (입동) 立冬 7日 22:41 小雪 22日

陽曆	1	2	3	4	5	6	7	8	9	10	11	12	13	14	15	16	17	18	19	20	21	22	23	24	25	26	27	28	29	30	
요일	火	水	木	金	土	日	月	火	水	木	金	土	日	月	火	10	木	金	土	日	月	火	水	木	金	土	日	月	火	水	
陰曆	15	16	17	18	19	20	21	22	23	24	25	26	27	28	29	1	2	3	4	5	6	7	8	9	10	11	12	13	14	15	
日辰	丁	戊	己	庚	辛	壬	癸	甲	乙	丙	丁	戊	己	庚	辛	壬	癸	甲	乙	丙	丁	戊	己	庚	辛	壬	癸	甲	乙	丙	
	亥	子	丑	寅	卯	辰	巳	午	未	申	酉	戌	亥	子	丑	寅	卯	辰	巳	午	未	申	酉	戌	亥	子	丑	寅	卯	辰	
大 男	8	8	9	9	9	10	立	1	1	1	1	2	2	2	3	3	3	4	4	4	5	5	5	6	6	6	7	7	7	8	
運 女	二	二	一	一	一	一	冬	十	九	九	九	八	八	八	七	七	七	六	六	六	五	五	五	四	四	四	三	三	三	二	

12월 (乙亥) 丙子 (대설) 大雪 7日 15:44 冬至 22日

陽曆	1	2	3	4	5	6	7	8	9	10	11	12	13	14	15	16	17	18	19	20	21	22	23	24	25	26	27	28	29	30	31
요일	木	金	土	日	月	火	水	木	金	土	日	月	火	水	木	11	土	日	月	火	水	木	金	土	日	月	火	水	木	金	土
陰曆	16	17	18	19	20	21	22	23	24	25	26	27	28	29	30	1	2	3	4	5	6	7	8	9	10	11	12	13	14	15	16
日辰	丁	戊	己	庚	辛	壬	癸	甲	乙	丙	丁	戊	己	庚	辛	壬	癸	甲	乙	丙	丁	戊	己	庚	辛	壬	癸	甲	乙	丙	丁
	巳	午	未	申	酉	戌	亥	子	丑	寅	卯	辰	巳	午	未	申	酉	戌	亥	子	丑	寅	卯	辰	巳	午	未	申	酉	戌	亥
大 男	8	8	9	9	9	10	大	1	1	1	1	2	2	2	3	3	3	4	4	4	5	5	5	6	6	6	7	7	7	8	8
運 女	二	二	一	一	一	一	雪	十	九	九	九	八	八	八	七	七	七	六	六	六	五	五	五	四	四	四	三	三	三	二	二

庚申

1월 (丙子)

丁丑 (소한) 小寒 6日 03:02 大寒 20日

陽曆	1	2	3	4	5	6	7	8	9	10	11	12	13	14	15	16	17	18	19	20	21	22	23	24	25	26	27	28	29	30	31
요일	日	月	火	水	木	金	土	日	月	火	水	木	金	12	日	月	火	水	木	金	土	日	月	火	水	木	金	土	日	月	火
陰曆	17	18	19	20	21	22	23	24	25	26	27	28	29	1	2	3	4	5	6	7	8	9	10	11	12	13	14	15	16	17	18
日辰	戊	己	庚	辛	壬	癸	甲	乙	丙	丁	戊	己	庚	辛	壬	癸	甲	乙	丙	丁	戊	己	庚	辛	壬	癸	甲	乙	丙	丁	戊
	子	丑	寅	卯	辰	巳	午	未	申	酉	戌	亥	子	丑	寅	卯	辰	巳	午	未	申	酉	戌	亥	子	丑	寅	卯	辰	巳	午
大 男	8	9	9	9	10	小	1	1	1	1	2	2	2	3	3	3	4	4	4	5	5	5	6	6	6	7	7	7	8	8	8
運 女	二	一	一	一	一	寒	九	九	九	八	八	八	七	七	七	六	六	六	五	五	五	四	四	四	三	三	三	二	二	二	一

2월 (丁丑)

戊寅 (입춘) 立春 4日 14:38 雨水 19日

陽曆	1	2	3	4	5	6	7	8	9	10	11	12	13	14	15	16	17	18	19	20	21	22	23	24	25	26	27	28	29		
요일	水	木	金	土	日	月	火	水	木	金	土	1	月	火	水	木	金	土	日	月	火	水	木	金	土	日	月	火	水		
陰曆	19	20	21	22	23	24	25	26	27	28	29	1	2	3	4	5	6	7	8	9	10	11	12	13	14	15	16	17	18		
日辰	己	庚	辛	壬	癸	甲	乙	丙	丁	戊	己	庚	辛	壬	癸	甲	乙	丙	丁	戊	己	庚	辛	壬	癸	甲	乙	丙	丁		
	未	申	酉	戌	亥	子	丑	寅	卯	辰	巳	午	未	申	酉	戌	亥	子	丑	寅	卯	辰	巳	午	未	申	酉	戌	亥		
大 男	9	9	9	立	10	9	9	9	8	8	8	7	7	7	6	6	6	5	5	5	4	4	4	3	3	3	2	2	2		
運 女	一	一	一	春	一	一	一	一	二	二	二	三	三	三	四	四	四	五	五	五	六	六	六	七	七	七	八	八	八		

3월 (戊寅)

己卯 (경칩) 驚蟄 5日 08:30 春分 20日

陽曆	1	2	3	4	5	6	7	8	9	10	11	12	13	14	15	16	17	18	19	20	21	22	23	24	25	26	27	28	29	30	31
요일	木	金	土	日	月	火	水	木	金	土	日	月	2	水	木	金	土	日	月	火	水	木	金	土	日	月	火	水	木	金	土
陰曆	19	20	21	22	23	24	25	26	27	28	29	30	1	2	3	4	5	6	7	8	9	10	11	12	13	14	15	16	17	18	19
日辰	戊	己	庚	辛	壬	癸	甲	乙	丙	丁	戊	己	庚	辛	壬	癸	甲	乙	丙	丁	戊	己	庚	辛	壬	癸	甲	乙	丙	丁	戊
	子	丑	寅	卯	辰	巳	午	未	申	酉	戌	亥	子	丑	寅	卯	辰	巳	午	未	申	酉	戌	亥	子	丑	寅	卯	辰	巳	午
大 男	1	1	1	1	驚	10	9	9	9	8	8	8	7	7	7	6	6	6	5	5	5	4	4	4	3	3	3	2	2	2	1
運 女	九	九	九	十	蟄	一	一	一	一	二	二	二	三	三	三	四	四	四	五	五	五	六	六	六	七	七	七	八	八	八	九

4월 (己卯)

庚辰 (청명) 清明 4日 13:04 穀雨 19日

陽曆	1	2	3	4	5	6	7	8	9	10	11	12	13	14	15	16	17	18	19	20	21	22	23	24	25	26	27	28	29	30	
요일	日	月	火	水	木	金	土	日	月	火	3	木	金	土	日	月	火	水	木	金	土	日	月	火	水	木	金	土	日	月	
陰曆	20	21	22	23	24	25	26	27	28	29	1	2	3	4	5	6	7	8	9	10	11	12	13	14	15	16	17	18	19	20	
日辰	己	庚	辛	壬	癸	甲	乙	丙	丁	戊	己	庚	辛	壬	癸	甲	乙	丙	丁	戊	己	庚	辛	壬	癸	甲	乙	丙	丁	戊	
	未	申	酉	戌	亥	子	丑	寅	卯	辰	巳	午	未	申	酉	戌	亥	子	丑	寅	卯	辰	巳	午	未	申	酉	戌	亥	子	
大 男	1	1	1	清	10	10	9	9	9	8	8	8	7	7	7	6	6	6	5	5	5	4	4	4	3	3	3	2	2	2	
運 女	九	九	十	明	一	一	一	一	二	二	二	三	三	三	四	四	四	五	五	五	六	六	六	七	七	七	八	八	八	九	

5월 (庚辰)

辛巳 (입하) 立夏 5日 06:08 小滿 20日

陽曆	1	2	3	4	5	6	7	8	9	10	11	12	13	14	15	16	17	18	19	20	21	22	23	24	25	26	27	28	29	30	31
요일	火	水	木	金	土	日	月	火	水	木	4	土	日	月	火	水	木	金	土	日	月	火	水	木	金	土	日	月	火	水	木
陰曆	21	22	23	24	25	26	27	28	29	30	1	2	3	4	5	6	7	8	9	10	11	12	13	14	15	16	17	18	19	20	21
日辰	己	庚	辛	壬	癸	甲	乙	丙	丁	戊	己	庚	辛	壬	癸	甲	乙	丙	丁	戊	己	庚	辛	壬	癸	甲	乙	丙	丁	戊	己
	丑	寅	卯	辰	巳	午	未	申	酉	戌	亥	子	丑	寅	卯	辰	巳	午	未	申	酉	戌	亥	子	丑	寅	卯	辰	巳	午	未
大 男	1	1	1	1	立	10	10	9	9	9	8	8	8	7	7	7	6	6	6	5	5	5	4	4	4	3	3	3	2	2	2
運 女	九	九	十	十	夏	一	一	一	一	二	二	二	三	三	三	四	四	四	五	五	五	六	六	六	七	七	七	八	八	八	九

6월 (辛巳)

壬午 (망종) 芒種 5日 10:07 夏至 21日

陽曆	1	2	3	4	5	6	7	8	9	10	11	12	13	14	15	16	17	18	19	20	21	22	23	24	25	26	27	28	29	30	
요일	金	土	日	月	火	水	木	金	土	5	月	火	水	木	金	土	日	月	火	水	木	金	土	日	月	火	水	木	金	土	
陰曆	22	23	24	25	26	27	28	29	30	1	2	3	4	5	6	7	8	9	10	11	12	13	14	15	16	17	18	19	20	21	
日辰	庚	辛	壬	癸	甲	乙	丙	丁	戊	己	庚	辛	壬	癸	甲	乙	丙	丁	戊	己	庚	辛	壬	癸	甲	乙	丙	丁	戊	己	
	申	酉	戌	亥	子	丑	寅	卯	辰	巳	午	未	申	酉	戌	亥	子	丑	寅	卯	辰	巳	午	未	申	酉	戌	亥	子	丑	
大 男	1	1	1	1	芒	10	10	9	9	9	8	8	8	7	7	7	6	6	6	5	5	5	4	4	4	3	3	3	2	2	
運 女	九	九	十	十	種	一	一	一	一	二	二	二	三	三	三	四	四	四	五	五	五	六	六	六	七	七	七	八	八	八	

7월 (壬午) 癸未 (소서) 小暑 6日 20:18 大暑 22日

		1	2	3	4	5	6	7	8	9	10	11	12	13	14	15	16	17	18	19	20	21	22	23	24	25	26	27	28	29	30	31
陽曆		1	2	3	4	5	6	7	8	9	10	11	12	13	14	15	16	17	18	19	20	21	22	23	24	25	26	27	28	29	30	31
요일		日	月	火	水	木	金	土	日	6/	火	水	木	金	土	日	月	火	水	木	金	土	日	月	火	水	木	金	土	日	月	火
陰曆		22	23	24	25	26	27	28	29	1	2	3	4	5	6	7	8	9	10	11	12	13	14	15	16	17	18	19	20	21	22	23
日辰		庚	辛	壬	癸	甲	乙	丙	丁	戊	己	庚	辛	壬	癸	甲	乙	丙	丁	戊	己	庚	辛	壬	癸	甲	乙	丙	丁	戊	己	庚
		寅	卯	辰	巳	午	未	申	酉	戌	亥	子	丑	寅	卯	辰	巳	午	未	申	酉	戌	亥	子	丑	寅	卯	辰	巳	午	未	申
大	男	2	1	1	1	1	小	10	10	10	9	9	9	8	8	8	7	7	7	6	6	6	5	5	5	4	4	4	3	3	3	2
運	女	九	九	九	十	十	暑	一	一	一	一	二	二	二	三	三	三	四	四	四	五	五	五	六	六	六	七	七	七	八	八	八

8월 (癸未) 甲申 (입추) 立秋 7日 06:09 處暑 22日

		1	2	3	4	5	6	7	8	9	10	11	12	13	14	15	16	17	18	19	20	21	22	23	24	25	26	27	28	29	30	31
陽曆		1	2	3	4	5	6	7	8	9	10	11	12	13	14	15	16	17	18	19	20	21	22	23	24	25	26	27	28	29	30	31
요일		水	木	金	土	日	月	火	7/	木	金	土	日	月	火	水	木	金	土	日	月	火	水	木	金	土	日	月	火	水	木	金
陰曆		24	25	26	27	28	29	30	1	2	3	4	5	6	7	8	9	10	11	12	13	14	15	16	17	18	19	20	21	22	23	24
日辰		辛	壬	癸	甲	乙	丙	丁	戊	己	庚	辛	壬	癸	甲	乙	丙	丁	戊	己	庚	辛	壬	癸	甲	乙	丙	丁	戊	己	庚	辛
		酉	戌	亥	子	丑	寅	卯	辰	巳	午	未	申	酉	戌	亥	子	丑	寅	卯	辰	巳	午	未	申	酉	戌	亥	子	丑	寅	卯
大	男	2	2	1	1	1	1	立	10	10	9	9	9	8	8	8	7	7	7	6	6	6	5	5	5	4	4	4	3	3	3	2
運	女	九	九	九	十	十	十	秋	一	一	一	一	二	二	二	三	三	三	四	四	四	五	五	五	六	六	六	七	七	七	八	八

9월 (甲申) 乙酉 (백로) 白露 7日 09:13 秋分 22日

		1	2	3	4	5	6	7	8	9	10	11	12	13	14	15	16	17	18	19	20	21	22	23	24	25	26	27	28	29	30	
陽曆		1	2	3	4	5	6	7	8	9	10	11	12	13	14	15	16	17	18	19	20	21	22	23	24	25	26	27	28	29	30	
요일		土	日	月	火	水	木	8/	土	日	月	火	水	木	金	土	日	月	火	水	木	金	土	日	月	火	水	木	金	土	日	
陰曆		25	26	27	28	29	30	1	2	3	4	5	6	7	8	9	10	11	12	13	14	15	16	17	18	19	20	21	22	23	24	
日辰		壬	癸	甲	乙	丙	丁	戊	己	庚	辛	壬	癸	甲	乙	丙	丁	戊	己	庚	辛	壬	癸	甲	乙	丙	丁	戊	己	庚	辛	
		辰	巳	午	未	申	酉	戌	亥	子	丑	寅	卯	辰	巳	午	未	申	酉	戌	亥	子	丑	寅	卯	辰	巳	午	未	申	酉	
大	男	2	2	1	1	1	1	白	10	10	9	9	9	8	8	8	7	7	7	6	6	6	5	5	5	4	4	4	3	3	3	
運	女	八	九	九	九	十	十	露	一	一	一	一	二	二	二	三	三	三	四	四	四	五	五	五	六	六	六	七	七	七	八	

10월 (乙酉) 丙戌 (한로) 寒露 8日 01:04 霜降 23日

		1	2	3	4	5	6	7	8	9	10	11	12	13	14	15	16	17	18	19	20	21	22	23	24	25	26	27	28	29	30	31
陽曆		1	2	3	4	5	6	7	8	9	10	11	12	13	14	15	16	17	18	19	20	21	22	23	24	25	26	27	28	29	30	31
요일		月	火	水	木	金	9/	日	月	火	水	木	金	土	日	月	火	水	木	金	土	日	月	火	水	木	金	土	日	月	火	水
陰曆		25	26	27	28	29	1	2	3	4	5	6	7	8	9	10	11	12	13	14	15	16	17	18	19	20	21	22	23	24	25	26
日辰		壬	癸	甲	乙	丙	丁	戊	己	庚	辛	壬	癸	甲	乙	丙	丁	戊	己	庚	辛	壬	癸	甲	乙	丙	丁	戊	己	庚	辛	壬
		戌	亥	子	丑	寅	卯	辰	巳	午	未	申	酉	戌	亥	子	丑	寅	卯	辰	巳	午	未	申	酉	戌	亥	子	丑	寅	卯	辰
大	男	2	2	2	1	1	1	1	寒	10	9	9	9	8	8	8	7	7	7	6	6	6	5	5	5	4	4	4	3	3	3	2
運	女	八	八	九	九	九	十	十	露	一	一	一	一	二	二	二	三	三	三	四	四	四	五	五	五	六	六	六	七	七	七	八

11월 (丙戌) 丁亥 (입동) 立冬 7日 04:28 小雪 22日

		1	2	3	4	5	6	7	8	9	10	11	12	13	14	15	16	17	18	19	20	21	22	23	24	25	26	27	28	29	30	
陽曆		1	2	3	4	5	6	7	8	9	10	11	12	13	14	15	16	17	18	19	20	21	22	23	24	25	26	27	28	29	30	
요일		木	金	土	日	10/	火	水	木	金	土	日	月	火	水	木	金	土	日	月	火	水	木	金	土	日	月	火	水	木	金	
陰曆		27	28	29	30	1	2	3	4	5	6	7	8	9	10	11	12	13	14	15	16	17	18	19	20	21	22	23	24	25	26	
日辰		癸	甲	乙	丙	丁	戊	己	庚	辛	壬	癸	甲	乙	丙	丁	戊	己	庚	辛	壬	癸	甲	乙	丙	丁	戊	己	庚	辛	壬	
		巳	午	未	申	酉	戌	亥	子	丑	寅	卯	辰	巳	午	未	申	酉	戌	亥	子	丑	寅	卯	辰	巳	午	未	申	酉	戌	
大	男	2	2	1	1	1	1	立	9	9	9	8	8	8	7	7	7	6	6	6	5	5	5	4	4	4	3	3	3	2	2	
運	女	八	八	九	九	九	十	冬	一	一	一	一	二	二	二	三	三	三	四	四	四	五	五	五	六	六	六	七	七	七	八	

12월 (丁亥) 戊子 (대설) 大雪 6日 21:29 冬至 21日

		1	2	3	4	5	6	7	8	9	10	11	12	13	14	15	16	17	18	19	20	21	22	23	24	25	26	27	28	29	30	31
陽曆		1	2	3	4	5	6	7	8	9	10	11	12	13	14	15	16	17	18	19	20	21	22	23	24	25	26	27	28	29	30	31
요일		土	日	月	11/	水	木	金	土	日	月	火	水	木	金	土	日	月	火	水	木	金	土	日	月	火	水	木	金	土	日	月
陰曆		27	28	29	1	2	3	4	5	6	7	8	9	10	11	12	13	14	15	16	17	18	19	20	21	22	23	24	25	26	27	28
日辰		癸	甲	乙	丙	丁	戊	己	庚	辛	壬	癸	甲	乙	丙	丁	戊	己	庚	辛	壬	癸	甲	乙	丙	丁	戊	己	庚	辛	壬	癸
		亥	子	丑	寅	卯	辰	巳	午	未	申	酉	戌	亥	子	丑	寅	卯	辰	巳	午	未	申	酉	戌	亥	子	丑	寅	卯	辰	巳
大	男	2	1	1	1	1	大	10	9	9	9	8	8	8	7	7	7	6	6	6	5	5	5	4	4	4	3	3	3	2	2	2
運	女	八	八	九	九	九	雪	一	一	一	一	二	二	二	三	三	三	四	四	四	五	五	五	六	六	六	七	七	七	八	八	八

1월 (戊子) 己丑 (소한) 小寒 5日 08:47 大寒 20日

陽曆	1	2	3	4	5	6	7	8	9	10	11	12	13	14	15	16	17	18	19	20	21	22	23	24	25	26	27	28	29	30	31
요일	火	水	12	金	土	日	月	火	水	木	金	土	日	月	火	水	木	金	土	日	月	火	水	木	金	土	日	月	火	水	木
陰曆	29	30	1	2	3	4	5	6	7	8	9	10	11	12	13	14	15	16	17	18	19	20	21	22	23	24	25	26	27	28	29
日辰	甲	乙	丙	丁	戊	己	庚	辛	壬	癸	甲	乙	丙	丁	戊	己	庚	辛	壬	癸	甲	乙	丙	丁	戊	己	庚	辛	壬	癸	甲
	午	未	申	酉	戌	亥	子	丑	寅	卯	辰	巳	午	未	申	酉	戌	亥	子	丑	寅	卯	辰	巳	午	未	申	酉	戌	亥	子
大 男	1	1	1	1	小	9	9	9	8	8	8	7	7	7	6	6	6	5	5	5	4	4	4	3	3	3	2	2	2	1	1
運 女	九	九	九	十	寒	一	一	一	一	二	二	二	三	三	三	四	四	四	五	五	五	六	六	六	七	七	七	八	八	八	九

2월 (己丑) 庚寅 (입춘) 立春 3日 20:24 雨水 18日

陽曆	1	2	3	4	5	6	7	8	9	10	11	12	13	14	15	16	17	18	19	20	21	22	23	24	25	26	27	28			
요일	1	土	日	月	火	水	木	金	土	日	月	火	水	木	金	土	日	月	火	水	木	金	土	日	月	火	水	木			
陰曆	1	2	3	4	5	6	7	8	9	10	11	12	13	14	15	16	17	18	19	20	21	22	23	24	25	26	27	28			
日辰	乙	丙	丁	戊	己	庚	辛	壬	癸	甲	乙	丙	丁	戊	己	庚	辛	壬	癸	甲	乙	丙	丁	戊	己	庚	辛	壬			
	丑	寅	卯	辰	巳	午	未	申	酉	戌	亥	子	丑	寅	卯	辰	巳	午	未	申	酉	戌	亥	子	丑	寅	卯	辰			
大 男	1	1	立	1	1	1	1	2	2	2	3	3	3	4	4	4	5	5	5	6	6	6	7	7	7	8	8	8			
運 女	九	九	春	十	九	九	九	八	八	八	七	七	七	六	六	六	五	五	五	四	四	四	三	三	三	二	二	二			

3월 (庚寅) 辛卯 (경칩) 驚蟄 5日 14:16 春分 20日

陽曆	1	2	3	4	5	6	7	8	9	10	11	12	13	14	15	16	17	18	19	20	21	22	23	24	25	26	27	28	29	30	31
요일	金	土	2	月	火	水	木	金	土	日	月	火	水	木	金	土	日	月	火	水	木	金	土	日	月	火	水	木	金	土	日
陰曆	29	30	1	2	3	4	5	6	7	8	9	10	11	12	13	14	15	16	17	18	19	20	21	22	23	24	25	26	27	28	29
日辰	癸	甲	乙	丙	丁	戊	己	庚	辛	壬	癸	甲	乙	丙	丁	戊	己	庚	辛	壬	癸	甲	乙	丙	丁	戊	己	庚	辛	壬	癸
	巳	午	未	申	酉	戌	亥	子	丑	寅	卯	辰	巳	午	未	申	酉	戌	亥	子	丑	寅	卯	辰	巳	午	未	申	酉	戌	亥
大 男	9	9	9	10	驚	1	1	1	1	2	2	2	3	3	3	4	4	4	5	5	5	6	6	6	7	7	7	8	8	8	9
運 女	一	一	一	一	蟄	十	九	九	九	八	八	八	七	七	七	六	六	六	五	五	五	四	四	四	三	三	三	二	二	二	一

4월 (辛卯) 壬辰 (청명) 清明 4日 18:51 穀雨 20日

陽曆	1	2	3	4	5	6	7	8	9	10	11	12	13	14	15	16	17	18	19	20	21	22	23	24	25	26	27	28	29	30	
요일	3	火	水	木	金	土	日	月	火	水	木	金	土	日	月	火	水	木	金	土	日	月	火	水	木	金	土	日	月	4	
陰曆	1	2	3	4	5	6	7	8	9	10	11	12	13	14	15	16	17	18	19	20	21	22	23	24	25	26	27	28	29	1	
日辰	甲	乙	丙	丁	戊	己	庚	辛	壬	癸	甲	乙	丙	丁	戊	己	庚	辛	壬	癸	甲	乙	丙	丁	戊	己	庚	辛	壬	癸	
	子	丑	寅	卯	辰	巳	午	未	申	酉	戌	亥	子	丑	寅	卯	辰	巳	午	未	申	酉	戌	亥	子	丑	寅	卯	辰	巳	
大 男	9	9	10	清	1	1	1	1	2	2	2	3	3	3	4	4	4	5	5	5	6	6	6	7	7	7	8	8	8	9	
運 女	一	一	一	明	十	十	九	九	九	八	八	八	七	七	七	六	六	六	五	五	五	四	四	四	三	三	三	二	二	二	

5월 (壬辰) 癸巳 (입하) 立夏 5日 11:53 小滿 21日

陽曆	1	2	3	4	5	6	7	8	9	10	11	12	13	14	15	16	17	18	19	20	21	22	23	24	25	26	27	28	29	30	31
요일	水	木	金	土	日	月	火	水	木	金	土	日	月	火	水	木	金	土	日	月	火	水	木	金	土	日	月	火	水	5	金
陰曆	2	3	4	5	6	7	8	9	10	11	12	13	14	15	16	17	18	19	20	21	22	23	24	25	26	27	28	29	30	1	2
日辰	甲	乙	丙	丁	戊	己	庚	辛	壬	癸	甲	乙	丙	丁	戊	己	庚	辛	壬	癸	甲	乙	丙	丁	戊	己	庚	辛	壬	癸	甲
	午	未	申	酉	戌	亥	子	丑	寅	卯	辰	巳	午	未	申	酉	戌	亥	子	丑	寅	卯	辰	巳	午	未	申	酉	戌	亥	子
大 男	9	9	10	10	立	1	1	1	1	2	2	2	3	3	3	4	4	4	5	5	5	6	6	6	7	7	7	8	8	8	9
運 女	一	一	一	一	夏	十	十	九	九	九	八	八	八	七	七	七	六	六	六	五	五	五	四	四	四	三	三	三	二	二	二

6월 (癸巳) 甲午 (망종) 芒種 5日 15:48 夏至 21日

陽曆	1	2	3	4	5	6	7	8	9	10	11	12	13	14	15	16	17	18	19	20	21	22	23	24	25	26	27	28	29	30	
요일	土	日	月	火	水	木	金	土	日	月	火	水	木	金	土	日	月	火	水	木	金	土	日	月	火	水	木	6	土	日	
陰曆	3	4	5	6	7	8	9	10	11	12	13	14	15	16	17	18	19	20	21	22	23	24	25	26	27	28	29	1	2	3	
日辰	乙	丙	丁	戊	己	庚	辛	壬	癸	甲	乙	丙	丁	戊	己	庚	辛	壬	癸	甲	乙	丙	丁	戊	己	庚	辛	壬	癸	甲	
	丑	寅	卯	辰	巳	午	未	申	酉	戌	亥	子	丑	寅	卯	辰	巳	午	未	申	酉	戌	亥	子	丑	寅	卯	辰	巳	午	
大 男	9	9	10	10	芒	1	1	1	1	2	2	2	3	3	3	4	4	4	5	5	5	6	6	6	7	7	7	8	8	8	
運 女	一	一	一	一	種	十	十	十	九	九	九	八	八	八	七	七	七	六	六	六	五	五	五	四	四	四	三	三	三	二	

石榴木星 四綠木星 | 七日得辛 四龍治水 | 南大將 亥喪門 | 未弔客 東三殺 | 寒食(4월 05일) 中伏(7월 26일) | 初伏(7월 16일) 末伏(8월 15일)

7월 (甲午) 乙未 (소서) 小暑 7日 01:57 大暑 22日

陽曆		1	2	3	4	5	6	7	8	9	10	11	12	13	14	15	16	17	18	19	20	21	22	23	24	25	26	27	28	29	30	31
요일		月	火	水	木	金	土	日	月	火	水	木	金	土	日	月	火	水	木	金	土	日	月	火	水	木	金	土	7/	月	火	水
陰曆		4	5	6	7	8	9	10	11	12	13	14	15	16	17	18	19	20	21	22	23	24	25	26	27	28	29	30	1	2	3	4
日辰		乙	丙	丁	戊	己	庚	辛	壬	癸	甲	乙	丙	丁	戊	己	庚	辛	壬	癸	甲	乙	丙	丁	戊	己	庚	辛	壬	癸	甲	乙
		未	申	酉	戌	亥	子	丑	寅	卯	辰	巳	午	未	申	酉	戌	亥	子	丑	寅	卯	辰	巳	午	未	申	酉	戌	亥	子	丑
大	男	9	9	9	10	10	10	小	1	1	1	1	2	2	2	3	3	3	4	4	4	5	5	5	6	6	6	7	7	7	8	8
運	女	二	二	一	一	一	一	署	十	十	九	九	九	八	八	八	七	七	七	六	六	六	五	五	五	四	四	四	三	三	三	二

8월 (乙未) 丙申 (입추) 立秋 7日 11:47 處暑 23日

陽曆		1	2	3	4	5	6	7	8	9	10	11	12	13	14	15	16	17	18	19	20	21	22	23	24	25	26	27	28	29	30	31
요일		木	金	土	日	月	火	水	木	金	土	日	月	火	水	木	金	土	日	月	火	水	木	金	土	日	月	8/	水	木	金	土
陰曆		5	6	7	8	9	10	11	12	13	14	15	16	17	18	19	20	21	22	23	24	25	26	27	28	29	30	1	2	3	4	5
日辰		丙	丁	戊	己	庚	辛	壬	癸	甲	乙	丙	丁	戊	己	庚	辛	壬	癸	甲	乙	丙	丁	戊	己	庚	辛	壬	癸	甲	乙	丙
		寅	卯	辰	巳	午	未	申	酉	戌	亥	子	丑	寅	卯	辰	巳	午	未	申	酉	戌	亥	子	丑	寅	卯	辰	巳	午	未	申
大	男	8	9	9	9	10	10	立	1	1	1	1	2	2	2	3	3	3	4	4	4	5	5	5	6	6	6	7	7	7	8	8
運	女	二	二	一	一	一	一	秋	十	十	九	九	九	八	八	八	七	七	七	六	六	六	五	五	五	四	四	四	三	三	三	二

9월 (丙申) 丁酉 (백로) 白露 7日 14:52 秋分 23日

陽曆		1	2	3	4	5	6	7	8	9	10	11	12	13	14	15	16	17	18	19	20	21	22	23	24	25	26	27	28	29	30	
요일		日	月	火	水	木	金	土	日	月	火	水	木	金	土	日	月	火	水	木	金	土	日	月	火	9/	木	金	土	日	月	
陰曆		6	7	8	9	10	11	12	13	14	15	16	17	18	19	20	21	22	23	24	25	26	27	28	29	1	2	3	4	5	6	
日辰		丁	戊	己	庚	辛	壬	癸	甲	乙	丙	丁	戊	己	庚	辛	壬	癸	甲	乙	丙	丁	戊	己	庚	辛	壬	癸	甲	乙	丙	
		酉	戌	亥	子	丑	寅	卯	辰	巳	午	未	申	酉	戌	亥	子	丑	寅	卯	辰	巳	午	未	申	酉	戌	亥	子	丑	寅	
大	男	8	9	9	9	10	10	白	1	1	1	1	2	2	2	3	3	3	4	4	4	5	5	5	6	6	6	7	7	7	8	
運	女	二	二	一	一	一	一	露	十	十	九	九	九	八	八	八	七	七	七	六	六	六	五	五	五	四	四	四	三	三	三	

10월 (丁酉) 戊戌 (한로) 寒露 8日 06:45 霜降 23日

陽曆		1	2	3	4	5	6	7	8	9	10	11	12	13	14	15	16	17	18	19	20	21	22	23	24	25	26	27	28	29	30	31
요일		火	水	木	金	土	日	月	火	水	木	金	土	日	月	火	水	木	金	土	日	月	火	水	木	10/	土	日	月	火	水	木
陰曆		7	8	9	10	11	12	13	14	15	16	17	18	19	20	21	22	23	24	25	26	27	28	29	30	1	2	3	4	5	6	7
日辰		丁	戊	己	庚	辛	壬	癸	甲	乙	丙	丁	戊	己	庚	辛	壬	癸	甲	乙	丙	丁	戊	己	庚	辛	壬	癸	甲	乙	丙	丁
		卯	辰	巳	午	未	申	酉	戌	亥	子	丑	寅	卯	辰	巳	午	未	申	酉	戌	亥	子	丑	寅	卯	辰	巳	午	未	申	酉
大	男	8	8	9	9	9	10	10	寒	1	1	1	1	2	2	2	3	3	3	4	4	4	5	5	5	6	6	6	7	7	7	8
運	女	二	二	二	一	一	一	一	露	十	九	九	九	八	八	八	七	七	七	六	六	六	五	五	五	四	四	四	三	三	三	二

11월 (戊戌) 己亥 (입동) 立冬 7日 10:12 小雪 22日

陽曆		1	2	3	4	5	6	7	8	9	10	11	12	13	14	15	16	17	18	19	20	21	22	23	24	25	26	27	28	29	30	
요일		金	土	日	月	火	水	木	金	土	日	月	火	水	木	金	土	日	月	火	水	木	金	土	11/	月	火	水	木	金	土	
陰曆		8	9	10	11	12	13	14	15	16	17	18	19	20	21	22	23	24	25	26	27	28	29	30	1	2	3	4	5	6	7	
日辰		戊	己	庚	辛	壬	癸	甲	乙	丙	丁	戊	己	庚	辛	壬	癸	甲	乙	丙	丁	戊	己	庚	辛	壬	癸	甲	乙	丙	丁	
		戌	亥	子	丑	寅	卯	辰	巳	午	未	申	酉	戌	亥	子	丑	寅	卯	辰	巳	午	未	申	酉	戌	亥	子	丑	寅	卯	
大	男	8	8	9	9	9	10	立	1	1	1	1	2	2	2	3	3	3	4	4	4	5	5	5	6	6	6	7	7	7	8	
運	女	二	二	一	一	一	一	冬	十	九	九	九	八	八	八	七	七	七	六	六	六	五	五	五	四	四	四	三	三	三	二	

12월 (己亥) 庚子 (대설) 大雪 7日 03:14 冬至 21日

陽曆		1	2	3	4	5	6	7	8	9	10	11	12	13	14	15	16	17	18	19	20	21	22	23	24	25	26	27	28	29	30	31
요일		日	月	火	水	木	金	土	日	月	火	水	木	金	土	日	月	火	水	木	金	土	日	12/	火	水	木	金	土	日	月	火
陰曆		8	9	10	11	12	13	14	15	16	17	18	19	20	21	22	23	24	25	26	27	28	29	1	2	3	4	5	6	7	8	9
日辰		戊	己	庚	辛	壬	癸	甲	乙	丙	丁	戊	己	庚	辛	壬	癸	甲	乙	丙	丁	戊	己	庚	辛	壬	癸	甲	乙	丙	丁	戊
		辰	巳	午	未	申	酉	戌	亥	子	丑	寅	卯	辰	巳	午	未	申	酉	戌	亥	子	丑	寅	卯	辰	巳	午	未	申	酉	戌
大	男	8	8	9	9	9	10	大	1	1	1	1	2	2	2	3	3	3	4	4	4	5	5	5	6	6	6	7	7	7	8	8
運	女	二	二	一	一	一	一	雪	九	九	九	八	八	八	七	七	七	六	六	六	五	五	五	四	四	四	三	三	三	二	二	二

1월 (庚子) 辛丑(소한) 小寒 5日 14:34 大寒 20日

陽曆	1	2	3	4	5	6	7	8	9	10	11	12	13	14	15	16	17	18	19	20	21	22	23	24	25	26	27	28	29	30	31
요일	水	木	金	土	日	月	火	水	木	金	土	日	月	火	水	木	金	土	日	月	火	1/	木	金	土	日	月	火	水	木	金
陰曆	10	11	12	13	14	15	16	17	18	19	20	21	22	23	24	25	26	27	28	29	30	1	2	3	4	5	6	7	8	9	10
日辰	己	庚	辛	壬	癸	甲	乙	丙	丁	戊	己	庚	辛	壬	癸	甲	乙	丙	丁	戊	己	庚	辛	壬	癸	甲	乙	丙	丁	戊	己
	亥	子	丑	寅	卯	辰	巳	午	未	申	酉	戌	亥	子	丑	寅	卯	辰	巳	午	未	申	酉	戌	亥	子	丑	寅	卯	辰	巳
大運 男	8	9	9	9	小	1	1	1	1	2	2	2	3	3	3	4	4	4	5	5	5	6	6	6	7	7	7	8	8	8	9
大運 女	一	一	一	一	寒	十	九	九	九	八	八	八	七	七	七	六	六	六	五	五	五	四	四	四	三	三	三	二	二	二	一

2월 (辛丑) 壬寅(입춘) 立春 4日 02:11 雨水 18日

陽曆	1	2	3	4	5	6	7	8	9	10	11	12	13	14	15	16	17	18	19	20	21	22	23	24	25	26	27	28			
요일	土	日	月	火	水	木	金	土	日	月	火	水	木	金	土	日	月	火	水	2/	金	土	日	月	火	水	木	金			
陰曆	11	12	13	14	15	16	17	18	19	20	21	22	23	24	25	26	27	28	29	1	2	3	4	5	6	7	8	9			
日辰	庚	辛	壬	癸	甲	乙	丙	丁	戊	己	庚	辛	壬	癸	甲	乙	丙	丁	戊	己	庚	辛	壬	癸	甲	乙	丙	丁			
	午	未	申	酉	戌	亥	子	丑	寅	卯	辰	巳	午	未	申	酉	戌	亥	子	丑	寅	卯	辰	巳	午	未	申	酉			
大運 男	9	9	10	立	9	9	9	8	8	8	7	7	7	6	6	6	5	5	5	4	4	4	3	3	3	2	2	2			
大運 女	一	一	一	春	一	一	一	一	二	二	二	三	三	三	四	四	四	五	五	五	六	六	六	七	七	七	八	八			

3월 (壬寅) 癸卯(경칩) 驚蟄 5日 20:04 春分 20日

陽曆	1	2	3	4	5	6	7	8	9	10	11	12	13	14	15	16	17	18	19	20	21	22	23	24	25	26	27	28	29	30	31
요일	土	日	月	火	水	木	金	土	日	月	火	水	木	金	土	日	月	火	水	木	金	윤2/	日	月	火	水	木	金	土	日	月
陰曆	10	11	12	13	14	15	16	17	18	19	20	21	22	23	24	25	26	27	28	29	30	1	2	3	4	5	6	7	8	9	10
日辰	戊	己	庚	辛	壬	癸	甲	乙	丙	丁	戊	己	庚	辛	壬	癸	甲	乙	丙	丁	戊	己	庚	辛	壬	癸	甲	乙	丙	丁	戊
	戌	亥	子	丑	寅	卯	辰	巳	午	未	申	酉	戌	亥	子	丑	寅	卯	辰	巳	午	未	申	酉	戌	亥	子	丑	寅	卯	辰
大運 男	1	1	1	1	驚	10	10	9	9	9	8	8	8	7	7	7	6	6	6	5	5	5	4	4	4	3	3	3	2	2	2
大運 女	八	九	九	九	蟄	一	一	一	一	二	二	二	三	三	三	四	四	四	五	五	五	六	六	六	七	七	七	八	八	八	九

4월 (癸卯) 甲辰(청명) 淸明 5日 00:39 穀雨 20日

陽曆	1	2	3	4	5	6	7	8	9	10	11	12	13	14	15	16	17	18	19	20	21	22	23	24	25	26	27	28	29	30	
요일	火	水	木	金	土	日	月	火	水	木	金	土	日	月	火	水	木	金	土	3/	月	火	水	木	金	土	日	月	火	水	
陰曆	11	12	13	14	15	16	17	18	19	20	21	22	23	24	25	26	27	28	29	1	2	3	4	5	6	7	8	9	10	11	
日辰	己	庚	辛	壬	癸	甲	乙	丙	丁	戊	己	庚	辛	壬	癸	甲	乙	丙	丁	戊	己	庚	辛	壬	癸	甲	乙	丙	丁	戊	
	巳	午	未	申	酉	戌	亥	子	丑	寅	卯	辰	巳	午	未	申	酉	戌	亥	子	丑	寅	卯	辰	巳	午	未	申	酉	戌	
大運 男	1	1	1	1	清	10	9	9	9	8	8	8	7	7	7	6	6	6	5	5	5	4	4	4	3	3	3	2	2	2	
大運 女	九	九	十	十	明	一	一	一	一	二	二	二	三	三	三	四	四	四	五	五	五	六	六	六	七	七	七	八	八	八	

5월 (甲辰) 乙巳(입하) 立夏 5日 17:41 小滿 21日

陽曆	1	2	3	4	5	6	7	8	9	10	11	12	13	14	15	16	17	18	19	20	21	22	23	24	25	26	27	28	29	30	31
요일	木	金	土	日	月	火	水	木	金	土	日	月	火	水	木	金	土	日	4/	火	水	木	金	土	日	月	火	水	木	金	土
陰曆	12	13	14	15	16	17	18	19	20	21	22	23	24	25	26	27	28	29	1	2	3	4	5	6	7	8	9	10	11	12	13
日辰	己	庚	辛	壬	癸	甲	乙	丙	丁	戊	己	庚	辛	壬	癸	甲	乙	丙	丁	戊	己	庚	辛	壬	癸	甲	乙	丙	丁	戊	己
	亥	子	丑	寅	卯	辰	巳	午	未	申	酉	戌	亥	子	丑	寅	卯	辰	巳	午	未	申	酉	戌	亥	子	丑	寅	卯	辰	巳
大運 男	1	1	1	1	立	10	10	9	9	9	8	8	8	7	7	7	6	6	6	5	5	5	4	4	4	3	3	3	2	2	2
大運 女	九	九	九	十	夏	一	一	一	一	二	二	二	三	三	三	四	四	四	五	五	五	六	六	六	七	七	七	八	八	八	九

6월 (乙巳) 丙午(망종) 芒種 5日 21:37 夏至 21日

陽曆	1	2	3	4	5	6	7	8	9	10	11	12	13	14	15	16	17	18	19	20	21	22	23	24	25	26	27	28	29	30	
요일	日	月	火	水	木	金	土	日	月	火	水	木	金	土	日	月	火	5/	木	金	土	日	月	火	水	木	金	土	日	月	
陰曆	14	15	16	17	18	19	20	21	22	23	24	25	26	27	28	29	30	1	2	3	4	5	6	7	8	9	10	11	12	13	
日辰	庚	辛	壬	癸	甲	乙	丙	丁	戊	己	庚	辛	壬	癸	甲	乙	丙	丁	戊	己	庚	辛	壬	癸	甲	乙	丙	丁	戊	己	
	午	未	申	酉	戌	亥	子	丑	寅	卯	辰	巳	午	未	申	酉	戌	亥	子	丑	寅	卯	辰	巳	午	未	申	酉	戌	亥	
大運 男	1	1	1	1	芒	10	10	10	9	9	9	8	8	8	7	7	7	6	6	6	5	5	5	4	4	4	3	3	3	2	
大運 女	九	九	十	十	種	一	一	一	一	二	二	二	三	三	三	四	四	四	五	五	五	六	六	六	七	七	七	八	八	八	

大海水星	二日得辛	南大將	申弔客	寒食(4월 05일)	初伏(7월 11일)
三碧木星	九龍治水	子喪門	北三殺	中伏(7월 21일)	末伏(8월 10일)

7월 (丙午) 丁未(소서) 小署 7日 07:46 大署 23日

陽曆	1	2	3	4	5	6	7	8	9	10	11	12	13	14	15	16	17	18	19	20	21	22	23	24	25	26	27	28	29	30	31
요일	火	水	木	金	土	日	月	火	水	木	金	土	日	月	火	水		金	土	日	月	火	水	木	金	土	日	月	火	水	木
陰曆	14	15	16	17	18	19	20	21	22	23	24	25	26	27	28	29	6/1	2	3	4	5	6	7	8	9	10	11	12	13	14	15
日辰	庚	辛	壬	癸	甲	乙	丙	丁	戊	己	庚	辛	壬	癸	甲	乙	丙	丁	戊	己	庚	辛	壬	癸	甲	乙	丙	丁	戊	己	庚
	子	丑	寅	卯	辰	巳	午	未	申	酉	戌	亥	子	丑	寅	卯	辰	巳	午	未	申	酉	戌	亥	子	丑	寅	卯	辰	巳	午
大運 男	2	2	1	1	1	1	小	10	10	9	9	9	8	8	8	7	7	7	6	6	6	5	5	5	4	4	4	3	3	3	2
大運 女	九	九	九	十	十	十	署	一	一	一	一	二	二	二	三	三	三	四	四	四	五	五	五	六	六	六	七	七	七	八	八

8월 (丁未) 戊申(입추) 立秋 7日 17:37 處署 23日

陽曆	1	2	3	4	5	6	7	8	9	10	11	12	13	14	15	16	17	18	19	20	21	22	23	24	25	26	27	28	29	30	31
요일	金	土	日	月	火	水	木	金	土	日	月	火	水	木	金		日	月	火	水	木	金	土	日	月	火	水	木	金	土	日
陰曆	16	17	18	19	20	21	22	23	24	25	26	27	28	29	30	7/1	2	3	4	5	6	7	8	9	10	11	12	13	14	15	16
日辰	辛	壬	癸	甲	乙	丙	丁	戊	己	庚	辛	壬	癸	甲	乙	丙	丁	戊	己	庚	辛	壬	癸	甲	乙	丙	丁	戊	己	庚	辛
	未	申	酉	戌	亥	子	丑	寅	卯	辰	巳	午	未	申	酉	戌	亥	子	丑	寅	卯	辰	巳	午	未	申	酉	戌	亥	子	丑
大運 男	2	2	1	1	1	1	立	10	10	9	9	9	8	8	8	7	7	7	6	6	6	5	5	5	4	4	4	3	3	3	2
大運 女	八	九	九	九	十	十	秋	一	一	一	一	二	二	二	三	三	三	四	四	四	五	五	五	六	六	六	七	七	七	八	八

9월 (戊申) 己酉(백로) 白露 7日 20:44 秋分 23日

陽曆	1	2	3	4	5	6	7	8	9	10	11	12	13	14	15	16	17	18	19	20	21	22	23	24	25	26	27	28	29	30	
요일	月	火	水	木	金	土	日	月	火	水	木	金	土		月	火	水	木	金	土	日	月	火	水	木	金	土	日	月	火	
陰曆	17	18	19	20	21	22	23	24	25	26	27	28	29	8/1	2	3	4	5	6	7	8	9	10	11	12	13	14	15	16	17	
日辰	壬	癸	甲	乙	丙	丁	戊	己	庚	辛	壬	癸	甲	乙	丙	丁	戊	己	庚	辛	壬	癸	甲	乙	丙	丁	戊	己	庚	辛	
	寅	卯	辰	巳	午	未	申	酉	戌	亥	子	丑	寅	卯	辰	巳	午	未	申	酉	戌	亥	子	丑	寅	卯	辰	巳	午	未	
大運 男	2	2	1	1	1	1	白	10	10	9	9	9	8	8	8	7	7	7	6	6	6	5	5	5	4	4	4	3	3	3	
大運 女	八	九	九	九	十	十	露	一	一	一	一	二	二	二	三	三	三	四	四	四	五	五	五	六	六	六	七	七	七	八	

10월 (己酉) 庚戌(한로) 寒露 8日 12:39 霜降 23日

陽曆	1	2	3	4	5	6	7	8	9	10	11	12	13	14	15	16	17	18	19	20	21	22	23	24	25	26	27	28	29	30	31
요일	水	木	金	土	日	月	火	水	木	金	土	日	月		水	木	金	土	日	月	火	水	木	金	土	日	月	火	水	木	金
陰曆	18	19	20	21	22	23	24	25	26	27	28	29	30	9/1	2	3	4	5	6	7	8	9	10	11	12	13	14	15	16	17	18
日辰	壬	癸	甲	乙	丙	丁	戊	己	庚	辛	壬	癸	甲	乙	丙	丁	戊	己	庚	辛	壬	癸	甲	乙	丙	丁	戊	己	庚	辛	壬
	申	酉	戌	亥	子	丑	寅	卯	辰	巳	午	未	申	酉	戌	亥	子	丑	寅	卯	辰	巳	午	未	申	酉	戌	亥	子	丑	寅
大運 男	2	2	2	1	1	1	1	寒	10	9	9	9	8	8	8	7	7	7	6	6	6	5	5	5	4	4	4	3	3	3	2
大運 女	八	八	九	九	九	十	十	露	一	一	一	一	二	二	二	三	三	三	四	四	四	五	五	五	六	六	六	七	七	七	八

11월 (庚戌) 辛亥(입동) 立冬 7日 16:06 小雪 22日

陽曆	1	2	3	4	5	6	7	8	9	10	11	12	13	14	15	16	17	18	19	20	21	22	23	24	25	26	27	28	29	30	
요일	土	日	月	火	水	木	金	土	日	月	火	水		金	土	日	月	火	水	木	金	土	日	月	火	水	木	金	土	日	
陰曆	19	20	21	22	23	24	25	26	27	28	29	30	10/1	2	3	4	5	6	7	8	9	10	11	12	13	14	15	16	17	18	
日辰	癸	甲	乙	丙	丁	戊	己	庚	辛	壬	癸	甲	乙	丙	丁	戊	己	庚	辛	壬	癸	甲	乙	丙	丁	戊	己	庚	辛	壬	
	卯	辰	巳	午	未	申	酉	戌	亥	子	丑	寅	卯	辰	巳	午	未	申	酉	戌	亥	子	丑	寅	卯	辰	巳	午	未	申	
大運 男	2	2	1	1	1	1	立	10	9	9	9	8	8	8	7	7	7	6	6	6	5	5	5	4	4	4	3	3	3	2	
大運 女	八	八	九	九	九	十	冬	一	一	一	一	二	二	二	三	三	三	四	四	四	五	五	五	六	六	六	七	七	七	八	

12월 (辛亥) 壬子(대설) 大雪 7日 09:08 冬至 22日

陽曆	1	2	3	4	5	6	7	8	9	10	11	12	13	14	15	16	17	18	19	20	21	22	23	24	25	26	27	28	29	30	31
요일	月	火	水	木	金	土	日	月	火	水	木		土	日	月	火	水	木	金	土	日	月	火	水	木	金	土	日	月	火	水
陰曆	19	20	21	22	23	24	25	26	27	28	29	11/1	2	3	4	5	6	7	8	9	10	11	12	13	14	15	16	17	18	19	20
日辰	癸	甲	乙	丙	丁	戊	己	庚	辛	壬	癸	甲	乙	丙	丁	戊	己	庚	辛	壬	癸	甲	乙	丙	丁	戊	己	庚	辛	壬	癸
	酉	戌	亥	子	丑	寅	卯	辰	巳	午	未	申	酉	戌	亥	子	丑	寅	卯	辰	巳	午	未	申	酉	戌	亥	子	丑	寅	卯
大運 男	2	2	1	1	1	1	大	9	9	9	8	8	8	7	7	7	6	6	6	5	5	5	4	4	4	3	3	3	2	2	2
大運 女	八	八	九	九	九	十	雪	一	一	一	一	二	二	二	三	三	三	四	四	四	五	五	五	六	六	六	七	七	七	八	八

1월 (壬子)　癸丑 (소한) 小寒 5日 20:24　大寒 20日

陽曆	1	2	3	4	5	6	7	8	9	10	11	12	13	14	15	16	17	18	19	20	21	22	23	24	25	26	27	28	29	30	31
요일	木	金	土	日	月	火	水	木	金	土	12	月	火	水	木	金	土	日	月	火	水	木	金	土	日	月	火	水	木	金	土
陰曆	21	22	23	24	25	26	27	28	29	30	1	2	3	4	5	6	7	8	9	10	11	12	13	14	15	16	17	18	19	20	21
日辰	甲	乙	丙	丁	戊	己	庚	辛	壬	癸	甲	乙	丙	丁	戊	己	庚	辛	壬	癸	甲	乙	丙	丁	戊	己	庚	辛	壬	癸	甲
	辰	巳	午	未	申	酉	戌	亥	子	丑	寅	卯	辰	巳	午	未	申	酉	戌	亥	子	丑	寅	卯	辰	巳	午	未	申	酉	戌
大運 男	1	1	1	1	小	9	9	9	9	8	8	8	7	7	7	6	6	6	5	5	5	4	4	4	3	3	3	2	2	2	1
大運 女	八	九	九	九	寒	一	一	一	一	二	二	二	三	三	三	四	四	四	五	五	五	六	六	六	七	七	七	八	八	八	九

2월 (癸丑)　甲寅 (입춘) 立春 4日 07:57　雨水 19日

陽曆	1	2	3	4	5	6	7	8	9	10	11	12	13	14	15	16	17	18	19	20	21	22	23	24	25	26	27	28			
요일	日	月	火	水	木	金	土	日	月	1	水	木	金	土	日	月	火	水	木	金	土	日	月	火	水	木	金	土			
陰曆	22	23	24	25	26	27	28	29	30	1	2	3	4	5	6	7	8	9	10	11	12	13	14	15	16	17	18	19			
日辰	乙	丙	丁	戊	己	庚	辛	壬	癸	甲	乙	丙	丁	戊	己	庚	辛	壬	癸	甲	乙	丙	丁	戊	己	庚	辛	壬			
	亥	子	丑	寅	卯	辰	巳	午	未	申	酉	戌	亥	子	丑	寅	卯	辰	巳	午	未	申	酉	戌	亥	子	丑	寅			
大運 男	1	1	1	立	1	1	1	1	2	2	2	3	3	3	4	4	4	5	5	5	6	6	6	7	7	7	8	8			
大運 女	九	九	十	春	十	九	九	九	八	八	八	七	七	七	六	六	六	五	五	五	四	四	四	三	三	三	二	二			

3월 (甲寅)　乙卯 (경칩) 驚蟄 6日 01:46　春分 21日

陽曆	1	2	3	4	5	6	7	8	9	10	11	12	13	14	15	16	17	18	19	20	21	22	23	24	25	26	27	28	29	30	31
요일	日	月	火	水	木	金	土	日	月	火	2	木	金	土	日	月	火	水	木	金	土	日	月	火	水	木	金	土	日	月	火
陰曆	20	21	22	23	24	25	26	27	28	29	1	2	3	4	5	6	7	8	9	10	11	12	13	14	15	16	17	18	19	20	21
日辰	癸	甲	乙	丙	丁	戊	己	庚	辛	壬	癸	甲	乙	丙	丁	戊	己	庚	辛	壬	癸	甲	乙	丙	丁	戊	己	庚	辛	壬	癸
	卯	辰	巳	午	未	申	酉	戌	亥	子	丑	寅	卯	辰	巳	午	未	申	酉	戌	亥	子	丑	寅	卯	辰	巳	午	未	申	酉
大運 男	8	9	9	9	10	驚	1	1	1	1	2	2	2	3	3	3	4	4	4	5	5	5	6	6	6	7	7	7	8	8	8
大運 女	二	一	一	一	一	蟄	十	九	九	九	八	八	八	七	七	七	六	六	六	五	五	五	四	四	四	三	三	三	二	二	二

4월 (乙卯)　丙辰 (청명) 清明 5日 06:19　穀雨 20日

陽曆	1	2	3	4	5	6	7	8	9	10	11	12	13	14	15	16	17	18	19	20	21	22	23	24	25	26	27	28	29	30	
요일	水	木	金	土	日	月	火	水	木	3	土	日	月	火	水	木	金	土	日	月	火	水	木	金	土	日	月	火	水	木	
陰曆	22	23	24	25	26	27	28	29	30	1	2	3	4	5	6	7	8	9	10	11	12	13	14	15	16	17	18	19	20	21	
日辰	甲	乙	丙	丁	戊	己	庚	辛	壬	癸	甲	乙	丙	丁	戊	己	庚	辛	壬	癸	甲	乙	丙	丁	戊	己	庚	辛	壬	癸	
	戌	亥	子	丑	寅	卯	辰	巳	午	未	申	酉	戌	亥	子	丑	寅	卯	辰	巳	午	未	申	酉	戌	亥	子	丑	寅	卯	
大運 男	9	9	9	10	清	1	1	1	1	2	2	2	3	3	3	4	4	4	5	5	5	6	6	6	7	7	7	8	8	8	
大運 女	一	一	一	一	明	十	九	九	九	八	八	八	七	七	七	六	六	六	五	五	五	四	四	四	三	三	三	二	二	二	

5월 (丙辰)　丁巳 (입하) 立夏 5日 23:21　小滿 21日

陽曆	1	2	3	4	5	6	7	8	9	10	11	12	13	14	15	16	17	18	19	20	21	22	23	24	25	26	27	28	29	30	31
요일	金	土	日	月	火	水	木	金	4	日	月	火	水	木	金	土	日	月	火	水	木	金	土	日	月	火	水	木	金	土	日
陰曆	22	23	24	25	26	27	28	29	1	2	3	4	5	6	7	8	9	10	11	12	13	14	15	16	17	18	19	20	21	22	23
日辰	甲	乙	丙	丁	戊	己	庚	辛	壬	癸	甲	乙	丙	丁	戊	己	庚	辛	壬	癸	甲	乙	丙	丁	戊	己	庚	辛	壬	癸	甲
	辰	巳	午	未	申	酉	戌	亥	子	丑	寅	卯	辰	巳	午	未	申	酉	戌	亥	子	丑	寅	卯	辰	巳	午	未	申	酉	戌
大運 男	9	9	9	10	立	1	1	1	1	2	2	2	3	3	3	4	4	4	5	5	5	6	6	6	7	7	7	8	8	8	9
大運 女	一	一	一	一	夏	十	十	十	九	九	九	八	八	八	七	七	七	六	六	六	五	五	五	四	四	四	三	三	三	二	二

6월 (丁巳)　戊午 (망종) 芒種 6日 03:17　夏至 21日

陽曆	1	2	3	4	5	6	7	8	9	10	11	12	13	14	15	16	17	18	19	20	21	22	23	24	25	26	27	28	29	30	
요일	月	火	水	木	金	土	5	月	火	水	木	金	土	日	月	火	水	木	金	土	日	月	火	水	木	金	土	日	月	火	
陰曆	24	25	26	27	28	29	1	2	3	4	5	6	7	8	9	10	11	12	13	14	15	16	17	18	19	20	21	22	23	24	
日辰	乙	丙	丁	戊	己	庚	辛	壬	癸	甲	乙	丙	丁	戊	己	庚	辛	壬	癸	甲	乙	丙	丁	戊	己	庚	辛	壬	癸	甲	
	亥	子	丑	寅	卯	辰	巳	午	未	申	酉	戌	亥	子	丑	寅	卯	辰	巳	午	未	申	酉	戌	亥	子	丑	寅	卯	辰	
大運 男	9	9	10	10	10	芒	1	1	1	1	2	2	2	3	3	3	4	4	4	5	5	5	6	6	6	7	7	7	8	8	
大運 女	二	一	一	一	一	種	十	十	九	九	九	八	八	八	七	七	七	六	六	六	五	五	五	四	四	四	三	三	三	二	

7월 (戊午) 己未 (소서) 小暑 7日 13:26 大暑 23日

陽曆	1	2	3	4	5	6	7	8	9	10	11	12	13	14	15	16	17	18	19	20	21	22	23	24	25	26	27	28	29	30	31
요일	水	木	金	土	日	月	6	水	木	金	土	日	月	火	水	木	金	土	日	月	火	水	木	金	土	日	月	火	水	木	金
陰曆	25	26	27	28	29	30	1	2	3	4	5	6	7	8	9	10	11	12	13	14	15	16	17	18	19	20	21	22	23	24	25
日辰	乙	丙	丁	戊	己	庚	辛	壬	癸	甲	乙	丙	丁	戊	己	庚	辛	壬	癸	甲	乙	丙	丁	戊	己	庚	辛	壬	癸	甲	乙
	巳	午	未	申	酉	戌	亥	子	丑	寅	卯	辰	巳	午	未	申	酉	戌	亥	子	丑	寅	卯	辰	巳	午	未	申	酉	戌	亥
大運 男	8	9	9	9	10	10	小	1	1	1	1	2	2	2	3	3	3	4	4	4	5	5	5	6	6	6	7	7	7	8	8
大運 女	二	二	一	一	一	一	暑	十	十	九	九	九	八	八	八	七	七	七	六	六	六	五	五	五	四	四	四	三	三	三	二

8월 (己未) 庚申 (입추) 立秋 7日 23:19 處暑 23日

陽曆	1	2	3	4	5	6	7	8	9	10	11	12	13	14	15	16	17	18	19	20	21	22	23	24	25	26	27	28	29	30	31
요일	土	日	月	火	7	木	金	土	日	月	火	水	木	金	土	日	月	火	水	木	金	土	日	月	火	水	木	金	土	日	月
陰曆	26	27	28	29	1	2	3	4	5	6	7	8	9	10	11	12	13	14	15	16	17	18	19	20	21	22	23	24	25	26	27
日辰	丙	丁	戊	己	庚	辛	壬	癸	甲	乙	丙	丁	戊	己	庚	辛	壬	癸	甲	乙	丙	丁	戊	己	庚	辛	壬	癸	甲	乙	丙
	子	丑	寅	卯	辰	巳	午	未	申	酉	戌	亥	子	丑	寅	卯	辰	巳	午	未	申	酉	戌	亥	子	丑	寅	卯	辰	巳	午
大運 男	8	9	9	9	10	10	立	1	1	1	1	2	2	2	3	3	3	4	4	4	5	5	5	6	6	6	7	7	7	8	8
大運 女	二	二	一	一	一	一	秋	十	十	十	九	九	九	八	八	八	七	七	七	六	六	六	五	五	五	四	四	四	三	三	三

9월 (庚申) 辛酉 (백로) 白露 8日 02:29 秋分 23日

陽曆	1	2	3	4	5	6	7	8	9	10	11	12	13	14	15	16	17	18	19	20	21	22	23	24	25	26	27	28	29	30
요일	火	水	8	金	土	日	月	火	水	木	金	土	日	月	火	水	木	金	土	日	月	火	水	木	金	土	日	月	火	水
陰曆	28	29	1	2	3	4	5	6	7	8	9	10	11	12	13	14	15	16	17	18	19	20	21	22	23	24	25	26	27	28
日辰	丁	戊	己	庚	辛	壬	癸	甲	乙	丙	丁	戊	己	庚	辛	壬	癸	甲	乙	丙	丁	戊	己	庚	辛	壬	癸	甲	乙	丙
	未	申	酉	戌	亥	子	丑	寅	卯	辰	巳	午	未	申	酉	戌	亥	子	丑	寅	卯	辰	巳	午	未	申	酉	戌	亥	子
大運 男	8	9	9	9	10	10	10	白	1	1	1	1	2	2	2	3	3	3	4	4	4	5	5	5	6	6	6	7	7	7
大運 女	二	二	二	一	一	一	一	露	十	九	九	九	八	八	八	七	七	七	六	六	六	五	五	五	四	四	四	三	三	三

10월 (辛酉) 壬戌 (한로) 寒露 8日 18:26 霜降 23日

陽曆	1	2	3	4	5	6	7	8	9	10	11	12	13	14	15	16	17	18	19	20	21	22	23	24	25	26	27	28	29	30	31
요일	木	金	9	日	月	火	水	木	金	土	日	月	火	水	木	金	土	日	月	火	水	木	金	土	日	月	火	水	木	金	土
陰曆	29	30	1	2	3	4	5	6	7	8	9	10	11	12	13	14	15	16	17	18	19	20	21	22	23	24	25	26	27	28	29
日辰	丁	戊	己	庚	辛	壬	癸	甲	乙	丙	丁	戊	己	庚	辛	壬	癸	甲	乙	丙	丁	戊	己	庚	辛	壬	癸	甲	乙	丙	丁
	丑	寅	卯	辰	巳	午	未	申	酉	戌	亥	子	丑	寅	卯	辰	巳	午	未	申	酉	戌	亥	子	丑	寅	卯	辰	巳	午	未
大運 男	8	8	8	9	9	9	10	寒	1	1	1	1	2	2	2	3	3	3	4	4	4	5	5	5	6	6	6	7	7	7	8
大運 女	二	二	二	一	一	一	一	露	十	九	九	九	八	八	八	七	七	七	六	六	六	五	五	五	四	四	四	三	三	三	二

11월 (壬戌) 癸亥 (입동) 立冬 7日 21:54 小雪 22日

陽曆	1	2	3	4	5	6	7	8	9	10	11	12	13	14	15	16	17	18	19	20	21	22	23	24	25	26	27	28	29	30
요일	日	10	火	水	木	金	土	日	月	火	水	木	金	土	日	月	火	水	木	金	土	日	月	火	水	木	金	土	日	月
陰曆	30	1	2	3	4	5	6	7	8	9	10	11	12	13	14	15	16	17	18	19	20	21	22	23	24	25	26	27	28	29
日辰	戊	己	庚	辛	壬	癸	甲	乙	丙	丁	戊	己	庚	辛	壬	癸	甲	乙	丙	丁	戊	己	庚	辛	壬	癸	甲	乙	丙	丁
	申	酉	戌	亥	子	丑	寅	卯	辰	巳	午	未	申	酉	戌	亥	子	丑	寅	卯	辰	巳	午	未	申	酉	戌	亥	子	丑
大運 男	8	8	9	9	9	10	立	1	1	1	1	2	2	2	3	3	3	4	4	4	5	5	5	6	6	6	7	7	7	8
大運 女	二	二	一	一	一	一	冬	十	九	九	九	八	八	八	七	七	七	六	六	六	五	五	五	四	四	四	三	三	三	二

12월 (癸亥) 甲子 (대설) 大雪 7日 14:56 冬至 22日

陽曆	1	2	3	4	5	6	7	8	9	10	11	12	13	14	15	16	17	18	19	20	21	22	23	24	25	26	27	28	29	30	31
요일	11	水	木	金	土	日	月	火	水	木	金	土	日	月	火	水	木	金	土	日	月	火	水	木	金	土	日	月	火	水	12
陰曆	1	2	3	4	5	6	7	8	9	10	11	12	13	14	15	16	17	18	19	20	21	22	23	24	25	26	27	28	29	30	1
日辰	戊	己	庚	辛	壬	癸	甲	乙	丙	丁	戊	己	庚	辛	壬	癸	甲	乙	丙	丁	戊	己	庚	辛	壬	癸	甲	乙	丙	丁	戊
	寅	卯	辰	巳	午	未	申	酉	戌	亥	子	丑	寅	卯	辰	巳	午	未	申	酉	戌	亥	子	丑	寅	卯	辰	巳	午	未	申
大運 男	8	8	9	9	9	10	大	1	1	1	1	2	2	2	3	3	3	4	4	4	5	5	5	6	6	6	7	7	7	8	8
大運 女	二	二	一	一	一	一	雪	十	九	九	九	八	八	八	七	七	七	六	六	六	五	五	五	四	四	四	三	三	三	二	二

1월 (甲子) 乙丑 (소한) 小寒 6日 02:11 大寒 20日

陽曆	1	2	3	4	5	6	7	8	9	10	11	12	13	14	15	16	17	18	19	20	21	22	23	24	25	26	27	28	29	30	31
요일	金	土	日	月	火	水	木	金	土	日	月	火	水	木	金	土	日	月	火	水	木	金	土	日	月	火	水	木	金	1	日
陰曆	2	3	4	5	6	7	8	9	10	11	12	13	14	15	16	17	18	19	20	21	22	23	24	25	26	27	28	29	30	1	2
日辰	己	庚	辛	壬	癸	甲	乙	丙	丁	戊	己	庚	辛	壬	癸	甲	乙	丙	丁	戊	己	庚	辛	壬	癸	甲	乙	丙	丁	戊	己
	酉	戌	亥	子	丑	寅	卯	辰	巳	午	未	申	酉	戌	亥	子	丑	寅	卯	辰	巳	午	未	申	酉	戌	亥	子	丑	寅	卯
大 男	8	9	9	9	10	小	1	1	1	1	2	2	2	3	3	3	4	4	4	5	5	5	6	6	6	7	7	7	8	8	8
運 女	二	一	一	一	一	寒	九	九	九	八	八	八	七	七	七	六	六	六	五	五	五	四	四	四	三	三	三	二	二	二	一

2월 (乙丑) 丙寅 (입춘) 立春 4日 13:43 雨水 19日

陽曆	1	2	3	4	5	6	7	8	9	10	11	12	13	14	15	16	17	18	19	20	21	22	23	24	25	26	27	28	29		
요일	月	火	水	木	金	土	日	月	火	水	木	金	土	日	月	火	水	木	金	土	日	月	火	水	木	金	土	日	2		
陰曆	3	4	5	6	7	8	9	10	11	12	13	14	15	16	17	18	19	20	21	22	23	24	25	26	27	28	29	30	1		
日辰	庚	辛	壬	癸	甲	乙	丙	丁	戊	己	庚	辛	壬	癸	甲	乙	丙	丁	戊	己	庚	辛	壬	癸	甲	乙	丙	丁	戊		
	辰	巳	午	未	申	酉	戌	亥	子	丑	寅	卯	辰	巳	午	未	申	酉	戌	亥	子	丑	寅	卯	辰	巳	午	未	申		
大 男	9	9	9	立	10	9	9	9	8	8	8	7	7	7	6	6	6	5	5	5	4	4	4	3	3	3	2	2	2		
運 女	一	一	一	春	一	一	一	一	二	二	二	三	三	三	四	四	四	五	五	五	六	六	六	七	七	七	八	八	八		

3월 (丙寅) 丁卯 (경칩) 驚蟄 5日 07:30 春分 20日

陽曆	1	2	3	4	5	6	7	8	9	10	11	12	13	14	15	16	17	18	19	20	21	22	23	24	25	26	27	28	29	30	31
요일	火	水	木	金	土	日	月	火	水	木	金	土	日	月	火	水	木	金	土	日	月	火	水	木	金	土	日	月	3	水	木
陰曆	2	3	4	5	6	7	8	9	10	11	12	13	14	15	16	17	18	19	20	21	22	23	24	25	26	27	28	29	1	2	3
日辰	己	庚	辛	壬	癸	甲	乙	丙	丁	戊	己	庚	辛	壬	癸	甲	乙	丙	丁	戊	己	庚	辛	壬	癸	甲	乙	丙	丁	戊	己
	酉	戌	亥	子	丑	寅	卯	辰	巳	午	未	申	酉	戌	亥	子	丑	寅	卯	辰	巳	午	未	申	酉	戌	亥	子	丑	寅	卯
大 男	1	1	1	1	驚	10	9	9	9	8	8	8	7	7	7	6	6	6	5	5	5	4	4	4	3	3	3	2	2	2	1
運 女	九	九	九	十	蟄	一	一	一	一	二	二	二	三	三	三	四	四	四	五	五	五	六	六	六	七	七	七	八	八	八	九

4월 (丁卯) 戊辰 (청명) 清明 4日 12:02 穀雨 19日

陽曆	1	2	3	4	5	6	7	8	9	10	11	12	13	14	15	16	17	18	19	20	21	22	23	24	25	26	27	28	29	30	
요일	金	土	日	月	火	水	木	金	土	日	月	火	水	木	金	土	日	月	火	水	木	金	土	日	月	火	水	4	金	土	
陰曆	4	5	6	7	8	9	10	11	12	13	14	15	16	17	18	19	20	21	22	23	24	25	26	27	28	29	30	1	2	3	
日辰	庚	辛	壬	癸	甲	乙	丙	丁	戊	己	庚	辛	壬	癸	甲	乙	丙	丁	戊	己	庚	辛	壬	癸	甲	乙	丙	丁	戊	己	
	辰	巳	午	未	申	酉	戌	亥	子	丑	寅	卯	辰	巳	午	未	申	酉	戌	亥	子	丑	寅	卯	辰	巳	午	未	申	酉	
大 男	1	1	1	清	10	10	9	9	9	8	8	8	7	7	7	6	6	6	5	5	5	4	4	4	3	3	3	2	2	2	
運 女	九	九	十	明	一	一	一	一	二	二	二	三	三	三	四	四	四	五	五	五	六	六	六	七	七	七	八	八	八	九	

5월 (戊辰) 己巳 (입하) 立夏 5日 05:04 小滿 20日

陽曆	1	2	3	4	5	6	7	8	9	10	11	12	13	14	15	16	17	18	19	20	21	22	23	24	25	26	27	28	29	30	31
요일	日	月	火	水	木	金	土	日	月	火	水	木	金	土	日	月	火	水	木	金	土	日	月	火	水	木	5	土	日	月	火
陰曆	4	5	6	7	8	9	10	11	12	13	14	15	16	17	18	19	20	21	22	23	24	25	26	27	28	29	1	2	3	4	5
日辰	庚	辛	壬	癸	甲	乙	丙	丁	戊	己	庚	辛	壬	癸	甲	乙	丙	丁	戊	己	庚	辛	壬	癸	甲	乙	丙	丁	戊	己	庚
	戌	亥	子	丑	寅	卯	辰	巳	午	未	申	酉	戌	亥	子	丑	寅	卯	辰	巳	午	未	申	酉	戌	亥	子	丑	寅	卯	辰
大 男	1	1	1	1	立	10	10	9	9	9	8	8	8	7	7	7	6	6	6	5	5	5	4	4	4	3	3	3	2	2	2
運 女	九	九	十	十	夏	一	一	一	一	二	二	二	三	三	三	四	四	四	五	五	五	六	六	六	七	七	七	八	八	八	九

6월 (己巳) 庚午 (망종) 芒種 5日 09:02 夏至 21日

陽曆	1	2	3	4	5	6	7	8	9	10	11	12	13	14	15	16	17	18	19	20	21	22	23	24	25	26	27	28	29	30	
요일	水	木	金	土	日	月	火	水	木	金	土	日	月	火	水	木	金	土	日	月	火	水	木	金	6	日	月	火	水	木	
陰曆	6	7	8	9	10	11	12	13	14	15	16	17	18	19	20	21	22	23	24	25	26	27	28	29	1	2	3	4	5	6	
日辰	辛	壬	癸	甲	乙	丙	丁	戊	己	庚	辛	壬	癸	甲	乙	丙	丁	戊	己	庚	辛	壬	癸	甲	乙	丙	丁	戊	己	庚	
	巳	午	未	申	酉	戌	亥	子	丑	寅	卯	辰	巳	午	未	申	酉	戌	亥	子	丑	寅	卯	辰	巳	午	未	申	酉	戌	
大 男	1	1	1	1	芒	10	10	9	9	9	8	8	8	7	7	7	6	6	6	5	5	5	4	4	4	3	3	3	2	2	
運 女	九	九	十	十	種	一	一	一	一	二	二	二	三	三	三	四	四	四	五	五	五	六	六	六	七	七	七	八	八	八	

海中金星	四日得辛	西大將	戌弔客	寒食(4월 05일)	初伏(7월 20일)
一白水星	三龍治水	寅喪門	南三殺	中伏(7월 30일)	末伏(8월 09일)

7월 (庚午) 辛未 (소서) 小暑 6日 19:14 大暑 22日

陽曆	1	2	3	4	5	6	7	8	9	10	11	12	13	14	15	16	17	18	19	20	21	22	23	24	25	26	27	28	29	30	31
요일	金	土	日	月	火	水	木	金	土	日	月	火	水	木	金	土	日	月	火	水	木	金	土	日	7/1	火	水	木	金	土	日
陰曆	7	8	9	10	11	12	13	14	15	16	17	18	19	20	21	22	23	24	25	26	27	28	29	30		2	3	4	5	6	7
日辰	辛	壬	癸	甲	乙	丙	丁	戊	己	庚	辛	壬	癸	甲	乙	丙	丁	戊	己	庚	辛	壬	癸	甲	乙	丙	丁	戊	己	庚	辛
	亥	子	丑	寅	卯	辰	巳	午	未	申	酉	戌	亥	子	丑	寅	卯	辰	巳	午	未	申	酉	戌	亥	子	丑	寅	卯	辰	巳
大運 男	2	1	1	1	1	小	10	10	10	9	9	9	8	8	8	7	7	7	6	6	6	5	5	5	4	4	4	3	3	3	2
大運 女	九	九	九	十	十	暑	一	一	一	一	二	二	二	三	三	三	四	四	四	五	五	五	六	六	六	七	七	七	八	八	八

8월 (辛未) 壬申 (입추) 立秋 7日 05:07 處暑 22日

陽曆	1	2	3	4	5	6	7	8	9	10	11	12	13	14	15	16	17	18	19	20	21	22	23	24	25	26	27	28	29	30	31
요일	月	火	水	木	金	土	日	月	火	水	木	金	土	日	月	火	水	木	金	土	日	月	윤7/1	水	木	金	土	日	月	火	水
陰曆	8	9	10	11	12	13	14	15	16	17	18	19	20	21	22	23	24	25	26	27	28	29		2	3	4	5	6	7	8	9
日辰	壬	癸	甲	乙	丙	丁	戊	己	庚	辛	壬	癸	甲	乙	丙	丁	戊	己	庚	辛	壬	癸	甲	乙	丙	丁	戊	己	庚	辛	壬
	午	未	申	酉	戌	亥	子	丑	寅	卯	辰	巳	午	未	申	酉	戌	亥	子	丑	寅	卯	辰	巳	午	未	申	酉	戌	亥	子
大運 男	2	2	1	1	1	1	立	10	10	9	9	9	8	8	8	7	7	7	6	6	6	5	5	5	4	4	4	3	3	3	2
大運 女	九	九	九	十	十	十	秋	一	一	一	一	二	二	二	三	三	三	四	四	四	五	五	五	六	六	六	七	七	七	八	八

9월 (壬申) 癸酉 (백로) 白露 7日 08:15 秋分 22日

陽曆	1	2	3	4	5	6	7	8	9	10	11	12	13	14	15	16	17	18	19	20	21	22	23	24	25	26	27	28	29	30	
요일	木	金	土	日	月	火	水	木	金	土	日	月	火	水	木	金	土	日	月	火	8/1	木	金	土	日	月	火	水	木	金	
陰曆	10	11	12	13	14	15	16	17	18	19	20	21	22	23	24	25	26	27	28	29		2	3	4	5	6	7	8	9	10	
日辰	癸	甲	乙	丙	丁	戊	己	庚	辛	壬	癸	甲	乙	丙	丁	戊	己	庚	辛	壬	癸	甲	乙	丙	丁	戊	己	庚	辛	壬	
	丑	寅	卯	辰	巳	午	未	申	酉	戌	亥	子	丑	寅	卯	辰	巳	午	未	申	酉	戌	亥	子	丑	寅	卯	辰	巳	午	
大運 男	2	2	1	1	1	1	白	10	10	9	9	9	8	8	8	7	7	7	6	6	6	5	5	5	4	4	4	3	3	3	
大運 女	八	九	九	九	十	十	露	一	一	一	一	二	二	二	三	三	三	四	四	四	五	五	五	六	六	六	七	七	七	八	

10월 (癸酉) 甲戌 (한로) 寒露 8日 00:12 霜降 23日

陽曆	1	2	3	4	5	6	7	8	9	10	11	12	13	14	15	16	17	18	19	20	21	22	23	24	25	26	27	28	29	30	31
요일	土	日	月	火	水	木	金	土	日	月	火	水	木	金	土	日	月	火	水	木	9/1	土	日	月	火	水	木	金	土	日	月
陰曆	11	12	13	14	15	16	17	18	19	20	21	22	23	24	25	26	27	28	29	30		2	3	4	5	6	7	8	9	10	11
日辰	癸	甲	乙	丙	丁	戊	己	庚	辛	壬	癸	甲	乙	丙	丁	戊	己	庚	辛	壬	癸	甲	乙	丙	丁	戊	己	庚	辛	壬	癸
	未	申	酉	戌	亥	子	丑	寅	卯	辰	巳	午	未	申	酉	戌	亥	子	丑	寅	卯	辰	巳	午	未	申	酉	戌	亥	子	丑
大運 男	2	2	2	1	1	1	1	寒	10	9	9	9	8	8	8	7	7	7	6	6	6	5	5	5	4	4	4	3	3	3	2
大運 女	八	八	九	九	九	十	十	露	一	一	一	一	二	二	二	三	三	三	四	四	四	五	五	五	六	六	六	七	七	七	八

11월 (甲戌) 乙亥 (입동) 立冬 7日 03:40 小雪 22日

陽曆	1	2	3	4	5	6	7	8	9	10	11	12	13	14	15	16	17	18	19	20	21	22	23	24	25	26	27	28	29	30	
요일	火	水	木	金	土	日	月	火	水	木	金	土	日	月	火	水	木	金	10/1	日	月	火	水	木	金	土	日	月	火	水	
陰曆	12	13	14	15	16	17	18	19	20	21	22	23	24	25	26	27	28	29		2	3	4	5	6	7	8	9	10	11	12	
日辰	甲	乙	丙	丁	戊	己	庚	辛	壬	癸	甲	乙	丙	丁	戊	己	庚	辛	壬	癸	甲	乙	丙	丁	戊	己	庚	辛	壬	癸	
	寅	卯	辰	巳	午	未	申	酉	戌	亥	子	丑	寅	卯	辰	巳	午	未	申	酉	戌	亥	子	丑	寅	卯	辰	巳	午	未	
大運 男	2	2	1	1	1	1	立	9	9	9	8	8	8	7	7	7	6	6	6	5	5	5	4	4	4	3	3	3	2	2	
大運 女	八	八	九	九	九	十	冬	一	一	一	一	二	二	二	三	三	三	四	四	四	五	五	五	六	六	六	七	七	七	八	

12월 (乙亥) 丙子 (대설) 大雪 6日 20:44 冬至 21日

陽曆	1	2	3	4	5	6	7	8	9	10	11	12	13	14	15	16	17	18	19	20	21	22	23	24	25	26	27	28	29	30	31
요일	木	金	土	日	月	火	水	木	金	土	日	月	火	水	木	金	土	日	11/1	火	水	木	金	土	日	月	火	水	木	金	土
陰曆	13	14	15	16	17	18	19	20	21	22	23	24	25	26	27	28	29	30		2	3	4	5	6	7	8	9	10	11	12	13
日辰	甲	乙	丙	丁	戊	己	庚	辛	壬	癸	甲	乙	丙	丁	戊	己	庚	辛	壬	癸	甲	乙	丙	丁	戊	己	庚	辛	壬	癸	甲
	申	酉	戌	亥	子	丑	寅	卯	辰	巳	午	未	申	酉	戌	亥	子	丑	寅	卯	辰	巳	午	未	申	酉	戌	亥	子	丑	寅
大運 男	2	1	1	1	1	大	10	9	9	9	8	8	8	7	7	7	6	6	6	5	5	5	4	4	4	3	3	3	2	2	2
大運 女	八	八	九	九	九	雪	一	一	一	一	二	二	二	三	三	三	四	四	四	五	五	五	六	六	六	七	七	七	八	八	八

1월 (丙子) 丁丑 (소한) 小寒 5日 08:01 大寒 20日

陽曆	1	2	3	4	5	6	7	8	9	10	11	12	13	14	15	16	17	18	19	20	21	22	23	24	25	26	27	28	29	30	31
요일	日	月	火	水	木	金	土	日	月	火	水	木	金	土	日	月	火	12	木	金	土	日	月	火	水	木	金	土	日	月	火
陰曆	14	15	16	17	18	19	20	21	22	23	24	25	26	27	28	29	30	1	2	3	4	5	6	7	8	9	10	11	12	13	14
日辰	乙	丙	丁	戊	己	庚	辛	壬	癸	甲	乙	丙	丁	戊	己	庚	辛	壬	癸	甲	乙	丙	丁	戊	己	庚	辛	壬	癸	甲	乙
	卯	辰	巳	午	未	申	酉	戌	亥	子	丑	寅	卯	辰	巳	午	未	申	酉	戌	亥	子	丑	寅	卯	辰	巳	午	未	申	酉
大 男	1	1	1	1	小	9	9	9	8	8	8	7	7	7	6	6	6	5	5	5	4	4	4	3	3	3	2	2	2	1	1
運 女	九	九	九	十	寒	一	一	一	一	二	二	二	三	三	三	四	四	四	五	五	五	六	六	六	七	七	七	八	八	八	九

2월 (丁丑) 戊寅 (입춘) 立春 3日 19:35 雨水 18日

陽曆	1	2	3	4	5	6	7	8	9	10	11	12	13	14	15	16	17	18	19	20	21	22	23	24	25	26	27	28			
요일	水	木	金	土	日	月	火	水	木	金	土	日	月	火	水	木	1	土	日	月	火	水	木	金	土	日	月	火			
陰曆	15	16	17	18	19	20	21	22	23	24	25	26	27	28	29	30	1	2	3	4	5	6	7	8	9	10	11	12			
日辰	丙	丁	戊	己	庚	辛	壬	癸	甲	乙	丙	丁	戊	己	庚	辛	壬	癸	甲	乙	丙	丁	戊	己	庚	辛	壬	癸			
	戌	亥	子	丑	寅	卯	辰	巳	午	未	申	酉	戌	亥	子	丑	寅	卯	辰	巳	午	未	申	酉	戌	亥	子	丑			
大 男	1	1	立	1	1	1	1	2	2	2	3	3	3	4	4	4	5	5	5	6	6	6	7	7	7	8	8	8			
運 女	九	九	春	十	九	九	九	八	八	八	七	七	七	六	六	六	五	五	五	四	四	四	三	三	三	二	二	二			

3월 (戊寅) 己卯 (경칩) 驚蟄 5日 13:23 春分 20日

陽曆	1	2	3	4	5	6	7	8	9	10	11	12	13	14	15	16	17	18	19	20	21	22	23	24	25	26	27	28	29	30	31
요일	水	木	金	土	日	月	火	水	木	金	土	日	月	火	水	木	金	土	2	月	火	水	木	金	土	日	月	火	水	木	金
陰曆	13	14	15	16	17	18	19	20	21	22	23	24	25	26	27	28	29	30	1	2	3	4	5	6	7	8	9	10	11	12	13
日辰	甲	乙	丙	丁	戊	己	庚	辛	壬	癸	甲	乙	丙	丁	戊	己	庚	辛	壬	癸	甲	乙	丙	丁	戊	己	庚	辛	壬	癸	甲
	寅	卯	辰	巳	午	未	申	酉	戌	亥	子	丑	寅	卯	辰	巳	午	未	申	酉	戌	亥	子	丑	寅	卯	辰	巳	午	未	申
大 男	9	9	9	10	驚	1	1	1	1	2	2	2	3	3	3	4	4	4	5	5	5	6	6	6	7	7	7	8	8	8	9
運 女	一	一	一	一	蟄	十	九	九	九	八	八	八	七	七	七	六	六	六	五	五	五	四	四	四	三	三	三	二	二	二	一

4월 (己卯) 庚辰 (청명) 清明 4日 17:56 穀雨 20日

陽曆	1	2	3	4	5	6	7	8	9	10	11	12	13	14	15	16	17	18	19	20	21	22	23	24	25	26	27	28	29	30	
요일	土	日	月	火	水	木	金	土	日	月	火	水	木	金	土	日	3	火	水	木	金	土	日	月	火	水	木	金	土	日	
陰曆	14	15	16	17	18	19	20	21	22	23	24	25	26	27	28	29	1	2	3	4	5	6	7	8	9	10	11	12	13	14	
日辰	乙	丙	丁	戊	己	庚	辛	壬	癸	甲	乙	丙	丁	戊	己	庚	辛	壬	癸	甲	乙	丙	丁	戊	己	庚	辛	壬	癸	甲	
	酉	戌	亥	子	丑	寅	卯	辰	巳	午	未	申	酉	戌	亥	子	丑	寅	卯	辰	巳	午	未	申	酉	戌	亥	子	丑	寅	
大 男	9	9	10	清	1	1	1	1	2	2	2	3	3	3	4	4	4	5	5	5	6	6	6	7	7	7	8	8	8	9	
運 女	一	一	一	明	十	十	九	九	九	八	八	八	七	七	七	六	六	六	五	五	五	四	四	四	三	三	三	二	二	二	

5월 (庚辰) 辛巳 (입하) 立夏 5日 10:58 小滿 20日

陽曆	1	2	3	4	5	6	7	8	9	10	11	12	13	14	15	16	17	18	19	20	21	22	23	24	25	26	27	28	29	30	31
요일	月	火	水	木	金	土	日	月	火	水	木	金	土	日	月	火	4	木	金	土	日	月	火	水	木	金	土	日	月	火	水
陰曆	15	16	17	18	19	20	21	22	23	24	25	26	27	28	29	30	1	2	3	4	5	6	7	8	9	10	11	12	13	14	15
日辰	乙	丙	丁	戊	己	庚	辛	壬	癸	甲	乙	丙	丁	戊	己	庚	辛	壬	癸	甲	乙	丙	丁	戊	己	庚	辛	壬	癸	甲	乙
	卯	辰	巳	午	未	申	酉	戌	亥	子	丑	寅	卯	辰	巳	午	未	申	酉	戌	亥	子	丑	寅	卯	辰	巳	午	未	申	酉
大 男	9	9	10	10	立	1	1	1	1	2	2	2	3	3	3	4	4	4	5	5	5	6	6	6	7	7	7	8	8	8	9
運 女	一	一	一	一	夏	十	十	九	九	九	八	八	八	七	七	七	六	六	六	五	五	五	四	四	四	三	三	三	二	二	二

6월 (辛巳) 壬午 (망종) 芒種 5日 14:55 夏至 21日

陽曆	1	2	3	4	5	6	7	8	9	10	11	12	13	14	15	16	17	18	19	20	21	22	23	24	25	26	27	28	29	30	
요일	木	金	土	日	月	火	水	木	金	土	日	月	火	水	5	金	土	日	月	火	水	木	金	土	日	月	火	水	木	金	
陰曆	16	17	18	19	20	21	22	23	24	25	26	27	28	29	1	2	3	4	5	6	7	8	9	10	11	12	13	14	15	16	
日辰	丙	丁	戊	己	庚	辛	壬	癸	甲	乙	丙	丁	戊	己	庚	辛	壬	癸	甲	乙	丙	丁	戊	己	庚	辛	壬	癸	甲	乙	
	戌	亥	子	丑	寅	卯	辰	巳	午	未	申	酉	戌	亥	子	丑	寅	卯	辰	巳	午	未	申	酉	戌	亥	子	丑	寅	卯	
大 男	9	9	10	10	芒	1	1	1	1	2	2	2	3	3	3	4	4	4	5	5	5	6	6	6	7	7	7	8	8	8	
運 女	一	一	一	一	種	十	十	十	九	九	九	八	八	八	七	七	七	六	六	六	五	五	五	四	四	四	三	三	三	二	

海中金星	十日得辛	西大將	亥弔客	寒食(4월 05일)	初伏(7월 15일)
九紫火星	三龍治水	卯喪門	東三殺	中伏(7월 25일)	末伏(8월 14일)

7월 (壬午) 癸未 (소서) 小署 7日 01:07 大署 22日

陽曆	1	2	3	4	5	6	7	8	9	10	11	12	13	14	15	16	17	18	19	20	21	22	23	24	25	26	27	28	29	30	31
요일	土	日	月	火	水	木	金	土	日	月	火	水	木	6/1	土	日	月	火	水	木	金	土	日	月	火	水	木	金	土	日	月
陰曆	17	18	19	20	21	22	23	24	25	26	27	28	29		2	3	4	5	6	7	8	9	10	11	12	13	14	15	16	17	18
日辰	丙	丁	戊	己	庚	辛	壬	癸	甲	乙	丙	丁	戊	己	庚	辛	壬	癸	甲	乙	丙	丁	戊	己	庚	辛	壬	癸	甲	乙	丙
	辰	巳	午	未	申	酉	戌	亥	子	丑	寅	卯	辰	巳	午	未	申	酉	戌	亥	子	丑	寅	卯	辰	巳	午	未	申	酉	戌
大 男	9	9	9	10	10	10	小	1	1	1	1	2	2	2	3	3	3	4	4	4	5	5	5	6	6	6	7	7	7	8	8
運 女	二	二	一	一	一	一	署	十	十	九	九	九	八	八	八	七	七	七	六	六	六	五	五	五	四	四	四	三	三	三	二

8월 (癸未) 甲申 (입추) 立秋 7日 10:58 處署 23日

陽曆	1	2	3	4	5	6	7	8	9	10	11	12	13	14	15	16	17	18	19	20	21	22	23	24	25	26	27	28	29	30	31
요일	火	水	木	金	土	日	月	火	水	木	金	土	7/1	月	火	水	木	金	土	日	月	火	水	木	金	土	日	月	火	水	木
陰曆	19	20	21	22	23	24	25	26	27	28	29	30		2	3	4	5	6	7	8	9	10	11	12	13	14	15	16	17	18	19
日辰	丁	戊	己	庚	辛	壬	癸	甲	乙	丙	丁	戊	己	庚	辛	壬	癸	甲	乙	丙	丁	戊	己	庚	辛	壬	癸	甲	乙	丙	丁
	亥	子	丑	寅	卯	辰	巳	午	未	申	酉	戌	亥	子	丑	寅	卯	辰	巳	午	未	申	酉	戌	亥	子	丑	寅	卯	辰	巳
大 男	8	9	9	9	10	10	立	1	1	1	1	2	2	2	3	3	3	4	4	4	5	5	5	6	6	6	7	7	7	8	8
運 女	二	二	一	一	一	一	秋	十	十	九	九	九	八	八	八	七	七	七	六	六	六	五	五	五	四	四	四	三	三	三	二

9월 (甲申) 乙酉 (백로) 白露 7日 14:04 秋分 22日

陽曆	1	2	3	4	5	6	7	8	9	10	11	12	13	14	15	16	17	18	19	20	21	22	23	24	25	26	27	28	29	30	
요일	金	土	日	月	火	水	木	金	土	日	8/1	火	水	木	金	土	日	月	火	水	木	金	土	日	月	火	水	木	金	土	
陰曆	20	21	22	23	24	25	26	27	28	29		2	3	4	5	6	7	8	9	10	11	12	13	14	15	16	17	18	19	20	
日辰	戊	己	庚	辛	壬	癸	甲	乙	丙	丁	戊	己	庚	辛	壬	癸	甲	乙	丙	丁	戊	己	庚	辛	壬	癸	甲	乙	丙	丁	
	午	未	申	酉	戌	亥	子	丑	寅	卯	辰	巳	午	未	申	酉	戌	亥	子	丑	寅	卯	辰	巳	午	未	申	酉	戌	亥	
大 男	8	9	9	9	10	10	白	1	1	1	1	2	2	2	3	3	3	4	4	4	5	5	5	6	6	6	7	7	7	8	
運 女	二	二	一	一	一	一	露	十	十	九	九	九	八	八	八	七	七	七	六	六	六	五	五	五	四	四	四	三	三	三	

10월 (乙酉) 丙戌 (한로) 寒露 8日 05:59 霜降 23日

陽曆	1	2	3	4	5	6	7	8	9	10	11	12	13	14	15	16	17	18	19	20	21	22	23	24	25	26	27	28	29	30	31
요일	日	月	火	水	木	金	土	日	月	9/1	水	木	金	土	日	月	火	水	木	金	土	日	月	火	水	木	金	土	日	月	火
陰曆	21	22	23	24	25	26	27	28	29		2	3	4	5	6	7	8	9	10	11	12	13	14	15	16	17	18	19	20	21	22
日辰	戊	己	庚	辛	壬	癸	甲	乙	丙	丁	戊	己	庚	辛	壬	癸	甲	乙	丙	丁	戊	己	庚	辛	壬	癸	甲	乙	丙	丁	戊
	子	丑	寅	卯	辰	巳	午	未	申	酉	戌	亥	子	丑	寅	卯	辰	巳	午	未	申	酉	戌	亥	子	丑	寅	卯	辰	巳	午
大 男	8	8	9	9	9	10	10	寒	1	1	1	1	2	2	2	3	3	3	4	4	4	5	5	5	6	6	6	7	7	7	8
運 女	二	二	二	一	一	一	一	露	十	九	九	九	八	八	八	七	七	七	六	六	六	五	五	五	四	四	四	三	三	三	二

11월 (丙戌) 丁亥 (입동) 立冬 7日 09:28 小雪 22日

陽曆	1	2	3	4	5	6	7	8	9	10	11	12	13	14	15	16	17	18	19	20	21	22	23	24	25	26	27	28	29	30	
요일	水	木	金	土	日	月	火	水	10/1	金	土	日	月	火	水	木	金	土	日	月	火	水	木	金	土	日	月	火	水	木	
陰曆	23	24	25	26	27	28	29	30		2	3	4	5	6	7	8	9	10	11	12	13	14	15	16	17	18	19	20	21	22	
日辰	己	庚	辛	壬	癸	甲	乙	丙	丁	戊	己	庚	辛	壬	癸	甲	乙	丙	丁	戊	己	庚	辛	壬	癸	甲	乙	丙	丁	戊	
	未	申	酉	戌	亥	子	丑	寅	卯	辰	巳	午	未	申	酉	戌	亥	子	丑	寅	卯	辰	巳	午	未	申	酉	戌	亥	子	
大 男	8	8	9	9	9	10	立	1	1	1	1	2	2	2	3	3	3	4	4	4	5	5	5	6	6	6	7	7	7	8	
運 女	二	二	一	一	一	一	冬	十	九	九	九	八	八	八	七	七	七	六	六	六	五	五	五	四	四	四	三	三	三	二	

12월 (丁亥) 戊子 (대설) 大雪 7日 02:34 冬至 21日

陽曆	1	2	3	4	5	6	7	8	9	10	11	12	13	14	15	16	17	18	19	20	21	22	23	24	25	26	27	28	29	30	31
요일	金	土	日	月	火	水	木	11/1	土	日	月	火	水	木	金	土	日	月	火	水	木	金	土	日	月	火	水	木	金	土	日
陰曆	23	24	25	26	27	28	29		2	3	4	5	6	7	8	9	10	11	12	13	14	15	16	17	18	19	20	21	22	23	24
日辰	己	庚	辛	壬	癸	甲	乙	丙	丁	戊	己	庚	辛	壬	癸	甲	乙	丙	丁	戊	己	庚	辛	壬	癸	甲	乙	丙	丁	戊	己
	丑	寅	卯	辰	巳	午	未	申	酉	戌	亥	子	丑	寅	卯	辰	巳	午	未	申	酉	戌	亥	子	丑	寅	卯	辰	巳	午	未
大 男	8	8	9	9	9	10	大	1	1	1	1	2	2	2	3	3	3	4	4	4	5	5	5	6	6	6	7	7	7	8	8
運 女	二	二	一	一	一	一	雪	九	九	九	八	八	八	七	七	七	六	六	六	五	五	五	四	四	四	三	三	三	二	二	二

丙寅

1월 (戊子) 己丑 (소한) 小寒 5日 13:54 大寒 20日

陽曆	1	2	3	4	5	6	7	8	9	10	11	12	13	14	15	16	17	18	19	20	21	22	23	24	25	26	27	28	29	30	31
요일	月	火	水	木	金	土	12/	月	火	水	木	金	土	日	月	火	水	木	金	土	日	月	火	水	木	金	土	日	月	火	水
陰曆	25	26	27	28	29	30	1	2	3	4	5	6	7	8	9	10	11	12	13	14	15	16	17	18	19	20	21	22	23	24	25
日辰	庚	辛	壬	癸	甲	乙	丙	丁	戊	己	庚	辛	壬	癸	甲	乙	丙	丁	戊	己	庚	辛	壬	癸	甲	乙	丙	丁	戊	己	庚
	申	酉	戌	亥	子	丑	寅	卯	辰	巳	午	未	申	酉	戌	亥	子	丑	寅	卯	辰	巳	午	未	申	酉	戌	亥	子	丑	寅
大 男	8	9	9	9	小	1	1	1	1	2	2	2	3	3	3	4	4	4	5	5	5	6	6	6	7	7	7	8	8	8	9
運 女	一	一	一	一	寒	十	九	九	九	八	八	八	七	七	七	六	六	六	五	五	五	四	四	四	三	三	三	二	二	二	一

2월 (己丑) 庚寅 (입춘) 立春 4日 01:30 雨水 18日

陽曆	1	2	3	4	5	6	7	8	9	10	11	12	13	14	15	16	17	18	19	20	21	22	23	24	25	26	27	28			
요일	木	金	土	日	月	1/	水	木	金	土	日	月	火	水	木	金	土	日	月	火	水	木	金	土	日	月	火	水			
陰曆	26	27	28	29	30	1	2	3	4	5	6	7	8	9	10	11	12	13	14	15	16	17	18	19	20	21	22	23			
日辰	辛	壬	癸	甲	乙	丙	丁	戊	己	庚	辛	壬	癸	甲	乙	丙	丁	戊	己	庚	辛	壬	癸	甲	乙	丙	丁	戊			
	卯	辰	巳	午	未	申	酉	戌	亥	子	丑	寅	卯	辰	巳	午	未	申	酉	戌	亥	子	丑	寅	卯	辰	巳	午			
大 男	9	9	10	立	9	9	9	8	8	8	7	7	7	6	6	6	5	5	5	4	4	4	3	3	3	2	2	2			
運 女	一	一	一	春	一	一	一	一	二	二	二	三	三	三	四	四	四	五	五	五	六	六	六	七	七	七	八	八			

3월 (庚寅) 辛卯 (경칩) 驚蟄 5日 19:16 春分 20日

陽曆	1	2	3	4	5	6	7	8	9	10	11	12	13	14	15	16	17	18	19	20	21	22	23	24	25	26	27	28	29	30	31
요일	木	金	土	日	月	火	水	2/	金	土	日	月	火	水	木	金	土	日	月	火	水	木	金	土	日	月	火	水	木	金	土
陰曆	24	25	26	27	28	29	30	1	2	3	4	5	6	7	8	9	10	11	12	13	14	15	16	17	18	19	20	21	22	23	24
日辰	己	庚	辛	壬	癸	甲	乙	丙	丁	戊	己	庚	辛	壬	癸	甲	乙	丙	丁	戊	己	庚	辛	壬	癸	甲	乙	丙	丁	戊	己
	未	申	酉	戌	亥	子	丑	寅	卯	辰	巳	午	未	申	酉	戌	亥	子	丑	寅	卯	辰	巳	午	未	申	酉	戌	亥	子	丑
大 男	1	1	1	1	驚	10	9	9	9	8	8	8	7	7	7	6	6	6	5	5	5	4	4	4	3	3	3	2	2	2	1
運 女	八	九	九	九	蟄	一	一	一	一	二	二	二	三	三	三	四	四	四	五	五	五	六	六	六	七	七	七	八	八	八	九

4월 (辛卯) 壬辰 (청명) 淸明 4日 23:43 穀雨 20日

陽曆	1	2	3	4	5	6	7	8	9	10	11	12	13	14	15	16	17	18	19	20	21	22	23	24	25	26	27	28	29	30	
요일	日	月	火	水	木	3/	土	日	月	火	水	木	金	土	日	月	火	水	木	金	土	日	月	火	水	木	金	土	日	月	
陰曆	25	26	27	28	29	1	2	3	4	5	6	7	8	9	10	11	12	13	14	15	16	17	18	19	20	21	22	23	24	25	
日辰	庚	辛	壬	癸	甲	乙	丙	丁	戊	己	庚	辛	壬	癸	甲	乙	丙	丁	戊	己	庚	辛	壬	癸	甲	乙	丙	丁	戊	己	
	寅	卯	辰	巳	午	未	申	酉	戌	亥	子	丑	寅	卯	辰	巳	午	未	申	酉	戌	亥	子	丑	寅	卯	辰	巳	午	未	
大 男	1	1	1	淸	10	10	9	9	9	8	8	8	7	7	7	6	6	6	5	5	5	4	4	4	3	3	3	2	2	2	
運 女	九	九	十	明	一	一	一	一	二	二	二	三	三	三	四	四	四	五	五	五	六	六	六	七	七	七	八	八	八	九	

5월 (壬辰) 癸巳 (입하) 立夏 5日 16:39 小滿 21日

陽曆	1	2	3	4	5	6	7	8	9	10	11	12	13	14	15	16	17	18	19	20	21	22	23	24	25	26	27	28	29	30	31
요일	火	水	木	金	土	4/	月	火	水	木	金	土	日	月	火	水	木	金	土	日	月	火	水	木	金	土	日	月	火	水	木
陰曆	26	27	28	29	30	1	2	3	4	5	6	7	8	9	10	11	12	13	14	15	16	17	18	19	20	21	22	23	24	25	26
日辰	庚	辛	壬	癸	甲	乙	丙	丁	戊	己	庚	辛	壬	癸	甲	乙	丙	丁	戊	己	庚	辛	壬	癸	甲	乙	丙	丁	戊	己	庚
	申	酉	戌	亥	子	丑	寅	卯	辰	巳	午	未	申	酉	戌	亥	子	丑	寅	卯	辰	巳	午	未	申	酉	戌	亥	子	丑	寅
大 男	1	1	1	1	立	10	10	9	9	9	8	8	8	7	7	7	6	6	6	5	5	5	4	4	4	3	3	3	2	2	2
運 女	九	九	十	十	夏	一	一	一	一	二	二	二	三	三	三	四	四	四	五	五	五	六	六	六	七	七	七	八	八	八	九

6월 (癸巳) 甲午 (망종) 芒種 5日 20:31 夏至 21日

陽曆	1	2	3	4	5	6	7	8	9	10	11	12	13	14	15	16	17	18	19	20	21	22	23	24	25	26	27	28	29	30	
요일	金	土	日	月	5/	水	木	金	土	日	月	火	水	木	金	土	日	月	火	水	木	金	土	日	月	火	水	木	金	土	
陰曆	27	28	29	30	1	2	3	4	5	6	7	8	9	10	11	12	13	14	15	16	17	18	19	20	21	22	23	24	25	26	
日辰	辛	壬	癸	甲	乙	丙	丁	戊	己	庚	辛	壬	癸	甲	乙	丙	丁	戊	己	庚	辛	壬	癸	甲	乙	丙	丁	戊	己	庚	
	卯	辰	巳	午	未	申	酉	戌	亥	子	丑	寅	卯	辰	巳	午	未	申	酉	戌	亥	子	丑	寅	卯	辰	巳	午	未	申	
大 男	1	1	1	1	芒	10	10	10	9	9	9	8	8	8	7	7	7	6	6	6	5	5	5	4	4	4	3	3	3	2	
運 女	九	九	十	十	種	一	一	一	一	二	二	二	三	三	三	四	四	四	五	五	五	六	六	六	七	七	七	八	八	八	

爐中火星 六日得辛 北大將 子弔客 寒食(4월 05일) 初伏(7월 20일)
八白土星 九龍治水 辰喪門 北三殺 中伏(7월 30일) 末伏(8월 09일)

7월 (甲午) 乙未 (소서) 小暑 7日 06:39 大暑 23日

陽曆	1	2	3	4	5	6	7	8	9	10	11	12	13	14	15	16	17	18	19	20	21	22	23	24	25	26	27	28	29	30	31
요일	日	月	火	6/1	木	金	土	日	月	火	水	木	金	土	日	月	火	水	木	金	土	日	月	火	水	木	金	土	日	月	火
陰曆	27	28	29		2	3	4	5	6	7	8	9	10	11	12	13	14	15	16	17	18	19	20	21	22	23	24	25	26	27	28
日辰	辛	壬	癸	甲	乙	丙	丁	戊	己	庚	辛	壬	癸	甲	乙	丙	丁	戊	己	庚	辛	壬	癸	甲	乙	丙	丁	戊	己	庚	辛
	酉	戌	亥	子	丑	寅	卯	辰	巳	午	未	申	酉	戌	亥	子	丑	寅	卯	辰	巳	午	未	申	酉	戌	亥	子	丑	寅	卯
大運 男	2	2	1	1	1	1	小	10	10	9	9	9	8	8	8	7	7	7	6	6	6	5	5	5	4	4	4	3	3	3	2
大運 女	九	九	九	十	十	十	署	一	一	一	一	二	二	二	三	三	三	四	四	四	五	五	五	六	六	六	七	七	七	八	八

8월 (乙未) 丙申 (입추) 立秋 7日 16:32 處暑 23日

陽曆	1	2	3	4	5	6	7	8	9	10	11	12	13	14	15	16	17	18	19	20	21	22	23	24	25	26	27	28	29	30	31
요일	水	7/1	金	土	日	月	火	水	木	金	土	日	月	火	水	木	金	土	日	月	火	水	木	金	土	日	月	火	水	木	金
陰曆	29		2	3	4	5	6	7	8	9	10	11	12	13	14	15	16	17	18	19	20	21	22	23	24	25	26	27	28	29	30
日辰	壬	癸	甲	乙	丙	丁	戊	己	庚	辛	壬	癸	甲	乙	丙	丁	戊	己	庚	辛	壬	癸	甲	乙	丙	丁	戊	己	庚	辛	壬
	辰	巳	午	未	申	酉	戌	亥	子	丑	寅	卯	辰	巳	午	未	申	酉	戌	亥	子	丑	寅	卯	辰	巳	午	未	申	酉	戌
大運 男	2	2	1	1	1	1	立	10	10	9	9	9	8	8	8	7	7	7	6	6	6	5	5	5	4	4	4	3	3	3	2
大運 女	八	九	九	九	十	十	秋	一	一	一	一	二	二	二	三	三	三	四	四	四	五	五	五	六	六	六	七	七	七	八	八

9월 (丙申) 丁酉 (백로) 白露 7日 19:42 秋分 23日

陽曆	1	2	3	4	5	6	7	8	9	10	11	12	13	14	15	16	17	18	19	20	21	22	23	24	25	26	27	28	29	30	
요일	8/1	日	月	火	水	木	金	土	日	月	火	水	木	金	土	日	月	火	水	木	金	土	日	月	火	水	木	金	土	9/1	
陰曆		2	3	4	5	6	7	8	9	10	11	12	13	14	15	16	17	18	19	20	21	22	23	24	25	26	27	28	29		
日辰	癸	甲	乙	丙	丁	戊	己	庚	辛	壬	癸	甲	乙	丙	丁	戊	己	庚	辛	壬	癸	甲	乙	丙	丁	戊	己	庚	辛	壬	
	亥	子	丑	寅	卯	辰	巳	午	未	申	酉	戌	亥	子	丑	寅	卯	辰	巳	午	未	申	酉	戌	亥	子	丑	寅	卯	辰	
大運 男	2	2	1	1	1	1	白	10	10	9	9	9	8	8	8	7	7	7	6	6	6	5	5	5	4	4	4	3	3	3	
大運 女	八	九	九	九	十	十	露	一	一	一	一	二	二	二	三	三	三	四	四	四	五	五	五	六	六	六	七	七	七	八	

10월 (丁酉) 戊戌 (한로) 寒露 8日 11:41 霜降 23日

陽曆	1	2	3	4	5	6	7	8	9	10	11	12	13	14	15	16	17	18	19	20	21	22	23	24	25	26	27	28	29	30	31
요일	月	火	水	木	金	土	日	月	火	水	木	金	土	日	月	火	水	木	金	土	日	月	火	水	木	金	土	日	10/1	火	水
陰曆	2	3	4	5	6	7	8	9	10	11	12	13	14	15	16	17	18	19	20	21	22	23	24	25	26	27	28	29		2	3
日辰	癸	甲	乙	丙	丁	戊	己	庚	辛	壬	癸	甲	乙	丙	丁	戊	己	庚	辛	壬	癸	甲	乙	丙	丁	戊	己	庚	辛	壬	癸
	巳	午	未	申	酉	戌	亥	子	丑	寅	卯	辰	巳	午	未	申	酉	戌	亥	子	丑	寅	卯	辰	巳	午	未	申	酉	戌	亥
大運 男	2	2	2	1	1	1	1	寒	10	9	9	9	8	8	8	7	7	7	6	6	6	5	5	5	4	4	4	3	3	3	2
大運 女	八	八	九	九	九	十	十	露	一	一	一	一	二	二	二	三	三	三	四	四	四	五	五	五	六	六	六	七	七	七	八

11월 (戊戌) 己亥 (입동) 立冬 7日 15:13 小雪 22日

陽曆	1	2	3	4	5	6	7	8	9	10	11	12	13	14	15	16	17	18	19	20	21	22	23	24	25	26	27	28	29	30	
요일	木	金	土	日	月	火	水	木	金	土	日	月	火	水	木	金	土	日	月	火	水	木	金	土	日	月	火	11/1	木	金	
陰曆	4	5	6	7	8	9	10	11	12	13	14	15	16	17	18	19	20	21	22	23	24	25	26	27	28	29	30		2	3	
日辰	甲	乙	丙	丁	戊	己	庚	辛	壬	癸	甲	乙	丙	丁	戊	己	庚	辛	壬	癸	甲	乙	丙	丁	戊	己	庚	辛	壬	癸	
	子	丑	寅	卯	辰	巳	午	未	申	酉	戌	亥	子	丑	寅	卯	辰	巳	午	未	申	酉	戌	亥	子	丑	寅	卯	辰	巳	
大運 男	2	2	1	1	1	1	立	10	9	9	9	8	8	8	7	7	7	6	6	6	5	5	5	4	4	4	3	3	3	2	
大運 女	八	八	九	九	九	十	冬	一	一	一	一	二	二	二	三	三	三	四	四	四	五	五	五	六	六	六	七	七	七	八	

12월 (己亥) 庚子 (대설) 大雪 7日 08:20 冬至 22日

陽曆	1	2	3	4	5	6	7	8	9	10	11	12	13	14	15	16	17	18	19	20	21	22	23	24	25	26	27	28	29	30	31
요일	土	日	月	火	水	木	金	土	日	月	火	水	木	金	土	日	月	火	水	木	金	土	日	月	火	水	12/1	金	土	日	月
陰曆	4	5	6	7	8	9	10	11	12	13	14	15	16	17	18	19	20	21	22	23	24	25	26	27	28	29		2	3	4	5
日辰	甲	乙	丙	丁	戊	己	庚	辛	壬	癸	甲	乙	丙	丁	戊	己	庚	辛	壬	癸	甲	乙	丙	丁	戊	己	庚	辛	壬	癸	甲
	午	未	申	酉	戌	亥	子	丑	寅	卯	辰	巳	午	未	申	酉	戌	亥	子	丑	寅	卯	辰	巳	午	未	申	酉	戌	亥	子
大運 男	2	2	1	1	1	1	大	9	9	9	8	8	8	7	7	7	6	6	6	5	5	5	4	4	4	3	3	3	2	2	2
大運 女	八	八	九	九	九	十	雪	一	一	一	一	二	二	二	三	三	三	四	四	四	五	五	五	六	六	六	七	七	七	八	八

1월 (庚子) 辛丑 (소한) 小寒 5日 19:41 大寒 20日

陽曆	1	2	3	4	5	6	7	8	9	10	11	12	13	14	15	16	17	18	19	20	21	22	23	24	25	26	27	28	29	30	31
요일	火	水	木	金	土	日	月	火	水	木	金	土	日	月	火	水	木	金	土	日	月	火	水	木	金		日	月	火	水	木
陰曆	6	7	8	9	10	11	12	13	14	15	16	17	18	19	20	21	22	23	24	25	26	27	28	29	30	1/1	2	3	4	5	6
日辰	乙	丙	丁	戊	己	庚	辛	壬	癸	甲	乙	丙	丁	戊	己	庚	辛	壬	癸	甲	乙	丙	丁	戊	己	庚	辛	壬	癸	甲	乙
	丑	寅	卯	辰	巳	午	未	申	酉	戌	亥	子	丑	寅	卯	辰	巳	午	未	申	酉	戌	亥	子	丑	寅	卯	辰	巳	午	未
大運 男	1	1	1	1	小	10	9	9	9	8	8	8	7	7	7	6	6	6	5	5	5	4	4	4	3	3	3	2	2	2	1
大運 女	八	九	九	九	寒	一	一	一	一	二	二	二	三	三	三	四	四	四	五	五	五	六	六	六	七	七	七	八	八	八	九

2월 (辛丑) 壬寅 (입춘) 立春 4日 07:16 雨水 19日

陽曆	1	2	3	4	5	6	7	8	9	10	11	12	13	14	15	16	17	18	19	20	21	22	23	24	25	26	27	28
요일	金	土	日	月	火	水	木	金	土	日	月	火	水	木	金	土	日	月	火	水	木	金	土	日		火	水	木
陰曆	7	8	9	10	11	12	13	14	15	16	17	18	19	20	21	22	23	24	25	26	27	28	29	30	2/1	2	3	4
日辰	丙	丁	戊	己	庚	辛	壬	癸	甲	乙	丙	丁	戊	己	庚	辛	壬	癸	甲	乙	丙	丁	戊	己	庚	辛	壬	癸
	申	酉	戌	亥	子	丑	寅	卯	辰	巳	午	未	申	酉	戌	亥	子	丑	寅	卯	辰	巳	午	未	申	酉	戌	亥
大運 男	1	1	1	立	1	1	1	1	2	2	2	3	3	3	4	4	4	5	5	5	6	6	6	7	7	7	8	8
大運 女	九	九	十	春	十	九	九	九	八	八	八	七	七	七	六	六	六	五	五	五	四	四	四	三	三	三	二	二

3월 (壬寅) 癸卯 (경칩) 驚蟄 6日 01:04 春分 21日

陽曆	1	2	3	4	5	6	7	8	9	10	11	12	13	14	15	16	17	18	19	20	21	22	23	24	25	26	27	28	29	30	31
요일	金	土	日	月	火	水	木	金	土	日	月	火	水	木	金	土	日	月	火	水	木	金	土	日	月		水	木	金	土	日
陰曆	5	6	7	8	9	10	11	12	13	14	15	16	17	18	19	20	21	22	23	24	25	26	27	28	29	3/1	2	3	4	5	6
日辰	甲	乙	丙	丁	戊	己	庚	辛	壬	癸	甲	乙	丙	丁	戊	己	庚	辛	壬	癸	甲	乙	丙	丁	戊	己	庚	辛	壬	癸	甲
	子	丑	寅	卯	辰	巳	午	未	申	酉	戌	亥	子	丑	寅	卯	辰	巳	午	未	申	酉	戌	亥	子	丑	寅	卯	辰	巳	午
大運 男	8	9	9	9	10	驚	1	1	1	1	2	2	2	3	3	3	4	4	4	5	5	5	6	6	6	7	7	7	8	8	8
大運 女	二	一	一	一	一	蟄	十	九	九	九	八	八	八	七	七	七	六	六	六	五	五	五	四	四	四	三	三	三	二	二	二

4월 (癸卯) 甲辰 (청명) 淸明 5日 05:31 穀雨 20日

陽曆	1	2	3	4	5	6	7	8	9	10	11	12	13	14	15	16	17	18	19	20	21	22	23	24	25	26	27	28	29	30
요일	月	火	水	木	金	土	日	月	火	水	木	金	土	日	月	火	水	木	金	土	日	月	火	水		金	土	日	月	火
陰曆	7	8	9	10	11	12	13	14	15	16	17	18	19	20	21	22	23	24	25	26	27	28	29	30	4/1	2	3	4	5	6
日辰	乙	丙	丁	戊	己	庚	辛	壬	癸	甲	乙	丙	丁	戊	己	庚	辛	壬	癸	甲	乙	丙	丁	戊	己	庚	辛	壬	癸	甲
	未	申	酉	戌	亥	子	丑	寅	卯	辰	巳	午	未	申	酉	戌	亥	子	丑	寅	卯	辰	巳	午	未	申	酉	戌	亥	子
大運 男	9	9	9	10	淸	1	1	1	1	2	2	2	3	3	3	4	4	4	5	5	5	6	6	6	7	7	7	8	8	8
大運 女	一	一	一	一	明	十	九	九	九	八	八	八	七	七	七	六	六	六	五	五	五	四	四	四	三	三	三	二	二	二

5월 (甲辰) 乙巳 (입하) 立夏 5日 22:27 小滿 21日

陽曆	1	2	3	4	5	6	7	8	9	10	11	12	13	14	15	16	17	18	19	20	21	22	23	24	25	26	27	28	29	30	31
요일	水	木	金	土	日	月	火	水	木	金	土	日	月	火	水	木	金	土	日	月	火	水	木	金		日	月	火	水	木	金
陰曆	7	8	9	10	11	12	13	14	15	16	17	18	19	20	21	22	23	24	25	26	27	28	29	30	5/1	2	3	4	5	6	7
日辰	乙	丙	丁	戊	己	庚	辛	壬	癸	甲	乙	丙	丁	戊	己	庚	辛	壬	癸	甲	乙	丙	丁	戊	己	庚	辛	壬	癸	甲	乙
	丑	寅	卯	辰	巳	午	未	申	酉	戌	亥	子	丑	寅	卯	辰	巳	午	未	申	酉	戌	亥	子	丑	寅	卯	辰	巳	午	未
大運 男	9	9	9	10	立	1	1	1	1	2	2	2	3	3	3	4	4	4	5	5	5	6	6	6	7	7	7	8	8	8	9
大運 女	一	一	一	一	夏	十	十	十	九	九	九	八	八	八	七	七	七	六	六	六	五	五	五	四	四	四	三	三	三	二	二

6월 (乙巳) 丙午 (망종) 芒種 6日 02:19 夏至 21日

陽曆	1	2	3	4	5	6	7	8	9	10	11	12	13	14	15	16	17	18	19	20	21	22	23	24	25	26	27	28	29	30
요일	土	日	月	火	水	木	金	土	日	月	火	水	木	金	土	日	月	火	水	木	金	土		月	火	水	木	金	土	日
陰曆	8	9	10	11	12	13	14	15	16	17	18	19	20	21	22	23	24	25	26	27	28	29	윤5/1	2	3	4	5	6	7	8
日辰	丙	丁	戊	己	庚	辛	壬	癸	甲	乙	丙	丁	戊	己	庚	辛	壬	癸	甲	乙	丙	丁	戊	己	庚	辛	壬	癸	甲	乙
	申	酉	戌	亥	子	丑	寅	卯	辰	巳	午	未	申	酉	戌	亥	子	丑	寅	卯	辰	巳	午	未	申	酉	戌	亥	子	丑
大運 男	9	9	10	10	10	芒	1	1	1	1	2	2	2	3	3	3	4	4	4	5	5	5	6	6	6	7	7	7	8	8
大運 女	二	一	一	一	一	種	十	十	九	九	九	八	八	八	七	七	七	六	六	六	五	五	五	四	四	四	三	三	三	二

7월 (丙午) 丁未 (소서) 小署 7日 12:29 大署 23日

陽曆	1	2	3	4	5	6	7	8	9	10	11	12	13	14	15	16	17	18	19	20	21	22	23	24	25	26	27	28	29	30	31
요일	月	火	水	木	金	土	日	月	火	水	木	金	土	日	月	火	水	木	金	土	日	月	6	水	木	金	土	日	月	火	水
陰曆	9	10	11	12	13	14	15	16	17	18	19	20	21	22	23	24	25	26	27	28	29	30	1	2	3	4	5	6	7	8	9
日辰	丙	丁	戊	己	庚	辛	壬	癸	甲	乙	丙	丁	戊	己	庚	辛	壬	癸	甲	乙	丙	丁	戊	己	庚	辛	壬	癸	甲	乙	丙
	寅	卯	辰	巳	午	未	申	酉	戌	亥	子	丑	寅	卯	辰	巳	午	未	申	酉	戌	亥	子	丑	寅	卯	辰	巳	午	未	申
大運 男	8	9	9	9	10	10	小	1	1	1	1	2	2	2	3	3	3	4	4	4	5	5	5	6	6	6	7	7	7	8	8
大運 女	二	二	一	一	一	一	署	十	十	九	九	九	八	八	八	七	七	七	六	六	六	五	五	五	四	四	四	三	三	三	二

8월 (丁未) 戊申 (입추) 立秋 7日 22:24 處署 23日

陽曆	1	2	3	4	5	6	7	8	9	10	11	12	13	14	15	16	17	18	19	20	21	22	23	24	25	26	27	28	29	30	31
요일	木	金	土	日	月	火	水	木	金	土	日	月	火	水	木	金	土	日	月	火	7	木	金	土	日	月	火	水	木	金	土
陰曆	10	11	12	13	14	15	16	17	18	19	20	21	22	23	24	25	26	27	28	29	1	2	3	4	5	6	7	8	9	10	11
日辰	丁	戊	己	庚	辛	壬	癸	甲	乙	丙	丁	戊	己	庚	辛	壬	癸	甲	乙	丙	丁	戊	己	庚	辛	壬	癸	甲	乙	丙	丁
	酉	戌	亥	子	丑	寅	卯	辰	巳	午	未	申	酉	戌	亥	子	丑	寅	卯	辰	巳	午	未	申	酉	戌	亥	子	丑	寅	卯
大運 男	8	9	9	9	10	10	立	1	1	1	1	2	2	2	3	3	3	4	4	4	5	5	5	6	6	6	7	7	7	8	8
大運 女	二	二	一	一	一	一	秋	十	十	十	九	九	九	八	八	八	七	七	七	六	六	六	五	五	五	四	四	四	三	三	三

9월 (戊申) 己酉 (백로) 白露 8日 01:37 秋分 23日

陽曆	1	2	3	4	5	6	7	8	9	10	11	12	13	14	15	16	17	18	19	20	21	22	23	24	25	26	27	28	29	30	
요일	日	月	火	水	木	金	土	日	月	火	水	木	金	土	日	月	火	水	木	8	土	日	月	火	水	木	金	土	日	月	
陰曆	12	13	14	15	16	17	18	19	20	21	22	23	24	25	26	27	28	29	30	1	2	3	4	5	6	7	8	9	10	11	
日辰	戊	己	庚	辛	壬	癸	甲	乙	丙	丁	戊	己	庚	辛	壬	癸	甲	乙	丙	丁	戊	己	庚	辛	壬	癸	甲	乙	丙	丁	
	辰	巳	午	未	申	酉	戌	亥	子	丑	寅	卯	辰	巳	午	未	申	酉	戌	亥	子	丑	寅	卯	辰	巳	午	未	申	酉	
大運 男	8	9	9	9	10	10	10	白	1	1	1	1	2	2	2	3	3	3	4	4	4	5	5	5	6	6	6	7	7	7	
大運 女	二	二	二	一	一	一	一	露	十	九	九	九	八	八	八	七	七	七	六	六	六	五	五	五	四	四	四	三	三	三	

10월 (己酉) 庚戌 (한로) 寒露 8日 17:36 霜降 23日

陽曆	1	2	3	4	5	6	7	8	9	10	11	12	13	14	15	16	17	18	19	20	21	22	23	24	25	26	27	28	29	30	31
요일	火	水	木	金	土	日	月	火	水	木	金	土	日	月	火	水	木	金	9	日	月	火	水	木	金	土	日	月	火	水	木
陰曆	12	13	14	15	16	17	18	19	20	21	22	23	24	25	26	27	28	29	1	2	3	4	5	6	7	8	9	10	11	12	13
日辰	戊	己	庚	辛	壬	癸	甲	乙	丙	丁	戊	己	庚	辛	壬	癸	甲	乙	丙	丁	戊	己	庚	辛	壬	癸	甲	乙	丙	丁	戊
	戌	亥	子	丑	寅	卯	辰	巳	午	未	申	酉	戌	亥	子	丑	寅	卯	辰	巳	午	未	申	酉	戌	亥	子	丑	寅	卯	辰
大運 男	8	8	8	9	9	9	10	寒	1	1	1	1	2	2	2	3	3	3	4	4	4	5	5	5	6	6	6	7	7	7	8
大運 女	二	二	二	一	一	一	一	露	十	九	九	九	八	八	八	七	七	七	六	六	六	五	五	五	四	四	四	三	三	三	二

11월 (庚戌) 辛亥 (입동) 立冬 7日 21:06 小雪 22日

陽曆	1	2	3	4	5	6	7	8	9	10	11	12	13	14	15	16	17	18	19	20	21	22	23	24	25	26	27	28	29	30	
요일	金	土	日	月	火	水	木	金	土	日	月	火	水	木	金	土	10	月	火	水	木	金	土	日	月	火	水	木	金	土	
陰曆	14	15	16	17	18	19	20	21	22	23	24	25	26	27	28	29	1	2	3	4	5	6	7	8	9	10	11	12	13	14	
日辰	己	庚	辛	壬	癸	甲	乙	丙	丁	戊	己	庚	辛	壬	癸	甲	乙	丙	丁	戊	己	庚	辛	壬	癸	甲	乙	丙	丁	戊	
	巳	午	未	申	酉	戌	亥	子	丑	寅	卯	辰	巳	午	未	申	酉	戌	亥	子	丑	寅	卯	辰	巳	午	未	申	酉	戌	
大運 男	8	8	9	9	9	10	立	1	1	1	1	2	2	2	3	3	3	4	4	4	5	5	5	6	6	6	7	7	7	8	
大運 女	二	二	一	一	一	一	冬	十	九	九	九	八	八	八	七	七	七	六	六	六	五	五	五	四	四	四	三	三	三	二	

12월 (辛亥) 壬子 (대설) 大雪 7日 14:09 冬至 22日

陽曆	1	2	3	4	5	6	7	8	9	10	11	12	13	14	15	16	17	18	19	20	21	22	23	24	25	26	27	28	29	30	31
요일	日	月	火	水	木	金	土	日	月	火	水	木	金	土	日	月	11	水	木	金	土	日	月	火	水	木	金	土	日	月	火
陰曆	15	16	17	18	19	20	21	22	23	24	25	26	27	28	29	30	1	2	3	4	5	6	7	8	9	10	11	12	13	14	15
日辰	己	庚	辛	壬	癸	甲	乙	丙	丁	戊	己	庚	辛	壬	癸	甲	乙	丙	丁	戊	己	庚	辛	壬	癸	甲	乙	丙	丁	戊	己
	亥	子	丑	寅	卯	辰	巳	午	未	申	酉	戌	亥	子	丑	寅	卯	辰	巳	午	未	申	酉	戌	亥	子	丑	寅	卯	辰	巳
大運 男	8	8	9	9	9	10	大	1	1	1	1	2	2	2	3	3	3	4	4	4	5	5	5	6	6	6	7	7	7	8	8
大運 女	二	二	一	一	一	一	雪	十	九	九	九	八	八	八	七	七	七	六	六	六	五	五	五	四	四	四	三	三	三	二	二

戊辰

1월 (壬子) 癸丑 (소한) 小寒 6日 01:28 大寒 20日

陽曆		1	2	3	4	5	6	7	8	9	10	11	12	13	14	15	16	17	18	19	20	21	22	23	24	25	26	27	28	29	30	31
요일		水	木	金	土	日	月	火	水	木	金	土	日	月	火	12	木	金	土	日	月	火	水	木	金	土	日	月	火	水	木	金
陰曆		16	17	18	19	20	21	22	23	24	25	26	27	28	29	1	2	3	4	5	6	7	8	9	10	11	12	13	14	15	16	17
日辰		庚	辛	壬	癸	甲	乙	丙	丁	戊	己	庚	辛	壬	癸	甲	乙	丙	丁	戊	己	庚	辛	壬	癸	甲	乙	丙	丁	戊	己	庚
		午	未	申	酉	戌	亥	子	丑	寅	卯	辰	巳	午	未	申	酉	戌	亥	子	丑	寅	卯	辰	巳	午	未	申	酉	戌	亥	子
大	男	8	9	9	9	10	小	1	1	1	1	2	2	2	3	3	3	4	4	4	5	5	5	6	6	6	7	7	7	8	8	8
運	女	二	一	一	一	一	寒	九	九	九	八	八	八	七	七	七	六	六	六	五	五	五	四	四	四	三	三	三	二	二	二	一

2월 (癸丑) 甲寅 (입춘) 立春 4日 13:03 雨水 19日

陽曆		1	2	3	4	5	6	7	8	9	10	11	12	13	14	15	16	17	18	19	20	21	22	23	24	25	26	27	28	29		
요일		土	日	月	火	水	木	金	土	日	月	火	水	木	1	土	日	月	火	水	木	金	土	日	月	火	水	木	金	土		
陰曆		18	19	20	21	22	23	24	25	26	27	28	29	30	1	2	3	4	5	6	7	8	9	10	11	12	13	14	15	16		
日辰		辛	壬	癸	甲	乙	丙	丁	戊	己	庚	辛	壬	癸	甲	乙	丙	丁	戊	己	庚	辛	壬	癸	甲	乙	丙	丁	戊	己		
		丑	寅	卯	辰	巳	午	未	申	酉	戌	亥	子	丑	寅	卯	辰	巳	午	未	申	酉	戌	亥	子	丑	寅	卯	辰	巳		
大	男	9	9	9	立	10	9	9	9	8	8	8	7	7	7	6	6	6	5	5	5	4	4	4	3	3	3	2	2	2		
運	女	一	一	一	春	一	一	一	一	二	二	二	三	三	三	四	四	四	五	五	五	六	六	六	七	七	七	八	八	八		

3월 (甲寅) 乙卯 (경칩) 驚蟄 5日 06:53 春分 20日

陽曆		1	2	3	4	5	6	7	8	9	10	11	12	13	14	15	16	17	18	19	20	21	22	23	24	25	26	27	28	29	30	31
요일		日	月	火	水	木	金	土	日	月	火	水	木	金	2	日	月	火	水	木	金	土	日	月	火	水	木	金	土	日	月	火
陰曆		17	18	19	20	21	22	23	24	25	26	27	28	29	1	2	3	4	5	6	7	8	9	10	11	12	13	14	15	16	17	18
日辰		庚	辛	壬	癸	甲	乙	丙	丁	戊	己	庚	辛	壬	癸	甲	乙	丙	丁	戊	己	庚	辛	壬	癸	甲	乙	丙	丁	戊	己	庚
		午	未	申	酉	戌	亥	子	丑	寅	卯	辰	巳	午	未	申	酉	戌	亥	子	丑	寅	卯	辰	巳	午	未	申	酉	戌	亥	子
大	男	1	1	1	1	驚	10	9	9	9	8	8	8	7	7	7	6	6	6	5	5	5	4	4	4	3	3	3	2	2	2	1
運	女	九	九	九	十	蟄	一	一	一	一	二	二	二	三	三	三	四	四	四	五	五	五	六	六	六	七	七	七	八	八	八	九

4월 (乙卯) 丙辰 (청명) 淸明 4日 11:24 穀雨 19日

陽曆		1	2	3	4	5	6	7	8	9	10	11	12	13	14	15	16	17	18	19	20	21	22	23	24	25	26	27	28	29	30	
요일		水	木	金	土	日	月	火	水	木	金	土	日	3	火	水	木	金	土	日	月	火	水	木	金	土	日	月	火	水	木	
陰曆		19	20	21	22	23	24	25	26	27	28	29	30	1	2	3	4	5	6	7	8	9	10	11	12	13	14	15	16	17	18	
日辰		辛	壬	癸	甲	乙	丙	丁	戊	己	庚	辛	壬	癸	甲	乙	丙	丁	戊	己	庚	辛	壬	癸	甲	乙	丙	丁	戊	己	庚	
		丑	寅	卯	辰	巳	午	未	申	酉	戌	亥	子	丑	寅	卯	辰	巳	午	未	申	酉	戌	亥	子	丑	寅	卯	辰	巳	午	
大	男	1	1	1	淸	10	10	9	9	9	8	8	8	7	7	7	6	6	6	5	5	5	4	4	4	3	3	3	2	2	2	
運	女	九	九	十	明	一	一	一	一	二	二	二	三	三	三	四	四	四	五	五	五	六	六	六	七	七	七	八	八	八	九	

5월 (丙辰) 丁巳 (입하) 立夏 5日 04:23 小滿 20日

陽曆		1	2	3	4	5	6	7	8	9	10	11	12	13	14	15	16	17	18	19	20	21	22	23	24	25	26	27	28	29	30	31
요일		金	土	日	月	火	水	木	金	土	日	月	火	4	木	金	土	日	月	火	水	木	金	土	日	月	火	水	木	金	土	日
陰曆		19	20	21	22	23	24	25	26	27	28	29	30	1	2	3	4	5	6	7	8	9	10	11	12	13	14	15	16	17	18	19
日辰		辛	壬	癸	甲	乙	丙	丁	戊	己	庚	辛	壬	癸	甲	乙	丙	丁	戊	己	庚	辛	壬	癸	甲	乙	丙	丁	戊	己	庚	辛
		未	申	酉	戌	亥	子	丑	寅	卯	辰	巳	午	未	申	酉	戌	亥	子	丑	寅	卯	辰	巳	午	未	申	酉	戌	亥	子	丑
大	男	1	1	1	1	立	10	10	9	9	9	8	8	8	7	7	7	6	6	6	5	5	5	4	4	4	3	3	3	2	2	2
運	女	九	九	十	十	夏	一	一	一	一	二	二	二	三	三	三	四	四	四	五	五	五	六	六	六	七	七	七	八	八	八	九

6월 (丁巳) 戊午 (망종) 芒種 5日 08:17 夏至 21日

陽曆		1	2	3	4	5	6	7	8	9	10	11	12	13	14	15	16	17	18	19	20	21	22	23	24	25	26	27	28	29	30	
요일		月	火	水	木	金	土	日	月	火	水	5	金	土	日	月	火	水	木	金	土	日	月	火	水	木	金	土	日	月	火	
陰曆		20	21	22	23	24	25	26	27	28	29	1	2	3	4	5	6	7	8	9	10	11	12	13	14	15	16	17	18	19	20	
日辰		壬	癸	甲	乙	丙	丁	戊	己	庚	辛	壬	癸	甲	乙	丙	丁	戊	己	庚	辛	壬	癸	甲	乙	丙	丁	戊	己	庚	辛	
		寅	卯	辰	巳	午	未	申	酉	戌	亥	子	丑	寅	卯	辰	巳	午	未	申	酉	戌	亥	子	丑	寅	卯	辰	巳	午	未	
大	男	1	1	1	1	芒	10	10	9	9	9	8	8	8	7	7	7	6	6	6	5	5	5	4	4	4	3	3	3	2	2	
運	女	九	九	十	十	種	一	一	一	一	二	二	二	三	三	三	四	四	四	五	五	五	六	六	六	七	七	七	八	八	八	

大林木星	八日得辛	北大將	寅弔客	寒食(4월 05일)	初伏(7월 19일)
六白金星	三龍治水	午喪門	南三殺	中伏(7월 29일)	末伏(8월 08일)

7월 (戊午) 己未 (소서) 小暑 6日 18:25 大署 22日

陽曆	1	2	3	4	5	6	7	8	9	10	11	12	13	14	15	16	17	18	19	20	21	22	23	24	25	26	27	28	29	30	31
요일	水	木	金	土	日	月	火	水	木	金		日	月	火	水	木	金	土	日	月	火	水	木	金	土	日	月	火	水	木	金
陰曆	21	22	23	24	25	26	27	28	29	30	6/1	2	3	4	5	6	7	8	9	10	11	12	13	14	15	16	17	18	19	20	21
日辰	壬	癸	甲	乙	丙	丁	戊	己	庚	辛	壬	癸	甲	乙	丙	丁	戊	己	庚	辛	壬	癸	甲	乙	丙	丁	戊	己	庚	辛	壬
	申	酉	戌	亥	子	丑	寅	卯	辰	巳	午	未	申	酉	戌	亥	子	丑	寅	卯	辰	巳	午	未	申	酉	戌	亥	子	丑	寅
大 男	2	1	1	1	1	小	10	10	10	9	9	9	8	8	8	7	7	7	6	6	6	5	5	5	4	4	4	3	3	3	2
運 女	九	九	九	十	十	署	一	一	一	一	二	二	二	三	三	三	四	四	四	五	五	五	六	六	六	七	七	七	八	八	八

8월 (己未) 庚申 (입추) 立秋 7日 04:17 處暑 22日

陽曆	1	2	3	4	5	6	7	8	9	10	11	12	13	14	15	16	17	18	19	20	21	22	23	24	25	26	27	28	29	30	31
요일	土	日	月	火	水	木	金	土	日		火	水	木	金	土	日	月	火	水	木	金	土	日	月	火	水	木	金	土	日	月
陰曆	22	23	24	25	26	27	28	29	30	7/1	2	3	4	5	6	7	8	9	10	11	12	13	14	15	16	17	18	19	20	21	22
日辰	癸	甲	乙	丙	丁	戊	己	庚	辛	壬	癸	甲	乙	丙	丁	戊	己	庚	辛	壬	癸	甲	乙	丙	丁	戊	己	庚	辛	壬	癸
	卯	辰	巳	午	未	申	酉	戌	亥	子	丑	寅	卯	辰	巳	午	未	申	酉	戌	亥	子	丑	寅	卯	辰	巳	午	未	申	酉
大 男	2	2	1	1	1	1	立	10	10	9	9	9	8	8	8	7	7	7	6	6	6	5	5	5	4	4	4	3	3	3	2
運 女	九	九	九	十	十	十	秋	一	一	一	一	二	二	二	三	三	三	四	四	四	五	五	五	六	六	六	七	七	七	八	八

9월 (庚申) 辛酉 (백로) 白露 7日 07:26 秋分 22日

陽曆	1	2	3	4	5	6	7	8	9	10	11	12	13	14	15	16	17	18	19	20	21	22	23	24	25	26	27	28	29	30	
요일	火	水	木	金	土	日	月		水	木	金	土	日	月	火	水	木	金	土	日	月	火	水	木	金	土	日	月	火	水	
陰曆	23	24	25	26	27	28	29	8/1	2	3	4	5	6	7	8	9	10	11	12	13	14	15	16	17	18	19	20	21	22	23	
日辰	甲	乙	丙	丁	戊	己	庚	辛	壬	癸	甲	乙	丙	丁	戊	己	庚	辛	壬	癸	甲	乙	丙	丁	戊	己	庚	辛	壬	癸	
	戌	亥	子	丑	寅	卯	辰	巳	午	未	申	酉	戌	亥	子	丑	寅	卯	辰	巳	午	未	申	酉	戌	亥	子	丑	寅	卯	
大 男	2	2	1	1	1	1	白	10	9	9	9	8	8	8	7	7	7	6	6	6	5	5	5	4	4	4	3	3	3	2	
運 女	八	九	九	九	十	十	露	一	一	一	一	二	二	二	三	三	三	四	四	四	五	五	五	六	六	六	七	七	七	八	

10월 (辛酉) 壬戌 (한로) 寒露 7日 23:25 霜降 23日

陽曆	1	2	3	4	5	6	7	8	9	10	11	12	13	14	15	16	17	18	19	20	21	22	23	24	25	26	27	28	29	30	31
요일	木	金	土	日	月	火	水		金	土	日	月	火	水	木	金	土	日	月	火	水	木	金	土	日	月	火	水	木	金	土
陰曆	24	25	26	27	28	29	30	9/1	2	3	4	5	6	7	8	9	10	11	12	13	14	15	16	17	18	19	20	21	22	23	24
日辰	甲	乙	丙	丁	戊	己	庚	辛	壬	癸	甲	乙	丙	丁	戊	己	庚	辛	壬	癸	甲	乙	丙	丁	戊	己	庚	辛	壬	癸	甲
	辰	巳	午	未	申	酉	戌	亥	子	丑	寅	卯	辰	巳	午	未	申	酉	戌	亥	子	丑	寅	卯	辰	巳	午	未	申	酉	戌
大 男	2	2	1	1	1	1	寒	10	10	9	9	9	8	8	8	7	7	7	6	6	6	5	5	5	4	4	4	3	3	3	2
運 女	八	八	九	九	九	十	露	一	一	一	一	二	二	二	三	三	三	四	四	四	五	五	五	六	六	六	七	七	七	八	八

11월 (壬戌) 癸亥 (입동) 立冬 7日 02:55 小雪 22日

陽曆	1	2	3	4	5	6	7	8	9	10	11	12	13	14	15	16	17	18	19	20	21	22	23	24	25	26	27	28	29	30	
요일	日	月	火	水	木		土	日	月	火	水	木	金	土	日	月	火	水	木	金	土	日	月	火	水	木	金	土	日	月	
陰曆	25	26	27	28	29	10/1	2	3	4	5	6	7	8	9	10	11	12	13	14	15	16	17	18	19	20	21	22	23	24	25	
日辰	乙	丙	丁	戊	己	庚	辛	壬	癸	甲	乙	丙	丁	戊	己	庚	辛	壬	癸	甲	乙	丙	丁	戊	己	庚	辛	壬	癸	甲	
	亥	子	丑	寅	卯	辰	巳	午	未	申	酉	戌	亥	子	丑	寅	卯	辰	巳	午	未	申	酉	戌	亥	子	丑	寅	卯	辰	
大 男	2	2	1	1	1	1	立	9	9	9	8	8	8	7	7	7	6	6	6	5	5	5	4	4	4	3	3	3	2	2	
運 女	八	九	九	九	十	十	冬	一	一	一	一	二	二	二	三	三	三	四	四	四	五	五	五	六	六	六	七	七	七	八	

12월 (癸亥) 甲子 (대설) 大雪 6日 19:59 冬至 21日

陽曆	1	2	3	4	5	6	7	8	9	10	11	12	13	14	15	16	17	18	19	20	21	22	23	24	25	26	27	28	29	30	31
요일	火	水	木	金	土		月	火	水	木	金	土	日	月	火	水	木	金	土	日	月	火	水	木	金	土	日	月	火	水	木
陰曆	26	27	28	29	30	11/1	2	3	4	5	6	7	8	9	10	11	12	13	14	15	16	17	18	19	20	21	22	23	24	25	26
日辰	乙	丙	丁	戊	己	庚	辛	壬	癸	甲	乙	丙	丁	戊	己	庚	辛	壬	癸	甲	乙	丙	丁	戊	己	庚	辛	壬	癸	甲	乙
	巳	午	未	申	酉	戌	亥	子	丑	寅	卯	辰	巳	午	未	申	酉	戌	亥	子	丑	寅	卯	辰	巳	午	未	申	酉	戌	亥
大 男	2	1	1	1	1	大	10	9	9	9	8	8	8	7	7	7	6	6	6	5	5	5	4	4	4	3	3	3	2	2	2
運 女	八	八	九	九	九	雪	一	一	一	一	二	二	二	三	三	三	四	四	四	五	五	五	六	六	六	七	七	七	八	八	八

1월 (甲子) 乙丑 (소한) 小寒 5日 07:17 大寒 20日

陽曆	1	2	3	4	5	6	7	8	9	10	11	12	13	14	15	16	17	18	19	20	21	22	23	24	25	26	27	28	29	30	31
요일	金	土	日	12	火	水	木	金	土	日	月	火	水	木	金	土	日	月	火	水	木	金	土	日	月	火	水	木	金	土	日
陰曆	27	28	29	1	2	3	4	5	6	7	8	9	10	11	12	13	14	15	16	17	18	19	20	21	22	23	24	25	26	27	28
日辰	丙	丁	戊	己	庚	辛	壬	癸	甲	乙	丙	丁	戊	己	庚	辛	壬	癸	甲	乙	丙	丁	戊	己	庚	辛	壬	癸	甲	乙	丙
	子	丑	寅	卯	辰	巳	午	未	申	酉	戌	亥	子	丑	寅	卯	辰	巳	午	未	申	酉	戌	亥	子	丑	寅	卯	辰	巳	午
大 男	1	1	1	1	小	9	9	9	8	8	8	7	7	7	6	6	6	5	5	5	4	4	4	3	3	3	2	2	2	1	1
運 女	九	九	九	十	寒	一	一	一	一	二	二	二	三	三	三	四	四	四	五	五	五	六	六	六	七	七	七	八	八	八	九

2월 (乙丑) 丙寅 (입춘) 立春 3日 18:52 雨水 18日

陽曆	1	2	3	4	5	6	7	8	9	10	11	12	13	14	15	16	17	18	19	20	21	22	23	24	25	26	27	28			
요일	月	1	水	木	金	土	日	月	火	水	木	金	土	日	月	火	水	木	金	土	日	月	火	水	木	金	土	日			
陰曆	29	1	2	3	4	5	6	7	8	9	10	11	12	13	14	15	16	17	18	19	20	21	22	23	24	25	26	27			
日辰	丁	戊	己	庚	辛	壬	癸	甲	乙	丙	丁	戊	己	庚	辛	壬	癸	甲	乙	丙	丁	戊	己	庚	辛	壬	癸	甲			
	未	申	酉	戌	亥	子	丑	寅	卯	辰	巳	午	未	申	酉	戌	亥	子	丑	寅	卯	辰	巳	午	未	申	酉	戌			
大 男	1	1	立	1	1	1	1	2	2	2	3	3	3	4	4	4	5	5	5	6	6	6	7	7	7	8	8	8			
運 女	九	九	春	十	九	九	九	八	八	八	七	七	七	六	六	六	五	五	五	四	四	四	三	三	三	二	二	二			

3월 (丙寅) 丁卯 (경칩) 驚蟄 5日 12:41 春分 20日

陽曆	1	2	3	4	5	6	7	8	9	10	11	12	13	14	15	16	17	18	19	20	21	22	23	24	25	26	27	28	29	30	31
요일	月	火	水	2	金	土	日	月	火	水	木	金	土	日	月	火	水	木	金	土	日	月	火	水	木	金	土	日	月	火	水
陰曆	28	29	30	1	2	3	4	5	6	7	8	9	10	11	12	13	14	15	16	17	18	19	20	21	22	23	24	25	26	27	28
日辰	乙	丙	丁	戊	己	庚	辛	壬	癸	甲	乙	丙	丁	戊	己	庚	辛	壬	癸	甲	乙	丙	丁	戊	己	庚	辛	壬	癸	甲	乙
	亥	子	丑	寅	卯	辰	巳	午	未	申	酉	戌	亥	子	丑	寅	卯	辰	巳	午	未	申	酉	戌	亥	子	丑	寅	卯	辰	巳
大 男	9	9	9	10	驚	1	1	1	1	2	2	2	3	3	3	4	4	4	5	5	5	6	6	6	7	7	7	8	8	8	9
運 女	一	一	一	一	蟄	十	九	九	九	八	八	八	七	七	七	六	六	六	五	五	五	四	四	四	三	三	三	二	二	二	一

4월 (丁卯) 戊辰 (청명) 清明 4日 17:13 穀雨 20日

陽曆	1	2	3	4	5	6	7	8	9	10	11	12	13	14	15	16	17	18	19	20	21	22	23	24	25	26	27	28	29	30	
요일	木	3	土	日	月	火	水	木	金	土	日	月	火	水	木	金	土	日	月	火	水	木	金	土	日	月	火	水	木	金	
陰曆	29	1	2	3	4	5	6	7	8	9	10	11	12	13	14	15	16	17	18	19	20	21	22	23	24	25	26	27	28	29	
日辰	丙	丁	戊	己	庚	辛	壬	癸	甲	乙	丙	丁	戊	己	庚	辛	壬	癸	甲	乙	丙	丁	戊	己	庚	辛	壬	癸	甲	乙	
	午	未	申	酉	戌	亥	子	丑	寅	卯	辰	巳	午	未	申	酉	戌	亥	子	丑	寅	卯	辰	巳	午	未	申	酉	戌	亥	
大 男	9	9	10	清	1	1	1	1	2	2	2	3	3	3	4	4	4	5	5	5	6	6	6	7	7	7	8	8	8	9	
運 女	一	一	一	明	十	十	九	九	九	八	八	八	七	七	七	六	六	六	五	五	五	四	四	四	三	三	三	二	二	二	

5월 (戊辰) 己巳 (입하) 立夏 5日 10:11 小滿 20日

陽曆	1	2	3	4	5	6	7	8	9	10	11	12	13	14	15	16	17	18	19	20	21	22	23	24	25	26	27	28	29	30	31
요일	土	4	月	火	水	木	金	土	日	月	火	水	木	金	土	日	月	火	水	木	金	土	日	月	火	水	木	金	土	日	5
陰曆	30	1	2	3	4	5	6	7	8	9	10	11	12	13	14	15	16	17	18	19	20	21	22	23	24	25	26	27	28	29	1
日辰	丙	丁	戊	己	庚	辛	壬	癸	甲	乙	丙	丁	戊	己	庚	辛	壬	癸	甲	乙	丙	丁	戊	己	庚	辛	壬	癸	甲	乙	丙
	子	丑	寅	卯	辰	巳	午	未	申	酉	戌	亥	子	丑	寅	卯	辰	巳	午	未	申	酉	戌	亥	子	丑	寅	卯	辰	巳	午
大 男	9	9	10	10	立	1	1	1	1	2	2	2	3	3	3	4	4	4	5	5	5	6	6	6	7	7	7	8	8	8	9
運 女	一	一	一	一	夏	十	十	九	九	九	八	八	八	七	七	七	六	六	六	五	五	五	四	四	四	三	三	三	二	二	二

6월 (己巳) 庚午 (망종) 芒種 5日 14:02 夏至 21日

陽曆	1	2	3	4	5	6	7	8	9	10	11	12	13	14	15	16	17	18	19	20	21	22	23	24	25	26	27	28	29	30	
요일	火	水	木	金	土	日	月	火	水	木	金	土	日	月	火	水	木	金	土	日	月	火	水	木	金	土	日	月	火	6	
陰曆	2	3	4	5	6	7	8	9	10	11	12	13	14	15	16	17	18	19	20	21	22	23	24	25	26	27	28	29	30	1	
日辰	丁	戊	己	庚	辛	壬	癸	甲	乙	丙	丁	戊	己	庚	辛	壬	癸	甲	乙	丙	丁	戊	己	庚	辛	壬	癸	甲	乙	丙	
	未	申	酉	戌	亥	子	丑	寅	卯	辰	巳	午	未	申	酉	戌	亥	子	丑	寅	卯	辰	巳	午	未	申	酉	戌	亥	子	
大 男	9	9	10	10	芒	1	1	1	1	2	2	2	3	3	3	4	4	4	5	5	5	6	6	6	7	7	7	8	8	8	
運 女	一	一	一	一	種	十	十	十	九	九	九	八	八	八	七	七	七	六	六	六	五	五	五	四	四	四	三	三	三	二	

7월 (庚午) 辛未 (소서) 小暑 7日 00:07 大暑 22日

陽曆	1	2	3	4	5	6	7	8	9	10	11	12	13	14	15	16	17	18	19	20	21	22	23	24	25	26	27	28	29	30	31
요일	木	金	土	日	月	火	水	木	金	土	日	月	火	水	木	金	土	日	月	火	水	木	金	土	日	月	火	水	木	7	土
陰曆	2	3	4	5	6	7	8	9	10	11	12	13	14	15	16	17	18	19	20	21	22	23	24	25	26	27	28	29	30	1	2
日辰	丁	戊	己	庚	辛	壬	癸	甲	乙	丙	丁	戊	己	庚	辛	壬	癸	甲	乙	丙	丁	戊	己	庚	辛	壬	癸	甲	乙	丙	丁
	丑	寅	卯	辰	巳	午	未	申	酉	戌	亥	子	丑	寅	卯	辰	巳	午	未	申	酉	戌	亥	子	丑	寅	卯	辰	巳	午	未
大 男	9	9	9	10	10	10	小	1	1	1	1	2	2	2	3	3	3	4	4	4	5	5	5	6	6	6	7	7	7	8	8
運 女	二	二	一	一	一	一	暑	十	十	九	九	九	八	八	八	七	七	七	六	六	六	五	五	五	四	四	四	三	三	三	二

8월 (辛未) 壬申 (입추) 立秋 7日 09:56 處暑 23日

陽曆	1	2	3	4	5	6	7	8	9	10	11	12	13	14	15	16	17	18	19	20	21	22	23	24	25	26	27	28	29	30	31
요일	日	月	火	水	木	金	土	日	月	火	水	木	金	土	日	月	火	水	木	金	土	日	月	火	水	木	金	8	日	月	火
陰曆	3	4	5	6	7	8	9	10	11	12	13	14	15	16	17	18	19	20	21	22	23	24	25	26	27	28	29	1	2	3	4
日辰	戊	己	庚	辛	壬	癸	甲	乙	丙	丁	戊	己	庚	辛	壬	癸	甲	乙	丙	丁	戊	己	庚	辛	壬	癸	甲	乙	丙	丁	戊
	申	酉	戌	亥	子	丑	寅	卯	辰	巳	午	未	申	酉	戌	亥	子	丑	寅	卯	辰	巳	午	未	申	酉	戌	亥	子	丑	寅
大 男	8	9	9	9	10	10	立	1	1	1	1	2	2	2	3	3	3	4	4	4	5	5	5	6	6	6	7	7	7	8	8
運 女	二	二	一	一	一	一	秋	十	十	九	九	九	八	八	八	七	七	七	六	六	六	五	五	五	四	四	四	三	三	三	二

9월 (壬申) 癸酉 (백로) 白露 7日 13:04 秋分 22日

陽曆	1	2	3	4	5	6	7	8	9	10	11	12	13	14	15	16	17	18	19	20	21	22	23	24	25	26	27	28	29	30	
요일	水	木	金	土	日	月	火	水	木	金	土	日	月	火	水	木	金	土	日	月	火	水	木	金	土	日	9	火	水	木	
陰曆	5	6	7	8	9	10	11	12	13	14	15	16	17	18	19	20	21	22	23	24	25	26	27	28	29	30	1	2	3	4	
日辰	己	庚	辛	壬	癸	甲	乙	丙	丁	戊	己	庚	辛	壬	癸	甲	乙	丙	丁	戊	己	庚	辛	壬	癸	甲	乙	丙	丁	戊	
	卯	辰	巳	午	未	申	酉	戌	亥	子	丑	寅	卯	辰	巳	午	未	申	酉	戌	亥	子	丑	寅	卯	辰	巳	午	未	申	
大 男	8	9	9	9	10	10	白	1	1	1	1	2	2	2	3	3	3	4	4	4	5	5	5	6	6	6	7	7	7	8	
運 女	二	二	一	一	一	一	露	十	十	九	九	九	八	八	八	七	七	七	六	六	六	五	五	五	四	四	四	三	三	三	

10월 (癸酉) 甲戌 (한로) 寒露 8日 05:03 霜降 23日

陽曆	1	2	3	4	5	6	7	8	9	10	11	12	13	14	15	16	17	18	19	20	21	22	23	24	25	26	27	28	29	30	31
요일	金	土	日	月	火	水	木	金	土	日	月	火	水	木	金	土	日	月	火	水	木	金	土	日	月	火	10	木	金	土	日
陰曆	5	6	7	8	9	10	11	12	13	14	15	16	17	18	19	20	21	22	23	24	25	26	27	28	29	30	1	2	3	4	5
日辰	己	庚	辛	壬	癸	甲	乙	丙	丁	戊	己	庚	辛	壬	癸	甲	乙	丙	丁	戊	己	庚	辛	壬	癸	甲	乙	丙	丁	戊	己
	酉	戌	亥	子	丑	寅	卯	辰	巳	午	未	申	酉	戌	亥	子	丑	寅	卯	辰	巳	午	未	申	酉	戌	亥	子	丑	寅	卯
大 男	8	8	9	9	9	10	10	寒	1	1	1	1	2	2	2	3	3	3	4	4	4	5	5	5	6	6	6	7	7	7	8
運 女	二	二	二	一	一	一	一	露	十	九	九	九	八	八	八	七	七	七	六	六	六	五	五	五	四	四	四	三	三	三	二

11월 (甲戌) 乙亥 (입동) 立冬 7日 08:37 小雪 22日

陽曆	1	2	3	4	5	6	7	8	9	10	11	12	13	14	15	16	17	18	19	20	21	22	23	24	25	26	27	28	29	30	
요일	月	火	水	木	金	土	日	月	火	水	木	金	土	日	月	火	水	木	金	土	日	月	火	水	11	金	土	日	月	火	
陰曆	6	7	8	9	10	11	12	13	14	15	16	17	18	19	20	21	22	23	24	25	26	27	28	29	1	2	3	4	5	6	
日辰	庚	辛	壬	癸	甲	乙	丙	丁	戊	己	庚	辛	壬	癸	甲	乙	丙	丁	戊	己	庚	辛	壬	癸	甲	乙	丙	丁	戊	己	
	辰	巳	午	未	申	酉	戌	亥	子	丑	寅	卯	辰	巳	午	未	申	酉	戌	亥	子	丑	寅	卯	辰	巳	午	未	申	酉	
大 男	8	8	9	9	9	10	立	1	1	1	1	2	2	2	3	3	3	4	4	4	5	5	5	6	6	6	7	7	7	8	
運 女	二	二	一	一	一	一	冬	十	九	九	九	八	八	八	七	七	七	六	六	六	五	五	五	四	四	四	三	三	三	二	

12월 (乙亥) 丙子 (대설) 大雪 7日 01:45 冬至 21日

陽曆	1	2	3	4	5	6	7	8	9	10	11	12	13	14	15	16	17	18	19	20	21	22	23	24	25	26	27	28	29	30	31
요일	水	木	金	土	日	月	火	水	木	金	土	日	月	火	水	木	金	土	日	月	火	水	木	金	12	日	月	火	水	木	金
陰曆	7	8	9	10	11	12	13	14	15	16	17	18	19	20	21	22	23	24	25	26	27	28	29	30	1	2	3	4	5	6	7
日辰	庚	辛	壬	癸	甲	乙	丙	丁	戊	己	庚	辛	壬	癸	甲	乙	丙	丁	戊	己	庚	辛	壬	癸	甲	乙	丙	丁	戊	己	庚
	戌	亥	子	丑	寅	卯	辰	巳	午	未	申	酉	戌	亥	子	丑	寅	卯	辰	巳	午	未	申	酉	戌	亥	子	丑	寅	卯	辰
大 男	8	8	9	9	9	10	大	1	1	1	1	2	2	2	3	3	3	4	4	4	5	5	5	6	6	6	7	7	7	8	8
運 女	二	二	一	一	一	一	雪	九	九	九	八	八	八	七	七	七	六	六	六	五	五	五	四	四	四	三	三	三	二	二	二

1월 (丙子) 丁丑(소한) 小寒 5日 13:06 大寒 20日

陽曆	1	2	3	4	5	6	7	8	9	10	11	12	13	14	15	16	17	18	19	20	21	22	23	24	25	26	27	28	29	30	31
요일	土	日	月	火	水	木	金	土	日	月	火	水	木	金	土	日	月	火	水	木	金	土	1	月	火	水	木	金	土	日	月
陰曆	8	9	10	11	12	13	14	15	16	17	18	19	20	21	22	23	24	25	26	27	28	29	1	2	3	4	5	6	7	8	9
日辰	辛	壬	癸	甲	乙	丙	丁	戊	己	庚	辛	壬	癸	甲	乙	丙	丁	戊	己	庚	辛	壬	癸	甲	乙	丙	丁	戊	己	庚	辛
	巳	午	未	申	酉	戌	亥	子	丑	寅	卯	辰	巳	午	未	申	酉	戌	亥	子	丑	寅	卯	辰	巳	午	未	申	酉	戌	亥
大運 男	8	9	9	9	小	1	1	1	1	2	2	2	3	3	3	4	4	4	5	5	5	6	6	6	7	7	7	8	8	8	9
大運 女	一	一	一	一	寒	十	九	九	九	八	八	八	七	七	七	六	六	六	五	五	五	四	四	四	三	三	三	二	二	二	一

2월 (丁丑) 戊寅(입춘) 立春 4日 00:42 雨水 18日

陽曆	1	2	3	4	5	6	7	8	9	10	11	12	13	14	15	16	17	18	19	20	21	22	23	24	25	26	27	28
요일	火	水	木	金	土	日	月	火	水	木	金	土	日	月	火	水	木	金	土	日	月	2	水	木	金	土	日	月
陰曆	10	11	12	13	14	15	16	17	18	19	20	21	22	23	24	25	26	27	28	29	30	1	2	3	4	5	6	7
日辰	壬	癸	甲	乙	丙	丁	戊	己	庚	辛	壬	癸	甲	乙	丙	丁	戊	己	庚	辛	壬	癸	甲	乙	丙	丁	戊	己
	子	丑	寅	卯	辰	巳	午	未	申	酉	戌	亥	子	丑	寅	卯	辰	巳	午	未	申	酉	戌	亥	子	丑	寅	卯
大運 男	9	9	10	立	9	9	9	8	8	8	7	7	7	6	6	6	5	5	5	4	4	4	3	3	3	2	2	2
大運 女	一	一	一	春	一	一	一	一	二	二	二	三	三	三	四	四	四	五	五	五	六	六	六	七	七	七	八	八

3월 (戊寅) 己卯(경칩) 驚蟄 5日 18:31 春分 20日

陽曆	1	2	3	4	5	6	7	8	9	10	11	12	13	14	15	16	17	18	19	20	21	22	23	24	25	26	27	28	29	30	31
요일	火	水	木	金	土	日	月	火	水	木	金	土	日	月	火	水	木	金	土	日	月	火	3	木	金	土	日	月	火	水	木
陰曆	8	9	10	11	12	13	14	15	16	17	18	19	20	21	22	23	24	25	26	27	28	29	1	2	3	4	5	6	7	8	9
日辰	庚	辛	壬	癸	甲	乙	丙	丁	戊	己	庚	辛	壬	癸	甲	乙	丙	丁	戊	己	庚	辛	壬	癸	甲	乙	丙	丁	戊	己	庚
	辰	巳	午	未	申	酉	戌	亥	子	丑	寅	卯	辰	巳	午	未	申	酉	戌	亥	子	丑	寅	卯	辰	巳	午	未	申	酉	戌
大運 男	1	1	1	1	驚	10	9	9	9	8	8	8	7	7	7	6	6	6	5	5	5	4	4	4	3	3	3	2	2	2	1
大運 女	八	九	九	九	蟄	一	一	一	一	二	二	二	三	三	三	四	四	四	五	五	五	六	六	六	七	七	七	八	八	八	九

4월 (己卯) 庚辰(청명) 淸明 4日 23:02 穀雨 20日

陽曆	1	2	3	4	5	6	7	8	9	10	11	12	13	14	15	16	17	18	19	20	21	22	23	24	25	26	27	28	29	30
요일	金	土	日	月	火	水	木	金	土	日	月	火	水	木	金	土	日	月	火	水	윤3	金	土	日	月	火	水	木	金	土
陰曆	10	11	12	13	14	15	16	17	18	19	20	21	22	23	24	25	26	27	28	29	1	2	3	4	5	6	7	8	9	10
日辰	辛	壬	癸	甲	乙	丙	丁	戊	己	庚	辛	壬	癸	甲	乙	丙	丁	戊	己	庚	辛	壬	癸	甲	乙	丙	丁	戊	己	庚
	亥	子	丑	寅	卯	辰	巳	午	未	申	酉	戌	亥	子	丑	寅	卯	辰	巳	午	未	申	酉	戌	亥	子	丑	寅	卯	辰
大運 男	1	1	1	淸	10	10	9	9	9	8	8	8	7	7	7	6	6	6	5	5	5	4	4	4	3	3	3	2	2	2
大運 女	九	九	十	明	一	一	一	一	二	二	二	三	三	三	四	四	四	五	五	五	六	六	六	七	七	七	八	八	八	九

5월 (庚辰) 辛巳(입하) 立夏 5日 16:00 小滿 21日

陽曆	1	2	3	4	5	6	7	8	9	10	11	12	13	14	15	16	17	18	19	20	21	22	23	24	25	26	27	28	29	30	31
요일	日	月	火	水	木	金	土	日	月	火	水	木	金	土	日	月	火	水	木	金	4	日	月	火	水	木	金	土	日	月	火
陰曆	11	12	13	14	15	16	17	18	19	20	21	22	23	24	25	26	27	28	29	30	1	2	3	4	5	6	7	8	9	10	11
日辰	辛	壬	癸	甲	乙	丙	丁	戊	己	庚	辛	壬	癸	甲	乙	丙	丁	戊	己	庚	辛	壬	癸	甲	乙	丙	丁	戊	己	庚	辛
	巳	午	未	申	酉	戌	亥	子	丑	寅	卯	辰	巳	午	未	申	酉	戌	亥	子	丑	寅	卯	辰	巳	午	未	申	酉	戌	亥
大運 男	1	1	1	1	立	10	10	9	9	9	8	8	8	7	7	7	6	6	6	5	5	5	4	4	4	3	3	3	2	2	2
大運 女	九	九	十	十	夏	一	一	一	一	二	二	二	三	三	三	四	四	四	五	五	五	六	六	六	七	七	七	八	八	八	九

6월 (辛巳) 壬午(망종) 芒種 5日 19:53 夏至 21日

陽曆	1	2	3	4	5	6	7	8	9	10	11	12	13	14	15	16	17	18	19	20	21	22	23	24	25	26	27	28	29	30
요일	水	木	金	土	日	月	火	水	木	金	土	日	月	火	水	木	金	土	5	月	火	水	木	金	土	日	月	火	水	木
陰曆	12	13	14	15	16	17	18	19	20	21	22	23	24	25	26	27	28	29	1	2	3	4	5	6	7	8	9	10	11	12
日辰	壬	癸	甲	乙	丙	丁	戊	己	庚	辛	壬	癸	甲	乙	丙	丁	戊	己	庚	辛	壬	癸	甲	乙	丙	丁	戊	己	庚	辛
	子	丑	寅	卯	辰	巳	午	未	申	酉	戌	亥	子	丑	寅	卯	辰	巳	午	未	申	酉	戌	亥	子	丑	寅	卯	辰	巳
大運 男	1	1	1	1	芒	10	10	10	9	9	9	8	8	8	7	7	7	6	6	6	5	5	5	4	4	4	3	3	3	2
大運 女	九	九	十	十	種	一	一	一	一	二	二	二	三	三	三	四	四	四	五	五	五	六	六	六	七	七	七	八	八	八

7월 (壬午)　癸未 (소서) 小暑 7日 06:00　大暑 22日

陽曆	1	2	3	4	5	6	7	8	9	10	11	12	13	14	15	16	17	18	19	20	21	22	23	24	25	26	27	28	29	30	31
요일	金	土	日	月	火	水	木	金	土	日	月	火	水	木	金	土	日	月	6/	水	木	金	土	日	月	火	水	木	金	土	日
陰曆	13	14	15	16	17	18	19	20	21	22	23	24	25	26	27	28	29	30	1	2	3	4	5	6	7	8	9	10	11	12	13
日辰	壬	癸	甲	乙	丙	丁	戊	己	庚	辛	壬	癸	甲	乙	丙	丁	戊	己	庚	辛	壬	癸	甲	乙	丙	丁	戊	己	庚	辛	壬
	午	未	申	酉	戌	亥	子	丑	寅	卯	辰	巳	午	未	申	酉	戌	亥	子	丑	寅	卯	辰	巳	午	未	申	酉	戌	亥	子
大 男	2	2	1	1	1	1	小	10	10	9	9	9	8	8	8	7	7	7	6	6	6	5	5	5	4	4	4	3	3	3	2
運 女	九	九	九	十	十	十	暑	一	一	一	一	二	二	二	三	三	三	四	四	四	五	五	五	六	六	六	七	七	七	八	八

8월 (癸未)　甲申 (입추) 立秋 7日 15:51　處暑 23日

陽曆	1	2	3	4	5	6	7	8	9	10	11	12	13	14	15	16	17	18	19	20	21	22	23	24	25	26	27	28	29	30	31
요일	月	火	水	木	金	土	日	月	火	水	木	金	土	日	月	火	7/	木	金	土	日	月	火	水	木	金	土	日	月	火	水
陰曆	14	15	16	17	18	19	20	21	22	23	24	25	26	27	28	29	1	2	3	4	5	6	7	8	9	10	11	12	13	14	15
日辰	癸	甲	乙	丙	丁	戊	己	庚	辛	壬	癸	甲	乙	丙	丁	戊	己	庚	辛	壬	癸	甲	乙	丙	丁	戊	己	庚	辛	壬	癸
	丑	寅	卯	辰	巳	午	未	申	酉	戌	亥	子	丑	寅	卯	辰	巳	午	未	申	酉	戌	亥	子	丑	寅	卯	辰	巳	午	未
大 男	2	2	1	1	1	1	立	10	10	9	9	9	8	8	8	7	7	7	6	6	6	5	5	5	4	4	4	3	3	3	2
運 女	八	九	九	九	十	十	秋	一	一	一	一	二	二	二	三	三	三	四	四	四	五	五	五	六	六	六	七	七	七	八	八

9월 (甲申)　乙酉 (백로) 白露 7日 18:59　秋分 23日

陽曆	1	2	3	4	5	6	7	8	9	10	11	12	13	14	15	16	17	18	19	20	21	22	23	24	25	26	27	28	29	30	
요일	木	金	土	日	月	火	水	木	金	土	日	月	火	水	木	8/	土	日	月	火	水	木	金	土	日	月	火	水	木	金	
陰曆	16	17	18	19	20	21	22	23	24	25	26	27	28	29	30	1	2	3	4	5	6	7	8	9	10	11	12	13	14	15	
日辰	甲	乙	丙	丁	戊	己	庚	辛	壬	癸	甲	乙	丙	丁	戊	己	庚	辛	壬	癸	甲	乙	丙	丁	戊	己	庚	辛	壬	癸	
	申	酉	戌	亥	子	丑	寅	卯	辰	巳	午	未	申	酉	戌	亥	子	丑	寅	卯	辰	巳	午	未	申	酉	戌	亥	子	丑	
大 男	2	2	1	1	1	1	白	10	10	9	9	9	8	8	8	7	7	7	6	6	6	5	5	5	4	4	4	3	3	3	
運 女	八	九	九	九	十	十	露	一	一	一	一	二	二	二	三	三	三	四	四	四	五	五	五	六	六	六	七	七	七	八	

10월 (乙酉)　丙戌 (한로) 寒露 8日 10:59　霜降 23日

陽曆	1	2	3	4	5	6	7	8	9	10	11	12	13	14	15	16	17	18	19	20	21	22	23	24	25	26	27	28	29	30	31
요일	土	日	月	火	水	木	金	土	日	月	火	水	木	金	土	9/	月	火	水	木	金	土	日	月	火	水	木	金	土	日	月
陰曆	16	17	18	19	20	21	22	23	24	25	26	27	28	29	30	1	2	3	4	5	6	7	8	9	10	11	12	13	14	15	16
日辰	甲	乙	丙	丁	戊	己	庚	辛	壬	癸	甲	乙	丙	丁	戊	己	庚	辛	壬	癸	甲	乙	丙	丁	戊	己	庚	辛	壬	癸	甲
	寅	卯	辰	巳	午	未	申	酉	戌	亥	子	丑	寅	卯	辰	巳	午	未	申	酉	戌	亥	子	丑	寅	卯	辰	巳	午	未	申
大 男	2	2	2	1	1	1	1	寒	10	9	9	9	8	8	8	7	7	7	6	6	6	5	5	5	4	4	4	3	3	3	2
運 女	八	八	九	九	九	十	十	露	一	一	一	一	二	二	二	三	三	三	四	四	四	五	五	五	六	六	六	七	七	七	八

11월 (丙戌)　丁亥 (입동) 立冬 7日 14:32　小雪 22日

陽曆	1	2	3	4	5	6	7	8	9	10	11	12	13	14	15	16	17	18	19	20	21	22	23	24	25	26	27	28	29	30	
요일	火	水	木	金	土	日	月	火	水	木	金	土	日	10/	火	水	木	金	土	日	月	火	水	木	金	土	日	月	火	水	
陰曆	17	18	19	20	21	22	23	24	25	26	27	28	29	1	2	3	4	5	6	7	8	9	10	11	12	13	14	15	16	17	
日辰	乙	丙	丁	戊	己	庚	辛	壬	癸	甲	乙	丙	丁	戊	己	庚	辛	壬	癸	甲	乙	丙	丁	戊	己	庚	辛	壬	癸	甲	
	酉	戌	亥	子	丑	寅	卯	辰	巳	午	未	申	酉	戌	亥	子	丑	寅	卯	辰	巳	午	未	申	酉	戌	亥	子	丑	寅	
大 男	2	2	1	1	1	1	立	10	9	9	9	8	8	8	7	7	7	6	6	6	5	5	5	4	4	4	3	3	3	2	
運 女	八	八	九	九	九	十	冬	一	一	一	一	二	二	二	三	三	三	四	四	四	五	五	五	六	六	六	七	七	七	八	

12월 (丁亥)　戊子 (대설) 大雪 7日 07:40　冬至 22日

陽曆	1	2	3	4	5	6	7	8	9	10	11	12	13	14	15	16	17	18	19	20	21	22	23	24	25	26	27	28	29	30	31
요일	木	金	土	日	月	火	水	木	金	土	日	月	火	11/	木	金	土	日	月	火	水	木	金	土	日	月	火	水	木	金	土
陰曆	18	19	20	21	22	23	24	25	26	27	28	29	30	1	2	3	4	5	6	7	8	9	10	11	12	13	14	15	16	17	18
日辰	乙	丙	丁	戊	己	庚	辛	壬	癸	甲	乙	丙	丁	戊	己	庚	辛	壬	癸	甲	乙	丙	丁	戊	己	庚	辛	壬	癸	甲	乙
	卯	辰	巳	午	未	申	酉	戌	亥	子	丑	寅	卯	辰	巳	午	未	申	酉	戌	亥	子	丑	寅	卯	辰	巳	午	未	申	酉
大 男	2	2	1	1	1	1	大	9	9	9	8	8	8	7	7	7	6	6	6	5	5	5	4	4	4	3	3	3	2	2	2
運 女	八	八	九	九	九	十	雪	一	一	一	一	二	二	二	三	三	三	四	四	四	五	五	五	六	六	六	七	七	七	八	八

1월 (戊子) 己丑 (소한) 小寒 5日 19:01 大寒 20日

陽歷	1	2	3	4	5	6	7	8	9	10	11	12	13	14	15	16	17	18	19	20	21	22	23	24	25	26	27	28	29	30	31
요일	日	月	火	水	木	金	土	日	月	火	水	木	12	土	日	月	火	水	木	金	土	日	月	火	水	木	金	土	日	月	火
陰歷	19	20	21	22	23	24	25	26	27	28	29	30	1	2	3	4	5	6	7	8	9	10	11	12	13	14	15	16	17	18	19
日辰	丙	丁	戊	己	庚	辛	壬	癸	甲	乙	丙	丁	戊	己	庚	辛	壬	癸	甲	乙	丙	丁	戊	己	庚	辛	壬	癸	甲	乙	丙
	戌	亥	子	丑	寅	卯	辰	巳	午	未	申	酉	戌	亥	子	丑	寅	卯	辰	巳	午	未	申	酉	戌	亥	子	丑	寅	卯	辰
大 男	1	1	1	1	小	10	9	9	9	8	8	8	7	7	7	6	6	6	5	5	5	4	4	4	3	3	3	2	2	2	1
運 女	八	九	九	九	寒	一	一	一	一	二	二	二	三	三	三	四	四	四	五	五	五	六	六	六	七	七	七	八	八	八	九

2월 (己丑) 庚寅 (입춘) 立春 4日 06:34 雨水 19日

陽歷	1	2	3	4	5	6	7	8	9	10	11	12	13	14	15	16	17	18	19	20	21	22	23	24	25	26	27	28			
요일	水	木	金	土	日	月	火	水	木	金	1	日	月	火	水	木	金	土	日	月	火	水	木	金	土	日	月	火			
陰歷	20	21	22	23	24	25	26	27	28	29	1	2	3	4	5	6	7	8	9	10	11	12	13	14	15	16	17	18			
日辰	丁	戊	己	庚	辛	壬	癸	甲	乙	丙	丁	戊	己	庚	辛	壬	癸	甲	乙	丙	丁	戊	己	庚	辛	壬	癸	甲			
	巳	午	未	申	酉	戌	亥	子	丑	寅	卯	辰	巳	午	未	申	酉	戌	亥	子	丑	寅	卯	辰	巳	午	未	申			
大 男	1	1	1	立	1	1	1	1	2	2	2	3	3	3	4	4	4	5	5	5	6	6	6	7	7	7	8	8			
運 女	九	九	十	春	十	九	九	九	八	八	八	七	七	七	六	六	六	五	五	五	四	四	四	三	三	三	二	二			

3월 (庚寅) 辛卯 (경칩) 驚蟄 6日 00:20 春分 21日

陽歷	1	2	3	4	5	6	7	8	9	10	11	12	13	14	15	16	17	18	19	20	21	22	23	24	25	26	27	28	29	30	31
요일	水	木	金	土	日	月	火	水	木	金	土	日	2	火	水	木	金	土	日	月	火	水	木	金	土	日	月	火	水	木	金
陰歷	19	20	21	22	23	24	25	26	27	28	29	30	1	2	3	4	5	6	7	8	9	10	11	12	13	14	15	16	17	18	19
日辰	乙	丙	丁	戊	己	庚	辛	壬	癸	甲	乙	丙	丁	戊	己	庚	辛	壬	癸	甲	乙	丙	丁	戊	己	庚	辛	壬	癸	甲	乙
	酉	戌	亥	子	丑	寅	卯	辰	巳	午	未	申	酉	戌	亥	子	丑	寅	卯	辰	巳	午	未	申	酉	戌	亥	子	丑	寅	卯
大 男	8	9	9	9	10	驚	1	1	1	1	2	2	2	3	3	3	4	4	4	5	5	5	6	6	6	7	7	7	8	8	8
運 女	二	一	一	一	一	蟄	十	九	九	九	八	八	八	七	七	七	六	六	六	五	五	五	四	四	四	三	三	三	二	二	二

4월 (辛卯) 壬辰 (청명) 清明 5日 04:48 穀雨 20日

陽歷	1	2	3	4	5	6	7	8	9	10	11	12	13	14	15	16	17	18	19	20	21	22	23	24	25	26	27	28	29	30	
요일	土	日	月	火	水	木	金	土	日	月	3	水	木	金	土	日	月	火	水	木	金	土	日	月	火	水	木	金	土	日	
陰歷	20	21	22	23	24	25	26	27	28	29	1	2	3	4	5	6	7	8	9	10	11	12	13	14	15	16	17	18	19	20	
日辰	丙	丁	戊	己	庚	辛	壬	癸	甲	乙	丙	丁	戊	己	庚	辛	壬	癸	甲	乙	丙	丁	戊	己	庚	辛	壬	癸	甲	乙	
	辰	巳	午	未	申	酉	戌	亥	子	丑	寅	卯	辰	巳	午	未	申	酉	戌	亥	子	丑	寅	卯	辰	巳	午	未	申	酉	
大 男	9	9	9	10	清	1	1	1	1	2	2	2	3	3	3	4	4	4	5	5	5	6	6	6	7	7	7	8	8	8	
運 女	一	一	一	一	明	十	九	九	九	八	八	八	七	七	七	六	六	六	五	五	五	四	四	四	三	三	三	二	二	二	

5월 (壬辰) 癸巳 (입하) 立夏 5日 21:45 小滿 21日

陽歷	1	2	3	4	5	6	7	8	9	10	11	12	13	14	15	16	17	18	19	20	21	22	23	24	25	26	27	28	29	30	31
요일	月	火	水	木	金	土	日	月	火	4	木	金	土	日	月	火	水	木	金	土	日	月	火	水	木	金	土	日	月	火	水
陰歷	21	22	23	24	25	26	27	28	29	1	2	3	4	5	6	7	8	9	10	11	12	13	14	15	16	17	18	19	20	21	22
日辰	丙	丁	戊	己	庚	辛	壬	癸	甲	乙	丙	丁	戊	己	庚	辛	壬	癸	甲	乙	丙	丁	戊	己	庚	辛	壬	癸	甲	乙	丙
	戌	亥	子	丑	寅	卯	辰	巳	午	未	申	酉	戌	亥	子	丑	寅	卯	辰	巳	午	未	申	酉	戌	亥	子	丑	寅	卯	辰
大 男	9	9	9	10	立	1	1	1	1	2	2	2	3	3	3	4	4	4	5	5	5	6	6	6	7	7	7	8	8	8	9
運 女	一	一	一	一	夏	十	十	十	九	九	九	八	八	八	七	七	七	六	六	六	五	五	五	四	四	四	三	三	三	二	二

6월 (癸巳) 甲午 (망종) 芒種 6日 01:39 夏至 21日

陽歷	1	2	3	4	5	6	7	8	9	10	11	12	13	14	15	16	17	18	19	20	21	22	23	24	25	26	27	28	29	30	
요일	木	金	土	日	月	火	水	木	5	土	日	月	火	水	木	金	土	日	月	火	水	木	金	土	日	月	火	水	木	金	
陰歷	23	24	25	26	27	28	29	30	1	2	3	4	5	6	7	8	9	10	11	12	13	14	15	16	17	18	19	20	21	22	
日辰	丁	戊	己	庚	辛	壬	癸	甲	乙	丙	丁	戊	己	庚	辛	壬	癸	甲	乙	丙	丁	戊	己	庚	辛	壬	癸	甲	乙	丙	
	巳	午	未	申	酉	戌	亥	子	丑	寅	卯	辰	巳	午	未	申	酉	戌	亥	子	丑	寅	卯	辰	巳	午	未	申	酉	戌	
大 男	9	9	10	10	10	芒	1	1	1	1	2	2	2	3	3	3	4	4	4	5	5	5	6	6	6	7	7	7	8	8	
運 女	二	一	一	一	一	種	十	十	九	九	九	八	八	八	七	七	七	六	六	六	五	五	五	四	四	四	三	三	三	二	

路傍土星　　五日得辛　　東大將　　巳弔客　　寒食(4월 06일)　　初伏(7월 14일)
三碧木星　　二龍治水　　酉喪門　　酉三殺　　中伏(7월 24일)　　末伏(8월 13일)

7월 (甲午)　乙未 (소서) 小署 7日 11:48　大署 23日

陽歷		1	2	3	4	5	6	7	8	9	10	11	12	13	14	15	16	17	18	19	20	21	22	23	24	25	26	27	28	29	30	31
요일		土	日	月	火	水	木	金	6/	日	月	火	水	木	金	土	日	月	火	水	木	金	土	日	月	火	水	木	金	土	日	月
陰歷		23	24	25	26	27	28	29	1	2	3	4	5	6	7	8	9	10	11	12	13	14	15	16	17	18	19	20	21	22	23	24
日辰		丁	戊	己	庚	辛	壬	癸	甲	乙	丙	丁	戊	己	庚	辛	壬	癸	甲	乙	丙	丁	戊	己	庚	辛	壬	癸	甲	乙	丙	丁
		亥	子	丑	寅	卯	辰	巳	午	未	申	酉	戌	亥	子	丑	寅	卯	辰	巳	午	未	申	酉	戌	亥	子	丑	寅	卯	辰	巳
大	男	8	9	9	9	10	10	小	1	1	1	1	2	2	2	3	3	3	4	4	4	5	5	5	6	6	6	7	7	7	8	8
運	女	二	二	一	一	一	一	署	十	十	九	九	九	八	八	八	七	七	七	六	六	六	五	五	五	四	四	四	三	三	三	二

8월 (乙未)　丙申 (입추) 立秋 7日 21:40　處暑 23日

陽歷		1	2	3	4	5	6	7	8	9	10	11	12	13	14	15	16	17	18	19	20	21	22	23	24	25	26	27	28	29	30	31
요일		火	水	木	金	土	日	7/	火	水	木	金	土	日	月	火	水	木	金	土	日	月	火	水	木	金	土	日	月	火	水	木
陰歷		25	26	27	28	29	30	1	2	3	4	5	6	7	8	9	10	11	12	13	14	15	16	17	18	19	20	21	22	23	24	25
日辰		戊	己	庚	辛	壬	癸	甲	乙	丙	丁	戊	己	庚	辛	壬	癸	甲	乙	丙	丁	戊	己	庚	辛	壬	癸	甲	乙	丙	丁	戊
		午	未	申	酉	戌	亥	子	丑	寅	卯	辰	巳	午	未	申	酉	戌	亥	子	丑	寅	卯	辰	巳	午	未	申	酉	戌	亥	子
大	男	8	9	9	9	10	10	立	1	1	1	1	2	2	2	3	3	3	4	4	4	5	5	5	6	6	6	7	7	7	8	8
運	女	二	二	一	一	一	一	秋	十	十	十	九	九	九	八	八	八	七	七	七	六	六	六	五	五	五	四	四	四	三	三	三

9월 (丙申)　丁酉 (백로) 白露 8日 00:50　秋分 23日

陽歷		1	2	3	4	5	6	7	8	9	10	11	12	13	14	15	16	17	18	19	20	21	22	23	24	25	26	27	28	29	30	
요일		金	土	日	月	8/	水	木	金	土	日	月	火	水	木	金	土	日	月	火	水	木	金	土	日	月	火	水	木	金	土	
陰歷		26	27	28	29	1	2	3	4	5	6	7	8	9	10	11	12	13	14	15	16	17	18	19	20	21	22	23	24	25	26	
日辰		己	庚	辛	壬	癸	甲	乙	丙	丁	戊	己	庚	辛	壬	癸	甲	乙	丙	丁	戊	己	庚	辛	壬	癸	甲	乙	丙	丁	戊	
		丑	寅	卯	辰	巳	午	未	申	酉	戌	亥	子	丑	寅	卯	辰	巳	午	未	申	酉	戌	亥	子	丑	寅	卯	辰	巳	午	
大	男	8	9	9	9	10	10	10	白	1	1	1	1	2	2	2	3	3	3	4	4	4	5	5	5	6	6	6	7	7	7	
運	女	二	二	二	一	一	一	一	露	十	九	九	九	八	八	八	七	七	七	六	六	六	五	五	五	四	四	四	三	三	三	

10월 (丁酉)　戊戌 (한로) 寒露 8日 16:49　霜降 23日

陽歷		1	2	3	4	5	6	7	8	9	10	11	12	13	14	15	16	17	18	19	20	21	22	23	24	25	26	27	28	29	30	31
요일		日	月	火	水	9/	金	土	日	月	火	水	木	金	土	日	月	火	水	木	金	土	日	月	火	水	木	金	土	日	月	火
陰歷		27	28	29	30	1	2	3	4	5	6	7	8	9	10	11	12	13	14	15	16	17	18	19	20	21	22	23	24	25	26	27
日辰		己	庚	辛	壬	癸	甲	乙	丙	丁	戊	己	庚	辛	壬	癸	甲	乙	丙	丁	戊	己	庚	辛	壬	癸	甲	乙	丙	丁	戊	己
		未	申	酉	戌	亥	子	丑	寅	卯	辰	巳	午	未	申	酉	戌	亥	子	丑	寅	卯	辰	巳	午	未	申	酉	戌	亥	子	丑
大	男	8	8	8	9	9	9	10	寒	1	1	1	1	2	2	2	3	3	3	4	4	4	5	5	5	6	6	6	7	7	7	8
運	女	二	二	二	一	一	一	一	露	十	九	九	九	八	八	八	七	七	七	六	六	六	五	五	五	四	四	四	三	三	三	二

11월 (戊戌)　己亥 (입동) 立冬 7日 20:21　小雪 22日

陽歷		1	2	3	4	5	6	7	8	9	10	11	12	13	14	15	16	17	18	19	20	21	22	23	24	25	26	27	28	29	30	
요일		水	木	10/	土	日	月	火	水	木	金	土	日	月	火	水	木	金	土	日	月	火	水	木	金	土	日	月	火	水	木	
陰歷		28	29	1	2	3	4	5	6	7	8	9	10	11	12	13	14	15	16	17	18	19	20	21	22	23	24	25	26	27	28	
日辰		庚	辛	壬	癸	甲	乙	丙	丁	戊	己	庚	辛	壬	癸	甲	乙	丙	丁	戊	己	庚	辛	壬	癸	甲	乙	丙	丁	戊	己	
		寅	卯	辰	巳	午	未	申	酉	戌	亥	子	丑	寅	卯	辰	巳	午	未	申	酉	戌	亥	子	丑	寅	卯	辰	巳	午	未	
大	男	8	8	9	9	9	10	立	1	1	1	1	2	2	2	3	3	3	4	4	4	5	5	5	6	6	6	7	7	7	8	
運	女	二	二	一	一	一	一	冬	十	九	九	九	八	八	八	七	七	七	六	六	六	五	五	五	四	四	四	三	三	三	二	

12월 (己亥)　庚子 (대설) 大雪 7日 13:27　冬至 22日

陽歷		1	2	3	4	5	6	7	8	9	10	11	12	13	14	15	16	17	18	19	20	21	22	23	24	25	26	27	28	29	30	31
요일		金	土	11/	月	火	水	木	金	土	日	月	火	水	木	金	土	日	月	火	水	木	金	土	日	月	火	水	木	金	土	日
陰歷		29	30	1	2	3	4	5	6	7	8	9	10	11	12	13	14	15	16	17	18	19	20	21	22	23	24	25	26	27	28	29
日辰		庚	辛	壬	癸	甲	乙	丙	丁	戊	己	庚	辛	壬	癸	甲	乙	丙	丁	戊	己	庚	辛	壬	癸	甲	乙	丙	丁	戊	己	庚
		申	酉	戌	亥	子	丑	寅	卯	辰	巳	午	未	申	酉	戌	亥	子	丑	寅	卯	辰	巳	午	未	申	酉	戌	亥	子	丑	寅
大	男	8	8	9	9	9	10	大	1	1	1	1	2	2	2	3	3	3	4	4	4	5	5	5	6	6	6	7	7	7	8	8
運	女	二	二	一	一	一	一	雪	十	九	九	九	八	八	八	七	七	七	六	六	六	五	五	五	四	四	四	三	三	三	二	二

1월 (庚子)

辛丑 (소한) 小寒 6日 00:47 大寒 20日

陽歷	1	2	3	4	5	6	7	8	9	10	11	12	13	14	15	16	17	18	19	20	21	22	23	24	25	26	27	28	29	30	31
요일	月	12	水	木	金	土	日	月	火	水	木	金	土	日	月	火	水	木	金	土	日	月	火	水	木	金	土	日	月	火	水
陰歷	30	1	2	3	4	5	6	7	8	9	10	11	12	13	14	15	16	17	18	19	20	21	22	23	24	25	26	27	28	29	30
日辰	辛	壬	癸	甲	乙	丙	丁	戊	己	庚	辛	壬	癸	甲	乙	丙	丁	戊	己	庚	辛	壬	癸	甲	乙	丙	丁	戊	己	庚	辛
	卯	辰	巳	午	未	申	酉	戌	亥	子	丑	寅	卯	辰	巳	午	未	申	酉	戌	亥	子	丑	寅	卯	辰	巳	午	未	申	酉
大 男	8	9	9	9	10	小	1	1	1	1	2	2	2	3	3	3	4	4	4	5	5	5	6	6	6	7	7	7	8	8	8
運 女	二	一	一	一	一	寒	九	九	九	八	八	八	七	七	七	六	六	六	五	五	五	四	四	四	三	三	三	二	二	二	一

2월 (辛丑)

壬寅 (입춘) 立春 4日 12:21 雨水 19日

陽歷	1	2	3	4	5	6	7	8	9	10	11	12	13	14	15	16	17	18	19	20	21	22	23	24	25	26	27	28	29
요일	1	金	土	日	月	火	水	木	金	土	日	月	火	水	木	金	土	日	月	火	水	木	金	土	日	月	火	水	木
陰歷	1	2	3	4	5	6	7	8	9	10	11	12	13	14	15	16	17	18	19	20	21	22	23	24	25	26	27	28	29
日辰	壬	癸	甲	乙	丙	丁	戊	己	庚	辛	壬	癸	甲	乙	丙	丁	戊	己	庚	辛	壬	癸	甲	乙	丙	丁	戊	己	庚
	戌	亥	子	丑	寅	卯	辰	巳	午	未	申	酉	戌	亥	子	丑	寅	卯	辰	巳	午	未	申	酉	戌	亥	子	丑	寅
大 男	9	9	9	立	10	9	9	9	8	8	8	7	7	7	6	6	6	5	5	5	4	4	4	3	3	3	2	2	2
運 女	一	一	一	春	一	一	一	一	二	二	二	三	三	三	四	四	四	五	五	五	六	六	六	七	七	七	八	八	八

3월 (壬寅)

癸卯 (경칩) 驚蟄 5日 06:08 春分 20日

陽歷	1	2	3	4	5	6	7	8	9	10	11	12	13	14	15	16	17	18	19	20	21	22	23	24	25	26	27	28	29	30	31
요일	2	土	日	月	火	水	木	金	土	日	月	火	水	木	金	土	日	月	火	水	木	金	土	日	月	火	水	木	金	土	3
陰歷	1	2	3	4	5	6	7	8	9	10	11	12	13	14	15	16	17	18	19	20	21	22	23	24	25	26	27	28	29	30	1
日辰	辛	壬	癸	甲	乙	丙	丁	戊	己	庚	辛	壬	癸	甲	乙	丙	丁	戊	己	庚	辛	壬	癸	甲	乙	丙	丁	戊	己	庚	辛
	卯	辰	巳	午	未	申	酉	戌	亥	子	丑	寅	卯	辰	巳	午	未	申	酉	戌	亥	子	丑	寅	卯	辰	巳	午	未	申	酉
大 男	1	1	1	1	驚	10	9	9	9	8	8	8	7	7	7	6	6	6	5	5	5	4	4	4	3	3	3	2	2	2	1
運 女	九	九	九	十	蟄	一	一	一	一	二	二	二	三	三	三	四	四	四	五	五	五	六	六	六	七	七	七	八	八	八	九

4월 (癸卯)

甲辰 (청명) 淸明 4日 10:36 穀雨 19日

陽歷	1	2	3	4	5	6	7	8	9	10	11	12	13	14	15	16	17	18	19	20	21	22	23	24	25	26	27	28	29	30
요일	月	火	水	木	金	土	日	月	火	水	木	金	土	日	月	火	水	木	金	土	日	月	火	水	木	金	土	日	4	火
陰歷	2	3	4	5	6	7	8	9	10	11	12	13	14	15	16	17	18	19	20	21	22	23	24	25	26	27	28	29	1	2
日辰	壬	癸	甲	乙	丙	丁	戊	己	庚	辛	壬	癸	甲	乙	丙	丁	戊	己	庚	辛	壬	癸	甲	乙	丙	丁	戊	己	庚	辛
	戌	亥	子	丑	寅	卯	辰	巳	午	未	申	酉	戌	亥	子	丑	寅	卯	辰	巳	午	未	申	酉	戌	亥	子	丑	寅	卯
大 男	1	1	1	淸	10	10	9	9	9	8	8	8	7	7	7	6	6	6	5	5	5	4	4	4	3	3	3	2	2	2
運 女	九	九	十	明	一	一	一	一	二	二	二	三	三	三	四	四	四	五	五	五	六	六	六	七	七	七	八	八	八	九

5월 (甲辰)

乙巳 (입하) 立夏 5日 03:33 小滿 20日

陽歷	1	2	3	4	5	6	7	8	9	10	11	12	13	14	15	16	17	18	19	20	21	22	23	24	25	26	27	28	29	30	31
요일	水	木	金	土	日	月	火	水	木	金	土	日	月	火	水	木	金	土	日	月	火	水	木	金	土	日	月	5	水	木	金
陰歷	3	4	5	6	7	8	9	10	11	12	13	14	15	16	17	18	19	20	21	22	23	24	25	26	27	28	29	1	2	3	4
日辰	壬	癸	甲	乙	丙	丁	戊	己	庚	辛	壬	癸	甲	乙	丙	丁	戊	己	庚	辛	壬	癸	甲	乙	丙	丁	戊	己	庚	辛	壬
	辰	巳	午	未	申	酉	戌	亥	子	丑	寅	卯	辰	巳	午	未	申	酉	戌	亥	子	丑	寅	卯	辰	巳	午	未	申	酉	戌
大 男	1	1	1	1	立	10	10	9	9	9	8	8	8	7	7	7	6	6	6	5	5	5	4	4	4	3	3	3	2	2	2
運 女	九	九	十	十	夏	一	一	一	一	二	二	二	三	三	三	四	四	四	五	五	五	六	六	六	七	七	七	八	八	八	九

6월 (乙巳)

丙午 (망종) 芒種 5日 07:28 夏至 21日

陽歷	1	2	3	4	5	6	7	8	9	10	11	12	13	14	15	16	17	18	19	20	21	22	23	24	25	26	27	28	29	30
요일	土	日	月	火	水	木	金	土	日	月	火	水	木	金	土	日	月	火	水	木	金	土	日	月	火	水	6	金	土	日
陰歷	5	6	7	8	9	10	11	12	13	14	15	16	17	18	19	20	21	22	23	24	25	26	27	28	29	30	1	2	3	4
日辰	癸	甲	乙	丙	丁	戊	己	庚	辛	壬	癸	甲	乙	丙	丁	戊	己	庚	辛	壬	癸	甲	乙	丙	丁	戊	己	庚	辛	壬
	亥	子	丑	寅	卯	辰	巳	午	未	申	酉	戌	亥	子	丑	寅	卯	辰	巳	午	未	申	酉	戌	亥	子	丑	寅	卯	辰
大 男	1	1	1	1	芒	10	10	9	9	9	8	8	8	7	7	7	6	6	6	5	5	5	4	4	4	3	3	3	2	2
運 女	九	九	十	十	種	一	一	一	一	二	二	二	三	三	三	四	四	四	五	五	五	六	六	六	七	七	七	八	八	八

劍鋒金星	十日得辛	南大將	午弔客	寒食(4월 05일)	初伏(7월 18일)
二黑土星	七龍治水	戌喪門	南三殺	中伏(7월 28일)	末伏(8월 07일)

7월 (丙午)　丁未 (소서) 小暑 6日 17:38　大暑 22日

陽歷		1	2	3	4	5	6	7	8	9	10	11	12	13	14	15	16	17	18	19	20	21	22	23	24	25	26	27	28	29	30	31
요일		月	火	水	木	金	土	日	月	火	水	木	金	土	日	月	火	水	木	金	土	日	月	火	水	木	7	土	日	月	火	水
陰歷		5	6	7	8	9	10	11	12	13	14	15	16	17	18	19	20	21	22	23	24	25	26	27	28	29	1	2	3	4	5	6
日辰		癸	甲	乙	丙	丁	戊	己	庚	辛	壬	癸	甲	乙	丙	丁	戊	己	庚	辛	壬	癸	甲	乙	丙	丁	戊	己	庚	辛	壬	癸
		巳	午	未	申	酉	戌	亥	子	丑	寅	卯	辰	巳	午	未	申	酉	戌	亥	子	丑	寅	卯	辰	巳	午	未	申	酉	戌	亥
大	男	2	1	1	1	1	小	10	10	10	9	9	9	8	8	8	7	7	7	6	6	6	5	5	5	4	4	4	3	3	3	2
運	女	九	九	九	十	十	暑	一	一	一	一	二	二	二	三	三	三	四	四	四	五	五	五	六	六	六	七	七	七	八	八	八

8월 (丁未)　戊申 (입추) 立秋 7日 03:32　處暑 22日

陽歷		1	2	3	4	5	6	7	8	9	10	11	12	13	14	15	16	17	18	19	20	21	22	23	24	25	26	27	28	29	30	31
요일		木	金	土	日	月	火	水	木	金	土	日	月	火	水	木	金	土	日	月	火	水	木	金	8	日	月	火	水	木	金	土
陰歷		7	8	9	10	11	12	13	14	15	16	17	18	19	20	21	22	23	24	25	26	27	28	29	1	2	3	4	5	6	7	8
日辰		甲	乙	丙	丁	戊	己	庚	辛	壬	癸	甲	乙	丙	丁	戊	己	庚	辛	壬	癸	甲	乙	丙	丁	戊	己	庚	辛	壬	癸	甲
		子	丑	寅	卯	辰	巳	午	未	申	酉	戌	亥	子	丑	寅	卯	辰	巳	午	未	申	酉	戌	亥	子	丑	寅	卯	辰	巳	午
大	男	2	2	1	1	1	1	立	10	10	9	9	9	8	8	8	7	7	7	6	6	6	5	5	5	4	4	4	3	3	3	2
運	女	九	九	九	十	十	十	秋	一	一	一	一	二	二	二	三	三	三	四	四	四	五	五	五	六	六	六	七	七	七	八	八

9월 (戊申)　己酉 (백로) 白露 7日 06:41　秋分 22日

陽歷		1	2	3	4	5	6	7	8	9	10	11	12	13	14	15	16	17	18	19	20	21	22	23	24	25	26	27	28	29	30	
요일		日	月	火	水	木	金	土	日	月	火	水	木	金	土	日	月	火	水	木	金	土	日	윤8	火	水	木	金	土	日	月	
陰歷		9	10	11	12	13	14	15	16	17	18	19	20	21	22	23	24	25	26	27	28	29	30	1	2	3	4	5	6	7	8	
日辰		乙	丙	丁	戊	己	庚	辛	壬	癸	甲	乙	丙	丁	戊	己	庚	辛	壬	癸	甲	乙	丙	丁	戊	己	庚	辛	壬	癸	甲	
		未	申	酉	戌	亥	子	丑	寅	卯	辰	巳	午	未	申	酉	戌	亥	子	丑	寅	卯	辰	巳	午	未	申	酉	戌	亥	子	
大	男	2	2	1	1	1	1	白	10	9	9	9	8	8	8	7	7	7	6	6	6	5	5	5	4	4	4	3	3	3	2	
運	女	八	九	九	九	十	十	露	一	一	一	一	二	二	二	三	三	三	四	四	四	五	五	五	六	六	六	七	七	七	八	

10월 (己酉)　庚戌 (한로) 寒露 7日 22:38　霜降 23日

陽歷		1	2	3	4	5	6	7	8	9	10	11	12	13	14	15	16	17	18	19	20	21	22	23	24	25	26	27	28	29	30	31
요일		火	水	木	金	土	日	月	火	水	木	金	土	日	月	火	水	木	金	土	日	月	火	9	木	金	土	日	月	火	水	木
陰歷		9	10	11	12	13	14	15	16	17	18	19	20	21	22	23	24	25	26	27	28	29	30	1	2	3	4	5	6	7	8	9
日辰		乙	丙	丁	戊	己	庚	辛	壬	癸	甲	乙	丙	丁	戊	己	庚	辛	壬	癸	甲	乙	丙	丁	戊	己	庚	辛	壬	癸	甲	乙
		丑	寅	卯	辰	巳	午	未	申	酉	戌	亥	子	丑	寅	卯	辰	巳	午	未	申	酉	戌	亥	子	丑	寅	卯	辰	巳	午	未
大	男	2	2	1	1	1	1	寒	10	10	9	9	9	8	8	8	7	7	7	6	6	6	5	5	5	4	4	4	3	3	3	2
運	女	八	八	九	九	九	十	露	一	一	一	一	二	二	二	三	三	三	四	四	四	五	五	五	六	六	六	七	七	七	八	八

11월 (庚戌)　辛亥 (입동) 立冬 7日 02:08　小雪 21日

陽歷		1	2	3	4	5	6	7	8	9	10	11	12	13	14	15	16	17	18	19	20	21	22	23	24	25	26	27	28	29	30	
요일		金	土	日	月	火	水	木	金	土	日	月	火	水	木	金	土	日	月	火	水	10	金	土	日	月	火	水	木	金	土	
陰歷		10	11	12	13	14	15	16	17	18	19	20	21	22	23	24	25	26	27	28	29	1	2	3	4	5	6	7	8	9	10	
日辰		丙	丁	戊	己	庚	辛	壬	癸	甲	乙	丙	丁	戊	己	庚	辛	壬	癸	甲	乙	丙	丁	戊	己	庚	辛	壬	癸	甲	乙	
		申	酉	戌	亥	子	丑	寅	卯	辰	巳	午	未	申	酉	戌	亥	子	丑	寅	卯	辰	巳	午	未	申	酉	戌	亥	子	丑	
大	男	2	2	1	1	1	1	立	9	9	9	8	8	8	7	7	7	6	6	6	5	5	5	4	4	4	3	3	3	2	2	
運	女	八	九	九	九	十	十	冬	一	一	一	一	二	二	二	三	三	三	四	四	四	五	五	五	六	六	六	七	七	七	八	

12월 (辛亥)　壬子 (대설) 大雪 6日 19:14　冬至 21日

陽歷		1	2	3	4	5	6	7	8	9	10	11	12	13	14	15	16	17	18	19	20	21	22	23	24	25	26	27	28	29	30	31
요일		日	月	火	水	木	金	土	日	月	火	水	木	金	土	日	月	火	水	木	金	11	日	月	火	水	木	金	土	日	月	火
陰歷		11	12	13	14	15	16	17	18	19	20	21	22	23	24	25	26	27	28	29	30	1	2	3	4	5	6	7	8	9	10	11
日辰		丙	丁	戊	己	庚	辛	壬	癸	甲	乙	丙	丁	戊	己	庚	辛	壬	癸	甲	乙	丙	丁	戊	己	庚	辛	壬	癸	甲	乙	丙
		寅	卯	辰	巳	午	未	申	酉	戌	亥	子	丑	寅	卯	辰	巳	午	未	申	酉	戌	亥	子	丑	寅	卯	辰	巳	午	未	申
大	男	2	1	1	1	1	大	10	9	9	9	8	8	8	7	7	7	6	6	6	5	5	5	4	4	4	3	3	3	2	2	2
運	女	八	八	九	九	九	雪	一	一	一	一	二	二	二	三	三	三	四	四	四	五	五	五	六	六	六	七	七	七	八	八	八

1월 (壬子)

癸丑 (소한) 小寒 5日 06:34 大寒 19日

陽歷	1	2	3	4	5	6	7	8	9	10	11	12	13	14	15	16	17	18	19	20	21	22	23	24	25	26	27	28	29	30	31
요일	水	木	金	土	日	月	火	水	木	金	土	日	月	火	水	木	金	土	日	12	火	水	木	金	土	日	月	火	水	木	金
陰歷	12	13	14	15	16	17	18	19	20	21	22	23	24	25	26	27	28	29	30	1	2	3	4	5	6	7	8	9	10	11	12
日辰	丁	戊	己	庚	辛	壬	癸	甲	乙	丙	丁	戊	己	庚	辛	壬	癸	甲	乙	丙	丁	戊	己	庚	辛	壬	癸	甲	乙	丙	丁
	酉	戌	亥	子	丑	寅	卯	辰	巳	午	未	申	酉	戌	亥	子	丑	寅	卯	辰	巳	午	未	申	酉	戌	亥	子	丑	寅	卯
大運 男	1	1	1	1	小	9	9	9	8	8	8	7	7	7	6	6	6	5	5	5	4	4	4	3	3	3	2	2	2	1	1
大運 女	九	九	九	十	寒	一	一	一	一	二	二	二	三	三	三	四	四	四	五	五	五	六	六	六	七	七	七	八	八	八	九

2월 (癸丑)

甲寅 (입춘) 立春 3日 18:11 雨水 18日

陽歷	1	2	3	4	5	6	7	8	9	10	11	12	13	14	15	16	17	18	19	20	21	22	23	24	25	26	27	28
요일	土	日	月	火	水	木	金	土	日	月	火	水	木	金	土	日	月	火	1	木	金	土	日	月	火	水	木	金
陰歷	13	14	15	16	17	18	19	20	21	22	23	24	25	26	27	28	29	30	1	2	3	4	5	6	7	8	9	10
日辰	戊	己	庚	辛	壬	癸	甲	乙	丙	丁	戊	己	庚	辛	壬	癸	甲	乙	丙	丁	戊	己	庚	辛	壬	癸	甲	乙
	辰	巳	午	未	申	酉	戌	亥	子	丑	寅	卯	辰	巳	午	未	申	酉	戌	亥	子	丑	寅	卯	辰	巳	午	未
大運 男	1	1	立	1	1	1	1	2	2	2	3	3	3	4	4	4	5	5	5	6	6	6	7	7	7	8	8	8
大運 女	九	九	春	十	九	九	九	八	八	八	七	七	七	六	六	六	五	五	五	四	四	四	三	三	三	二	二	二

3월 (甲寅)

乙卯 (경칩) 驚蟄 5日 12:02 春分 20日

陽歷	1	2	3	4	5	6	7	8	9	10	11	12	13	14	15	16	17	18	19	20	21	22	23	24	25	26	27	28	29	30	31
요일	土	日	月	火	水	木	金	土	日	月	火	水	木	金	土	日	月	火	水	2	金	土	日	月	火	水	木	金	土	日	月
陰歷	11	12	13	14	15	16	17	18	19	20	21	22	23	24	25	26	27	28	29	1	2	3	4	5	6	7	8	9	10	11	12
日辰	丙	丁	戊	己	庚	辛	壬	癸	甲	乙	丙	丁	戊	己	庚	辛	壬	癸	甲	乙	丙	丁	戊	己	庚	辛	壬	癸	甲	乙	丙
	申	酉	戌	亥	子	丑	寅	卯	辰	巳	午	未	申	酉	戌	亥	子	丑	寅	卯	辰	巳	午	未	申	酉	戌	亥	子	丑	寅
大運 男	9	9	9	10	驚	1	1	1	1	2	2	2	3	3	3	4	4	4	5	5	5	6	6	6	7	7	7	8	8	8	9
大運 女	一	一	一	一	蟄	十	九	九	九	八	八	八	七	七	七	六	六	六	五	五	五	四	四	四	三	三	三	二	二	二	一

4월 (乙卯)

丙辰 (청명) 清明 4日 16:33 穀雨 19日

陽歷	1	2	3	4	5	6	7	8	9	10	11	12	13	14	15	16	17	18	19	20	21	22	23	24	25	26	27	28	29	30
요일	火	水	木	金	土	日	月	火	水	木	金	土	日	月	火	水	木	金	3	日	月	火	水	木	金	土	日	月	火	水
陰歷	13	14	15	16	17	18	19	20	21	22	23	24	25	26	27	28	29	30	1	2	3	4	5	6	7	8	9	10	11	12
日辰	丁	戊	己	庚	辛	壬	癸	甲	乙	丙	丁	戊	己	庚	辛	壬	癸	甲	乙	丙	丁	戊	己	庚	辛	壬	癸	甲	乙	丙
	卯	辰	巳	午	未	申	酉	戌	亥	子	丑	寅	卯	辰	巳	午	未	申	酉	戌	亥	子	丑	寅	卯	辰	巳	午	未	申
大運 男	9	9	10	清	1	1	1	1	2	2	2	3	3	3	4	4	4	5	5	5	6	6	6	7	7	7	8	8	8	9
大運 女	一	一	一	明	十	十	九	九	九	八	八	八	七	七	七	六	六	六	五	五	五	四	四	四	三	三	三	二	二	二

5월 (丙辰)

丁巳 (입하) 立夏 5日 09:32 小滿 20日

陽歷	1	2	3	4	5	6	7	8	9	10	11	12	13	14	15	16	17	18	19	20	21	22	23	24	25	26	27	28	29	30	31
요일	木	金	土	日	月	火	水	木	金	土	日	月	火	水	木	金	土	4	月	火	水	木	金	土	日	月	火	水	木	金	土
陰歷	13	14	15	16	17	18	19	20	21	22	23	24	25	26	27	28	29	1	2	3	4	5	6	7	8	9	10	11	12	13	14
日辰	丁	戊	己	庚	辛	壬	癸	甲	乙	丙	丁	戊	己	庚	辛	壬	癸	甲	乙	丙	丁	戊	己	庚	辛	壬	癸	甲	乙	丙	丁
	酉	戌	亥	子	丑	寅	卯	辰	巳	午	未	申	酉	戌	亥	子	丑	寅	卯	辰	巳	午	未	申	酉	戌	亥	子	丑	寅	卯
大運 男	9	9	10	10	立	1	1	1	1	2	2	2	3	3	3	4	4	4	5	5	5	6	6	6	7	7	7	8	8	8	9
大運 女	一	一	一	一	夏	十	十	九	九	九	八	八	八	七	七	七	六	六	六	五	五	五	四	四	四	三	三	三	二	二	二

6월 (丁巳)

戊午 (망종) 芒種 5日 13:26 夏至 21日

陽歷	1	2	3	4	5	6	7	8	9	10	11	12	13	14	15	16	17	18	19	20	21	22	23	24	25	26	27	28	29	30
요일	日	月	火	水	木	金	土	日	月	火	水	木	金	土	日	5	火	水	木	金	土	日	月	火	水	木	金	土	日	月
陰歷	15	16	17	18	19	20	21	22	23	24	25	26	27	28	29	1	2	3	4	5	6	7	8	9	10	11	12	13	14	15
日辰	戊	己	庚	辛	壬	癸	甲	乙	丙	丁	戊	己	庚	辛	壬	癸	甲	乙	丙	丁	戊	己	庚	辛	壬	癸	甲	乙	丙	丁
	辰	巳	午	未	申	酉	戌	亥	子	丑	寅	卯	辰	巳	午	未	申	酉	戌	亥	子	丑	寅	卯	辰	巳	午	未	申	酉
大運 男	9	9	10	10	芒	1	1	1	1	2	2	2	3	3	3	4	4	4	5	5	5	6	6	6	7	7	7	8	8	8
大運 女	一	一	一	一	種	十	十	九	九	九	八	八	八	七	七	七	六	六	六	五	五	五	四	四	四	三	三	三	二	二

劍鋒金星	六日得辛	南大將	未弔客	寒食(4월 05일)	初伏(7월 13일)
一白水星	七龍治水	亥喪門	東三殺	中伏(7월 23일)	末伏(8월 12일)

7월 (戊午) 己未 (소서) 小暑 6日 23:36 大暑 22日

陽歷		1	2	3	4	5	6	7	8	9	10	11	12	13	14	15	16	17	18	19	20	21	22	23	24	25	26	27	28	29	30	31
요일		火	水	木	金	土	日	月	火	水	木	金	土	日	月	火	6/	木	金	土	日	月	火	水	木	金	土	日	月	火	水	木
陰歷		16	17	18	19	20	21	22	23	24	25	26	27	28	29	30	1	2	3	4	5	6	7	8	9	10	11	12	13	14	15	16
日辰		戊	己	庚	辛	壬	癸	甲	乙	丙	丁	戊	己	庚	辛	壬	癸	甲	乙	丙	丁	戊	己	庚	辛	壬	癸	甲	乙	丙	丁	戊
		戌	亥	子	丑	寅	卯	辰	巳	午	未	申	酉	戌	亥	子	丑	寅	卯	辰	巳	午	未	申	酉	戌	亥	子	丑	寅	卯	辰
大	男	9	9	9	10	10	小	1	1	1	1	2	2	2	3	3	3	4	4	4	5	5	5	6	6	6	7	7	7	8	8	8
運	女	二	一	一	一	一	署	十	十	十	九	九	九	八	八	八	七	七	七	六	六	六	五	五	五	四	四	四	三	三	三	二

8월 (己未) 庚申 (입추) 立秋 7日 09:28 處暑 23日

陽歷		1	2	3	4	5	6	7	8	9	10	11	12	13	14	15	16	17	18	19	20	21	22	23	24	25	26	27	28	29	30	31
요일		金	土	日	月	火	水	木	金	土	日	月	火	水	7/	金	土	日	月	火	水	木	金	土	日	月	火	水	木	金	土	日
陰歷		17	18	19	20	21	22	23	24	25	26	27	28	29	1	2	3	4	5	6	7	8	9	10	11	12	13	14	15	16	17	18
日辰		己	庚	辛	壬	癸	甲	乙	丙	丁	戊	己	庚	辛	壬	癸	甲	乙	丙	丁	戊	己	庚	辛	壬	癸	甲	乙	丙	丁	戊	己
		巳	午	未	申	酉	戌	亥	子	丑	寅	卯	辰	巳	午	未	申	酉	戌	亥	子	丑	寅	卯	辰	巳	午	未	申	酉	戌	亥
大	男	9	9	9	10	10	10	立	1	1	1	1	2	2	2	3	3	3	4	4	4	5	5	5	6	6	6	7	7	7	8	8
運	女	二	二	一	一	一	一	秋	十	十	九	九	九	八	八	八	七	七	七	六	六	六	五	五	五	四	四	四	三	三	三	二

9월 (庚申) 辛酉 (백로) 白露 7日 12:37 秋分 22日

陽歷		1	2	3	4	5	6	7	8	9	10	11	12	13	14	15	16	17	18	19	20	21	22	23	24	25	26	27	28	29	30	
요일		月	火	水	木	金	土	日	月	火	水	木	8/	土	日	月	火	水	木	金	土	日	月	火	水	木	金	土	日	月	火	
陰歷		19	20	21	22	23	24	25	26	27	28	29	1	2	3	4	5	6	7	8	9	10	11	12	13	14	15	16	17	18	19	
日辰		庚	辛	壬	癸	甲	乙	丙	丁	戊	己	庚	辛	壬	癸	甲	乙	丙	丁	戊	己	庚	辛	壬	癸	甲	乙	丙	丁	戊	己	
		子	丑	寅	卯	辰	巳	午	未	申	酉	戌	亥	子	丑	寅	卯	辰	巳	午	未	申	酉	戌	亥	子	丑	寅	卯	辰	巳	
大	男	8	9	9	9	10	10	白	1	1	1	1	2	2	2	3	3	3	4	4	4	5	5	5	6	6	6	7	7	7	8	
運	女	二	二	一	一	一	一	露	十	十	九	九	九	八	八	八	七	七	七	六	六	六	五	五	五	四	四	四	三	三	三	

10월 (辛酉) 壬戌 (한로) 寒露 8日 04:34 霜降 23日

陽歷		1	2	3	4	5	6	7	8	9	10	11	12	13	14	15	16	17	18	19	20	21	22	23	24	25	26	27	28	29	30	31
요일		水	木	金	土	日	月	火	水	木	金	土	9/	月	火	水	木	金	土	日	月	火	水	木	金	土	日	月	火	水	木	金
陰歷		20	21	22	23	24	25	26	27	28	29	30	1	2	3	4	5	6	7	8	9	10	11	12	13	14	15	16	17	18	19	20
日辰		庚	辛	壬	癸	甲	乙	丙	丁	戊	己	庚	辛	壬	癸	甲	乙	丙	丁	戊	己	庚	辛	壬	癸	甲	乙	丙	丁	戊	己	庚
		午	未	申	酉	戌	亥	子	丑	寅	卯	辰	巳	午	未	申	酉	戌	亥	子	丑	寅	卯	辰	巳	午	未	申	酉	戌	亥	子
大	男	8	8	9	9	9	10	10	寒	1	1	1	1	2	2	2	3	3	3	4	4	4	5	5	5	6	6	6	7	7	7	8
運	女	二	二	二	一	一	一	一	露	十	九	九	九	八	八	八	七	七	七	六	六	六	五	五	五	四	四	四	三	三	三	二

11월 (壬戌) 癸亥 (입동) 立冬 7日 08:05 小雪 22日

陽歷		1	2	3	4	5	6	7	8	9	10	11	12	13	14	15	16	17	18	19	20	21	22	23	24	25	26	27	28	29	30	
요일		土	日	月	火	水	木	金	土	日	10/	火	水	木	金	土	日	月	火	水	木	金	土	日	月	火	水	木	金	土	日	
陰歷		21	22	23	24	25	26	27	28	29	1	2	3	4	5	6	7	8	9	10	11	12	13	14	15	16	17	18	19	20	21	
日辰		辛	壬	癸	甲	乙	丙	丁	戊	己	庚	辛	壬	癸	甲	乙	丙	丁	戊	己	庚	辛	壬	癸	甲	乙	丙	丁	戊	己	庚	
		丑	寅	卯	辰	巳	午	未	申	酉	戌	亥	子	丑	寅	卯	辰	巳	午	未	申	酉	戌	亥	子	丑	寅	卯	辰	巳	午	
大	男	8	8	9	9	9	10	立	1	1	1	1	2	2	2	3	3	3	4	4	4	5	5	5	6	6	6	7	7	7	8	
運	女	二	二	一	一	一	一	冬	十	九	九	九	八	八	八	七	七	七	六	六	六	五	五	五	四	四	四	三	三	三	二	

12월 (癸亥) 甲子 (대설) 大雪 7日 01:10 冬至 21日

陽歷		1	2	3	4	5	6	7	8	9	10	11	12	13	14	15	16	17	18	19	20	21	22	23	24	25	26	27	28	29	30	31
요일		月	火	水	木	金	土	日	月	火	11/	木	金	土	日	月	火	水	木	金	土	日	月	火	水	木	金	土	日	月	火	水
陰歷		22	23	24	25	26	27	28	29	30	1	2	3	4	5	6	7	8	9	10	11	12	13	14	15	16	17	18	19	20	21	22
日辰		辛	壬	癸	甲	乙	丙	丁	戊	己	庚	辛	壬	癸	甲	乙	丙	丁	戊	己	庚	辛	壬	癸	甲	乙	丙	丁	戊	己	庚	辛
		未	申	酉	戌	亥	子	丑	寅	卯	辰	巳	午	未	申	酉	戌	亥	子	丑	寅	卯	辰	巳	午	未	申	酉	戌	亥	子	丑
大	男	8	8	9	9	9	10	大	1	1	1	1	2	2	2	3	3	3	4	4	4	5	5	5	6	6	6	7	7	7	8	8
運	女	二	二	一	一	一	一	雪	九	九	九	八	八	八	七	七	七	六	六	六	五	五	五	四	四	四	三	三	三	二	二	二

1월 (甲子) 乙丑 (소한) 小寒 5日 12:31 大寒 20日

陽歷	1	2	3	4	5	6	7	8	9	10	11	12	13	14	15	16	17	18	19	20	21	22	23	24	25	26	27	28	29	30	31
요일	木	金	土	日	月	火	水	木	12	土	日	月	火	水	木	金	土	日	月	火	水	木	金	土	日	月	火	水	木	金	土
陰歷	23	24	25	26	27	28	29	30	1	2	3	4	5	6	7	8	9	10	11	12	13	14	15	16	17	18	19	20	21	22	23
日辰	壬	癸	甲	乙	丙	丁	戊	己	庚	辛	壬	癸	甲	乙	丙	丁	戊	己	庚	辛	壬	癸	甲	乙	丙	丁	戊	己	庚	辛	壬
	寅	卯	辰	巳	午	未	申	酉	戌	亥	子	丑	寅	卯	辰	巳	午	未	申	酉	戌	亥	子	丑	寅	卯	辰	巳	午	未	申
大 男	8	9	9	9	小	1	1	1	1	2	2	2	3	3	3	4	4	4	5	5	5	6	6	6	7	7	7	8	8	8	9
運 女	一	一	一	一	寒	十	九	九	九	八	八	八	七	七	七	六	六	六	五	五	五	四	四	四	三	三	三	二	二	二	一

2월 (乙丑) 丙寅 (입춘) 立春 4日 00:06 雨水 18日

陽歷	1	2	3	4	5	6	7	8	9	10	11	12	13	14	15	16	17	18	19	20	21	22	23	24	25	26	27	28			
요일	日	月	火	水	木	金	土	1	月	火	水	木	金	土	日	月	火	水	木	金	土	日	月	火	水	木	金	土			
陰歷	24	25	26	27	28	29	30	1	2	3	4	5	6	7	8	9	10	11	12	13	14	15	16	17	18	19	20	21			
日辰	癸	甲	乙	丙	丁	戊	己	庚	辛	壬	癸	甲	乙	丙	丁	戊	己	庚	辛	壬	癸	甲	乙	丙	丁	戊	己	庚			
	酉	戌	亥	子	丑	寅	卯	辰	巳	午	未	申	酉	戌	亥	子	丑	寅	卯	辰	巳	午	未	申	酉	戌	亥	子			
大 男	9	9	10	立	9	9	9	8	8	8	7	7	7	6	6	6	5	5	5	4	4	4	3	3	3	2	2	2			
運 女	一	一	一	春	一	一	一	一	二	二	二	三	三	三	四	四	四	五	五	五	六	六	六	七	七	七	八	八			

3월 (丙寅) 丁卯 (경칩) 驚蟄 5日 17:54 春分 20日

陽歷	1	2	3	4	5	6	7	8	9	10	11	12	13	14	15	16	17	18	19	20	21	22	23	24	25	26	27	28	29	30	31
요일	日	月	火	水	木	金	土	日	2	火	水	木	金	土	日	月	火	水	木	金	土	日	月	火	水	木	金	土	日	月	火
陰歷	22	23	24	25	26	27	28	29	1	2	3	4	5	6	7	8	9	10	11	12	13	14	15	16	17	18	19	20	21	22	23
日辰	辛	壬	癸	甲	乙	丙	丁	戊	己	庚	辛	壬	癸	甲	乙	丙	丁	戊	己	庚	辛	壬	癸	甲	乙	丙	丁	戊	己	庚	辛
	丑	寅	卯	辰	巳	午	未	申	酉	戌	亥	子	丑	寅	卯	辰	巳	午	未	申	酉	戌	亥	子	丑	寅	卯	辰	巳	午	未
大 男	1	1	1	1	驚	10	9	9	9	8	8	8	7	7	7	6	6	6	5	5	5	4	4	4	3	3	3	2	2	2	1
運 女	八	九	九	九	蟄	一	一	一	一	二	二	二	三	三	三	四	四	四	五	五	五	六	六	六	七	七	七	八	八	八	九

4월 (丁卯) 戊辰 (청명) 清明 4日 22:21 穀雨 20日

陽歷	1	2	3	4	5	6	7	8	9	10	11	12	13	14	15	16	17	18	19	20	21	22	23	24	25	26	27	28	29	30	
요일	水	木	金	土	日	月	火	3	木	金	土	日	月	火	水	木	金	土	日	月	火	水	木	金	土	日	月	火	水	木	
陰歷	24	25	26	27	28	29	30	1	2	3	4	5	6	7	8	9	10	11	12	13	14	15	16	17	18	19	20	21	22	23	
日辰	壬	癸	甲	乙	丙	丁	戊	己	庚	辛	壬	癸	甲	乙	丙	丁	戊	己	庚	辛	壬	癸	甲	乙	丙	丁	戊	己	庚	辛	
	申	酉	戌	亥	子	丑	寅	卯	辰	巳	午	未	申	酉	戌	亥	子	丑	寅	卯	辰	巳	午	未	申	酉	戌	亥	子	丑	
大 男	1	1	1	清	10	10	9	9	9	8	8	8	7	7	7	6	6	6	5	5	5	4	4	4	3	3	3	2	2	2	
運 女	九	九	十	明	一	一	一	一	二	二	二	三	三	三	四	四	四	五	五	五	六	六	六	七	七	七	八	八	八	九	

5월 (戊辰) 己巳 (입하) 立夏 5日 15:16 小滿 21日

陽歷	1	2	3	4	5	6	7	8	9	10	11	12	13	14	15	16	17	18	19	20	21	22	23	24	25	26	27	28	29	30	31
요일	金	土	日	月	火	水	木	4	土	日	月	火	水	木	金	土	日	月	火	水	木	金	土	日	月	火	水	木	金	土	日
陰歷	24	25	26	27	28	29	30	1	2	3	4	5	6	7	8	9	10	11	12	13	14	15	16	17	18	19	20	21	22	23	24
日辰	壬	癸	甲	乙	丙	丁	戊	己	庚	辛	壬	癸	甲	乙	丙	丁	戊	己	庚	辛	壬	癸	甲	乙	丙	丁	戊	己	庚	辛	壬
	寅	卯	辰	巳	午	未	申	酉	戌	亥	子	丑	寅	卯	辰	巳	午	未	申	酉	戌	亥	子	丑	寅	卯	辰	巳	午	未	申
大 男	1	1	1	1	立	10	10	9	9	9	8	8	8	7	7	7	6	6	6	5	5	5	4	4	4	3	3	3	2	2	2
運 女	九	九	十	十	夏	一	一	一	一	二	二	二	三	三	三	四	四	四	五	五	五	六	六	六	七	七	七	八	八	八	九

6월 (己巳) 庚午 (망종) 芒種 5日 19:06 夏至 21日

陽歷	1	2	3	4	5	6	7	8	9	10	11	12	13	14	15	16	17	18	19	20	21	22	23	24	25	26	27	28	29	30	
요일	月	火	水	木	金	5	日	月	火	水	木	金	土	日	月	火	水	木	金	土	日	月	火	水	木	金	土	日	月	火	
陰歷	25	26	27	28	29	1	2	3	4	5	6	7	8	9	10	11	12	13	14	15	16	17	18	19	20	21	22	23	24	25	
日辰	癸	甲	乙	丙	丁	戊	己	庚	辛	壬	癸	甲	乙	丙	丁	戊	己	庚	辛	壬	癸	甲	乙	丙	丁	戊	己	庚	辛	壬	
	酉	戌	亥	子	丑	寅	卯	辰	巳	午	未	申	酉	戌	亥	子	丑	寅	卯	辰	巳	午	未	申	酉	戌	亥	子	丑	寅	
大 男	1	1	1	1	芒	10	10	10	9	9	9	8	8	8	7	7	7	6	6	6	5	5	5	4	4	4	3	3	3	2	
運 女	九	九	十	十	種	一	一	一	一	二	二	二	三	三	三	四	四	四	五	五	五	六	六	六	七	七	七	八	八	八	

山頭火星 二日得辛 南大將 申弔客 寒食(4월 05일) 初伏(7월 18일)
九紫火星 一龍治水 子喪門 北三殺 中伏(7월 28일) 末伏(8월 07일)

7월 (庚午) 辛未 (소서) 小暑 7日 05:12 大暑 22日

陽歷	1	2	3	4	5	6	7	8	9	10	11	12	13	14	15	16	17	18	19	20	21	22	23	24	25	26	27	28	29	30	31
요일	水	木	金	土	6	月	火	水	木	金	土	日	月	火	水	木	金	土	日	月	火	水	木	金	土	日	月	火	水	木	金
陰歷	26	27	28	29	1	2	3	4	5	6	7	8	9	10	11	12	13	14	15	16	17	18	19	20	21	22	23	24	25	26	27
日辰	癸	甲	乙	丙	丁	戊	己	庚	辛	壬	癸	甲	乙	丙	丁	戊	己	庚	辛	壬	癸	甲	乙	丙	丁	戊	己	庚	辛	壬	癸
	卯	辰	巳	午	未	申	酉	戌	亥	子	丑	寅	卯	辰	巳	午	未	申	酉	戌	亥	子	丑	寅	卯	辰	巳	午	未	申	酉
大 男	2	2	1	1	1	1	小	10	10	9	9	9	8	8	8	7	7	7	6	6	6	5	5	5	4	4	4	3	3	3	2
運 女	九	九	九	十	十	十	署	一	一	一	一	二	二	二	三	三	三	四	四	四	五	五	五	六	六	六	七	七	七	八	八

8월 (辛未) 壬申 (입추) 立秋 7日 15:05 處署 23日

陽歷	1	2	3	4	5	6	7	8	9	10	11	12	13	14	15	16	17	18	19	20	21	22	23	24	25	26	27	28	29	30	31
요일	土	日	月	7	水	木	金	土	日	月	火	水	木	金	土	日	月	火	水	木	金	土	日	月	火	水	木	金	土	日	月
陰歷	28	29	30	1	2	3	4	5	6	7	8	9	10	11	12	13	14	15	16	17	18	19	20	21	22	23	24	25	26	27	28
日辰	甲	乙	丙	丁	戊	己	庚	辛	壬	癸	甲	乙	丙	丁	戊	己	庚	辛	壬	癸	甲	乙	丙	丁	戊	己	庚	辛	壬	癸	甲
	戌	亥	子	丑	寅	卯	辰	巳	午	未	申	酉	戌	亥	子	丑	寅	卯	辰	巳	午	未	申	酉	戌	亥	子	丑	寅	卯	辰
大 男	2	2	1	1	1	1	立	10	10	9	9	9	8	8	8	7	7	7	6	6	6	5	5	5	4	4	4	3	3	3	2
運 女	八	九	九	九	十	十	秋	一	一	一	一	二	二	二	三	三	三	四	四	四	五	五	五	六	六	六	七	七	七	八	八

9월 (壬申) 癸酉 (백로) 白露 7日 18:18 秋分 23日

陽歷	1	2	3	4	5	6	7	8	9	10	11	12	13	14	15	16	17	18	19	20	21	22	23	24	25	26	27	28	29	30
요일	火	8	木	金	土	日	月	火	水	木	金	土	日	月	火	水	木	金	土	日	月	火	水	木	金	土	日	月	火	水
陰歷	29	1	2	3	4	5	6	7	8	9	10	11	12	13	14	15	16	17	18	19	20	21	22	23	24	25	26	27	28	29
日辰	乙	丙	丁	戊	己	庚	辛	壬	癸	甲	乙	丙	丁	戊	己	庚	辛	壬	癸	甲	乙	丙	丁	戊	己	庚	辛	壬	癸	甲
	巳	午	未	申	酉	戌	亥	子	丑	寅	卯	辰	巳	午	未	申	酉	戌	亥	子	丑	寅	卯	辰	巳	午	未	申	酉	戌
大 男	2	2	1	1	1	1	白	10	10	9	9	9	8	8	8	7	7	7	6	6	6	5	5	5	4	4	4	3	3	3
運 女	八	九	九	九	十	十	露	一	一	一	一	二	二	二	三	三	三	四	四	四	五	五	五	六	六	六	七	七	七	八

10월 (癸酉) 甲戌 (한로) 寒露 8日 10:21 霜降 23日

陽歷	1	2	3	4	5	6	7	8	9	10	11	12	13	14	15	16	17	18	19	20	21	22	23	24	25	26	27	28	29	30	31
요일	9	金	土	日	月	火	水	木	金	土	日	月	火	水	木	金	土	日	月	火	水	木	金	土	日	月	火	水	木	金	10
陰歷	1	2	3	4	5	6	7	8	9	10	11	12	13	14	15	16	17	18	19	20	21	22	23	24	25	26	27	28	29	30	1
日辰	乙	丙	丁	戊	己	庚	辛	壬	癸	甲	乙	丙	丁	戊	己	庚	辛	壬	癸	甲	乙	丙	丁	戊	己	庚	辛	壬	癸	甲	乙
	亥	子	丑	寅	卯	辰	巳	午	未	申	酉	戌	亥	子	丑	寅	卯	辰	巳	午	未	申	酉	戌	亥	子	丑	寅	卯	辰	巳
大 男	2	2	2	1	1	1	1	寒	10	9	9	9	8	8	8	7	7	7	6	6	6	5	5	5	4	4	4	3	3	3	2
運 女	八	八	九	九	九	十	十	露	一	一	一	一	二	二	二	三	三	三	四	四	四	五	五	五	六	六	六	七	七	七	八

11월 (甲戌) 乙亥 (입동) 立冬 7日 13:55 小雪 22日

陽歷	1	2	3	4	5	6	7	8	9	10	11	12	13	14	15	16	17	18	19	20	21	22	23	24	25	26	27	28	29	30
요일	日	月	火	水	木	金	土	日	月	火	水	木	金	土	日	月	火	水	木	金	土	日	月	火	水	木	金	土	11	月
陰歷	2	3	4	5	6	7	8	9	10	11	12	13	14	15	16	17	18	19	20	21	22	23	24	25	26	27	28	29	1	2
日辰	丙	丁	戊	己	庚	辛	壬	癸	甲	乙	丙	丁	戊	己	庚	辛	壬	癸	甲	乙	丙	丁	戊	己	庚	辛	壬	癸	甲	乙
	午	未	申	酉	戌	亥	子	丑	寅	卯	辰	巳	午	未	申	酉	戌	亥	子	丑	寅	卯	辰	巳	午	未	申	酉	戌	亥
大 男	2	2	1	1	1	1	立	10	9	9	9	8	8	8	7	7	7	6	6	6	5	5	5	4	4	4	3	3	3	2
運 女	八	八	九	九	九	十	冬	一	一	一	一	二	二	二	三	三	三	四	四	四	五	五	五	六	六	六	七	七	七	八

12월 (乙亥) 丙子 (대설) 大雪 7日 07:02 冬至 22日

陽歷	1	2	3	4	5	6	7	8	9	10	11	12	13	14	15	16	17	18	19	20	21	22	23	24	25	26	27	28	29	30	31
요일	火	水	木	金	土	日	月	火	水	木	金	土	日	月	火	水	木	金	土	日	月	火	水	木	金	土	日	月	12	水	木
陰歷	3	4	5	6	7	8	9	10	11	12	13	14	15	16	17	18	19	20	21	22	23	24	25	26	27	28	29	30	1	2	3
日辰	丙	丁	戊	己	庚	辛	壬	癸	甲	乙	丙	丁	戊	己	庚	辛	壬	癸	甲	乙	丙	丁	戊	己	庚	辛	壬	癸	甲	乙	丙
	子	丑	寅	卯	辰	巳	午	未	申	酉	戌	亥	子	丑	寅	卯	辰	巳	午	未	申	酉	戌	亥	子	丑	寅	卯	辰	巳	午
大 男	2	2	1	1	1	1	大	9	9	9	8	8	8	7	7	7	6	6	6	5	5	5	4	4	4	3	3	3	2	2	2
運 女	八	八	九	九	九	十	雪	一	一	一	一	二	二	二	三	三	三	四	四	四	五	五	五	六	六	六	七	七	七	八	八

1월 (丙子) 丁丑 (소한) 小寒 5日 18:21 大寒 20日

陽歷		1	2	3	4	5	6	7	8	9	10	11	12	13	14	15	16	17	18	19	20	21	22	23	24	25	26	27	28	29	30	31
요일		金	土	日	月	火	水	木	金	土	日	月	火	水	木	金	土	日	月	火	水	木	金	土	日	月	火	水	1	金	土	日
陰歷		4	5	6	7	8	9	10	11	12	13	14	15	16	17	18	19	20	21	22	23	24	25	26	27	28	29	30	1	2	3	4
日辰		丁	戊	己	庚	辛	壬	癸	甲	乙	丙	丁	戊	己	庚	辛	壬	癸	甲	乙	丙	丁	戊	己	庚	辛	壬	癸	甲	乙	丙	丁
		未	申	酉	戌	亥	子	丑	寅	卯	辰	巳	午	未	申	酉	戌	亥	子	丑	寅	卯	辰	巳	午	未	申	酉	戌	亥	子	丑
大	男	1	1	1	1	小	10	9	9	9	8	8	8	7	7	7	6	6	6	5	5	5	4	4	4	3	3	3	2	2	2	1
運	女	八	九	九	九	寒	一	一	一	一	二	二	二	三	三	三	四	四	四	五	五	五	六	六	六	七	七	七	八	八	八	九

2월 (丁丑) 戊寅 (입춘) 立春 4日 05:54 雨水 19日

陽歷		1	2	3	4	5	6	7	8	9	10	11	12	13	14	15	16	17	18	19	20	21	22	23	24	25	26	27	28			
요일		月	火	水	木	金	土	日	月	火	水	木	金	土	日	月	火	水	木	金	土	日	月	火	水	木	2	土	日			
陰歷		5	6	7	8	9	10	11	12	13	14	15	16	17	18	19	20	21	22	23	24	25	26	27	28	29	1	2	3			
日辰		戊	己	庚	辛	壬	癸	甲	乙	丙	丁	戊	己	庚	辛	壬	癸	甲	乙	丙	丁	戊	己	庚	辛	壬	癸	甲	乙			
		寅	卯	辰	巳	午	未	申	酉	戌	亥	子	丑	寅	卯	辰	巳	午	未	申	酉	戌	亥	子	丑	寅	卯	辰	巳			
大	男	1	1	1	立	1	1	1	1	2	2	2	3	3	3	4	4	4	5	5	5	6	6	6	7	7	7	8	8			
運	女	九	九	十	春	九	九	九	八	八	八	七	七	七	六	六	六	五	五	五	四	四	四	三	三	三	二	二	二			

3월 (戊寅) 己卯 (경칩) 驚蟄 5日 23:40 春分 21日

陽歷		1	2	3	4	5	6	7	8	9	10	11	12	13	14	15	16	17	18	19	20	21	22	23	24	25	26	27	28	29	30	31
요일		月	火	水	木	金	土	日	月	火	水	木	金	土	日	月	火	水	木	金	土	日	月	火	水	木	金	土	3	月	火	水
陰歷		4	5	6	7	8	9	10	11	12	13	14	15	16	17	18	19	20	21	22	23	24	25	26	27	28	29	30	1	2	3	4
日辰		丙	丁	戊	己	庚	辛	壬	癸	甲	乙	丙	丁	戊	己	庚	辛	壬	癸	甲	乙	丙	丁	戊	己	庚	辛	壬	癸	甲	乙	丙
		午	未	申	酉	戌	亥	子	丑	寅	卯	辰	巳	午	未	申	酉	戌	亥	子	丑	寅	卯	辰	巳	午	未	申	酉	戌	亥	子
大	男	8	9	9	9	驚	1	1	1	1	2	2	2	3	3	3	4	4	4	5	5	5	6	6	6	7	7	7	8	8	8	9
運	女	一	一	一	一	蟄	十	十	九	九	九	八	八	八	七	七	七	六	六	六	五	五	五	四	四	四	三	三	三	二	二	二

4월 (己卯) 庚辰 (청명) 淸明 5日 04:07 穀雨 20日

陽歷		1	2	3	4	5	6	7	8	9	10	11	12	13	14	15	16	17	18	19	20	21	22	23	24	25	26	27	28	29	30	
요일		木	金	土	日	月	火	水	木	金	土	日	月	火	水	木	金	土	日	月	火	水	木	金	土	日	月	4	水	木	金	
陰歷		5	6	7	8	9	10	11	12	13	14	15	16	17	18	19	20	21	22	23	24	25	26	27	28	29	30	1	2	3	4	
日辰		丁	戊	己	庚	辛	壬	癸	甲	乙	丙	丁	戊	己	庚	辛	壬	癸	甲	乙	丙	丁	戊	己	庚	辛	壬	癸	甲	乙	丙	
		丑	寅	卯	辰	巳	午	未	申	酉	戌	亥	子	丑	寅	卯	辰	巳	午	未	申	酉	戌	亥	子	丑	寅	卯	辰	巳	午	
大	男	9	9	10	10	淸	1	1	1	1	2	2	2	3	3	3	4	4	4	5	5	5	6	6	6	7	7	7	8	8	8	
運	女	一	一	一	一	明	十	九	九	九	八	八	八	七	七	七	六	六	六	五	五	五	四	四	四	三	三	三	二	二	二	

5월 (庚辰) 辛巳 (입하) 立夏 5日 21:02 小滿 21日

陽歷		1	2	3	4	5	6	7	8	9	10	11	12	13	14	15	16	17	18	19	20	21	22	23	24	25	26	27	28	29	30	31
요일		土	日	月	火	水	木	金	土	日	月	火	水	木	金	土	日	月	火	水	木	金	土	日	月	火	5	木	金	土	日	月
陰歷		5	6	7	8	9	10	11	12	13	14	15	16	17	18	19	20	21	22	23	24	25	26	27	28	29	1	2	3	4	5	6
日辰		丁	戊	己	庚	辛	壬	癸	甲	乙	丙	丁	戊	己	庚	辛	壬	癸	甲	乙	丙	丁	戊	己	庚	辛	壬	癸	甲	乙	丙	丁
		未	申	酉	戌	亥	子	丑	寅	卯	辰	巳	午	未	申	酉	戌	亥	子	丑	寅	卯	辰	巳	午	未	申	酉	戌	亥	子	丑
大	男	9	9	9	10	立	1	1	1	1	2	2	2	3	3	3	4	4	4	5	5	5	6	6	6	7	7	7	8	8	8	9
運	女	一	一	一	一	夏	十	十	十	九	九	九	八	八	八	七	七	七	六	六	六	五	五	五	四	四	四	三	三	三	二	二

6월 (辛巳) 壬午 (망종) 芒種 6日 00:54 夏至 21日

陽歷		1	2	3	4	5	6	7	8	9	10	11	12	13	14	15	16	17	18	19	20	21	22	23	24	25	26	27	28	29	30	
요일		火	水	木	金	土	日	月	火	水	木	金	土	日	月	火	水	木	金	土	日	月	火	水	木	6	土	日	月	火	水	
陰歷		7	8	9	10	11	12	13	14	15	16	17	18	19	20	21	22	23	24	25	26	27	28	29	30	1	2	3	4	5	6	
日辰		戊	己	庚	辛	壬	癸	甲	乙	丙	丁	戊	己	庚	辛	壬	癸	甲	乙	丙	丁	戊	己	庚	辛	壬	癸	甲	乙	丙	丁	
		寅	卯	辰	巳	午	未	申	酉	戌	亥	子	丑	寅	卯	辰	巳	午	未	申	酉	戌	亥	子	丑	寅	卯	辰	巳	午	未	
大	男	9	9	10	10	10	芒	1	1	1	1	2	2	2	3	3	3	4	4	4	5	5	5	6	6	6	7	7	7	8	8	
運	女	二	一	一	一	一	種	十	十	九	九	九	八	八	八	七	七	七	六	六	六	五	五	五	四	四	四	三	三	三	二	

山頭火星 八日得辛 西大將 酉弔客 寒食(4월 06일) 初伏(7월 13일)
八白土星 七龍治水 丑喪門 西三殺 中伏(7월 23일) 末伏(8월 12일)

7월 (壬午) 癸未 (소서) 小暑 7日 11:04 大暑 23日

陽歷		1	2	3	4	5	6	7	8	9	10	11	12	13	14	15	16	17	18	19	20	21	22	23	24	25	26	27	28	29	30	31
요일		木	金	土	日	月	火	水	木	金	土	日	月	火	水	木	金	土	日	月	火	水	木	金	윤6	日	月	火	水	木	金	土
陰歷		7	8	9	10	11	12	13	14	15	16	17	18	19	20	21	22	23	24	25	26	27	28	29	1	2	3	4	5	6	7	8
日辰		戊	己	庚	辛	壬	癸	甲	乙	丙	丁	戊	己	庚	辛	壬	癸	甲	乙	丙	丁	戊	己	庚	辛	壬	癸	甲	乙	丙	丁	戊
		申	酉	戌	亥	子	丑	寅	卯	辰	巳	午	未	申	酉	戌	亥	子	丑	寅	卯	辰	巳	午	未	申	酉	戌	亥	子	丑	寅
大	男	8	9	9	9	10	10	小	1	1	1	1	2	2	2	3	3	3	4	4	4	5	5	5	6	6	6	7	7	7	8	8
運	女	二	二	一	一	一	一	暑	十	十	九	九	九	八	八	八	七	七	七	六	六	六	五	五	五	四	四	四	三	三	三	二

8월 (癸未) 甲申 (입추) 立秋 7日 20:59 處暑 23日

陽歷		1	2	3	4	5	6	7	8	9	10	11	12	13	14	15	16	17	18	19	20	21	22	23	24	25	26	27	28	29	30	31
요일		日	月	火	水	木	金	土	日	月	火	水	木	金	土	日	月	火	水	木	金	土	日	7	火	水	木	金	土	日	月	火
陰歷		9	10	11	12	13	14	15	16	17	18	19	20	21	22	23	24	25	26	27	28	29	30	1	2	3	4	5	6	7	8	9
日辰		己	庚	辛	壬	癸	甲	乙	丙	丁	戊	己	庚	辛	壬	癸	甲	乙	丙	丁	戊	己	庚	辛	壬	癸	甲	乙	丙	丁	戊	己
		卯	辰	巳	午	未	申	酉	戌	亥	子	丑	寅	卯	辰	巳	午	未	申	酉	戌	亥	子	丑	寅	卯	辰	巳	午	未	申	酉
大	男	8	9	9	9	10	10	立	1	1	1	1	2	2	2	3	3	3	4	4	4	5	5	5	6	6	6	7	7	7	8	8
運	女	二	二	一	一	一	一	秋	十	十	十	九	九	九	八	八	八	七	七	七	六	六	六	五	五	五	四	四	四	三	三	三

9월 (甲申) 乙酉 (백로) 白露 8日 00:14 秋分 23日

陽歷		1	2	3	4	5	6	7	8	9	10	11	12	13	14	15	16	17	18	19	20	21	22	23	24	25	26	27	28	29	30	
요일		水	木	金	土	日	月	火	水	木	金	土	日	月	火	水	木	金	土	日	月	8	水	木	金	土	日	月	火	水	木	
陰歷		10	11	12	13	14	15	16	17	18	19	20	21	22	23	24	25	26	27	28	29	1	2	3	4	5	6	7	8	9	10	
日辰		庚	辛	壬	癸	甲	乙	丙	丁	戊	己	庚	辛	壬	癸	甲	乙	丙	丁	戊	己	庚	辛	壬	癸	甲	乙	丙	丁	戊	己	
		戌	亥	子	丑	寅	卯	辰	巳	午	未	申	酉	戌	亥	子	丑	寅	卯	辰	巳	午	未	申	酉	戌	亥	子	丑	寅	卯	
大	男	8	9	9	9	10	10	10	白	1	1	1	1	2	2	2	3	3	3	4	4	4	5	5	5	6	6	6	7	7	7	
運	女	二	二	二	一	一	一	一	露	十	九	九	九	八	八	八	七	七	七	六	六	六	五	五	五	四	四	四	三	三	三	

10월 (乙酉) 丙戌 (한로) 寒露 8日 16:17 霜降 23日

陽歷		1	2	3	4	5	6	7	8	9	10	11	12	13	14	15	16	17	18	19	20	21	22	23	24	25	26	27	28	29	30	31
요일		金	土	日	月	火	水	木	金	土	日	月	火	水	木	金	土	日	月	火	9	木	金	土	日	月	火	水	木	金	土	日
陰歷		11	12	13	14	15	16	17	18	19	20	21	22	23	24	25	26	27	28	29	1	2	3	4	5	6	7	8	9	10	11	12
日辰		庚	辛	壬	癸	甲	乙	丙	丁	戊	己	庚	辛	壬	癸	甲	乙	丙	丁	戊	己	庚	辛	壬	癸	甲	乙	丙	丁	戊	己	庚
		辰	巳	午	未	申	酉	戌	亥	子	丑	寅	卯	辰	巳	午	未	申	酉	戌	亥	子	丑	寅	卯	辰	巳	午	未	申	酉	戌
大	男	8	8	8	9	9	9	10	寒	1	1	1	1	2	2	2	3	3	3	4	4	4	5	5	5	6	6	6	7	7	7	8
運	女	二	二	二	一	一	一	一	露	十	九	九	九	八	八	八	七	七	七	六	六	六	五	五	五	四	四	四	三	三	三	二

11월 (丙戌) 丁亥 (입동) 立冬 7日 19:51 小雪 22日

陽歷		1	2	3	4	5	6	7	8	9	10	11	12	13	14	15	16	17	18	19	20	21	22	23	24	25	26	27	28	29	30	
요일		月	火	水	木	金	土	日	月	火	水	木	金	土	日	月	火	水	木	10	土	日	月	火	水	木	金	土	日	月	火	
陰歷		13	14	15	16	17	18	19	20	21	22	23	24	25	26	27	28	29	30	1	2	3	4	5	6	7	8	9	10	11	12	
日辰		辛	壬	癸	甲	乙	丙	丁	戊	己	庚	辛	壬	癸	甲	乙	丙	丁	戊	己	庚	辛	壬	癸	甲	乙	丙	丁	戊	己	庚	
		亥	子	丑	寅	卯	辰	巳	午	未	申	酉	戌	亥	子	丑	寅	卯	辰	巳	午	未	申	酉	戌	亥	子	丑	寅	卯	辰	
大	男	8	8	9	9	9	10	立	1	1	1	1	2	2	2	3	3	3	4	4	4	5	5	5	6	6	6	7	7	7	8	
運	女	二	二	一	一	一	一	冬	十	九	九	九	八	八	八	七	七	七	六	六	六	五	五	五	四	四	四	三	三	三	二	

12월 (丁亥) 戊子 (대설) 大雪 7日 12:57 冬至 22日

陽歷		1	2	3	4	5	6	7	8	9	10	11	12	13	14	15	16	17	18	19	20	21	22	23	24	25	26	27	28	29	30	31
요일		水	木	金	土	日	月	火	水	木	金	土	日	月	火	水	木	金	11	日	月	火	水	木	金	土	日	月	火	水	木	金
陰歷		13	14	15	16	17	18	19	20	21	22	23	24	25	26	27	28	29	1	2	3	4	5	6	7	8	9	10	11	12	13	14
日辰		辛	壬	癸	甲	乙	丙	丁	戊	己	庚	辛	壬	癸	甲	乙	丙	丁	戊	己	庚	辛	壬	癸	甲	乙	丙	丁	戊	己	庚	辛
		巳	午	未	申	酉	戌	亥	子	丑	寅	卯	辰	巳	午	未	申	酉	戌	亥	子	丑	寅	卯	辰	巳	午	未	申	酉	戌	亥
大	男	8	8	9	9	9	10	大	1	1	1	1	2	2	2	3	3	3	4	4	4	5	5	5	6	6	6	7	7	7	8	8
運	女	二	二	一	一	一	一	雪	十	九	九	九	八	八	八	七	七	七	六	六	六	五	五	五	四	四	四	三	三	三	二	二

1월 (戊子) 己丑 (소한) 小寒 6日 00:14 大寒 20日

陽歷	1	2	3	4	5	6	7	8	9	10	11	12	13	14	15	16	17	18	19	20	21	22	23	24	25	26	27	28	29	30	31
요일	土	日	月	火	水	木	金	土	日	月	火	水	木	金	土	日	12	火	水	木	金	土	日	月	火	水	木	金	土	日	月
陰歷	15	16	17	18	19	20	21	22	23	24	25	26	27	28	29	30	1	2	3	4	5	6	7	8	9	10	11	12	13	14	15
日辰	壬	癸	甲	乙	丙	丁	戊	己	庚	辛	壬	癸	甲	乙	丙	丁	戊	己	庚	辛	壬	癸	甲	乙	丙	丁	戊	己	庚	辛	壬
	子	丑	寅	卯	辰	巳	午	未	申	酉	戌	亥	子	丑	寅	卯	辰	巳	午	未	申	酉	戌	亥	子	丑	寅	卯	辰	巳	午
大運 男	8	9	9	9	10	小	1	1	1	1	2	2	2	3	3	3	4	4	4	5	5	5	6	6	6	7	7	7	8	8	8
大運 女	二	一	一	一	一	寒	九	九	九	八	八	八	七	七	七	六	六	六	五	五	五	四	四	四	三	三	三	二	二	二	一

2월 (己丑) 庚寅 (입춘) 立春 4日 11:46 雨水 19日

陽歷	1	2	3	4	5	6	7	8	9	10	11	12	13	14	15	16	17	18	19	20	21	22	23	24	25	26	27	28	29		
요일	火	水	木	金	土	日	月	火	水	木	金	土	日	月	1	水	木	金	土	日	月	火	水	木	金	土	日	月	火		
陰歷	16	17	18	19	20	21	22	23	24	25	26	27	28	29	1	2	3	4	5	6	7	8	9	10	11	12	13	14	15		
日辰	癸	甲	乙	丙	丁	戊	己	庚	辛	壬	癸	甲	乙	丙	丁	戊	己	庚	辛	壬	癸	甲	乙	丙	丁	戊	己	庚	辛		
	未	申	酉	戌	亥	子	丑	寅	卯	辰	巳	午	未	申	酉	戌	亥	子	丑	寅	卯	辰	巳	午	未	申	酉	戌	亥		
大運 男	9	9	9	立	10	9	9	9	8	8	8	7	7	7	6	6	6	5	5	5	4	4	4	3	3	3	2	2	2		
大運 女	一	一	一	春	一	一	一	一	二	二	二	三	三	三	四	四	四	五	五	五	六	六	六	七	七	七	八	八	八		

3월 (庚寅) 辛卯 (경칩) 驚蟄 5日 05:31 春分 20日

陽歷	1	2	3	4	5	6	7	8	9	10	11	12	13	14	15	16	17	18	19	20	21	22	23	24	25	26	27	28	29	30	31
요일	水	木	金	土	日	月	火	水	木	金	土	日	月	火	水	2	金	土	日	月	火	水	木	金	土	日	月	火	水	木	金
陰歷	16	17	18	19	20	21	22	23	24	25	26	27	28	29	30	1	2	3	4	5	6	7	8	9	10	11	12	13	14	15	16
日辰	壬	癸	甲	乙	丙	丁	戊	己	庚	辛	壬	癸	甲	乙	丙	丁	戊	己	庚	辛	壬	癸	甲	乙	丙	丁	戊	己	庚	辛	壬
	子	丑	寅	卯	辰	巳	午	未	申	酉	戌	亥	子	丑	寅	卯	辰	巳	午	未	申	酉	戌	亥	子	丑	寅	卯	辰	巳	午
大運 男	1	1	1	1	驚	10	9	9	9	8	8	8	7	7	7	6	6	6	5	5	5	4	4	4	3	3	3	2	2	2	1
大運 女	九	九	九	十	蟄	一	一	一	一	二	二	二	三	三	三	四	四	四	五	五	五	六	六	六	七	七	七	八	八	八	九

4월 (辛卯) 壬辰 (청명) 清明 4日 09:58 穀雨 19日

陽歷	1	2	3	4	5	6	7	8	9	10	11	12	13	14	15	16	17	18	19	20	21	22	23	24	25	26	27	28	29	30	
요일	土	日	月	火	水	木	金	土	日	月	火	水	木	金	3	日	月	火	水	木	金	土	日	月	火	水	木	金	土	日	
陰歷	17	18	19	20	21	22	23	24	25	26	27	28	29	30	1	2	3	4	5	6	7	8	9	10	11	12	13	14	15	16	
日辰	癸	甲	乙	丙	丁	戊	己	庚	辛	壬	癸	甲	乙	丙	丁	戊	己	庚	辛	壬	癸	甲	乙	丙	丁	戊	己	庚	辛	壬	
	未	申	酉	戌	亥	子	丑	寅	卯	辰	巳	午	未	申	酉	戌	亥	子	丑	寅	卯	辰	巳	午	未	申	酉	戌	亥	子	
大運 男	1	1	1	清	10	10	9	9	9	8	8	8	7	7	7	6	6	6	5	5	5	4	4	4	3	3	3	2	2	2	
大運 女	九	九	十	明	一	一	一	一	二	二	二	三	三	三	四	四	四	五	五	五	六	六	六	七	七	七	八	八	八	九	

5월 (壬辰) 癸巳 (입하) 立夏 5日 02:56 小滿 20日

陽歷	1	2	3	4	5	6	7	8	9	10	11	12	13	14	15	16	17	18	19	20	21	22	23	24	25	26	27	28	29	30	31
요일	月	火	水	木	金	土	日	月	火	水	木	金	土	日	4	火	水	木	金	土	日	月	火	水	木	金	土	日	月	火	水
陰歷	17	18	19	20	21	22	23	24	25	26	27	28	29	30	1	2	3	4	5	6	7	8	9	10	11	12	13	14	15	16	17
日辰	癸	甲	乙	丙	丁	戊	己	庚	辛	壬	癸	甲	乙	丙	丁	戊	己	庚	辛	壬	癸	甲	乙	丙	丁	戊	己	庚	辛	壬	癸
	丑	寅	卯	辰	巳	午	未	申	酉	戌	亥	子	丑	寅	卯	辰	巳	午	未	申	酉	戌	亥	子	丑	寅	卯	辰	巳	午	未
大運 男	1	1	1	1	立	10	10	9	9	9	8	8	8	7	7	7	6	6	6	5	5	5	4	4	4	3	3	3	2	2	2
大運 女	九	九	十	十	夏	一	一	一	一	二	二	二	三	三	三	四	四	四	五	五	五	六	六	六	七	七	七	八	八	八	九

6월 (癸巳) 甲午 (망종) 芒種 5日 06:51 夏至 20日

陽歷	1	2	3	4	5	6	7	8	9	10	11	12	13	14	15	16	17	18	19	20	21	22	23	24	25	26	27	28	29	30	
요일	木	金	土	日	月	火	水	木	金	土	日	月	5	水	木	金	土	日	月	火	水	木	金	土	日	月	火	水	木	金	
陰歷	18	19	20	21	22	23	24	25	26	27	28	29	1	2	3	4	5	6	7	8	9	10	11	12	13	14	15	16	17	18	
日辰	甲	乙	丙	丁	戊	己	庚	辛	壬	癸	甲	乙	丙	丁	戊	己	庚	辛	壬	癸	甲	乙	丙	丁	戊	己	庚	辛	壬	癸	
	申	酉	戌	亥	子	丑	寅	卯	辰	巳	午	未	申	酉	戌	亥	子	丑	寅	卯	辰	巳	午	未	申	酉	戌	亥	子	丑	
大運 男	1	1	1	1	芒	10	10	9	9	9	8	8	8	7	7	7	6	6	6	5	5	5	4	4	4	3	3	3	2	2	
大運 女	九	九	十	十	種	一	一	一	一	二	二	二	三	三	三	四	四	四	五	五	五	六	六	六	七	七	七	八	八	八	

7월 (甲午) 乙未 (소서) 小署 6日 17:01 大署 22日

陽歷	1	2	]	4	5	6	7	8	9	10	11	12	13	14	15	16	17	18	19	20	21	22	23	24	25	26	27	28	29	30	31
요일	土	日	月	火	水	木	金	土	日	月	火	水	6/1	金	土	日	月	火	水	木	金	土	日	月	火	水	木	金	土	日	月
陰歷	19	20	21	22	23	24	25	26	27	28	29	30		2	3	4	5	6	7	8	9	10	11	12	13	14	15	16	17	18	19
日辰	甲	乙	丙	丁	戊	己	庚	辛	壬	癸	甲	乙	丙	丁	戊	己	庚	辛	壬	癸	甲	乙	丙	丁	戊	己	庚	辛	壬	癸	甲
	寅	卯	辰	巳	午	未	申	酉	戌	亥	子	丑	寅	卯	辰	巳	午	未	申	酉	戌	亥	子	丑	寅	卯	辰	巳	午	未	申
大 男	2	1	1	1	1	小	10	10	10	9	9	9	8	8	8	7	7	7	6	6	6	5	5	5	4	4	4	3	3	3	2
運 女	九	九	九	十	十	署	一	一	一	一	二	二	二	三	三	三	四	四	四	五	五	五	六	六	六	七	七	七	八	八	八

8월 (乙未) 丙申 (입추) 立秋 7日 02:54 處署 22日

陽歷	1	2	3	4	5	6	7	8	9	10	11	12	13	14	15	16	17	18	19	20	21	22	23	24	25	26	27	28	29	30	31
요일	火	水	木	金	土	日	月	火	水	木	7/1	土	日	月	火	水	木	金	土	日	月	火	水	木	金	土	日	月	火	水	木
陰歷	20	21	22	23	24	25	26	27	28	29		2	3	4	5	6	7	8	9	10	11	12	13	14	15	16	17	18	19	20	21
日辰	乙	丙	丁	戊	己	庚	辛	壬	癸	甲	乙	丙	丁	戊	己	庚	辛	壬	癸	甲	乙	丙	丁	戊	己	庚	辛	壬	癸	甲	乙
	酉	戌	亥	子	丑	寅	卯	辰	巳	午	未	申	酉	戌	亥	子	丑	寅	卯	辰	巳	午	未	申	酉	戌	亥	子	丑	寅	卯
大 男	2	2	1	1	1	1	立	10	10	9	9	9	8	8	8	7	7	7	6	6	6	5	5	5	4	4	4	3	3	3	2
運 女	九	九	九	十	十	十	秋	一	一	一	一	二	二	二	三	三	三	四	四	四	五	五	五	六	六	六	七	七	七	八	八

9월 (丙申) 丁酉 (백로) 白露 7日 06:06 秋分 22日

陽歷	1	2	3	4	5	6	7	8	9	10	11	12	13	14	15	16	17	18	19	20	21	22	23	24	25	26	27	28	29	30
요일	金	土	日	月	火	水	木	金	土	8/1	月	火	水	木	金	土	日	月	火	水	木	金	土	日	月	火	水	木	金	土
陰歷	22	23	24	25	26	27	28	29	30		2	3	4	5	6	7	8	9	10	11	12	13	14	15	16	17	18	19	20	21
日辰	丙	丁	戊	己	庚	辛	壬	癸	甲	乙	丙	丁	戊	己	庚	辛	壬	癸	甲	乙	丙	丁	戊	己	庚	辛	壬	癸	甲	乙
	辰	巳	午	未	申	酉	戌	亥	子	丑	寅	卯	辰	巳	午	未	申	酉	戌	亥	子	丑	寅	卯	辰	巳	午	未	申	酉
大 男	2	2	1	1	1	1	白	10	9	9	9	8	8	8	7	7	7	6	6	6	5	5	5	4	4	4	3	3	3	2
運 女	八	九	九	九	十	十	露	一	一	一	一	二	二	二	三	三	三	四	四	四	五	五	五	六	六	六	七	七	七	八

10월 (丁酉) 戊戌 (한로) 寒露 7日 22:08 霜降 23日

陽歷	1	2	3	4	5	6	7	8	9	10	11	12	13	14	15	16	17	18	19	20	21	22	23	24	25	26	27	28	29	30	31
요일	日	月	火	水	木	金	土	日	9/1	火	水	木	金	土	日	月	火	水	木	金	土	日	月	火	水	木	金	土	日	月	火
陰歷	22	23	24	25	26	27	28	29		2	3	4	5	6	7	8	9	10	11	12	13	14	15	16	17	18	19	20	21	22	23
日辰	丙	丁	戊	己	庚	辛	壬	癸	甲	乙	丙	丁	戊	己	庚	辛	壬	癸	甲	乙	丙	丁	戊	己	庚	辛	壬	癸	甲	乙	丙
	戌	亥	子	丑	寅	卯	辰	巳	午	未	申	酉	戌	亥	子	丑	寅	卯	辰	巳	午	未	申	酉	戌	亥	子	丑	寅	卯	辰
大 男	2	2	1	1	1	1	寒	10	10	9	9	9	8	8	8	7	7	7	6	6	6	5	5	5	4	4	4	3	3	3	2
運 女	八	八	九	九	九	十	露	一	一	一	一	二	二	二	三	三	三	四	四	四	五	五	五	六	六	六	七	七	七	八	八

11월 (戊戌) 己亥 (입동) 立冬 7日 01:42 小雪 21日

陽歷	1	2	3	4	5	6	7	8	9	10	11	12	13	14	15	16	17	18	19	20	21	22	23	24	25	26	27	28	29	30
요일	水	木	金	土	日	月	10/1	水	木	金	土	日	月	火	水	木	金	土	日	月	火	水	木	金	土	日	月	火	水	木
陰歷	24	25	26	27	28	29		2	3	4	5	6	7	8	9	10	11	12	13	14	15	16	17	18	19	20	21	22	23	24
日辰	丁	戊	己	庚	辛	壬	癸	甲	乙	丙	丁	戊	己	庚	辛	壬	癸	甲	乙	丙	丁	戊	己	庚	辛	壬	癸	甲	乙	丙
	巳	午	未	申	酉	戌	亥	子	丑	寅	卯	辰	巳	午	未	申	酉	戌	亥	子	丑	寅	卯	辰	巳	午	未	申	酉	戌
大 男	2	2	1	1	1	1	立	9	9	9	8	8	8	7	7	7	6	6	6	5	5	5	4	4	4	3	3	3	2	2
運 女	八	九	九	九	十	十	冬	一	一	一	一	二	二	二	三	三	三	四	四	四	五	五	五	六	六	六	七	七	七	八

12월 (己亥) 庚子 (대설) 大雪 6日 18:49 冬至 21日

陽歷	1	2	3	4	5	6	7	8	9	10	11	12	13	14	15	16	17	18	19	20	21	22	23	24	25	26	27	28	29	30	31
요일	金	土	日	月	火	水	11/1	金	土	日	月	火	水	木	金	土	日	月	火	水	木	金	土	日	月	火	水	木	金	土	日
陰歷	25	26	27	28	29	30		2	3	4	5	6	7	8	9	10	11	12	13	14	15	16	17	18	19	20	21	22	23	24	25
日辰	丁	戊	己	庚	辛	壬	癸	甲	乙	丙	丁	戊	己	庚	辛	壬	癸	甲	乙	丙	丁	戊	己	庚	辛	壬	癸	甲	乙	丙	丁
	亥	子	丑	寅	卯	辰	巳	午	未	申	酉	戌	亥	子	丑	寅	卯	辰	巳	午	未	申	酉	戌	亥	子	丑	寅	卯	辰	巳
大 男	2	1	1	1	1	大	10	9	9	9	8	8	8	7	7	7	6	6	6	5	5	5	4	4	4	3	3	3	2	2	2
運 女	八	八	九	九	九	雪	一	一	一	一	二	二	二	三	三	三	四	四	四	五	五	五	六	六	六	七	七	七	八	八	八

1월 (庚子) 辛丑 (소한) 小寒 5日 06:08 大寒 19日

陽歷	1	2	3	4	5	6	7	8	9	10	11	12	13	14	15	16	17	18	19	20	21	22	23	24	25	26	27	28	29	30	31
요일	月	火	水	木	12	土	日	月	火	水	木	金	土	日	月	火	水	木	金	土	日	月	火	水	木	金	土	日	月	火	水
陰歷	26	27	28	29	1	2	3	4	5	6	7	8	9	10	11	12	13	14	15	16	17	18	19	20	21	22	23	24	25	26	27
日辰	戊	己	庚	辛	壬	癸	甲	乙	丙	丁	戊	己	庚	辛	壬	癸	甲	乙	丙	丁	戊	己	庚	辛	壬	癸	甲	乙	丙	丁	戊
	午	未	申	酉	戌	亥	子	丑	寅	卯	辰	巳	午	未	申	酉	戌	亥	子	丑	寅	卯	辰	巳	午	未	申	酉	戌	亥	子
大運 男	1	1	1	1	小	9	9	9	8	8	8	7	7	7	6	6	6	5	5	5	4	4	4	3	3	3	2	2	2	1	1
大運 女	九	九	九	十	寒	一	一	一	一	二	二	二	三	三	三	四	四	四	五	五	五	六	六	六	七	七	七	八	八	八	九

2월 (辛丑) 壬寅 (입춘) 立春 3日 17:41 雨水 18日

陽歷	1	2	3	4	5	6	7	8	9	10	11	12	13	14	15	16	17	18	19	20	21	22	23	24	25	26	27	28			
요일	木	金	土	1	月	火	水	木	金	土	日	月	火	水	木	金	土	日	月	火	水	木	金	土	日	月	火	水			
陰歷	28	29	30	1	2	3	4	5	6	7	8	9	10	11	12	13	14	15	16	17	18	19	20	21	22	23	24	25			
日辰	己	庚	辛	壬	癸	甲	乙	丙	丁	戊	己	庚	辛	壬	癸	甲	乙	丙	丁	戊	己	庚	辛	壬	癸	甲	乙	丙			
	丑	寅	卯	辰	巳	午	未	申	酉	戌	亥	子	丑	寅	卯	辰	巳	午	未	申	酉	戌	亥	子	丑	寅	卯	辰			
大運 男	1	1	立	1	1	1	1	2	2	2	3	3	3	4	4	4	5	5	5	6	6	6	7	7	7	8	8	8			
大運 女	九	九	春	十	九	九	九	八	八	八	七	七	七	六	六	六	五	五	五	四	四	四	三	三	三	二	二	二			

3월 (壬寅) 癸卯 (경칩) 驚蟄 5日 11:25 春分 20日

陽歷	1	2	3	4	5	6	7	8	9	10	11	12	13	14	15	16	17	18	19	20	21	22	23	24	25	26	27	28	29	30	31
요일	木	金	土	日	2	火	水	木	金	土	日	月	火	水	木	金	土	日	月	火	水	木	金	土	日	月	火	水	木	金	土
陰歷	26	27	28	29	1	2	3	4	5	6	7	8	9	10	11	12	13	14	15	16	17	18	19	20	21	22	23	24	25	26	27
日辰	丁	戊	己	庚	辛	壬	癸	甲	乙	丙	丁	戊	己	庚	辛	壬	癸	甲	乙	丙	丁	戊	己	庚	辛	壬	癸	甲	乙	丙	丁
	巳	午	未	申	酉	戌	亥	子	丑	寅	卯	辰	巳	午	未	申	酉	戌	亥	子	丑	寅	卯	辰	巳	午	未	申	酉	戌	亥
大運 男	9	9	9	10	驚	1	1	1	1	2	2	2	3	3	3	4	4	4	5	5	5	6	6	6	7	7	7	8	8	8	9
大運 女	一	一	一	一	蟄	十	九	九	九	八	八	八	七	七	七	六	六	六	五	五	五	四	四	四	三	三	三	二	二	二	一

4월 (癸卯) 甲辰 (청명) 淸明 4日 15:51 穀雨 19日

陽歷	1	2	3	4	5	6	7	8	9	10	11	12	13	14	15	16	17	18	19	20	21	22	23	24	25	26	27	28	29	30	
요일	日	月	火	3	木	金	土	日	月	火	水	木	金	土	日	月	火	水	木	金	土	日	月	火	水	木	金	土	日	月	
陰歷	28	29	30	1	2	3	4	5	6	7	8	9	10	11	12	13	14	15	16	17	18	19	20	21	22	23	24	25	26	27	
日辰	戊	己	庚	辛	壬	癸	甲	乙	丙	丁	戊	己	庚	辛	壬	癸	甲	乙	丙	丁	戊	己	庚	辛	壬	癸	甲	乙	丙	丁	
	子	丑	寅	卯	辰	巳	午	未	申	酉	戌	亥	子	丑	寅	卯	辰	巳	午	未	申	酉	戌	亥	子	丑	寅	卯	辰	巳	
大運 男	9	9	10	淸	1	1	1	1	2	2	2	3	3	3	4	4	4	5	5	5	6	6	6	7	7	7	8	8	8	9	
大運 女	一	一	一	明	十	十	九	九	九	八	八	八	七	七	七	六	六	六	五	五	五	四	四	四	三	三	三	二	二	二	

5월 (甲辰) 乙巳 (입하) 立夏 5日 08:45 小滿 20日

陽歷	1	2	3	4	5	6	7	8	9	10	11	12	13	14	15	16	17	18	19	20	21	22	23	24	25	26	27	28	29	30	31
요일	火	水	木	4	土	日	月	火	水	木	金	土	日	月	火	水	木	金	土	日	月	火	水	木	金	土	日	月	火	水	木
陰歷	28	29	30	1	2	3	4	5	6	7	8	9	10	11	12	13	14	15	16	17	18	19	20	21	22	23	24	25	26	27	28
日辰	戊	己	庚	辛	壬	癸	甲	乙	丙	丁	戊	己	庚	辛	壬	癸	甲	乙	丙	丁	戊	己	庚	辛	壬	癸	甲	乙	丙	丁	戊
	午	未	申	酉	戌	亥	子	丑	寅	卯	辰	巳	午	未	申	酉	戌	亥	子	丑	寅	卯	辰	巳	午	未	申	酉	戌	亥	子
大運 男	9	9	10	10	立	1	1	1	1	2	2	2	3	3	3	4	4	4	5	5	5	6	6	6	7	7	7	8	8	8	9
大運 女	一	一	一	一	夏	十	十	九	九	九	八	八	八	七	七	七	六	六	六	五	五	五	四	四	四	三	三	三	二	二	二

6월 (乙巳) 丙午 (망종) 芒種 5日 12:35 夏至 21日

陽歷	1	2	3	4	5	6	7	8	9	10	11	12	13	14	15	16	17	18	19	20	21	22	23	24	25	26	27	28	29	30	
요일	金	5	日	月	火	水	木	金	土	日	月	火	水	木	金	土	日	月	火	水	木	金	土	日	月	火	水	木	金	土	
陰歷	29	1	2	3	4	5	6	7	8	9	10	11	12	13	14	15	16	17	18	19	20	21	22	23	24	25	26	27	28	29	
日辰	己	庚	辛	壬	癸	甲	乙	丙	丁	戊	己	庚	辛	壬	癸	甲	乙	丙	丁	戊	己	庚	辛	壬	癸	甲	乙	丙	丁	戊	
	丑	寅	卯	辰	巳	午	未	申	酉	戌	亥	子	丑	寅	卯	辰	巳	午	未	申	酉	戌	亥	子	丑	寅	卯	辰	巳	午	
大運 男	9	9	10	10	芒	1	1	1	1	2	2	2	3	3	3	4	4	4	5	5	5	6	6	6	7	7	7	8	8	8	
大運 女	一	一	一	一	種	十	十	九	九	九	八	八	八	七	七	七	六	六	六	五	五	五	四	四	四	三	三	三	二	二	

澗下水星	十日得辛	西大將	亥弔客	寒食(4월 05일)	初伏(7월 12일)
六白金星	一龍治水	卯喪門	東三殺	中伏(7월 22일)	末伏(8월 11일)

7월 (丙午) 丁未 (소서) 小暑 6日 22:41 大暑 22日

陽歷	1	2	3	4	5	6	7	8	9	10	11	12	13	14	15	16	17	18	19	20	21	22	23	24	25	26	27	28	29	30	31
요일	日		火	水	木	金	土	日	月	火	水	木	金	土	日	月	火	水	木	金	土	日	月	火	水	木	金	土	日	月	
陰歷	30	6/1	2	3	4	5	6	7	8	9	10	11	12	13	14	15	16	17	18	19	20	21	22	23	24	25	26	27	28	29	7/1
日辰	己	庚	辛	壬	癸	甲	乙	丙	丁	戊	己	庚	辛	壬	癸	甲	乙	丙	丁	戊	己	庚	辛	壬	癸	甲	乙	丙	丁	戊	己
	未	申	酉	戌	亥	子	丑	寅	卯	辰	巳	午	未	申	酉	戌	亥	子	丑	寅	卯	辰	巳	午	未	申	酉	戌	亥	子	丑
大 男	9	9	9	10	10	小	1	1	1	1	2	2	2	3	3	3	4	4	4	5	5	5	6	6	6	7	7	7	8	8	8
運 女	二	一	一	一	一	署	十	十	十	九	九	九	八	八	八	七	七	七	六	六	六	五	五	五	四	四	四	三	三	三	二

8월 (丁未) 戊申 (입추) 立秋 7日 08:32 處署 22日

陽歷	1	2	3	4	5	6	7	8	9	10	11	12	13	14	15	16	17	18	19	20	21	22	23	24	25	26	27	28	29	30	31
요일	水	木	金	土	日	月	火	水	木	金	土	日	月	火	水	木	金	土	日	月	火	水	木	金	土	日	月	火	水		金
陰歷	2	3	4	5	6	7	8	9	10	11	12	13	14	15	16	17	18	19	20	21	22	23	24	25	26	27	28	29	30	8/1	2
日辰	庚	辛	壬	癸	甲	乙	丙	丁	戊	己	庚	辛	壬	癸	甲	乙	丙	丁	戊	己	庚	辛	壬	癸	甲	乙	丙	丁	戊	己	庚
	寅	卯	辰	巳	午	未	申	酉	戌	亥	子	丑	寅	卯	辰	巳	午	未	申	酉	戌	亥	子	丑	寅	卯	辰	巳	午	未	申
大 男	9	9	9	10	10	10	立	1	1	1	1	2	2	2	3	3	3	4	4	4	5	5	5	6	6	6	7	7	7	8	8
運 女	二	二	一	一	一	一	秋	十	十	九	九	九	八	八	八	七	七	七	六	六	六	五	五	五	四	四	四	三	三	三	二

9월 (戊申) 己酉 (백로) 白露 7日 11:42 秋分 22日

陽歷	1	2	3	4	5	6	7	8	9	10	11	12	13	14	15	16	17	18	19	20	21	22	23	24	25	26	27	28	29	30	
요일	土	日	月	火	水	木	金	土	日	月	火	水	木	金	土	日	月	火	水	木	金	土	日	月	火	水	木	金		日	
陰歷	3	4	5	6	7	8	9	10	11	12	13	14	15	16	17	18	19	20	21	22	23	24	25	26	27	28	29	30	9/1	2	
日辰	辛	壬	癸	甲	乙	丙	丁	戊	己	庚	辛	壬	癸	甲	乙	丙	丁	戊	己	庚	辛	壬	癸	甲	乙	丙	丁	戊	己	庚	
	酉	戌	亥	子	丑	寅	卯	辰	巳	午	未	申	酉	戌	亥	子	丑	寅	卯	辰	巳	午	未	申	酉	戌	亥	子	丑	寅	
大 男	8	9	9	9	10	10	白	1	1	1	1	2	2	2	3	3	3	4	4	4	5	5	5	6	6	6	7	7	7	8	
運 女	二	二	一	一	一	一	露	十	十	九	九	九	八	八	八	七	七	七	六	六	六	五	五	五	四	四	四	三	三	三	

10월 (己酉) 庚戌 (한로) 寒露 8日 03:45 霜降 23日

陽歷	1	2	3	4	5	6	7	8	9	10	11	12	13	14	15	16	17	18	19	20	21	22	23	24	25	26	27	28	29	30	31
요일	月	火	水	木	金	土	日	月	火	水	木	金	土	日	月	火	水	木	金	土	日	月	火	水	木	金	土		月	火	水
陰歷	3	4	5	6	7	8	9	10	11	12	13	14	15	16	17	18	19	20	21	22	23	24	25	26	27	28	29	10/1	2	3	4
日辰	辛	壬	癸	甲	乙	丙	丁	戊	己	庚	辛	壬	癸	甲	乙	丙	丁	戊	己	庚	辛	壬	癸	甲	乙	丙	丁	戊	己	庚	辛
	卯	辰	巳	午	未	申	酉	戌	亥	子	丑	寅	卯	辰	巳	午	未	申	酉	戌	亥	子	丑	寅	卯	辰	巳	午	未	申	酉
大 男	8	8	9	9	9	10	10	寒	1	1	1	1	2	2	2	3	3	3	4	4	4	5	5	5	6	6	6	7	7	7	8
運 女	二	二	二	一	一	一	一	露	十	九	九	九	八	八	八	七	七	七	六	六	六	五	五	五	四	四	四	三	三	三	二

11월 (庚戌) 辛亥 (입동) 立冬 7日 07:21 小雪 22日

陽歷	1	2	3	4	5	6	7	8	9	10	11	12	13	14	15	16	17	18	19	20	21	22	23	24	25	26	27	28	29	30	
요일	木	金	土	日	月	火	水	木	金	土	日	月	火	水	木	金	土	日	月	火	水	木	金	土	日		火	水	木	金	
陰歷	5	6	7	8	9	10	11	12	13	14	15	16	17	18	19	20	21	22	23	24	25	26	27	28	29	11/1	2	3	4	5	
日辰	壬	癸	甲	乙	丙	丁	戊	己	庚	辛	壬	癸	甲	乙	丙	丁	戊	己	庚	辛	壬	癸	甲	乙	丙	丁	戊	己	庚	辛	
	戌	亥	子	丑	寅	卯	辰	巳	午	未	申	酉	戌	亥	子	丑	寅	卯	辰	巳	午	未	申	酉	戌	亥	子	丑	寅	卯	
大 男	8	8	9	9	9	10	立	1	1	1	1	2	2	2	3	3	3	4	4	4	5	5	5	6	6	6	7	7	7	8	
運 女	二	二	一	一	一	一	冬	十	九	九	九	八	八	八	七	七	七	六	六	六	五	五	五	四	四	四	三	三	三	二	

12월 (辛亥) 壬子 (대설) 大雪 7日 00:33 冬至 21日

陽歷	1	2	3	4	5	6	7	8	9	10	11	12	13	14	15	16	17	18	19	20	21	22	23	24	25	26	27	28	29	30	31
요일	土	日	月	火	水	木	金	土	日	月	火	水	木	金	土	日	月	火	水	木	金	土	日	月	火		木	金	土	日	月
陰歷	6	7	8	9	10	11	12	13	14	15	16	17	18	19	20	21	22	23	24	25	26	27	28	29	30	12/1	2	3	4	5	6
日辰	壬	癸	甲	乙	丙	丁	戊	己	庚	辛	壬	癸	甲	乙	丙	丁	戊	己	庚	辛	壬	癸	甲	乙	丙	丁	戊	己	庚	辛	壬
	辰	巳	午	未	申	酉	戌	亥	子	丑	寅	卯	辰	巳	午	未	申	酉	戌	亥	子	丑	寅	卯	辰	巳	午	未	申	酉	戌
大 男	8	8	9	9	9	10	大	1	1	1	1	2	2	2	3	3	3	4	4	4	5	5	5	6	6	6	7	7	7	8	8
運 女	二	二	一	一	一	一	雪	九	九	九	八	八	八	七	七	七	六	六	六	五	五	五	四	四	四	三	三	三	二	二	二

1월 (壬子) 癸丑 (소한) 小寒 5日 11:57 大寒 20日

陽歷	1	2	3	4	5	6	7	8	9	10	11	12	13	14	15	16	17	18	19	20	21	22	23	24	25	26	27	28	29	30	31
요일	火	水	木	金	土	日	月	火	水	木	金	土	日	月	火	水	木	金	土	日	月	火	水	1	金	土	日	月	火	水	木
陰歷	7	8	9	10	11	12	13	14	15	16	17	18	19	20	21	22	23	24	25	26	27	28	29	1	2	3	4	5	6	7	8
日辰	癸	甲	乙	丙	丁	戊	己	庚	辛	壬	癸	甲	乙	丙	丁	戊	己	庚	辛	壬	癸	甲	乙	丙	丁	戊	己	庚	辛	壬	癸
	亥	子	丑	寅	卯	辰	巳	午	未	申	酉	戌	亥	子	丑	寅	卯	辰	巳	午	未	申	酉	戌	亥	子	丑	寅	卯	辰	巳
大運 男	8	9	9	9	小	1	1	1	1	2	2	2	3	3	3	4	4	4	5	5	5	6	6	6	7	7	7	8	8	8	9
大運 女	一	一	一	一	寒	九	九	九	八	八	八	七	七	七	六	六	六	五	五	五	四	四	四	三	三	三	二	二	二	一	一

2월 (癸丑) 甲寅 (입춘) 立春 3日 23:33 雨水 18日

陽歷	1	2	3	4	5	6	7	8	9	10	11	12	13	14	15	16	17	18	19	20	21	22	23	24	25	26	27	28			
요일	金	土	日	月	火	水	木	金	土	日	月	火	水	木	金	土	日	月	火	水	木	金	2	日	月	火	水	木			
陰歷	9	10	11	12	13	14	15	16	17	18	19	20	21	22	23	24	25	26	27	28	29	30	1	2	3	4	5	6			
日辰	甲	乙	丙	丁	戊	己	庚	辛	壬	癸	甲	乙	丙	丁	戊	己	庚	辛	壬	癸	甲	乙	丙	丁	戊	己	庚	辛			
	午	未	申	酉	戌	亥	子	丑	寅	卯	辰	巳	午	未	申	酉	戌	亥	子	丑	寅	卯	辰	巳	午	未	申	酉			
大運 男	9	9	立	10	9	9	9	8	8	8	7	7	7	6	6	6	5	5	5	4	4	4	3	3	3	2	2	2			
大運 女	一	一	春	一	一	一	一	二	二	二	三	三	三	四	四	四	五	五	五	六	六	六	七	七	七	八	八	八			

3월 (甲寅) 乙卯 (경칩) 驚蟄 5日 17:18 春分 20日

陽歷	1	2	3	4	5	6	7	8	9	10	11	12	13	14	15	16	17	18	19	20	21	22	23	24	25	26	27	28	29	30	31
요일	金	土	日	月	火	水	木	金	土	日	月	火	水	木	金	土	日	月	火	水	木	金	土	3	月	火	水	木	金	土	日
陰歷	7	8	9	10	11	12	13	14	15	16	17	18	19	20	21	22	23	24	25	26	27	28	29	1	2	3	4	5	6	7	8
日辰	壬	癸	甲	乙	丙	丁	戊	己	庚	辛	壬	癸	甲	乙	丙	丁	戊	己	庚	辛	壬	癸	甲	乙	丙	丁	戊	己	庚	辛	壬
	戌	亥	子	丑	寅	卯	辰	巳	午	未	申	酉	戌	亥	子	丑	寅	卯	辰	巳	午	未	申	酉	戌	亥	子	丑	寅	卯	辰
大運 男	1	1	1	1	驚	10	9	9	9	8	8	8	7	7	7	6	6	6	5	5	5	4	4	4	3	3	3	2	2	2	1
大運 女	九	九	九	十	蟄	一	一	一	一	二	二	二	三	三	三	四	四	四	五	五	五	六	六	六	七	七	七	八	八	八	九

4월 (乙卯) 丙辰 (청명) 清明 4日 21:42 穀雨 20日

陽歷	1	2	3	4	5	6	7	8	9	10	11	12	13	14	15	16	17	18	19	20	21	22	23	24	25	26	27	28	29	30	
요일	月	火	水	木	金	土	日	月	火	水	木	金	土	日	月	火	水	木	金	土	日	月	4	水	木	金	土	日	月	火	
陰歷	9	10	11	12	13	14	15	16	17	18	19	20	21	22	23	24	25	26	27	28	29	30	1	2	3	4	5	6	7	8	
日辰	癸	甲	乙	丙	丁	戊	己	庚	辛	壬	癸	甲	乙	丙	丁	戊	己	庚	辛	壬	癸	甲	乙	丙	丁	戊	己	庚	辛	壬	
	巳	午	未	申	酉	戌	亥	子	丑	寅	卯	辰	巳	午	未	申	酉	戌	亥	子	丑	寅	卯	辰	巳	午	未	申	酉	戌	
大運 男	1	1	1	清	10	10	9	9	9	8	8	8	7	7	7	6	6	6	5	5	5	4	4	4	3	3	3	2	2	2	
大運 女	九	九	十	明	一	一	一	一	二	二	二	三	三	三	四	四	四	五	五	五	六	六	六	七	七	七	八	八	八	九	

5월 (丙辰) 丁巳 (입하) 立夏 5日 14:34 小滿 21日

陽歷	1	2	3	4	5	6	7	8	9	10	11	12	13	14	15	16	17	18	19	20	21	22	23	24	25	26	27	28	29	30	31
요일	水	木	金	土	日	月	火	水	木	金	土	日	月	火	水	木	金	土	日	月	火	윤4	木	金	土	日	月	火	水	木	金
陰歷	9	10	11	12	13	14	15	16	17	18	19	20	21	22	23	24	25	26	27	28	29	1	2	3	4	5	6	7	8	9	10
日辰	癸	甲	乙	丙	丁	戊	己	庚	辛	壬	癸	甲	乙	丙	丁	戊	己	庚	辛	壬	癸	甲	乙	丙	丁	戊	己	庚	辛	壬	癸
	亥	子	丑	寅	卯	辰	巳	午	未	申	酉	戌	亥	子	丑	寅	卯	辰	巳	午	未	申	酉	戌	亥	子	丑	寅	卯	辰	巳
大運 男	1	1	1	1	立	10	10	9	9	9	8	8	8	7	7	7	6	6	6	5	5	5	4	4	4	3	3	3	2	2	2
大運 女	九	九	十	十	夏	一	一	一	一	二	二	二	三	三	三	四	四	四	五	五	五	六	六	六	七	七	七	八	八	八	九

6월 (丁巳) 戊午 (망종) 芒種 5日 18:23 夏至 21日

陽歷	1	2	3	4	5	6	7	8	9	10	11	12	13	14	15	16	17	18	19	20	21	22	23	24	25	26	27	28	29	30	
요일	土	日	月	火	水	木	金	土	日	月	火	水	木	金	土	日	月	火	水	木	5	土	日	月	火	水	木	金	土	日	
陰歷	11	12	13	14	15	16	17	18	19	20	21	22	23	24	25	26	27	28	29	30	1	2	3	4	5	6	7	8	9	10	
日辰	甲	乙	丙	丁	戊	己	庚	辛	壬	癸	甲	乙	丙	丁	戊	己	庚	辛	壬	癸	甲	乙	丙	丁	戊	己	庚	辛	壬	癸	
	午	未	申	酉	戌	亥	子	丑	寅	卯	辰	巳	午	未	申	酉	戌	亥	子	丑	寅	卯	辰	巳	午	未	申	酉	戌	亥	
大運 男	1	1	1	1	芒	10	10	10	9	9	9	8	8	8	7	7	7	6	6	6	5	5	5	4	4	4	3	3	3	2	
大運 女	九	九	十	十	種	一	一	一	一	二	二	二	三	三	三	四	四	四	五	五	五	六	六	六	七	七	七	八	八	八	

7월 (戊午) 己未 (소서) 小署 7日 04:30 大署 22日

陽歷		1	2	3	4	5	6	7	8	9	10	11	12	13	14	15	16	17	18	19	20	21	22	23	24	25	26	27	28	29	30	31
요일		月	火	水	木	金	土	日	月	火	水	木	金	土	日	月	火	水	木	金	土	6	月	火	水	木	金	土	日	月	火	水
陰歷		11	12	13	14	15	16	17	18	19	20	21	22	23	24	25	26	27	28	29	30	1	2	3	4	5	6	7	8	9	10	11
日辰		甲	乙	丙	丁	戊	己	庚	辛	壬	癸	甲	乙	丙	丁	戊	己	庚	辛	壬	癸	甲	乙	丙	丁	戊	己	庚	辛	壬	癸	甲
		子	丑	寅	卯	辰	巳	午	未	申	酉	戌	亥	子	丑	寅	卯	辰	巳	午	未	申	酉	戌	亥	子	丑	寅	卯	辰	巳	午
大	男	2	2	1	1	1	1	小	10	10	9	9	9	8	8	8	7	7	7	6	6	6	5	5	5	4	4	4	3	3	3	2
運	女	九	九	九	十	十	十	署	一	一	一	一	二	二	二	三	三	三	四	四	四	五	五	五	六	六	六	七	七	七	八	八

8월 (己未) 庚申 (입추) 立秋 7日 14:24 處署 23日

陽歷		1	2	3	4	5	6	7	8	9	10	11	12	13	14	15	16	17	18	19	20	21	22	23	24	25	26	27	28	29	30	31
요일		木	金	土	日	月	火	水	木	金	土	日	月	火	水	木	金	土	日	7	火	水	木	金	土	日	月	火	水	木	金	土
陰歷		12	13	14	15	16	17	18	19	20	21	22	23	24	25	26	27	28	29	1	2	3	4	5	6	7	8	9	10	11	12	13
日辰		乙	丙	丁	戊	己	庚	辛	壬	癸	甲	乙	丙	丁	戊	己	庚	辛	壬	癸	甲	乙	丙	丁	戊	己	庚	辛	壬	癸	甲	乙
		未	申	酉	戌	亥	子	丑	寅	卯	辰	巳	午	未	申	酉	戌	亥	子	丑	寅	卯	辰	巳	午	未	申	酉	戌	亥	子	丑
大	男	2	2	1	1	1	1	立	10	10	9	9	9	8	8	8	7	7	7	6	6	6	5	5	5	4	4	4	3	3	3	2
運	女	八	九	九	九	十	十	秋	一	一	一	一	二	二	二	三	三	三	四	四	四	五	五	五	六	六	六	七	七	七	八	八

9월 (庚申) 辛酉 (백로) 白露 7日 17:36 秋分 23日

陽歷		1	2	3	4	5	6	7	8	9	10	11	12	13	14	15	16	17	18	19	20	21	22	23	24	25	26	27	28	29	30
요일		日	月	火	水	木	金	土	日	月	火	水	木	金	土	日	月	火	8	木	金	土	日	月	火	水	木	金	土	日	月
陰歷		14	15	16	17	18	19	20	21	22	23	24	25	26	27	28	29	30	1	2	3	4	5	6	7	8	9	10	11	12	13
日辰		丙	丁	戊	己	庚	辛	壬	癸	甲	乙	丙	丁	戊	己	庚	辛	壬	癸	甲	乙	丙	丁	戊	己	庚	辛	壬	癸	甲	乙
		寅	卯	辰	巳	午	未	申	酉	戌	亥	子	丑	寅	卯	辰	巳	午	未	申	酉	戌	亥	子	丑	寅	卯	辰	巳	午	未
大	男	2	2	1	1	1	1	白	10	10	9	9	9	8	8	8	7	7	7	6	6	6	5	5	5	4	4	4	3	3	3
運	女	八	九	九	九	十	十	露	一	一	一	一	二	二	二	三	三	三	四	四	四	五	五	五	六	六	六	七	七	七	八

10월 (辛酉) 壬戌 (한로) 寒露 8日 09:40 霜降 23日

陽歷		1	2	3	4	5	6	7	8	9	10	11	12	13	14	15	16	17	18	19	20	21	22	23	24	25	26	27	28	29	30	31
요일		火	水	木	金	土	日	月	火	水	木	金	土	日	月	火	水	9	金	土	日	月	火	水	木	金	土	日	月	火	水	木
陰歷		14	15	16	17	18	19	20	21	22	23	24	25	26	27	28	29	1	2	3	4	5	6	7	8	9	10	11	12	13	14	15
日辰		丙	丁	戊	己	庚	辛	壬	癸	甲	乙	丙	丁	戊	己	庚	辛	壬	癸	甲	乙	丙	丁	戊	己	庚	辛	壬	癸	甲	乙	丙
		申	酉	戌	亥	子	丑	寅	卯	辰	巳	午	未	申	酉	戌	亥	子	丑	寅	卯	辰	巳	午	未	申	酉	戌	亥	子	丑	寅
大	男	2	2	2	1	1	1	1	寒	10	9	9	9	8	8	8	7	7	7	6	6	6	5	5	5	4	4	4	3	3	3	2
運	女	八	八	九	九	九	十	十	露	一	一	一	一	二	二	二	三	三	三	四	四	四	五	五	五	六	六	六	七	七	七	八

11월 (壬戌) 癸亥 (입동) 立冬 7日 13:16 小雪 22日

陽歷		1	2	3	4	5	6	7	8	9	10	11	12	13	14	15	16	17	18	19	20	21	22	23	24	25	26	27	28	29	30
요일		金	土	日	月	火	水	木	金	土	日	月	火	水	木	金	10	日	月	火	水	木	金	土	日	月	火	水	木	金	土
陰歷		16	17	18	19	20	21	22	23	24	25	26	27	28	29	30	1	2	3	4	5	6	7	8	9	10	11	12	13	14	15
日辰		丁	戊	己	庚	辛	壬	癸	甲	乙	丙	丁	戊	己	庚	辛	壬	癸	甲	乙	丙	丁	戊	己	庚	辛	壬	癸	甲	乙	丙
		卯	辰	巳	午	未	申	酉	戌	亥	子	丑	寅	卯	辰	巳	午	未	申	酉	戌	亥	子	丑	寅	卯	辰	巳	午	未	申
大	男	2	2	1	1	1	1	立	10	9	9	9	8	8	8	7	7	7	6	6	6	5	5	5	4	4	4	3	3	3	2
運	女	八	八	九	九	九	十	冬	一	一	一	一	二	二	二	三	三	三	四	四	四	五	五	五	六	六	六	七	七	七	八

12월 (癸亥) 甲子 (대설) 大雪 7日 06:26 冬至 22日

陽歷		1	2	3	4	5	6	7	8	9	10	11	12	13	14	15	16	17	18	19	20	21	22	23	24	25	26	27	28	29	30	31
요일		日	月	火	水	木	金	土	日	月	火	水	木	金	土	日	11	火	水	木	金	土	日	月	火	水	木	金	土	日	月	火
陰歷		16	17	18	19	20	21	22	23	24	25	26	27	28	29	30	1	2	3	4	5	6	7	8	9	10	11	12	13	14	15	16
日辰		丁	戊	己	庚	辛	壬	癸	甲	乙	丙	丁	戊	己	庚	辛	壬	癸	甲	乙	丙	丁	戊	己	庚	辛	壬	癸	甲	乙	丙	丁
		酉	戌	亥	子	丑	寅	卯	辰	巳	午	未	申	酉	戌	亥	子	丑	寅	卯	辰	巳	午	未	申	酉	戌	亥	子	丑	寅	卯
大	男	2	2	1	1	1	1	大	9	9	9	8	8	8	7	7	7	6	6	6	5	5	5	4	4	4	3	3	3	2	2	2
運	女	八	八	九	九	九	十	雪	一	一	一	一	二	二	二	三	三	三	四	四	四	五	五	五	六	六	六	七	七	七	八	八

1월 (甲子) 乙丑 (소한) 小寒 5日 17:48 大寒 20日

陽歷		1	2	3	4	5	6	7	8	9	10	11	12	13	14	15	16	17	18	19	20	21	22	23	24	25	26	27	28	29	30	31
요일		水	木	金	土	日	月	火	水	木	金	土	日	月	12	水	木	金	土	日	月	火	水	木	金	土	日	月	火	水	木	金
陰歷		17	18	19	20	21	22	23	24	25	26	27	28	29	1	2	3	4	5	6	7	8	9	10	11	12	13	14	15	16	17	18
日辰		戊	己	庚	辛	壬	癸	甲	乙	丙	丁	戊	己	庚	辛	壬	癸	甲	乙	丙	丁	戊	己	庚	辛	壬	癸	甲	乙	丙	丁	戊
		辰	巳	午	未	申	酉	戌	亥	子	丑	寅	卯	辰	巳	午	未	申	酉	戌	亥	子	丑	寅	卯	辰	巳	午	未	申	酉	戌
大	男	1	1	1	1	小	10	9	9	9	8	8	8	7	7	7	6	6	6	5	5	5	4	4	4	3	3	3	2	2	2	1
運	女	八	九	九	九	寒	一	一	一	一	二	二	二	三	三	三	四	四	四	五	五	五	六	六	六	七	七	七	八	八	八	九

2월 (乙丑) 丙寅 (입춘) 立春 4日 05:22 雨水 19日

陽歷		1	2	3	4	5	6	7	8	9	10	11	12	13	14	15	16	17	18	19	20	21	22	23	24	25	26	27	28			
요일		土	日	月	火	水	木	金	土	日	月	火	1	木	金	土	日	月	火	水	木	金	土	日	月	火	水	木	金			
陰歷		19	20	21	22	23	24	25	26	27	28	29	1	2	3	4	5	6	7	8	9	10	11	12	13	14	15	16	17			
日辰		己	庚	辛	壬	癸	甲	乙	丙	丁	戊	己	庚	辛	壬	癸	甲	乙	丙	丁	戊	己	庚	辛	壬	癸	甲	乙	丙			
		亥	子	丑	寅	卯	辰	巳	午	未	申	酉	戌	亥	子	丑	寅	卯	辰	巳	午	未	申	酉	戌	亥	子	丑	寅			
大	男	1	1	1	立	1	1	1	1	2	2	2	3	3	3	4	4	4	5	5	5	6	6	6	7	7	7	8	8			
運	女	九	九	十	春	九	九	九	八	八	八	七	七	七	六	六	六	五	五	五	四	四	四	三	三	三	二	二	二			

3월 (丙寅) 丁卯 (경칩) 驚蟄 5日 23:07 春分 20日

陽歷		1	2	3	4	5	6	7	8	9	10	11	12	13	14	15	16	17	18	19	20	21	22	23	24	25	26	27	28	29	30	31
요일		土	日	月	火	水	木	金	土	日	月	火	水	木	2	土	日	月	火	水	木	金	土	日	月	火	水	木	金	土	日	月
陰歷		18	19	20	21	22	23	24	25	26	27	28	29	30	1	2	3	4	5	6	7	8	9	10	11	12	13	14	15	16	17	18
日辰		丁	戊	己	庚	辛	壬	癸	甲	乙	丙	丁	戊	己	庚	辛	壬	癸	甲	乙	丙	丁	戊	己	庚	辛	壬	癸	甲	乙	丙	丁
		卯	辰	巳	午	未	申	酉	戌	亥	子	丑	寅	卯	辰	巳	午	未	申	酉	戌	亥	子	丑	寅	卯	辰	巳	午	未	申	酉
大	男	8	9	9	9	驚	1	1	1	1	2	2	2	3	3	3	4	4	4	5	5	5	6	6	6	7	7	7	8	8	8	9
運	女	一	一	一	一	蟄	十	十	九	九	九	八	八	八	七	七	七	六	六	六	五	五	五	四	四	四	三	三	三	二	二	二

4월 (丁卯) 戊辰 (청명) 清明 5日 03:31 穀雨 20日

陽歷		1	2	3	4	5	6	7	8	9	10	11	12	13	14	15	16	17	18	19	20	21	22	23	24	25	26	27	28	29	30	
요일		火	水	木	金	土	日	月	火	水	木	金	3	日	月	火	水	木	金	土	日	月	火	水	木	金	土	日	月	火	水	
陰歷		19	20	21	22	23	24	25	26	27	28	29	1	2	3	4	5	6	7	8	9	10	11	12	13	14	15	16	17	18	19	
日辰		戊	己	庚	辛	壬	癸	甲	乙	丙	丁	戊	己	庚	辛	壬	癸	甲	乙	丙	丁	戊	己	庚	辛	壬	癸	甲	乙	丙	丁	
		戌	亥	子	丑	寅	卯	辰	巳	午	未	申	酉	戌	亥	子	丑	寅	卯	辰	巳	午	未	申	酉	戌	亥	子	丑	寅	卯	
大	男	9	9	10	10	清	1	1	1	1	2	2	2	3	3	3	4	4	4	5	5	5	6	6	6	7	7	7	8	8	8	
運	女	一	一	一	一	明	十	九	九	九	八	八	八	七	七	七	六	六	六	五	五	五	四	四	四	三	三	三	二	二	二	

5월 (戊辰) 己巳 (입하) 立夏 5日 20:22 小満 21日

陽歷		1	2	3	4	5	6	7	8	9	10	11	12	13	14	15	16	17	18	19	20	21	22	23	24	25	26	27	28	29	30	31
요일		木	金	土	日	月	火	水	木	金	土	日	4	火	水	木	金	土	日	月	火	水	木	金	土	日	月	火	水	木	金	土
陰歷		20	21	22	23	24	25	26	27	28	29	30	1	2	3	4	5	6	7	8	9	10	11	12	13	14	15	16	17	18	19	20
日辰		戊	己	庚	辛	壬	癸	甲	乙	丙	丁	戊	己	庚	辛	壬	癸	甲	乙	丙	丁	戊	己	庚	辛	壬	癸	甲	乙	丙	丁	戊
		辰	巳	午	未	申	酉	戌	亥	子	丑	寅	卯	辰	巳	午	未	申	酉	戌	亥	子	丑	寅	卯	辰	巳	午	未	申	酉	戌
大	男	9	9	9	10	立	1	1	1	1	2	2	2	3	3	3	4	4	4	5	5	5	6	6	6	7	7	7	8	8	8	9
運	女	一	一	一	一	夏	十	十	十	九	九	九	八	八	八	七	七	七	六	六	六	五	五	五	四	四	四	三	三	三	二	二

6월 (己巳) 庚午 (망종) 芒種 6日 00:11 夏至 21日

陽歷		1	2	3	4	5	6	7	8	9	10	11	12	13	14	15	16	17	18	19	20	21	22	23	24	25	26	27	28	29	30	
요일		日	月	火	水	木	金	土	日	月	5	水	木	金	土	日	月	火	水	木	金	土	日	月	火	水	木	金	土	日	月	
陰歷		21	22	23	24	25	26	27	28	29	1	2	3	4	5	6	7	8	9	10	11	12	13	14	15	16	17	18	19	20	21	
日辰		己	庚	辛	壬	癸	甲	乙	丙	丁	戊	己	庚	辛	壬	癸	甲	乙	丙	丁	戊	己	庚	辛	壬	癸	甲	乙	丙	丁	戊	
		亥	子	丑	寅	卯	辰	巳	午	未	申	酉	戌	亥	子	丑	寅	卯	辰	巳	午	未	申	酉	戌	亥	子	丑	寅	卯	辰	
大	男	9	9	10	10	10	芒	1	1	1	1	2	2	2	3	3	3	4	4	4	5	5	5	6	6	6	7	7	7	8	8	
運	女	二	一	一	一	一	種	十	十	九	九	九	八	八	八	七	七	七	六	六	六	五	五	五	四	四	四	三	三	三	二	

城頭土星 二日得辛 北大將 丑弔客 寒食(4월 06일) 初伏(7월 12일)
四綠木星 七龍治水 巳喪門 酉三殺 中伏(7월 22일) 末伏(8월 11일)

7월 (庚午) 辛 未 (소서) 小署 7日 10:17 大署 23日

陽歷	1	2	3	4	5	6	7	8	9	10	11	12	13	14	15	16	17	18	19	20	21	22	23	24	25	26	27	28	29	30	31
요일	火	水	木	金	土	日	月	火	水	6/1	金	土	日	月	火	水	木	金	土	日	月	火	水	木	金	土	日	月	火	水	木
陰歷	22	23	24	25	26	27	28	29	30		2	3	4	5	6	7	8	9	10	11	12	13	14	15	16	17	18	19	20	21	22
日辰	己	庚	辛	壬	癸	甲	乙	丙	丁	戊	己	庚	辛	壬	癸	甲	乙	丙	丁	戊	己	庚	辛	壬	癸	甲	乙	丙	丁	戊	己
	巳	午	未	申	酉	戌	亥	子	丑	寅	卯	辰	巳	午	未	申	酉	戌	亥	子	丑	寅	卯	辰	巳	午	未	申	酉	戌	亥
大運 男	8	9	9	9	10	10	小	1	1	1	1	2	2	2	3	3	3	4	4	4	5	5	5	6	6	6	7	7	7	8	8
大運 女	二	二	一	一	一	一	署	十	十	九	九	九	八	八	八	七	七	七	六	六	六	五	五	五	四	四	四	三	三	三	二

8월 (辛未) 壬 申 (입추) 立秋 7日 20:11 處署 23日

陽歷	1	2	3	4	5	6	7	8	9	10	11	12	13	14	15	16	17	18	19	20	21	22	23	24	25	26	27	28	29	30	31
요일	金	土	日	月	火	水	木	7/1	土	日	月	火	水	木	金	土	日	月	火	水	木	金	土	日	月	火	水	木	金	土	日
陰歷	23	24	25	26	27	28	29		2	3	4	5	6	7	8	9	10	11	12	13	14	15	16	17	18	19	20	21	22	23	24
日辰	庚	辛	壬	癸	甲	乙	丙	丁	戊	己	庚	辛	壬	癸	甲	乙	丙	丁	戊	己	庚	辛	壬	癸	甲	乙	丙	丁	戊	己	庚
	子	丑	寅	卯	辰	巳	午	未	申	酉	戌	亥	子	丑	寅	卯	辰	巳	午	未	申	酉	戌	亥	子	丑	寅	卯	辰	巳	午
大運 男	8	9	9	9	10	10	立	1	1	1	1	1	2	2	2	3	3	3	4	4	4	5	5	5	6	6	6	7	7	7	8
大運 女	二	二	一	一	一	一	秋	十	十	九	九	九	八	八	八	七	七	七	六	六	六	五	五	五	四	四	四	三	三	三	二

9월 (壬申) 癸 酉 (백로) 白露 7日 23:25 秋分 23日

陽歷	1	2	3	4	5	6	7	8	9	10	11	12	13	14	15	16	17	18	19	20	21	22	23	24	25	26	27	28	29	30	
요일	月	火	水	木	金	土	8/1	月	火	水	木	金	土	日	月	火	水	木	金	土	日	月	火	水	木	金	土	日	月	火	
陰歷	25	26	27	28	29	30		2	3	4	5	6	7	8	9	10	11	12	13	14	15	16	17	18	19	20	21	22	23	24	
日辰	辛	壬	癸	甲	乙	丙	丁	戊	己	庚	辛	壬	癸	甲	乙	丙	丁	戊	己	庚	辛	壬	癸	甲	乙	丙	丁	戊	己	庚	
	未	申	酉	戌	亥	子	丑	寅	卯	辰	巳	午	未	申	酉	戌	亥	子	丑	寅	卯	辰	巳	午	未	申	酉	戌	亥	子	
大運 男	8	8	9	9	9	10	白	1	1	1	1	2	2	2	3	3	3	4	4	4	5	5	5	6	6	6	7	7	7	8	
大運 女	二	二	一	一	一	一	露	十	十	九	九	九	八	八	八	七	七	七	六	六	六	五	五	五	四	四	四	三	三	三	

10월 (癸酉) 甲 戌 (한로) 寒露 8日 15:29 霜降 23日

陽歷	1	2	3	4	5	6	7	8	9	10	11	12	13	14	15	16	17	18	19	20	21	22	23	24	25	26	27	28	29	30	31
요일	水	木	金	土	日	月	9/1	水	木	金	土	日	月	火	水	木	金	土	日	月	火	水	木	金	土	日	月	火	水	木	金
陰歷	25	26	27	28	29	30		2	3	4	5	6	7	8	9	10	11	12	13	14	15	16	17	18	19	20	21	22	23	24	25
日辰	辛	壬	癸	甲	乙	丙	丁	戊	己	庚	辛	壬	癸	甲	乙	丙	丁	戊	己	庚	辛	壬	癸	甲	乙	丙	丁	戊	己	庚	辛
	丑	寅	卯	辰	巳	午	未	申	酉	戌	亥	子	丑	寅	卯	辰	巳	午	未	申	酉	戌	亥	子	丑	寅	卯	辰	巳	午	未
大運 男	8	8	9	9	9	10	10	寒	1	1	1	1	2	2	2	3	3	3	4	4	4	5	5	5	6	6	6	7	7	7	8
大運 女	二	二	二	一	一	一	一	露	十	九	九	九	八	八	八	七	七	七	六	六	六	五	五	五	四	四	四	三	三	三	二

11월 (甲戌) 乙 亥 (입동) 立冬 7日 19:04 小雪 22日

陽歷	1	2	3	4	5	6	7	8	9	10	11	12	13	14	15	16	17	18	19	20	21	22	23	24	25	26	27	28	29	30	
요일	土	日	月	火	10/1	木	金	土	日	月	火	水	木	金	土	日	月	火	水	木	金	土	日	月	火	水	木	金	土	日	
陰歷	26	27	28	29		2	3	4	5	6	7	8	9	10	11	12	13	14	15	16	17	18	19	20	21	22	23	24	25	26	
日辰	壬	癸	甲	乙	丙	丁	戊	己	庚	辛	壬	癸	甲	乙	丙	丁	戊	己	庚	辛	壬	癸	甲	乙	丙	丁	戊	己	庚	辛	
	申	酉	戌	亥	子	丑	寅	卯	辰	巳	午	未	申	酉	戌	亥	子	丑	寅	卯	辰	巳	午	未	申	酉	戌	亥	子	丑	
大運 男	8	8	9	9	9	10	立	1	1	1	1	2	2	2	3	3	3	4	4	4	5	5	5	6	6	6	7	7	7	8	
大運 女	二	二	一	一	一	一	冬	十	九	九	九	八	八	八	七	七	七	六	六	六	五	五	五	四	四	四	三	三	三	二	

12월 (乙亥) 丙 子 (대설) 大雪 7日 12:12 冬至 22日

陽歷	1	2	3	4	5	6	7	8	9	10	11	12	13	14	15	16	17	18	19	20	21	22	23	24	25	26	27	28	29	30	31
요일	月	火	水	木	11/1	土	日	月	火	水	木	金	土	日	月	火	水	木	金	土	日	月	火	水	木	金	土	日	月	火	水
陰歷	27	28	29	30		2	3	4	5	6	7	8	9	10	11	12	13	14	15	16	17	18	19	20	21	22	23	24	25	26	27
日辰	壬	癸	甲	乙	丙	丁	戊	己	庚	辛	壬	癸	甲	乙	丙	丁	戊	己	庚	辛	壬	癸	甲	乙	丙	丁	戊	己	庚	辛	壬
	寅	卯	辰	巳	午	未	申	酉	戌	亥	子	丑	寅	卯	辰	巳	午	未	申	酉	戌	亥	子	丑	寅	卯	辰	巳	午	未	申
大運 男	8	8	9	9	9	10	大	1	1	1	1	2	2	2	3	3	3	4	4	4	5	5	5	6	6	6	7	7	7	8	8
大運 女	二	二	一	一	一	一	雪	九	九	九	八	八	八	七	七	七	六	六	六	五	五	五	四	四	四	三	三	三	二	二	二

1월 (丙子) 丁丑 (소한) 小寒 5日 23:32 大寒 20日

陽歷	1	2	3	4	5	6	7	8	9	10	11	12	13	14	15	16	17	18	19	20	21	22	23	24	25	26	27	28	29	30	31
요일	木	金	土	12/1	月	火	水	木	金	土	日	月	火	水	木	金	土	日	月	火	水	木	金	土	日	月	火	水	木	金	土
陰歷	28	29	30		2	3	4	5	6	7	8	9	10	11	12	13	14	15	16	17	18	19	20	21	22	23	24	25	26	27	28
日辰	癸	甲	乙	丙	丁	戊	己	庚	辛	壬	癸	甲	乙	丙	丁	戊	己	庚	辛	壬	癸	甲	乙	丙	丁	戊	己	庚	辛	壬	癸
	酉	戌	亥	子	丑	寅	卯	辰	巳	午	未	申	酉	戌	亥	子	丑	寅	卯	辰	巳	午	未	申	酉	戌	亥	子	丑	寅	卯
大 男	8	9	9	9	小	1	1	1	1	2	2	2	3	3	3	4	4	4	5	5	5	6	6	6	7	7	7	8	8	8	9
運 女	二	一	一	一	寒	十	九	九	九	八	八	八	七	七	七	六	六	六	五	五	五	四	四	四	三	三	三	二	二	二	一

2월 (丁丑) 戊寅 (입춘) 立春 4日 11:07 雨水 19日

陽歷	1	2	3	4	5	6	7	8	9	10	11	12	13	14	15	16	17	18	19	20	21	22	23	24	25	26	27	28	29		
요일	日	1/1	火	水	木	金	土	日	月	火	水	木	金	土	日	月	火	水	木	金	土	日	月	火	水	木	金	土	日		
陰歷	29		2	3	4	5	6	7	8	9	10	11	12	13	14	15	16	17	18	19	20	21	22	23	24	25	26	27	28		
日辰	甲	乙	丙	丁	戊	己	庚	辛	壬	癸	甲	乙	丙	丁	戊	己	庚	辛	壬	癸	甲	乙	丙	丁	戊	己	庚	辛	壬		
	辰	巳	午	未	申	酉	戌	亥	子	丑	寅	卯	辰	巳	午	未	申	酉	戌	亥	子	丑	寅	卯	辰	巳	午	未	申		
大 男	9	9	10	立	10	9	9	9	8	8	8	7	7	7	6	6	6	5	5	5	4	4	4	3	3	3	2	2	2		
運 女	一	一	一	春	一	一	一	一	二	二	二	三	三	三	四	四	四	五	五	五	六	六	六	七	七	七	八	八	八		

3월 (戊寅) 己卯 (경칩) 驚蟄 5日 04:52 春分 20日

陽歷	1	2	3	4	5	6	7	8	9	10	11	12	13	14	15	16	17	18	19	20	21	22	23	24	25	26	27	28	29	30	31
요일	月	火	2/1	木	金	土	日	月	火	水	木	金	土	日	月	火	水	木	金	土	日	月	火	水	木	金	土	日	月	火	水
陰歷	29	30		2	3	4	5	6	7	8	9	10	11	12	13	14	15	16	17	18	19	20	21	22	23	24	25	26	27	28	29
日辰	癸	甲	乙	丙	丁	戊	己	庚	辛	壬	癸	甲	乙	丙	丁	戊	己	庚	辛	壬	癸	甲	乙	丙	丁	戊	己	庚	辛	壬	癸
	酉	戌	亥	子	丑	寅	卯	辰	巳	午	未	申	酉	戌	亥	子	丑	寅	卯	辰	巳	午	未	申	酉	戌	亥	子	丑	寅	卯
大 男	1	1	1	1	驚	10	9	9	9	8	8	8	7	7	7	6	6	6	5	5	5	4	4	4	3	3	3	2	2	2	1
運 女	九	九	九	十	蟄	一	一	一	一	二	二	二	三	三	三	四	四	四	五	五	五	六	六	六	七	七	七	八	八	八	九

4월 (己卯) 庚辰 (청명) 清明 4日 09:18 穀雨 19日

陽歷	1	2	3	4	5	6	7	8	9	10	11	12	13	14	15	16	17	18	19	20	21	22	23	24	25	26	27	28	29	30	
요일	3/1	金	土	日	月	火	水	木	金	土	日	月	火	水	木	金	土	日	月	火	水	木	金	土	日	月	火	水	木	4/1	
陰歷		2	3	4	5	6	7	8	9	10	11	12	13	14	15	16	17	18	19	20	21	22	23	24	25	26	27	28	29		
日辰	甲	乙	丙	丁	戊	己	庚	辛	壬	癸	甲	乙	丙	丁	戊	己	庚	辛	壬	癸	甲	乙	丙	丁	戊	己	庚	辛	壬	癸	
	辰	巳	午	未	申	酉	戌	亥	子	丑	寅	卯	辰	巳	午	未	申	酉	戌	亥	子	丑	寅	卯	辰	巳	午	未	申	酉	
大 男	1	1	1	清	10	10	9	9	9	8	8	8	7	7	7	6	6	6	5	5	5	4	4	4	3	3	3	2	2	2	
運 女	九	九	十	明	一	一	一	一	二	二	二	三	三	三	四	四	四	五	五	五	六	六	六	七	七	七	八	八	八	九	

5월 (庚辰) 辛巳 (입하) 立夏 5日 02:11 小滿 20日

陽歷	1	2	3	4	5	6	7	8	9	10	11	12	13	14	15	16	17	18	19	20	21	22	23	24	25	26	27	28	29	30	31
요일	土	日	月	火	水	木	金	土	日	月	火	水	木	金	土	日	月	火	水	木	金	土	日	月	火	水	木	金	土	5/1	月
陰歷	2	3	4	5	6	7	8	9	10	11	12	13	14	15	16	17	18	19	20	21	22	23	24	25	26	27	28	29	30		2
日辰	甲	乙	丙	丁	戊	己	庚	辛	壬	癸	甲	乙	丙	丁	戊	己	庚	辛	壬	癸	甲	乙	丙	丁	戊	己	庚	辛	壬	癸	甲
	戌	亥	子	丑	寅	卯	辰	巳	午	未	申	酉	戌	亥	子	丑	寅	卯	辰	巳	午	未	申	酉	戌	亥	子	丑	寅	卯	辰
大 男	1	1	1	1	立	10	10	9	9	9	8	8	8	7	7	7	6	6	6	5	5	5	4	4	4	3	3	3	2	2	2
運 女	九	九	十	十	夏	一	一	一	一	二	二	二	三	三	三	四	四	四	五	五	五	六	六	六	七	七	七	八	八	八	九

6월 (辛巳) 壬午 (망종) 芒種 5日 06:00 夏至 20日

陽歷	1	2	3	4	5	6	7	8	9	10	11	12	13	14	15	16	17	18	19	20	21	22	23	24	25	26	27	28	29	30	
요일	火	水	木	金	土	日	月	火	水	木	金	土	日	月	火	水	木	金	土	日	月	火	水	木	金	土	日	6/1	火	水	
陰歷	3	4	5	6	7	8	9	10	11	12	13	14	15	16	17	18	19	20	21	22	23	24	25	26	27	28	29		2	3	
日辰	乙	丙	丁	戊	己	庚	辛	壬	癸	甲	乙	丙	丁	戊	己	庚	辛	壬	癸	甲	乙	丙	丁	戊	己	庚	辛	壬	癸	甲	
	巳	午	未	申	酉	戌	亥	子	丑	寅	卯	辰	巳	午	未	申	酉	戌	亥	子	丑	寅	卯	辰	巳	午	未	申	酉	戌	
大 男	1	1	1	1	芒	10	10	9	9	9	8	8	8	7	7	7	6	6	6	5	5	5	4	4	4	3	3	3	2	2	
運 女	九	九	十	十	種	一	一	一	一	二	二	二	三	三	三	四	四	四	五	五	五	六	六	六	七	七	七	八	八	八	

白蠟金星	七日得辛	北大將	寅弔客	寒食(4월 05일)	初伏(7월 16일)
三碧木星	十二龍治水	午喪門	南三殺	中伏(7월 26일)	末伏(8월 15일)

7월 (壬午) 癸未 (소서) 小暑 6日 16:06 大暑 22日

陽歷		1	2	3	4	5	6	7	8	9	10	11	12	13	14	15	16	17	18	19	20	21	22	23	24	25	26	27	28	29	30	31
요일		木	金	土	日	月	火	水	木	金	土	日	月	火	水	木	金	土	日	月	火	水	木	金	土	日	月	7	水	木	金	土
陰歷		4	5	6	7	8	9	10	11	12	13	14	15	16	17	18	19	20	21	22	23	24	25	26	27	28	29	1	2	3	4	5
日辰		乙	丙	丁	戊	己	庚	辛	壬	癸	甲	乙	丙	丁	戊	己	庚	辛	壬	癸	甲	乙	丙	丁	戊	己	庚	辛	壬	癸	甲	乙
		亥	子	丑	寅	卯	辰	巳	午	未	申	酉	戌	亥	子	丑	寅	卯	辰	巳	午	未	申	酉	戌	亥	子	丑	寅	卯	辰	巳
大	男	2	1	1	1	1	小	10	10	10	9	9	9	8	8	8	7	7	7	6	6	6	5	5	5	4	4	4	3	3	3	2
運	女	九	九	九	十	十	暑	一	一	一	一	二	二	二	三	三	三	四	四	四	五	五	五	六	六	六	七	七	七	八	八	八

8월 (癸未) 甲申 (입추) 立秋 7日 01:58 處暑 22日

陽歷		1	2	3	4	5	6	7	8	9	10	11	12	13	14	15	16	17	18	19	20	21	22	23	24	25	26	27	28	29	30	31
요일		日	月	火	水	木	金	土	日	月	火	水	木	金	土	日	月	火	水	木	金	土	日	月	火	水	8	金	土	日	月	火
陰歷		6	7	8	9	10	11	12	13	14	15	16	17	18	19	20	21	22	23	24	25	26	27	28	29	30	1	2	3	4	5	6
日辰		丙	丁	戊	己	庚	辛	壬	癸	甲	乙	丙	丁	戊	己	庚	辛	壬	癸	甲	乙	丙	丁	戊	己	庚	辛	壬	癸	甲	乙	丙
		午	未	申	酉	戌	亥	子	丑	寅	卯	辰	巳	午	未	申	酉	戌	亥	子	丑	寅	卯	辰	巳	午	未	申	酉	戌	亥	子
大	男	2	2	1	1	1	1	立	10	10	9	9	9	8	8	8	7	7	7	6	6	6	5	5	5	4	4	4	3	3	3	2
運	女	九	九	九	十	十	十	秋	一	一	一	一	二	二	二	三	三	三	四	四	四	五	五	五	六	六	六	七	七	七	八	八

9월 (甲申) 乙酉 (백로) 白露 7日 05:09 秋分 22日

陽歷		1	2	3	4	5	6	7	8	9	10	11	12	13	14	15	16	17	18	19	20	21	22	23	24	25	26	27	28	29	30
요일		水	木	金	土	日	月	火	水	木	金	土	日	月	火	水	木	金	土	日	月	火	水	木	金	9	日	月	火	水	木
陰歷		7	8	9	10	11	12	13	14	15	16	17	18	19	20	21	22	23	24	25	26	27	28	29	30	1	2	3	4	5	6
日辰		丁	戊	己	庚	辛	壬	癸	甲	乙	丙	丁	戊	己	庚	辛	壬	癸	甲	乙	丙	丁	戊	己	庚	辛	壬	癸	甲	乙	丙
		丑	寅	卯	辰	巳	午	未	申	酉	戌	亥	子	丑	寅	卯	辰	巳	午	未	申	酉	戌	亥	子	丑	寅	卯	辰	巳	午
大	男	2	2	1	1	1	1	白	10	9	9	9	8	8	8	7	7	7	6	6	6	5	5	5	4	4	4	3	3	3	2
運	女	八	九	九	九	十	十	露	一	一	一	一	二	二	二	三	三	三	四	四	四	五	五	五	六	六	六	七	七	七	八

10월 (乙酉) 丙戌 (한로) 寒露 7日 21:12 霜降 23日

陽歷		1	2	3	4	5	6	7	8	9	10	11	12	13	14	15	16	17	18	19	20	21	22	23	24	25	26	27	28	29	30	31
요일		金	土	日	月	火	水	木	金	土	日	月	火	水	木	金	土	日	月	火	水	木	金	土	10	月	火	水	木	金	土	日
陰歷		7	8	9	10	11	12	13	14	15	16	17	18	19	20	21	22	23	24	25	26	27	28	29	1	2	3	4	5	6	7	8
日辰		丁	戊	己	庚	辛	壬	癸	甲	乙	丙	丁	戊	己	庚	辛	壬	癸	甲	乙	丙	丁	戊	己	庚	辛	壬	癸	甲	乙	丙	丁
		未	申	酉	戌	亥	子	丑	寅	卯	辰	巳	午	未	申	酉	戌	亥	子	丑	寅	卯	辰	巳	午	未	申	酉	戌	亥	子	丑
大	男	2	2	1	1	1	1	寒	10	10	9	9	9	8	8	8	7	7	7	6	6	6	5	5	5	4	4	4	3	3	3	2
運	女	八	八	九	九	九	十	露	一	一	一	一	二	二	二	三	三	三	四	四	四	五	五	五	六	六	六	七	七	七	八	八

11월 (丙戌) 丁亥 (입동) 立冬 7日 00:47 小雪 21日

陽歷		1	2	3	4	5	6	7	8	9	10	11	12	13	14	15	16	17	18	19	20	21	22	23	24	25	26	27	28	29	30
요일		月	火	水	木	金	土	日	月	火	水	木	金	土	日	月	火	水	木	金	土	日	月	11	水	木	金	土	日	月	火
陰歷		9	10	11	12	13	14	15	16	17	18	19	20	21	22	23	24	25	26	27	28	29	30	1	2	3	4	5	6	7	8
日辰		戊	己	庚	辛	壬	癸	甲	乙	丙	丁	戊	己	庚	辛	壬	癸	甲	乙	丙	丁	戊	己	庚	辛	壬	癸	甲	乙	丙	丁
		寅	卯	辰	巳	午	未	申	酉	戌	亥	子	丑	寅	卯	辰	巳	午	未	申	酉	戌	亥	子	丑	寅	卯	辰	巳	午	未
大	男	2	2	1	1	1	1	立	9	9	9	8	8	8	7	7	7	6	6	6	5	5	5	4	4	4	3	3	3	2	2
運	女	八	九	九	九	十	十	冬	一	一	一	一	二	二	二	三	三	三	四	四	四	五	五	五	六	六	六	七	七	七	八

12월 (丁亥) 戊子 (대설) 大雪 6日 17:56 冬至 21日

陽歷		1	2	3	4	5	6	7	8	9	10	11	12	13	14	15	16	17	18	19	20	21	22	23	24	25	26	27	28	29	30	31
요일		水	木	金	土	日	月	火	水	木	金	土	日	月	火	水	木	金	土	日	月	火	水	12	金	土	日	月	火	水	木	金
陰歷		9	10	11	12	13	14	15	16	17	18	19	20	21	22	23	24	25	26	27	28	29	30	1	2	3	4	5	6	7	8	9
日辰		戊	己	庚	辛	壬	癸	甲	乙	丙	丁	戊	己	庚	辛	壬	癸	甲	乙	丙	丁	戊	己	庚	辛	壬	癸	甲	乙	丙	丁	戊
		申	酉	戌	亥	子	丑	寅	卯	辰	巳	午	未	申	酉	戌	亥	子	丑	寅	卯	辰	巳	午	未	申	酉	戌	亥	子	丑	寅
大	男	2	1	1	1	1	大	10	9	9	9	8	8	8	7	7	7	6	6	6	5	5	5	4	4	4	3	3	3	2	2	2
運	女	八	八	九	九	九	雪	一	一	一	一	二	二	二	三	三	三	四	四	四	五	五	五	六	六	六	七	七	七	八	八	八

1월 (戊子) 己丑 (소한) 小寒 5日 05:17 大寒 19日

陽歷	1	2	3	4	5	6	7	8	9	10	11	12	13	14	15	16	17	18	19	20	21	22	23	24	25	26	27	28	29	30	31
요일	土	日	月	火	水	木	金	土	日	月	火	水	木	金	土	日	月	火	水	木	金	1/1	日	月	火	水	木	金	土	日	月
陰歷	10	11	12	13	14	15	16	17	18	19	20	21	22	23	24	25	26	27	28	29	30		2	3	4	5	6	7	8	9	10
日辰	己	庚	辛	壬	癸	甲	乙	丙	丁	戊	己	庚	辛	壬	癸	甲	乙	丙	丁	戊	己	庚	辛	壬	癸	甲	乙	丙	丁	戊	己
	卯	辰	巳	午	未	申	酉	戌	亥	子	丑	寅	卯	辰	巳	午	未	申	酉	戌	亥	子	丑	寅	卯	辰	巳	午	未	申	酉
大運 男	1	1	1	1	小	9	9	9	8	8	8	7	7	7	6	6	6	5	5	5	4	4	4	3	3	3	2	2	2	1	1
大運 女	九	九	九	十	寒	一	一	一	一	二	二	二	三	三	三	四	四	四	五	五	五	六	六	六	七	七	七	八	八	八	九

2월 (己丑) 庚寅 (입춘) 立春 3日 16:52 雨水 18日

陽歷	1	2	3	4	5	6	7	8	9	10	11	12	13	14	15	16	17	18	19	20	21	22	23	24	25	26	27	28			
요일	火	水	木	金	土	日	月	火	水	木	金	土	日	月	火	水	木	金	土	2/1	月	火	水	木	金	土	日	月			
陰歷	11	12	13	14	15	16	17	18	19	20	21	22	23	24	25	26	27	28	29		2	3	4	5	6	7	8	9			
日辰	庚	辛	壬	癸	甲	乙	丙	丁	戊	己	庚	辛	壬	癸	甲	乙	丙	丁	戊	己	庚	辛	壬	癸	甲	乙	丙	丁			
	戌	亥	子	丑	寅	卯	辰	巳	午	未	申	酉	戌	亥	子	丑	寅	卯	辰	巳	午	未	申	酉	戌	亥	子	丑			
大運 男	1	1	立	1	1	1	1	2	2	2	3	3	3	4	4	4	5	5	5	6	6	6	7	7	7	8	8	8			
大運 女	九	九	春	十	九	九	九	八	八	八	七	七	七	六	六	六	五	五	五	四	四	四	三	三	三	二	二	二			

3월 (庚寅) 辛卯 (경칩) 驚蟄 5日 10:40 春分 20日

陽歷	1	2	3	4	5	6	7	8	9	10	11	12	13	14	15	16	17	18	19	20	21	22	23	24	25	26	27	28	29	30	31
요일	火	水	木	金	土	日	月	火	水	木	金	土	日	月	火	水	木	金	土	日	月	3/1	水	木	金	土	日	月	火	水	木
陰歷	10	11	12	13	14	15	16	17	18	19	20	21	22	23	24	25	26	27	28	29	30		2	3	4	5	6	7	8	9	10
日辰	戊	己	庚	辛	壬	癸	甲	乙	丙	丁	戊	己	庚	辛	壬	癸	甲	乙	丙	丁	戊	己	庚	辛	壬	癸	甲	乙	丙	丁	戊
	寅	卯	辰	巳	午	未	申	酉	戌	亥	子	丑	寅	卯	辰	巳	午	未	申	酉	戌	亥	子	丑	寅	卯	辰	巳	午	未	申
大運 男	9	9	9	10	驚	1	1	1	1	2	2	2	3	3	3	4	4	4	5	5	5	6	6	6	7	7	7	8	8	8	9
大運 女	一	一	一	一	蟄	十	九	九	九	八	八	八	七	七	七	六	六	六	五	五	五	四	四	四	三	三	三	二	二	二	一

4월 (辛卯) 壬辰 (청명) 清明 4日 15:09 穀雨 19日

陽歷	1	2	3	4	5	6	7	8	9	10	11	12	13	14	15	16	17	18	19	20	21	22	23	24	25	26	27	28	29	30	
요일	金	土	日	月	火	水	木	金	土	日	月	火	水	木	金	土	日	月	火	윤3/1	木	金	土	日	月	火	水	木	金	土	
陰歷	11	12	13	14	15	16	17	18	19	20	21	22	23	24	25	26	27	28	29		2	3	4	5	6	7	8	9	10	11	
日辰	己	庚	辛	壬	癸	甲	乙	丙	丁	戊	己	庚	辛	壬	癸	甲	乙	丙	丁	戊	己	庚	辛	壬	癸	甲	乙	丙	丁	戊	
	酉	戌	亥	子	丑	寅	卯	辰	巳	午	未	申	酉	戌	亥	子	丑	寅	卯	辰	巳	午	未	申	酉	戌	亥	子	丑	寅	
大運 男	9	9	10	清	1	1	1	1	2	2	2	3	3	3	4	4	4	5	5	5	6	6	6	7	7	7	8	8	8	9	
大運 女	一	一	一	明	十	十	九	九	九	八	八	八	七	七	七	六	六	六	五	五	五	四	四	四	三	三	三	二	二	二	

5월 (壬辰) 癸巳 (입하) 立夏 5日 08:05

陽歷	1	2	3	4	5	6	7	8	9	10	11	12	13	14	15	16	17	18	19	20	21	22	23	24	25	26	27	28	29	30	31
요일	日	月	火	水	木	金	土	日	月	火	水	木	金	土	日	月	火	水	4/1	金	土	日	月	火	水	木	金	土	日	月	火
陰歷	12	13	14	15	16	17	18	19	20	21	22	23	24	25	26	27	28	29		2	3	4	5	6	7	8	9	10	11	12	13
日辰	己	庚	辛	壬	癸	甲	乙	丙	丁	戊	己	庚	辛	壬	癸	甲	乙	丙	丁	戊	己	庚	辛	壬	癸	甲	乙	丙	丁	戊	己
	卯	辰	巳	午	未	申	酉	戌	亥	子	丑	寅	卯	辰	巳	午	未	申	酉	戌	亥	子	丑	寅	卯	辰	巳	午	未	申	酉
大運 男	9	9	10	10	立	1	1	1	1	2	2	2	3	3	3	4	4	4	5	5	5	6	6	6	7	7	7	8	8	8	9
大運 女	一	一	一	一	夏	十	十	九	九	九	八	八	八	七	七	七	六	六	六	五	五	五	四	四	四	三	三	三	二	二	二

6월 (癸巳) 甲午 (망종) 芒種 5日 11:55 夏至 21日

陽歷	1	2	3	4	5	6	7	8	9	10	11	12	13	14	15	16	17	18	19	20	21	22	23	24	25	26	27	28	29	30	
요일	水	木	金	土	日	月	火	水	木	金	土	日	月	火	水	木	金	5/1	日	月	火	水	木	金	土	日	月	火	水	木	
陰歷	14	15	16	17	18	19	20	21	22	23	24	25	26	27	28	29	30		2	3	4	5	6	7	8	9	10	11	12	13	
日辰	庚	辛	壬	癸	甲	乙	丙	丁	戊	己	庚	辛	壬	癸	甲	乙	丙	丁	戊	己	庚	辛	壬	癸	甲	乙	丙	丁	戊	己	
	戌	亥	子	丑	寅	卯	辰	巳	午	未	申	酉	戌	亥	子	丑	寅	卯	辰	巳	午	未	申	酉	戌	亥	子	丑	寅	卯	
大運 男	9	9	10	10	芒	1	1	1	1	2	2	2	3	3	3	4	4	4	5	5	5	6	6	6	7	7	7	8	8	8	
大運 女	一	一	一	一	種	十	十	九	九	九	八	八	八	七	七	七	六	六	六	五	五	五	四	四	四	三	三	三	二	二	

白蠟金星 二日得辛 東大將 卯弔客 寒食(4월 05일) 初伏(7월 11일)
二黑土星 五龍治水 未喪門 東三殺 中伏(7월 21일) 末伏(8월 10일)

7월 (甲午) 乙未 (소서) 小暑 6日 22:01 大暑 22日

陽歷	1	2	3	4	5	6	7	8	9	10	11	12	13	14	15	16	17	18	19	20	21	22	23	24	25	26	27	28	29	30	31
요일	金	土	日	月	火	水	木	金	土	日	月	火	水	木	金	土	6/1	月	火	水	木	金	土	日	月	火	水	木	金	土	日
陰歷	14	15	16	17	18	19	20	21	22	23	24	25	26	27	28	29		2	3	4	5	6	7	8	9	10	11	12	13	14	15
日辰	庚	辛	壬	癸	甲	乙	丙	丁	戊	己	庚	辛	壬	癸	甲	乙	丙	丁	戊	己	庚	辛	壬	癸	甲	乙	丙	丁	戊	己	庚
	辰	巳	午	未	申	酉	戌	亥	子	丑	寅	卯	辰	巳	午	未	申	酉	戌	亥	子	丑	寅	卯	辰	巳	午	未	申	酉	戌
大運 男	9	9	9	10	10	小	1	1	1	1	2	2	2	3	3	3	4	4	4	5	5	5	6	6	6	7	7	7	8	8	8
大運 女	二	一	一	一	一	暑	十	十	十	九	九	九	八	八	八	七	七	七	六	六	六	五	五	五	四	四	四	三	三	三	二

8월 (乙未) 丙申 (입추) 立秋 7日 07:51 處暑 22日

陽歷	1	2	3	4	5	6	7	8	9	10	11	12	13	14	15	16	17	18	19	20	21	22	23	24	25	26	27	28	29	30	31
요일	月	火	水	木	金	土	日	月	火	水	木	金	土	日	7/1	火	水	木	金	土	日	月	火	水	木	金	土	日	月	火	水
陰歷	16	17	18	19	20	21	22	23	24	25	26	27	28	29		2	3	4	5	6	7	8	9	10	11	12	13	14	15	16	17
日辰	辛	壬	癸	甲	乙	丙	丁	戊	己	庚	辛	壬	癸	甲	乙	丙	丁	戊	己	庚	辛	壬	癸	甲	乙	丙	丁	戊	己	庚	辛
	亥	子	丑	寅	卯	辰	巳	午	未	申	酉	戌	亥	子	丑	寅	卯	辰	巳	午	未	申	酉	戌	亥	子	丑	寅	卯	辰	巳
大運 男	9	9	9	10	10	10	立	1	1	1	1	2	2	2	3	3	3	4	4	4	5	5	5	6	6	6	7	7	7	8	8
大運 女	二	二	一	一	一	一	秋	十	十	九	九	九	八	八	八	七	七	七	六	六	六	五	五	五	四	四	四	三	三	三	二

9월 (丙申) 丁酉 (백로) 白露 7日 11:01 秋分 22日

陽歷	1	2	3	4	5	6	7	8	9	10	11	12	13	14	15	16	17	18	19	20	21	22	23	24	25	26	27	28	29	30
요일	木	金	土	日	月	火	水	木	金	土	日	月	火	8/1	木	金	土	日	月	火	水	木	金	土	日	月	火	水	木	金
陰歷	18	19	20	21	22	23	24	25	26	27	28	29	30		2	3	4	5	6	7	8	9	10	11	12	13	14	15	16	17
日辰	壬	癸	甲	乙	丙	丁	戊	己	庚	辛	壬	癸	甲	乙	丙	丁	戊	己	庚	辛	壬	癸	甲	乙	丙	丁	戊	己	庚	辛
	午	未	申	酉	戌	亥	子	丑	寅	卯	辰	巳	午	未	申	酉	戌	亥	子	丑	寅	卯	辰	巳	午	未	申	酉	戌	亥
大運 男	8	9	9	9	10	10	白	1	1	1	1	2	2	2	3	3	3	4	4	4	5	5	5	6	6	6	7	7	7	8
大運 女	二	二	一	一	一	一	露	十	十	九	九	九	八	八	八	七	七	七	六	六	六	五	五	五	四	四	四	三	三	三

10월 (丁酉) 戊戌 (한로) 寒露 8日 03:03 霜降 23日

陽歷	1	2	3	4	5	6	7	8	9	10	11	12	13	14	15	16	17	18	19	20	21	22	23	24	25	26	27	28	29	30	31
요일	土	日	月	火	水	木	金	土	日	月	火	水	9/1	金	土	日	月	火	水	木	金	土	日	月	火	水	木	金	土	日	月
陰歷	18	19	20	21	22	23	24	25	26	27	28	29		2	3	4	5	6	7	8	9	10	11	12	13	14	15	16	17	18	19
日辰	壬	癸	甲	乙	丙	丁	戊	己	庚	辛	壬	癸	甲	乙	丙	丁	戊	己	庚	辛	壬	癸	甲	乙	丙	丁	戊	己	庚	辛	壬
	子	丑	寅	卯	辰	巳	午	未	申	酉	戌	亥	子	丑	寅	卯	辰	巳	午	未	申	酉	戌	亥	子	丑	寅	卯	辰	巳	午
大運 男	8	8	9	9	9	10	10	寒	1	1	1	1	2	2	2	3	3	3	4	4	4	5	5	5	6	6	6	7	7	7	8
大運 女	二	二	二	一	一	一	一	露	十	九	九	九	八	八	八	七	七	七	六	六	六	五	五	五	四	四	四	三	三	三	二

11월 (戊戌) 己亥 (입동) 立冬 7日 06:38 小雪 22日

陽歷	1	2	3	4	5	6	7	8	9	10	11	12	13	14	15	16	17	18	19	20	21	22	23	24	25	26	27	28	29	30
요일	火	水	木	金	土	日	月	火	水	木	金	10/1	日	月	火	水	木	金	土	日	月	火	水	木	金	土	日	月	火	水
陰歷	20	21	22	23	24	25	26	27	28	29	30		2	3	4	5	6	7	8	9	10	11	12	13	14	15	16	17	18	19
日辰	癸	甲	乙	丙	丁	戊	己	庚	辛	壬	癸	甲	乙	丙	丁	戊	己	庚	辛	壬	癸	甲	乙	丙	丁	戊	己	庚	辛	壬
	未	申	酉	戌	亥	子	丑	寅	卯	辰	巳	午	未	申	酉	戌	亥	子	丑	寅	卯	辰	巳	午	未	申	酉	戌	亥	子
大運 男	8	8	9	9	9	10	立	1	1	1	1	2	2	2	3	3	3	4	4	4	5	5	5	6	6	6	7	7	7	8
大運 女	二	二	一	一	一	一	冬	九	九	九	八	八	八	七	七	七	六	六	六	五	五	五	四	四	四	三	三	三	二	二

12월 (己亥) 庚子 (대설) 大雪 6日 23:49 冬至 21日

陽歷	1	2	3	4	5	6	7	8	9	10	11	12	13	14	15	16	17	18	19	20	21	22	23	24	25	26	27	28	29	30	31
요일	木	金	土	日	月	火	水	木	金	土	日	11/1	火	水	木	金	土	日	月	火	水	木	金	土	日	月	火	水	木	金	土
陰歷	20	21	22	23	24	25	26	27	28	29	30		2	3	4	5	6	7	8	9	10	11	12	13	14	15	16	17	18	19	20
日辰	癸	甲	乙	丙	丁	戊	己	庚	辛	壬	癸	甲	乙	丙	丁	戊	己	庚	辛	壬	癸	甲	乙	丙	丁	戊	己	庚	辛	壬	癸
	丑	寅	卯	辰	巳	午	未	申	酉	戌	亥	子	丑	寅	卯	辰	巳	午	未	申	酉	戌	亥	子	丑	寅	卯	辰	巳	午	未
大運 男	8	8	9	9	9	大	1	1	1	1	2	2	2	3	3	3	4	4	4	5	5	5	6	6	6	7	7	7	8	8	8
大運 女	二	一	一	一	一	雪	十	九	九	九	八	八	八	七	七	七	六	六	六	五	五	五	四	四	四	三	三	三	二	二	二

1월 (庚子) 辛丑 (소한) 小寒 5日 11:11 大寒 20日

陽歷	1	2	3	4	5	6	7	8	9	10	11	12	13	14	15	16	17	18	19	20	21	22	23	24	25	26	27	28	29	30	31
요일	日	月	火	水	木	金	土	日	月	火	12	木	金	土	日	月	火	水	木	金	土	日	月	火	水	木	金	土	日	月	火
陰歷	21	22	23	24	25	26	27	28	29	30	1	2	3	4	5	6	7	8	9	10	11	12	13	14	15	16	17	18	19	20	21
日辰	甲	乙	丙	丁	戊	己	庚	辛	壬	癸	甲	乙	丙	丁	戊	己	庚	辛	壬	癸	甲	乙	丙	丁	戊	己	庚	辛	壬	癸	甲
	申	酉	戌	亥	子	丑	寅	卯	辰	巳	午	未	申	酉	戌	亥	子	丑	寅	卯	辰	巳	午	未	申	酉	戌	亥	子	丑	寅
大運 男	9	9	9	10	小	1	1	1	1	2	2	2	3	3	3	4	4	4	5	5	5	6	6	6	7	7	7	8	8	8	9
大運 女	一	一	一	一	寒	九	九	九	八	八	八	七	七	七	六	六	六	五	五	五	四	四	四	三	三	三	二	二	二	一	一

2월 (辛丑) 壬寅 (입춘) 立春 3日 22:45 雨水 18日

陽歷	1	2	3	4	5	6	7	8	9	10	11	12	13	14	15	16	17	18	19	20	21	22	23	24	25	26	27	28			
요일	水	木	金	土	日	月	火	水	1	金	土	日	月	火	水	木	金	土	日	月	火	水	木	金	土	日	月	火			
陰歷	22	23	24	25	26	27	28	29	1	2	3	4	5	6	7	8	9	10	11	12	13	14	15	16	17	18	19	20			
日辰	乙	丙	丁	戊	己	庚	辛	壬	癸	甲	乙	丙	丁	戊	己	庚	辛	壬	癸	甲	乙	丙	丁	戊	己	庚	辛	壬			
	卯	辰	巳	午	未	申	酉	戌	亥	子	丑	寅	卯	辰	巳	午	未	申	酉	戌	亥	子	丑	寅	卯	辰	巳	午			
大運 男	9	9	立	10	9	9	9	8	8	8	7	7	7	6	6	6	5	5	5	4	4	4	3	3	3	2	2	2			
大運 女	一	一	春	一	一	一	一	二	二	二	三	三	三	四	四	四	五	五	五	六	六	六	七	七	七	八	八	八			

3월 (壬寅) 癸卯 (경칩) 驚蟄 5日 16:30 春分 20日

陽歷	1	2	3	4	5	6	7	8	9	10	11	12	13	14	15	16	17	18	19	20	21	22	23	24	25	26	27	28	29	30	31
요일	水	木	金	土	日	月	火	水	木	金	2	日	月	火	水	木	金	土	日	月	火	水	木	金	土	日	月	火	水	木	金
陰歷	21	22	23	24	25	26	27	28	29	30	1	2	3	4	5	6	7	8	9	10	11	12	13	14	15	16	17	18	19	20	21
日辰	癸	甲	乙	丙	丁	戊	己	庚	辛	壬	癸	甲	乙	丙	丁	戊	己	庚	辛	壬	癸	甲	乙	丙	丁	戊	己	庚	辛	壬	癸
	未	申	酉	戌	亥	子	丑	寅	卯	辰	巳	午	未	申	酉	戌	亥	子	丑	寅	卯	辰	巳	午	未	申	酉	戌	亥	子	丑
大運 男	1	1	1	1	驚	10	9	9	9	8	8	8	7	7	7	6	6	6	5	5	5	4	4	4	3	3	3	2	2	2	1
大運 女	九	九	九	十	蟄	一	一	一	一	二	二	二	三	三	三	四	四	四	五	五	五	六	六	六	七	七	七	八	八	八	九

4월 (癸卯) 甲辰 (청명) 淸明 4日 20:54 穀雨 20日

陽歷	1	2	3	4	5	6	7	8	9	10	11	12	13	14	15	16	17	18	19	20	21	22	23	24	25	26	27	28	29	30	
요일	土	日	月	火	水	木	金	土	日	3	火	水	木	金	土	日	月	火	水	木	金	土	日	月	火	水	木	金	土	日	
陰歷	22	23	24	25	26	27	28	29	30	1	2	3	4	5	6	7	8	9	10	11	12	13	14	15	16	17	18	19	20	21	
日辰	甲	乙	丙	丁	戊	己	庚	辛	壬	癸	甲	乙	丙	丁	戊	己	庚	辛	壬	癸	甲	乙	丙	丁	戊	己	庚	辛	壬	癸	
	寅	卯	辰	巳	午	未	申	酉	戌	亥	子	丑	寅	卯	辰	巳	午	未	申	酉	戌	亥	子	丑	寅	卯	辰	巳	午	未	
大運 男	1	1	1	淸	10	10	9	9	9	8	8	8	7	7	7	6	6	6	5	5	5	4	4	4	3	3	3	2	2	2	
大運 女	九	九	十	明	一	一	一	一	二	二	二	三	三	三	四	四	四	五	五	五	六	六	六	七	七	七	八	八	八	九	

5월 (甲辰) 乙巳 (입하) 立夏 5日 13:46 小滿 21日

陽歷	1	2	3	4	5	6	7	8	9	10	11	12	13	14	15	16	17	18	19	20	21	22	23	24	25	26	27	28	29	30	31
요일	月	火	水	木	金	土	日	月	4	水	木	金	土	日	月	火	水	木	金	土	日	月	火	水	木	金	土	日	月	火	水
陰歷	22	23	24	25	26	27	28	29	1	2	3	4	5	6	7	8	9	10	11	12	13	14	15	16	17	18	19	20	21	22	23
日辰	甲	乙	丙	丁	戊	己	庚	辛	壬	癸	甲	乙	丙	丁	戊	己	庚	辛	壬	癸	甲	乙	丙	丁	戊	己	庚	辛	壬	癸	甲
	申	酉	戌	亥	子	丑	寅	卯	辰	巳	午	未	申	酉	戌	亥	子	丑	寅	卯	辰	巳	午	未	申	酉	戌	亥	子	丑	寅
大運 男	1	1	1	1	立	10	10	9	9	9	8	8	8	7	7	7	6	6	6	5	5	5	4	4	4	3	3	3	2	2	2
大運 女	九	九	十	十	夏	一	一	一	一	二	二	二	三	三	三	四	四	四	五	五	五	六	六	六	七	七	七	八	八	八	九

6월 (乙巳) 丙午 (망종) 芒種 5日 17:33 夏至 21日

陽歷	1	2	3	4	5	6	7	8	9	10	11	12	13	14	15	16	17	18	19	20	21	22	23	24	25	26	27	28	29	30	
요일	木	金	土	日	月	火	5	木	金	土	日	月	火	水	木	金	土	日	月	火	水	木	金	土	日	月	火	水	木	金	
陰歷	24	25	26	27	28	29	1	2	3	4	5	6	7	8	9	10	11	12	13	14	15	16	17	18	19	20	21	22	23	24	
日辰	乙	丙	丁	戊	己	庚	辛	壬	癸	甲	乙	丙	丁	戊	己	庚	辛	壬	癸	甲	乙	丙	丁	戊	己	庚	辛	壬	癸	甲	
	卯	辰	巳	午	未	申	酉	戌	亥	子	丑	寅	卯	辰	巳	午	未	申	酉	戌	亥	子	丑	寅	卯	辰	巳	午	未	申	
大運 男	1	1	1	1	芒	10	10	10	9	9	9	8	8	8	7	7	7	6	6	6	5	5	5	4	4	4	3	3	3	2	
大運 女	九	九	十	十	種	一	一	一	一	二	二	二	三	三	三	四	四	四	五	五	五	六	六	六	七	七	七	八	八	八	

7월 (丙午) 丁未 (소서) 小署 7日 03:37 大署 22日

陽歷		1	2	3	4	5	6	7	8	9	10	11	12	13	14	15	16	17	18	19	20	21	22	23	24	25	26	27	28	29	30	31
요일		土	日	月	火	水	木	6	土	日	月	火	水	木	金	土	日	月	火	水	木	金	土	日	月	火	水	木	金	土	日	月
陰歷		25	26	27	28	29	30	1	2	3	4	5	6	7	8	9	10	11	12	13	14	15	16	17	18	19	20	21	22	23	24	25
日辰		乙	丙	丁	戊	己	庚	辛	壬	癸	甲	乙	丙	丁	戊	己	庚	辛	壬	癸	甲	乙	丙	丁	戊	己	庚	辛	壬	癸	甲	乙
		酉	戌	亥	子	丑	寅	卯	辰	巳	午	未	申	酉	戌	亥	子	丑	寅	卯	辰	巳	午	未	申	酉	戌	亥	子	丑	寅	卯
大	男	2	2	1	1	1	1	小	10	10	9	9	9	8	8	8	7	7	7	6	6	6	5	5	5	4	4	4	3	3	3	2
運	女	九	九	九	十	十	十	署	一	一	一	一	二	二	二	三	三	三	四	四	四	五	五	五	六	六	六	七	七	七	八	八

8월 (丁未) 戊申 (입추) 立秋 7日 13:27 處署 23日

陽歷		1	2	3	4	5	6	7	8	9	10	11	12	13	14	15	16	17	18	19	20	21	22	23	24	25	26	27	28	29	30	31
요일		火	水	木	金	7	日	月	火	水	木	金	土	日	月	火	水	木	金	土	日	月	火	水	木	金	土	日	月	火	水	木
陰歷		26	27	28	29	1	2	3	4	5	6	7	8	9	10	11	12	13	14	15	16	17	18	19	20	21	22	23	24	25	26	27
日辰		丙	丁	戊	己	庚	辛	壬	癸	甲	乙	丙	丁	戊	己	庚	辛	壬	癸	甲	乙	丙	丁	戊	己	庚	辛	壬	癸	甲	乙	丙
		辰	巳	午	未	申	酉	戌	亥	子	丑	寅	卯	辰	巳	午	未	申	酉	戌	亥	子	丑	寅	卯	辰	巳	午	未	申	酉	戌
大	男	2	2	1	1	1	1	立	10	10	9	9	9	8	8	8	7	7	7	6	6	6	5	5	5	4	4	4	3	3	3	2
運	女	八	九	九	九	十	十	秋	一	一	一	一	二	二	二	三	三	三	四	四	四	五	五	五	六	六	六	七	七	七	八	八

9월 (戊申) 己酉 (백로) 白露 7日 16:39 秋分 23日

陽歷		1	2	3	4	5	6	7	8	9	10	11	12	13	14	15	16	17	18	19	20	21	22	23	24	25	26	27	28	29	30	
요일		金	土	8	月	火	水	木	金	土	日	月	火	水	木	金	土	日	月	火	水	木	金	土	日	月	火	水	木	金	土	
陰歷		28	29	1	2	3	4	5	6	7	8	9	10	11	12	13	14	15	16	17	18	19	20	21	22	23	24	25	26	27	28	
日辰		丁	戊	己	庚	辛	壬	癸	甲	乙	丙	丁	戊	己	庚	辛	壬	癸	甲	乙	丙	丁	戊	己	庚	辛	壬	癸	甲	乙	丙	
		亥	子	丑	寅	卯	辰	巳	午	未	申	酉	戌	亥	子	丑	寅	卯	辰	巳	午	未	申	酉	戌	亥	子	丑	寅	卯	辰	
大	男	2	2	1	1	1	1	白	10	10	9	9	9	8	8	8	7	7	7	6	6	6	5	5	5	4	4	4	3	3	3	
運	女	八	九	九	九	十	十	露	一	一	一	一	二	二	二	三	三	三	四	四	四	五	五	五	六	六	六	七	七	七	八	

10월 (己酉) 庚戌 (한로) 寒露 8日 08:43 霜降 23日

陽歷		1	2	3	4	5	6	7	8	9	10	11	12	13	14	15	16	17	18	19	20	21	22	23	24	25	26	27	28	29	30	31
요일		日	月	9	水	木	金	土	日	月	火	水	木	金	土	日	月	火	水	木	金	土	日	月	火	水	木	金	土	日	月	火
陰歷		29	30	1	2	3	4	5	6	7	8	9	10	11	12	13	14	15	16	17	18	19	20	21	22	23	24	25	26	27	28	29
日辰		丁	戊	己	庚	辛	壬	癸	甲	乙	丙	丁	戊	己	庚	辛	壬	癸	甲	乙	丙	丁	戊	己	庚	辛	壬	癸	甲	乙	丙	丁
		巳	午	未	申	酉	戌	亥	子	丑	寅	卯	辰	巳	午	未	申	酉	戌	亥	子	丑	寅	卯	辰	巳	午	未	申	酉	戌	亥
大	男	2	2	2	1	1	1	1	寒	10	9	9	9	8	8	8	7	7	7	6	6	6	5	5	5	4	4	4	3	3	3	2
運	女	八	八	九	九	九	十	十	露	一	一	一	一	二	二	二	三	三	三	四	四	四	五	五	五	六	六	六	七	七	七	八

11월 (庚戌) 辛亥 (입동) 立冬 7日 12:21 小雪 22日

陽歷		1	2	3	4	5	6	7	8	9	10	11	12	13	14	15	16	17	18	19	20	21	22	23	24	25	26	27	28	29	30	
요일		10	木	金	土	日	月	火	水	木	金	土	日	月	火	水	木	金	土	日	月	火	水	木	金	土	日	月	火	水	木	
陰歷		1	2	3	4	5	6	7	8	9	10	11	12	13	14	15	16	17	18	19	20	21	22	23	24	25	26	27	28	29	30	
日辰		戊	己	庚	辛	壬	癸	甲	乙	丙	丁	戊	己	庚	辛	壬	癸	甲	乙	丙	丁	戊	己	庚	辛	壬	癸	甲	乙	丙	丁	
		子	丑	寅	卯	辰	巳	午	未	申	酉	戌	亥	子	丑	寅	卯	辰	巳	午	未	申	酉	戌	亥	子	丑	寅	卯	辰	巳	
大	男	2	2	1	1	1	1	立	10	9	9	9	8	8	8	7	7	7	6	6	6	5	5	5	4	4	4	3	3	3	2	
運	女	八	八	九	九	九	十	冬	一	一	一	一	二	二	二	三	三	三	四	四	四	五	五	五	六	六	六	七	七	七	八	

12월 (辛亥) 壬子 (대설) 大雪 7日 05:33 冬至 21日

陽歷		1	2	3	4	5	6	7	8	9	10	11	12	13	14	15	16	17	18	19	20	21	22	23	24	25	26	27	28	29	30	31
요일		11	土	日	月	火	水	木	金	土	日	月	火	水	木	金	土	日	月	火	水	木	金	土	日	月	火	水	木	金	土	12
陰歷		1	2	3	4	5	6	7	8	9	10	11	12	13	14	15	16	17	18	19	20	21	22	23	24	25	26	27	28	29	30	1
日辰		戊	己	庚	辛	壬	癸	甲	乙	丙	丁	戊	己	庚	辛	壬	癸	甲	乙	丙	丁	戊	己	庚	辛	壬	癸	甲	乙	丙	丁	戊
		午	未	申	酉	戌	亥	子	丑	寅	卯	辰	巳	午	未	申	酉	戌	亥	子	丑	寅	卯	辰	巳	午	未	申	酉	戌	亥	子
大	男	2	2	1	1	1	1	大	9	9	9	8	8	8	7	7	7	6	6	6	5	5	5	4	4	4	3	3	3	2	2	2
運	女	八	八	九	九	九	十	雪	一	一	一	一	二	二	二	三	三	三	四	四	四	五	五	五	六	六	六	七	七	七	八	八

1월 (壬子) 癸丑 (소한) 小寒 5日 16:56 大寒 20日

陽歷	1	2	3	4	5	6	7	8	9	10	11	12	13	14	15	16	17	18	19	20	21	22	23	24	25	26	27	28	29	30	31
요일	月	火	水	木	金	土	日	月	火	水	木	金	土	日	月	火	水	木	金	土	日	月	火	水	木	金	土	日	1	火	水
陰歷	2	3	4	5	6	7	8	9	10	11	12	13	14	15	16	17	18	19	20	21	22	23	24	25	26	27	28	29	1	2	3
日辰	己	庚	辛	壬	癸	甲	乙	丙	丁	戊	己	庚	辛	壬	癸	甲	乙	丙	丁	戊	己	庚	辛	壬	癸	甲	乙	丙	丁	戊	己
	丑	寅	卯	辰	巳	午	未	申	酉	戌	亥	子	丑	寅	卯	辰	巳	午	未	申	酉	戌	亥	子	丑	寅	卯	辰	巳	午	未
大 男	1	1	1	1	小	10	9	9	9	8	8	8	7	7	7	6	6	6	5	5	5	4	4	4	3	3	3	2	2	2	1
運 女	八	九	九	九	寒	一	一	一	一	二	二	二	三	三	三	四	四	四	五	五	五	六	六	六	七	七	七	八	八	八	九

2월 (癸丑) 甲寅 (입춘) 立春 4日 04:30 雨水 19日

陽歷	1	2	3	4	5	6	7	8	9	10	11	12	13	14	15	16	17	18	19	20	21	22	23	24	25	26	27	28			
요일	木	金	土	日	月	火	水	木	金	土	日	月	火	水	木	金	土	日	月	火	水	木	金	土	日	月	火	2			
陰歷	4	5	6	7	8	9	10	11	12	13	14	15	16	17	18	19	20	21	22	23	24	25	26	27	28	29	30	1			
日辰	庚	辛	壬	癸	甲	乙	丙	丁	戊	己	庚	辛	壬	癸	甲	乙	丙	丁	戊	己	庚	辛	壬	癸	甲	乙	丙	丁			
	申	酉	戌	亥	子	丑	寅	卯	辰	巳	午	未	申	酉	戌	亥	子	丑	寅	卯	辰	巳	午	未	申	酉	戌	亥			
大 男	1	1	1	立	1	1	1	1	2	2	2	3	3	3	4	4	4	5	5	5	6	6	6	7	7	7	8	8			
運 女	九	九	十	春	九	九	九	八	八	八	七	七	七	六	六	六	五	五	五	四	四	四	三	三	三	二	二	二			

3월 (甲寅) 乙卯 (경칩) 驚蟄 5日 22:13 春分 20日

陽歷	1	2	3	4	5	6	7	8	9	10	11	12	13	14	15	16	17	18	19	20	21	22	23	24	25	26	27	28	29	30	31
요일	木	金	土	日	月	火	水	木	金	土	日	月	火	水	木	金	土	日	月	火	水	木	金	土	日	月	火	水	木	3	土
陰歷	2	3	4	5	6	7	8	9	10	11	12	13	14	15	16	17	18	19	20	21	22	23	24	25	26	27	28	29	30	1	2
日辰	戊	己	庚	辛	壬	癸	甲	乙	丙	丁	戊	己	庚	辛	壬	癸	甲	乙	丙	丁	戊	己	庚	辛	壬	癸	甲	乙	丙	丁	戊
	子	丑	寅	卯	辰	巳	午	未	申	酉	戌	亥	子	丑	寅	卯	辰	巳	午	未	申	酉	戌	亥	子	丑	寅	卯	辰	巳	午
大 男	8	9	9	9	驚	1	1	1	1	2	2	2	3	3	3	4	4	4	5	5	5	6	6	6	7	7	7	8	8	8	9
運 女	一	一	一	一	蟄	十	十	九	九	九	八	八	八	七	七	七	六	六	六	五	五	五	四	四	四	三	三	三	二	二	二

4월 (乙卯) 丙辰 (청명) 清明 5日 02:35 穀雨 20日

陽歷	1	2	3	4	5	6	7	8	9	10	11	12	13	14	15	16	17	18	19	20	21	22	23	24	25	26	27	28	29	30	
요일	日	月	火	水	木	金	土	日	月	火	水	木	金	土	日	月	火	水	木	金	土	日	月	火	水	木	金	4	日	月	
陰歷	3	4	5	6	7	8	9	10	11	12	13	14	15	16	17	18	19	20	21	22	23	24	25	26	27	28	29	1	2	3	
日辰	己	庚	辛	壬	癸	甲	乙	丙	丁	戊	己	庚	辛	壬	癸	甲	乙	丙	丁	戊	己	庚	辛	壬	癸	甲	乙	丙	丁	戊	
	未	申	酉	戌	亥	子	丑	寅	卯	辰	巳	午	未	申	酉	戌	亥	子	丑	寅	卯	辰	巳	午	未	申	酉	戌	亥	子	
大 男	9	9	10	10	清	1	1	1	1	2	2	2	3	3	3	4	4	4	5	5	5	6	6	6	7	7	7	8	8	8	
運 女	一	一	一	一	明	十	九	九	九	八	八	八	七	七	七	六	六	六	五	五	五	四	四	四	三	三	三	二	二	二	

5월 (丙辰) 丁巳 (입하) 立夏 5日 19:27 小滿 21日

陽歷	1	2	3	4	5	6	7	8	9	10	11	12	13	14	15	16	17	18	19	20	21	22	23	24	25	26	27	28	29	30	31
요일	火	水	木	金	土	日	月	火	水	木	金	土	日	月	火	水	木	金	土	日	月	火	水	木	金	土	日	5	火	水	木
陰歷	4	5	6	7	8	9	10	11	12	13	14	15	16	17	18	19	20	21	22	23	24	25	26	27	28	29	30	1	2	3	4
日辰	己	庚	辛	壬	癸	甲	乙	丙	丁	戊	己	庚	辛	壬	癸	甲	乙	丙	丁	戊	己	庚	辛	壬	癸	甲	乙	丙	丁	戊	己
	丑	寅	卯	辰	巳	午	未	申	酉	戌	亥	子	丑	寅	卯	辰	巳	午	未	申	酉	戌	亥	子	丑	寅	卯	辰	巳	午	未
大 男	9	9	9	10	立	1	1	1	1	2	2	2	3	3	3	4	4	4	5	5	5	6	6	6	7	7	7	8	8	8	9
運 女	一	一	一	一	夏	十	十	九	九	九	八	八	八	七	七	七	六	六	六	五	五	五	四	四	四	三	三	三	二	二	二

6월 (丁巳) 戊午 (망종) 芒種 5日 23:16 夏至 21日

陽歷	1	2	3	4	5	6	7	8	9	10	11	12	13	14	15	16	17	18	19	20	21	22	23	24	25	26	27	28	29	30	
요일	金	土	日	月	火	水	木	金	土	日	月	火	水	木	金	土	日	月	火	水	木	金	土	日	月	6	水	木	金	土	
陰歷	5	6	7	8	9	10	11	12	13	14	15	16	17	18	19	20	21	22	23	24	25	26	27	28	29	1	2	3	4	5	
日辰	庚	辛	壬	癸	甲	乙	丙	丁	戊	己	庚	辛	壬	癸	甲	乙	丙	丁	戊	己	庚	辛	壬	癸	甲	乙	丙	丁	戊	己	
	申	酉	戌	亥	子	丑	寅	卯	辰	巳	午	未	申	酉	戌	亥	子	丑	寅	卯	辰	巳	午	未	申	酉	戌	亥	子	丑	
大 男	9	9	10	10	芒	1	1	1	1	2	2	2	3	3	3	4	4	4	5	5	5	6	6	6	7	7	7	8	8	8	
運 女	一	一	一	一	種	十	十	十	九	九	九	八	八	八	七	七	七	六	六	六	五	五	五	四	四	四	三	三	三	二	

楊柳木星 九紫火星	五日得辛 十二龍治水	東大將 西喪門	巳弔客 西三殺	寒食(4월 05일) 中伏(7월 21일)	初伏(7월 11일) 末伏(8월 10일)

7월 (戊午) 己未 (소서) 小暑 7日 09:24 大署 23日

陽歷	1	2	3	4	5	6	7	8	9	10	11	12	13	14	15	16	17	18	19	20	21	22	23	24	25	26	27	28	29	30	31
요일	日	月	火	水	木	金	土	日	月	火	水	木	金	土	日	月	火	水	木	金	土	日	月	火	水	7/1	金	土	日	月	火
陰歷	6	7	8	9	10	11	12	13	14	15	16	17	18	19	20	21	22	23	24	25	26	27	28	29	30		2	3	4	5	6
日辰	庚	辛	壬	癸	甲	乙	丙	丁	戊	己	庚	辛	壬	癸	甲	乙	丙	丁	戊	己	庚	辛	壬	癸	甲	乙	丙	丁	戊	己	庚
	寅	卯	辰	巳	午	未	申	酉	戌	亥	子	丑	寅	卯	辰	巳	午	未	申	酉	戌	亥	子	丑	寅	卯	辰	巳	午	未	申
大 男	9	9	9	10	10	10	小	1	1	1	1	2	2	2	3	3	3	4	4	4	5	5	5	6	6	6	7	7	7	8	8
運 女	二	二	一	一	一	一	暑	十	十	九	九	九	八	八	八	七	七	七	六	六	六	五	五	五	四	四	四	三	三	三	二

8월 (己未) 庚申 (입추) 立秋 7日 19:19 處暑 23日

陽歷	1	2	3	4	5	6	7	8	9	10	11	12	13	14	15	16	17	18	19	20	21	22	23	24	25	26	27	28	29	30	31
요일	水	木	金	土	日	月	火	水	木	金	土	日	月	火	水	木	金	土	日	月	火	水	木	윤7/1	土	日	月	火	水	木	金
陰歷	7	8	9	10	11	12	13	14	15	16	17	18	19	20	21	22	23	24	25	26	27	28	29		2	3	4	5	6	7	8
日辰	辛	壬	癸	甲	乙	丙	丁	戊	己	庚	辛	壬	癸	甲	乙	丙	丁	戊	己	庚	辛	壬	癸	甲	乙	丙	丁	戊	己	庚	辛
	酉	戌	亥	子	丑	寅	卯	辰	巳	午	未	申	酉	戌	亥	子	丑	寅	卯	辰	巳	午	未	申	酉	戌	亥	子	丑	寅	卯
大 男	8	9	9	9	10	10	立	1	1	1	1	2	2	2	3	3	3	4	4	4	5	5	5	6	6	6	7	7	7	8	8
運 女	二	二	一	一	一	一	秋	十	十	九	九	九	八	八	八	七	七	七	六	六	六	五	五	五	四	四	四	三	三	三	二

9월 (庚申) 辛酉 (백로) 白露 7日 22:32 秋分 23日

陽歷	1	2	3	4	5	6	7	8	9	10	11	12	13	14	15	16	17	18	19	20	21	22	23	24	25	26	27	28	29	30	
요일	土	日	月	火	水	木	金	土	日	月	火	水	木	金	土	日	月	火	水	木	金	8/1	日	月	火	水	木	金	土	日	
陰歷	9	10	11	12	13	14	15	16	17	18	19	20	21	22	23	24	25	26	27	28	29		2	3	4	5	6	7	8	9	
日辰	壬	癸	甲	乙	丙	丁	戊	己	庚	辛	壬	癸	甲	乙	丙	丁	戊	己	庚	辛	壬	癸	甲	乙	丙	丁	戊	己	庚	辛	
	辰	巳	午	未	申	酉	戌	亥	子	丑	寅	卯	辰	巳	午	未	申	酉	戌	亥	子	丑	寅	卯	辰	巳	午	未	申	酉	
大 男	8	9	9	9	10	10	白	1	1	1	1	2	2	2	3	3	3	4	4	4	5	5	5	6	6	6	7	7	7	8	
運 女	二	二	一	一	一	一	露	十	十	九	九	九	八	八	八	七	七	七	六	六	六	五	五	五	四	四	四	三	三	三	

10월 (辛酉) 壬戌 (한로) 寒露 8日 14:35 霜降 23日

陽歷	1	2	3	4	5	6	7	8	9	10	11	12	13	14	15	16	17	18	19	20	21	22	23	24	25	26	27	28	29	30	31
요일	月	火	水	木	金	土	日	月	火	水	木	金	土	日	月	火	水	木	金	土	日	9/1	火	水	木	金	土	日	月	火	水
陰歷	10	11	12	13	14	15	16	17	18	19	20	21	22	23	24	25	26	27	28	29	30		2	3	4	5	6	7	8	9	10
日辰	壬	癸	甲	乙	丙	丁	戊	己	庚	辛	壬	癸	甲	乙	丙	丁	戊	己	庚	辛	壬	癸	甲	乙	丙	丁	戊	己	庚	辛	壬
	戌	亥	子	丑	寅	卯	辰	巳	午	未	申	酉	戌	亥	子	丑	寅	卯	辰	巳	午	未	申	酉	戌	亥	子	丑	寅	卯	辰
大 男	8	8	9	9	9	10	10	寒	1	1	1	1	2	2	2	3	3	3	4	4	4	5	5	5	6	6	6	7	7	7	8
運 女	二	二	二	一	一	一	一	露	十	九	九	九	八	八	八	七	七	七	六	六	六	五	五	五	四	四	四	三	三	三	二

11월 (壬戌) 癸亥 (입동) 立冬 7日 18:10 小雪 22日

陽歷	1	2	3	4	5	6	7	8	9	10	11	12	13	14	15	16	17	18	19	20	21	22	23	24	25	26	27	28	29	30	
요일	木	金	土	日	月	火	水	木	金	土	日	月	火	水	木	金	土	日	月	10/1	水	木	金	土	日	月	火	水	木	金	
陰歷	11	12	13	14	15	16	17	18	19	20	21	22	23	24	25	26	27	28	29		2	3	4	5	6	7	8	9	10	11	
日辰	癸	甲	乙	丙	丁	戊	己	庚	辛	壬	癸	甲	乙	丙	丁	戊	己	庚	辛	壬	癸	甲	乙	丙	丁	戊	己	庚	辛	壬	
	巳	午	未	申	酉	戌	亥	子	丑	寅	卯	辰	巳	午	未	申	酉	戌	亥	子	丑	寅	卯	辰	巳	午	未	申	酉	戌	
大 男	8	8	9	9	9	10	立	1	1	1	1	2	2	2	3	3	3	4	4	4	5	5	5	6	6	6	7	7	7	8	
運 女	二	二	一	一	一	一	冬	十	九	九	九	八	八	八	七	七	七	六	六	六	五	五	五	四	四	四	三	三	三	二	

12월 (癸亥) 甲子 (대설) 大雪 7日 11:19 冬至 22日

陽歷	1	2	3	4	5	6	7	8	9	10	11	12	13	14	15	16	17	18	19	20	21	22	23	24	25	26	27	28	29	30	31
요일	土	日	月	火	水	木	金	土	日	月	火	水	木	金	土	日	月	火	水	11/1	金	土	日	月	火	水	木	金	土	日	月
陰歷	12	13	14	15	16	17	18	19	20	21	22	23	24	25	26	27	28	29	30		2	3	4	5	6	7	8	9	10	11	12
日辰	癸	甲	乙	丙	丁	戊	己	庚	辛	壬	癸	甲	乙	丙	丁	戊	己	庚	辛	壬	癸	甲	乙	丙	丁	戊	己	庚	辛	壬	癸
	亥	子	丑	寅	卯	辰	巳	午	未	申	酉	戌	亥	子	丑	寅	卯	辰	巳	午	未	申	酉	戌	亥	子	丑	寅	卯	辰	巳
大 男	8	8	9	9	9	10	大	1	1	1	1	2	2	2	3	3	3	4	4	4	5	5	5	6	6	6	7	7	7	8	8
運 女	二	二	一	一	一	一	雪	九	九	九	八	八	八	七	七	七	六	六	六	五	五	五	四	四	四	三	三	三	二	二	二

1월 (甲子) 乙丑 (소한) 小寒 5日 22:40 大寒 20日

陽歷	1	2	3	4	5	6	7	8	9	10	11	12	13	14	15	16	17	18	19	20	21	22	23	24	25	26	27	28	29	30	31
요일	火	水	木	金	土	日	月	火	水	木	金	土	日	月	火	水	木	12	土	日	月	火	水	木	金	土	日	月	火	水	木
陰歷	13	14	15	16	17	18	19	20	21	22	23	24	25	26	27	28	29	1	2	3	4	5	6	7	8	9	10	11	12	13	14
日辰	甲	乙	丙	丁	戊	己	庚	辛	壬	癸	甲	乙	丙	丁	戊	己	庚	辛	壬	癸	甲	乙	丙	丁	戊	己	庚	辛	壬	癸	甲
	午	未	申	酉	戌	亥	子	丑	寅	卯	辰	巳	午	未	申	酉	戌	亥	子	丑	寅	卯	辰	巳	午	未	申	酉	戌	亥	子
大運 男	8	9	9	9	小	1	1	1	1	2	2	2	3	3	3	4	4	4	5	5	5	6	6	6	7	7	7	8	8	8	9
大運 女	一	一	一	一	寒	十	九	九	九	八	八	八	七	七	七	六	六	六	五	五	五	四	四	四	三	三	三	二	二	二	一

2월 (乙丑) 丙寅 (입춘) 立春 4日 10:13 雨水 19日

陽歷	1	2	3	4	5	6	7	8	9	10	11	12	13	14	15	16	17	18	19	20	21	22	23	24	25	26	27	28	29		
요일	金	土	日	月	火	水	木	金	土	日	月	火	水	木	金	土	1	月	火	水	木	金	土	日	月	火	水	木	金		
陰歷	15	16	17	18	19	20	21	22	23	24	25	26	27	28	29	30	1	2	3	4	5	6	7	8	9	10	11	12	13		
日辰	乙	丙	丁	戊	己	庚	辛	壬	癸	甲	乙	丙	丁	戊	己	庚	辛	壬	癸	甲	乙	丙	丁	戊	己	庚	辛	壬	癸		
	丑	寅	卯	辰	巳	午	未	申	酉	戌	亥	子	丑	寅	卯	辰	巳	午	未	申	酉	戌	亥	子	丑	寅	卯	辰	巳		
大運 男	9	9	9	立	10	9	9	9	8	8	8	7	7	7	6	6	6	5	5	5	4	4	4	3	3	3	2	2	2		
大運 女	一	一	一	春	一	一	一	一	二	二	二	三	三	三	四	四	四	五	五	五	六	六	六	七	七	七	八	八	八		

3월 (丙寅) 丁卯 (경칩) 驚蟄 5日 03:58 春分 20日

陽歷	1	2	3	4	5	6	7	8	9	10	11	12	13	14	15	16	17	18	19	20	21	22	23	24	25	26	27	28	29	30	31
요일	土	日	月	火	水	木	金	土	日	月	火	水	木	金	土	日	月	2	水	木	金	土	日	月	火	水	木	金	土	日	月
陰歷	14	15	16	17	18	19	20	21	22	23	24	25	26	27	28	29	30	1	2	3	4	5	6	7	8	9	10	11	12	13	14
日辰	甲	乙	丙	丁	戊	己	庚	辛	壬	癸	甲	乙	丙	丁	戊	己	庚	辛	壬	癸	甲	乙	丙	丁	戊	己	庚	辛	壬	癸	甲
	午	未	申	酉	戌	亥	子	丑	寅	卯	辰	巳	午	未	申	酉	戌	亥	子	丑	寅	卯	辰	巳	午	未	申	酉	戌	亥	子
大運 男	1	1	1	1	驚	10	9	9	9	8	8	8	7	7	7	6	6	6	5	5	5	4	4	4	3	3	3	2	2	2	1
大運 女	九	九	九	十	蟄	一	一	一	一	二	二	二	三	三	三	四	四	四	五	五	五	六	六	六	七	七	七	八	八	八	九

4월 (丁卯) 戊辰 (청명) 清明 4日 08:23 穀雨 19日

陽歷	1	2	3	4	5	6	7	8	9	10	11	12	13	14	15	16	17	18	19	20	21	22	23	24	25	26	27	28	29	30	
요일	火	水	木	金	土	日	月	火	水	木	金	土	日	月	火	水	3	金	土	日	月	火	水	木	金	土	日	月	火	水	
陰歷	15	16	17	18	19	20	21	22	23	24	25	26	27	28	29	30	1	2	3	4	5	6	7	8	9	10	11	12	13	14	
日辰	乙	丙	丁	戊	己	庚	辛	壬	癸	甲	乙	丙	丁	戊	己	庚	辛	壬	癸	甲	乙	丙	丁	戊	己	庚	辛	壬	癸	甲	
	丑	寅	卯	辰	巳	午	未	申	酉	戌	亥	子	丑	寅	卯	辰	巳	午	未	申	酉	戌	亥	子	丑	寅	卯	辰	巳	午	
大運 男	1	1	1	清	10	10	9	9	9	8	8	8	7	7	7	6	6	6	5	5	5	4	4	4	3	3	3	2	2	2	
大運 女	九	九	十	明	一	一	一	一	二	二	二	三	三	三	四	四	四	五	五	五	六	六	六	七	七	七	八	八	八	九	

5월 (戊辰) 己巳 (입하) 立夏 5日 01:17 小滿 20日

陽歷	1	2	3	4	5	6	7	8	9	10	11	12	13	14	15	16	17	18	19	20	21	22	23	24	25	26	27	28	29	30	31
요일	木	金	土	日	月	火	水	木	金	土	日	月	火	水	木	4	土	日	月	火	水	木	金	土	日	月	火	水	木	金	土
陰歷	15	16	17	18	19	20	21	22	23	24	25	26	27	28	29	1	2	3	4	5	6	7	8	9	10	11	12	13	14	15	16
日辰	乙	丙	丁	戊	己	庚	辛	壬	癸	甲	乙	丙	丁	戊	己	庚	辛	壬	癸	甲	乙	丙	丁	戊	己	庚	辛	壬	癸	甲	乙
	未	申	酉	戌	亥	子	丑	寅	卯	辰	巳	午	未	申	酉	戌	亥	子	丑	寅	卯	辰	巳	午	未	申	酉	戌	亥	子	丑
大運 男	1	1	1	1	立	10	10	9	9	9	8	8	8	7	7	7	6	6	6	5	5	5	4	4	4	3	3	3	2	2	2
大運 女	九	九	十	十	夏	一	一	一	一	二	二	二	三	三	三	四	四	四	五	五	五	六	六	六	七	七	七	八	八	八	九

6월 (己巳) 庚午 (망종) 芒種 5日 05:09 夏至 20日

陽歷	1	2	3	4	5	6	7	8	9	10	11	12	13	14	15	16	17	18	19	20	21	22	23	24	25	26	27	28	29	30	
요일	日	月	火	水	木	金	土	日	月	火	水	木	金	土	5	月	火	水	木	金	土	日	月	火	水	木	金	土	日	月	
陰歷	17	18	19	20	21	22	23	24	25	26	27	28	29	30	1	2	3	4	5	6	7	8	9	10	11	12	13	14	15	16	
日辰	丙	丁	戊	己	庚	辛	壬	癸	甲	乙	丙	丁	戊	己	庚	辛	壬	癸	甲	乙	丙	丁	戊	己	庚	辛	壬	癸	甲	乙	
	寅	卯	辰	巳	午	未	申	酉	戌	亥	子	丑	寅	卯	辰	巳	午	未	申	酉	戌	亥	子	丑	寅	卯	辰	巳	午	未	
大運 男	1	1	1	1	芒	10	10	9	9	9	8	8	8	7	7	7	6	6	6	5	5	5	4	4	4	3	3	3	2	2	
大運 女	九	九	十	十	種	一	一	一	一	二	二	二	三	三	三	四	四	四	五	五	五	六	六	六	七	七	七	八	八	八	

泉中水星 十一日得辛 南大將 午弔客 寒食(4월 05일) 初伏(7월 15일)
八白土星 十二龍治水 戌喪門 南三殺 中伏(7월 25일) 末伏(8월 14일)

7월 (庚午) 辛未 (소서) 小署 6日 15:18 大署 22日

陽歷	1	2	3	4	5	6	7	8	9	10	11	12	13	14	15	16	17	18	19	20	21	22	23	24	25	26	27	28	29	30	31
요일	火	水	木	金	土	日	月	火	水	木	金	土	日	6/	火	水	木	金	土	日	月	火	水	木	金	土	日	月	火	水	木
陰歷	17	18	19	20	21	22	23	24	25	26	27	28	29	1	2	3	4	5	6	7	8	9	10	11	12	13	14	15	16	17	18
日辰	丙	丁	戊	己	庚	辛	壬	癸	甲	乙	丙	丁	戊	己	庚	辛	壬	癸	甲	乙	丙	丁	戊	己	庚	辛	壬	癸	甲	乙	丙
	申	酉	戌	亥	子	丑	寅	卯	辰	巳	午	未	申	酉	戌	亥	子	丑	寅	卯	辰	巳	午	未	申	酉	戌	亥	子	丑	寅
大 男	2	1	1	1	1	小	10	10	10	9	9	9	8	8	8	7	7	7	6	6	6	5	5	5	4	4	4	3	3	3	2
運 女	九	九	九	十	十	署	一	一	一	一	二	二	二	三	三	三	四	四	四	五	五	五	六	六	六	七	七	七	八	八	八

8월 (辛未) 壬申 (입추) 立秋 7日 01:13 處署 22日

陽歷	1	2	3	4	5	6	7	8	9	10	11	12	13	14	15	16	17	18	19	20	21	22	23	24	25	26	27	28	29	30	31
요일	金	土	日	月	火	水	木	金	土	日	月	火	7/	木	金	土	日	月	火	水	木	金	土	日	月	火	水	木	金	土	日
陰歷	19	20	21	22	23	24	25	26	27	28	29	30	1	2	3	4	5	6	7	8	9	10	11	12	13	14	15	16	17	18	19
日辰	丁	戊	己	庚	辛	壬	癸	甲	乙	丙	丁	戊	己	庚	辛	壬	癸	甲	乙	丙	丁	戊	己	庚	辛	壬	癸	甲	乙	丙	丁
	卯	辰	巳	午	未	申	酉	戌	亥	子	丑	寅	卯	辰	巳	午	未	申	酉	戌	亥	子	丑	寅	卯	辰	巳	午	未	申	酉
大 男	2	2	1	1	1	1	立	10	10	9	9	9	8	8	8	7	7	7	6	6	6	5	5	5	4	4	4	3	3	3	2
運 女	九	九	九	十	十	十	秋	一	一	一	一	二	二	二	三	三	三	四	四	四	五	五	五	六	六	六	七	七	七	八	八

9월 (壬申) 癸酉 (백로) 白露 7日 04:25 秋分 22日

陽歷	1	2	3	4	5	6	7	8	9	10	11	12	13	14	15	16	17	18	19	20	21	22	23	24	25	26	27	28	29	30	
요일	月	火	水	木	金	土	日	月	火	水	8/	金	土	日	月	火	水	木	金	土	日	月	火	水	木	金	土	日	月	火	
陰歷	20	21	22	23	24	25	26	27	28	29	1	2	3	4	5	6	7	8	9	10	11	12	13	14	15	16	17	18	19	20	
日辰	戊	己	庚	辛	壬	癸	甲	乙	丙	丁	戊	己	庚	辛	壬	癸	甲	乙	丙	丁	戊	己	庚	辛	壬	癸	甲	乙	丙	丁	
	戌	亥	子	丑	寅	卯	辰	巳	午	未	申	酉	戌	亥	子	丑	寅	卯	辰	巳	午	未	申	酉	戌	亥	子	丑	寅	卯	
大 男	2	2	1	1	1	1	白	10	9	9	9	8	8	8	7	7	7	6	6	6	5	5	5	4	4	4	3	3	3	2	
運 女	八	九	九	九	十	十	露	一	一	一	一	二	二	二	三	三	三	四	四	四	五	五	五	六	六	六	七	七	七	八	

10월 (癸酉) 甲戌 (한로) 寒露 7日 20:26 霜降 22日

陽歷	1	2	3	4	5	6	7	8	9	10	11	12	13	14	15	16	17	18	19	20	21	22	23	24	25	26	27	28	29	30	31
요일	水	木	金	土	日	月	火	水	木	9/	土	日	月	火	水	木	金	土	日	月	火	水	木	金	土	日	月	火	水	木	金
陰歷	21	22	23	24	25	26	27	28	29	1	2	3	4	5	6	7	8	9	10	11	12	13	14	15	16	17	18	19	20	21	22
日辰	戊	己	庚	辛	壬	癸	甲	乙	丙	丁	戊	己	庚	辛	壬	癸	甲	乙	丙	丁	戊	己	庚	辛	壬	癸	甲	乙	丙	丁	戊
	辰	巳	午	未	申	酉	戌	亥	子	丑	寅	卯	辰	巳	午	未	申	酉	戌	亥	子	丑	寅	卯	辰	巳	午	未	申	酉	戌
大 男	2	2	1	1	1	1	寒	10	10	9	9	9	8	8	8	7	7	7	6	6	6	5	5	5	4	4	4	3	3	3	2
運 女	八	八	九	九	九	十	露	一	一	一	一	二	二	二	三	三	三	四	四	四	五	五	五	六	六	六	七	七	七	八	八

11월 (甲戌) 乙亥 (입동) 立冬 7日 00:00 小雪 21日

陽歷	1	2	3	4	5	6	7	8	9	10	11	12	13	14	15	16	17	18	19	20	21	22	23	24	25	26	27	28	29	30	
요일	土	日	月	火	水	木	金	土	10/	月	火	水	木	金	土	日	月	火	水	木	金	土	日	月	火	水	木	金	土	日	
陰歷	23	24	25	26	27	28	29	30	1	2	3	4	5	6	7	8	9	10	11	12	13	14	15	16	17	18	19	20	21	22	
日辰	己	庚	辛	壬	癸	甲	乙	丙	丁	戊	己	庚	辛	壬	癸	甲	乙	丙	丁	戊	己	庚	辛	壬	癸	甲	乙	丙	丁	戊	
	亥	子	丑	寅	卯	辰	巳	午	未	申	酉	戌	亥	子	丑	寅	卯	辰	巳	午	未	申	酉	戌	亥	子	丑	寅	卯	辰	
大 男	2	2	1	1	1	1	立	9	9	9	8	8	8	7	7	7	6	6	6	5	5	5	4	4	4	3	3	3	2	2	
運 女	八	九	九	九	十	十	冬	一	一	一	一	二	二	二	三	三	三	四	四	四	五	五	五	六	六	六	七	七	七	八	

12월 (乙亥) 丙子 (대설) 大雪 6日 17:08 冬至 21日

陽歷	1	2	3	4	5	6	7	8	9	10	11	12	13	14	15	16	17	18	19	20	21	22	23	24	25	26	27	28	29	30	31
요일	月	火	水	木	金	土	日	11/	火	水	木	金	土	日	月	火	水	木	金	土	日	月	火	水	木	金	土	日	月	火	水
陰歷	23	24	25	26	27	28	29	1	2	3	4	5	6	7	8	9	10	11	12	13	14	15	16	17	18	19	20	21	22	23	24
日辰	己	庚	辛	壬	癸	甲	乙	丙	丁	戊	己	庚	辛	壬	癸	甲	乙	丙	丁	戊	己	庚	辛	壬	癸	甲	乙	丙	丁	戊	己
	巳	午	未	申	酉	戌	亥	子	丑	寅	卯	辰	巳	午	未	申	酉	戌	亥	子	丑	寅	卯	辰	巳	午	未	申	酉	戌	亥
大 男	2	1	1	1	1	大	10	9	9	9	8	8	8	7	7	7	6	6	6	5	5	5	4	4	4	3	3	3	2	2	2
運 女	八	八	九	九	九	雪	一	一	一	一	二	二	二	三	三	三	四	四	四	五	五	五	六	六	六	七	七	七	八	八	八

1월 (丙子) 丁丑 (소한) 小寒 5日 04:28 大寒 19日

陽歷	1	2	3	4	5	6	7	8	9	10	11	12	13	14	15	16	17	18	19	20	21	22	23	24	25	26	27	28	29	30	31
요일	木	金	土	日	月	火	12/1	木	金	土	日	月	火	水	木	金	土	日	月	火	水	木	金	土	日	月	火	水	木	金	土
陰歷	25	26	27	28	29	30		2	3	4	5	6	7	8	9	10	11	12	13	14	15	16	17	18	19	20	21	22	23	24	25
日辰	庚	辛	壬	癸	甲	乙	丙	丁	戊	己	庚	辛	壬	癸	甲	乙	丙	丁	戊	己	庚	辛	壬	癸	甲	乙	丙	丁	戊	己	庚
	子	丑	寅	卯	辰	巳	午	未	申	酉	戌	亥	子	丑	寅	卯	辰	巳	午	未	申	酉	戌	亥	子	丑	寅	卯	辰	巳	午
大運 男	1	1	1	1	小	9	9	9	8	8	8	7	7	7	6	6	6	5	5	5	4	4	4	3	3	3	2	2	2	1	1
大運 女	九	九	九	十	寒	一	一	一	一	二	二	二	三	三	三	四	四	四	五	五	五	六	六	六	七	七	七	八	八	八	九

2월 (丁丑) 戊寅 (입춘) 立春 3日 16:02 雨水 18日

陽歷	1	2	3	4	5	6	7	8	9	10	11	12	13	14	15	16	17	18	19	20	21	22	23	24	25	26	27	28			
요일	日	月	火	水	1/1	金	土	日	月	火	水	木	金	土	日	月	火	水	木	金	土	日	月	火	水	木	金	土			
陰歷	26	27	28	29		2	3	4	5	6	7	8	9	10	11	12	13	14	15	16	17	18	19	20	21	22	23	24			
日辰	辛	壬	癸	甲	乙	丙	丁	戊	己	庚	辛	壬	癸	甲	乙	丙	丁	戊	己	庚	辛	壬	癸	甲	乙	丙	丁	戊			
	未	申	酉	戌	亥	子	丑	寅	卯	辰	巳	午	未	申	酉	戌	亥	子	丑	寅	卯	辰	巳	午	未	申	酉	戌			
大運 男	1	1	立	1	1	1	1	2	2	2	3	3	3	4	4	4	5	5	5	6	6	6	7	7	7	8	8	8			
大運 女	九	九	春	十	九	九	九	八	八	八	七	七	七	六	六	六	五	五	五	四	四	四	三	三	三	二	二	二			

3월 (戊寅) 己卯 (경칩) 驚蟄 5日 09:48 春分 20日

陽歷	1	2	3	4	5	6	7	8	9	10	11	12	13	14	15	16	17	18	19	20	21	22	23	24	25	26	27	28	29	30	31
요일	日	月	火	水	木	金	2/1	日	月	火	水	木	金	土	日	月	火	水	木	金	土	日	月	火	水	木	金	土	日	月	火
陰歷	25	26	27	28	29	30		2	3	4	5	6	7	8	9	10	11	12	13	14	15	16	17	18	19	20	21	22	23	24	25
日辰	己	庚	辛	壬	癸	甲	乙	丙	丁	戊	己	庚	辛	壬	癸	甲	乙	丙	丁	戊	己	庚	辛	壬	癸	甲	乙	丙	丁	戊	己
	亥	子	丑	寅	卯	辰	巳	午	未	申	酉	戌	亥	子	丑	寅	卯	辰	巳	午	未	申	酉	戌	亥	子	丑	寅	卯	辰	巳
大運 男	9	9	9	10	驚	1	1	1	1	2	2	2	3	3	3	4	4	4	5	5	5	6	6	6	7	7	7	8	8	8	9
大運 女	一	一	一	一	蟄	十	九	九	九	八	八	八	七	七	七	六	六	六	五	五	五	四	四	四	三	三	三	二	二	二	一

4월 (己卯) 庚辰 (청명) 淸明 4日 14:12 穀雨 19日

陽歷	1	2	3	4	5	6	7	8	9	10	11	12	13	14	15	16	17	18	19	20	21	22	23	24	25	26	27	28	29	30	
요일	水	木	金	土	日	3/1	火	水	木	金	土	日	月	火	水	木	金	土	日	月	火	水	木	金	土	日	月	火	水	木	
陰歷	26	27	28	29	30		2	3	4	5	6	7	8	9	10	11	12	13	14	15	16	17	18	19	20	21	22	23	24	25	
日辰	庚	辛	壬	癸	甲	乙	丙	丁	戊	己	庚	辛	壬	癸	甲	乙	丙	丁	戊	己	庚	辛	壬	癸	甲	乙	丙	丁	戊	己	
	午	未	申	酉	戌	亥	子	丑	寅	卯	辰	巳	午	未	申	酉	戌	亥	子	丑	寅	卯	辰	巳	午	未	申	酉	戌	亥	
大運 男	9	9	10	淸	1	1	1	1	2	2	2	3	3	3	4	4	4	5	5	5	6	6	6	7	7	7	8	8	8	9	
大運 女	一	一	一	明	十	十	九	九	九	八	八	八	七	七	七	六	六	六	五	五	五	四	四	四	三	三	三	二	二	二	

5월 (庚辰) 辛巳 (입하) 立夏 5日 07:04 小滿 20日

陽歷	1	2	3	4	5	6	7	8	9	10	11	12	13	14	15	16	17	18	19	20	21	22	23	24	25	26	27	28	29	30	31
요일	金	土	日	月	4/1	水	木	金	土	日	月	火	水	木	金	土	日	月	火	水	木	金	土	日	月	火	水	木	金	土	日
陰歷	26	27	28	29		2	3	4	5	6	7	8	9	10	11	12	13	14	15	16	17	18	19	20	21	22	23	24	25	26	27
日辰	庚	辛	壬	癸	甲	乙	丙	丁	戊	己	庚	辛	壬	癸	甲	乙	丙	丁	戊	己	庚	辛	壬	癸	甲	乙	丙	丁	戊	己	庚
	子	丑	寅	卯	辰	巳	午	未	申	酉	戌	亥	子	丑	寅	卯	辰	巳	午	未	申	酉	戌	亥	子	丑	寅	卯	辰	巳	午
大運 男	9	9	10	10	立	1	1	1	1	2	2	2	3	3	3	4	4	4	5	5	5	6	6	6	7	7	7	8	8	8	9
大運 女	一	一	一	一	夏	十	十	九	九	九	八	八	八	七	七	七	六	六	六	五	五	五	四	四	四	三	三	三	二	二	二

6월 (辛巳) 壬午 (망종) 芒種 5日 10:51 夏至 21日

陽歷	1	2	3	4	5	6	7	8	9	10	11	12	13	14	15	16	17	18	19	20	21	22	23	24	25	26	27	28	29	30	
요일	月	火	水	5/1	金	土	日	月	火	水	木	金	土	日	月	火	水	木	金	土	日	月	火	水	木	金	土	日	月	火	
陰歷	28	29	30		2	3	4	5	6	7	8	9	10	11	12	13	14	15	16	17	18	19	20	21	22	23	24	25	26	27	
日辰	辛	壬	癸	甲	乙	丙	丁	戊	己	庚	辛	壬	癸	甲	乙	丙	丁	戊	己	庚	辛	壬	癸	甲	乙	丙	丁	戊	己	庚	
	未	申	酉	戌	亥	子	丑	寅	卯	辰	巳	午	未	申	酉	戌	亥	子	丑	寅	卯	辰	巳	午	未	申	酉	戌	亥	子	
大運 男	9	9	10	10	芒	1	1	1	1	2	2	2	3	3	3	4	4	4	5	5	5	6	6	6	7	7	7	8	8	8	
大運 女	一	一	一	一	種	十	十	九	九	九	八	八	八	七	七	七	六	六	六	五	五	五	四	四	四	三	三	三	二	二	

7월 (壬午) 癸未 (소서) 小暑 6日 20:55 大暑 22日

陽歷		1	2	3	4	5	6	7	8	9	10	11	12	13	14	15	16	17	18	19	20	21	22	23	24	25	26	27	28	29	30	31
요일		水	木	金	6/1	日	月	火	水	木	金	土	日	月	火	水	木	金	土	日	月	火	水	木	金	土	日	月	火	水	木	金
陰歷		28	29	30		2	3	4	5	6	7	8	9	10	11	12	13	14	15	16	17	18	19	20	21	22	23	24	25	26	27	28
日辰		辛	壬	癸	甲	乙	丙	丁	戊	己	庚	辛	壬	癸	甲	乙	丙	丁	戊	己	庚	辛	壬	癸	甲	乙	丙	丁	戊	己	庚	辛
		丑	寅	卯	辰	巳	午	未	申	酉	戌	亥	子	丑	寅	卯	辰	巳	午	未	申	酉	戌	亥	子	丑	寅	卯	辰	巳	午	未
大	男	9	9	9	10	10	小	1	1	1	1	2	2	2	3	3	3	4	4	4	5	5	5	6	6	6	7	7	7	8	8	8
運	女	二	一	一	一	一	署	十	十	十	九	九	九	八	八	八	七	七	七	六	六	六	五	五	五	四	四	四	三	三	三	二

8월 (癸未) 甲申 (입추) 立秋 7日 06:48 處暑 22日

陽歷		1	2	3	4	5	6	7	8	9	10	11	12	13	14	15	16	17	18	19	20	21	22	23	24	25	26	27	28	29	30	31
요일		土	7/1	月	火	水	木	金	土	日	月	火	水	木	金	土	日	月	火	水	木	金	土	日	月	火	水	木	金	土	日	月
陰歷		29		2	3	4	5	6	7	8	9	10	11	12	13	14	15	16	17	18	19	20	21	22	23	24	25	26	27	28	29	30
日辰		壬	癸	甲	乙	丙	丁	戊	己	庚	辛	壬	癸	甲	乙	丙	丁	戊	己	庚	辛	壬	癸	甲	乙	丙	丁	戊	己	庚	辛	壬
		申	酉	戌	亥	子	丑	寅	卯	辰	巳	午	未	申	酉	戌	亥	子	丑	寅	卯	辰	巳	午	未	申	酉	戌	亥	子	丑	寅
大	男	9	9	9	10	10	10	立	1	1	1	1	2	2	2	3	3	3	4	4	4	5	5	5	6	6	6	7	7	7	8	8
運	女	二	二	一	一	一	一	秋	十	十	九	九	九	八	八	八	七	七	七	六	六	六	五	五	五	四	四	四	三	三	三	二

9월 (甲申) 乙酉 (백로) 白露 7日 10:00 秋分 22日

陽歷		1	2	3	4	5	6	7	8	9	10	11	12	13	14	15	16	17	18	19	20	21	22	23	24	25	26	27	28	29	30	
요일		8/1	水	木	金	土	日	月	火	水	木	金	土	日	月	火	水	木	金	土	日	月	火	水	木	金	土	日	月	火	9/1	
陰歷			2	3	4	5	6	7	8	9	10	11	12	13	14	15	16	17	18	19	20	21	22	23	24	25	26	27	28	29		
日辰		癸	甲	乙	丙	丁	戊	己	庚	辛	壬	癸	甲	乙	丙	丁	戊	己	庚	辛	壬	癸	甲	乙	丙	丁	戊	己	庚	辛	壬	
		卯	辰	巳	午	未	申	酉	戌	亥	子	丑	寅	卯	辰	巳	午	未	申	酉	戌	亥	子	丑	寅	卯	辰	巳	午	未	申	
大	男	8	9	9	9	10	10	白	1	1	1	1	2	2	2	3	3	3	4	4	4	5	5	5	6	6	6	7	7	7	8	
運	女	二	二	一	一	一	一	露	十	十	九	九	九	八	八	八	七	七	七	六	六	六	五	五	五	四	四	四	三	三	三	

10월 (乙酉) 丙戌 (한로) 寒露 8日 02:04 霜降 23日

陽歷		1	2	3	4	5	6	7	8	9	10	11	12	13	14	15	16	17	18	19	20	21	22	23	24	25	26	27	28	29	30	31
요일		木	金	土	日	月	火	水	木	金	土	日	月	火	水	木	金	土	日	月	火	水	木	金	土	日	月	火	水	10/1	金	土
陰歷		2	3	4	5	6	7	8	9	10	11	12	13	14	15	16	17	18	19	20	21	22	23	24	25	26	27	28	29		2	3
日辰		癸	甲	乙	丙	丁	戊	己	庚	辛	壬	癸	甲	乙	丙	丁	戊	己	庚	辛	壬	癸	甲	乙	丙	丁	戊	己	庚	辛	壬	癸
		酉	戌	亥	子	丑	寅	卯	辰	巳	午	未	申	酉	戌	亥	子	丑	寅	卯	辰	巳	午	未	申	酉	戌	亥	子	丑	寅	卯
大	男	8	8	9	9	9	10	10	寒	1	1	1	1	2	2	2	3	3	3	4	4	4	5	5	5	6	6	6	7	7	7	8
運	女	二	二	二	一	一	一	一	露	十	九	九	九	八	八	八	七	七	七	六	六	六	五	五	五	四	四	四	三	三	三	二

11월 (丙戌) 丁亥 (입동) 立冬 7日 05:41 小雪 22日

陽歷		1	2	3	4	5	6	7	8	9	10	11	12	13	14	15	16	17	18	19	20	21	22	23	24	25	26	27	28	29	30	
요일		日	月	火	水	木	金	土	日	月	火	水	木	金	土	日	月	火	水	木	金	土	日	月	火	水	木	金	11/1	日	月	
陰歷		4	5	6	7	8	9	10	11	12	13	14	15	16	17	18	19	20	21	22	23	24	25	26	27	28	29	30		2	3	
日辰		甲	乙	丙	丁	戊	己	庚	辛	壬	癸	甲	乙	丙	丁	戊	己	庚	辛	壬	癸	甲	乙	丙	丁	戊	己	庚	辛	壬	癸	
		辰	巳	午	未	申	酉	戌	亥	子	丑	寅	卯	辰	巳	午	未	申	酉	戌	亥	子	丑	寅	卯	辰	巳	午	未	申	酉	
大	男	8	8	9	9	9	10	立	1	1	1	1	2	2	2	3	3	3	4	4	4	5	5	5	6	6	6	7	7	7	8	
運	女	二	二	一	一	一	一	冬	九	九	九	八	八	八	七	七	七	六	六	六	五	五	五	四	四	四	三	三	三	二	二	

12월 (丁亥) 戊子 (대설) 大雪 6日 22:51 冬至 21日

陽歷		1	2	3	4	5	6	7	8	9	10	11	12	13	14	15	16	17	18	19	20	21	22	23	24	25	26	27	28	29	30	31
요일		火	水	木	金	土	日	月	火	水	木	金	土	日	月	火	水	木	金	土	日	月	火	水	木	金	土	12/1	月	火	水	木
陰歷		4	5	6	7	8	9	10	11	12	13	14	15	16	17	18	19	20	21	22	23	24	25	26	27	28	29		2	3	4	5
日辰		甲	乙	丙	丁	戊	己	庚	辛	壬	癸	甲	乙	丙	丁	戊	己	庚	辛	壬	癸	甲	乙	丙	丁	戊	己	庚	辛	壬	癸	甲
		戌	亥	子	丑	寅	卯	辰	巳	午	未	申	酉	戌	亥	子	丑	寅	卯	辰	巳	午	未	申	酉	戌	亥	子	丑	寅	卯	辰
大	男	8	8	9	9	9	大	1	1	1	1	2	2	2	3	3	3	4	4	4	5	5	5	6	6	6	7	7	7	8	8	8
運	女	二	一	一	一	一	雪	十	九	九	九	八	八	八	七	七	七	六	六	六	五	五	五	四	四	四	三	三	三	二	二	二

1월 (戊子) 己丑 (소한) 小寒 5日 10:13 大寒 20日

陽歷	1	2	3	4	5	6	7	8	9	10	11	12	13	14	15	16	17	18	19	20	21	22	23	24	25	26	27	28	29	30	31
요일	金	土	日	月	火	水	木	金	土	日	月	火	水	木	金	土	日	月	火	水	木	金	土	日	月	1	水	木	金	土	日
陰歷	6	7	8	9	10	11	12	13	14	15	16	17	18	19	20	21	22	23	24	25	26	27	28	29	30	1	2	3	4	5	6
日辰	乙	丙	丁	戊	己	庚	辛	壬	癸	甲	乙	丙	丁	戊	己	庚	辛	壬	癸	甲	乙	丙	丁	戊	己	庚	辛	壬	癸	甲	乙
	巳	午	未	申	酉	戌	亥	子	丑	寅	卯	辰	巳	午	未	申	酉	戌	亥	子	丑	寅	卯	辰	巳	午	未	申	酉	戌	亥
大運 男	9	9	9	10	小	1	1	1	1	2	2	2	3	3	3	4	4	4	5	5	5	6	6	6	7	7	7	8	8	8	9
大運 女	一	一	一	一	寒	九	九	九	八	八	八	七	七	七	六	六	六	五	五	五	四	四	四	三	三	三	二	二	二	一	一

2월 (己丑) 庚寅 (입춘) 立春 3日 21:48 雨水 18日

陽歷	1	2	3	4	5	6	7	8	9	10	11	12	13	14	15	16	17	18	19	20	21	22	23	24	25	26	27	28			
요일	月	火	水	木	金	土	日	月	火	水	木	金	土	日	月	火	水	木	金	土	日	月	火	2	木	金	土	日			
陰歷	7	8	9	10	11	12	13	14	15	16	17	18	19	20	21	22	23	24	25	26	27	28	29	1	2	3	4	5			
日辰	丙	丁	戊	己	庚	辛	壬	癸	甲	乙	丙	丁	戊	己	庚	辛	壬	癸	甲	乙	丙	丁	戊	己	庚	辛	壬	癸			
	子	丑	寅	卯	辰	巳	午	未	申	酉	戌	亥	子	丑	寅	卯	辰	巳	午	未	申	酉	戌	亥	子	丑	寅	卯			
大運 男	9	9	立	10	9	9	9	8	8	8	7	7	7	6	6	6	5	5	5	4	4	4	3	3	3	2	2	2			
大運 女	一	一	春	一	一	一	一	二	二	二	三	三	三	四	四	四	五	五	五	六	六	六	七	七	七	八	八	八			

3월 (庚寅) 辛卯 (경칩) 驚蟄 5日 15:33 春分 20日

陽歷	1	2	3	4	5	6	7	8	9	10	11	12	13	14	15	16	17	18	19	20	21	22	23	24	25	26	27	28	29	30	31
요일	月	火	水	木	金	土	日	月	火	水	木	金	土	日	月	火	水	木	金	土	日	月	火	水	3	金	土	日	月	火	水
陰歷	6	7	8	9	10	11	12	13	14	15	16	17	18	19	20	21	22	23	24	25	26	27	28	29	1	1	2	3	4	5	6
日辰	甲	乙	丙	丁	戊	己	庚	辛	壬	癸	甲	乙	丙	丁	戊	己	庚	辛	壬	癸	甲	乙	丙	丁	戊	己	庚	辛	壬	癸	甲
	辰	巳	午	未	申	酉	戌	亥	子	丑	寅	卯	辰	巳	午	未	申	酉	戌	亥	子	丑	寅	卯	辰	巳	午	未	申	酉	戌
大運 男	1	1	1	1	驚	10	9	9	9	8	8	8	7	7	7	6	6	6	5	5	5	4	4	4	3	3	3	2	2	2	1
大運 女	九	九	九	十	蟄	一	一	一	一	二	二	二	三	三	三	四	四	四	五	五	五	六	六	六	七	七	七	八	八	八	九

4월 (辛卯) 壬辰 (청명) 清明 4日 19:56 穀雨 20日

陽歷	1	2	3	4	5	6	7	8	9	10	11	12	13	14	15	16	17	18	19	20	21	22	23	24	25	26	27	28	29	30	
요일	木	金	土	日	月	火	水	木	金	土	日	月	火	水	木	金	土	日	月	火	水	木	金	4	日	月	火	水	木	金	
陰歷	7	8	9	10	11	12	13	14	15	16	17	18	19	20	21	22	23	24	25	26	27	28	29	1	2	3	4	5	6	7	
日辰	乙	丙	丁	戊	己	庚	辛	壬	癸	甲	乙	丙	丁	戊	己	庚	辛	壬	癸	甲	乙	丙	丁	戊	己	庚	辛	壬	癸	甲	
	亥	子	丑	寅	卯	辰	巳	午	未	申	酉	戌	亥	子	丑	寅	卯	辰	巳	午	未	申	酉	戌	亥	子	丑	寅	卯	辰	
大運 男	1	1	1	清	10	10	9	9	9	8	8	8	7	7	7	6	6	6	5	5	5	4	4	4	3	3	3	2	2	2	
大運 女	九	九	十	明	一	一	一	一	二	二	二	三	三	三	四	四	四	五	五	五	六	六	六	七	七	七	八	八	八	九	

5월 (壬辰) 癸巳 (입하) 立夏 5日 12:47 小滿 21日

陽歷	1	2	3	4	5	6	7	8	9	10	11	12	13	14	15	16	17	18	19	20	21	22	23	24	25	26	27	28	29	30	31
요일	土	日	月	火	水	木	金	土	日	月	火	水	木	金	土	日	月	火	水	木	金	土	日	5	火	水	木	金	土	日	月
陰歷	8	9	10	11	12	13	14	15	16	17	18	19	20	21	22	23	24	25	26	27	28	29	30	1	2	3	4	5	6	7	8
日辰	乙	丙	丁	戊	己	庚	辛	壬	癸	甲	乙	丙	丁	戊	己	庚	辛	壬	癸	甲	乙	丙	丁	戊	己	庚	辛	壬	癸	甲	乙
	巳	午	未	申	酉	戌	亥	子	丑	寅	卯	辰	巳	午	未	申	酉	戌	亥	子	丑	寅	卯	辰	巳	午	未	申	酉	戌	亥
大運 男	1	1	1	1	立	10	10	9	9	9	8	8	8	7	7	7	6	6	6	5	5	5	4	4	4	3	3	3	2	2	2
大運 女	九	九	十	十	夏	一	一	一	一	二	二	二	三	三	三	四	四	四	五	五	五	六	六	六	七	七	七	八	八	八	九

6월 (癸巳) 甲午 (망종) 芒種 5日 16:34 夏至 21日

陽歷	1	2	3	4	5	6	7	8	9	10	11	12	13	14	15	16	17	18	19	20	21	22	23	24	25	26	27	28	29	30	
요일	火	水	木	金	土	日	月	火	水	木	金	土	日	月	火	水	木	金	土	日	月	火	윤5	木	金	土	日	月	火	水	
陰歷	9	10	11	12	13	14	15	16	17	18	19	20	21	22	23	24	25	26	27	28	29	30	1	2	3	4	5	6	7	8	
日辰	丙	丁	戊	己	庚	辛	壬	癸	甲	乙	丙	丁	戊	己	庚	辛	壬	癸	甲	乙	丙	丁	戊	己	庚	辛	壬	癸	甲	乙	
	子	丑	寅	卯	辰	巳	午	未	申	酉	戌	亥	子	丑	寅	卯	辰	巳	午	未	申	酉	戌	亥	子	丑	寅	卯	辰	巳	
大運 男	1	1	1	1	芒	10	10	10	9	9	9	8	8	8	7	7	7	6	6	6	5	5	5	4	4	4	3	3	3	2	
大運 女	九	九	十	十	種	一	一	一	一	二	二	二	三	三	三	四	四	四	五	五	五	六	六	六	七	七	七	八	八	八	

7월 (甲午) 乙未 (소서) 小暑 7日 02:40 大暑 22日

陽歷	1	2	3	4	5	6	7	8	9	10	11	12	13	14	15	16	17	18	19	20	21	22	23	24	25	26	27	28	29	30	31
요일	木	金	土	日	月	火	水	木	金	土	日	月	火	水	木	金	土	日	月	火	水	6	金	土	日	月	火	水	木	金	土
陰歷	9	10	11	12	13	14	15	16	17	18	19	20	21	22	23	24	25	26	27	28	29	1	2	3	4	5	6	7	8	9	10
日辰	丙	丁	戊	己	庚	辛	壬	癸	甲	乙	丙	丁	戊	己	庚	辛	壬	癸	甲	乙	丙	丁	戊	己	庚	辛	壬	癸	甲	乙	丙
	午	未	申	酉	戌	亥	子	丑	寅	卯	辰	巳	午	未	申	酉	戌	亥	子	丑	寅	卯	辰	巳	午	未	申	酉	戌	亥	子
大運 男	2	2	1	1	1	1	小	10	10	9	9	9	8	8	8	7	7	7	6	6	6	5	5	5	4	4	4	3	3	3	2
大運 女	九	九	九	十	十	十	暑	一	一	一	一	二	二	二	三	三	三	四	四	四	五	五	五	六	六	六	七	七	七	八	八

8월 (乙未) 丙申 (입추) 立秋 7日 12:35 處暑 23日

陽歷	1	2	3	4	5	6	7	8	9	10	11	12	13	14	15	16	17	18	19	20	21	22	23	24	25	26	27	28	29	30	31
요일	日	月	火	水	木	金	土	日	月	火	水	木	金	土	日	月	火	水	木	金	7	日	月	火	水	木	金	土	日	月	火
陰歷	11	12	13	14	15	16	17	18	19	20	21	22	23	24	25	26	27	28	29	30	1	2	3	4	5	6	7	8	9	10	11
日辰	丁	戊	己	庚	辛	壬	癸	甲	乙	丙	丁	戊	己	庚	辛	壬	癸	甲	乙	丙	丁	戊	己	庚	辛	壬	癸	甲	乙	丙	丁
	丑	寅	卯	辰	巳	午	未	申	酉	戌	亥	子	丑	寅	卯	辰	巳	午	未	申	酉	戌	亥	子	丑	寅	卯	辰	巳	午	未
大運 男	2	2	1	1	1	1	立	10	10	9	9	9	8	8	8	7	7	7	6	6	6	5	5	5	4	4	4	3	3	3	2
大運 女	八	九	九	九	十	十	秋	一	一	一	一	二	二	二	三	三	三	四	四	四	五	五	五	六	六	六	七	七	七	八	八

9월 (丙申) 丁酉 (백로) 白露 7日 15:52 秋分 23日

陽歷	1	2	3	4	5	6	7	8	9	10	11	12	13	14	15	16	17	18	19	20	21	22	23	24	25	26	27	28	29	30	
요일	水	木	金	土	日	月	火	水	木	金	土	日	月	火	水	木	金	土	8	月	火	水	木	金	土	日	月	火	水	木	
陰歷	12	13	14	15	16	17	18	19	20	21	22	23	24	25	26	27	28	29	1	2	3	4	5	6	7	8	9	10	11	12	
日辰	戊	己	庚	辛	壬	癸	甲	乙	丙	丁	戊	己	庚	辛	壬	癸	甲	乙	丙	丁	戊	己	庚	辛	壬	癸	甲	乙	丙	丁	
	申	酉	戌	亥	子	丑	寅	卯	辰	巳	午	未	申	酉	戌	亥	子	丑	寅	卯	辰	巳	午	未	申	酉	戌	亥	子	丑	
大運 男	2	2	1	1	1	1	白	10	10	9	9	9	8	8	8	7	7	7	6	6	6	5	5	5	4	4	4	3	3	3	
大運 女	八	九	九	九	十	十	露	一	一	一	一	二	二	二	三	三	三	四	四	四	五	五	五	六	六	六	七	七	七	八	

10월 (丁酉) 戊戌 (한로) 寒露 8日 07:59 霜降 23日

陽歷	1	2	3	4	5	6	7	8	9	10	11	12	13	14	15	16	17	18	19	20	21	22	23	24	25	26	27	28	29	30	31
요일	金	土	日	月	火	水	木	金	土	日	月	火	水	木	金	土	日	月	9	水	木	金	土	日	月	火	水	木	金	土	日
陰歷	13	14	15	16	17	18	19	20	21	22	23	24	25	26	27	28	29	30	1	2	3	4	5	6	7	8	9	10	11	12	13
日辰	戊	己	庚	辛	壬	癸	甲	乙	丙	丁	戊	己	庚	辛	壬	癸	甲	乙	丙	丁	戊	己	庚	辛	壬	癸	甲	乙	丙	丁	戊
	寅	卯	辰	巳	午	未	申	酉	戌	亥	子	丑	寅	卯	辰	巳	午	未	申	酉	戌	亥	子	丑	寅	卯	辰	巳	午	未	申
大運 男	2	2	2	1	1	1	1	寒	10	9	9	9	8	8	8	7	7	7	6	6	6	5	5	5	4	4	4	3	3	3	2
大運 女	八	八	九	九	九	十	十	露	一	一	一	一	二	二	二	三	三	三	四	四	四	五	五	五	六	六	六	七	七	七	八

11월 (戊戌) 己亥 (입동) 立冬 7日 11:38 小雪 22日

陽歷	1	2	3	4	5	6	7	8	9	10	11	12	13	14	15	16	17	18	19	20	21	22	23	24	25	26	27	28	29	30	
요일	月	火	水	木	金	土	日	月	火	水	木	金	土	日	月	火	10	木	金	土	日	月	火	水	木	金	土	日	月	火	
陰歷	14	15	16	17	18	19	20	21	22	23	24	25	26	27	28	29	1	2	3	4	5	6	7	8	9	10	11	12	13	14	
日辰	己	庚	辛	壬	癸	甲	乙	丙	丁	戊	己	庚	辛	壬	癸	甲	乙	丙	丁	戊	己	庚	辛	壬	癸	甲	乙	丙	丁	戊	
	酉	戌	亥	子	丑	寅	卯	辰	巳	午	未	申	酉	戌	亥	子	丑	寅	卯	辰	巳	午	未	申	酉	戌	亥	子	丑	寅	
大運 男	2	2	1	1	1	1	立	10	9	9	9	8	8	8	7	7	7	6	6	6	5	5	5	4	4	4	3	3	3	2	
大運 女	八	八	九	九	九	十	冬	一	一	一	一	二	二	二	三	三	三	四	四	四	五	五	五	六	六	六	七	七	七	八	

12월 (己亥) 庚子 (대설) 大雪 7日 04:47 冬至 21日

陽歷	1	2	3	4	5	6	7	8	9	10	11	12	13	14	15	16	17	18	19	20	21	22	23	24	25	26	27	28	29	30	31
요일	水	木	金	土	日	月	火	水	木	金	土	日	月	火	水	木	11	土	日	月	火	水	木	金	土	日	月	火	水	木	金
陰歷	15	16	17	18	19	20	21	22	23	24	25	26	27	28	29	30	1	2	3	4	5	6	7	8	9	10	11	12	13	14	15
日辰	己	庚	辛	壬	癸	甲	乙	丙	丁	戊	己	庚	辛	壬	癸	甲	乙	丙	丁	戊	己	庚	辛	壬	癸	甲	乙	丙	丁	戊	己
	卯	辰	巳	午	未	申	酉	戌	亥	子	丑	寅	卯	辰	巳	午	未	申	酉	戌	亥	子	丑	寅	卯	辰	巳	午	未	申	酉
大運 男	2	2	1	1	1	1	大	9	9	9	8	8	8	7	7	7	6	6	6	5	5	5	4	4	4	3	3	3	2	2	2
大運 女	八	八	九	九	九	十	雪	一	一	一	一	二	二	二	三	三	三	四	四	四	五	五	五	六	六	六	七	七	七	八	八

1월 (庚子) 辛丑 (소한) 小寒 5日 16:05 大寒 20日

陽歷	1	2	3	4	5	6	7	8	9	10	11	12	13	14	15	16	17	18	19	20	21	22	23	24	25	26	27	28	29	30	31
요일	土	日	月	火	水	木	金	土	日	月	火	水	木	金	12	日	月	火	水	木	金	土	日	月	火	水	木	金	土	日	月
陰歷	16	17	18	19	20	21	22	23	24	25	26	27	28	29	1	2	3	4	5	6	7	8	9	10	11	12	13	14	15	16	17
日辰	庚	辛	壬	癸	甲	乙	丙	丁	戊	己	庚	辛	壬	癸	甲	乙	丙	丁	戊	己	庚	辛	壬	癸	甲	乙	丙	丁	戊	己	庚
	戌	亥	子	丑	寅	卯	辰	巳	午	未	申	酉	戌	亥	子	丑	寅	卯	辰	巳	午	未	申	酉	戌	亥	子	丑	寅	卯	辰
大運 男	1	1	1	1	小	10	9	9	9	8	8	8	7	7	7	6	6	6	5	5	5	4	4	4	3	3	3	2	2	2	1
大運 女	八	九	九	九	寒	一	一	一	一	二	二	二	三	三	三	四	四	四	五	五	五	六	六	六	七	七	七	八	八	八	九

2월 (辛丑) 壬寅 (입춘) 立春 4日 03:36 雨水 18日

陽歷	1	2	3	4	5	6	7	8	9	10	11	12	13	14	15	16	17	18	19	20	21	22	23	24	25	26	27	28			
요일	火	水	木	金	土	日	月	火	水	木	金	土	日	1	火	水	木	金	土	日	月	火	水	木	金	土	日	月			
陰歷	18	19	20	21	22	23	24	25	26	27	28	29	30	1	2	3	4	5	6	7	8	9	10	11	12	13	14	15			
日辰	辛	壬	癸	甲	乙	丙	丁	戊	己	庚	辛	壬	癸	甲	乙	丙	丁	戊	己	庚	辛	壬	癸	甲	乙	丙	丁	戊			
	巳	午	未	申	酉	戌	亥	子	丑	寅	卯	辰	巳	午	未	申	酉	戌	亥	子	丑	寅	卯	辰	巳	午	未	申			
大運 男	1	1	1	立	1	1	1	1	2	2	2	3	3	3	4	4	4	5	5	5	6	6	6	7	7	7	8	8			
大運 女	九	九	十	春	九	九	九	八	八	八	七	七	七	六	六	六	五	五	五	四	四	四	三	三	三	二	二	二			

3월 (壬寅) 癸卯 (경칩) 驚蟄 5日 21:17 春分 20日

陽歷	1	2	3	4	5	6	7	8	9	10	11	12	13	14	15	16	17	18	19	20	21	22	23	24	25	26	27	28	29	30	31
요일	火	水	木	金	土	日	月	火	水	木	金	土	日	月	2	水	木	金	土	日	月	火	水	木	金	土	日	月	火	水	木
陰歷	16	17	18	19	20	21	22	23	24	25	26	27	28	29	1	2	3	4	5	6	7	8	9	10	11	12	13	14	15	16	17
日辰	己	庚	辛	壬	癸	甲	乙	丙	丁	戊	己	庚	辛	壬	癸	甲	乙	丙	丁	戊	己	庚	辛	壬	癸	甲	乙	丙	丁	戊	己
	酉	戌	亥	子	丑	寅	卯	辰	巳	午	未	申	酉	戌	亥	子	丑	寅	卯	辰	巳	午	未	申	酉	戌	亥	子	丑	寅	卯
大運 男	8	9	9	9	驚	1	1	1	1	2	2	2	3	3	3	4	4	4	5	5	5	6	6	6	7	7	7	8	8	8	9
大運 女	一	一	一	一	蟄	十	十	九	九	九	八	八	八	七	七	七	六	六	六	五	五	五	四	四	四	三	三	三	二	二	二

4월 (癸卯) 甲辰 (청명) 淸明 5日 01:39 穀雨 20日

陽歷	1	2	3	4	5	6	7	8	9	10	11	12	13	14	15	16	17	18	19	20	21	22	23	24	25	26	27	28	29	30	
요일	金	土	日	月	火	水	木	金	土	日	月	火	水	3	金	土	日	月	火	水	木	金	土	日	月	火	水	木	金	土	
陰歷	18	19	20	21	22	23	24	25	26	27	28	29	30	1	2	3	4	5	6	7	8	9	10	11	12	13	14	15	16	17	
日辰	庚	辛	壬	癸	甲	乙	丙	丁	戊	己	庚	辛	壬	癸	甲	乙	丙	丁	戊	己	庚	辛	壬	癸	甲	乙	丙	丁	戊	己	
	辰	巳	午	未	申	酉	戌	亥	子	丑	寅	卯	辰	巳	午	未	申	酉	戌	亥	子	丑	寅	卯	辰	巳	午	未	申	酉	
大運 男	9	9	9	10	淸	1	1	1	1	2	2	2	3	3	3	4	4	4	5	5	5	6	6	6	7	7	7	8	8	8	
大運 女	一	一	一	一	明	十	九	九	九	八	八	八	七	七	七	六	六	六	五	五	五	四	四	四	三	三	三	二	二	二	

5월 (甲辰) 乙巳 (입하) 立夏 5日 18:31 小滿 21日

陽歷	1	2	3	4	5	6	7	8	9	10	11	12	13	14	15	16	17	18	19	20	21	22	23	24	25	26	27	28	29	30	31
요일	日	月	火	水	木	金	土	日	月	火	水	木	4	土	日	月	火	水	木	金	土	日	月	火	水	木	金	土	日	月	火
陰歷	18	19	20	21	22	23	24	25	26	27	28	29	1	2	3	4	5	6	7	8	9	10	11	12	13	14	15	16	17	18	19
日辰	庚	辛	壬	癸	甲	乙	丙	丁	戊	己	庚	辛	壬	癸	甲	乙	丙	丁	戊	己	庚	辛	壬	癸	甲	乙	丙	丁	戊	己	庚
	戌	亥	子	丑	寅	卯	辰	巳	午	未	申	酉	戌	亥	子	丑	寅	卯	辰	巳	午	未	申	酉	戌	亥	子	丑	寅	卯	辰
大運 男	9	9	9	10	立	1	1	1	1	2	2	2	3	3	3	4	4	4	5	5	5	6	6	6	7	7	7	8	8	8	9
大運 女	一	一	一	一	夏	十	十	九	九	九	八	八	八	七	七	七	六	六	六	五	五	五	四	四	四	三	三	三	二	二	二

6월 (乙巳) 丙午 (망종) 芒種 5日 22:20 夏至 21日

陽歷	1	2	3	4	5	6	7	8	9	10	11	12	13	14	15	16	17	18	19	20	21	22	23	24	25	26	27	28	29	30	
요일	水	木	金	土	日	月	火	水	木	金	土	5	月	火	水	木	金	土	日	月	火	水	木	金	土	日	月	火	水	木	
陰歷	20	21	22	23	24	25	26	27	28	29	30	1	2	3	4	5	6	7	8	9	10	11	12	13	14	15	16	17	18	19	
日辰	辛	壬	癸	甲	乙	丙	丁	戊	己	庚	辛	壬	癸	甲	乙	丙	丁	戊	己	庚	辛	壬	癸	甲	乙	丙	丁	戊	己	庚	
	巳	午	未	申	酉	戌	亥	子	丑	寅	卯	辰	巳	午	未	申	酉	戌	亥	子	丑	寅	卯	辰	巳	午	未	申	酉	戌	
大運 男	9	9	10	10	芒	1	1	1	1	2	2	2	3	3	3	4	4	4	5	5	5	6	6	6	7	7	7	8	8	8	
大運 女	一	一	一	一	種	十	十	十	九	九	九	八	八	八	七	七	七	六	六	六	五	五	五	四	四	四	三	三	三	二	

屋上土星 八日得辛 西大將 酉弔客 寒食(4월 05일) 初伏(7월 10일)
五黃土星 十一龍治水 丑喪門 酉三殺 中伏(7월 20일) 末伏(8월 09일)

7월 (丙午) 丁未 (소서) 小暑 7日 08:28 大署 23日

陽歷		1	2	3	4	5	6	7	8	9	10	11	12	13	14	15	16	17	18	19	20	21	22	23	24	25	26	27	28	29	30	31
요일		金	土	日	月	火	水	木	金	土	日	6/	火	水	木	金	土	日	月	火	水	木	金	土	日	月	火	水	木	金	土	日
陰歷		20	21	22	23	24	25	26	27	28	29	1	2	3	4	5	6	7	8	9	10	11	12	13	14	15	16	17	18	19	20	21
日辰		辛	壬	癸	甲	乙	丙	丁	戊	己	庚	辛	壬	癸	甲	乙	丙	丁	戊	己	庚	辛	壬	癸	甲	乙	丙	丁	戊	己	庚	辛
		亥	子	丑	寅	卯	辰	巳	午	未	申	酉	戌	亥	子	丑	寅	卯	辰	巳	午	未	申	酉	戌	亥	子	丑	寅	卯	辰	巳
大	男	9	9	9	10	10	10	小	1	1	1	1	2	2	2	3	3	3	4	4	4	5	5	5	6	6	6	7	7	7	8	8
運	女	二	二	一	一	一	一	署	十	十	九	九	九	八	八	八	七	七	七	六	六	六	五	五	五	四	四	四	三	三	三	二

8월 (丁未) 戊申 (입추) 立秋 7日 18:24 處署 23日

陽歷		1	2	3	4	5	6	7	8	9	10	11	12	13	14	15	16	17	18	19	20	21	22	23	24	25	26	27	28	29	30	31
요일		月	火	水	木	金	土	日	月	火	7/	木	金	土	日	月	火	水	木	金	土	日	月	火	水	木	金	土	日	月	火	水
陰歷		22	23	24	25	26	27	28	29	30	1	2	3	4	5	6	7	8	9	10	11	12	13	14	15	16	17	18	19	20	21	22
日辰		壬	癸	甲	乙	丙	丁	戊	己	庚	辛	壬	癸	甲	乙	丙	丁	戊	己	庚	辛	壬	癸	甲	乙	丙	丁	戊	己	庚	辛	壬
		午	未	申	酉	戌	亥	子	丑	寅	卯	辰	巳	午	未	申	酉	戌	亥	子	丑	寅	卯	辰	巳	午	未	申	酉	戌	亥	子
大	男	8	9	9	9	10	10	立	1	1	1	1	2	2	2	3	3	3	4	4	4	5	5	5	6	6	6	7	7	7	8	8
運	女	二	二	一	一	一	一	秋	十	十	九	九	九	八	八	八	七	七	七	六	六	六	五	五	五	四	四	四	三	三	三	二

9월 (戊申) 己酉 (백로) 白露 7日 21:41 秋分 23日

陽歷		1	2	3	4	5	6	7	8	9	10	11	12	13	14	15	16	17	18	19	20	21	22	23	24	25	26	27	28	29	30	
요일		木	金	土	日	月	火	水	木	8/	土	日	月	火	水	木	金	土	日	月	火	水	木	金	土	日	月	火	水	木	金	
陰歷		23	24	25	26	27	28	29	30	1	2	3	4	5	6	7	8	9	10	11	12	13	14	15	16	17	18	19	20	21	22	
日辰		癸	甲	乙	丙	丁	戊	己	庚	辛	壬	癸	甲	乙	丙	丁	戊	己	庚	辛	壬	癸	甲	乙	丙	丁	戊	己	庚	辛	壬	
		丑	寅	卯	辰	巳	午	未	申	酉	戌	亥	子	丑	寅	卯	辰	巳	午	未	申	酉	戌	亥	子	丑	寅	卯	辰	巳	午	
大	男	8	9	9	9	10	10	白	1	1	1	1	2	2	2	3	3	3	4	4	4	5	5	5	6	6	6	7	7	7	8	
運	女	二	二	一	一	一	一	露	十	十	九	九	九	八	八	八	七	七	七	六	六	六	五	五	五	四	四	四	三	三	三	

10월 (己酉) 庚戌 (한로) 寒露 8日 13:49 霜降 23日

陽歷		1	2	3	4	5	6	7	8	9	10	11	12	13	14	15	16	17	18	19	20	21	22	23	24	25	26	27	28	29	30	31
요일		土	日	月	火	水	木	金	9/	日	月	火	水	木	金	土	日	月	火	水	木	金	土	日	月	火	水	木	金	土	日	月
陰歷		23	24	25	26	27	28	29	1	2	3	4	5	6	7	8	9	10	11	12	13	14	15	16	17	18	19	20	21	22	23	24
日辰		癸	甲	乙	丙	丁	戊	己	庚	辛	壬	癸	甲	乙	丙	丁	戊	己	庚	辛	壬	癸	甲	乙	丙	丁	戊	己	庚	辛	壬	癸
		未	申	酉	戌	亥	子	丑	寅	卯	辰	巳	午	未	申	酉	戌	亥	子	丑	寅	卯	辰	巳	午	未	申	酉	戌	亥	子	丑
大	男	8	8	9	9	9	10	10	寒	1	1	1	1	2	2	2	3	3	3	4	4	4	5	5	5	6	6	6	7	7	7	8
運	女	二	二	二	一	一	一	一	露	十	九	九	九	八	八	八	七	七	七	六	六	六	五	五	五	四	四	四	三	三	三	二

11월 (庚戌) 辛亥 (입동) 立冬 7日 17:29 小雪 22日

陽歷		1	2	3	4	5	6	7	8	9	10	11	12	13	14	15	16	17	18	19	20	21	22	23	24	25	26	27	28	29	30	
요일		火	水	木	金	土	日	10/	火	水	木	金	土	日	月	火	水	木	金	土	日	月	火	水	木	金	土	日	月	火	水	
陰歷		25	26	27	28	29	30	1	2	3	4	5	6	7	8	9	10	11	12	13	14	15	16	17	18	19	20	21	22	23	24	
日辰		甲	乙	丙	丁	戊	己	庚	辛	壬	癸	甲	乙	丙	丁	戊	己	庚	辛	壬	癸	甲	乙	丙	丁	戊	己	庚	辛	壬	癸	
		寅	卯	辰	巳	午	未	申	酉	戌	亥	子	丑	寅	卯	辰	巳	午	未	申	酉	戌	亥	子	丑	寅	卯	辰	巳	午	未	
大	男	8	8	9	9	9	10	立	1	1	1	1	2	2	2	3	3	3	4	4	4	5	5	5	6	6	6	7	7	7	8	
運	女	二	二	一	一	一	一	冬	十	九	九	九	八	八	八	七	七	七	六	六	六	五	五	五	四	四	四	三	三	三	二	

12월 (辛亥) 壬子 (대설) 大雪 7日 10:39 冬至 22日

陽歷		1	2	3	4	5	6	7	8	9	10	11	12	13	14	15	16	17	18	19	20	21	22	23	24	25	26	27	28	29	30	31
요일		木	金	土	日	月	11/	水	木	金	土	日	月	火	水	木	金	土	日	月	火	水	木	金	土	日	月	火	水	木	金	土
陰歷		25	26	27	28	29	1	2	3	4	5	6	7	8	9	10	11	12	13	14	15	16	17	18	19	20	21	22	23	24	25	26
日辰		甲	乙	丙	丁	戊	己	庚	辛	壬	癸	甲	乙	丙	丁	戊	己	庚	辛	壬	癸	甲	乙	丙	丁	戊	己	庚	辛	壬	癸	甲
		申	酉	戌	亥	子	丑	寅	卯	辰	巳	午	未	申	酉	戌	亥	子	丑	寅	卯	辰	巳	午	未	申	酉	戌	亥	子	丑	寅
大	男	8	8	9	9	9	10	大	1	1	1	1	2	2	2	3	3	3	4	4	4	5	5	5	6	6	6	7	7	7	8	8
運	女	二	二	一	一	一	一	雪	九	九	九	八	八	八	七	七	七	六	六	六	五	五	五	四	四	四	三	三	三	二	二	二

西紀 **2068**년 **戊子** 檀紀 4401년

1월 (壬子) **癸丑** (소한) 小寒 5日 21:58 大寒 20日

陽曆	1	2	3	4	5	6	7	8	9	10	11	12	13	14	15	16	17	18	19	20	21	22	23	24	25	26	27	28	29	30	31
요일	日	月	火	水	12/	金	土	日	月	火	水	木	金	土	日	月	火	水	木	金	土	日	月	火	水	木	金	土	日	月	火
陰曆	27	28	29	30	1	2	3	4	5	6	7	8	9	10	11	12	13	14	15	16	17	18	19	20	21	22	23	24	25	26	27
日辰	乙	丙	丁	戊	己	庚	辛	壬	癸	甲	乙	丙	丁	戊	己	庚	辛	壬	癸	甲	乙	丙	丁	戊	己	庚	辛	壬	癸	甲	乙
	卯	辰	巳	午	未	申	酉	戌	亥	子	丑	寅	卯	辰	巳	午	未	申	酉	戌	亥	子	丑	寅	卯	辰	巳	午	未	申	酉
大 男	8	9	9	9	小	1	1	1	1	2	2	2	3	3	3	4	4	4	5	5	5	6	6	6	7	7	7	8	8	8	9
運 女	一	一	一	一	寒	十	九	九	九	八	八	八	七	七	七	六	六	六	五	五	五	四	四	四	三	三	三	二	二	二	一

2월 (癸丑) **甲寅** (입춘) 立春 4日 09:27 雨水 19日

陽曆	1	2	3	4	5	6	7	8	9	10	11	12	13	14	15	16	17	18	19	20	21	22	23	24	25	26	27	28	29		
요일	水	木	1/	土	日	月	火	水	木	金	土	日	月	火	水	木	金	土	日	月	火	水	木	金	土	日	月	火	水		
陰曆	28	29	1	2	3	4	5	6	7	8	9	10	11	12	13	14	15	16	17	18	19	20	21	22	23	24	25	26	27		
日辰	丙	丁	戊	己	庚	辛	壬	癸	甲	乙	丙	丁	戊	己	庚	辛	壬	癸	甲	乙	丙	丁	戊	己	庚	辛	壬	癸	甲		
	戌	亥	子	丑	寅	卯	辰	巳	午	未	申	酉	戌	亥	子	丑	寅	卯	辰	巳	午	未	申	酉	戌	亥	子	丑	寅		
大 男	9	9	10	立	10	9	9	9	8	8	8	7	7	7	6	6	6	5	5	5	4	4	4	3	3	3	2	2	2		
運 女	一	一	一	春	一	一	一	一	二	二	二	三	三	三	四	四	四	五	五	五	六	六	六	七	七	七	八	八	八		

3월 (甲寅) **乙卯** (경칩) 驚蟄 5日 03:07 春分 20日

陽曆	1	2	3	4	5	6	7	8	9	10	11	12	13	14	15	16	17	18	19	20	21	22	23	24	25	26	27	28	29	30	31
요일	木	金	土	2/	月	火	水	木	金	土	日	月	火	水	木	金	土	日	月	火	水	木	金	土	日	月	火	水	木	金	土
陰曆	28	29	30	1	2	3	4	5	6	7	8	9	10	11	12	13	14	15	16	17	18	19	20	21	22	23	24	25	26	27	28
日辰	乙	丙	丁	戊	己	庚	辛	壬	癸	甲	乙	丙	丁	戊	己	庚	辛	壬	癸	甲	乙	丙	丁	戊	己	庚	辛	壬	癸	甲	乙
	卯	辰	巳	午	未	申	酉	戌	亥	子	丑	寅	卯	辰	巳	午	未	申	酉	戌	亥	子	丑	寅	卯	辰	巳	午	未	申	酉
大 男	1	1	1	1	驚	10	9	9	9	8	8	8	7	7	7	6	6	6	5	5	5	4	4	4	3	3	3	2	2	2	1
運 女	九	九	九	十	蟄	一	一	一	一	二	二	二	三	三	三	四	四	四	五	五	五	六	六	六	七	七	七	八	八	八	九

4월 (乙卯) **丙辰** (청명) 淸明 4日 07:28 穀雨 19日

陽曆	1	2	3	4	5	6	7	8	9	10	11	12	13	14	15	16	17	18	19	20	21	22	23	24	25	26	27	28	29	30	
요일	日	3/	火	水	木	金	土	日	月	火	水	木	金	土	日	月	火	水	木	金	土	日	月	火	水	木	金	土	日	月	
陰曆	29	1	2	3	4	5	6	7	8	9	10	11	12	13	14	15	16	17	18	19	20	21	22	23	24	25	26	27	28	29	
日辰	丙	丁	戊	己	庚	辛	壬	癸	甲	乙	丙	丁	戊	己	庚	辛	壬	癸	甲	乙	丙	丁	戊	己	庚	辛	壬	癸	甲	乙	
	戌	亥	子	丑	寅	卯	辰	巳	午	未	申	酉	戌	亥	子	丑	寅	卯	辰	巳	午	未	申	酉	戌	亥	子	丑	寅	卯	
大 男	1	1	1	淸	10	10	9	9	9	8	8	8	7	7	7	6	6	6	5	5	5	4	4	4	3	3	3	2	2	2	
運 女	九	九	十	明	一	一	一	一	二	二	二	三	三	三	四	四	四	五	五	五	六	六	六	七	七	七	八	八	八	九	

5월 (丙辰) **丁巳** (입하) 立夏 5日 00:19 小滿 20日

陽曆	1	2	3	4	5	6	7	8	9	10	11	12	13	14	15	16	17	18	19	20	21	22	23	24	25	26	27	28	29	30	31
요일	火	4/	木	金	土	日	月	火	水	木	金	土	日	月	火	水	木	金	土	日	月	火	水	木	金	土	日	月	火	水	5/
陰曆	30	1	2	3	4	5	6	7	8	9	10	11	12	13	14	15	16	17	18	19	20	21	22	23	24	25	26	27	28	29	1
日辰	丙	丁	戊	己	庚	辛	壬	癸	甲	乙	丙	丁	戊	己	庚	辛	壬	癸	甲	乙	丙	丁	戊	己	庚	辛	壬	癸	甲	乙	丙
	辰	巳	午	未	申	酉	戌	亥	子	丑	寅	卯	辰	巳	午	未	申	酉	戌	亥	子	丑	寅	卯	辰	巳	午	未	申	酉	戌
大 男	1	1	1	1	立	10	10	9	9	9	8	8	8	7	7	7	6	6	6	5	5	5	4	4	4	3	3	3	2	2	2
運 女	九	九	十	十	夏	一	一	一	一	二	二	二	三	三	三	四	四	四	五	五	五	六	六	六	七	七	七	八	八	八	九

6월 (丁巳) **戊午** (망종) 芒種 5日 04:08 夏至 20日

陽曆	1	2	3	4	5	6	7	8	9	10	11	12	13	14	15	16	17	18	19	20	21	22	23	24	25	26	27	28	29	30	
요일	金	土	日	月	火	水	木	金	土	日	月	火	水	木	金	土	日	月	火	水	木	金	土	日	月	火	水	木	金	6/	
陰曆	2	3	4	5	6	7	8	9	10	11	12	13	14	15	16	17	18	19	20	21	22	23	24	25	26	27	28	29	30	1	
日辰	丁	戊	己	庚	辛	壬	癸	甲	乙	丙	丁	戊	己	庚	辛	壬	癸	甲	乙	丙	丁	戊	己	庚	辛	壬	癸	甲	乙	丙	
	亥	子	丑	寅	卯	辰	巳	午	未	申	酉	戌	亥	子	丑	寅	卯	辰	巳	午	未	申	酉	戌	亥	子	丑	寅	卯	辰	
大 男	1	1	1	1	芒	10	10	9	9	9	8	8	8	7	7	7	6	6	6	5	5	5	4	4	4	3	3	3	2	2	
運 女	九	九	十	十	種	一	一	一	一	二	二	二	三	三	三	四	四	四	五	五	五	六	六	六	七	七	七	八	八	八	

霹靂火星 四綠木星 | 四日得辛 五龍治水 | 西大將 寅喪門 | 戌弔客 南三殺 | 寒食(4월 05일) 中伏(7월 24일) | 初伏(7월 14일) 末伏(8월 13일)

7월 (戊午) 己未 (소서) 小暑 6日 14:15 大暑 22日

		1	2	3	4	5	6	7	8	9	10	11	12	13	14	15	16	17	18	19	20	21	22	23	24	25	26	27	28	29	30	31
陽歷		1	2	3	4	5	6	7	8	9	10	11	12	13	14	15	16	17	18	19	20	21	22	23	24	25	26	27	28	29	30	31
요일		日	月	火	水	木	金	土	日	月	火	水	木	金	土	日	月	火	水	木	金	土	日	月	火	水	木	金	土	7/	月	火
陰歷		2	3	4	5	6	7	8	9	10	11	12	13	14	15	16	17	18	19	20	21	22	23	24	25	26	27	28	29	1	2	3
日辰		丁	戊	己	庚	辛	壬	癸	甲	乙	丙	丁	戊	己	庚	辛	壬	癸	甲	乙	丙	丁	戊	己	庚	辛	壬	癸	甲	乙	丙	丁
		巳	午	未	申	酉	戌	亥	子	丑	寅	卯	辰	巳	午	未	申	酉	戌	亥	子	丑	寅	卯	辰	巳	午	未	申	酉	戌	亥
大	男	2	1	1	1	1	小	10	10	10	9	9	9	8	8	8	7	7	7	6	6	6	5	5	5	4	4	4	3	3	3	2
運	女	九	九	九	十	十	暑	一	一	一	一	二	二	二	三	三	三	四	四	四	五	五	五	六	六	六	七	七	七	八	八	八

8월 (己未) 庚申 (입추) 立秋 7日 00:10 處署 22日

		1	2	3	4	5	6	7	8	9	10	11	12	13	14	15	16	17	18	19	20	21	22	23	24	25	26	27	28	29	30	31
陽歷		1	2	3	4	5	6	7	8	9	10	11	12	13	14	15	16	17	18	19	20	21	22	23	24	25	26	27	28	29	30	31
요일		水	木	金	土	日	月	火	水	木	金	土	日	月	火	水	木	金	土	日	月	火	水	木	金	土	日	月	8/	水	木	金
陰歷		4	5	6	7	8	9	10	11	12	13	14	15	16	17	18	19	20	21	22	23	24	25	26	27	28	29	30	1	2	3	4
日辰		戊	己	庚	辛	壬	癸	甲	乙	丙	丁	戊	己	庚	辛	壬	癸	甲	乙	丙	丁	戊	己	庚	辛	壬	癸	甲	乙	丙	丁	戊
		子	丑	寅	卯	辰	巳	午	未	申	酉	戌	亥	子	丑	寅	卯	辰	巳	午	未	申	酉	戌	亥	子	丑	寅	卯	辰	巳	午
大	男	2	2	1	1	1	1	立	10	10	9	9	9	8	8	8	7	7	7	6	6	6	5	5	5	4	4	4	3	3	3	2
運	女	九	九	九	十	十	十	秋	一	一	一	一	二	二	二	三	三	三	四	四	四	五	五	五	六	六	六	七	七	七	八	八

9월 (庚申) 辛酉 (백로) 白露 7日 03:24 秋分 22日

		1	2	3	4	5	6	7	8	9	10	11	12	13	14	15	16	17	18	19	20	21	22	23	24	25	26	27	28	29	30	
陽歷		1	2	3	4	5	6	7	8	9	10	11	12	13	14	15	16	17	18	19	20	21	22	23	24	25	26	27	28	29	30	
요일		土	日	月	火	水	木	金	土	日	月	火	水	木	金	土	日	月	火	水	木	金	土	日	月	火	9/	木	金	土	日	
陰歷		5	6	7	8	9	10	11	12	13	14	15	16	17	18	19	20	21	22	23	24	25	26	27	28	29	1	2	3	4	5	
日辰		己	庚	辛	壬	癸	甲	乙	丙	丁	戊	己	庚	辛	壬	癸	甲	乙	丙	丁	戊	己	庚	辛	壬	癸	甲	乙	丙	丁	戊	
		未	申	酉	戌	亥	子	丑	寅	卯	辰	巳	午	未	申	酉	戌	亥	子	丑	寅	卯	辰	巳	午	未	申	酉	戌	亥	子	
大	男	2	2	1	1	1	1	白	10	9	9	9	8	8	8	7	7	7	6	6	6	5	5	5	4	4	4	3	3	3	2	
運	女	八	九	九	九	十	十	露	一	一	一	一	二	二	二	三	三	三	四	四	四	五	五	五	六	六	六	七	七	七	八	

10월 (辛酉) 壬戌 (한로) 寒露 7日 10:07 霜降 22日

		1	2	3	4	5	6	7	8	9	10	11	12	13	14	15	16	17	18	19	20	21	22	23	24	25	26	27	28	29	30	31
陽歷		1	2	3	4	5	6	7	8	9	10	11	12	13	14	15	16	17	18	19	20	21	22	23	24	25	26	27	28	29	30	31
요일		月	火	水	木	金	土	日	月	火	水	木	金	土	日	月	火	水	木	金	土	日	月	火	水	木	10/	土	日	月	火	水
陰歷		6	7	8	9	10	11	12	13	14	15	16	17	18	19	20	21	22	23	24	25	26	27	28	29	30	1	2	3	4	5	6
日辰		己	庚	辛	壬	癸	甲	乙	丙	丁	戊	己	庚	辛	壬	癸	甲	乙	丙	丁	戊	己	庚	辛	壬	癸	甲	乙	丙	丁	戊	己
		丑	寅	卯	辰	巳	午	未	申	酉	戌	亥	子	丑	寅	卯	辰	巳	午	未	申	酉	戌	亥	子	丑	寅	卯	辰	巳	午	未
大	男	2	2	1	1	1	1	寒	10	9	9	9	8	8	8	7	7	7	6	6	6	5	5	5	4	4	4	3	3	3	2	2
運	女	八	八	九	九	九	十	露	一	一	一	一	二	二	二	三	三	三	四	四	四	五	五	五	六	六	六	七	七	七	八	八

11월 (壬戌) 癸亥 (입동) 立冬 6日 11:06 小雪 21日

		1	2	3	4	5	6	7	8	9	10	11	12	13	14	15	16	17	18	19	20	21	22	23	24	25	26	27	28	29	30	
陽歷		1	2	3	4	5	6	7	8	9	10	11	12	13	14	15	16	17	18	19	20	21	22	23	24	25	26	27	28	29	30	
요일		木	金	土	日	月	火	水	木	金	土	日	月	火	水	木	金	土	日	月	火	水	木	金	土	11/	月	火	水	木	金	
陰歷		7	8	9	10	11	12	13	14	15	16	17	18	19	20	21	22	23	24	25	26	27	28	29	30	1	2	3	4	5	6	
日辰		庚	辛	壬	癸	甲	乙	丙	丁	戊	己	庚	辛	壬	癸	甲	乙	丙	丁	戊	己	庚	辛	壬	癸	甲	乙	丙	丁	戊	己	
		申	酉	戌	亥	子	丑	寅	卯	辰	巳	午	未	申	酉	戌	亥	子	丑	寅	卯	辰	巳	午	未	申	酉	戌	亥	子	丑	
大	男	2	1	1	1	1	立	10	9	9	9	8	8	8	7	7	7	6	6	6	5	5	5	4	4	4	3	3	3	2	2	
運	女	八	九	九	九	十	冬	一	一	一	一	二	二	二	三	三	三	四	四	四	五	五	五	六	六	六	七	七	七	八	八	

12월 (癸亥) 甲子 (대설) 大雪 6日 12:06 冬至 21日

		1	2	3	4	5	6	7	8	9	10	11	12	13	14	15	16	17	18	19	20	21	22	23	24	25	26	27	28	29	30	31
陽歷		1	2	3	4	5	6	7	8	9	10	11	12	13	14	15	16	17	18	19	20	21	22	23	24	25	26	27	28	29	30	31
요일		土	日	月	火	水	木	金	土	日	月	火	水	木	金	土	日	月	火	水	木	金	土	日	12/	火	水	木	金	土	日	月
陰歷		7	8	9	10	11	12	13	14	15	16	17	18	19	20	21	22	23	24	25	26	27	28	29	1	2	3	4	5	6	7	8
日辰		庚	辛	壬	癸	甲	乙	丙	丁	戊	己	庚	辛	壬	癸	甲	乙	丙	丁	戊	己	庚	辛	壬	癸	甲	乙	丙	丁	戊	己	庚
		寅	卯	辰	巳	午	未	申	酉	戌	亥	子	丑	寅	卯	辰	巳	午	未	申	酉	戌	亥	子	丑	寅	卯	辰	巳	午	未	申
大	男	2	1	1	1	1	大	10	9	9	9	8	8	8	7	7	7	6	6	6	5	5	5	4	4	4	3	3	3	2	2	2
運	女	八	九	九	九	十	雪	一	一	一	一	二	二	二	三	三	三	四	四	四	五	五	五	六	六	六	七	七	七	八	八	八

1월 (甲子) 乙丑 (소한) 小寒 5日 03:47 大寒 19日

陽歷	1	2	3	4	5	6	7	8	9	10	11	12	13	14	15	16	17	18	19	20	21	22	23	24	25	26	27	28	29	30	31
요일	火	水	木	金	土	日	月	火	水	木	金	土	日	月	火	水	木	金	土	日	月	火	1/	木	金	土	日	月	火	水	木
陰歷	9	10	11	12	13	14	15	16	17	18	19	20	21	22	23	24	25	26	27	28	29	30	1	2	3	4	5	6	7	8	9
日辰	辛	壬	癸	甲	乙	丙	丁	戊	己	庚	辛	壬	癸	甲	乙	丙	丁	戊	己	庚	辛	壬	癸	甲	乙	丙	丁	戊	己	庚	辛
	酉	戌	亥	子	丑	寅	卯	辰	巳	午	未	申	酉	戌	亥	子	丑	寅	卯	辰	巳	午	未	申	酉	戌	亥	子	丑	寅	卯
大運 男	1	1	1	1	小	9	9	9	8	8	8	7	7	7	6	6	6	5	5	5	4	4	4	3	3	3	2	2	2	1	1
大運 女	九	九	九	十	寒	一	一	一	一	二	二	二	三	三	三	四	四	四	五	五	五	六	六	六	七	七	七	八	八	八	九

2월 (乙丑) 丙寅 (입춘) 立春 3日 15:19 雨水 18日

陽歷	1	2	3	4	5	6	7	8	9	10	11	12	13	14	15	16	17	18	19	20	21	22	23	24	25	26	27	28
요일	金	土	日	月	火	水	木	金	土	日	月	火	水	木	金	土	日	月	火	水	木	2/	土	日	月	火	水	木
陰歷	10	11	12	13	14	15	16	17	18	19	20	21	22	23	24	25	26	27	28	29	30	1	2	3	4	5	6	7
日辰	壬	癸	甲	乙	丙	丁	戊	己	庚	辛	壬	癸	甲	乙	丙	丁	戊	己	庚	辛	壬	癸	甲	乙	丙	丁	戊	己
	辰	巳	午	未	申	酉	戌	亥	子	丑	寅	卯	辰	巳	午	未	申	酉	戌	亥	子	丑	寅	卯	辰	巳	午	未
大運 男	1	1	立	1	1	1	1	2	2	2	3	3	3	4	4	4	5	5	5	6	6	6	7	7	7	8	8	8
大運 女	九	九	春	十	九	九	九	八	八	八	七	七	七	六	六	六	五	五	五	四	四	四	三	三	三	二	二	二

3월 (丙寅) 丁卯 (경칩) 驚蟄 5日 09:01 春分 20日

陽歷	1	2	3	4	5	6	7	8	9	10	11	12	13	14	15	16	17	18	19	20	21	22	23	24	25	26	27	28	29	30	31
요일	金	土	日	月	火	水	木	金	土	日	月	火	水	木	金	土	日	月	火	水	木	金	3/	日	月	火	水	木	金	土	日
陰歷	8	9	10	11	12	13	14	15	16	17	18	19	20	21	22	23	24	25	26	27	28	29	1	2	3	4	5	6	7	8	9
日辰	庚	辛	壬	癸	甲	乙	丙	丁	戊	己	庚	辛	壬	癸	甲	乙	丙	丁	戊	己	庚	辛	壬	癸	甲	乙	丙	丁	戊	己	庚
	申	酉	戌	亥	子	丑	寅	卯	辰	巳	午	未	申	酉	戌	亥	子	丑	寅	卯	辰	巳	午	未	申	酉	戌	亥	子	丑	寅
大運 男	9	9	9	10	驚	1	1	1	1	2	2	2	3	3	3	4	4	4	5	5	5	6	6	6	7	7	7	8	8	8	9
大運 女	一	一	一	一	蟄	十	九	九	九	八	八	八	七	七	七	六	六	六	五	五	五	四	四	四	三	三	三	二	二	二	一

4월 (丁卯) 戊辰 (청명) 清明 4日 13:22 穀雨 19日

陽歷	1	2	3	4	5	6	7	8	9	10	11	12	13	14	15	16	17	18	19	20	21	22	23	24	25	26	27	28	29	30
요일	月	火	水	木	金	土	日	月	火	水	木	金	土	日	月	火	水	木	金	土	4/	月	火	水	木	金	土	日	月	火
陰歷	10	11	12	13	14	15	16	17	18	19	20	21	22	23	24	25	26	27	28	29	1	2	3	4	5	6	7	8	9	10
日辰	辛	壬	癸	甲	乙	丙	丁	戊	己	庚	辛	壬	癸	甲	乙	丙	丁	戊	己	庚	辛	壬	癸	甲	乙	丙	丁	戊	己	庚
	卯	辰	巳	午	未	申	酉	戌	亥	子	丑	寅	卯	辰	巳	午	未	申	酉	戌	亥	子	丑	寅	卯	辰	巳	午	未	申
大運 男	9	9	10	清	1	1	1	1	2	2	2	3	3	3	4	4	4	5	5	5	6	6	6	7	7	7	8	8	8	9
大運 女	一	一	一	明	十	十	九	九	九	八	八	八	七	七	七	六	六	六	五	五	五	四	四	四	三	三	三	二	二	二

5월 (戊辰) 己巳 (입하) 立夏 5日 06:13 小滿 20日

陽歷	1	2	3	4	5	6	7	8	9	10	11	12	13	14	15	16	17	18	19	20	21	22	23	24	25	26	27	28	29	30	31
요일	水	木	金	土	日	月	火	水	木	金	土	日	月	火	水	木	金	土	日	月	윤4/	水	木	金	土	日	月	火	水	木	金
陰歷	11	12	13	14	15	16	17	18	19	20	21	22	23	24	25	26	27	28	29	30	1	2	3	4	5	6	7	8	9	10	11
日辰	辛	壬	癸	甲	乙	丙	丁	戊	己	庚	辛	壬	癸	甲	乙	丙	丁	戊	己	庚	辛	壬	癸	甲	乙	丙	丁	戊	己	庚	辛
	酉	戌	亥	子	丑	寅	卯	辰	巳	午	未	申	酉	戌	亥	子	丑	寅	卯	辰	巳	午	未	申	酉	戌	亥	子	丑	寅	卯
大運 男	9	9	10	10	立	1	1	1	1	2	2	2	3	3	3	4	4	4	5	5	5	6	6	6	7	7	7	8	8	8	9
大運 女	一	一	一	一	夏	十	十	九	九	九	八	八	八	七	七	七	六	六	六	五	五	五	四	四	四	三	三	三	二	二	二

6월 (己巳) 庚午 (망종) 芒種 5日 10:02 夏至 21日

陽歷	1	2	3	4	5	6	7	8	9	10	11	12	13	14	15	16	17	18	19	20	21	22	23	24	25	26	27	28	29	30
요일	土	日	月	火	水	木	金	土	日	月	火	水	木	金	土	日	月	火	5/	木	金	土	日	月	火	水	木	金	土	日
陰歷	12	13	14	15	16	17	18	19	20	21	22	23	24	25	26	27	28	29	1	2	3	4	5	6	7	8	9	10	11	12
日辰	壬	癸	甲	乙	丙	丁	戊	己	庚	辛	壬	癸	甲	乙	丙	丁	戊	己	庚	辛	壬	癸	甲	乙	丙	丁	戊	己	庚	辛
	辰	巳	午	未	申	酉	戌	亥	子	丑	寅	卯	辰	巳	午	未	申	酉	戌	亥	子	丑	寅	卯	辰	巳	午	未	申	酉
大運 男	9	9	10	10	芒	1	1	1	1	2	2	2	3	3	3	4	4	4	5	5	5	6	6	6	7	7	7	8	8	8
大運 女	一	一	一	一	種	十	十	九	九	九	八	八	八	七	七	七	六	六	六	五	五	五	四	四	四	三	三	三	二	二

霹靂火星	九日得辛	西大將	亥弔客	寒食(4월 05일)	初伏(7월 19일)
三碧木星	十龍治水	卯喪門	東三殺	中伏(7월 29일)	末伏(8월 08일)

7월 (庚午) 辛未 (소서) 小暑 6日 20:09 大暑 22日

陽歷	1	2	3	4	5	6	7	8	9	10	11	12	13	14	15	16	17	18	19	20	21	22	23	24	25	26	27	28	29	30	31
요일	月	火	水	木	金	土	日	月	火	水	木	金	土	日	月	火	水	6/	金	土	日	月	火	水	木	金	土	日	月	火	水
陰歷	13	14	15	16	17	18	19	20	21	22	23	24	25	26	27	28	29	1	2	3	4	5	6	7	8	9	10	11	12	13	14
日辰	壬	癸	甲	乙	丙	丁	戊	己	庚	辛	壬	癸	甲	乙	丙	丁	戊	己	庚	辛	壬	癸	甲	乙	丙	丁	戊	己	庚	辛	壬
	戌	亥	子	丑	寅	卯	辰	巳	午	未	申	酉	戌	亥	子	丑	寅	卯	辰	巳	午	未	申	酉	戌	亥	子	丑	寅	卯	辰
大運 男	9	9	9	10	10	小	1	1	1	1	2	2	2	3	3	3	4	4	4	5	5	5	6	6	6	7	7	7	8	8	8
大運 女	二	一	一	一	一	署	十	十	十	九	九	九	八	八	八	七	七	七	六	六	六	五	五	五	四	四	四	三	三	三	二

8월 (辛未) 壬申 (입추) 立秋 7日 06:04 處暑 22日

陽歷	1	2	3	4	5	6	7	8	9	10	11	12	13	14	15	16	17	18	19	20	21	22	23	24	25	26	27	28	29	30	31
요일	木	金	土	日	月	火	水	木	金	土	日	月	火	水	木	金	7/	日	月	火	水	木	金	土	日	月	火	水	木	金	土
陰歷	15	16	17	18	19	20	21	22	23	24	25	26	27	28	29	30	1	2	3	4	5	6	7	8	9	10	11	12	13	14	15
日辰	癸	甲	乙	丙	丁	戊	己	庚	辛	壬	癸	甲	乙	丙	丁	戊	己	庚	辛	壬	癸	甲	乙	丙	丁	戊	己	庚	辛	壬	癸
	巳	午	未	申	酉	戌	亥	子	丑	寅	卯	辰	巳	午	未	申	酉	戌	亥	子	丑	寅	卯	辰	巳	午	未	申	酉	戌	亥
大運 男	9	9	9	10	10	10	立	1	1	1	1	2	2	2	3	3	3	4	4	4	5	5	5	6	6	6	7	7	7	8	8
大運 女	二	二	一	一	一	一	秋	十	十	九	九	九	八	八	八	七	七	七	六	六	六	五	五	五	四	四	四	三	三	三	二

9월 (壬申) 癸酉 (백로) 白露 7日 09:19 秋分 22日

陽歷	1	2	3	4	5	6	7	8	9	10	11	12	13	14	15	16	17	18	19	20	21	22	23	24	25	26	27	28	29	30
요일	日	月	火	水	木	金	土	日	月	火	水	木	金	土	8/	月	火	水	木	金	土	日	月	火	水	木	金	土	日	月
陰歷	16	17	18	19	20	21	22	23	24	25	26	27	28	29	1	2	3	4	5	6	7	8	9	10	11	12	13	14	15	16
日辰	甲	乙	丙	丁	戊	己	庚	辛	壬	癸	甲	乙	丙	丁	戊	己	庚	辛	壬	癸	甲	乙	丙	丁	戊	己	庚	辛	壬	癸
	子	丑	寅	卯	辰	巳	午	未	申	酉	戌	亥	子	丑	寅	卯	辰	巳	午	未	申	酉	戌	亥	子	丑	寅	卯	辰	巳
大運 男	8	9	9	9	10	10	白	1	1	1	1	2	2	2	3	3	3	4	4	4	5	5	5	6	6	6	7	7	7	8
大運 女	二	二	一	一	一	一	露	十	十	九	九	九	八	八	八	七	七	七	六	六	六	五	五	五	四	四	四	三	三	三

10월 (癸酉) 甲戌 (한로) 寒露 8日 01:25 霜降 23日

陽歷	1	2	3	4	5	6	7	8	9	10	11	12	13	14	15	16	17	18	19	20	21	22	23	24	25	26	27	28	29	30	31
요일	火	水	木	金	土	日	月	火	水	木	金	土	日	月	9/	水	木	金	土	日	月	火	水	木	金	土	日	月	火	水	木
陰歷	17	18	19	20	21	22	23	24	25	26	27	28	29	30	1	2	3	4	5	6	7	8	9	10	11	12	13	14	15	16	17
日辰	甲	乙	丙	丁	戊	己	庚	辛	壬	癸	甲	乙	丙	丁	戊	己	庚	辛	壬	癸	甲	乙	丙	丁	戊	己	庚	辛	壬	癸	甲
	午	未	申	酉	戌	亥	子	丑	寅	卯	辰	巳	午	未	申	酉	戌	亥	子	丑	寅	卯	辰	巳	午	未	申	酉	戌	亥	子
大運 男	8	8	9	9	9	10	10	寒	1	1	1	1	2	2	2	3	3	3	4	4	4	5	5	5	6	6	6	7	7	7	8
大運 女	二	二	二	一	一	一	一	露	十	九	九	九	八	八	八	七	七	七	六	六	六	五	五	五	四	四	四	三	三	三	二

11월 (甲戌) 乙亥 (입동) 立冬 7日 05:06 小雪 22日

陽歷	1	2	3	4	5	6	7	8	9	10	11	12	13	14	15	16	17	18	19	20	21	22	23	24	25	26	27	28	29	30
요일	金	土	日	月	火	水	木	金	土	日	月	火	水	10/	金	土	日	月	火	水	木	金	土	日	月	火	水	木	金	土
陰歷	18	19	20	21	22	23	24	25	26	27	28	29	30	1	2	3	4	5	6	7	8	9	10	11	12	13	14	15	16	17
日辰	乙	丙	丁	戊	己	庚	辛	壬	癸	甲	乙	丙	丁	戊	己	庚	辛	壬	癸	甲	乙	丙	丁	戊	己	庚	辛	壬	癸	甲
	丑	寅	卯	辰	巳	午	未	申	酉	戌	亥	子	丑	寅	卯	辰	巳	午	未	申	酉	戌	亥	子	丑	寅	卯	辰	巳	午
大運 男	8	8	9	9	9	10	立	1	1	1	1	2	2	2	3	3	3	4	4	4	5	5	5	6	6	6	7	7	7	8
大運 女	二	二	一	一	一	一	冬	九	九	九	八	八	八	七	七	七	六	六	六	五	五	五	四	四	四	三	三	三	二	二

12월 (乙亥) 丙子 (대설) 大雪 6日 22:21 冬至 21日

陽歷	1	2	3	4	5	6	7	8	9	10	11	12	13	14	15	16	17	18	19	20	21	22	23	24	25	26	27	28	29	30	31
요일	日	月	火	水	木	金	土	日	月	火	水	木	金	11/	日	月	火	水	木	金	土	日	月	火	水	木	金	土	日	月	火
陰歷	18	19	20	21	22	23	24	25	26	27	28	29	30	1	2	3	4	5	6	7	8	9	10	11	12	13	14	15	16	17	18
日辰	乙	丙	丁	戊	己	庚	辛	壬	癸	甲	乙	丙	丁	戊	己	庚	辛	壬	癸	甲	乙	丙	丁	戊	己	庚	辛	壬	癸	甲	乙
	未	申	酉	戌	亥	子	丑	寅	卯	辰	巳	午	未	申	酉	戌	亥	子	丑	寅	卯	辰	巳	午	未	申	酉	戌	亥	子	丑
大運 男	8	8	9	9	9	大	1	1	1	1	2	2	2	3	3	3	4	4	4	5	5	5	6	6	6	7	7	7	8	8	8
大運 女	二	一	一	一	一	雪	十	九	九	九	八	八	八	七	七	七	六	六	六	五	五	五	四	四	四	三	三	三	二	二	二

1월 (丙子) 丁丑 (소한) 小寒 5日 09:46 大寒 20日

陽曆	1	2	3	4	5	6	7	8	9	10	11	12	13	14	15	16	17	18	19	20	21	22	23	24	25	26	27	28	29	30	31
요일	水	木	金	土	日	月	火	水	木	金	土	12	月	火	水	木	金	土	日	月	火	水	木	金	土	日	月	火	水	木	金
陰曆	19	20	21	22	23	24	25	26	27	28	29	1	2	3	4	5	6	7	8	9	10	11	12	13	14	15	16	17	18	19	20
日辰	丙	丁	戊	己	庚	辛	壬	癸	甲	乙	丙	丁	戊	己	庚	辛	壬	癸	甲	乙	丙	丁	戊	己	庚	辛	壬	癸	甲	乙	丙
	寅	卯	辰	巳	午	未	申	酉	戌	亥	子	丑	寅	卯	辰	巳	午	未	申	酉	戌	亥	子	丑	寅	卯	辰	巳	午	未	申
大 男	9	9	9	10	小	1	1	1	1	2	2	2	3	3	3	4	4	4	5	5	5	6	6	6	7	7	7	8	8	8	9
運 女	一	一	一	一	寒	九	九	九	八	八	八	七	七	七	六	六	六	五	五	五	四	四	四	三	三	三	二	二	二	一	一

2월 (丁丑) 戊寅 (입춘) 立春 3日 21:20 雨水 18日

陽曆	1	2	3	4	5	6	7	8	9	10	11	12	13	14	15	16	17	18	19	20	21	22	23	24	25	26	27	28			
요일	土	日	月	火	水	木	金	土	日	月	1	水	木	金	土	日	月	火	水	木	金	土	日	月	火	水	木	金			
陰曆	21	22	23	24	25	26	27	28	29	30	1	2	3	4	5	6	7	8	9	10	11	12	13	14	15	16	17	18			
日辰	丁	戊	己	庚	辛	壬	癸	甲	乙	丙	丁	戊	己	庚	辛	壬	癸	甲	乙	丙	丁	戊	己	庚	辛	壬	癸	甲			
	酉	戌	亥	子	丑	寅	卯	辰	巳	午	未	申	酉	戌	亥	子	丑	寅	卯	辰	巳	午	未	申	酉	戌	亥	子			
大 男	9	9	立	10	9	9	9	8	8	8	7	7	7	6	6	6	5	5	5	4	4	4	3	3	3	2	2	2			
運 女	一	一	春	一	一	一	一	二	二	二	三	三	三	四	四	四	五	五	五	六	六	六	七	七	七	八	八	八			

3월 (戊寅) 己卯 (경칩) 驚蟄 5日 15:01 春分 20日

陽曆	1	2	3	4	5	6	7	8	9	10	11	12	13	14	15	16	17	18	19	20	21	22	23	24	25	26	27	28	29	30	31
요일	土	日	月	火	水	木	金	土	日	月	火	水	2	金	土	日	月	火	水	木	金	土	日	月	火	水	木	金	土	日	月
陰曆	19	20	21	22	23	24	25	26	27	28	29	30	1	2	3	4	5	6	7	8	9	10	11	12	13	14	15	16	17	18	19
日辰	乙	丙	丁	戊	己	庚	辛	壬	癸	甲	乙	丙	丁	戊	己	庚	辛	壬	癸	甲	乙	丙	丁	戊	己	庚	辛	壬	癸	甲	乙
	丑	寅	卯	辰	巳	午	未	申	酉	戌	亥	子	丑	寅	卯	辰	巳	午	未	申	酉	戌	亥	子	丑	寅	卯	辰	巳	午	未
大 男	1	1	1	1	驚	10	9	9	9	8	8	8	7	7	7	6	6	6	5	5	5	4	4	4	3	3	3	2	2	2	1
運 女	八	九	九	九	蟄	一	一	一	一	二	二	二	三	三	三	四	四	四	五	五	五	六	六	六	七	七	七	八	八	八	九

4월 (己卯) 庚辰 (청명) 淸明 4日 19:18 穀雨 20日

陽曆	1	2	3	4	5	6	7	8	9	10	11	12	13	14	15	16	17	18	19	20	21	22	23	24	25	26	27	28	29	30	
요일	火	水	木	金	土	日	月	火	水	木	3	土	日	月	火	水	木	金	土	日	月	火	水	木	金	土	日	月	火	水	
陰曆	20	21	22	23	24	25	26	27	28	29	1	2	3	4	5	6	7	8	9	10	11	12	13	14	15	16	17	18	19	20	
日辰	丙	丁	戊	己	庚	辛	壬	癸	甲	乙	丙	丁	戊	己	庚	辛	壬	癸	甲	乙	丙	丁	戊	己	庚	辛	壬	癸	甲	乙	
	申	酉	戌	亥	子	丑	寅	卯	辰	巳	午	未	申	酉	戌	亥	子	丑	寅	卯	辰	巳	午	未	申	酉	戌	亥	子	丑	
大 男	1	1	1	淸	10	10	9	9	9	8	8	8	7	7	7	6	6	6	5	5	5	4	4	4	3	3	3	2	2	2	
運 女	九	九	十	明	一	一	一	一	二	二	二	三	三	三	四	四	四	五	五	五	六	六	六	七	七	七	八	八	八	九	

5월 (庚辰) 辛巳 (입하) 立夏 5日 12:03 小滿 21日

陽曆	1	2	3	4	5	6	7	8	9	10	11	12	13	14	15	16	17	18	19	20	21	22	23	24	25	26	27	28	29	30	31
요일	木	金	土	日	月	火	水	木	金	4	日	月	火	水	木	金	土	日	月	火	水	木	金	土	日	月	火	水	木	金	土
陰曆	21	22	23	24	25	26	27	28	29	1	2	3	4	5	6	7	8	9	10	11	12	13	14	15	16	17	18	19	20	21	22
日辰	丙	丁	戊	己	庚	辛	壬	癸	甲	乙	丙	丁	戊	己	庚	辛	壬	癸	甲	乙	丙	丁	戊	己	庚	辛	壬	癸	甲	乙	丙
	寅	卯	辰	巳	午	未	申	酉	戌	亥	子	丑	寅	卯	辰	巳	午	未	申	酉	戌	亥	子	丑	寅	卯	辰	巳	午	未	申
大 男	1	1	1	1	立	10	10	9	9	9	8	8	8	7	7	7	6	6	6	5	5	5	4	4	4	3	3	3	2	2	2
運 女	九	九	十	十	夏	一	一	一	一	二	二	二	三	三	三	四	四	四	五	五	五	六	六	六	七	七	七	八	八	八	九

6월 (辛巳) 壬午 (망종) 芒種 5日 15:46 夏至 21日

陽曆	1	2	3	4	5	6	7	8	9	10	11	12	13	14	15	16	17	18	19	20	21	22	23	24	25	26	27	28	29	30	
요일	日	月	火	水	木	金	土	日	5	火	水	木	金	土	日	月	火	水	木	金	土	日	月	火	水	木	金	土	日	月	
陰曆	23	24	25	26	27	28	29	30	1	2	3	4	5	6	7	8	9	10	11	12	13	14	15	16	17	18	19	20	21	22	
日辰	丁	戊	己	庚	辛	壬	癸	甲	乙	丙	丁	戊	己	庚	辛	壬	癸	甲	乙	丙	丁	戊	己	庚	辛	壬	癸	甲	乙	丙	
	酉	戌	亥	子	丑	寅	卯	辰	巳	午	未	申	酉	戌	亥	子	丑	寅	卯	辰	巳	午	未	申	酉	戌	亥	子	丑	寅	
大 男	1	1	1	1	芒	10	10	10	9	9	9	8	8	8	7	7	7	6	6	6	5	5	5	4	4	4	3	3	3	2	
運 女	九	九	十	十	種	一	一	一	一	二	二	二	三	三	三	四	四	四	五	五	五	六	六	六	七	七	七	八	八	八	

7월 (壬午) 癸未 (소서) 小暑 7日 01:51 大暑 22日

陽歷		1	2	3	4	5	6	7	8	9	10	11	12	13	14	15	16	17	18	19	20	21	22	23	24	25	26	27	28	29	30	31
요일		火	水	木	金	土	日	月	6/	水	木	金	土	日	月	火	水	木	金	土	日	月	火	水	木	金	土	日	月	火	水	木
陰歷		23	24	25	26	27	28	29	1	2	3	4	5	6	7	8	9	10	11	12	13	14	15	16	17	18	19	20	21	22	23	24
日辰		丁	戊	己	庚	辛	壬	癸	甲	乙	丙	丁	戊	己	庚	辛	壬	癸	甲	乙	丙	丁	戊	己	庚	辛	壬	癸	甲	乙	丙	丁
		卯	辰	巳	午	未	申	酉	戌	亥	子	丑	寅	卯	辰	巳	午	未	申	酉	戌	亥	子	丑	寅	卯	辰	巳	午	未	申	酉
大	男	2	2	1	1	1	1	小	10	10	9	9	9	8	8	8	7	7	7	6	6	6	5	5	5	4	4	4	3	3	3	2
運	女	九	九	九	十	十	十	署	一	一	一	一	二	二	二	三	三	三	四	四	四	五	五	五	六	六	六	七	七	七	八	八

8월 (癸未) 甲申 (입추) 立秋 7日 11:45 處暑 23日

陽歷		1	2	3	4	5	6	7	8	9	10	11	12	13	14	15	16	17	18	19	20	21	22	23	24	25	26	27	28	29	30	31
요일		金	土	日	月	火	7/	木	金	土	日	月	火	水	木	金	土	日	月	火	水	木	金	土	日	月	火	水	木	金	土	日
陰歷		25	26	27	28	29	1	2	3	4	5	6	7	8	9	10	11	12	13	14	15	16	17	18	19	20	21	22	23	24	25	26
日辰		戊	己	庚	辛	壬	癸	甲	乙	丙	丁	戊	己	庚	辛	壬	癸	甲	乙	丙	丁	戊	己	庚	辛	壬	癸	甲	乙	丙	丁	戊
		戌	亥	子	丑	寅	卯	辰	巳	午	未	申	酉	戌	亥	子	丑	寅	卯	辰	巳	午	未	申	酉	戌	亥	子	丑	寅	卯	辰
大	男	2	2	1	1	1	1	立	10	10	9	9	9	8	8	8	7	7	7	6	6	6	5	5	5	4	4	4	3	3	3	2
運	女	八	九	九	九	十	十	秋	一	一	一	一	二	二	二	三	三	三	四	四	四	五	五	五	六	六	六	七	七	七	八	八

9월 (甲申) 乙酉 (백로) 白露 7日 15:02 秋分 23日

陽歷		1	2	3	4	5	6	7	8	9	10	11	12	13	14	15	16	17	18	19	20	21	22	23	24	25	26	27	28	29	30	
요일		月	火	水	木	8/	土	日	月	火	水	木	金	土	日	月	火	水	木	金	土	日	月	火	水	木	金	土	日	月	火	
陰歷		27	28	29	30	1	2	3	4	5	6	7	8	9	10	11	12	13	14	15	16	17	18	19	20	21	22	23	24	25	26	
日辰		己	庚	辛	壬	癸	甲	乙	丙	丁	戊	己	庚	辛	壬	癸	甲	乙	丙	丁	戊	己	庚	辛	壬	癸	甲	乙	丙	丁	戊	
		巳	午	未	申	酉	戌	亥	子	丑	寅	卯	辰	巳	午	未	申	酉	戌	亥	子	丑	寅	卯	辰	巳	午	未	申	酉	戌	
大	男	2	2	1	1	1	1	白	10	10	9	9	9	8	8	8	7	7	7	6	6	6	5	5	5	4	4	4	3	3	3	
運	女	八	九	九	九	十	十	露	一	一	一	一	二	二	二	三	三	三	四	四	四	五	五	五	六	六	六	七	七	七	八	

10월 (乙酉) 丙戌 (한로) 寒露 8日 07:12 霜降 23日

陽歷		1	2	3	4	5	6	7	8	9	10	11	12	13	14	15	16	17	18	19	20	21	22	23	24	25	26	27	28	29	30	31
요일		水	木	金	9/	日	月	火	水	木	金	土	日	月	火	水	木	金	土	日	月	火	水	木	金	土	日	月	火	水	木	金
陰歷		27	28	29	1	2	3	4	5	6	7	8	9	10	11	12	13	14	15	16	17	18	19	20	21	22	23	24	25	26	27	28
日辰		己	庚	辛	壬	癸	甲	乙	丙	丁	戊	己	庚	辛	壬	癸	甲	乙	丙	丁	戊	己	庚	辛	壬	癸	甲	乙	丙	丁	戊	己
		亥	子	丑	寅	卯	辰	巳	午	未	申	酉	戌	亥	子	丑	寅	卯	辰	巳	午	未	申	酉	戌	亥	子	丑	寅	卯	辰	巳
大	男	2	2	2	1	1	1	1	寒	10	9	9	9	8	8	8	7	7	7	6	6	6	5	5	5	4	4	4	3	3	3	2
運	女	八	八	九	九	九	十	十	露	一	一	一	一	二	二	二	三	三	三	四	四	四	五	五	五	六	六	六	七	七	七	八

11월 (丙戌) 丁亥 (입동) 立冬 7日 10:54 小雪 22日

陽歷		1	2	3	4	5	6	7	8	9	10	11	12	13	14	15	16	17	18	19	20	21	22	23	24	25	26	27	28	29	30	
요일		土	日	10/	火	水	木	金	土	日	月	火	水	木	金	土	日	月	火	水	木	金	土	日	月	火	水	木	金	土	日	
陰歷		29	30	1	2	3	4	5	6	7	8	9	10	11	12	13	14	15	16	17	18	19	20	21	22	23	24	25	26	27	28	
日辰		庚	辛	壬	癸	甲	乙	丙	丁	戊	己	庚	辛	壬	癸	甲	乙	丙	丁	戊	己	庚	辛	壬	癸	甲	乙	丙	丁	戊	己	
		午	未	申	酉	戌	亥	子	丑	寅	卯	辰	巳	午	未	申	酉	戌	亥	子	丑	寅	卯	辰	巳	午	未	申	酉	戌	亥	
大	男	2	2	1	1	1	1	立	10	9	9	9	8	8	8	7	7	7	6	6	6	5	5	5	4	4	4	3	3	3	2	
運	女	八	八	九	九	九	十	冬	一	一	一	一	二	二	二	三	三	三	四	四	四	五	五	五	六	六	六	七	七	七	八	

12월 (丁亥) 戊子 (대설) 大雪 7日 04:09 冬至 21日

陽歷		1	2	3	4	5	6	7	8	9	10	11	12	13	14	15	16	17	18	19	20	21	22	23	24	25	26	27	28	29	30	31
요일		月	火	11/	木	金	土	日	月	火	水	木	金	土	日	月	火	水	木	金	土	日	月	火	水	木	金	土	日	月	火	水
陰歷		29	30	1	2	3	4	5	6	7	8	9	10	11	12	13	14	15	16	17	18	19	20	21	22	23	24	25	26	27	28	29
日辰		庚	辛	壬	癸	甲	乙	丙	丁	戊	己	庚	辛	壬	癸	甲	乙	丙	丁	戊	己	庚	辛	壬	癸	甲	乙	丙	丁	戊	己	庚
		子	丑	寅	卯	辰	巳	午	未	申	酉	戌	亥	子	丑	寅	卯	辰	巳	午	未	申	酉	戌	亥	子	丑	寅	卯	辰	巳	午
大	男	2	2	1	1	1	1	大	9	9	9	8	8	8	7	7	7	6	6	6	5	5	5	4	4	4	3	3	3	2	2	2
運	女	八	八	九	九	九	十	雪	一	一	一	一	二	二	二	三	三	三	四	四	四	五	五	五	六	六	六	七	七	七	八	八

만세력

응용편

1. 육십갑자 日柱별 해석

1) 갑목(甲木)의 해석

① 甲子 일주

- 예술감각(기교), 의협심(체격), 학자지풍(문장력, 언변술, 부드러운 인상, 상상력, 심사숙고, 지도력, 학식, 차분함).
- 낙천적인 기질을 지니고 있고 인정이 많아 대인 관계가 원만하다. 공과 사를 정확하게 구별하고 화려한 것을 좋아한다. 내유외강의 성품을 지녔으며 인내력이 강하다.

② 甲戌 일주

- 부드러운 인상(감정 풍부, 낭만성), 성실, 신앙심(자비심), 심사숙고형, 이재에 밝음, 재치, 지도력.
- 독립심이 강하고 책임감 있게 일을 잘 처리해 나간다. 성실하여 주어진 상황에서 최선을 다하고 공과 사를 철저하게 구분하며 바른말을 잘해서 주변의 오해를 잘 산다.

③ 甲申 일주

- 지도력(심사숙고), 신의, 의협심, 대인관계 원만(부드러움과 온화함을 겸비, 언변술).
- 명분 있고 의리 있는 일에 대해서는 신의를 저버리지 않는다. 일에 대한 추진

력이 상당해서 일을 잘 벌이지만 장기간 소요되는 일에는 인내력과 끈기가 부족한 면이 있다.

④ 甲午 일주

- 명석한 두뇌, 명랑, 쾌활, 일처리 명확, 근면, 성실, 세심(꼼꼼함).
- 화통하고 어질고 인자하다. 현실보다는 이상을 추구하고 왕성한 활동력을 지녔으며 정의롭다. 창조력이 뛰어나 예술 방면에 소질이 있고 새로운 것을 추구하는 기상을 지녔다.

⑤ 甲辰 일주

- 지도력(심사숙고, 부드러움 겸비), 명랑, 쾌활, 진취적 기상, 이재에 밝음, 근면, 성실.
- 외향적이고 굳은 이상과 호탕함이 돋보인다. 일을 진취적으로 진행하고 맡은 바 일에 대한 책임을 완수한다. 명예욕이 있고 상대방을 일방적으로 무시하는 경향이 단점이다.

⑥ 甲寅 일주

- 심사숙고, 명석, 공사구분(일처리 명확), 끈기(인내).
- 화통하고 명랑하다. 두뇌가 명석하고 적극적이며 자기 주장이 상당히 강하다. 화통하고 배짱이 좋으면서도 인정이 많아 상부상조와 융화에 힘쓰는 반면 감정의 굴곡이 심하다.

2) 을목(乙木)의 해석

① 乙丑 일주

- 온화한 성품, 적응력, 상상력, 창조력, 문장력, 예술적 재능, 理財(이재)에 밝음, 세심하고 차분함.
- 신념이 강하고 성실하며 계획성이 투철하다. 불의를 보면 용납하지 않고 저축을 생활화하고 불로소득을 싫어한다. 내성적인 면이 있지만 흑백을 명백히 가릴 줄 안다.

② 乙亥 일주

- 적응력(온화한 성격), 부드러운 인상(다정다감, 꼼꼼하고 세심함), 예술감각 탁월, 신앙심(자비심), 대인관계 원만(언변술).
- 새로운 것을 추구하며 인내심이 강하다. 마음이 온유하여 양보를 잘하고 상대방의 입장을 먼저 고려하여 배려하는 심성을 지녔다. 근면 성실하고 활동력이 있다.

③ 乙酉 일주

- 온화한 성품, 근면, 성실, 신의, 의협심, 판단력(일처리 명확), 손재주.
- 깔끔하고 냉철한 이미지를 지녔다. 공과 사를 뚜렷이 구분하고 불의와 타협하는 일을 싫어한다. 어떠한 고난 속에서도 참고 견뎌내려는 의지가 굳다. 성실하고 근면하다.

④ 乙未 일주

- 온화한 성품, 박학다식, 창의력, 수리력, 인정이 많고 침착하고 합리적.
- 실속을 추구하며 상대방의 마음을 잘 파악한다. 이상과 현실이 적절하게 조화를 이루었고 세심한 성품을 지녔으며 연구심이 출중하고 판단력과 창조력이 우수하다.

⑤ 乙巳 일주

- 온화함, 표현력(자기주장 강함), 공사구분(일처리 명확), 예의와 타인 존중.
- 반짝이는 아이디어를 잘 만들어낸다. 표현 능력이 화려하고 상상력이 풍부하며 천재적인 두뇌를 지녔다. 세심한 성품으로 상대방의 입장을 잘 배려하고 정직하고 정의롭다.

⑥ 乙卯 일주

- 적응력(온화한 성품), 공사구분(일처리 정확), 결단성, 추진력.
- 성실하며 부드러운 심성을 지녔다. 약간 내성적인 기질은 있지만 명랑하고 밝고 쾌활하여 주변의 분위기를 융화시킨다. 이상적인 일을 추구하며 결단력은 있으나 지구력은 약하다.

3) 병화(丙火)의 해석

① 丙寅 일주

- 대인관계 원만, 활동가, 언변술, 부드러운 인상(차분함), 다재다능, 의협심.
- 밝고 명랑하고 화통한 성품을 지녔다. 원대한 포부와 이상이 항상 마음속에서 꿈틀거리는 야망가이기도 하다. 일을 진취적으로 추진하고 뒤로 미루는 법이 없다.

② 丙子 일주

- 신의, 의협심, 부드러운 인상(자상한 면), 다재다능.
- 솔직 담백한 성품을 지녔고 예의가 바르다. 말을 조리 있게 잘하고 일을 진행할 때 정열을 다 바친다. 화려한 것을 좋아하고 매사가 원리 원칙적이지만 흥분을 잘하는 것이 단점이다.

③ 丙戌 일주

- 두뇌가 명석, 세심, 신앙심(자비심), 창조력(새로운 것을 추구, 아이디어 창출), 대인관계 원만, 이재 밝음.
- 마음이 온유하고 착해서 불쌍한 사람을 보면 그냥 지나치지 못한다. 불의를 보면 용납하지 못하고 정직함을 추구한다. 겉모습은 화려하고 밝은 반면 내심은 고독하고 외로움을 잘 탄다.

④ 丙申 일주

- 설득력, 공사구분, 근면, 성실, 사교성이 좋고 재주가 있음, 이재에 밝음, 언변술(조리가 있음).
- 밝고 명랑한 성품을 지녔다. 집념이 강해서 한번 시작한 일은 끝장을 봐야 직성이 풀리지만 장기적으로 가면 불리하다. 신앙심이 깊고 사색을 좋아하며 내심 외로움을 잘 탄다.

⑤ 丙午 일주

- 신의, 의협심(강직한 성격), 부드럽고 온화한 성격, 표현력(설득력).
- 명랑한 성격을 지녔고 자존심이 상당히 강하다. 한번 하고자 하는 일은 끝까지 완성을 하고 활동력이 왕성하다. 예의가 바르고 명예심이 강해서 체면에 손상되는 일은 하지 않는다.

⑥ 丙辰 일주

- 정열(설득하려 함), 신의, 의협심, 공사구분(일처리 정확), 근면, 성실, 세심.
- 심성이 곱고 양심적이지만 야심가이기도 하다. 신앙심이 깊고 학문에 대한 애정이 깊다. 공손하고 예의가 바르며 불만이 있어도 일단 참고 넘어가기 때문에 대인 관계가 원만하다.

4) 정화(丁火)의 해석

① 丁卯 일주

- 상상력, 예술적 감각, 두뇌회전, 체력, 의협심, 꼼꼼하고 차분함.
- 인정이 많고 예의가 바르다. 대인 관계가 원만하고 획기적인 아이디어를 잘 창출해내기 때문에 기획을 잘한다. 인내력이 강하고 성실하게 노력하는 노력파이다.

② 丁丑 일주

- 명석(언변술, 조리가 있음), 신앙심(자비심), 창조력(아이디어, 재치), 세심(곰꼼함).
- 지혜롭고 냉정하다. 거짓이 없고 양심이 바르다. 획기적인 아이디어를 잘 창출해내므로 기획을 잘하고 창작력이 우수하다. 다소 급한 성품을 지녔지만 의리를 중요시 여긴다.

③ 丁亥 일주

- 공사구분, 근면, 성실, 신앙심(자비심), 창조력(풍부한 상상력, 창작능력).
- 순박하고 예의가 바르고 나보다는 상대방을 먼저 고려하는 심성을 지녔다. 실리를 추구하고 합리적이다. 도리에 어긋난 행동을 하지 않으며 정도 있는 삶을 추구한다.

④ 丁酉 일주

- 공사구분, 근면, 성실, 신의, 의협심, 부드럽고 세심, 이해타산.
- 예리한 판단력을 소유하고 있다. 대장부의 기질보다는 실속을 중요시하면서 실리를 추구한다. 계획성이 투철하여 실수하는 일이 드물다. 정서적으로 약간 불안한 감이 있다.

⑤ 丁未 일주

- 두뇌명석, 민첩한 행동(매사를 앞서감), 대인관계 원만, 신앙심(자비심), 손재주.
- 인정이 많아 희생 정신이 강하며 심성이 곱고 예의가 바르고 진실하다. 줏대가 강하고 고지식한 면이 있지만 내성적이다. 사소한 일에 연연해 하지 않고 맡은 바 책임을 다한다.

⑥ 丁巳 일주

- 두뇌회전이 빠르고 상황판단이 뛰어남, 대인관계 원만, 친근감, 공사구분(일처리 정확).
- 호탕하고 밝고 명랑한 성격을 지녔으며 화끈하고 급한 반면 뒤끝이 없고 시원스럽다. 활달하면서 사교성이 출중하고 언변이 좋고 상대방보다는 우월하고 싶은 충동이 강하다.

5) 무토(戊土)의 해석

① 戊辰 일주

- 안전, 신용 제일주의, 근면, 성실, 다재다능, 대인관계 원만, 자비심, 신앙심, 체력, 의협심, 정직, 끈기.
- 너그럽고 원대한 포부를 지녔다. 원리 원칙의 소유자이므로 융통성이 없어 보이기도 한다. 의리와 배짱을 따를 자 없으며 자신의 소신대로 꾸준히 일을 추진해나가는 성실파이다.

② 戊寅 일주

- 안전 신용 제일주의, 도량, 성실, 언행일치, 대인관계 원만(언변술), 인내(끈기).
- 신의를 중요시 여기며 신경이 예민하여 다른 사람에게 피해주는 일을 싫어한다. 심사숙고하여 일을 처리해나가고 도리에 어긋남이 없으므로 주변 사람들로부터 신망을 받는다.

③ 戊子 일주

- 신용, 안전, 다재다능, 집착력 강함, 이해타산, 근면, 성실, 신앙심(자비심).
- 다재다능하고 신념이 강하다. 일을 함에 있어 신중을 기하고 치밀한 준비와 계획으로 멋지게 추진해나간다. 일단 시작한 일은 초지일관하고 끝을 봐야 직성이 풀린다.

④ 戊戌 일주

- 신용, 안전제일주의, 공사구분, 근면, 성실, 창조력(상상력), 신앙심(자비심, 희생정신).
- 자존심이 강하여 신의를 중요시 여긴다. 다른 사람에게 속박당하는 일을 꺼리며 독자적인 경영에 탁월한 능력을 발휘한다. 상대방에게 신의와 성실을 저버리지 않는 의리파이다.

⑤ 戊申 일주

- 신용, 안전제일주의, 신의, 의협심, 자비심, 인내(끈기).
- 뚝심이 있고 의협심이 강하다. 신의를 중요시 여기며 차갑고 냉철한 이미지를 지닌 반면 상대방을 배려할 줄 아는 세심함도 지니고 있어 정이 많다. 창조적인 일을 잘한다.

⑥ 戊午 일주

- 안전, 신용, 신뢰, 부드러운 인상, 온화한 성품, 신의, 의협심, 근면, 성실.
- 신의가 굳건하고 자기 주체성이 강하다. 어떤 상황이 주어져도 민첩하게 임기응변을 잘해나간다. 고지식한 면 때문에 고집이 세다는 말을 많이 듣는 편이지만 인정이 많다.

6) 기토(己土)의 해석

① 己巳 일주

- 성실, 정직, 한 가지에 매진, 상상력, 문장력, 자비심, 신앙심, 부드러운 인상, 두뇌회전.
- 우직하고 처음 작심한 것은 어떠한 고난이 닥쳐도 역경을 잘 헤쳐나가려는 의지가 강하다. 내성적인 기질이 있으며 감성이 풍부하고 상대방을 먼저 배려하는 마음을 소유하고 있다.

② 己卯 일주

- 성실, 정직, 신의, 의협심, 세심(꼼꼼함), 인내(끈기), 신앙심 강함.
- 사색적이며 겉으로는 밝고 쾌활하지만 지구력이 약하여 쉽게 좌절하는 경우가 있다. 내성적인 성품을 지녔고 철학적이며 현실적인 면보다는 이상을 추구하는 경향이 강하다.

③ 己丑 일주

- 신앙심(자비심), 근면, 성실, 집착력, 말수가 적고 착실, 희생정신.
- 도량이 넓으며 자기 관리가 치밀하다. 소신껏 일을 진행해 나가며 인간적인 의리와 도리를 벗어나지 않는다. 이상이 높고 정의심이 강하므로 함부로 접근하기 어려운 점도 있다.

④ 己亥 일주

- 공사구분(일처리 명확), 신앙심(자비심), 대인관계 원만, 근면, 성실, 착함.
- 논리적인 사고방식을 지녔고 경우가 분명하여 공과 사를 뚜렷하게 구분한다. 신의를 중요시 여기고 말이나 행동을 쉽게 하지 않는 신중함이 있다. 예의 바르고 신중하다.

⑤ 己酉 일주

- 신의, 의협심, 두뇌 명석, 공사구분(일처리 확실).
- 신용을 중요시 여기며 약속을 잘 지키며 세련되고 지적인 세계를 추구한다. 신의와 의리를 저버리는 행동을 하지 않으며 철학적인 사고를 잘하며 감수성이 풍부하다.

⑥ 己未 일주

- 성실, 정직, 자비심, 신앙심, 언변술, 공사구분(일 처리가 정확).
- 심지가 굳고 신용이 있으며 소신껏 행동하며 말수가 적다. 다른 사람의 입장을 세심한 곳까지 배려하고 근면 성실하기 때문에 어떠한 고난이 닥쳐도 능히 이겨낼 수 있다.

7) 경금(庚金)의 해석

① 庚午 일주

- 새로운 것을 선호, 의협심, 강인한 체력, 굽힐 줄 모르는 성격, 대인관계가 좋음(세심, 치밀, 활동적).
- 냉철한 판단력과 이성을 지녔다. 말보다는 실천이 앞서며 인정이 많은 편에 속하지만 인내력이 부족하여 단기간 진행하는 일에는 능력을 발휘하지만 장기간으로 가면 불리해진다.

② 庚辰 일주

- 사리에 맞는 행동, 부드럽고 온화함, 신의, 의협심.
- 활동력이 왕성하고 진취적인 기상을 지녔다. 의리를 중요시 여기며 인내력이 있다. 신경이 날카롭고 예민한 면도 있지만 연구심이 있고 이해력이 뛰어나다.

③ 庚寅 일주

- 사리에 맞게 행동, 공사구분, 근면, 성실, 이해타산, 언변술(조리가 있음), 인내(끈기, 집착력).
- 냉철한 이성을 지녔으며 정의로움을 추구한다. 불의를 보면 용납하지 못하고 속전속결로 일을 시원스럽게 처리해나간다. 다소 까다로운 성품으로 주변 사람들과 마찰을 빚기도 한다.

④ 庚子 일주

- 사리에 맞게 행동, 신의, 의협심, 정의감, 창조력(상상력)ㅍ
- 냉철한 이상을 지녔으며 날카롭고 예리한 비판력을 가지고 있다. 지혜롭고 용감하고 불의를 보면 용납하지 않는다. 정직하고 의리에 벗어나는 행동은 하지 않는다.

⑤ 庚戌 일주

- 사리에 맞는 행동, 신의, 의협심, 언변술, 대인관계 원만, 예술적 능력(상상력).
- 단호하고 호탕한 성격을 소유하고 있으며 정의롭고 용감하다. 불의를 보면 참지 못하고 약한 사람을 보면 그냥 지나치지 못한다. 개방적이고 비밀스런 일이 적다.

⑥ 庚申 일주

- 사리에 맞게 행동, 의협심(공사구분), 신의, 상상력.
- 믿음직스럽고 화통하고 명랑한 반면 판단력이 우수하고 화끈하다. 개방적인 사고를 지니고 있지만 자기 주장이 강해서 융통성이 없어 보이기도 한다. 독립적인 생활을 추구한다.

8) 신금(辛金)의 해석

① 辛未 일주

- 부드러운 인상(꼼꼼하고 세심), 신앙심(자비심), 언변술, 활동력, 다재다능.
- 예의가 바르고 다른 사람에게 신세지는 것을 싫어하는 성품이다. 신경이 예민한 편에 속하고 분석력이 뛰어나서 획기적인 아이디어를 잘 창출해낸다. 의리를 중요시 여긴다.

② 辛巳 일주

- 성실, 언변술, 활동력, 대인관계 원만, 리더십(직관력, 통솔력).
- 두뇌 회전이 빠르고 변화 있는 생활을 추구한다. 행동이 민첩하고 직관력이 우수해서 단체를 통솔해 나가는 데 역량을 발휘한다. 예의 바르지만 신경이 예민하고 냉정하다.

③ 辛卯 일주

- 이해타산, 신의, 의협심, 언변술(조리가 있음), 상황판단능력, 세심(예리함).
- 날카로운 비판력을 지녔으며 신념이 강해서 한번 마음먹은 일은 끝을 보고야 만다. 정열적으로 추진을 하다가도 아니다 싶을 때는 뒤도 돌아보지 않고 마음을 정리한다.

④ 辛丑 일주

- 추진력, 창조력(아이디어, 풍부한 감정), 신앙심(자비심).
- 이미지가 준수하고 깔끔하고 행동 역시 민첩하다. 사소한 일도 그냥 지나침이 없을 정도로 세심하고 신경이 날카롭다. 단기간에 승부를 거는 일에는 유익하나 장기간은 불리하다.

⑤ 辛亥 일주

- 활동력, 언변술(표현력), 신앙심(자비심), 공사구분, 문장력(풍부한 감정).
- 매우 지혜로우며 총명하다. 이미지는 차갑고 냉철하지만 세심한 면도 지니고 있어 상대방의 입장을 잘 고려한다. 과격하지 않으며 지혜를 잘 사용해서 임기응변을 잘해 나간다.

⑥ 辛酉 일주

- 공사(公私)구분 확실, 상황판단, 세심.
- 지적이면서 냉철한 이성을 지녔다. 매사에 끊고 맺는 것이 분명하며 신의를 숭상하고 불의를 보면 참지 못하는 의로운 기질이 있다. 주변과 융화하는 일에 노력을 많이 한다.

9) 임수(壬水)의 해석

① 壬申 일주

- 상상력(두뇌회전, 지혜), 문장력, 신앙심(자비심), 대인관계 원만(부드러운 인상, 언변술).
- 지혜롭고 다재다능한 재능을 지녔으며 맡은 바 책임을 다하는 성실성을 지녔다. 은근과 끈기가 있으며 상대방을 말로써 설득하는 일을 잘하므로 외교 수완이 능수능란하다.

② 壬午 일주

- 두뇌가 명석, 재치, 상황판단능력, 지혜, 근면, 성실, 신의, 의협심, 신용, 예의, 이재에 밝음.
- 감수성이 예민하며 지혜롭다. 심성이 온유하며 계획성이 투철하고 판단력과 결단력이 뛰어나다. 집념이 강해서 하고자 하는 목표는 반드시 이루고야 마는 성품을 지녔다.

③ 壬辰 일주

- 명석한 두뇌(상황판단능력, 기민한 순발력), 창조력, 지혜, 의협심(용감, 정의), 결단력, 유머, 재치, 마음이 넓음.
- 진취적인 기상을 지녔다. 왕성한 활동력과 자신감이 출중해서 웬만해서는 뜻을 굽히지 않고 말보다는 실천을 위주로 한다. 예의가 바르고 비밀을 잘 간직하며 지혜롭다.

④ 壬寅 일주

- 두뇌명석(상황판단능력, 순발력), 명랑, 대인관계 원만, 공사구분, 근면, 성실.
- 총명하고 명철한 지혜를 지녔다. 학문적인 열정이 강하고 매사에 능동적이고 대인 관계가 원만하다. 애정이 많아 상대방의 입장을 먼저 고려하고 배려해 주는 심성을 지녔다.

⑤ 壬子 일주

- 창조력(상상력), 신의, 의협심, 대인관계 원만, 상황판단력(순발력, 두뇌명석), 지혜.
- 활달하고 외향적인 성품을 지녔으며 풍류를 즐길 줄 알며 지혜롭고 다재다능하다. 한마디로 팔방미인격에 해당하며 매사에 상당히 진취적이며 의욕적으로 일을 처리해 나간다.

⑥ 壬戌 일주

- 상황판단력, 순발력, 세심, 성실, 자비심, 신앙심, 신의, 의협심, 지혜.
- 도량이 넓고 자존심이 강하다. 어떠한 장애물이 있어도 여유 있게 헤쳐나간다. 지혜롭고 두뇌 회전이 빠르며 다른 사람의 간섭을 싫어한다. 지구력과 인내력이 강하다.

10) 계수(癸水)의 해석

① 癸酉 일주

- 대인관계 원만(언변술, 활동적), 부드러운 인상(온화한 성품), 신의, 의협심(강인한 체력), 통찰력.
- 냉철하고 합리적이며 깔끔한 이미지를 지녔다. 완벽성을 추구하고 신경이 예민하고 날카롭지만 인정이 많아 손해 보는 일이라도 양보할 줄 안다. 근면하고 보수적이다.

② 癸未 일주

- 통찰력, 신의, 의협심, 부드러운 인상, 인내(끈기), 언변술, 이재에 밝음.
- 여린 마음을 지녔고 착실하다. 신경이 예민하고 날카로운 기질이 있으며, 임기응변하는 재주가 뛰어나다. 함부로 결단을 내리지 않는 반면 결정한 일에 대해서는 끝까지 최선을 다한다.

③ 癸巳 일주

- 통찰력, 두뇌 명석(아이디어 창출), 대인관계 원만, 공사구분, 근면, 성실, 활동력.
- 지혜롭고 총명하다. 성품은 내성적인 면이 있지만 경우가 분명하고 냉철하게 비판하는 정신이 강하다. 까다로운 성품으로 정도 있는 바른말을 잘하며 창조적인 생각을 잘한다.

④ 癸卯 일주

- 통찰력, 마음이 넓음, 재치, 두뇌 명석, 신의, 의협심, 예술적 창조능력(상상력).
- 마음이 순수하고 인정이 많아 상대방을 먼저 배려하는 마음을 지녔다. 지혜롭고 총명하여 연구하는 일에 재능을 발휘한다. 약자에게 인자하고 강자와는 대립하는 기질이 있다.

⑤ 癸丑 일주

- 통찰력, 총명, 활달, 두뇌회전이 빠르고 상황판단이 정확하고 세심한 성격, 신의, 자비심.
- 지혜롭고 신용이 두텁다. 학문에 대한 관심이 많으며 깨끗한 이상을 소유하고 있다. 신경은 다소 예민한 편에 속하지만 새로운 일들을 잘 고안해서 그 능력을 인정받는다.

⑥ 癸亥 일주

- 통찰력, 천재적인 지혜, 언변술, 자비심, 신앙심, 매사 신중히 검토 후 행동에 옮김.
- 화통하고 참신한 아이디어를 많이 생각해낸다. 주변의 분위기를 밝고 명랑하게 잘 바꾸고 사소한 일에 대해서는 관대하다. 내성적인 기질이 있어 차분하고 논리정연한 면이 있다.

2. 남녀(男女) 생기복덕(生氣福德)일

[결혼 택일, 각종 복 있는 날 택일]

나이	生氣·福德日	生氣日	天醫日	絶體日	遊魂日	禍害日	福德日	絶命日	歸魂日
	吉·凶	吉	吉	凶	平	平	吉	凶	平
남자나이	1, 8, 16, 24, 32, 40, 48, 56, 64, 72	卯	酉	子	未·申	丑·寅	辰·巳	戌·亥	午
	9, 17, 25, 33, 41, 49, 57, 65, 73	丑·寅	辰·巳	戌·亥	午	卯	酉	子	未·申
	2, 10, 18, 26, 34, 42, 50, 58, 66, 74	戌·亥	午	丑·寅	辰·巳	子	未·申	卯	酉
	3, 11, 19, 27, 35, 43, 51, 59, 67, 75	酉	卯	未·申	子	辰·巳	丑·寅	午	戌·亥
	4, 12, 20, 28, 36, 44, 52, 60, 68, 76	辰·巳	丑·寅	午	戌·亥	酉	卯	未·申	子
	5, 13, 21, 29, 37, 45, 53, 61, 69, 77	未·申	子	酉	卯	午	戌·亥	辰·巳	丑·寅
	6, 14, 22, 30, 38, 46, 54, 62, 70, 78	午	戌·亥	辰·巳	丑·寅	未·申	子	酉	卯
	7, 15, 23, 31, 39, 47, 55, 63, 71, 79	子	未·申	卯	酉	戌·亥	午	丑·寅	辰·巳
여자나이	1, 8, 16, 24, 32, 40, 48, 56, 64, 72	辰·巳	丑·寅	午	戌·亥	酉	卯	未·申	子
	2, 9, 17, 25, 33, 41, 49, 57, 65, 73	酉	卯	未·申	子	辰·巳	丑·寅	午	戌·亥
	3, 10, 18, 26, 34, 42, 50, 58, 66, 74	戌·亥	午	丑·寅	辰·巳	子	未·申	卯	酉
	4, 11, 19, 27, 35, 43, 51, 59, 67, 75	丑·寅	辰·巳	戌·亥	午	卯	酉	子	未·申
	5, 12, 20, 28, 36, 44, 52, 60, 68, 76	卯	酉	子	未·申	丑·寅	辰·巳	戌·亥	午
	6, 13, 21, 29, 37, 45, 53, 61, 69, 77	子	未·申	卯	酉	戌·亥	午	丑·寅	辰·巳
	7, 14, 22, 30, 38, 46, 54, 62, 70, 78	午	戌·亥	辰·巳	丑·寅	未·申	子	酉	卯
	15, 23, 31, 39, 47, 55, 63, 71, 79	未·申	子	酉	卯	午	戌·亥	辰巳	丑·寅

- 나이는 태어난 해부터 1살로 보니 만(滿)나이로 따지지 않는다.
- 생기일(生氣日), 복덕일(福德日), 천의일(天醫日)은 결혼하면 좋은 날이다.
- 남녀가 좋은 날이 상이하게 다를 때는 여자를 우선 적용하는 것이 좋다.

3. 납음오행 궁합법

납음오행 궁합법은 납음오행의 相生相剋으로 남녀 간 외적 궁합을 살펴보는 것이다.

보는 법

남자가 甲子年生이면 海中金(해중금)이 되고, 여자가 乙亥年生이라면 山頭火(산두화)가 되어 男金女火가 된다. 男金女火의 해설은 표 아래에 설명되어 있다.

육십갑자 납음오행

干支	납음 오행	干支	납음 오행	干支	납음 오행	干支	납음 오행	干支	납음 오행
甲子 乙丑	海中金 (해중금)	丙寅 丁卯	爐中火 (노중화)	戊辰 己巳	大林木 (대림목)	庚午 辛未	路傍土 (노방토)	壬申 癸酉	劍鋒金 (검봉금)
甲戌 乙亥	山頭火 (산두화)	丙子 丁丑	澗下水 (간하수)	戊寅 己卯	城頭土 (성두토)	庚辰 辛巳	白蠟金 (백랍금)	壬午 癸未	楊柳木 (양류목)
甲申 乙酉	泉中水 (천중수)	丙戌 丁亥	屋上土 (옥상토)	戊子 己丑	霹靂火 (벽력화)	庚寅 辛卯	松柏木 (송백목)	壬辰 癸巳	長流水 (장류수)
甲午 乙未	砂中金 (사중금)	丙申 丁酉	山下火 (산하화)	戊戌 己亥	平地木 (평지목)	庚子 辛丑	壁上土 (벽상토)	壬寅 癸卯	金箔金 (금박금)
甲辰 乙巳	覆燈火 (복등화)	丙午 丁未	天河水 (천하수)	戊申 己酉	大驛土 (대역토)	庚戌 辛亥	釵釧金 (차천금)	壬子 癸丑	桑柘木 (상자목)
甲寅 乙卯	大溪水 (대계수)	丙辰 丁巳	沙中土 (사중토)	戊午 己未	天上火 (천상화)	庚申 辛酉	石榴木 (석류목)	壬戌 癸亥	大海水 (대해수)

해설

- 男木女火 (木生火) : 부부 화합하고 자손이 번성하며 복록이 많아 평생 금의옥식으로 복이 오고 재앙이 없으며 만인이 숭상할 것이다.
- 男木女水 (水生木) : 부부금실은 지극하며 자손은 효도하고 친척이 두루 화목하니 복록이 가득하여 평화롭고 장수하며 거룩한 가풍은 원근에 진동한다.
- 男木女木 (兩木相合) : 평생에 길흉이 상반하나 부부 화목하여 자식은 길하고 재산은 풍족치 못하여도 한평생 의식이 곤란 받지는 않을 것이다.
- 男木女金 (金剋木) : 부부 해로하기 어렵고 가난을 면키 어려워 자손을 양육하기 어렵고 재앙이 끊이지 않으니 서로 용서하며 사랑해야 한다.
- 男木女土 (木剋土) : 자손이 불효하며 친척이 불화하여 패가망신이 따르므로 부부화합이 가정을 이루는 기본임을 명심하여 노력해야 할 것이다.
- 男火女木 (木生火) : 부부화합하고 입신양명하여 자손이 효도하리라. 재물은 石崇(석숭)에 비견되고 벼슬은 높이 올라 공정한 처사로 대접 받으리라.
- 男火女土 (火生土) : 부부 화합하여 자손이 성공하며 부와 권세가 함께하여 명성을 세상에 떨치니 만사 대길로 일생에 근심이 없다.
- 男火女火 (兩火相過) : 재물은 흩어지고 부부 불화에 불효자식을 둘 수이며 화재를 겪을 수이다. 오직 지성이면 감천이라 했으니 열심히 노력해야 한다.
- 男火女水 (水剋火) : 만사가 대흉하고 상처할 운도 있다. 재산도 없으니 고달픈 삶이나 지극한 부부화합이면 무엇이든 이겨내고 행복할 것이다.

- **男火女金 (火剋金)** : 불더미에 녹아버려 믿을 것이 없고 자손이 귀하며 인륜이 어지러워 재앙이 끊일 날이 없으며 재물이 흩어지는 운이다.

- **男土女火 (火生土)** : 부부화합하고 부귀하여 자손은 효자 효부로 어른을 잘 섬기니 생활은 윤택하고 만사에 걱정이 없는 화평한 삶이다.

- **男土女金 (土生金)** : 자손이 창송하고 경제적으로 부유할 뿐만 아니라 일가가 화목하고 근심이 없으니 부부화목에 백년해로 할 것이다.

- **男土女土 (兩土相合)** : 자손이 창성하고 금의옥식의 풍류객이 되어 큰 대궐집에서 자연과 즐길 여유 있는 부귀한 생활을 누릴 것이다.

- **男土女木 (木剋土)** : 부부 불화하고 관재구설에 가산이 탕진되고 평생 근심이 많으니 극진한 사랑으로 부부가 화합하여 극복할 것이다.

- **男土女水 (土剋水)** : 자손이 흩어져 살 것이며 부부가 생이별하고 패가망신이 따르므로 서로 부부가 합심하여 노력하여야 할 것이다.

- **男金女水 (金生水)** : 부귀복록이 많아 큰 부자로 일세에 명망이 높으니 부부 합심하여 행복하고 장수하나 맏아들 양육에 특히 조심해야 한다.

- **男金女土 (土生金)** : 부귀공명하고 자손이 창성하며 사업이 대성하여 평생 근심이 없이 행복하게 일생을 살아간다.

- **男金女金 (兩金相遇)** : 부부 화합하면 자손은 창성하고, 부지런하고 동기간 화목하면 좋으나 노력하지 않는다면 생활이 어려울 것이다.

- **男金女木 (金剋木)** : 만사 구설이 분분하여 자손에 불화를 초래하고 가산이 쇠퇴해질 운이니 서로 믿고 평화를 유지한다면 만사 평탄하게 된다.

- 男金女火 (火剋金) : 부부이별 수 있고 자손의 양육이 힘들며 재산이 많아도 관리를 소홀히 하면 패가한다. 극진한 사랑으로 극복해야 한다.

- 男水女水 (兩水相合) : 부부금실이 두터워 자손이 창성하고 부귀하여 일가친척이 화목하니 만사 평탄하여 일평생 근심이 없을 것이다.

- 男水女火 (水剋火) : 부부간 불순하여 자손이 불효하고 친척이 불화하며 패가를 면하기 어렵다. 서로 관용의 미덕으로 사랑하면 모면할 것이다.

- 男水女土 (土剋水) : 부부금실이 불화하고 가난을 면키 어려우며 인간의 덕이 없고 자손의 불효로 패가망신하니 불길한 궁합이다.

- 男水女金 (金生水) : 부부 화합하고 부귀영화하며 자손은 창성하며 생활이 안정되어 부귀공명하게 백년해로 할것이다.

- 男水女木 (水生木) : 부부 화합하여 부귀영화하고 입신양명하여 자손이 만당하니 평생 기쁜 일만 가득하여 행복할 것이다.

4. 남녀 결혼 연령별 길흉

- 대길 : 남녀 모두 대길 연령에 결혼하면 일평생 다복하다.
- 중길 : 남녀 모두 중길 연령에 결혼하면 길흉이 보통이다.
- 이별 : 남녀 모두 이별 연령에 결혼하면 이별수가 따른다.

[남녀 결혼 길흉 연령 도표]

띠별	남자 결혼 연령			여자 결혼 연령		
	대길	중길	이별	대길	중길	이별
辰戌丑未 年生	21	22	23	12	13	14
	24	25	26	15	16	17
	27	28	29	18	19	20
	30	31	32	21	22	23
	33	34	35	24	25	26
	36	37	38	27	28	29
	39	40	41	30	31	32
	42	43	44	33	34	35
寅申巳亥 年生	19	20	21	13	14	15
	22	23	24	16	17	18
	25	26	27	19	20	21
	28	29	30	22	23	24
	31	32	33	25	26	27
	34	35	36	28	29	30
	37	38	39	31	32	33
	40	41	42	34	35	36
子午卯酉 年生	20	21	22	14	15	16
	23	24	25	17	18	19
	26	27	28	20	21	22
	29	30	31	23	24	25
	32	33	34	26	27	28
	35	36	37	29	30	31
	38	39	40	32	33	34
	41	42	43	35	36	37

5. 남녀 인연법

- 지지양인은 반드시 편관 칠살로 인연한다.
- 지지가 삼합구성일 때 삼합 중 비어있는 띠로 짝을 만난다.
- 庚일간은 첫째 丁火생, 둘째 癸水생이 인연이다.
- 일간이 辰戌丑未에 自庫를 뒀을 때 開庫하여 인연한다.
- 甲은 己를, 己는 甲을 불러 인연을 맺는다.
- 용신이 인연이 되고. 통관시켜 인연을 맺는다.
- 일주가 무근이면 상대의 정록으로 인연한다.
- 자기 나이와 5년 이내가 자기 시주와 같은 띠이면 인연이다.
- 女命사주의 정관이 천간에만 투출하면 상대지지의 祿으로 인연한다.
- 男命사주의 정재가 천간에만 투출하면 상대지지의 祿으로 인연한다.
- 春秋 乙木생은 丙火生을 인연한다.
- 乙은 甲을 만나서 등라계갑으로 인연을 맺는다.
- 甲乙 女命에 丑이 있으면 沖을 해야 관이 나와 인연이 된다.
- 辛일간은 첫째 壬과 인연을 둘째 丁과 인연을 맺는다.
- 四柱에 없는 글자는 상대의 사주에서 보충하며 인연한다.
- 座下의 吉神은 상대의 사주에 透出하여 인연을 맺는다.
- 支地의 吉神은 상대의 사주에 透出하여 인연을 맺는다.
- 女官星이 파상되면 進神하여 인연을 맺는다.
- 支地의 吉神은 상대와 六合으로 인연을 맺는다.
- 주중 2자이면 合이나 沖하는 띠로 인연을 맺는다.

- 사주에 病은 상대의 사주合去로 인연한다.
- 庚은 丁. 癸가 인연이나 女 庚일생 午생도 인연
- 甲乙일생이 한랭(寒冷)하면 상대의 火(木)로 인연한다.
- 甲乙일생이 조열(燥熱)하면 상대의 水(金)로 인연한다.
- 火日생이 見酉하면 其配定亥(천을귀인)으로 인연한다.
- 火日생이 見亥하면 其配定酉(천을귀인)으로 인연한다.
- 水日생은 상대의 木을 생하는 흐름으로 인연한다.
- 양인득세하면 상대의 사주로 合去하여 인연한다.
- 火일생이 한습(寒濕)하면 火(未)로 인연한다.
- 火일생이 조열(燥熱)하면 丑. 亥. 子으로 인연한다.

6. 이사 방향의 길흉

- 삼살방이나 대장군방으로 이사 가면 재수가 없고 우환이 끊이지 않거나 사고 등 재화를 초래한다.
- 조객살방이나 상문살방으로 이사 가면 집안에 초상이 나거나 상복을 입게 된다.

삼살방(三殺方)	대장군방(大將軍方)
申子辰 년 = 南方	申酉戌 년 = 南方
巳酉丑 년 = 東方	巳午未 년 = 東方
寅午戌 년 = 北方	寅卯辰 년 = 北方
亥卯未 년 = 西方	亥子丑 년 = 西方

조객살년 (弔客殺年)	子丑寅卯辰巳午未申酉戌亥
방향(方向)	戌亥子丑寅卯辰巳午未申酉

상문살년 (喪門殺年)	子丑寅卯辰巳午未申酉戌亥
방향(方向)	寅卯辰巳午未申酉戌亥子丑

7. 이사길일(移徙吉日)

- 아래의 날짜는 모두에게 길한 날이다. 이사는 세대주를 기준으로 한다.
- 세대주와 생년간지를 주동하여서 지지합이 되는 날은 더욱 길하다.
- 그러나 세대주의 생년간지와 충, 파, 해가 되는 날은 흉하다.

月	正月	二月	三月	四月	五月	六月	七月	八月	九月	十月	十一月	十二月
일진	9일	3일	4일	2일	7일	6일	9일	3일	4일	2일	7일	6일
	壬辰	甲子	丙寅	癸卯	庚申	甲寅	庚戌	乙亥	甲午	甲子	乙丑	甲寅
	丙辰	甲午	庚午	甲午	甲申	丁酉	甲戌	乙丑	甲申	庚辰	癸丑	庚寅
	丁未	乙丑	己巳	丙午	甲寅	甲子	甲子	癸丑	丙午	甲午	乙未	丁卯
	辛未	乙未	壬寅	庚午	丁酉			甲子	甲子	戊子	丁丑	乙亥
	甲子		甲子	甲子	甲子					壬午	丁未	己亥
										癸未	辛未	辛亥

8. 이사대흉일(移徙大凶日)

[월별 이사택일 대흉일]

月	正月	二月	三月	四月	五月	六月	七月	八月	九月	十月	十一月	十二月
수사일(受死日)	戌	辰	亥	巳	子	午	丑	未	寅	申	卯	酉
혈지일(血支日)	丑	寅	卯	辰	巳	午	未	申	酉	戌	亥	子
재손일(財損日)	巳	子	丑	申	卯	戌	亥	午	未	寅	酉	辰
병사일(病死日)	未	戌	辰	寅	午	子	酉	申	巳	丑	丑	卯
만흉일(萬凶日)	寅	午	酉	巳	午	卯	午	未	申	巳	午	未

9. 남녀연령별 이사 방위도

성별	남자									여자								
연령	1	2	3	4	5	6	7	8	9	1	2	3	4	5	6	7	8	9
	10	11	12	13	14	15	16	17	18	10	11	12	13	14	15	16	17	18
	19	20	21	22	23	24	25	26	27	19	20	21	22	23	24	25	26	27
	28	29	30	31	32	33	34	35	36	28	29	30	31	32	33	34	35	36
	37	38	39	40	41	42	43	44	45	37	38	39	40	41	42	43	44	45
	46	47	48	49	50	51	52	53	54	46	47	48	49	50	51	52	53	54
	55	56	57	58	59	60	61	62	63	55	56	57	58	59	60	61	62	63
	64	65	66	67	68	69	70	71	72	64	65	66	67	68	69	70	71	72
길흉방	73	74	75	76	77	78	79	80	81	73	74	75	76	77	78	79	80	81
천록방 길	동방	서방	북방	남방	동북	서방	서북	중앙	동남	동남	동방	서남	북방	남방	동북	서방	서북	중앙
안손방 흉	동남	동방	서남	북방	남방	동북	서방	서북	중앙	중앙	동남	동방	서남	북방	남방	동북	서방	서북
식신방 길	중앙	동남	동방	서남	북방	남방	동북	서방	서북	서북	중앙	동남	동방	서남	북당	남방	동북	서방
징파방 흉	서북	중앙	동남	동방	서남	북방	남방	동북	서방	서방	서북	중앙	동남	동방	서남	북방	담방	동북
오귀방 흉	서방	서북	중앙	동남	동방	서남	북방	남방	동북	동북	서방	서북	중앙	동남	동방	서남	북방	남방
합식방 길	동북	서방	서북	중앙	동남	동방	서남	북방	남방	남방	동북	서방	서북	중앙	동남	동방	서남	북방
친귀방 흉	남방	동북	서방	서북	중앙	동남	동방	서남	북방	북방	남방	동북	서방	서북	중앙	동남	동방	서남
관인방 길	북방	남방	동북	서방	서북	중앙	동남	동방	서남	서남	북방	남방	동북	서방	서북	중앙	동남	동방
퇴식방 흉	서남	북방	남방	동북	서방	서북	중앙	동남	동방	동방	서남	북방	남방	동북	서방	서북	중앙	동남

- 천록방(天祿方) : 재물이 생기는 방위
- 안손방(眼損方) : 눈병이 나는 방위
- 식신방(食神方) : 재물이 느는 방위
- 징파방(徵破方) : 도적 등 손재를 보는 방위
- 오귀방(五鬼方) : 집안에 질병이 많은 방위
- 합식방(合食方) : 재물이 느는 방위
- 진귀방(進鬼方) : 관재구설, 송사가 있는 방위
- 관인방(官印方) : 승진, 합격 등 재수가 있는 방위
- 퇴식방(退食方) : 손재, 부부 불화하는 방위

10. 책상의 길 좌향 표

• 개인의 출생년에 따라 사무실이나 집안에서 책상의 좌향 위치를 정한다.

출생년	좌향	출생년	좌향	출생년	좌향	출생년	좌향	출생년	좌향	출생년	좌향
甲子생	동남좌 서북향	乙丑생	동남좌 서북향	甲寅생	동남좌 서북향	乙卯생	동남좌 서북향	甲辰생	동남좌 서북향	乙巳생	동남좌 서북향
丙子생	정서좌 정동향	丁丑생	정서좌 정동향	丙寅생	정서좌 정동향	丁卯생	정서좌 정동향	丙辰생	정서좌 정동향	丁巳생	정서좌 정동방
戊子생	정북좌 정남향	己丑생	정북좌 정남향	戊寅생	정동좌 정서좌	己卯생	정북좌 정남향	戊辰생	정북좌 정남향	己巳생	정북좌 정남향
庚子생	정동좌 정서향	辛丑생	정동좌 정서향	庚寅생	정동좌 정서향	辛卯생	정동좌 정서향	庚辰생	정동좌 정서향	辛巳생	정남좌 전북향
壬子생	동남좌 서북향	癸丑생	정남좌 정북향	壬寅생	정남좌 정북향	癸卯생	정남좌 정북향	壬辰생	정남좌 정북향	癸巳생	정남좌 정북향

출생년	좌향	출생년	좌향	출생년	좌향	출생년	좌향	출생년	좌향	출생년	좌향
甲午생	동남좌 서북향	乙未생	동남좌 서북향	甲申생	동남좌 서북향	乙酉생	동남좌 서북향	甲戌생	동남좌 서북향	乙亥생	동남좌 서북향
丙午년	정서좌 정동향	丁未생	서북좌 동남향	丙申생	정서좌 정동방	丁酉생	정서좌 정동향	丙戌생	정서좌 정동향	丁亥생	정서좌 정동향
戊午생	정북좌 정남향	己未생	정북좌 정남향	戊申생	정북좌 정남향	己酉생	정북좌 정남향	戊戌생	정북좌 정남향	己亥생	정북좌 정남향
庚午생	정동좌 정서향	辛未생	정남좌 정북향	庚申생	정동좌 정서향	辛酉생	정동좌 정서향	庚戌생	정동좌 정서향	辛亥생	정동좌 정서향
壬午생	정남좌 정북향	癸未생	정남좌 정북향	壬申생	정남좌 정북향	癸酉생	정남좌 정북향	壬戌생	정남좌 정북향	癸亥생	서남좌 동북향

11. 출생띠별 주택 좌향의 길흉

띠별	주택 좌향의 길흉
쥐	서향집, 동향집 남향집 모두 대길하다. 북향집은 자손에게 불길하며 재수 없는 좌향이다.
소	남향집 동향집 모두 대길하다. 서향집은 가산이 탕진되고 북향집도 재수 없는 좌향이다.
뱀	서향집 북향집 모두 대길의 좌향이다. 남향집은 좌향은 좋은듯하나 운에 맞지 않고 동향집은 불길하다.
토끼	남향집이나 북향집 그리고 서향집의 좌향은 대길하다. 동향집은 재수도 없고 우환이 많은 불길한 좌향이다.
용	북향집은 대흉방이다. 동향집 서향집 남향집의 좌향은 모두 길하다.
뱀	동향집 서향집은 대흉방이다. 남향집이나 북향집은 대길의 좌향이다.
말	남향집은 대흉의 좌향이고 동향집 서향집 북향집은 대길의 좌향이.다
양	동향집은 불길한 좌향이고 서향집 남향집 북향집은 대길의 좌향이다.
원숭이	북향집은 불길한 좌향이고 남향집 동향집 서향집은 대길의 좌향이다.
닭	서향집은 불길한 좌향이고 남향집 동향집 북향집은 대길의 좌향이다.
개	남향집은 불길한 좌향이고 동향집 서향집 북향집은 대길의 좌향이다.
돼지	동향집은 불길한 좌향이고 서향집 남향집 북향집은 대길의 좌향이다.

12. 내정법(來定法)

- 내방객의 방문 이유를 알아보는 법으로 내정법이라고 한다.
- 내방객의 나이와 당일 일진을 맞추면 해당 십이지지를 알게 되며, 표 아래 해설을 참고한다.
- 본 내정법을 참고하되 모든 일이 여기에 들어맞는 것은 아니다.

내방객의 나이와 당일일진									子日	丑日	寅日	卯日	辰日	巳日	午日	未日	申日	酉日	戌日	亥日
	6	18	30	42	54	66	78	90	午	未	申	酉	戌	亥	子	丑	寅	卯	辰	巳
	7	19	31	43	55	67	79	91	未	申	酉	戌	亥	子	丑	寅	卯	辰	巳	午
	8	20	32	44	56	68	80	92	申	酉	戌	亥	子	丑	寅	卯	辰	巳	午	未
	9	21	33	45	57	69	81	93	酉	戌	亥	子	丑	寅	卯	辰	巳	午	未	申
	10	22	34	46	58	70	82	94	戌	亥	子	丑	寅	卯	辰	巳	午	未	申	酉
	11	23	35	47	59	71	83	95	亥	子	丑	寅	卯	辰	巳	午	未	申	酉	戌
	12	24	36	48	60	72	84	96	子	丑	寅	卯	辰	巳	午	未	申	酉	戌	亥
1	13	25	37	49	61	73	85	97	丑	寅	卯	辰	巳	午	未	申	酉	戌	亥	子
2	14	26	38	50	62	74	86	98	寅	卯	辰	巳	午	未	申	酉	戌	亥	子	丑
3	15	27	39	51	63	75	87	99	卯	辰	巳	午	未	申	酉	戌	亥	子	丑	寅
4	16	28	40	52	64	76	88	100	辰	巳	午	未	申	酉	戌	亥	子	丑	寅	卯
5	17	29	41	53	65	77	89	101	巳	午	未	申	酉	戌	亥	子	丑	寅	卯	辰

해설

子 : 결판내야 할 일에 있어서의 성패. 언쟁, 송사

丑 : 사업변동, 가출한 사람의 귀가, 직장 관계

寅 : 현재 시작하는 일의 성패, 진로문제, 재수(운)

卯 : 이동수가 있는지, 또는 이별, 이혼, 가출 문제

辰 : 이성문제, 새출발 문제, 길흉(직장, 사업, 결혼 등)

巳 : 부부이별, 낙태문제, 직업변동, 삼각관계, 재수(운)

午 : 돈이나 이성문제, 남자는 여자 문제.

未 : 취직문제, 처와의 관계, 금전 문제 등.

申 : 애정문제, 이별문제. 사업 문제도 해당.

酉 : 사업문제, 취직 부업 관계 등 길흉 문의.

戌 : 사업문제, 이사문제 등.

亥 : 출장, 여행, 이민, 이별문제 등.

13. 오행별 직업과 학과 분류표

오행	구분	내용
木	직업	사무직, 법, 행정공무원, 교육, 의약, 출판, 방송, 작가, 기자, 음악, 통신, 섬유, 가구, 의류, 문구, 조경, 원예, 약초, 지물, 청과, 산림, 인테리어, 디자인, 농장, 침술, 승려, 피복, 임업.
	학과	인문계, 교육계, 언론정보학과, 의약계, 인문사회 계열, 정신과, 미학과, 고고학과, 한의학, 공군, 육군, 의상학과.
火	직업	전자, 통신, 정보처리, 화공, 화학, 섬유, 약품, 기자, 방송, 정치, 언론, 교육, 예술, 예능, 디자인, 발명, 화장품, 예식장, 사진관, 조명, 극장, 안경, 천문기상, 이·미용, 의사, 약사, 항공, 운수업, 설계.
	학과	언론계, 인문계, 의학계, 약학계, 법조계, 이공계열, 정신과, 신경외과, 방사선과, 안과, 공군, 섬유학과, 의상학과
土	직업	군인, 교도관, 부동산, 소개업, 농산물, 토목, 건축, 종교, 철학, 무속, 예술, 사찰, 조경, 원예, 축산, 낙농, 도공예, 임업, 골동품, 공원묘지, 정육점, 독서실, 유통, 지압사, 고전품, 스포츠, 운동선수.
	학과	이공계, 흉부외과, 작곡과, 지질학과, 실업계, 농공계, 종교계, 자연계열, 내과, 피부과, 소아과, 한의학, 육군, 외과.
金	직업	정치가, 법관, 공무원, 의사, 금융업, 경호, 경비, 경찰, 기계, 선박, 자동차정비, 중장비, 요리사, 운수업, 과학, 피부미용, 철물, 금은보석, 도축업, 철도, 항공, 모터, 사이클, 사채, 광업, 군인, 치과 의사.
	학과	이공계, 재정계, 의약계, 인문계, 자연계열, 외과, 성형외과, 정형외과, 피부과, 치과, 이비인후과, 해군, 육군, 정형외과.
水	직업	의사, 약사, 법관, 교육, 금융, 경제, 보험, 무역, 관광경영, 유통, 호텔, 숙박, 목욕탕, 냉동업, 수산물, 해운업, 수도사업, 유흥업, 양조장, 정수기, 양어장, 식품, 요식업, 접객, 의약, 정치, 장의사.
	학과	상업계, 법조계, 의학계, 교육계, 경상계열, 산부인과, 비뇨기과, 임상병리학, 해군, 식품영양학과.

14. 십성과 직업 분류표

십성	관련직업
인수(印綬)	교육, 학원, 육영, 문화, 예술, 언론, 종교, 출판, 정치, 통역, 번역, 출판, 행정, 컴퓨터, 방송작가, 응용미술, 일반예술, 저술, 기사, 창작적 업무.
편인(偏印)	여행사, 소개업, 예능, 종교가, 디자인, 인테리어, 골동품, 보석, 오락, 역술, 부동산, 가이드, 출판업, 언론인, 인쇄업, 요리업, 여관, 이·미용, 배우.
비견(比肩)	프리랜서, 의사, 변호사, 미용업, 언론사, 기자, 대리점, 조경, 스포츠, 물류유통, 사진, 종교, 지회·지부, 출장소, 건축, 납품업, 주유소.
겁재(劫財)	기술, 스포츠, 구매, 창고관리, 경호원, 경비원, 기자, 보석세공, 투기업, 유흥업, 요식업, 수금업, 요리사, 운수업, 조각가.
식신(食神)	교사, 의사, 연구원, 생산, 예능, 종교, 보육사, 유치원 교사, 음식점, 제조업, 호텔, 사회복지사, 서비스, 농산업, 식료품업, 슈처마켓, 도매업.
상관(傷官)	예체능, 과학, 발명, 대변인, 연설, 강사, 디자인, 종교인, 아나운서, 코디네이터, 역술, 유통업, 제조업, 변호사, 가수, 문필가, 수리업, 외판원.
정재(正財)	금융업, 상업, 무역, 세무사, 회계사, 생산제조업, 부동산, 경리, 관리, 운수업, 건축업, 도매업, 학원, 신용사업, 특허, 인증, 대행사업.
편재(偏財)	무역, 부동산, 금융업, 증권, 투자사업, 전당포, 음식점 경영, 유흥업, 유통업, 약물업, 생산업, 축산업, 여행사.
정관(正官)	학자, 행정관, 관공계통, 사법관, 군인, 경찰, 공무원, 회사원, 통계업, 비서, 총무, 위탁관리, 지배인, 양복점, 양품점.
편관(偏官)	군인, 경찰, 경비원, 경호원, 교도관, 군무원, 형무관, 별정직, 정치가, 하사관, 장성, 종교지도자, 기술직, 수영장.

15. 십성과 학과 분류표

십성	관련직업
인수(印綬)	교육학과, 행정학과, 국문학과, 신문방송학과, 문예창작과, 사학과, 유아교육과, 어문학과, 종교학과, 문화인류학과.
편인(偏印)	종교학과, 심리학과, 디자인학과, 철학과, 정신과, 약학과, 교육학과, 정보학과, 무용학과, 음악과(관현악), 신문방송학과.
비견(比肩)	경제학과, 경호학과, 장의사학과, 안경학과, 체육과, 약학과, 한의학과, 치과, 기계공학과, 수의학과, 방선선과.
겁재(劫財)	경제학과, 경호학과, 장의사학과, 안경학과, 체육학과, 약학과, 외과, 치과, 국제금융학과, 국제 정치학과, 국제변호사학과, 조소과.
식신(食神)	경영학과, 교육학과, 사회복지과, 의학과, 미래과학과, 미술학과, 작곡과, 어문학과(특히 희곡 전공), 사회심리학과, 섬유공학과, 미생물학과, 식품공학과, 아동심리학과.
상관(傷官)	정신과, 정치외교학과, 연극과, 영상학과, 어문학과, 성악과, 관광통역과, 무역학과, 언론정보학과, 사진예술학과, 언론학과, 천문기상학과, 호텔학과, 의상학과, 정보통신과, 종교학과, 문예창작과.
정재(正財)	식품영양학과, 경제학과, 경영학과, 금융학과, 원예과, 분석심리학과, 내과, 성형외과, 재료분석학과, 회계학과, 건축공학과, 토목과, 물리학과, 통계학과, 가정관리학과.
편재(偏財)	수학과, 경영학과, 건축과, 항공학과, 토목과, 물리학과, 무역학과, 외교학과, 철도학과, 정형외과, 설치미술, 조소학과, 산부인과, 실내건축.
정관(正官)	법학과, 행정학과, 사회과학과, 정치학과, 독서지도학과, 교육학과, 비서학과.
편관(偏官)	요리학과, 국방대학, 경찰대학, 경호학과, 사관학교, 정치학과, 체육학과, 신학대학.

16. 세계 주요도시와 서울간의 시차

- 다른 나라에서 출생했을 경우 우리나라 시간으로 환산해서 사주를 구성하면 안 된다. 각 나라와 도시별 출생시간을 그대로 적용하여 사주를 구성해야 한다.
- 다른 나라에서 출생한 시각을 기억하지 못하고 한국시로 환산하여 기억하고 있다면 다음 도시별 시차를 참고하여 출생한 지역의 시각을 계산한다.

〈세계의 시각〉	〈서울과의 시차〉
Abidjan - Cote d'Ivoire (아비장-코트디부아르)	- 9시간
AbuDhabi-UniterabEmirates (아부다비-아랍에미리트)	- 5시간
Aklavik - Yukon - Canada (어클라빅-유콘-캐나다)	- 15시간
Aleutian - Aleutian Island (알류샨-알류샨 열도)	- 19시간
Alexandria - Egypt (알렉산드리아-이집트)	- 6시간
Algiers - Algeria (알제-알제리)	- 8시간
Anadyr - Russia (아나디리-러시아)	+ 4시간
Anchorage - Alaska - USA (앵커리지-알래스카-미국)	- 17시간
Ankara - Turkey (앙카라-터키)	- 6시간
Antananarivo - Madagascar (안타나나리보-마다가스카르)	- 6시간
Antwerp - Belgium (앤트워프-벨기에)	- 9시간
Athens - Greece (아테네-그리스)	- 6시간
Atlanta - Georgia - USA (애틀랜타-조지아-미국)	- 13시간
Auckland - New Zealand (오클랜드-뉴질랜드)	+ 3시간
Aveiro - Portugal (아베이루-포르투갈)	- 9시간
Baghdad - Iraq (바그다드-이라크)	- 5시간
Bamako - Mali (바마코-말리)	- 9시간

〈세계의 시각〉	〈서울과의 시차〉
Bandar Seri Begawan - Brunei (반다르스리브가완-브루나이)	- 1시간
Bangkok - Thailand (방콕-태국)	- 2시간
Bangui - Central African Republic (방기-중앙아프리카 공화국)	- 8시간
Banjul - Gambia (반쥴-잠비아)	- 9시간
Barcelona - Spain (바르셀로나-스페인)	- 7시간
Barranquilla - Colombia (바랑키야-콜롬비아)	- 14시간
Beijing - China (베이징-차이나)	- 1시간
Beirut - Lebanon (베이루트-레바논)	- 6시간
Belgrade - Serbia(베오그라드-세르비아)	- 7시간
Belize City - Belize (벨리즈시티-벨리즈)	- 14시간
Berlin - Germany (베를린-독일)	- 7시간
Blantyre - Malawi (블랜타이어-말라위)	- 7시간
Bogota - Colombia (보고타-콜롬비아)	- 14시간
Bologna - Italy (볼로냐-이탈리아)	- 7시간
Brasilia - Brazil (브라질리아-브라질)	- 12시간
Bratislava - Slovak Republic(브라티슬라바-슬로바키아공화국)	- 7시간
Brazzaville - Congo (브라자빌-콩고)	- 9시간
Bridgetown - Barbados (브리지타운-바베이도스)	- 13시간
Brisbane - Queensland-Australia (브리즈번-퀸즈랜드 호주)	+ 1시간
Brussels - Belgium (브뤼셀-벨기에)	- 7시간
Bucharest - Romania (부루레슈티-루마니아)	- 6시간
Budapest - Hungary (부다페스트-헝가리)	- 7시간
Buenos Aires - Argentina (부에노스아이레스-아르헨티나)	- 12시간

〈세계의 시각〉	〈서울과의 시차〉
Bujumbura - Burundi (부줌부라-부룬디)	- 7시간
Cairo - Egypt (카이로-이집트)	- 6시간
Calcutta - India (켈커타-인도)	- 4시간
Calgary - Alberta - Canada (캘거리-알베르타-캐나다)	- 15시간
Cali - Colombia (칼리-콜롬비아)	- 14시간
Cape Town - South Africa (케이프타운-남아프리카 공화국)	-7시간
Caracas - Venezuela (카라카스-베네수엘라)	- 13시간
Cebu - Philippines (세부-필리핀)	- 1시간
Chicago - Illinois - USA (시카고-일리노이 미국)	- 14시간
Christchurch - New Zealand (크라이스트처치-뉴질랜드)	+ 2시간
Colombo - Sri Lanka (콜롬보-스리랑카)	- 4시간
Conakry - Guinea (코나크리-기니)	- 9시간
Copenhagen - Denmark (코펜하겐-덴마크)	- 7시간
Cotonou - Benin (코토누--베냉)	- 9시간
Dakar - Senegal(다카르-세네갈)	- 9시간
Dallas - Texas - USA (댈러스-텍사스-미국)	- 14시간
Darwin-Northern Territory-Australia(다윈-노던-호주)	+ 30분
Detroit - Michigan - USA (디트로이트-미시건-미국)	- 13시간
Dhaka - Banglades (다카-방글라데시)	- 3시간
Djibouti - Djibouti (지부티-지부티)	- 7시간
Dover - Delaware - USA (도버-델라웨어-미국)	- 13시간
Dubai -United Arab Emirates(두바이-아랍에미리트)	- 5시간

〈세계의 시각〉	〈서울과의 시차〉
Dublin - Ireland (더블린-아일랜드)	- 8시간
Dusseldorf - Germany (뒤셀도르프-독일)	- 7시간
Edmonton - Alberta - Canada (에드먼턴-앨버타-캐나다)	- 15시간
Fairbanks - Alaska - USA (페어뱅크스-알래스카-미국)	- 17시간
Florence - Italy (피렌체-이탈리아)	- 7시간
Fort de France - Martinique (포르드프랑스-마르티니크)	- 13시간
Frankfurt - Germany(프랑크푸르트-독일)	- 7시간
Freetown - Sierra Leone (프리타운-시에라리온)	- 9시간
Gaborone - Botswana (가보로네-보츠와나)	- 7시간
Geneva - Switserland (제네바-스위스)	- 7시간
Gibraltar - Spain (지브롤터-스페인)	- 7시간
Glasgow - England (글래스고-영국)	- 8시간
Guatemala City - Guatemala (과테말라 시티-과테말라)	- 15시간
Guayaquil - Ecuador (과야킬-에콰도르)	- 14시간
Hamilton - Bermuda (해밀턴-버뮤다)	- 13시간
Harare - Zimbabwe (하라레-짐바브웨)	- 7시간
Havana - Cuba (하바나-쿠바)	- 13시간
Helsinki - Finland (헬싱키-핀란드)	- 6시간
Hobart - Tasmania - Australia (호바트-태즈메이니아-호주)	+ 1시간
Hong Kong - Honk Kong (홍콩-홍콩)	- 1시간
Honolulu - Hawaii - USA (호놀룰루-하와이-미국)	- 19시간

〈세계의 시각〉	〈서울과의 시차〉
Indianapolis - Indiana-USA(인디애나폴리스-인디애나-미국)	- 14시간
Ipswich - Queensland - Australia(입스위치-퀸즈랜드-호주)	+ 1시간
Islamabad - Pakistan (이슬라마바드-파키스탄)	- 4시간
Istanbul - Turkey (이스탄불-터키)	- 6시간
Jakarta - Indonesia (자카르타-인도네시아)	- 2시간
Jerusalem - Israel (예루살렘-이스라엘)	- 6시간
Johannesburg - South Africa (요하네스버그-남아프리카공화국)	- 7시간
Kabul - Afghanistan (카불-아프가니스탄)	- 4시간 30분
Kaduna - Nigeria (카두나-나이지리아)	- 7시간
Kamchatka - Russia (캄차카-러시아)	+ 4시간
Kano - Nigeria (카노-나이지리아)	- 8시간
Karachi - Pakistan(카라치-파키스탄)	- 4시간
Kathmandu - Nepal (카트만두-네팔)	- 3시간 25분
Kiev - Ukraine(키예프-우크라이나)	- 6시간
Kigali - Rwanda (키갈리-르완다)	- 7시간
Kingston - Jamaica (킹스턴-자메이카)	- 14시간
Kinshasa - Zaire (킹샤샤-자이레)	- 8시간
Kobe - Japan (고베 -일본)	서울과 동일
Kuala Lumpur - Malaysiad(쿠알라룸푸르-말레이시아)	- 1시간
Kuwait City - Kuwait (쿠웨이트 시티-쿠웨이트)	- 6시간
Kyoto - Japan (교토-일본)	서울과 동일
La Paz - Bolivia (라파스-볼리비아)	- 13시간

〈세계의 시각〉	〈서울과의 시차〉
Lagos - Nigeria (라고스-나이지리아)	- 8시간
Libreville - Gabon (리브르빌-가봉)	- 8시간
Lima - Peru (리마-페루)	- 14시간
Limon - Costa Rica (리몬-코스타리카)	- 14시간
Lisbon - Portugal (리스본-포르투갈)	- 8시간
Lome - Togo (로메-토고)	- 9시간
London - England (런던-영국)	- 8시간
Los Angeles-California-USA(로스앤젤레스-캘리포니아-미국)	- 16시간
Lubumbashi - Congo (루붐바시-콩고)	- 8시간
Luxembourg - Luxembourg (룩셈부르크-룩셈부르크)	- 7시간
Madrid - Spain(마드리드-스페인)	- 7시간
Manama - Bahrain(마나마-바레인)	- 6시간
Manila - Philippines (마닐라-필리핀)	- 1시간
Maracaibo - Venezuelan (마라카이보-베네수엘라)	- 14시간
Maseru - Lesotho (마세루-레소토)	- 7시간
Mayaguez - Puerto Rico (마야게스-푸에르토리코)	- 13시간
Mbabane - Swaziland (음바바네-스와질랜드)	- 7시간
Medan - Indonesia (메단-인도네시아)	- 1시간
Medellin - Colombia (메델린-콜롬비아)	- 14시간
Melbourne - Victoria-Australia(멜버른-빅토리아-호주)	+ 1시간
Milan - Italy (밀라노-이탈리아)	- 7시간
Mogadishu - Somalia (모가디슈-소말리아)	- 6시간
Mombasa - Kenya (몸바사-케냐)	- 6시간

〈세계의 시각〉	〈서울과의 시차〉
Monrovia - Liberia (몬로비아-라이베리아)	- 9시간
Monte Carlo - Monaco (몬테카를로-모나코)	- 8시간
Montevideo - Uruguay (몬테비데오-우루과이)	- 12시간
Montreal - Quebec - Canada (몬트리올-퀘벡-캐나다)	- 13시간
Morgantown - West Virginia - USA(모건타운- 웨스트버지니아-미국)	- 14시간
Moscow - Russia (모스코바-러시아)	- 5시간
Mumbai(Bombay) - India (뭄바이(봄베이)-인도)	- 4시간
Munich - Germany (뮌헨-독일)	- 7시간
Murmansk - Russia (무르만스크-러시아)	- 6시간
Muscat - Oman (무스카트-오만)	- 5시간
Nagasaki - Japan (나가사키-일본)	서울과 동일
Nagoya - Japan (나고야-일본)	서울과 동일
Nairobi - Kenia (나이로비-케냐)	- 6시간
Naples - Italy (나폴리-이탈리아)	- 7시간
Nassau - Bahamas (나소-바하마)	- 13시간
New Delhi - India (뉴델리-인도)	- 3시간 35분
New Hebrides - New Hebrides(뉴헤브리데스-뉴헤브리데스)	+ 2시간
New York City - New York -USA(뉴욕시티-뉴욕-미국)	- 13시간
Newfoundland-Newfoundland-Canada(뉴펀들랜드-뉴펀들랜드-캐나다)	- 11시간26분
Nice - France (니스-프랑스)	- 7시간
Nicosia - Cyprus (니코시아-키프로스)	- 6시간
Nome - Alaska - USA (놈-알래스카-미국)	- 17시간
Nottingham - England - UK (노팅엄-영국)	- 9시간

〈세계의 시각〉	〈서울과의 시차〉
Nouakchott - Mauritania (누악쇼트-모리타니)	- 9시간
Nuuk - Greenland (누크-그린란드)	- 11시간 26분
Odesa - Ukraine (오데사-우크라이나)	- 6시간
Oran - Algeria (오랑-알제리)	- 9시간
Osaka - Japan (오사카-일본)	서울과 동일
Oslo - Norway (오슬로-노르웨이)	- 7시간
Ottawa - Ontario - Canada(오타와-온타리오-캐나다)	- 13시간
Ouagadougou-Burkina Faso(와가두구-부르키나파소)	- 9시간
Oulu - Finland (오울루-핀란드)	- 7시간
Oxford - England - UK (옥스포드-영국)	- 9시간
Palma - Spain (팔마-스페인)	- 7시간
Panjim - Goa - India (파나지-고아-인도)	- 3시간 30분
Paramaribo - Suriname (파라마리보-수리남)	- 12시간
Paris - France (파리-프랑스)	- 7시간
Peking - China (베이징(북경)-중국)	- 1시간
Perth-Western Australia-Australia(퍼스-웨스턴오스트레일리아-호주)	- 1시간
Phoenix - Arizona - USA (피닉스-애리조나-미국)	- 16시간
Ponce - Puerto Rico (폰세-푸에르토리코)	- 13시간
Port Louis - Mauritius (포트루이스-모리셔스)	- 5시간
Port Moresby - Papua New Guinea (포트모르즈비-파푸아뉴기니)	+ 1시간
Port of Spain/Trinidad and Tobago(포트 오브 스페인-트리니다드토바고)	-13시간
Prague - Czech Repulic (프라하-체코)	- 7시간

〈세계의 시각〉	〈서울과의 시차〉
Praia - Cape Verde (프라이아-카보베르데)	-11시간
Puntarenas - Costa Rica (푼타레나스-코스타리카)	-14시간
Quebec - Quebec - Canada (퀘벡-퀘벡-캐나다)	-13시간
Quito - Ecuador (키토-에콰도르)	-14시간
Rangoon - Myanmar (랑군-미얀마(버마))	-2시간
Reykjavik - Iceland (레이캬비크-아이슬란드)	-9시간
Riga - Latvia (리가-라트비아)	-4시간
Rio de Janeiro - Brazil (리우데자네이루-브라질)	-12시간
Riyadh - Saudi Arabia (리야드-사우디아라비아)	-6시간
Rome - Italy (로마-이탈리아)	-7시간
Saigon - Vietnam (사이공-베트남)	-2시간
Saint Petersburg(Leningrad)/Russia (상트페테르부르크(레닌그라드)-러시아)	-5시간
Salt Lake City - Utah - USA (솔트레이크시티-유타-미국)	-15시간
Salzburg - Austria (잘츠부르크-오스트리아)	-8시간
San Francisco-California-USA (샌프란시스코-캘리포니아-미국)	-16시간
San Jose - Costa Rica (산호세-코스타리카)	-15시간
San Juan - Puerto Rico (산후안-푸에르토리코)	-13시간
Santa Cruz-Canarias Islands(산타크루스 -카나리아제도)	-9시간
Santiago - Chile (산티아고-칠레)	-13시간
Santo Domingo-Dominican Republic(산토도밍고-도미니카공화국)	-13시간
Sao Paulo - Brazil (상파울루-브라질)	-12시간
Sapporo - Japan (삿포로-일본)	서울과 동일

〈세계의 시각〉	〈서울과의 시차〉
Sarajevo - Bosnia (사라예보-보스니아)	- 8시간
Seattle - USA (시애틀-미국)	- 16시간
Shanghai - China (상하이-중국)	- 1시간
Singapore - Singapore (싱가폴-싱가폴)	- 1시간
Sofia - Bulgary (소피아-불가리)	- 6시간
Stockholm - Sweden (스톡홀름-스웨덴)	- 7시간
Stuttgart - Germany (슈투트가르트-독일)	- 8시간
Surabaya - Indonesia (수라바야-인도네시아)	- 2시간
Suva - Fiji Islands (수바-피지)	+ 3시간
Sydney-New South Wales-Australia (시드니-뉴사우스웨일즈-호주)	+ 1시간
Taipei - Thaiwan (타이페이-타이완)	- 1시간
Tallinn - Estonia (탈린-에스토니아)	- 6시간
Tampere - Finland (탐페레-핀란드)	- 7시간
Tashkent - Uzbekistan (타슈켄트-우즈베키스탄)	- 4시간
Tegucigalpa - Honduras (테구시갈파-온두라스)	- 15시간
Tehran - Iran (테헤란-이란)	- 4시간 30분
Tel Aviv - Israel (텔아비브-이스라엘)	- 6시간
Tokyo - Japan (도쿄-일본)	서울과 동일
Toronto - Ontario - Canada (토론토-온타리오-캐나다)	- 13시간
Tripoli - Libya (트리폴리-리비아)	- 8시간
Tunis - Tunisia (튀니스-튀니지)	- 8시간
Turin - Italy (토리노-이탈리아)	- 7시간
Ulanbatar - Mongolia (울란바토르-몽골)	- 1시간

〈세계의 시각〉	〈서울과의 시차〉
Valletta - Malta (발레타-몰타)	- 8시간
Vancouver-British Columbia-Canada(밴쿠버-브리티시컬럼비아-캐나다)	- 16시간
Venice - Italy (베니스-이탈리아)	- 8시간
Victoria Falls - Zimbabwe (빅토리아폴스-짐바브웨)	- 7시간
Vienna - Austria (비엔나-오스트리아)	- 7시간
Vientiane - Laos (비엔티안-라오스)	- 2시간
Vladimir - Russia (블라디미드-러시아)	- 6시간
Vladivostok - Russia (블라디보스톡-러시아)	+ 2시간
Warsaw - Poland (바르샤바-폴란드)	- 7시간
Washington DC-Washington-USA (워싱턴 D.C.-워싱턴-미국)	- 13시간
Wellington - New Zealand (웰링턴-뉴질랜드)	+ 3시간
Winnipeg - Manitoba-Canada (위니펙그-매니토바-캐나다)	- 14시간
Yalta - Ukrain (얄타-우크라이나)	- 6시간
Zagreb - Croatia (자그레브-크로아티아)	- 7시간
Zaragoza - Spain (사라고사-스페인)	- 8시간
Zurich - Switzerland (취리히-스위스)	- 7시간

자평 만세력 [증보판]
子平 萬歲曆

초판 발행 2021년 09월 07일
증보판 발행 2026년 01월 16일

편저자 春光 김기승
펴낸이 방성열
펴낸곳 다산글방

출판등록 제313-2003-00328호
주소 서울특별시 마포구 동교로 36
전화 02-338-3630
팩스 02-338-3690
이메일 dasanpublish@daum.net
홈페이지 www.iebook.co.kr

ISBN 979-11-6078-389-6 13150